KB086313

말모이

다시 쓰는 우리말 사전

말모이 편찬위원회 엮음

시공사

말들아 모여라

김훈, 소설가

<말모이, 내가 사랑한 우리말> 연재 첫 회(2019년 10월 9일 조선일보 1면)는 이어령 님이 내건 표제어 '살다'로 시작되었다. 이 두 음절짜리 한국어 동사의 넓이와 깊이는 이 사전 전체에 걸친다고 할 수 있다.

'살다'는 신라의 노래(<가시리>)에 나오고 고려의 노래(<청산별곡>)에 나온다. 헤어짐과 그리움과 기다림, 떠돌기와 버림받기의 슬픔이 모두 '살다'이다.

나는 울산 반구대 바위그림 속에서, 고래를 잡으러 쪽배를 타고 동해로 나가는 이 마을 사람들을 볼 때마다 이들의 언어를 생각한다. 세련되고 정밀한 의사소통이 없다면 이처럼 멀고 위태로운 집단어로는 가능하지 않았을 것이다.

신석기시대의 돌칼, 돌도끼와 찍고 자르고 저미고 빻고 뚫고 깎고 갈고 닦는 모든 연장에서 한국어는 발생해서 작동하고 있다. 그리고 이 언어는 지금의 한국어 속에 녹아 있을 터이다.

이 언어들은 모두 '살다'의 집안인데, '살다'는 삶이고 살아 있음이고 살아가기이고 살림이고 살리기이다.

이 말모이는 개인의 삶 속에 자리잡은 낱말들의 무늬와 숨결을 모아놓은 곳간인데, 모아놓고 보니 말들은 개인의 생애에 갇히지 않고 공동체 속으로 퍼져나가서 겨레의 언어로 모인다.

말은 나의 것이고, 너의 것이고, 너와 나 사이를 건너가서 여러 사람의 것이다. 그러므로 말하기는 살기이고 함께 살기이며 듣기 또한 이와 같다. 이 사전 속에서 말의 별들이 하나씩 모여서 미리내를 이룬다.

말모이 사업이 앞으로도 계속된다고 하니, 심정적 언어의 세계를 넘어서 부딪치고 움직이는 언어의 힘과 쓰임새를 보여주는 쪽으로 더욱 펼쳐지기 바란다. 말들아, 모여라.

지금 한국어는 급속도로, 그리고 광범위하게 부서지고 있다. 이 훼손은 시대의 변화에 언어가 대응하는 수준을 훨씬 넘어서고 있다. 말모이 사전은 한국, 한국어를 지키는 큰 힘이다.

우리는 하루 빨리 묵정밭같이 거칠은 우리 한글을 잘 다스리어
옳고 바르고 깨끗하게 만들어놓지 아니하면 안 될 것이다.

이윤재(1888~1943)* 님이 펴낸 잡지 《한글》의 창간사(1932) 중에서.

*이윤재님은 1942년 조선어학회 사건으로 일본 경찰에 체포되어 1943년 12월에 함흥형무소에서 옥사했다.

『말모이, 다시 쓰는 우리말 사전』을 펴내며

말모이 편찬위원회

『말모이, 다시 쓰는 우리말 사전』은 100년 전 주시경 선생과 조선어학회의 말모이 정신을 계승해 국민이 함께 만든 사전입니다. 조선일보가 창간 100주년을 맞아 문화체육관광부·국립국어원·한글학회·네이버·한글과컴퓨터와 함께 펼친 대기획의 결실입니다. 외국어, 외래어와 정체불명의 은어들이 범람하는 가운데 이미 사라졌거나 점차 사라져가고 있는 전국의 옛말과 입말, <표준국어대사전>에 등재되지 않는 지역어들을 국민의 손으로 모아보자는 취지에서 기획됐습니다. 사단법인 국어문화원연합회가 말모이 사무국을 맡아 실무를 진행했습니다.

'말모이'는 최초의 우리말 사전 원고 이름입니다. 1911년 국어학자 주시경 선생이 '말모이'란 이름으로 우리나라 최초의 국어사전 편찬을 시작해 선생 사후 조선어연구회가 원고를 이어받았고, 그 후신인 조선어학회가 일제의 탄압을 뚫고 해방 직후 『우리말 큰 사전』을 완간했습니다. 그로부터 100년 뒤 펼친 말모이 운동은 우리말과 글을 목숨 걸고 지킨 선현들의 얼을 다음 세기로 이어가는 여정이었습니다. 100년 전 말모이가 외세에 맞선 독립운동이었다면, 지금의 말모이는 외래어·외국어 남용으로 우리 스스로 가치를 저버린 우리말과 글의 위상을 되찾는 일입니다.

2019년 10월부터 이듬해 8월까지 말모이 누리집에 등록된 단어는 2만2683개. 누리집이 열린 지 나흘 만에 2100개 단어가 모였습니다. 차곰차곰하다, 가남생이, 매굽다, 엄배덤배…. 다른 지역에서 들을 수 없는 고향의 입말, 예쁜 순우리말이 무서운 속도로 올라왔습니다. 우편과 팩스로 보내온 편지와 책자, 사전 10권까지 합하면 무려 10만여 단어에 이릅니다. "내가 죽으면 내 자식도 모를 이 말들이 사라지는 게 안타까워서", "떠나온 내 고향의 말이 사무치게 그리워서", "몇 해 전 세상을 떠난 어머니의 말을 영원히 남기고 싶어서", "표준어로는 도저히 표현할 길이 없는 말이라서"…. 사람들은 다양한 이유로 말모이에 단어들을 적었고, 우편과 전화로 사연을 보내왔습니다.

이렇게 수집된 단어들을 지역 대표 71명이 검토한 후 국어학자·국어문화원 연구진 등 전문가 60명이 정제·검수하는 과정을 거쳐 4012개의 우리말 표제어를 최종 엄선했습니다. 지역별로는 경기·서울·인천 393개, 강원 427개, 충북 431개, 대전·세종·충남 393개, 전북 375개, 광주·전남 441개, 대구·경북 366개, 경남·부산·울산 428개, 제주 394개, 북한 364개입니다.

'말모이' 사전은 조사 방식부터 구성, 특징까지 기존 국어사전과는 확연히 다릅니다. 단어의 용례와 정보를 시군 단위까지 세분해 표기했고, 단어에 얽힌 생활 문화 정보까지 풍부하게 담은 입체적 '문화 사전'을 지향했습니다. 국민이나 지역 대표가 제보한 문화 정보에는 '이름(출생지)'의 형태로 출처를 명확히 표시했습니다. 다만 사무국이나 지역어 전문가가 제보한 경우에는 따로 출처를 표시하지 않았습니다.

지역어부터 최근의 북한 사회를 반영하는 낱말까지, 말모이의 범위는 한반도 전체를 아우릅니다. 일제강점기의 '말모이'가 하나라도 더 모국어를 모으기 위한 절박한 작업이었다면, 21세기의 말모이는 누구나 생각날 때마다 게시판에 올릴 수 있어 'IT 강국'의 강점이 발휘됐습니다. 웹을 구축해 전 국민이 함께 참여할 수 있었다는 점에서 그 의의가 매우 큽니다. '열린 수집' 덕분에 지금까지 한 번도 조사되지 않은 새로운 낱말을 많이 모을 수 있었습니다. 수많은 단어들이 지역별로 얼마나 겹치는지 분석했더니, '놀이와 생활' 범주의 단어 750여 개 중 동일 어형으로 겹치는 것은 9개, 비슷한 어형으로 겹치는 것은 4개뿐이었습니다. 지역의 말들이 특색 있게 형성돼 있다는 것을 실감할 수 있었습니다.

이 풍요로운 유산을 최대한 담고자 편집에서도 열린 방식을 추구했습니다. <용례>에는 표제어 외에도 다양한 변이형을 함께 실었고 <문화 정보>에서는 제보자의 체험적 유산과 생생한 목소리를 가능한 한 손상 없이 기록하고자 했습니다. 기존의 '사전'이라는 관점에서 보자면 부족한 부분도 있을 것이고, 수집 과정의 특성상 오류도 있을 수 있습니다. 국민과 함께 성장하는 사전이라는 취지에 걸맞게 온라인 사전과 함께 계속 보완해나가겠습니다.

사전 발간 작업을 진행하면서 우리말을 아끼고 후손에게 전해주고픈 국민이 이렇게 많다는 데 놀랐습니다. 진심으로 감사합니다. 『말모이, 다시 쓰는 우리말 사전』이 우리말의 아름다움과 가치에 새롭게 눈 뜨고, 단절됐던 세대 간의 소통을 잇는 창구가 되기를 바라는 마음입니다.

일러두기

『말모이, 다시 쓰는 우리말 사전』은 다음과 같은 기준으로 편집하였다.

1. 구성

· 각 '표제어'는 '표제어, 품사, 표준어, 뜻풀이, 용례, 문화정보' 순으로 내
  용을 구성하였다. 발음 정보와 성조 정보는 개인차·지역차가 있을 수 있
  으므로 제외하였다.

❶   ❷ ❸ ❹
가가비 제주 | 명사 | 개구리
양서강 개구리목의 동물을 통틀어 이르는 말. **❺**
〔구좌〕가가비 시끄러웡 좀 설쳤주. 표개구리 시끄러워 잠 설쳤죠. **❻**
◆제주에서는 '개구리'를 '가가비, 가게비, 개가비'라고 하고, '올챙이'는 '멘주기'라고 한다. **❼**

❶표제어 **❷**사용 지역 **❸**품사 **❹**해당 표준어 **❺**뜻풀이 **❻**용례와 표준어 해석 **❼**문화정보

2. 표제어

· 표제어는 국민이 제보한 어휘 중에 표준어가 아닌 옛말과 지역어 중에
  서 가려 뽑았다. 단, 북한말은 지역어 외에도 문화어와 신조어(은어 포
  함) 등을 따로 구분하지 않고 모두 포함하였다.
· 표제어는 <표준국어대사전>과 국립국어원 누리집 <우리말샘>에 소개
  되지 않은 것을 우선적으로 가려 뽑았다. 따라서 표제어 중에는 해당 지
  역에서 가장 많이 사용하는 대표형이 아닌 어휘도 포함되어 있다.
· 표제어는 단일어뿐만 아니라 복합어 형태와 관용어 형태도 포함하였
  다. 다만 조사와 어미 등은 제외하였다.
· 표제어 중 동음이의어는 어깨번호를 달아 구분하였다.
· 표제어 배열은 현행 '한글 맞춤법' 자모 순서를 기준으로 삼았다.

‘·’는 ‘ㅣ’ 뒤에 두었다.
- 표제어는 ‘놀이와 생활’, ‘음식과 맛’, ‘동식물과 자연’, ‘소리·동작·상태·형태’, ‘감정’ 등 5가지 주제와 관련된 어휘를 대상으로 하였다.
- 수록된 표제어의 수는 4012개이다. 지역별 표제어 수는 다음과 같다.

지역 구분	표제어 수	지역 구분	표제어 수
경기·서울·인천	393	광주·전남	441
강원	427	대구·경북	366
충북	431	경남·부산·울산	428
대전·세종·충남	393	제주	394
전북	375	북한	364

3. 품사

- 품사는 명사, 대명사, 수사, 동사, 형용사, 관형사, 부사, 감탄사로 표시하되 복합어 형태와 관용어 형태로 사용되는 표현은 ‘없음’으로 품사 표시를 하였다.
- 하나의 표제어가 하나 이상의 품사로 사용될 경우 ‘빗금(/)’을 사용하여 품사를 복수로 표시하였다.

4. 표준어

- 표준어는 표제어와 의미가 완전하게 일치하거나 가장 유사한 어휘를 제시하였다.
- 표준어를 단일어로 제시하기 어려운 경우에는 구의 형태로 제시하였다.
- 표준어를 제시하기 어려운 경우에는 ‘없음’이라고 표시하였다.

5. 뜻풀이

· 뜻풀이는 <표준국어대사전>과 국립국어원 누리집 <우리말샘>을 참고
하여 제시하였다. 다만 표준어와 지역어의 뜻풀이가 다를 경우, 지역대
표와 지역 방언 전문가가 그 차이를 밝혀 표제어의 뜻을 풀이하였다. 북
한말은 『조선말대사전』을 참고하기도 하였다.

· 다의어의 경우 각각의 뜻을 (1), (2), (3)의 형태로 제시하였다.

6. 용례

· 용례는 '채록' 또는 '제보'를 토대로 작성하되 그 뜻을 이해하기 쉽게 '형
태 음소 표기'를 원칙으로 하였다.

· 용례 중에 지역어 사전이나 국립국어원의 말뭉치 자료를 인용한 경우
에는 '저자(연도)' 형태로 출처를 표시하였다. 참고로 국립국어원의 지
역어 말뭉치 자료는 대부분 구어 말뭉치이므로 '형태 음소 표기'를 따르
지 않고 있으나 표기를 수정하지 않고 그대로 제시하였다.

· 북한의 용례는 '채록'이 불가능하고 '제보'마저 제한적이므로 문학작품
에서 일부 용례를 찾아서 제시하였는데, 이 경우에는 '저자(연도)'의 형
태로 출처를 표시하였다.

· 용례마다 표준어 뜻풀이를 제시하되 대응하는 표준어가 없는 표제어는
표제어에 작은따옴표를 달아 뜻풀이에 그대로 사용하였다(표준어 해석
이 용례와 완전히 일치하는 경우는 해석을 생략하였다). 다만 표제어를 그
대로 사용할 경우 뜻풀이가 부자연스러운 경우에는 의역을 하였다.

· 용례마다 채록 또는 제보 지역을 시군 단위로 표시하였다. 단, 제주도의
경우, 시군 단위가 아니라 '동' 또는 '리' 단위로 표시하였고, 북한의 경
우 새터민을 대상으로 용례를 채록한 경우 해당 어휘를 사용한 제보자
의 고향을 표시하였다.

- 용례는 표제어마다 다양한 변이형이 있음을 보여주기 위해 표제어 용례 외에도 다양한 변이형의 용례를 모두 제시하였다.

7. 문화정보

- 문화정보를 국민 또는 지역대표가 제보한 경우에는 '제보자(출생지)'의 형태로 출처를 표시하였다.
- 문화정보를 사무국 또는 지역 방언 전문가가 제보한 경우에는 따로 출처를 표시하지 않았다.
- 문화정보를 문헌에서 인용한 경우에는 '저자(연도)'의 형태로 출처를 표시하였다.
- 문화정보를 국민 또는 지역대표가 제공한 것과 관련하여 지역 방언 전문가 등이 근거가 부족하다는 이유로 삭제를 요청한 경우라도 그것이 제보자 개인의 의견임을 밝혔으므로 삭제하지 않고 그대로 제시하였다.
- 지역대표 중에 출생지 외의 지역 표제어에 대해 문화정보를 제공하더라도 '제보자(출생지)'의 형태로 출처를 표시하였다.

ㄱ

가가다 경남 | 동사 | 가져가다
무엇을 한 지점에서 다른 지점으로 옮겨
가다.
〔함안〕가가 벌씨로 가갔어예. 표개가 벌써 가져
갔어요.

가가비 제주 | 명사 | 개구리
양서강 개구리목의 동물을 통틀어 이르
는 말.
〔구좌〕가가비 시끄러웡 좀 설쳤주. 표개구리 시
끄러워 잠 설쳤죠.
◆제주에서는 '개구리'를 '가가비, 가게비, 개가비'라
고 하고, '올챙이'는 '멘주기'라고 한다.

가개이다 전남 | 동사 | 없음
같은 시간이나 같은 장소에서 두 가지
일이 겹쳐서 서로 방해가 되다.
〔광주〕해필 그날이 장조카 혼삿날과 가개여서
어쩌지요. 표하필 그날이 큰조카 결혼식과 '가개
여서' 어쩌지요.

가공옷 북한 | 명사 | 없음
북한에서 개인이 만든 옷을 이르는 말.
〔자강〕가공옷을 입었시오? 표'가공옷'을 입었습
니까? 〔양강〕가공옷을 입었소? 표'가공옷'을 입
었습니까?
◆평안남도 순천, 안주, 평성 등지에서는 의류 피복
공장에서 생산하거나 외국에서 수입한 옷보다 가격

이 저렴한 옷을 개인이 만들어 파는 곳이 많다. 이런
옷을 '가공옷' 또는 '인가공옷'이라고 한다. ◆'가공
옷'은 북한에 옷을 만드는 제복 공장이 많지 않으므
로 개인 재단사들에게 수작업을 맡겨서 만든 옷이다.

가구욶다 충남 | 형용사 | 없음
이치에 맞지 않다.
〔예산〕여가 오딘 중 알구 가구욶넌 소릴 햔야?
표여기가 어딘 줄 알고 '가구욶넌' 소리를 한대?

가깡조롱하다 충남 | 형용사 | 없음
분량이나 수효 따위가 어떤 범위나 한도
에 거의 꽉 찬 상태에 있다.
〔보령〕쌀독에 가깡조롱하게 넣었으니 거진 한
달 먹을 양식은 되겠슈. 표쌀독에 꽉 차게 넣었
났으니 거의 한 달 먹을 양식은 되겠어요. 〔공주〕
일을 헐러먼 지대루 허지. 이게 뭐여. 깡조롱허게
제대루 싸놔야 허물지 않지. 표일을 하려면 제대
로 하지. 이게 뭐야. 꽉 차게 제대로 쌓아놔야 허
물어지지 않지.

가남생이 전북 | 명사 | 가늠
목표나 기준에 맞고 안 맞음을 헤아려
봄. 또는 헤아려보는 목표나 기준.
〔부안〕아따, 가남생이 없는 짓거리랑게. 표아따,
가늠 없는 짓이라니까. 〔군산〕눈가남으로 그냥
심운 것인디 저러코롬 잘 자랐고만. 표눈가늠으
로 그냥 심은 것인데 저렇게 잘 자랐구먼.

◆실현 가능성이 없거나 과장되게 말을 할 때 부안에서는 '가남성 없는 소리'라고 한다. -이풍자(부안)

가닥덕대 북한 | 명사 | 시렁
물건을 얹어놓기 위하여 방이나 마루 벽에 두 개의 긴 나무를 가로질러 선반처럼 만든 것.
〔북한〕그 로인이 아래방 가닥덕대 우에서 보자기에 싼 물건을 내렸던 말입니다. 표그 노인이 시렁 위에서 보자기에 싼 물건을 내렸던 말입니다.

가닥지1 전북 | 명사 | 없음
칼로 자르지 않고 손으로 찢어 먹거나 머리만 잘라서 가닥으로 먹는 김치.
〔남원〕김장할 때는 가닥지로 먹어야 제맛이여. 표김장할 때는 '가닥지'로 먹어야 제맛이야. 〔부안〕경종 배추 잔 포기는 원래 대가리만 띠고 가닥지로 담가. 표경종 배추의 잔 포기는 원래 대가리만 떼고 '가닥지'로 담가.
◆'가닥지'는 김치에 칼을 대면 맛이 죽는다고 하여 손으로 쭉쭉 찢어 먹는 김치를 뜻하는 말이다.

가닥지2 충남 | 명사 | 됨됨이
사람으로서 지니고 있는 품성이나 인격.
〔서산〕중핵꼴 가설랑 애가 가닥지가 뵈기 시작허더라고. 표중학교 가서 애가 됨됨이가 보이기 시작하더라고. 〔세종〕그 사람 시방 와서 가닥이 잡히는 거 같어. 표그 사람 이제 와서 됨됨이가 잡히는 거 같아.

가두녀성 북한 | 명사 | 전업주부
다른 직업에 종사하지 않고 가정 살림만을 맡아 하는 주부.
〔자강〕오늘 가두녀성 조직에서 분토를 바치라고 지시가 내려왔슴다. 표오늘 전업주부 조직에서 분토를 바치라고 지시가 내려왔습니다.
◆북한의 다양한 조직 중 '가두'는 전업주부로 구성된 여성 조직으로 '인민반 동 단위 조직'을 가리킨다.

가두배추 북한 | 명사 | 양배추
두꺼운 잎이 겹겹이 싸여 통을 이루는 채소.
〔북한〕가두배추 많이 먹었쓰껴? 표양배추 많이 먹었습니까?
◆북한에서는 빳빳하게 되면서 오그라드는 것을 보고 '가드라들다' 또는 '가드라지다'라고 한다. 양배추를 가리켜 '가두배추'라고 하는 것은 그 잎의 오그라든 모양 때문이다.

가라투 경기 | 명사 | 가래톳
넙다리 윗부분의 림프샘이 부어 생긴 멍울.
〔강화〕다리에 가라투가 생기만 걸을 때 몹시 아퍼. 표다리에 가래톳이 생기면 걸을 때 몹시 아파.

가락홀태 전남 | 명사 | 벼훑이
두 개 또는 여러 개의 나뭇가지를 집게처럼 만들고 그 사이에 벼 이삭을 넣고 벼의 알을 훑는 농기구.
〔고흥〕올베쌀 해 묵는 사람들은 지금도 가락홀태에다가 홀튼답니다. 표오례쌀 해 먹는 사람들은 지금도 벼훑이에다가 훑는답니다.
◆광주 전남에서는 손에 들고 사용하는 '벼훑이'를 '꼬쟁이홀태' 또는 '가락홀태'라고 하고, '그네'를 '판자홀태', '탈곡기'를 '양홀태' 또는 '왜홀태'라고 한다.
◆전남에서는 손에 들고 사용하는 '홀태'를 모양에 따라 '손홀태(빗처럼 생긴 홀태)'와 '가락홀태(집게처럼 생긴 홀태)'로 구분하기도 한다.

가락홀티 충남 | 명사 | 벼훑이
두 개 또는 여러 개의 나뭇가지를 집게처

럼 만들고 그 사이에 벼 이삭을 넣고 벼의 알을 훑는 농기구.

〔서산〕그 벼 베구 나서 잘 말린 담에 홀홀 터는 거여. 가락홀티라 그랬지. 홀홀 턴다구. 囯그 벼 베고 나서 잘 말린 다음에 홀홀 터는 거야. 벼홀이라 그랬지. 홀홀 턴다고.

◆서산에서는 손에 들고 사용하는 '벼홀이'를 '가락홀티' 또는 '기냇대'라고 하고, 바닥에 세워놓고 사용하는 '그네'를 '천치', 동그란 통을 발로 밟아 돌리는 '탈곡기'를 '도롱태'라고 한다. ◆'탈곡기'는 지역에 따라 돌아가는 속성이나 돌면서 내는 소리 때문에 '궁굴통, 와롱기/와룽기, 회전기'라고도 한다.

가랑밥 경기 | 명사 | 누룽지
솥 바닥에 눌어붙은 밥.
〔옹진〕가랑밥 좀 가주구 와라. 囯누룽지 좀 가지고 와라.

가랑생이 전남 | 명사 | 가리사니
사물을 판단할 만한 지각.
〔무안〕가랑생이가 없는 사람이네. 囯가리사니가 없는 사람이네.

가래다 강원 | 동사 | 갚다
남에게 빌리거나 꾼 것을 도로 돌려주다.
〔강릉〕아부지가 진 빚으 싹다 가래구 나니 기분이 날아갈 거 같애. 囯아버지가 진 빚을 모두 갚고 나니 기분이 날아갈 것 같아. 〔정선〕너인테 빚진 거 다 톬았다. 囯너에게 빚진 거 다 갚았다. 〔삼척〕돈이 있는데도 췌 간 돈을 가푸지 않는 것을 보니 도둑놈 심보지 뭐. 囯돈이 있는데도 꿔 간 돈을 갚지 않는 것을 보니 도둑놈 심보지 뭐. 〔인제〕올 갈게 베농사 진 거 방에 찌서 팔아봐야 조합수돈 가리구 나믄 그만이야. 囯올해 가을에 벼농사 지은 거 방아 찧어서 팔아봐야 농협 융자

금 갚고 나면 그만이야.

◆삼척에서는 빌려 간 돈을 갚을 때 '가푸다'라고도 하지만, '가리다' 또는 '톺다'라고도 한다. '가푸다'는 물이 깊을 때 '지푸다'라고 하는 것과 같은 이치의 발음이고, '톺다'는 삼을 삼을 때 삼을 가늘고 부드럽게 만들기 위해 껍질을 깎아내는 것을 표준어로 '톺다'라고 하듯이 손톱이나 발톱을 깎을 때나 빌려 간 돈을 깎아나갈 때 쓰는 말이다. -이경진·이주영 (삼척)

가래동우 전남 | 명사 | 없음
질그릇의 하나. 흔히 물 긷는 데 쓰는 것으로 보통 둥글고 배가 부르고 아가리가 넓으며 양옆으로 손잡이가 달려 있다.
〔고흥〕샐팍에 가래동우 이고 있등마. 囯사립문 밖에서 '가래동우' 이고 있던데.

◆옛날에는 '옹구(옹기)' 장사가 '옹구짐'을 지고 '옹구'를 팔러 다녔는데, 물항아리를 '옹구동우(옹기동이)'라고 했다. ◆전남에서는 작은 동이를 '동우'라고 하고, 큰 동이를 '가래동우'라고 한다.

가래흰떡 전북 | 명사 | 가래떡
가는 원통형으로 길게 뽑아 일정한 길이로 자른 흰떡.
〔남원〕가래흰떡얼 꼬득꼬득허게 말린 담에 얇실하게 썰으먼은 돼. 囯가래떡을 꾸덕꾸덕하게 말린 다음에 얇실하게 썰면 돼. 〔부안〕설 때 떡국 끓일라면 떡대 다 쓰리놔야지. 囯설 때 떡국을 끓이려면 가래떡을 다 썰어놓아야지.

◆부안에서는 넓고 길게 뽑은 떡을 '흰떡'이라 하고, 가늘고 길게 뽑은 떡을 '가래흰떡' 또는 '떡대'라고 부른다. '흰떡'은 넓적하게 썰어서 차례상에 올린다. 갓 만들어서 말랑말랑한 '가래흰떡' 또는 '떡대'는 그냥 먹거나 꿀에 찍어 먹는다. 만든 지 하루 이틀이 지나서 살짝 굳은 가래떡은 '가래흰떡'보다 '떡대'라

고 부르는 경우가 많고, 어슷하게 썰어두었다가 떡국의 재료로 쓴다. -김금오(부안)

가로고치다 충북 | 동사 | 걸리적거리다
거추장스럽게 자꾸 여기저기 걸리거나 닿다.
〔옥천〕일하는데 가로고치지 말구 절루 가 있어. 표일하는데 걸리적거리지 말고 저리로 가 있어. 〔청주〕아이구! 가로붙이게 절루 좀 가아! 표아이고! 걸리적거리니까 저리로 좀 가!

가로삼키다 경남 | 동사 | 사레들다
음식을 잘못 삼켜서 기관 쪽으로 들어가 갑자기 기침 따위를 하는 상태가 되다.
〔부산〕가로삼키가꼬 죽는 줄 알았다. 표사레들어 죽는 줄 알았다.
◆'가로삼키다'라는 말은 음식을 삼킬 때 음식이 식도로만 넘어간 것이 아니라 기도로도 넘어갔음을 뜻하는 말이다. 음식을 먹다가 갑자기 기침을 하면 어머니가 "가로삼킷네" 하며 물을 주었던 기억이 난다. 한동안 사투리인 줄 모르고 사용했던 말이다. -최혜정(부산)

가름배 강원 | 명사 | 가르마
이마에서 정수리까지의 머리털을 양쪽으로 갈라붙일 때 생기는 금.
〔원주〕가름배도 깨끄시 하고 머리 깎는다 카능 기래요. 표가르마도 깨끗이 하고 머리 감는다 하는 거예요. 〔춘천〕가름마를 반듯하게 타구 쪽을 쪄야 곱게 뵈지. 표가르마를 반듯하게 타고 쪽을 쪄야 곱게 보이지.
◆'가름배'는 강원도뿐만 아니라 충청도와 경상북도에서도 쓰는 말이다.

가리늦가 경남 | 부사 | 뒤늦게
제때가 지나 아주 늦게.
〔남해〕다 묵었는데 가리늦가 와서 우짜노? 표다 먹었는데 뒤늦게 와서 어떡하니? 〔하동〕그렇게 까불고 댕기더마 가리늦가사 철이 들었다. 표그렇게 까불고 다니더니 뒤늦게야 철이 들었다.

가리다 경남 | 동사 | 가르다
하나를 둘 이상으로 가르거나 여러 가지가 섞인 것을 분류하다.
〔진주〕싸우지 말고 둘이 가리 무우라. 표싸우지 말고 둘이 나누어 먹어라. 〔창원〕펜을 잘 갈라야 갱기가 재미있다. 표편을 잘 갈라야 경기가 재미있다.
◆합천에서는 분할할 때 '가리다'라고 하고, 분배할 때는 '농구다'라고 한다. -경남방언연구보존회

가릿값 충남 | 명사 | 없음
소나 말을 이용하여 논밭을 갈아주는 데 지불하는 삯.
〔당진〕순이넨 농잇소 한 마리밖에 읎넌디 그걸루 일 시켜 가릿값 받아먹고 산다. 표순이네는 농사일을 하는 소 한 마리밖에 없는데 그것으로 일을 시켜 '가릿값' 받아먹고 산대.

가막소 충남 | 명사 | 감옥
죄인을 가두어두는 곳.
〔공주〕인공 난리 때 인민군들허구 빨갱이덜허구 죄 읎는 사람들을 마구 붙잡어 가 말 안 든다고 때리구 가막소에다 가두구 그랬댜. 표인공 난리 때 인민군들하고 빨갱이들이 죄 없는 사람들을 마구 붙잡아 가 말 안 듣는다고 때리고 감옥에다 가두고 그랬대. 〔예산〕죄 읎넌 늠이 왜 가막일 가것어? 가막이 갇힐 땐 다 까닥이 있넌 법이랑게. 표죄 없는 놈이 왜 감옥에 가겠어? 감옥에 갇힐 땐 다 이유가 있는 법이라니까. 〔세종〕자는

깜방에서 콩밥 먹은 지 한참 됐유. 표저 사람은 감옥에서 콩밥 먹은 지 한참 됐어요.

가매 강원 | 명사 | 가마솥
아주 크고 우묵한 솥.
〔원주〕옥시기를 가매에 푹 삶아 먹자. 표옥수수를 가마솥에 푹 삶아 먹자. 〔양양〕송아지 고기가 가매서 설설 끓어. 표송아지 고기가 가마솥에서 설설 끓어. 〔홍천〕들구 당길 조을 망큼 묶어서 가매에다 집어넣어. 표들고 다니기 좋을 만큼 묶어서 가마솥에다 집어넣어. 〔삼척〕가매 밑구영이 솥 밑구영 보고 저 검정 봐라 한다. 표가마솥 밑이 솥 밑을 보고 저 검정 봐라 한다.
◆솥 중에 크기가 작은 솥을 '노구솥' 또는 '새옹'이라고 하는데, 평창에서는 젯밥을 지을 때만 사용하는 작은 놋쇠솥을 '새옹'이라고 한다. '새옹'은 크기만 작은 것이 아니라 바닥이 편평하여 생김새부터 '가매'와 다르다. 밥을 지을 때 밖으로 김이 나오지 못하도록 뚜껑 위에 차가운 행주를 올려놓으면 밥맛이 좋다. -이동수(평창) ◆기본적으로 가마와 솥은 다르다. 솥은 뚜껑이 있지만 가마는 뚜껑이 없다. 대신 널빤지를 가마에 맞게 짜서 뚜껑으로 쓴다. 더러는 대나무를 쪼갠 발로 뚜껑처럼 사용하기도 한다. 강원도에서는 솥의 크기에 따라 작은 것은 '솥' 또는 '밥솥'이라고 하고, 큰 것은 '가마솥'이라고 한다. 그런가 하면 고성에서는 '밥솥'보다 작은 것을 '땅솥'이라고 하고, 인제에서는 작은 솥을 '노가지솥', 큰 것을 '큰솥'이라고 한다. 춘천에서는 밥솥보다 큰 것을 '지북솥'이라고 한다. -이경진(삼척) ◆부엌에 세 개의 솥을 걸 때는 오른쪽에 '가마솥'이나 '지북솥'을, 중간에 '평치솥'을, 왼쪽에 '노구솥'을 걸었다. 두 개의 솥을 걸 때는 '평치솥'과 '노구솥'을 걸었다. 대체로 '가마솥'은 사랑방이나 뜰아랫방 등 별채에 거는 경우가 많다. '지북솥'은 '가마솥'보다 조금 작은 솥으로 평소에는 물을 데우는 데 쓰고, '평

치솥'은 흔히 '국솥'이라고 하는데 중간에 두기 때문에 '가운뎃솥' 또는 '중간솥'이라고 한다. '노구솥'은 흔히 '밥솥'이라고 하는데 고정시켜놓고 쓰지 않고 부엌 밖에 걸거나 화롯불에 올려놓고 쓰기도 한다. '지북솥'은 소댕(솥뚜껑)이 있지만 '가마솥'은 소댕이 없다. '가마솥'에는 '옥가마'와 '벌가마'가 있는데, '옥가마'는 바닥보다 위쪽이 좁아서 소댕을 만들어 덮어 '지북솥'으로 썼고, '벌가마'는 바닥과 위쪽 폭이 같아서 '통가마'라고도 했는데, 너무 커서 소댕을 만들면 무거워 사용하기 불편해 나무판자로 뚜껑을 만들어 썼다. -유연선(춘천)

가무레기 북한 | 명사 | 가무락조개
백합과의 조개인 가무락조개를 이르는 말.
〔함북〕해변에서 가무레기 구워 먹자는 말이구나. 표해변에서 가무락조개 구워 먹자는 말이구나.
◆가무레기는 서해안의 여러 곳에서 나는 조개류의 한 가지로 조가비는 약간 둥글고 두텁지 않은 편이다. 조가비 겉면은 볼록하며 누런 밤색이거나 검붉은색을 띠고 있다. 썰물 때 드러나는 갯탕판에서 산다.

가무술레다 경북 | 형용사 | 기절하다
두려움, 놀람, 충격 따위로 한동안 정신을 잃다.
〔경주〕가가 가무술레가 우얄 쭐로 몰랬데이. 표개가 기절해서 어쩔 줄을 몰랐어.

가무치 경남 | 명사 | 가물치
가물칫과의 민물고기를 일컫는 말.
〔남해〕가무치는 끓여서도 묵지만 헤 떠 묵우몬 한 맛 더 나니라. 표가물치는 끓여서도 먹지만 회 떠 먹으면 맛이 더 난다. 〔부산〕글마는 가무치 콧구넝매이로 코삐이도 안 비네. 표그놈은 가물치 콧구멍처럼 코빼기도 안 보이네. 〔울산〕갸느 가무치 쾨꾸영메추로 비이지도 않네. 표개는

가물치 콧구멍처럼 보이지도 않네. 〔하동〕까물치는 산모들헌티 상구 좋은 보약인께 니도 누구 마누래헌테 푹 고아 조바라. 표가물치는 산모들에게 아주 좋은 보약이니까 너도 네 마누라에게 푹 고아서 줘봐라.

◆거제·김해·진주·창녕 등지에서는 온다는 사람이 소식이 없거나 얼굴 보기 힘들 때 비유적으로 '가무치 콧구녕' 같다고 한다. -김승호(진주) ◆일반적으로 '가물치 콧구멍'이라는 말은 속이 좁은 사람을 가리키는 말로도 쓰인다. 그만큼 가물치 코가 작기 때문에 생겨난 말이다.

가물타다 전남 | 동사 | 삐다
몸의 어느 부분이 접질리거나 비틀려서 뼈마디가 어긋나다.
〔고흥〕어지께 멀 조깐 들다가 허리를 가물타부렀등가 딸싹도 못 허겄소. 표어제 무엇을 조금 들다가 허리를 삐어버렸는지 꼼짝도 못 하겠소.
◆경상남도 진해에서 '가물타다'는 '삐다'를 뜻하는데, 전라남도 장성에서 '가물타다'는 비가 오지 않는 마른장마를 뜻한다. -조선희(장성) ◆'가물타다'는 '감트다'라고도 한다. "허리를 감타부렀는가 사죽을 못 쓰겄네"라는 식으로 쓴다. 이럴 때는 '치간(변소)'이나 뒤꼍의 '소매항(오줌 모아놓은 항아리)'에 양쪽이 막힌 대나무 마디를 넣어두었다가 꺼내어 그 안에 스며든 오줌을 마시도록 했다. 너무 아파서 참을 수 없을 때는 오랫동안 고여 있는 묵은 소변을 떠서 마시기도 하였다.

가므소롬하다 경기 | 형용사 | 거무스름하다
빛깔이 조금 검은 듯하다.
〔서울〕간장이 배서 가므소롬한 색이 나요. 표간장이 배서 거무스름한 색이 나요.

가부리 경남 | 명사 | 가오리
가오릿과의 바닷물고기를 통틀어 이르는 말.
〔창원〕가부리는 꼬들꼬들하이 말라가이고 찌거나 문치 무우모 맛있다. 표가오리는 꼬들꼬들하게 말려가지고 찌거나 무쳐 먹으면 맛있다.
◆전라도 바닷가 마을에서 '가오리'와 '간재미'가 가리키는 대상이 다르듯이 경상도 바닷가 마을에서도 '가오리'와 '나무쟁이'는 가리키는 대상이 다르다. '간재미'와 '나무쟁이'는 가오리의 한 종류지만 일반적인 의미의 '가오리'보다 크기가 좀 작다. -김성재(고성) ◆울산에서는 가오리를 '가부리'라고 하는데, 가오리 암컷에 비해 가오리 수컷의 인기가 없어서 흔히 '가부리 좆'이라고 하면 쓸모없는 것을 뜻하는 말이 된다. -조용하(울산)

가부리 경북 | 명사 | 가오리
가오릿과의 바닷물고기를 통틀어 이르는 말.
〔대구〕가부리느 암넝캉 숭넝캉 값이 배애나 차가 난다네요. 표가오리는 암놈이랑 숫놈이랑 값이 배나 차이가 난다네요.

가부진대 충북 | 명사 | 진드기
진드깃과의 절지동물을 통틀어 이르는 말.
〔영동〕풀섶에 쏘댕기믄 가부진대가 붙어. 표풀숲에 쏘다니면 진드기가 붙어.

가분다리 경남 | 명사 | 진드기
진드깃과의 절지동물을 통틀어 이르는 말.
〔진주〕소 뒷다리 새에 가분다리 좀 띠주라. 표소 뒷다리 사이에 진드기 좀 떼어줘라. 〔하동〕옴마, 송아치 배에 가분다리가 버글버글헌데 약 쫌 뿌리까예? 표엄마, 송아지 배에 진드기가 바글바글한데 약 좀 뿌릴까요?
◆경남 양산에서는 진드기 수컷을 '가부내기'라고 하

고, 암컷을 '부둔지'라고 한다. 하동에서는 작은 것을 '가분다리'라 하고, 큰 것을 '엥이'라 한다. 거제에서는 유충을 '까분디기', 성충을 '이이'라 한다. -김승호(진주)

가사다 경남 | 동사 | 없음
지저분한 것을 깨끗하게 하다.
〔창원〕모서리를 잘 가사야 때물이 난다. 표모서리를 잘 정리해야 때깔이 난다. 〔고성〕집 좀 가시라. 표집 좀 치워라. 〔울산〕자알 토시냐야 뽄때가 난다. 표잘 '토시냐야' 본때가 난다.
◆'가사다'는 '자르다'라는 뜻의 동사 어간 'ᄀᆞ-'에서 온 말이다. 즉 '가위'와 '가사다'는 말의 뿌리가 같은 말이다. -김승호(진주)

가상 전북 | 명사 | 가
경계에 가까운 바깥쪽 부분. 또는 어떤 중심이 되는 곳의 둘레나 끝에 해당하는 부분.
〔군산〕위험헌게로 가상으가 앉졌지 말고 요만큼 바짝 오랑게. 표위험하니까 가에 앉아 있지 말고 이만큼 바짝 오라니까. 〔정읍〕아야, 가상에 안졌지 말고 안으로 뽀짝 들어오랑게. 표애야, 가에 앉아 있지 말고 안으로 바짝 들어오라니까. 〔남원〕입 가상에 밥티는 새거리로 먹을라고 붙쳐놔남? 표입 가에 밥풀은 곁두리로 먹으려고 붙여 뒀나? 〔임실〕신작로는 위엄헌게 가상으로만 댕겨라. 표신작로는 위험하니까 가장자리로만 다녀라.

가상클이 전남 | 명사 | 가시덤불
가시나무의 넝쿨이 어수선하게 엉클어진 수풀.
〔고흥〕가상클이가 보리를 감고 올라가믄 보리가 안 돼요. 표가시덤불이 보리를 감고 올라가면 보

리가 안 돼요.
◆'가상클이'는 '며느리밑씻개' 등속처럼 '가시덤불' 류의 통칭이 아니라 특정 식물의 이름이다. '가상클'이 아니라 '가상클이'라고 한다. -신정자(고흥)

가새 강원 | 명사 | 가위
옷감, 종이, 머리털 따위를 자르는 기구.
〔정선〕이 가새는 지낸번에 새루 산 거래요. 표이 가위는 지난번에 새로 산 거예요. 〔춘천〕너는 맨날 가새루 쏙닥질만 하니? 표너는 맨날 가위로 이것저것 막 잘라대니? 〔홍천〕가새로 인제 고걸 말르자너. 표가위로 이제 그걸 마르잖아. 〔삼척〕반지그릇에 있는 가새를 좀 꺼내 다고. 표반짇고리에 있는 가위를 좀 꺼내 다오.
◆강릉에서는 '가위'를 '가새'라고 하지만 무서운 꿈을 꾸었을 때 "가새에 눌랬다"라고 하지 않고 "가왜에 눌랬다"라고 한다. 춘천에서는 "가우 눌렸다"라고 한다. -김인기(강릉), 유연선(춘천) ◆옛날 가위는 쇠로 만들어 습기에 약해 쉽게 녹이 슬기 때문에 이를 경계하는 의미로 '가새는 소똥 보면 안 든다'라는 말이 있다. 소똥의 습기에도 가위에 녹이 슬기 때문에 물이 닿지 않도록 조심하라는 의미이다. -김성영(양양)

가생이 충남 | 명사 | 가장자리
둘레나 끝에 해당되는 부분.
〔대전〕지붕 가생이가 믄저 닳아서 물이 안으루 줄줄 세는디, 느 작은아배가 와서 고쳐주구 갔다. 표지붕 가장자리가 먼저 닳아서 물이 안으로 줄줄 세는데, 네 작은아버지가 와서 고쳐주고 갔다. 〔공주〕그 길은 워냥 좁드라. 차 조심허구 길 가생이루 조심조심 댕기거라. 표그 길은 워낙 좁더라. 차 조심하고 길 가장자리로 조심조심 다니거라. 〔서산〕그 쟁변은 가생이에두 꽃무늬가 그려졌다. 표그 쟁반은 가장자리에도 꽃무늬가 그려

졌다. 〔태안〕가뗑이 서서 증신 사납게 그러지 말구 이짝 앞짝이루 나와 앉쥬. 표가장자리 서서 정신 사납게 그러지 말고 이쪽 앞쪽으로 나와 앉지요.

가수다 강원 | 동사 | 가시다

물 따위로 깨끗이 씻다.

〔강릉〕밥그릇으 깨깟이 쎄서 맑은 물루 가수구. 표밥그릇을 깨끗이 씻어서 맑은 물로 가시고. 〔평창〕양추질하고 물로 입안을 잘 가수래요. 표양치질하고 물로 입안을 잘 가시래요. 〔삼척〕칫솔질을 한 다음 입속을 잘 가세내라. 표칫솔질을 한 다음 입속을 잘 가시어내라.

가슬락가슬락 제주 | 부사 | 까끌까끌

표면이 매우 거칠고 껄끄러운 모양.

〔노형〕밥에 진끼가 없고 가슬락가슬락ᄒᆞ다. 표밥에 찰기가 없고 까끌까끌하다.

◆'가슬락가슬락'은 피부가 거칠거칠할 때도 사용하지만 밥에 찰기가 없을 때도 사용한다. -현임종(노형)

가시 경기 | 명사 | 회충

회충과의 기생충.

〔양평〕요즘에는 없지만 예전에는 가시 때문에 고생들을 했어요. 표요즘에는 없지만 예전에는 회충 때문에 고생들을 했어요.

가시개 경북 | 명사 | 가위

옷감, 종이, 머리털 따위를 자르는 기구.

〔상주〕저 가시개 함 가져와봐라. 표저 가위 한번 가져와봐라. 〔대구〕가시개 어디 있노? 표가위 어디 있니?

◆'가시개'는 경상도에서 폭넓게 쓰고 있으며 울산시와 전라남도 등지에서도 쓰는 말이다.

가시옴마이 경기 | 명사 | 장모

아내의 어머니를 이르는 말.

〔옹진〕자기를 낳아준 이가 옴마이니까 색시를 낳아준 사람은 가시옴마이지.

◆황해도에서는 장모를 '가시옴마이'라고 하고, 장인을 '가시아바이'라고 한다. '가시'는 각시를 뜻하는 말이라는 설이 있는가 하면, 여성을 뜻하는 말이라는 설도 있다. 옹진은 황해도의 38선 이남 지역으로 지금은 경기도에 편입되어 있지만 여전히 황해도 사투리가 사용되고 있는 곳이다.

가시장 북한 | 명사 | 찬장

음식이나 그릇 따위를 넣어두는 장.

〔평북〕가시장에 이제 막 가신 그릇을 올려놓았시요. 표찬장에 이제 막 씻은 그릇을 올려놓았어요. 〔자강〕가식장에서 고구마 좀 꺼내주오. 표찬장에서 고구마 좀 꺼내주오. 〔북한〕수림아! 가싯장에 김치 좀 꺼내 와라. 표수림아! 찬장에 김치 좀 꺼내 와라.

◆'가시장'은 설거지한 그릇이나 음식물을 보관하는 장으로, 전기 공급이 원활하지 않은 북한에서 냉장고 대신 사용하기도 한다. '가시장'은 '그릇이나 솥 같은 것을 물로 깨끗하게 씻다'라는 뜻의 '가시다'에서 온 말이고, 설거지를 할 수 있도록 만든 대는 '가시대'라고 한다.

가씬가씬하다 경남 | 동사 | 갈씬갈씬하다

겨우 조금 닿을락 말락 하다.

〔하동〕가씬가씬하이 2등 했다, 아깝어 죽겄다. 표갈씬갈씬하게 2등 했다, 아까워 죽겠다.

◆'가씬가씬하다'는 '아슬아슬하다'라는 뜻으로도 쓰인다.

가악하다 충북 | 형용사 | 그악하다

모질고 사납다.

〔음성〕그 집 사람덜은 어틓게 된 게 죄 가약한지 몰러. 표그 집 사람들은 어떻게 된 게 죄 그악한지 몰라.

가위팡팡 전북 | 명사 | 사방치기

땅바닥에 일정한 모양의 칸을 그리고 칸 안에 번호를 써넣은 다음 번호 순서대로 그 안에 납작한 돌이나 사금파리 등을 던져놓고 깨금발로 돌아 나오는 놀이.

〔전주〕가위팡팡 할 사람 여기여기 붙어라! 표사방치기 할 사람 여기여기 붙어라! 〔군산〕밥 먹고 운동장서 애들이랑 가위팡팡 할라는디. 표밥 먹고 운동장에서 애들이랑 사방치기 하려고 하는데. 〔정읍〕땅따먹기 할 사람 여기 붙어라. 표사방치기 할 사람 여기 붙어라.

◆표준어는 '사방치기'인데, 지역에 따라 '가위팡팡', '망줍기'라고도 한다. '가위팡팡'이라는 이름은 가운데 선의 모양이 ×자이고 그 안을 '팡팡' 뛰어다닌다고 해서 붙여진 이름으로 보인다. '망줍기'에서 '망'은 놀이를 할 때 사용하는 돌을 가리키는 말이다. - 김혜정(전주)

가웂다 강원 | 형용사 | 가엾다

마음이 아플 만큼 안되고 처연하다.

〔강릉〕에이그, 가유워라. 어려서 이미 애비 잃고 우리 집에 온 지 20년이다. 표어이구, 가여워라. 어려서 어미 아비 잃고 우리 집에 온 지 20년이다.

가이 충남 | 명사 | 개

갯과의 포유류.

〔서산〕술 먹은 가이라니, 술 치해서 허넌 말 타내지 말게. 표술 먹은 개라고 하니, 술에 취해서 하는 말 탓하지 말게. 〔태안〕요새 가이덜은 구이랑 한티 자더먼. 표요새 개들은 고양이랑 함께 자더군.

◆'개'의 옛말은 '가히'이다. 역사적으로 '가히'의

'ㅎ'이 유성음 사이에서 탈락하여 '가이'가 되었고, '가이'가 축약을 통해 '개'로 바뀌었다. 그런데 경기도와 충청남도 사투리에서는 축약이 이루어지지 않고 그대로 '가이'형이 남아 있다.

가재이 경남 | 명사 | 가지

가짓과의 한해살이 풀로 검은 자줏빛에 긴 원통 모양이며 익혀서 반찬으로 먹는다.

〔양산〕애, 가재이, 박 다 나온다. 표오이, 가지, 호박 다 내놓는다. 〔밀양〕가재이도 밥에 올리가 쌂어서 무치 묵고 그래. 표가지도 밥에 올려 삶아서 무쳐 먹고 그래.

◆'가쟁이'는 충청도를 비롯하여 경남의 부산·울산·창녕·하동·합천 등지에서 '나뭇가지'를 뜻하는 말로도 쓴다. 밀양이나 양산 등지에서는 '가재이'를 '가지'를 뜻하는 말로 쓴다.

가쟁이질 전남 | 명사 | 없음

이앙기로 모내기를 한 뒤에 비어 있는 논에 모를 채워 심는 일.

〔고흥〕우리 논은 전부 빤듯빤듯히서 기계가 다 들어강께 가쟁이질 헐 데가 없당께요. 표우리 논은 전부 반듯반듯해서 기계가 다 들어가니까 '가쟁이질' 할 데가 없다니까요. 〔진도〕우리는 옹탈이가 있어서 가쟁이질 할 때가 엄청 나뿌러. 표우리는 작은 논이 있어서 '가쟁이질' 할 때가 엄청 많아요. 〔광주〕모 숭고 나서 이삼일 후면 뜬모를 해야 쓴다. 표모 심고 나서 이삼 일 지나면 '뜬모'를 해야 좋다.

◆예전에는 사람이 직접 모를 심었는데, 일부 뿌리를 내리지 못하고 둥둥 떠나니는 모가 있었다. 이를 '뜬모'라고 하고, '뜬모'를 다시 심는 것을 '뜬모한다'라고 한다. '가쟁이질'은 이앙기가 보급되면서 생겨난 말로 보인다. 즉 이앙기가 들어가지 못하는 언덕이나 작은 논, 혹은 모가 심어지지 않은 빈 자리 등

에 모를 심는 것을 이르는 말이다. 비슷한 말로 '이종한다'가 있다.

가조론이 충남 | 부사 | 가지런히
여럿이 층이 나지 않고 고르게.
〔논산〕즈기 저범 좀 가조론이 정리해봐봐유. 표저기 젓가락 좀 가지런히 정리해요. 〔서산〕벳단을 강추란히 묶어놓았다. 표볏단을 가지런히 묶어놓았다. 〔공주〕어디 나갔다가 집이 들어오믄 옷 같은 거뚜 강조롱이 옷거리에 걸어노쿠 양말 같은 거뚜 강조롱이 개서 좀 못 놔? 표어디 나갔다가 집에 들어오면 옷 같은 것도 가지런히 옷걸이에 걸어놓고 양말 같은 것도 가지런히 개서 좀 못 놔?

가즈 북한 | 부사 | 금방
말하고 있는 시점과 가까운 시간.
〔함북〕너 거기서 기다리라, 내 가즈 간다야. 표너 거기서 기다려라, 내가 금방 갈게. 〔평남〕밥두 가즈 해야 마딨지. 표밥도 갓 해야 맛있지.

가즈난아 북한 | 명사 | 갓난아이
태어난 지 얼마 되지 아니한 아이.
〔함북〕가즈난아가 머리숱이 정말 많구나. 표갓난아이가 머리숱이 정말 많구나.
◆평안도에서는 "바로 금방 또는 새로"를 뜻하는 '갓'을 '가주'라고 한다. '갖난아이'는 '가주+난+아'에서 온 말로 볼 수 있다. '가즈난아'가 자라 19세가 되면 '자란이'라고 한다.

가지랑 전북 | 명사 | 야지랑
얄밉도록 능청맞고 천연스러운 태도.
〔무주〕야가 왜 가지랑 떤다냐? 표애가 왜 야지랑을 떨까? 〔완주〕저것이 왜 야지랑을 떤디야? 표저것이 왜 야지랑을 떨까?

◆'가지랑' 또는 '야지랑'은 복합어의 형태로 '떨다'와 함께 쓰기도 하고, 파생어의 형태로 '-스럽다'와 함께 쓰기도 한다. ◆완주에서는 야지랑 떠는 행동을 할 때 '뒷짐진다'는 말을 함께 쓰기도 하는데 본래 야지랑의 의미가 "너는 모르지, 나는 안다"와 같은 식으로 상대에게 거들먹거릴 때 쓰는 말이기 때문이다. -배순향(완주)

가지만나다 경남 | 동사 | 없음
얼굴을 처음으로 대하다.
〔통영〕가지만난 걸이만 하몬 아무시랑토 않다. 표처음 만난 것 같이만 하면 아무렇지도 않다.
◆결혼 날짜를 받고 고향에 계신 할머니를 찾아뵈러 갔더니 내 손을 꼭 붙잡고 "벱이 그래서 우짤 수 움따. 참 기가 차기 아깝아도 우짤 수 움따. 가지만난 걸이만 하몬 아무시랑토 않다"라고 해주셨다. 손녀딸이 다 자라 남의 집에 시집을 간다고 하니 그것이 못내 서운했는지 몇 번을 같은 말씀을 하셨다. -이숙련(통영) ◆경상도에서 '가지'는 '갓'에서 온 말로 보인다. '칡'을 '칠기'라고 하고, '벌'을 '버리'라고 하듯이 '갓'을 '가지'라고 한 것이다. -김성재(고성)

가지벌초 제주 | 명사 | 없음
8촌 이내 아주 가까운 친척이 모여 하는 벌초.
〔구좌-한동〕팔월 초호룻날은 궨당덜이 다 모다들엉 벌초덜 헷주게. 웃대 산덜은 모둠벌초로 허곡, 가까운 거시긴 이녁 가지만 헹 가지벌초 허곡. 이녁 식구만도 허곡. 표팔월 초하룻날은 권당들이 다 모여들어 벌초를 했지. 윗대 산소들은 모둠벌초로 하고, 가까운 거시기는 자기 가지만 해서 '가지벌초' 하고. 자기 식구만도 하고.
◆제주에서는 음력 8월 초하루를 전후하여 일가친척이 모여 벌초를 하는데, 기제사를 마친 윗대 조상의 묘를 대상으로 할 때는 '모둠벌초'라고 하고, 가

족이나 8촌 이내의 가까운 친척끼리 기제사를 모시는 직계 조상의 묘를 대상으로 할 때는 '가지벌초'라 한다.

가지볼통 경남 | 명사 | 보통
특별하지 아니하고 흔히 볼 수 있음. 또는 뛰어나지도 열등하지도 아니한 중간 정도.
〔진해〕뭘, 가지볼통이지. 표뭘, 보통이지. 〔통영〕가지볼통만 한 기 까불고 있네. 표보통만 한 게 까불고 있네.
◆'가지볼통'이라는 말의 '가지'는 텃밭에서 흔히 볼 수 있는 채소인 가지에서 온 말이라는 설이 있다. 여기에 '보통'이라는 말이 더해져 '대수롭지 않게 보통'이라는 뜻이 된 것으로 보인다. -김영수(진해) ◆'가지볼통'의 '볼통'은 '보통'에서 온 말로 보인다. 경상도에서 복합어를 만들 때 중간에 'ㄹ'을 삽입하는 것은 일반적인 현상이다. '공동묘지'를 뜻하는 '공구산(供具山)'을 '공굴산'이라고 하고, 술을 권하는 노래를 뜻하는 '권주가(勸酒歌)'를 '권줄가'라고 하듯이 '보통'을 '볼통'이라고 했을 가능성이 있다. 다만 '가지'는 '거싀'(거의)에서 온 말로 보이지만 정확한 의미는 알 수 없다. -김승호(진주)

가지소박이 북한 | 명사 | 없음
데친 가지를 네 갈래로 쪼갠 다음 양념소를 넣어 익힌 김치.
〔평남〕이거이 가지소박이라요. 표이것이 '가지소박이'에요.
◆가지는 평안도의 특산물로 평안도에는 가지구이, 가지국, 가지김치, 가지나물, 가재냉국, 가지냉채, 가지말랭이, 가지볶음, 가지뱅어포, 가지산적, 가지선, 가지소박이, 가지장김치, 가지장아찌, 가지적, 가지전, 가지찬국, 가지튀기, 가지짠지, 가지찜 등 다양한 가지 요리가 있다. 이 중에 가지선과 가지

소박이, 가지찜은 그 모양이 비슷하지만 조리 방법과 들어가는 소가 다르다. 우선 가지선은 가지를 쪄서 소고기와 달걀로 만든 소를 넣고 양념장으로 졸인 반찬이고, 가지찜은 가지를 네 갈래로 쪼갠 다음 소를 넣고 찐 반찬이다. 가지소박이는 찌지 않고 살짝 데친 가지를 이용한다는 점이 다르고 국간장으로 양념한 소를 넣어 일주일간 숙성시켜 먹는 김치라는 점도 다르다.

가지순대 북한 | 명사 | 없음
속을 파낸 가지에 고기와 채소 등을 넣고 찐 음식.
〔평남〕어제 가지순대 먹언? 표어제 '가지순대' 먹었니?
◆평안도의 '가지순대'는 우리에게 익숙한 돼지창자로 만든 순대와 달리 담백하고 잡냄새가 없으며 가지의 달달한 맛이 은은하게 퍼져 입맛을 돋우는 요리다.

가전하다 충남 | 형용사 | 가뿐하다
(1)들기 좋을 정도로 가볍다.
(2)몸의 상태가 가볍고 상쾌하다.
(3)마음에 부담이 없이 가볍고 편안하다.
〔서산〕젊을 적엔 가전허던 일두 나일 좀 먹고설랑 못한다구 그러드라구. 표젊을 적엔 가뿐하던 일도 나이를 좀 먹고서는 못한다고 그러더라고. 〔예산〕자구 일났더니 몸이 거전허네유. 표자고 일어났더니 몸이 가뿐하네. 〔태안〕저 늙다리 보매보다 심이 쎄. 쌀 한 가마니 거전허게 메구 가쟎어. 표저 늙은이 보기보다 힘이 세. 쌀 한 가마니 가뿐하게 메고 가잖아. 〔공주〕나도 젊었을 적엔 베 한 가마니 거쩐하게 들어 올렸었는디. 표나도 젊었을 적엔 벼 한 가마니 가뿐하게 들어 올렸었는데. 〔논산〕그 사람 기운이 장사여서 쌀 한 가마는 갓짠하게 들 수 있지유. 표그 사람 기

운이 장사여서 쌀 한 가마는 가뿐하게 들 수 있지요.

◆'가쩐하다'와 '거쩐허다'는 충남 전역에서 널리 쓰이는 말이다. 문맥에 따라 다양한 의미로 해석되지만 대체로 '가뿐하다' 또는 '거뜬하다'를 뜻한다. "원판 심이 조니께 가쩐허게 들구 가더먼"이나 "약 먹구 거쩐허게 낫었댜"처럼 쓰는데, '거쩐허다'는 주로 충남 북부에서 쓰는 말이다. 1950년대 이전에는 '갑잔허다/갭잔허다/갭전하다'라고 했다. ─이명재 (예산)

가쯘하다 북한 | 형용사 | 가지런하다
여럿이 층이 나지 않고 고르게 되어 있다.
〔북한〕벼단을 가쯘하게 묶어라. 표볏단을 가지런하게 묶어라.

가차이하다 강원 | 동사 | 가까이하다
사람과 사람 사이의 관계를 친밀하게 하다.
〔고성〕그 사람을 가차이하문 너도 물드는 벱이다. 표그 사람을 가까이하면 너도 물드는 법이다. 〔춘천〕그 사람이 을마나 심성이 착헌데? 가차이 지내두 벨 탈 없을 꺼야. 표그 사람이 얼마나 심성이 착한데? 가까이 지내도 별 탈 없을 거야. 〔삼척〕야야! 이리 좀 개차이 와봐라. 표야야! 이리 좀 가까이 와봐라.

◆'가차이하다'는 '가찹다'에서 온 말이다.

가찹다 경기 | 형용사 | 가깝다
어느 한 곳에서 다른 곳까지의 거리가 짧다.
〔이천〕여기서 읍내까지는 그래두 가차운 편이에요. 표여기서 읍내까지는 그래도 가까운 편이에요. 〔여주〕면사무소가 가차운 곳에 있다. 표면사무소가 가까운 곳에 있다.

가찹다 경북 | 형용사 | 가깝다
어느 한 곳에서 다른 곳까지의 거리가 짧다.
〔성주〕저 어마이는 아 놀 달이 가찹었는데도 몸이 우쩨 저레 개깝을꼬. 표저 어멈은 아이 낳을 달이 가까웠는데도 몸이 어찌 저리 가벼울까.

가찹다 충남 | 형용사 | 가깝다
어느 한 곳에서 다른 곳까지의 거리가 짧다.
〔공주〕여서 대전은 가찹쥬. 누군 광주 다닌다 허던디. 표여기서 대전은 가깝죠. 누군 광주 다닌다 하던데. 〔논산〕그렇게 가차운 곳을 차를 타고 가? 표그렇게 가까운 곳을 차를 타고 가? 〔태안〕핵교 가차운 읍내 애덜이 노다지 지각헌다니께. 왜 그런지 물러. 표학교 가까운 읍내 애들이 늘 지각한다니까. 왜 그런지 몰라.

가치불 북한 | 명사 | 반딧불
반딧불이의 꽁무니에서 나오는 빛.
〔함남〕칠성별은 아이 보이고 가치불만 봤다야. 표칠성별은 안 보이고 반딧불만 봤다.

◆함경남도에서는 개똥벌레를 '개치벌레'라고 하고, 반딧불을 '개치불'이라고 한다. 함경북도에서는 개똥벌레를 '개똥벌기'라고 하고, '반딧불'을 '깨띠불'이라고 한다.

각띠 전북 | 명사 | 허리띠
바지가 흘러내리지 않게 옷의 허리 부분에 두르는 띠.
〔군산〕지경 장날에 사준 각띠를 찼다. 표군산 대야 장날에 사준 허리띠를 맸다. 〔남원〕바지 내려온다. 허뤼뛰 좀 쫌매라. 표바지 내려온다. 허리띠 좀 매라. 〔김제〕귀얄띠는 허고 댕겨야지. 표허리띠는 하고 다녀야지.

◆ '각띠'는 '가죽띠'와 '허리띠'를 아울러 이르는 말이며 '각뛰'라고도 한다.

각띠2 충북 | 명사 | 멜빵
바지, 치마 따위가 흘러내리지 않도록 어깨에 걸치는 끈.
〔청주〕바지 허리가 커가지구서 각띠럴 혀서 입었어유. 표바지 허리가 커가지고 멜빵을 해서 입었어요.
◆ '각띠'는 '각대(角帶)'에서 온 말이다. 본래 '각대'는 벼슬아치가 예복에 두르던 띠를 이르던 말로서 허리띠의 기능을 하는 것이 아니라 의관을 갖추는 기능을 한다. '각띠'는 지역에 따라 다양한 뜻으로 쓰이는데 청주에서는 어깨에 걸치는 멜빵의 뜻으로 썼다. '질빵'은 짐 따위를 질 수 있도록 어떤 물건에 연결한 줄을 뜻하는 말이다.

각제기국 제주 | 명사 | 없음
전갱이에 얼갈이배추 등을 넣어 끓인 국.
〔구좌-한동〕각제기 싱싱헌 거 헤당 물 팔팔 궬 때 느물이랑 ㄱ치 낭 끌리민 각제기국도 막 맛셔. 표전갱이 싱싱한 거 해다가 물 팔팔 끓을 때 나물이랑 같이 넣어서 끓이면 '각제기국'도 아주 맛있어. 〔애월-상가〕어멍이 끓여주시는 각제기국 흔 그릇 들이싸믄 조커라. 표어머니가 끓여주시는 '각제기국' 한 그릇 들이마시면 좋겠다.
◆제주에서는 생선으로 국을 많이 끓여 먹었다. 생선의 종류에 따라 재료를 조금씩 달리하였는데 '고등에(고등어)'나 '멜(멸치)', '각제기(전갱이)'는 어린 배춧잎을 넣어 국을 끓였고, 갈치는 청동호박과 배춧잎을 넣어 끓였다. 옥돔은 미역이나 무를 얇게 썰어 넣어 국을 끓여 먹었다.

각중에 경남 | 부사 | 갑자기
미처 생각할 겨를도 없이 급히.
〔남해〕각중에 일이 생기뿌서 내도 정신이 없더라. 표갑자기 일이 생겨서 나도 정신이 없더라. 〔마산〕그기 각중이 무슨 소린교? 표그게 갑자기 무슨 소리요?
◆'각중'은 '촌각중(寸刻中)'에서 '촌'이 탈락한 말로 보인다.

각짓불 제주 | 명사 | 등잔불
등잔에 켠 불.
〔구좌-한동〕이런 전깃불이 엇이난 각짓불 쌍 바농질허곡 헤낫어. 표이런 전깃불이 없으니까 등잔불 켜서 바느질하고 했었어. 〔애월-상가〕이초록 많은 식구들 먹엉 살쟁허믄 각짓불 지름도 조냥을 허여사 살아지커라. 경 허염시난 어둠걸랑 책 보쟁 말곡 좀이나 자라게. 표이처럼 많은 식구들 먹여 살리려면 등잔불 기름도 절약을 해야 살 수 있더라. 그렇게 어두우면 책 보지 말고 잠이나 자라.
◆'각짓불'은 제주도에서 '등핏불(남포등)'이 나오기 전에 사용했던 등잔불이다. 등잔에 석유나 유채기름을 담아 불을 켰는데 뚜껑에 심지를 끼울 수 있는 작은 구멍이 있다. 석유를 담아 불을 켜는 등잔은 '석윳 각지'라고 했다. 밤에 각짓불을 켜놓고 책을 읽으면 콧구멍이 까맣게 되곤 했다. -변명수(애월-상가)

간고등에 충북 | 명사 | 간고등어
소금에 절인 고등어.
〔옥천〕간고등에가 지금마냥 뭐 흔했나? 샤부지 드시구 남으믄 먹었지. 표간고등어가 지금처럼 뭐 흔했나? 시아버지 드시고 남으면 먹었지.

간데 경기 | 명사 | 가운데
순서에서, 처음이나 마지막이 아닌 중간.
〔고양〕간데할아버지 오셨어. 표가운데할아버지 오셨어.

간새 북한 | 명사 | 아양

귀염을 받으려고 알랑거리는 말. 또는 그런 짓.

〔함북〕내가 간새를 떨었단 말임다. 표내가 아양을 떨었단 말입니다.

◆'간새'라는 말에는 '귀엽게 재롱을 부리다'라는 뜻도 있지만, '교활하고 얄밉게 군다'라는 뜻도 있다.

간세ᄒ다 제주 | 형용사 | 게으르다

행동이 느리고 움직이거나 일하기를 싫어하는 성미나 버릇이 있다.

〔구좌-한동〕간세허는 것들은 앚아둠서 장물에 저 밥 먹엄서라. 표게으른 것들은 앉아 있으면서 간장에 저 밥 먹고 있더라. 〔토평〕이제 간세헹 안 헴주만은 오합주 허민 잘도 맛 좋아. 표이제 게을러서 안 하고 있지만 오합주 하면 아주 맛 좋아.

◆제주에서는 습성이나 태도가 게으른 사람, 즉 게으름쟁이를 '간세다리'라고 한다.

간소롬하다 경북 | 형용사 | 가느스름하다

조금 가늘다.

〔대구〕저 아가 송꾸락이 간소롬하이 얼매나 이쁘다꼬. 표저 애가 손가락이 가느스름하니 얼마나 이쁘다고.

간시름허다 전남 | 형용사 | 가느스름하다

조금 가늘다.

〔고흥〕집이 눈썹이 간시름허니 영 이뻐요. 표댁의 눈썹이 가느스름하니 아주 이뻐요.

◆전남에서는 '가늘다'를 '가세가가세하다', '가랑가랑하다', '간시름하다', '간실하다', '간주름하다', '패롭다' 등으로 다양하게 표현한다. 그런데 '가늘다'에 반대되는 말은 '퉁겁다', '탐지다' 등이 있을 뿐이다.

간제미 전북 | 명사 | 없음

가오릿과의 바닷물고기.

〔고창〕작아도 간제미가 맛나지. 표작아도 '간제미'가 맛나지. 〔정읍〕간제미네 사촌이 홍어랑게. 표'간제미'네 사촌이 홍어라니까. 〔부안〕간제미는 입이 넙쭉하고 홍어는 입이 삐죽혀. 가오리는 배가 노려. 가자미는 또 따로 있어. 표'간제미'는 입이 넓쭉하고, 홍어는 입이 삐죽해. 가오리는 배가 노래. 가자미는 또 따로 있어.

◆간제미는 홍어와 비슷하게 생겼다. 마름모꼴이며 주둥이 부분이 뾰족하다. 간제미는 흔히 '상어가오리'라고도 불리는데 홍어목 색가오리과에 속한다. 즉 간제미는 가오리이자 홍어이다. 간제미와 홍어의 가장 큰 차이점은 간제미가 좀 더 작고, 홍어가 좀 더 크다는 것이다. 아울러 먹었을 때 코를 찌르는 듯한 암모니아 맛, 즉 '화한' 맛이 간제미에 비해 홍어가 더 강하다. 먹는 방식도 다르다. 정읍과 같은 육지에서는 남도 바닷가와 달리 삭혀서 먹지 않고 회로 먹거나 찜으로 먹는다. -이갑상(정읍)

간지다 경기 | 형용사 | 없음

(1)대상의 성질이나 내용 따위가 보통 이상의 수준이어서 만족할 만하다.
(2)사람이나 사물의 외형적 길이, 넓이, 높이, 부피 따위가 보통 정도를 넘다.
(3)생긴 모양이 아름다워 눈으로 보기에 좋다.

〔부천〕잘생긴 남자는 간진 완디기설, 예쁜 여자는 간진 가리내 이렇게 불러.-강정희(2008ㄱ)

◆'간지다'는 남사당패의 은어로 좋은 것을 뜻한다. '간진 꼴'은 좋은 옷을, '간진 딱지'는 좋은 시계를, '간진 딸따리'는 좋은 차를 뜻하는 말이다. 그런가 하면 예쁘거나 잘생긴 사람을 뜻하는 말로도 쓰인다. '간진 완디기설'은 잘생긴 남자를, '간진 가리내'는 예쁜 여자를 뜻하는 말이다. 어쩌면 '간지 난다'라는 말의 뿌리가 '간지다'인지도 모를 일이다. ◆'간

지다'에 반대되는 말은 '지나다'이다. '지난 완디기설'은 못생긴 남자를. '지난 가리내'는 못생긴 여자를 가리키는 말이다.

갈가리 충남 | 명사 | 없음
수컷 피라미.
〔예산〕갈가리는 피래미 수컷을 가리키넌 겨. 표'갈가리'는 피라미 수컷을 가리키는 거야.
◆예산에서는 피라미 수컷을 '갈가리'라고 하고, 암컷을 '피리'라고 한다. '갈가리'와 '피리'는 많이 다르다. 수컷이 암컷보다 크고 화려하다. 대체로 암컷보다 수컷을 보기 어려운 까닭은 암컷과 교미한 수컷은 바로 죽기 때문이다. -이명재(예산)

갈가지 경북 | 명사 | 개호주
범의 새끼.
〔영덕〕갈가지가 닭을 잡아묵다. 표개호주가 닭을 잡아먹었다. 〔상주〕앞니 빠진 갈가지 뒷도랑에 가지 마라. 표앞니 빠진 개호주 뒷도랑에 가지 마라.
◆어렸을 때 이갈이를 하는 아이들을 상대로 "앞니 빠진 갈가지 뒷도랑에 가지 마라. 붕어 새끼 놀랜다"라고 놀리곤 했다. 이런 놀림은 서로에 대한 관심의 표현이자 누구나 거쳐야 하는 통과의례를 축하하는 의미가 있다. -최태영(상주)

갈랍 경기 | 명사 | 저냐
얇게 저민 고기나 생선 따위에 밀가루를 묻히고 달걀 푼 것을 씌워 기름에 지진 음식.
〔화성〕명절 쉘라면 떡 해야지 갈랍 해야지 정신이 하나도 없어. 표명절 쇠려면 떡 해야지 저냐 해야지 정신이 하나도 없어.
◆'저냐'는 '얇게 저민 고기나 생선 따위에 밀가루를 묻히고 달걀 푼 것을 씌워 기름에 지진 음식'을 뜻하는 말이다. '저냐' 중에 동전처럼 생긴 것을 '돈저냐'라고 하는데, 그 모양 때문에 '동그랑땡'이라고도 한다. 흔히 '갈랍'은 '돈저냐'의 충청도 사투리이고, '간납'은 '제수용 저냐'로 알려져 있는데, 경기도 화성에서는 명절 음식과 제사 음식을 따로 구분하지 않고 '저냐'를 '갈랍'이라고 한다.

갈량하다 충북 | 동사 | 어림짐작하다
부피, 나이, 무게 등을 대강 헤아려 짐작하다.
〔영동〕갈량해서 쌀은 두 말, 보리는 한 말, 돼지고기는 두 근쯤 된다. 표어림짐작해서 쌀은 두 말, 보리는 한 말, 돼지고기는 두 근쯤 된다.

갈려가다 충북 | 동사 | 없음
둘 이상으로 나누어져 따로 가다.
〔보은〕핵교에서 오다가 집이 갈라믄 서루 갈려가야 해. 표학교에서 오다가 집에 가려면 서로 갈라져서 가야 해.
◆'갈려가다'는 두 사람이 함께 길을 가다가 갈림길에서 각자 다른 길로 가는 것을 뜻하는 말이다. 이런 경우에 흔히 '갈라지다'라고 하지 '갈려가다'라고 하지 않는다 그런데 충북에서는 '갈려가다'라는 독특한 표현을 사용한다.

갈롱 충남 | 명사 | 아양
귀염을 받으려고 알랑거리는 말. 또는 그런 짓.
〔보령〕웃는 낯에 침 못 뱉는다구 글케 웃으며 갈롱을 떠니께 걍 넘어갈 수밖에 없슈. 표웃는 낯에 침 못 뱉는다고 그렇게 웃으며 아양을 떠니까 그냥 넘어갈 수밖에 없어요.
◆흔히 '갈롱'은 '떨다', '스럽다', '맞다' 등과 함께 쓰인다.

갈롱 충북 | 명사 | 아양
귀염을 받으려고 알랑거리는 말. 또는
그런 짓.
〔단양〕지가 잘못헌 게 있으믄 앞에 와서 갈롱을
떨구 난리여. 표자기가 잘못한 게 있으면 앞에
와서 아양을 떨고 난리야.

갈롱스럽다 북한 | 형용사 | 간사하다
자기의 이익을 위하여 나쁜 꾀를 부리는
등 마음이 바르지 않다.
〔황남〕저 갈롱스런 놈. 아무리 감추려고 해도 네
눈매에 다 씌어 있어. 표저 간사한 놈. 아무리 감
추려고 해도 네 눈매에 다 쓰여 있어.

갈롱아리 충북 | 명사 | 가랑잎
활엽수의 마른 잎.
〔단양〕갈롱아리럴 먼처 늫구 불을 붙이야 잘 붙
지. 표가랑잎을 먼저 넣고 불을 붙여야 잘 붙지.

갈루 명사 | 가루 | 경기
딱딱한 물건을 보드라울 정도로 잘게 부
수거나 갈아서 만든 것.
〔파주〕말려서 물에 잘 녹게 갈루로 만들어서 써
요. 표말려서 물에 잘 녹게 가루로 만들어서 써요.
◆'갈루'는 황해도 사투리이다. 황해도 사투리가 파
주에서 쓰이는 까닭은 파주가 황해도와 인접하여 황
해도 문화의 영향을 받았기 때문이다.

갈밥 충남 | 명사 | 없음
보리를 맷돌에 갈아서 지은 밥.
〔예산〕갈밥이 뭔 중 알어? 표'갈밥'이 뭔지 알아?

갈부치다 충남 | 형용사 | 성가시다
자꾸 들볶거나 번거롭게 굴어 괴롭고 귀
찮다.

〔대전〕갈부치니까 저짝에서 사진 찍고 있으믄
난중에 다 혀고 봐. 표성가시니까 저쪽에서 사진
찍고 있으면 나중에 다 하고 봐.

갈비 경남 | 명사 | 솔가리
말라서 땅에 떨어져 쌓인 솔잎.
〔하동〕갈비는 대갈쿠리로 검어야 숨기 검을 수
있다. 표솔가리는 대갈퀴로 긁어야 쉽게 긁을 수
있다. 〔고성〕부석 아궁이에 쌩솔케이마 옇지 말
고 모린 갈비로 좀 옇어라. 표부엌 아궁이에 생
솔가지만 넣지 말고 마른 솔가리를 좀 넣어라.
〔마산〕부살개 하그로 산에 깔비 하로 가자. 표불
쏘시개 하게 산에 솔가리 하러 가자.
◆'갈비'는 주로 겨울철에 불쏘시개로 사용하는데,
갈비를 긁어모을 때 거제·고성·통영·하동에서는
'검다'라고 하고, 진주에서는 '껌다', 울산에서는 '끌
다'라고 한다. ◆울산에서는 다른 잡잎이 전혀 섞이
지 않은 솔가리를 '참갈비'라고 한다. '참갈비'는 갈
비 중에서도 불심이 가장 좋은 것을 가리키는 말이
다. −조용하(울산)

갈비 경북 | 명사 | 솔가리
말라서 땅에 떨어져 쌓인 솔잎.
〔성주〕갈비를 긁어모다가 불을 지폈다. 표솔가리
를 긁어모아 불을 지폈다.

갈청어 경남 | 명사 | 없음
청어과의 바닷물고기 새끼 청어를 일컫
는 말.
〔거제〕호래기젓도 맛나지만 갈청어젓도 맛난다.
표꼴뚜기젓도 맛있지만 '갈청어'젓도 맛나다.
◆바다를 접하고 있는 경남에서는 다 자란 생선의
이름과 새끼 생선의 이름이 다른 경우가 많다. 농어
는 '농애' 또는 '농에'라고 하지만 새끼 농어는 '깔따
구'라고 하고, 명태는 '맹태' 또는 '밍태'라고 하지만

새끼 명태는 '노가리', 전갱이는 '전개이'라고 하지만 새끼 전갱이는 '매가리', 숭어는 '숭에' 또는 '숭애'라고 하지만 새끼 숭어는 '모체이', 감성돔은 '감시이' 또는 '감싱이'라고 하지만 새끼 감성돔은 '살감시이', 참돔은 '돔'이라고 하지만 새끼 참돔은 '상사리', 갯장어는 '깨장애'라고 하지만 새끼 갯장어는 '해우리', 갈치는 '괄치' 또는 '깔치'라고 하지만 새끼 갈치는 '풀치'라고 한다. -경남방언연구보존회

갋다1 경남 | 동사 | 가루다
맞서서 견주다.
〔진해〕너거 둘이는 안주꺼정 갋아대고 있나? 표 너희 둘은 아직까지 가루고 있니? 〔거제〕누가 이기는공 한분 씨라바라. 표 누가 이기는지 한번 가려봐라. 〔울산〕갋불까? 표 가려볼까?
◆훈민정음의 제자 원리 중 하나인 병서(竝書)는 자음을 나란히 쓰는 방식으로 '글바쓰기'라고 하는데, 이 말은 '나란히 하다'를 뜻하는 경상도 사투리 '갋다'에 지금도 그대로 쓰이고 있다. 조선 시대의 말이 약 600년의 세월을 뛰어넘어 경상도 말에 그대로 이어지고 있는 것이다. -김영수(진해)

갋다2 경남 | 동사 | 갉다
날카로운 이빨로 긁거나 피를 빨다.
〔김해〕가분다리가 송아치 다리에 붙어서 갋아대고 있다. 표 진드기가 송아지 다리에 붙어서 갉아대고 있다.
◆소나 말에 기생하며 피를 빨아 먹는 작은 벌레를 가리켜 '가분다리'라고 하고, 서캐에서 깨어난 지 얼마 되지 않는 새끼 이를 '갈방니'라고 한다. 이 말의 뿌리는 '갋다'에서 찾을 수 있는데, '갋다'는 '갉다'를 뜻하는 말이다. -김승호(진주)

갋지마오 경남 | 명사 | 없음
상대하기 어려운 사람.

〔고성〕그 아하고 갋지 마라. 그 아는 갋지마오다. 표 그 애하고 상대하지 마라. 그 애는 '갋지마오'다.
◆'갋지마오'는 지역에 따라 '갈찌마오'라고도 하고 '갑찌마오'라고도 하는데, 이는 겹받침을 발음하는 방식의 차이일 뿐 '갋다'에서 온 말이다. 겹받침의 발음과 관련하여 대체로 밀양·울산 등지에서는 앞의 받침을 취하고, 거제·고성 등지에서는 뒤의 받침을 취하여 발음한다. -김성재(고성)

감또개떡 충남 | 명사 | 없음
말린 감을 넣어 만든 떡.
〔예산〕감또개떡? 감 말려가지구. 생감 말구 말린 걸 늫쥬. 손 많이 가유. 표 '감또개떡'? 감 말려가지고. 생감 말고 말린 걸 넣죠. 손 많이 가요.
◆본래 '감또개'는 채 익지도 않은 감이 떨어진 것을 뜻하는 말인데, '감또개떡'은 다 익은 감을 말려 떡에 넣은 것을 뜻한다.

감분국수 북한 | 명사 | 없음
감자녹말로 누른 국수.
〔북한〕감분국수 아이 먹고 머 함네까? 표 '감분국수' 안 먹고 뭐 합니까? 〔북한〕농마국수 가운데서는 특히 오늘의 량강도, 자강도, 함경남북도 지방의 특산물인 감자를 원재료로 하여 만든 감분국수가 질기기는 으뜸이었다.-천석근(1980) 표 녹말국수 가운데서는 특히 오늘의 양강도, 자강도, 함경남북도 지방의 특산물인 감자를 원재료로 하여 만든 '감분국수'가 질기기는 으뜸이었다.
◆평안도의 평양냉면과 함경도의 함흥냉면(감분국수)은 지역 특산물과 기후에 영향을 받아 등장한 음식이다. 함경도에서 메밀에 감자 전분을 섞어 만든 매콤한 함흥냉면이 등장한 것은 그곳이 감자의 주산지이자 추위를 이겨내기 위한 음식이 필요했기 때문이라면, 평안도에서 메밀로 만든 구수한 평양냉면이 등장한 것은 그곳이 메밀의 주산지이자 추위가 함경

도보다는 덜했기 때문이라고 볼 수 있다. 이와 마찬가지로 평안도에서 다양한 가지 음식이 만들어질 수 있었던 배경은 그곳이 바로 가지의 주산지이기 때문이다. ◆'감분'은 감자에서 얻은 '농마(녹말)'를 뜻하는 말이다. 따라서 감분으로 만든 국수는 '감분국수'라고 하는데 문화어로 '농마국수'라고도 한다. 감자 가루에 메밀 가루를 조금 섞거나 감자 가루로만 반죽하여 누른 국수는 '감자국수'라고 한다. 남한에도 '감자국수'가 있는데, 감자녹말에 메밀 가루를 섞거나 감자녹말로만 반죽하여 틀에 내린 국수를 뜻한다.

감삐지개 강원 | 명사 | 감말랭이
껍질을 깎은 감을 여러 조각으로 잘라서 말린 음식.
〔삼척〕감삐지개는 약간 떫은 맛이 있지만 달고 쫀덕쫀덕해서 심심풀이로 좋잖소. 표감말랭이는 약간 떫은 맛이 있지만 달고 쫀득쫀득해서 심심풀이로 좋소.
◆진부령을 넘어 영서 지방으로 가면 감나무가 흔하지 않기 때문에 '감삐지개'라는 말도 찾아보기 어렵다. 강릉·양양·옥계 등지의 영동 지방은 기후가 따뜻해 '감말랭이'를 뜻하는 '감삐지개'라는 말이 흔히 쓰인다. '삐지개'라는 말은 '삐지다'에서 온 말인데, '삐지다'에는 '비뚤어지다' 혹은 '자르다'라는 뜻이 있다. 즉 '감삐지개'란 얇게 잘라놓은 감이나 얇게 잘라놓아 비뚤어진 감에서 유래한 말로 보인다. 경북 칠곡에서도 '삐지다'라는 말을 '자르다'라는 뜻으로 사용하고 있어서 뚝뚝 잘라 먹는 떡을 '삐짐떡'이라고 한다. -김성영(양양)·최길시(강릉) ◆'감삐지개'는 품질이 좀 떨어지는 감으로 만들었다. 좋은 것은 홍시나 곶감으로 만들었다. 생감을 칼로 삐져 여러 조각을 내어 채반이나 발을 펴고 햇볕에 말렸다. 그렇게 하면 떫은맛이 가시고 단맛이 나는데, 겨울철에 심심할 때 꺼내 먹었다.

감셍이 강원 | 명사 | 감성돔
도밋과의 바닷물고기.
〔강릉〕감셍이는 안 잽히구 맨다지 남정바리가 낚인다. 표감성돔은 안 잡히고 맨 새끼 감성돔만 낚인다.

감셍이 전남 명사 감성돔
도밋과의 바닷물고기.
〔완도〕감셍이가 맛있어라우. 표감성돔이 맛있어요. 〔완도〕강세미넌 요샛말로 감성돔을 이르지라우. 표'강세미'는 요샛말로 감성돔을 이르지요.
◆지역에 따라 '참돔'을 '감셍이'라고 부르는데, 참돔과 감성돔이 비슷하게 생겼기 때문에 생긴 일이다. 다만 참돔이 감성돔에 비해 큰 편이고 감성돔은 은빛을 띠는데 참돔은 붉은빛을 띤다. -오덕렬(광주) ◆전라남도 완도에서는 감성돔을 '감셍이'라 부른다. 돔은 귀한 어종으로 완도에서는 돔의 이름이 다양하다. '감성돔'은 '강세미' 또는 '감셍이'라고 하고, '참돔'은 빨갛다고 해서 '아까돔'이라고 한다. '아까돔'은 일본어에서 온 말이다. 참돔의 어린 새끼는 '상사리'라고 부른다.

감시이 경남 | 명사 | 감성돔
도밋과의 바닷물고기.
〔거제〕감시이 낚수는 지심도가 제일이다. 표감성돔 낚시는 지심도가 제일이다. 〔하동〕요새는 감싱이 잽히는 철이다. 표요새는 감성돔 잡히는 철이다.
◆거제에서는 새끼 감성돔을 '살감시이'라고 하는데, '살감시이'의 '살'은 '살얼음'의 '살'과 어원이 같은 것으로 추정된다. -경남방언연구보존회

감예 경기 | 명사 | 없음
바닷물이 나간 상태를 이르는 말.
〔옹진〕감예 때는 갯벌이 다 드러나 나가서 조개

두 잡구 그래.

◆'감예'는 옹진군 덕적도에서만 쓰는 말이다.

감자 전남 | 명사 | 고구마

메꽃과의 여러해살이풀.

〔곡성〕겨으레면 감자 쌀마가지고.-이기갑(2005) 표겨울이면 고구마 삶아가지고. 〔광양〕이따 얼릉 고매 캐로 가자.-이기갑(2005) 표이따 얼른 고구마 캐러 가자.

◆전남에서는 '고구마'를 '고매' 또는 '감자'라 하고, '감자'는 '하지감재' 또는 '북감재'라 한다. ◆물기가 많아 물렁물렁한 고구마는 '물고매'라고 하고, 밤처럼 팍팍하고 단맛이 나는 고구마는 '밤고매'라고 한다. 요사이는 무르고 단맛이 일품인 '호박고매'도 있고, 진득한 진액이 있다 하여 '꿀고매'도 있다.

감재 강원 | 명사 | 감자

가짓과의 여러해살이풀.

〔양양〕오늘이 하지다. 감재 캐 오자.표오늘이 하지다. 감자 캐 오자. 〔평창〕감재를 나눠 먹을라고 많이 팠다.표감자를 나눠 먹으려고 많이 캤다.

감재붕생이 강원 | 명사 | 없음

갈아놓은 감자의 앙금과 건더기를 혼합하여 시루떡 모양으로 쪄내는 떡으로, 호박잎에 싸서 고추장에 찍어 먹는다.

〔평창〕여름 저녁에는 감재붕생이를 자주 해 먹었다. 〔인제〕오죽허믄 옥시기에 감자투새이루 연명을 했으까?표오죽하면 옥수수에 '감자투새이'로 연명을 했을까?

◆'감재붕생이'는 영월과 정선 등 강원도 산간에서 많이 만들어 먹은 토속 음식으로, '붕생이'는 으깬 감자의 포슬포슬한 상태를 뜻하는 말이다. ◆강원도 인제에서는 밥을 안쳐서 끓어오를 때, 미리 준비한 감자 반죽(감자를 강판에 갈아 물기를 짜내고 주물

러서 반죽한 것)을 수제비 모양으로 떼어내어 솥에 넣어 쪄서 먹었다. 한여름 쌀이 모자랄 때 급한 대로 끼니를 잇기 위해 여문 감자로 만든 음식이다. -이창균(인제)

감저범벅 제주 | 명사 | 없음

고구마를 푹 삶은 다음 거기에 메밀가루를 넣어 만든 범벅.

〔구좌-한동〕범벅은 감저영 무물쿠루영 낭 헌 감저범벅 싯주게. 표범벅은 고구마랑 메밀가루랑 넣어서 한 '감저범벅'이 있지. 〔한경-신창〕감저 숭당숭당 썰엉낭 감저 숢앙 익어가민 이제 그 우터레 그를 놔. 경허민 감저범벅. 표고구마 큼직큼직 썰어놓고 고구마 삶아서 익어가면 이제 그 위에 가루를 넣어. 그러면 '감저범벅'. 〔애월-상가〕범벅 중엔 감저범벅이 최고주 마씨. 표범벅 중에는 '감저범벅'이 최고지요.

◆제주도에서는 '감자'를 '지슬'이라 하고, '고구마'를 '감저'라 한다. ◆범벅은 들어가는 재료에 따라 이름이 매우 다양한데, 메밀가루가 들어가면 '무물범벅' 또는 '는쟁이범벅'이라고 하고, 수수쌀 가루가 들어가면 '대죽범벅', 고구마가 들어가면 '감저범벅', 무가 들어가면 '눔삐범벅', 게가 들어가면 '깅이범벅', 쑥이 들어가면 '속범벅', 톳이 들어가면 '톨범벅'이라고 한다.

감제떡 제주 | 명사 | 없음

고구마를 재료로 만든 떡을 통틀어 일컫는 말.

〔노형〕감제떡은 반죽헹은에 손으로 동글락허게 영 영 돌려가멍 영 영 허믄 뒈여. 겐 솟디 낭 찌면은이 색깔이 까망헤. 이제 거트민 설탕 그루 놓고 허주만은 그냥 혜도 감제떡이 맛 좋아. 표'감제떡'은 반죽해서 손으로 동그랗게 이렇게 이렇게 돌려가면서 이렇게 이렇게 하면 돼. 그래서

솥에 놔서 찌면 색깔이 까매. 이제 같으면 설탕 가루 넣고 하지만 그냥 해도 '감제떡'은 맛 좋아.

감주 경기 | 명사 | 식혜
우리나라 전통 음료의 하나.
〔이천〕여름엔 시원한 얼음 동동 띄운 감주 한 사발이 제맛이지요. 표여름엔 시원한 얼음 동동 띄운 식혜 한 사발이 제맛이지요.

감추기장냥 충남 | 명사 | 숨바꼭질
아이들 놀이의 하나. 여럿 가운데서 한 아이가 술래가 되어 숨은 사람을 찾아내는 것인데, 술래에게 들킨 아이가 다음 술래가 된다.
〔예산〕감추기장냥헐 사람 요기요기 붙어라. 표숨바꼭질할 사람 여기여기 붙어라. 〔태안〕점더락 감추기장냥헌다구 써다녀쌓더니 짚누리를 자빠트려놨네. 표저물도록 숨바꼭질한다고 쏘다니더니 짚가리를 자빠트려놓았네. 〔서산〕머리카락 디에서 감추기장헌다는 말은 얕은 수단이루 넘을 섹여멍넌다는 속담이다. 표머리카락 뒤에서 숨바꼭질한다는 말은 얕은 수단으로 남을 속인다는 속담이다. 〔논산〕뭐, 장난감이 없응게, 그냥 애들이 숨기장난이나 하며 놀았지. 표뭐, 장난감이 없으니까, 그냥 애들이 숨바꼭질이나 하며 놀았지.
◆현재 충남 서북부에서 널리 쓰고 있는 '감추기장냥'과 '감추기장냥'은 같은 시기에 등장한 사투리가 아니다. '감추기장냥'은 '감추기장냥'에서 온 말이다. 이 두 말은 충남 전역에서 널리 쓰이고 있지만 '숨기장냥'은 사용 빈도가 높지 않다. ─이명재(예산) ◆숨바꼭질을 충청도에서는 '감추기장난'이라고 하는데, 강원도에서는 '숨기장난'이라고 한다. 기본적으로 '감추기'는 자기 몸을 객체로 생각하여 표현한 것이고, '숨기'는 자기 몸을 주체로 생각하여 표

현한 것이라는 점에서 이러한 말의 차이가 지역의 문화적 차이로 나타나는지 살펴볼 필요가 있다.

감출내기 경기 | 명사 | 숨바꼭질
아이들 놀이의 하나. 여럿 가운데서 한 아이가 술래가 되어 숨은 사람을 찾아내는 것인데, 술래에게 들킨 아이가 다음 술래가 된다.
〔강화〕숨은 애들 찾아내면서 노는 걸 여기서는 감출내기라고 해. 표숨은 애들 찾아내면서 노는 걸 여기서는 '감출내기'라고 해.
◆'감출내기'의 '내기'는 승부를 다투는 놀이를 뜻하는 말로 볼 수도 있지만, '모내기'의 '내기'처럼 '일'을 뜻하는 말로 볼 수도 있다. ◆'감출내기'는 '숨바꼭질' 또는 '술래잡기'라고도 하는데, 숨바꼭질은 물속에 들어가 숨이 차면 물 위로 나오는 자맥질을 뜻한다. 즉 숨을 바꾼다는 데서 온 말이다. '술래'는 조선 시대 '순라'에서 온 말이라는 설이 있다. 옛날에 인정(현재 오후 10시)이 되면 나졸(순라꾼)을 풀어 마을을 돌며 밤늦게 돌아다니는 사람을 잡아들이게 하였는데 아이들이 이것을 흉내 내어 '순라잡기' 놀이를 한다는 것이다.

감푸다1 경북 | 형용사 | 거추장스럽다
일 따위가 성가시고 귀찮다.
〔의성〕이불에 소캐도 새로 옇고 새로 니비고 할라 카니 얼마나 감푸노? 표이불에 솜도 새로 넣고 새로 누비고 하려 하니 얼마나 거추장스럽니?

감푸다2 전남 | 형용사 | 부잡하다
(1)과격하거나 위험한 행동을 하다.
(2)성실하지 못하고 경망스러우며 추잡하다.
(3)다루기 어렵다.
〔고흥〕집이 큰아들은 순허등마 왜 그렇게 작은

놈은 감푸다요? 표 댁의 큰아들은 순하던데 왜 그렇게 작은놈은 부잡하데요? 〔순천〕재는 애기 때는 그리 간푸드만 요새 쫌 요용해졌구만. 표 재는 애기 때는 그렇게 부잡하더니 요새 좀 요용해졌구먼.

◆'감푸다'는 '과격하고 위험한 행동'을 하는 아이에게 사용하는 말이다. 비슷한 뜻으로 '재앙(지앙)시럽다' 또는 '재장궂다'라고 한다.

갑북 충북 | 부사 | 흠뻑
분량이 차고도 남도록 아주 넉넉하게.
〔보은〕짐성두 오래 길르믄 정이 갑북 드는 겨. 표 짐승도 오래 기르면 정이 흠뻑 드는 거야.

◆'갑북'은 평안북도에서 '가뜩'이라는 뜻으로 쓰는 말이다. 충청북도 보은에서도 '가뜩'이라는 뜻으로 쓰는데, 충청북도 옥천에서는 '가뿐하다' 또는 '가볍다'라는 뜻으로 쓴다.

갑삭갑삭 북한 | 부사 | 없음
여럿이 다 매우 몹시 가벼운 듯한 모양. 채신없이 가볍게 걸어가는 모양.
〔북한〕철수래 엉덩이를 갑삭갑삭 걷시다. 표 철수가 엉덩이를 '갑삭갑삭' 걷습니다.

◆북한에서는 눈치도 빠르고 행동도 빠른 사람을 가리켜 "엉덩이가 갑삭갑삭하다"라고 한다.

강갱이 강원 | 명사 | 바퀴벌레
바큇과의 곤충.
〔원주〕강갱이를 자블라고 막 사브로 떤지고 그랬지요. 표 바퀴벌레를 잡으려고 막 삽을 던지고 그랬지요.

강구 경남 | 명사 | 바퀴벌레
바큇과의 곤충.
〔하동〕방이 눅눅헌께 강구가 한두 바리썩 기이 댕긴다. 표 방이 눅눅하니까 바퀴벌레가 한두 마리씩 기어 다닌다.

◆1970년대 초 수입 목재에 딸려 들어온 바퀴벌레를 주로 대도시에서만 볼 수 있었기 때문에 한때 바퀴벌레를 '돈벌거지'라고 오해하여 관상용으로 길렀던 적도 있었다. -김승호(진주), 김정대(창원) ◆강구는 바퀴벌레를 가리키는 말이나 거제에서는 바닷가에 사는 갯강구도 '강구'라고 한다. -김의부(거제)

강구다 충남 | 동사 | 없음
어떤 대상 인물을 특별히 보살피고 감싸다.
〔서산〕너머 오냐오냐 강구어 키운 자석 불효자 되기 시웁다. 표 너무 오냐오냐 '강구어' 키운 자식 불효자 되기 쉽다. 〔공주〕이 녀석이 거 날 적에는 안 그러는 거 같더니 커가면서 오냐오냐 강구니까 버리장머리가 없어. 표 이 녀석이 거 날 적에는 안 그러는 거 같더니 커가면서 오냐오냐 '강구니까' 버르장머리가 없어. 〔예산〕애덜을 너머 강귀주믄 커서니 암껏두 못헌뎌. 표 애들을 너무 '강귀주면' 커서 아무것도 못한대.

◆'강구다'는 '특별히 아끼고 보살피다'라는 뜻을 지닌 말로 충남 전역에서 예나 지금이나 널리 쓰이는 말이다. 본래 '강구다'에는 긍정적인 뜻이 있지만 보살핌의 정도가 지나칠 경우 보살핌을 받는 대상이 나약해지거나 보살피는 사람에 대한 의존도가 높아질 수 있다는 점에서 부정적인 뜻도 있다. 요즘은 '주다'가 붙은 합성어의 형태로 '강궈주다'를 많이 쓴다. -이명재(예산)

강구지 경남 | 명사 | 없음
구슬치기나 딱지치기 놀이를 할 때 가장 많이 딴 아이가 놀이에 참가했거나 참가하지 않은 아이들에게 딴 양의 일부를 공중에 뿌려 나누어주는 행위.
〔진주〕마이 땄인께 강구지 좀 해라. 표 많이 땄으

니까 '강구지' 좀 해라.

◆ '강구지'는 '갱팬(개평)'과 뜻이 비슷한데 나누어
주는 대상과 방법이 다르다. '갱팬'은 놀이에 참가한
아이들에게 직접 나누어주지만, '강구지'는 놀이에
참가했거나 참가하지 않았거나 구분하지 않고 공중
에 뿌려 모든 아이들에게 나누어주는 방식이다. –김
승호(진주)

강냉이 경북 | 명사 | 옥수수

볏과의 한해살이풀인 옥수수를 이르는 말.
〔대구〕강냉이 심어논 거 좀 가온나, 그거 오늘 쌂
아 먹자 囲옥수수 심어놓은 것 좀 가져와라, 그
거 오늘 삶아 먹자.

강냉이되비 전남 | 명사 | 옥수수

볏과의 한해살이풀인 옥수수를 이르는 말.
〔고흥〕강냉이되비가 일러치면 지금 말로 옥수수
여. 囲강냉이되비가 이르자면 지금 말로 옥수수야.
◆옥수수는 감자, 고구마 등과 함께 대표적인 구황
작물 중 하나이다. 주로 밭 가장자리에 심어 열매는
여름에 먹거리로 이용하고 옥수숫대는 가축의 사료
로 쓰거나 말려서 땔감으로 썼다.

강새이 경남 | 명사 | 강아지

개의 새끼.
〔거제〕강새이가 호래이 무서운 줄 모른다. 囲강아
지가 호랑이 무서운 줄 모른다. 〔고성〕아이구, 기엽
아라 내 강새이. 囲아이고, 귀여워라 내 강아지.

강새이 경북 | 명사 | 강아지

개의 새끼.
〔대구〕여기 강새이 한 마리 안 지나갔나? 囲여기
강아지 한 마리 안 지나갔나?
◆엄밀히 말해서 '강새이'는 '강아지'를 뜻하는 말이
지만 어미든, 새끼든 가리지 않고 '강새이'라고 하기

도 한다. –상희구(대구)

강태죽 북한 | 명사 | 없음

귀리나 수수를 껍질째로 갈거나 빻은 가
루로 쑨 죽.
〔북한〕어렸을 때 강태죽을 늘쌍 먹었슴다. 囲어
렸을 때 '강태죽'을 자주 먹었습니다. 〔북한〕강태
죽을 한 쟁개비 쑤었습네까? 囲'강태죽'을 한 냄
비 쑤었습니까?
◆함경도에서는 자라는 기간도 짧고 추위에 잘 견디
는 귀리 농사를 많이 지었다. 귀리 가루로 떡도 만들
어 먹고 국수도 눌러 먹었으며 죽도 쑤어 먹었다. 귀
밀로 쑨 죽은 '귀밀죽'이라고 하는데, 흔히 '강태죽'
이라고도 한다.

갖인편 경기 | 명사 | 없음

갖가지 재료를 써서 다양한 방법으로 만
든 얇은 편형의 떡.
〔서울〕지사 때나 혼인 때는 갖인편을 해요. 囲제
사 때나 혼인 때는 '갖인편'을 해요.
◆'갖인편'이란 말의 '편'은 '떡'을 점잖게 이른 말이
고, '갖은'은 떡에 들어가는 재료가 갖가지라서 붙은
이름이다. 본래 '갖은 편'이라고 해야 하나 '갖은양
념'처럼 하나의 복합어로 인정하여 '갖은편'이라고
할 수 있는데, 전설모음화를 거쳐 '갖인편'이라고도
한다. 『옹고집전』에 "색 있는 갖은편"이라는 구절이
등장하는 것을 보면 '갖은편'은 갖가지 재료로 인해
색이 화려한 떡임을 알 수 있다.

개가죽같다 충북 | 형용사 | 없음

물건이 쓸모가 없고 형편없다.
〔옥천〕이 물건은 아무짝에두 쓸모읎는 개가죽같네.
囲이 물건은 아무짝에도 쓸모없는 '개가죽같네'.
◆우리 속담에 "불에 탄 개가죽"이라느니 "불에 탄
북어 껍질 같다"는 말이 있다. 하는 일마다 제대로

36

되는 일은 없고 점점 오그라들기만 하는 경우를 비유적으로 이르는 말이다.

개갈 충북 | 명사 | 없음

하는 일이 시원스레 잘된 상태.

〔옥천〕하루 청일 일을 한다구 했는디 개갈이 안 났어. 표하루 종일 일을 한다고 했는데 '개갈'이 안 났어.

개갈찮다 충남 | 형용사 | 없음

하는 일이 시원스레 잘되지 않다.

〔서산〕깅유를 으더서 잘묵 눟는지 개갈찮게 오도동거리드니만 끄지드라구. 표경유를 어디서 잘못 넣었는지 '개갈찮게' 오동동거리더니만 꺼지더라고. 〔논산〕너는 왜 맨날 개갈찮은 소릴 그렇게 해쌌냐. 표너는 왜 매일 '개갈찮은' 소리를 그렇게 하냐.

◆'개갈'은 충남 서북 지역인 서산·태안·홍성·당진·예산 등에서 쓰는 말이다. 흔히 하는 일이 시원스럽게 잘 처리되었을 때 '개갈난다'라고 하는데, 본래는 '모를 심기 전에 논둑을 매만지는 일'을 가리키는 말이었다. '개갈'이 끝나야 모내기를 할 수 있었기에 중요한 일로 간주되어 '개갈'에서 수많은 말들이 파생되었다. '개갈 나다', '개갈 내다', '개갈하다', '개갈찮다' 따위가 그렇다. "개갈 냈다"라는 말은 일의 마무리를 깔끔히 했다는 뜻이고, "개갈 뭇 냈다"라는 말은 마무리를 못 했다는 뜻이다. 이런 말들은 사회의 변화에 따라 점차 쇠퇴하고 있다. 그래서 '개갈'의 본래 의미는 사라지고 비유나 관용적 표현만 남게 되었다. 오늘날에는 '개갈 나다, 개갈 안 나다'의 사용 빈도는 높지만 '개갈찮다'는 거의 쓰지 않는다. '개갈'을 속되게 이를 때는 '개갈딱지'라고 하여 "개갈딱지가 안 나다"라고 한다. -이명재(예산) ◆ 본래 '개갈(改碣)'은 무너지거나 구멍 난 논둑을 복구하는 작업을 일컫는 말로 복구가 잘되었을 때는 "개갈 난다"라고 하고 복구가 잘 안 되었을 때는 "개갈이 안 난다"라고 한다. -김기억(당진)

개고랑창 경남 | 명사 | 개울

골짜기나 들에 흐르는 작은 물줄기.

〔하동〕술 묵고 오다가 개고랑창에 처백혔다. 표술 먹고 오다가 개울에 처박혔다.

◆경남에서 널리 쓰이는 '개고랑'은 '개울'과 '도랑(매우 좁고 작은 개울)'을 합쳐놓은 말이다. '개울'은 '도랑'보다 크고 '강'보다 작아서 멱을 감기에 적당한 곳이다. ◆울산에서는 큰 거랑을 '냉거랑'이라 하고, 작은 거랑을 '보또랑'이라고 한다. 거랑보다 작은 개울은 '개골착' 또는 '도랑'이라고 한다. -조용하(울산) ◆'개고랑창'은 경북에서 '개울'을 뜻하는 말이지만, 전북에서는 '개골창(수채 물이 흐르는 작은 도랑)'을 뜻하는 말이 된다.

개구리 강원 | 명사 | 너구리

갯과의 포유류인 너구리를 이르는 말.

〔강릉〕개구리가 감낭그 있눈 두루 네레와 홍실으 조 먹데야. 표너구리가 감나무 있는 곳으로 내려와 홍시를 주워 먹어요.

◆강릉에서는 개구리를 '깨구리' 또는 '머구리'라고 하고, 너구리를 '개구리'라고 한다. 너구리의 생김새가 개와 닮았다고 해서 붙여진 이름인데, 오래전에 사라진 강릉의 옛말이다. -김인기(강릉)

개구리연 경기 | 명사 | 가오리연

가오리 모양으로 만들어 꼬리를 길게 단 연.

〔파주〕연 중에 개구리연이 젤 만들기 쉬워. 표연 중에 가오리연이 제일 만들기 쉬워. 〔화성〕여기서는 팽이연을 많이 날려. 표여기서는 가오리연을 많이 날려. 〔여주〕연에 꼬리를 달았으니 꼬리연이지 뭐. 표연에 꼬리를 달았으니 가오리연이지 뭐.

◆연의 종류는 크게 가오리연과 방패연으로 나눌 수 있다. 가오리연은 대나무 살 두 개를 이용하여 만들고 연줄을 두 곳에 매는데, 방패연은 대나무 살 다섯 개를 이용하여 만들고 연줄을 바람의 세기에 따라 네다섯 곳에 매어야 한다. 세모꼴의 가오리연은 만들기도 쉽고 잘 뜨지만 다루기 쉽지 않고, 네모꼴의 방패연은 만들기도 어렵고 잘 뜨지도 않지만 다루기 쉬워 연싸움에 유리하다. 가오리연을 경기도에서는 개구리연이라고 한다. 가오리연이 바람을 물결 삼아 헤엄을 치는 연이라면, 개구리연은 풀밭을 펄쩍펄쩍 뛰어다니는 연이라는 연상 의미가 있다.

개굴창 충남 | 명사 | 도랑/개울/개골창
(1)매우 좁고 작은 개울.
(2)골짜기나 들에 흐르는 작은 물줄기.
(3)지저분한 물이 흐르는 좁은 도랑.
〔예산〕개굴창에 빠져부러서 옷이 다 젖었당께. 표도랑에 빠져서 옷이 다 젖었다니까. 〔서산〕밤질을 잘못 댕기다가넌 갱굴창에 빠지기 쉬웁다. 표밤길을 잘못 다니다가는 개울에 빠지기 쉽다. 〔논산〕에이 못된 놈. 개굴창에나 처박을 놈. 표에이 못된 놈. 개골창에나 처박을 놈

개굿다 강원 | 형용사 | 짓궂다
장난스럽게 남을 괴롭고 귀찮게 하여 달갑지 아니하다.
〔정선〕내 동상이지만 너는 참 개굿다. 표내 동생이지만 너는 참 짓궂다. 〔평창〕동창 중에서도 개구진 녀석이었대요. 표동창 중에서도 짓궂은 녀석이었대요.
◆'말썽'을 부리는 사람을 '말썽쟁이'라고 하듯이, '개구지게' 굴거나 '개굿게' 구는 사람을 '개구쟁이'라고 한다.

개깡시럽다 경북 | 형용사 | 엉뚱하다

상식적으로 생각하는 것과 전혀 다르다.
〔대구〕개깡시럽게 와 또 머라카노? 표엉뚱하게 왜 또 뭐라고 하냐?

개끼다 북한 | 동사 | 사례들다
음식을 잘못 삼켜서 기관 쪽으로 들어가 갑자기 기침 따위를 하는 상태가 된다.
〔북한〕물 마시다 객낏다. 표물 마시다 사레들었다. 〔함북〕께껫나? 물 먹어라. 표사레들었나? 물 마셔라. 〔함북〕물 먹다 개컸니? 표물 마시다 사레들었니?

개냉이 전남 | 명사 | 고양이
고양잇과의 하나.
〔해남〕밤새 개냉이가 울어서 한숨도 못 자부렀어. 표밤새 고양이가 울어서 한숨도 못 자버렸어. 〔진도〕괴데기 수는 불어났어도 쥐가 줄어드는 건 아닌 것 같제잉. 표고양이 수는 불어났어도 쥐가 줄어드는 건 아닌 것 같지. 〔강진〕게데기가 호랑이 숭내 내네. 표고양이가 호랑이 흉내 내네. 〔진도〕이 사람아, 그런다고 괴데기 낯부닥 씻대끼 했는가? 표이 사람아, 그렇다고 고양이 낯바닥 씻듯 했는가?
◆진도에서는 고양이를 가리켜 '괴데기'라고 하는데, 고양이의 옛말이 '괴'임을 감안할 때 지금도 진도의 말에는 옛말의 흔적이 고스란히 남아 있음을 알 수 있다. 사투리를 문화재라고 하고 언어의 보고라고 하는 것은 바로 그러한 이유 때문이다. -주광현(진도) ◆전라남도 무안에서는 도둑고양이를 '도독게'라고 한다. '게'는 고양이의 옛말인 '괴'에서 온 말이다.

개니 북한 | 명사 | 갯가
강이나 내에 바닷물이 드나드는 곳.
〔함경〕어드메 개니가 아이들 물장난하기 좋습메?

표어디 갯가가 아이들 물장난하기 좋습니까?

개다리치기 전남 | 명사 | 자치기

아이들 놀이의 하나. 정하여진 순서에 따라 여러 방법으로 짤막한 나무토막을 긴 막대기로 쳐서 날아간 거리를 재어 승부를 정한다.

〔고흥〕에레서는 개다리치기 허고 놀았제. 표어려서는 자치기하고 놀았지. 〔순천〕야, 느그들. 똥딱기 안 할래? 표야, 너희들. 자치기 안 할래? 〔고흥〕학교 갔다 와서 해넘참에 자장거리서 땡콩치기 하자. 표학교 갔다 와서 해 질 녘에 사당나무 앞에서 자치기하자.

◆고흥에서는 자치기를 할 때 굵고 긴 '채'로 가늘고 짧은 '알'을 치는데, 이를 '거뜬다'라고 한다. -송영애(고흥) ◆자치기는 아이들의 놀이지만 명절 같은 때는 청년들도 편을 짜서 '항꾸네(함께)' 하는 놀이였다 -오덕렬(광주) ◆'자치기'는 긴 막대기로 짧은 막대기를 치며 노는 놀이이다. 짧은 막대기를 구멍에 걸쳐 놓고 긴 막대기로 짧은 막대기를 쳐서 하늘에 띄운 후 짧은 막대기가 바닥에 떨어지기 전에 다시 쳐서 멀리 날리기도 한다. 이때 날아간 짧은 막대기를 수비하는 편에서 잡으면 공수가 바뀐다. 만일 잡지 못하면 떨어진 곳까지 거리를 재거나 떨어진 곳에서 더 멀리 쳐서 날리는 방식으로 점수를 낸다.

개덕나다 전남 | 동사 | 없음

어린아이가 흥분하여 수선스럽게 까불다.

〔고흥〕오매, 까분 거 봉께 또 개덕이 났구마. 표어머, 까부는 것 보니까 또 '개덕이 났네'.

◆아이가 흥분하여 수선스럽게 까부는 행동을 할 때 "개덕났다" 또는 "개덕이 올라온다"라고 한다. '개덕나다'와 비슷한 말로 '수선스럽고 미덥지 않은 짓을 하다'라는 뜻의 '괴덕부리다'가 있다.

개락1 강원 | 명사 | 포락

홍수로 인해 논밭의 흙이 유실된 상태.

〔강릉〕접때 태풍 투사로 논밭이 개락이 났어. 표저번에 태풍 투사로 논밭이 포락이 났어.

개락2 강원 | 명사 | 홍수

논밭의 흙이 유실될 만큼 많이 내린 비.

〔강릉〕오번 개락에 물가세 있는 밭이 마커 떨어져 나갔아. 표이번 홍수로 물가에 있는 밭이 모두 떨어져 나갔어.

개락3 충북 | 명사 | 없음

끓어서 넘치다.

〔영동〕두부 맹글다 개락을 했구먼, 맹글제 잘못해서 개락얼 허믄 삼대가 매달리두 못 이기닝 거여. 표두부 만들다 '개락'을 했구먼, 만들 때 잘못해서 '개락'을 하면 삼대가 매달려도 못 이기는 거야.

◆강원도와 충청도에서는 '홍수'를 '개락'이라고 한다. 그런데 불 위에서 물이 끓어 넘치는 것도 홍수가 나서 물이 넘치는 것과 따로 구분하지 않고 '개락'이라고 한다. 국이나 찌개를 끓이다가 혹은 물을 끓이다가 국물이나 물이 넘쳤을 때 "개락이 났다"라고 한다.

개락이다 강원 | 형용사 | 많다

수효나 분량, 정도 따위가 일정한 기준을 넘다.

〔강릉〕오래는 오징애가 달부 개락이다 개락! 표올해는 오징어가 아주 많다 많아! 〔삼척〕장에 갔더니 꽁치가 개락이더라, 복상도 개락이고 말이야. 표장에 갔더니 꽁치가 많더라, 복숭아도 많고 말이야.

◆'개락'은 단순한 '홍수'가 아니다. '홍수'는 갑자기 많이 내린 비를 뜻하는 말이라면 그보다 더 많이 내

린 비를 '개락'이라고 하고, 그로 인해 논밭이 개먹어 흙이 유실된 상태를 '개락'이라고 한다. 흔히 '개락이다', '개락나다'라고도 하는데, '홍수로 인해 논밭의 흙이 유실되었다'라는 뜻이 있고, 그만큼 '많다'라는 뜻도 있다. -김인기(강릉) ◆삼척에서 '개락이다'는 '매우 많다'를 뜻한다. 주로 과일이나 물고기 같은 농수산물이 많이 났을 때 쓴다. 아울러 만족이나 놀람, 안도, 실망 등의 감정을 표현할 때도 쓴다. -이경진(삼척)

개랍다 경북 | 형용사 | 치사하다
행동이나 말 따위가 쩨쩨하고 남부끄럽다.
〔대구〕개랍게 그걸 빼사 묵노. 표치사하게 그걸 뺏어 먹냐.

개렵다 충남 | 형용사 | 가렵다
피부에 긁고 싶은 느낌이 있다.
〔금산〕아프냐구? 아녀, 개려워서 그랴. 표아프냐고? 아니야, 가려워서 그래. 〔서산〕개렵다구 너머 글거대면 꼬지마 되기 시웁다. 표가렵다고 너무 긁어대면 종기가 되기 쉽다. 〔공주〕아이구 등때기가 엄청이 개려워서 뻑뻑 긁었드니 땍징이가 졌어. 표아이고 등이 엄청 가려워서 벅벅 긁었더니 딱지가 졌어.

개롭다 강원 | 형용사 | 가렵다
피부에 긁고 싶은 느낌이 있다.
〔원주〕얼굴에 두드레기가 올라와서 개루워서 혼났다. 표얼굴에 두드러기가 올라와서 가려워서 혼났다. 〔평창〕어렸을 땐 모깡을 자주 안 해서 많이 개로웠다. 표어렸을 때는 목욕을 자주 안 해서 많이 가려웠다.

개머리없다 충남 | 형용사 | 나른하다
맥이 풀리거나 고단하여 기운이 없다.

〔당진〕뜨뜻한 방에서 혼자 우두커니 앉아 있으려니 개머리없어 아부지가 들어오시는 줄도 몰랐잖어. 표따뜻한 방에서 혼자 우두커니 앉아 있으려니 나른해서 아버지가 들어오시는 줄도 몰랐잖아. 〔서산〕여름에 낮잠을 너머 자면 개머리읎다. 표여름에 낮잠을 너무 자면 나른하다.

개미 경남 | 명사 | 가미
입에 맞는 좋은 맛.
〔남해〕잘 담근 젓은 곰삭헐수록 개미가 있다. 표잘 담근 젓은 곰삭을수록 가미가 있다. 〔하동〕봄너물이 하도 좋아 보이서 제값 주고 사다 메너리헌테 맽깃더마 참지름허고 깨소굼을 얼매나 딜이부었는지 영 개미가 엄따. 표봄나물이 하도 좋아 보여서 제값 주고 사다 며느리에게 맡겼더니 참기름하고 깨소금을 얼마나 들이부었는지 영 가미가 없다.
◆'개미'는 전라도뿐만 아니라 경상도에서도 쓰는 말이다. 흔히 "개미가 있다" 또는 "개미가 없다"와 같은 형태로 쓰는데, 거제에서는 "개미가 없다"를 '개심심하다'라고 한다. '개미'와 '심심하다'가 결합한 말로 보인다. -김의부(거제)

개미 전남 | 명사 | 가미
입에 맞는 좋은 맛.
〔고흥〕파지가 익어서 영 개미가 있구마. 표파김치가 익어서 참 가미가 있구먼. 〔임실〕짐장 짐치는 개미가 있어야 히여. 표김장 김치는 가미가 있어야 해. 〔부안〕아이고, 음식이 모다 갱미있고 맛납다. 표아이고, 음식이 모두 가미있고 맛있다.
◆전라도에서는 음식이 맛있을 때 "개미가 있다"라고 한다. '개미'는 '가미(佳味)'에서 온 말로, 음식 본연의 깊은 맛과 감칠맛이 있을 때 쓰는 말이다.

개미딸 충북 | 명사 | 뱀딸기

장미과의 여러해살이풀.

〔옥천〕지금은 딸기가 흔하지만 그전에는 읎어 가지구 개미딸얼 따 먹구 그랬지. 표지금은 딸기가 흔하지만 그전에는 없어 가지고 뱀딸기를 따 먹고 그랬지.

개미탈 제주 | 명사 | 뱀딸기
장미과의 여러해살이풀.

〔구좌-한동〕개미탈 하영 낭 소금 ᄒ쓸 놓고 독허게 숢안 허난 좋안게. 표뱀딸기 많이 넣어서 소금 조금 넣고 독하게 삶아 하니까 좋던데. 〔애월-상가〕개미탈 줄기 잘라당 고뿌에 꽂아 보라게. 표뱀딸기 줄기 잘라서 컵에 꽂아 보세요.
◆제주에서는 '뱀딸기'를 '베염탈' 또는 '뱀탈'이라고 하고, '개미탈/게염지탈/게여미탈/게예미탈'이라고도 한다. '게염지/게여미'는 '개미'의 제주도 사투리이고, '베염'은 '뱀'의 제주도 사투리이다.

개밥도둑 경기 | 명사 | 금성
태양에서 둘째로 가까운 행성. 지구에 가장 가까이 있는 천체로서 수성(水星)과 지구 사이에 있으며, 크기는 지구와 비슷하다.

〔강화〕저녁에 보만 개밥도둑이 별 중에 젤 먼저 보여. 표저녁에 보면 금성이 별 중에 제일 먼저 보여.
◆경기도에서는 '금성'을 가리켜 '샛별'이라고 하고 '개밥바라기' 또는 '개밥도둑'이라고도 한다. 새벽까지 떠 있는 별이라고 해서 '샛별'이라고 하고, 개 밥 줄 무렵에 뜨는 별이라고 해서 '개밥바라기'라고 한다. '개밥도둑'은 개가 밥을 허겁지겁 먹을 때 뜨는 별이라는 뜻이다.

개비다 경북 | 동사 | 괴다
물 따위의 액체나 가스, 냄새 따위가 우

묵한 곳에 모이다.

〔대구〕자동차가 웅텅이에 개빈 물로 팍 팅기고 지내가는 바람에 내 옷마 다 베렀니이더. 표자동차가 웅덩이에 고인 물을 팍 튀기고 지나가는 바람에 내 옷만 다 버렸습니다.

개살 강원 | 명사 | 가살
말씨나 행동이 되바라지고, 밉상스러움. 또는 그런 짓.

〔삼척〕여학생들이 고무줄놀이를 하는데 개살을 떨잖소. 방해를 한다, 심술을 부린다 이 말이래요. 표여학생들이 고무줄놀이를 하는데 가살을 부리잖소. 방해를 한다, 심술을 부린다 이 말이래요. 〔강릉〕옆에서 개살을 쳐서 싹 망했어. 표옆에서 가살을 쳐서 모두 망했어.
◆'개살'은 지역에 따라 '떨다' 또는 '치다'와 함께 쓰인다.

개살 경북 | 명사 | 가살
말씨나 행동이 되바라지고, 밉상스러움. 또는 그런 짓.

〔포항〕개살궂은 저 가시나하곤 안 논다. 표가살스러운 저 계집애하고는 안 논다.
◆대구에서는 심술궂고 까탈스럽고 샘이 많은 아이를 가리켜 '개살스럽다' 또는 '깨살스럽다'라고 한다. -상희구(대구)

개살시럽다 경남 | 형용사 | 가살스럽다
말씨나 행동이 되바라지고, 밉상스러운 데가 있다.

〔울산〕자아는 말하는 게 개살시럽다. 표저 아이는 말하는 게 가살스럽다. 〔부산〕저 집 아아들은 하나걸이 개살시럽더라. 표저 집 아이들은 하나같이 가살스럽더라.

개살시럽다 충남 | 형용사 | 가살스럽다
말씨나 행동이 되바라지고, 밉상스러운
데가 있다.
〔예산〕그 사람 승질이 아주 개살시렀어. 그러니
게 아무두 상낼 안 혔지. 표그 사람 성질이 아주
가살스러웠어. 그러니까 아무도 상대를 안 했지.
〔서산〕게살시럽다는 건 말여, 사람이 독하단 거.
독허 갖구 눈초리부터가 싸납구 그런 걸 말하는
겨. 표가살스럽다는 건 말이야, 사람이 독하다는
거야. 독해서 눈초리부터가 사납고 그런 걸 말하
는 거야.
◆충남 서북 지역에서 많이 쓰는 말이다. 성미나 행
실이 매우 위험함을 뜻하는 말로 남에게 위협이 되
는 존재를 이를 때 쓴다. 이런 사람은 남에게 피해
를 주기 때문에 기피의 대상이 된다. 이 말의 표준어
는 '가살스럽다'인데 사용 빈도가 낮다. 비슷한 말로
'독살맞다' 또는 '독살시럽다'에 밀려 점차 사라지고
있는 말이다. -이명재(예산)

개살시럽다 충북 | 형용사 | 가살스럽다
말씨나 행동이 되바라지고, 밉상스러운
데가 있다.
〔단양〕어서 어른한티 눈얼 개살시럽게 뜨구 쳐
다보구 그랴. 표어디서 어른한테 눈을 가살스럽
게 뜨고 쳐다보고 그래.
◆'개살시럽다'는 맥락에 따라 '독살스럽다'라는 뜻
으로도 쓴다.

개심심허다 전남 | 형용사 | 없음
별다른 맛이 없이 심심하다
〔고흥〕회관에서 국을 묵었는디 개심심허니 맛이
없습디다. 표회관에서 국을 먹었는데 '개심심허
니' 맛이 없던데요.
◆'심심하다'보다 작은 말은 '삼삼하다'이다. '삼삼
하다'보다 작은 말은 '게심심하다'이다. 어감상 '게

심심하다'는 단순히 싱겁기만 한 것이 아니라 맛이
없다는 뜻에 가깝다. 담양에서는 '기심심하다'라고
한다. '게'가 '기'로 바뀌었는데, 전라도 사투리에서
'ㅔ'가 'ㅣ'로 바뀌는 것은 '제비'를 '지비'라고 하고,
'세상'을 '시상', '제사'를 '지사'라고 하듯이 일상적
인 일이다. -오덕렬(광주) ◆'개심심하다'의 '개'는
요즘 젊은이들이 흔히 쓰는 '아주'의 뜻은 아니다.
오히려 '조금'의 의미를 담고 있다고 볼 수 있다. '개
긴개긴허다'라고도 한다.

개아리 경북 | 명사 | 없음
방해이나 반항을 목적으로 주장을 굽히
지 않고 맞섬.
〔대구〕지금 개아리 트는 거가? 표지금 '개아리'
트는 거니?
◆"개아리를 튼다"라는 말은 영화 〈범죄와의 전쟁〉에
서도 사용된 말로 '반항하다'라는 뜻의 비속어이다.

개양 충남 | 명사 | 개암
개암나무의 열매.
〔서산〕아녀. 그 집은 개양나무 있던 디고. 감나
무는 그 건너여. 표아니야. 그 집은 개암나무 있
던 데고. 감나무는 그 건너야. 〔논산〕앞산 덜장에
깨금이 많은디 그 맛이 좋았제. 표앞산 돌더미에
개암이 많은데 그 맛이 좋았지. 〔태안〕말복 지나
츠서는 되야 깨얌이 고수롬허지. 표말복 지나 처
서는 되어야 개암이 고소하지.

개와 경기 | 명사 | 기와
지붕을 이는 데 쓰기 위하여 흙을 굽거나
시멘트 따위를 굳혀서 만든 건축 자재.
〔강화〕그때는 동네에 개와집이 거의 없었어요.
표그때는 동네에 기와집이 거의 없었어요. 〔강
화〕간뎃말 가는 데 그 앞에 큰 개와집 있지. 그
지비 우리 말에서 질 부자야. 표가운데 마을 가

는 데 그 앞에 큰 기와집 있지. 그 집이 우리 마을에서 제일 부자야.

◆'기와'는 '개와(蓋瓦)'에서 온 말이다. 따라서 '기와'를 '개와'라고 하는 지역은 기와의 원형을 그대로 간직한 곳이라고 할 수 있다.

개완하다 전북 | 형용사 | 개운하다
기분이나 몸이 상쾌하고 가뜬하다.
〔전주〕오랜만에 모욕해서 개완혀. 囲오랜만에 목욕해서 개운해. 〔정읍〕청소를 허고 낭게 개완허네. 囲청소를 하고 나니까 개운하네. 〔임실〕열을 만에 뫼욕을 힜드니 아조 개안허네. 囲열흘 만에 목욕을 했더니 아주 개운하네.
◆'개완하다'는 전라북도뿐만 아니라 평안북도에서도 쓰는 말이다.

개욱질 명사 | 구역질 | 전북
속이 메스꺼워 자꾸 토하려고 하는 짓.
〔군산〕혼자 깨깟헌 척은 다 험시렁 뒷구녕으로 호박씨 까는 꼴을 기냥 보고만 있을랑게 개욱질이 날락 허드만. 囲혼자 깨끗한 척은 다 하면서 뒷구멍으로 호박씨 까는 꼴을 그냥 보고만 있으려니까 구역질이 나려고 하더군. 〔정읍〕말허는 것이 빈정 사납고 개욱질 난당게. 囲말하는 것이 빈정 사납고 구역질 난단다니까. 〔임실〕실속만 챙기던 넘이 공무언이 되겄다니 귀역질 나네. 囲자기 실속만 챙기던 놈이 공무원이 되겠다니 구역질 나네.

개우 경북 | 명사 | 사발
사기로 만든 국그릇이나 밥그릇. 위는 넓고 아래는 좁으며 굽이 있다.
〔대구〕찬장 속의 개우 하나 가온나. 囲찬장 속의 사발 하나 가져와라.
◆'주발'은 뚜껑이 있고 놋쇠로 만들지만, '사발'은 뚜껑이 없고 사기로 만든다는 점이 다르다.

개우적질 충남 | 명사 | 없음
간단한 어구나 맨손으로 고기나 게, 조개 등의 해산물을 채취하는 일.
〔서산〕나넌 평상을 갯들겡이서 개우적질을 해서 먹구 살었슈. 囲나는 평생을 갯마을에서 '개우적질'을 해서 먹고 살았어요. 〔당진〕그 양반 참으로 억척스러운 분이지. 개우적질로 5남매를 키우고 가르쳤다니까. 囲그 양반 참으로 억척스러운 분이지. '개우적질'로 5남매를 키우고 가르쳤다니까.
◆개펄이 넓은 서해안 지역이라 생길 수 있었던 말이 '개우적질'이다. 물때를 맞춰 수시로 편하게 나가 조개 등 해산물을 채취하는 이들의 일상에서 이 일을 표현할 단어가 꼭 필요했을 것이다. '개우적'의 정확한 어원은 알 수 없으나 느릿느릿 급하지 않게 움직이는 것을 '게우적거리다'라고 하는 데서 비롯된 말이라는 주장이 있다.

개울창 충북 | 명사 | 개울
골짜기나 들에 흐르는 작은 물줄기.
〔옥천〕그전에는 뭐 목욕탕이 읎으니께 전부 개울창에 가서 먹얼 감구 그랬지. 囲그전에는 뭐 목욕탕이 없으니까 전부 개울에 가서 목욕을 하고 그랬지. 〔충주〕꼬라지가 그게 뭐냐, 개골창에 빠진 것처럼. 囲모습이 그게 뭐냐, 개울에 빠진 것처럼.
◆충주에서 '개골창'이란 말은 단순히 개울을 뜻하는 말이 아니라 약간 오염된 작은 개울을 가리키는 말이다. -김병구(충주)

개젓허다 전남 | 형용사 | 개운하다
기분이나 몸이 상쾌하고 가뜬하다.
〔고흥〕뒷밭에 지심을 다 매불고 낭게 맘이 개젓허니 좋네. 囲뒷밭에 김을 다 매버리고 나니까

마음이 개운하니 좋네.

◆'개젓허다'는 '마음에 부담이 없이 가벼워지다' 또는 '무슨 일이 시원하게 해결되다'라는 뜻의 '개운하다'와 비슷한 말이다. 전남에서는 '개운하다'를 '개안하다', '개분하다', '개완하다'라고 한다.

개줌치 경남 | 명사 | 호주머니

옷의 일정한 곳에 헝겊을 달거나 옷의 한 부분에 헝겊을 덧대어 돈, 소지품 따위를 넣도록 만든 부분.

〔하동〕개줌치에 싱쿤 거 내가 다 안깨 얼렁 내놔라. 표호주머니에 숨긴 것 내가 다 아니까 얼른 내놓아라. 〔진해〕개추무이에 머가 들었노? 표호주머니에 뭐가 들었니? 〔고성〕갬치에 멀 숨깄노? 표호주머니에 뭘 숨겼니? 〔창원〕어른들 보모 개줌치 옇은 손 빼고 인사해야 한다. 표어른들 보면 호주머니에 넣은 손 빼고 인사해야 한다.

◆경상도에서는 자질구레한 물품 따위를 넣어 허리에 차거나 들고 다니도록 만든 '주머니'를 '줌치'라고 한다. 이 말이 오랑캐 '호'자와 결합하면 '호줌치'가 되는데, 예전에 우리가 여진족을 낮잡아 부르던 '되놈'이라는 말에 영향을 받아 '호줌치'는 '되줌치'가 되기도 한다. '개줌치'는 '괴줌치'에서 소리가 변한 말로 보인다. 본래 한복에는 호주머니가 없어 복주머니나 쌈지와 같은 주머니를 차고 다녔는데, 여진족은 옷에 호주머니가 있어 이런 말이 생긴 것으로 볼 수 있다. -김영수(진해)

개직잔허다 전남 | 형용사 | 아젓잖다

(1)말이나 행동 따위가 좀스러워 점잖지 못하고 가벼운 데가 있다.
(2)볼품없다.
(3)별 볼 일 없다.
(4)보잘것없는 것을 줄 때에 쓰는 겸손한 말이다.

〔고흥〕아니, 디릴 것도 없고 그래서 호박죽을 조깐 쒔는디 개직잔허요마는 잔 잡솨보씨요. 표아니, 드릴 것도 없고 그래서 호박죽을 조금 쑤었는데 야젓잖지만 좀 잡수어 보세요.

◆행실이나 물건, 음식 등이 깨끗하지 않고 지저분하거나 볼품이 없을 때 '개직찬허다' 또는 '개짓잔허다'라고도 한다.

개진머리 경남 | 명사 | 감기

주로 바이러스로 말미암아 걸리는 호흡 계통의 병. 보통 코가 막히고 열이 나며 머리가 아프다.

〔통영〕개진머리 들렸다. 표감기 걸렸다. 〔하동〕개짓대가리 이거 예사로 여겼더마는 영 갱신을 몬 허겄다. 표감기 이것 예사로 여겼더니마는 영 갱신을 못 하겠다. 〔남해〕개짓머리 걸렸나 봐! 표감기 걸렸나 봐!

◆감기의 옛말인 '곳블'은 코에서 나는 열을 뜻하는 말이다.

개채머리없다 충북 | 형용사 | 채신머리없다

말이나 행동이 경솔하여 위엄이나 신망이 없다.

〔청주〕하는 짓을 보니께 개채머리없이 하드라구. 표하는 짓을 보니까 채신머리없이 하더라고.

개털슈바 북한 | 명사 | 없음

개털 가죽으로 만든 겨울용 털외투.

〔북한〕이거이 개털슈바입네다. 표이것이 '개털슈바'입니다. 〔북한〕그놈은 여름이 되자 반소매 샤쯔식으로 된 군복을 입었다. 그래도 나에게는 그가 여전히 개털슈바를 걸치고 있는 것처럼 보였다.-김대성(2004) 표그놈은 여름이 되자 반소매 셔츠식으로 된 군복을 입었다. 그래도 나에게는 그가 여전히 '개털슈바'를 걸치고 있는 것처럼

보였다.

◆ '개털슈바'는 '개털옷' 또는 '개털외투'라고 한다. '슈바(шуба)'는 러시아어로 동물의 털가죽으로 만든 겨울 외투를 뜻한다. 겉감에는 솜을 넣지만 내피와 목 부분에는 개털을 사용하여 다소 무겁지만 따뜻하다. 겨울에 접경 지대 군인들에게 지급하는데, 장마당에서 매우 비싼 값으로 팔린다.

개틀막 경기 | 명사 | 비탈길

비탈진 언덕의 길.

〔강화〕생각나니? 그 동네 개틀막 오르는 길 옆에 있는 다 쓰러져가는 초가집? 囲생각나니? 그 동네 비탈길 오르는 길 옆에 있는 다 쓰러져가는 초가집?

개피리 경기 | 명사 | 개피떡

흰떡, 쑥떡, 송기떡을 얇게 밀어 콩가루나 팥으로 소를 넣고 오목한 그릇 같은 것으로 반달 모양으로 찍어 만든 떡.

〔강화〕개피리 가운데 쑥개피리가 가장 맛있다. 囲개피떡 가운데 쑥개피떡이 가장 맛있다.

개황 강원 | 명사 | 헛일

보람을 얻지 못하고 쓸데없이 한 노력.

〔평창〕돈이 없이문 다 개황이다. 囲돈이 없으면 다 헛일이다. 〔강릉〕여적지 핸 기 개황이데야. 囲지금까지 한 것이 헛일이다. 〔삼척〕말짱 도루묵이라는 말이 있는데 개황이라는 말과 같은 말이잖소. 囲말짱 도루묵이라는 말이 있는데 개황이라는 말과 같은 말이잖소.

갤쭘해다 경기 | 형용사 | 갸름하다

보기 좋을 정도로 조금 가늘고 긴 듯하다.

〔양평〕얼굴이 좀 갤쭘해야 이뻐 보여. 囲얼굴이 좀 갸름해야 예뻐 보여. 〔인천〕옛날에는 갸다랗게 생긴 얼굴을 더 이쁘다고 쳐 줬어. 囲옛날에는 갸름하게 생긴 얼굴을 더 예쁘다고 쳐 줬어. 〔강화〕애 얼굴이 갈막한 게 꽤 이쁘더라구. 囲애 얼굴이 갸름한 게 꽤 예쁘더라고.

◆ 길이가 조금 긴 것을 '길쭉하다'라고 하는데, '갤쭘해다'는 '길쭉하다'보다 길이가 짧고 보기 좋은 상태를 뜻하는 말이다.

갯것누르미 충남 | 명사 | 없음

갯벌에서 난 해산물로 부친 빈대떡.

〔서산〕갯것은 뻘서 난 거여. 그거 느서 지지믄 갯것누르미지 뭐. 囲갯것은 갯벌에서 난 거야. 그거 넣어서 지지면 '갯것누르미'지 뭐.

◆ '갯것누르미'는 뻘에서 나는 제철 해산물을 넣어 만든 부침개로 철에 따라 나는 조개나 굴 등을 넣어 부쳐 먹는다. 지역에 따라 '갯것전' 또는 '갯것즌'이라고 한다. 들어가는 재료에는 제한이 없으며, '갯것(해산물)'을 비롯하여 다양한 재료를 풍성하게 넣어 먹는다. 여름에는 바지락, 모시조개, 동죽 등 조개를 넣거나 겨울에는 굴 따위를 넣는다.

갯굿 제주 | 명사 | 바다

지구 위에서 육지를 제외한 부분으로 짠물이 괴어 하나로 이어진 넓고 큰 부분.

〔용담〕바당 보난에 갯굿이 가시민 조키여. 囲바다가 잔잔하니까 바닷가에 가면 좋겠어.

◆ 제주 '바당'에 파도가 없이 잔잔할 때 '갯굿'에 가면 보말이며 조개며 많은 해산물을 쉽게 구할 수 있다.

갯들겡이 충남 | 명사 | 갯마을

갯가에 자리 잡고 있는 마을. 또는 '갯마을'을 낮잡아 이르는 말.

〔서산〕그는 갯들겡이서 태어나서 갯들겡이서 크구 늘겄응께 갯들겡이가 고향이쥬. 囲그는 갯마을에서 태어나서 갯마을에서 크고 늙었으니까

갯마을이 고향이지요.

◆'갯'은 바닷물이 드나드는 곳이고, '들'은 넓은 지형을 뜻하므로 '갯들'은 서해안의 넓은 개펄 지역을 가리키는 말이다. 따라서 개펄이 있는 마을을 '갯들겡이' 또는 '갯들쟁이'라고 하는데, '쟁이'에는 얄밉으면서도 친근한 어감이 있다.

갯주무이 경북 | 명사 | 호주머니

옷의 일정한 곳에 헝겊을 달거나 옷의 한 부분에 헝겊을 덧대어 돈, 소지품 따위를 넣도록 만든 부분.
〔대구〕돈 이자뿔라. 갯주무이에 잘 넣어라. 표돈 잃어버릴라. 호주머니에 잘 넣어라.

갱가리1 경기 | 명사 | 가장자리

둘레나 끝에 해당되는 부분.
〔강화〕연못에 돌을 던지만 갱가리까지 물결이 밀려와. 표연못에 돌을 던지면 가장자리까지 물결이 밀려와. 〔여주〕못줄을 가생이에다 바짝 부치라구. 표못줄을 가장자리에다 바짝 붙이라고. 〔강화〕비가 많이 와서 미끄러우니 갱아리로 잘 걸어가. 표비가 많이 와서 미끄러우니 가장자리로 잘 걸어가. 〔강화〕가운데는 물이 깊으니까 걍자리에서 놀아. 표가운데는 물이 깊으니까 가장자리에서 놀아.

갱가리2 경기 | 명사 | 고둥

연체동물문 복족강의 동물인 고둥을 통틀어 이르는 말.
〔옹진〕바닷가에 나가면 갱가리가 천지여서 줏어다 삶아 먹었어. 표바닷가에 나가면 고둥이 천지여서 주워다 삶아 먹었어.

갱개미 충남 | 명사 | 간자미

손바닥 크기의 가오리목의 작은 생선인

간자미를 이르는 말.
〔서산〕갱개미넌 봄이 혜로 먹어두 좋구, 양념을 얹져 쩌 먹어두 좋구, 말려서 구워 먹어두 좋다. 표간자미는 봄에 회로 먹어도 좋고, 양념을 얹어 쩌 먹어도 좋고, 말려서 구워 먹어도 좋다. 〔태안〕갱개미 후이 빠지면 손님 읎넌 대사집이랑 진배읎다니께. 표간자미 회 빠지면 손님 없는 대삿집이랑 진배없다니까.

◆'갱개미'는 손바닥 크기의 작은 생선으로 흔히 새끼 가오리로 알려져 있으나 가오리목의 다른 생선을 뜻하는 말이다. 무침이나 찜을 하면 별미이다.

갱갱이다 전북 | 형용사 | 짜다

소금과 같은 맛이 있다.
〔전주〕시래깃국이 갱갱이네. 표시래깃국이 짜네.
◆충청도와 전라도에서 '갱갱이'는 '강경'을 가리키는 말이다. '강경'은 젓갈의 고장으로 알려져 있으며, '강경 포구'는 소금 유통의 거점지였으므로 '갱갱이'가 왜 '짜다'를 뜻하는 말로 쓰였는지 어렵지 않게 짐작할 수 있을 것이다. -이송자(전주)

갱갑다 전남 | 형용사 | 없음

정상적인 상태와 다르다.
〔강진〕텔레비전 방송에 나온 강아지 행동이 갱갑다. 표텔레비전 방송에 나온 강아지 행동이 이상하다. 〔해남〕귀신이 곡할 노릇이네. 거 참 갱기하네. 표귀신이 곡할 노릇이네. 그거 참 이상하네.

갱고랑 경기 | 명사 | 개골창

수채 물이 흐르는 작은 도랑.
〔화성〕고개에서 쭉 내려가는 갱고랑이 있는데 아이들이 거기서 장난치고 놀았어요. 표고개에서 쭉 내려가는 개골창이 있는데 아이들이 거기서 장난치고 놀았어요.

갱긋찮다 충북 | 형용사 | 괜찮다
(1)별로 나쁘지 않고 보통 이상이다.
(2)탈이나 문제, 걱정이 되거나 꺼릴 것
이 없다.
〔단양〕내가 보기에넌 갱긋찮게 된 거 같어. 표내
가 보기에는 괜찮게 된 것 같아.

갱기다 충남 | 동사 | 노곤하다
나른하고 피로하다.
〔당진〕생선회는 입에 산듯한디 술을 많이 마셔
서 그릉가 갱겨서 죽겄슈. 표생선회는 입에 산뜻
한데 술을 많이 마셔서서 그런가 노곤해서 죽겠어
요. 〔공주〕어저녁에 친구덜허구 술 몇 잔 혔는디
많이 안 먹은 거 같은디 아침이 일어날라니께 대
개 캥기네그려. 표엊저녁에 친구들하고 술 몇 잔
했는데 많이 안 먹은 것 같은데 아침에 일어나려
니까 되게 노곤하네그려.

갱기찮다 전북 | 형용사 | 괜찮다
(1)별로 나쁘지 않고 보통 이상이다.
(2)탈이나 문제, 걱정이 되거나 꺼릴 것
이 없다.
〔김제〕암시랑도 않혀. 갱기찮여. 표아무렇지도
않아. 괜찮아.

갱물 경남 | 명사 | 군물
뜨거운 물에 타는 맹물.
〔합천〕국에 갱물을 부었나 와 이리 싱겁노? 표국
에 군물을 부었나 왜 이렇게 싱거워? 〔합천〕국이
짭우몬 객물을 부어서 늘가라. 표국이 짜면 군물
을 부어서 늘려라.
◆창녕에서 '갱물'은 '바닷물'을 뜻하는 말이다. −성
기각(창녕) ◆'갱물'은 '객물'에서 온 말이다. '객물'
은 뜨거운 물에 타는 찬물을 뜻하는 말이자 죽이나
미음 같은 것 위에 따로 도는 물이나 끼니때 외에 마

시는 물을 가리키는 말이다.

갱본 전남 | 명사 | 바닷가
바닷물과 땅이 서로 닿은 곳이나 그 근
처.
〔진도〕엄매가 갱본에 감시롱 바구리만 갖고 갔
지라. 표어머니가 바닷가에 가면서 바구니만 가
지고 갔어요. 〔강진〕갯것 쫌 잡으러 갱물 좀 갔다
올란다. 표갯것 좀 잡으러 바닷가 좀 갔다 올란
다. 〔신안〕갱번에 가서 모욕도 하고 머 잡을 거는
업꼬. 표바닷가에 가서 목욕도 하고 뭐 잡을 거
는 없고.
◆'갱본'은 바다를 뜻하는 말이지만 "갱본 간다"라는
말은 조개를 캐고 파래를 뜯으러 간다는 말이다. '갱
본'은 바닷가 마을 사람들의 밭이자, 물때에 맞춰 열
리는 시장이라고 할 수 있다. 온갖 '갯것'들이 지천
에 널려 있기 때문이다. −김명임(여수) ◆'갱번'은
바다를 뜻하는 말이다. 물이 들면 배를 띄워 낚시를
하고, 물이 빠지면 갯벌에서 고둥이나 조개를 캐고
낙지를 잡으며 생업을 이어 가는 생활의 터전이다.
바닷가 마을 사람들은 물때에 맞춰 갱번으로 간다.
−주광현(진도) ◆순천에서는 갯벌을 '갱'이라 하고,
바다를 '갱본'이라고 한다. 지역에 따라 "바다에 간
다"라는 말을 "갱본 간다"라고도 하고 "개에 간다"
라고도 한다. 고흥에서는 갯벌이 크게 드러난 곳을
'개'라고 하고, 갯벌이 크게 드러나지 않는 곳을 '갱
본'이라고 한다. 갯벌에 갈 때는 "개에 간다"라고 하
고 바다에 갈 때는 "갱본 간다"라고 한다.

갱시기 경북 | 명사 | 갱죽
김치, 찬밥, 콩나물 등을 넣어 죽처럼 끓
인 음식.
〔대구〕오늘은 뜨끈하이 갱시기 묵자. 표오늘은
뜨끈하게 갱죽 먹자.
◆표준어로 '갱죽'은 시래기 따위의 채소류를 넣고

47

멀겋게 끓인 죽이다. 이와 달리 경북에서 즐겨 먹는 '갱죽'은 들어가는 재료부터 다르다. 물론 '갱죽'은 개인마다, 또 지역마다 만드는 방식이 다를 수 있는데, 일반적으로 대구에서는 "누리끼리한 놋양푸이에 식은 밥, 짐치, 콩지름 등 묵다가 남은 온갖 것을 때리넣고 끓이" 먹는 음식이다. '갱죽'은 '갱시기'라고도 하고 지역에 따라 '국죽' 또는 '밥식이'라고도 한다. -상희구(대구)

갱신못하다 충남 | 동사 | 기진맥진하다
기운이 다하고 맥이 다 빠져 스스로 가누지 못할 지경이 되다.
〔금산〕그 양반 수술하구 나서 갱신못한대유. 오래 살지 못할 거 같아유. 표그 양반 수술하고 나서 기진맥진한대요. 오래 살지 못할 거 같아요. 〔서산〕그는 강기에 몸살루 갱신못허구 누어만 있다. 표그는 감기에 몸살로 기진맥진하고 누워만 있다. 〔공주〕자네두 장개들구 애 몇 낳구 살림해보게. 거기다가 친구들허구 술 헌 잔 허구 나면 그 이튿날 개구도 못혀. 표자네도 장가들고 애 몇 낳고 살림해보게. 거기다가 친구들하고 술 한 잔 하고 나면 그 이튿날도 기진맥진해.

갱신히 충남 | 부사 | 간신히
겨우 또는 가까스로.
〔서산〕배춧값이 100원, 200원 그렸어. 그래두 안 팔려스리 밭떼기루 갱신히 넘기구 했는디. 느 할애비 쵱일 한숨만 쉬구. 표배춧값이 100원, 200원 그랬어. 그래도 안 팔려서 밭떼기로 간신히 넘기고 했는데. 너희 할아버지 종일 한숨만 쉬고. 〔공주〕오늘은 뒷동산으로 고사리나 뜯어볼까 허고 올라갔더니 길이 가파르고 얼마나 까끌막지든지 갱신히 내려왔네그려. 표오늘은 뒷동산으로 고사리나 뜯어볼까 하고 올라갔더니 길이 가파르고 얼마나 가풀막지던지 간신히 내려왔네그

려. 〔논산〕학교 댕기면서 공부도 안 허더니 중핵교에 갱신히 합격했슈. 표학교 다니면서 공부도 안 하더니 중학교에 간신히 합격했어요. 〔태안〕운전민혀 섬을 시 번 봐 갱신히 붙었으면서 흔목 잦히기는. 표운전면허 시험을 세 번 봐 간신히 붙었으면서 흰목 잦히기는.
◆'흔목 잦히다'는 터무니없이 자기 힘을 뽐낼 때 쓰는 말이다.

갱신히 충북 | 부사 | 간신히
겨우 또는 가까스로.
〔옥천〕소가 질이 들 나서 갱신히 부렸어. 표소가 길이 덜 나서 간신히 부렸어.

갱성이죽 충남 | 명사 | 시래기죽
시래기 삶아 물에 불렸다가 간장이나 된장을 넣고 쑨 죽.
〔예산〕갱성이죽은 뭐 별거 업슈. 시래기 절인 거 잘라다 끓인 죽이유. 표시래기죽은 뭐 별거 없어요. 시래기 절인 거 잘라다 끓인 죽이에요. 〔서산〕이전이넌 양석을 애끼느라구 시락지죽을 먹구, 지끔은 이전 맛이 그리워 먹넌다. 표예전에는 양식을 아끼느라고 시래기죽을 먹고, 지금은 예전 맛이 그리워 먹는다.

갱장히 충남 | 부사 | 굉장히
아주 크고 훌륭하게.
〔논산〕장개를 갔는디 샥시가 참 이뻐. 갱장히 이뻐. 그래서 맨날 샥시 뒤만 따라댕겨. 표장가를 갔는데 색시가 참 예뻐. 굉장히 예뻐. 그래서 맨날 색시 뒤만 따라다녀.

갱조개 경남 | 명사 | 가막조개
재첩과의 조개를 일컫는 말.
〔하동〕갱조개 사소. 표가막조개 사세요. 〔하동〕

섬진강 갱조개가 채고라예. 표섬진강 가막조개
가 최고예요.

◆'갱조개'는 지역에 따라 '가막조개'라고도 하고 '재
첩'이라고도 하는데, '강에서 사는 조개'라는 뜻으로
'강조개'에서 온 말이다. 하동에서는 이 조개의 번식
력이 왕성하여 '첩을 많이 거느린다'라는 뜻으로 '재
첩(再妾)'이라고 한다는 이야기가 전한다. -박용규
(하동), 김승호(진주)

갸침 전남 | 명사 | 호주머니
옷의 일정한 곳에 헝겊을 달거나 옷의
한 부분에 헝겊을 덧대어 돈. 소지품 따
위를 넣도록 만든 부분.
〔고흥〕갸침에 돈 들어 있나 뒤져 봐라. 표호주머
니에 돈 들어 있나 뒤져 봐라. 〔고흥〕만 원짜리
두 장을 간침에 여 낳는지 흘러 부렀는가 암만
찾아봐도 읍당께. 표만 원짜리 두 장을 호주머니
에 넣어 났는데 흘려버렸는지 아무리 찾아봐도
없다니까. 〔영암〕쳇대를 암만 찾아도 없네. 개아
침에 너 논 것 같은디. 표열쇠를 아무리 찾아도
없네. 호주머니에 넣어놓은 것 같은데. 〔강진〕호
랑에 넣어둔 내 동전 다 어디 갔당가? 표호주머
니에 넣어둔 내 동전 다 어디 갔을까? 〔광주〕눈
길에서는 개와침에 손 넣고 댕기다 잘못하면 어
푸러진다. 표눈길에서는 호주머니에 손 넣고 다
니다 잘못하면 엎어진다. 〔장성〕엄마 우와기 개
비에 쇠떼 있나 봐라이. 표엄마 윗도리 호주머니
에 열쇠 있나 봐라. 〔진도〕어짓께 품삯 받아서 내
우갯도리 속갸침에 너 났다. 표어제께 품삯 받아
서 내 윗도리 속호주머니에 넣어 났다.

◆호주머니를 뜻하는 전남 사투리 '간침'은 옷과 옷
사이에 주머니를 만들었다는 뜻으로 사이 '간(間)'
자와 바느질 '침(針)' 자를 결합하여 만든 말로 보기
도 한다.

거둠손 경북 | 명사 | 없음
정리 정돈하는 습관을 가진 사람.
〔성주〕우리 집에 거둠손은 내뿌이다. 표우리 집
에 '거둠손'은 나뿐이다.

거듬하다 충북 | 동사 | 추수하다
가을에 익은 곡식을 거두어들이다.
〔단양〕봄에 씨 뿌리구 갈게 거듬하는 거지. 표봄
에 씨 뿌리고 가을에 추수하는 거지.

◆'거듬하다'는 '거두다'의 명사형 '거둠'에 행위를
뜻하는 접미사 '하다'가 붙은 말이다. '거둠' 자체가
행위를 나타내는데 여기에 다시 '하다'를 붙인 것은
독특한 표현 방식으로 보인다.

거뜩허면 전북 | 부사 | 걸핏하면
조금이라도 일이 있기만 하면 곧.
〔완주〕자는 거뜩허면 삐쳐. 표재는 걸핏하면 삐
져. 〔군산〕꺼뜩하면 나만 가지고 그려. 표걸핏하
면 나만 가지고 그래. 〔남원〕수지 땍은 꺼떡하면
부회를 내고 그려. 표수지 댁은 걸핏하면 부아를
내고 그래.

◆'거뜩허면'은 어떤 말이나 행동을 습관처럼 반복하
는 것을 뜻하는 말로 '까딱하면', '깐딱허면', '껀뜩
허면', '끄떡하면'이라고도 한다.

거랑 경북 | 명사 | 개울
골짜기나 들에 흐르는 작은 물줄기.
〔의성〕거랑에 목감으러 가자. 표개울에 목욕하러
가자. 〔안동〕거랑에 서답하러 간다. 표개울에 빨
래하러 간다. 〔봉화〕와, 냉거랑에 돌삐 쎄벨렀다.
표와, 개울에 돌이 많다. 〔봉화〕냉거랑에 목강하
러 가자. 표개울에 목욕하러 가자.

◆'개울'을 뜻하는 '거랑'은 경상도뿐만 아니라 충청
도와 전라도, 평안도에서도 쓰는 말이다.

거랑가 강원 | 명사 | 개울가
개울의 가장자리.
〔평창〕괴기는 거랑가에 많애. 표고기는 개울가에
많아. 〔정선〕그랑가 납자칸 돌메이르 좌 소꿉 맨
들고 놀았어. 표개울가의 납작한 돌멩이를 쪼아
소꿉 만들고 놀았어. 〔인제〕느덜 갯가에 나가서
놀 땐 깊은 물에 들어가지 말구, 물 조심해야 헌
다. 표너희들 개울가에 나가서 놀 때는 깊은 물
에 들어가지 말고, 물 조심해야 한다.

거름테미 강원 | 명사 | 두엄자리
두엄을 쌓아 모으는 자리.
〔원주〕산 밑에 거름테미를 둔다. 표산 밑에 두엄
자리를 둔다. 〔평창〕오양간 옆에 걸금데미를 둔
다. 표외양간 옆에 두엄자리를 둔다. 〔강릉〕그 집
걸금테미가 곧 그 집 쌀가마이라구. 표그 집 두
엄자리가 곧 그 집 쌀가마니라고. 〔춘천〕잘 썩는
검부재기는 됨밭치에 버려라. 표잘 썩는 검부러
기는 두엄자리에 버려라. 〔양양〕꾸정물은 두엄밭
에 버려라. 표구정물은 두엄자리에 버려라.
◆'거름테미'는 거름을 쌓아놓은 더미를 뜻하는 말로
도 쓰인다. ◆'거름테미'는 흔히 돼지를 기르는 '돼지
우리'나 소를 기르는 '우사' 근처에 두었으며, 퇴비
에 음식물 쓰레기나 '꾸정물(설거지물)'을 버려 발
효를 도왔다. −김성영(양양), 유연선(춘천)

거릿대 강원 | 명사 | 세발창
거름을 다룰 때 사용하는 농기구.
〔고성〕거릿대는 두엄을 뒤집거나 외양간 칠 때
사용한다. 표세발창은 두엄을 뒤집거나 외양간
을 칠 때 사용한다. 〔평창〕거름을 밭에 내게 거릿
대와 바수거리를 가져오거라. 표거름을 밭에 내
게 세발창과 발채를 가져오거라. 〔춘천〕거룻대를
땅바닥에 두디리면 부러져. 잘 털어야지. 표세발
창을 땅바닥에 두드리면 부러져. 잘 털어야지.

◆거름내기를 할 때, 거름을 긁어모아서 담을 때는
'소시랑(쇠스랑)'이 필요하지만, 떠서 담을 때는 '거
릿대'가 필요하다. '소시랑'은 발이 자루 끝에 기역
자처럼 붙어 있지만 '거릿대'는 발이 자루와 일자처
럼 붙어 있기 때문이다. 일반적으로 '거릿대'는 거름
내기를 할 때만 사용하지만 '소시랑'은 논밭을 일굴
때도 사용한다. 거름을 낼 때 두 손으로 들어서 옮길
때는 '산테미(삼태기)'를 이용하지만, 지게로 져서
옮길 때는 '바수가레(발채)'를 이용한다. 강원 산간
지대에서는 '거릿대'를 물푸레나무 가지로 만든다.
−최길시(강릉) ◆'거릿대'에는 '두발거릿대'와 '세발
거릿대'가 있다. '거릿대'를 만들기 좋게 뻗은 나무
를 골라서 불에 구워 꾸부려 만들었다. 나무로 만든
것을 '거릿대'라고 하고 쇠로 만든 것을 '쇠시랑(쇠
스랑)'이라고 한다. −유연선(춘천) ◆액체 상태의
거름을 퍼 담거나 밭에 뿌릴 때는 인분을 다루는 '귀
때동이/새갓통/장군'을 사용한다. '귀때동이'와 '새
갓통'은 봉도도 비슷하고 생심새노 손잡이와 귀 모
양의 '귀때'가 있는 점이 비슷하다. 다만 '귀때동이'
는 흙을 구워서 만들었고, 새갓통은 통나무의 속을
파내어 만들었다는 점이 다를 뿐이다.

거망 경기 | 명사 | 그을음
어떤 물질이 불에 탈 때에 연기에 섞여
나오는 먼지 모양의 검은 가루.
〔포천〕불을 피니까 거망이 생기지. 표불을 피우
니까 그을음이 생기지. 〔이천〕석유 끄름을 닦아
야 훤해지지. 표석유 그을음을 닦아야 환해지지.
〔강화〕등잔 초꼬지 심지를 너무 올려놓아서 껄
망이 많이 생겨 바름딱이 새까맣게 됐네. 표등잔
초꽂이 심지를 너무 올려놓아서 그을음이 많이
생겨 벽이 새까맣게 됐네. 〔여주〕니 얼굴에 까망
이 묻었네. 표네 얼굴에 그을음이 묻었네.

거무 충북 | 명사 | 거미

절지동물문 거미강 거미목의 동물을 통틀어 이르는 말.

〔옥천〕집에 사람이 안 사니께 거무들이 사방에 줄얼 쳤어. 표집에 사람이 안 사니까 거미들이 사방에 줄을 쳤어.

◆거미를 뜻하는 '거무'는 충청도뿐만 아니라 위로는 강원도와 평안북도까지, 아래로는 경상도와 전라도까지 쓰고 있는 말이다.

거무땅개 충북 | 명사 | 사마귀
사마귓과의 곤충을 통틀어 이르는 말.

〔옥천〕거무땅개가 뜬물얼 다 잡어먹어서 약을 안 쳐두 되야. 표사마귀가 진드기를 다 잡아먹어서 약을 안 쳐도 돼.

거물개 경기 | 명사 | 고무래
곡식을 그러모으고 펴거나 밭의 흙을 고르거나 아궁이의 재를 긁어모으는 데에 쓰는 '丁'자 모양의 기구.

〔포천〕우리 집에 있는 그물개와 거물개는 할아버지가 쓰시던 거예요. 표우리 집에 있는 부삽과 고무래는 할아버지가 쓰시던 거예요. 〔옹진〕베 말릴 때 넓게 펴야 하잖어, 그때 이렇게 밀구 끌구 하면서 쓰는 게 당그래야. 표베 말릴 때 넓게 펴야 하잖아, 그때 이렇게 밀고 끌고 하면서 쓰는 게 고무래야. 〔화성〕세갈키로 벼를 멍석에 얇게 펴 놔야 잘 말러. 표고무래로 벼를 멍석에 얇게 펴 놔야 잘 말라.

◆이천에서는 고무래를 대나무나 쇠로 만드는데 이를 '세갈키'라고 한다. -이인환(이천) ◆고무래의 이름은 용도에 따라 다른데, 화성에서는 미는 것을 '세갈키'라고 하고, 당기는 것을 '고문데'라고 한다. 그런가 하면 곡식을 미는 것은 '고문데', 재를 미는 것은 '재꼬문데', 흙을 미는 것은 '나무갈키'라고 한다.

◆고무래는 크기도 다양하고 형태도 다양하지만 일반적으로 고무래 정(丁)자 모양으로 생겼으며 널조각에 둥근 자루를 연결한 형태이다. 지역에 따라 고무래에 짧은 발이 달린 형태인 '발고무래'를 사용하기도 한다.

거새미 충북 | 명사 | 그리마
절지동물문 그리맛과의 동물을 통틀어 이르는 말.

〔단양〕거새미가 엄청이 징그럽게 생겼어. 표그리마가 엄청 징그럽게 생겼어.

◆'거새미'는 '사마귀'를 뜻하는 말로도 쓰인다.

거설라무네 경기 | 감탄사 | 가설랑은
글을 읽거나 말을 할 때, 또는 말을 하다가 막힐 때 중간에 덧붙여 내는 군소리.

〔강화〕할아버지가 어렸을 때는 말이야, 거설라무네, 겨울에 연시를 광에 놓았다가 조금씩 꺼내 먹었지.

거섭 경북 | 명사 | 없음
음식에 들어가는 채소.

〔경주〕거섭은 안 묵고 괴기만 묵을래? 표'거섭'은 안 먹고 고기만 먹을래?

◆표준어 '거섶'은 비빔밥에 들어가는 속재료를 뜻하는 말이지만 경북에서는 국물 요리에 들어가는 채소까지 아울러 이르는 말로 쓰고 있다.

거섭 전남 | 명사 | 없음
음식에 들어가는 채소.

〔남원〕거섭을 안 묵어서 그런가? 표'거섭'을 안 먹어서 그런가? 〔장성〕추어탕에는 거섭이 많이 들어가야 맛있재! 표추어탕에는 '거섭'이 많이 들어가야 맛있지!

◆음식에도 궁합이 있다. 비빔밥에는 콩나물과 고사리, 산채 등 계절 채소가 들어가야 한다. 된장국에는

배추보다 '무시(무)'와 '실가리(시래기)'가 낫고, 붕어·메기 매운탕에는 무와 시래기로는 부족하다. 배추가 꼭 들어가야 한다. 이렇듯 모든 요리에 들어가는 채소를 '거섭'이라고 한다. '거섭'은 '비빔밥에 섞는 나물'을 뜻하는 '거섶'에서 온 말로 보이는데, 실제로 전라도와 경상도 지역에서 쓰는 '거섭'은 비빔밥뿐만 아니라 국이나 탕에 들어가는 채소까지 포함하는 말이다. -오덕렬(광주)

거세다 충북 | 동사 | 드시다
'먹다'의 높임말.
〔충주〕할매 할배 음식 식으니께 얼릉 거세유. 표 할머니 할아버지 음식 식으니까 얼른 드세요.

거송구 전남 | 명사 | 지렁이
빈모강의 환형동물인 지렁이를 이르는 말.
〔진도〕빨간 거송구로 미끼를 하면 고기가 잘 물어. 표 빨간 지렁이로 미끼를 하면 고기가 잘 물어. 〔진도〕붕에 내끼질은 거송구를 이깝으로 쓴당께라우. 표 붕어 낚시질은 지렁이를 미끼로 쓴다니까.
◆'지렁이'의 옛말은 '디롱이(地龍)' 또는 '것위'이다. '것위'는 '거위(회충)'를 뜻하는 말로도 쓰인다.

거시기허다 전북 | 형용사 | 없음
바로 말하기 어렵거나 표현하기 힘들다.
〔임실〕지낸 장날 술 먹음서 니가 나헌티 거시기 헝 것은 니기 잘못허찌? 표 지난 장날 술 마시면서 네가 나한테 '거시기헌' 것은 네가 잘못했지?
◆'거시기허다'는 이름이 얼른 생각나지 않거나 바로 말하기 곤란한 사람 또는 사물을 가리키는 대명사 '거시기'에 '하다'의 전북 사투리 '허다'가 결합한 말이다. 전북에서는 직설적으로 표현하기 어려운 상황에서 '거시기허다'라고 한다. ◆'거시기'는 말하는 사람과 듣는 사람, 제3자가 이미 알고 있는 '그것'을 다시 반복하는 번거로움을 생략하고 서로 묵시적으로 인정하는 말이다. '거시기'의 내용은 영어의 정관사 'the'와 같다. 그동안 일부에서 '거시기'를 성적인 표현처럼 호도한 것은 대화를 효율적으로 이끌어가는 호남 문화를 제대로 이해하지 못한 데서 비롯된 말이다. -최병선(임실) ◆'거시기'는 대표적인 전라도 사투리이다. 그런데 대명사 '거시기'와 감탄사 '거시기'는 표준어가 되었다. 형용사 '거시기하다'는 아직도 사투리이다.

거시오줌 충남 | 명사 | 거위침
가슴 속이 느긋거리면서 목구멍에서 나오는 군침.
〔당진〕거시오줌이 자꾸 나오는 것으로 봐 점심 먹은 것이 체했나 보다. 표 거위침이 자꾸 나오는 것으로 봐서 점심 먹은 것이 체했나 보다. 〔서산〕뱃숙이 느글거리면서 목구녕이루 거시침이 넘어오는 걸 봉께 뱃숙에 거싯보가 들어 있넘겨. 표 배 속이 느글거리면서 목구멍으로 거위침이 넘어오는 걸 보니까 배 속에 거위가 들어 있나 보다. 〔공주〕하두 목이 비식거려 게욱질도 날라고 허고 신물이 자꾸 올러오고 해서 한약방에 가봤더니 거시오줌이라네그려. 표 하도 목이 걸근거려서 구역질도 나려고 하고 신물이 자꾸 올라오고 해서 한약방에 가봤더니 거위침이라네그려.
◆충남 서산에서는 배 속에 기생하는 회충을 가리켜 '거위'라고도 하고 '거시'라고도 한다. 회충으로 인해 배앓이를 하는 것은 '거위배'라고 하고, 그로 인해 가슴이 느긋거리며 나오는 군침은 '거시침'이라고 한다. 표준어는 '거위침'이다. -장경윤(서산) ◆'거시오줌'이란 말의 뜻을 보면 참 재미있다. 말 그대로 풀이하면 회충의 오줌이라는 말이 되기 때문이다. 구역질이 나면서 속에서 신물이 올라오면 사람들은 뱃속에 회충이 있어 회충이 싼 오줌 같은 거라고 생각했음 직하다.

거실르다 경기 | 동사 | 거스르다
셈할 돈을 빼고 나머지 돈을 도로 주거
나 받다.
〔강화〕가게에서 거시럼돈을 거실러 받아 왔는데
금액이 안 맞는 거야. 표가게에서 거스름돈을 거
슬러 받아 왔는데 금액이 안 맞는 거야.

거싱이1 경남 | 명사 | 거위
회충과의 기생충을 일컫는 말.
〔하동〕뱃속에 거싱이가 있는가배. 표배 속에 거
위가 있는가 봐. 〔거제〕뱃속에 거성거리가 들어
앉았나 머 그리 묵어대노? 표배 속에 거위가 들
어앉았나 뭘 그렇게 먹어대니?
◆경남에서 회충을 가리켜 '거싱이'라고 하는 세대
와 '회충'이라고 하는 세대는 학교 교육을 받기 이전
의 세대와 학교 교육을 받은 세대로 나누기도 한다.
-김성재(고성) ◆분뇨를 채소의 거름으로 쓰던 시절
에 기생충에 감염되는 일은 흔했다. 이를 "채독 오른
다" 또는 "채독에 걸리다"라고 하는데, 채독이 오르
면 얼굴이 누렇게 뜨고 버짐이 피기도 한다. 채독이
오르면 '산토닌'이라고 부르던 구충제를 먹곤 했다.
-김영수(진해)

거싱이2 경남 | 명사 | 지렁이
빈모강의 환형동물 지렁이를 일컫는 말.
〔하동〕거싱이 좀 잡아오이라, 이깝 허구로. 표지
렁이 좀 잡아와라, 미끼로 하게.
◆하동에서 '거싱이'는 '지렁이'를 가리키는 말이자
'회충'을 가리키는 말이기도 하다. 그런가 하면 '갯
지렁이'는 '갯거시'라고 한다.

거지깔 전북 | 명사 | 거짓말
사실이 아닌 것을 사실인 것처럼 꾸며
대어 말을 함. 또는 그런 말.
〔군산〕거지깔 그만혀라. 표거짓말 그만해라. 〔완

주〕거지깔로 달다고 그려. 표거짓말로 달다고 그
래. 〔군산〕그기 진짜여, 거짓깔이여? 사실대로
말혀! 표그게 진짜야, 거짓말이야? 사실대로 말
해! 〔임실〕뻥새완이 거짓꼴로 또 쇠긱꼬만. 표뻥
생원이 거짓말로 또 속였구먼.
◆'거지깔' 또는 '거지꼴'은 '거짓말'을 뜻하는 말이
지만, 요리를 할 때 "후추를 거지깔로 넣는다"라는
말은 후추를 넣지 않았는데 넣었다고 거짓말을 한다
는 뜻이 아니라, 후추를 많이 넣지 말고 넣은 듯 안
넣은 듯 조금만 넣으라는 말이다. 이 말은 완주뿐만
아니라 남원에서도 사용하고 있다. -김현식(남원)

거지머리 북한 | 명사 | 샤기커트
머리카락에 층을 내면서 숱을 쳐서 자른
머리.
〔북한〕거지머리를 아이 해봤소? 표샤기커트를
안 해봤소?
◆북한에는 국영 미용실과 민영 미용실이 있는데,
국영 미용실은 값이 싸지만 국가가 권장하는 열 가
지 내외의 머리 스타일만 선택할 수 있고 염색도 오
직 검은색만 허용하기 때문에 나이 많은 사람들이
주로 이용한다. 이에 반해 민영 미용실은 값이 비싼
반면 자신이 원하는 머리 스타일을 요구할 수 있기
때문에 젊은 사람들이 주로 이용한다. 이렇게 유행
한 머리 중에는 거지머리(머리로 얼굴을 가리는 양
식)와 도끼머리(가르마를 가운데로 탄 양식) 등이
있다. 민영 미용실에서는 남한 배우의 머리를 따라
하기도 한다.

거지탕 경북 | 명사 | 꿀꿀이죽
여러 가지 먹다 남은 음식을 섞어 끓인 탕.
〔영주〕꿀죽한데 거지탕이나 낄이 묵자. 표출출한
데 꿀꿀이죽이나 끓여 먹자.
◆조선 시대 요리책인 『요록(要錄)』에는 기름에 지
진 떡과 계란, 전과 고기, 잡채 등을 섞어서 맑은 장

국에 삶아낸 음식을 '삼하탕(三下湯)'이라고 소개하는데, 이 음식이 바로 '거지탕'이다. ◆'거지탕'은 명절 음식을 처분하기 위해 남은 전이며 고기 등을 넣고 만든 영주의 대표적인 별미이다. 전 등을 약간 건조한 상태로 말려서 넣기도 한다. 국물이 없이 졸여서 먹는다. ◆생일이나 명절처럼 음식을 많이 장만했을 때, 남은 반찬들을 처리하기 위해 밥과 반찬을 한꺼번에 넣고 끓인 죽을 표준어로는 '꿀꿀이죽'이라고 하고, 경북 말로는 '거지탕'이라고 한다. 본래 '꿀꿀이죽'은 먹을 것이 부족하던 1960년대 미군 부대 옆에 살던 사람들이 부대에서 남은 음식을 돼지밥으로 내와 소시지와 고기 같은 것을 골라내어 옥수숫가루나 밀가루를 넣어 걸쭉하게 끓여 먹은 데서 나온 말이다. 거지탕은 어쩌면 꿀꿀이죽이 탄생한 사연을 담은 이름일 수도 있고 거지들이 여러 집을 다니며 얻어 온 음식을 한 통에 넣고 먹은 데서 나온 이름일 수도 있다.

거진 강원 | 부사 | 거의
어느 한도에 매우 가까운 정도로.
〔원주〕인제 집에 거진 다 와간다. 표이제 집에 거의 다 와간다. 〔평창〕숙제를 거진 다 했다. 표숙제를 거의 다 했다. 〔춘천〕오늘 일두 거진 마쳤다. 표오늘 일도 거의 마쳤다.

거진 경기 | 부사 | 거의
어느 한도에 매우 가까운 정도로.
〔양평〕그 일 거진 다 했니? 진작 마처야지 여때까지 뭐 했어. 표그 일 거의 다 했니? 진작 마처야지 여태까지 뭐 했어. 〔이천〕거진 다 왔다. 표거의 다 왔다. 〔여주〕숙제를 거진 다 했다. 표숙제를 거의 다 했다.

거진 충남 | 부사 | 거의
어느 한도에 매우 가까운 정도로.

〔금산〕언덕 너머 소 치는 집이 부자였어. 거진 400마린 쳤지, 암. 표언덕 너머 소 치는 집이 부자였어. 거의 400마리는 쳤지, 암. 〔태안〕거진 다 헷으니 후딱 마치고 즘슨 먹자. 표거의 다 했으니 후딱 마치고 점심 먹자. 〔논산〕첨에 나설 때는 먼 것 같았는디 걷다 보니께 거진 다 왔네. 표처음에 나설 때는 먼 것 같았는데 걷다 보니까 거의 다 왔네. 〔서산〕넓은 밭에 지슴을 거진 다 매어간다. 표넓은 밭에 김을 거의 다 매어간다. 〔공주〕저짝 집은 거짐 이 동네 땅을 가졌디여. 표저쪽 집은 거의 이 동네 땅을 가졌대. 〔세종〕나무를 거짐 하늘까지 오를 정도로 한 짐을 지고 온다. 표나무를 거의 하늘까지 오를 정도로 한 짐을 지고 온다.

거짓걸로 경북 | 부사 | 조금
적은 정도나 분량.
〔군위〕그 소금 거짓걸로 너라. 표거기 소금 조금만 넣어라.
◆조미료가 귀하던 시절에는 조미료를 넣더라도 "한 자박지"를 넣으라든지 "거짓걸로" 넣으라는 말을 즐겨 했다. '한 자박지'는 한 줌보다 적은 양을 뜻하고, '거짓걸로'는 넣은 듯 안 넣은듯 아주 적은 양을 뜻한다. -정창현(군위)

거천하다 전남 | 동사 | 모시다
웃어른이나 존경하는 이를 가까이에서 받들다.
〔고흥〕나가 시할무니 시아부지 시어마이 작은시어마이 그라고 네 분을 거천했어. 표내가 시할머니 시아버지 시어머니 작은 시어머니 그렇게 네 분을 모셨어.

걱둑걱둑 충남 | 부사 | 성큼성큼
다리를 잇따라 높이 들어 크게 떼어놓는

모양.

〔서산〕뭘 잘했다구 걱둑걱둑 오는디. 아주 꼴 뵈기 싫었지. 표뭘 잘했다고 성큼성큼 오는데. 아주 꼴 보기 싫었지.

걱정시럽다 충북 | 형용사 | 걱정스럽다

걱정이 되어 마음이 편하지 않은 데가 있다.

〔옥천〕쟈 하는 거 보니게 걱정시러워 죽겠네. 표재 하는 거 보니까 걱정스러워 죽겠네.

건데기 전북 | 명사 | 건더기

국이나 찌개 따위의 국물이 있는 음식 속에 들어 있는 국물 이외의 것.

〔김제〕어찌 건데기가 하나도 없대? 표어찌 건더기가 하나도 없어? 〔정읍〕건데기가 들어가야 맛이 있당게. 표건더기가 들어가야 맛이 있어. 〔익산〕국이 건덕지가 벨라 없이 벌국만 홍건허드라고. 표국이 건더기가 별로 없이 국물만 흥건하더라고. 〔군산〕고기 껀데기는 하나 없고 국물만 주었어. 표고기 건더기는 하나 없고 국물만 주었어. 〔임실〕짐칫국에 껀데기가 업스먼 먼 맛이여. 표김칫국에 건더기가 없으면 뭔 맛이야.

◆'건데기'는 "당최 말을 들어줄 껀덕지가 없당게(도대체 말을 들어줄 건더기가 없다니까)"처럼 "내세울 만한 일의 내용이나 근거를 낮잡아 이르는 말"로도 쓰인다.

건추 강원 | 명사 | 시래기

무청이나 배춧잎을 말린 것. 새끼 따위로 엮어 말려서 보관하다가 볶거나 국을 끓이는 데 쓴다.

〔평창〕가을에 무 건추를 많이 먹으래요. 표가을에 무시래기를 많이 먹어요. 〔삼척〕건추국을 끓이자면 건추를 삶은 다음 뭉텅뭉텅 썰잖소. 표시래기국을 끓이자면 시래기를 삶은 다음 뭉텅뭉텅 썰잖소. 〔춘천〕추어탕에는 씨래기가 들어가야 제맛이 나. 표추어탕에는 시래기가 들어가야 제맛이 나.

◆강원도 동해안에서는 무시래기를 '건추'라 한다. 일반적으로 동해안에서는 가을 김장을 할 때 시래기를 엮어 타래를 만들어 말린다. 이것을 겨울철에 풀어 국을 끓여 먹거나 무쳐 먹는다. 또 건추와 좁쌀을 넣고 국죽을 끓여 먹기도 한다. 푸성귀를 접할 수 없는 한겨울에 비타민 결핍을 예방하는 역할을 하였다.

걸거치다 경북 | 동사 | 거치적거리다

거추장스럽게 자꾸 여기저기 거치거나 닿다.

〔의성〕걸거치지 말고 저리 비켜라. 표거치적거리지 말고 저리 비켜라. 〔의성〕걸거치니까 저리 치아라. 표거치적거리니까 저리 치워라.

◆'갈가치다'는 '가치작거리다'의 사투리이고, '걸거치다'는 '거치적거리다'의 사투리이다.

걸구치다 강원 | 동사 | 거치적거리다

거추장스럽게 자꾸 여기저기 거치거나 닿다.

〔원주〕앞에서 왔다 갔다 하지 말구 걸구치니까 옆으로 비켜봐. 표앞에서 왔다 갔다 하지 말고 거치적거리니까 옆으로 비켜봐. 〔강릉〕아, 쫌! 갈구치지 마라니. 표아, 쫌! 거치적거리지 마! 〔평창〕일도 못하면서 갈구치는 이도 있네요. 표일도 못하면서 거치적거리는 이도 있네요. 〔춘천〕저리 좀 비켜, 자꾸 뒤채이지 말구. 표저리 좀 비켜, 자꾸 거치적거리지 말고.

◆강원도 강릉에서는 '귀찮게 하다/거치적거리다/방해하다'라는 뜻으로 '걸구치다' 외에도 '갈개치다/갈그치다'를 사용하기도 하고 '개보채다/개부치다'를 사용하기도 한다. 최근에는 '개보채다'를 더 많이

사용하는 편이다. 두 말의 의미 차이는 거의 없지만 '갈구치다'라는 말에 '거치적거리다'라는 의미가 좀 더 강하고, '개부치다'라는 말에 '귀찮게 하다'라는 의미가 좀 더 강한 것으로 보인다. -김하영(강릉)

걸그치다 경남 | 동사 | 거치적거리다
거추장스럽게 자꾸 여기저기 거치거나 닿다.
〔양산〕영화 보는 데 걸그친께 쪼깨마 비키도. 표 영화 보는 데 거치적거리니까 조금만 비켜줘.

걸금 강원 | 명사 | 거름
식물이 잘 자라도록 땅을 기름지게 하기 위하여 주는 물질.
〔강릉〕걸금으 주믄 왜서 옥시끼가 그러 잘 크는지 아나? 표 거름을 주면 왜 옥수수가 그렇게 잘 크는지 아니? 〔삼척〕땅심을 돋굴라면 걸금으 마이 내야 돼. 표 땅심을 돋우려면 거름을 많이 내야 돼.
◆거름의 종류에는 씨앗을 뿌리거나 모종을 하기 전에 뿌리는 '밑거름'이 있고, 씨앗을 뿌리거나 모종을 옮겨 심은 뒤에 주는 '웃거름'이 있다. 거름을 준 뒤에 다시 주는 거름은 '덧거름'이라고 한다. 강릉에서는 '밑거름'을 밑걸금'이라고 하고, '윗거름'을 '웃걸금'이라고 한다. 그리고 '덧거름'은 '덧걸금'이라고도 하지만 보통은 '웃거름' 또는 '웃걸금'이라고도 한다. -김인기(강릉) ◆삼척에서는 봄이나 초여름에 보드라운 풀을 베어 썩혔다가 보리를 갈 때 쓰는 걸금을 '진풀'이라 하고 늦여름부터 초가을에 하여 쌓았다가 겨울 동안 외양간에 넣어 걸금으로 만드는 풀을 '갈풀'이라 했다. -이경진(삼척)

걸금티 경북 | 명사 | 두엄자리
두엄을 쌓아 모으는 자리.
〔영천〕걸금티 가가 걸금 좀 가오니라. 표 두엄자

리에 가서 거름 좀 가져오너라. 〔영덕〕낚시 가자. 걸금티에 지래이 잡아라. 표 낚시 가자. 두엄자리에서 지렁이 잡아라.
◆'거름'은 '걸음'에서 온 말로 땅을 기름지고 영양분을 걸게 한다는 말이다. '걸금'은 '걸음'에서 'ㄱ'을 첨가한 사투리형이다. 거름을 놓아두는 자리는 경북에서는 '걸금티'라고 하는데, '티'는 장소를 뜻하는 '터'의 소리가 변한 형태이다.

걸기적거리다 북한 | 동사 | 걸리적거리다
거추장스럽게 자꾸 여기저기 걸리거나 닿다.
〔북한〕손거스레미가 걸기적거립네. 표 손거스러미가 걸리적거립니다.

걸대바구리 전남 | 명사 | 없음
나무 기둥이나 서까래 등에 걸어 놓고 삶은 보리쌀, 옥수수, 고구마 등속을 넣어 두는 바구니.
〔고흥〕저녁밥 허게 걸대바구리에 보쌀 잔 갖고 온나. 표 저녁밥 하게 '걸대바구리'에서 보리쌀 좀 가지고 오너라.
◆'걸대바구리'는 주로 여름에 보리쌀이나 밥이 쉬지 않도록 통풍이 되는 곳에 걸어두는 바구니를 뜻한다. 아침에 밥을 해서 점심까지 먹어야 하는 경우나 보리쌀을 삶을 때에 이삼 일 치를 한 번에 삶는 경우가 많았기 때문에 생겨난 말이다. 흔히 '걸바구리'라고도 한다.

걸바당 제주 | 명사 | 없음
조간대를 지나 바닥이 돌이나 암반 또는 모래로 이루어진 바다.
〔보목〕걸바당에서 궤기 잡안? 표 '걸바당'에서 고기 잡았어?
◆제주도의 바다에는 조간대와 갯벌 바다 사이에 용

암층으로 이루어진 바다가 있다. 이 바다를 '걸바다'라고 한다. '걸바다'에는 정착성 물고기들이 많고, 미역과 우뭇가사리 등 바다풀이나 전복·소라·오분자기 등이 지천으로 널려 있다.

걸뱅이 경북 | 명사 | 거지
남에게 빌어먹고 사는 사람.
〔대구〕요새 살기가 좋아가 우리 사는 데서는 걸뱅이가 없어요. 표요즘 살기가 좋아서 우리 사는 데서는 거지가 없어요.
◆표준어 '비렁뱅이'가 고유어 '빌다'에 사람을 낮잡아 이르는 접미사 '뱅이'가 결합한 말이라면, 사투리 '걸뱅이'는 남에게 먹을 것을 얻어먹는 사람이라는 뜻의 한자어 '걸자(乞子)'에 '뱅이'가 결합한 말이다.

걸빵 전남 | 명사 | 헌식
귀신 밥상. 명절 때에 귀신들이 먹을 수 있도록 집 마당에 상을 마련하고 차려 둔 음식.
〔신안〕설 보름에 멋을 마니 장만허먼 거그다가 다 나뚜고 걸빵 거두로 뎅기거등이라.–이기갑(2019) 표설 보름에 뭐를 많이 장만하면 거기에다가 다 놔두고 헌식 걷으러 다니거든요.
◆우리나라에서 행하는 제례 의식으로서 헌식은 자손 없이 죽은 귀신이나 떠돌아다니는 객귀를 위해 따로 마련한 음식을 일컫는 말이다.

걸치개 경기 | 명사 | 다리쇠
주전자나 냄비 따위를 화로 위에 올려놓을 때 걸치는 기구.
〔강화〕하루 위에 있는 걸치개에 냄비 얹어서 끓여야 돼. 표화로 위에 있는 다리쇠에 냄비 얹어서 끓여야 돼.
◆'다리쇠'는 주전자나 냄비, 뚝배기, 약탕관 등을 화로 위에 얹을 수 있도록 고안한 도구이다. 굵고 긴

무쇠나 놋쇠를 이용하여 만든다. '삼발이'와 다른 점은 다리가 없다는 것이다. ◆'다리쇠'의 사투리는 다양한데 '걸치다'에 도구를 뜻하는 접미사 '개'를 결합한 형태는 드물다.

걸캥이 전남 | 명사 | 반두
양쪽 끝에 가늘고 긴 막대로 손잡이를 만든 그물.
〔광주〕걸캥이 챙게라, 꼬랑에 새비 잡으로 가자. 표반두 챙겨라, 도랑에 새우 잡으러 가자.
◆저녁 무렵에 아버지와 함께 고기도 잡고 목욕도 할 겸 '걸캥이(반두)'를 챙겨 들고 냇가에 간다. 바닥을 긁고 돌아다니면 미꾸라지며 피래미며 '대사리(고동)'까지 올라오지만 가장 반가운 것은 '새비(토하)'다. '새비'에 '무시(무)'를 넣고 '꼬치장(고추장)'을 풀어 끓이면 그 맛이 다디달기 때문이다. –박승열(광주)

걸판시럽다 전북 | 형용사 | 걸판지다
매우 푸지다.
〔군산〕그냥저냥 먹지 뭐하러 이렇게 걸판시럽게 차렸냐? 표그냥저냥 먹지 뭐하러 이렇게 걸판지게 차렸냐?

검덜큼허다 전남 | 형용사 | 들큼하다
나물 종류의 반찬이 삼삼하면서도 단맛이 나다.
〔고흥〕시금치 노물이 검덜큼허니 맛있습디다. 표시금치 나물이 들큼하니 맛있습디다.
◆전남 동부 지역에서는 약간 진하면서 달작지근한 맛을 '검덜큼허다' 또는 '거무덜큼허다'라고 한다.

검자리 전남 | 명사 | 거머리
거머리강의 동물을 통틀어 이르는 말.
〔고흥〕검자리가 피를 쪽쪽 뿔아 묵고 배껏 묵고

저절로 툭 떨어져 부러.⊞거머리가 피를 쪽쪽 빨아 먹고 양껏 먹고 저절로 툭 떨어져버려.〔강진〕논에 피 뽑으러 들어갔다가 검자리한테 된통 물렸네.⊞논에 피 뽑으러 들어갔다가 거머리한테 된통 물렸네.〔진도〕어지께 피 뽑을 때 검자리가 피를 얼마나 많이 뽀라 먹었는지 지 혼자 떠러져부러라.⊞어제 피 뽑을 때 거머리가 피를 어찌나 많이 빨아 먹었는지 저 혼자 떨어져버려요.

검질 제주 | 명사 | 김

논밭에 난 잡풀.

〔중문〕아자두서 왕상흔 검질 메염서.⊞앉아서 무성한 김을 맸어.〔애월-상가〕유채밭에 검질매래 감쑤광?⊞유채밭에 김매러 가십니까?

◆김매기는 순서에 따라 '흔불검질', '두불검질', '세불검질'이라고 한다. 처음에 하는 김매기는 '초불검질'이라고도 하고, 마지막에 하는 김매기는 '막검질'이라고도 한다. -현임종(노형)

겁나 전남 | 부사 | 아주

보통 정도보다 훨씬 더 넘어선 상태로.

〔강진〕100점 맞아 겁나 좋것네.⊞100점 맞아 아주 좋겠네.〔광양〕이짝으로 가는 거이 항구 개직헌 질잉께 일로 가게.⊞이쪽으로 가는 것이 아주 가까운 길이니까 이리로 가게.〔진도〕새마을운동 땜새 마을이 겁나 달라져부렀지라.⊞새마을운동 때문에 마을이 아주 달라져버렸지요.〔장성〕장성에 오문 사과도 많지만 단감은 더 겁나부러.⊞장성에 오면 사과도 많지만 단감은 더 아주 많아.

겁나게 충남 | 부사 | 매우

보통 정도보다 훨씬 더.

〔공주〕나 원 참 승질빼기허구 겁나게 급해가지구.⊞나 원 참 성질하고는 매우 급해가지고.〔당

진〕그 집 애들은 핵교 가서 공부를 겁나게 잘한다니께.⊞그 집 아이들은 학교 가서 공부를 매우 잘한다니까.〔태안〕오늘 날쎄가 겁나게 후덕지근허네.⊞오늘 날씨가 매우 후덥지근하네.

겁서둘다 충남 | 동사 | 없음

기다리지 못하고 서둘며 덤비다.

〔보령〕어린 손자 녀석이 배가 고픈지 뜨건 국물을 식히지두 않았는디 먹을라구 겁서두는 겨.⊞어린 손자 녀석이 배가 고픈지 뜨거운 국물을 식히지도 않았는데 먹으려고 서둘러 덤비는 거야.

것 제주 | 명사 | 먹이

동물이 살아가기 위하여 먹어야 할 거리. 또는 사육하는 가축에게 주는 먹을거리.

〔중문〕돗통에 강 도세기 것도 주곡.⊞돼지우리에 가서 돼지 먹이도 주고.

경개 전남 | 명사 | 반찬

밥에 곁들여 먹는 음식을 통틀어 이르는 말.

〔강진〕경개가 너무 싱거워 맛이 없다.⊞반찬이 너무 싱거워 맛이 없다.〔장성〕모처럼 오신는디 경개가 읎어서 어쩌까라이.⊞모처럼 오셨는데 반찬이 없어서 어쩌지요.

◆표준어 '건건이'는 음식이 싱겁지 않도록 짠맛을 내는 간장이나 양념장 같은 것을 뜻하는 말이다. 이에 대응하는 전남 사투리 '경개'는 간을 한 것, 즉 소금에 절인 음식을 뜻하는 말이다. ◆'경개'는 일부 지역에서 '마른 반찬'을 뜻하는 말로도 쓰인다.

경거니 경기 | 명사 | 반찬

밥에 곁들여 먹는 음식을 통틀어 이르는 말.

〔이천〕밥 많이 먹어라. 경거니 많다.⊞밥 많이 먹어라. 반찬 많다.〔강화〕애는 건개이만 있으면

금치 없이도 밥을 잘 먹어. 표애는 반찬만 있으면 김치 없이도 밥을 잘 먹어.

경건이 충남 | 명사 | 반찬
밥에 곁들여 먹는 음식을 통틀어 이르는 말.
〔공주〕작년에 한 짐장 짐치가 다 떨어지고 경건이 할 꺼시 마땅치 않어. 무수 구딩이에서 무수나 하나 그내여 깍띠기나 생채나 해서 경건으로 해 먹을까? 표작년에 한 김장 김치가 다 떨어지고 반찬 할 것이 마땅치 않어. 무 구덩이에서 무나 하나 꺼내 깍두기나 생채나 해서 반찬으로 해 먹을까? 〔세종〕밥이 남었으니 건건이 좀 더 내와. 표밥이 남았으니 반찬 좀 더 내와. 〔태안〕위느 집이나 다 마천가지 아녀? 복다람이 반찬이야 찬국이랑 마늘 한 주먹이지. 표어느 집이나 다 마찬가지 아니야? 복달임에 반찬이야 찬국이랑 마늘 한 주먹이지.
◆태안에서는 변변치 않은 반찬이나 음식이 싱겁지 않도록 짠맛을 내는 간장 등을 '건건이'라고 한다. - 김병섭(태안) ◆'건건이'는 충청도뿐만 아니라 전북에서도 쓰인다. '건거니'라고도 하는데 이는 조음위치가 동화된 것으로 보인다. 짠맛이 조금도 없는 밥과 궁합을 맞추려면 반찬은 필히 짠맛이 있어야 한다는 점에서 반찬의 핵심은 바로 이 짠맛에 있다. '건건하다'라는 말이 있는데 소금 간이 되어 있어 조금 짠 맛이 나는 것을 가리킨다. 이와 연관하여 반찬을 가리킬 때 '건건이'라고 한 것이다.

경구리 충북 | 명사 | 겅그레
솥에 무엇을 찔 때, 찌는 것이 솥 안의 물에 잠기지 않도록 받침으로 놓는 물건.
〔청주〕경구리럴 밑이다가 바치구 그 우에다가 고고마럴 쩌야지. 표겅그레를 밑에다가 받치고 그 위에다가 고구마를 쩌야지.
◆'겅그레'는 솥에 음식을 넣고 찔 때, 음식이 솥 안에 있는 물에 잠기지 않도록 받침으로 쓰는 물건이다. 흔히 댓조각을 얽어서 만들거나 임시로 나뭇개비를 걸쳐놓기도 한다. '경구리'는 '겅그레'의 사투리형으로 "받친다"고도 하고 "건다"고도 한다. 재가 떨어지고 공기가 통하도록 난로, 보일러, 가마 따위에서 불을 받치는 판은 '불겅그레받이'라고 한다.

경구줄 경북 | 명사 | 금줄
부정한 것의 침범이나 접근을 막기 위하여 문이나 길 어귀에 건너질러 매거나 신성한 대상물에 매는 새끼줄.
〔대구〕조 집에 경구줄이 걸린 거 보이 손주 봤구마. 표저 집에 금줄이 걸린 거 보니 손주 봤구먼. 〔상주〕아기를 낳았으니 대문에 궁개줄 쳐라. 표아기를 낳았으니 대문에 금줄을 쳐라.

게그르다 강원 | 형용사 | 게으르다
행동이 느리고 움직이거나 일하기를 싫어하는 성미나 버릇이 있다.
〔정선〕천성이 게그르고 시간도 없었다. 표천성이 게으르고 시간도 없었다. 〔춘천〕재는 워낙 게글러터져서 아무 일두 못 해. 표재는 워낙 게을러서 아무 일도 못 해. 〔삼척〕그렇게 게글러빠졌다간 굶어 죽기 십상이다. 표그렇게 게을러빠졌다가는 굶어 죽기 십상이다. 〔인제〕원래 허리가 질따란 높은 질러빠진 게 맞아. 표원래 허리가 기다란 놈은 게을러빠진 게 맞아. 〔평창〕저레 게글러서야 누가 데레가겠나. 표저렇게 게을러서야 누가 데려가겠나.

게네다 전남 | 형용사 | 뽐내다
의기가 양양하여 우쭐거리다.
〔진도〕뭣을 그렇게 게네고 나왔냐? 표뭐를 그렇게 뽐내고 나왔냐? 〔강진〕저 사람은 별일 아닌 걸로도 게네기를 좋아한다. 표저 사람은 별일 아

닌 걸로도 뽐내기를 좋아한다.

게두 전남 | 명사 | 키조개

키조갯과의 연체동물.

〔고흥〕나가 아랫 갯바닥에서 게두를 캐봤는디, 뻘 속에 박혔는디 요라고 손을 여서 쑥 빼냈당께. 표내가 아래 갯벌 바닥에서 키조개를 캐봤는데, 개흙 속에 박혀 있는데 이렇게 손을 넣어서 쑥 빼냈다니까.

◆전라남도 고흥군 남양면 앞바다는 조수 간만으로 인해 갯벌이 드러났다가 잠기는 곳이다. 썰물 때 드러난 갯벌에서 어패류를 잡아서 먹기도 하고 팔기도 했다. 보통 깊은 바다의 물에 잠겨 있으나 고흥에서 물이 가장 많이 빠지는 물때인 일곱물 물때에는 먼 바다까지 갯벌이 드러난다. 그 바다를 '아랫개' 혹은 '아랫갯바닥'이라고 하는데 '게두(키조개)'나 소라, 피조개 등은 그곳에 가야 잡을 수가 있다. 지금은 마을 사람들이 모두 나이가 들어 바다에 갈 수 없지만 예전에는 농사보다 '갯것(갯벌에서 나는 것)'을 수입으로 생활하였다. -천인순(고흥)

게따가 강원 | 부사 | 이따가

조금 지난 뒤에.

〔고성〕그럼 게따가 또 보자. 표그럼 이따가 또 보자. 〔평창〕게따가 돘다가 줄게. 표이따가 두었다가 줄게. 〔삼척〕우선 낭구부터 하고 그 일을 게따가 하자. 표우선 나무부터 하고 그 일을 이따가 하자.

게럽히다 충북 | 동사 | 괴롭히다

몸이나 마음을 편하지 않고 고통스럽게 하다.

〔옥천〕애꾸진 사람 게럽히지덜 말구 헐 일 읎으믄 잠이나 자. 표애꿎은 사람 괴롭히지 말고 할 일 없으면 잠이나 자.

게사니 북한 | 명사 | 거위

오릿과의 새.

〔북한〕돼지고기보다 게사니 구이를 더 먹고 싶구나야. 표돼지고기보다 거위 구이를 더 먹고 싶구나.

게살스럽다 강원 | 형용사 | 심술궂다

남을 성가시게 하는 것을 좋아하거나 남이 잘못되는 것을 좋아하는 마음이 매우 많다.

〔고성〕저 사람은 게살스러워서 친하기 싫어. 표저 사람은 심술궂어서 친해지기 싫어. 〔평창〕저이는 게살스러워서 주위에 사람이 없어. 표저이는 심술궂어서 주위에 사람이 없어. 〔고성〕욕심 많고 변덕스러운 사람을 게살스럽다고 해. 표욕심 많고 변덕스러운 사람을 심술궂다고 해.

게엄지 충남 | 명사 | 집게발

게, 가재 따위의 발끝이 집게처럼 생긴 발.

〔보령〕게엄지라는 건 제일 앞의 그. 그것 보고 집게발이라고 허고.-강정희(2012ㄴ) 표'게엄지'라는 건 제일 앞의 그. 그것 보고 집게발이라고 하고. 〔서산〕그이의 왕발은 적과 싸울 때 무기도 되구 먹이를 집어 먹넌 적그락 역활두 헌다. 표게의 집게발은 적과 싸울 때 무기가 되고 먹이를 집어 먹는 젓가락 역할도 한다.

◆서산에서는 게의 집게발을 '왕발'이라고 하고, 기어갈 때 쓰는 발을 '좀발'이라고 한다. 그런가 하면 헤엄칠 때 쓰는 넓적한 발을 '떡발'이라고 한다. -장경윤(서산)

게우 충남 | 명사 | 거위

오릿과의 새.

〔당진〕옆집에서 키우는 게우가 밤시 꽥꽥거려 통 못 잤슈. 표옆집에서 키우는 거위가 밤새 꽥

꽥거려 통 못 갔어요. 〔태안〕때꾸가 뎀비면 숨탉보다 미서. 표거위가 덤비면 수탉보다 무서워.

게을르다 경기 | 형용사 | 게으르다
행동이 느리고 움직이거나 일하기를 싫어하는 성미나 버릇이 있다.
〔강화〕부지런한 사람두 있지만은 또 게을은 사람두 있기 마련이지. 표부지런한 사람도 있지만 또 게으른 사람도 있기 마련이지. 〔여주〕그렇게 젤터지다간 밥 빌어먹는다. 표그렇게 게을러터지면 밥 빌어먹는다.

게죽게죽ᄒ다 제주 | 동사 | 깨죽깨죽하다
자꾸 불평스럽게 종알거리다.
〔구좌-한동〕훈번은 아방신디 부수 욕들엉 나간 게만이 올레 베낏듸 강 게죽게죽허멍 앚앙 잇어. 표한번은 아버지에게 마구 욕먹고 나가더니만 골목 밖에 가서 깨죽깨죽하면서 앉아 있어. 〔애월-상가〕너 경 게죽게죽헐래? 표너 그렇게 자꾸 깨죽깨죽할래?

게타리 충남 | 명사 | 허리띠
바지가 흘러내리지 않게 옷의 허리 부분에 두르는 띠.
〔예산〕게타리 끌러졌다, 지대로 해라. 표허리띠 풀어졌다, 제대로 해라.
◆게타리는 주로 무명이나 삼베로 만들기 때문에 '허리띠'도 되고 '허리끈'도 된다. -강연구(예산)

게틀레기 제주 | 명사 | 게트림
거만스럽게 거드름을 피우며 하는 트림.
〔용담〕누게가 시방 게틀레기해시니? 내우살 남쩌. 표누가 지금 게트림했니? 냄새가 난다.

게피시럽다 충남 | 형용사 | 번거롭다

일의 갈피가 어수선하고 복잡한 데가 있다.
〔태안〕내가 부탁한 일 땜시 게피시러워서 미안혀. 표내가 부탁한 일 때문에 번거롭게 해서 미안해. 〔서산〕도랭이를 걸치구 모를 심자니 게피시럽다. 표도롱이를 걸치고 모를 심으려니 번거롭다. 〔공주〕내가 너머 번거운 일을 부탁했내 벼. 표내가 너무 번거로운 일을 부탁했나 봐.

겝 북한 | 명사 | 김
홍조류 보라털과의 조류.
〔평남〕겝이라고 하는 사람도 있구나이. 표김이라고 하는 사람도 있구나.
◆평안도에서는 '김'을 '겝'이라고 하는데, 이는 바다에서 채취한 원초를 여러 겹으로 겹쳐서 김을 만들기 때문에 붙여진 이름으로 보인다. '겹치다'의 평안도 사투리는 '겝치다'이다.

겝지금ᄒ다 제주 | 형용사 | 찝찔레하다
감칠맛은 없고 짠 듯하다.
〔도련〕뭄국이 잘도 겝지금ᄒ다. 표모자반국이 매우 찝찔레하다.

경비막 북한 | 명사 | 없음
가을에 농산물을 지키기 위해 밭이 다 내려다보이는 곳에 나무 기둥을 세워서 옥수숫대를 엮어서 만들어놓은 초막 같은 집.
〔북한〕광철아, 경비막에 아부지 아침밥 좀 가져다 드리고 오나. 표광철아, '경비막'에 아버지 아침밥 좀 가져다 드리고 와라.

경사지다 북한 | 형용사 | 없음
감정이 상하다.
〔함남〕내 말이 경사지니? 표내 말이 '경사지니'?
◆본래 '경사지다'는 "땅이나 바닥 따위가 한쪽으로

61

기울어지다"를 뜻하는 말이지만 감정이 상했을 때 사용하는 말로도 쓰인다.

경장 전북 | 명사 | 정색
얼굴에 엄정한 빛을 나타냄. 또는 그런 얼굴빛.
〔군산〕안자마자 손을 만져보고 경장을 혀, 이분들이. 표앉자마자 손을 만져보고 정색을 해, 이분들이.

계갈이 강원 | 명사 | 계
경제적인 도움을 주고받거나 친목을 도모하기 위하여 만든 전래의 협동 조직.
〔삼척〕이번 달 계갈이는 누구 집에서 하나? 음석을 좀 마이 바우라고 그래와. 표이번 달 계는 누구 집에서 하나? 음식을 좀 많이 장만하라고 그래라. 〔평창〕오늘은 계초날이네요. 표오늘은 곗날이네요.
◆'계'를 뜻하는 '계갈이'는 논밭을 간다고 할 때의 '경(耕)'과 관련이 있고, '계추'는 '추렴(出斂)'과 관련이 있는 말로 보인다. 일반적으로 농경 사회의 계는 품앗이 등을 통해 일손을 나누는 계원들이 술과 음식을 장만하여 일손을 놓고 하루 쉬어 가는 날을 뜻한다. 삼척에서는 음식을 장만하는 계원을 '색'이라 했다. -이경진(삼척)

계명 충북 | 명사 | 고명
음식의 모양과 빛깔을 돋보이게 하고 음식의 맛을 더하기 위하여 음식 위에 얹거나 뿌리는 것을 통틀어 이르는 말.
〔단양〕떡국에 올린 계명이 이쁘네. 표떡국에 올린 고명이 예쁘네.
◆양념이 음식의 맛을 내는 요소라면, 고명은 음식의 멋을 내는 요소라 할 수 있다. 우리나라는 예로부터 음양오행설에 따라 흰색·노란색·푸른색·빨간

색·검정색 등 다섯 가지 색을 내기 위해 지단을 비롯하여 밤, 호두, 은행, 잣, 미나리, 파, 고추, 당근, 대추, 버섯, 깨 따위를 음식 위에 올리거나 뿌렸다.

계절조 북한 | 명사 | 철새
철을 따라 이리저리 옮겨 다니며 사는 새.
〔북한〕니는 계절조처럼 줏대 없이 왔다리 갔다리 하니? 표너는 철새처럼 줏대 없이 왔다 갔다 하니?
◆북한 전역에서 '철새'를 '계절조'라고 하고, '텃새'를 '사철새'라고 한다. 고유어를 한자어로 대체한 형태라는 점이 독특하다.

계정피다 북한 | 동사 | 없음
짜증을 부리다.
〔북한〕하기 싫은 일이라고 계정피지 마란 말이오. 표하기 싫은 일이라고 '계정피지' 말란 말이오.

고구매 경남 | 명사 | 고구마
메꽃과의 여러해살이풀.
〔거창〕고구매 캘 때 손에 지이 안 묻는 사램이 엄따. 표고구마 캘 때 손에 진이 안 묻는 사람이 없다. 〔고성〕삼도는 물짐치하고 묵는 물고오매 맛이 최고라예. 표거문도는 물김치하고 먹는 물고구마 맛이 최고예요. 〔하동〕고오매를 썰이서 장독 우게다 말맀다. 표고구마를 썰어서 장독 위에다 말렸다.
◆거제에서는 보풀이 일어난 것처럼 보이는 고구마를 '보풀고구매/타박고구매/파삭고구매'라고 하고, 물기가 많은 고구마를 '물고구매'라고 한다. 그런가 하면 썰어서 말린 고구마를 '빼때기'라고 하고, 삶아서 말린 고구마를 '곤조' 또는 '곤조리'라고 한다. -김의부(거제) ◆'빼때기'를 뜻하는 '절간고구마'는 고구마를 잘라 놓은 모양이 둥근 방패와 같아서 붙여진 이름이다. '빼때기'는 고구마를 칼로 얇게 썰었

다고 해서 붙여진 이름으로 통영에서는 '부자', 고성에서는 '쫀디기'라고 한다.

고기떡 북한 | 명사 | 어묵

생선 살을 갈아서 여러 가지 양념을 넣어 반죽하여 찌거나 굽거나 튀겨 만든 반찬.

〔북한〕고기떡은 장마당에서 처음 먹어봤시오. 표어묵은 장마당에서 처음 먹어봤습니다.

◆북한 전역에서 어묵을 '고기떡' 혹은 '물고기떡'이라고 부른다. 물고기를 쫀득쫀득한 떡처럼 만들었다고 해서 붙여진 이름이다.

고내이 강원 | 명사 | 고양이

고양잇과의 하나.

〔평창〕밖에 고내이 왔다. 고내이 왔어. 표밖에 고양이 왔다. 고양이 왔어. 〔춘천〕도둑 고내이가 밤새두룩 울구 댕기는 바람에 잠을 못 잤네. 표도둑고양이가 밤새도록 울고 다니는 바람에 잠을 못 잤네. 〔삼척〕밤에 고얘이가 울어서 잠을 하나도 못 자. 표밤에 고양이가 울어서 잠을 하나도 못 자.

고노리젓 전북 | 명사 | 곤어리젓

멸칫과의 바닷물고기인 곤어리로 담근 젓갈.

〔부안〕고노리가 등평이 같은 것인디 더 연허고 뼈도 약허고 그리서 고노리젓 담으믄 먹기가 좋아. 표곤어리가 보리멸 같은 것인데 더 연하고 뼈도 약하고 그래서 곤어리젓을 담그면 먹기가 좋아.

고닥새 전북 | 부사 | 금방

말하고 있는 시점과 가까운 시간.

〔전주〕읍내까지 자전거 타고 고닥새 다녀왔네. 표읍내까지 자전거 타고 금방 다녀왔네.

고달푸다 충북 | 형용사 | 고달프다

몸이나 처지가 몹시 고단하다.

〔옥천〕남으 집이서 일해주문 고달푸구 그런 겨. 표남의 집에서 일해주면 고달프고 그런 거야.

고도리젓 제주 | 명사 | 없음

고등어의 어린 새끼인 고도리로 담근 젓갈.

〔구좌-한동〕고도리젓도 그냥 멜첫 담는 거나 ᄀᆞ타. 그자 고도린 크난 ᄒᆞ쏠 도막도막 쫄랑 소금 헹 놔두민 젓 퉤는 거주. 표'고도리젓'도 그냥 멸치젓 담그는 것과 같아. 그저 고도리는 크니까 조금 토막토막 짤라서 소금 해서 놔두면 젓갈 되는 거지.

고동어 충북 | 명사 | 고등어

고등엇과의 바닷물고기.

〔청주〕장에 가 고동어 사다가 지져 먹어야지유. 표장에 가 고등어 사다가 지져 먹어야지요.

고두메 충남 | 명사 | 지에밥

찹쌀이나 멥쌀을 물에 불려서 시루에 찐 밥.

〔보령〕그다음에 인제 떡 해놓고 고두메라고 쌀을 이렇게 수쳐갖고 시루에다 쩌서 가지고서.-강정희(2012ㄱ) 표그다음에 인제 떡 해놓고 지에밥이라고 쌀을 이렇게 씻어가지고 시루에다 쪄서 가지고서. 〔서산〕술은 담을라먼 술밥버텀 쪄야지. 표술을 담그려면 술밥부터 쪄야지. 〔공주〕슬 멩일이나 추석 멩일이 되믄 할머니께서 꼬옥 제주를 담그셔는디 꼬옥 꼬두밥 해서 시켜서 누룩허그 버무려. 술 담그지 전에 한 움큼씩 집어먹으면 할머니한티 혼나그 그랬어. 표설 명절이나 추석 명절이 되면 할머니께서 꼭 제삿술을 담그셨는데 꼭 지에밥 해서 식혀서 누룩하고 버무

려. 술 담그기 전에 한 움큼씩 집어 먹으면 할머니한테 혼나고 그랬어. 〔태안〕지밥 한 주먹 집어 먹구 꿀밤 한두 대 읃어맞지 않은 사램이랑은 말두 허지 마. 표지에밥 한 주먹 집어 먹고 꿀밤 한두 대 얻어맞지 않은 사람이랑 말도 하지 마. 〔세종〕술을 맹글라면 우선 꼬두밥을 쪄유. 표술을 만들려면 우선 지에밥을 지어요.

◆'고두메'는 '고두밥'을 뜻하는 말이기도 하다. 약밥이나 인절미, 감주, 술 등을 만들기 위해 짓는 밥은 찹쌀이든 멥쌀이든 질지 않게 물을 적게 잡아 꼬들꼬들하게 지어야 한다. 이 '꼬들'과 관련되는 것이 '고두'이며 '메'는 밥의 옛말이다.

고둔도치 경기 | 명사 | 고슴도치
고슴도칫과의 하나.
〔양평〕산에 갔다가 큰 밤송이처럼 생긴 고둔도치 잘못 건드리면 찔려. 표산에 갔다가 큰 밤송이처럼 생긴 고슴도치 잘못 건드리면 찔려. 〔파주〕요즘은 고슴도치껏정 집에서 길르는 사람들도 있어요. 표요즘은 고슴도치까지 집에서 기르는 사람들도 있어요.

고딩이국 충남 | 명사 | 다슬기국
다슬기를 넣고 끓인 탕국.
〔예산〕고딩이국. 올갱이라고도 허구 고딩이라고두 하쥬. 표다슬기국. 올갱이라고도 하고 다슬기라고도 하죠.

고라당 충북 | 명사 | 밭고랑
밭작물이 늘어서 있는 줄과 줄 사이의 고랑을 통틀어 이르는 말.
〔옥천〕고라당에 풀이 엄청이 자랐유. 표밭고랑에 풀이 엄청 자랐어요.

◆'고라당'은 '골' 또는 '골안'과 관련이 있는 말이다. 일반적으로 이랑에는 작물을 심고 고랑에는 물이 흐르거나 사람이 다니는데, 단양과 제천 등지에서는 산과 산 사이에 움푹 패어 있는 골짜기를 '고라당' 또는 '산고라당'이라고 한다.

고라딩이 충북 | 명사 | 골짜기
산과 산 사이에 움푹 패어 들어간 곳.
〔단양〕고라딩이가 을매나 짚은지 한번 들으가믄 암것두 안 보여. 표골짜기가 얼마나 깊은지 한번 들어가면 아무것도 안 보여.

고랑 충남 | 명사 | 골탕
한꺼번에 되게 당하는 손해나 곤란.
〔당진〕주식 혀서 재미 본다드니 이번엔 고랑 먹었다쥬? 표주식 해서 재미 본다더니 이번엔 골탕 먹었다지? 〔당진〕니가 넘을 그러키 고랑 멕이구 부자 될 줄 아냐? 표네가 남을 그렇게 골탕 먹이고 부자 될 줄 아느냐?

◆보통 '고랑'은 개울을 뜻하는 사투리이다. 그런데 충청도와 경상도 일부 지역에서는 '골탕'을 뜻하는 말로도 쓰인다. 예를 들어 경주에서는 골탕 먹는 것을 "고랑때 먹다"라고 한다.

고랑때 경남 | 명사 | 골탕
한꺼번에 되게 당하는 손해나 곤란.
〔산청〕낸중에 고랑때 미기지 말고 잘 좀 하소. 표나중에 골탕 먹이기 말고 잘 좀 하시오.

고래논 경기 | 명사 | 고래실
바닥이 깊고 물길이 좋아 기름진 논.
〔포천〕그곳은 물길이 좋아 고래논이 많다. 표그곳은 물길이 좋아 고래실이 많다.

◆'고래실'의 '고래'는 골짜기를 뜻하는 '골'에서 온 말이다. 골짜기에 물이 많은 점을 감안하면 '고래실'은 물 걱정이 없는 논이므로 좋은 논을 뜻하는 말이 된다. 그런데 요즘처럼 물이 귀하지 않은 시대에 고

래실은 물이 너무 많아 농기계를 사용하기도 어렵고 이모작도 곤란해 무작정 좋은 논이라고 말하기 어렵게 되었다. 즉 시대에 따라 좋은 논이 나쁜 논이 되기도 하는 셈이다. ◆'고래실'이 바닥이 깊고 물길이 좋은 기름진 논이라면, '구렛들'은 동일한 환경의 들을 가리키는 말이다. 그런가 하면 '골채'는 골짜기에 있어서 물 대기가 편한 논, '고논'은 보에 괸 물을 맨 먼저 받을 수 있는 '물꼰'이 좋은 논을 뜻한다. '물꼰'은 보에서 논까지 물이 들어오는 길을 뜻하는 말이다. 물을 대거나 빼려고 논둑에 뚫어놓은 구멍은 '수멍', 논물이 빠져 나가도록 뚫은 놓은 작은 구멍은 '우리구멍', 알맞게 괸 물이 저절로 다음 논으로 흘러 넘도록 논두렁을 낮춘 곳은 '무넘기'라고 한다.

고레장비 제주 | 명사 | 억수
물을 퍼붓듯이 세차게 내리는 비.
〔노형〕오늘 새벽부터 고레장비가 내렴신게. 표오늘 새벽부터 억수가 내린다.
◆'고레장비'는 '고레비'라고도 한다. 표준어로는 '억수(물을 퍼붓듯이 세차게 내리는 비)'라고 한다.

고로고로하다 북한 | 형용사 | 고만고만하다
고만한 정도로 여럿이 다 비슷비슷하다.
〔북한〕키가 고로고로하게 작디 않니? 표키가 고만고만하게 작지 않니?

고록젓 전남 | 명사 | 꼴뚜기젓
꼴뚜기로 담근 젓.
〔고흥〕고록젓은 쌩으로 무쳐 묵어도 맛나고, 삭화서 묵어도 맛있제. 표꼴뚜기젓은 생으로 무쳐 먹어도 맛있고, 삭혀서 먹어도 맛있지.

고리고리하다 충남 | 형용사 | 고리다/곯다
(1)썩은 풀이나 썩은 달걀 따위에서 나는 냄새와 같다.

(2)속이 물크러져 상하다.
〔서산〕께꾹이 싱거우면 그이에서 고리고리헌 냄새가 난다. 표겟국이 싱거우면 게에서 고린 냄새가 난다. 〔당진〕워디서 고리고리한 냄새 나는디. 너 발 딱었냐? 표어디서 고린 냄새가 나는데. 너 발 닦았니? 〔금산〕이 게장 고리고리헌디? 표이 게장 곯았는데?

고리박 충남 | 명사 | 두레박
줄을 길게 달아 우물물을 퍼 올리는 데 쓰는 도구. 바가지나 판자 또는 양철 따위로 만든다.
〔예산〕용두래는 고리박허군 달븐 겨. 표'용두레'는 두레박하고 다른 거야.

고리채 강원 | 명사 | 도시락
작은 그릇에 반찬을 곁들여 담는 밥. 또는 그릇.
〔홍천〕고리채는 똥그라치 쬐끄망 거야. 표도시락은 동그랗고 조그마한 거야.

고먼제 강원 | 명사 | 그끄저께
(1)그저께의 전날.
(2)지나간 지 꽤 되는 과거의 어느 시점을 막연하게 이르는 말.
〔삼척〕고먼제 앞집 할머이가 넘어져서 다리를 처맸잖아. 표그끄저께 앞집 할머니가 넘어져서 다리를 처맸잖아. 〔태백〕그먼제 아덜이 결혼한다고 얘기했잖아. 표그끄저께 아들이 결혼한다고 얘기했잖아.
◆강릉과 정선 등지에서는 '그저께'를 '아래께'라고 한다.

고물개 충북 | 명사 | 고물
인절미나 경단 따위의 겉에 묻히거나 시

루떡의 켜와 켜 사이에 뿌리는 가루로 된 재료.

〔단양〕팟고물개가 모자라니게 나머지넌 콩고물 개루 하지유 뭐. 표팥고물이 모자라니까 나머지는 콩고물로 하지요 뭐.

고물떡 충북 | 명사 | 시루떡

떡가루에 콩이나 팥 따위를 섞어 시루에 켜를 안치고 찐 떡.

〔음성〕떡 하믄 고물떡이 질이에유. 표떡 하면 시루떡이 제일이에요.

고물짜 전남 | 명사 | 고물

헐거나 낡은 물건.

〔고흥〕장에서 옷을 하나 샀는디 벨라 그요, 고물짜 같구마. 표시장에서 옷을 하나 샀는데 별로 그래요. '고물짜' 같구먼.

◆ '고물짜'는 '고물'이라는 뜻도 있고 '물짜다'라는 뜻도 있다. 이웃에게 선물을 하면서 '그다지 좋은 선물은 아니다'라는 의미로 "물짜요"라고 하는 식이다. 그런가 하면 6~70년대 시골 오일장에 가면 중고 옷가지를 싸게 파는 곳이 있었는데 그런 가게를 '고물짜전'이라고 했다. '고물짜전'은 '고물짜(중고)'를 파는 곳으로 분석할 수도 있고, '고물(중고)'을 파는 '저(가게)'로 분석하기도 한다.

고사리마 제주 | 명사 | 봄장마

봄철 고사리가 나올 시기에 드는 장마.

〔구좌-한동〕똑 고사리 껌을 때 뒈민 비가 경 와. 거 고사리마라. 표꼭 고사리 꺾을 때 되면 비가 그렇게 와. 그것이 봄장마야.

◆ 제주에서는 봄에 고사리를 꺾으러 다녔다. 이때에 맞춰 봄비가 자주 내리는데, 이를 '고사리마'라고 한다. 봄장마를 뜻하는 말이다. 흔히 '고사리장마' 또는 '고아리마'라고도 한다. ◆ '장마'는 '길다'라는 뜻

의 한자어 '장(長)'과 '비'의 옛말인 '맣'이 결합한 말이다.

고사티 충남 | 명사 | 고샅

좁은 골목길.

〔공주〕그 고사티는 꼬불쩍꼬불쩍허니 엄칭이 기러개지구 찾어 나오기도 심드러. 표그 고샅은 꼬불꼬불하니 엄청 길어가지고 찾아 나오기도 힘들어.

고상 충북 | 명사 | 고생

어렵고 고된 일을 겪음. 또는 그런 일이나 생활.

〔옥천〕고상 끝에 낙이 와유. 표고생 끝에 낙이 와요.

고소리 제주 | 명사 | 소줏고리

술을 내리는 데 쓰는 도구.

〔대정-인성〕고소리 솟디 앗정 불 숨아가민 그 고소리좃으로 술이 톡톡 털어지는 거라. 표소줏고리 솥에 안쳐서 불 때면 그 고소리좃으로 술이 톡톡 떨어지는 거야.

◆ 제주에서 '고소리'는 '소줏고리'를 뜻한다. '고소리'는 장고를 세워놓은 모양인데 가운데에 술을 내리는 주둥이가 비스듬히 나와 있다. 이 주둥이를 '고소리좃'이라고 한다. '장텡이(장태)'를 '고소리' 위에 얹고 찬물을 갈아주며 불을 때면 증기가 위에 놓인 장태에 닿는 대로 물방울이 되어 옆에 달린 '고소리좃'으로 떨어진다. '고소리좃' 아래에는 주둥이가 넓은 술병을 놓아 떨어지는 술을 받았다. 이렇게 해서 받은 술을 '고소리술'이라고 한다.

고숩다 경기 | 형용사 | 고소하다

(1)볶은 깨, 참기름 따위에서 나는 맛이나 냄새와 같다.

(2)미운 사람이 잘못되는 것을 보고 속이 시원하고 재미있다.

〔양평〕갓 볶은 콩은 참 고숩죠.표갓 볶은 콩은 참 고소하죠. 〔이천〕참깨를 볶으니 참 꼬수하다.표참깨를 볶으니 참 고소하다. 〔여주〕그렇게 다른 사람 무시하고 잘난 척하더니 자기가 당했네. 아이구 싸구지다.표그렇게 다른 사람 무시하고 잘난 척하더니 자기가 당했네. 아이구 고소하다. 〔강화〕아 그놈 그렇게 까불어대더니 넘어졌네. 아주 고수해.표아 그놈 그렇게 까불어대더니 넘어졌네. 아주 고소해.

◆'고소하다'를 뜻하는 사투리로 '고숩다, 꼬시름하다' 등이 있는데 그중에서도 '싸구지다'는 매우 독특한 형태이다.

고시랑파다 충남 | 동사 | 고시랑대다
못마땅하여 군소리를 좀스럽게 자꾸 하다.
〔보령〕즈 영감탱이가 한두 번 얘기했으믄 그만이지 계속 고시랑파고 있네.표저 영감탱이가 한두 번 얘기했으면 그만이지 계속 고시랑대고 있네. 〔공주〕아 그 사람 엥간히 꽁시랑꽁시랑거려. 내 원 참.표아 그 사람 어지간히 고시랑거려. 나 원 참.

고얌 충북 | 명사 | 고욤
고욤나무의 열매. 감과 비슷하나 훨씬 작고 갸름하며, 검붉고 달면서도 좀 떫다.
〔영동〕그전에는 감이 흔하덜 않으니께 고얌얼 많이 따 먹었지.표그전에는 감이 흔하지 않으니까 고욤을 많이 따 먹었지.
◆늦가을 고욤나무의 잎이 진 뒤, 열매를 따서 항아리에 넣어두면 뭉그러져서 죽처럼 된다. 겨울에 그것을 으깨서 범벅으로 만들어 간식으로 먹었다.

고염 강원 | 명사 | 고욤
고욤나무의 열매. 감과 비슷하나 훨씬 작고 갸름하며, 검붉고 달면서도 좀 떫다.
〔정선〕고염은 크기가 작은데 씨가 많지요.표고욤은 크기가 작은데 씨가 많지요. 〔삼척〕예전 감나무에 접을 붙일 때는 대목으로 고얌낭구를 썼잖소.표예전 감나무에 접을 붙일 때는 대목으로 고욤나무를 썼잖소.

고이허다 충북 | 형용사 | 괴이하다
정상적이지 않고 별나며 괴상하다.
〔옥천〕동네에 고이헌 일이 왜 자꾸 벌어지는 겨?표동네에 괴이한 일이 왜 자꾸 벌어지는 거야?

고자 제주 | 부사 | 아직
어떤 일이나 상태 또는 어떻게 되기까지 시간이 더 지나야 함을 나타내거나, 어떤 일이나 상태가 끝나지 아니하고 지속되고 있음을 나타내는 말.
〔용담〕고자 무주에로 서.표아직 호적 없이 있어.

고자바리 경북 | 명사 | 고집
자기의 의견을 바꾸거나 고치지 않고 굳게 버팀. 또는 그렇게 버티는 성미.
〔경주〕자석이 고자바리르 내머 시끄럽데이.표자식이 고집을 내면 시끄럽다.

고자바치다 북한 | 동사 | 고자질하다
남의 잘못이나 비밀을 일러바치다.
〔북한〕집에는 가지 말게. 거기 사는 놈이 헌병대에 즉시 고자바치네.-리빈(2007)표집에 가지 말게. 거기 사는 놈이 헌병대에 즉시 고자질하네.

고자박 강원 | 명사 | 고주박
땅에 박힌 채 죽은 소나무의 그루터기.
〔원주〕앞산에서 고자박을 많이 패 왔다.표앞산

에서 고주박을 많이 패 왔다. 〔양양〕고자바리 하러 가세. 표고주박 하러 가세. 〔강릉〕앞산에 고자바리르 마 올라구 바수가리르 지구 갔아. 표앞산에서 고주박을 모아 오려고 발채를 지고 갔어. 〔평창〕어제는 불쏘시개하여고 고주바리를 많이 해 왔어. 표어제는 불쏘시개로 쓰려고 고주박을 많이 해 왔어. 〔삼척〕어제는 산에 가서 뜩거지 한 짐을 해 왔잖소. 모탕에서 도구로 패서 처마에 쌓았잖소. 표어제는 산에 가서 고주박 한 짐을 해 왔잖소. 모탕에서 도끼로 패서 처마에 쌓았잖소. 〔춘천〕둬두면 자연히 썩을 건대 방둥이는 뭐 하러 심들여 캐니? 표두어두면 자연히 썩을 건데 고주박은 뭐 하러 힘들여 캐니?

고장 제주 | 명사 | 꽃
종자식물의 번식기관.
〔노형〕감낭고장이 곱닥게도 피었다. 표감나무꽃이 곱게도 피었다.
◆제주에서는 꽃이 많이 피어 있는 곳을 '고장밧'이라고 한다. '꽃밭'이란 뜻이다. 물론 모든 꽃을 '고장'이라고 하는 것은 아니다. 국화꽃은 '구엣꽃'이라고 하고, 할미꽃은 '하르비고장' 또는 '할미꽃'이라고 한다.

고젱이 제주 | 명사 | 꼬챙이
가늘고 길면서 끝이 뾰족한, 나무로 된 물건.
〔한경-신창〕저 대 그차당 고젱이 멘들앙 묵도 꿰고 적도 꿰고 허여난. 표저 대 잘라다가 꼬챙이 만들어서 묵도 꿰고 적도 꿰고 했었어. 〔남원〕적은 궤기 요만썩 그차근에 고젱이 꿰영 이젠 후라이팬에 지점주만은 옛날에 그 고젱이 적쉐에 걸청 불에 귀낫어. 표적은 고기 요만큼씩 잘라서 꼬챙이 꿰어서 이제는 프라이팬에 지지지만 옛날에 그 꼬챙이 다리쇠에 걸쳐서 불에 구웠어.

〔애월-상가〕남소나이들은 부엌에 오지 말곡 우작에 강 대낭 깎앙 괴기적에 쓸 대고젱이나 하영 날 어둡기 전에 맨들읍써. 표남자들은 부엌에 오지 말고 우작에 가서 대나무 깎아 고기적에 쓸 대꼬챙이나 날 어둡기 전에 만드세요.
◆'고젱이'는 '수리대(이대)'로 만든다. 집 안에 '터알(텃밭)'을 만들어 수리대를 심어, 음식을 꿰는 꼬챙이를 만들거나 바구니 따위를 겯기도 했다. 만약에 빈터에 수리대가 자라고 있으면 그곳이 예전에는 집터였음을 알 수 있다. '고젱이'는 '고지'라고도 한다.

고지기 제주 | 명사 | 없음
갈조류 모자반과의 해초. 주로 거름으로 사용한다.
〔구좌-한동〕고지기 나민 고지기 주물앙 보리 갈고 경헷주. 표'고지기' 나면 '고지기' 캐서 보리 갈고 그랬지
◆모자반의 종류는 매우 다양한데, 잎과 공기주머니가 가늘고 작은 '쥐몸', 잎과 공기주머니가 넓고 큰 '춤몸', 기름기가 많은 '건몸', 해변에서 나는 '갯몸', 먼 바다에서 나는 '구실몸', 밭에 거름으로 사용하는 '고지기' 등이 있다. '고지기'는 '고지기몸/고제기/고제기몸'이라고도 한다.

고지묵다 전남 | 동사 | 없음
쌀이나 보리 등 곡식을 빌려 먹고 대신 일을 해서 갚는 것이다.
〔고흥〕그 아짐이 옛날에 없이 살아서 팽상 부잣집에서 고지묵고 살았어. 표그 아주머니가 옛날에 가난해서 평생 부잣집에서 '고지묵고' 살았어.
◆전남 고흥에서는 겨울에 쌀 한 말을 얻어먹으면 봄에 보리밭을 10일 동안 매서 갚았다고 한다.

고지바기 경기 | 명사 | 고주박
땅에 박힌 채 썩은 소나무의 그루터기.

〔이천〕잠깐, 요 고지바기에 앉아서 숨 좀 돌리고 가자. 표잠깐, 이 고주박에 앉아서 숨 좀 돌리고 가자.

◆'그루터기'의 사투리는 전국적으로 다양한데 '고지바기'는 경기도 이천에서만 발견되는 어형이다. '고지바기'의 정확한 어원은 알 수 없으나 '고지(枯枝)'는 죽은 나무를 뜻하고, '바기'는 땅에 박혀 있는 것을 뜻하는 말로 볼 수 있다.

고지박 충북 | 명사 | 고주박
땅에 박힌 채 썩은 소나무의 그루터기.
〔괴산〕오놀언 고지박얼 캐루 지게에 소쿠리를 얹구 산엘 갔다. 표오늘은 고주박을 캐러 지게에 소쿠리를 얹고 산에를 갔다.

고치장 경기 | 명사 | 고추장
쌀·보리 따위로 질게 지은 밥이나 떡가루 또는 되게 쑨 죽에, 메줏가루·고춧가루·소금을 넣어 섞어서 만든 붉은 빛깔의 매운 장.
〔양평〕매웁은 것을 좋아허믄 고치장을 좀 넣어서 매웁에 해서 먹는 사람두 있어요. 표매운 것을 좋아하면 고추장을 좀 넣어서 맵게 해서 먹는 사람도 있어요. 〔서울〕고등어 조릴 땐 고치장 조금 풀어, 자작자작하게. 표고등어 조릴 땐 고추장 조금 풀어, 자작자작하게. 〔강화〕미꾸리탕을 끓일 때는 꼬치장이 맛있어야 돼. 표미꾸라지탕을 끓일 때는 고추장이 맛있어야 돼. 〔이천〕꼬치장에 밥 비벼 먹고. 표고추장에 밥 비벼 먹고.

고쿠락 충북 | 명사 | 아궁이
방이나 솥 따위에 불을 때기 위하여 만든 구멍.
〔청주〕고쿠락에 장작불이 아주 괄다. 표아궁이에 장작불이 아주 세다. 〔청주〕아침에 나와서는 고쿠락에 부를 지피구. 표아침에 나와서는 아궁이에 불을 지피고.

◆흔히 '고래구녁(고래구멍)'을 '아궁이'의 사투리로 알고 있는 사람들이 있는데, 충북에서는 '아궁이'를 '보강지'라고 하고, '아궁이' 불목에서 고래로 열기와 연기가 지나갈 수 있도록 고막이 벽을 뚫어놓은 구멍을 '고랫구녁'이라고 한다. ◆'고쿠락은 방고래로 이어지는 초입 부분으로 그곳에 불을 지펴 방구들 아래로 불의 뜨거운 기운이 들어가게 하는 곳이다. 이 구멍을 '고랫구녁(고래구멍)'이라고 하는데 지역에 따라 아궁이를 가리키는 말로 쓰기도 하고, '방구들'을 가리키는 말로 쓰기도 한다.

곡개이 경남 | 명사 | 익살
우스운 말이나 몸짓.
〔울산〕저 집 사나는 술에 췌가 곡개이 지긴다. 표저 집 사내는 술에 취해서 익살을 떤다.

◆흔히 "곡개이 지긴다"라는 형태로 사용한다. 이와 달리 "태태 지긴다"라는 말은 눈살을 찌푸리게 하는 술주정을 뜻하는 말이다. -백남배(울산)

곤대고 전남 | 부사 | 공중대고
잘 헤아려보지도 아니하고 마구.
〔고흥〕염치도 좋제, 곤대고 지 꺼부터 주라 금마잉. 표염치도 좋지, 공중대고 제 것부터 주라고 그러네.

곤독곤독거리다 북한 | 동사 | 없음
작은 것이 자꾸 귀엽게 흔들리다.
〔북한〕그릇이 곤독곤독거리는 게 떨어지갔구나. 제대로 놔두라우. 표그릇이 '곤독곤독거리는' 게 떨어지겠어. 제대로 놔두어라.

곤두벌거지 명사 | 장구벌레 | 충북
모기의 애벌레.

〔청원〕집에 모기가 알을 까서 곤두벌거지가 있어서 약 쳤지. 표집에 모기가 알을 까서 장구벌레가 있어서 약을 쳤지.

곤드레 강원 | 명사 | 없음
국화과의 여러해살이풀.
〔삼척〕금년 가을개 먹을 기 모자랠 수도 있으니까 곤드레르 많이 싱궈야 한다 이 말씀이래요. 표금년 가을에 먹을 것이 모자랄 수도 있으니까 '곤드레'를 많이 심어야 한다 이 말이에요.

곤들배기 강원 | 부사 | 거꾸로
차례나 방향, 또는 형편 따위가 반대로 되게. '거꾸로'보다 큰 느낌을 준다.
〔삼척〕저기로 곤들배기 들어가면 못 뺍니다. 부숴야지. 표저기로 거꾸로 들어가면 못 뺍니다. 부숴야지. 〔인제〕언나를 그래 곤돌배기 허문 밸이 꼬인데. 표어린아이를 그렇게 거꾸로 들면 창자가 꼬인데. 〔삼척〕참나무 숲 사이로 까꿀루 한참을 내려갔어. 표참나무 숲 사이로 거꾸로 한참을 내려갔어.

곤발네 경남 | 명사 | 없음
아이를 잡아가는 무서운 할머니.
〔거제〕다숲개 곤발네 온다.
◆거제 설화 속의 '곤발네'는 굶주린 아이들에게 엿을 고아서 나누어준 마음씨 착한 할머니이다. 그런데 구전에 따르면 '곤발네'는 우는 아이들을 잡아다가 얼굴에 오줌을 싸서 눈을 멀게 하는 마음씨 고약한 할머니이기도 하다. '다숲개'로 알려진 '죽림포(竹林浦)'에서는 지금도 말을 잘 듣지 않는 아이들에게 "곤발네 온다"라거나 "곤발네 할머니 집에 가서 살아라"라는 말로 겁을 주곤 한다. -김의부(거제)

곤밥 제주 | 명사 | 쌀밥
멥쌀로 지은 밥.
〔구좌-한동〕곤밥, 춤지름밥이엔 허민 곤밥이주. 다른 밥엔 춤지름 못 놓거든. 표쌀밥, 참기름밥이라고 하면 쌀밥이지. 다른 밥에는 참기름 못 넣거든. 〔애월-상가〕곤밥에 곤떡 먹고 새해엔 고운 맘만 ᄀ졍 살라이! 표쌀밥에 흰떡 먹고 새해엔 고운 마음만 갖고 살아라!
◆'곤밥'은 흰쌀밥을 일컫는 말로 잡곡밥과 달리 '밥이 곱다'는 뜻을 담고 있는 말이다. 본래 제주의 땅은 물을 머금지 못하고 지하로, 바다로 흘려보내는 성질이 있어 논농사가 쉽지 않다. 일부 지역에서 밭과 논을 혼합한 형태로 밭벼를 생산하기도 하였는데, 그만큼 귀하기 때문에 집안 대소사에는 쌀밥을 먹었다. 이를 위해 쌀계를 조직하기도 하였다.

곤지 강원 | 명사 | 곤이
명태 배 속의 알.
〔동해〕동태탕엔 곤지랑 애를 넣어야 맛있다. 표동태탕에는 곤이와 간을 넣어야 맛있다. 〔삼척〕명탯국을 끓일 땐 반드시 애와 곤지, 알을 넣고 끓여야 맛이 있잖소. 표명탯국을 끓일 땐 반드시 애와 곤이, 알을 넣고 끓여야 맛이 있잖소.
◆물고기 배 속에는 위와 창자, 애, 곤지(곤이), 이리, 알, 쓸개 같은 것들이 있다. 이 중에 '이리'는 물고기 수컷의 배 속에 있는 정소, 즉 정자 주머니를 가리키는 말이다. 그런데 '애'와 '곤이'는 시대와 지역에 따라 그 뜻이 다르다. 우선 '애'는 간, 쓸개, 창자의 옛말로 쓰였으며 영동에서는 '간'을 뜻하는 말로 쓰이고 있다. '곤이'는 물고기 암컷의 배 속에 있는 알을 뜻하는 말로 널리 알려져 있으나 동해·삼척에서는 물고기 창자를 뜻하는 말로 쓰이고 있다.

골 제주 | 명사 | 엿기름
보리에 물을 부어 싹이 트게 한 다음 말려서 빻은 가루.

〔한경-신창〕골은 보리 물 웃젓당 그거 영 구덕이나 뒷에 놔두민 싹이 나지 안허여? 그 싹 요만썩 나믄 물류왓당 굴앙게. 囲엿기름은 보리 물 담갔다가 그거 이렇게 바구니나 뒷에 놔두면 싹이 나잖아? 그 싹 요만큼씩 나면 말렸다가 갈아. 〔남원〕골감준 흐린좁썰 혜영 된거거치 풀풀허게 쒸. 이제 그거 그릇이 퍼 냥 물 놓고 골 낭 막 젓엉 놔두민 보각허게 궤여. 게민 그걸 체로 걸렁 그 물을 딸려. 경허영 감줄 멘드는 거. 囲감주는 차좁쌀로 해서 된죽같이 걸쭉하게 쒸. 이제 그거 그릇에 퍼 넣어서 물 넣고 엿기름 넣어서 마구 저어서 놔두면 보각보각하면서 괴어. 그럼 그걸 체로 걸러서 그 물을 달여. 그렇게 감주를 만드는 거야.

◆'골(엿기름)'은 겉보리를 하룻밤 물에 담갔다가 건져서 '차롱(채롱)'에 펴서 넌다. 자주 물을 주면서 바람이 잘 통하는 따뜻한 아랫목에 두면 약 2~3일이 지나 싹이 난다. 일주일이 지나면 싹이 3~4밀리미터가량 자라는데, 그때부터 손으로 잘 비벼가며 햇볕에 바싹 말려 가루로 빻는다. 겨울에 동지를 기준해서 엿기름을 만들어두었다가 엿이나 감주 등을 만들 때 쓴다.

골가지 충북 | 명사 | 골마지
간장, 된장, 술, 초, 김치 따위 물기 많은 음식물 겉면에 생기는 곰팡이 같은 물질.
〔옥천〕짐치가 오래돼서 골가지가 꼈네유. 囲김치가 오래돼서 골마지가 꼈네요.

골개 경남 | 명사 | 진흙
질척질척하게 짓이겨진 흙.
〔사천〕골개 칠갑을 했다. 囲진흙 칠갑을 했다.
◆'골개'는 '진흙'뿐만 아니라 '하수구의 검게 썩은 흙'이나 '하수구 바닥의 검게 썩은 물'을 뜻하는 말로 쓰이기도 한다.

골고리쟁기 충북 | 명사 | 극쟁이
땅을 가는 데 쓰는 농기구.
〔단양〕여는 바시 산에 있으니게 골고리쟁기루 다 갈았지. 囲여기는 밭이 산에 있으니까 극쟁이로 다 갈았지.
◆밭에 콩이나 깨 등의 농작물을 심기 위해서는 굳은 흙을 부드럽게 해야 한다. 이를 위해 소가 끌거나 사람이 끌거나 땅을 긁듯이 파면서 흙을 골라야 하는데, 이때 흙을 파서 골을 내는 것을 '골고리'라고 하고, 이때 쓰는 쟁기를 '골고리쟁기'라고 한다.

골골네 경남 | 명사 | 없음
이 일 저 일 참견하는 것을 좋아하는 사람.
〔하동〕저 사람은 여기저기 챙긴도 많아. 참 골골네야. 囲저 사람은 여기저기 참견도 많아. 참 '골골네'야.
◆하동에서 '골골네'는 '이 일 저 일 참견하는 것을 좋아하는 사람'을 뜻하는 말인데, 울산에서는 '이 일 저 일 잘하는 사람'을 뜻하는 말로 쓰인다. 지역에 따라 '고루고루 마음을 쓰는 사람'이나 '일을 잘 하는 사람', '바람기 많은 여자'를 뜻하기도 한다.

골곰짠지 경북 | 명사 | 오그락지
무말랭이를 깨끗이 씻어 고춧가루, 볶은 깨, 말린 고춧잎과 찹쌀로 만든 풀에 섞어 버무린 반찬.
〔상주〕골곰짠지는 둘이 묵다가 하나가 죽어도 모른다. 囲오그락지는 둘이 먹다가 하나가 죽어도 모른다.
◆'골곰짠지'를 만드는 방식은 지역마다 다르고 개인마다 다를 수 있지만 대체로 말린 '골곰무시'를 이용해 조청이나 물엿 등을 넣어 달콤하게 만든다. 특별히 우리 집에서는 된장 가루와 말린 고춧잎을 넣어서 만들었다. -성백육(상주)

골단추 충남 | 명사 | 골담초

콩과에 속하는 낙엽 활엽 관목인 골담초를 이르는 말.

〔당진〕허리 아픈 데는 골단추 뿌리로 감주 만들어 먹으믄 낫는다더라. 표허리 아픈 데는 골담초 뿌리로 감주 만들어 먹으면 낫는다더라. 〔서산〕골단추의 꽃 모양이 버선과 같다구 혜서 버선꽃이라고도 한다. 표골담초의 꽃 모양이 버선과 같다고 해서 버선꽃이라고도 한다. 〔태안〕개심사 벚꽃 구이경만 허지 말구 마당가뗑이 골단추두 따 먹어봐. 표개심사 벚꽃 구경만 하지 말고 마당가에 골담초도 따 먹어봐. 〔공주〕저 위 샴 옆이에 골단추나무 뒤 그루가 있었는디 거걸 베구 캐구 해서 대려 먹는다구 혀여 나미나딜 않했어. 표저 위 샘 옆에 골담초나무 두어 그루가 있었는데 그걸 베고 캐고 해서 달여 먹는다고 해서 남아나질 않았어.

골마루 경남 | 명사 | 복도

학생들이 학교 안을 다닐 수 있게 만든 통로.

〔하동〕핵조에서 마이 떠들었는갑다. 그런께 골마루에서 벌을 섰지. 표학교에서 많이 떠들었나 보다. 그러니까 복도에서 벌을 섰지. 〔창녕〕이전에 우리가 학조 댕길 적에는 골마리에 초 칠을 했다. 표예전에 우리가 학교 다닐 적에는 복도에 양초 칠을 했다. 〔창원〕60년대 시골서 핵구 댕길 때 '골마리'라 캤지, '복도'라 카는 말은 들어본 적이 없다. 표60년대 시골에서 학교 다닐 때 '골마리'라고 했지, '복도'라고 하는 말은 들어본 적이 없다.

◆일반적으로 '골마루'는 방에 딸린 마루로서 '골방'처럼 '좁디좁은 마루'를 뜻하는 말이다. 우리말 '골'에는 '좁은, 작은'의 뜻이 있다. '골방', '골목'의 '골'이 그런 예이다. 학교 건물의 복도는 교실 몇 개(심

할 때는 10여 개)를 통과하도록 설계되어 있어 길고 좁게 보인다는 특징이 있다. 이런 점에서 복도를 골마루로 불렀을 것으로 추정할 수 있다.

골마리 전북 | 명사 | 허리춤

바지나 치마처럼 허리가 있는 옷의 허리 안쪽.

〔정읍〕골마리 까고 서개 잡는다. 표허리춤 뒤집어 서캐 잡는다. 〔남원〕골마리에 손 넣지 마라. 표허리춤에 손 넣지 마라. 〔군산〕골마리 쪼매 잘 추거라. 표허리춤 좀 잘 추켜라. 〔임실〕골마리 까고 이 잡는다. 표허리춤 뒤집어 이를 잡는다.

골메 제주 | 명사 | 골무

바느질할 때 바늘귀를 밀기 위하여 손가락에 끼는 도구.

〔구좌-한동〕바농질헐 때 요디 손에 골메 찌는 거 싯주. 표바느질할 때 여기 손에 골무 끼는 거 지. ◆제주에서 '골무'는 '골메'라 하기도 하고 '골미'라 하기도 한다.

골물 경기 | 명사 | 골무

바느질할 때 바늘귀를 밀기 위하여 손가락에 끼는 도구.

〔인천〕바느질 잘못하면 손 찔리잖우, 그래서 꼭 골물을 껴요. 표바느질 잘못하면 손 찔리잖아, 그래서 꼭 골무를 껴. ◆'골무'는 바늘에 찔려 손가락에 상처가 생기는 것을 방지하기 위한 도구이다. 약 4,500년 전에 중국에서 발명된 것으로 알려져 있다. 우리나라에서는 낙랑 고분에서 발견된 사실을 근거로 적어도 기원전 1세기경 이전부터 사용된 것으로 보인다. 주로 가죽이나 금속, 헝겊, 종이 등으로 만든다.

골미떡 경남 | 명사 | 가래떡

가는 원통형으로 길게 뽑아 일정한 길이로 자른 흰떡.

〔밀양〕골미떡은 조청에 찍어 먹어야 지맛이지. 표가래떡은 조청에 찍어 먹어야 제맛이지. 〔울산〕설에너 개미떡으 무우야 맹이 질거든. 표설에는 가래떡을 먹어야 명이 길어지거든. 〔부산〕요새는 개미떡을 잘 안 해 먹어, 다 사다가 끓이 먹지. 표요즘은 가래떡을 잘 안 해 먹어, 다 사다가 끓여 먹지. 〔밀양〕저개 개미떡 하러 가요. 표저기 가래떡 하러 가요.

◆'골미떡'은 절편의 일종인 '골무떡'과 발음은 비슷하지만 형태가 전혀 다른 떡이다. 형태로 보면 '가래떡'에 더 가깝다.

골방골방하다 충북 | 형용사 | 위태위태하다
어떤 형세가 마음을 놓을 수 없을 만큼 매우 위험하다.

〔단양〕술얼 먹구 가는 긴지 어째 골방골방하네. 표술을 먹고 가는 것인지 어째 위태위태하네.

골뱅이 강원 | 명사 | 다슬기
다슬깃과의 연체동물.

〔영월〕강가에 모래가 깨끗하고 골뱅이도 많아요. 표강가에 모래가 깨끗하고 다슬기도 많아요. 〔삼척〕봄이 되면 주전자를 들고 논에 논골뱅이를 주우러 갔잖소. 표봄이 되면 주전자를 들고 논에 논다슬기를 주우러 갔잖소. 〔횡성〕오는 손님마다 탈팽이를 잡는데도 여전히 많아요. 표오는 손님마다 다슬기를 잡는데도 여전히 많아요.

◆삼척에서는 다슬기를 '골뱅이'라 하고, 논에 있는 우렁이는 '논골뱅이'라 한다. 바다에 있는 골뱅이 종류도 다 '골뱅이'라 한다.

골안 북한 | 명사 | 골짜기
깊은 산속.

〔함남〕거짓뿌레가 아니라 우리 집은 완전 골안이에요. 표거짓말이 아니라 우리 집은 정말 골짜기에 있어요.

◆평안남도 양덕군 구룡리 화전동에서 강원도로 넘어가는 고개를 '골안골'로 넘어가는 고개라고 해서 '골안고개'라고 한다.

골착ᄒ다 제주 | 형용사 | 곯다
(1)담긴 것이 가득 차지 않고 조금 모자란 듯하다.
(2)속이 비거나 앓거나 지쳐서 몸이 야위다.

〔구좌-한동〕골착허게 말앙 ᄀ득 거리라. 표곯게 말고 가득 떠라. 〔애월-고내〕물질헐 때 곧 밥 먹엉은 안 허주게. 게난 물에 들엇당 나오민 배가 골착허여. 표물질할 때 곧 밥 먹고는 안 하지. 그러니까 물에 들었다가 나오면 배가 곯아. 〔구좌-종달〕아방이 멧 덜 아팡 골착허난 쪙역 헹 멕이고 헤낫어. 표아버지가 몇 달 아파서 곯으니까 쪙역 해서 먹이고 했었어. 〔구좌-종달〕속이 안 좋다. 내 밥은 골착ᄒ게 거려라. 표속이 안 좋다. 내 밥은 곯게 퍼라. 〔중문〕늦게까지 일허난 배가 골착허여라. 표늦게까지 일하니까 배가 곯더라.

골창지다 경기 | 동사 | 썩다
유기물이 부패 세균에 의하여 분해됨으로써 원래의 성질을 잃어 나쁜 냄새가 나고 형체가 뭉개지는 상태가 된다.

〔양평〕우선 골창진 거를 잘 막아야 되거든. 그거 어려운 거야.-최명옥(2013) 표우선 썩은 거를 잘 막아야 되거든. 그게 어려운 거야.

골큼하게 경기 | 부사 | 살짝
심하지 아니하게 아주 약간.

〔서울〕밥을 골큼하게 담아라. 표밥을 살짝 담아라.

◆우리 집에서는 상을 차릴 때, 밥이든 국이든 반찬이든 그릇에 꽉꽉 눌러 담지 않았다. 살림이 넉넉하지 않아서 생긴 습관일 수도 있으나 "음식을 탐하지 마라"는 집안 어른의 상차림 전통 같은 것이었다. - 한숙경(서울) ◆'골쿰하게' 또는 '굴큼하게'라고도 한다.

골타리 충북 | 명사 | 없음
옷 밖으로 보이는 내복.
〔청주〕보기 흉하니께 골타리 집어느라! 표보기 흉하니까 '골타리' 집어넣어라!
◆앞선 조사에서 충북 사투리 '골타리'는 '고삐'의 사투리로 조사되었는데, 청주에서는 속옷이 밖으로 삐져 나와 보기 흉한 상태를 '골타리'라 하고, 고삐는 '골타리'의 센말처럼 보이는 '꼴타리'로 발음하여 구분하는 것으로 나타났다.

곰도리 경남 | 명사 | 잠자리
잠자리목의 곤충을 일컫는 말.
〔고성〕곰도리 잡거로 마당 비짜리 좀 가아오이라. 표잠자리 잡게 마당 빗자루 좀 가져오너라. 〔통영〕앵오리 잡았다 안 쿠더나? 표잠자리 잡았다 안 하더냐? 〔창원〕철기야 철기야, 한군자리 앉아라. 멀기 가모 죽는다. 표잠자리야 잠자리야, 한군데 앉아라. 멀리 가면 죽는다.
◆'왕잠자리'를 고성·통영에서는 '앵오리'라고 하고, 거제·고성에서는 '행오리'라고 한다. 그런가 하면 김해·밀양·부산·창녕에서는 '왕철기'라고 하고, 합천에서는 '말짤래비'라고 한다. '왕'이나 '말'은 '크다'라는 뜻을 가진 접사이다. 마산·진해·창원에서는 왕잠자리의 암컷을 '구십재이'라고 한다.

곰돌 제주 | 명사 | 없음
소에게 밭갈이를 훈련시키기 위해 쟁기 대신에 묶어서 사용하는 돌덩이.

〔한경〕이던 잠데 메우기 전에양 곰돌을 뒤에 해서 끌게 험니다. 표여기서는 쟁기 매기 전에 '곰돌'을 뒤에 해서 끌게 합니다.
◆'곰돌'은 '구멍 뚫린 돌'이란 뜻으로 '코돌'이라고도 한다. 제주에는 돌밭이 많기 때문에 사람 손으로 경작하기 힘들어 '송애기(송아지)' 때부터 쟁기 대신 곰돌을 매달아 밭갈이 연습을 시켰다. 즉 '곰돌'은 '쉐(소)'에게 쟁기질을 가르칠 때 사용했던 돌이다.

곰박새이 경북 | 명사 | 닭진드기
닭의 몸에 기생하며 번식하는 흡혈 기생충. 다수가 기생하면 닭에 빈혈 증세가 나타나 폐사하며 뇌염, 가금 콜레라, 백혈병 등의 매개체가 되는 기생충이다.
〔의성〕곰박새이 생겼는 갑다. 약 좀 뿌려라. 표닭진드기 생겼나 보다. 약 좀 뿌려라.
◆'곰박새이'는 무척 작아서 잘 보이지 않는다.

곰베 제주 | 명사 | 곰방메
흙덩이를 깨뜨리거나 씨 뿌린 뒤 흙을 덮는 데에 쓰는 농기구.
〔구좌-한동〕이 곰베로 이걸 풀 갓다가 이렇게 틈 잇는 디로 톡톡 두드리멍. -김순자(2018) 표이 곰방메로 이걸 풀 가져다가 이렇게 틈 있는 데로 톡톡 두드리면서.

곰부랏대 전남 | 명사 | 없음
소죽바가지에 소죽을 담을 때 쓰는 갈고리 모양의 도구.
〔곡성〕소죽 풀 떼게 곰부랏대로 퍼서 개맷바가치에 옮겨 담아. 표소죽을 풀 때에 '곰부랏대'로 퍼서 가맛바가지에 옮겨 담아. 〔장성〕순아, 소 여물 퍼 줄랑께 곰부래 잠 가꼬와라이. 표순아, 소 여물 퍼 줄라니까 '곰부래' 좀 가져오너라. 〔고흥〕옛날에 소죽 풀 때에 한 손에는 개맷바가치를

들고 한 손에는 깔쿵아지를 들고 폈제. 표옛날에 소죽 풀 때에 한 손에는 가맛바가지를 들고 한 손에는 '깔쿵아지'를 들고 폈지.

◆'곰부랏대'는 ㄱ자 모양으로 '고부라진' 나무를 사용한다고 해서 붙은 말로 보인다. -오덕렬(광주) ◆가마솥에서 쇠죽을 풀 때는 '곰부래'로 쇠죽을 끌어당겨서 소죽바가지에 담는다. -오덕렬(광주) ◆소죽을 푸거나 뒤적일 때에 사용하는 '갈고리'는 전남 사투리에 수없이 많다. '곰부랏대, 곰부래, 갈쿵아지, 쇠죽갈캥이, 구부댕이, 곰뱅이' 등이다. '곰부랏대'는 '구부러지다(고부라지다)'라는 말에서 나온 듯하다.

곰삭 전남 | 명사 | 골목

큰길에서 들어가 동네 안을 이리저리 통하는 좁은 길.

〔강진〕저짝 곰삭을 돌믄 점빵이 나온당께. 표저쪽 골목을 돌면 가게가 나온다니까. 〔광주〕골목의 우리 방언은 '고샅'이제 뭐당가. 표골목의 우리 방언은 '고샅'이지 무엇이겠는가. 〔장성〕동네 아짐씨들이 고샅에 모여서 놀고 있당께. 표동네 아주머니들이 골목에 모여서 놀고 있다니까.

◆집과 집 사이에 있는 좁은 길을 강진에서는 '곰삭'이라고 했다. 어린 시절의 '곰삭'에는 아이들이 왁자지껄하게 뛰어노는 소리와 개짖는 소리가 가득했다. 가장 생기가 넘치는 곳이었다. 지금의 '골목길'과는 사뭇 풍경이 달랐다고나 할까. -김성남(강진) ◆광주에서는 '골목길'을 '골미샅길'이라고도 한다. 전남 사투리 '골무' 또는 '골미'는 표준어 '골' 또는 '골목'에 대응하는 말이며, '샅/삿/샅' 등은 중세 국어의 '샷' 즉 '사이'를 뜻하는 말로 보인다.

곰새기 충남 | 명사 | 골마지

간장, 된장, 술, 초, 김치 따위 물기 많은 음식물 겉면에 생기는 곰팡이 같은 물질.

〔당진〕간장물 위에 살짝 곰새기 끼어야 장맛이 좋다. 표간장물 위에 살짝 골마지 끼어야 장맛이 좋다. 〔서산〕장꽝에 가서 된장을 풀 때 곰새기는 걷어내고 속엣 것을 퍼 오너라. 표장독대에 가서 속에 있는 것을 풀 때 골마지는 걷어내고 속엣 것을 퍼 오너라. 〔예산〕곰새기 낀 짐치를 왜 버려, 묵은지 맹근다구 역부러 곰새기를 걷어내두 않구 있넌 규. 표골마지 낀 김치를 왜 버려, 묵은지 만든다고 일부러 골마지를 걷어내지도 않고 있는 거야. 〔공주〕장꽝에 가서 도가지 뚜껑을 열어봤더니 골가지가 끼고 곰새긴 것 같어 장맛이 나것어. 표장독대에 가서 독 뚜껑을 열어봤더니 골마지가 끼고 곰팡이 슨 것 같아 장맛이 나겠어. 〔태안〕암만 살림 쫌지게 허넌 메누리래두 장물독이 곰새기 안 낄 수 있남. 표아무리 살림 야무지게 하는 며느리라도 간장독에 골마지 안 끼게 할 수 있나.

◆'곰새기'는 '곯다' 또는 '곰'에서 온 말이다. 본래 간장이나 고추장에는 여름철이면 흰곰팡이가 피어나 표면을 덮는데, 이를 충청도에서는 '곰새기'라고 했다. 물론 익은 김치에 피어나는 초산균이나 된장 위에 피어나는 황국균도 다 곰새기라 불렀다. 비가 올 때 장독을 열어두면 빗물이 들어가 곰새기가 두껍게 피었는데, 이를 "곰새기가 쪘다"라고 한다. 곰새기가 장 사이에 끼어들었다는 말이다. 부녀자들은 장 위에 피어난 하얀 곰새기를 국자로 떠냈는데, 인체에 해로운 곰팡이가 아니었으므로 크게 걱정하지는 않았다. -이명재(예산) ◆표준어 '곰삭다'는 명사형이 없는데, 사투리 '곰새기'를 명사형으로 볼 수 있다. 의미상 '곰새기'는 '곰이 필 정도로 삭은 것'을 가리키는 말이기 때문이다. 음식에 따라 '곰새기'가 핀 상태를 못 먹게 된 것으로 보기도 하지만 잘 익은 것으로 보기도 한다.

곰세기 제주 | 명사 | 돌고래

이가 있는 돌고랫과의 포유류를 통틀어

이르는 말.

〔조천-신촌〕곰세기 뻴룩뻴룩 뛰어. 표돌고래가 불쑥불쑥 뛰어.

◆제주에서는 '돌고래'를 '곰세기' 또는 '곰수기'라고 한다. 해녀들이 물질할 때 돌고래가 나타나면 "배 알로(아래로)"라고 외친다. 그러면 마치 그 말을 알아들은 것처럼 돌고래들이 배 아래로 지나간다고 한다.

곰알이 경기 | 명사 | 곰팡이
몸의 구조가 간단한 하등 균류를 통틀어 이르는 말.

〔서울〕벽에 곰알이가 슬어서 얼룩이 졌다. 표벽에 곰팡이가 슬어서 얼룩이 졌다. 〔화성〕우리네 고추장은 안 여러노으면 고망이 요러케 뽀야케 나요.-최명옥(2005) 표우리네 고추장은 안 열어 놓으면 곰팡이가 이렇게 뽀얗게 나요.

◆곰팡이는 지역에 따라 곰파구(강원), 곰파니(전남), 곰파우(충북), 곰패이(전북·경기·경남·충북), 곰사구(경북), 곰새기(충남), 곰새이(경남), 곰세미(제주) 등 다양하게 불린다. 곰팡이는 복합어로 볼 수 있는데, '곰'이 바로 '곰팡이'를 뜻하는 말이기 때문이다. '팡이'나 '새기' 등의 어원은 정확하지 않지만 어쩌면 '곰이 피다' 또는 '곰이 슬다'에서 변이가 일어난 것으로 보인다.

곰지 충남 | 명사 | 곰쥐
(1)쥣과의 하나인 곰쥐를 이르는 말.
(2)보이지 않는 곳에서 몰래 무엇인가를 하고 다니는 사람을 비유적으로 이르는 말.

〔예산〕곰지가 달래 곰지겄어? 눈이 안 띄닝께 곰지지. 표곰쥐가 달리 곰쥐겠어? 눈에 안 띄니까 곰쥐지.

◆충청도에는 네 가지 종류의 '지(쥐)'가 있다. 가장 흔히 볼 수 있는 쥐는 시골집 안팎에 사는 중간 크기의 '집지(집쥐)'이다. '집지'와 마찬가지로 시골집 안

팎에 살지만 좀처럼 보기 드문 쥐가 '곰지(곰쥐)'이다. 하수구에 살며 몸집이 가장 큰 '시국지(시궁쥐)'와 들판에 살며 엄지손가락만 한 '새양지(생쥐)'보다 구경하기 힘들다. '곰쥐'는 집쥐보다 몸집은 작지만 귀가 다소 큰 편이다. 귀가 커서 조심성이 많고, 그래서 사람들 눈에 좀처럼 띄지 않는 건지 모르지만, 그러한 특성 때문에 '보이지 않는 곳에서 몰래 무엇인가를 하고 다니는 사람'을 일컬어 '곰지'라고 했다. -이명재 ◆공주에서는 약삭빠른 사람을 가리켜 '곰취'라고 한다. -김국명(공주)

곰지 충북 | 명사 | 곰팡이
몸의 구조가 간단한 하등 균류를 통틀어 이르는 말.

〔제천〕옷에 곰지가 슬어서 빨아야 입지 기냥은 못 입어. 표옷에 곰팡이가 슬어서 빨아야 입지 그냥은 못 입어.

◆소리는 같지만 지역에 따라 뜻이 다른 말이 있다. '곰지'는 충남에서 '곰쥐'를 뜻하는 말로 쓰이는데, 충북과 함남에서는 '곰팡이'를 뜻하는 말로 쓰인다.

곰투가리같다 충북 | 복합어 | 미련하다
어리석고 둔하다.

〔옥천〕곰투가리같아서 도대체 말이 통하지 않는구먼. 표미련해서 도대체 말이 통하지 않는구먼.

◆'곰투가리'의 정확한 어원은 알 수 없으나 지역에 따라 '둥사리'를 '곰투가리'라고 하는 곳도 있고 '멍텅구리'라고 하는 곳도 있다는 점을 고려하면 '곰투가리같다'의 뜻을 이해할 수 있을 것이다.

곱뎅이 강원 | 명사 | 돌고래
이가 있는 돌고랫과의 포유류를 통틀어 이르는 말.

〔삼척〕곱뎅이 고기는 열두 가지 맛이라 하잖소. 부위 별로 맛이 다르다는 말이래요. 표돌고래 고

기는 열두 가지 맛이라 하잖소. 부위 별로 맛이 다르다는 말이에요.

♦'곱뎅이'는 '곱등어'에서 온 말이다. 돌고래의 등이 한쪽으로 약간 급하게 휘었다는 뜻으로 붙여진 이름이다. -이경진(삼척) ♦'돌고래'의 '돌'은 '돼지'를 뜻하는 '돌'에서 온 말이다. 돌고래의 주둥이가 돼지 주둥이를 닮아서 붙여진 이름이다. 그런 이유로 돌고래를 '물돼지'라고도 부른다.

곱등어 북한 | 명사 | 돌고래
이가 있는 돌고랫과의 포유류를 통틀어 이르는 말.
〔북한〕바다에 곱등어 여러 마리가 보이지 않을까? 표바다에 돌고래 여러 마리가 보이지 않습니까?

곱을락 제주 | 명사 | 숨바꼭질
아이들 놀이의 하나. 여럿 가운데서 한 아이가 술래가 되어 숨은 사람을 찾아내는 것인데, 술래에게 들킨 아이가 다음 술래가 된다.
〔노형〕어린아이들은 곱을락허멍 놀당 오시록헌 디서 잠에 곯아떨어지곤 한다. 표어린아이들은 숨바꼭질하며 놀다가 으슥한 데서 잠에 곯아떨어지곤 한다. 〔애월-상가〕우리 집에 모영 고븐재기허멍 놀잰? 표우리 집에 모여서 숨바꼭질하며 놀까?

곳다 제주 | 형용사 | 곱다
손이나 발이 얼어서 감각이 없다.
〔구좌-한동〕옛날에 이런 신이라도 졸바로 잇어서게. 저슬에 그냥 고무신 신영 밧디 갓당 오민 발 곳앙 수못 고생헤낫주. 표옛날에 이런 신이라도 제대로 있었어. 겨울에 그냥 고무신 신고 밭에 갔다 오면 발이 곱아서 사뭇 고생했지. 〔한

경-신창〕겨울에 그 언물에 서답허멍 손 곳으민 확 돌아왕 솟강알에 불 초곡. 표겨울에 그 찬물에 빨래하면서 손이 곱으면 확 달려와서 아궁이에 불 쬐고.

공개 경남 | 명사 | 팽이
둥글고 짧은 나무의 한쪽 끝을 뾰족하게 깎아서 심을 박아 만든 아이들의 장난감. 주로 끈을 몸통에 감았다가 끈을 잡아당겨 돌린다.
〔창녕〕공개 치로 가재이. 표팽이 치러 가자.

♦'팽이'는 '팽팽' 돈다고 해서 붙여진 이름이다. 그런데 경상도의 팽이 중에 '공개'는 일반 '팽이'와 조금 다르다. 이름만 다른 것이 아니라 생김새나 놀이하는 방식도 다르다. 우선 '팽이'는 몸통의 굵기가 위아래로 비슷하고 끝에 둥근 쇠구슬이 박혀 있지만, '공개'는 몸통의 굵기가 위에서 아래로 갈수록 좁아지면서 끝에 뾰족한 쇠못이 박혀 있다. 또 '팽이'는 채로 쳐서 돌리지만, '공개'는 몸통에 끈을 감아 잡아당겨 돌린다. '팽이'는 가볍게 만들어 오래 돌아가도록 만드는데, '공개'는 무겁게 만들어 상대의 '공개'를 찍어서 쓰러트리도록 만든다. 이를 위해 '공개'는 윗부분에 쇠로 된 테를 둘러 장식하기도 한다. -김영수(진해) ♦일반적으로 몸통은 원기둥인데 아래가 원추형으로 생긴 팽이는 쌀의 부피를 재는 말[斗]과 비슷하다고 해서 '말팽이'라고 하고, 몸통은 원기둥인데 위아래가 원추형으로 생긴 팽이는 장구와 비슷하다고 해서 '장구팽이'라고 한다. 그런가 하면 '줄팽이'는 몸통에 줄처럼 생긴 홈을 파서 만든 팽이의 이름이자 몸통에 줄을 감아 돌리는 팽이의 이름이기도 하다. 창녕에서는 '줄팽이'를 '줄공개'라고 하는데, 줄을 감아 돌릴 수 있도록 팽이 위아래로 뾰족한 쇠못이나 쇠막대가 심어져 있는 것이 특징이다. ♦공개를 돌리는 방법은 두 가지다. 하나는 공개에 감은 줄을 허리 높이에서 옆으로 던져 당기는 것

이고, 다른 하나는 줄을 어깨 높이에서 내리꽂듯이 던져 당기는 것이다. 전자는 누구의 공개가 오래 도는지를 겨룰 때 주로 사용하고, 후자는 상대방 공개를 찍어서 흠집을 내는 것이 목적이다.

공구 전남 | 명사 | 공기놀이

공기를 가지고 노는 아이들 놀이.

〔신안〕공구헐란디 공구 엇다가 묻어놨능가? 표 공기놀이하려는데 공깃돌 어디에 묻어놨어? 〔화순〕우리 독닥질이나 할까? 표 우리 공기놀이나 할까? 〔화순〕야, 마당에서 독자끔하자. 표 야, 마당에서 공기놀이하자. 〔보성〕작자구리하게 돌 주서 와. 표 공기놀이하게 돌 주워 와.

◆바닷가에서는 작고 예쁜 돌이나 소라를 주워 공기놀이를 했는데, 집에 가져가면 혼이 나니까 놀던 곳에 그대로 묻어두곤 했다. 신안에서는 다섯 개 공기가 아니라 이삼십 개의 돌을 뿌려놓고 두 개 줍기나 세 개 줍기를 주로 했다. -정주희(신안) ◆ 전남 장성에서는 잔돌을 많이 놓고 세 개씩 집는 놀이를 '독직개'라고 하고, 납작하고 둥그스름한 돌을 칸에 던져 넣어 폴짝폴짝 건너뛰며 노는 놀이를 '독짜개'라고 한다. -조선희(장성) ◆ 전남에서는 '공기'를 '공(공돌)'이라고 부르는 것과 '독'이라고 부르는 것에 따라 명칭이 달리 나타난다. '공(공돌)'이라 부르는 지역의 경우 강진·장흥에서는 '공놀다'라고 하며, 광양에서는 '공돌뱉기'라고 한다. 완도·신안에서는 '공받기' 또는 '꽁받기'라고 하고, 영암에서는 '공줏기'라고 한다. '독'이라 부르는 지역의 경우 나주에서는 '독바침', 구례·해담에서는 '독받기', 승주에서는 '독잽기', 화순은 '독자꺼리'라고 한다. 그리고 담양·영암은 '독줏기', 영광·함평·광산은 '독줏먹기'라고 한다. 광양에서는 '독지께', 장성·무안·보성에서는 '독집기'라고도 한다. 그 밖에 광산에서 '다짜깔', 담양·보성·고흥에서 '다짜꾸리'라고 부르기도 하며 완도에서는 '모짝굴', 신안에서는 '알낳기'라고 부르기

도 한다. -이기갑(1997)

공구다 경남 | 동사 | 괴다

기울어지거나 쓰러지지 않도록 아래를 받쳐 안정시키다.

〔마산〕여어를 공구모 높이가 얼추 맞겄다. 표 여기를 괴면 높이가 얼추 맞겠다. 〔창원〕어떤 무너질라 돌로 잘 방가나라. 표 언덕 무너지라 돌로 잘 괴어놓아라. 〔하동〕지개 안 넘어지거로 잘 공구고 오이라. 표 지게 안 넘어지게 잘 괴고 오너라.

◆거제·하동 등지에서는 활이나 총 따위를 쏠 때 목표물을 향해 방향과 거리를 잡을 때도 '공구다'라고 한다.

공기다 경기 | 동사 | 곪기다

곪은 자리에 딴딴한 멍울이 생기다.

〔포천〕제가 여쪼게 인몸 자꾸 붓고 아네 공기고 하는데요.-최명옥(2013) 표 제가 이쪽에 잇몸이 자꾸 붓고 안에 곰기고 하는데요. 〔연천〕가시에 발을 찔렀는데 안 뺐더니 누렇게 근이들었다. 표 가시에 발을 찔렀는데 안 뺐더니 누렇게 곰겼다.

◆'곰기다'는 '곪다'의 피동형으로 단순히 곪은 상태만을 뜻하는 말이 아니라 곪은 자리에 딴딴한 멍울이 생긴 것을 뜻하는 말이다. '곰기다'는 '곪기다' 또는 '공기다'로도 쓰이지만 연천에서처럼 '근이들다'로도 쓰인다. '근이들다'는 '뿌리'를 뜻하는 한자 '근(根)'과 관련이 있는 말로 보이며, '세균이 피부에 침투해 곪은 후 피부가 단단해진 상태'를 뜻하는 말이다.

공벌레 전북 | 명사 | 쥐며느리

쥐며느릿과의 곤충. 습기가 많은 곳을 좋아하며, 꽃이나 나무에서 떨어져 나간 이파리가 쌓여 있는 곳에 많다. 사람 손에 닿으면 몸을 둥글게 만다.

〔전주〕어릴 적으는 공벌레를 잡음서 많이 놀았제.

표어릴 적에는 쥐며느리를 잡아서 많이 놀았지.

◆전주에서는 위험을 감지하면 몸을 둥글게 마는 벌레의 모습이 마치 '공'처럼 생겼다고 해서 쥐며느리를 '공벌레'라고 부른다.

공빼기 경북 | 명사 | 공짜

힘이나 돈을 지불하지 않고 거저 얻은 물건.

〔대구〕공빼기 좋아하면 빈대머리 된다카이. 표공짜 좋아하면 대머리 된다니까.

◆'공빼기'의 '공'은 '공짜'를 뜻하고, '빼기'는 '이마빼기, 코빼기, 낯빼기'처럼 대상을 속되게 이르는 말이다. 따라서 '공빼기'는 단순히 '공짜'를 뜻하는 말이 아니라 '공짜'를 속되게 이르는 말이라고 할 수 있다. '공짜'를 경계하는 말이 표준어에 없다는 점에서 이 사투리의 가치가 높다.

공석 경기 | 명사 | 돗자리

왕골이나 골풀의 줄기를 재료로 하여 만든 자리.

〔이천〕제사 지낼 때 공석을 깔구 절을 해. 표제사 지낼 때 돗자리를 깔고 절을 해. 〔강화〕올여름에는 지직을 맹그러야겠어, 제사 때도 쓰고 산소 갈 때도 쓰고 하려면. 표올여름에는 돗자리를 만들어야겠어, 제사 때도 쓰고 산소 갈 때도 쓰고 하려면.

◆돗자리는 만드는 재료에 따라 골풀이나 왕골의 줄기를 잘게 쪼개서 만든 것은 '돗자리'라고 하고, 갈대를 여러 가닥으로 매거나 묶어서 만든 것은 '삿자리'라고 한다. 아울러 만드는 방법에 따라 날이 밖으로 노출되도록 만든 것은 '자리'라고 하고, 날이 속으로 감춰지는 것은 '돗자리'라고 한다. 자리 중에 가장 널리 알려진 것은 강화도의 화문석이다.

공정 제주 | 명사 | 없음

장사를 치를 때 지관 등 특별히 수고한 사람에게 대가로 보내는 떡이나 고기 따위의 음식.

〔한경-신창〕그 소상 허젠 허믄 공정이엔 헌 게 있어. 고기 썬 사름, 상제 옷 멘든 사름신디 그 공정을 줬주게. 표그 소상 하려고 하면 '공정'이라고 하는 게 있어. 고기 썬 사람, 상제 옷 만든 사람에게 그 '공정'을 줬지. 〔구좌-한동〕관을 짜면은 옛날은 그 목수신디 품을 안 주니까 공정이란 것을 줬저. 표관을 짜면은 옛날에는 그 목수에게 품을 안 주니까 '공정'이란 것을 줬어.

공젱이 제주 | 명사 | 귀뚜라미

메뚜기목 귀뚜라밋과의 곤충을 통틀어 이르는 말.

〔호근〕공젱이 공젱이 가을 꽁젱이엔 허는 거. 표귀뚜라미 귀뚜라미 가을 귀뚜라미라고 하는 거.

곶자왈 제주 | 명사 | 없음

제주도 동부·서부·북부의 해발 300~400미터에 넓게 분포하는 지대. 북쪽과 남쪽의 식물이 공존하여 숲을 이루고 있다.

〔한림-월령〕어제 곶자왈 갔다 완? 표어제 '곶자왈'에 갔다 왔니?

◆'곶자왈'의 '곶'은 산 밑의 우거진 숲을 뜻하는 말이다. '곶자왈'은 화산이 분출할 때 용암이 크고 작은 바윗덩어리로 쪼개져 요철 지형을 이룬 곳으로 나무와 덩굴식물 등이 뒤섞여 자라고 있다.

과들랑ᄒ다 제주 | 형용사 | 없음

채소류 따위가 숨이 죽지 않아 뻣뻣하다.

〔구좌-종달〕ᄂ물이 과들랑헌 게 잘 절여지지 않은 셍이어. 표나물이 '과들랑한' 게 잘 절여지지 않은 모양이야. 〔안덕-동광〕자리젓도 소곰이 들엉 광이 ᄒ쏠 폭삭허게 눅여지민 먹주게. 곧 헌

땐 과들랑허영 못 먹어. 표자리젓도 소금이 들어
서 뼈가 조금 폭삭하게 누그러지면 먹지. 곧 했
을 때는 '과들랑해서' 못 먹어.

과율 충북 | 명사 | 과일

나무 따위를 가꾸어 얻는, 사람이 먹을
수 있는 열매.

〔괴산〕올게는 비가 많이 안 와서 과율이 달구 좋
아. 표올해는 비가 많이 안 와서 과일이 달고 좋아.

과일단물 북한 | 명사 | 주스

사탕가루나 과일 엑기스, 색소 등을 넣
어서 만든 음료수.

〔북한〕무슨 돈이 있다고 과일단물을 사서 마시
니? 표무슨 돈이 있다고 주스를 사서 마시니?

◆'과일단물'은 색소와 사카린을 넣어 만들기도 하고
오미자, 들쭉 등 과일 엑기스에 물을 희석해 만들기
도 한다. 값이 싸지 않기 때문에 형편이 어려운 사람
들에게 과일단물을 마시는 것은 일종의 사치로 여겨
졌다.

과질 제주 | 명사 | 과줄

밀가루로 네모지게 얇게 만든 떡을 기름
에 튀긴 후 엿물을 발라 그 위에 튀밥 등
의 고물을 붙여 만든 음식.

〔남원〕과질은 집의서 허는 거난. 푸는 건 없곡.
표과줄은 집에서 만드는 거니까. 파는 건 없지.
〔구좌-한동〕과질을 제사 때 허고 또 이제 멩일
때도 허고. 표과줄을 제사 때 하고 또 이제 명절
때도 하고.

◆'과질'을 '과상' 또는 '상떡'이라고도 한다.

과짝ᄒ다 제주 | 형용사 | 없음

새싹이 나거나 물건이 들어선 모양이 촘
촘하다.

〔구좌-한동〕조 좃인 거 영 과짝허게 나민 검질메
멍 그 줄 수꽈야 허여. 표조를 촘촘하게 심은 것
이 이렇게 곧게 나면 김매면서 그 조를 솎아야
해. 〔표선-성읍〕낭을 과짝하게 세우면은, 이 사
이가 빈틈이 엇어야 숫이 삭지 아녀주.-김순자·
허영선(2018) 표나무를 촘촘하게 세우면, 이 사
이가 빈틈이 없어야 숯이 삭지 않지.

곽밥 북한 | 명사 | 도시락밥

작은 그릇에 반찬을 곁들여 담는 밥.

〔북한〕곽밥이 맛이 있갔니? 표도시락밥이 맛이
있겠니?

◆'곽밥'은 기차 안에서 파는, 얇은 나무 재질의 포장
재로 포장해서 파는 도시락을 뜻하는 말이다. 이와
달리 '밥곽'은 여행 갈 때 집에서 싸서 가져가는 도
시락통을 뜻하는 말이다.

곽지 북한 | 명사 | 갈퀴

검불이나 곡식 따위를 긁어모으는 데 쓰
는 기구.

〔평북〕오늘은 곽지로 가래기나 한 짐 개와라. 표
오늘은 갈퀴로 가랑잎이나 한 짐 가져와라.

◆평안북도에서 '각쟁이'는 '갈퀴'가 아니라 '쇠스랑'
을 뜻한다.

관진노리 경기 | 명사 | 관자놀이

귀와 눈 사이의 맥박이 뛰는 곳.

〔용인〕술이 들 깨서 관진노리가 지끈지끈 아프
다. 표술이 덜 깨서 관자놀이가 지끈지끈 아프다.

◆흔히 눈과 귀 사이에 있는 태양혈을 '관자놀이'라
고 한다. '관자놀이'는 맥박이 뛸 때마다 관자가 움
직인다고 해서 붙여진 이름인데, '관진노리'는 '관자
놀이'의 소리가 변한 것으로 보인다.

꽐다 제주 | 동사 | 마르다

물기가 다 날아가서 없어지다.

〔남원〕영 세왕 놔두민 괄민 콩 두드림은 쉬워. 표 이렇게 세워 놔두면 마르면 콩 두드리기는 쉬워.

괄세허다 충북 | 동사 | 괄시하다
업신여겨 하찮게 대하다.

〔옥천〕사람 함부루 괄세허믄 못 쓰능 겨. 표사람 함부로 괄시하면 못 쓰는 거야.

광다리 경기 | 명사 | 장다리무
씨를 받기 위하여, 장다리꽃이 피게 가꾼 무.

〔인천〕무우씨를 받을래면 광다리를 남겨야 해. 표무씨를 받으려면 장다리무를 남겨야 해. 〔강화〕뿌무이꽁은 남겨야 씨 받어서 다시 심지. 표 장다리무는 남겨야 씨 받아서 다시 심지.

광밥 강원 | 명사 | 튀밥
튀긴 쌀.

〔평창〕강냉이로 광밥을 튀겨 손주들 주면 좋다고 먹었다. 표강냉이로 튀밥을 튀겨 손주들 주면 좋다고 먹었다.

◆'광밥'은 '강냉이밥'에서 온 말이고, '꽝밥'은 뻥튀기할 때 '꽝' 하고 나는 소리에서 온 말로 보인다. -김인기(강릉) ◆60~70년대까지만 해도 집에서 수확한 옥수수를 시장에 가지고 가서 튀밥으로 만들어 먹는 사람들이 많았다. 그 옛날에는 옥수수 튀밥을 광밥이라고 했다. 홍천 출신인 할머니와 평창 출신인 어머니도 그렇게 기억하고 있다. -진동엽(평창)

광밥 충남 | 명사 | 튀밥
튀긴 쌀.

〔예산〕앞에 슈퍼에 파는 광밥은 싱기허게 달어. 표앞에 슈퍼에서 파는 튀밥은 신기하게 달아. 〔서산〕과줄에 입힐 광밥을 튀겨 왔다. 표과줄에

입힐 튀밥을 튀겨 왔다. 〔태안〕광밥은 젤일 먹어두 심심풀이라 배야지가 헛쩍꿍이니께 과즐 점 내와봐. 표튀밥은 종일 먹어도 심심풀이라 헛배부르니까 과줄 좀 내와봐. 〔보령〕요즘 입이 심심허니 장날 광밥이나 튀겨다 먹을려? 표요즘 입이 심심하니 장날에 튀밥이나 튀겨다 먹을래? 〔홍성〕인전 즑이 되두 강밥쟁이를 귀경허기가 심들어. 표이젠 겨울이 되어도 튀밥 장수를 구경하기가 힘들어. 〔세종〕장에 가서 티밥 장사에게 이걸로 티밥 텨달라 혀. 표장에 가서 튀밥 장수에게 이것으로 튀밥을 튀겨달라 해.

◆'광밥'은 충남 서부를 중심으로 충남 전역에서 쓰는 말이다. 본래는 '강냉이밥'을 뜻하는 말로 '강밥'이라고 했는데, '강밥'의 이형태인 '광밥'이 더 널리 쓰였다. 그런가 하면 예전에는 '광밥쟁이'가 흔했다. '광밥쟁이'는 옥수수나 쌀을 튀밥으로 만들어주는 일을 전문으로 하는 사람이다. 설이나 추석이 다가오면 마을마다 광밥쟁이들이 찾아왔다. -이명재(예산) ◆'광밥쟁이'들은 주로 옥수수와 쌀, 떡국 말린 것 등을 둥근 무쇠솥에 넣고 솔방울이나 잘게 쪼갠 장작 등으로 열을 높여 광밥을 튀겨 냈다. 이때 달콤한 맛을 내기 위해 사카린을 조금 넣었는데 그 달착지근한 맛이 일품이었다. -조일형(당진) ◆강원에서도 옥수수 알을 튀긴 튀밥을 광밥이라고 한다. 과자가 흔치 않던 시절, 장이 서는 날 광밥 아저씨는 제일 인기가 많았다. 어른들은 물론이고 아이들도 광밥 아저씨를 둘러서 있다가 "펑이요"를 외칠 때가 되면 모두들 멀리 물러나 귀를 막았다. '펑' 하고 터지는 소리가 나면 자루에는 광밥이 한가득 들어차 있었다.

광솔 강원 | 명사 | 관솔
송진이 많이 엉긴 소나무의 가지나 옹이. 불이 잘 붙으므로 예전에는 여기에 불을 붙여 등불 대신 이용하였다.

〔평창〕우리는 자귀를 들고 광솔을 따러 다녔다. 표우리는 자귀를 들고 관솔을 따러 다녔다. 〔양양〕코쿨에 소깽이 불 부쳐라. 표고콜에 관솔 불 붙여라. 〔홍천〕옛날에는 소께이에 불을 부치능 게 있어요. 표옛날에는 관솔에 불을 붙이는 게 있어요. 〔춘천〕불쏘시개 하게 광솔 좀 따 와라. 표불쏘시개로 쓰게 관솔 좀 따 와라.

◆'관솔'은 송진을 머금고 있어서 붉은색을 띠는데 비에 젖지 않기 때문에 야외에서 부싯깃으로 사용하기에 적당하고, 불이 잘 붙어 불쏘시개로 사용하기에도 그만이다. 소나무뿐만 아니라 잣나무에서도 관솔을 얻을 수 있다. 죽은 나무옹이에서 관솔을 쉽게 찾을 수 있는 이유는 나뭇가지가 부러지면 그쪽에 송진이 몰리기 때문이다. 일반적으로 나무가 죽어가면서 밑동이나 가지의 굵은 부분에 송진이 몰리기 때문에 그곳에서도 관솔을 찾기 쉽다. ◆일제강점기에 일본은 우리나라 전역에서 살아 있는 소나무에 상처를 내서 얻은 송진과 관솔을 가마에 넣고 쪄서 얻은 송진으로 '송탄유(松炭油)'를 만들어 사용했다. 송탄유를 항공유로 사용했다는 설도 있으나 뚜렷한 근거는 없고 선박용으로 사용했다는 기록은 남아 있다. 1970년대까지만 해도 소나무에서 '송탄유'를 채취하는 일이 흔한 일이었다. ◆예전에는 '관솔'이 필수품이었다. 불쏘시개로도 쓰고, 불씨가 꺼지면 이웃집에서 불씨를 얻어 올 때에도 불을 붙여 오는 데 썼다. 밤에 일할 때나 밤에 고기를 잡을 때, 겨울철에 지붕 끝에서 잠든 참새를 잡을 때에도 불을 밝히기 위해서 낫을 들고 소나무 가지를 찾아다녔다. -유연선(춘천)

팬찜하다 전남 | 형용사 | 괜찮다
별로 나쁘지 않고 보통 이상이다.
〔강진〕신경 쓰지 마라. 나는 팬찜하다. 표신경 쓰지 마라. 나는 괜찮다. 〔광양〕아니여, 나는 안 줘도 된당께. 참말로 팬찜해. 표아니야, 나는 안 줘

도 된다니까. 정말로 괜찮아.

괴 경기 | 명사 | 물고기
어류의 척추동물을 통틀어 이르는 말.
〔파주〕그녠 예저녠 고기두 마니 자바써요, 괴두 마니 잡꾸.-최명옥(2013) 표근데 예전엔 고기도 많이 잡았어요, 물고기도 많이 잡고.

괴깃밥 충북 | 명사 | 미끼
낚시 끝에 꿰는 물고기의 먹이.
〔옥천〕괴기럴 잡올라믄 괴깃밥이 좋아야 하는 거. 표고기를 잡으려면 미끼가 좋아야 하는 거야.

괴벽스럽다 북한 | 형용사 | 사납다
성질이나 행동이 모질고 억세다.
〔함북〕송희의 성격은 괴벽스러워서 친구들이 좋아하지 않습니다. 표송희의 성격은 사나워서 친구들이 좋아하지 않습니다. 〔북한〕벼슬은 새끼손가락에 드는 말석 아전이지만 성미가 괴벽스러워 감영의 노비들은 최향리만 보면 멀리 피해 가군 하였다.-박영건(2009) 표벼슬은 새끼손가락에 드는 말석 아전이지만 성미가 사나워 감영의 노비들은 최향리만 보면 멀리 피해 가곤 하였다.

괴생이 충남 | 명사 | 없음
불규칙하게 침식되어 괴이하게 뾰족한 돌.
〔보령〕뾰쪽뾰쪽한 돌. 이런 거 괴생이라고 불리기도 하고.

괴타리 충북 | 명사 | 고의춤
고의나 바지의 허리를 접어서 여민 사이.
〔청주〕머 그리 바뻐 괴타리두 추실르덜 못 허구 싸댕기능 겨. 표뭐가 그리 바빠서 고의춤도 추스르지 못 하고 싸다니는 거야.
◆충북 속담에 "소나기는 오려 하고 똥은 마려운데

괴타리는 옹치고 깔짐은 넘어가고 소는 달아난다"라는 말이 있다. 소나기가 오려고 하니 널어놓은 농작물과 빨래를 걷어야 하는데 갑자기 용변은 급하지, 고의춤은 꽁꽁 묶어 잘 풀어지지 않지, 소 먹이려고 세워놓은 풀 덤불이 넘어지면서 소의 고삐까지 풀려 소가 달아나는 상황이 한꺼번에 닥쳤음을 일컫는 말이다. 손을 필요로 하는 일들이 한꺼번에 몰아닥쳐 어찌해야 할지 모르는 상황에서 쓰는 말이다.

꿩까도리 충북 | 명사 | 훼방
무슨 일을 할 때 방해함.
〔제천〕여자애덜 꼬무줄 하믄 꼭 꿩까도리럴 놀년 애덜이 있어. 표여자애들 고무줄놀이 하면 꼭 훼방을 놓는 애들이 있어.
◆어린 시절 개구쟁이 남학생들은 여학생들이 고무줄놀이를 하는 데 와서 고무줄을 잘라 훼방을 놓곤 했다. 이를 '꿩까도리'라고 한다. 마구 난장판을 만들며 장난을 친다는 뜻이다.

구감 제주 | 명사 | 없음
씨앗으로 쓸 해묵은 고구마.
〔수산〕감저 묘종헐 꿀 걷어 나민 그 구감은 팡 솖아 먹엇어. 표고구마 모종할 줄기를 걷고 나면 그 '구감'은 파서 삶아 먹었어. 〔남원〕그 감저 놓안 헌 거, 것그라 구감에는 골아. 표그 고구마 놓고 한 거, 그것 보고 '구감'이라고 말해.
◆'구감'은 씨앗으로 쓸 해묵은 고구마이기 때문에 삶아도 속에 심이 많아서 별다른 맛이 없다. 구감을 심으면 새로 고구마가 올라오는데 이 고구마를 '새감'이라고 한다.

구강 충남 | 명사 | 없음
1년 된 생강을 일컫는 말.
〔서산〕예전에 저 밑에게 토굴이 하나 있었어. 거가 구강 놓던 자리여. 구강은 작년에 캔 새앙이

여, 새앙. 종자 쓸라고 넘겨둔 거. 표예전에 저 밑에 토굴이 하나 있었어. 거기가 '구강' 놓던 자리야. '구강'은 작년에 캔 생강이야, 생강. 종자 쓰려고 남겨둔 거. 〔논산〕구강은 아무리 좋아두 먹을 수가 없응게 아까워 말구. 표'구강'은 아무리 좋아도 먹을 수가 없으니까 아까워 말고.
◆생강은 그해에 수확한 것을 신강(新薑)이라고 하고, 한 해 묵힌 것을 구강(舊薑), 종자로 둔 것을 종강(種薑)이라고 한다. -장경윤(서산)

구구다보다 전북 | 동사 | 없음
찬찬히 지켜보다.
〔김제〕가뜰이 구구다보더만. 표걔들이 들여다보더라.
◆'구다보다'는 '들여다보다'를 뜻하는 말이다. '구구다보다'는 이와 비슷한 말인데, 좀 더 부정적인 의미가 강하다. - 곽정식(김제)

구녕 강원 | 명사 | 구멍
뚫어지거나 파낸 자리.
〔원주〕저기 구녕에서 머가 나올 것만 같아. 표저기 구멍에서 뭐가 나올 것만 같아.

구덕살이 북한 | 명사 | 구더기
파리의 애벌레. 차차 자라 꼬리가 생기고 번데기가 되었다가 파리가 된다.
〔평북〕장독에 구덕살이가 생기지 않게 잘 건새라. 표장독에 구더기가 생기지 않게 잘 간수해라. 〔지강〕구데기 무섭다고 장 못 담그겠니야. 표구더기 무섭다고 장 못 담그겠느냐.

구둘락구둘락ᄒ다 제주 | 동사 | 구시렁구시렁하다
못마땅하여 군소리를 자꾸 듣기 싫도록 하다.

〔한경-신창〕시누이 하나 신 건 기자 구둘락구둘락허영 나광 베랑 좋지 안허주게. 囲시누이 하나 있는 거는 그저 구시렁구시렁해서 나와 별로 좋지 않아.

구둘빼미 경남 | 명사 | 귀뚜라미

메뚜기목 귀뚜라밋과의 곤충을 일컫는 말.
〔고성〕구둘빼미가 울모 가실이라 쿤다. 囲귀뚜라미가 울면 가을이라 한다. 〔하동〕구들배미 우는 거 본깨 인자 가실인 갑다. 囲귀뚜라미 우는 것을 보니 이제 가을인가 보다. 〔창녕〕칠얼 기떠래미가 가실 알듯기 한다. 囲칠월 귀뚜라미가 가을을 아는 듯하다.

◆'귀뚜라미'는 서식지에 따라 다양한 이름으로 불리는데, 전남에서 '귀뚝'이라고 부르는 까닭은 귀뚜라미가 '굴뚝' 주변에 살기 때문이며, 경남에서 '구둘' 또는 '부떡'이라고 부르는 까닭은 귀뚜라미가 방의 갈라진 틈, 즉 '구들'이나 '부엌' 주변에서 살고 있기 때문이다. -경남방언연구보존회

구둠받이 제주 | 명사 | 쓰레받기

비로 쓴 쓰레기를 받아 내는 도구.
〔남원〕비차락으로 썰어서 구둠받이에 몬딱 치아부난. 囲빗자루로 쓸어서 쓰레받기에 모두 치워버려.

◆제주도에서는 '먼지'를 '문지/문지락'이라고도 하고 '구둠'이라고도 한다. 그런가 하면 '구둠받이'는 먼지를 쓸어낼 때 쓰는 도구이다.

구들장군 경북 | 명사 | 없음

하루 종일 방바닥에 누워 뒹굴거리며 소일하는 사람. 또는 게으름뱅이를 낮춰 부르는 말.
〔의성〕야 구들장군, 대체 니는 뭐 먹고 사노? 囲야 '구들장군', 대체 너는 뭐 먹고 사니?

◆'구들장군'은 '구들'과 '장군'이 결합한 말로 방바닥에 누워 할 일 없이 빈둥대는 사람을 놀릴 때 사용하는 말이다. ◆밖에서는 힘을 쓰지 못하면서 집에서만 큰소리치는 사람을 놀리는 말로 쓰이기도 한다.

구락쟁이 충남 | 명사 | 아궁이

방이나 솥 따위에 불을 때기 위하여 만든 구멍.
〔서산〕이음불 붓터닌 중이 구락쟁이에 불 땐다. 囲염불 못하는 중이 아궁이에 불 땐다. 〔예산〕들구 굴내넌 게 구락쟁이가 멘 모냥이구먼. 囲자꾸 연기 나는 게 아궁이가 막힌 모양이구먼. 〔공주〕밥솥이다 쌀 점 안치고 국숱이다걸랑 덴장 풀어서 씨래기 점 듬성듬성 쏠어서 늫구 아궁지에 불 점 지피구 가마솥 아궁지에두 불 점 지펴 물을 데우거라. 囲밥솥에다 쌀 좀 안치고 국솥에다가 된장 풀어서 시래기 좀 듬성듬성 썰어서 넣고 아궁이에 불 좀 지피고 가마솥 아궁이에도 불 좀 지펴 물을 데우거라. 〔논산〕한겨울에 나무가 귀한께 생솔가지를 쩌다가 아궁지에 때면 금방 방이 쩔쩔 끓지. 囲한겨울에 나무가 귀하니까 생솔가지를 잘라다가 아궁이에 때면 금방 방이 쩔쩔 끓지. 〔태안〕구락쟁이다 군불 한 번을 때더래두 소당을 열어본 담이 불을 지피는 겨. 囲아궁이에 군불 한 번을 때더라도 소댕을 열어본 다음에 불을 지피는 거야.

◆충남 북부 지역에서 표준어 '아궁이'에 대응하는 말은 여럿이다. 이 가운데 흔히 쓰이는 말에는 '아궁이/아궁지, 구락쟁이/구락징이, 아국쟁이/아국징이'가 있다. 이 말의 공통점은 '입'을 뜻하는 '악'이 붙어 있다는 점이다. '구락쟁이'는 '굴악(坑口)'에 접사 '-쟁이'가 붙은 꼴이고, '아국쟁이'는 '악욱(坑口)'에 접사 '-쟁이'가 붙은 꼴이다. 1970년대 이전까지는 '구락쟁이/구락징이'와 '아국쟁이/아국징이'가 충남 지역에서 널리 쓰였는데, 표준어화가 진행되면서 표

준어를 닮은 '아궁이/아궁지'에 자리를 내주고 소멸되었다. -이명재(예산)

구란 전남 | 명사 | 곤달걀
병아리를 부화시키기 위해 어미 닭이 품었으나 부화하지 못하고 썩어버린 달걀.
〔고흥〕닥알을 열두 개를 여쳤는디 구란이 세 개나 나왔습디다. 표달걀을 열두 개를 넣어줬는데 곤달걀이 세 개나 나왔습니다.
◆병아리를 부화시키기 위해 둥지에 달걀 여러 개를 넣어주었는데 그중 몇 개가 부화하지 못하면 구란이 되고 만다. -천인순(고흥)

구렁장 북한 | 명사 | 벽장
벽을 뚫어 작은 문을 내고 그 안에 물건을 넣어두게 만든 장(欌).
〔평북〕구렁장이고 골간이고 왼통 들쑤셔놓은 궹궹한 정경.-정춘근(2012) 표벽장이고 광이고 온통 들쑤셔놓은 섬뜩한 정경.

구룻날 경기 | 명사 | 구레나룻
귀밑에서 턱까지 잇따라 난 수염.
〔인천〕멋을 부린다고 구룻날 기르기도 하지요. 표멋을 부린다고 구레나룻을 기르기도 하지요.

구릿간 전남 | 명사 | 감옥
죄인을 가두어두는 곳.
〔고흥〕넘의 것을 돌로고 글믄 구릿간에 가제. 표남의 것을 훔치고 그러면 감옥에 가지. 〔함평〕얼마 전까지도 아파트는 못 쓰것드라. 가막소 아니디야 하시던 당신이다. 표얼마 전까지도 아파트는 못 쓰겠더라, 감옥 아니더냐 하시던 당신이다.

구무자아 경남 | 명사 | 뱀장어
뱀장어과의 민물고기.
〔창원〕구무자아 맨손으로 잡는 거 참 에럽다. 표뱀장어 맨손으로 잡는 거 참 어렵다. 〔부산〕꾸무자아 한 사바리 꾸 무우러 가자. 표뱀장어 한 사발 구워 먹으러 가자. 〔하동〕장애 한 바리만 묵우봤시모 좋겠다. 표장어 한 마리만 먹어봤으면 좋겠다.
◆'뱀장어'가 뱀처럼 몸이 길어서 붙여진 이름이라면, '구무자아'는 뱀장어가 구멍을 파고드는 속성이 있어서 붙여진 이름이다. '구무'는 '구멍'을 뜻하는 말이다. ◆거제나 통영처럼 바다를 끼고 있는 곳에서 '짱애'라고 하면 '민물장어'가 아니라 '바닷장어', 즉 '붕장어'를 뜻하는 말이 된다. -김성재(고성)

구섬탱이 충남 | 명사 | 아가미
물속에서 사는 동물, 특히 어류에 발달한 호흡기관.
〔보령〕그거 띠고 이렇게 등따꿍을 뜯으면 양쪽에 날개처럼 구섬탱이라고 이렇게 이렇게 달렸잖아? 그거 다 띠어 내뻐려야 돼. 표그거 떼고 이렇게 등딱지를 뜯으면 양쪽에 날개처럼 아가미라고 이렇게 이렇게 달렸잖아? 그거 다 떼어 내버려야 돼. 〔서산〕생산은 비늘을 치구 구세미를 짤러낸 뒤에 요리를 헌다. 표생선은 비늘을 치고 아가미를 잘라낸 뒤에 요리를 한다. 〔당진〕귀세미가 빨갓치 안코 거무스름한 물괴기는 싱싱치 무탄 거여. 표아가미가 빨갛지 않고 거무스름한 물고기는 싱싱치 못한 거야. 〔세종〕미기가 아개미를 벌룸벌룸한데유. 표메기가 아가미를 벌름벌름한데요.
◆'구섬탱이'는 아가미를 뜻하는 '구섬(句纖)'이라는 한자어에 '-탱이'를 더한 형태로 볼 수 있다.

구시 전남 | 명사 | 구유
소, 돼지 등 가축의 먹이통을 가리키는 말.
〔고흥〕아이, 돼지 구시에 꾸정물 잔 부서줘라. 표

아이, 돼지 구유에 구정물 좀 부어줘라.

구야다 충북 | 형용사 | 귀하다
구하거나 얻기가 아주 힘들 만큼 드물다.
〔청주〕달걀이 구야지유, 흔하게 못 먹어유. 표달걀이 귀하지요, 흔하게 못 먹어요.

구여워하다 충북 | 동사 | 귀여워하다
귀엽게 여기다.
〔옥천〕자덜 집 큰아는 동상을 구여워하드라구. 표쟤들 집 큰애는 동생을 귀여워하더라고.

구역지 충북 | 명사 | 구석
모퉁이의 안쪽.
〔보은〕구역지에 앉어 있딜 말구 일루 와. 표구석에 앉아 있지 말고 이리 와.

구연하다1 강원 | 형용사 | 궁금하다
무엇이 알고 싶어 마음이 몹시 답답하고 안타깝다
〔강릉〕할루 젤일 구연해 못 배기겠장가.-김인기(2014) 표하루 종일 궁금해 못 배기겠잖은가.

구연하다2 강원 | 형용사 | 섭섭하다
서운하고 아쉽다.
〔강릉〕오날이 가는 날이라 구연하다. 표오늘이 가는 날이라 섭섭하다.

구엽다 경기 | 형용사 | 귀하다
구하거나 얻기가 아주 힘들 만큼 드물다.
〔강릉〕요새 사람들은 구엽구 아까운 물건을 죄다 버려요. 표요즘 사람들은 귀하고 아까운 물건을 죄다 버려요.
◆'구엽다'는 '귀하다'를 뜻하는 '귀(貴)엽다'에서 온 말이다. 실제로 서울 지역에서는 '귀엽다'를 통상적

인 의미인 '예쁘고 곱거나 또는 애교가 있어서 사랑스럽다'라는 뜻 외에도 '귀하다'라는 뜻으로도 쓰고 있다.

구이개 경기 | 명사 | 귀이개
귀지를 파내는 기구. 나무나 쇠붙이로 순가락 모양으로 가늘고 작게 만든다.
〔서울〕구이개 알지, 귀 후비는 거. 표귀이개 알지, 귀 후비는 거.

구이머리 충남 | 명사 | 괴머리
물레의 왼쪽 가로대 끝부분에 놓는 받침 나무. 여기에 괴머리기둥을 박아 가락고동을 끼운다.
〔서산〕물레넌 구이머리에 빙이 난다. 표물레는 괴머리에서 병이 난다.
◆"물레는 괴머리에서 고장 난다"라는 속담은 나쁜 짓은 항상 하는 사람만 한다는 뜻이다. 삼베나 명주를 짜는 실을 뽑는 기구인 물레는 크게 바퀴와 괴머리로 나뉜다. 물레바퀴를 돌리면 괴머리 부분에 있는 가락이라고 하는 쇠꼬챙이가 돌면서 실을 감는데 물레가 잘 안 돌아가며 고장이 날 때는 흔히 괴머리 부분에서 고장이 난다. 이런 생활 속 경험에서 태어난 것이 이 속담이다.

구적 경기 | 명사 | 없음
굴의 속을 먹고 난 후의 껍질을 이르는 말.
〔옹진〕겨울에 굴을 많이 먹으면 구적이 산더미처럼 쌓여.

구절추 충북 | 명사 | 구절초
국화과의 여러해살이풀.
〔옥천〕구절추넌 속이 냉한 데 좋아유. 표구절초는 속이 냉한 데 좋아요.

구정살 경기 | 명사 | 굳은살
잦은 마찰로 손바닥이나 발바닥에 생긴
두껍고 단단한 살.
〔용인〕망치질을 많이 해서 손에 구정살이 백혔
어. 표망치질을 많이 해서 손에 굳은살이 박였
어. 〔양평〕구덕살이 두껍게 백였다가 벳겨지구
그러지. 표굳은살이 두껍게 박였다가 벗겨지고
그러지. 〔강화〕여름 내내 쉬지도 못하고 삼포밭
을 맸더니 손에 못이 박혔네. 이를 어째. 표여름
내내 쉬지도 못하고 인삼밭을 맸더니 손에 굳은
살이 박였네. 이를 어째.

구젱이 제주 | 명사 | 소라
소라의 한 종류. 껍질의 돌기가 닳아 없
어진 소라.
〔애월-하귀〕민둥구젱이건 막 늙은 거, 늙은 구
젱이라. 표'민둥구젱이'는 아주 늙은 거, 늙은 소
라지. 〔한경-신창〕구젱이도 하고 전복 헐 땐 우
리 물질 안 헷주기게. 표소라도 하고 전복 할 때
는 우리 물질 안 했지. 〔애월-고내〕바당에 물싸
믄 뭐 잡으레 강 보믄 구젱이고 오분작이고 까먹
은 겁데기만 막 시메. 표바다에 물써면 뭐 잡으
러 가서 보면 소라고 떡조개이고 까먹은 껍데기
만 많이 있어.
◆'소라'를 제주에서는 '구젱이/구제기/구젱기'라
고 한다. '구젱이'는 성장 과정에 따라 이름이 달라
진다. 어린 소라는 '조쿠젱이/좁쓸구젱기/좃구젱기'
라고 하고, 껍데기에 돌기가 돋은 성숙한 소라는 '쌀
구제기' 또는 '쌀구젱이'라고 한다. 그러다가 소라가
아주 성숙하여 껍질의 돌기가 다 닳은 상태가 되면
'문둥구제기' 또는 '민둥구제기'라고 한다.

구준하다 충북 | 형용사 | 구진하다
무엇을 먹고 싶은 느낌이 있다.
〔충주〕입이 구준할 적에는 뭐래두 먹어야지. 표

입이 구진할 적에는 뭐라도 먹어야지.

구찌르다 경기 | 동사 | 꾸짖다
윗사람이 아랫사람의 잘못에 대하여 엄
격하게 나무라다.
〔양평〕애가 잘못했다구 너무 구찌르지 말어. 표
애가 잘못했다고 너무 꾸짖지 마.
◆'꾸중'이나 '꾸지람'은 언짢은 일을 뜻하는 '궂'에
서 온 말이다. '구찌르다'도 '궂'과 관련이 있는 사투
리로 보인다.

구찮다 경기 | 형용사 | 귀찮다
마음에 들지 아니하고 괴롭거나 성가시다.
〔여주〕설거지하기 구찮아. 표설거지하기 귀찮아.

구찮다 충남 | 형용사 | 귀찮다
마음에 들지 아니하고 괴롭거나 성가시다.
〔서산〕구찮게 따러댕긴다. 표귀찮게 따라다닌다.
〔태안〕사램이 시작헸으면 끝을 봐야지. 구찮다구
그만두면 쓰나. 표사람이 시작했으면 끝을 봐야
지. 귀찮다고 그만두면 쓰나.
◆'구찮다'는 충남 사투리의 특징을 잘 보여주는 말
로 충남에서는 이중모음 'ᅱ'가 뒤에 자음이 올 때
'ㅣ'가 떨어져 나가 'ㅜ'가 된다. 표준어 '위태롭다'는
'우태럽다'가 되고, '휘지르다'는 '후지르다'가 되고
'귀빰'이 '구쌈', '귀퉁이'가 '구퉁이' 또는 '구팅이'가
되는 것처럼 '귀찮다'도 '구찮다'가 된다. '구찮다'는
충남 전역에서 널리 쓰이다가 1970년대 이후 '기찮
다'로 바뀌었는데, 지역적으로 서울과 가까운 충남
북부 지역이 먼저 바뀌었다. -이명재(예산)

구풋허다 전남 | 형용사 | 시장하다
배가 고프거나 배가 고픈 듯하다.
〔고흥〕묵을 것 잔 읎냐? 입이 구풋허다. 표먹을
것 좀 없냐? 입이 시장하다. 〔강진〕아침을 일찍

먹었더니 벌써 구풋허네. 표아침을 일찍 먹었더니 벌써 시장하네. 〔진도〕머 먹을 것 잔 가꼬나. 배가 구풋하다. 표뭐 먹을 것 좀 가지고 오너라. 배가 고픈 듯하다.

구홍 북한 | 명사 | 립스틱
여자들이 화장할 때 입술에 바르는 연지.
〔북한〕오마니가 구홍을 바르지 않는다고 잔소리를 함. 표어머니가 립스틱을 바르지 않는다고 잔소리를 합니다. 〔북한〕타고난 희맑은 살갗이여서 분첩을 약간 대고 선이 또렷한 입술을 구홍으로 연하게 물들이고 보니 제 모습 제 보기마저 쑥스럽게 예뻐져 정해는 얼른 거울을 등지고 돌아섰다.-황용국(1983) 표타고난 희맑은 살갗이어서 분첩을 약간 대고 선이 또렷한 입술을 립스틱으로 연하게 물들이고 보니 제 모습 제 보기마저 쑥스럽게 예뻐져 정해는 얼른 거울을 등지고 돌아섰다.
◆북한에서는 립스틱을 '연지'라고도 하고 '구홍'이라고도 한다. '구홍'은 입 구(口)에 붉을 홍(紅)을 사용하는 한자어이다.

국가래 전남 | 명사 | 가래떡
가는 원통형으로 길게 뽑아 일정한 길이로 자른 흰떡.
〔광양〕국가래 썰고 나면 송꾸락에 물집이 생개부러. 표가래떡 썰고 나면 손가락에 물집이 생겨버려. 〔영암〕데떡 허머넌 쌀까리 뽀사가꼬.-이기갑(2009) 표가래떡 하면 쌀가루 빻아가지고.
◆떡집이나 방앗간에서 가래떡을 뽑는 일은 60년대 후반의 이야기이다. 그 전에는 설떡을 만드는 일이 집안의 큰 행사였다. 어머니는 대두 한 말 분량의 쌀을 물에 불렸다가 그것을 디딜방애에서 빻아 체로 쳐서 가루를 만들고, 그 가루를 큰 시루에 물을 모고어('알맞게 부어'의 전남 사투리) 꼬두밥처럼 쪄냈

다. 그것을 디딜방아에서 찧어 김이 모락모락 나는 덩어리를 네모난 안반을 큰방에 깔고 식구대로 둘러 앉아 목화솜에서 고치를 뽑듯이 떡가래를 만들었다. 힘이 센 아버지는 어머니가 준비한 찬물에 연해 손을 담그면서 작은 덩이로 쪼갰다. 그 작은 덩이를 아들딸들이 고사리 손으로 떡가래를 만들었다. 떡가래가 꼬독꼬독해지면 어슷썰기로 어머니와 누이들이 썰었는데, 잡은 칼을 직각으로 움직이면 동그란 떡살이 나오고, 칼의 각도를 조절하며 짧게 더 길게 솜씨를 자랑했다. 떡가래를 썰어서 국거리감으로 된 '떡살'은 설날 국을 끓여 설차례를 모셨다. 지금은 국을 끓인다고 했지만 우리 지방에서는 떡국을 끓인다고 하지 않고, 떡죽을 쑨다고 했다. 그러니까 떡국이 아니라 떡죽인 셈이다. 처갓집 세배는 보름 안에만 가면 결례가 아니었다. 사위가 오면 떡국을 맛보이려고 두다 보면 떡살이 벌겋게 변한다. 처갓집 세배 늦게 온 사위는 꽝꽝하고 벌건 떡국을 먹어야 했다. -오덕렬(광주)

국시기 경남 | 명사 | 없음
찬밥에 김치와 콩나물을 넣고 끓인 국밥의 일종.
〔거창〕어매는 정지서 국시기 끼리는데예. 표엄마는 부엌에서 '국시기' 끓이는데요. 〔합천〕오늘은 날도 추웅께 갱시기 한 그릇 어떻노? 표오늘은 날도 추우니까 '갱시기' 한 그릇 어떠냐? 〔고성〕오늘 점심은 비도 오고 하는데 씬밥 덩어리 좀 넣고 짐치국밥 해 묵자. 표오늘 점심은 비도 오고 하는데 쉰밥 덩어리 좀 넣고 '짐치국밥' 해 먹자. 〔부산〕요새야 갱죽 해 묵나? 그때는 다 씨래기 줏어다가 갱죽 해 묵고 그래 살았지. 표요즘이야 '갱죽' 해 먹나? 그때는 다들 시래기 주워다가 '갱죽' 끓여 먹고 그렇게 살았지.
◆경상도 사투리인 '국시기'나 '갱시기'는 표준어 '갱죽'에 대응하는 말이 아니다. '갱죽'이 시래기 따위

88

의 채소류를 넣고 멀겋게 끓인 죽이라면 '국시기'나 '갱시기'는 찬밥에 김치와 콩나물 등을 함께 넣어 끓인 국밥의 일종이기 때문이다. 창녕에서는 '씨락국시기'와 '국시기'가 전혀 다른 음식이다. '국시기'는 쌀을 넣어 끓이는 일반 죽과 달리 밥을 넣어 끓이는 음식이라는 점도 다르다. 지역에 따라 냄새가 나는 쉰밥을 처리하기 위해 국시기로 만들어 먹기도 한다. -성기각(창녕) ◆'밥국'은 주로 겨울에 끼니를 때우기 위해 먹던 음식 중 하나로 넣는 재료에 따라 김치를 넣으면 '짐치밥국'이라 하였고, 콩나물을 넣으면 '콩지름밥국'이라 하였다. 경남 함안에서는 산모의 모유가 부족할 때 밥물을 떠서 아이에게 먹였는데, 이 밥물도 '밥국'이라 하였다. -김승호(진주)

국시기 경북 | 명사 | 없음
찬밥에 김치와 콩나물을 넣고 끓인 국밥의 일종.
〔성주〕새북에는 추부니까 국시기 끼리도. 표새벽에는 추우니까 국시기 끓여줘. 〔성주〕어무이, 저녁에는 국시기 끼리 무까예? 표어머니, 저녁에는 국시기 끓여 먹을까요?

국자 경북 | 명사 | 달고나
불 위에 국자를 올리고 거기에 설탕과 소다를 넣어 만든 과자.
〔포항〕우리 국자 한번 해서 먹을래? 표우리 달고나 한번 해서 먹을래?
◆'달고나'를 경북 포항에서는 '국자'라고 하는데, '달고나'를 만들 때 국자를 이용하기 때문이다. 경남 일부 지역에서는 '쪽자'라고 한다. '쪽자'는 '국자'를 뜻하는 사투리이다.

국죽1 강원 | 명사 | 나물죽/장국죽
(1)사람이 먹을 수 있는 풀을 넣고 쑨 죽.
(2)쇠고기를 잘게 이겨 장국을 만든 뒤

에 물에 불린 쌀을 넣고 쑨 죽.
〔삼척〕옛날에는 양석이 귀해 저녁이면 나물로 국죽이나 국시로 때를 에웠잖소. 표옛날에는 양식이 귀해 저녁이면 나물로 나물죽이나 국수로 끼니를 때웠소. 〔평창〕된장을 풀어 국죽을 쑤면 그 맛이 천하일미라. 표된장을 풀어 장국죽을 쑤면 그 맛이 천하일미라.
◆'국죽'은 겨울에서부터 봄까지 남아 있는 곡물에 나물을 넣어 음식의 양을 늘려 먹었던 구황 음식이다. 국죽을 끓이는 방법은 솥에 물을 부은 다음 막장을 풀어 곡식과 나물을 함께 넣어 끓이면 되는데, 국죽에 들어가는 곡물에는 메좁쌀이나 보리쌀, 메밀쌀 등이 있고, 나물에는 시래기, 곤드레, 취나물 등이 있다. 산촌이나 농촌에서는 감자를 넣기도 하고, 어촌에서는 해초류나 새치, 양미리를 넣기도 한다. -이경진(삼척) ◆정선이나 평창, 영월 등지에서는 메좁쌀 대신에 메밀녹쌀을 넣어 국죽을 끓인다. 이를 '메밀국죽'이라고 한다. 메밀녹쌀은 겉껍질을 벗겨낸 메밀쌀알로 씹을 때 톡톡 씹히는 식감이 좋다. 메밀쌀의 특징 덕분에 끓여도 푹 퍼지지 않아서 좋다. -이경진(속초) ◆'국죽'은 강릉에서 '나물죽'이 아니라 '장국죽'이란 뜻으로 사용되는 말이다. 즉 반드시 쇠고기를 다지거나 저며 넣을 때만 '국죽'이라고 한다. -김인기(강릉)

국죽2 제주 | 명사 | 갱죽
시래기 따위의 채소류를 넣고 멀겋게 끓인 죽.
〔남원〕조축은 누물을 낭 국죽으로 헤야주. 표조죽은 나물을 넣어서 갱죽으로 해야지.

군둥내 경남 | 명사 | 군내
오래되어서 푹 삭은 냄새
〔함양〕장 오래되모 군둥내 나지, 곰팽이꽃 피고. 표장 오래되면 군내 나지, 곰팡이꽃 피고. 〔산청〕

독아지서 군둥내 등천을 해도 다 퍼다 묵고 그 랬다. 표항아리에서 군내가 심하게 나도 다 퍼다 먹고 그랬다.

군둥내 전남 | 명사 | 군내
오래되어서 푹 삭은 냄새.
〔고흥〕짐치가 있기는 헌디 군둥내가 나서 못 묵을 끄요. 표김치가 있기는 한데 군내가 나서 못 먹을 거요. 〔강진〕배추김치가 오래됐는지 군둥내가 너무 심하다. 표배추김치가 오래됐는지 군내가 너무 심하다. 〔진도〕짐치를 낼 때 맨 욱에 놈은 군둥내가 낭께 옆으로 제처노코 내라. 표김치를 낼 때 맨 위에 있는 놈은 군내가 나니까 옆으로 제쳐놓고 내라. 〔광주〕짐치에서 군둥내가 나는 걸 봉께 잘 익었을 끄요. 표김치에서 군내가 나는 것을 보니까 잘 익었을 거예요.

◆김치에서 나는 '군내'를 '군둥내'라고 하는 것은 전라도뿐만 아니라 충청도와 경상도에서도 같다. 그런데 김치의 '군둥내'를 '본래의 제맛이 변하여 나는 좋지 아니한 냄새'라든지 '상하고 찌들어 비위에 거슬리는 구린 냄새'로 풀이를 하는 것은 선뜻 받아들이기 어렵다. 특히 청국장이나 묵은 김치에서 나는 '군둥내'는 그 자체가 군침을 돌게 한다는 점에서 '좋지 않은 냄새'라든지 '구린 냄새'로 표현할 수 없다. '오래되어서 푹 삭은 냄새'라는 뜻으로 '곰삭은 냄새' 정도가 무난할 듯하다. –오덕렬(광주)

군디 경북 | 명사 | 그네
민속놀이의 하나. 또는 그 놀이 기구. 큰 나무의 가지나, 두 기둥 사이로 가로지른 막대에 두 가닥의 줄을 매어 늘이고, 줄의 맨 아래에 밑신개를 걸쳐놓고 올라서서 몸을 움직여 앞뒤로 왔다 갔다 하면서 논다.
〔상주〕우리 군디 타러 가자. 표우리 그네 타러 가자. 〔영덕〕단오날 군디 시합에서 우승하였다. 표단옷날 그네 시합에서 우승하였다.

◆'군디'는 '그네'를 뜻하고, '궁디'는 '궁둥이'를 뜻한다. '그네'를 뜻하는 '군디'는 경상도 외에도 전라도와 충청도 등지에서도 폭넓게 쓰는 말이다. ◆그네를 뜻하는 '군디'가 엉덩이를 뜻하는 '궁디'에서 온 말이라는 설이 있는데, 『이조어사전』에는 엉덩이를 뜻하는 말은 '궁둥이'로 '그네'를 뜻하는 말은 '그늬'로 되어 있어서 타당성은 없는 것으로 보인다. 그네의 사투리가 군데(경남, 전남), 군뒤(전남), 군두(전남), 곤디(충남) 등 다양하게 나타나는 것을 보면 이러한 말의 변이형으로 볼 수 있다. ◆그네는 우리나라 전통놀이로 큰 나무의 가지나 두 기둥을 세우고 가로지른 막대에 두 가닥의 줄을 매어 늘리고, 줄의 맨 아래에 밑신개(발판)를 걸쳐놓고 올라서서 몸을 움직여 앞뒤로 왔다 갔다 하면서 노는 놀이이다. 한사람이 뛰는 '외발그네'와 두 사람이 함께 뛰는 '쌍그네' 혹은 '맞그네'가 있다. 그네에 관한 기록은 가장 오래된 것이 『송사(宋史)』에 고려 현종 때 사신 곽원이 "고려에는 단옷날에 추천 놀이를 한다"라는 기록과 『고려사』 열전 최충헌 조에 "단오절에 충헌이 그네뛰기를 백정동궁에 베풀고 문무 4품 이상을 초청하여 연회 하기를 사흘 동안 하였다"고 하였다. 조선 시대 들어와서는 『훈몽자회』(1572), 『역어유해』(1690), 『동문유해』(1748)에 그네가 기록되어 있으며 그네의 방언은 예순여섯 가지로 구늘, 군데, 군듸, 군디, 군지, 굴기, 굴리, 그눌, 그늘, 근데, 근뒤, 근디, 홀기 등이다. 그네를 한자어로 쓰면 추천희(鞦韆戱), 반선희(半仙戱), 유선희(遊仙戱)라고도 한다. 고대소설 『춘향전』에서 단옷날 성춘향이 그네 뛰는 모습이 나오는데 장자백 『춘향가』에는 '근의'로, 경판본 『춘향가』에는 '그늬'로, 고대본 『춘향가』에는 '근우'로, 신재효 『동창춘향가』에는 '그느'로 각각 나타난다. –임영수(연기)

군융하다 제주 | 형용사 | 궁흉하다

아주 흉악하다.

〔애월-상가〕어휴, 저 군융만 고짝한 놈. 표어휴, 저 궁흉만 가득한 놈.

◆'군융'은 형용사 '군융하다'의 어근이지만 명사로도 쓰인다. 성질이 음침하고 흉악한 사람을 가리켜 '군융다리' 또는 '궁흉다리'라고 한다.

군지 전남 | 명사 | 그네

민속놀이의 하나. 또는 그 놀이 기구. 큰 나무의 가지나, 두 기둥 사이로 가로지른 막대에 두 가닥의 줄을 매어 늘이고, 줄의 맨 아래에 밑신개를 걸쳐놓고 올라서서 몸을 움직여 앞뒤로 왔다 갔다 하면서 논다.

〔고흥〕군지 타믄 겁나게 호십다. 표그네 타면 아주 재미있다. 〔강진〕우리 동네는 해마다 단옷날에 군지를 타고 놀았어야. 표우리 동네는 해마다 단옷날에 그네를 타고 놀았었다. 〔광주〕군지 탕께 꼬숩다야. 표그네 타니까 재미난다.

◆정월 대보름께 아리데미(아랫뜸·下村)와 우데미(웃뜸·上村)가 줄다리기를 한다. 줄다리기가 끝나면 당산나무인 소나무에 줄다리기에 썼던 줄을 칭칭 돌려 감아놓고 동네의 안녕을 빌었다. 바로 옆에 있는 몇 길 상수리나무 가지에는 큰 새끼 다섯 줄 정도를 합해서 군지를 매었다. 발판은 대(竹)를 잘라 엮어서 매어놓았는데 이것이 밑신개이다. 그 발판을 한 발로 딛고, 뒤로 물러서 달리며 구른다. 군지의 탄력을 이용하여 몸을 구부려 두 다리를 앞으로 나갈 때는 펴서 멀리 날게 한다. 군지는 탄력을 받아 높게 상수리나무 가지까지 오른다. 지금의 놀이공원에 있는 쇠줄 그네하고는 맛도, 멋도 다르다. 상수리 나뭇가지가 흥청흥청 함께 움직이니 자동적으로 상수리나무와 그네 타는 사람이 하나가 된다. 자연과 사람이 하나 되어 하늘을 나는 것이다. 발판(앉개, 밑신개)에다 굿을 보는 큰애기를 불러 앉히고 줄 밖의 밑신개 부분에 발을 딛고, 한 쌍이 나는 모습은 참 보기 좋았다. 아무렇지도 않게 태우는 것 같아도 그게 아니었다. 마음에 둔 처녀를 태우고 미래를 설계하는 것이기도 했다. 앉아 있는 큰애기가 무섭다고 소리소리 지르면 그네를 구르는 총각은 더 신이 나서 무릎을 오므렸다 폈다 하면서 높이 나는 모습은 이도령과 춘향이 모습이 따로 없었다. -오덕렬(광주)

굴간 북한 | 명사 | 터널

산, 바다, 강 따위의 밑을 뚫어 만든 철도나 도로 따위의 통로.

〔함경〕함흥부터 김책까지 굴간이 한 개뿐이란 말이오. 표함흥부터 김책까지 터널이 한 개뿐이란 말이오.

◆본래 '굴간'은 '굴' 또는 '갱도'를 뜻하는 말이다. 최근에는 차나 기차 따위가 다닐 수 있도록 뚫어놓은 '터널'을 뜻하는 말로 쓰이고 있다. 북한은 대중교통이 발달되어 있지 않다. 평양과 같은 대도시에는 지하철과 전차, 버스 등 대중교통이 발달해 있고, 도나 직할시 같은 중소 도시만 해도 버스와 무궤도전차, 통근 열차 등이 있지만, 군 단위로 내려가면 버스만 운행될 뿐이다. 그마저도 버스가 많지 않기 때문에 보통 한두 시간 거리는 걸어서 다닌다. 그래서 간혹 시간을 단축하기 위해서 위험한 줄 알면서도 기차가 다니는 '굴간'을 통해 이동하는 경우가 많다.

굴내 북한 | 명사 | 없음

(1)코로 맡을 수 있는 굴뚝에서 나는 냄새.
(2)연탄이 탈 때 발생하는 유독성 가스. 일산화탄소가 주성분이다.

〔함북〕이 집이 굴내 나오. 굴뚝 막혔나 부네. 표이 집이 '굴내'가 나오. 굴뚝이 막혔나 보네. 〔북한〕숙소에서 자던 우리 넷은 굴내 먹고 일어나지

못했었다.

◆'굴내'는 연탄가스를 뜻하는 말로도 쓰인다. ◆남한에서는 '코로 맡을 수 있는 냄새'를 뜻하는 '내'와 '무엇이 불에 탈 때에 생겨나는 흐릿한 기체나 기운'을 뜻하는 '연기'를 구별하여 쓰지만 북한에서는 이 둘을 구별하지 않는다. '내굴'은 '내굴다(연기나 불길이 아궁이로 되돌아 나오다)'에서 온 말로 '내'와 '연기'를 모두 뜻하는 말이다.

굴때통 강원 | 명사 | 굴뚝

불을 땔 때에 연기가 밖으로 빠져나가도록 만든 구조물.

〔강릉〕굴때통에서 지녁 짓는 영개가 모랑모랑 올라온다. 표굴뚝에서 저녁 짓는 연기가 모락모락 올라온다.

◆'굴뚝목'은 방고래와 굴뚝이 잇닿은 곳을 가리키는 말로, 굴뚝목을 움푹하게 파면 굴뚝이 막히지 않고 연기가 잘 빠진다. 춘천에서는 갓 결혼한 신랑과 신부가 집으로 돌아와 제일 먼저 굴뚝목 근처에서 국수를 먹는 풍속이 있는데, 그렇게 하면 굴뚝에서 밥 짓는 연기가 평생 나와서 굶지 않는다고 한다. -유연선(춘천)

굴때통같다 강원 | 형용사 | 굴뚝같다

바라거나 그리워하는 마음이 몹시 간절하다.

〔강릉〕먹구 시운 맴이 굴때통같은데 한 대포 주진 않구 미치겠데야. 표먹고 싶은 마음이 굴뚝같은데 한 대포 주지는 않고 미치겠다.

굴땡삐 경기 | 명사 | 땅벌

땅속에 집을 짓고 사는 벌.

〔이천〕굴땡삐가 날아다니는 바람에 벌초도 제대로 못 했어. 표땅벌이 날아다니는 바람에 벌초도 제대로 못 했어. 〔파주〕산에 가서 땅에 난 구멍 잘못 건들면 옵빠치에 쏘여 혼이 나. 표산에 가서 땅에 난 구멍 잘못 건들면 땅벌에 쏘여 혼이 나.

◆'땅벌'은 땅에 굴을 파서 집을 삼는다는 점에서 방언형 '땡삐'에 '굴'을 결합한 어형으로 보인다. ◆'땅벌'의 사투리는 매우 다양한데 '옵빠치'는 경기도와 강원도에서 널리 확인된다.

굴땡삐 충북 | 명사 | 땅벌

땅속에 집을 짓고 사는 벌.

〔단양〕우리 어렸을 적에는 핵교 갔다가 오믄 굴땡삐 집 뿌신다구 엄청 돌아댕겼어. 표우리 어렸을 적에는 학교 갔다가 오면 땅벌 집 부순다고 엄청 돌아다녔어.

굴묵 경기 | 명사 | 골목

큰길에서 들어가 동네 안을 이리저리 통하는 좁은 길.

〔서울〕옛날에는 굴묵이 꾸불꾸불해서 큰 차는 못 다녔어요. 표옛날에는 골목이 꾸불꾸불해서 큰 차는 못 다녔어요.

◆경기도 북부를 비롯하여 평안북도·함경남도에서 '굴묵'은 '굴뚝'을 뜻하는데, 제주도에서 '굴묵'은 난방 공간을 뜻한다. 참고로 제주도에는 굴뚝이 없다. 제주도에서는 부엌 아궁이에서 불을 때 취사와 난방을 동시에 하는 구조가 아니라 취사 공간과 난방 공간을 분리하여 사용하는데, 난방 공간을 '굴묵'이라고 한다. '굴묵' 입구는 '굴묵어귀'라 하고, 굴묵 안으로 말린 소똥이나 말똥 등을 밀어 넣거나 재를 긁어내는 도구를 '굴묵근대' 또는 '굴묵당그네'라 한다. 난방 효과를 높이기 위해 굴묵어귀를 막을 때 사용하는 큰 돌은 '굴묵돌'이라고 한다. -현임종(제주)

굴묵낭 충북 | 명사 | 느티나무

느릅나뭇과의 낙엽 활엽 교목.

〔청원〕그래서 거 우예두 또 저런 굴묵낭이 이써

유, 쿵 게.-박경래(2006) 표그래서 그거 위에도
또 저런 느티나무가 있어요. 큰 것이.

굴묵때 경기 | 명사 | 굴뚝
불을 땔 때 연기가 밖으로 빠져나가도록
만든 구조물.
〔김포〕고양이가 지난밤 굴묵때 밑에서 잠들었더
라. 표고양이가 지난밤 굴뚝 밑에서 잠들었더라.
〔강화〕호박을 잘게 썰어서 굴먹대에 갖다 널어
놓으면 아주 잘 말라. 표호박을 잘게 썰어서 굴
뚝에 갖다 널어놓으면 아주 잘 말라.

굴밤밥 충남 | 명사 | 도토리밥
물에 우려 떫은맛을 없앤 도토리 가루를
곡식에 섞어 지은 밥.
〔예산〕도토리로 묵도 해 먹고 밥도 해 먹었어유.
굴밤밥 한다 하면 난 별로 좋아하지 않았지만.
표도토리로 묵도 해 먹고 밥도 해 먹었어요. 도
토리밥 한다고 하면 난 별로 좋아하지 않았지만.
◆충남에서는 갈참나무, 졸참나무, 물참나무, 떡갈
나무 따위의 열매를 통틀어 '굴밤'이라고 한다. 지역
에 따라 '꿀밤'처럼 발음하기도 하지만, 밤나무 열매
인 밤과는 아무 연관성이 없다.

굴뻑 충남 | 명사 | 없음
깐 굴의 살에 섞인 껍데기.
〔서산〕조서낸 굴은 갯물에 잘 일어 굴뻑을 굴러
내야 헌다. 표쪼아낸 굴은 바닷물에 잘 일어 '굴
뻑'을 골라내야 한다.
◆서산은 굴이 많이 나기로 유명한 곳이다. 그런 만
큼 굴과 관련된 사투리가 많을 수밖에 없는데 그중
에 하나가 바로 '굴뻑'이다. 굴 살을 까다 보면 얇은
굴 껍데기 조각이 섞여 들어가기 십상인데 이것을
가리켜 '굴뻑'이라고 한다. 좋은 품질의 굴을 생산하
기 위해서는 굴뻑을 잘 골라내는 일이 매우 중요했

을 것이고, 자연스럽게 이런 말도 생겨났던 것이다.
그야말로 '굴뻑'은 삶의 언어라고 할 것이다.

굴창 경기 | 명사 | 웅덩이
움푹 파여 물이 괴어 있는 곳.
〔양평〕미운 사람 있으면 굴창에나 가서 콱 빠져
버려라 이렇게 말하기두 해. 표미운 사람 있으면
웅덩이에나 가서 콱 빠져버려라 이렇게 말하기
도 해. 〔강화〕저기 웅데이에 미끼리가 많은데 우
리 가서 웅데이 퍼서 미꾸리 잡을까? 표저기 웅
덩이에 미꾸라지가 많은데 우리 가서 웅덩이 퍼
서 미꾸라지 잡을까? 〔이천〕웅뎅이에 자빠져서
빵뎅이를 버렸어. 표웅덩이에 넘어져서 엉덩이
를 적셨어. 〔여주〕논 웅뎅이에 미꾸리가 엄청 많
어. 표논 웅덩이에 미꾸라지가 엄청 많아.

굴툭부리다 제주 | 동사 | 심술부리다
심술궂은 행동을 하다.
〔노형〕굴툭부리지 말앙 왕 밥 먹으라. 표심술부
리지 말고 와서 밥 먹어라.
◆'심술쟁이'를 '굴뚝쟁이' 또는 '굴툭쟁이'라고도 한다.

굴푸지근하다 충남 | 형용사 | 출출하다
배가 고픈 느낌이 있다.
〔당진〕굴푸지근하다구 군것질 자꾸 하면 뚱보
되는 겨. 표출출하다고 군것질 자꾸 하면 뚱보
되는 거야. 〔서산〕진진 즉밤은 굴푸지근해서 무
어래두 입정거리가 있어야 헌다. 표긴긴 겨울밤
은 출출해서 무어라도 주전부리가 있어야 한다.
〔공주〕아침을 일쪽 먹었드니 굴품허네그려. 뭣
좀 요기힐 건 읎는지. 표아침을 일찍 먹었더니
출출하네그려. 뭣 좀 요기할 건 없는지.

굼매미 경북 | 명사 | 굼벵이
매미의 유충.

93

〔대구〕굼매미는 땅속에서 산다. 표굼벵이는 땅속에서 산다.

굼턱 경남 | 명사 | 홈타기
옴폭하게 팬 자리나 갈라진 곳.
〔하동〕수군포로 여어도 한 굼턱 푹 파라. 표삽으로 여기도 한 홈타기 푹 파라.
◆'굼턱'은 '구덩이'나 '구석', '골짜기' 등 다양한 의미로 쓰인다. 아울러 육지뿐만 아니라 바닷가 지역에서는 물고기들이 숨기 좋은 돌 틈이나 가려진 곳을 뜻하는 말로 쓰인다. 하동에서는 '홈타기'를 '굼턱/굼테기/굼티기/굼티이'라고 한다. –경남방언연구보존회

굽굽하다 강원 | 형용사 | 출출하다
배가 고픈 느낌이 있다.
〔강릉〕삼으 삼더 보문 왜서 머이 먹구 싶응 기 그러 굽굽하잖소. 표삼을 삼다 보면 왜 뭐가 먹고 싶은 것이 그렇게 출출하잖소. 〔삼척〕일주일 동안 술을 안 먹었더니 입이 굽굽하잖소. 표일주일 동안 술을 안 먹었더니 입이 출출하잖소.

궁게이 충북 | 명사 | 궁궁이
여자들이 단오에 머리에 꽂는 향이 짙은 약초.
〔옥천〕그전엔 단옷날에 여자덜이 머리다가 궁게 이럴 꽂구 댕겼어. 표그전에는 단옷날에 여자들이 머리에다가 궁궁이를 꽂고 다녔어.

궁굴리다 충북 | 동사 | 굴리다
바퀴처럼 돌면서 옮겨 가게 하다.
〔옥천〕핵교루 공 궁굴리루 가능 겨. 표학교로 공 굴리러 가는 거야.

궁기 북한 | 명사 | 구멍
뚫어지거나 파낸 자리.
〔북한〕니 바지 궁기 났네. 좀 기워 입어라. 표네 바지 구멍 났네. 좀 기워 입어라. 〔북한〕작은 궁기에서 황소바람이 들어와 너무 추웠다. 표작은 구멍에서 황소바람이 들어와서 너무 추웠다.

궤 제주 | 명사 | 없음
위로 큰 바위나 절벽 따위로 가려져 있고 땅속으로 깊숙이 파여 들어간 굴.
〔노형〕저 오름 조끗더레 곳디 가민 궤덜이 성 그디딜 곱아낫주게. 표저 오름 근처 숲에 가면 '궤'들이 있어서 거기를 숨겼었지.
◆'만장굴'이나 '김녕사굴'처럼 깊은 동굴은 '굴'이라고 하고, 바위로 이루어져 있으면서도 깊지 않은 굴은 '궤'라고 한다.

궤깃반 제주 | 명사 | 없음
삶은 돼지고기를 얇게 썰어 그릇에 몫몫이 담아놓은 반기.
〔구좌–한동〕잔칫집인 도감이 셔근에 그 궤기를 마탕 썰곡 궤깃반을 내치고 허여난. 표잔칫집에는 도감이 있어서 그 고기를 맡아서 썰고 '궤깃반'을 내놓고 했었어. 〔애월–상가〕오빠 잔칫날엔 궤깃반이 그득해서 실컷 먹을 수 있어서 생각만 해도 조쑤다. 표오빠 잔칫날엔 '궤깃반'이 가득해서 실컷 먹을 수 있어서 생각만 해도 좋아요.
◆잔치나 장례 등 큰일을 치를 때 손님에게 대접하려고 반기에 담아낸 음식을 '궤깃반'이라고 한다. 본래 '반'이라는 말은 잔치나 장례 후에 목판이나 그릇에 몫몫이 담아놓은 음식을 뜻하는 말이다. '궤깃반'에는 얇게 썬 돼지고기와 함께 두부, 순대 등을 같이 넣었다. 지역에 따라 묵적(묵을 네모지게 토막 썰어 만든 적)을 내놓기도 한다. ◆제주에서는 잔칫집이나 초상집 등 큰일을 치루는 곳에서 '도감(都監)'을 두어 고기를 책임지도록 했다. '도감'은 돼지를 잡는

94

일부터 삶고 썰어서 '궤깃반'을 만들고, 손님들에게 공평하게 나누는 일까지 담당하는 역할을 한다.

궤다 제주 | 동사 | 괴다

(예스러운 표현으로) 특별히 귀여워하고 사랑하다.

〔하효〕미정 궤정 다 들었다. 표미운정 괸정 다 들었다.

◆'궤다'는 고대국어와 중세국어 문헌에 보이는 '괴다'와 동일한 뜻이다. 〈청산별곡〉의 "괴리도 믜리도"나 〈사미인곡〉의 "님 후나 날 괴시니" 등에 보인다. 『이조어사전』에도 사랑하다는 뜻의 '괴다'가 나오는데 제주 사투리 '궤다'는 이 말이 그대로 남아 있는 형태로 보인다. 표기는 조금 다르지만 발음이 거의 같다.

궨당 제주 | 명사 | 권당

친족과 외척을 아울러 이르는 말.

〔한경-신창〕우리 흐끔 옥을 때 쓸 이제 곤쓸은 두 뒈, 부딘 궨당은 흔 말, 보리쌀은 흔 말 경혜영 부주허여 와. 표우리 조금 컸을 때 쌀 이제 흰쌀은 두 되, 가까운 권당은 한 말, 보리쌀은 한 말 그렇게 부조해 와. 〔건입〕식게 맹질 때에는 궨당이 다 모입주. 표제사 명절 때에는 권당이 다 모이지요. 〔애월-상가〕우린 궨당들이 혼동네 살안 많고, 사이가 좋으나 큰일 이시믄 모영 도완 막 조쑤다게. 표우리는 권당들이 한동네에 많이 살고, 사이가 좋으니 큰일 있으면 모여서 도와 아주 좋아요.

◆제주에는 "한마을에 완전한 남이 없다"라는 말이 있다. 만나는 사람마다 모두가 삼촌이다. 촌락내혼(村落內婚)으로 이웃이 사돈의 팔촌으로 직간접적인 혈연관계에 있기 때문이다. 이러한 관계를 '궨당(권당)'이라고 한다. 쓰러지지 않도록 아래를 받쳐 '괸다'라는 뜻에서 나온 말이다. '궨당' 중에는 '시궨당(媤眷黨)'도 있지만 '처궨당(妻眷黨)'도 있다. 부계친족만큼이나 모계친족도 영향력이 커서 남녀가 평등한 편이다.

궬띠 전북 | 명사 | 없음

헝겊으로 만든 허리끈.

〔전주〕애, 거기 빼두지 열고 궬띠 좀 다라. 표애, 거기 서랍 열고 '궬띠' 좀 다오.

◆오랜만에 전주에 있는 친정에 갔을 때의 일이다. 어머니가 "얘, 거기 빼두지 열고 궬띠 좀 다라"라고 하신다. '빼두지'니 '궬띠'니 참 정겨운 말들이다. 한참 동안 '빼두지'를 뒤졌지만 결국 '궬띠'를 찾지 못하고 돌아서자 "코 좀 누르지"라고 하신다. 코가 높아서 제대로 보지 못했다는 말이다. -이송자(전주)

귀다리쩍다 강원 | 형용사 | 귀쌀쩍다

일이나 물건 따위가 마구 얼크러져 정신이 뒤숭숭하거나 산란하다.

〔강릉〕올매나 귀다리쩍든지 머리가 벅벅 끌키든데요. 표얼마나 귀쌀쩍던지 머리가 벅벅 긁히던데요.

귀따굽다 강원 | 동사 | 시끄럽다

듣기 싫게 떠들썩하다.

〔원주〕좀 조용히 해라, 귀따굽다. 표좀 조용히 해라, 시끄럽다. 〔춘천〕조용히들 좀 해라, 귀때궈서 어디 살겠니? 표조용히들 좀 해라, 시끄러워서 어디 살겠니? 〔삼척〕말소리가 너무 커서 귀따굽다야. 기차 화통을 삶아 먹었나. 표말소리가 너무 커서 시끄럽다. 기차 화통을 삶아 먹었나. 〔인제〕거 귀때굽게 떠들지 말구 일이나 제대루 하지. 표거 시끄럽게 떠들지 말고 일이나 제대로 하지.

귀루라기 경기 | 명사 | 귀고리

귓불에 다는 장식품.

〔포천〕선물로 귀루라기를 받으면 귓불에 매달어. 표선물로 귀고리를 받으면 귓불에 매달아.

귀리눈 경기 | 명사 | 거적눈

윗눈시울이 축 처진 눈.

〔연천〕늙어서 위 눈꺼풀이 처지면 귀리눈이 됐다고 해. 표늙어서 위 눈꺼풀이 처지면 거적눈이 됐다고 해. 〔용인〕나이 먹구 윗눈시울이 축 처지문 뚜껑눈이라고 해. 표나이 먹고 윗눈시울이 축 처지면 거적눈이라고 해. 〔강화〕요즘 피곤해서 오늘은 더 거정눈이 됐네. 표요즘 피곤해서 오늘은 더 거적눈이 됐네.

귀명 전북 | 명사 | 설거지

먹고 난 뒤 그릇을 씻어 정리하는 일.

〔김제〕그 집 아뜰은 귀명도 치고 잘허드라. 표그 집 아이들은 설거지도 하고 잘하더라.

◆전라도에서는 '설거지하다'를 '귀명치다'라고 하는데 '귀명'은 '기명(器皿)'에서 온 말이다. '기명'은 살림살이에 쓰는 그릇을 통틀어 이르는 말이다. -곽정식(김제)

귀볼거지 전남 | 명사 | 없음

두부나 떡 등을 썰고 남은 조각.

〔고흥〕옛날에 떡 썰고 나믄 귀볼거지가 생개. 표옛날에 떡 썰고 나면 '귀볼거지'가 생겨.

◆예전에는 방앗간에서 떡을 하지 않고 집에서 직접 만들었다. 인절미의 경우 찹쌀을 물에 불려서 시루에 찐 후에 절구통에 넣고 쌀알이 으깨져 찰기가 생길 때까지 찧었다. 이 작업을 '떡메치기'라고 한다. 떡메치기를 마치면 찰기가 생긴 덩어리를 콩고물을 깐 '도리방석(짚으로 만든 동구란 멍석)'에 부어 놓고 떡이 영겨 붙지 않도록 콩가루를 발라가며 넓게 편 후에 길게 자르는데, 방석이 둥근 모양이다 보니 네 귀퉁이에 조각이 남게 된다. 이것을 '귀볼거지'라고 한다.

귀비 충북 | 명사 | 고비

고빗과의 여러해살이풀.

〔단양〕지삿상이넌 귀비는 올리는 게 아녀. 표제사상에는 고비는 올리는 것이 아니야.

귀앵이 전북 | 명사 | 고양이

고양잇과의 하나.

〔임실〕두째 놈은 선상님만 보먼 귀앵이 아프 쥐가 되아. 표둘째 놈은 선생님만 보면 고양이 앞의 쥐가 돼. 〔전주〕마당 냥이들이 우리 집에 온 지가 벌써 2년이 다 되아가는고만. 표마당 고양이들이 우리 집에 온 지가 벌써 2년이 다 되어가는구먼.

◆전북에서는 마당이 있는 집에서 일정 시간을 머무르며 일시적으로 집주인의 보살핌을 받는 길고양이를 가리켜 '마당냥이'라고 부른다. 주로 실내에서 주인의 극진한 보살핌을 받으며 자란 고양이와 구별되는 말이다.

귀열어지 경기 | 명사 | 꽁다리

짤막하게 남은 동강이나 끄트머리.

〔평택〕너는 제대로 된 김밥을 먹어라. 귀열어지는 내가 먹으마! 표너는 제대로 된 김밥을 먹어라. 꽁다리는 내가 먹으마! 〔강화〕이거 공사하고 남은 똥가리로 아부지가 만든 안질깨야, 멋지? 표이거 공사하고 남은 꽁다리로 아버지가 만든 의자야, 멋지? 〔여주〕왜 꽁댕이만 먹니. 표왜 꽁다리만 먹니.

귀천엇다 제주 | 형용사 | 철없다

사리를 분별할 만한 지각이 없다.

〔노형〕작산 것이 귀천엇이 뎅기지 말게. 표다 큰 것이 철없이 다니지 마라.

긘있다 전남 | 형용사 | 귀엽다

예쁘고 곱거나 또는 애교가 있어서 사랑

스럽다.

〔순천〕자는 귄있게 생겼고만. 표저 아이는 귀엽게 생겼네. 〔고흥〕저 집 딸은 볼수록 귄이 있당께. 표저 댁 딸은 볼수록 귀엽더라니까. 〔고흥〕쟈는 얼굴은 벨로 안 이쁜디 귄이 짝짝 흘른당께. 표저 아이는 얼굴은 별로 안 예쁜데 귀여움이 작작 흐른다니까. 〔진도〕쩌 집 시단이는 얼마나 귄잇게 생긴지 아요? 표저 집 셋째 딸은 얼마나 귀엽게 생겼는지 아세요?
◆어렸을 때에 "귄있다"는 말을 많이 들었는데, 귄이 있다는 것은 얼굴이 예쁘다는 말이 아니라 안 예쁘지만 밉지 않고 사랑스럽다라는 말이다. -천인순(고흥) ◆'귄'은 '귀인', 즉 '지위가 높고 귀한 사람'이라는 말에서 온 말로 보인다.

귓가시낭 제주 | 명사 | 꾸지뽕나무
뽕나뭇과의 낙엽 활엽 소교목.
〔보목〕바당에 가근에 그메기 잡아 오민 그 귓가시낭 꺼껑 와근에 그메기 올아낫주.-박찬식(2017) 표바다에 가서 고둥 잡아 오면 그 꾸지뽕나무 꺾어 와서 고둥 열었었지.

그늘다 경북 | 동사 | 기울다
해나 달 따위가 지다.
〔안동〕해 그늘기 전에 빨리 가자. 표해 기울기 전에 빨리 가자.

그드박시 충북 | 명사 | 거지
남에게 빌어먹고 사는 사람.
〔제천〕그전에는 밥 은어먹구 댕기는 그드박시가 엄청이 많았어. 표예전에는 밥 얻어먹고 다니는 거지가 엄청 많았어. 〔옥천〕맨날 으더박시마냥 달라구만 하드리구. 표맨날 거지마냥 달라고만 하더라고.
◆지금은 끼니를 걸러 남의 집에 밥을 빌어먹으러 다니는 사람은 없지만 1960년대만 해도 통을 들고 다니며 밥 좀 달라는 거지가 많았다. 이런 사람을 가리켜 경상도에서는 '걸뱅이'라고 했고 충청도에서는 '동냥바치'라고 했다. ◆제천에서는 '그드박시'라고 하는데 그 말의 어원을 짐작하기 어렵다. 다만 무엇인가를 거둔다는 말과 관련이 있어 보일 뿐이다. 옥천에서는 '으더박시'라고 하는데, 이 말은 무엇인가를 얻는다는 말과 관련이 있어 보인다.

그득 충남 | 부사 | 가득
분량이 차고도 남도록 아주 넉넉하게.
〔태안〕여기 구름마에 풀을 그득 벼 와. 표여기 손수레에 풀을 가득 베어 와.

그들다 강원 | 동사 | 거들다
어떤 사람이 다른 사람이나 그 일을 곁에서 도와주다.
〔강릉〕내거 달게들어서 메칠으 그들어 깨깟이 짐으 마쳤장가. 표내가 달려들어서 며칠을 거들어 깨끗이 김을 마쳤잖은가. 〔춘천〕우리 일 쫌 그들어줘. 표우리 일 좀 거들어줘. 〔원주〕휴일에 아버지 일을 그들었다. 표휴일에 아버지 일을 거들었다. 〔인제〕이 사람아! 곁에서 치다보지만 말구 같이 달래들어 그들믄 빨리 끝나잖나? 표이 사람아! 곁에서 쳐다보지만 말고 같이 달려들어 거들면 빨리 끝나잖나?

그랑 강원 | 명사 | 개울/도랑
골짜기나 들에 흐르는 작은 물줄기.
〔삼척〕그랑에 돌뱅이가 시글빽적하다. 표개울에 돌멩이가 많다. 〔정선〕다리 밑에 배낭을 내려놓고 그랑에서 세수를 하구 잠이 들었다. 표다리 밑에 배낭을 내려놓고 개울에서 세수를 하고 잠이 들었다. 〔평창〕여름이면 거랑에서 용곡지나 잡지.(여름이면 개울에서 용미꾸라지나 잡지.

〔고성〕술 먹고 걸어가다 옹그르버리개에 처박혔다. 표술 먹고 걸어가다 도랑에 처박혔다. 〔춘천〕어젯밤에 비가 많이 왔는지, 또랑물이 콸콸거리구 내려가데. 표어젯밤에 비가 많이 왔는지, 도랑물이 콸콸거리며 내려가데. 〔삼척〕앞 거랑에 가면 온갖 고기가 다 있고요. 민물 새우도 있잖소. 표앞 도랑에 가면 온갖 고기가 다 있고요. 민물 새우도 있잖소. 〔평창〕여름이면 또랑가새로 메기가 올라와요. 표여름이면 도랑가로 메기가 올라와요.

◆사전적인 의미만 놓고 보면 작은 개울을 뜻하는 '도랑', 그다음으로 골짜기나 들에 흐르는 '개울', 그다음으로 작은 내를 뜻하는 '시내', 그다음으로 작은 강을 뜻하는 '내'가 작은 물줄기라고 할 수 있다. 이러한 물줄기의 위계는 시내보다 크지만 강보다 작은 '내'를 강원도 양양에서 '큰개울'이라고 하는 데서도 확인할 수 있다. 그런데 원주·횡성에서는 '내'를 '시내'라고 하여 그 경계가 모호하다. ◆춘천에서는 보에서 흘러나오거나 보로 흘러들어가는 물길을 '봇도랑', 자연 상태로 흐르는 작은 물길을 '도랑'이라고 한다. -유연선(춘천)

그럭 충남 | 명사 | 그릇
음식이나 물건 따위를 담는 기구를 통틀어 이르는 말.
〔금산〕놋그럭에다 그득혔으니 상전이었지. 표놋그릇에다 그득했으니 상전이었지. 〔공주〕영숙아, 뵉이 가서 살강이 있는 밥그럭 며 깨하구 국그럭 며 깨 이리 가저오거라. 표영숙아, 부엌에 가서 살강에 있는 밥그릇 몇 개 하고 국그릇 몇 개 이리 가져오거라. 〔논산〕설거지를 했다믄서 그럭에 지름기가 번들번들혀. 표설거지를 했다면서 그릇에 기름기가 번들번들해. 〔태안〕저 냥반은 국그럭이다 노다지 탁배기를 뎁혀 자신다니까. 표저 양반은 국그릇에다 언제나 막걸리를 데워 자

신다니까.
◆'그럭'은 전라도와 충북의 사투리로 소개되어 있으나, 충남의 일부 지역에서도 '밥그럭', '국그럭', '쇠그럭' 등을 쓰고 있다. ◆충청도에서는 'ㅓ'와 'ㅡ'의 변별력이 약하다. '그릇'이 '그럭'이고, '그럭'이 '그릇'이다. 다만 '그륵'을 좀 더 많이 쓴다. -이명재(예산)

그륵 경기 | 명사 | 그릇
음식이나 물건 따위를 담는 기구를 통틀어 이르는 말.
〔포천〕설거지 도와준다고 허다가 그륵을 깨먹었어요. 표설거지 도와준다고 하다가 그릇을 깼어요.

그릉지 경남 | 명사 | 해그늘
햇빛이 가려서 진 그늘.
〔울산〕시원한 그릉지에 가서 놀자. 표시원한 해그늘에 가서 놀자.

그리낌 읎다 충북 | 구 | 거리낌 없다
마음에 걸려서 꺼림칙하게 생각되는 것이 없다.
〔옥천〕시상에 그리낌두 읎이 그런 일을 허다니. 표세상에 거리낌도 없이 그런 일을 하다니.

그림자기 전북 | 명사 | 그리마
절지동물문 그리맛과의 동물을 통틀어 이르는 말.
〔임실〕그림자기 마룽 우를 설설 기어 댕긴다. 표그리마가 마루 위를 설설 기어 다닌다.

그마리 강원 | 명사 | 거머리
거머리강의 동물을 통틀어 이르는 말.
〔정선〕그땐 논 버덩에 그마리가 많았다. 표그때는 논 버덩에 거머리가 많았다. 〔춘천〕그마리가 많은 무논에서 모낼 때는 여자 스타킹을 신구 일

허면 안 달라붙는대. 표거머리가 많은 무논에서 모낼 때는 여자 스타킹을 신고 일하면 안 달라붙는대.

그마리 전북 | 명사 | 거머리
거머리강의 동물을 통틀어 이르는 말.
〔부안〕나는 물컷이 잘 탕게 이렇게 그마리가 하나씩 들엥겨. 표나는 물것이 잘 올라타니까 이렇게 거머리가 하나씩 들러붙어. 〔군산〕농촌에 봉사 활동 가서 모내기하면서 거머락지에 장단지를 물렸다. 표농촌에 봉사 활동 가서 모내기하면서 거머리한테 종아리를 물렸다. 〔임실〕구레실논에 모심다가 꺼마리 물리는 것은 예사여. 표고래실논에 모심다가 거머리 물리는 것은 예사다.
◆전북에서는 똑같은 거머리라도 '그마리'와 '마구지'가 다르다. 피를 빨아 먹어 통통해진 거머리는 '마구지'라고 불러 피를 빨아 먹지 않는 '그마리'와 구분한다. 이러한 점에 근거하여 표준어는 단편적이고 평면적인 어휘라면 사투리는 복합적이고 입체적인 어휘라고 할 수 있다.

그북살시럽다 충북 | 형용사 | 거북살스럽다
몹시 거북스럽다.
〔단양〕그북살시럽게 남 앞서서 그른 거럴 으떻게 하구 그랴. 표거북살스럽게 남 앞에서 그런 것을 어떻게 하고 그래. 〔옥천〕어제 술 먹구 뭔 말을 했는지 몰라갖구 그북해서 혼났어. 표어제 술 먹고 무슨 말을 했는지 몰라가지고 거북스러워서 혼났어. 〔충주〕그런 말 들으면 그북허지. 표그런 말 들으면 거북살스럽지.

그슨새 제주 | 명사 | 없음
초가집의 지붕을 덮었던 묵은 띠.
〔애월-하귀〕그 초집지붕 거둬낸 거 그슨새렌 헐거주. 거 글아주어서. 표그 초가지붕을 거둬낸 거

를 '그슨새'라고 하지. 그것을 갈아줬어. 〔표선〕묵은 새를 그슨새라고 허엿주. 표묵은 띠를 '그슨새'라고 하였지. 〔애월-상가〕아방마씨! 그슨새 언제믄 걷어내젠 허염쑤광. 새 꼬는 날은 팥밥에 생선국 먹으난 조커라. 표아버지! '그슨새' 언제 걷어내요. 띠 꼬는 날은 팥밥에 생선국 먹으면 좋겠어요.
◆'그슨새'를 '그신새/기신새/기슨새'라고도 한다.
◆'그슨새'의 '그슨'은 '그을음'을 뜻하고, '새'는 '띠'를 뜻한다. 즉 그을음이 묻은 것처럼 보이는 묵은 띠를 가리키는 말이다. 그런 하면 부엌 기둥이나 벽, 천장 등에 그을음이 켜켜이 쌓여 있는 것을 가리켜 '그슨새겁'이라고도 한다. -현임종(노형)

그시랑 전북 | 명사 | 지렁이
빈모강의 환형동물인 지렁이를 이르는 말.
〔군산〕비 온 끝에는 여기저기 그시랑이 널려 있어서 징그러버. 표비 온 끝에는 여기저기 지렁이가 널려 있어서 징그러워. 〔임실〕질 가다가 꺼시랑을 보면 징그럽다. 표길 가다가 지렁이를 보면 징그럽다. 〔익산〕이번에는 떡밥이 아니고 그시를 끼워야 한다. 표이번에는 떡밥이 아니고 지렁이를 끼워야 한다.

그쯘하다 북한 | 형용사 | 없음
제대로 구색을 갖추는 것. 여러 가지 물건을 고루 갖추는 것. 또는 그런 모양새.
〔함경〕그쯘하게 혼수를 갖춰 가고 싶습다. 표'그쯘하게' 혼수를 갖춰 가고 싶습니다. 〔북한〕텔레비죤 수상기와 재봉기가 놓여 있는 아래방과 이불장, 양복장, 록음기며 선풍기가 있는 웃방은 나무랄 데 없이 그쯘하다.-리재준(1996) 표텔레비전과 재봉기가 놓여 있는 아랫방과 이불장, 양복장, 녹음기며 선풍기가 있는 윗방은 나무랄 데 없이 '그쯘하다'.

◆북한 여성은 생계를 부양하면서도 남편의 옷차림을 챙겨야 한다. 우리나라의 1970~1980년대처럼 가부장적 사회이기 때문이다. 남성의 옷차림이 그픈하려면 코트, 정장, 넥타이, 가방, 사업 수첩 등을 갖추어야 한다.

그치장시럽다 충북 | 형용사 | 거추장스럽다
일 따위가 성가시고 귀찮다.
〔보은〕그치장시럽게 그라지 말구 저짝으로 가. 표거추장스럽게 그러지 말고 저쪽으로 가.

근더기 충북 | 명사 | 건더기
국이나 찌개 따위의 국물이 있는 음식 속에 들어 있는 국물 이외의 것.
〔단양〕국 풀 때 근더기 좀 많이 퍼라. 표국 풀 때 건더기 좀 많이 퍼라. 〔충주〕이 집은 경거이를 많이 주네. 표이 집은 건더기를 많이 주네.

근방지다 충북 | 형용사 | 건방지다
잘난 체하거나 남을 낮추어 보듯이 행동하는 데가 있다.
〔보은〕공부를 할 직에두 근방지게 하지 말구 찬찬히 해야 하는 거. 표공부를 할 적에도 건방지게 하지 말고 찬찬히 해야 하는 거야.

근어물 충북 | 명사 | 건어물
생선, 조개류 따위를 말린 식품.
〔음성〕그전에넌 근어물 파는 데가 별루 읎었지. 표그전에는 건어물 파는 데가 별로 없었지.

근천떨다 전남 | 동사 | 궁상떨다
궁상이 드러나 보이도록 행동하다. 어렵고 궁한 표시를 내다.
〔고흥〕묵을 만치 삼스렁도 근천떨어쌍마잉. 그렇게 궁상떨어대면 사람들이 업신여겨. 표먹을 만큼 살면서도 궁상떨어쌓네. 그렇게 궁상떨면 사람들이 업신여겨.
◆'근천'은 '천(賤)'과 관련이 있는 말로 보인다. '근천'은 '떨다' 또는 '시롭다' 등과 함께 쓰인다.

글쿠 강원 | 명사 | 뽕나무버섯
뽕나무에서 돋는 버섯.
〔강릉〕벌초 가서 글쿠를 한 잘그나 땄아. 표벌초 가서 뽕나무버섯을 한 자루나 땄어. 〔평창〕초가을에는 강원도에 글쿠버섯이 마이나요. 표초가을에는 강원도에 뽕나무버섯이 많이 나요. 〔춘천〕장마 때만 되면 뽕나무 그루테기에서 흐드레기가 돋기만 하면 따다가 장을 지지는 데 넣어 먹었다. 표장마 때만 되면 뽕나무 그루터기에서 뽕나무버섯이 돋기만 하면 따다가 장을 지지는 데 넣어 먹었다.
◆뽕나무에서 나는 버섯에는 글쿠버섯, 흐드레기, 상황버섯 등이 있는데, 글쿠버섯을 다르게 부르는 이름으로 글코버섯, 꿀버섯, 개암버섯, 뽕나무버섯, 가다바리버섯, 뽕나무버섯부치 등이 있다. -유연선 (춘천)

금강산내기 강원 | 명사 | 북북서풍
북쪽과 서북쪽 사이에서 불어오는 바람.
〔정선〕아무래도 금강산내기만 불지 안 하며는 무사히 오리라. 표아무래도 북북서풍만 불지 않으면 무사히 올 거야.
◆강원도에서는 북북서풍을 '금강산내기'라고 한다. 강원도에서 보면 금강산이 북북서쪽에 있기 때문이다.

금메 전남 | 감탄사 | 그러게
상대편의 말에 찬성하는 뜻을 나타낼 때 쓰는 말.
〔고흥〕금메 말이요. 표그러게 말이에요. 〔강진〕금메 아직은 때가 아닌 것 같소. 표그러게 아직

은 때가 아닌 것 같소.

◆'금메'는 '그러니까 말이야'라는 뜻으로 친근한 사이에서 상대의 말에 맞장구를 칠 때 주로 쓰는 말이다.

금치락ᄒ다 제주 | 동사 | 끔쩍하다
급작스러운 일에 깜짝 놀라다.

〔구좌-한동〕그날은 비 와가난 밧듸 안 강 마농 싱글 거 다듬으멍 집이 셧주게. 겐디 학교서 족은아덜 다첫수덴 전화가 오난 금치락헹 돌앗주게. 표그날은 비 오니까 밭에 안 가고 마늘 심을 거 다듬으면서 집에 있었지. 그런데 학교에서 작은아들이 다쳤다고 전화가 오니까 끔쩍하여 달려갔지. 〔노형〕그 아시가 날그라 아주머니, 나 모르쿠과? 허난 금치락헤저라. 표그 아우가 나에게 아주머니, 나 모르겠습니까? 하니까 끔쩍해지더라. 〔애월-상가〕아이고, 금치락허다. 표아이고, 끔쩍이야.

◆제주에서 깜짝 놀랐을 때, '금칠락ᄒ다' 또는 '금착ᄒ다'라고도 한다.

급나게 충북 | 부사 | 매우
보통 정도보다 훨씬 더.

〔옥천〕우리 친정어머니가 승질이 급나게 급햐. 표우리 친정어머니가 성질이 매우 급해.

급새바람 강원 | 명사 | 북풍
북쪽에서 불어오는 바람.

〔삼척〕요저내두 꼭 볼란 데는 여 급새바람 때메모 뽀고 다 개황이여. 표요전에도 꼭 보려는 데는 이 북풍 때문에 못 보고 다 헛일이야.

긍매다 경기 | 동사 | 분주하다
몹시 바쁘게 뛰어다니다.

〔강화〕오늘은 밭에 잡초가 많아 김매느라 밭에

서 하루 종일 긍맸다. 표오늘은 밭에 잡초가 많아 김매느라 밭에서 하루 종일 분주했다.

기다 충남 | 형용사 | 그렇다
긍정하는 뜻으로 대답할 때 쓰는 말.

〔태안〕기다. 오늘이 월요일인디 깜박허구 도서관이 갈 뻔헷네. 표그렇다. 오늘이 월요일인데 깜박하고 도서관에 갈 뻔했네. 〔서산〕철수만 한 소자두 옰지? 기여, 시상에 옰넌 소자지. 표철수만 한 효자도 없지? 그래, 세상에 없는 효자지. 〔논산〕너 나 좋아하지? 겨, 아녀. 표너 나 좋아하지? 그래, 안 그래. 〔공주〕그 사람 말 버지랑머리가 육장 그려. 표그 사람 말버릇이 항상 그래. 〔세종〕그때 그곳에 있었지유. 규즈. 표그때 그곳에 있었지요. 그렇죠.

◆'기다'는 충남 남부에서 긍정의 뜻으로 쓰는 말이다. 주로 "기여!"의 형태로 쓰이는데, "기여?"처럼 의문형으로도 쓰인다. 줄임말은 '겨'이다.

기둥까리 경북 | 명사 | 기둥
건축물에서, 주춧돌 위에 세워 보·도리 따위를 받치는 나무. 또는 돌·쇠·벽돌·콘크리트 따위로 모나거나 둥글게 만들어 곧추 높이 세운 것.

〔영덕〕저 집 아들 하는 꼬라지 보모 기둥까리 안 남아나겠다. 표저 집 아이들 하는 꼴을 보면 기둥이 안 남아나겠다.

기둥어리지다 전남 | 동사 | 덩어리지다
한데 뭉쳐 덩어리가 되다.

〔고흥〕그께 서느고개 밭에 간디 꽁지 간닥간닥헌 새가 을마나 많은지 기둥어리가 졌어. 표그저께 서느고개 밭에 가는데 꽁지를 간닥간닥하는 새가 얼마나 많은지 덩어리졌어. 〔고흥〕봄에 논에 물 잡아노믄 개구락찌가 기양 드글드글해.

표봄에 논에 물 잡아놓으면 개구리가 그냥 득실득실해.
◆'기등어리지다'는 매우 많은 '게'가 한꺼번에 갯벌에 몰려 있는 상황을 가리킬 때 쓰는 말이다. 동사 '덩어리지다'와 의미가 비슷하다. ◆'기등어리지다'는 '사람이나 동물 따위가 떼로 모여 어수선한 상태'를 뜻하는 말로 '득시글득시글하다'로 풀이되기도 한다. ◆'서느고개'는 지명이다.

기떡없다 충북 | 형용사 | 끄떡없다
아무런 변동이나 탈이 없이 매우 온전하다.
〔음성〕지병을 새것이루 바꿨으니 이제 기떡없겠지유. 표지붕을 새것으로 바꿨으니까 이제 끄떡없겠지요.

기룩기룩 경기 | 부사 | 꼼지락
몸을 계속 천천히 좀스럽게 움직이는 모양.
〔강화〕해가 중천에 떴는데 아직 이불 속에서 기룩기룩하고 있냐? 표해가 중천에 떴는데 아직 이불 속에서 꼼지락하고 있냐?
◆우리말은 의성어와 의태어가 발달한 언어인데, 의성어·의태어 사투리는 좀처럼 찾아보기 어렵다. '기룩기룩'은 갈매기 울음소리 같지만 느릿느릿한 움직임을 나타내는 의태어로 쓰인 사투리이다.

기리기리 북한 | 부사 | 길길이
성이 나서 펄펄 뛰는 모양.
〔함경〕당이 준 과제를 하지 못했다고 당비서가 기리기리 날뛰었담다. 표당이 준 과제를 하지 못했다고 당 비서가 길길이 날뛰었다고 합니다.

기얌허다 전북 | 동사 | 기함하다
한동안 넋을 잃을 정도로 놀라거나 충격을 받다.
〔군산〕꺼떡하면 기얌해 자빠진다. 표까딱하면 기

함해서 넘어진다. 〔정읍〕갑자기 비암이 나옹게 기얌혈 뻔했당게. 표갑자기 뱀이 나와서 기함할 뻔했다니까. 〔임실〕사램이 맨손으로 호랭이럴 때리잡엇다니 기함혈 일이다. 표사람이 맨손으로 호랑이를 때려잡았다니 기함할 일이다.
◆'기얌허다'라는 말은 갑작스럽게 놀라거나 지나치게 큰 충격을 받은 상태일 때 쓰는 전북 사투리이다.

기영물 전남 | 명사 | 개숫물
음식 그릇을 씻을 때 쓰는 물.
〔고흥〕기영물 조깐 갖다가 마당에 찌끄러부러라. 표개숫물 좀 가져다가 마당에 뿌려버려라. 〔진도〕아야! 그 기영물은 단에다 뿌러라. 거름 데게. 표애야, 그 개숫물은 뒤꼍에 뿌려라. 거름 되게. 〔진도〕엄매는 기영 씻꼬 나온 구정물을 큰 통에 따로 모댔다가 뒤아지 밥 줄 때 밥그럭에다가 부서주지라우. 표엄마는 그릇 씻고 나온 구정물을 큰 통에 따로 모았다가 돼지 밥 줄 때 밥그릇에다가 부어주지요.
◆'기영물'은 설거지에 사용한 구정물로, 그냥 버리지 않고 큰 통에 따로 모아서 돼지에게 먹였다. -주광현(진도) ◆'기영'은 한자어 '기명(器皿)'을 뜻하는 말로 살림살이에 쓰는 '그릇'을 뜻한다. 그래서 '설거지'를 '기영설거지'라고 하고, 설거지하는 것을 "기영친다" 또는 "기영선다"라고 한다. 예전에는 설거지를 할 때 커다랗고 넓적한 질그릇인 옹기를 이용하였는데, 이 옹기를 '기영물통'이라고 하였고, 이렇게 씻고 난 물을 '기영물'이라고 하였다. 기영물은 그냥 버리지 않고 가축에게 먹였다. 기영물을 마당에 뿌릴 때는 "주주주"라고 외쳐 닭들을 불러 모으곤 했다.

기주떡 충북 | 명사 | 증편
쌀가루를 막걸리로 반죽하여 발효시켜 만든 떡.

〔옥천〕엄니, 기주떡이서 막걸리 냄새가 나유. 표 어머니, 증편에서 막걸리 냄새가 나요.
◆증편은 쌀가루에 막걸리를 탄 뜨거운 물을 부어 묽게 반죽한 다음, 더운 방에서 발효시켜 밤이나 대추, 잣 따위의 고명을 얹고 틀에 넣어 쪄서 먹는다. 막걸리를 넣어 발효시킨 떡이라고 하여 '술떡'이라고도 한다. ◆강원·전남에서는 '기정떡'이라고 하고, 충남·충북·경북에서는 '기지떡'이라고 한다. 제주도에서는 기쥐떡·상와떡·상회·징펜·기징펜이라고 한다.

기지떡 충남 | 명사 | 증편
쌀가루를 막걸리로 반죽하여 발효시켜 만든 떡.
〔예산〕기지떡은 막걸리 늫어 만든 떡이쥬. 표 증편은 막걸리 넣어 만든 떡이죠. 〔서산〕기주는 소화가 잘되어 늙은이 먹기에 좋은 음석이다. 표 증편은 소화가 잘되어 늙은이 먹기에 좋은 음식이다. 〔태안〕재덜은 술내 나던 기주떡을 쳐다보두 않어. 배가플 적 이애기지. 표 재들은 술내 나는 증편을 쳐다보지도 않아. 배고플 적 얘기지.
◆지역에 따라 '기주떡'이라고도 하고, '기증병'이라고도 한다. 술을 넣어 빨리 쉬지 않아 주로 여름에 먹기 좋은 떡이다. '술로 발효시킨다'라는 뜻의 한자어 '기주(起酒)'에 '떡'이 어우러진 합성어로 '기주떡'을 충청도에서는 '기지떡'이라고 한다. -이명재(예산)

기쭉 경기 | 명사 | 귀
사람이나 동물의 머리 양옆에서 듣는 기능을 하는 감각기관.
〔옹진〕너무 시끄러워서 기쭉을 손가락으로 막았다. 표 너무 시끄러워서 귀를 손가락으로 막았다.

긴 전남 | 명사 | 귀염성
귀염을 받을 만한 바탕이나 성질.
〔무안〕쟈는 볼수록 긴 있어. 표 재는 볼수록 귀염성 있어. 〔진도〕장가는 하는 짓이 모두 긴 이써라. 후제 잘 살거요. 표 작은애는 하는 짓이 모두 귀염성이 있어요. 훗날 잘 살 거예요.
◆'긴'은 '귀염'의 줄임말로 보인다.

길다랗다 경기 | 형용사 | 기다랗다
매우 길거나 생각보다 길다.
〔서울〕처녀애들은 다들 길다랗게 댕기 디리구 그랬어요. 표 처녀애들은 다들 기다랗게 댕기 드리고 그랬어요.

김생 경기 | 명사 | 짐승
몸에 털이 나고 네 발을 가진 동물.
〔서울〕말 못하는 김생이라도 배는 고플 거 아녜요. 표 말 못하는 짐승이라도 배는 고플 거 아니에요. 〔강화〕말 못하는 짐성이라고 때리고 구박하면 안 돼. 표 말 못하는 짐승이라고 때리고 구박하면 안 돼.
◆흔히 '짐승'의 어원을 '중생(衆生)'으로 보는데 '김생'은 '짐승'을 과도 교정한 말로 보인다.

김쌈밥 북한 | 명사 | 김쌈
김 위에 밥을 펴놓고 여러 가지 반찬으로 소를 박아 둘둘 말아 싸서 썰어 먹는 음식.
〔평북〕꼭두새박에 김쌈밥을 먹고 나왔수다. 표 꼭두새벽에 김쌈을 먹고 나왔습니다.
◆예로부터 우리나라에서는 작은 보름날(음력 1월 14일)에 풍년을 기원하는 의미로 '복쌈'을 먹었는데, 황해도에서는 '김쌈'을 먹었다. '김쌈'은 '김참'이라고 하는데 〈상원리곡〉에서는 쌈을 세 번 싸서 먹으면 서른 섬의 곡식을 거둘 수 있어서 풍년이 든다고 하였다.

김치지지개 북한 | 명사 | 없음
김치를 볶아서 물을 자박하게 붓고 조려
낸 음식.
〔북한〕오늘 저녁에는 김치지지개나 해 먹자우.
표오늘 저녁에는 '김치지지개'나 해 먹자.
◆김치지지개는 김치에 된장을 풀고 기름에 볶다가
물을 부어 끓인 것으로 까나리나 고추장을 넣기도
한다. 고기는 흔치 않고, 또 너무 비싸기 때문에 고
기를 빼고 김치만 기름에 지져 먹는데, 너무 가난한
집에서는 기름조차 구할 수 없기 때문에 김치에 물
을 부어 끓여 먹기도 한다.

깅이젓 제주 | 명사 | 게젓
게를 간장에 넣어 담근 젓.
〔노형〕깅이젓 담주게. 그거 콩 보까 낭 것 담으민
맛잇어. 표게젓 담그지. 그거 콩 볶아 넣어서 젓
담그면 맛있어.

ᄀ레 제주 | 명사 | 맷돌
곡식을 가는 데 쓰는 기구.
〔애월-고내〕보리도 ᄆ방에서 벳겨 와근에 이젠
ᄀ레에 골앙, 보리쏠을 골아근에 먹곡. 표보리도
연자매에서 벗겨 와서 이젠 맷돌에 갈아서, 보리
쌀을 갈아서 먹고. 〔애월-상가〕보리쏠 고루만 이
시믄 풀빵 해 먹을 건디 방앗간도 어시난 어떵허
코게? 경허난 느네 집 ᄀ레에 골앙 맨들어 먹으
멍 놀으카? 표보리쌀 가루만 있으면 풀빵 해 먹
을 텐데 방앗간도 없으니 어떻게 하지? 그러니
너희 집 맷돌에 갈아서 만들어 먹으며 놀까?
◆'ᄀ레' 중에서도 가벼운 돌로 만든 맷돌은 '정ᄀ레'
라고 하고, 무거운 돌로 만든 맷돌은 '지남석ᄀ레'라
고 한다. '지남철'처럼 위아래가 딱 붙어서 잘 돌아
가지 않는 맷돌을 비유적으로 이르는 말이다. 일종
의 녹즙기에 가까운 맷돌은 '풀ᄀ레'라고 한다. 맷돌
을 오래 사용하면 위아래 돌이 마모되어 잘 갈아지

지 않는데, 이런 경우에는 맷돌을 쪼아서 거칠게 만
든 다음, 겨를 넣고 헛돌려 불순물을 긁어낸다. -송
심자(표선-성읍) ◆'맷돌'을 'ᄀ레'라고 하는 이유는
'ᄀ르/ᄀ를(가루)'를 빻는 도구이기 때문이다. 일반
적으로 맷돌의 위짝은 '암쇠'라 하고 아래짝은 '수쇠'
라 하는데, 제주도에서는 위짝을 'ᄀ레우착', 아래짝
을 'ᄀ레알착'이라고 한다. 맷돌을 돌리는 손잡이 '맷
손'은 'ᄀ레ᄌ럭/ᄀ렛즐리/ᄀ렛ᄎ록'이라고 한다.

ᄀ주다 제주 | 동사 | 할퀴다
손톱이나 날카로운 물건으로 긁어 상처
를 내다.
〔용담〕ᄃ투단 ᄀ주와부런. 표다투다 할퀴어버렸어.

ᄀ주에기 제주 | 명사 | 사마귀
사마귓과의 곤충을 통틀어 이르는 말.
〔대정-일과〕ᄀ주에기 심을 때 멩심허라. 표사마
귀 잡을 때 조심해라.

굴갱이 제주 | 명사 | 호미
김을 매거나 감자나 고구마 따위를 캘
때 쓰는 쇠로 만든 농기구.
〔애월-상가〕굴갱이질 잘허염쩌게. 표호미질 잘
하네. 〔애월-상가〕굴갱이가 자꾸 빠졈샤? 경 허
걸랑 마씨. 마른 풀끼멍 굴갱이를 거꾸로 돌령 돌
위에 낭 몇 번 팍팍 두둘겨봅서. 안 빠질 꺼우다.
표호미가 자꾸 빠져요? 그렇게 하지 마요. 마른
풀 끼워서 호미를 거꾸로 돌려서 돌 위에 놓고
몇 번 팍팍 두들겨보세요. 안 빠질 겁니다.
◆제주에서는 호미의 일종으로 '굴갱이' 외에 '굴각
지', '까꾸리', '호멩이'가 있다. 호미는 '메역(미역)'
이나 'ᄆ(모자반)' 따위를 뜯을 때 사용하는 도구로
표준어 낫에 대응하고, '호멩이'는 '구살(성게)', '구
젱기(소라)', '물꾸럭(문어)' 따위를 잡을 때 사용하
는 호미의 일종으로 '굴갱이', '굴각지', '까꾸리'라고

한다. '메역'을 뜰 때 쓰는 호미는 '메역호미'라고 하고, 구살을 캘 때 사용하는 호미는 '구살골갱이'라고 한다.

골르다 제주 | 동사 | 고이다
물 따위가 우묵한 곳에 모이다.
〔애월-고내〕물 골르는 밧은 조가 아니 뒈여. 표 물 고이는 밭은 조가 안 돼.

골리 제주 | 명사 | 개미
연줄을 날카롭게 만들기 위해 연줄에 먹이는 유리 가루.
〔구좌-한동〕연술에 골리 메이민 연술이 ᄂ실주게. 경 헹 연싸움도 헷어. 표 연줄에 개미 먹이면 연줄이 날카로워. 그렇게 해서 연싸움도 했어.
◆'골리'는 유리병이나 사기그릇 등을 돌로 갈아서 가루를 낸 것이다. 그 가루를 밥풀을 먹여 연줄에 발랐다. 밥풀은 주로 '곤밥(흰밥)'을 이용하였다. '골리'를 '골이'라고도 한다.

까꼬막 경남 | 명사 | 가풀막
몹시 가파르게 비탈진 곳.
〔통영〕서피랑 까꼬막에 올라간다꼬 욕봤대이. 표 서피랑 가풀막에 올라간다고 고생했다. 〔부산〕깐채이고개 거어는 아주 까풀막이지. 표 까치고개 그곳은 아주 가풀막이다. 〔하동〕성제봉은 까끄막이 너무 많아 등산허기 참 심들다. 표 형제봉에는 가풀막이 너무 많아 등산하기 참 힘들다. 〔거제〕질을 걷다 보면 까꾸막도 나오고 내리막도 나온다. 표 길을 걷다 보면 가풀막도 나오고 내리막도 나온다.
◆경남에서는 '가파르다'를 '가풀다' 또는 '까풀다'라고 하지 '가꾸다' 또는 '까꾸다'라고 하지 않는다. 따라서 '까꾸막'은 '까풀막'에서 온 말로 볼 수 있다. -김승호(진주) ◆'까꾸막'은 비탈을 뜻하는 '삐알'보다 더 가파르게 비탈진 언덕을 가리키는 말이다. 경남 대부분의 지역에서는 비탈을 '삐알'이라고 하는데, 진주에서는 '삐데이' 또는 '삐알'이라고 한다. 돌이 많은 비탈은 '돌삐알'이라고 하고, 산이나 언덕의 비탈은 '산삐알', '어덕삐알'이라고 한다. -경남방언연구보존회

까꿀막지다 충북 | 형용사 | 가파르다
산이나 길이 몹시 기울어져 있다.
〔진천〕까꿀막진 데는 소두 올라가기럴 심들어하지. 표 가파른 데는 소도 올라가기를 힘들어하지.

까끄래기낭 제주 | 명사 | 사스레피나무
차나뭇과의 상록 활엽 교목.
〔표선-세화〕까끄래기낭이엔 가망헌 열매가 돌아지는 낭이 잇어. 그것도 헤당 뱃앙 물들영 입어낫어. 표 사스레피나무라고 까만 열매가 달리는 나무가 있어. 그것도 해다가 빻아서 물들여서 입었었어. 〔남원〕지들컨 이 바닷가에 까끄래기낭이엔 잇인디 그런 것도 허단 걸리민 큰일 나. 표 땔감은 이 바닷가에 사스레피나무라고 있는데 그런 것도 하다가 걸리면 큰일 나.
◆'까끄래기낭'은 겨울에도 잎이 떨어지지 않아 졸업식 꽃다발 재료로도 사용되는데, 가지와 잎을 태운 재와 열매는 갈색이나 겨자색을 내는 천연 염료로 사용되기도 한다.

까끄룹다 강원 | 형용사 | 깔끄럽다
빳빳한 털 따위가 살에 닿아서 따끔거리는 느낌이 있다.
〔강릉〕복숭아털이 땀에 달라붙어 몹시 까끄루와. 표 복숭아털이 땀에 달라붙어 몹시 깔끄러워. 〔삼척〕보리마뎅이르 헷더니 보리 까우치가 등에 들어가 마이 꺼끄럽다야. 표 보리타작을 했더니 보리 까끄라기가 등에 들어가 많이 깔끄럽다. 〔평

창)옷에 까오치가 들어가 등이 까끄루와. 표옷에 까끄라기가 들어가 등이 깔끄러워.

까끔 전남 | 명사 | 동산
마을 부근에 있는 작은 산이나 언덕.
〔고흥〕시집와서 까끔에 나무하러 많이 댕갰어. 표시집와서 동산에 땔감 하러 많이 다녔어. 〔진도〕노무 까끔에 가서 몰래 나무하다가 산감한테 재피면 산감이 연장 다 빼사부럿지. 표남의 동산에 가서 몰래 나무하다가 산감한테 잡히면 산감이 연장 다 빼앗아버렸지.
◆내 기억 속에 외할아버지는 잠꼬대가 심했다. 하루는 외할아버지가 큰 소리로 "까끔에 거 뉘기?"라고 잠꼬대를 했는데, 외할머니가 그 모습을 보시더니 산에 누가 나무하는 꿈을 꾸시나 보다라고 해서 '까끔'이 산이라는 것을 알게 되었다. 대체로 '까끔'은 야트막한 동산이나 집 주변에 있는 산을 가리키는 말이다. -김란(고흥)

까다럽다 충남 | 형용사 | 까다롭다
조건 따위가 복잡하고 엄격하여 다루기에 순탄하지 않다.
〔서산〕뭘랑 그렇게 까다럽게 군다잉? 대충 글타면 그른 기지. 표뭘 그렇게 까다롭게 군대? 대충 그렇다면 그런 거지. 〔태안〕까다럽기만 허면 워뗘. 께까다럽다니께 그 아주멘. 표까다롭기만 하면 어때. 꽤 까다롭다니까 그 아주마는. 〔공주〕그 사람 승격은 꼬장꼬장헌디 승질빼기는 까닥스럽고 까탈스허쉬 누가 상종을 안 할려고 해. 표그 사람 성격은 꼬장꼬장한데 성질은 까다롭고 까탈스러워서 누가 상종을 안 하려고 해.

까다롭다 강원 | 형용사 | 까탈스럽다
성미나 취향 따위가 원만하지 않고 별스러워 맞춰주기에 어려운 데가 있다.

〔정선〕아가 엉가이 까다루와야지 상대르 하든가 하지. 표아이가 어지간히 까다로워야 상대를 하든가 하지.
◆'까다롭다'는 인제에서 '까탈시룹다'라고 하는데 '까탈시룹다'는 '남사스럽다'를 '남새시룹다'로 말하는 것과 비슷한 형태의 변이형이다.

까도라지다 북한 | 형용사 | 시건방지다
시큰둥하게 건방지다.
〔함북〕애가 너무 까도라져 믿질 못하겠음메. 표애가 너무 시건방져서 믿질 못하겠습니다.

까딱질 경남 | 명사 | 딸꾹질
가로막의 경련으로 들이쉬는 숨이 방해를 받아 목구멍에서 소리가 나는 증세.
〔하동〕땡초를 묵었더마는 까딱질을 자주 헌다. 표땡고추를 먹었더니만 딸꾹질을 자주 한다. 〔거제〕머 모리기 무은 것도 아인데 와 그리 까딱질을 해쌓느노? 표뭐 몰래 먹은 것도 아닌데 왜 그렇게 딸꾹질을 해대니? 〔창원〕몰리 한차 무우모 깔딱질한다 카니라. 표몰래 혼자 먹으면 딸꾹질한다 하니라.

까딱질 경북 | 명사 | 딸꾹질
가로막의 경련으로 들이쉬는 숨이 방해를 받아 목구멍에서 소리가 나는 증세.
〔대구〕음석을 묵고 난 디에 물로 안 무우노이 까딱질이 자꾸 난데이. 표음식을 먹고 난 뒤에 물을 안 마시니 딸꾹질이 자꾸 난다.

까래이 경남 | 명사 | 반딧불이
반딧불잇과의 딱정벌레를 통틀어 이르는 말.
〔밀양〕봄에 까래이로 잡아서 유리벵에 옇고 댕깄어. 표봄에 반딧불이를 잡아서 유리병에 넣고 다

넣어. 〔하동〕오새는 촌에 살아도 개똥벌거지 보
는 기 하알에 별 따기보담 에렵다. 표요즘은 촌
에 살아도 반딧불이 보는 것이 하늘의 별 따기보
다 어렵다.
◆'반딧불'은 반딧불이의 꽁무니에서 나오는 빛을 가
리키는 말인데, 경남에서는 표준어 '반딧불이'를 '반
딧불'로 아는 경향이 있다. -경남방언연구보존회

까마티 북한 | 명사 | 누룽지
솥 바닥에 눌어붙은 밥.
〔평북〕식구 밥을 다 퍼 주고 나면 남은 것이 없
어서 엄마는 항상 까마티만 먹었다. 표식구 밥을
다 퍼 주고 나면 남은 것이 없어서 엄마는 항상
누룽지만 먹었다.
◆'까마티'를 많이 먹으면 가슴이 커진다는 속설이 있
다. 먹을 것이 부족했던 시절에 주로 어머니들이 남
은 음식을 먹다 보니 이런 말이 생긴 것으로 보인다.

까막딱지 경남 | 명사 | 주근깨
얼굴의 군데군데에 생기는 잘고 검은 점.
〔진해〕까막딱지가 얼굴에 다닥다닥 붙은 저 처
이가 너거 사촌동상이제? 표주근깨가 얼굴에 다
닥다닥 붙은 저 아이가 네 사촌동생이지? 〔하동〕
낯에 까막딱지가 올매나 많은지. 표얼굴에 주근
깨가 얼마나 많은지. 〔고성〕그만 돌아댕기라 얼
굴에 까무끼 생겄다. 표그만 돌아다녀라 얼굴
에 주근깨 생기겠다.
◆거제에서는 '주근깨'를 일상적으로 '까만딱지'라고
도 하고 '주근깨'라고도 하는데, 구비문학에서는 '까
무기' 또는 '까믄깨'라고 한다. -김의부(거제) ◆'까
막딱지' 또는 '까무딱지'는 지역에 따라 뜻이 다르
다. 같은 창원이라고 해도 대산면에서는 '주근깨'를
뜻하는 말로 쓰는데, 옛 상남면에서는 '(큰) 점'을 가
리키는 말로 쓰고 있다. 옛날에는 함안군 여항면 산
서 지역이었다가 지금은 창원시 마산합포구 진전면

에 편입된 여항면에서는 주근깨나 점 일체를 모두
'까마딱지'라고 한다.

까매까매하다 북한 | 형용사 | 검실검실하다
군데군데 약간 거무스름하다.
〔함북〕햇빛에 얼굴이 까매까매졌슴메다. 표햇빛
에 얼굴이 검실검실해졌습니다. 〔함북〕밖에서 얼
메나 험하게 놀았는지 까매까매가지고. 얼른 싯
어라. 표밖에서 얼마나 험하게 놀았는지 검실검
실해가지고. 얼른 씻어라.
◆북한에서는 5월이면 일반 사무원은 물론이고 군
인과 주부, 심지어 학생들까지 '농촌 지원'에 동원된
다. 학생의 경우 고등중학교 3학년(14) 때부터 농촌
동원이 의무이다. 약 한 달간 주변 농촌에서 생활하
고 나면 얼굴이 새까맣게 탄다. 선크림을 바를 정도
의 가정에서는 뇌물을 주고 농촌 동원에 빠지기 때
문에 흰 얼굴이 곧 부의 척도가 되기도 한다. 참고로
평양화장품공장에서는 2008년부터 선크림을 판매
하고 있지만 일반인은 쉽게 접하기 어렵고, 여군은
국가에서 지급을 받고 있다.

까무수다 경북 | 동사 | 상쇄하다
상반되는 것에 서로 영향을 주어 효과가
없어지게 만들다.
〔상주〕서로 한 찰씩 때렸시니 까무수고 고만 없
던 일로 해. 표서로 한 차례씩 때렸으니 상쇄하
고 그만 없던 일로 해.
◆'까무수다'는 '까무숭다'라고도 한다. 현재형은 '까
무순다' 또는 '까무숭는다' 이다.

까불랑거리다 경남 | 동사 | 까불거리다
경솔하게 자꾸 까불다.
〔양산〕쫌 까불랑거리지 말고 가마이 있거라. 표
쫌 까불거리지 말고 가만히 있어라.

까빡지다 전남 | 형용사 | 비탈지다

땅이 경사가 급하게 기울어져 있다.

〔고흥〕까빡진 디를 그렇게 뛰댕기고 그래도 자빠지기는 안 했어. 囲비탈진 데를 그렇게 뛰어다니고 그래도 넘어지지는 않았어. 〔고흥〕까빡진 디서 내래올라믄 발을 요라고 옆으로 세와서 앞발에 심을 딱 줘야 안 미꾸루와 진다잉. 囲가파른 데서 내려오려면 발을 요렇게 옆으로 세워서 앞발에 힘을 딱 줘야 안 미끄러진다. 〔진도〕북산은 너무 까끄막져서 나무할라믄 너무 심들당께. 囲북산은 너무 비탈져서 나무하려면 너무 힘들다니까.

◆전남에서는 가파른 산등성이를 '깔끄럼, 깔끄막, 까크막'이라고 하고, 그런 상태를 '까빡지다, 깔끄막지다, 꼬빡지다'라고 한다.

까시다 강원 | 형용사 | 가시다

물 따위로 깨끗이 씻다.

〔인제〕컵을 한 번 까셔서 써라. 囲컵을 한 번 가셔서 써라. 〔춘천〕그릇이 드러우니, 자신물에 뿌셔서 담아 먹어라. 囲그릇이 더러우니, 개숫물에 가셔서 담아 먹어라. 〔삼척〕칫솔질을 한 다음에는 입속을 세 번 가세내라. 囲칫솔질을 한 다음에는 입속을 세 번 가셔내라.

까시다 북한 | 동사 | 가시다

물 따위로 깨끗이 씻다.

〔함북〕밥 그릇 까셔라. 내가 헹글게. 囲밥 그릇 가셔라. 내가 헹굴게. 〔함경〕날래 밥공기 까세라. 囲빨리 밥공기 가셔라.

까시락지다 전북 | 형용사 | 까탈스럽다

성미나 취향 따위가 원만하지 않고 별스러워 맞춰주기에 어려운 데가 있다.

〔전주〕쟈는 왜케 까시락지냐. 애가 까시락져서 걱정이여. 囲쟤는 왜 그렇게 까탈스럽냐. 애가 까탈스러워서 걱정이야. 〔정읍〕자는 겁나게 까시라워. 囲쟤는 엄청 까탈스러워.

까시락지다 충북 | 형용사 | 까탈스럽다

성미나 취향 따위가 원만하지 않고 별스러워 맞춰주기에 어려운 데가 있다.

〔옥천〕입이 올매나 까시락진지 아무거나 먹지두 않어. 囲입이 얼마나 까탈스러운지 아무거나 먹지도 않아. 〔충주〕그 지지배 얼매나 까시락떨던지. 囲그 여자아이 얼마나 까탈스럽게 굴던지.

◆'까시락지다'는 '까시락' 또는 '까끄라기'에서 온 말로 보인다. '까끄라기'는 벼나 보리 따위의 낟알 껍질에 붙어 있는 깔끄러운 수염으로 이 말에 '지다'가 붙어 까칠한 성격을 뜻하는 말로 쓰이게 된 것이다.

까시름쟁이 충북 | 명사 | 없음

까탈스럽고 별스러워 맞추기 어려운 사람.

〔옥천〕우리 집 까시름쟁이 쫑말이는 먹는 것두 아무거나 안 먹어. 囲우리 집 '까시름쟁이' 종말이는 먹는 것도 아무거나 안 먹어.

까실구다 강원 | 동사 | 그슬리다

(1)불에 겉만 약간 타다.

(2)뜨거운 열을 받아 검은색으로 변할 정도로 지나치게 익게 되다.

〔강릉〕담배르 필라구 라이터 켜다가 눈썹까정 까실궁 기 한두 번이 아이래요. 囲담배를 피우려고 라이터 켜다가 눈썹까지 태운 것이 한두 번이 아니에요. 〔인제〕지난 저울엔 아덜이 갱변에 불을 놓고 놀다가 새루 산 웃티랑 양말, 머리털꺼정 홀라당 까실궈서 가관도 아니었어. 囲지난 겨울엔 아들이 강변에 불을 놓고 놀다가 새로 산 옷이랑 양말, 머리털까지 홀라당 그슬려서 가관도 아니었어.

까실리다 충북 | 동사 | 그슬리다

불에 겉만 약간 타다.

〔옥천〕불 앞에 바싹 앉으믄 머리 다 까실리니게 조심햐. 표불 앞에 바싹 앉으면 머리 다 그슬리니까 조심해.

까우치 강원 | 명사 | 까끄라기

벼, 보리 따위의 낟알 껍질에 붙은 깔끄러운 수염. 또는 그 동강이.

〔강릉〕까우치 이기 붙으면 여간 까끄러운 게 아니라니요. 표까끄라기 이게 붙으면 여간 까끄러운 게 아니라니까요. 〔삼척〕까시치가 아주 쬐그만 게이 신발 밑에 이레 이레케 배겨. 표까끄라기가 아주 쪼그만 게 신발 밑에 이리 이렇게 배겨. 〔평창〕보리는 까울치가 많아서 타작이 힘들어요. 표보리는 까끄라기가 많아서 타작이 힘들어요.

까지롱허다 전북 | 형용사 | 가지런하다

여럿이 층이 나지 않고 고르게 되어 있다.

〔임실〕물겐들이 까지롱허게 있으면 뵈기가 좋다. 표물건들이 가지런히 있으면 보기가 좋다. 〔정읍〕신발들을 가지렁히 정리혀라. 표신발들을 가지런히 정리해라.

까지메기 경남 | 명사 | 가자미

넙칫과와 붕넙칫과의 가자미 따위를 통틀어 이르는 말.

〔울산〕요맘 때 까지메기에 양념해서 찌지 묵으면 참 맛있대이. 표요즘 가자미에 양념해서 지져 먹으면 참 맛있다. 〔울산〕자가 어데 까지메기 눈까리를 하고 보노? 표쟤가 왜 가자미 눈깔을 하고 보니? 〔하동〕까지메이 모리고 도다리 모리겠나? 표가자미 모르고 도다리 모르겠나?

◆관용적인 표현으로서 '까지메기 눈까리' 또는 '까지

메기 눈깔'은 옆으로 흘겨보는 눈을 뜻하는 말이다. –조용하(울산) ◆거제·고성·통영 등지에서 '까지메이'라고 하면 '가지미'가 아니라 새끼 농어를 뜻하는 '껄떼기'가 된다. –김성재(고성)

까지봉탱이 전남 | 명사 | 없음

시들어서 쭈글쭈글해진 가지.

〔고흥〕그 사람 보고 까지봉탱이맹으로 생겼다고 우리가 놀래묵고 그랬어. 표그 사람 보고 '까지봉탱이'처럼 생겼다고 우리가 놀려먹고 그랬어. ◆까지봉탱이는 피부가 검고 못생긴 사람에게 붙이는 별명이다. 말라서 쭈그러진 가지처럼 볼품없고 못생겼다는 데서 비롯된 말로 보인다.

까치독사 충남 | 명사 | 까치살무사

살무삿과의 뱀인 까치살무사를 이르는 말.

〔논산〕초가실이 되면 산에 가서 겨우내 여물로 쓸 푹작나무를 깎았는디 까치독사가 무서웠지. 표초가을이 되면 산에 가서 겨우내 여물로 쓸 떡갈나무를 베었는데 까치살무사가 무서웠지. 〔태안〕율메기야 까치독사헌티 대면 후분지지. 표유혈목이야 까치살무사한테 대면 아무것도 아니지. ◆'까치독사'는 진한 갈색에 검은 얼룩무늬가 온몸에 박혀 있으며 몸집이 아주 크다. 흔히 '까치살모사'라고도 한다. –이명재(예산)

까치바늘 충남 | 명사 | 도깨비바늘

국화과의 한해살이풀.

〔서산〕도깨비바늘이라구두 하구 까치바늘이라구두 하구. 느 어릴 즉에 맨 옷에 달구 오던 거 기억 안 남. 표도깨비바늘이라고도 하고 '까치바늘'이라고도 하고. 너 어릴 적에 맨날 옷에 달고 오던 거 기억 안 나나. 〔서산〕가리 들판을 걸어 댕기다 보면 워니 새 오세 도둑늠까시가 백혔다. 표가을 들판을 걸어다니다 보면 어느 사이에 옷

ㄱ

에 도깨비바늘이 박혔다. 〔공주〕아이구 말두 말어. 산수 바께기 여피 가생이에 자풀과 까치풀바늘이 오시 달러부터 그거 쩨너라고 애머거써. 잘 떨어지지도 안혀. 표아이고 말도 말아. 산소 바짝 옆 가장자리에 자풀과 도깨비바늘이 옷에 달라붙어 그거 떼느라 애먹었어. 잘 떨어지지도 않아. ◆까치바늘은 잎이 두 갈래로 갈라져 나며 갓털에 가시가 나 있는 것이 특징이다.

까치발 충북 | 명사 | 도깨비바늘
국화과의 한해살이풀.
〔옥천〕까치발 씨가 옷에 붙으믄 띠기가 심들어. 표도깨비바늘 씨가 옷에 붙으면 떼기가 힘들어. ◆도깨비바늘의 줄기와 잎은 약으로 쓰거나 식용한다.

까푸랍다 경북 | 형용사 | 가파르다
산이나 길이 몹시 기울어져 있다.
〔안동〕거기는 너무 까푸라와서 위험하니 조심하거라. 표거기는 너무 가팔라서 위험하니 조심하거라.

깍지1 강원 | 명사 | 갈퀴
검불이나 곡식 따위를 긁어모으는 데 쓰는 물건.
〔삼척〕깔비를 끌려고 깍지를 들고 산등강으로 올라갔잖소. 표솔가리를 끌려고 갈퀴를 들고 산등성이로 올라갔잖소. 〔평창〕솔갈비를 해 오게 갈쿠를 가져오게. 표솔가리를 해 오게 갈퀴를 가져오게. 〔양양〕깍쟁이 가지고 검불 글그러 가세. 표갈퀴 가지고 검불 긁으러 가세.

깍지2 강원 | 명사 | 여물
마소를 먹이기 위하여 말려서 썬 짚이나 마른풀.
〔양양〕깍지 퍼 와라. 여물 끓이자. 표여물 퍼 와라. 소죽 끓이자.

◆일반적으로 마소에게 먹이기 위해 말려서 썬 짚이나 마른풀은 '여물'이라고 하고, 여물을 넣어 끓인 죽은 '소죽' 또는 '쇠죽'이라고 한다. 그런데 강원도에서는 마른 상태의 짚이나 풀을 '깍지' 또는 '고질'이라 하고, 깍지를 넣어 끓인 죽을 '여물'이라고 한다. -김성영(양양) ◆콩깍지를 모아두고 보관하는 광을 '깍지광'이라고 한다. -유연선(춘천)

깐나니 전북 | 명사 | 갓난아기
태어난 지 얼마 되지 아니한 아이.
〔정읍〕우리 집 깐나니가 요망큼 컷당게. 너그 집 깐나내기는 젓 잘 먹냐? 표우리 집 갓난아기가 이만큼 컸다니까. 너희 집 갓난아기는 젖 잘 먹냐? 〔군산〕나도 저러케 깐나니 업고 다니믄 얼매나 조까. 표나도 저렇게 갓난아기 업고 다니면 얼마나 좋을까.

깐데기 경북 | 명사 | 수제비
밀가루를 반죽하여 맑은 장국이나 미역국 따위에 적당한 크기로 떼어 넣어 익힌 음식.
〔영덕〕점심은 깐데기 해 먹자. 표점심은 수제비 해 먹자. 〔영덕〕개목에서 까막조개를 잡아 깐데기를 해 먹었다. 표하천 하류에서 '까막조개'를 잡아 수제비를 해 먹었다. 〔안동〕오늘 저녁은 미 수제비나 해 묵으까? 표오늘 저녁은 수제비나 해 먹을까? 〔성주〕달랭이를 써러 너코 밀가루 병어레기를 끌려 무면 맛싯쩌. 표달래를 썰어 넣고 밀가루 수제비를 끓여서 먹으면 맛있지.
◆'개목'은 민물과 바닷물이 만나는 강 하류를 뜻하는 말이다. -권태호(영덕) ◆수제비를 밀가루로 만든다는 의미로 '미수제비'라고 한다.

깐딱허믄 전남 | 부사 | 까딱하면
조금이라도 실수하면 또는 자칫하면.

〔고흥〕저것은 나가 시픈가 깐딱허믄 달라든당께. 표저것은 내가 만만한지 까딱하면 덤벼든다니까. 〔강진〕항상 말조심해. 깐딱허문 큰코다친다. 표항상 말조심해. 까딱하면 큰코다친다. 〔진도〕니는 삐씩하면 그 애 숭을 보드라잉. 표너는 까딱하면 그 애 흉을 보더라.
◆전남 고흥에서 '깐딱허믄'과 '거씬허먼'은 거의 같은 뜻으로 쓰이는 말이다. ◆전남 사투리 '깐딱'은 '까딱'에서 온 말로 '움직이거나 변동되어서는 안 될 것이 조금이라도 움직이거나 잘못 변동된 모양'을 나타내는 말이다.

깐물 경남 | 명사 | 바닷물
바다에 괴어 있는 짠물.
〔거제〕깐물에 드가지 마라이. 표바닷물에 들어가지 마라. 〔하동〕갱물이 안 짜부모 짐이 몬 자란다. 표바닷물이 안 짜면 김이 못 자란다.
◆울산이나 합천에서 '갱물'은 '바닷물'이 아니라 '객물(끼니때 이외에 마시는 물)' 또는 '군물(뜨거운 물에 타는 맹물)'을 뜻한다. ◆어미의 유형과 관련하여 '아이' 또는 '다이'형은 경남 서부 지역(거제·고성·마산·사천·창원·통영), '에이' 또는 '데이'형은 경남 동부 지역(김해·부산·양산)에서 주로 사용한다. ─ 김성재(고성)

깐짓대 전남 | 명사 | 간짓대
대나무로 된 긴 장대.
〔고흥〕빨랫줄에 깐짓대를 안 세우믄 줄이 축 늘어져불제. 표빨랫줄에 간짓대를 안 세우면 줄이 축 늘어져버리지. 〔진도〕할마니는 우케덕석에 오는 참새 보니라고 진 간줏때 들고 홀눈폴 새가 없지라. 표할머니는 멍석에 오는 참새 쫓느라 긴 간짓대 들고 한눈팔 새가 없지요. 〔강진〕애렸을 때 간짓개 끝을 쪼개 홍시를 따 먹곤 했다. 표어렸을 때 간짓대 끝을 쪼개 홍시를 따 먹곤 했다.

◆지금 생각해보면 어린 시절 아버지가 들려준 〈해님달님〉 이야기에는 심심치 않게 전라도 사투리가 동원되었던 것 같다. 동아줄을 타고 남매가 하늘로 올라가는 장면에서 우물에 비친 그 모습을 보고 호랑이가 했던 독백도 사투리로 기억이 난다. "조리로 건지끄나 깐짓대로 건지끄나(조리로 건질까 간짓대로 건질까)." ─천인순(고흥) ◆농가에서 가을에 젊은이들은 모두 들로 일하러 가고 할머니만 혼자 집에 남아서 마당에 널어놓은 곡식을 축내려는 참새를 쫓는 데 간짓대를 사용하곤 했다. ─주광현(진도) ◆대[竹]가 많은 전남에서는 집집마다 간대(간짓대)의 길이가 각기 다른 여러 개를 허청 처마 밑에 매달아 놓았다가 필요에 따라 사용했다. 마당에 곡식을 널어놓고 마루에 앉아 닭이나 새를 볼 때는 감나무 꼭대기의 감을 딸 때보다는 짧은 간대를 사용했다. ─오덕렬(광주)

깐초롬하다 충북 | 동사 | 가지런하다
여럿이 층이 나지 않고 고르게 되어 있다.
〔옥천〕신발장의 신발이 깐초롬하다. 표신발장의 신발이 가지런하다.

깐치눈뜨다 전남 | 형용사 | 까치눈뜨다
발가락 밑의 접힌 금에 살이 터지고 갈라진 자리이다.
〔고흥〕울 아부지가 옛날에 깐치눈이 떠서 오래오래 고상을 했어. 표우리 아버지가 예전에 까치눈이 떠서 오래오래 고생을 했어.
◆고무신처럼 얇은 신발은 발을 제대로 보호해주지 못한다. 이런 신발을 신고 자갈길을 걷다 보면 발을 다칠 수 있는데, 특히 발가락의 첫 번째 마디가 잘 찢어졌다. 이것을 "깐치눈떴다"라고 한다. 찢어진 살에서 붉은 피가 나오는데 찢어진 모양과 붉은 피가 마치 까치가 감았던 눈을 뜬 모습처럼 보인다고 해서 그렇게 표현한 것으로 보인다. ─천인순(고흥)

깐치독새 전남 | 명사 | 살무사

살무삿과의 뱀.

〔고흥〕옛날에 가리나무를 허로 갔다가 아니, 가리나무를 뜩뜩 긁은디, 똥굴똥굴 머이 뭉체갖고 있기래 쇠똥인 지 알았등마는 깐치독새가 있어서 기양 깜짝 자망을 했당게. 표옛날에 갈쿠나무 땔감하러 갔다가 아니, 갈루나무를 득득 긁는데, 동글동글한 무엇이 뭉쳐가지고 있길래 소똥인 줄 알았더니 살무사가 있어서 그냥 깜짝 기절할 뻔했다니까. 〔강진〕일제 때 순사는 깐치독새처럼 독했당께. 표일제 때 순사는 살무사처럼 독했다니까. 〔진도〕우리 큰성님은 작년에 논두덕 풀 비다가 깐치독새에 왼쪽 엄지손구락을 물려각고 죽는다고 혔는데 포도시 살아났어라. 표우리 큰형님은 작년에 논두렁 풀을 베다가 살무사한테 왼쪽 엄지손가락을 물려가지고 죽는다고 했는데 겨우 살아났어요.

◆'깐치'는 '까치'의 전남 사투리이자 경상 사투리이기도 하다. 이 '깐치'는 그대로 '까치'를 뜻하기도 하지만, '까치'처럼 한 발로 뛰는 모양을 본따 '까치발(앙감질)'이라고 하기도 하고, 흰색과 검정색이 섞여 있는 모양을 본따 '깐치퐅(얼룩덜룩한 팥)'이라고 하기도 한다. '깐치독새'는 경계음이 까치의 울음과 비슷하다고 하여 붙여진 이름이다. ◆전남 고흥에서는 초파리처럼 작고 검은 모기를 '깔따구' 또는 '깔딱모구'라고 한다.

깐치독새 전북 | 명사 | 살무사

살무삿과의 뱀.

〔임실〕이끼 찐 독자갈 트메기에 사는 깐치독새 헌티 물리면 약도 없다. 표이끼 긴 돌 틈에 사는 살무사에게 물리면 약도 없다.

깔 충남 | 명사 | 꼴

말이나 소에게 먹이는 풀.

〔당진〕소 굶고 있다. 빨리 깔 벼 오너라. 표소 굶고 있다. 빨리 꼴 베어 오너라. 〔서산〕이전이넌 식전에 깔 한 짐씩 해놓고 아침밥을 먹었다. 표예전에는 식전에 꼴 한 짐씩 해놓고 아침밥을 먹었다. 〔논산〕소 뜨끼기도 싫고 깔도 비기 싫으면 소 굶어 죽지. 표소 풀 뜯기기도 싫고 꼴도 베기 싫으면 소는 굶어 죽지. 〔태안〕촌늠덜은 다 손꾸락이 승터가 있어. 그게 깔 비다 다친 낫자리라구. 표촌놈들은 다 손가락에 흉터가 있어. 그게 꼴 베다가 다친 낫자리라고. 〔공주〕순림이는 저 둠벙 옆이 뚝방이 소가 좋아하는 바래기 깔을 얼매나 많이 베어 짊어지고 오는지 쬐깐한 뭠쩡이가 뵈질 않구 깍찌똥만 굴러오는 거 같어. 표순림이는 저 저수지 옆 뚝방에 소가 좋아하는 바랭이 꼴을 얼마나 많이 베어 짊어지고 오는지 조그마한 몸뚱이가 보이질 않고 '깍지똥'만 굴러오는 것 같아.

◆'깔'은 충남 전역에서 널리 쓰던 말이다. 소가 집안의 기둥이던 시절에는 사람의 밥만큼 중요했던 것이 소밥이다. 1980년대 농기계의 보급과 대량 사육으로 소가 농가에서 사라질 때까지 깔 베기는 농가의 일상 중 하나였다. "깔 비러 가는 놈이 바수거리 빠뜨린다"라는 말은 "일하러 가는 목수가 연장을 빠뜨린다"와 같은 말이다. 바수거리(바소쿠리)가 없으면 깔을 지게에 얹지 못하기 때문에 준비가 부족함을 이르는 말이다. 이외에도 '깔'에서 생긴 말에는 '깔구럭(꼴망태), 깔꾼(꼴꾼), 깔머심(꼴머슴), 깔전(꼴단), 깔지게(꼴지게), 깔짐(꼴짐)' 따위가 있다. –이명재(예산), ◆'바래기 꼴'은 소가 가장 좋아하는 '꼴'이다. 표준어로 '바랭이' 또는 '바랭이 풀'이라고 하는데 달고 연해서 소뿐만 아니라 초식동물들이 즐겨 먹는다. –김국명(공주) ◆'둠벙'은 저수지 중에서도 크기가 비교적 작은 것을 가리키는 말로 흔히 '웅덩이'라고도 한다. ◆옛날 시골에서는 키가 큰 호밀을 엮어서 동그랗게 틀을 만든 다음, 그 안에 소여물(깍지)을 보관해두었다. 이를 '깍지통' 또는 '깍지똥'

이라고 한다. -김국명(공주)

깔깨이 경기 | 명사 | 까끄라기
벼, 보리 따위의 낟알 껍질에 붙은 깔끄러운 수염. 또는 그 동강이.
〔강화〕보리타작할 때는 깔깨이가 말도 못하게 날려. 표보리타작할 때는 까끄라기가 말도 못하게 날려. 〔시흥〕옛날에는 항시 보리 치면은 보리 까락 고것을 모타놔. 표옛날에는 항상 보리 치면 까끄라기 그것을 모았어. 〔양평〕버리타작을 하믄 사방으로 까래기가 날리지요. 표보리타작을 하면 사방으로 까끄라기가 날리지요. 〔옹진〕보리 타작하구 남은 꺼럭은 뫄서 태웠어. 표보리타작하고 남은 까끄라기는 모아서 태웠어. 〔강화〕보리 깔까래기가 옷에 백히면 엄청 따가워. 표보리 까끄라기가 옷에 박히면 엄청 따가워. 〔여주〕깔끄래기 조심해, 옷에 들어가면 개려워. 표까끄라기 조심해, 옷에 들어가면 가려워.

깔껭이 강원 | 명사 | 가루눈
가루 모양으로 내리는 눈. 기온이 낮고 수증기가 적을 때 내린다.
〔강릉〕바램이 불미 오는 깔껭이인 그 보이 머잖아 추우가 올 모넹이다. 표바람이 불며 오는 가루눈인 걸 보니 머지않아 추위가 올 모양이다.

깔끔밧다 경남 | 형용사 | 깔끔하다
생김새 따위가 매끈하고 깨끗하다.
〔진해〕방이 와 이래 추집노, 좀 깔끔밧게 치아라. 표방이 왜 이렇게 더럽니, 좀 깔끔하게 치워라.
◆경상도 사투리에서 '-맞다/-밧다/-밪다'는 "~한 성격이나 기질, 버릇이 상당하다" 또는 "~한 상태가 강하다"라는 뜻을 더하는 접사이다. '게으르다'를 '게을밧다'로 '흉스럽다'를 '숭실밧다'라고 한다. 이들 용언은 '깔끔밧아서[~바사서], 게을밧으모[~

바스모], 숭실밧은[~바슨]'으로 활용한다. -김영수(진해) ◆'깔심하다'라는 말은 '깔끔'과 '삼삼'이 결합하여 만들어진 말이다. -김승호(진주)

깔담살이 전남 | 명사 | 꼴머슴살이
주로 소의 꼴을 베거나 집안의 허드렛일을 도와주는 나이 어린 머슴.
〔고흥〕그 집 아들이 열댓 살이나 묵어서 찌 아랫집이 깔담살이를 했어. 표그 집 아들이 열댓 살 정도 먹어서 저 아랫집에서 꼴머슴살이를 했어.

깔딱증 전북 | 명사 | 갈급증
(1)목이 말라 물을 마시고 싶은 느낌.
(2)어떤 일이나 무언가가 원하는 만큼 충족되지 않아 불만인 상태를 비유적으로 이르는 말.
〔군산〕날이 더운께 깔딱증 나 죽거고만잉. 표날이 더우니까 갈급증이 나서 죽겠네. 〔전주〕위매, 밥을 쪼깨만 히갖고는 준께 깔딱증만 낭게. 표아이고, 밥을 조금만 해가지고 주니까 갈급증만 난다니까. 〔군산〕술을 줄라면 한 사발은 줘야제, 깔딱증 나게 한 모금이 뭐랑가. 표술을 주려면 한 사발은 줘야지, 갈급증 나게 한 모금이 뭐야. 〔임실〕바우새에서 물이 방울방울 떨어지는 디다 이블 대고 물을 바다 먹으라면 깔딱징 난다. 표바위틈에서 물이 방울방울 떨어지는 데에 입을 대고 물을 받아 먹으려면 갈급증 난다.

깔딱지다 전남 | 형용사 | 차지다
학생들의 은어로, '차지다'를 이르는 말.
〔나주〕오늘 저녁밥 깔딱지네. 표오늘 저녁밥 차지네.

깔딱질 경남 | 명사 | 딸꾹질
가로막의 경련으로 들이쉬는 숨이 방해

를 받아 목구멍에서 이상한 소리가 나는
증세.
〔마산〕깔딱질을 근치게 할라카모 깜짝 놀라구로
하모 덴다 아이가. 표딸꾹질을 그치게 하려면 깜
짝 놀라게 하면 되잖아. 〔합천〕머 묵었다고 껄떡
질이고? 표뭐 먹었다고 딸꾹질이야?

깔때치기 경남 | 명사 | 자치기
아이들 놀이의 하나. 정하여진 순서에
따라 여러 방법으로 짤막한 나무토막을
긴 막대기로 쳐서 날아간 거리를 재어
승부를 정한다.
〔거제〕논에 가서 깔때치기나 하자. 표논에 가서
자치기나 하자. 〔창원〕홈빼치기는 게울에 하는
기다. 표자치기는 겨울에 하는 거다.
◆거제에서는 '자치기'를 '깔때치기'라고 한다. 치기
좋게 나무의 양쪽 끝을 뾰족하게 깎은 짧은 나무 막
대기의 이름이 '깔대'이기 때문에 붙여진 이름이다.
긴 나무 막대기의 이름은 '깔대채'라고 할 수 있다.

깔띠기 충북 | 명사 | 딸꾹질
가로막의 경련으로 들이쉬는 숨이 방해
를 받아 목구멍에서 이상한 소리가 나는
증세.
〔단양〕깔띠기 날 직엔넌 찬물을 먹어야 햐. 표딸
꾹질 날 적에는 찬물을 먹어야 해.

깔롱 경남 | 명사 | 멋
차림새, 행동, 됨됨이 따위가 세련되고
아름다움.
〔부산〕니 오늘 깔롱 쫌 부릿네. 표너 오늘 멋 좀
부렸네. 〔창원〕저거 갈롱 지이는 거 눈꼴시이서
몬 보겄다. 표저것 멋 부리는 거 눈꼴시어서 못
보겠다.
◆'깔롱'은 한자어 '간능(幹能, 일을 잘하는 재간과

능력)'에서 온 말이다. 경남 전역에서 '갈롱' 또는
'깔롱'이라고 하며, '깔롱지기다, 깔롱지이다, 깔롱
부리다, 깔롱떨다'의 형식으로 쓴다. 주로 여성을 대
상으로 하며 간혹 부정적인 의미로도 쓴다. 흔히 멋
을 내는 사람을 '깔롱재이(깔롱쟁이)'라고 부른다.

깔쿠락지다 충북 | 형용사 | 까다롭다
성미나 취향 따위가 원만하지 않고 별스
럽게 까탈이 많다.
〔옥천〕성격이 깔쿠락져서 안 좋구먼. 표성격이
까다로워서 안 좋구먼.

깔쿠리 전북 | 명사 | 갈퀴
검불이나 곡식 따위를 긁어모으는 데 쓰
는 물건.
〔군산〕지푸라기를 깔쿠리로 긁어 모았다. 표지푸
라기를 갈퀴로 긁어 모았다. 〔정읍〕산에 가서 갈
쿠리로 검불 좀 모아 오니라. 표산에 가서 갈퀴
로 검불 좀 모아 오니라. 〔임실〕갈키 나무가 삭
뚜껑이 보담 마다다. 표갈퀴 나무가 삭정이 보다
더디게 탄다.

깔크막 전북 | 명사 | 가풀막
몹시 가파르게 비탈진 곳.
〔정읍〕깔크막 내려갈 때는 안 자빠지게 조심허
랑게. 표가풀막 내려갈 때는 안 자빠지게 조심해
라. 〔임실〕깔크마글 올라갈랑개 쉼이 가빠. 표가
풀막을 올라가려니까 숨이 가빠. 〔군산〕깔끄막서
그냥 굴러버려써요. 표가풀막에서 그냥 굴러버
렸어요.
◆'깔크막'은 몹시 가파르게 기울어지고 비탈진 곳을
이르는 말로, '깔끄막지다, 깔막지다, 깔막, 까끄막,
깔꾸막' 등과 같은 의미로 쓴다.

깜밥 전북 | 명사 | 누룽지

솥 바닥에 눌어붙은 밥.

[정읍]요새는 깜밥을 맨들어서 파는 장사가 괜찮은개 벼? 匪요새는 누룽지를 만들어서 파는 장사가 괜찮은가 봐? [부안]깜밥 긁느라고 솥단지 긁어싸서 달챙이가 싹 닳어졌어. 匪누룽지 긁느라고 솥단지를 긁어대서 허드레 수저가 싹 닳았어. [남원]딸이 까룸밥을 좋아했어요. 匪딸이 누룽지를 좋아했어요.

◆부안에서는 끓이지 않은 상태를 '깜밥'이라고 하고, '깜밥'에 물을 부어 끓인 것을 '누른밥'이라고 한다. 또한 솥 바닥에 눌어붙은 상태로 있는, 아직 긁지 않은 '깜밥'도 '누른밥'이라고 한다. -김금오(부안)

깜버기 충남 | 명사 | 깜부기
깜부깃병에 걸려 까맣게 된 곡식 따위의 이삭.

[서산]깜버기는 못 쓰는겨. 깜버기 많으믄 농사 허투루 한 거지. 匪깜부기는 못 쓰는 거야. 깜부기 많으면 농사 허투루 한 거지. [서산]이전이넌 보라밭에 깜베기 뺐넌 것두 큰일이었다. 匪예전에는 보리밭에 깜부기 뽑는 것도 큰일이었다. [공주]저 너머 장구배미 논이 보리를 심었는디 깜비기란 놈이 쌔카맣게 피어 보리농사 피롱했나 벼. 匪저 너머 장구배미 논에 보리를 심었는데 깜부기란 놈이 새까맣게 피어 보리농사 폐농했나 봐. [논산]요새는 워떻게 됭 게 옥수수도 깜비기가 생겨. 匪요새는 어떻게 된 게 옥수수에도 깜부기가 생겨. [세종]논에 댕겨봐, 깜베기 투성이지. 匪논에 다녀봐, 깜부기 투성이지.

깜실하다 강원 | 형용사 | 까무스레하다
조금 깜다.

[강릉]초상달이 막 늠어가자 깜실하니 어두웠지. 匪초승달이 막 넘어가자 까무스레하니 어두웠지.

깜찍하다 북한 | 형용사 | 간사하다
자기의 이익을 위하여 나쁜 꾀를 부리는 등 마음이 바르지 않다.

[자강]저 사람 너무 여우처럼 깜찍해. 匪저 사람 너무 여우처럼 간사해.

◆북한에서는 남이야 어떻게 되든 상관없이 자기 이익만 생각하면서 잔머리 굴리는 사람을 가리켜 '깜찍하다'라고 한다.

깜초하다 강원 | 형용사 | 가무잡잡하다
약간 짙게 가무스름하다.

[강릉]입술기 도톰한 데드가 낯짝은 깜초하기 생겼네여. 匪입술이 도톰한 데다가 낯은 가무잡잡하게 생겼네.

깜파리 경기 | 명사 | 사금파리
사기그릇의 깨어진 작은 조각.

[파주]담장 위에 깜파리를 꽂어서 도둑을 막기두 했어. 匪담장 위에 사금파리를 꽂아서 도둑을 막기도 했어. [화성]깸패 줏어다가 소꿉장난하구 놀았어, 어릴 때는. 匪사금파리 주워다가 소꿉장난하고 놀았어, 어릴 때는. [강화]옛날에는 뭐 장남감이 있었나? 너나 나나 애들은 다 사금패이 가지고 놀았지. 匪옛날에는 뭐 장난감이 있었나? 너나 나나 애들은 다 사금파리 가지고 놀았지. [여주]깸금파리 주수러 다니지 마. 손 다친다. 匪사금파리 주우러 다니지 마. 손 다친다.

깝깝하다 전북 | 형용사 | 답답하다
애가 타고 갑갑하다.

[군산]그놈오 학교 다녀서 뭐 헐라고 그려. 왜 이렇게 깝깝한 소리만 혀. 匪그놈의 학교 다녀서 뭐 하려고 그래. 왜 이렇게 답답한 소리만 해. [정읍]허는 짓이 깝깝허게도 허네. 匪하는 짓이 답답하기도 하네.

◆전북 사투리 '깝깝하다'는 '갑갑하다'의 된소리 형이며, '폭폭허다'는 '답답하다'와 의미가 통한다. ◆ 전북 사투리 '폭폭하다'는 '폭폭'이라는 부사에 형용사 파생접미사 '-하-'가 붙어 만들어진 말로 전라도에서 널리 쓰고 있다. 폭폭한 마음이 심할 경우 "폭폭증에 걸렸다"라고도 한다.

깝깝허다 충남 | 형용사 | 답답하다
애가 타고 갑갑하다.
〔당진〕노상 허는 짓이 느릿느릿혀 참 깝깝혀. 표노상 하는 짓이 느릿느릿해서 참 답답해. 〔서산〕노상 지베만 있응께 깝깝해서 자징거를 타기 시작혔다. 표노상 집에만 있으니까 답답해서 자전거를 타기 시작했다. 〔공주〕자 이는 뭐 일러줘두 지대루 알어듣는지두 못허구 엄칭히 깝깝혀. 표저 애는 뭐 일러줘도 제대로 알아듣지도 못하고 엄청 답답해. 〔태안〕인제 보니 안동답답이보담 헐씬 깝깝헌 양반일세. 표이제 보니 안동답답이보다 훨씬 답답한 양반일세. 〔세종〕느그 엄마는 하는 행동이 깝깝시러워 죽겠어. 표너희 엄마는 하는 행동이 답답해 죽겠어.
◆충남 사투리 '깝깝허다'는 '갑갑하다'의 된소리형으로 좁은 곳에 갇힌 느낌이나 지루하고 답답한 느낌 등을 나타낼 때 두루 쓰는 말이다. 이와 함께 쓰이는 충남 사투리에는 '끄굽허다, 답답허다' 등이 있다. -이명재(예산) ◆'까깝징'이라는 말은 충남 사투리 '까깝허다'에 한자어 '증(症)'이 붙은 꼴이다. 충남 사투리에서 모음 'ㅡ'가 'ㅣ'로 바뀌는 현상은 '멘허징(면허증), 빗보징(빚보증), 징세(증세), 징인(증인), 과일집(과일즙), 칙집(칡즙)' 등에서 보듯이 매우 일반적으로 나타나는 현상이다. 이와 비슷한 말로 '답답징'이 있는데 '까깝징'만큼 두루 쓰이지는 않는다. -이명재(예산)

깝디기 경기 | 명사 | 껍데기
달걀이나 조개 따위의 겉을 싸고 있는 단단한 물질.
〔서울〕호두를 사다가 깝디기를 까서 거기에 놓여. 표호두를 사다가 껍데기를 까서 거기에 넣어.

깝아지다 경남 | 동사 | 까부라지다
높이나 부피 따위가 점점 줄어지다.
〔부산〕아까는 국물이 좀 많더만 이제는 깝아져가 개않다. 표아까는 국물이 좀 많았는데 이제는 까부라져서 괜찮다.
◆"양석이 너무 마이 군다(양식이 너무 많이 준다)", "혼차서 한깨 일이 안 군다(혼자서 하니까 일이 안 준다)", "이약을 함시로 간깨 10리 질도 잘 구네(이야기를 하면서 가니까 10리 길도 잘 주네)"와 같은 상황에서는 '깝아지다'가 아니라 '굴다'를 쓰기도 한다. -경남방언연구보존회

깟버실 전남 | 명사 | 갓버섯
주름버섯과의 버섯을 이르는 말.
〔고흥〕깟버실 따서 꾸 묵으믄 맛있제. 표갓버섯 따서 구워 먹으면 맛있지.
◆전남에서 버섯을 '버실'이라고 하지는 않는다. 다만 '갓버섯'은 '깟버실'이라고 한다.

깡개 충남 | 명사 | 누룽지
솥 바닥에 눌어붙은 밥.
〔금산〕밥솥의 깡개를 긁어 먹으믄 참 고소허고 맛나유. 표밥솥의 누룽지를 긁어 먹으면 참 고소하고 맛있어요. 〔서산〕밥솥에 불을 오래 때야 누룽갱이도 많다. 표밥솥에 불을 오래 때야 누룽지도 많다. 〔공주〕뭐니 뭐니 혀두 밥은 무쇠솟인 가마솥이다가 지어야 맛이 있지. 누러캐 익은 깡개는 꼬스고 누룸밥은 구스름허니 좋았어. 표뭐니 뭐니 해도 밥은 무쇠솥인 가마솥에다가 지어야 맛이 있지. 누렇게 익은 누룽지는 고소하고 눌은

밥은 구수하니 좋았어.

◆'깡개'는 충남 남부인 부여·서천·논산 등지에서 주로 쓰고, 차령 이북의 충남 북부에서는 '누룽개' 또는 '누룽갱이'를 주로 쓴다. 그런가 하면 '누룽개' 또는 '누룽갱이'는 충남 남부에서도 쓰이지만, '깡개'는 충남 북부에서 거의 쓰지 않는다. -이명재(예산)

깡뚱하다 충남 | 형용사 | 단순하다
복잡하지 않고 간단하다.
〔논산〕어릴 즉에 단순하거나 단출하다는 뜻으로 깡뚱하네 이런 말을 했지. 표어릴 적에 단순하거나 단출하다는 뜻으로 '깡뚱하네' 이런 말을 했지. 〔공주〕너절너절하게 묵지 말고 깡뚱하게 묵어봐. 표너덜너덜하게 묶지 말고 단순하게 묶어봐.
◆충남 논산에서 '깡뚱하다'는 '벅차지 않고 딱 떨어지다'라는 뜻으로 쓰기도 한다.

깡밥 충북 | 명사 | 튀밥
찰벼를 볶아 튀긴 것.
〔단양〕주전부리할 거 읎을 때 깡밥이믄 최고지 뭐. 표주전부리할 거 없을 때 튀밥이면 최고지 뭐.

깡아리1 경남 | 명사 | 가랑니
서캐에서 깨어 나온 지 얼마 안 되는 새끼 이.
〔진주〕이리 온나. 니 머리에 깡아리가 쎄빘다. 표이리 와라. 네 머리에 가랑니가 많다.
◆진주에서는 이의 알(서캐)을 '쎄까래' 또는 '쎄카리'라고 한다. 그리고 알이 갓 부화한 새끼 이를 가리켜 '깡아리'라고 한다. -김순임(진주)

깡아리2 경남 | 명사 | 고갱이
무 따위에 있는 질긴 심.
〔합천〕이 무시는 깡아리가 있어서 찔기다. 표이 무는 고갱이가 있어서 질기다.

깨검 경남 | 명사 | 개암
개암나무의 열매.
〔거창〕깨검이 어덕서 굼불러 내리오걸래 주웄다. 표개암이 언덕에서 굴러 내려오길래 주웠다. 〔창원〕이빨로 깨애가아꼬 무우모 깨묵 그거 참 꼬시있다. 표이빨로 깨가지고 먹으면 개암 그것 참 고소했다.

깨구락지 강원 | 명사 | 개구리
양서강 개구리목의 동물을 통틀어 이르는 말.
〔인제〕깨구락지가 튀어나온다는 경칩이 어제였다. 표개구리가 튀어나온다는 경칩이 어제였다. 〔평창〕사람들이 억울해서 엉머구리 소리를 한다. 표사람들이 억울해서 개구리 소리를 한다. 〔춘천〕콩밭에 떡머구리가 으떻게나 큰지 으른 손바닥만 하더라. 표콩밭에 큰 개구리가 얼마나 크던지 어른 손바닥만 하더라.
◆춘천에서는 큰 개구리를 '떡머구리' 또는 '떡머구리'라고 했다. 젖이 부족한 아기에게 젖 대신 고아서 국물을 먹이기도 했다. -유선선(춘천)

깨구락지 전북 | 명사 | 개구리
양서강 개구리목의 동물을 통틀어 이르는 말.
〔임실〕깨고락지나 깨구락지, 깨고리는 모다 임실 사투리다. 표'깨고락지', '깨구락지', '깨고리'는 모두 임실 지역 사투리이다.

깨굴창 전북 | 명사 | 개골창
수채 물이 흐르는 작은 도랑.
〔군산〕가서 본개 깨굴창에 팍싹 엎어졌더라고. 표가서 보니까 개골창에 팍 엎어져 있더라고. 〔남원〕깨굴창을 뒤지면 미꾸리도 많이 나와 잡았제. 표개골창을 뒤지면 미꾸라지도 많이 나와

잡았지.

깨굼 충북 | 명사 | 개암
개암나무의 열매.
〔옥천〕깨굼이 까서 먹으믄 엄청이 꼬지지. 표개암 까서 먹으면 엄청 고소하지.

깨금박질 전북 | 명사 | 앙감질
(1)한 발을 들고 한 발로 섬. 또는 그런 자세.
(2)깨금발로 뛰거나 걷는 것.
〔군산〕이 동네서 나보덤 더 깨금박질 잘허는 사람은 없을 거고만. 표이 동네에서 나보다 더 앙감질 잘하는 사람은 없을 거구먼. 〔남원〕장에서 돌아오는 엄마를 깨금박질을 하며 기다렸다. 표장에서 돌아오는 엄마를 앙감질을 하며 기다렸다. 〔임실〕깨곰발 딛기는 뛰엄새완이 잘히여. 표앙감질 딛기는 '뛰엄새완(뛰는 것을 좋아하는 사람)'이 잘해.
◆깨금박질은 한 발로 뛰는 모습을 가리키는 말로 주로 비사치기나 자치기 등 놀이를 하는 모습에서 찾아볼 수 있다.

깨깡시럽다 경남 | 형용사 | 객스럽다
말이 안 되거나 실없이 느껴지다.
〔거제〕그기 언제 쩍 이야긴데 깨깡시리 들미이노? 표그게 언제 적 이야기인데 객스럽게 들먹이니? 〔진주〕참 개깡시럽네 사람이. 표참 객스럽네 사람이. 〔산청〕개깡시럽거나 말거나 먼저 인간이 대야지. 표객스럽거나 말거나 먼저 인간이 되어야지.

깨꼼하다 경남 | 형용사 | 개운하다
기분이나 몸이 상쾌하고 가뜬하다.
〔울산〕모욕하이까네 몸이 깨꼼하다. 표목욕하니

까는 몸이 개운하다. 〔하동〕오랜만에 모욕을 했더마 영 깨운허다. 표오랜만에 목욕을 했더니 영 개운하다.

깨끔발 강원 | 명사 | 앙감질
(1)한 발을 들고 한 발로 섬. 또는 그런 자세.
(2)깨끔발로 뛰거나 걷는 것.
〔강릉〕가는 깨끔발 잘한다. 표개는 앙감질 잘한다. 〔삼척〕줄넘기 놀이를 할 때면 깨끔발로도 뛰고 두 발로도 뛰잖소. 표줄넘기 놀이를 할 때면 앙감질로도 뛰고 두 발로도 뛰잖소.

깨끔발질 전남 | 명사 | 앙감질
(1)한 발을 들고 한 발로 섬. 또는 그런 자세.
(2)깨끔발로 뛰거나 걷는 것.
〔고흥〕깨끔발질로 누가 몬차 강가 우리 내기합시다. 표앙감질로 누가 먼저 가는가 우리 내기합시다.
◆'깨끔박질'의 어원은 정확하지 않지만, '개의 발'을 뜻하는 '개음발'에서 온 말로 보인다. 한 발로 뛰는 모습이 마치 개가 절름거리며 뛰는 모습과 비슷하기 때문이다. 이것을 '깐치발'이라고도 하고, 또 이러한 놀이를 '깨금쌈'이라고도 한다.

깨끼 경남 | 명사 | 평미레질
곡식을 되질하거나 그릇에 밥 등을 담을 때, 수북이 담지 않고 수평으로 평평하게 고르는 일.
〔진해〕아이는 깨끼로 담고, 장골은 고봉으로 담아라. 표아이는 평미레질로 담고, 어른은 수북하게 담아라. 〔거제〕쌀 깨끼로 너 말 가우지 주이소. 표쌀 평미레질로 네 말 반 주세요.
◆'평미레'는 말이나 되에 곡식을 담고 그 위를 평평

하게 고를 때 쓰는 방망이 모양의 기구이다. 그런가 하면 곡식을 되질하거나 그릇에 밥 등을 담을 때 수북이 담지 않고 수평으로 평평하게 고르는 일은 '평미레' 또는 '평미레질'이라고 한다. '평미레질하다' 또는 '평미리치다'라고도 한다. ◆쌀가게에서 쌀을 되나 말로 담아 팔 때, 평미레로 밀어 평평하게 만들었는데 위를 평평하게 밀어서 재는 방법을 '평되' 또는 '평말'이라고 했다. '평미레'와 비슷한 말로 창녕의 '공굴대'는 '공그르다'에서 온 말로 보인다. "숨을 공그르다" 또는 "땅을 공그르다"라는 형태로 쓰이는 '공그르다'는 '평미레질'과 의미상 유사한 말이다. – 김정대(경남)

깨낀하다 북한 | 형용사 | 더럽다

못마땅하거나 불쾌하다.

〔평안〕네래 기케 깨낀하게 굴디 말라! 표너 그렇게 더럽게 굴지 말아라! 〔평북〕깨낀하게끔. 뭐 그딴 것 가지고 그러네. 표더럽게. 뭐 그딴 것 가지고 그러니.

깨댕이벗다 전남 | 동사 | 발가벗다

알몸이 되도록 입은 옷을 모두 벗다.

〔고흥〕영칠이가 오짐을 쌌는가 깨댕이벗고 챙이 쓰고 소금을 얻으로 왔드랑께. 표영칠이가 오줌을 쌌는지 발가벗고 키를 쓰고 소금을 얻으러 왔더라니까.

깨두거리 경북 | 명사 | 등걸

줄기를 잘라낸 나무의 밑동.

〔봉화〕깨두거리가 불 때기 좋제. 표등걸이 불 때기 좋지.

◆'깨두거리'는 도끼의 뭉툭한 뒷날로 쳐서 캔다. – 권오성(봉화)

깨미쫓기 경남 | 명사 | 앙감질

(1)한 발을 들고 한 발로 섬. 또는 그런 자세.
(2)깨금발로 뛰거나 걷는 것.

〔통영〕내가 깨미쫓기를 해도 닐로 이기겠다. 표내가 앙감질을 해도 너를 이기겠다. 〔하동〕여름에 냇물에 모욕허고 나서 기에 물 들어가모 깨끔발뛰기를 했지. 표여름에 냇물에 목욕하고 나서 귀에 물 들어가면 앙감질을 했지.

깨배다 경남 | 동사 | 깨우다

잠, 꿈 따위에서 벗어나게 하다.

〔부산〕두 시간 디에 내 쫌 깨배도. 표두 시간 뒤에 나 좀 깨워줘. 〔울산〕니는 내가 깨배머 빨딱빨딱 쫌 일어나라. 표너는 내가 깨우면 빨딱빨딱 좀 일어나라.

깨보새 강원 | 명사 | 깨소금

볶은 참깨를 빻은 가루.

〔고성〕깨보새를 넣어야 고소하지. 표깨소금을 넣어야 고소하지. 〔평창〕봄에 참나물 뜯어 무칠 쩨는 깨보생이 넣어라. 표봄에 참나물 뜯어 무칠 때는 깨소금 넣어라. 〔원주〕나물 무치는 데 깨보세이 옇자. 표나물 무치는 데 깨소금을 넣자. 〔삼척〕콩나물 챗국에 깨보싱이를 넣으면 한맛 더 나잖소. 표콩나물 챗국에 깨소금을 넣으면 한맛 더 나잖소.

◆'깨보싱이'에는 두 가지 뜻이 있다. 하나는 '깨소금'과 같은 양념을 뜻하고, 또 다른 하나는 떡고물과 같은 고명을 뜻한다. 양념으로 쓸 때는 소금을 넣지만 고명으로 쓸 때는 소금을 넣지 않는다. –이경진(삼척)

깨성하다 충북 | 형용사 | 개운하다

기분이나 몸이 상쾌하고 가뜬하다.

〔진천〕강기로 아팠는데 푹 자고 나니 깨성한 기

좋네. 표감기로 아팠는데 푹 자고 나니 개운한 것이 좋네.

깨송깨송 충남 | 부사 | 없음
시름시름 앓다가 나았거나 조금씩 활기를 찾는 모양.
〔공주〕그 사람 몸이 많이 안 좋다드니 지금은 많이 좋아져 깨송깨송해졌구먼그려. 표그 사람 몸이 많이 안 좋다 하더니 지금은 많이 좋아져 '깨송깨송'해졌구먼그려. 〔당진〕빙나서 꿈쩍 못한다더니 요샌 좀 깨송깨송허여. 표병나서 꿈쩍 못한다더니 요새는 좀 '깨송깨송'하대.
◆'깨송깨송'은 시원찮아 보이던 것들이 좋아졌을 때 사용하는 표현으로 동물이나 사람, 식물 등을 대상으로 쓰는 말이다.

깨알받다 경북 | 형용사 | 게으르다
행동이 느리고 움직이거나 일하기를 싫어하는 성미나 버릇이 있다.
〔경주〕니는 커서 뭐가 될라고 그래 깨알받노? 표너는 커서 뭐가 되려고 그렇게 게으르니?

깨암 북한 | 명사 | 개암
개암나무의 열매.
〔함경〕낮에는 깊은 산속에 들어가 깨암나무 열매를 주워 담았습메. 표낮에는 깊은 산속에 들어가 개암나무 열매를 주워 담았어요.
◆'깨암'은 깊은 산에서 자라는 열매 중의 하나로 남한에서는 '헤이즐넛'으로 알려진 열매이다. 양강 지역에서는 주로 '깨말'이라고 한다. 깨말을 따다 땅속에 며칠간 묻어두면 껍질에 붙어 있는 가시들이 다 썩어서 떨어지는데 그때 그걸 장마당에서 팔거나 밀수꾼에게 팔아넘기기도 한다.

깸부기 경기 | 명사 | 깜부기

깜부깃병에 걸려서 까맣게 된 곡식 따위의 이삭.
〔연천〕깸부기 꺾어서 얼굴에 수염 그리구 놀았어. 표깜부기 꺾어서 얼굴에 수염 그리고 놀았어.
◆'깸부기'는 'ㅣ' 모음 역행동화가 일어날 환경이 아닌데 경기도 연천에서 '깜부기'의 움라우트 형이 나타났다.

깽매기 전북 | 명사 | 꽹과리
풍물놀이와 무악 따위에 사용하는 타악기의 하나. 놋쇠로 만들어 채로 쳐서 소리를 내는 악기로, 징과 같은 모양이지만 크기가 작고 소리가 경쾌하다. 주로 풍물놀이에서 상쇠가 치고 북과 함께 굿에도 쓴다.
〔임실〕깽매기 치는 사람을 상쇠라고 히여. 표꽹과리 치는 사람을 상쇠라고 해.

깽지근하다 북한 | 동사 | 께느른하다
몸을 움직이고 싶지 않을 만큼 느른하다.
〔평북〕추운 밖에 나갔다 와서 아랫목에 이불 덮고 잠시 누워서 깽지근한데 나와서 물 길어 오라네. 표추운 밖에 나갔다 와서 아랫목에 이불 덮고 잠시 누워서 께느른한데 나와서 물 길어 오라네.

꺼깽이 충북 | 명사 | 회충
회충과의 기생충.
〔옥천〕뱃속에 꺼깽이가 있으면 배가 아퍼유. 표배 속에 회충이 있으면 배가 아파요.

꺼꾸리 경북 | 부사 | 거꾸로
차례나 방향, 또는 형편 따위가 반대로 되게. '가꾸로'보다 큰 느낌을 준다.
〔대구〕군대에 간 새에 가 애인이 신을 꺼꾸리 신었드란다. 표군대에 간 사이에 개 애인이 신발을

거꾸로 신었더란다.

꺼끔하다 충남 | 형용사 | 뜸하다
자주 있던 왕래나 소식 따위가 한동안 없다.

〔예산〕아까침인 손님이 몰렸넌디 지끔은 점 꺼끔혀. 표아까는 손님이 몰렸는데 지금은 좀 뜸해. 〔논산〕비가 꺼끔해졌웅게 얼릉 일어나 일혀. 표비가 뜸해졌으니까 얼른 일어나서 일해.

◆'꺼끔하다'는 '꺾다'에서 온 말로 충남 전역에서 널리 쓰인다. 지역에 따라 '끄드름허다, 수억허다'라고도 한다. −이명재(예산) ◆논산에서는 비나 눈 같은 것이 내릴 때, 그 정도가 점차 약해지는 것을 일컫는 말이다.

꺼들거리다 경남 | 동사 | 꺼드럭거리다
(1)거만스럽게 잘난 체하며 자꾸 버릇없이 굴다.
(2)제 흥에 겨워 또는 남이 부추켜주어 우쭐대면서 귀여운 행동을 하다.

〔마산〕아들 꺼들거리는 거 좀 바아라. 표아이들 꺼드럭거리는 것 좀 봐라. 〔창원〕꺼들거리지 마라 캤다 아이가. 표꺼드럭거리지 말라고 했잖아.

◆'꺼들거리다'라는 말은 윗사람이 아랫사람에게 쓰는 말로 아랫사람이 버릇없이 굴 때도 쓰지만 귀엽게 굴 때도 쓴다. 대체로 이 말의 뜻은 문맥에 따라 결정된다.

꺼먹구 충남 | 명사 | 까마귀
까마귓과의 새를 통틀어 이르는 말.

〔홍성〕맨 위에 감은 꺼먹구가 묵도록 놔둬유. 표맨 위의 감은 까마귀가 먹도록 놔둬요. 〔서산〕까그메 날자 배 떨어진다는 속담도 있다. 표까마귀 날자 배 떨어진다는 속담도 있다. 〔공주〕할머니께서 까매기가 와서 까악까악하구 울어대문 초

상 날나 내비라 하셨어. 까매기란 놈이 저렇게 지져대는 거 보니. 표할머니께서 까마귀가 와서 까악까악하고 울어대면 초상 나겠다 놓아두어라 하셨어. 까마귀란 놈이 저렇게 짖어대는 거 보니.

꺼먹방콩 충북 | 명사 | 서리태
껍질은 검은색이고 속은 파란색을 가진 콩.

〔옥천〕전년에넌 비가 하두 자주 와 꺼먹방콩은 벌거지두 읎이 잘되었네유. 표작년에는 비가 하도 자주 와서 서리태가 벌레도 없이 잘되었어요.

◆'서리태'는 서리를 맞으며 자란다고 해서 붙은 이름이라는 설이 있다. 주로 밥이나 떡을 만들 때 넣어 먹는다. 서리태를 뜻하는 '꺼먹방콩'의 '꺼먹'은 콩의 색이 검은 것을 표현한 말이다. '방콩'은 밤콩에서 온 말 같은데 서리태는 밤콩과 다른 종류라 단정하기는 어렵다.

꺼먹지 충남 | 명사 | 무청절임
무청을 절여 만든 반찬.

〔예산〕무수도 남기믄 그때 꺼먹지 해 먹구 그랬지. 표무도 남기면 그때 '꺼먹지' 해 먹고 그랬지. 〔태안〕교황이 해미읍성 왔을 적이 말이여 꺼먹지루다 대접했다더먼. 표교황이 해미읍성 왔을 적에 말이야 '꺼먹지'로 대접했다더라.

◆'꺼먹지'는 당진에서 많이 재배되는 무청을 11월경에 수확해 소금과 고추씨 등을 넣어 절인 뒤, 이듬해 5월경에 꺼내 먹는 당진의 대표적인 향토 음식이다. 150여 일 동안 항아리 안에서 김치가 검게 숙성되므로 '꺼먹지'라고 부른다. ◆고춧가루를 쓰지 않고 담근 것은 '꺼먹지'라고 하고, 고춧가루를 섞어서 짜게 담근 것은 '짠지', 싱거우면 '싱건지', 묵은 김치를 섞은 것은 '묵은지'라고 한다. −이명재(예산)

꺼멍비누 전남 | 명사 | 없음
6·25 지난 50년대 중반부터 60년대 말

무렵까지 가정에서 만들어 썼던 검정 빛깔을 띤 빨랫비누.

〔고흥〕옛날에 꺼멍비누로 옷을 뿔믄 때도 잘 지고 그랬어. 표옛날에 '꺼멍비누'로 옷을 빨면 때도 잘 지고 그랬어. 〔진도〕시단아! 얼른 점방에 가서 똥비누 두 개만 사 온나. 표셋째야! 빨리 상점에 가서 '똥비누' 두 개만 사 오너라.

◆'꺼멍비누'는 빨랫비누의 일종인데 쌀등겨와 잿물을 섞어서 만든 검은색 비누이다. 잿물이 들어가서 때는 잘 지는데, 많이 쓰면 잿물 때문에 손이 헐기도 한다. 흔히 '똥비누'라고도 불렀다. −신정자(고흥) ◆ 아이들 옷의 때는 거멍비누가 '질(제일)'이었다. 거멍비누가 나오기 전까지는 밥을 지을 때 일부러 짚을 태워서 그 재를 가지고 잿물을 내서 빨래를 했다. 시골에 거멍비누가 등장한 것은 6·25가 지난 50년대 중반이다. 60년대를 거쳐 70년대 초반에 놀미암한 하얀 비누가 나오자 자취를 감추었다. 집에서 이 거멍비누를 만들 때는 서너 사람의 도움이 필요하다. 가마솥에다 양잿물을 끓이고, 거기에 누까(이무께보다 덜 고운 등겨)나 이무께(등겨가 거칠거칠하지 않고 고와서 개떡으로도 만들어 먹을 만한 고운 가루)를 넣고 대막대기로 계속 한쪽 방향으로 휘저어 섞어야 한다. 비누가 완성되었을 때의 결을 생각했던 것 같다. 잿물을 많이 잡고, 이무께를 섞으면 일등품이 된다. 그러니까 거멍비누를 쓰던 시대까지도 자급자족의 경제 형태였던 셈이다. −오덕렬(광주)

꺼물 강원 | 명사 | 껍질

살갗에서 저절로 일어나는 꺼풀.

〔정선〕넘어져서 고벵이 꺼물이 까졌다. 표넘어져서 무릎 껍질이 까졌다. 〔삼척〕강냉이나 메물의 꺼물을 벗기는 것을 능군다고 하잖소. 표강냉이나 메밀의 껍질을 벗기는 것을 능그다고 하잖소.

꺼버하다 강원 | 형용사 | 꺼벙하다

모양이나 차림새가 거칠고 터부룩하여 엉성하다.

〔동해〕옷체림새나 말투가 꺼버하다. 표옷차림새나 말투가 꺼벙하다. 〔삼척〕나이를 먹을수록 단정하게 하고 댕겨야지, 꺼주하게 해서 댕기면 안 된다잖소. 표나이를 먹을수록 단정하게 하고 다녀야지, 꺼벙하게 해서 다니면 안 된다잖소.

꺼우기 경기 | 명사 | 거위

오릿과의 새.

〔연천〕오리보다는 크구 털이 하얀 게 꺼우기야. 표오리보다는 크고 털이 하얀 게 거위야.

꺼지기 경남 | 명사 | 거적

짚을 두툼하게 엮거나 새끼로 날을 하여 짚으로 쳐서 자리처럼 만든 물건.

〔창원〕비 안 맞거로 꺼지기 잘 씨아나아라. 표비 안 맞게 거적 잘 씌워놓아라. 〔울산〕젖언 마당에 꺼적대기 두툼하이 깔아라. 표젖은 마당에 거적 두툼하게 깔아라. 〔하동〕꺼적때기 페놓고 그 우에 고치 말리라. 표거적 펴놓고 그 위에 고추 말려라.

◆창녕 속담으로 "꺼지기 씬 넘 니러온다(거적 쓴 놈 내려온다)"라는 말은 참기 힘든 졸음을 비유적으로 표현한 것이다. '눈거죽'과 '거적'의 발음이 비슷해서 쓰인 말이다. 이와 비슷한 표현은 울산에서도 사용되고 있다. −성기각(창녕) ◆거적은 멍석과 비슷하게 생겼지만 짚을 듬성듬성하게 엮어 만든다는 점과 주로 덮개나 가리개용으로 사용한다는 점에서 그것과 다르다. 간혹 깔개용으로 사용하기도 하고, 지역에 따라 거적으로 담장을 두르기도 한다. 그러나 멍석은 짚으로 촘촘하게 만들어 주로 깔개용으로 사용한다.

껀데기 경남 | 명사 | 건더기

(1)국이나 찌개 따위의 국물이 있는 음식 속에 들어 있는 국물 이외의 것.
(2)액체에 섞여 있는, 녹거나 풀리지 않은 덩어리.
〔남해〕국물에 있는 껀데기까지 다 묵그레이. 표국물에 있는 건더기까지 다 먹어라. 〔창원〕보리 숭년에는 껀데기도 없는 멀건 국물 묵고 근그이 살았다. 표보리 흉년에는 건더기도 없는 멀건 국물 먹고 근근이 살았다.

껀정하다 전북 | 형용사 | 크다

사람이나 사물의 외형적 길이, 넓이, 높이, 부피 따위가 보통 정도를 넘다.
〔정읍〕자는 키가 껀정헌 거시 한 가닥 허것쓰야. 표재는 키가 커서 한 가닥 하겠다. 〔임실〕빼뺏한 것이 키만 껀정해갖고 우자쓰까나. 표삐삐한 것이 키만 커가지고 어쩌려나.

껄 충남 | 명사 | 까끄라기

(1)벼나 보리 따위의 낟알 껍질에 붙은 껄끄러운 수염. 또는 그 동강이.
(2)복숭아 등 덜 익은 과일의 표면에 돋아난 꺼끄러기.
(3)어린아이의 솜털을 비유적으로 이르는 말.
〔당진〕껄도 안 벗은 눔이 까불고 있어. 표까끄라기도 안 벗은 놈이 까불고 있어. 〔예산〕이 사람아, 뱅아릴 잡어먹을라믄 껄이라두 벗으믄 잡어먹어. 표이 사람아, 병아리를 잡아먹으려면 까끄라기라도 벗으면 잡아먹어. 〔태안〕껄두 안 벗은 개복숭아를 비려 워치게 먹는다니. 표까끄라기도 안 벗은 개복숭아를 비려서 어떻게 먹는다니. 〔예산〕헐 일 읎다구 가만있딜 말구 빗자락 들구 꺼럭이래두 쓸어봐. 표할 일 없다고 가만있지 말고 빗자루 들고 까끄라기라도 쓸어봐. 〔당진〕보리바심을 허믄 껄꺼럭이 무진 날리잖어. 그게 몸이 잔뜩 붙어 댕기믄 껄꺼러서 못 전딘다니께. 표보리타작을 하면 까끄라기가 무지 날리잖아. 그게 몸에 잔뜩 붙어 다니면 껄끄러워서 못 견딘다니까. 〔세종〕복쌍을 먹을라믄 껄끄러기를 썼어 먹어야 혀. 표복숭아를 먹으려면 까끄라기를 썼어 먹어야 해.

◆'껄'은 식물에 붙어 있는 잔털이나 잔가시를 일컫는 말이다. 덜 익은 복숭아 따위의 과일에는 '껄'이 있으나 과일이 익어가면서 점차 '껄'이 사라진다. 따라서 어린아이의 솜털에 비유되기도 한다. 이 '껄'에서 나온 충남 사투리에는 '꺼럭(꺼끄러기), 껄꺼럭(꺼끄러기), 껄꺼럽다(껄끄럽다), 껄밤셍이' 따위가 있다. -이명재(예산) ◆'꺼럭'은 충남 전역에서 두루 쓰는 말이다. '꺼럭'은 '껄'에서 나온 말인데, '껄'에 비해 사용 빈도가 높다. '껄'과 '꺼럭'은 기본적인 의미는 같지만, 실제 사용 범위에서 미세한 차이를 보인다. '껄'은 상대적으로 작은 솜털이나 작은 가시를 이를 때 쓰고, '꺼럭'은 조금 더 크고 억센 가시를 일컫는 말로 쓰이기 때문이다. 예를 들어 보리이삭이나 벼이삭에 붙은 꺼끄러기가 '꺼럭'이라면 어린아이의 머리털이나 옥수수수염 같은 경우는 '껄'이 된다. -이명재(예산)

껄게이 경북 | 명사 | 없음

마르고 딱딱한 풀이나 작은 나무줄기.
〔봉화〕불 때그로 강낭 껄게이 좀 주 온나. 표불 때게 옥수수 '껄게이' 좀 주워 와라.

껄더구 전남 | 명사 | 없음

농어의 새끼.
〔진도〕껄더구를 많이도 잡았소. 〔진도〕친구야, 나랑 이른 점심 먹고 냇끼질 가그나? 큰 껄더구가 아주 잘 문다고 항께. 표친구야, 나랑 이른 점

심 먹고 낚시질 갈까? 큰 '껄떠구'가 아주 잘 문다고 하니까.

◆전남 강진에서는 '하루살이'를 '깔따구'라고 한다.
–유헌(강진)

껄떼기 강원 | 명사 | 딸국질

가로막의 경련으로 들이쉬는 숨이 방해를 받아 목구멍에서 이상한 소리가 나는 증세.

〔강릉〕껄떼기는 자연히 낳고 그러치. 별 야글 안 해도 될 꺼야 아마. 표딸국질은 자연히 낫고 그러지. 별 약을 안 써도 될 거야 아마. 〔삼척〕막걸리를 먹었더니 자꾸 껄띠기가 난댜냐. 표막걸리를 먹었더니 자꾸 딸국질이 난다.

◆강원도 삼척에서는 '딸꾹질'과 '트림' 모두 '껄띠기'라고 한다. –이경진(삼척)

껄밤셍이 충남 | 명사 | 없음

(1)밤 가시만 엉성하게 돋아난 밤송이.
(2)겉보기에 깔끔하지 못하고 덥수룩해 보이는 사람을 얕잡아 이르는 말.

〔예산〕밤낭구 밑이 알밤은 다 춫어 가구 껄밤셍이만 잔뜩 휴. 표밤나무 밑의 알밤은 다 주워 가고 '껄밤셍이'만 잔뜩 있어요. 〔당진〕젊은 눔이 단정하지 뭇허고 껄밤셍이처럼 꼴이 그기 뭐여? 표젊은 놈이 단정하지 못하고 '껄밤셍이'처럼 꼴이 그게 뭐야? 〔서산〕머리가 껄밤셍이 같구먼. 이발 좀 해.

◆'껄밤셍이'는 쓸모없는 물건을 가리키는 말이다. '알밤은 없고 껍데기만 남은 빈 송이'를 뜻하는 말이기 때문이다. 공주와 청양은 밤의 집산지다. 지금도 그곳의 가을 산에 오르면 '껄밤셍이'가 지천이다. 이 껄밤셍이는 사람에 빗대어 쓰면 '까까머리'가 자라서 비쭉비쭉 모양 안 나는 지저분한 머리를 이르게 된다. 이런 까까머리를 한 사람은 주로 예전의 학생들이었는데, 까까머리가 좀 자라면 머리가 밤송이를 닮게 된다. 그것을 충남 사람들은 '껄밤셍이'라 불렀다. '이 껄밤셍이'를 충남 북부 지역에서는 '껄밤쇵이'라 한다. 지리적으로 경기·서울과 가깝다 보니 경기 사투리를 닮은 까닭이요, 표준어화가 진행되면서 '껄밤셍이'가 '껄밤쇵이'로 변화된 면도 있다. –이명재(예산)

껄쩍지근하다 전북 | 형용사 | 꺼림칙하다

마음에 걸려서 언짢고 싫은 느낌이 있다.

〔전주〕개똥을 닦았는데 그 자리가 아무래도 껄쩍지근하다. 표개똥을 닦았는데 그 자리가 아무래도 꺼림칙하다. 〔군산〕군대 간다는데 돈 한 푼 못 줘 껄쩍지근허네. 표군대 간다는데 돈 한 푼 못 줘서 꺼림칙하네. 〔임실〕내가 동구간헌티 싫은 소리 헌 것이 껄쩍지근허. 표내가 일가들한테 싫은 소리 한 것이 꺼림칙해. 〔남원〕좀 맘이 끌쩍지근형 개 쫌 그라네. 표좀 마음이 꺼림칙한 것이 좀 그렇네.

껌벙 충남 | 명사 | 그을음

어떤 물질이 불에 탈 때에 연기에 섞여 나오는 먼지 모양의 검은 가루.

〔당진〕미친눔이지. 얼굴에다 껌벙 칠허구 도적질 했다. 표미친놈이지. 얼굴에 그을음 칠하고 도둑질했다. 〔서산〕소테 붙은 껌방은 닦으믄 대여. 표솥에 붙은 그을음은 닦으면 돼. 〔예산〕가마솥에 검벵이 생기믄 딲어야쥬. 표가마솥에 그을음이 생기면 닦아야죠. 〔논산〕불을 잘 때야지. 안 그러믄 끄름만 많고 불담은 안 좋아. 표불을 잘 때야지. 안 그러면 그을음만 많고 화력은 안 좋아. 〔세종〕뷕이 끄으름으로 새까맣대유. 표부엌이 그을음으로 새까맣대요

◆아궁이를 오랫동안 사용하면 고래(구들장 밑으로 불길과 연기가 통하여 나가는 길)나 굴뚝에 그을음

이 쌓이는데 그렇게 되면 연기가 굴뚝으로 빠져나가지 못한다. 이때 대나무 쪼갠 것을 길게 이어 한쪽 끝에 볏짚 등을 둥그렇게 묶어 구들장 사이에 넣었다 빼었다 하는 식으로 그을음을 긁어낸다. 이 일을 충남 당진에서는 '구리질'이라고 한다. 옛날에는 "뚫어"나 "굴뚝"을 외치며 구리질을 전문으로 하러 다니는 사람을 흔히 볼 수 있었다. -조일형(당진) ◆ '껌병'은 '검병'의 경음화로 생긴 말이다. 검병은 달리 '겜벵이'라고 하고, 이는 그을음이나 연기가 뭉쳐 생긴 검은 덩어리다. 방고래에 검병이 많이 붙게 되면 이를 제거해야 했다. 이를 구리질이라 하였고, 구리질을 할 때 사용하는 긴 막대기는 '구릿대'라고 하였다. 구릿대는 지역에 따라 재료가 달랐다. 밭농사를 주로 하는 지역에서는 조나 수수의 대를 이어 붙여 사용하였고, 논농사를 주로 하는 지역에서는 대나무 등을 사용하였다. '구리질'은 '고래질'에서 소리가 변형된 것으로 '굴질'이라고도 한다. -이명재(예산)

껍데 충북 | 명사 | 껍데기
달걀이나 조개 따위의 겉을 싸고 있는 단단한 물질.
〔영동〕삶은 다갈을 먹을 땐 껍데를 잘 까야 하는 겨. 표삶은 달걀을 먹을 때는 껍데기를 잘 까야 하는 거야.
◆표준어 '껍데기'와 '껍질'은 충청도 사투리 '껍데'와 '껍줄'에 대응한다. 주로 '껍데'는 딱딱한 물질에 쓰이고, '껍줄'은 좀 부드러운 물질에 쓰인다.

껑꺼무리하다 충북 | 형용사 | 꺼무레하다
엷게 꺼무스름하다.
〔옥천〕비가 올라구 그라나, 왜 이렇게 껑꺼무리햐. 표비가 오려고 그러나, 왜 이렇게 꺼무레해.

께까닥시럽다 충북 | 형용사 | 꾀까다롭다
괴상하고 유난히 까다롭다.

〔청주〕그 사람이 올매나 께까닥시런지 비우럴 맞출라면 심들어유. 표그 사람이 얼마나 꾀까다로운지 비위를 맞추려면 힘들어요.

께꾹 충남 | 명사 | 간장게장
염장한 게를 간장에 숙성시킨 다음 그 간장을 따라내어 끓였다가 식혀, 숙성한 게에 다시 부어 삭힌 음식.
〔서산〕께꾹이 승거우면 그이가 곯구, 너머 짜면 그이가 맛이 읎다. 표간장게장이 싱거우면 게가 곯고, 너무 짜면 게가 맛이 없다. 〔태안〕워느 집인가 아파트이서 께국 댈이는 냄새가 나네. 표어느 집인가 아파트에서 간장게장 달이는 냄새가 나네.
◆'께꾹'은 간장게장을 가리키는 서산 사투리로 '국'은 국물이 많은 음식을 통칭한다. 지역에 따라 '게국'을 젓갈처럼 사용하기도 한다. 〈표준국어대사전〉에 실린 '겟국'은 게를 넣고 끓인 국을 뜻하므로 충남 방언의 '께꾹'과 의미가 다른 말이라고 할 수 있다. -장경윤(서산)

께끄름허다 전남 | 형용사 | 께름칙하다
마음에 걸려서 언짢고 싫은 느낌이 꽤 있다.
〔고흥〕오늘 나가 안 헐 말을 헌 거 같어갖고 영 께끄름허네. 표오늘 내가 안 할 말을 한 것 같아 가지고 영 께름칙하네. 〔강진〕가기가 어쩐지 께끄름허다. 표가기가 어쩐지 께름칙하다. 〔진도〕비가 올 것 같아 물꼬를 터놓고 왔떠니 영 께끄름허네. 표비가 올 것 같아 물꼬를 터놓고 왔더니 영 께름칙하네.
◆'께끄름하다'는 상대방에 대한 미안함과 죄책감이 있는 경우에 쓰는 말이다.

께끼 경남 | 명사 | 괴끼
벼, 보리, 옥수수 따위 곡식의 수염 부스

러기.

〔거제〕보리 께끼가 옷에 들어가모 얼매나 꺼끄럽는고 아나? 표보리 괴끼가 옷에 들어가면 얼마나 껄끄러운지 아니? 〔하동〕보리는 묵기도 어센 것이 어떠 까시락이 꺼끄럽은지 한여름 땡볕에 타작허는 일이 젤 심든 일이구마. 표보리는 먹기도 억센 것이 어쩌나 괴끼가 껄그러운지 한여름 땡볕에 타작하는 일이 제일 힘든 일이구먼.

◆보리타작할 때 까끄라기는 누구에게나 기피의 대상이었다. 까끄라기는 목덜미를 타고 등 쪽으로, 턱 밑에서 가슴 쪽으로, 바짓가랑이 사이로 들어가 사타구니 쪽으로, 온몸으로 파고들어 농군들을 괴롭혔다. 그것이 신체에 주는 느낌은 '깔끄러운' 것이지만, 어떤 사람들에게는 '가려운' 것으로 느껴지기도 했다. 그래서 경남 방언 '꺼끄럽다'는 종종 '가렵다'로 해석되기도 한다. 그러나 '꺼끄럽다'의 본래 의미는 '껄끄럽다'이고, '가렵다'는 부분적인 의미일 뿐이다. 타작을 마치고 시냇가에서 몸을 씻을 때의 개운하기 그지없는 기분을, '꺼끄럽은' 느낌을 느껴보지 못한 사람은 알기 어렵다. -김정대(창원)

께름방이 북한 | 명사 | 게으름뱅이
습성이나 태도가 게으른 사람.
〔함남〕께름방이가 아직 앵이 드르갓지비. 표게으름뱅이가 아직 안 들어갔지.
◆함경남도에서 게으름뱅이를 '즈한놈' 또는 '증한 놈'이라고 하는 까닭은 '게으르다'를 뜻하는 말이 '즈하다' 또는 '증하다'이기 때문이다.

께빼 전남 | 명사 | 고삐
말이나 소를 몰거나 부리려고 재갈이나 코뚜레, 굴레에 잡아매는 줄.
〔강진〕소가 내빼지 않도록 께빼를 단단히 잡거라. 표소가 도망가지 않도록 고삐를 단단히 잡거라. 〔진도〕쇠꾀피를 한번 놓치면 얼끈 못 잡지라

우. 표쇠고삐를 한번 놓으면 얼른 다시 잡기 어렵지요.

◆광주의 광산군과 함평군에서는 소를 매는 말뚝을 '쇠말뚝'이라 했다. 그리고 소를 몰 때 쓰는 줄, 즉 고삐는 '깨삐'라고 했는데, 굴레 가까이에 '동둘개'를 달아서 소가 이곳저곳으로 옮겨 다녀도 깨삐가 꼬이지 않게 했다. -오덕렬(광주) ◆"쇠꾀피를 한번 놓치면 얼른 못 잡지라우"라는 말은 가난한 농가에서 어렵게 장만한 소를 장에 내다 팔고 나면 다시 소를 사기 어렵다는 뜻이다. -주광현(진도)

께양 경북 | 명사 | 고욤
고욤나무의 열매. 감과 비슷하나 훨씬 작고 갸름하며, 검붉고 달면서도 좀 떫다.
〔대구〕께양은 떫어서 먹기가 어렵다. 표고욤은 떫어서 먹기가 어렵다. 〔영덕〕꼬양을 항아리에 담아 삭히면 꿀맛이다. 표고욤을 항아리에 담아 삭히면 꿀맛이다.
◆'께양(고욤)'은 감보다 작고 좀 떫은 편이지만 단맛이 있다.

께종나무 명사 | 가죽나무 | 전남
소태나뭇과의 낙엽 활엽 교목인 가죽나무를 이르는 말.
〔영암〕울짱에다가 께종나무를 심었넌디 그놈을 비여다가 데야지막으로 짓었어요.-이기갑(2009) 표울타리에다가 가죽나무를 심었는데 그놈을 베어다가 돼지우리를 지었어요.

껙꾹지 충남 | 명사 | 겟국지
김장철에 무나 배추의 시래기에 반불겅이 고추와 겟국을 넣어 담근 김치.
〔서산〕일루 와서 껙꾹지 좀 들어봐유. 우리 집 께 많이 삭혀가지고 달러. 표여기로 와서 겟국지 좀 먹어봐요. 우리 집 겟국지는 많이 삭혀가지고 달

126

라. 〔서산〕지끔은 께꾹지도 현대화되어 무, 배추에 늙은 호박과 꼿그이, 바카지, 새우 덜을 느서 만을 한칭 뇌폈다. 표지금은 겟국지도 현대화되어 무, 배추에 늙은 호박과 꽃게, 민꽃게, 새우 들을 넣어서 맛을 한층 높였다. 〔태안〕스태안이 오너 어리굴것만 사 들구 가먼 뭐 던댜. 껙꾹지두 먹어보야지. 표서태안에 와서 어리굴것만 사 들고 가면 뭐 한대. 겟국지도 먹어봐야지.
◆'겟국지'는 김장을 하고 남는 시래기에 게젓을 담가 먹던 겟국을 넣고, 여기에 농게나 칠게를 찧어 넣어 담근 김치이다. 이 상태 그대로도 먹지만 여기에 물을 넣어 끓여 탕국처럼 먹기도 한다. -장경윤(서산) ◆당진에서는 께꾹지와 비슷한 '호박지'라는 음식이 있다. 호박지는 누렇게 잘 익은 늙은 호박을 한 입에 먹기 좋게 얇고 큼직큼직하게 썰어 배춧잎 등과 함께 국간장에 짜게 절인 능젱이(바다에 사는 엄지손가락 한 마디 정도 크기의 게의 일종) 겟국물을 넣어 간을 맞춰 담근 김치이다. 호박지는 숙성되면 호박에 간이 배어 잘 익지 않아 뻣뻣하기 때문에 맛이 없어 담근 그날부터 쪄서 먹는다. 특히 호박지에는 꽃게장 겟국물보다 능젱이 겟국물이 잘 어울린다. -조일형(당진) ◆겟국지는 게장의 간장과 갖은 양념으로 버무린 배추에 청둥호박과 꽃게를 넣어 담근 김치이다. -김병섭(태안)

껠밧다 경남 | 형용사 | 게으르다
행동이 느리고 움직이거나 일하기를 싫어하는 성미나 버릇이 있다.
〔울산〕아아가 껠밧어 아무짝에도 몬 씬다. 표아이가 게을러서 아무짝에도 못 쓴다.
◆창녕·합천 등지에서는 게으르게 행동할 때 "망태 겉다"라고 한다. '망태'는 '동사리'를 뜻하는 말이다. -경남방언연구보존회

께룸칙하다 강원 | 형용사 | 께름칙하다
마음에 걸려서 언짢고 싫은 느낌이 꽤 있다.
〔원주〕먹긴 먹었는데 맛이 좀 께룸칙하다. 표먹긴 먹었는데 맛이 좀 께름칙하다. 〔춘천〕누가 준 건지두 모르구 먹기가 좀 께림칙허구먼. 표누가 준 것인지도 모르고 먹기가 좀 께름칙하구먼.

꼬기나게 강원 | 부사 | 깨끗하게
사물이 더럽지 않고 말끔하게.
〔동해〕방바닥을 꼬기나게 닦아라. 표방바닥을 깨끗하게 닦아라.

꼬깜 충북 | 명사 | 곶감
껍질을 벗기고 꼬챙이에 꿰어서 말린 감.
〔옥천〕요새는 꼬깜얼 기계루 다 깍드라구, 그전에는 다 손이루 깎어. 표요새는 곶감을 기계로 다 깎더라고, 그전에는 다 손으로 깎았어.

꼬깨이 경북 | 명사 | 고갱이
풀이나 나무의 줄기 한가운데에 있는 연한 심.
〔영덕〕노오란 배추 꼬깨이를 딘장에 찍어 먹으니 달싹하다. 표노란 배추 고갱이를 된장에 찍어 먹으니 달콤하다.
◆'꼬깨이'는 '꼬뱅이' 또는 '속꼬깨이'라고도 한다. 배추 등의 안쪽 연한 부위를 가리키는 말이다. -권태호(영덕)

꼬꾸래미 경북 | 명사 | 양미리
양미릿과의 바닷물고기.
〔예천〕야야, 장에 가서 꼬꾸래미 한 손만 사 온나. 표얘야, 장에 가서 양미리 한 손만 사 와라.

꼬네꼬네 전북 | 감탄사 | 없음
어린아이가 서는 법을 익힐 때, 어른이

127

손바닥 위에 아기의 두 발을 올려놓고 손을 떼면서 내는 소리.

〔정읍〕꼬네꼬네 허다가 애기 다칠라. 표'꼬네꼬네' 하다가 아기 다칠라. 〔임실〕붙잡고 일어설 만헌 애기를 손바닥에 올리놓고 꼬노꼬노 허먼 조아히여. 표붙잡고 일어설 만한 아기를 손바닥에 올려놓고 '꼬노꼬노' 하면 좋아해.

꼬니놀이 북한 | 명사 | 고누놀이

땅이나 판에 그려진 그림에 각자의 말을 옮겨 남의 말을 떼거나 가두는 놀이.

〔북한〕방 안에 앉아 꼬니놀이를 한다. 표방 안에 앉아 고누놀이를 한다.

◆'꼬니'의 역사는 10세기 전으로 거슬러 올라간다. 황해도 봉천군 원산리 청자 가마터에서 발견된 '갑자' 유물이 이를 뒷받침한다. '갑자'는 도자기를 구울 때 도자기에 재가 앉는 것을 방지하는 한편, 도자기에 불길이 직접 닿지 않도록 덮어서 사용하는 용기로 갑자 뚜껑에 '꼬니판'이 그려져 있어, 당시는 물론이고 그 이전에도 이러한 놀이를 어린아이뿐만 아니라 어른들도 즐겼다는 사실을 유추할 수 있다. ◆고누놀이는 두 사람이 마주 앉아 놀이판에 말을 이용하여 따내거나 가두거나 이동시켜 노는 우리나라 전통놀이이다. 백제 시대 바둑을 위기(圍碁)라고 불렀는데, 바둑은 왕이나 귀족이 노는 놀이이다. 이 놀이가 서민들에게 쉽게 놀 수 있도록 고안된 것을 지기(地碁)라고 하는데 즉. 땅에 말밭을 그려 논다는 뜻이다. 우리나라에서 고누라고 불린 것은 근대이며 그 뜻은 꼭짓점에 말이 나란히 있으면 이긴다는 뜻이다. 이는 참고누를 지칭하는 것으로 역사적으로 가장 많이 출토된 고누가 참고누이다. 부여의 부소산성 성돌에 참고누판이 새겨져 있고, 황해도 봉산군 원산리의 11세기 초 청자 가마터에서 참고누가 그려져 있는 청자편이 출토되었으며, 경상북도 의성군 금성면 탑동리의 5층 석탑 국보 제77호에도

전벽돌에 참고누가 그려져 있다. 또한, 금오서원 강당과 담양 소쇄원 마룻바닥에도 참고누판이 그려져 있어 삼국시대부터 조선 시대까지 오랜 세월 놀아왔음을 알 수 있다. 요즘에는 고누놀이가 다양화되어 우물고누, 줄고누, 밭고누, 참고누, 자동차고누, 호박고누, 패랭이고누, 팔팔고누, 포위고누, 장수고누, 왕고누 등 많은 놀이로 놀고 있다. 지역에 따라 고누를 부르는 명칭이 다양하다. 고누, 고니, 꼰, 꼰짜, 꼬누 등으로 불리고 있다. -임영수(연기)

꼬닥하다 강원 | 형용사 | 뿌둑하다

물기 있는 물건이 좀 마르거나 얼어서 꽤 굳은 듯하다.

〔고성〕이 음식은 꼬닥하게 말린 명태를 사용했다. 표이 음식은 뿌둑하게 말린 명태를 사용했다. 〔삼척〕맹태가 만져보니 꾸덕꾸덕하다. 표명태가 만져보니 뿌둑뿌둑하다.

꼬데기다 경북 | 동사 | 까불다

가볍고 조심성 없이 함부로 행동하다.

〔영덕〕꼬데기다 다리몽디가 뿌러졌부랐다. 표까불다 다리몽둥이가 부러져버렸다.

꼬독꼬독 북한 | 감탄사 | 없음

강아지를 부르는 소리.

〔평북〕귀여운 이 꼬독꼬독아, 이리 와.

꼬동쇠 충남 | 명사 | 없음

매우 떫은 토종감을 이르는 말.

〔금산〕어우, 꼬동쇠는 아무짝에두 못 써. 표어우, '꼬동쇠'는 아무짝에도 못 써.

◆'꼬동쇠'는 겨울 눈을 맞은 홍시조차 너무 떫어서 곶감 전용으로만 수확하는 감이다. 격년을 주기로 매우 많이 열리는 특이한 감이다. ◆꼬동쇠 홍시는 까마귀도 안 먹는다고 할 정도로 성질이 지독한 사

람을 비유하기도 한다. ◆ '꼬동쇠'는 '고동시'가 경음화된 형태로 1970년대 이전 충남 북부에서는 '고동시' 또는 '고종시'라고 했으며 감의 한 품종으로 외래 육종감인 '워라' 또는 '와라'에 대칭되는 감의 품종이다 -이명재(예산)

꼬두머리 충북 | 명사 | 곱슬머리
고불고불하게 말려 있는 머리털. 또는 그런 머리털을 가진 사람.
〔충주〕머리카락이 꼬불꼬불한 거럴 꼬두머리라구 그라지. 표머리카락이 고불고불한 것을 곱슬머리라고 그러지.

꼬들빼기 전북 | 명사 | 고들빼기
국화과의 두해살이풀.
〔군산〕꼬들빼기 캐서 된장국 끓여 먹으면 시원하다. 표고들빼기 캐서 된장국 끓여 먹으면 시원하다. 〔정읍〕꼬들메기는 삼사일 동안 물에 당거 놓았다가 지를 담어야 안 쓰고 만나당게. 표고들빼기는 삼사일 동안 물에 담가놓았다가 김치를 담가야 안 쓰고 맛있어.

꼬들삐짠지 충북 | 명사 | 고들빼기김치
고들빼기로 담근 김치
〔제천〕입맛 읎을 때 물에 밥 말어가지구 꼬들삐짠지 하나믄 끗이지 뭐. 표입맛 없을 때 물에 밥 말아가지고 고들빼기김치 하나면 끝이지 뭐.

꼬라지 강원 | 명사 | 꼴락서니
'꼴'을 낮잡아 이르는 말.
〔원주〕짓다 만 아파트들이 흉물스러운 꼬라지를 드러냈다. 표짓다 만 아파트들이 흉물스러운 꼬락서니를 드러냈다. 〔고성〕그 꼬라지가 뭐냐? 표그 꼬락서니가 뭐냐? 〔삼척〕해 댕기는 꼬라지가 달부 거지 행색이다. 표하고 다니는 꼬락서니가

전부 거지 행색이다.

꼬랑창1 전남 | 명사 | 개울
골짜기나 들에 흐르는 작은 물줄기.
〔고흥〕안산 밑에 꼬랑창에는 옛날에는 미꾸락지도 있고 가재도 있고 그랬어. 표안산 밑의 개울에는 옛날에는 미꾸라지도 있고 가재도 있고 그랬어. 〔강진〕해찰 부리지 마라. 꼬랑창에 빠질라. 표해찰 부리지 마라. 개울에 빠질라. 〔진도〕쩌그 다루독 미테 꼬랑창에는 미꾸락지가 무지하게 만타. 표저기 다리 밑의 개울에는 미꾸라지가 무지하게 많다.
◆ 흔히 '도랑'을 '또랑'이라고도 하고 '꼬랑'이라고도 한다. '꼬랑창'은 그냥 '도랑'을 의미하기도 하지만, '혼탁한 물이 흐르는 도랑'을 뜻하기도 한다. 대체로 이런 곳에는 미꾸라지가 많이 산다.

꼬랑창2 전북 | 명사 | 시궁창
시궁의 바닥. 또는 그 속.
〔군산〕이기 무신 냄시여? 누 발에서 꼬랑창 냄시가 난다냐? 표이게 무슨 냄새야? 누구 발에서 시궁창 냄새가 나냐? 〔임실〕시금 내 나는 더런 곳은 시금창이다. 표시궁 냄새 나는 더러운 곳은 시궁창이다.

꼬롬하다 경남 | 형용사 | 구릿하다
냄새가 좀 구린 듯하다.
〔진주〕오데서 이리 꼬롬한 내미가 나까? 표어디서 이렇게 구릿한 냄새가 날까? 〔하동〕사람이 허는 게 좀 꼬롬해서 돈 같은 거 못 빌려주것더라. 표사람이 하는 게 좀 구릿해서 돈 같은 거 못 빌려주겠더라. 〔고성〕그 아재는 지금은 승낙한 것처럼 보이지만 맴이 꼬롬하이 해가지고 뒤로는 무슨 짓을 할지 모린다. 표그 아저씨는 지금은 승낙한 것처럼 보이지만 마음이 구릿하여 뒤로

는 무슨 짓을 할지 모른다.

◆'꼬롬하다'에는 '구릿하다'라는 뜻만 있는 것은 아니다. 된장찌개나 청국장찌개에서 나는 구릿함과 구수함을 동시에 표현할 때도 '꼬롬하다'라고 한다. 그런가 하면 정직하지 않고 마음속에 딴생각을 품었을 때 '꼬롬하다' 또는 '깨꼬롬하다'라고 한다. ◆거창에서 쓰는 '쿰쿰하다'라는 말은 발효된 음식 특유의 냄새를 통칭하는 말이다. 반면에 발 냄새 따위는 '꼬리하다' 또는 "꼬랑내가 난다"라고 한다. ─강현석(거창)

꼬마지 충남 | 명사 | 종기
피부의 털구멍 따위로 화농성 균이 들어가 생기는 염증.
〔서산〕꼬마지가 크야 고룸두 많이 나온다. 표종기가 커야 고름도 많이 나온다.

꼬매다 충남 | 동사 | 꿰매다
옷 따위의 해지거나 뚫어진 데를 바늘로 깁거나 얽어매다.
〔금산〕여 봐여. 여 뒷통수를 꼬매버렸자녀. 한눈판 사이에 뒤로 넘어가서 돌빡에 부딪혀서. 표여기 봐요. 여기 뒤통수를 꿰매버렸잖아. 한눈판 사이에 뒤로 넘어가서 돌멩이에 부딪혀서. 〔서산〕터진 가랭이럴 꼬매 입구 댕겨라. 미천이 다 벤다. 표터진 가랑이를 꿰매 입고 다녀라. 밑천이 다 보인다. 〔태안〕청바지를 송송 꼬매 입들 못헐망정 암부러 박박 찢어 입넌 심보는 뭐랴. 표청바지를 송송 꿰매 입지 못할망정 일부러 박박 찢어 입는 심보는 뭐야. 〔논산〕입을 꼬매버리구 통 말을 안 혀. 표입을 꿰매고 통 말을 안 해.

꼬방시다 경북 | 형용사 | 고소하다
미운 사람이 잘못되는 것을 보고 속이 시원하고 재미있다.
〔대구〕지 꾀에 지가 넘어갔지 뭐. 참 꼬방시다.

표자기 꾀에 자기가 넘어갔지 뭐. 참 고소하다.

꼬숩다 전북 | 형용사 | 고소하다
(1)볶은 깨, 참기름 따위에서 나는 맛이나 냄새와 같다.
(2)미운 사람이 잘못되는 것을 보고 재미있거나 속이 시원하다.
〔전주〕참기름 꼬순 내가 진동허는고만. 표참기름 고소한 냄새가 진동하는군. 〔임실〕장에 가서 찬지름 짜 오먼 꼬손 냄새가 진동을 힛지. 표시장에 가서 참기름 짜 오면 고소한 냄새가 진동을 했지. 〔군산〕고놈, 지 힘만 믿고 나대더니 지대로 걸렸고만. 참 꼬숩다! 표그놈, 제 힘만 믿고 나대더니 제대로 걸렸구먼. 참 고소하다! 〔정읍〕이놈이 꼬시름허게 자빠졌구만. 표이놈이 고소하게 자빠졌네.

꼬시다 경남 | 형용사 | 고소하다
볶은 깨, 참기름 따위에서 나는 맛이나 냄새와 같다.
〔거제〕깨소곰 내앰새가 엄청시리 꼬시네. 표깨소금 냄새가 엄청 고소하네.
◆늘 젠체하던 사람이 무언가를 잘못했을 때도 "아이고, 꼬시다" 또는 "아이고, 꼬숩다"라고 한다. '고소하다'의 옛말은 '고소다'인데 이 '고소다'가 '꼬시다'로 바뀐 것은 경음화와 전설모음화가 일어난 결과이다.

꼬시랑재이 경남 | 명사 | 곱슬머리
고불고불하게 말려 있는 머리털. 또는 그런 머리털을 가진 사람.
〔창원〕꼬시랑재이는 고집이 쎄다 카는 말이 있다. 표곱슬머리는 고집이 세다고 하는 말이 있다.
◆곱슬곱슬한 상태를 나타내는 말로 '꼬부랑'은 고불고불한 상태를, '꼬시랑'은 고슬고슬한 상태를 가리

키는 말이다. 고슬고슬한 상태는 고불고불한 상태보다 조금 덜 곱슬거린다. ◆'재이'는 '쟁이'의 사투리로 '개구쟁이'를 '개구재이', '겁쟁이'를 '겁재이'라고 하는 것과 같다.

꼬시래기 경남 | 명사 | 망둑어
망둑엇과의 바닷물고기 망둑어를 이르는 말.
〔거제〕꼬시래기 열 바리가 감시이 한 바리만 하나? 囲망둑어 열 마리가 감성돔 한 마리만 할까? 〔하동〕너어들찌리 돈 몇 푼 더 버릴 끼라고 싸아봤자 문절이 지 살 뜯긴께 인자 고마해라. 囲너희들끼리 돈 몇 푼 더 벌겠다고 싸워봤자 문절망둑 제 살 뜯기니까 이제 그만해라.
◆울산에서는 '짱뚱어'를 '꼬시래기' 또는 '꼬시래이'라고 한다. ◆기본적으로 망둑어와 짱뚱어는 다르다. 망둑어가 짱뚱어보다 좀 더 크다. 망둑어는 지느러미가 거의 보이지 않지만 짱뚱어는 지느러미가 예뻐서 눈에 띈다.

꼬시르다 전남 | 동사 | 태우다
불씨나 높은 열로 불을 붙여 번지게 하거나 불꽃을 일어나게 하다.
〔강진〕촛불에 머리카락이 꼬시르지 않게 조심해라. 囲촛불에 머리카락을 태우지 않게 조심해라. 〔강진〕동무들과 보리를 꼬실러 먹으며 허기를 달래곤 했다. 囲동무들과 보리를 태워 먹으며 허기를 달래곤 했다.

꼬신내 전남 | 명사 | 없음
고소한 냄새.
〔고흥〕어제 참지름을 새로 짰등마는 꼬신내가 진동을 헙디다. 囲어제 참기름을 새로 짰더니 '꼬신내'가 진동을 합니다. 〔진도〕어찌게 참지금을 짰는데 꼬신내가 겁나게 나라. 쪼금 드릴게

잡수쇼잉. 囲어제 참기름을 짰는데 '꼬신내'가 굉장하게 나요. 조금 드리니 잡수세요.
◆'꼬신내'는 주로 참기름에서 나는 고소한 냄새를 뜻하는 말이다.

꼬오장 경남 | 명사 | 고추장
쌀·보리 따위로 질게 지은 밥이나 떡가루 또는 되게 쑨 죽에, 메줏가루·고춧가루·소금을 넣어 섞어서 만든 붉은 빛깔의 매운 장.
〔고성〕밥 비비 묵거로 꼬오장 단지 가지고 오이라. 囲밥 비벼 먹게 고추장 단지 가지고 오너라.

꼬이장 경북 | 명사 | 고추장
쌀·보리 따위로 질게 지은 밥이나 떡가루 또는 되게 쑨 죽에, 메줏가루·고춧가루·소금을 넣어 섞어서 만든 붉은 빛깔의 매운 장.
〔영천〕꼬이장이나 딘장이나 마카 집에서 담가 묵는다. 囲고추장이나 된장이나 모두 집에서 담가 먹는다.

꼬장떡 북한 | 명사 | 옥수수떡
옥수숫가루를 익반죽하여 동그랗게 빚어 만드는 떡.
〔함북〕꼬장떡을 빚어 밥 앉힐 때 가마밥 주위에 붙여 꼬장떡을 만드셨는데 사카린을 넣어서 달달한 게 잘 꺼지지 않아 배고픔을 달랠 수 있었다. 囲옥수수떡을 빚어 밥 안칠 때 가맛밥 주위에 붙여 옥수수떡을 만드셨는데 사카린을 넣어서 달달한 게 잘 꺼지지 않아 배고픔을 달랠 수 있었다.

꼬장하다 충남 | 형용사 | 꽁하다
마음이 좁아 너그럽지 못하고 말이 없다.

〔서산〕한븐 화내믄 며칠을 꼬장해가지구. 사람이 속이 뻰댕이여. 표한번 화내면 며칠을 꽁해가지고. 사람이 속이 밴댕이야. 〔공주〕그 사람 맴이 꼬장꼬장하여 한번 틀리믄 엥간해선 풀어지덜 않혀. 표그 사람 마음이 꽁해서 한번 틀리면 어지간해선 풀어지질 않아. 〔세종〕엊저녁에 샘춘혀는 것이 꽉매쳐 죽을 뻔했유. 표엊저녁에 삼촌하는 것이 꽁하여 죽을 뻔했어요.

◆'꼬장꼬장하다'는 성미가 곧고 결백하여 남의 말을 좀처럼 듣지 않을 때 쓰는 말이다. 이 뜻에서 '말을 듣지 않는' 부분이 강조되어 '꼬장하다'를 사용하는 것으로 볼 수 있다. 다른 형태로는 '깔꼬장하다', '깔꾸장하다'가 있다.

꼬창 충남 | 명사 | 고추장
쌀·보리 따위로 질게 지은 밥이나 떡가루 또는 되게 쑨 죽에, 메줏가루·고춧가루·소금을 넣어 섞어서 만든 붉은 빛깔의 매운 장.
〔금산〕걍 건건이 느꾸 꼬창 느꾸 비벼 잡숴. 표그냥 반찬 넣고 고추장 넣고 비벼 먹어. 〔서산〕"밥버덤 꼬추장이 더 많다"와 "장꾼버덤 엿장사가 더 많다"는 같은 뜻의 속담이다. 표"밥보다 고추장이 더 많다"와 "장꾼보다 엿장수가 더 많다"는 같은 뜻의 속담이다. 〔공주〕할머니께서 늘 말씀하시기를 그 집이 잘 될라면은 장맛이 좋아야 된다고 하셨어. 덴장허구 간장허구 꼬치장이 항상 참 맛있었구. 표할머니께서 늘 말씀하시기를 그 집이 잘되려면 장맛이 좋아야 된다고 하셨어. 된장하고 간장하고 고추장이 항상 참 맛있었지.

꼬추무름 전남 | 명사 | 없음
풋고추를 밥 위에 얹어 무릇하게 찐 다음 양념을 하여 무친 반찬.
〔고흥〕어자침에 꼬추무름 해 묵었는디 겁나게 맛납디다. 표어제 아침에 '꼬추무름' 해 먹었는데 매우 맛납디다. 〔진도〕우리 아부지는 꼬추무름을 해드려야 진지를 잘 잡수제이. 표우리 아버지는 '꼬추무름'을 해드려야 진지를 잘 잡수신다.
◆'꼬추무름'은 '꼬추'와 '무름'의 합성어이다. 꼬추는 고추의 사투리이다. 이는 전라도 사투리의 특징 중 하나인 된소리되기의 결과로 보인다. 조금→쪼끔, 가지→까지, 두꺼비집→뚜꺼비집 등과 같은 현상이다. '무름'은 고추를 김에 익혀서 먹기 좋게 무른 상태를 뜻한다. −오덕렬(광주) ◆아직 표준어 대접을 받고 있지는 못하지만 '무름'은 단단한 재료를 쪄서 무르게 만들어 먹는 반찬의 총칭이다. 실제로 우리네 식탁에 오르는 반찬 중에는 고추뿐만 아니라 감자까지도 '무름'의 대상이 되곤 한다.

꼬치미 경남 | 명사 | 없음
말린 고사리.
〔울산〕추우머 꼬치미 내다 나물 무치 묵고 그라거던. 표추우면 '꼬치미' 내다가 나물로 만들어 무쳐 먹고 그러거든. 〔함안〕인자는 꼬치미도 없어. 맨드는 사람이 엄는데. 표인제는 '꼬치미'도 없어. 만드는 사람이 없는데.

꼬치장 충북 | 명사 | 고추장
쌀·보리 따위로 질게 지은 밥이나 떡가루 또는 되게 쑨 죽에, 메줏가루·고춧가루·소금을 넣어 섞어서 만든 붉은 빛깔의 매운 장.
〔옥천〕엳찔그미는 꼬치장 담는 디 써유. 표엿기름은 고추장 담그는 데 써요.

꼭감 경남 | 명사 | 곶감
껍질을 벗기고 꼬챙이에 꿰어서 말린 감.
〔하동〕대봉감으로 꼭감 맹글모 맛있다 카데예. 표대봉감으로 곶감 만들면 맛있다고 하데요.

꼭기 전남 | 명사 | 꽃게

달랑갯과의 붉은발 농게를 이르는 말.

〔고흥〕꼭기는 된둥에 살고, 찔기미는 진창에 살
아. 표꽃게는 된 갯벌에 살고 칠게는 진창에 살
아. 〔진도〕꼭기는 덴땅에 살고, 화랑기는 개뻘에
산당께. 표꽃게는 된 갯벌에 살고, 칠게는 갯벌
에 산다.

◆'꼭기'는 간장 게장처럼 간장을 다려 부어 삭힌 후
에 반찬으로 먹는다.

꼭다리 전북 | 명사 | 꼭지

잎이나 열매가 가지에 달려 있게 하는
짧은 줄기.

〔군산〕고추 꼭다리 빼먹지 말고 따야 헌다이. 표
고추 꼭지 빼먹지 말고 따야 한다. 〔정읍〕꼭따리
도 좀 보고 따래니까. 표꼭지도 좀 보고 따라니까.

꼭지 경남 | 명사 | 없음

딸을 많이 낳는 집에서 딸을 그만 낳고
아들을 낳기를 바라며 사용하던 이름.

〔고성〕어렸을 때 꼭지라고도 했고 둘람이라고도
했어. 표어렸을 때 '꼭지'라고도 했고 '둘람'이라
고도 했어. 〔부산〕꼭지야, 아프나? 쪼꼼만 참으
래이. 이제 다 왔다. 표'꼭지'야, 아프냐? 조금만
참아라. 이제 다 왔다.

◆'꼭지'는 그릇 뚜껑이나 과일의 짧은 줄기처럼 생
김새가 뾰족하기 때문에 남자의 성기를 상징하는 말
로서 딸 부잣집 딸들에게 널리 사용된 아명이다. 다
음번에는 아들을 낳기를 바라는 마음으로 막내딸을
그렇게 불렀던 것이다. 이와 비슷한 뜻으로 "이제는
아들을 두고 싶다" 혹은 "이제는 딸을 그만 두고 싶
다"라는 뜻으로 '둘남/둘람' 혹은 '둘년'이라는 이름
을 사용하기도 하였다. 개중에는 아명이 아니라 실
제 이름으로 사용하기도 하였다. -김성재(고성)

꼰두발 전남 | 명사 | 까치발/발돋움

키를 돋우려고 발밑을 괴고 서거나 발끝
만 디디고 섬.

〔고흥〕어른들 계시니 조용히 꼰두발로 걸어 다
녀라. 표어른들 계시니 조용히 발돋움으로 걸어
다녀라. 〔신안〕키가 작아 꼼발 딛고 물건을 꺼낸
다. 표키가 작아 발돋움 딛고 물건을 꺼낸다. 〔장
성〕키발로 서 있다. 표까치발로 서 있다. 〔진도〕
너는 키가 작은께 꼿발 딛고 바야겄다. 표너는 키
가 작으니까 발돋움하고 봐야겠다. 〔진도〕앞사람
때메 잘 안 보잉께 꼿발로 서야 되겄다. 표앞사람
때문에 잘 안 보이니까 까치발로 서야 되겠다.

꼰드랍다 경북 | 형용사 | 불안전하다

안전하지 못하다.

〔경산〕자전거를 계단 옆에 꼰드랍게 세워뒀길래
내가 저짜로 치왔다. 표자전거를 계단 옆에 불안
전하게 세워뒀길래 내가 저쪽으로 치웠다.

◆'곤그랍다' 또는 '꼰드랍다'는 사람이나 사물이 모
서리나 낭떠러지 등에 있어서 떨어질 것만 같은 상
태에 있음을 뜻하는 말이다.

꼰질르다 전북 | 동사 | 고자질하다

남의 잘못이나 비밀을 일러바치다.

〔군산〕그새를 못 참고 선상님한테 쪼로로 가갖
고 꼰질러버려? 표그새를 못 참고 선생님한테
쪼르르 가서 고자질해?

꼴가지 전남 | 명사 | 골마지

간장, 된장, 술, 초, 김치 따위 물기 많은
음식물 겉면에 생기는 곰팡이 같은 물질.

〔고흥〕짐치가 싱거우믄 우게가 꼴가지가 찌부러.
표김치가 싱거우면 위에 골마지가 쩌버려. 〔진
도〕짐치가 너무 싱거우믄 우게가 꼬끄라지가 껴
분께 짭짤하게 담거라. 표김치가 싱거우면 위에

골마지가 끼니까 짭짤하게 담가라.
◆ '꼴가지'는 '끼다' 또는 '찌다'와 함께 쓰인다.

꼴고랭이 충북 | 명사 | 누룽지
솥 바닥에 눌어붙은 밥.
〔옥천〕어머이가 꼴고랭이 뭉쳐 주믄 들구 댕기믄서 먹구 그랬지. 표어머니가 누룽지 뭉쳐 주면 들고 다니면서 먹고 그랬지.

꼴비다 충남 | 형용사 | 없음
하는 짓이 거슬리어 보기에 아니꼽다.
〔서산〕허는 짓거리가 꼴비기가 싫잖어. 표하는 짓이 '꼴비기'가 싫잖아. 〔서산〕너머 제 자랑만 늘어노먼 넘이 볼 때 꼴뵌다. 표너무 자기 자랑만 늘어놓으면 남이 볼 때 '꼴뵌다'. 〔공주〕그 사람 하는 짓거리 바라 번번히 꼴비기 싫은 짓만 혀. 표그 사람 하는 짓 봐라 번번이 '꼴비기' 싫은 짓만 해.

꼴잡하다 경남 | 형용사 | 치사하다
행동이나 말 따위가 쩨쩨하고 남부끄럽다.
〔마산〕가아는 아아가 쫌 하는 짓이 꼴잡데. 표개는 아이가 좀 하는 짓이 치사하데.

꼴쪼 충북 | 명사 | 꼴찌
차례의 맨 끝.
〔진천〕꼴쪼만 아니면 된다야. 표꼴찌만 아니면 된다.

꼼밥 경남 | 명사 | 없음
(1)달걀의 위쪽을 뜯어 속을 비운 다음 그 속에 불린 쌀을 넣고 물을 부어 찌거나 잿불에 구운 밥.
(2)소나무의 꽃가루. 또는 그것을 물에 넣고 휘저어 잡물을 없앤 뒤 말린 가루

(송화).
〔창원〕어릴 때는 꼼밥을 자주 해 무웄다. 표어릴 때는 '꼼밥'을 자주 해 먹었다. 〔창원〕오새도 엣날에 꼼밥 해 묵던 기억이 난다. 표요새도 옛날에 '꼼밥' 해 먹던 기억이 난다.
◆흔히 달걀 껍데기를 이용하여 지은 밥을 가리켜 '달걀밥'이라고 하는데, '달걀밥'은 '밥이 끓을 때 달걀을 풀어 넣고 지은 밥'을 가리키는 말이다. 따라서 마땅히 대체할 표준어가 없는 셈이다. '달걀온밥'이라는 말을 사용하기도 하는데, 표준어는 아니다. 경상남도 창원 지역 외에도 김해·울산·진주·창녕에서는 '꼼밥'이라고 한다. ◆송화는 소나무의 꽃을 가리키는 말로 빛은 노랗고 달착지근한 향기가 나며 다식과 같은 음식을 만드는 데 쓴다. 송화를 '꼼밥'이라고 했는데, 노란색을 띤 송화는 '쌀밥'이라고 했고, 갈색을 띤 송화는 '보리밥'이라고 하기도 했다.

꼼밥 전남 | 명사 | 춘란
난초과의 여러해살이풀을 이르는 말.
〔해남〕꼼밥 꽃대는 묵어. 달키해니 맛네. 표춘란 꽃대는 먹어. 달달하니 맛나. 〔진도〕꿩밥이 꽃대를 길게 뽑아 이쁘게 꽃 피면 꼭 장끼가 고갤 길게 뽑아 사방을 두리번거리는 형상이더랑께요. 표춘란이 꽃대를 길게 뽑아 이쁘게 꽃 피면 꼭 장끼가 고갤 길게 사방을 두리번거리는 형상이더라니까요. 〔진도〕꿩밥 꽃대를 머거 보믄 달짝지근하라. 표춘란 꽃대를 먹어보면 달짝지근합니다. 〔진도〕봄에 아그덜은 산에 올라가 꿩밥 꽃대를 뽑아 먹기도 하제마는 어른들은 꿩밥 뿌리를 캐다가 밥이나 떡을 하는데 보태기도 했다고 하대요. 보릿고개를 그케 저케 넹겄나 봐요. 표봄에 아이들은 산에 올라가 춘란 꽃대를 뽑아 먹기도 하지만 어른들은 춘란 뿌리를 캐다가 밥이나 떡을 하는데 보태기도 했다고 하더군요. 보릿고개를 그렇게 저렇게 넘겼나 봐요.

◆전남 목포와 해남에서는 '춘설'을 '꿩밥'이라고도 하고, '꼼밥'이라고도 한다. '꼼밥'은 동백과 함께 가장 먼저 봄이 왔음을 알리는 봄의 전령사인데, '꼼밥'의 꽃대는 꽃이 피기 전까지 뽑아서 먹기도 했다. ◆더러는 송화를 '꼼밥'이라고 하여 따 먹기도 하였다.

꼼방울 충남 | 명사 | 솔방울
소나무 열매의 송이.

〔당진〕꼼방울이 많이 달린 소나무는 먼가 잘못된 나무여. 〓솔방울이 많이 달린 소나무는 뭔가 잘못된 나무야. 〔태안〕저늠은 만대 끄티 꼼방울 줏는 으자헌티 장개보낸다구 허먼 울었넌디. 〓저놈은 만대 끝에 솔방울 줍는 여자한테 장가보낸다고 하면 울었는데. 〔예산〕우덜 핵겨 댕길 적인 꼼방울 줏으러 많이 댕겼지. 공부 허다 말구 핵겨 뒷산일 올러 댕겼다니께. 뭣 허긴 뭣 혀? 줏어다 땔라구 그런 거지. 〓우리들 학교 다닐 적엔 솔방울 주우러 많이 다녔지. 공부 하다 말고 학교 뒷산에 올라 다녔다니까. 뭐 하긴 뭐 해? 주워다 때려고 그런 거지.

◆'꼼방울'은 '방울처럼 달린 소나무의 열매'를 이르는 말이다. 해방 이후 충남에서는 '꼼방울/솔방울'이 함께 쓰였다. 그러다가 1980년대 이후엔 쓰는 이가 드물어졌다. '꼼방울/솔방울'은 소나무의 암꽃이다. 꼼방울이 많이 달렸다는 것은 곧 나무가 기운을 잃었다는 뜻이다. 죽기 전의 대나무가 꽃을 피우듯 땅이 척박하여 오래 버티기 어렵다는 신호다. 죽기 전에 자손을 남기려는 종족 보존의 본능이다. -이명재(예산)

꼼비기 경남 | 명사 | 호미씻이
농가에서 농사일, 특히 논매기의 만물을 끝낸 음력 7월쯤 날을 받아 하루를 즐겨 노는 일.

〔창녕〕꼼비기 묵다. 〓호미씻이를 하다. 〔밀양〕

농사 다 끝나고 꼼배기 할 때 고기랑 술이랑 사다가 한잔하입시더. 〓농사 다 끝나고 호미씻이 할 때 고기랑 술이랑 사다가 한잔하십시다.

◆'꼼비기'는 '호미씻이' 또는 '호미씻기'의 경남 말인데, 벼를 심은 논에 마지막으로 하는 김매기 즉 '만물'을 끝내고 벌이는 마을 단위의 잔칫날이다. 간혹 '호미씻이'를 밭농사와 연관이 있는 것으로 오해하는 사람들이 있다. 호미를 밭농사에만 사용하는 농기구라고 생각하기 때문이다. 그런데 호미에는 밭호미와 논호미가 있고, 일반적으로 논호미가 밭호미보다 날이 좀 더 크다. 더욱이 밭호미라면 씻어서 걸어둘 일이 없다. 백중이 지난 후에도 계속 써야 하기 때문이다. 그러나 논호미는 딱 만물 때까지만 필요하다. 더 이상 쓸 일이 없는 호미는 씻어서 걸어둔다. 지역에 따라 호미를 씻어서 걸어둔다는 뜻으로 '호미걸이'라고 하는 지역도 있다. -김성재(고성) ◆창녕에서는 '호미씻이' 음식 먹는 것을 "꼼비기 묵다"라고 하고, 부산에서는 "푸꾸묵다"라고 한다. -성기각(창녕)

꼼심하다 경북 | 형용사 | 얍삽하다
사람이 얕은꾀를 쓰면서 자신의 이익만을 챙기려는 태도가 있다.

〔의성〕가는 꼼심하이 할 줄이나 알지 실력은 영 파이다. 〓걔는 얍삽하게 할 줄이나 알지 실력은 영 별로다.

꼼자아 경남 | 명사 | 먹장어
꾀장어과의 바닷물고기.

〔부산〕꼼자아 오새 대기 비싸데. 〓먹장어 요새 많이 비싸데. 〔하동〕꼼장애를 꾸 묵을라 캐도 모테가 엄따. 〓먹장어를 구워 먹으려고 해도 석쇠가 없다.

◆일반적으로 '장어'하면 '뱀장어'를 뜻하는 말이다. 뱀장어는 민물장어이고, 꼼장어라고도 불리는 먹장

135

어는 바닷장어이다. '먹장어'는 눈이 퇴화하여 눈의 흔적만 남아 있어서 붙여진 이름이고, '꼼장어'는 꼼지락거린다고 해서 붙여진 이름이다.

꼼지뽑기 충남 | 명사 | 제비뽑기
제비를 만들어 승부나 차례를 정하는 일.
〔예산〕우덜 어렸을 적이 으른덜이 꼼지뽑기라구 썼넌디, 우덜은 많이 안 썼어. 애덜은 심지뽑기라구 많이 힜지. 지비뽑기라구두 허구.-이명재(2019) 표우리들 어렸을 적에 어른들이 '꼼지뽑기'라고 썼는데, 우리들은 많이 안 썼어. 애들은 '심지뽑기'라고 많이 했지. '지비뽑기'라고도 하고.

꼽꼬지허다 전남 | 동사 | 치장하다
잘 매만져 곱게 꾸미다.
〔진도〕아직도 안 씨쳐으야. 빨리 꼽고지혀야제.-이기갑(1997) 표아직도 안 씻었어. 빨리 치장해야지.

꼽표 경북 | 명사 | 곱표
곱셈의 부호 '×'를 이르는 말.
〔영덕〕맞춘 문제는 공표 치고 틀린 문제는 꼽표 처라. 표맞힌 문제는 공표 치고 틀린 문제는 곱표 처라.
◆우리말에 '곱'은 어떤 수나 양을 두 번 합한 것을 뜻한다. '배(倍)'의 순우리말이다. ◆'×'를 '곱표'로도 부르고 '가새표'로도 부른다. '엑스표'라는 말 대신에 살려 쓰면 좋을 우리말이다.

꽁 강원 | 명사 | 꿩
꿩과에 속한 새.
〔평창〕만두 속으로 꽁고기가 제일이래요. 표만두 속으로 꿩고기가 제일이에요. 〔강릉〕아척에 뒷산서 꽁이 까토리르 찬능 거 보이 봄이구나. 표아침에 뒷산에서 꿩이 까투리를 찾는 것을 보니 봄

이구나. 〔삼척〕암꽁을 까투리라 하고요, 숫꽁은 쟁끼 또는 장끼라 하잖소. 꽁고기는 새쿰한 냄새가 나잖소. 표암꿩은 까투리라고 하고요, 수꿩은 쟁끼 또는 장끼라 하잖소. 꿩고기는 새쿰한 냄새가 나잖소.

꽁깡이 전남 | 명사 | 맹꽁이
맹꽁잇과의 양서류.
〔고흥〕모 숭굴라고 논에 써레질 해놓응께 꽁깡이가 겁나게 울구마. 표모 심으려고 논에 써레질 해놓으니까 맹꽁이가 엄청 운다. 〔진도〕웃 논의 둠벙에는 뱀개구리가 엄청나게 만탕께. 표윗 논의 웅덩이에는 맹꽁이가 엄청나게 많다니까.
◆모내기를 하려면 논에 물을 채워야 하고 써레질을 해서 흙을 잘고 부드럽게 만들어야 한다. "써레질을 해놓으니 맹꽁이가 많이 운다"라는 말은 그래서 생긴 말이다. 맹꽁이나 개구리 등이 서식하기에 좋은 환경이 만들어졌기 때문이다.

꽁닥거리다 경남 | 동사 | 까불다
가볍고 조심성 없이 함부로 행동하다.
〔창덕〕나이 한 살 더 무웄다고 제부 꽁닥거리네. 표나이 한 살 더 먹었다고 제법 까부네.
◆밀양에서는 까부는 정도가 심할 때 '들까부다'라고 한다. -경남방언연구보존회

꽁등보리밥 경남 | 명사 | 꽁보리밥
보리쌀로만 지은 밥.
〔울산〕아침에 일라 소물 믹이고 꽁등보리밥 묵고 핵교에 갔지. 표아침에 일어나 소여물 먹이고 꽁보리밥 먹고 학교에 갔지. 〔창원〕꽁보리밥에 질린 사람한테 보리밥 무로 가자 카모 놀리는 거빼이 더 데나. 표꽁보리밥에 질린 사람한테 보리밥 먹으러 가자고 하면 놀리는 것밖에 더 되니.

꽁베기국 북한 | 명사 | 없음
배추 뿌리로 끓인 국.
〔황남〕김장철 무 대신 꽁베기국을 끓여 먹었다.
◆'꽁베기국'은 황해도에서 배추를 넣지 않고 배추 뿌리만 넣고 배춧국처럼 끓인 된장국이다.

꽁치다 경남 | 동사 | 넘어뜨리다
바로 선 것을 넘어지게 하다.
〔진해〕그런 밭다리 기술로 상대를 꽁칠 수 있겠나? 텍도 없제. 표그런 밭다리 기술로 상대를 넘어뜨릴 수 있겠니? 어림도 없지. 〔고성〕나무를 한 짐 지고 오다가 질바닥에 내꽁쳤단다. 표나무를 한 짐 지고 오다가 길바닥에 넘어뜨렸단다.
◆진해에서는 "글마 꽁치는 거는 하도 심해서 바리 웃음이 나온다 카이(그놈 꾸며대는 것은 하도 심해서 바로 웃음이 나온다니까)"라는 식으로 '거짓말하다' 또는 '허풍 떨다'라는 뜻으로 쓰기도 한다. -김영수(진해)

꽃장갈 전남 | 명사 | 없음
진달래의 뿌리.
〔고흥〕오늘은 산에 올라가서 꽃장갈이나 파 와야 쓰것네. 표오늘은 산에 올라가서 '꽃장갈'이나 캐 와야겠네. 〔진도〕하도 나무를 해싼께 산에 가믄 나무가 없은께 꽃등걸이나 파와야 쓰것다. 표하도 나무를 하니까 산에 가면 나무가 없어서 '꽃등걸'이나 캐 와야겠다.
◆'꽃장다리'라고도 한다. 땔감이 없던 시절에 '쌔깨비(썩은 나뭇가지)', 솔방울, '뜽글(나무 등걸)'과 함께 나무 뿌리도 캐서 말려 땔감으로 썼는데 특히 진달래 뿌리를 많이 썼다. 고흥에서는 진달래꽃을 '참꽃'이라고 한다.

꽈꾸리 충남 | 명사 | 사슴벌레
사슴벌렛과의 딱정벌레를 통틀어 이르는 말.
〔당진〕저 나무에 꽈꾸리 많을 거 같은디. 표저 나무에 사슴벌레 많을 거 같은데. 〔서산〕지께벌레 잡을라면 참낭구 밭에 가야여. 표사슴벌레 잡으려면 참나무 숲에 가야 한다. 〔태안〕말할 것두 옰어. 국민핵교 때버텀 찝게벌레는 20원, 수이똥벌레는 10원 쏙 얄짤옰이 팔어먹은 늠이니께. 표말할 것도 없어. 초등학교 때부터 사슴벌레는 20원, 쇠똥구리는 10원씩 봐주는 것 없이 팔아먹은 놈이니까.

꽝치젓 충남 | 명사 | 황석어젓
황석어로 담근 젓.
〔보령〕꽝치젓이 조기 새끼야. 꽝치가 조기 새끼. 거루 담근 것이 꽝치젓. 표황석어젓이 조기 새끼야. 황석어가 조기 새끼. 그걸로 담근 것이 황석어젓. 〔당진〕황새기젓은 증말 짜부러서, 조금씩만 밥에 비벼 먹어야 혀. 표황석어젓은 정말 짜서, 조금씩만 밥에 비벼 먹어야 해. 〔서산〕황셕이젓은 양념을 해서 무쳐 먹기두 허구 진창에서두 쓴다. 표황석어젓은 양념을 해서 무쳐 먹기도 하고 김장에도 쓴다. 〔공주〕할머니께서 늘 말씀하시기를, 뭐니 뭐니 혀두 짐장 담글 적에는 황새기젓을 폭 과서 그것으로 담그야 심심허니 감칠맛 나고 맛있어. 표할머니께서 늘 말씀하시기를, 뭐니 뭐니 해도 김장 담글 때는 황석어젓을 폭 고아서 그것으로 담가야 심심하니 감칠맛 나고 맛있어.
◆'황석어'의 본래 이름은 '황강달이'이다. '황새기/황세기/황실이' 등은 한자어 이름이고, '강다리/깡치/꽝치' 등은 고유어 이름이다.

쾌기 강원 | 명사 | 자두
토종 자두나무의 열매. 살구보다 조금 크거나 작으며 껍질 표면은 털이 없이 매끈하며 맛은 시큼하며 달콤하다.
〔삼척〕꽤기가 마당에 내리붓듯이 많이 떨어져 있잖소. 한 개 깨물어봤더니 안에 벌기가 들어 있잖소. 표자두가 마당에 내리붓듯이 많이 떨어져 있잖소. 한 개 깨물어봤더니 안에 벌레가 들어 있잖소. 〔강릉〕언나 여레기 꽤 사리로 갔어. 표어린아이 여럿이 자두 서리를 갔어. 〔고성〕덜 익은 꽤를 먹으면 속이 데롭다. 표덜 익은 자두를 먹으면 속이 불편하다. 〔삼척〕토종 꽤, 생각만 해도 귀밑에서 침이 나오고 인상이 찌푸려진다야. 표토종 자두, 생각만 해도 귀밑에서 침이 나오고 인상이 찌푸려진다.
◆강원도에서 자두는 '오얏'에서 온 말로 지역에 따라 '오야/고야/꽤'라고 부른다. 본디 오얏나무 열매는 색이 붉어 자줏빛 자(紫)에 복숭아 도(桃)를 사용하여 '자도'라고 하였다. 즉 '오얏'과 '자도'는 자두의 옛말인 것이다. 강릉에서는 자두를 가을에 열리는 오얏이라고 하여 '추리'라고도 한다. -김인기(강릉) ◆정선에서는 토종 자두 중에 노란 색깔의 자두를 '밀꽤'라고 하고, 붉은 색깔의 자두를 '통꽤'라고 하여 구분하였다. -이경진(삼척)

꽹매기 충남 | 명사 | 꽹과리
풍물놀이와 무악 따위에 사용하는 타악기의 하나. 놋쇠로 만들어 채로 쳐서 소리를 내는 악기로, 징과 같은 모양이지만 크기가 작고 소리가 경쾌하다.
〔서산〕농악에서 꽹매기 치구 징 치넌 사람을 세잽이라구 헌다. 표농악에서 꽹과리 치고 징 치는 사람을 쇠잡이라고 한다. 〔공주〕아부지가 풍장을 칠 때 깽매기를 어쩌나 심명나게 잘 치는지 무당 신들린 춤 같았지 뭐여. 표아버지가 풍장을 칠 때 꽹과리를 어쩌나 신명나게 잘 치는지 무당 신들린 춤 같았지 뭐야. 〔태안〕장고가 옰넌디 꽹매기 혼차 뭔 흥이 난다구 나스었어. 표장구가 없

는데 꽹과리 혼자 뭔 흥이 난다고 나서겠어. 〔당진〕꽹매기 치는 사람두 상새가 있고 부새가 있다. 표꽹과리 치는 사람도 상쇠가 있고 부쇠가 있다.
◆농악이 농사를 지을 때 하는 풍물놀이라면, 풍장은 놀이를 위한 풍물놀이이다. -김국명(공주)

꽹매기 충북 | 명사 | 꽹과리
풍물놀이와 무악 따위에 사용하는 타악기의 하나. 놋쇠로 만들어 채로 쳐서 소리를 내는 악기로, 징과 같은 모양이지만 크기가 작고 소리가 경쾌하다.
〔옥천〕정월 보름날 되믄 꽹매기 치구, 술 먹구 놀지. 표정월 보름날이 되면 꽹과리 치고, 술 먹고 놀지.
◆풍물놀이에서 상쇠가 치는 높은 소리를 내는 꽹과리는 '수꽹과리'라고 하며, 중쇠가 치는 좀 낮고 부드러운 소리를 내는 꽹과리는 '암꽹과리'라고 한다. 꽹가리로 소리를 내는 것을 '매긴다'라고 하므로 '꾕매기'는 꽹가리 소리를 낸다는 뜻을 담은 사투리로 볼 수 있다.

꾀미 강원 | 명사 | 고명
음식의 모양과 빛깔을 돋보이게 하고 음식의 맛을 더하기 위하여 음식 위에 얹거나 뿌리는 것을 통틀어 이르는 말.
〔평창〕국시 말을 때는 꾀미르 얹어서 먹어야 맛있어요. 표국수를 말을 때에는 고명을 얹어서 먹어야 맛있어요. 〔정선〕야, 고기 꾀미 올려라. 표야, 고기 고명 올려라. 〔삼척〕국시 꾀미로는 깨보셍이가 좋고요. 표국수 고명으로는 깨소금이 좋아요. 〔속초〕간재미회를 꾸미로 올려줍니다. 표간자미회를 고명으로 올려줍니다. 〔원주〕끼미라고 인제 고레 헤가이고, 고레 인저 손님 접대하고. 표고명이라고 이제 그렇게 해서, 그렇게 이

제 손님 접대하고.

꾀벗다 전북 | 동사 | 발가벗다
알몸이 되도록 입은 옷을 모두 벗다.
〔임실〕저놈은 꾀벗고 장두 칼 찰 놈이여. 표저놈은 발거벗고 장군 칼 찰 놈이여. 〔정읍〕이놈이 으멍시럽게 꽤홀딱벗고 지랄이 지랄이여. 표이놈이 의뭉스럽게 발가벗고 지랄이 지랄이야. 〔군산〕저수지에서 깨끗하고 목욕하다가 경비원에 들켜 도망갔다. 표저수지에서 발가벗고 목욕하다가 경비원에게 들켜 도망갔다.
◆전북 사투리 '꾀벗다'에서 '꾀'는 사전에 등재되지 않은 말로 전라도에서만 나타난다. '꾀를 벗다'라는 표현의 의미를 유추해보면 '꾀'는 '옷'을 가리키는 말일 가능성도 있고, 혹은 '남자의 여름 홑바지'인 '고의'에서 온 말일 가능성도 있다. 전북에서는 '옷을 죄다 벗은 알몸뚱이'를 '꾀복쟁이', '어릴 적에 꾀를 벗고 놀던 친구'를 가리켜 '꾀복쟁이 친구'라고 한다.

꾸개다 경북 | 동사 | 구기다
종이나 천 따위의 얇은 물체가 비벼지거나 접혀져서 잔금이 생기다. 또는 그렇게 하다.
〔대구〕저구리가 너무 꾸개졌다. 다리비질 해야겠다. 표저고리가 너무 구겨졌다. 다리미질 해야겠다.

꾸꿈찾기 경북 | 명사 | 숨바꼭질
아이들 놀이의 하나. 여럿 가운데서 한 아이가 술래가 되어 숨은 사람을 찾아내는 것인데, 술래에게 들킨 아이가 다음 술래가 된다.
〔영천〕옛날에는 아들이 꾸꿈찾기 노느라 집 밖에로 뛰댕깄다. 표옛날에는 아이들이 숨바꼭질하고 노느라 집 밖으로 뛰어다녔다.

◆아이들의 놀이와 연관된 단어는 전국적으로 사투리 분화가 매우 다양한 편이다. 표준어 '숨바꼭질'은 놀이 과정에서 어딘가에 숨는 데 초점을 둔 말이라면 경북 사투리 '꾸꿈찾기'는 숨은 사람을 찾는 데 초점을 둔 말이라고 할 수 있다.

꾸꿍새 전남 | 명사 | 뻐꾸기
두견과의 새인 뻐꾸기를 이르는 말.
〔고흥〕꾸꿍새가 한 5월달에나 울끄요. 표뻐꾸기가 한 5월에나 울 거예요.
◆뻐꾸기를 전남에서는 '뻐꾹새, 수꾹세, 수꿍새, 소딱세, 꿀꿍세, 풀꾹세, 푸꿍세, 초꾹세' 등으로 다양하게 부르는데, 모두 새의 울음소리를 본따서 지은 이름이다. 아마도 그 지역에서 들렸던 뻐꾸기 울음소리는 '꾸꿍꾸꿍, 뻐꾹뻐꾹, 수꾹수꾹, 수꿍수꿍, 소딱소딱, 꿀꿍꿀꿍, 풀꾹풀꾹, 초꾹초꾹'이었을 것이다.

꾸다 강원 | 동사 | 꼬다
가는 줄 따위의 여러 가닥을 비비면서 엇감아 한 줄로 만들다.
〔삼척〕밤새도록 새끼를 꾸었더니 손바닥이 다 닳았잖소. 표밤새도록 새끼를 꼬았더니 손바닥이 다 닳았잖소. 〔원주〕새끼루 꽈가주 맨드능 게지 머. 표새끼로 꼬아서 만드는 거지 뭐.

꾸다 경기 | 동사 | 뀌다
방귀 따위를 몸 밖으로 내보내다.
〔안성〕그 양반이 소싯적에 방귀깨나 꾸는 사람이었어요. 표그 양반이 소싯적에 방귀 깨나 뀌는 사람이었어요.

꾸레미 충남 | 명사 | 꾸러미
물건을 천이나 끈 따위로 모아 싼 것을 일컫는 말.

〔당진〕새앙을 꾸레미째 들구 가설랑 한참을 안 올라오능 겨. 표생강을 꾸러미째 들고 가서 한참을 안 올라오는 거야. 〔서산〕꾸레미 숙에 단장 들었다는 속담은 것모냥은 조치 안혜두 숙에 든 것이 좋고 훌륭하다는 말이다. 표꾸러미 속에 단장 들었다는 속담은 겉모양은 좋지 않아도 속에 든 것이 좋다는 말이다. 〔논산〕사람이 위째 그렇게 손이 쩍어. 그 여러 식구가 한 꾸레미 갖구 어떡케 먹으라구. 표사람이 어째 그렇게 손이 작아. 그 여러 식구가 한 꾸러미 가지고 어떻게 먹으라고. 〔태안〕달걀 한 꾸러미가 몇 갠 중 아남? 표달걀 한 꾸러미가 몇 개인 줄 아나?

◆짐이나 물건 따위를 묶어서 싸는 것을 '꾸린다'고 한다. 이렇게 꾸린 것을 가리키는 말이 꾸러미이다. 짚으로 달걀을 넣어 엮으면 달걀 꾸러미가 되는 식이다.

꾸리대추 경북 | 명사 | 없음
토종 대추의 한 종류로 단맛과 살짝 신맛이 있는 대추. 품질이 좋은 대추를 일컫는 말로도 쓴다.
〔영천〕요 앞 대추낭게 꾸리대추가 항그 열렸다. 표요 앞 대추나무에 '꾸리대추'가 잔뜩 열렸다.

꾸리무리하다 경북 | 형용사 | 흐리다
하늘에 구름이나 안개 따위가 끼어 햇빛이 밝지 못하다.
〔영덕〕날씨가 꾸리무리한 기 비가 올 것 같다. 표날씨가 흐린 게 비가 올 것 같다.

꾸리하다 경남 | 형용사 | 구리다
음식이 상하거나 물건이 낡아서 좋지 않은 냄새가 나다.
〔울산〕머시 냄시가 이리 꾸리하노? 표무슨 냄새가 이렇게 구리지? 〔산청〕냄새가 꾸리한 기 똥내 난다 카거든. 표냄새가 구린 게 나면 똥 냄새 난

다고 하거든.

꾸물럭거리다 강원 | 동사 | 꾸물거리다
몸이나 몸의 일부가 매우 느리게 자꾸 움직이다.
〔춘천〕화장실에서 볼일 본다고 꾸물럭거리지 마라. 표화장실에서 볼일 본다고 꾸물거리지 마라. 〔원주〕아이가 작은 손가락을 꾸물럭거리며 글씨를 쓴다. 표아이가 작은 손가락을 꾸물거리며 글씨를 쓴다.

◆'꾸물럭거리다'는 '꾸물'이라는 어근에 행동거지가 느리게 연속됨을 뜻하는 '-럭거리다'가 붙은 말로 '꿈지럭거리다, 째지럭거리다, 움지럭거리다, 주물럭거리다'와 같은 형태이다.

꾸지레하다 강원 | 형용사 | 구지레하다
상태나 언행 따위가 더럽고 지저분하다.
〔춘천〕옷을 줌 깨끗이 빨아 입지, 꾸지레한 걸 입구 다니냐? 표옷을 좀 깨끗하게 빨아 입지, 구지레한 것을 입고 다니냐? 〔삼척〕헌 옷이라도 자주 빨아 입어야지, 그렇게 꿰지지하게 입고 댕게서 되겠나? 표헌 옷이라도 자주 빨아 입어야지, 그렇게 구지레하게 입고 다녀서 되겠어?

꾸척시룹다 전남 | 형용사 | 새삼스럽다
예상하지 못했던 일이 생기거나 그런 말을 들었을 때에 새삼스럽다는 의미로 사용하는 말이다.
〔고흥〕말 안 허고 산 지가 3년이 됐는디, 어지께는 꾸척시룹게 부처리를 다 갖고 왔습디다. 표말 안 하고 산 지가 3년이 됐는데, 어제는 새삼스럽게 부침개를 다 가지고 왔습디다.

◆'꾸척시룹다'는 전혀 생각지도 않게 지난 일을 끄집어내어서 말이나 행동을 하는 경우에 사용하는 말이다.

꾹저구 강원 | 명사 | 동사리

동사릿과의 민물고기.

〔강릉〕물가세 널방구서 꾹저구탕 끓에 먹는 재미가 제일이장카. 표물가 너럭바위에서 동사리탕을 끓여 먹는 재미가 제일이지. 〔양양〕양양엔 뚜거리탕이 유명하다. 표양양에서는 동사리탕이 유명하다. 〔강릉〕꺽지 잡으러 갔다거 꾸구리만 잡았잖소. 표꺽지 잡으러 갔다가 동사리만 잡았소.

◆ 예로부터 강릉에서는 냇가에서 동사리를 잡아 탕을 끓여 먹던 계 모임을 '꾹저구계'라고 했다. 동사리가 산란기가 되면 '꾹꾹' 하고 울기 때문에 '국저구'라는 이름이 붙은 것으로 보인다. 그런가 하면 사냥하는 모습이 마치 '저구새'와 같다고 하여 '저구어'라고도 하고, '꾹저구'라고도 했다. -김인기(강릉)

꿀띠 경남 | 명사 | 미역귀

미역의 대가리.

〔울산〕꿀띠는 초장에 찍어 묵으면 맛있다. 표미역귀는 초장에 찍어 먹으면 맛있다.

◆ '미역귀'는 꼬불꼬불한 모양이 마치 귀처럼 생겼다고 해서 붙여진 이름인데, 고성·통영에서는 '미역기' 또는 '미역기다리'라고 하고, 울산에서는 '기다리, 꿀띠'라고 한다. 지역에 따라 '꾸다리'라고 하기도 한다.

꿀밤 강원 | 명사 | 도토리

떡갈나무, 갈참나무, 졸참나무, 물참나무 따위의 열매를 통틀어 이르는 말.

〔삼척〕옛날엔 삭카린도 귀해서 꿀밤 갈기에 섞지 못하고 소금을 섞어놓으니 참 못 먹겠다와. 표옛날에는 사카린도 귀해서 도토리 가루에 섞지 못하고 소금을 섞어놓으니 참 못 먹겠더라.

꿀밤 경남 | 명사 | 도토리

떡갈나무, 갈참나무, 졸참나무, 물참나무

따위의 열매를 통틀어 이르는 말.

〔울산〕우리 에릴 때 산으로 꿀밤 주우러 마이 댕겼다. 표우리 어릴 때 산으로 도토리 주우러 많이 다녔다.

◆ '꿀밤'은 마산·진해·창원 등지에서 상수리나무의 열매를 뜻하는 말로 쓰이기도 한다.

꿀아재비 경남 | 명사 | 사카린

톨루엔을 원료로 하여 만든 인공 감미료. 무색의 고체로 단맛이 사탕수수나 사탕무 따위의 식물에 들어 있는 당류의 500배 정도로 강해서 설탕 대용품으로 쓴다.

〔창녕〕꿀아재비 탄 물을 마시바라. 표사카린 탄 물을 마셔봐라.

◆ 예전에는 양조장에서 술지게미를 팔았는데, 그것을 물에 풀어 사카린을 타서 끓이면 한 끼 음식이 되었다. 고성에서는 '빵떡'을 찌거나 국수로 음식을 만들 때도 사카린을 넣었다. 사카린은 원래 고체로 된 것이어서 물 등에 녹이는 데 시간이 좀 걸렸다. 그래서 액체에 바로 녹는, 가루로 된 '신형' 사카린이 만들어졌다. 그것을 창원에서는 '신하당', '신아당'이라고 불렀다.

꿀쪼시개 경남 | 명사 | 조새

쇠로 만든 갈고리. 굴을 따거나 까는 데에 쓴다.

〔하동〕꿀은 꿀쪼시개로 까야 십게 깔 수 있니라. 표굴은 조새로 까야 쉽게 깔 수 있다.

꿀찜하다 경남 | 형용사 | 출출하다

배가 고픈 느낌이 있다.

〔하동〕안 그래도 꿀찜했는데 군불에 고오매 좀 꿈어보거라. 표안 그래도 출출했는데 군불에 고구마 좀 구워보아라. 〔진주〕꿀찜한데 머 입 다실

거 엄나? 표출출한데 뭐 입 다실 것 없니?

꿍자하다 전남 | 동사 | 없음
잠을 잘 준비를 하다.
〔광주〕우리 애기 꿍자하자. 표우리 애기 잠잘 준비하자.

꿩마농짐치 제주 | 명사 | 없음
달래로 만든 김치.
〔구좌-행원〕꿩마농짐친 무신 양념 안 헌데. 그냥 소금물 낭 영 절여진 듯허민 먹어지는 거. 표'꿩마농짐치'는 무슨 양념 안 한다. 그냥 소금물 넣어서 이렇게 절여진 듯하면 먹을 수 있다. 〔애월-고내〕꿩마농이렌 엇으난 헤 오젠 허믄 어려왕 꿩마농짐치도 드물주게. 표달래가 없으니까 해 오려고 하면 어려워서 '꿩마농짐치'도 드물지. 〔삼도〕꿩마농짐치가 젤 쉽주게. 표'꿩마농짐치'가 제일 쉽지.
◆제주도에서는 '달래'를 '꿩마농'이라고 한다. '꿩마농짐치'는 별다른 양념을 하지 않고 소금물에 잠깐 절였다가 먹었다.

끄네끼 경북 | 명사 | 끈
물건을 매거나 꿰거나 묶는 데 쓰는 가늘고 긴 끈.
〔대구〕이거 다 묶을라카마 끄네끼 모자란다. 더 갖고 온나. 표이거 다 묶으려면 끈 모자란다. 더 갖고 와라.

끄득끄득하다 충남 | 형용사 | 꾸덕꾸덕하다
물기 있는 물체의 거죽이 좀 마르거나 얼어서 꽤 굳어 있다.
〔금산〕곶감이 말라서 이제 끄득끄득해졌을 겨. 표곶감이 말라서 이제 꾸덕꾸덕해졌을 거야. 〔공주〕날씨가 안 좋아 고추가 누긋누긋하여 안 마르

더니 날씨가 좋아지니 끄들끄들하게 잘 마르네. 표날씨가 안 좋아 고추가 누긋누긋해서 안 마르더니 날씨가 좋아지니 꾸덕꾸덕하게 잘 마르네.
◆충남 논산에서는 '끄득끄득하다'라는 말을 '상처나 상태가 호전되다'라는 뜻으로도 쓴다.

끄시름 경북 | 명사 | 그을음
어떤 물질이 불에 탈 때에 연기에 섞여 나오는 먼지 모양의 검은 가루.
〔영천〕부서게 끄시름이 마이 찌이가 천장이 시꺼멓다. 표부엌에 그을음이 많이 껴서 천장이 시커멓다.
◆'끄시름'은 경상도 외에 강원도와 충청도, 전라도 등지에서도 폭넓게 쓰는 말이다.

끄시름 전북 | 명사 | 그을음
어떤 물질이 불에 탈 때에 연기에 섞여 나오는 먼지 모양의 검은 가루.
〔남원〕정재에 끄시름이 겁나게 껴 시컴허네. 표부엌에 그을음이 엄청나게 껴서 시커멓네. 〔군산〕기왓장 만졌드니 손에 끄시름 묻었능게 벼. 표기왓장 만졌더니 손에 그을음 묻었나 봐. 〔임실〕정지 천장에 끄시럼이 깍 찼다. 표부엌 천장에 그을음이 잔뜩 끼었다. 〔군산〕석유 등잔불에 끄으름이 많이 껐다. 표석유 등잔불에 그을음이 많이 껐다.

끄실리다 충남 | 동사 | 그을리다
햇볕이나 불, 연기 따위를 오래 쬐어 검게 되다.
〔금산〕느 어릴 즉에 끄실린 자국 있지 않니? 표너 어릴 적에 그을린 자국 있지 않니? 〔서산〕해수욕장엘 가더니 햇볕티 끄실려 껌뎅이가 되었다. 표해수욕장에 가더니 햇볕에 그을려 껌둥이가 되었다. 〔당진〕널모리 맞슨 볼 늠이 볼때기를

쌔카맣게 끄실렀으니 퇴짜 맞께 생겼내. 표내일 모레 맞선 볼 놈이 얼굴을 새카맣게 그을렸으니 퇴짜 맞게 생겼네. 〔태안〕간밤이 졸다가 등잔불이다 눈썹 끄실렸구먼. 표간밤에 졸다가 등잔불에다 눈썹 그을렸구먼.

끈가리 강원 | 명사 | 끈

물건을 매거나 꿰거나 묶는 데 쓰는 가늘고 긴 끈.

〔태백〕머리 묶을 끈가리 좀 내. 표머리 묶을 끈 좀 줘. 〔삼척〕고춧대를 지줏대에 동여맬라니 끈가리가 있어야겠다야. 표고춧대를 지주대에 동여매려면 끈이 있어야겠다. 〔춘천〕이것 좀 묶게 끄나불 좀 가져와라. 표이것 좀 묶게 끈 좀 가져와라. 〔원주〕저짝에 저거 종가맬라문 끄내기가 메깨나 필요가? 표저쪽에 저것 잡아매려면 끈이 몇 개나 필요한가?

◆'끈가리'는 '끈'과 '가리'의 합성어인데 '가리'는 짚단 같은 것을 세는 단위이다. 끈 한 가닥이라는 뜻으로 '끈가리'라고 표현한 듯하다. ◆강릉에서 물건을 묶는 끈은 '끄뎅이'라고 하고, 인연의 끈은 '끈타불', 사건의 실마리는 '끄내기'라고 한다. -김인기(강릉) ◆춘천에서 칡의 속껍질을 꼬아서 만든 끈은 '청올치'라고 하고, '대마(삼)'의 껍질을 꼬아서 만든 끈은 '노끈'이라고 한다. -유연선(춘천)

끈냉이 충남 | 명사 | 끈

물건을 매거나 꿰거나 하는 데 쓰는 가늘고 긴 물건. 노, 줄, 실, 헝겊 오리, 가죽 오리 따위가 있다.

〔서산〕쌀자루 아가리를 끈냉이루 꽁꽁 묶어라. 표쌀자루 입구를 끈으로 꽁꽁 묶어라. 〔태안〕끈냉인랑사리 끈나풀두 뵈들 않넌 집구석이여. 표끈은커녕 끄나풀도 보이지를 않는 집안이야. 〔공주〕바지 끈냉이가 오래데서 날거빠전나 잴구 끌

러저 흘러내리네. 표바지 끈이 오래돼서 낡아빠졌나 자꾸 끌려져 흘러내리네. 〔논산〕예전에는 짚으로 산내끼를 꽈서 끈내끼처럼 썼지. 표예전에는 짚으로 새끼를 꼬아서 끈처럼 썼지. 〔태안〕오양간 실링 워디 끈내끼 한 도막 있나 봐. 언릉. 표외양간 시렁 어디 끈 한 도막 있나 봐. 얼른.

◆충청도 서북 지역에서 '-내끼'는 꼬아진 줄에만 쓰는 말이고, '-냉이'는 꼬아지지 않은 줄에만 쓰는 말이다. '삿내끼'와 '노내끼'의 경우 공통적으로 '-내끼'가 붙는데, '삿내끼'는 '(풀 이름)+내끼→삿내끼〉 사내끼'로 된 말로 '풀짚을 꼬아 만든 끈'이고, '노내끼'는 '노/노끈(칡 줄기의 속껍질)+내끼→노내끼/노끈내끼'로 된 말로 '칡 줄기의 속껍질을 꼬아 만든 줄'이다. 이와 달리 '끈냉이'는 대개 꼬아지지 않은 줄을 뜻하는 말이다. 결국 '끈'은 긴 줄을 나타내는 말이고, '-내끼'와 '-냉이'는 꼬아진 줄인가 아닌가에 따라 구분할 수 있다.

끈치다 충남 | 동사 | 그치다

계속되던 일이나 움직임이 멈추거나 끝나다. 또는 그렇게 하다.

〔금산〕새벽부터 바람이 불기 시작하는디 을매나 급이 나던지. 그려두 아침 됭께 끈쳤지. 표새벽부터 바람이 불기 시작하는데 얼마나 겁이 나던지. 그래도 아침 되니까 그쳤네. 〔태안〕왕매미 소리가 끈치니께 더 후덕지근허니 땀떼기 개려 죽겠네. 표말매미 소리가 그치니까 더 후텁지근하니 땀띠 가려워 죽겠네.

끌그랭이 경기 | 명사 | 그루터기

풀이나 나무 따위의 아랫동아리. 또는 그것을 베고 남은 아랫동아리.

〔양평〕나무를 비고 위에 좀 남은 걸 끌그랭이라고 해. 표나무를 베고 위에 좀 남은 걸 그루터기라고 해. 〔강화〕잘 보고 댕겨야지, 나뭇 글텅도

조심하구. 그렇지 않으면 넘어져. 표잘 보고 다녀야지 나무 그루터기도 조심하고. 그러지 않으면 넘어져.

끌깽이 경기 | 명사 | 번지
논밭의 흙을 고르는 데 쓰는 농기구.
〔파주〕씨를 뿌리기 전에 끌깽이를 써서 흙을 골고루 펴줘. 표씨를 뿌리기 전에 번지를 써서 흙을 골고루 펴줘. 〔강화〕호미로 언제 다하냐, 글개이로 북북 긁어. 그럼 빨리 끝나지. 표호미로 언제 다하냐, 번지로 북북 긁어. 그럼 빨리 끝나지. ◆여주에서 '써레'는 쟁기질 이후에 논을 평평하게 하는 농기구이다. 써레에는 창살 같은 써렛발들이 달려 있다. '번지'는 써레질 이후에 논을 고르게 하는 농기구이다. 널빤지 형태의 번지는 써레에 부착하여 사용하기도 한다. '나래'는 논밭의 흙이나 자갈을 밀어내어 평평하게 하는 농기구이다. 널빤지나 철판의 형태로 되어 있다. −조성문(여주) ◆'끌깽이'는 논이나 밭의 바닥을 긁는 도구이므로 '긁다'에서 파생된 어형으로 보인다. '깽이'는 '부지깽이'처럼 도구를 뜻하기도 하고 '나무깽이'처럼 비속한 어감을 주기도 한다. '말라깽이', '다리깽이' 같은 단어에서는 대상을 속되게 이르는 어감이 확실히 있다. ◆'번지'는 『훈몽자회』에서 '번디'로, 『농사직설』에는 '판로'로, 『해동농서』에는 '평판'으로 나타난다. 즉 '번지'라는 말은 땅을 '번번하게 만드는 판때기'라는 뜻의 이름으로 볼 수 있다.

끌깽이 충북 | 명사 | 지렁이
빈모강의 환형동물을 통틀어 이르는 말.
〔옥천〕뒴 속에 끌깽이가 많지유. 표두엄 속에 지렁이가 많지요.

끌께이 경북 | 명사 | 지렁이
빈모강의 환형동물을 통틀어 이르는 말.

〔상주〕시궁창에서 끌께이 잡아서 낚시 미끼 하자. 표시궁창에서 지렁이 잡아서 낚시 미끼 하자.

끌떨어지다 충남 | 형용사 | 없음
모양이 빠지다.
〔대전〕거참! 끌떨어지게 나눠 먹지 말구, 각자 하나씩 주문해서 먹자구! 표거참! 모양 빠지게 나눠 먹지 말고, 각자 하나씩 주문해서 먹자고! ◆'끌떨어지다'는 '기분이 상하다' 또는 '분위기를 망치다'라는 뜻으로도 쓰인다.

끌르다 충남 | 동사 | 끄르다
맺은 것이나 맨 것을 풀다.
〔서산〕지 맘대루 끈내기로 쩜매놓은 겨. 다시 끌러서 더 집어너서 내놨지. 표자기 마음대로 끈으로 묶어놓은 거야. 다시 끌러서 더 집어넣어서 내놨지. 〔공주〕도중에 끌러지지 말라고 단단히 옹침매놨드니 잘 끌러지지가 않네. 표도중에 끌러지지 말라고 단단히 매듭지어놨더니 잘 끌러지지가 않네. 〔당진〕옹골치게 묶어놓은 것을 언능 풀러유. 표아주 꽉 묶은 것을 빨리 끌러요. 〔태안〕고걸 옹쳐맸나, 손톱만 아프구 끌를 수가 읎어 당체. 표그걸 동여맸나, 손톱만 아프고 끄를 수가 없어 당체.

끌신 북한 | 명사 | 슬리퍼
실내에서 신는 신.
〔자강〕안으로 들어왔으니 끌신으로 갈아 신어야디. 표안으로 들어왔으니 슬리퍼로 갈아 신어야지. ◆실내에서 신는 '끌신'은 '방안신'이라고도 부른다. 끌신은 뒤축이 없이 발끝만 꿰는 슬리퍼를 가리키는데 실내에서 신기도 하고 실외에서 신기도 한다. 운동화는 '편리화'라고 부른다.

끕끕하다 충남 | 형용사 | 꿉꿉하다

(1)조금 축축하다.

(2)날씨나 기온이 기분 나쁠 정도로 습하고 덥다.

〔공주〕날씨가 해전 우중충혀서 햇빛 한 점 읎으니 빨래가 말르드 않구 데게 끕꿈허네그려. 표날씨가 온종일 우중충해서 햇빛 한 점 없으니 빨래가 마르지도 않고 되게 꿈꿈하네그래. 〔예산〕자구 일났던디두 개운털 않구 왜 이렇기 몸이 끄꿉허댜. 표자고 일어났는데도 개운치 않고 왜 이렇게 몸이 꿈꿉하냐.

◆'끕꿈하다'는 충남에서 널리 쓰는 말이다. 기본 의미는 '물기가 남아 축축한 것'을 이르는 말인데, 주로 '물에 젖은 것처럼 몸이나 마음이 무거운 것'을 이를 때 쓴다. 충남 북부에서는 '끄꼬퍼다(끄꿉허다/끕꿈허다)'가 쓰이고, 남부에서는 '끄꼬파다/끄꼬퍼다(끄꿉허다/끕꿉하다)'가 섞여 쓰인다. –이명재(예산)

끕꿈하다 충북 | 형용사 | 꿈꿈하다

(1)조금 축축하다.

(2)날씨나 기온이 기분 나쁠 정도로 습하고 덥다.

〔옥천〕옷이 땀에 젖어갖구 끕꿈하네. 표옷이 땀에 젖어서 꿈꿈하네. 〔옥천〕비가 오니께 방이 끕꿈하네. 표비가 오니까 방이 꿈꿈하네.

끙게 충북 | 명사 | 썰매

아이들이 얼음판이나 눈 위에서 미끄럼을 타고 노는 기구.

〔청주〕겨울에는 끙게를 땀이 나도록 지쳤다. 표겨울에는 썰매를 땀이 나도록 지쳤다.

◆일반적으로 '끙게'는 씨앗을 뿌린 뒤에 씨앗이 흙에 덮이게 하는 농기구를 뜻하는 말로, 헌 가마니나 굵은 나뭇가지를 이용하여 만든다. 눈이 쌓인 겨울날 타고 다녔으므로 이 단어 뜻이 썰매가 되었다. 즉

'끙게'는 표준어로서 농기구를 가리키는 말이나 청주 지역의 특수한 쓰임으로 썰매라는 뜻을 갖는다.

끼리다 전북 | 동사 | 끓이다

액체를 몹시 뜨겁게 해 소리를 내면서 거품이 솟아오르게 하다.

〔남원〕옛날에는 떡국 끼리서 안 췄어. 물 끼리서 반죽해갖고. 표옛날에는 떡국 끓여서 안 췄어. 물 끓여서 반죽해갖고. 〔정읍〕쇠죽도 여그다 끼려췄당게. 표쇠죽도 여기다가 끓여줬어.

끼우다 제주 | 동사 | 끄다

(1)타는 불을 못 타게 하다.

(2)전기나 동력이 통하는 길을 끊다.

〔토평〕이젠 저거만 눌르민 불 싸곡 끼우곡 허난 얼마나 펜안헤시니? 표이젠 저것만 누르면 불 켜고 끄고 하니까 얼마나 편안하니? 〔구좌-한동〕쌀 씻은 거 솟디 낭 숨당 그것이 막 부각부각 허민 이젠 불 끼와근에 틈 재와. 표쌀 씻은 거 솥에 넣어서 삶다가 그것이 부글부글하면 불 꺼서 뜸 들여.

낌다 충북 | 동사 | 꽂다

쓰러지거나 빠지지 아니하게 박아 세우거나 끼우다.

〔옥천〕저기에 전기 좀 낌어봐. 표저기에 전기 좀 꽂아봐. 〔옥천〕구멍에 잘 낌어 느어. 표구멍에 잘 꽂아 넣어.

나래비 충북 | 부사 | 나란히

여럿이 줄지어 늘어선 모양이 가지런한 상태로.

〔옥천〕아무케나 있지 말구 저짝에 가서 나래비 앉어 있어. 표아무렇게나 있지 말고 저쪽에 가서 나란히 앉아 있어. 〔단양〕긴 의자에 애덜이 쫄로로미 앉아 있네. 표긴 의자에 아이들이 나란히 앉아 있네.

나랭이 강원 | 명사 | 날개

새나 곤충의 몸 양쪽에 붙어서 날아다니는 데 쓰는 기관.

〔영월〕도기령재 밑으로 새 날개처럼 길게 휘어진 나래실의 가장 끝자락에 있는 마을이므로 나랭이라고 불렀다. 〔춘천〕어디서 날개쭉지가 부러졌는지 날지를 못하네. 표어디서 날갯죽지가 부러졌는지 날지를 못하네. 〔삼척〕메뚜기를 볶아 먹을 때는 적어도 날개미는 떼고 먹어야지. 표메뚜기를 볶아 먹을 때는 적어도 날개는 떼고 먹어야지.

나모깨 충북 | 명사 | 나막신

나무를 파서 만든 신. 앞뒤에 높은 굽이 있어 비가 오는 날이나 땅이 진 곳에서 신었다.

〔옥천〕나모깨넌 요새 볼 수두 읎어. 박물관이나 가야 있지. 표나막신은 요새 볼 수도 없어. 박물관에나 가야 있지.

나발 경남 | 명사 | 깔때기

병 따위에 꽂아놓고 액체를 붓는 데 쓰는 나팔 모양의 기구.

〔창원〕베이에 참지름 부울라 카모 나발로 대고 해야제. 표병에 참기름 부으려고 하면 깔때기를 대고 해야.

◆합천에서는 깔때기를 '수대(水袋)'라고 한다. '수대'는 한자에서 온 말로 '물을 받는 자루'를 뜻한다. 물을 모아서 부을 때 사용하기 때문에 깔때기를 '수대'라고 하는 것이다. 그런가 하면 경북 영천에서는 화초 따위에 물을 줄 때 사용하는 물뿌리개를 '수대'라고 하는데 물뿌리개 역시 물을 받아서 사용하는 도구이기 때문에 '수대'라고 한 것으로 보인다. -김성재(고성)

나생이 강원 | 명사 | 냉이

십자화과의 두해살이풀. 5~6월에 들이나 밭에 자란다.

〔삼척〕나생이를 캐다가 잘 다듬어 생콩갈그 넣고 끓이면 구수한 맛이 나잖소. 표냉이를 캐다가 잘 다듬어 생콩가루를 넣고 끓이면 구수한 맛이 나잖소.

나생이 경기 | 명사 | 냉이

십자화과의 두해살이풀. 5~6월에 들이나 밭에 자란다.

〔양평〕논둑에서 나생이를 뿌리채 캐다가 된장국 끓이면 선혀. 표논둑에서 냉이를 뿌리째 캐다가

된장국 끓이면 시원해.

◆'냉이'의 방언형은 매우 다양한데 '나생이'류는 반치음을 가졌던 데서 형성된 말들이다.

나싱개 충남 | 명사 | 냉이

십자화과의 두해살이풀. 5~6월에 들이나 밭에 자란다.

〔예산〕나싱개를 캐 깨끗이 씻은 후 된장국에 느으면 맛이 끝내줘유. 표냉이를 캐 깨끗이 씻은 후 된장국에 넣으면 맛이 끝내줘요. 〔서산〕보미 츰 맛볼 수 있넌 너물이 나승갱이다. 표봄에 처음으로 맛볼 수 있는 나물이 냉이다. 〔태안〕황사 하늘 어질머리 아지랑이 밭머리서 나승갱이 뜯던 울 옴마. 표황사 하늘 어질병 아지랑이 밭머리에서 냉이 뜯던 우리 엄마. 〔세종〕저짝 순이네 밭에는 나심개가 잔뜩 났으디 그리로 가유. 표저쪽 순이네 밭에는 냉이가 많이 났으니 그곳으로 가요.

◆'나싱개'는 표준어 '냉이'와 같이 옛말 '나싀'에서 온 말이다. 이 말에 접사 '-ㅇ개'가 붙어 '나승개/나싱개'가 된 것으로 '나싱갱이'와 함께 충남 전역에서 쓰는 말이다. "흔헌 게 나싱개지먼 그것두 남어나넌 게 읎었어. 배고플 땜께", "이른 봄판인 나싱개가 질 존 나물이었어. 꼬치장만 있으믄 무쳐 먹고, 된장국이 느믄 아, 맛있었지. 요새 냉이허군 비힐 것이 아녀"에서 알 수 있는 것처럼 '나싱개'는 가장 흔하면서도 충청인의 삶과 가장 가까운 것이었다. -이명재(예산)

나오리 경북 | 명사 | 노을

해가 뜨거나 질 무렵에, 하늘이 햇빛에 물들어 벌겋게 보이는 현상.

〔봉화〕나오리가 벌거이 끼면 날이 갠다. 표노을이 벌겋게 지면 날이 갠다.

◆'나오리'는 노을을 가리켜 '노오리'라고 하는 충북

지역의 접경 지역에서 영향을 받은 어형으로 생각된다. 경상도 사투리에서는 노을을 의미하는 단어로 '나오리' 외에도 '나부리, 나구리, 북새, 불새, 우내' 등 다양한 어형이 나타난다.

나찹다 전북 | 형용사 | 낮다

아래에서 위까지의 높이가 기준이 되는 대상이나 보통 정도에 미치지 못하는 상태에 있다.

〔정읍〕지붕이 나차바서 답답혀요. 표지붕이 낮아서 답답해요. 〔진안〕나차와요, 나차와서나 바로바로 미여. 표낮아요, 낮아서 바로바로 메어. 〔남원〕문이 나찬게 머리를 찌지. 표문이 낮으니까 머리를 찧지.

◆전북 사투리에서 '깊다'의 반대말인 '얕다'는 '야찹다'라고 하고, '높다'의 반대말인 '낮다'는 '나찹다'라고 한다.

낚쑤 전북 | 명사 | 낚시

여러 가지 낚시 도구로 물고기를 낚는 일.

〔임실〕중테기 낚쑤는 이널이 업서도 돼. 표버들치 낚시는 미늘이 없어도 돼. 〔정읍〕너는 허라는 공부는 안 허고 맨날 낵끼질만 뎅기냐? 표너는 하라는 공부는 안 하고 매일 낚시질만 다니니? 〔군산〕샛강으로 낵끼질 가서 한 마리도 못 잡았어. 표샛강으로 낚시질 가서 한 마리도 못 잡았어. 〔군산〕왜 낚씨질만 허냐구, 웅? 절므고 절믄 나이에. 표왜 낚시질만 하냐고, 웅? 젊고 젊은 나이에.

난대 경북 | 명사 | 산초나무

운향과의 낙엽 활엽 관목.

〔청도〕난대는 주로 기름을 짜서 먹는다. 표산초나무는 주로 기름을 짜서 먹는다.

◆지피(초피나무)는 추어탕에 넣어서 먹지만 난대

(산초나무)는 기름을 짜서 먹는다. 초피와 산초는 잎사귀 모양도 다르고 향도 다르다. -김용락(청도)

난딱 북한 | 부사 | 얄밉게
상황에 맞지 않게 먼저 나서서 얄미운 모양을 보이는 것.
〔북한〕예림이 대답을 갑자르는데 돌이가 고개를 난딱 쳐들며 말참견을 했다.-고상훈(1992) 표예림이 대답을 갑자르는데 돌이가 고개를 얄밉게 쳐들며 말참견을 했다.
◆〈표준국어대사전〉의 '난딱'의 의미는 "냉큼 딱"으로 북한에서 쓰는 '난딱'의 의미와 차이가 있다. 북한에서 '난딱'의 의미는 주로 부정적인 상황에서 쓰는데 얄미운 모양새를 보이며 나서는 사람을 이르는 말이다.

난붕나다 전남 | 동사 | 없음
맞거나 다쳐서 혹처럼 부어오르다.
〔고흥〕밤에 즈그 아부지가 쥐박아부렀는가 어쩐가 마빡이 난붕이 났드라고. 표밤에 자기 아버지가 쥐어박아버렸는지 어쨌는지 이마에 '난붕이 났더라고'. 〔영광〕너 난붕났구나? 〔강진〕해찰부리다가 지둥에 부닥쳐 이마에 남봉이 나부럿네. 표딴짓하다가 기둥에 부딪혀 이마에 '남봉이 났네'.
◆표준어로 '혹'은 '생기다'와 함께 쓰는데, 전남 사투리로 '남붕' 또는 '난붕'은 '나다'와 함께 쓰인다.

난셍이 제주 | 명사 | 냉이
십자화과의 두해살이풀. 5~6월에 들이나 밭에 자란다.
〔표선-가시〕여긴 시방도 난셍이라고 허는디. 표여기에서는 지금도 '난셍이'라고 하는데. 〔토평〕난셍인 우리 캐여당 먹는 거. 데우청도 먹고 국 끌령도 먹고. 표냉이는 우리 캐다가 먹는 거. 데쳐서도 먹고 국 끓여서도 먹고. 〔도련〕난시 헤다

가가 죽 쑤민 그렇게 맛 좋을 수 없어. 표냉이를 해다가 죽 쑤면 그렇게 맛 좋을 수 없어.

난싱이 경북 | 명사 | 냉이
십자화과의 두해살이풀. 5~6월에 들이나 밭에 자란다.
〔경주〕오늘 저녁에는 난싱이로 국을 끓일 참이다. 표오늘 저녁에는 냉이로 국을 끓일 참이다. 〔영덕〕나이 찌게가 향이 좋다. 표냉이 찌개가 향이 좋다.
◆15세기 문헌에서 확인되는 냉이의 옛말은 '나싀'이다. 경상도 사투리에서는 '엿(여우)'가 '여시', '무수(무우)'가 '무수', '무시'로 나타나는 등 반치음(ㅿ)이 ㅅ으로 남아 있는 경우가 종종 있다. 특히 경북에서 냉이를 뜻하는 말인 '난싱이'는 '나싱이'에서 'ㄴ'이 첨가된 형태인데, 이처럼 음운론적 환경을 가리지 않고 'ㄴ'이 첨가되는 현상은 경상도 사투리의 특징이라고 할 수 있다.

날감지 전북 | 명사 | 지느러미
물고기 또는 물에 사는 포유류가 몸의 균형을 유지하거나 헤엄치는 데 쓰는 기관.
〔임실〕까재는 날감지에 알을 달고 댕긴다. 표가재는 지느러미에 알을 품고 다닌다.
◆'날감지'는 기본적으로 '날개'를 뜻하는 말이지만 '지느러미' 또는 '아가미'라는 뜻으로도 쓰인다.

날개미 강원 | 명사 | 지느러미
물고기 또는 물에 사는 포유류가 몸의 균형을 유지하거나 헤엄치는 데 쓰는 기관.
〔고성〕물고기를 해수로 씻은 후 날개미를 떼어 내고 어창 냉동실에 매달아라. 표물고기를 해수로 씻은 후 지느러미를 떼어 내고 어창 냉동실에 매달아라.

날궂이하다 경남 | 동사 | 없음
흐린 날에 이상한 행동을 하다.
〔부산〕자아가 오늘 날궂이를 떤다. 표재가 오늘 '날궂이를 떤다'. 〔하동〕비가 올란께 개가 날궂이를 헌다. 표비가 오려니까 개가 '날궂이를 한다'.
◆"비 오는 날 날궂이"라는 말이 있다. 흐린 날에 사람이나 짐승이 이상한 행동을 할 때 쓴다. 이러한 의미가 확장되어 흐린 날씨와 관련된 행위 또는 증상도 '날궂이'라고 한다. 가령 비 오는 날 몸이 찌뿌둥할 때 "날궂이한다"고 한다.

날랄하다 경남 | 형용사 | 나란하다
여럿이 줄지어 늘어선 모양이 가지런하다.
〔창원〕줄가레가 이짝은 날랄하다. 표줄가리가 이쪽은 나란하다. 〔부산〕책을 날랄하이 꽂아야지. 표책을 나란히 꽂아야지.

날래날래 북한 | 부사 | 빨리빨리
걸리는 시간이 아주 짧게.
〔평안〕동무들, 시간이 다 됐으니 날래날래 준비하라우. 표동무들, 시간이 다 됐으니 빨리빨리 준비하게. 〔평안〕날래날래 갔다 오라우. 표빨리빨리 갔다 와.

날망 전북 | 명사 | 산마루
산등성이의 가장 높은 곳
〔무주〕소금을 날망에 갖다 묻어노면 불나는 것을 막을 수 있다. 표소금을 산마루에 가져다 묻어놓으면 불이 나는 것을 막을 수 있다.

날망 충남 | 명사 | 산마루
산등성이의 가장 높은 곳
〔논산〕날망이 뭐냐면유, 상 가튼 데 높은 델 말혀유. 즉당히 올라가믄 주변치 다 보이잖유. 그런 델 산날망이라구두 허구유. 표'날망'이 뭐냐면

요, 산 같은 데 높은 데를 말해요. 적당히 올라가면 주변 경치 다 보이잖아요. 그런 데를 '산날망'이라고도 하고요. 〔서산〕옛날에 되비산 날맹이에 봉화대가 있었다고 헌다. 표옛날에 도비산 산마루에 봉화대가 있었다고 한다. 〔세종〕산꼭대기에 올르믄 우리 동네가 훤히 다 뷰여. 표산마루에 오르면 우리 동네가 훤히 다 보여.
◆'날망'은 사물의 가늘고 날카로운 면을 이르는 '날[刃]'과 '길게 이어진 줄'을 뜻하는 '망'이 붙은 말이다. 그러니까 한자말로 바꾸면 '능선(稜線)'이 된다. 하늘과 맞닿은, 뾰족한 지붕의 끝이 날망이고, 하늘과 맞닿은 산등성이의 끝이 날망이다. '날망'은 학식이 있거나 격식 있는 자리에서 쓰는 말이고, 보통은 "내 젊었을 적인 저 날맹이를 타구 댕기매 낭구를 허러 댕겼어"처럼 '날맹이'라고 한다. 산줄기의 끝은 '산날망' 또는 '산날맹이'가 되고, 지붕의 끝은 '지붕날망' 또는 '지붕날맹이'가 된다. −이명재(예산)

날망시럽다 경남 | 형용사 | 없음
가볍고 조심성 없이 함부로 행동하는 경향이 있다.
〔거창〕쟈는 하는 짓이 얼매나 날망시러운지 내놓기가 불안하다. 표재는 하는 짓이 얼마나 '날망시러운지' 내놓기가 불안하다. 〔고성〕아이고야 저 아아는 날망스럽게 난간 위에는 와 올라갔으까? 표아이고 저 아이는 '날망시럽게' 난간 위에는 왜 올라갔을까?
◆'날망'은 지붕이나 언덕, 고개, 산에서 가장 높은 곳을 가리키는 말이다. 따라서 '날망시럽다'는 지붕 꼭대기에 앉아 있는 것처럼 불안한 상태를 이르는 말이다. −김승호(진주)·김정대(창원)

날이날마동 전남 | 부사 | 매일
하루하루마다.
〔고흥〕머라도 헐라고 궁리를 안 허고 날이날마

동 그라고 방구석에서 놀기만 허냐. 표뭐라도 하려고 궁리를 안 하고 매일 그렇게 방구석에서 놀기만 하냐.

날타리 전북 | 명사 | 날벌레
날아다니는 벌레. 크기가 아주 작으며 상온에 노출되어 있는 음식에 모여든다. 특히 단맛이나 신맛이 강한 과일에는 더 많이 모여든다.
〔군산〕비 올라고 그러능가 날타리가 많기도 허네. 표비 오려고 그러는건가 날벌레가 많기도 하다. 〔남원〕외가 썩은게 이노무 날파이만 잔뜩 생겼네. 표참외가 썩으니까 이놈의 날벌레만 잔뜩 생겼네.

날포리 경남 | 명사 | 하루살이
하루살이목의 곤충을 일컫는 말.
〔거제〕비가 올라 쿠는지 날포리가 되기 마이 끓는다. 표비가 오려고 하는지 하루살이가 되게 많이 끓는다. 〔하동〕차에 날포리가 마이 달라붙어 죽어 있다. 표차에 하루살이가 많이 달라붙어 죽어 있다.
◆'날포리'와 '하루사리'는 같은 세대의 언어가 아니라 세대가 다른 언어이다. '하루사리'는 '날포리'의 뒤를 이어 등장한 세대의 언어라고 할 수 있다. ◆'파리'는 『이조어사전』에 '푸리'라고 나온다. 이 '푸리'에 쓰인 아래 아 모음의 음가는 '아'와 '오'의 중간 음이다. 따라서 아래 아 음이 소실되면서 '파리' 또는 '포리' 둘 중 하나로 굳어졌는데 사투리에서는 '포리'가 많이 쓰였다. 지역에 따라 '퍼리'라고 하기도 한다. '날파리'는 마구 날아다니는 파리와 같다 하여 붙여진 이름이다.

남구다 경남 | 동사 | 남기다
(1)다 쓰지 않거나 정해진 수준에 이르

지 않아 나머지가 있게 되다.
(2)들인 밑천이나 제 값어치보다 많이 얻다. 또는 이익을 보다.
〔창원〕밥을 자꾸 남구는 보시레하모 몬씬다. 표밥을 자꾸 남기는 버릇하면 못쓴다. 〔부산〕장사 하면서 남구먼 머하겄어예. 표장사하면서 남기면 뭐하겠어요.

남새말이빵 북한 | 명사 | 없음
물기 없이 볶은 채소를 넙적하게 민 밀가루반대기에 고루 펴고 둘둘 말아서 쪄낸 음식.
〔북한〕남새말이빵을 뉘기 먹어봤나? 표'남새말이빵'을 누가 먹어봤나?
◆북한의 『조선말대사전』에는 '야채'라는 말도 있고 '채소'라는 말도 있다. 그렇지만 북한에서는 '잎남새, 열매남새, 뿌리남새'처럼 '남새'라는 말을 즐겨 사용한다. 남새는 심어서 가꾼 나물이나 무, 배추 따위를 뜻하며, 남새를 이용하여 만든 음식도 다양하다. 남새말이빵 외에도 남새미음(홍당무우, 감자, 밥을 푹 끓여 채에 맡아 소젖을 섞어 만든 미음)과 남새튀기밥(밥과 볶은 채소를 버무려 일정한 크기로 빚어서 밀가루에 굴리고 달걀로 옷을 입혀 기름에 튀겨낸 음식) 등이 있다.

남새스럽다 강원 | 형용사 | 남사스럽다
남에게 놀림과 비웃음을 받을 듯하다.
〔양양〕아이구, 그 얘기를 남새스럽게 어뜩혀. 표아이고, 그 얘기를 남새스럽게 어떻게 해. 〔평창〕소문이 나면 남사시러울까 걱정이래요 표소문이 나면 남사스러울까 걱정이에요. 〔인제〕내 그래 가주구 빚을 모 갚구 남새시러 죽겠는데. 표내가 그래서 빚을 못 갚고 남사스러워 죽겠는데.

남새스럽다 충남 | 형용사 | 남우세스럽다

남에게 놀림과 비웃음을 받을 듯하다.

〔당진〕하는 꼬라지가 하두 남새스러워 고개 들구 밖에 나갈 수가 없슈. 표하는 꼴이 하도 남우세스러워 고개 들고 밖에 나갈 수가 없어요. 〔서산〕넘새스러운 줄두 물르구 제 자랑만 늘어논넌다. 표남우세스러운 줄도 모르고 자기 자랑만 늘어놓는다. 〔공주〕그 아가씨 머리도 안 올렸는디 배가 불르라네, 남새스러워서 워쩐댜. 표그 아가씨 머리도 안 올렸는데 배가 불렀네, 남우세스러워서 어쩐대. 〔태안〕다 늙어 팔짱은 무슨. 넘세스럽게 누가 보면 워쩔라구. 표다 늙어 팔짱은 무슨. 남우세스럽게 누가 보면 어쩌려고.

◆'남새스럽다'는 충남 전역에서 쓰는 말로 1970년대 이전에는 '남새시럽다'를 더 많이 썼다. '남새스럽다'는 '남우세스럽다'의 준말로 '남을 대하기가 부끄럽다'라는 뜻으로도 쓰는데, 이때는 '나무끄럽다' 또는 '너무끄럽다(남부끄럽다)'와 같은 뜻이 된다. -이명재(예산)

남자 제주 | 명사 | 없음
나무로 만든 국자.

〔안덕-창천〕옛날은 쒜가 엇고 다 낭으로 멘든 것 덜 썻주게. 국 거리는 건 남자렌 헹 영 주룩 돈곡 허민 떼불도 안허곡. 표옛날은 쇠가 없고 다 나무로 만든 것들 썼지. 국 뜨는 건 '남자'라고 해서 이렇게 자루 돌고 하면 뜨겁지도 않고. 〔한경-조수〕남자는 국 거리고 죽 거리고 허는 거. 표'남자'는 국 뜨고 죽 뜨고 하는 거.

◆'남자'는 '남국자'라고도 하는데 주로 국을 뜰 때 쓴다. 나무 국자에 구멍을 내면 '곰박'이라고 하여 삶은 떡 따위를 물에서 건질 때 쓴다. '곰박'의 '곰'은 '곰돌'의 '곰'과 마찬가지로 '구멍'을 뜻하는 말이다. 즉 구멍이 뚫린 국자를 뜻하는 말이다.

남지기돈 전남 | 명사 | 거스름돈

거슬러 주거나 받는 돈.

〔고흥〕아이, 점빵 가서 뚜부 한 모 사고 남지기돈으로 뭐 사 묵어라이. 표아이, 가게에 가서 두부 한 모 사고 거스름돈으로 뭐 사 먹어라. 〔진도〕논 두어 마지기 사고 남지기돈은 놔뒀다가 농사 지어갖고 보태서 쉬앙치 한 마리라도 사야제. 표논 두어 마지기 사고 거스름돈은 모아두었다가 농사지어가지고 보태어 송아지 한 마리라도 사야지. 〔진도〕시바야! 점빵 가서 새구 한 병 사고 내줄뜬은 눈깔사탕 사 묵어라. 표셋째야! 가게에 가서 석유 한 병 사고 거스름돈으로 사탕 사 먹어라.

◆가난한 농가에서는 목돈이 생기면 제일 먼저 전답을 산다. '남지기돈'이 있을 턱이 없지만 추수한 뒤에는 돈을 보태어 소나 송아지를 샀다. -주광현(진도)

납디듯하다 전북 | 형용사 | 없음
어떤 일에 골몰하여 몹시 바쁘게 돌아다니다.

〔전주〕느 애비는 불탄 갱변에 딘 소 납디듯끼 헌다. 표너희 아버지는 불탄 강변에 덴 소 '납디듯끼'한다.

◆할머니의 눈에는 아버지가 불에 덴 소처럼 이리 뛰고 저리 뛰며 날치듯 하는 것처럼 보였을 것이다. 항상 논으로 밭으로, 심지어 가게로 바쁘게 움직여야 했던 아버지를 안쓰러워하며 했던 말이다. -이송자(전주)

납새미 경남 | 명사 | 가자미
넙칫과와 붕넙칫과의 가자미 따위를 통틀어 이르는 말.

〔창원〕납새미는 찌가 산대미에 담아 몰랴라. 표가자미는 쪄서 채반에 담아 말려라. 〔울산〕까지메기 꿉어가 무웄다. 표가자미 구워서 먹었다.

151

납쪽 전북 | 부사 | 흠씬

매 따위를 심하게 맞는 모양.

〔익산〕그놈을 납쪽 뚜디려주어라. 표그놈을 흠씬 뚜들겨주어라.

낫낫허다 전남 | 형용사 | 없음

(1)쓰임새가 다양하거나 쓰기에 편하다.
(2)마음이 흡족하여 얼굴 표정이 환하다.
(3)사람의 태도가 상냥하다.

〔목포〕큰애기가 낫갓이 낫낫허니 참 좋아라우. 표처녀가 낯빛이 '낫낫허니' 참 좋아요. 〔강진〕오늘따라 니가 왜 그리 낫낫허냐. 표오늘따라 네가 왜 그리 '낫낫허냐'. 〔담양〕사람이 아무한테나 쌉쌉허고 낫낫허니 괜찬혜. 표사람이 아무에게나 싹싹하고 '낫낫해서' 괜찮아.

◆전남 진도에서는 표정이 어둡지 않고 밝은 상태를 '낫낫하다'라고 한다. -조년환(진도)

낭개 경북 | 명사 | 호박

박과의 한해살이 덩굴풀인 호박을 이르는 말.

〔대구〕뒤딴에 가서 낭개 하나 따가주고, 누룽국 끓이는 데 영구로. 표뒤꼍에 가서 호박 하나 따가지고, 홍두깨 국수 끓이는 데 넣게.

낭구 강원 | 명사 | 나무

줄기나 가지가 목질로 된 여러해살이 식물.

〔영월〕산으로 땔낭구를 하러 가요. 표산으로 땔나무를 하러 가요. 〔춘천〕땔낭구를 많이 해놔서 올 겨울은 뜨듯하게 지내겠네. 표땔나무를 많이 해놔서 올 겨울은 따뜻하게 지내겠네. 〔홍천〕떤 낭구를 심었노? 표어떤 나무를 심었나?

낭구 충남 | 명사 | 나무

줄기나 가지가 목질로 된 여러해살이 식물.

〔대전〕예즌엔 길 건너두 산이었어. 그 낭구를 다 베다가 팠는디 지금은 하나두 없어 표예전엔 길 건너도 산이었어. 그 나무를 다 베어다가 팔았는데 지금은 하나도 없어. 〔서산〕감낭구에는 감이 열리고 괴염낭구에는 괴염이 열린다. 표감나무에는 감이 열리고 고욤나무에는 고욤이 열린다. 〔태안〕왕매얌 잡는다구 감낭구 올라갔다가 떨어져 죽을 헸다니께 그러네. 표말매미 잡는다고 감나무 올라갔다가 떨어져 죽을 뻔했다니까 그러네.

◆'낭구'는 목재이자 땔감으로 우리의 삶과 밀접하게 연관되어 있어 다양한 말로 파생되었다. '낭구꾼(나뭇꾼), 낭구가징이(나뭇가지), 낭구짐(나뭇짐), 솔남구/솔낭구(소나무)' 따위가 그런 말이다. -이명재(예산) ◆'나무'를 '낭구'라고 하는 지역은 충청도 외에도 경기도와 강원도, 전라도 등 폭넓다. '나무'의 옛말은 '남ㄱ'으로 여기에 조사가 붙어 '남근, 남글, 남글, 남긔' 등으로 쓰였는데, '남ㄱ'이 조음위치동화를 일으켜 '낭구'가 된 것이다.

낭창떨다 강원 | 동사 | 없음

주제넘게 잘난 척을 하다.

〔삼척〕가가 낭차로 떠느라고 그러지. 표개가 '낭창을 떠느라고' 그러지. 〔삼척〕어른 앞에서 낭창을 떨다니, 버릇데기 하나도 없는 놈일세. 표어른 앞에서 '낭창을 떨다니', 버릇이 하나도 없는 놈일세.

낭창하다 경북 | 형용사 | 없음

상황에 어울리지 않게 말이나 행동이 느긋하다.

〔대구〕말하는 기 옥시로 낭창하대이. 표말하는 게 정말로 '낭창하네'. 〔대구〕자는 원래 낭창하잖아. 신경도 안 쓸 끼다. 내비뒤라. 표쟤는 원래 '낭창하잖아'. 신경도 안 쓸 거다. 그냥 둬라.

◆'낭창하다'는 긍정적인 의미보다 부정적인 의미로

쓰이는 말이다. 경우에 따라 아무 생각이 없는 사람
이라는 뜻으로 쓰이기도 한다. ◆사투리 중에는 표
준어와 형태는 같지만, 의미가 다른 말들이 있다. 표
준어로 '낭창하다'는 '걸음걸이가 비틀거리거나 허
둥대어 안정되지 않다', '성격 따위가 밝고 명랑하여
구김살이 없다'를 뜻하지만, 경북 사투리로 '낭창하
다'는 '속마음을 감추며 내숭을 떨다' 또는 '느릿느
릿 여유를 부리며 할 일을 제대로 하지 않다', '상황
에 어울리지 않게 말이나 행동이 느긋하여 미운 느
낌이 들다'를 뜻하는 말이다.

낭청 강원 | 명사 | 능청
속으로는 엉큼한 마음을 숨기고 겉으로
는 천연스럽게 행동하는 태도.
〔강릉〕낭청을 떠는 지집아들이 꼭 재간으 친다
니. 표능청을 떠는 여자아이들이 꼭 저지레를 친
다니까. 〔삼척〕제 주제도 모르고 낭창을 떨고 있
네. 표제 주제도 모르고 능청을 떨고 있네.

낭화 전북 | 명사 | 없음
팥을 갈아 만든 국물에 찹쌀을 넣고 밀
가루 반죽을 방망으로 얇게 밀어서 칼로
가늘게 썰어 만든 국수. 또는 그것을 익
힌 음식.
〔정읍〕촌 할머니들은 낭화를 좋아헌게. 표촌
할머니들은 '낭화'를 좋아한다니까.

낮궂하다 충남 | 동사 | 없음
싫어하는 기색을 얼굴에 나타내다.
〔당진〕그 얘기 했드니 낮궂하던요. 표그 얘기
했더니 '낮궂하던디요'. 〔공주〕그 얘기를 예사롭
게 했드니 데게 낮궂하데. 표그 얘기를 예사롭게
했더니 되게 '낮궂하대'.

낮박살 전남 | 명사 | 면박

면전에서 꾸짖거나 나무람. 무안하게 함.
〔고흥〕아 기 죽구만. 뭐 땀세 그러코 낮박살을 주
고 그요? 표애 기가 죽는구먼. 뭐 때문에 그렇게
면박을 주고 그래요?
◆"낮박살을 준다"라는 말을 대신해서 "무참을 준
다"라고도 한다. ◆'낮박살'은 '무안하게 하다'라는
뜻으로 '주다'와 함께 쓴다.

낮박살 전북 | 명사 | 면박
면전에서 꾸짖거나 나무람. 무안하게 함.
〔무주〕뭐 다러 그러코롬 낮박살을 준요? 표뭐
하러 그렇게 면박을 줘요? 〔정읍〕성, 근다고 이
렇게 낮박살을 준요? 섭섭허요. 표형, 그런다
고 이렇게 면박을 줘요? 섭섭해요.

내굽다 강원 | 형용사 | 냅다
연기로 인해 눈이나 목구멍이 쓰라린 느
낌이 있다.
〔홍천〕연기가 방에 꽉 차서 눈이 내굽다. 표연기가
방에 꽉 차서 눈이 냅다. 〔평창〕청솔가지를 때면
연기가 내굽다. 표청솔가지를 때면 연기가 냅다.

내그럽다 경북 | 형용사 | 냅다
연기로 인해 눈이나 목구멍이 쓰라린 느
낌이 있다.
〔성주〕불만 피왔다 카면 내그러버가 눈물이 난
다. 표불만 피왔다 하면 내워서 눈물이 나.

내꼴창 전남 | 명사 | 도랑
매우 좁고 작은 개울.
〔강진〕어렸을 땐 그 내꼴창에서 가재를 잡곤 했
어. 표어렸을 때는 그 도랑에서 가재를 잡곤 했
어. 〔진도〕논 가세 새똘을 매사 똘로 물을 들이기
도 하고 빼기도 할 것 아니야? 표논 가에 새 도
랑을 만들어야 도랑으로 물을 대기도 하고 빼기

도 할 게 아니냐? 〔진도〕이러케 큰비가 오면 작은재 내꼴창에도 물이 무쟈게 깊어서 건널라믄 위험하당께. 표이렇게 큰비가 오면 작은재 도랑에도 물이 매우 깊어서 건너려면 위험하다니까.

내꼽다 충남 | 형용사 | 아니꼽다
하는 말이나 행동이 눈에 거슬려 불쾌하다. 〔서산〕그 감나무 집이 그 일루 큰 부자가 됐어그래. 그게 영 내꽜는지 많이들 숭을 봤지. 표그 감나무 집이 그 일로 큰 부자가 됐어그래. 그게 영 아니꼬왔는지 많이들 흉을 봤지.

내내야 전북 | 부사 | 기껏해야
(1)아무리 한다고 해야.
(2)(수를 나타내는 말 앞에 쓰여) 아무리 높거나 많게 잡아도.
〔전주〕생일 선물이라고 산 것이 내내야 양말 한 켤레였어. 표생일 선물이라고 산 것이 기껏해야 양말 한 켤레였어. 〔임실〕몇 날 메칠을 두고 공곰이 생각히바도 내내야 애초 생각만 못허더라고. 표몇 날 며칠을 두고 곰곰이 생각해봐도 기껏해야 애초 생각만 못하더라고.

내다지 충북 | 명사 | 한걸음
쉬지 아니하고 내처 걷는 걸음이나 움직임. 〔옥천〕하던 거럴 내다지 안 하구 섰다가 하믄 모냥이 이상해져. 표하던 것을 한걸음에 안 하고 쉬었다가 하면 모양이 이상해져.

내달구다 강원 | 동사 | 재촉하다/내쫓다
(1)어떤 일을 빨리하도록 조르다.
(2)밖으로 몰아내다.
〔고성〕시어머니가 너무 내달군다는 얘기가 있으니까. 표시어머니가 너무 재촉한다는 이야기가 있으니까. 〔삼척〕행실이 나쁜 놈은 우리 모임에

서 내달과야 마땅하다. 표행실이 나쁜 놈은 우리 모임에서 내쫓아야 마땅하다.
◆강원도 삼척에서 '달구다'는 '쫓다'라는 뜻으로 쓰이고 '내달구다'는 '내쫓다'라는 뜻으로 쓰인다. ―이경진(삼척) ◆'내달구다'는 물리적으로 쫓을 때만 쓰는 말이 아니라 심리적으로도 쫓을 때도 쓰는 말이다. '채근하다' 또는 '재촉하다'라는 뜻으로도 쓴다.

내동 충북 | 부사 | 내내
처음부터 끝까지 계속해서.
〔옥천〕어제밤부터 내동 배가 아퍼서 약얼 먹었슈. 표어젯밤부터 내내 배가 아파서 약을 먹었어요.

내미치매 경북 | 명사 | 없음
알몸 위에 걸쳐 입은 치마.
〔대구〕누구는 아이까 바, 마카 다 내미치매 바람이제. 표누구는 아닐까 봐. 모두 다 '내미치매' 차림이지.
◆경상도 대구에는 '내미치매'라는 아주 흥미로운 사투리가 있다. 대구에서는 '치마'를 '치매'라고 하는데 주로 여인들이 목욕을 끝내고 치마를 입을 때 속치마는커녕 속옷마저 걸치지 않은 채로 순전히 벌거숭이 알몸 위에 치마 하나만 걸친 것을 '내미치매'라고 한다. 이는 속옷이 저만큼 떨어져 있거나 갑자기 손님이 들이닥쳤을 때 순간적으로 다급한 일이 생겼을 때 쓰는 말이다. 이 '내미치매'란 말은 옛날 우리네 어머니나 할머니들이 참 많이 쓰던 말인데, 여기서 '내미'란 말의 뜻이 정확히 '맨입'이나 '맨살' 또는 '맨치마'라고 할 때의 '맨'인지는 정확하지 않다. ―상희구(대구)

내바람 전남 | 명사 | 배웅
떠나가는 손님을 일정한 곳까지 따라 나가서 작별하여 보내는 일.
〔해남〕아이, 손님 가신디 내바람 잔 해디례라. 표

애야, 손님 가시는데 배웅 좀 해드려라. 〔광주〕우리 삼촌 내바람 나갔다 오요야. 表우리 삼촌 배웅 나갔다가 옵니다.

내비두다 충북 | 형용사 | 놓아두다
제 마음대로 하도록 내어 맡기다.
〔옥천〕지발 간섭하지 말구 나 좀 기냥 내비둬. 表제발 간섭하지 말고 나 좀 그냥 놓아둬.
◆'내비두다'는 '들었던 것을 내려서 어떤 곳에 두다' 또는 '건드리지 않고 그대로 두다'의 뜻으로도 쓰인다.

내뻔지다 충북 | 동사 | 내버리다
더 이상 쓰지 아니하는 물건이나 못 쓰게 된 물건을 아주 버리다.
〔옥천〕썰데두 읎는 걸 머 할라구 갖구 와. 갖다가 내뻔지구 와. 表쓸데도 없는 걸 뭐 하려고 갖고 와. 가져가서 내버리고 와.

내쏴두다 전북 | 동사 | 놓아두다
제 마음대로 하도록 내어 맡기다.
〔군산〕그놈의 자식 죽도록 내쏴둬라. 表그놈의 자식 죽도록 놓아두어라. 〔임실〕그넘이 그러건 말긍 내비둬. 表그 녀석이 그러거나 말거나 놓아둬.
◆'내쏴두다'는 '내쏘다'와 '두다'가 결합한 말로 '내쏘아두다'의 줄임말이다. ◆'내쏴두다'는 '상대에게 제 마음대로 하도록 내어 맡기다'라는 뜻도 되지만 '관심을 가지지 아니하고 돌보지 아니하다'라는 뜻도 된다.

내우살 제주 | 명사 | 냄새
코로 맡을 수 있는 온갖 기운.
〔중문〕내우살만 맡아도 꿈이 돌각돌각 노려가. 表냄새만 맡아도 침이 꼴깍꼴깍 내려가.
◆'돌각돌각'은 문맥에 따라 '달각달각' 또는 '꼴깍꼴깍' 등의 의성어로 쓰이는 말이다.

내치 경북 | 부사 | 내내
처음부터 끝까지 계속해서.
〔상주〕내치 궁디도 안 떼고 마늘만 깠다 안 카나. 表내내 궁둥이도 안 떼고 마늘만 깠다고 안 하더냐.
◆'내치'는 [내:치]라고 발음한다. 같은 뜻으로 '내도록'을 사용하기도 한다.

내흉스럽다 충북 | 형용사 | 내숭스럽다
겉으로는 순해 보이나 속으로는 엉큼한 데가 있다.
〔청주〕요 메칠 보니께 갸가 많이 내흉스럽드라구. 表요 며칠 보니까 개가 많이 내숭스럽더라구.

냄 북한 | 명사 | 배웅
떠나가는 손님을 일정한 곳까지 따라 나가서 작별하여 보내는 일.
〔북한〕기래 떠나는데 냄을 못 해 안됐다. 表그렇게 떠나는데 배웅을 못 해 안됐다.
◆북한 전역에서 배웅하는 것을 '냄내다'라고 하고, 사람을 내보내고 들이는 것을 '냄들임하다'라고 한다. ◆'냄'은 '내다'의 명사형이다. 어디로 떠나는 사람과 함께 문이나 역까지 함께 나가는 것을 누구를 "내려 갔다"고 표현한다. 즉 무엇을 밖으로 꺼내는 '내다'를 사람에게도 확대하여 쓰는 것이다.

냉갈 전북 | 명사 | 연기
무엇이 불에 탈 때에 생겨나는 흐릿한 기체나 기운.
〔임실〕모닥불이서 냉갈을 치우먼 잉그락불이 되아. 表모닥불에서 연기를 치우면 잉걸불이 된다. 〔남원〕영기가 안 빠져 고래를 퍼냈더니 냄내가 심하네. 表연기가 안 빠져 고래를 퍼냈더니 연기가 심하네. 〔무주〕거가 막 뚫먼 엥기가 풍풍 올라우지.-소강춘(2006) 表거기가 막 뚫리면 연기가 푹푹 올라오지.

◆전라북도 진안군 용담면 호계리에서 구전되는 민요 〈밭매는 소리〉에는 "바람은 불씨락 내급만 나리고, 아들은 볼씨락 사랑만 나네(바람은 불수록 연기만 나고, 아들은 볼수록 사랑만 나네)"라는 노랫말이 있는데, '냅다' 또는 '내급다'의 의미가 '연기로 인해 눈이나 목구멍이 쓰라린 느낌이 있다'임을 고려할 때 '내급'이 곧 '연기'임을 알 수 있다.

냉갈내 전남 | 명사 | 없음

연기의 냄새.

〔고흥〕아이, 문 잔 열어라, 방에 냉갈내가 끈허다. 표아이, 문 좀 열어라, 방에 '냉갈내'가 여전히 난다.

◆전남 사투리 '냉갈내'의 '내'는 냄새라는 뜻이며 '냉갈'과 결합하여 '연기의 냄새'라는 의미로 쓴다. 다른 말로 '냇내'라고도 한다.

냉거리 강원 | 명사 | 연기

무엇이 불에 탈 때에 생겨나는 흐릿한 기체나 기운.

〔인제〕냉거리 땜에 눈이 매워요. 표연기 때문에 눈이 매워요. 〔강릉〕굴때통에 지녁 영개가 오른다니. 표굴뚝에 저녁 연기가 오른다. 〔양양〕생솔잎을 태우면 냉구리가 무섭게 난다. 표생솔잎을 태우면 연기가 무섭게 난다. 〔춘천〕문 좀 열어봐라. 영기 때매 눈을 못 뜨겠다. 표문 좀 열어봐라. 연기 때문에 눈을 못 뜨겠다. 〔삼척〕벅에 군불을 땠더니 굴뚝에 누런 연개가 나와. 표부엌에 군불을 땠더니 굴뚝에 누런 연기가 나와. 〔강릉〕보강제 부르 땠더니 앵구리가 나서 눈이 매굽드라. 표아궁이에 불을 땠더니 연기가 나서 눈이 맵더라. 〔평창〕요로케 인제 움푹한 데 지블 해노코 이 내구리가 나가게 인제 바깥으로. 표이렇게 인제 움푹한 곳에 짚을 해놓고 이 연기가 나가게 인제 바깥으로.

◆강릉에서 '연기'는 '영개'라고 한다. 다만 굴뚝으로 나오는 연기만 '영개'라고 하고, 굴뚝이 아니라 아궁이로 나오는 연기나 구들장 틈새로 나오는 연기는 '내구리' 또는 '냉구리'라고 한다. 그런가 하면 표준어 '냉과리(잘 구워지지 않아서 불을 붙이면 연기와 냄새가 나는 숯)'를 뜻하는 말로도 쓰인다. ‒김인기(강릉)

냉기다 전북 | 동사 | 남기다

들인 밑천이나 제 값어치보다 많이 얻다. 또는 이익을 보다.

〔정읍〕쪼개만 냉겨 먹어라. 표조금만 남겨 먹어라. 〔군산〕다른 사람한테 냉겨먹지 너한테 냉겨먹었어? 표다른 사람한테 남겨먹지 너한테 남겨먹겠냐?

◆'냉기다'에 '먹다'가 결합하여 '냉겨먹다'가 되면 부정적인 말이 된다. 전북 출신 작가 채만식의 『탁류』에는 '냉겨먹다'의 이와 같은 쓰임이 매우 잘 드러난다. "이런, 제기할 것. 철도국 친구들은 냉겨먹을 줄만 알지 써비슨 할 줄 모른담?"

냉내 충북 | 명사 | 없음

청솔가지 등 젖은 나무가 타면서 나는 매케한 연기.

〔옥천〕청솔가지얼 땠드니 냉내가 나서 눈물 콧물 다 쏟았시유. 표청솔가지를 땠더니 '냉내'가 나서 눈물 콧물 다 쏟았어요.

◆마른 나무와 젖은 나무가 탈 때 나는 연기는 매우 다르다. 그런데 표준어에는 그러한 차이를 표현할 수 있는 단어가 없다. 충북 사투리 '냉내'는 젖은 장작인 희나리를 태울 때 나는 연기 냄새를 가리키는 말이다. ◆'내'는 '고린내, 암내, 곁불내'처럼 쓰여 냄새를 뜻한다. 사월과오월이 부른 〈화〉라는 노래의 가사에 "너와 맹세한 반지 보며 반지같이 동그란 너의 얼굴 그리며 오늘도 젖은 짚단 태우듯 또 하루를

보냈다"라는 표현이 있다. 이별의 슬픔을 젖은 짚단 태우는 것에 비유한 것이다. 마른 게 탈 때 활활 거침없이 타는 것과 매우 차이가 있는 말이다.

냉면잡채 전북 | 명사 | 잡채

여러 가지 채소와 고기붙이를 잘게 썰어 볶은 것에 삶은 당면을 넣고 버무린 음식.

〔부안〕큰일 때나 냉면잡채를 했지. 표큰일 때나 잡채를 했지.

◆부안에서는 '콩나물잡채'를 '잡채'라 하였고, '잡채'는 '냉면잡채'라 하였다. 냉면잡채는 생일이나 제사, 혼례처럼 집안에 큰일이 있을 때 해 먹었다. –김동녀(부안)

냉택없다 강원 | 형용사 | 어이없다

일이 너무 뜻밖이어서 기가 막히는 듯하다.

〔강릉〕참 냉택없네. 왜서 내거 니인데 돈으 주냐? 표참 어이없네. 왜 내가 너한테 돈을 주니?

너굴때 경남 | 명사 | 유혈목이

피부에 알록달록한 빛깔을 가진 뱀.

〔함안〕풀 비다가 너굴때 봤다 아이가. 표풀 베다가 유혈목이를 봤어.

◆'너굴때'는 색깔 때문에 '꽃뱀'이라고도 한다.

너불미기 경북 | 명사 | 꽃뱀

피부에 알록달록한 빛깔을 가진 뱀.

〔의성〕산에 저 꼬사리 캐다가 크단한 너불미기가 앞에 슥 지나가니까는 머 식겁했지. 표산에 저 고사리 캐다가 커다란 꽃뱀이 앞에 슥 지나가니까 뭐 식겁했지.

너저부리하다 충북 | 형용사 | 너저분하다

질서가 없이 마구 널려 있어 어지럽고 깨끗하지 않다.

〔옥천〕너저부리하게 늘어놓지 말구 좀 치우구 살아. 표너저분하게 늘어놓지 말고 좀 치우고 살아.

넉다구리 경북 | 명사 | 너구리

갯과의 포유류인 너구리를 이르는 말.

〔성주〕밤중에 넉다구리가 강내이 밭을 온데 파디비놨뿠다. 표밤중에 너구리가 옥수수 밭을 전부 파놨더라.

넉세 북한 | 명사 | 달력

1년 가운데 달, 날, 요일, 24절기, 행사일 따위의 사항을 날짜에 따라 적어놓은 것.

〔평안〕넉세 좀 보라. 말일이 무슨 요일이가? 표달력 좀 봐봐. 말일이 무슨 요일이야?

넉적다 강원 | 형용사 | 열없다

좀 겸연쩍고 부끄럽다.

〔춘천〕넉적게 춤을 왜 추래는 거야? 표열없게 춤을 왜 추라는 거야? 〔삼척〕남자가 여자들 속에 혼자 있으려니 어쩐지 열쩍다야. 표남자가 여자들 속에 혼자 있으려니 어쩐지 열없다.

넉짱구리 전남 | 명사 | 없음

크기가 큰 개구리.

〔진도〕애들하고 개구락지 잡으로 가면, 큰 개구리가 보이면 넉짱꾸리 있다고 했네요. 표애들하고 개구리 잡으러 가면, 큰 개구리가 보이면 '넉짱꾸리' 있다고 했어요.

◆전남 장성에서는 뒤로 발라당 넘어지는 것을 '넉짱구리'라고 한다. –조선희(장성)

널쭈다 경남 | 동사 | 떨어뜨리다

(1)위에 있던 것을 아래로 내려가게 하다.
(2)가지고 있던 물건을 빠트려 흘리다.

〔진해〕감을 널짜주모 내가 아래서 받을게. 표감

157

을 떨어뜨려주면 내가 아래에서 받을게. 〔하동〕
묵다가 널짠 까자는 주 묵지 마라. 표먹다가 떨
어뜨린 과자는 주워 먹지 마라.

널쭈다 경북 | 동사 | 떨어뜨리다
위에 있던 것을 아래로 내려가게 하다.
〔성주〕보래이, 일로 널쭈바래이. 표봐라, 여기로
떨어뜨려라. 〔안동〕안동 다 와가가 널쭈모 우얄
라꼬 그랍니까? 표안동 다 와서 떨어뜨리면 어
떻게 하려고 그럽니까?
◆ '널찌다'는 '떨어지다'를, '널짜다' 또는 '널쭈다'는
'떨어뜨리다'를 뜻하는 말이다. 예를 들어 "널쭐라
조심해라"는 '떨어뜨릴라 조심해라'를 뜻하고, "널
찔라 조심해라"는 '떨어질라 조심해라'를 뜻한다. -
하재현(안동)

넘사시럽다 경북 | 형용사 | 남사스럽다
남에게 놀림과 비웃음을 받을 듯하다.
〔대구〕할매는 왜 넘사시럽게 거기서 내 성적 이
야기를 하노. 표할머니는 왜 남사스럽게 거기에
서 내 성적 이야기를 해. 〔대구〕남사시러버서 밖
에 나댕기질 못하겠다. 표남사스러워서 밖에 다
니지 못하겠다.

넘피 제주 | 명사 | 넓패
갈조류 패과의 해초.
〔한경-신창〕옛날엔 넘피 메렌 흔 십이월덜만 나
민 막 물찌마다 갔게. 표옛날에는 넓패 매러 한
십이월만 되면 마구 물때마다 갔지. 〔애월-고
내〕메역쉐, 넘피는 그튼 고단에 나. 그튼 돌에. 표
미역쇠, 넓패는 같은 곳에 나. 같은 돌에.
◆ '넓패'를 제주에서 '넘피'라고도 하고 '넘패' 또는
'너패'라고도 한다.

넙차개 북한 | 명사 | 호주머니
옷의 일정한 곳에 헝겊을 달거나 옷의
한 부분에 헝겊을 덧대어 돈, 소지품 따
위를 넣도록 만든 부분.
〔평창〕종애를 꼬개꼬개 넙차개에 우겨 넣는다.
표종이를 꼬깃꼬깃 호주머니에 우겨 넣는다.
◆ '넙'은 '옆'의 북한 사투리이다. 그러므로 '넙차개'
는 '옆에 차는 것'이라는 뜻이다. 호주머니는 주로
양손을 집어넣기 편하게 하려고 옷의 양옆에 달았으
므로 '옆'이라고 표현했다.

넝구치다 경남 | 동사 | 넘겨짚다
남의 생각이나 행동에 대하여 뚜렷한 근
거 없이 짐작으로 판단하다.
〔진해〕글마 넝구치기에 고마 속아 뺐다. 표그놈
넘겨짚는 것에 그만 속아버렸다. 〔울산〕삼베를
넝구치 가 돈 쫌 모았다. 표삼베를 팔아넘겨서
돈을 좀 모았다.
◆ '넝구치기'는 '넘기다'의 경상도 사투리 '넝구다'에
서 온 말로 '넘겨짚다'라는 뜻 외에도 '팔아넘기다'
라는 뜻이 있다. 예전에 오일장이 서는 날이면, 새벽
같이 장으로 모여드는 장꾼들에게 물건을 싸게 떼어
다가 비싸게 되파는 사람들이 있었다. 이를 '넝구치
기'라고 한다. -김승호(진주)

넝끌 전남 | 명사 | 넝쿨
길게 뻗어 나가면서 다른 물건을 감기도
하고 땅바닥에 퍼지기도 하는 식물의 줄
기인 넝쿨을 이르는 말.
〔고흥〕퐅을 일찍 숭거 갖고 넝끌어서 안 열게 생
겼구마. 표팥을 일찍 심어 가지고 넝쿨이 져서
안 열리게 생겼구먼. 〔광주〕올해는 넝끌이 일어
서 밭매기가 영 사납소. 표올해는 넝쿨이 많이
자라서 밭매기가 아주 힘듭니다. 〔진도〕포세 거
름을 많이 줘근께 넝끌만 많이 뻗어서 포시 안
열렸겄다. 표팥에 거름을 많이 줘서 넝쿨만 많이

뻗어서 끝이 안 열리겠다.
◆광주에서 '넝끌'은 길게 뻗어 나가는 식물의 통칭이 아니라 주로 밭 가장자리에 많이 자라며 농사일을 사납게 하는 식물의 이름으로 썼다. 넝끌이 많이 생기는 것을 두고 "넝끌이 일었다"라고 했다.

네귀방장ᄒ다 제주 | 형용사 | 네모반듯하다
네모지고 반듯하다.
〔대정-가파〕연은 창호지 영 헹 삼각형으로도 멘들곡 네귀방장허게도 멘들곡. 표연은 창호지 이렇게 해서 삼각형으로도 만들고 네모반듯하게도 만들고. 〔구좌-한동〕그냥 멍석은 네귀방장허주게. 그거 마당에 막 요라 개 페와 낭 보리도 널곡 조도 널곡. 표그냥 멍석은 네모반듯하지. 그거 마당에 막 여러 개 펴 놔서 보리도 널고 조도 널고.
◆'네 귀'는 사각형의 네 모서리를 가리키는 말로 표준어에서도 모가 난 모서리를 가리켜 '귀'라고 한다. '방장'은 표준어에는 없으나 옛말에 '방정(方正)'이란 말이 있는데 네 모서리가 똑 바르다는 뜻이다.

년로보장 북한 | 명사 | 정년 은퇴
나이가 많아서 노동할 수 없는 사람들을 집에서 편안히 쉬게 국가가 보장해 주는 것.
〔북한〕우리 아버지는 작년에 년로보장받고 지금은 집에서 가끔 소토지를 하시면서 사신다. 표우리 아버지는 작년에 정년 은퇴를 하고 지금은 집에서 가끔 '소토지'를 하시면서 사신다.
◆직장이나 기관에 근무하다가 60세가 되어서 퇴직하는 사람을 가르켜 년로보장 받았다고 한다.

노고저리 충북 | 명사 | 종달새
종다릿과의 새.
〔옥천〕아침에 일어나믄 노고저리 소리가 엄청 딛기가 좋아. 표아침에 일어나면 종달새 소리가 엄청 듣기가 좋아.

노나주다 경기 | 동사 | 나누다
하나를 둘 이상으로 가르다.
〔서울〕식당에서 버리는 밥 뫄다 끓여서 여기저기 노나주면 비들기들이 잘 먹어요. 표식당에서 버리는 밥 모아다 끓여서 여기저기 나눠주면 비둘기들이 잘 먹어요.

노낙각시 충북 | 명사 | 노래기
노래기강의 절지동물을 통틀어 이르는 말.
〔옥천〕노낙각시럴 만지믄 이상한 냄시가 나. 표노래기를 만지면 이상한 냄새가 나.

노내끼 전북 | 명사 | 노끈
실, 삼, 종이 따위를 가늘게 비비거나 꼬아서 만든 끈.
〔군산〕장날에 가면 노내끼를 말아서 팔았다. 표장날에 가면 노끈을 말아서 팔았다.
◆전북 지역 방언 조사를 나갔을 때의 일이다. 한 제보자가 신혼여행 당시의 경험담을 이야기해 주면서 "집으로 돌아오는 길이었는데 갑자기 소낙비가 논내끼같이 쏟아졌다"라고 하였다. 당시에는 그 말이 무슨 뜻인지 제대로 이해하지 못했는데, 시간이 흘러 지금은 '빗방울이' 굵은 노끈의 날줄처럼 이어지듯 내리는 모습을 빗대어 표현한 것이라는 것을 잘 알고 있다. -소강춘(전주)

노누다 경북 | 동사 | 나누다
하나를 둘 이상으로 가르다.
〔성주〕이웃이 콩 한 쪼가리라도 노누야지 안 그카면 정 없다 칸다. 표이웃끼리 콩 한 쪽이라도 나눠야지 안 그러면 정 없다고 한다.

노다지 경기 | 부사 | 늘
계속하여 언제나.
〔가평〕아침엔 노다지 신문을 봤어. 표아침엔 늘

신문을 봤어. 〔여주〕노냥 놀러만 댕기면 은제 공부하니. 囯늘 놀러만 다니면 언제 공부하니. 〔안성〕상긋 행복하세요. 囯늘 행복하세요.

노락질 전남 | 명사 | 장난
주로 어린아이들이 재미로 하는 짓. 또는 심심풀이 삼아 하는 짓.
〔고흥〕밥 묵을 때에 노락질했다고 아부지헌테 겁나게 혼났당께요. 囯밥 먹을 때에 장난했다고 아버지한테 매우 혼났다니까요. 〔강진〕지앙 좀 에지간히 부리거라. 囯장난 좀 어지간히 부리거라.
◆'노작질'은 넓은 의미에서 '장난'을 뜻하는 말인데, '손장난'을 뜻하는 '호작질'과 관련이 있을 것으로 보인다. 상황에 따라 성의 없이 일을 할 때도 쓰는 말이다. ◆제가 어렸을 때 장롱에 달린 장식 노리개의 술을 가위로 자르면서 놀고 있었는데, 할머니가 그 모습을 보시고나서 "으짠지 조용해서 와봤드만 재앙 부리고 자빠졌네"라고 하셨어요. 할머니를 떠올릴 때마다 이 말이 함께 떠오르곤 합니다. -윤효인(해남)

노란가지 충북 | 명사 | 없음
원하던 바를 이루지 못하고 좌절하거나 남겨져 쓸모없이 되는 것.
〔단양〕어려서부텀 저렇게 사고나 치구 댕기면 노란가지 되는 거여. 囯어려서부터 저렇게 사고나 치고 다니면 '노란가지' 되는 거야.
◆'노란가지'는 주로 '되다'의 함께 쓰이는데, "떡잎이 노랗다"라는 속담이 있듯이 가지가 노랗게 되어 시들거나 죽어간다는 것을 비유적으로 표현한 말로 보인다.

노란조시 전북 | 명사 | 노른자
알의 흰자위에 둘러싸인 동글고 노란 부분.
〔임실〕달걀은 흰조시보다 노란조시가 꼬숩다고

안 허냐? 囯달걀은 흰자보다 노른자가 고소하다고 하지 않더냐?
◆『이조어사전』에 '노른자위'의 옛말이 '노른즈의'로 나오고 '눈자위'의 옛말이 '눈즈△, 눈쯔△, 눈즈이'로 나온다. 전북 사투리 '노란자사'의 '자사'는 옛말 '즈△'와 관련이 있다. 반치음(△)은 음가가 소실되면서 'ㅅ'으로 바뀌거나 탈락되었다. 예를 들어 '무슴(15세기)'은 '무슴(16세기)'이 되었다가 '마음'으로 변했다. '한숨'은 '한숨'으로 바뀌었다. 이처럼 '즈△'도 진북 사투리에서 '자사'로 변한 것이다.

노랑조시 경남 | 명사 | 노른자
알의 흰자위에 둘러싸인 동글고 노란 부분.
〔함안〕끼미 맹글 때 노랑조시를 흰조시하고 따리 씨야 이뿌다. 囯고명 만들 때 노른자를 흰자랑 따로 써야 예쁘다. 〔고성〕노랑조시 동동 띠아 쌍하탕 한 잔 내바라. 囯노른자 동동 띄워 쌍화탕 한 잔 내봐라.

노랭이 경기 | 명사 | 구두쇠
돈이나 재물 따위를 쓰는 데에 몹시 인색한 사람.
〔이천〕그 친구는 돈이 아까워서 맨날 얻어먹는 노랭이로 유명했어. 囯그 친구는 돈이 아까워서 맨날 얻어먹는 구두쇠로 유명했어. 〔여주〕사람이 노랭이 짓 하면 못써. 囯사람이 구두쇠 짓 하면 못써.

노리 제주 | 명사 | 노루
사슴과의 포유류.
〔영평〕저슬에 산에 먹을 게 엇이민 노리가 막 이레 느려와. 囯겨울에 산에 먹을 게 없으면 노루가 마구 이리 내려와.
〔남원〕저 사농허는 사름덜 노리 가죽이나 개 가죽으로 가죽신 멘들앙 신어. 겐디 보통 사름덜은

안 신고. 표저 사냥하는 사람들 노루 가죽이나 개 가죽으로 가죽신 만들어서 신어. 그런데 보통 사람들은 안 신고.

◆'노루'를 제주에서는 '노리' 또는 '노로'라고 한다. 표준어로 깊이 들지 못하고 자꾸 놀라서 깨는 잠을 '노루잠'이라고 하는데, 제주에서는 '베록줌'이라고 한다. 아마도 '베룩(벼룩)'만큼 자는 잠이라는 뜻이 아닌가 싶다. '노루'의 옛말은 '노로'이다. 『이조어사전』에는 '노로 장(獐)'이라고 나온다. '노리'는 '노루' 또는 '노로'로부터 전설고모음화가 일어난 말로 보인다.

노리대 강원 | 명사 | 누룩치

산형과의 여러해살이풀.

〔양구〕노리대 줄기는 고추장 푹 찍어 먹고 잎은 장떡으로 부쳐 먹지요. 표누룩치 줄기는 고추장 푹 찍어 먹고 잎은 장떡으로 부쳐 먹지요. 〔인제〕모 심을 때는 노리대 장떡을 해놔야 그래도 일꾼들헌테 체멘이 스지. 표모 심을 때는 누룩치 장떡을 해야 그래도 일꾼들한테 체면이 서지. 〔평창〕오대산에는 누리대가 많애. 표오대산에는 누룩치가 많아. 〔춘천〕누리대두 못 먹으면서 촌 눔 행세를 헌다. 표누룩치도 못 먹으면서 촌놈 행세를 한다.

◆누리대는 산나물로 인기가 높으나 처음 먹는 사람들은 노린내가 나서 못 먹는 경우가 많다. 하지만 맛을 들이면 많이 찾게 되는 산나물이다. -유연선(춘천) ◆누룩치는 강원도 고산지대에 자생하는 식물로 생김새는 샐러리와 똑같은데, 특이하게 노릿한 향이 나는 산나물이다. 인제에서는 모내기를 하기 전날에 별도의 일꾼을 보내 누룩치를 뜯어다가 줄기는 막장을 찍어 먹게 하고, 잎은 밀가루에 막장으로 간을 한 노리대장떡 부침개를 만들어 모내기 일꾼들에게 별식으로 제공하였는데, 누룩치가 특유의 노릿한 향이 있고 소화를 원활하게 하는 기능이 있어 인기

가 많았다. -이창균(인제) ◆누리대는 강원도 고산지대에서만 나는 귀한 나물이다. 당귀같이 생겼으나 다르고, 냄새가 아주 역하여 빈대 냄새 같은 것이 난다. 처음 대하는 사람은 손사래를 칠 정도로 거부감을 나타내는 산채이나 여러 번 먹어 인이 박히면 산채 중의 산채로 여긴다. 입맛이 없을 때 먹으면 입맛이 돌아온다. 그냥 쌈으로 먹고 장떡으로 지져 먹기도 하고 장아찌를 박아 먹기도 한다. -이경진(삼척)

노치 북한 | 명사 | 없음

찹쌀, 기장, 차조 등의 가루를 쪄서 엿기름가루를 넣고 삭힌 다음 기름에 지진 떡.

〔평남〕오루바니 추석에 노치 먹었시오? 표오라버니 추석에 '노치' 먹었어요?

◆'노치'는 평안도의 대표적인 명절 음식으로 찹쌀이나 찰기장, 찰수수, 차조 등의 가루로 만든 음식이다. 가루를 익반죽하여 찐 다음 엿기름을 넣고 하루쯤 삭혀 둥글넓적하게 빚어 지져낸다. 노치는 단맛이 나는데 오래 두고 먹어도 상하지 않는 것이 특징이라 '떡'이나 '전'보다 '과자'에 가깝다. 평안남도 북창군 남양리에 노치처럼 생겼다고 하여 '노치구지'라고 불리는 못이 있다.

녹두발 경북 | 명사 | 숙주

녹두를 시루 같은 그릇에 담아 물을 주어서 싹을 낸 나물.

〔성주〕나는 녹두발이 이래 많이 드간 쌀국시는 첨 본다. 표나는 숙주가 이렇게 많이 들어간 쌀국수는 처음 본다.

녹디질금 경남 | 명사 | 숙주나물

녹두를 시루 같은 그릇에 담아 물을 주어서 싹을 낸 나물.

〔창원〕녹디질금을 데차가꼬 조물조물 문치야 반채이 데는 기라. 표숙주나물을 데쳐서 조물조

물 무쳐야 반찬이 되는 거야. 〔하동〕요새는 녹디 질금도 거진 다 중국산이라서 사 물 끼 엄따. 표 요새은 숙주나물도 거의 다 중국산이라서 사 먹을 것이 없다.

◆'녹디'는 '녹두'를 말하고, '질금'은 '엿기름'의 사투리이다. '녹디나물'은 '숙주나물'이다. 울산에서는 '녹띠나물'이라고 한다. -조용하(울산)

논뚜랑 충북 | 명사 | 논두렁
물이 괴어 있도록 논의 가장자리를 흙으로 둘러막은 두둑.
〔옥천〕논뚜랑에서 쑥얼 많이 뜯었어유. 표논두렁에서 쑥을 많이 뜯었어요.

논새비 전남 | 명사 | 생이
새뱅잇과의 민물 새우인 생이를 이르는 말.
〔고흥〕옛날에 도개 새에 논새비가 많이 살았어. 글므는 그것을 얼개미로 많이 잡었어. 표옛날에 논고랑 사이에 생이가 많이 살았어. 그러면 그것을 얼개미로 많이 잡았어. 〔진도〕논새비를 자블라믄 가실에 도개칠 때 물꼬에 얼멍치를 바처노면 마니 잡제. 표생이를 잡으려면 가을에 도개칠 때 물꼬에 어레미를 받쳐놓으면 많이 잡지.
◆예전에는 농사를 지을 때 농약을 치지 않아서 논에 '생이'나 '우렁'이 많았다. 벼를 수확하기 전에 논고랑을 만들어 물을 빼내야 할 때나 비가 와서 신선한 물이 논두렁에서 떨어질 때 이 물을 받아먹으려고 '생이' 등의 물고기들이 모여들면, 가는 발이나 어레미를 받쳐 '생이'를 많이 잡았다. 이러한 작은 새우를 '논새비'라고 하고 손가락처럼 굵은 새우를 '징게미' 또는 '징거미'라고 한다.

논시밧 전남 | 명사 | 텃밭
집터에 딸리거나 집 가까이 있는 밭.
〔고흥〕논시밧에 가서 솔 잔 비 오니라. 표텃밭에 가서 부추 좀 베어 오너라. 〔강진〕논시밧에 얼렁 댕게올란다. 표텃밭에 얼른 다녀올게. 〔광주〕삼밭에 가서 고치 및 개 따다가 식은 밥 물 몰아 묵을까? 표텃밭에 가서 고추 몇 개 따다가 찬밥 물 말아 먹을까?
◆집 근처에 채소를 심어 가꾸는 밭인 '논시밧'은 전남에서는 '나무새(나물)+밭'이란 뜻으로 '남새밭, 놈새밧, 넘새밭, 난시밭' 등 지역에 따라 약간씩 발음 차이를 보인다.

놀 제주 | 명사 | 태풍
북태평양 서남부에서 발생하여 아시아 대륙 동부로 불어오는, 폭풍우를 수반한 맹렬한 열대 저기압.
〔용담〕놀 불언에 매날 절 쎄여신디. 표태풍이 불어서 맨날 파도가 높았는데.

놀가이 경북 | 명사 | 노루
사슴과의 포유류.
〔안동〕놀란 놀가이같이 뛰어 달아나네. 표놀란 노루같이 뛰어 달아나네.

놀가지 북한 | 명사 | 없음
대오에서 떨어져 나온 사람.
〔북한〕탈영병을 '놀가지'라고 불렀소. 〔북한〕요새 놀가지들이 하도 많아서 말이야.
◆본래 '놀가지'는 평안도와 함경도, 황해도 등지에서 '노루'를 뜻하는 말로 사용된다. 그런데 비유적으로 탈영병이나 체제를 이탈해 다른 나라로 망명한 사람을 가리키는 말로도 쓰인다.

놀갱이 경남 | 명사 | 노루
사슴과의 포유류.
〔김해〕요즘은 놀갱이 못지않게 멧대지도 많아. 표요즘은 노루 못지않게 멧돼지도 많아. 〔함안〕

그때야 놀갱이나 고랭이나 다 기했지. 표그때야
노루나 고라니나 다 귀했지.

놀구다 강원 | 동사 | 놀리다
짓궂게 굴거나 흉을 보거나 웃음거리로
만들다.
〔삼척〕고냉이가 쥐를 잡아 놀구는 것을 봤나? 표
고양이가 쥐를 잡아 놀리는 것을 봤나? 〔정선〕니
지끔 나 놀구나? 표너 지금 나 놀리냐?

놀노구러지다 경북 | 동사 | 곯아떨어지다
몹시 곤하거나 술에 취하여 정신을 잃고
자다.
〔대구〕할매가 밭 맨다꼬 새빅부터 설치싸티이마
는 저녁 숟가락 놓자마자 놀노구러졌구마. 표할
머니가 밭 맨다고 새벽부터 설치더니만 저녁 숟
가락 놓자마자 곯아떨어졌구나.
◆대구 사투리는 '놀노구러졌다'라는 말이 있다. 쉽
게 풀이하면 "너무 피곤해서 곯아떨어졌다"쯤이 된
다. 신기하게도 '놀노구러졌다'라는 말을 자꾸 되뇌
이다 보면 정말 온몸의 뼈마디가 스물스물해지면서
으스러지는 느낌이 들어 그야말로 심신이 놀노구러
지는 것 같다. 우리 집은 가정형편이 어려워 식구들
이 너나없이 밤만 되면 놀노구러졌다. 나도 예외는
아니었다. 어릴 적부터 생활전선에 뛰어들어 밤 근
무를 마치고 한밤중이 되어서야 집에 돌아오는 날엔
저녁밥을 먹는 둥 마는 둥 하고 곯아떨어지기 일쑤
였다. 그때마다 어머니는 "아이고 야가 낮에 일이 됫
던 갑다, 고만에 놀노구러졌구마" 하며 안타까워
하셨다. 이렇게 곯아떨어진 날은 늦잠을 자기 일쑤
인데, 이런 날이면 으레 어머니가 내 사지를 주물러
주시며 연신 "아이고 안죽 어린 기이 집안 식구들 믹
이 살린다꼬 이래 고생을 하는구나" 그러셨다. 역시
엄마 손이 약손이라 그동안 쌓였던 오만 가지 피로
가 싹 풀리면서 참말로 놀노구러지곤 하였던 기억이

난다. -상희구(대구)

놀래다 경기 | 동사 | 놀라다
뜻밖의 일이나 무서움에 가슴이 두근거
리다.
〔양평〕내가 옛날이야기 해먼 다들 놀래더라. 표
내가 옛날이야기 하면 다들 놀라더라.

놀멘 북한 | 부사 | 천천히
동작이나 태도가 급하지 아니하고 느리게.
〔평안〕울컥 목이 메어 놀멘 숟깔을 내려놓는 날
이 늘어도 오래비에서는 왜답이 없다.-정춘근
(2012) 표울컥 목이 메어 천천히 숟가락을 내려
놓는 날이 늘어도 오라비에게서는 회답이 없다.

놈삐 제주 | 명사 | 무
십자화과의 한해살이풀 또는 두해살이풀.
〔용담〕요건 초마기라 허곡 요건 놈삐우다. 표이
건 '초마기'라 하고, 이건 '놈삐'입니다.
◆무는 큰 것을 '넘삐'라고 하고, 작은 것은 '초마기'
라고 한다. 배추는 '누물'이라고도 하고 '들마기'라고
도 한다. -김동필(용담)

놈사밭 전남 | 명사 | 채소밭
채소를 심어 가꾸는 밭.
〔진도〕놈사밭에서 파 좀 가져와라. 표채소밭에서
파 좀 가져와라. 〔강진〕농수밧에 가서 무시 좀 캐
오그라. 표채소밭에 가서 무 좀 캐 오너라. 〔광
주〕어매는 걸막 밖에 있는 작은 밭에다 채소를
심었다. 언제나 이 삼밭에서 모든 채소를 가꾸셨
다. 삼밭은 집에 뽀짝 붙어 있는, 채소를 가꾸는
밭이다. 그러하니 '텃밭'도 '채소밭'도 모다 삼밭
이 되겠다. 표어머니는 대문 밖에 있는 작은 밭
에다 채소를 심었다. 언제나 이 채소밭에서 모든
채소를 가꾸셨다. 채소밭은 집에 바싹 붙어 있는,

채소를 가꾸는 밭이다. 그러니 '텃밭'도 '채소밭'도 모두 삼밭이 된다. 〔진도〕시단아! 놈사밭에서 파 몇 뿌리 뽑아 온나. 표셋째 애야! 채소밭에서 파 몇 뿌리 뽑아 오너라.

농가르다 경북 | 동사 | 나누다
하나를 둘 이상으로 가르다.
〔성주〕사과 한 개도 사이좋게 농갈라 묵어라. 표사과 하나도 사이좋게 나눠 먹어라. 〔문경〕그거 농갈라 묵자. 표그거 나누어 먹자.

농구다 강원 | 동사 | 나누다
하나를 둘 이상으로 가르다.
〔원주〕선생님께서 가져오신 책들을 사이좋게 농구고, 저는 빈손으로 와서 제일 많이 챙겼어요. 표선생님께서 가져오신 책들을 사이좋게 나누고, 저는 빈손으로 와서 제일 많이 챙겼어요. 〔춘천〕똑같이 노눠 먹어라. 표똑같이 나눠 먹어라. 〔삼척〕형제간에는 콩 반짝가리라도 농과 먹어야 한다는 것이 부모님 가르침이었잖소. 표형제간에는 콩 반쪽이라도 나눠 먹어야 한다는 것이 부모님 가르침이었잖소. 〔인제〕먹을 게 생겼으믄 동상덜이랑 쌈질허지 말구 농가 먹었어야지. 표먹을 게 생겼으면 동생들이랑 싸움질하지 말고 나누어 먹었어야지.

농구다 충북 | 동사 | 나누다
하나를 둘 이상으로 가르다.
〔옥천〕돼지럴 잡으믄 먼저 농구구 나서 남는 거루 돌부리를 하지. 표돼지를 잡으면 먼저 나누고 나서 남는 것으로 '돌부리'를 하지.
◆소나 돼지를 잡은 날에 마을 사람들과 나눠 먹는 것을 충북 옥천에서는 '돌부리'라고 하고, 충북 영동에서는 '도로지'라고 한다.

농엄타다 전북 | 형용사 | 서운하다
아쉽거나 섭섭한 마음이 있다.
〔부안〕할머니가 제 편 안 들어주고 남의 집 칭찬만 하니 농엄타서 구탱이에 가서 울더만. 표할머니가 제 편 안 들어주고 남의 집 칭찬만 하니까 서운해서 구석에 가서 울더라.

농울 충남 | 명사 | 너울
바다의 크고 사나운 물결.
〔보령〕너울이 높다 이런 것은 외연도에서는 농울 굵다 허지. 표너울이 높다 이런 것은 외연도에서는 너울 굵다 하지. 〔태안〕백중사리에 훼락질 가자는 늠이 시절이지. 표너울 치는데 '훼락질' 가자는 놈이 바보지.
◆충북에서 '농울'은 '노을'을 뜻하는 말로 쓰인다.

뇌꼴시룹다 전남 | 형용사 | 눈꼴사납다
보기에 아니꼬워 비위에 거슬리게 밉다.
〔고흥〕자식 자랑 잔 앵가이 해, 뇌꼴시루와 죽겄네. 표자식 자랑 좀 어지간이 해, 눈꼴사나워 죽겠네. 〔진도〕새 자전게 샀다고 자랑 잔 앵가니 하쇼, 뇌꼴시러 죽겄소. 표새 자전거 샀다고 자랑 좀 어지간히 하세요, 눈꼴사나워 죽겠어요.

누레미 충북 | 명사 | 부침개
기름에 지진 음식을 통틀어 이르는 말.
〔단양〕요새 비 오믄 뭐 할 거나 있어? 누레미나 해 먹는 거지. 표요새 비 오면 뭐 할 거 있어? 부침개나 해 먹는 거지.
◆'부침개'는 생선이나 고기, 채소 따위를 얇게 썰거나 다져 양념을 한 뒤, 밀가루를 묻혀 기름에 지진 음식을 통틀어 이르는 말이다. '적'은 재료를 대꼬챙이에 꿰어 불에 굽거나 지진 음식이다.

누룽개 충남 | 명사 | 눌은밥

솥 바닥에 눌어붙은 밥에 물을 부어 불려서 끓인 밥.

〔공주〕무세솥이다가 쌀허구 보리 점 섞어서 밥을 안처서 불을 잘 때서 밥이 누룻누룻허개 익어야 누러캐 익은 누룽개가 맛있는겨. 표무쇠솥에다가 쌀하고 보리 좀 섞어서 밥을 안처서 불을 잘 때서 밥이 노릇노릇하게 익어야 누렇게 익은 눌은밥이 맛있는 거야. 〔서산〕비빔밥 설거지넌 메누리 시키구, 누룸밥 설거지넌 딸 시킨다. 표비빔밥 설거지는 며느리 시키고, 눌은밥 설거지는 딸 시킨다. 〔태안〕백꼬산이 가서 눙캥이 먹으머 산공부헐 때가 엊그저끼 같은디 말이여. 표백화산에 가서 눌은밥 먹으며 산공부할 때가 엊그저께 같은데 말이야. 〔세종〕밥 다 폈으면 그기에 물 부어 누른밥 만들어 와. 표밥 다 폈으면 거기에 물 부어 눌은밥 만들어 와.

◆숭늉은 손위나 손아래가 없다는 말이 있다. 찬물은 서열을 따져서 연장자부터 마셔야 하지만 숭늉은 서열 없이 마셔도 된다는 말이다. 그것은 숭늉 그릇 밑바닥에 아주 조금의 누룹밥이나 밥알이 있는 것과 관련이 있는 것으로 보인다. 숭늉을 서열에 따라 마시면 밑바닥에 있는 누룹밥이나 밥알은 당연히 제일 나이 어린 사람의 차지가 된다. 그러나 숭늉을 서열 없이 마시면 연장자도 그릇 밑바닥에 있는 누룹밥이나 밥알을 차지할 수 있기 때문에 생긴 말이 아닐까 싶다. -조일형(당진)

누른국 충북 | 명사 | 틀국수
틀에 넣어 뺀 국수.
〔옥천〕누른국언 국물을 많이 안 늫구 걸죽하게 해서 먹으야 맛있어. 표틀국수는 국물을 많이 넣고 걸쭉하게 해서 먹어야 맛있어.
◆'누른국수'는 '틀국수'의 강원도 방언이고, '기계국수'는 기계를 사용하여 뽑은 국수이다.

누지르다 경남 | 동사 | 누르다
물체의 전체 면이나 부분에 대하여 힘이나 무게를 가하다.
〔부산〕아프이께 너무 쎄게 누지르지 마이소. 표아프니까 너무 세게 누르지 마십시오.

눈갓 전북 | 명사 | 눈자위
눈알의 언저리.
〔고창〕눈물이 흘러서 눈갓이 뜨겁다. 표눈물이 흘러서 눈자위가 뜨겁다.
◆임실에서는 '눈자위'를 '눈조시'라고 하는데, '조시'는 '씨'를 뜻하는 말로 '눈자위'뿐만 아니라 '노른자위'와 '흰자위'에도 쓰인다. 지금도 임실에서는 '노른자위'를 '노란조시', '흰자위'를 '흰조시'라고 한다. -강명자(임실)

눈까새 경남 | 명사 | 좁쌀종
얼굴, 특히 눈꺼풀이나 그 주위에 잘 생기는 좁쌀만 한 크기의 백색 또는 황백색의 작은 상피낭.
〔부산〕눈까새는 한번 생기모 또 생긴다 카더라. 표좁쌀종은 한번 생기면 또 생긴다고 하더라.
◆'눈까새'는 눈꺼풀 주위에 생기는 질병 중 하나인 '좁쌀종'을 '물사마귀'로 오인하여 생긴 이름으로 보인다. 경상도에서는 '가위'를 '까새'라고 하는데, 사마귀 다리가 마치 '까새'처럼 생겼다고 해서 "눈가에 생긴 사마귀"라는 뜻으로 '눈까새'라는 이름이 붙은 것이다. 이와 관련하여 '눈까새'를 '사마귀(질병)'의 사투리라고 보는 견해는 옳지 않다. 경상도 사투리로 '사마귀(질병)'는 경상도 전역에서 '사마구'라고 하며, 거창에서는 '사아마구', 김해에서는 '사마기/소마구'라고 하기 때문이다.

눈뜸베 충남 | 명사 | 눈보라
바람에 휘몰아쳐 날리는 눈.

〔서산〕찬바람이 불고 눈뜸베 심해서 배깥 출입을 못 하겠다. 표찬바람이 불고 눈보라가 심해서 바깥 출입을 못 하겠다. 〔당진〕눈곰뱅이가 을마나 심한지 앞이 안 뵈여 워디가 질인지 똘강인지 구분을 뭇 허것더라. 표눈보라가 얼마나 심한지 앞이 안 보여 어디가 길인지 도랑인지 구분을 못 하겠더라.

눈슬비 경북 | 명사 | 진눈깨비
비가 섞여 내리는 눈.
〔성주〕눈슬비 오마 땅이 파이라서 잘 안 나가지. 표진눈깨비가 오면 땅이 별로여서 잘 안 나가지.
◆눈과 이슬비의 복합어로 보이는 '눈슬비'는 예쁜 어감이 돋보이는 경북 지역의 사투리이다. 눈이 이슬비처럼 내리는 자연 현상을 두고 이렇게 표현했으리라.

눈에눈이 제주 | 명사 | 하루살이
하루살이목의 굽은꼬리하루살이.
〔노형〕밖에 불 켜난 눈에눈이 잘도 핫저. 표밖에 불 켜니 하루살이가 매우 많다.
◆'눈에눈이'는 '눈이눈이'라고도 한다.

눈치 경남 | 명사 | 송사리
송사릿과의 민물고기.
〔하동〕눈치 한 바리가 온 냇물을 흐린다. 표송사리 한 마리가 온 냇물을 흐린다.

눈치싸다 전북 | 형용사 | 약삭빠르다
눈치가 빠르거나, 자기 잇속에 맞게 행동하는 데 재빠르다.
〔임실〕둘쨋 넘이 아주 눈치가 싸. 표둘째 놈이 아주 약삭빨라.

눌굽 제주 | 명사 | 없음
짚이나 꼴 따위를 가릴 자리에 둥그렇게 돌 따위를 깔아놓은 바닥.
〔구좌-한동〕저 쉐막서 통시레 가는 디 눌굽이 셩그디 쉐출 눌어낫주. 표저 외양간에서 돼지우리로 가는 데 '눌굽'이 있어서 거기 쇠꼴을 가렸어. 〔남원〕비 하영 오난 눌굽을 헤사주. 경 안행 촐눌 아래 비라도 들민 거 쉐 안 먹주게. 표비 많이 오니까 '눌굽'을 해야지. 그렇게 안 해서 꼴 가리 아래 비라도 들면 그거 소가 안 먹지. 〔애월-상가〕아지방이 눌굽을 만들어줘야 아즈망들이 보리 낭깨기를 올릴꺼 아니꽝게. 표아저씨가 '눌굽'을 만들어줘야 아주머니들이 보리 짚을 올리지 않겠어요.
◆'눌굽'은 짚이나 꼴 따위의 가리(단으로 묶은 곡식이나 장작 따위를 차곡차곡 쌓은 더미)를 가릴 수 있도록 바닥에 둥그렇게 돌 따위로 깔아놓은 바닥을 뜻하는 말이다. 본래 제주는 비가 많이 내리는 지역이므로 짚이나 꼴 따위가 비에 젖지 않도록 만든 것이다. 꼴을 가릴 수 있게 바닥에 둥그렇게 돌 따위로 깔아놓은 바닥은 '촐눌굽'이라고 한다.

눌다 경기 | 동사 | 눋다
누런빛이 나도록 조금 타다.
〔양평〕눌른지를 만들려믄 밥이 눌는 냄새 날 때까지 기다려야 해. 표누룽지를 만들려면 밥이 눋는 냄새 날 때까지 기다려야 해.

눌룰하다 경기 | 형용사 | 없음
사정이나 기회가 많아서 걱정이 없다.
〔포천〕우리로서는 급할 것도 없고 아쉬울 것도 없으니 눌룰하게 두고 봅시다.

눌르다 경기 | 동사 | 누르다
물체의 전체 면이나 부분에 대하여 힘이나 무게를 가하다.

〔서울〕서울 시장님허구 나란히 서서 버턴 눌르구 그랬에요. 표서울 시장님하고 나란히 서서 버튼 누르고 그랬어요.

놓다 경기 | 동사 | 넣다
한정된 공간 속으로 들게 하다.
〔서울〕설탕 가루 놓구 끓이문 달달해서 맛있에요. 표설탕 가루 넣고 끓이면 달아서 맛있어요. 〔여주〕취직할라면 이력서를 놓야지. 표취직하려면 이력서를 넣어야지.
◆'놓다'는 '넣다'에서 장음 'ㅓ'가 'ㅡ'로 상승되어 나타난 어형이다. 중부 방언 대부분에서 '놓다'로 나타난다.

뉏벌레 경기 | 명사 | 누에
누에나방의 애벌레.
〔화성〕뽕나무 잎을 먹구 뉏벌레가 다 크면 고치를 지어. 표뽕나무 잎을 먹고 누에가 다 크면 고치를 지어.
◆'누에'가 '뉏'로 축약된 후 '벌레'와 결합된 어형이다.

뉘나다 전북 | 형용사 | 물리다
다시 대하기 싫을 만큼 몹시 싫증이 나다.
〔정읍〕아, 똑같은 얘기를 몇 번씩 혀싼게 뉘난다, 뉘나. 표아, 똑같은 이야기를 몇 번씩 하니까 물린다, 물려.
◆전북 방언 '뉘나다'는 전북 지역 소리꾼들이 일상적으로 사용하는 어휘이다. −왕기석(정읍) ◆표준어 '뉘'는 '등겨가 벗겨지지 않은 채로 섞인 벼 알갱이'를 뜻하는데, 도정 기술이 발달하지 않았을 당시 밥을 지을 때 뉘가 섞여 나오는 일이 많았다. 뉘가 많이 섞인 밥은 씹을 때마다 껄끄러워서 불편하고 싫은 느낌이 강했다. 전북 방언 '뉘나다'는 이를 표현하는 데서 유래한 것으로 보인다.

뉘에고추 충북 | 명사 | 누에고치
누에가 번데기로 변할 때에 실을 토하여 제 몸을 둘러싸서 만든 둥글고 길쭉한 모양의 집. 명주실을 뽑아내는 원료가 된다.
〔충주〕명지넌 뉘에고추에서 뽑은 실루 맹글어유. 표명주는 누에고치에서 뽑은 실로 만들어요.

느끄네하다 강원 | 형용사 | 느끼하다
비위에 맞지 아니할 만큼 음식에 기름기가 많다.
〔강릉〕누거 돼지고기르 주는 기 맨다지 비계 등거리뿐이야. 짐치찌개르 해 먹기는 잘 해 먹었는데 속이 우째 느끄네하다. 표누가 돼지고기를 준 것이 맨 비계 덩어리뿐이야. 김치찌개를 해 먹기는 잘 해 먹었는데 속이 어찌 느끼하다. 〔삼척〕오래간만에 돼지고기가 생겼잖소. 한참 집어 먹었더니 이제는 느끈하다야. 표오래간만에 돼지고기가 생겼잖소. 한참 집어 먹었더니 이제는 느끼하네.

느끈하다 강원 | 형용사 | 든든하다
먹은 것이나 입은 것이 충분해서 허전한 느낌이 없다.
〔고성〕뜨데기국 한 대접 먹은 게 내내 느끈하다. 표수제비국 한 대접 먹은 것이 내내 든든하다. 〔평창〕강냉이 한 통을 먹었더니 트직하네. 표옥수수 한 통을 먹었더니 든든하네.
◆'느끈하다'는 "무엇을 하는 데 모자람이 없이 넉넉하다"라는 뜻으로도 쓰인다.

느르배기 강원 | 명사 | 새총
Y'자 모양으로 생긴 나뭇가지나 쇠붙이에 고무줄을 맨 뒤 그것에 돌맹이를 끼워 튕기는 물건.

ㄴ

167

〔강릉〕느르배기르 잘 쏘는 눔은 참새두 곧잘 잡구 그랬어. 표새총을 잘 쏘는 놈은 참새도 곧잘 잡고 그랬어. 〔강릉〕헹아, 느리배 하나 맹글어다 와. 표형, 새총 하나 만들어줘. 〔평창〕갑돌이는 새총으로 백발백중이다.

◆느르배기는 주로 새를 잡기 위한 도구로 쓰이지만 밤과 같은 나무 열매를 떨어뜨릴 때도 사용한다. ◆ '느르배기'의 '느르'는 고무줄을 늘린다는 뜻에서 온 말로 보인다. '배기'는 '굳짜배기, 대짜배기'처럼 물건을 뜻하는 접미사이다.

느릅쭈기 강원 | 명사 | 멧새
되샛과의 노랑턱멧새, 붉은뺨멧새, 긴발톱멧새 따위를 통틀어 이르는 말.
〔정선〕새침을 맹글어 느릅쭈기 잡아서 꿰어 먹으면 마싰다. 표덫을 만들어 멧새를 잡아서 구워 먹으면 맛있다. 〔춘천〕창애마다 느릅찌기가 잡혔어? 표창애마다 멧새가 잡혔어?

느리 강원 | 명사 | 우박
큰 물방울들이 공중에서 갑자기 찬 기운을 만나 얼어 떨어지는 얼음덩어리.
〔평창〕어제 느리가 내려 담배 심은 기 절딴났네. 표어제 우박이 내려 담배를 심은 것이 끝장났네. 〔정선〕느리 소래기에 놀랜 놀갱이. 표우박 소리에 놀란 노루. 〔홍천〕그르까 그게 유리 떠러징 거거덩. 표그러니까 그게 우박 떨어진 것이거든.

느물깨 전남 | 명사 | 쌀겨
쌀을 찧을 때 나오는 가장 고운 속겨.
〔신안〕느물깨는 개떡 같은 것으로 쩌서 묵어. 표쌀겨는 개떡 같은 것으로 쪄서 먹어. 〔광주〕보리 디딜방애를 찧을 때 나오는 이무께로는 개떡도 맨들어 먹었제라우. 표보리 디딜방아를 찧을 때 나오는 쌀겨로는 개떡도 만들어 먹었지요. 〔진

도〕는무깨가 맛은 달짝찌근하지만 먹으면 절대 안 댜야. 독이 있당께. 표쌀겨가 맛은 달착지근하지만 먹으면 절대 안 돼. 독이 있으니까.

◆등개를 반죽하여 밥 뜸 들일 때 밥 위에 호박잎이나 모시 잎을 깔고 반죽을 부어서 쪄 먹었는데 이것을 '개떡'이라고 한다. -추복례(고흥)

느시럭느시럭 강원 | 부사 | 느릿느릿
동작이 재지 못하고 매우 느린 모양.
〔강릉〕느시럭느시럭 걸는 기 오늘 안에는 못 가겠아. 표느릿느릿 걷는 것이 오늘 안에는 못 가겠다. 〔삼척〕세월이 좀먹나 하고 느줄느줄 걷지 말고 좀 빨리빨리 걸어라. 표세월이 좀먹나 하고 느릿느릿 걷지 말고 좀 빨리빨리 걸어라. 〔인제〕그리 시적시적 걸으믄 운제 거기꺼정 가니? 표그렇게 느릿느릿 걸으면 언제 거기까지 가니?

느젱이ㅈ베기 제주 | 명사 | 없음
메밀나깨를 반죽하여 끓는 물에 적당한 크기로 떼어 넣어 익힌 음식.
〔구좌-한동〕무물크루나 느젱이 그루나 다 무물이주게. 느젱이로 허난 느젱이ㅈ베기엔 허는 거주게. 표메밀가루나 나깨 가루나 다 메밀이지. 나깨로 하니까 '느젱이ㅈ베기'라고 하는 거지. 〔한경-신창〕무물 굴앙 허민 그 아래 느젱이가 나주게. 그 그르로 ㅈ베기 헌 게 느젱이ㅈ베기. 표메밀을 갈면 그 아래 나깨가 나오지. 그 가루로 수제비를 한 게 '느젱이ㅈ베기'. 〔애월-상가〕어멍 애기 나싣난 모른 미역 썰어 낭 느젱이ㅈ베기 혼 그릇 끓여 오라. 표엄마 애기 낳으니 마른 미역 썰어 넣고 '느젱이ㅈ베기' 한 그릇 끓여 와라.

◆'느젱이'는 메밀을 갈아서 가루를 체에 쳐내고 남은 거친 가루, 즉 '나깨'를 뜻하는 말이다. 그 가루를 이용하여 수제비를 만들면 '느젱이ㅈ베기'가 된다. 쌀이 귀했던 제주에서 메밀은 주 식량 자원이었다.

168

메밀쌀이나 양질의 메밀가루뿐만 아니라 '나깨'조차 수제비나 범벅, 떡을 만드는 데 쓰였다. '나깨'로 만든 수제비를 '느젱이ᄌ베기' 또는 '는젱이ᄌ베기'라고 하고 '메밀가루'로 만든 수제비를 '무물ᄌ베기'라고 한다. 메밀은 산후통을 빨리 낫게 하고 혈기를 순환시켜 나쁜 피를 배출하는 효능이 있어 미역을 넣은 '무물ᄌ베기'는 산모를 위한 대표적인 제주 음식이다.

느지맥히 충북 | 부사 | 느지막이
시간이나 기한이 매우 늦게.
〔옥천〕느지맥히 은은 자석인디 왜 안 이쁘겠어유? 표느지막이 얻은 자식인데 왜 안 예쁘겠어요?

늑반죽 충북 | 명사 | 없음
급한 것도 없고 움직임이 둔한 사람.
〔청주〕저 친구, 제일 늦게 와서는 늑반죽이구먼. 꼼짝을 않네!

늑신 전북 | 부사 | 늘씬
몸을 가누지 못할 정도로 심하게.
〔정읍〕그 자슥, 맨날 만화방만 댕긴다고 즈 아부지한티 늑신나게 얻어맞고 인자 속 챙겼을 꺼여. 표그 자식, 맨날 만화방만 다닌다고 자기 아버지한테 늘씬 얻어맞고 이제 속 차렸을 거야. 〔임실〕망나니가 쓰리꾼을 붙잡아 몽씬 뚜디리 팼어. 표망나니가 소매치기를 붙잡아 늘씬 두드려 팼어.

늑신하다 북한 | 형용사 | 없음
먹은 것이 내려가지 아니하여 곧 게울 듯이 목이 막히다.
〔함북〕너는 늑신하지도 않니? 국물이랑 떼살이랑 같이해서 먹어라. 표너는 목막히지도 않니? 국물이랑 살코기랑 같이 먹어라.

늑싱코 북한 | 명사 | 없음
징그럽고 능구렁이 같은 사람을 이르는 말.
〔함북〕이유 늑싱코, 하고 야단치고 때려주군 하였다. 표이유 '늑싱코', 하고 야단치고 때려주곤 하였다.

는착ᄒ다 제주 | 동사 | 철렁하다
뜻밖의 일에 놀라서 걱정되거나 마음이 무거워지다.
〔노형〕그 소리를 듣고 는착허엿단 가심을 누리씰었다. 표그 소리를 듣고 철렁한 가슴을 내리쓸었다. 〔애월-상가〕그때 생각만 해도 말도 멋 하고 속이 는착허여졈쪄. 표그때 생각만 해도 말도 못 하고 속이 철렁거린다.
◆'는착ᄒ다'라는 말이 동사로 쓰일 때는 "질척한 곳을 잘못 디디어 미끄러지다"라는 뜻이 되고, 형용사로 쓰일 때는 "어떤 일에 놀라거나 실망하여 가슴이 허전하다" 또는 "맛이나 냄새 따위가 비위에 맞지 아니하다"라는 뜻이 된다.

늘낙지 전남 | 동사 | 없음
낙지처럼 행동이 느린 사람을 놀림조로 이르는 말.
〔강진〕저이는 행동거지가 늘낙지 같다.

늘크랑ᄒ다 제주 | 형용사 | 느끼하다
비위에 맞지 아니할 만큼 음식에 기름기가 많다.
〔애월-하귀〕이거 잘도 늘크랑ᄒ영 못 먹으컨게. 표이거 너무 느끼해서 못 먹겠어. 〔애월-하귀〕돗궤기에 지름만 시난 닐크랑허지 안허냐? 표돼지고기에 기름만 있으니까 느끼하지 않니? 〔애월-하귀〕이거 너미 하영 먹어져신고라 속이 닐크랑허다. 표이거 너무 많이 먹었는지 속이 느끼하다.
◆'느끼하다'를 제주에서는 '늘크랑ᄒ다' 또는 '닐크랑

ㅎ다'라고 하기도 하고 '닉닉ㅎ다'라고 하기도 한다.

늠삭ㅎ다 제주 | 형용사 | 없음
기름기가 많은 음식을 먹어서 입안이 기름지게 느껴지다.
〔조천-신촌〕궤기를 하영 먹어부난 잘도 늠삭ㅎ다. 표고기를 많이 먹어서 '늠삭ㅎ다'.

능구다 강원 | 동사 | 찧다
(1)곡식 낟알의 껍질을 벗기려고 물을 붓고 애벌 찧다.
(2)(사람이) 곡식이나 열매를 잘게 부수거나 가루로 만들기 위해 절구통이나 확에 넣고 공이로 내리치다.
〔평창〕수수쌀은 잘 능구어야 먹기 좋다. 표수수쌀은 잘 찧어야 먹기 좋다. 〔춘천〕옥시기두 장 능궈서 밥을 하문 이밥 같애. 표옥수수도 잘 찧어서 밥을 하면 쌀밥 같아. 〔삼척〕강냉이밥을 해 먹으려면 방아에 능궈서 껍질을 벗겨야 하잖소. 표옥수수밥을 해 먹으려면 방아에 찧어서 껍질을 벗겨야 하잖소. 〔인제〕능군 옥시기루 감박을 튀기믄, 양은 즉어두 껍띠기가 읎어서 먹기가 좋아! 표찧은 옥수수로 강냉이를 튀기면 양은 적어져도 껍질이 없어서 먹기가 좋아!
◆강원도 산간에서는 '능구다'라는 말을 옥수수·수수 등의 껍질을 살짝 벗겨 조리하기 쉽거나 조리한 후 먹기 좋게 살짝 찧는 행위를 뜻하는 말이다.

능젱이 충남 | 명사 | 칠게
달랑겟과의 게인 칠게를 이르는 말.
〔서산〕행동이 굼뜨면 서리능젱이 소리를 든넌다. 표행동이 꿈뜨면 칠게 소리를 듣는다.
◆칠게는 게 중에서도 제일 동작이 느리기로 유명하다. 그런데 날씨가 추워지고 서리가 내릴 때가 되면 더욱 행동이 느려진다. 그래서 행동이 느린 사람을

보면 '서리능젱이'라고 놀린다. -장경윤(서산)

니근하다 북한 | 형용사 | 느끼하다
비위에 맞지 아니할 만큼 음식에 기름기가 많다.
〔함북〕개고기를 많이 먹으니 속이 니근해서 못 견디겠다. 표개고기를 많이 먹으니 속이 느끼해서 못 견디겠습니다.

니끼 경기 | 명사 | 이끼
선태식물에 속하는 은화식물인 이끼를 통틀어 이르는 말.
〔파주〕원래 큰 바우 그늘진 곳에는 니끼가 많이 껴요. 표원래 큰 바위 그늘진 곳에는 이끼가 많이 껴요.

니끼허다 충남 | 형용사 | 느끼하다
비위에 맞지 아니할 만큼 음식에 기름기가 많다.
〔공주〕돼지괴기 삼겹살이 맛이 이끼는 헌디 비개가 너무 많구 기름끼가 많어서 너무 니끼햐, 맛은 있는디. 표돼지고기 삼겹살이 맛이 있기는 한데 비계가 너무 많고 기름기가 많아서 너무 느끼해, 맛은 있는데. 〔논산〕찬물 좀 줘봐. 위째 속이 니끼하네. 표찬물을 좀 줘봐. 왠지 속이 느끼하네.
◆논산에서는 '느끼하다'를 소화가 되지 않아 불편할 때 속이 개운하지 않다는 뜻으로 쓰기도 한다. -권선옥(논산)

니미락내미락하다 경남 | 동사 | 미루다
일을 남에게 넘기다.
〔울산〕니미락내미락하다가 잊아뿠다. 표미루다가 잊어버렸다. 〔울산〕니미락내미락할 일이 따리 있지 이리 중요한 일로 미라모 되나? 표미룰 일

170

이 따로 있지 이렇게 중요한 일을 미루면 되니? 〔고성〕청소를 니미락내미락하지 말고 퍼떡 해차 아라. 表청소를 미루지 말고 빨리 해치워라.

니미락내미락하다 경북 | 동사 | 미루다
일을 남에게 넘기다.
〔안동〕인석들아 누가 먼저 해치우면 좋을 걸 여태 니미락내미락하면서 안 하고 있나? 表요 녀석들아 누가 먼저 했으면 좋을 것을 여태 서로 미루며 안 하고 있나?
◆'니미락내미락'은 꼭 해야 할 일을 '나는 너에게 미루고, 너는 나에게 미룬다'라는 뜻이다. ─상희구(대구)

니양지껏 전남 | 감탄사 | 까짓것
별것 아니라는 뜻으로, 무엇을 포기하거나 용기를 낼 때에 하는 말.
〔고흥〕지 놈이 잘났으믄 월매나 잘났다고, 니양지껏 한번 해보자 글소. 表제 놈이 잘났으면 얼마나 잘났다고, 까짓것 한번 해보자 그러소. 〔고흥〕기술자 불러야제 니양지껏, 나는 못 고치것네. 表기술자 불러야지 까짓것, 나는 못 고치겠네.
◆'니양지껏'은 아무 의미 없이 어떤 말에 의미를 더할 때 감탄사처럼 쓰거나 난장(亂杖)을 맞을 만하다는 뜻으로 못마땅할 때 쓰는 말이다. ◆어렸을 때, 아버지가 창틀의 도로래를 고치다가 잘 안 되니까 '니양지껏'이라고 하는 말을 들었다. 처음에는 욕인 줄 알았는데 '까짓것' 또는 '제기랄' 정도의 의미로 쓰는 말이다.

니이 경남 | 명사 | 파도
바다에 이는 물결.
〔하동〕니이 칠 땐 게기도 안 문다. 表파도 칠 때는 고기도 안 문다.
◆'니이(파도)'보다 물결이 거친 것을 두고 '너울'이라고 하는데, '너울'은 지역에 따라 나부리(기장·

부산·울산), 나불(거제·남해), 나울(통영), 나울(거제·통영)이라고 한다. ◆경남에서는 '파도'를 '니' 또는 '니이'라고 한다. '군니' 또는 '굼니'의 '군' 또는 '굼'은 '큰'에서 온 말로 '니'에 비해 더 '큰 파도'를 뜻하는 말이다. 거제에서는 '큰 파도'를 '노홀'이라고 하기도 한다. ─경남방언연구보존회

닝기백히다 충북 | 동사 | 곤두박질하다
몸이 뒤집혀 갑자기 거꾸로 내리박히다.
〔단양〕수레가 논두랑에 닝기백혔는디 위쩐냐? 表수레가 논두렁에 곤두박질했는데 어쩐데?

닝닝하다1 경기 | 동사 | 없음
말이나 행동이 똑 부러지지 않다.
〔여주〕넌 어쩜 행동거지가 그리도 닝닝하냐?

닝닝하다2 경남 | 형용사 | 밍밍하다
음식 따위가 제맛이 나지 않고 몹시 싱겁다.
〔하동〕곰탕이 닝닝해서 소곰을 쪼껌 쳐서 밥을 말아 묵었다. 表곰탕이 밍밍해서 소금을 조금 쳐서 밥을 말아 먹었다. 〔진주〕와 이리 닝닝하네? 表왜 이렇게 밍밍하니?
◆'닝닝하다'와 '슴슴하다'는 둘 다 '싱겁다'라는 뜻의 지역 사투리이다. 그런데 '닝닝하다'의 경우 제맛이 나지 않는 상태라면, '슴슴하다'는 그 자체로 맛 표현이라는 점에서 서로 조금 다르다. ◆남해와 하동에서는 '닝닝허다'라고 하고, 그 밖의 전 지역에서는 '닝닝하다'라고 한다.

ㄴ단짝 제주 | 명사 | 오른쪽
북쪽을 향하였을 때의 동쪽과 같은 쪽.
〔용담〕웬짝보다 ㄴ단짝이 처졈서. 表왼쪽보다 오른쪽이 기울었어. 〔노형〕ㄴ단짝 우뚝지 아팡 옷을 께지 못허크라. 表오른쪽 어깨가 아파서 옷에

다 팔을 집어넣지 못하겠어.

◆오른쪽을 '누단착/노든착' 또는 '누단짝/누단짝'이
라고 하고, 왼쪽을 '웬착' 또는 '웬짝'이라고 한다. -
김동필(용담), 현임종(노형)

누물냉국 제주 | 명사 | 없음
찬물에 된장을 풀고 살짝 데친 나물을
넣어 만든 국.

〔구좌-한동〕여름엔 그냥 뒌장 풀엉 누물 숡은 거
나 흐끔 낭 누물냉국도 허영 먹곡게. 표여름엔 그
냥 된장 풀어서 나물 삶은 것이나 조금 넣어서
'누물냉국'도 해서 먹고.

◆제주 지역에서 냉국은 소금이나 간장으로 간을 한
맑은국이 아니라 된장을 찬물에 풀어 만든다. '배치
누물(배추)'를 넣어 만들면 '누물냉국', '메역(미역)'
을 넣어 만들면 '메역냉국'이라고 한다. 이외에도
'정각(청각)냉국', '물웨(물외)냉국', '톨(톳)냉국' 등
이 있다. 주된 양념은 된장이고, 기호에 따라 고추장
과 식초를 넣어 만든다.

다갈리다 충남 | 형용사 | 없음

어떤 사람을 만나는 것이 몹시 불편하다.

〔서산〕그땐 많이 다갈렸쥬. 그래두 우째, 봐야지. 表그땐 많이 불편했죠. 그래도 어째, 봐야지. 〔공주〕시장엘 갈랴고 가다가 그 사람이 길 가운데서 다갈리다 보니 어찌 맴이 편치 못허고 었쨚던지. 表시장에 가려고 가다가 그 사람이 길 가운데에서 '다갈리'보니 어찌나 마음이 편하지 못하고 언짢던지.

다글다글 전북 | 부사 | 보글보글

적은 양의 액체가 잇따라 야단스럽게 끓는 소리. 또는 그 모양.

〔전주〕옛날에는 솥단지에다 접시를 엎어뒀어. 그러믄 고것이 다글다글 끓거든. 表옛날에는 솥단지에다 접시를 엎어뒀어. 그러면 그것이 보글보글 끓거든. 〔정읍〕된장국은 빠글빠글 끓어야 맛있당게. 表된장국은 보글보글 끓어야 맛있다니까.

다랑고지 경기 | 명사 | 없음

산골짜기에 만들어진 작은 논.

〔포천〕철수네는 피란 나와 그 산골에 안착하여 다랑고지 농사로 겨우겨우 삶을 일궈나갔다. 表철수네는 피난 나와 그 산골에 안착하여 '다랑고지' 농사로 겨우겨우 삶을 일궈나갔다.

다랑치논 전남 | 명사 | 다랑이논

(1)산골짜기의 비탈진 곳 따위에 있는, 계단식의 좁고 긴 논배미.

(2)잘잘한 논배미.

〔고흥〕다랑치논에 모 숭굴라믄 아그들이 잔 와야 쓰끈디. 表다랑이논에 모 심으려면 아이들이 좀 와야 될 텐데. 〔광주〕천술뫼 밑의 다랭이논에 물 잡어놓았응께 하지 지내기 전에 모를 내사 쓰것다. 오는 반굉일 정때 잠 올래? 表천술뫼 밑의 다랑이논에 물 잡아놨으니까 하지 지나기 전에 모를 내야 되겠다. 오는 토요일 오후에 좀 올래? 〔진도〕떼겡치논에 모 시믄라믄 물을 대야 하는데, 비가 안 온께 꼬랑에 물이 업당께. 表다랑이논에 모 심으려면 물을 대야 하는데, 비가 안 오니까 도랑에 물이 없다니까.

◆다랑치논은 다랭이논이라고도 한다. 산골짜기나 산비탈에 있는 작은 논배미로, 삿갓을 씌워놓으면 있는지 없는지도 모른다는 '삿갓배미'가 대표적인 다랑치논이다. 쌀 한 톨이라도 더 얻으려고 별스런 농기구 없이 일군 아주 작은 논이다. 전남 완도군 청산도의 '구들장논'도 그렇게 탄생한 논이다. 산 밑에 땅이 있는데 자갈들이 많아서 비가 오면 바로 땅으로 스며들어 농사를 지을 수 없게 되자, 도민들이 힘을 모아 난방용 구들장 놓듯이 논에 구들장을 깔고, 그 위에 흙을 덮어 물이 새지 않게 하여 거기에 모내기를 하는 논이다. -오덕렬(광주) ◆다랑치논은 '산중달뱅이, 산중뱅이'와 함께 "꾸석지에 있는 잘잘한 논(구석진 곳에 있는 자잘한 논)"이라 모 심는 일꾼들이 일을 하려고 하지 않아서 주로 식구들끼리 모를 심는 논이다. -천인순(고흥)

다래 충북 | 명사 | 달래

백합과의 여러해살이풀.

〔영동〕다래 늦구 장 끓이믄 맛있어. 표달래 넣고 장 끓이면 맛있어.

다램이 전북 | 명사 | 다람쥐

다람쥣과의 포유류.

〔임실〕쳅빠퀴 돌리는 다름쥐를 다래미라고도 헌다. 표챗바퀴 돌리는 다람쥐를 '다램이'라고도 한다. 〔부안〕요새는 산으서 다럼쥐 보기도 힘들어. 표요새는 산에서 다람쥐 보기도 힘들어.

◆'다람쥐'의 옛말은 '드라미' 또는 '다람이'이다. '쥐'가 붙지 않는다. 전북 사투리 '다램이'는 옛말의 형태를 그대로 간직하고 있는 말이다.

다리독 전남 | 명사 | 다리

물을 건너거나 또는 한편의 높은 곳에서 다른 편의 높은 곳으로 건너다닐 수 있도록 만든 시설물.

〔진도〕쩌그 다리독 밑이 션해서 여름이믄 어르신들이 덕썩 피 놓고 장기도 두고 그랬제. 표저기 다리 밑이 시원해서 여름이면 어르신들이 멍석을 펴 놓고 장기도 두고 그랬지. 〔강진〕그 할쎄는 밀 땜마다 다루똑에 나와 손쥐 오길 지달렸다. 표그 할머니는 명절 때마다 다리에 나와 손자가 오길 기다렸다. 〔광주〕니 어디서 온 중 아냐? 햄평 똑다리 밑에서 주서왔어야. 표네 어디서 온 줄 아느냐? 함평 돌다리 밑에서 주워왔어.

◆대개 마을 어귀에는 나무다리든 돌다리든 하나 정도의 '다리독(다리)'이 있어서 마을로 들어서는 어귀가 된다. −주광현(진도) ◆전남에서는 돌다리를 '독다리'라고 했는가 하면, 마을끼리 벌였던 석전(石戰)을 '독쌈'이라고 했다. 사실 독도(獨島)라는 말도 공도(空島) 정책 후 여수와 고흥에서 건너간 사람들이 섬에 살면서 '독섬'이라고 부르면서 생긴 이름이

다. 다만 '독(石)'을 '독(獨)'으로 표기한 것은 이해가 부족했던 것으로 보인다. −오덕렬(광주)

다리똥 전남 | 명사 | 없음

논과 논 사이로 흐르는 하천에 놓여 있는 조그마한 다리.

〔영암〕다리똥 우에 앙거서 낼다보믄 소금쟁수도 보이고 그랬제. 표'다리똥' 위에 앉아서 내려다보면 소금쟁이도 보이고 그랬지. 〔진도〕위메! 큰일 났네. 큰물에 다루똑이 떠날라가부렀네. 표어머나! 큰일 났네. 홍수에 '다루똑'이 떠내려가버렸네.

◆'다리똥'은 큰 다리가 아니라 논과 논 사이에 놓여 있는 조그마한 다리를 뜻하는 말이다. −이진하(영암)

다리이다 경남 | 형용사 | 부대끼다

엿이나 꿀 같은 단것을 지나치게 먹어 속이 메스껍고 질리는 느낌이 있다.

〔창녕〕까자로 마이 무우마 쏙이 다리인다. 표과자를 많이 먹으면 속이 부대낀다. 〔하동〕꿀을 세 숟가락 묵었더니 속이 다리서 아무것도 안 묵고 잡다. 표꿀을 세 숟가락 먹었더니 속이 부대껴서 아무것도 안 먹고 싶다.

◆'다리이다'는 단 음식을 많이 먹었을 때 명치 부위가 미세하게 아플 때 사용하는 말이다.

다무락 충북 | 명사 | 담

집이나 일정한 공간을 둘러막기 위하여 흙, 돌, 벽돌 따위로 쌓아 올린 것.

〔청원〕그르카믄 인저 이 다무락, 이 벽얼 다 발르구서, 장판얼 해야지. 표그렇게 하면 이제 이 담, 이 벽을 다 바르고서 장판을 해야지. 〔청주〕홍수에 담베락이 무너졌네. 표홍수에 담벼락이 무너졌네.

◆'담베락'의 '베락'은 '벼락'으로 소급할 수 있고,

174

'벼락'은 '별ㅎ'에서 'ㅎ'이 탈락된 '별'에 접미사 '-앙'이 결합된 것으로 볼 수 있다. 이 경우 '베락'은 '벼랑'처럼 가파른 형상을 하고 있다고 해석된다. - 조항범(2009)

다박다박 제주 | 부사 | 주렁주렁
(1)열매 따위가 많이 열린 모양.
(2)싹이 빼곡히 난 모양.
〔남원〕멘네도 좋은 밧듸 싱그민 두레가 다박다박 율앙 멘네도 좋곡 하곡 허여. 표목화도 좋은 밭에 심으면 다래가 주렁주렁 열어서 목화도 좋고 많고 해. 〔구좌-종달〕존 씨가 다박다박 나민 안 뒈우게. 거 ᄉ좌. 표조는 씨가 주렁주렁 나면 안 돼. 거 솎아야.
◆제주도에서는 열매가 주렁주렁 달린 모습을 다양하게 표현한다. 제주 전역에서 '대작대작/자락자락/지락지락/지역지역'이라고 하고, 지역에 따라 '다박다박'이라고도 한다.

다방구리 충북 | 명사 | 잔뿌리
콩나물의 잔털 덩어리.
〔충주〕콩나물무침 하게 다방구리 좀 잘 다듬어라. 표콩나물무침 하게 잔뿌리 좀 잘 다듬어라.
◆'다방구리'는 심하게 많이 엉킨 뿌리를 뜻하며, 잔뿌리가 많이 난다는 뜻이기도 하다.

다부로 경북 | 부사 | 도로/도리어
(1)먼저와 다름없이. 또는 본래의 상태대로.
(2)예상이나 기대 또는 일반적인 생각과는 반대되거나 다르게.
〔경주〕나는 그 돈 받꼬 몬 팔겠다. 이래가주고 그래 다부로 흥정이 깨지고. 표나는 그 돈 받고 못 팔겠다. 이래서 그렇게 도리어 흥정이 깨지고. 〔대구〕똥 뀐 놈이 다부로 성낸다. 표방구 뀐 놈

이 도리어 화낸다.
◆'다부로'는 '도로' 또는 '도리어'라는 뜻으로 쓰이고, '다부'는 '다시'라는 뜻으로 쓰인다. "다부 갔다"는 다시 돌아갔다는 뜻이다.

다분시럽다 경북 | 형용사 | 수다스럽다
쓸데없이 말수가 많은 데가 있다.
〔성주〕저 아는 다분시러워 옆에 가기 무습다. 표저 애는 수다스러워서 옆에 가기가 무섭다.

다이다 제주 | 동사 | 닳다
갈리거나 오래 써서 물건이 낡아지거나 그 물건의 길이 두께 따위가 줄어든다.
〔구좌-한동〕고무신 뒤칙이 다여근에 고망 나도록 신엇어. 표고무신 뒤축 닳아서 구멍 나도록 신었어. 〔대정-가파〕글겡이 오래 쓴 거 다 다연에 몽글앗어. 표호미 오래 쓰니까 거 다 닳아서 몽그라졌어.

다일랍디여 전남 | 감탄사 | 아무렴
말할 나위 없이 그렇다는 뜻으로, 상대편의 말에 강한 긍정을 보일 때 하는 말.
〔고흥〕아니, 그 양반은 앗것가 글믄 자식 자랑을 햅디다잉?/ 워머, 다일랍디여. 표아니, 그 양반은 앉았다 하면 자식 자랑을 합디다?/ 어머, 그러게나 말이에요. 〔진도〕메, 그거시 다일랍디여. 표어머, 그러게 말이에요.
◆'다일랍디여'는 "다 아는 일이 아닌가요"라는 문장의 축약형으로 보인다. 이러한 축약은 '실(진실)+답지(스럽지)+않다'를 '실답잖다'로, '남우세스럽다'를 '남세스럽다'로 쓰는 것에서도 확인할 수 있다.

다황 강원 | 명사 | 성냥
마찰에 의하여 불을 일으키는 물건. 작은 나뭇개비의 한쪽 끝에 황 따위의 연

소성 물질을 입혀 만든다.

〔강릉〕다황이 젖어서 내꼰졌어. 표성냥이 젖어서 내버렸어. 〔평창〕은제 장에 가믄 다황 좀 사 오게. 표언제 장에 가면 성냥 좀 사 오게. 〔삼척〕예전 수풍을 한 데는 다황 알을 까놓고 불을 질렀잖소. 표예전에 수풍이 생긴 데는 성냥 알을 까서 불을 질렀잖소.

◆'성냥'을 뜻하는 '다황'은 '당황(唐黃)'에서 유래한 말이다. 즉 '당에서 들어온 황'이란 뜻이다. '성냥'은 '석류황(石硫黃)'에서 유래한 말로 '돌처럼 딱딱하게 굳혀서 사용하는 유황'을 뜻한다. 실제로 강릉에서는 '다황'이라는 말을 많이 사용했지만 '성냥'이라는 말을 전혀 사용하지 않은 것은 아니다. 그 대표적인 형태가 장날에 되에 담아서 파는 '되성냥' 또는 '됫박성냥'이다. ─김인기(강릉) ◆성냥 공장은 1950년대 한국전쟁 이후 200여 곳이 넘게 성행했지만 일회용 라이터가 등장한 1990년대 이후 급격하게 쇠퇴하였다. 지역별로 광주의 '공작성냥', 김해의 '기린표성냥', 논산의 '비사표성냥', 영주의 '돈표성냥', 의성의 '성광성냥', 인천의 '대한성냥', 천안의 '유엔성냥' 등이 인기였다. 성냥통은 원형과 사각형, 직사각형 등 다양한데, 일반적으로 한 통에 성냥 750개비 이상이 들어 있었다.

닥주데이 충북 | 명사 | 부리
새나 일부 짐승의 주둥이.
〔옥천〕닭이 뭐루 먹어, 닭 주데이루 먹지 뭐. 표닭이 뭐로 먹어, 닭 부리로 먹지 뭐.

단고기장 북한 | 명사 | 개장국
개고기를 여러 가지 양념, 채소와 함께 고아 끓인 국.
〔북한〕기운이 없으니 단고기장 먹으로 가자우. 표기운이 없으니 개장국 먹으러 가자. 〔북한〕얼마 전 우리는 단고기장을 잘한다고 소문이 난 평

양시 사동구역 송신단고기장집을 찾았다.─리종성(2008) 표얼마 전 우리는 개장국을 잘한다고 소문이 난 평양시 사동구역 송신단고기장집을 찾았다.

◆북한에서는 '개고기'를 '단고기'라고 하고 '개장국'을 '단고기장' 또는 '단고기장국'이라고 한다. 고기를 씹을수록 단맛이 난다고 해서 붙여진 이름이다. 북한은 전문 농장에서 식용 개를 사육하는데, 주로 황구와 흑구의 수요가 높다.

단골 북한 | 명사 | 다락방
다락처럼 높은 곳에 만들어 꾸민 방.
〔양강〕더울 때는 단골에 이블을 깔고 누우메는 최고지요. 표더울 때는 다락방에 이불 깔고 누우면 최고죠.

단동사니 경기 | 명사 | 단동무니
윷놀이에서, 한 동으로만 가는 말.
〔양평〕윷놀이 할 때 단동사니로 가면 빨리 못 끝내지. 표윷놀이 할 때 단동무니로 가면 빨리 못 끝내지.

◆민속놀이 중 하나로 정초부터 대보름 사이에 가정이나 마을에서 즐기는 윷놀이를 빼놓을 수 없다. 윷놀이에서 윷을 던질 때 말이 많이 이동할 수 있는 윷가락 모양이 나오기를 기원하며 "모야", "윷이야" 하며 함께 함성을 지르는 분위기가 생동감을 준다. 말을 잡아먹거나 잡아먹혔을 때 지르는 고함도 이 놀이를 신명나게 만든다. 네 개의 말이 말판을 다 돌아 나와야 이기는데 이 말을 세는 단위가 '동'이다. 윷가락이 잘 나오는 것도 중요하지만 말을 어떻게 쓰는가에 따라 대세가 역전될 수 있으므로 한 동으로 가느냐 한 동에 또 한 동을 얹어두 동으로 가느냐를 결정하는 것도 중요하다. '동사니'의 표준어는 '동무니'로 윷놀이에서 한 개의 말에 어우른 말을 세는 단위이다. 두동무니, 석동무니, 넉동무니가 있다. '단

동사니'의 '사니'의 어원이 무엇인지 알 수 없으나 '두동사니'는 표준으로 등재되어 있다. '사니'는 껑다리를 '꺽사니', 코맹맹이를 '코막사니', 욕바가지를 '욕사니'라고 하여 사투리에도 쓰이고 '아카사니(조금 무거운 물건을 번쩍 들어 올릴 때 내는 소리)', '두발당사니(두 발로 차는 발길질=두발당성)', '잘코사니(미운 사람이 불행한 일을 당했을 때 그 일을 고소한 일로 지시하는 것)'처럼 표준어에도 쓰인다. 뭔가 대체할 말이 딱 떠오르지 않을 때 널리 쓰이던 말로 추정된다.

단밥 전북 | 명사 | 감주

엿기름을 우린 물에 밥알을 넣어 식혜처럼 삭혀서 끓인 음식.

〔임실〕산중으서는 단밥을 식히나 감주라고 허넌디. 표산중에서는 '단밥'을 식혜나 감주라고 하는데.

◆부안에서 감주와 식혜는 같은 음식이지만, 감주와 단술은 다른 음식이다. 감주 또는 식혜는 새로 한 밥에 엿기름가루를 넣어서 삭혀 만든다. 그에 비해 단술은 쉰밥에 엿기름가루를 넣고 하루 정도 숙성하도록 두었다가 거기에 설탕을 넣고 끓여서 만든다. 쉰밥을 활용한 음식이다 보니 주로 여름에 많이 해 먹는다. 감자나 보리를 삶아서 만들기도 한다. -김금오(부안)

단수시 전북 | 명사 | 단수수

볏과의 한해살이풀.

〔부안〕뒤안에 심어 논 단수시 껍닥을 이빨로 벳기다가 손을 비었다. 표뒤꼍에 심어놓은 단수수 껍질을 이빨로 벗기다가 손을 베었다. 〔군산〕단수시를 비어 먹었는디 비리네. 표단수수 한번 베어 먹었는데 비리네. 〔김제〕그 단쑤시를 몽땅 끊어다 놓고 이빨로 벳기가면서 엄청 먹었지. 표그 단수수를 몽땅 끊어다 놓고 이로 벗겨가면서 엄

청 먹었지.

◆'단수시'는 옥수수와 달리 농가의 살림살이에 큰 보탬이 되지 않는 작물이다. 그렇지만 아이들 주전부리로 이만한 것도 없어서 아버지는 매년 뒤안(뒤꼍)에 단수수를 심었다. 단수수는 먼저 껍질을 벗기고, 알맹이를 꼭꼭 씹어서 단물을 빨아먹은 다음에 뱉는데, 껍질을 벗길 때 이빨을 이용해 벗기는 과정에서 입술이나 손가락을 베이는 일이 종종 있었다. '슥' 하고 베이는 고통을 알지만 그 달콤함 또한 잘 알기에 마디마디 잘라서 가지고 다니면서 먹었다. -김형주(부안)

단술 강원 | 명사 | 식혜

우리나라 전통 음료의 하나.

〔원주〕잔칫집에는 단술 그거 빠즐 쭐을 모르드래요. 표잔칫집에는 식혜 그것이 빠질 줄을 몰라요. 〔평창〕설날에 세배를 가면 감주를 주는데 맛이 일품이래요. 표설날에 세배를 가면 식혜를 주는데 맛이 일품이에요.

단얼음 북한 | 명사 | 빙수

얼음덩이를 잘게 갈아서 눈과 같이 만들고 거기에 당밀 또는 설탕, 향미료 따위를 넣은 음식.

〔북한〕누구라 아침버텀 단얼음 먹갔시까? 표누가 아침부터 빙수를 먹겠습니까?

단자 전남 | 명사 | 없음

제삿집이나 잔칫집에 먹고 싶은 음식을 적어서 보내는 짧은 글.

〔광주〕단자요, 단자 왔소.

◆표준어 '단자'는 부조나 선물 따위의 내용을 적은 종이로 돈의 액수나 선물의 품목, 수량, 보내는 사람의 이름 따위를 써서 물건과 함께 보낼 때 쓰는 짧은 글인데, 사투리 '단자'는 제삿집이나 잔칫집에 먹고

싶은 음식 항목을 적어서 보내는 짧은 글이다.

단졸임 북한 | 명사 | 잼
과일에 설탕을 넣고 약한 불로 졸여 만
든 식품.
〔북한〕식료품 상점에서 도토리 단졸임을 판매합네
다. 囲식료품 상점에서 도토리 잼을 판매합니다.

단쭈시 전남 | 명사 | 사탕수수
볏과의 여러해살이풀 사탕수수를 이르
는 말.
〔고흥〕단쭈시는 많이 안 숭구고 넘새밭 가상에
다 다문다문 쪼간썩 숭겄제. 囲사탕수수는 많이
안 심고 남새밭 가에 드문드문 조금씩 심었지.
〔강진〕내 어릴 적 여름날 단쭈시 벗겨 먹으며 허
기를 달랬네. 囲나 어릴 적 여름날 사탕수수 벗
겨 먹으며 허기를 달랬네. 〔진도〕단씨싯대도 애
기들이 마는께 쬐끔 심었지라잉. 囲사탕수수도
아기들이 많아서 조금 심었지요.
◆어렸을 때에 '독종'이 나서 몹시 아팠다고 한다. 이
때에 어머니께서 먹는 순간이라도 고통을 잊으라고
단쭈시를 많이 갖다 주셔서 먹었다. 단쭈시는 마디
를 꺾어서 껍질을 벗겨 먹으면 달짝지근하니 맛있다. 또
단쭈시 알은 수수보다 크기는 작지만 수수처럼 식재
료로 쓰이며, 알을 털어내고 난 이삭은 잘 말려서 빗
자루로 만들어 쓰기도 하였다. -천은순(고흥)

닫긴옷 북한 | 명사 | 인민복
신해혁명 이후 쑨원이 입던 것과 같은
모양의 중국의 국민복. 웃옷에 주머니가
네 개 있고 깃을 세웠다.
〔북한〕닫긴옷과 잠바를 동시에 맡기는 사람들도
적지 않습네. 囲인민복과 잠바를 동시에 맡기는
사람들도 적지 않습니다.
◆북한에서는 서양식 양복을 '제낀옷' 또는 '제낀깃

옷'이라고 하고, 중국과 유사한 형태의 북한식 인민
복을 '닫긴옷' 또는 '닫긴깃옷'이라고 한다. 중국에
서는 쑨원의 호를 따서 중산복(中山服)이라고 한다.

달개다 충북 | 동사 | 달래다
슬퍼하거나 고통스러워하거나 흥분한
사람을 어르거나 타일러 기분을 가라앉
히다.
〔옥천〕애가 울름 얼렁 달개야지 뭐 하구 있는겨.
囲애가 울면 얼른 달래야지 뭐 하고 있는 거야.

달개리 북한 | 명사 | 달걀
닭이 낳은 알.
〔함남〕나는 달개리를 애이 먹겟수와. 囲나는 달
걀을 안 먹겠소.

달갱이 경남 | 명사 | 성대
성댓과의 바닷물고기. 몸의 길이가 40센
티미터정도며 가늘고 등은 보라색에 어
두운 적색 무늬가 흩어져 있다. 주둥이
가 뾰족하며 식용할 수 있다.
〔울산〕옛날 겉으며 달갱이 겉은 개기는 잡도 안
해. 囲옛날 같으면 성대 같은 고기는 잡지도 안
해. 〔부산〕달갱이라고 빨강 고기. 囲성대라고 빨
간 고기.
◆'성대'는 개구리가 우는 것 같은 소리를 낸다. 다른
생선에 비해 머리가 단단하여 '갑두어(甲頭魚)'라고
도 하는데, 국립수산연구원의 문성용 연구사는 "생
선을 좋아하는 고양이가 물어다 놓아도 단단한 뼈
때문에 먹지 못하고 한숨만 쉴" 정도라고 한다. 유
영할 때는 초록빛의 가슴지느러미를 활짝 펴는데 그
모습이 마치 공작새와 같다고 해서 '바다 공작새'라
고도 불린다.

달게 경북 | 부사 | 촘촘히

모종을 심을 때 간격을 너무 좁게 심는 것. 〔봉화〕꼬치 모를 너무 달게 심었다. 표고추 모종을 너무 촘촘히 심었다.

달구벼슬 경북 | 명사 | 맨드라미
비름과의 한해살이풀.
〔대구〕달구벼슬 씨앗 한 옥쿰 받아둬라. 표맨드라미 씨앗 한 움큼 받아둬라.
◆'달구벼슬'은 '달구'의 벼슬을 닮았다 해서 생긴 말이다.

달구장 경남 | 명사 | 닭장
닭을 가두어두는 장.
〔진해〕달구장에 달구새끼들 갇아라. 표닭장에 병아리 가두어라.
◆닭을 키우는 것과 관련된 경남 말에는 세 가지가 있으니, '달구가리, 달구통, 달구장'이 그것이다. 이 세 말은 엄연히 구별되고 특히 '달구통'과 '달구장'의 차이는 모든 지역에 공통적인 것이 아니라서 주의가 필요하다. 먼저, '달구가리'는 옮겨가면서 병아리 따위를 가두어 기르는 물건인 '닭의어리'를 가리키는 말이기 때문에 이해하는 데 큰 무리가 없다. 거제·고성·남해·마산·사천·진해·창원·하동 등지에서 쓰는 말이다. 지역에 따라 '가다리'(마산·창원), '가두리'(울산), '가리'(고성·하동), '삐가리통'(거창·창녕·합천), '엇가래'(밀양·진주) 등으로도 불린다. 창원 지역, 특히 창원시 의창구 대산면 지역에서는 표준으로 대역하면 둘 다 '닭장'이 되는 '달구통'과 '달구장'을 엄격히 구별한다. '달구통'과 '달구장'의 차이는 닭을 가두는 공간이 땅에서 공중으로 떨어져 있느냐 아니냐에 있다. 땅과 떨어져 위치해 있는 것은 '달구통'이다. 심지어 처마 아래에 붙어 있는 '달구통'도 있다. 이와 같이 닭을 가두는 공간을 땅과 떨어지게 하는 것은 닭이 근본적으로는 날짐승이라는 점을 고려한 결과이다. 이런 배려는 다른 짐

승들로부터 닭을 보호하고 닭의 건강을 유지하는 것과 관련이 있다. 특히 장마철에 닭이 땅 위에서 자게 되면 여러 가지 질병에 걸리는 사례가 많았는데, 이런 구조물은 그런 위험에서 닭을 보호해주는 역할을 했던 것이다. 닭이 처마 아래 걸린 '달구통'으로 이동하는 데는 대나무 따위로 얼기설기 만든 사다리가 이용되었다. 이 '달구통'에 들어가는 닭은 어미로부터 막 떨어지기 시작한, 생후 두 달쯤 되는 어린 닭인데, 처음에는 사람의 손으로 올려진다. 그러나 한번 올려진 뒤에는 스스로 사다리를 타고 아래로 내려오게 되고 어두워지면 스스로 사다리를 타고 '달구통'으로 들어가게 됨을 목격할 수 있다. 닭의 본능이라 할 만한 대목이다. 그러나 '달구통'은 많은 수의 닭을 동시에 가두기는 어려웠다. 이런 점 때문에 등장한 것이 땅 위에 바로 공간을 확보하는 '달구장'이었다. 그러나 부득이 이런 공간을 만들 수밖에 없는 사정이라 해도 최대한 닭의 건강을 생각하여 그 안에 '홰'를 설치하는 것은 상식이었다. 닭은 이 홰에 올라가 잠을 잤다. 이 홰를 경남에서는 '햇대'라 불렀는데, '햇대'는 '달구장'뿐만 아니라 '달구통'에도 설치하는 것이 일반적이었다. 경남 방언에 '햇대보'라는 것이 있다. 옷을 걸 수 있게 벽에다 설치한 것이 '햇대(횃대)'인데, 이 '햇대'에 옷을 걸고 먼지 등을 막기 위해 그 위에 두른 보자기가 '햇대보'이다. 이 '햇대보'의 '햇대'도 닭장의 '햇대'에서 온 것이다. 표준어에서는 '홰'와 '햇대'를 구별하여 전자는 닭장에 있는 것으로, 후자는 옷을 걸 수 있도록 만든 설치물로 풀이한다. 표준어에 '햇대보'라는 말은 없다. -김정대(2017)

달굽다 강원 | 형용사 | 달다
꿀이나 설탕의 맛과 같다.
〔강릉〕꿀이 엄청 달구와. 표꿀이 엄청 달아. 〔인제〕맛이 달달하고 좋네. 표맛이 달고 좋네.
◆'달굽다'는 짠맛이 나는 것을 '짜굽다', 매운맛이

나는 것을 '매굽다'라 하는 것과 흡사한 어형이다.

달금바시 경북 | 부사 | 없음
매우 맛있게.
〔영덕〕음식은 달금바시 먹어야 복이 들어온다.

달기비실 충북 | 명사 | 맨드라미
비름과의 한해살이풀.
〔영동〕그거는 달기비실하구 닮았다구 해서 달기비실이라구 하는 거여. 표그거는 닭벼슬하고 닮았다고 해서 '달기비실'이라고 하는 거야.
◆'달기비실'은 '떡비름'의 의미로도 쓴다.

달기통 전북 | 명사 | 닭의어리
병아리를 가두어 기르는 물건. 대나무나 싸리나무 따위로 엮어서 만드는데 원뿔 모양처럼 생겼다.
〔무주〕달기통에 알이 시 개나 있어. 표닭의어리에 알이 세 개나 있어.
◆부안에서는 '장태, 닥통어리, 달기통'을 구분해서 사용한다. '장태'는 '닭장'을 의미한다. '닥통어리'는 '닭의어리'로, 알을 깨고 나온 어린 병아리를 안전하게 기를 수 있도록 적당한 크기로 만든 것으로, 닭장 안에 넣는다. '달기통'은 지푸라기로 자그마하게 만들어서 암탉이 알을 낳을 때 사용하도록 닭장 안에 넣는다. "지푸락으로 달기통을 엮든가, 소쿠리로 망태기를 만들든가 히갖고 장태 안에다 너줘. 그러면 거그서 알을 나(지푸라기로 닭의어리를 엮든가, 소쿠리로 망태기를 만들든가 해서 닭장 안에다 넣어줘. 그러면 거기서 알을 낳아)"와 같이 말한다. -김금오(부안)

달다구리하다 경기 | 형용사 | 달짝지근하다
약간 달콤한 맛이 있다.
〔양평〕입안에 감도는 곶감의 달다구리한 맛을 잊지 못하겠다. 표입안에 감도는 곶감의 달짝지근한 맛을 잊지 못하겠다. 〔화성〕쩌끔 득척찌근한 맛이 나자나요. 표조금 달짝지근한 맛이 나잖아요.

달랑무 경기 | 명사 | 총각무
무청째로 김치를 담그는, 뿌리가 잔 무.
〔평택〕달랑무 짠지 맛있어요. 표총각무 김치 맛있어요. 〔강화〕아주머이 우리 진장밭에 달랑무이 잘돼씨여. 뽑아다 총각김치 담궈요. 표아주머니 우리 김장밭에 총각무가 잘됐어요. 뽑아다 총각김치 담가요. 〔여주〕총각김치는 달랑무로 담근다. 표총각김치는 총각무로 담근다.
◆'달랑무'는 무청이 달린 어린 무로, 긴 줄기에 달린 모습이 달랑거린다고 하여 붙여진 이름이다. 달랑무는 좁게는 총각무를 가리키는 말이지만, 넓게는 총각무보다 큰 초록무를 가리킨다. 총각무의 또 다른 사투리는 알타리무인데, '알'은 무 끝이 동글동글한 형태임을 표현한 말이고 '타리'는 알타이 원시어로 '뿌리'를 뜻한다. 즉 알타리무는 알 모양의 뿌리를 가리키는 말이라고 할 수 있다.

달랑무 전북 | 명사 | 총각무
무청째로 김치를 담그는, 뿌리가 잔 무.
〔부안〕달랑무는 버무려서 바로 먹어도 혀. 먹음서 익지. 표총각무는 버무려서 바로 먹어도 돼. 먹으면서 익지.
◆부안에서 달랑무는 총각무를 가리키는 말로 쓰인다.

달래이 경남 | 명사 | 달래
백합과의 여러해살이풀.
〔울산〕달래이 캐가 댄장찌개 짚이 묵고 접다. 표달래 캐서 된장찌개 끓여 먹고 싶다. 〔하동〕달롱개는 입춘 때나 되모 밭에서 캘 수 있다. 표달래는 입춘 때나 돼야 밭에서 캘 수 있다. 〔창원〕달

롱개는 보리가 클라 칼 때 보리밭골에서 마이 캤다. 표달래는 보리가 크려고 할 때 보리밭골에서 많이 캤다.

달롱 강원 | 명사 | 달래
백합과의 여러해살이풀.
〔춘천〕아이들은 조그마한 바구니에 달롱을 캐서 담는다. 표아이들은 조그마한 바구니에 달래를 캐서 담는다. 〔화천〕커다란 뽕나무 아래에는 달롱이 지천이다. 표커다란 뽕나무 아래에는 달래가 지천이다. 〔인제〕이른 봄에 캔 달롱으루 뚜가리장을 끓에야 지맛이지. 표이른 봄엔 캔 달래로 강된장을 끓여야 제맛이지.

달롱개 전남 | 명사 | 달래
백합과의 여러해살이풀.
〔고흥〕동강장에 갔드만 영자 엄니가 달롱개를 폴고 있습디다. 표동강장에 갔더니 영자 엄마가 달래를 팔고 있습니다. 〔진도〕대롱개 많이 있는 디를 내가 잘 알고 있응께 대롱개 캐로 갈 직에는 나하고 항꾸내 가자잉. 표달래 많이 있는 데를 내가 잘 알고 있으니까 달래 캐러 갈 적에는 나하고 함께 가자.
◆달롱개는 봄에 나오는 대표적인 채소 중 하나로 잘게 썰어 간장을 넣어 달래장을 만들어 밥을 비벼 먹거나, 된장을 풀어 달래 된장찌개를 끓여 먹기도 한다. ◆어렸을 때 들었던 노래 중에 "달롱개, 달롱개, 달롱개 장시가 달롱개를 못 폴아서 집으로 갔다네"라는 노래가 있다. -김란(고흥)

달롱개 전북 | 명사 | 달래
백합과의 여러해살이풀.
〔남원〕달롱개로 김치도 담어. 파김치보담도 맛나지. 표달래로 김치도 담가. 파김치보다도 맛있지. 〔정읍〕달롱게를 넣어야 간장이 맛나당게. 표달래

를 넣어야 간장이 맛있다니까.
◆전북에서는 '달롱개' 외에도 '달롱개', '달롱게', '달룽게' 등의 음운론적 변이형이 다양하게 발견된다. '달룽개'에서 제2음절 종성 'ㅇ'이 탈락한 '달루께'도 있다. 경상도, 전라도, 충청도 사투리에서 '달롱개, 다롱개, 다룬갱이, 달랑개, 달랑개이, 달랑갱이, 달릉개' 등의 형태가 쓰이는 것으로 보아 어근 '달~달ㄹ'에 '-옹/-웅개, -앙/-엉개' 따위의 접미사가 결합된 것으로 볼 수 있다.

달머리 전북 | 명사 | 달무리
달 언저리에 둥그렇게 생기는 구름 같은 허연 테.
〔군산〕달 가시 달머리 지믄 비 온다고 혔어. 표달 가에 달무리 지면 비 온다고 했어.

달머리 충남 | 명사 | 달무리
달 언저리에 둥그렇게 생기는 구름 같은 허연 테.
〔보령〕오늘 저녁에는 달머리를 저렇게 크게 했네. 표오늘 저녁에는 달무리를 저렇게 크게 했네. 〔서산〕비가 올라나 달마루를 했네. 표비가 오려나 달무리를 했네. 〔태안〕달마루 지면 큰물 가네 숭년이 드네 허더먼 죄다 이전 얘기여. 표달무리 지면 큰물 가네 흉년이 드네 했는데 죄다 이전 얘기야. 〔세종〕달물을 뵈면 다음 날 낼씨를 안다니까유. 표달무리를 보면 다음 날 날씨를 안다니까요.
◆밤에 '달무리'가 뜨면 다음 날 비나 눈이 온다는 속설이 있다.

달무네 충북 | 명사 | 달무리
달 언저리에 둥그렇게 생기는 구름 같은 허연 테.
〔옥천〕밤에 달무네 스믄 엄청이 이뻐. 표밤에 달

무리 서면 엄청 예뻐.

달보드름하다 전남 | 형용사 | 달보드레하다
약간 달큼하다.
〔진도〕깎은 보리를 방아깐에서 뽀사가꼬 당원과 소다를 여코 반죽을 한 다음에 아랫묵에 놔뒀다가 보리빵을 맹글어봐. 달보드름하니 정말로 맛있어라. 囲깎은 보리를 방앗간에서 빻아서 당원과 소다를 넣고 반죽을 한 다음 아랫목에 놔뒀다가 빵을 만들어봐. 달보드레하니 정말로 맛있어요. 〔고흥〕개떡에 당원을 여코 쪘등마 달보드름허니 맛나드랑께. 囲개떡에 당원을 넣고 쪘더니 달보드레하니 맛있더라니까.
◆'달보드름하다'는 '달다'와 '부드럽다'라는 의미가 결합된 말이다. 즉 달콤하면서도 부드러운 상태의 맛을 의미한다.

달부 강원 | 부사 | 모두
일정한 수효나 양을 기준으로 빠짐이나 넘침이 없이.
〔삼척〕다 익어가던 보리가 태풍 때문에 쓰러졌잖소. 달부 못 먹게 됐지요 뭐. 囲다 익어가던 보리가 태풍 때문에 쓰러졌잖소. 모두 못 먹게 됐지요 뭐.
◆강원도에서 '달부'는 여러 가지 뜻으로 해석된다. '모두' 또는 '전부'라는 뜻과 '아주'라는 뜻이 있는가 하면 '거의' 또는 '너무'라는 뜻도 있다. -이경진(삼척)

달브다 전북 | 형용사 | 다르다
비교가 되는 두 대상이 서로 같지 아니하다.
〔정읍〕야가 작년허고 올해는 달브더라고. 囲애가 작년하고 올해는 다르더라고. 〔임실〕색깔도 달르고 모양도 달르고. 囲색깔도 다르고 모양도 다르고.
◆표준어 '틀리다'와 '다르다'는 의미가 다르다. '틀리다'는 '사실 따위가 그르거나 어긋나다'를 뜻하고, '다르다'는 '비교 대상이 서로 같지 아니하다'를 뜻한다. 그런데 전북에서는 '다르다'라는 뜻으로 '틀리다'라고 하기도 한다.

달브다 충남 | 형용사 | 다르다
비교가 되는 두 대상이 서로 같지 아니하다.
〔서산〕말 말어. 한참 달브지. 그 두 놈이 생긴 것만 그르지 승격이 한참 달버서 티가 다 났어. 囲말 마. 한참 다르지. 그 두 놈이 생긴 것만 그렇지 성격이 한참 달라서 티가 다 났어. 〔공주〕갸들은 쌍딩이라매? 딱 닮은 줄 알었더니 하는 짓도 그렇고 너머 달브내. 囲개들은 쌍둥이라며? 딱 닮은 줄 알았더니 하는 짓도 그렇고 너무 다르네. 〔태안〕한눈이 봐두 달브지 워치게 같다구 들입다 우기냐. 누렁이를 쇠아치라고 우겨라. 囲한눈에 봐도 다르지 어떻게 같다고 들입다 우기냐. 누렁이를 송아지라고 우겨라.

달파이 전북 | 명사 | 달팽이
연체동물문 달팽잇과의 동물을 통들어 이르는 말.
〔순창〕달파이가 상추를 뜯어 먹는개 벼. 囲달팽이가 상추를 뜯어 먹는가 봐.
◆'달팽이'의 옛말은 '돌파니'이다. 이 시기에 '돌팡이'도 함께 확인된다. 따라서 전북 사투리 '달파이'는 옛말의 형태를 그대로 유지한 형태로 볼 수 있다.

담구다 충남 | 동사 | 담그다
액체 속에 넣다.
〔금산〕간한 거에다가 무술 푹 담군단 말여. 囲간한 거에다가 무엇을 푹 담근다는 말이야. 〔공주〕날이 구질하나 윈 삭신이 노골노골허니 안 쑤시는 디가 읎어. 물탕이 가서 푹신 담구고 와야 삭

신이 좀 풀릴라나. 표날이 구질해서 온 삭신이 노글노글하니 안 쑤시는 데가 없어. 목욕탕에 가서 폭 담그고 와야 삭신이 좀 풀리려나.

담박질 충남 | 명사 | 뜀박질
뜀을 뛰는 일.
〔공주〕바우야, 저거 김 영감네 송방이 담박질루 가서 담배 한 봉다리허구랑 성냥 한 통 사 오거라. 담박질루 가. 표바우야, 저기 김 영감네 가게에 뜀박질로 가서 담배 한 갑하고 성냥 한 통 사 오거라. 뜀박질로 가.

담성거리다 강원 | 동사 | 담방거리다
달뜬 행동으로 아무 일에나 자꾸 함부로 서둘러 뛰어들다.
〔평창〕저이는 아무 데나 담성거린다. 표저이는 아무 데나 담방거린다.

담영클 전남 | 명사 | 담쟁이넝쿨
포도과의 낙엽 활엽 덩굴나무인 담쟁이넝쿨을 이르는 말.
〔고흥〕교회 밑에 집에가 담영클이 있는디 그 잎싹을 따서 우리가 제기도 맨들고 그랬어. 표교회 밑에 집에 담쟁이넝쿨이 있는데 그 잎사귀를 따서 우리가 제기도 만들고 그랬어. 〔강진〕담영클이 찔기기도 허나. 표담쟁이넝쿨이 질기기도 하네. 〔진도〕제기는 담영쿨로 맹글어야 최고제. 표제기는 담쟁이넝쿨로 만들어야 최고지.
◆전남에서는 '넝쿨'이 '영클'이 되고, '넣어라'가 '여라'가 되듯이 'ㅓ' 앞에서 'ㄴ'이 탈락하는 형태의 사투리가 있다.

담은감 경남 | 명사 | 우린감
소금물에 담가서 떫은맛을 없앤 감.
〔하동〕이 감은 담은감이라 안 떫은게 묵어봐라.

표이 감은 우린감이라 안 떫으니까 먹어봐라.

닷돈내기 충북 | 명사 | 없음
작고 당참.
〔옥천〕그 집 미누리는 증말루 닷돈내기여. 갸가 장개는 잘 간 거 겉어. 표그 집 며느리는 정말로 당차. 걔가 장가는 잘 간 것 같아.

당가리 강원 | 명사 | 고추
가짓과의 한해살이풀.
〔원주〕당가리를 방앗간에 가서 빻아여. 표고추를 방앗간에 가서 빻아요. 〔춘천〕올해는 비가 너무 많이 와서 꼬추 농사는 베렸네. 표올해는 비가 너무 많이 와서 고추 농사는 버렸네.

당그네 제주 | 명사 | 고무래
곡식을 그러모으고 펴거나, 밭의 흙을 고르거나 아궁이의 재를 긁어모으는 데에 쓰는 '丁' 자 모양의 기구.
〔한경-신창〕보리쌀은 장만허젠 허민 방엣돌 신디 강 쉐 동줄이나 당그네나 추레로 다 낭 와. 표보리쌀은 장만하려고 하면 연자매 있는 데 가서 소 동줄이나 고무래나 차례로 다 놓고 와.
◆고무래는 용도에 따라 이름이 다르다. 곡식을 긁어 모으거나 펴는 데 쓰는 고무래를 구좌에서는 '군데'라고 하고, 표선에서는 '날레근데', 대정·색달·한경에서는 '당그네', 호근에서는 '당근네'라고 한다. 그런가 하면 재를 긁어내는 고무래를 노형에서는 '구그네'라고 하고, 구좌에서는 '구둘묵군데', 표선에서는 '굴묵근데', 한경에서는 '굴묵당그네', 표선에서는 '근데', 대정에서는 '불그네', 색달·호근에서는 '불근네'라고 한다.

당그래 전북 | 명사 | 고무래
곡식을 그러모으고 펴거나, 밭의 흙을

고르거나 아궁이의 재를 긁어모으는 데
에 쓰는 'ㅜ' 자 모양의 기구.
〔정읍〕목이 마른게 물 달라고 목구녁으서 당그
래질을 허는 거 같으네. 표목이 마르니까 물 달
라고 목구멍에서 고무래질을 하는 것 같네.
◆전북에는 "목구녁으서 당그래질을 허다"라는 표현
이 있다. 마치 고무래질로 한 번에 많은 양의 곡식을
긁어모으듯이 좋아하는 음식이나 맛있는 음식을 빨
리 먹고 싶다는 마음을 비유적으로 표현한 말이다.

당글개 전남 | 명사 | 고무래
곡식을 그러모으고 펴거나, 밭의 흙을
고르거나 아궁이의 재를 긁어모으는 데
에 사용하는 나무로 만든 'ㅜ'자 모양의
기구.
〔고흥〕부삭에 가서 당글개 잔 갖고 온나. 표부엌
에 가서 고무래 좀 갖고 오너라. 〔진도〕부삭에 불
을 땔나면 당글개로 재를 긁어모태 담어내사 하
지라우. 표아궁이에 불을 때려면 고무래로 재를
긁어모아 담아내야 하지요. 〔광주〕부석 재 담을
때는 부석 당글개 쓰고, 마당의 곡식 담을 때는
마루 밑에 두는 큰 당그래를 사용한다. 부석 것
과 마당 것을 항꾸네 쓰는 일은 없다. 표아궁이
의 재를 담아낼 때는 아궁이 고무래를 쓰고, 마
당의 곡식 담을 때는 마루 밑에 두는 큰 고무래
를 사용한다. 아궁이 것과 마당 것을 함께 쓰는
일은 없다. 〔진도〕니바야, 당글개 갖고 마당에 보
리 좀 저서줘라. 표넷째야, 고무래 가지고 마당
에 말려놓은 보리 좀 저어줘라.
◆'당글개'는 곡식을 널거나 모을 때 또는 아궁이의
재를 끌어당겨 모을 때 쓸 수 있도록 만든 도구이다.
-주광현(진도) ◆'당글개'는 모양은 비슷하지만 용
도에 따라 크기가 다양하다. 아궁이에 쌓인 재를 긁
어낼 때에 쓰는 고무래는 크기가 작은데 '잿당그래,
잿당글개'라고 하며, 멍석에 곡식을 말리기 위해 펴

거나 그러모을 때며 밭의 흙을 고를 때 쓰는 당글개
는 잿당글개에 비해 크고 손잡이도 길다. -천인순
(고흥)

당글다 강원 | 동사 | 집적거리다
말이나 행동으로 자꾸 남을 건드려 성가
시게 하다.
〔강릉〕야, 당글지마. 왜서 나르 자꾸 당그나. 표
야, 집적거리지 마. 왜 나를 자꾸 집적거려. 〔춘
천〕왜 괜히 먼저 찝적거려서 싸우니? 표왜 괜히
먼저 집적거려서 싸우니?

당새기 경남 | 명사 | 고리짝
버들가지나 대오리 따위로 엮어서 만든
상자.
〔진해〕당새기에서 바늘하고 실 좀 가온나. 표고
리짝에서 바늘하고 실 좀 가져오너라. 〔하동〕서
답 마린 거는 당세이다가 담아라. 표빨래 마른
것은 고리짝에다가 담아라.
◆'당새기'는 바늘이나 실을 보관하는 '반짇고리'와
같은 상자를 가리키는 말로서 바늘과 실을 담으면
'바늘 당새기'가 되고, 떡을 담으면 '떡 당새기', 약
을 담으면 '약 당새기'가 된다. 양산에서는 연장통
을 '못 당새기'라고 한다. -김영수(진해) ◆'당새기'
는 '당숡'에서 온 말로 큰 반짇고리처럼 생겼다. 주로
수양버들을 이용해 만드는데 여러 가지 음식을 담는
데 사용하였다. -성기각(창녕)

당수바가지 충남 | 명사 | 없음
(1)부엌에서 물을 떠 나르거나 쌀 씻는
등에 쓰이는 중간 크기의 바가지.
(2)살림살이를 잘하는 여자를 뜻하는 말.
〔당진〕짐 서방네 시째 딸은 얼굴도 이쁘지만 이
모저모 따져봐도 꼭 당수바가지깜여. 표김 서방
네 셋째 딸은 얼굴도 예쁘지만 이모저모 따져봐

도 꼭 '당수바가지'감이야. 〔당진〕지벙 꼭대기 매달린 박 중 질로 큰 것은 말바가지 깜이고, 어지간이 큰 것은 당수바가지, 쬐끄만 것은 종구락으로 써먹으면 좋겄다. 표지붕 꼭대기에 매달린 박 중에 가장 큰 것은 말박감이고, 조금 큰 것은 '당수바가지', 조그만 것은 종구라기로 쓰면 좋겠다.

◆당수바가지는 크기가 너무 크지도 작지도 않기 때문에 부엌에서 사용하는 바가지 중에 가장 쓸모가 많다. 말바가지(말박)는 말[斗] 단위를 재는 큰 바가지이고, 종구라기(종구락)는 작은 바가지이다. -조일형 (당진)

당아 전남 | 부사 | 아직

어떤 일이나 상태 또는 어떻게 되기까지 시간이 더 지나야 함을 나타내거나 어떤 일이나 상태가 끝나지 아니하고 지속되고 있음을 나타내는 말.

〔강진〕느그 집은 당아 멀었냐? 표네 집은 아직 멀었냐? 〔장성〕아그야, 당아 멀었냐? 표아가야, 아직 멀었냐? 〔함평〕당아 안 갔다요? 표아직 안 갔나요?

◆전남 장성에서는 아직 갈 길이 많이 남았다는 뜻으로 '당당 멀다'는 표현을 쓴다. -조선희(장성)

대간하다 충남 | 형용사 | 고단하다

몸이 지쳐서 느른하다.

〔서산〕대간한지 오자마자 자던디. 표고단한지 오자마자 자던데. 〔공주〕낮이 너무 힘들게 일했던가 벼. 집이 오자마자 저녁도 먹는 둥 마는 둥 하더니 대간하였는지 그냥 곯어떨어저 코를 디링디링 곯네. 표낮에 너무 힘들게 일했나 봐. 집에 오자마자 저녁도 먹는 둥 마는 둥 하더니 고단하였는지 그냥 곯아떨어져 코를 드르렁드르렁 고네. 〔논산〕품삯을 받기는 해두 일이 대간해서 사날 하기두 힘들어. 표품삯을 받기는 해도 일이 고단해서 사나흘 하기도 힘들어.

◆충남 서북 지역에서는 '고되다, 되다'가 '대근허다/대간허다'보다 흔히 쓰인다. 반면 차령과 금강 이남으로 갈수록 '대간허다/대간하다'의 빈도가 높아진다. 표준어화가 진행된 1970년대를 지나면서 충남 북부 지역에서는 거의 사라졌고, 남부 지역에서 지금도 쓰이고 있다. -이명재(예산) ◆'대간하다'는 논산에서 '힘에 부치다'라는 뜻으로 사용한다. -정경일(당진)

대갱이 전남 | 명사 | 없음

짱뚱어와 비슷한 물고기.

〔고흥〕벌교장에 강께 대갱이가 많이 낫습디다마는 보기에 조깐 그렇게 생개서 나는 대갱이는 안 사 묵어요. 표벌교장에 갔더니 '대갱이'가 많이 나왔습디다마는 보기에 조금 그렇게 생겨서 나는 '대갱이'는 안 사 먹어요.

대관령내기 강원 | 명사 | 서풍

서쪽에서 불어오는 바람.

〔삼척〕대관령내기만 약간 불거나 비가 오면은 그냥 쓰러저삐레요. 표서풍만 약간 불거나 비가 오면 그냥 쓰러져버려요.

대구린다 경기 | 동사 | 없음

가정이나 생활을 규모가 있게 이끌어나가다.

〔포천〕어떤 아가씨가 와서 같이 살겠다고 대구린다고 그리더라구. 표어떤 아가씨가 와서 같이 살겠다고 '대구린다'고 그러더라고.

대꾸 충북 | 부사 | 자꾸

여러 번 반복하거나 끊임없이 계속하여.

〔제천〕(연자방아는)돌루 이러캐 해서 소 매워가주구서 대꾸 이르캐 삥삥이 치넝 거.-박경래

(2012) 표(연자방아는)돌로 이렇게 해서 소 매 워가지고 자꾸 이렇게 뺑뺑이 치는 게.

대대허다 전남 | 형용사 | 거만하다

잘난 체하며 남을 업신여기는 데가 있다. 〔고흥〕그 양반은 많이 배워서 근가, 대대헌 거 같어. 표그 양반은 많이 배워서 그런가, 거만한 것 같아. 〔진도〕쩌 집 양반이 돈을 많이 벌어 와서 그런지 요새는 대대헌 거 같어. 표저 집 양반이 돈을 많이 벌어 와서 그런지 요새는 거만한 것 같아. 〔고흥〕암것도 없는 것이 뭐 있는 철로 잦대 밧대허네. 표아무것도 없는 것이 무엇이 있는 것 처럼 거만하네.

◆'대대허다'는 '되되하다'라고도 하는데, 주위 사람 들을 약간 무시하는 듯한 표정이나 태도를 보이는 경우를 말한다. ◆거만하게 행동하는 것을 뜻하는 '잣대밧대하다'는 전남 전역 말로, 표준어는 "뒤로 넘어질 듯이 비스듬하다"를 의미하는 '잦바듬하다' 이다.

대똘 전북 | 명사 | 없음

평야 지역에 인공적으로 조성한 농수로. 〔군산〕방학이믄 대똘으 가서 냇끼질도 혔어. 표 방학이면 '대똘'에 가서 낚시질도 했어. 〔부안〕물 자새로 물을 뿜어. 그러면 그 물이 또랑으로 가 갖고 자그 논 찾어서 들어가. 표무자위로 물을 뿜어. 그러면 그 물이 '또랑'으로 가서 자기 논 찾아서 들어가. 〔군산〕그 동네 사람들은 우물이 없어 똘물 먹고 살았댜. 표그 동네 사람들은 우 물이 없어서 개울물 먹고 살았대.

◆전북에서 '똘'은 '매우 좁고 작은 개울'을 뜻한다. 대단위 농사를 짓는 평야 지대가 많은 전북의 경우 많은 양의 물이 필요하기에 논 옆에 큰 농수로로 설 치해두었다. 전북에서는 이러한 농수로를 가리켜 '크다'는 의미의 한자어 '대'와 도랑을 뜻하는 '똘'을

합하여 '대똘'이라고 불렀다. 여름철에 비가 많이 오 거나 수문을 닫아두면 대똘의 수심은 어른 키를 훌 쩍 넘는다. 동네 남자아이들은 대똘에서 멱을 감고 물장구를 치며 놀았고, 여자아이들은 빨랫감을 가져 가서 수다를 떨며 빨래를 하기도 했다. 대똘에서 낚 시를 하는 사람도 있었는데 특히 피라미, 동자개 등 이 많이 잡혔다. –손종근(군산) ◆부안에서는 동네 에 있는, 자연적으로 만들어진 작은 개울과 인위적 으로 조성한 작은 농수로 모두를 '또랑'이라고 한다. –김금오(부안)

대래키 강원 | 명사 | 다래끼

아가리가 좁고 바닥이 넓은 바구니. 대 나 싸리, 칡넝쿨 따위로 만든다. 〔원주〕대래키에 냉이를 캐서 담아라. 표다래끼에 냉이를 캐서 담아라. 〔춘천〕나물을 대래키 가득 뜯었네. 표나물을 다래끼 가득 뜯었네. 〔평창〕철 렵 가서 고기 잡으면 대래끼에 담아 가주구 오너 라. 표천렵 가서 고기 잡으면 다래끼에 담아 가 지고 오너라.

대롱 전남 | 명사 | 모시조개

백합과의 조개. 〔해남〕대롱 잡으로 가자. 표모시조개 잡으러 가 자. 〔고흥〕오늘 씨가 좋아서 대롱을 많이 캤소. 표오늘 물때가 좋아서 모시조개를 많이 캤소. 〔진도〕대롱은 큰 놈만 잡고 쩍은 것은 잡지 말어 라. 표모시조개는 큰 것만 잡고 작은 것은 잡지 마라.

◆'대롱'은 표준어로 '모시조개'를 뜻하는 말인데, '가무락조개'라고도 한다. ◆작은아버지는 나를 항 상 '대롱네'라고 불렀다. 이 말은 '대롱처럼 얼굴이 동그랗고 예쁘다'라는 뜻이다. –천인순(고흥)

대롱 충남 | 명사 | 가무락조개

백합과의 조개.

〔당진〕옛날에는 대롱이 아주 흔했는디 요새는 아주 귀하지. 表옛날에는 가무락조개가 아주 흔했는데 요새는 아주 귀하지. 〔서산〕까막조개를 잡어다가 와각탕을 끓인다. 表가무락조개를 잡아다가 와가탕을 끓인다.

대리다 강원 | 동사 | 다리다
옷이나 천 따위의 주름이나 구김을 펴고 줄을 세우기 위하여 다리미나 인두로 문지르다.

〔춘천〕너는 대리미질두 헐 줄 모르니? 옷 줌 대려 입구 댕겨라. 表너는 다리미질도 할 줄 모르니? 옷 좀 다려 입고 다녀라. 〔삼척〕예전 옷을 대릴 때는 대리미와 윤두를 사용했잖소. 表예전에는 옷을 다릴 때는 다리미와 인두를 사용했잖소.

대리다 경기 | 동사 | 다리다
옷이나 천 따위의 주름이나 구김을 펴고 줄을 세우기 위하여 다리미나 인두로 문지르다.

〔서울〕요샌 옷을 대려서 입지만 옛날엔 못 대렸에요. 대리미가 읎어서. 表요새는 옷을 다려서 입지만 옛날엔 못 다렸어요. 다리미가 없어서.

대맛 충남 | 명사 | 맛조개
죽합과의 연체동물.

〔서산〕대맛을 이전에넌 서개루 잡었넌디 지끔은 구녕에 소굼을 느서 잡넌다. 表맛조개를 예전에는 '서개'로 잡았는데 지금은 구멍에 소금을 넣어서 잡는다.

◆서산에서는 '가리맛'과 '맛조개'를 통틀어 '맛'이라고 부른다. 굳이 종류별로 구분할 필요가 있을 때 '가리맛'은 '참맛'이라고 하고, '맛조개'는 '대맛'이라고 한다. 맛으로 따지면 참맛이 훨씬 더 맛있다. -장

경윤(서산) ◆'서개' 또는 '써개'는 맛조개를 잡을 때 사용하는 도구로 긴 철사의 끝을 살짝 구부려 만든다.

대맹이 경남 | 명사 | 대망
뱀과의 하나인 큰 구렁이를 이르는 말.

〔남해〕저 담무락에 대맹이 간다. 表저 담벼락에 대망 간다.

◆거제에서는 큰 구렁이를 가리켜 '대맹이/대밍이/대미'라고 하는데, 큰 뱀을 뜻하는 '대망'에서 온 말로 보인다. 남해에서는 '망대'라고 한다. -김의부(거제) ◆'대맹이'는 집안의 오래된 나무나 마루 밑에 움직이지 않고 또아리를 틀고 있는 경우가 많아서 '지킴이' 또는 '업구렁이'라고 한다. -김성재(고성)

대맹이 전남 | 명사 | 대망
뱀과의 하나인 큰 구렁이를 이르는 말.

〔고흥〕대맹이는 참새도 잡어묵고 쥐도 잡어묵고 그렁갑습디다. 表대망은 참새도 잡아먹고 쥐도 잡아먹고 그런가 봅디다.

◆'대맹이'는 집을 지키는 영물이라서 해치면 집안이 망한다는 이야기를 들었다. 그래서 사람들은 집집마다 집을 지키는 '대맹이'가 꼭 한 마리씩 있다고 믿었다. 또 '대맹이'를 실수로 상처를 입혔더니 부엌 서까래에 똬리를 틀고서 아궁이에서 올라오는 훈김을 쐬서 상처가 나았다는 이야기도 있다. 지금은 찾아보기 힘들지만 돌담이나 토담이 늘어져 있었던 옛날에는 '대맹이'를 흔하게 볼 수 있었다. -천인순(고흥)

대목쟁이 전북 | 명사 | 대목
나무를 다루어 집을 짓거나 물건을 만드는 일을 직업으로 하는 사람 중에서 실력이 좋은 사람을 높여 이르는 말.

〔무주〕그런 사람얼 대목쟁이라고도 허잖여. 表그런 사람을 대목이라고도 하잖아.

대베기 제주 | 명사 | 없음

물을 길어 나를 때 쓰는 작은 동이.

〔안덕-덕수〕아이덜 물 질 때도 대베기 썼주만, 우리 밧듸 뎅길 때도 것에 물 질어근에 가낫어. 표아이들 물 길을 때도 '대베기'를 썼지만, 우리 밭에 다닐 때도 그것에 물 길어서 갔었어. 〔애월-상가〕저 요만헌 대바지로 물 져 오고. 표저 요만한 '대베기'로 물을 져 오고.

◆수도가 각 가정에 보급되기 전까지 식수로 사용할 물을 길어 나를 때 사용한 물동이를 '허벅'이라고 한다. '허벅'보다 크기가 작은 것을 '대바지' 또는 '대베기'라고 하는데, 어린아이들이 물을 길어 나를 때 사용했다. ◆'허벅'은 험한 길을 오갈 때 편리하게 등에 지고 다닐 수 있도록 만든 운반용 항아리이다. 장방형의 구덕에 담아 짊어지고 다닐 수 있도록 만들었다. '허벅'은 이동용 가죽 수통을 뜻하는 몽고어 '허워'에서 온 말로 보인다. '허벅' 중에 가장 커서 소나말을 이용해 끈 것은 '착바지'라고 한다. ◆'허벅'은 용도에 따라 이름이 다른데 물을 길어 나르던 '물허벅', 죽을 담던 '죽허벅', 씨앗을 보관하던 '씨허벅', 오줌을 담아서 나르던 '오좀허벅', 술을 담아 나르던 '술허벅' 등이 있다. '술허벅'의 경우 물허벅과 달리 부리가 넓적하고 전이 달려 있어 술을 흘리지 않고 따를 수 있다.

대빡차 북한 | 명사 | 트럭

화물을 실어 나르는 자동차.

〔북한〕철이 아버지는 대빡차를 운전합니다. 표철이 아버지는 트럭을 운전합니다.

◆북한에서 대빡차를 운전하는 사람은 일은 힘들지만 돈을 많이 버는 것으로 알려져 있다.

대수리 전북 | 명사 | 다슬기

다슬깃과의 연체동물.

〔남원〕5월 농사일이 한가해지면 마을사람이 천엽을 섬진강으로 가는디 대수리를 잡곤 했지. 표5월 농사일이 한가해지면 마을 사람들이 천렵을 섬진강으로 가는데 다슬기를 잡곤 했지. 〔정읍〕대사리는 물이 깨깟헌 디 가야 만탕게. 표다슬기는 물이 깨끗한 데 가야 많아.

◆'대수리'는 '고동, 다사리, 다실개, 다실기, 대사리, 물고동'과 같은 뜻으로 쓰인다. ◆전라도에서는 대수리탕, 다슬기탕이라고 하여 다슬기 수제비를 끓여 먹었고, 충청도에서는 올뱅이 또는 올갱이 해장국을 끓여 먹었다.

대싱 전남 | 명사 | 큰되

열 홉들이 되를 오 홉들이 되에 상대하여 이르는 말.

〔고흥〕보쌀 대싱 한 되만 주씨요. 표보리 큰되로 한 되만 주세요.

◆대승의 반 분량은 '소숭'이라고 한다. ◆전남에서는 열 홉들이 되를 '대승' 또는 '대성', '대싱'이라 하며, 오 홉들이 되를 '소승' 또는 '소성', '소싱'이라고 한다. -이기갑(1997)

대오살 제주 | 명사 | 거북손

거북손과의 하나.

〔구좌-한동〕돌포말이나 대오살 겉은 거 그냥 내불주 헤 오지 안허여. 표'돌포말'이나 거북손 같은 건 내버리지 해 오지 않아. 〔우도〕대오삭은 저 글각지로 끗어내영 먹는다. 표거북손은 저 호미로 꺼내서 먹는다.

◆제주에서 '거북손'을 '대오살/대오삭/대우살/대수왈' 또는 '베체기'라고 한다.

대장각 강원 | 명사 | 건미역

말린 미역.

〔속초〕내가 애 나코 대장각을 먹었지. 표내가 애 낳고 건미역을 먹었지. 〔삼척〕미역 중에는 돌각

이 좋잖소. 끓이면 미역에 뽀얀 물질이 보이는데 무척 부드럽잖소. 표미역 중에는 건미역이 좋잖소. 끓이면 미역에 뽀얀 물질이 보이는데 무척 부드럽잖소.

◆'대장각'은 미역의 완전하고 긴 오리(가늘고 긴 조각)를 말린 것으로 주로 산모에게 끓여 주는 미역국의 재료로 쓰인다. ◆삼척에서 '대장각'은 "품질이 매우 좋은 미역"을 이르는 말이다. 미역을 한자로 곽(藿)이라고 하는데, 대장각은 대장(大將) 곽(미역)을 뜻하는 말로 깊은 물속 바위에서 자란 미역을 뜻한다. 삼척 지방에는 돌각이란 말이 있는데 물속 바위에 붙어 자란 품질 좋은 자연산 미역을 뜻하는 말이다. 부산 기장 미역이 좋다고 알려져 있지만, 예전부터 삼척과 울진 사이의 고포 미역도 좋다고 알려져 있다.

대차 전남 | 부사 | 과연
아닌 게 아니라 정말로. 주로 생각과 실제가 같음을 확인할 때에 쓴다.
〔강진〕대차 똑똑한 니 말이 맞아. 표과연 똑똑한 네 말이 맞아.
◆'대차'의 정확한 어원은 알 수 없으나 '대체로'에서 온 말로 보인다.

대통시럽다 경북 | 형용사 | 경망스럽다
행동이나 말이 가볍고 조심성 없는 데가 있다.
〔영덕〕김 씨가 대통시럽게 끼들었다. 표김 씨가 경망스럽게 끼어들었다.
◆'대통시럽다'라는 말에는 "촐랑거리며 까불다"라는 뜻도 있다. -권태호(영덕)

댁네 전남 | 명사 | 아주머니
부모와 같은 항렬의 여자를 이르거나 부르는 말.

〔신안〕댁네들이 어디 갔능갑다. 표아주머니들이 어디 갔나 봐요.

댁호 전남 | 명사 | 택호
집주인의 벼슬 이름이나 처가나 본인의 고향 이름 따위를 붙여서 그 집을 부르는 말.
〔무안〕영암에서 시집와서 그 집 댁호는 '영암댁'이다. 표영암에서 시집와서 그 집 택호는 '영암댁'이다. 〔광주〕삼식이 어매 댁호는 '광산떡'이어야. 표삼식이 어머니 택호는 '광산댁'이야.
◆'택'이나 '댁'이나 한자로는 '宅'이다. 표준어 '택호'는 일상에서 거의 쓰이지 않고, 사투리 '댁호'가 주로 쓰인다. "삼식이 어매 댁호가 뭐냐?"라는 식이다. 지금은 '댁호' 대신 'ㅇㅇ엄마'나 본인의 '이름'으로 불리는 경우가 많다. -오덕렬(광주) ◆택호란 혼인한 성인을 부르는 속명이다. 남자는 벼슬 이름이나 처가의 지명을 따서, 여자는 벼슬이 없으니 오직 친정의 지명을 따서 택호를 지었다. 표준어는 [태코]라고 발음하지만 전라도에서는 [대고]라고 발음한다. -이기갑(2013) ◆'댁호'는 주로 결혼한 여자를 남이 부를 때 사용하는 호칭으로 친정 지역 이름에 '댁'을 붙여서 '여수댁, 대서댁'과 같이 사용한다. 시어른이나 동네 사람들이 만들어주는데, 같은 곳에서 둘 이상의 사람이 한동네로 시집을 오면 지역명이 중복되기에 구별할 수 있도록 '여천댁, 대서리댁'처럼 변형하여 쓰기도 한다.

댄 강원 | 명사 | 뒤란
집 뒤 울타리의 안.
〔삼척〕야아! 댄에 있는 장독에 가서 고추장을 한 종지 떠 오너라. 표야아! 뒤란에 있는 장독에 가서 고추장을 한 종지 떠 오너라. 〔강릉〕친정집 댄은 양지짝이래서 참 따시잖소. 표친정집 뒤란은 양지라서 참 따뜻하잖소. 〔평창〕우리 집 뒤란에는

장 단지들과 짠지 단지들이 있었대요. 표우리 집 뒤란에는 장 단지들과 짠지 단지들이 있었대요.
◆'댄'은 이웃에게 열려 있는 공간이라기보다 닫힌 공간으로서 여러 사람의 손을 타서는 안 되는 물건을 보관하는 장소이자 정한수를 떠놓고 기도하는 가족만의 공간이라고 할 수 있다. 장독대며 벌통을 이곳에 두는 이유도 그 때문이다. -이경진(삼척)

댑대 충북 | 부사 | 도리어
예상이나 기대 또는 일반적인 생각과는 반대되거나 다르게.
〔옥천〕잘못한 사람이 댑대 큰소리치네. 표잘못한 놈이 도리어 큰소리치네.

댕가리 전남 | 명사 | 갓
쌍떡잎식물 양귀비목 겨자과의 한해살이풀.
〔신안〕길에 댕가리가 널렸다. 표길에 갓이 널렸다. 〔신안〕꼬랑에 댕가리가 있는디 겁나 실허고 좋습디. 표도랑에 갓이 있는데 아주 실하고 좋습디다.
◆갓은 여수 돌산 갓이 유명하지만 전남 고흥에서도 많이 재배하는 작물이다. 요즘에는 삭아서 알싸하고 매운 맛이 사라진 갓김치를 선호하지만 예전에는 삭지 않은 상태의 매운맛을 즐겼으며 오히려 삭으면 맛이 떨어진다고 여겼다. -김대인(순천)

댕거지 북한 | 명사 | 고추
가짓과의 한해살이풀.
〔황해〕댕거지는 작으면 작을수록 맵시다. 표고추는 작으면 작을수록 맵습니다.
◆긴 원뿔 모양으로 처음에는 초록색이나 익을수록 빨갛게 된다. 자강도와 평안도에서는 고추를 '당가지' 또는 '댕가지'라고 하고, '후추'를 '고추'라고 한다.

댕글다 전남 | 동사 | 겨누다
목표물을 향해 방향과 거리를 잡다.
〔고흥〕그놈의 새가 어치께 콩을 파싼지 나가 댕글고 있다가 돌을 막 떤졌어. 그랬더니 금매 포르르허니 날라갔다가 도로 오드랑께. 표그놈의 새가 어떻게 콩을 파대는지 내가 겨누고 있다가 돌을 막 던졌어. 그랬더니 글쎄 푸드덕하니 날아갔다가 다시 오더라니까.

댕기다 강원 | 동사 | 다니다
어떤 곳을 들르거나 드나들다.
〔춘천〕사람이 댕기는 길루 산돼지두 댕긴단다. 표사람이 다니는 길로 산돼지도 다닌단다. 〔인제〕아부지, 펜히 댕개오세유! 표아버지, 편히 다녀오세요!

댕기다 경북 | 동사 | 다니다
어떤 곳을 들르거나 드나들다.
〔영천〕여짜 제사 다 지내고 나면 외가에도 댕겨와라. 표이쪽 제사 다 지내고 나면 외가에도 다녀와라. 〔대구〕인자 방학도 끝나고 다시 학교 댕긴다. 표이제 방학도 끝나고 다시 학교 다닌다.

댕유지 제주 | 명사 | 없음
귤 비슷하되 거죽이 우툴두툴한 아주 큰 유자의 한 가지.
〔노형〕옛날엔 댕유지도 맛씨니까 먹었주. 표옛날에는 '댕유지'도 맛있으니까 먹었지. 〔애월-상가〕유자차는 댕유지로 해야 색도 깊고, 제맛이고 감기가 떨어져 나가요. 표유자차는 '댕유지'로 해야 색도 깊고, 제맛이고 감기가 떨어져 나가요.
◆'댕유지'를 '당유지' 또는 '댕유즈'라고도 한다.

더무 경남 | 명사 | 드므
넓적하게 생긴 독.

〔산청〕물 더무에 부지께이 걸치 난 거 치아라. 表
물 드무에 부지깽이 걸처놓은 거 치워라.
◆예전에는 집집마다 물을 길어다 썼는데, 길어온 물을 '더무'라는 곳에 저장해두었다. '더무'는 '부엌(정지)' 한 켠에 두고 썼는데, 초기에는 항아리 형태가 아니라 박달나무 조각을 이어붙인 둥글거나 네모난 형태였다. 나무로 만든 '더무'는 물이 새는 것을 막기 위해 찐 삼나무 껍질로 칭칭 감쌌는데, 간혹 칡넝쿨 껍질을 이용하기도 했다. −오덕수(산청)

더미구름 북한 | 명사 | 뭉게구름
뭉게뭉게 피어올라 윤곽이 확실하게 나타나는 구름.
〔북한〕산 너머 흰 더미구름이 떠가고 있었다. 表
산 너머 흰 뭉게구름이 떠가고 있었다.
◆적운은 종류에 따라 부르는 이름이 다르다. 높은 하늘에 크고 둥글둥글하게 덩어리진 구름인 고적운은 '높은더미구름', 높은 하늘에 그늘이 없이 희고 작은 구름 덩이가 촘촘히 흩어져 나타나는 구름인 권적운은 '비단더미구름', 차고 습한 대기 속을 나는 비행기의 자취를 따라 생기는 구름인 비행운은 '비행비단더미구름'이라고 한다. 주로 수직으로 길게 퍼진 구름인 수직 발달운은 '수직더미구름', 적운의 가장자리가 흐트러져 생긴 작은 구름 덩어리인 조각적운은 '쪼각더미구름', 하층운의 하나인 층적운은 '층더미구름'이라고 한다. ◆'적운'이라는 한자어를 순우리말로 다듬은 말이라고 할 수 있다.

더을ㅎ다 제주 | 동사 | 없음
큰일을 치르고 나서 심신의 고통을 당하다.
〔구좌-한동〕난 애기 난 후제 막 더을ㅎ연 배도 아프곡 옷 글아입을 때 선뜩선뜩헤낫어. 表난 아기 낳은 후에 마구 '더을해서' 배도 아프고 옷 갈아입을 때 선뜩선뜩했어.

더톼보다 전남 | 동사 | 톺아보다
샅샅이 톺아나가면서 살피다.
〔목포〕종로 5가 쪽을 더톼봐라. 눈에 띌 것이다. 表종로 5가 쪽을 톺아봐라. 눈에 띌 것이다. 〔장성〕더톼봐! 表톺아봐! 〔진도〕쩌그 물건이 마는 곳을 더톼봐라. 表저기 물건이 많은 곳을 톺아봐라.

덕수넘다 경북 | 동사 | 재주넘다
몸을 공중에 날려 위아래로 휘돌리다.
〔대구〕덕수넘더라도 간다. 表재주넘어서라도 간다.
◆'덕수넘다'는 '재주넘다'를 뜻하는 말로도 쓰이고, 어리석은 '어릿광대짓'을 뜻하는 말로도 쓰인다. −김종만(대구)

덕시기 경남 | 명사 | 멍석
짚으로 결어 네모지게 만든 큰 깔개.
〔울산〕덕시기 패애가 말라라. 表멍석 펴서 말려라. 〔하동〕우캐 넣게 덕석 페나라. 表벼를 넣게 멍석을 펴놓아라.
◆'멍석'은 마당에 깔아놓고 손님을 대접하거나 곡식을 말릴 때 사용하고, '덕석'은 추위를 피하기 위해 소의 등을 덮어줄 때 사용한다. '덕석'을 진주에서는 '삼정'이라고 한다. −김성재(고성) ◆'멍석'은 일반적으로 직사각형으로 만들지만 필요에 따라서 원형으로 만들기도 한다. 둥근 덕석을 창녕에서는 '방석'이라고 하는데 거창에서는 '고두밥방석', 산청에서는 '꼬드레방석', 함양에서는 '고도레방석'이라고 한다.

던들배기 강원 | 명사 | 둔덕
가운데가 솟아서 불룩하게 언덕이 진 곳.
〔강릉〕우리 아가 던들배기 가는 길에 돌뿌리에 채케 고배이를 깨뭇잖소. 表우리 애가 둔덕 가는 길에 돌부리에 채여 넘어져 무릎을 깨어먹었잖소. 〔강릉〕그 둔덜배기에 멋진 집이 젰데. 表그 둔덕에 멋진 집을 지었대. 〔춘천〕저 둔데기에 오

르면 왼 동네가 다 뵈어. 표저 둔덕에 오르면 온
동네가 다 보여.

덜구찧다 경북 | 동사 | 없음
달구로 집터나 땅을 단단히 다지다.
〔영덕〕어허 덜구여, 어허 덜구여, 덜구찧자!
◆"어허 덜구여, 어허 덜구여"는 집터나 땅을 단단하
게 다지는 작업을 할 때 부르는 노래의 가사다. '덜
구' 또는 '덜구돌'은 지름 약 40~50센티미터 크기
로 가운데 구멍이 있어 밧줄을 묶어 8~10명의 장정
이 가래질하듯 들어 올렸다 내려놓았다 하며 덜구질
을 한다. -권태호(영덕)

덜컹산 경남 | 명사 | 너덜겅
돌이 많이 흩어져 있는 비탈.
〔양산〕양산에 원예암 올라가는 질 옆으로 쭉 덜
컹산이야. 표양산에 원예암 올라가는 길 옆으로
쭉 너덜겅이야. 〔창원〕나무딸은 너덜가서도 잘
자란다. 표나무딸기는 너덜겅에서도 잘 자란다.
◆'너덜겅'의 '겅'은 강(江)이 아니라 돌과 관련이 있
는 말로 보인다. 실제로 창원에서 '돌담'은 돌과 흙
을 섞어서 쌓은 담이지만, '강담'은 돌로만 쌓은 담
이다. -김정대(창원) ◆덜컹산은 돌이 많기 때문에
버려진 땅으로 여겼다. 고성·하동에서는 어린아이
가 죽으면 독에 시신을 넣고 산의 '너덜겅'이 있는
곳에 가서 그 독을 묻고 돌로 덮어두었는데 이것을
'애기담부랑'이라고 한다. 함양에서는 이를 '아장'이
라고 한다. -김성재(고성)

덜퉁하다 강원 | 형용사 | 데퉁하다
말과 행동이 거칠고 미련하다.
〔고성〕가는 덜퉁하니 일을 맽기지 마라. 표그 아
이는 데퉁하니 일을 맡기지 마라. 〔인제〕넌 어째
일마다 그래 덜퉁하게 허니? 표넌 어째 일마다
그렇게 데퉁하게 하니? 〔춘천〕쟤는 일솜씨가 델

퉁허니, 꼼꼼헌 일은 맽기지 말아. 표쟤는 일솜씨
가 데퉁하니, 꼼꼼한 일은 맡기지 마.

덜퍽 전북 | 부사 | 덜퍼덕/덥석
(1)대체로 멀쩡하게 자리하던 것이 갑자
기 넘어지거나 쏟아지는 모양.
(2)왈칵 달려들어 닁큼 물거나 움켜잡는
모양.
〔전주〕떡 쪄놓은 시루를 덜퍅 엎어버렸다. 표떡
쪄놓은 시루를 덜퍼덕 엎어버렸다. 〔남원〕땅에
있다고 덤벅덤벅 잡으믄 안 된다고. 표땅에 있다
고 덥석덥석 잡으면 안 된다고.
◆전북에서는 "대체로 멀쩡하게 자리하던 것이 갑
자기 넘어지거나 쏟아지는 모양"을 나타낼 때 '덜퍅
(익산·전주)' 또는 '덤벅(남원)'이라고 한다. ◆전북
에서는 "왈칵 달려들어 닁큼 물거나 움켜잡는 모양"
을 나타낼 때 '덤벅(남원)'이라고 한다.

덤 경남 | 명사 | 없음
높이 솟은 벽 모양의 바위(암벽).
〔울산〕덤 알로 소가 있어 헤엠치기 좋다. 표'덤'
아래에 소가 있어 헤엄치기 좋다.
◆경남에서는 '바위'를 '바우/바구/방구'라고 하는
데, 접사처럼 사용할 때는 '덤'이라고 한다. 그런데
'덤'은 단순히 '바위'를 가리키는 말이 아니라 낭떠
러지 바위, 즉 암벽을 가리킨다. 누룩덤(합천군 황
매산), 무숭덤(진주시 금곡면), 부엉덤(합천군 청덕
면), 뽈쥐덤(의령군 부림면), 안지덤(진주시 문산
읍) 등 경남의 여러 지역에는 '덤'이라는 이름의 암
벽이 많다. -김승호(진주)

덤부지 전남 | 명사 | 덩어리
크게 뭉쳐서 이루어진 것.
〔고흥〕아이고, 장끄방에 놔둔 괴기덤부지를 새깨
미가 채 가부렀소. 표아이고, 장독대에 놔둔 고

깃덩어리를 고양이가 훔쳐 가버렸소.

덧정없다 경남 | 형용사 | 없음
정이 떨어질 정도로 싫은 느낌이 들다.
〔부산〕머 하는 거 보면 덧정없다 표무엇을 하는 걸 보면 '덧정없다'. 〔남해〕그러이 만정이 떨어지는 기 인자 덧정없다. 표그러니 만정이 떨어지는 것이 이제는 '덧정없다'.

덩드렁 제주 | 명사 | 없음
짚이나 대 따위를 두드릴 때 사용하는 둥글넓적한 돌.
〔애월-고내〕산듸짚 가져당 덩드렁이엔 헌 건 동글락 돌 미끈헌 거, 거에 영 놔둠서 나무로 된 이런 마께로 막 두드리민 짚이 보각헤지지. 표밭볏 짚 가져다가 '덩드렁'이라고 하는 동그랗고 미끈한 돌, 거기에 이렇게 놔두고 나무로 된 이런 방망이로 마구 두드리면 짚이 부드러워지지. 〔색달〕덩드렁마께 그걸로 막 두드렷쑤게.-강영봉(2009) 표'덩드렁' 방망이 그것으로 막 두들겼어요.
◆멍석이나 짚신 따위를 결을 때 짚을 부드럽게 하기 위해 두드리는 둥글넓적한 돌을 '덩드렁'이라고 하고, 짚을 두드리는 방망이를 '덩드렁마께'라고 한다.

덩반 북한 | 명사 | 없음
물건이나 큰 소래기를 올려놓는 곳.
〔함북〕복덩아, 덩반에 있는 소래 좀 가져오라. 표복덩아, '덩반'에 있는 소래기 좀 가져와라.

덩싹덩싹 제주 | 부사 | 덩실덩실
신이 나서 팔다리를 흥겹게 자꾸 놀리며 춤을 추는 모양.
〔색달〕덩싹덩싹 춤추난 기분 조아라. 표덩실덩실 춤추니 기분이 좋아라.

덩어리돈 북한 | 명사 | 목돈
한몫이 될 만한, 비교적 많은 돈.
〔양강〕이번에 뭉치돈 좀 벌어보기요. 표이번에 목돈 좀 벌어보자.

데까닥 북한 | 부사 | 단번에
단 한 번에.
〔황해〕데까닥 알아듣지 못하네? 표단번에 알아듣지 못하네? 〔북한〕훈장님이 데까닥 대답해주이까 얼매나 고매분지 모르겠습꾸마.-최홍일(1999) 표훈장님이 제꺼덕 대답해주시니까 얼마나 고마운지 모르겠습니다.

데나다 전남 | 동사 | 던지다
손에 든 물건을 다른 곳에 떨어지게 팔과 손목을 움직여 공중으로 내보내다.
〔진도〕쟁기질하다가 도팍이 나오면 꼬랑으로 데나부러라. 표쟁기질하다가 돌이 나오면 도랑으로 던져버려라. 〔고흥〕밥 묵다가 머이 맘에가 안 맞었등가 기양 수꾸락을 내땡개불등마. 표밥 먹다가 무엇이 마음에 안 들었는지 그냥 숟가락을 내던져버리던데.

데룩데룩 북한 | 부사 | 뒤룩뒤룩
큰 눈알을 볼썽사납게 천천히 이리저리 굴리는 모양.
〔북한〕영석이래 눈을 데룩데룩 굴리며 어쩔 줄 몰라 했디요. 표영석이가 눈을 뒤룩뒤룩 굴리며 어쩔 줄 몰라 했지요.

데무사니 북한 | 감탄사 | 없음
하려는 말이 얼른 떠오르지 않거나 거북할 때 쓰는 군말.
〔평안〕데무사니, 밥 먹언? 표'데무사니', 밥 먹었니? 〔평안〕데메사니, 호케 비싸우만요. 표'데메

사니', 엄청 비싸네요.
◆'데무사니'는 '데메사니'라고 표현하기도 한다.

데식데식하다 충남 | 동사 | 없음
먹고 싶은 마음이 없는 음식을 억지로 먹거나 하고 싶지 않은 일을 억지로 하다.
〔금산〕밥 보고 데식데식하는 게 어디 아픈가 벼. 표밥 보고 '데식데식하는' 게 어디 아픈가 봐.
〔공주〕밥상 앞에 앉으믄 밥맛이 읎두 어거지라도 먹어야 하는디 데면데면허니 숟가락도 들기 싫어. 표밥상 앞에 앉으면 밥맛이 없어도 억지로라도 먹어야 하는데 '데식데식하니' 숟가락도 들기 싫어.
◆사람을 보고도 못 본 척한다는 뜻의 '데면데면하다'라는 말이 있는데, '데식데식하다'라는 말은 사물을 대하는 상황에서 쓰는 말이다.

데와지다 제주 | 동사 | 틀어지다
마음이 언짢아 토라지다.
〔애월-하귀〕시아방이 무사 나안티만 경 데왕정 미와신지사 몰르크라. 게난 나가 펜안헤시크냐? 표시아버지가 왜 나에게만 그렇게 틀어져서 미워하셨는지 모르겠어. 그러니까 내가 편안했겠니? 〔구좌-한동〕느네 성 뭣에 부에가 낭 정 데와져시니? 표너희 형 무엇 때문에 화가 나서 저렇게 틀어졌니?
◆'데와지다'와 같은 뜻으로 '뒈와지다'가 쓰이기도 한다.

데작데작 제주 | 부사 | 닥지닥지
때나 먼지 따위가 많이 끼어 있는 모양.
〔하효〕손에 헉이 데작데작 붙어져. 표손에 흙이 닥지닥지 붙었지.
◆흙이나 자그마한 것들이 많이 붙어 있는 모양을 '데작데작' 또는 '데닥데닥'이라고 한다.

데푸다 경북 | 동사 | 데우다
식었거나 찬 것을 덥게 하다.
〔대구〕다 식은 국은 다시 데파 무라. 표다 식은 국은 다시 데워 먹어라.

덴장 전북 | 명사 | 된장
메주로 간장을 담근 뒤에 장물을 떠내고 남은 건더기.
〔무주〕애떨 집이 오면 덴장이고 꼬치장이고 다 싸 주니라 바쁘지. 표애들이 집에 오면 된장이고 고추장이고 다 싸 주느라 바쁘지. 〔군산〕개한테 물리면 덴장 바르면 낫는다. 표개한테 물리면 된장 바르면 낫는다.

도가다하다 충북 | 형용사 | 맵짜다
맵고 짜다.
〔보은〕음석이 어째 죄다 도가다하네. 표음식이 어째 죄다 맵짜네.

도가지 전북 | 명사 | 독
간장, 술, 김치 따위를 담가 두는 데 쓰는 큰 오지그릇이나 질그릇.
〔남원〕장광 큰 도가지에 가서 장 좀 퍼 와라. 표장독대 큰 독에 가서 장 좀 퍼 와라.

도개 전남 | 명사 | 논도랑
논에 물을 대거나 논바닥의 물을 빼기 위하여 논의 가장자리에 낸 작은 도랑.
〔고흥〕나락 빌라믄 도개를 쳐야 쓰겄습디다. 표벼를 베려면 논도랑을 쳐야 되겠습니다. 〔강진〕도개를 친 또랑마다 통실통실한 미꾸라지가 득실득실하다. 표논도랑을 친 도랑마다 토실토실한 미꾸라지가 득실득실하다. 〔진도〕가실거지 한 논에서 미꾸락찌를 잡을라믄 하루 전날이나 논에 가서 도개를 쳐놔야 데제. 표가을걷이 한 논

에서 미꾸라지를 잡으려면 하루 전에 논에 가서 논도랑을 처놔야 되지. 〔광주〕나락을 빌라면 먼저 개를 처야 쓴다. 표벼를 베려면 먼저 논도랑을 처야 된다.

◆'도개'는 "벼가 다 익은 논에 물을 빼기 위해서 만든 도랑"을 뜻한다. 그런데 사실 벼가 익은 논에는 물이 많지 않다. 그 물길을 '개'라 하고, 물길을 내는 일을 '도개치다' 또는 '개치다'라고 한다. −오덕렬(광주) ◆벼는 물에서 자라는 식물이기 때문에 논에는 물이 고여 있어야 하지만 벼가 익어서 수확을 하려면 고여 있는 물을 모두 빼야 한다. 이때 물이 잘 빠질 수 있도록 논가에 물고랑을 내는데 이를 "도개친다"라고 한다.

도고통 충남 | 명사 | 절구통
곡식을 빻거나 찧으며 떡을 치기도 하는 기구.

〔공주〕애야, 날모리가 말날이라 장 담궈야 할 틴디 메주 좀 도고통이다 놓구 도고땡이로 팍팍 쩌 체로 곱게 처놓거라. 표애야, 내일모레가 말일이라 장을 담가야 할 텐데 메주 좀 절구통에다 넣고 절굿공이로 팍팍 찧어서 체로 곱게 쳐놓거라. 〔서산〕약헌 사람이 심에 제운 큰일을 헐 때, 개미가 도구통을 물구 간다구 헌다. 표약한 사람이 힘에 겨운 큰일을 할 때, 개미가 절구통을 몰고 간다고 한다. 〔세종〕도구통질할 때 도구땡이를 너무 씨게 하지 마. 표절구통에 절구질할 때 절굿공이를 너무 세게 내리치지 마.

도곳대 전북 | 명사 | 절굿공이
절구에 곡식 따위를 빻거나 찧거나 할 때에 쓰는 공이. 나무, 돌, 쇠 따위로 만든다.

〔정읍〕지금은 정미소에 가서 나락을 찧어다 먹는디 그전이는 그러들 못 허고 도곳대로 찧어서 먹짢요. 표지금은 정미소에 가서 벼를 찧어다 먹

는데 그전에는 그러지 못 하고 절굿공이로 찧어서 먹었잖아요. 〔임실〕도고통은 새놈인디 도곳대는 헌놈이고나. 표절구통은 새것인데 절굿공이는 헌것이구나. 〔남원〕이 나무를 끊어 도구때 만들면 되겠다. 표이 나무를 베서 절굿공이 만들면 되겠다.

◆정읍에서는 춤을 못 추는 사람을 놀릴 때 "도곳대 춤을 춘다"라고 한다. −이갑상(정읍) ◆전라북도에서 절굿공이는 '도굿대'라 하고, 절굿공이를 사용하여 곡식을 빻거나 찧는 도구는 '도구통'이라 한다. "도구통에 찧야 제맛이지"와 같이 사용한다.

도근하다 제주 | 형용사 | 차분하다
행동거지가 어른스럽고 무겁다.

〔구좌-한동〕나가 식이 너인디 혼배서 나왓주만은 다 성질이 탄난다. 아메도 큰아딜이 큰아딜이라, 도근헌 게 나 가인신디 무시거 답도리 혼번 허여보지 안허연. 표내가 자식이 넷인데 한배에서 나왔지만 다 성질이 달라. 아무래도 큰아들이 큰아들이라, 차분한 것이 내가 개한테 무슨 잡도리 한번 해보지 않았어.

도깝다리 충북 | 명사 | 없음
비가 오거나 물이 늘어날 때는 물에 잠겨 보이지 않다가 가뭄이 들거나 물이 줄 때는 드러나는 돌다리.

〔단양〕도깝다리 우에 논배미부텀 하구 그 알루 야즈리 해야지. 표'도깝다리' 위에 논배미부터 하고 그 아래로 차례로 해야지.

◆보였다 안 보였다 하는 현상을 도깨비 장난에 비유해 '도까비다리'라고 하다가 줄어서 '도깝다리'가 된 듯하다. 지금은 하천 정비로 인해 거의 사라졌다.

도꾸바탕 충북 | 명사 | 모탕
나무를 패거나 자를 때에 받쳐놓는 나무

토막.

〔제천〕나무럴 도꾸바탕에 잘 놓구 패야지. 안 그라믄 이리저리 막 튀구 그랴. 표나무를 모탕에 잘 놓고 패야지. 안 그러면 이리저리 막 튀고 그래.

도대 전남 | 명사 | 돼지

멧돼짓과의 포유류.

〔장흥〕도대야, 도대, 도대! 밥 겁나 맛있다, 싸게 묵어라. 표돼지야, 돼지, 돼지! 밥 정말 맛있다, 빨리 먹어라.

◆'도대'는 돼지를 뜻하는 '돝'에 접사 '애'가 결합한 말로 보인다.

도랫술 충남 | 명사 | 제주

제사에 쓰는 술.

〔보령〕제사 지내는 술을 도랫술이라 했다.-강정희(2012ㄱ)

◆'도랫술'은 제사 지내는 용도로 쓰는 술의 이름이고, '도갓술'은 술 도매집에서 파는 술의 이름이다. 서산에서는 소주를 '맑은술'이라고 하고 도라지로 담근 술을 '돌가지술'이라고 한다. '짚까리술'은 술독을 짚으로 싸서 발효시킨 술이다.

도랭이 충남 | 명사 | 도롱이

짚, 띠 따위로 엮어 허리나 어깨에 걸쳐 두르는 비옷.

〔서산〕대나무 삿갓에 도랭이럴 걸치구 모를 심넌다. 표대나무 삿갓에 도롱이를 걸치고 모를 심는다.

◆'도랭이'는 충남뿐 아니라 충북, 경기, 전남, 경남 지역에서도 쓴다. 조선 시대 농부들이 비가 올 때 옷이 비에 젖지 않게 어깨에 걸쳐 둘렀다. 머리에는 삿갓을 쓰고 바지는 아랫단이 젖을 일 없는 잠방이를 입고 비 오는 날에도 농사일을 놓지 않았다.

도레기 제주 | 명사 | 팽이

둥글고 짧은 나무의 한쪽 끝을 뾰족하게 깎아서 쇠구슬 따위의 심을 박아 만든 아이들의 장난감.

〔조천-선흘〕도레길 낭으로 멘드는디 걸 잘 가까사 도레기가 잘 돌아가. 표팽이를 나무로 만드는데 그것을 잘 깎아야 팽이가 잘 돌아가. 〔구좌-한동〕아무 낭이라도 동고락허게 멘들락허게 가깡, 알은 쪼라들고 우이는 넙게 가끄고, 저 낭께기 흐나친 돌 아근에 저 도레기에 뱅뱅 몰앙영 돌령 톡톡 치는 거라. 표아무 나무라도 동그랗게 매끈하게 깎아서, 아래는 빨고 위는 넓게 깎고, 저 나뭇개비 하나에 끈 달아매서 저 팽이에 뱅뱅 말아서 이렇게 돌려서 톡톡 치는 거야.

◆'팽이'를 제주에서는 '도레기/방돌레기'라고도 하고 '펭도로기'라고도 한다. 팽이치기는 팽이채로 팽이를 돌리거나, 줄로 감았다가 던지며 줄을 잡아당기며 팽이를 돌게 하는 놀이다. 여럿이 팽이치기할 때는 팽이끼리 부딪치게 해서 싸움을 붙이기도 하는데, 팽이가 쓰러지면 지게 된다. 팽이채는 헝겊이나 '신사라'라는 뉴질랜드삼으로 만든다.

도로지 충북 | 명사 | 없음

소나 돼지를 잡은 날 마을 사람들과 나눠 먹는 것.

〔영동〕명절 돌아오믄 여럿이 어울려서 돼지를 갖다가 도로지를 하구 그랬어. 표명절 돌아오면 여럿이 어울려서 돼지를 갖다가 '도로지'를 하고 그랬어.

◆명절 무렵 마을 사람들끼리 돈을 모아 가축을 사서 직접 잡아 분량만큼 고기를 나누는데, 내장은 마을 어른들의 몫으로 드렸다. - 김병구(충주)

도롱태 전북 | 명사 | 굴렁쇠

어린아이 장난감의 하나. 쇠붙이나 대나

무 따위로 만든 둥근 테로서, 굴렁대로 굴리며 논다.

〔임실〕수대 받침이 도롱태로 안성마침이었디. 表 양동이 밑받침이 굴렁쇠로 안성맞춤이었다. 〔부안〕자전거 바퀴를 싹 빼갖고 도롱태를 맨들어서 몰고 댕김서 놀았지. 表자전거 바퀴를 싹 빼내고 굴렁쇠를 만들어서 몰고 다니면서 놀았지. 〔군산〕통글폐는 자전거 헌 바퀴가 최상이다. 表굴렁쇠는 자전거 헌 바퀴가 최상이다.

◆임실에서 '도롱태'는 '굴렁쇠'를 뜻하기도 하고, 어린아이를 태운 채 끌고 다니는 '끌개'를 뜻하기도 한다. '끌개'는 나무로 바퀴를 만들어 두 개의 축에 끼우고 그 위에 판자를 올려 끈으로 끌고 다닐 수 있도록 만들었다. -최병선(임실)

도루래 경기 | 명사 | 도리깨
곡식의 낟알을 떠는 데 쓰는 농구.

〔파주〕콩 타작을 할 때는 광에서 도루래를 가져다 썼어. 表콩 타작을 할 때는 광에서 도리깨를 가져다 썼어.

◆작대기나 대나무 끝에 꼭지를 박고 꼭지 끝에 휘추리 서너 개를 잡아맨 형태이다. 따라서 자루를 흔들면 돌아가게 된다. 휘추리는 단단한 나뭇가지를 쓴다. 도리깨의 구성은 꼭지, 아들(휘추리), 장부(손잡이), 치마(휘추리를 잡아맨 끈) 등으로 되어 있다.

도루래미 경기 | 명사 | 바람개비
어린이 장난감의 하나. 빳빳한 종이 또는 색종이를 여러 갈래로 자르고 그 귀를 구부려 한데 모은 곳에 철사 따위를 꿰어 가늘고 길쭉한 막대에 붙여서 바람이 불면 빙빙 돌게 만든다.

〔파주〕우리 큰아이가 바람 부는 날엔 도루래미 가지고 놀구 그랬어요. 表우리 큰아이가 바람 부는 날에는 바람개비 가지고 놀고 그랬어요. 〔이

천〕팔랑개비가 바람에 팔랑팔랑 잘도 돕니다. 表바람개비가 바람에 팔랑팔랑 잘도 돕니다.

◆바람개비를 뜻하는 '도루래미'는 뱅뱅 돌아서 다시 제자리로 돌아온다는 뜻으로 붙인 이름인 듯하다. '성냥개비, 장작개비'에도 쓰이는 '개비'는 토막의 낱개를 뜻하는데 바람개비 모양에서 한 갈래씩 접힌 단위를 개비로 본 듯하다. '도루래미'의 '래미'는 '라미'의 사투리형으로 보이는데 '오무래미(이가 다 빠진 입으로 늘 오물거리는 늙은이를 낮잡아 이르는 말)'의 '래미'와 어원이 같은 게 아닐까 추정할 뿐이다.

도루메기 강원 | 명사 | 도루묵
도루묵과의 바닷물고기.

〔속초〕저는 항상 도루메기 조림을 시킵니다. 表저는 항상 도루묵 조림을 시킵니다. 〔속초〕도루메기 들고 집으로 가래요. 表도루묵 들고 집으로 가요. 〔삼척〕요즘 도로메기 한 두름에 얼매 하와? 表요즘 도루묵 한 두름에 얼마 하오?

◆도루묵은 원래 '목어(木魚)'라는 이름의 물고기로 항간에서는 '묵'이라고 불렸다. '도루묵'이라는 이름을 얻은 것은 조선 선조 임금과 관련이 있다고도 하고 인조와 관련 있다고도 하는데, 전자에 더 믿음이 간다. 세조가 조카인 단종을 폐위시키고 왕권을 강화하는 과정에서 많은 사람들이 죽임을 당했다. 그 후 세조는 피부병으로 고생하면서 전국의 명산대찰을 찾아 죽은 이들의 영혼을 달랬다고 한다. 오대산 상원사에 오랫동안 머물렀는데 사찰 음식이 변변치 못했다. 이에 강릉에 사는 한 어부가 소문을 듣고 싱싱한 도루묵을 지고 대관령을 넘어 상원사를 찾아가 바쳤다. 세조가 처음 보는 물고기를 먹어보고 맛이 좋아서 무엇이냐고 물었더니 어부가 '묵'이라고 했다. 세조는 맛이 좋은 고기이니 '은어(銀魚)'라고 하라고 이름을 지어주었다. 그 후 궁궐로 돌아간 세조는 상원사에서 맛있게 먹은 물고기 생각이 나서 가져오라 하여 먹어봤더니 맛이 없어서 "에이, 맛이 없

으니 도로 '묵'이라고 해라" 했다고 한다. 강릉에서 서울까지의 먼 길에 냉동 시설도 없었으니 상한 것을 먹었을 가능성도 있다. 1970년대까지 동해안에서는 '배고픈 고양이나 개도 먹지 않는 고기'라고 할 만큼 도루묵이 많이 잡혔다. 해마다 겨울철이면 산란을 위해 수초가 많은 동해안으로 몰려와서 많이 잡힌다. 이 무렵이면 동해안의 고성·속초·양양·강릉 지역에서 '도루묵 축제'가 열리기도 한다. –유연선(춘천)

도르멍 제주 | 부사 | 빨리
걸리는 시간이 짧게.
〔애월-상가〕혼자 제게 도르멍 옵써게. 표어서 제게 빨리 오세요.

도리개장추 경기 | 명사 | 도리깻장부
도리깨의 자루로 쓰는 긴 막대기.
〔연천〕애들 손목 굵기 정도로 길게 자루를 하는데 그게 도리개장추야. 표애들 손목 굵기 정도로 길게 자루를 하는데 그게 도리깻장부야.

도리깨장군 경기 | 명사 | 도리깻열
도리깨의 한 부분. 곧고 가느다란 나뭇가지 두세 개로 만들며, 이 부분을 위아래로 돌리어 곡식을 두드려 낟알을 떤다.
〔파주〕도리깨질할 때 콩이나 곡식 때리는 가는 나무가 도리깨장군이야. 표타작할 때 콩이나 곡식 때리는 거는 나무가 도리깻열이야.

도리깨후치 북한 | 명사 | 극젱이
땅을 가는 데 쓰는 농기구.
〔양강〕할아버지는 콩농사가 끝나면 마지막에 도리깨후치를 쓰시디요.-채훈영(2000) 표할아버지는 콩농사가 끝나고 마지막에 극젱이를 쓰시지요. 〔함북〕오늘 콩 털어야 하니까 앞집 가서 도

리깨 두 개 빌려 와. 표오늘 콩 털어야 하니까 앞집 가서 극젱이 두 개 빌려 와.
◆'쟁기'는 논밭의 땅을 갈아엎는 데 필요한 농기구이다. 주로 소를 이용해 끌었는데, 남한에서는 크기가 큰 것을 '쟁기'라 하고, 크기가 작은 것을 '극젱이' 또는 '후치'라고 하였다. 그런데 북한에서 '쟁기'는 모든 '농기구'를 통틀어 이르는 말이고, 쟁기를 가리켜 '보습'이라고 한다. 함경도에서는 큰 보습을 '대통'이라고 하고, 중간 크기의 보습을 '중통', 작은 보습을 '소통'이라고 한다. 일반적으로 평안북도와 함경남도에서는 크기가 작은 쟁기를 '후치'라 한다.
◆평안북도에서 태어난 김소월은 〈바라건대는 우리에게 우리의 보습 대일 땅이 있었더면〉이라는 제목의 시에서 '보습'이라는 말을 썼다. 김소월이 말하는 '보습'이란 무엇일까? 남한에서 '보습'은 "쟁기나 극젱이, 가래 따위 농기구의 술바닥에 끼우는 넓적한 삽 모양의 쇳조각"을 가리키는 말이다. 즉 쟁기의 부속인 셈이다. 이와 달리 북한에서 '보습'은 '쟁기' 그 자체를 가리키는 말이다.

도리뱅뱅이 충남 | 명사 | 없음
피라미 따위의 민물고기를 둥글게 둘러 부쳐 먹는 음식을 일컫는 말.
〔예산〕도리뱅뱅이는유, 피래미 잡아다 후라이팬에다 빙 깔아유. 그리구 양념을 죽 둘러서 기름에 지져 먹는 거유. 표'도리뱅뱅이'는요, 피라미 잡아다 프라이팬에다 빙 둘러 깔아요. 그리고 양념을 죽 둘러서 기름에 지져 먹는 거예요.
◆충남뿐만 아니라 충북 제천과 진천에서도 빙어나 피라미를 빙 둘러놓고 조려 먹는다. '도리뱅뱅이'는 물고기를 빙 둘러놓은 모습을 표현한 말이다.

도마도고추 북한 | 명사 | 피망
가짓과의 한해살이풀인 피망을 이르는 말.
〔함경〕도마도고추는 맵지 않아서 장에다 찍어

198

먹었슴다. 표피망은 맵지 않아서 장에다 찍어 먹었습니다.

◆북한에서도 작은 텃밭에 자급자족할 수 있는 농작물을 짓는 일은 허용된다.

도마도즙 국수볶음 북한 | 명사 | 토마토 스파게티
삶은 스파게티 면을 토마토소스에 버무린 이탈리아식 국수 요리.
〔평안〕도마도즙 국수볶음은 별로 맛이 없습다. 표토마토 스파게티는 별로 맛이 없습니다.

도방구리 충북 | 명사 | 반짇고리
바늘, 실, 골무, 헝겊 따위의 바느질 도구를 담는 그릇.
〔청원〕도방구리는 대개 싸리까지루 요롷게 쪼만하게 맨들어서 써. 표반짇고리는 대개 싸릿가지로 요렇게 조그마하게 만들어서 써.
◆'도방구리'는 강원도와 전라도에서 '도시락'을 뜻하는 말로 쓰지만, 충북에서는 '반짇고리'를 뜻하는 말로 쓴다.

도분나다 경북 | 동사 | 화나다
몹시 노엽거나 언짢은 기분이 일다.
〔포항〕도분 나서 죽겠다. 표화가 나서 죽겠다.

도삽 북한 | 명사 | 거짓말
사실이 아닌 것을 사실인 것처럼 꾸며 대어 말을 함. 또는 그런 말.
〔양강〕도삽 쓰지 말라. 표거짓말 하지 마라. 〔평북〕내래 겁소리를 해서 뭘 하갔소! 표내가 거짓말을 해서 뭘 하겠어요?
◆함경남도에서는 '거짓말'을 '얼리뿌데기' 또는 '얼리뿌재이'라고 하는데, '얼리다'라는 말은 "상대를 그럴듯한 방법으로 구슬리다"를 뜻하고, '얼림' 또는

'얼림수'는 "상대를 속여넘기는 행위"를 뜻한다. 북한에서는 습관적으로 거짓말을 하거나 허풍이 심한 사람을 '대포'에 빗대어 '대포쟁이' 또는 '꽝포쟁이'라고 한다. '꽝포'는 소리만 요란한 엉터리 대포를 뜻하는 말로 흔히 "꽝포를 놓다"라고 쓴다.

도새기 제주 | 명사 | 돼지
멧돼지과의 포유류.
〔남원〕옛날에 도새기 질루민, 돗걸름도 혜야 뒈고 힘들었지. 표옛날에 돼지 기르면, 돼지거름도 해야 되고 힘들었지. 〔애월-상가〕도새기 폴앙 월납금 주마. 표돼지 팔아서 월납금 주마.
◆본래 돼지는 '돝(돼지)'에 '아지(새끼)'가 결합한 말이다. '도새기' 역시 돼지와 새끼가 결합하여 생긴 말인데, 시간이 흘러 의미가 확장되어 돼지를 가리키는 말로 쓰이고 있다.

도슬배 충북 | 명사 | 다슬기
다슬깃과의 연체동물.
〔보은〕즘심 때, 도슬배 눟구 국 끓였는데 먹을껴? 표점심 때, 다슬기 넣고 국 끓였는데 먹을 거야? 〔보은〕우리 집 앞에 또랑에두 올갱이 많어. 표우리 집 앞 개울에도 다슬기 많아.

도시다 전남 | 동사 | 까불다
가볍고 조심성 없이 함부로 행동하다.
〔고흥〕어딜 그렇게 도시고 다니냐? 표어딜 그렇게 까불고 다니냐? 〔고흥〕가만히 앉아 있지, 어딜 그렇게 꺼덜베기고 다니냐? 표가만히 앉아 있지, 어딜 그렇게 까불고 다니냐?
◆'도시다'는 까불면서 노는 모습이 아주 건방질 때 부정적인 의미로 쓰는 말이다. "니는 느가부지 말은 안 듣고 어디를 도시고 돌아댕이냐?(너는 너의 아버지 말은 안 듣고 어디를 까불고 돌아다니냐?)"라는 식이다. 전남 구례에서는 못된 짓을 하고 돌아다니

는 행위를 일러 '도삽시럽다'고 한다.

도시르다 충남 | 동사 | 없음
(1)주변에 있는 사람이나 사물을 잘 챙기다.
(2)가지런하지 않을 것을 가지런하게 정돈하다.
〔당진〕동생들을 잘 도실러서 데리구 가. 囲동생들을 잘 '도실러서' 데리고 가. 〔당진〕방에 널린 물건들을 도실러서 가방에 담아벼. 囲방에 널린 물건들을 '도실러서' 가방에 담아봐. 〔서산〕꺼벙헌 머리를 가지런허게 도시르다. 囲꺼벙한 머리를 가지런하게 '도시르다'.
◆'도시르다'는 뭉툭해진 것을 날카롭게 다듬는 것을 뜻하는 말로도 쓰인다.

도웁다 경기 | 동사 | 돕다
남이 하는 일이 잘되도록 거들거나 힘을 보태다.
〔포천〕사람이 참 좋아서 항시 주변 사람들을 많이 도웁고 살았지. 囲사람이 참 좋아서 항상 주변 사람들을 많이 돕고 살았지.

도죽 경남 | 명사 | 없음
제사상에 차리는 으뜸 제물.
〔통영〕도죽에는 바다돔이 젤다. 囲'도죽'에는 참돔이 제일이다.
◆지역에 따라 제사상에 올리는 음식이 달라지는데, 그중에서도 으뜸으로 치는 음식을 '도적(都炙)'이라고 한다. 바다를 끼고 있는 창원에서는 '참돔'과 같은 어적을 올리는데, 내륙 지역에서는 '소고기'와 같은 육적을 올린다. 흔히 제사를 지낼 때 초헌을 하고 난 뒤에 젓가락을 제상에 세 번 치고 제일 먼저 '도적'에 젓가락을 올려놓는 풍습이 있다. -김성재(고성)

도치 충남 | 명사 | 도끼
나무를 찍거나 패는 연장의 하나.
〔서산〕스산에선 도치루 장적을 잘 패면 뱀민도로 처가살이 가라구 했다. 囲서산에서는 도끼로 장작을 잘 패면 안면도로 처가살이 가라고 했다. 〔공주〕저 앞 닷 마지기 논빼미 논두렁이 무너저 앞산에 가서 말뚝을 몇 개 벼가지고 오야 허것는디 도치가 날이 무려서 잘 들을라나 모르것네. 囲저 앞 다섯 마지기 논이 논두렁이 무너져서 앞산에 가서 말뚝을 몇 개 베어가지고 와야 하겠는데 도끼가 날이 무더서 잘 들을라나 모르겠네. 〔태안〕그늠우 두치를 워따 내비렸나. 쓸라면 옹뵈들 않어. 囲그놈의 도끼를 어디에다 내버렸나. 쓰려면 영 뵈지를 않아.
◆옛날에 안면도에는 소나무가 많아 궁궐을 짓는 데 목재로 쓰거나 장작을 만들어 다른 지방으로 팔려 나갔다. -장경윤(서산) ◆'자구'는 한손으로 쓸 수 있을 정도로 작은 도끼를 뜻한다. -권선옥(논산)

도치비 전남 | 명사 | 도깨비
동물이나 사람의 형상을 한 잡된 귀신의 하나.
〔함평〕니, 일고 자꾸 괴싸믄 도치비가 잡으로 온다잉. 囲너, 이렇게 자꾸 칭얼대면 도깨비가 잡으러 온다. 〔강진〕강진 작천 깐치내재를 넘는 사람들은 밤마다 도채비와 씨름을 했다. 囲강진 작천 까치내재를 넘는 사람들은 밤마다 도깨비와 씨름을 했다. 〔광주〕몽당 빗쩌락, 타다 남은 부지땅 같은 것에 사람의 피가 묻으면 도채비가 되어서 날이 꾸무럭하면 그것들이 공동묘지에서 여기저기서 번쩍거리며 놀아야. 囲몽당 빗자루, 타다 남은 부지깽이 같은 것에 사람의 피가 묻으면 도깨비가 되어서 날이 흐리면 그것들이 공동묘지에서 여기저기서 번쩍거리며 놀아.
◆전라남도 장성에서는 '욕심쟁이'를 '도치비'라고

한다. -조선희(장성)

도톰바리 전남 | 명사 | 도투마리
베를 짜기 위해 날실을 감아놓은 틀.
〔고흥〕젊어서는 밤인지 낮인지도 몰르고 일을 했네. 낮에는 밭에서 지심 매고, 불 여서 저녁밥 포르르허니 지 묵고 또 밤에는 베를 짠디 을마나 된지 한번은 자울다가 도톰바리에 대그빡을 탁 찍어부렀어. 표젊어서는 밤인지 낮인지도 모르고 일을 했네. 낮에는 밭에서 잡초 뽑고, 불 때서 저녁밥을 재빨리 지어 먹고 또 밤에는 베를 짜는데 얼마나 힘든지 한번은 졸다가 도투마리에 머리를 탁 찧어버렸어.

도투다 강원 | 동사 | 다투다
의견이나 이해의 대립으로 서로 따지며 싸우다.
〔강릉〕어재께 우리가 왜서 도투구 그 난개르 청가. 표어저께 우리가 왜 다투고 그 난리를 쳤나. 〔강릉〕이웃에 살아도 말 한마디 도투막질하는 건 읎싸. 표이웃에 살아도 말 한마디 다툼질하는 것이 없어.
◆강릉에서는 '도투다'의 명사형으로 '도투막질'이라는 말을 쓴다. 의견이나 이해의 대립으로 서로 따지며 싸우는 것을 의미하는 말이다.

도팍기 전남 | 명사 | 방게
바위겟과의 하나.
〔진도〕도팍기를 많이도 잡았소. 표방게를 많이도 잡았소.

독다무락 전남 | 명사 | 돌담
(1)돌로 쌓은 담.
(2)돌을 작은 아이의 무덤처럼 쌓아놓는 곳. 또는 아기의 무덤.

〔광주〕독다무락이 다 허무러져서 아무라도 들어 댕긴께 새로 고칠라고 허요. 표돌담이 다 허물어져서 아무라도 들어와 다니니까 새로 고치려고 해요. 〔진도〕저기 공동묘지에 가바봐. 독담이 얼마나 많다고. 표저기 공동묘지에 가봐. 아기 무덤이 얼마나 많다고.
◆전남 고흥에서는 돌무덤을 '독다말'이라고도 하고, 진도에서는 '독다물' 또는 '독담물'이라고 한다.
◆'독'은 '돌'의 전남 사투리이며, '다무락'은 '담'의 전남 사투리이다.

독수배기 충북 | 명사 | 앞구르기
몸을 앞으로 구르는 동작.
〔괴산〕독수배기럴 획획 도는 기 재주가 참 좋아. 표앞구르기를 획획 도는 것이 재주가 참 좋아.
◆'독수배기'는 주로 어린아이들이 하는 놀이로, 앞구르기를 누가 더 많이 하는가를 두고 겨루기도 했다.

독작 전북 | 명사 | 돌
흙 따위가 굳어서 된 광물질의 단단한 덩어리. 바위보다는 작고 모래보다는 큰 것을 이른다.
〔임실〕이 길에는 독작이 많네. 표이 길에는 돌이 많네. 〔정읍〕독작 좀 치우고 하자. 표돌 좀 치우고 하자.

돈내이 경남 | 명사 | 돌나물
돌나물과의 여러해살이풀.
〔진주〕옛날에는 돈내이 짐치 담가 묵고 그랬지. 표옛날에는 돌나물 김치 담가 먹고 그랬지. 〔하동〕오뉴월이모 돈나물이 천지삐까리다. 표오뉴월이면 돌나물이 아주 많다.

돈다 제주 | 형용사 | 달다
꿀이나 설탕의 맛과 같다.

201

〔중문〕돈 출레덜 시난에 더 기루와. 표달콤한 반찬들 있으니까 더 먹고 싶어. 〔노형〕풋죽이 보기에도 돌암직허다. 표팥죽이 보기에도 달아 보인다.
◆ 제주에서는 '먹고 싶다'를 '기렵다/기룹다' 또는 '그렵다/그립다'라고 한다.

돈구다 강원 | 동사 | 돋우다
위로 끌어 올려 도드라지거나 높아지게 하다.
〔평창〕밭이랑을 마이 돈구래요. 표밭이랑을 많이 돋우래요. 〔인제〕야가 옆에서 화를 돈구구 있구만. 표애가 옆에서 화를 돋우고 있구먼. 〔춘천〕쓰러지지 않게 흙을 돈궈서 북을 줘봐. 표쓰러지지 않게 흙을 돋우어서 북을 줘봐. 〔삼척〕집터가 낮아 좀 돈궈야겠구나. 표집터가 낮아 좀 돋워야겠구나.

돈구다 충북 | 동사 | 돋우다
감정이나 기색 따위를 생겨나게 하다.
〔옥천〕그 냥반 승질 줌 돈구덜 말구 조용이 혀. 표그 양반 성질 좀 돋우지 말고 조용히 해.

돌가지 경남 | 명사 | 도라지
초롱꽃과의 여러해살이풀.
〔거제〕오래 묵은 돌가지는 인삼보다 낫다. 표오래 묵은 도라지는 인삼보다 낫다. 〔하동〕제사상에는 돌가지너물도 올린다. 표제사상에는 도라지나물도 올린다. 〔창원〕돌가지 밭 매는 것도 이 사일이 아이다. 표도라지 밭 매는 것도 예삿일이 아니다.
◆ 도라지는 원래 야생이었다. 창원 지역의 경우, 1960년대 후반부터 야생 도라지 씨를 받아 밭에 재배하기 시작하였다. 재배하는 도라지 밭둑은 못자리처럼 높지 않고 넓은 것이 특징이었다. 3월 하순 초봄에 씨를 뿌린 뒤 그 위로 검불을 덮어두었다. 어린

싹을 햇볕으로부터 보호하여 무사히 자라게 하기 위한 조처였다. 밴 데를 솎아 다른 밭둑으로 옮겨심기도 하였다. 2~3년이 지나면 도라지 뿌리 생산을 시작한다. 직접 캐어 흙이 묻은 채로 시장에 내어놓기도 하고, 물에 씻어 껍질을 벗긴 뒤 일일이 뿌리를 째어서 시장에 내어놓기도 한다. 후자의 일은 참으로 많은 손이 가는 작업이었다. 일손이 부족하면 '입도선매'하듯이, 밭골 전체를 전담 상인에게 넘기기도 했다. -김정대(창원)

돌가지노물 전남 | 명사 | 도라지나물
생도라지나 마른 도라지를 물에 우려 잘게 찢고 쇠고기와 섞은 뒤에 간장이나 소금으로 간하고 갖은 양념을 넣어 주물러서 볶은 나물.
〔고흥〕돌가지노물에따가 맛나게 점심을 묵었소. 표도라지나물에다가 맛있게 점심을 먹었소.

돌금돌금 놓다 전남 | 동사 | 없음
(1)빙 둘러 놓다.
(2)시루떡을 만들 때에 쌀가루와 고물 등속을 시루에 빙 둘러서 뿌리는 것.
(3)풀과 합수를 섞어 두엄을 만들 때에 풀을 놓고 그 위에 빙 둘러서 합수를 뿌리는 것.
〔고흥〕쌀가리 잔 뽀식아다가 돌금돌금 놔서 무시떡 잔 해 묵읍시다. 표쌀가루 좀 빻아다가 '돌금돌금 놔서' 무떡 좀 해 먹읍시다. 〔진도〕시리떡 두 돌금할라믄 쌀 두 되는 담가야 데것써라. 표시루떡 '두돌금하려면' 쌀 두 되는 담가야 되겠어요.
◆ '돌금돌금'은 삥 '돌면서' 라는 의미를 가진 말로 보인다. 일부 지역에서는 '두금두금'이라고 한다.

돌까리 경남 | 명사 | 시멘트
토목, 건축 재료로 쓰는 접합제. 진흙이

섞인 석회석에 소량의 석고를 넣어서 가루로 만든 것.

〔창녕〕돌까리 이갠다고 물 좀 도라 칸다. 표시멘트 이긴다고 물 좀 달라고 한다. 〔부산〕그 돌까리 푸대 이리 도고. 표그 시멘트 포대 이리 다오.

◆ 예전에 '돌까리 조오(시멘트 종이)'는 아이들이 연을 만들 때도 사용했지만, 장판지의 역할도 했다. 그런가 하면 막대 아이스크림 장수가 통을 메고 마을을 돌아다니며 장사를 하던 시절에 '돌까리 푸대'를 가져가면 막대 아이스크림을 바꾸어주기도 했다.

돌댕기 북한 | 명사 | 돌멩이

돌덩이보다 작은 돌.

〔함북〕어릴 때 민족 경기보다는 돌댕기 치기 놀이를 많이 했시오. 표어릴 때 민속 경기보다는 돌멩이 치기 놀이를 많이 했습니다.

돌라묵다 전북 | 동사 | 알겨먹다

남의 재물 따위를 좀스러운 말과 행위로 꾀어 빼앗아 가지다.

〔군산〕서울에 가면 돌라묵는 놈들이 많으니 장신 바짝 차려야 한다. 표서울에 가면 알겨먹는 놈들이 많으니 정신 바짝 차려야 한다. 〔남원〕친구 돈을 돌라먹고도 잘사는지 보자. 표친구 돈을 알겨먹고도 잘사는지 보자. 〔임실〕취직시켜준다고 돈 받아 간 넘이 겔국은 우리를 돌라먹은 거여. 표취직시켜준다고 돈 받아 간 놈이 결국은 우리를 알겨먹은 거야.

◆ 전북 사투리 '돌라묵다'는 '속이다'보다 더 센 의미를 띤다.

돌량 충남 | 명사 | 돌림병

어떤 지역에 널리 퍼져 여러 사람이 잇따라 돌아가며 옮아 앓는 병.

〔서산〕직끔 코로나19년 세계적인 돌량이다. 표지금 코로나19는 세계적인 돌림병이다.

돌르다 제주 | 동사 | 도리다

빙 돌려서 떼내다.

〔한경-신창〕그 공출헐 땐 밧어쟁이 다 허민 펭수 널렁 공출 하영 바치랜 허카 부텐 밧 돌르멍 실 경지만 올려낫주게. 표그 공출할 때는 밭섶 다 하면 평수 넓어서 공출 많이 바치라고 할까 봐 밭을 잘라서 실 경지만 올렸었지. 〔구좌-한동〕도리버즘은 요걸 영 맞 창이 거 나무에 가서 돌라 불면 거 신기허게 좋아낫저. 표(나무에 생긴) 진버즘은 요걸 이렇게 맞춰서 나무에 가서 도려내버리면 신기하게 좋아졌어.

돌리먹다 경북 | 동사 | 속이다

거짓이나 꾀에 넘어가게 하다.

〔대구〕있는 놈들이 없는 놈들 돌리먹는 세상 아잉교. 표있는 놈들이 없는 놈들 속이는 세상 아닙니까.

돌방하다 경북 | 형용사 | 둥그스름하다

모양이 모난 데 없이 둥글다.

〔대구〕얼굴이 돌방하이 잘생깄다. 표얼굴이 둥그스름하니 잘생겼다.

◆ '돌방하다'는 둥그스름한 모양을 나타내는 말이다. 어감에 따라 '돌방하다', '똘방하다', '둘벙하다', '뚤벙하다' 등 미묘한 차이를 나타내는 변이 형태가 다양하다.

돌베끼 충남 | 명사 | 돌잔치

첫돌이 되는 날에 베푸는 잔치.

〔서산〕돌베끼 허넌디 돌쟁이 오래 살라구 실타레를 사가꾸 갔다. 표돌잔치 하는데 돌쟁이 오래 살라고 실타래를 사가지고 갔다.

돌삼치 강원 | 명사 | 게르치

게르칫과의 바닷물고기. 몸의 길이는 50
센티미터 정도로 가늘고 길며 검은 자주
색이다.

〔양양〕돌삼치가 요새 많이 잡힌다드라. 표게르치
가 요새 많이 잡힌다더라.

돌찌이 경북 | 명사 | 돌나물

돌나물과의 여러해살이풀.

〔대구〕돌찌이 뜯어서 무쳐 먹자. 표돌나물 뜯어
서 무쳐 먹자.

◆봄의 전령사인 돌나물은 봄이 무르익을 때면 마당
가새, 또랑 가새, 축담 가새로 불길같이 번진다. 전
국 어디서나 자생하며, 주로 양지바른 돌 사이에 잘
자란다고 돌나물이라는 이름이 붙었다. 물김치와 겉
절이, 나물무침 등을 해서 먹는 어린 줄기와 잎은 칼
슘이 풍부하다고 한다. -상희구(대구)

돌팍 경남 | 명사 | 돌덩이

바위보다 작은 돌.

〔밀양〕밭에 돌팍이 억수로 많다. 표밭에 돌덩이
가 굉장히 많다. 〔하동〕까재를 돌팍 우에 올려 꾸
우 묵어바라. 표가재를 돌덩이 위에 올려 구워
먹어봐라.

◆경남에서는 돌멩이를 '돌미이'라고도 하고 '돌삐
이'라고도 한다. '돌'은 크기에 따라 이름이 다른데,
밀양에서는 작은 돌을 '돌삥'이라고 하고, 큰 돌을
'바우' 또는 '방구'라고 한다. '돌팍'은 바위보다는 작
고 돌멩이보다는 크고 넓은 것을 가리키는 말이다.
-김승호(진주)

돌팍 전북 | 명사 | 돌덩이/돌멩이

(1)바위보다 작은 돌.
(2)돌덩이보다 작은 돌.

〔남원〕식구들이 모두 요천으로 가 돌팍을 떠들
고 물꾀기를 잡고 놀았다. 표식구들이 모두 요천
으로 가서 돌덩이를 떠들고 물고기를 잡고 놀았
다. 〔정읍〕길가터에 독자갈이 시글시글허다. 표
길가에 돌멩이가 '시글시글하다'.

◆'돌팍'은 '돌덩이'를 뜻하는 말로도 쓰이고, '돌멩
이'를 뜻하는 말로도 쓰인다. '멩이'는 원래의 것보
다 더 작은 것을 나타낼 때 쓰는 말이다. ◆표준어
'시글시글하다'는 "사람이나 짐승 따위가 많이 모여
우글우글 들끓어 시끄럽다"를 뜻하는 말인데, 전남
사투리 '시글시글하다'는 "물건이 사방에 깔려 있을
정도로 많다"를 뜻하는 말이다.

돌팍재 전남 | 명사 | 없음

돌멩이가 많은 언덕이나 고개를 이르는 말.

〔해남〕돌팍재에서 궁글러부렀어. 표'돌팍재'에서
굴러버렸어.

◆'돌팍'은 돌멩이의 전남 사투리며 '재'는 언덕이
나 고개를 뜻하는 말이다.

돌팡구지 경기 | 명사 | 바위

부피가 매우 큰 돌.

〔부천〕돌팡구지에 올라가서 잠시 쉬도록 하자.
표바위에 올라가서 잠시 쉬도록 하자. 〔강화〕가
을에 꼬추 따서 돌매이에 널어놓으면 아주 잘 말
라. 표가을에 고추 따서 바위에 널어놓으면 아주
잘 말라.

◆경기도 부천시 장말에서는 커다란 바위를 '돌팡구
지'라고 부른다. 이곳에서 전승되는 '도당굿'은 도당
을 모시기 위해 도당 할아버지가 돌팡구지 앞에 상
을 차려놓고 절을 하는 것으로 시작한다. ◆평안북
도 용천에서 전해오는 '외쪽이' 설화를 보면 "반편은
힘이 여간만 세딜 안해서 끼잉 허구 그 돌팡구를 뽑
아서 지구 집에 갖다 놨다"라는 내용이 등장한다. 즉
평북에서는 '바위'를 '돌팡구'라고 하는 것이다.

돌화리 제주 | 명사 | 돌화로

돌을 파서 만든 화로.

〔수산〕마리에 돌화리 낭 그디 적쉐 걸처낭 적도 굽곡 제숙도 굽곡 허여. 표마루에 돌화로 놔서 거기 다리쇠 걸처놓아서 적도 굽고 제육도 굽고 해. 〔안덕-덕수〕이 부엌에 돌화리 놔근에 불도 초고 그디 불살화근에 저 옷도 몰리고 헌덴 말만 들엇주 우린 써보진 안헷수다. 표이 부엌에 돌화로 놓아서 불도 쬐고 거기 불살라서 저 옷도 말리고 한다는 말만 들었지 우린 써보지는 않았습니다.

◆제주의 돌화로는 고정식과 이동식 두 가지가 있다. 마루 밑이나 부엌 바닥에 묻어 고정시켜 놓고 삭정이나 장작 또는 콩깍지 등으로 불을 때는 화로는 '봉덕' 또는 '부섭'이라고 한다. '돌화리'는 난방용으로 많이 사용했지만 취사용으로도 사용했다. 특히 예전에는 제사 때 제사상에 올릴 적을 남자가 만들었는데, 돌화로에 숯불을 피우고 다리쇠를 걸쳐 돼지적이나 묵적 등 꼬챙이에 꽂은 적을 구웠다.

돔 전남 | 명사 | 뜸

한동네 안에서 몇 집씩 따로 모여 있는 구역.

〔고흥〕우리 동네는 5반 사람들을 아랫돔 사람들이라고 불렀고, 쩌 우게 2반 사람들보고는 웃돔 사람들이라고 불렀어요. 표우리 동네는 5반 사람들을 아래뜸 사람들이라고 불렀고, 저 위에 2반 사람들 보고는 위뜸 사람들이라고 불렀어요.

◆'돔'이라는 말의 뜻은 한마디로 규정하기 어렵다. '양달돔'이라고 할 때는 '볕이 잘 드는 곳'을 뜻하고, '웃돔'이니 '아랫돔'이니 할 때는 한동네 안에 몇 집이 모여 있는 구역을 뜻하는 말이다. 광산에서는 윗뜸을 '우대미'라 부르고 아랫뜸을 '이리대미'라 부른다. 그런가 하면 동쪽에 있는 뜸을 '동촌', 서쪽에 있는 뜸을 '서촌'이라고도 불렀다. -오덕렬(광주) ◆

'양달돔'은 '볕' 잘 드는 곳'을 뜻하고, '웃돔'이나 '아랫돔'은 마을을 뜻하는 말이다.

돔박낭 제주 | 명사 | 동백나무

차나뭇과의 상록 활엽 교목.

〔수산〕이 돔박낭 이거 다 춤 메난 낭이라. 표이 동백나무 이거 다 '춤' 맷던 나무야. 〔한경-청수〕이거 돔박낭인디 막 오래감신게. 표이거 동백나무인데 아주 오래가네.

◆수도가 보급되기 전 제주에서는 해안가 등의 용천수에서 '허벅'으로 물을 길어 나르기도 하고 집 울타리의 나무에 '새(띠)'를 꼬은 줄을 드리우고 그 밑에 항아리에 빗물이 흘러내리게 하여 물을 받았다. 그 띠로 꼬은 줄을 '춤'이라고 하고 물을 받는 항아리를 '춤항', 거기에 받은 물을 '춤물'이라고 했다. '춤물'을 받을 때 느릅나무나 동백나무 등을 이용했다.

돔배기 경남 | 명사 | 도막

짧고 작은 동강.

〔부산〕아지매요, 칼치 한 돔배기만 더 옇어주소. 표아줌마, 갈치 한 도막만 더 넣어주세요. 〔하동〕장애를 동가리 냈다. 표장어를 도막 냈다.

◆경남 동해안 지역(부산·울산)에서는 고래나 상어 고기 토막낸 것을 '돔배기' 또는 '톰배기'라고 하는데 주로 제수용으로 사용한다. -김성재(고성)

돔배기 경북 | 명사 | 없음

제사상에 놓는 상어 고기.

〔영천〕자아 가 제사 모시는 데 씨구로 돔배기 사 오이라. 표장에 가서 제사 모시는 데 쓰도록 '돔배기' 사 오너라.

◆돔배기는 제사 음식에서 빠져서는 안 되는 중요한 음식이다. 주로 산적용으로 쓰는데, 대구 인근 경북 영천장의 돔배기를 전국 최고의 품질로 친다. -상희구(대구) ◆'돔배기'는 지역에 따라 '도막(짧고 작

은 동강)'을 뜻하는 말로도 쓰이고, '돔발상어' 또는 '상어 토막 고기'를 뜻하는 말로도 쓰인다. 돔배기는 제사상에 올리는 고기로 울산이나 철마 등지에서는 '굵은 괴기'라고도 한다. -백남배(부산)

돔베고기 제주 | 명사 | 없음
삶은 돼지고기를 그릇에 옮겨 담지 않고 도마 위에 두고 썰어 먹는 음식.
〔한경-조수〕짐치 담아 돔베고기 싸 먹고 헸수게. 표김치 담아 '돔베고기' 싸 먹고 했지.
◆제주도에서 '돔베'는 '도마'를 뜻하는 말이다. 그런데 '돔베고기' 하면 삶은 돼지고기 수육을 뜻하는 말이 된다. 왜냐하면 제주에서는 흑돼지를 삶아서 덩어리째로 도마 위에 올려놓고 썰어서 먹는데, 따뜻하게 먹기 위해 한꺼번에 썰지 않고 조금씩 썰어서 먹는다. 그래서 돼지고기 수육을 먹을 때는 도마가 꼭 필요하다. 그런데 요즘 '돔베고기'는 한꺼번에 썰어놓은 돼지고기 수육을 그릇 대신에 도마에 담아낼 뿐이다.

돔뵈젓 전남 | 명사 | 없음
전어의 내장 중에서 위로 담근 젓.
〔고흥〕오늘 낮에 돔뵈젓에다가 밥을 묵었는디 쌉쓰룸허니 영 만납다. 표오늘 낮에 '돔뵈젓'에다가 밥을 먹었는데 쌉쓰름하니 영 맛납디다. 〔진도〕돔뵈젓은 머니 머니 해도 조도 것이 질 맛있더라. 표'돔뵈젓'은 뭐니 뭐니 해도 조도 것이 제일 맛있더라.

돔부다 경남 | 동사 | 훔치다
남의 물건을 남몰래 슬쩍 가져다가 자기 것으로 하다.
〔하동〕빨래를 돔부가는 놈이 다 있네. 표빨래를 훔쳐가는 놈이 다 있네. 〔하동〕넘우 꺼를 돔부몬 데는강? 표남의 것을 훔치면 되는가?

◆양산에서는 '쌔비다'라고도 하고 '째비다'라고도 하는데, '째비다'는 '쌔비다'에 비해 불법적인 행위를 가리키는 말이다. 이와 달리 함안에서는 '쌔비다'를 사용하지 않고 '째비다'만 사용하는데 허물없는 사이에서 물건을 슬쩍 가져가는 행위를 뜻한다. 즉 불법적인 행위를 뜻하는 말은 아니다. -경남방언연구보존회

돔비 경남 | 명사 | 동부
콩과의 한해살이 덩굴성 식물.
〔고성〕호박죽 끓일 때 돔비를 옇고 끓이모 더 맛나지. 표호박죽 끓일 때 동부를 넣고 끓이면 더 맛나지. 〔하동〕올해는 밭에다 뽄디를 숭겄다. 표올해는 밭에다 동부를 심었다.

돔비 제주 | 명사 | 동부
콩과의 한해살이 덩굴성 식물.
〔애월-고내〕돔빈 거 밥에도 낭 먹곡 물령 솖아근에 죽도 끌려 먹고 경허는 거. 표동부는 거 밥에도 넣어 먹고 말려 삶아서 죽도 끓여 먹고 그렇게 하는 거. 〔구좌-한동〕우잣에 쪼금 가는 건 헤도 돔비 큰 밧의 갈앙은 타젠 허민 힘들어. 것이 혼번에 익지 안허니까 익으민 타곡 익으민 타곡 헤사지. 표터앝에 조금 가는 건 해도 동부 큰 밭에 갈아서는 따려고 하면 힘들어. 그것이 한번에 익지 않으니까 익으면 따고 익으면 따고 해야지.
◆돔비는 '우영(울타리 안에 있는 텃밭)' 같은 곳에 심었다가 덜 익었을 때 껍질째로 삶아서 먹기도 하고, 익으면 밥에 넣어 먹기도 한다. 떡을 만들 때 소나 고물로 쓰기도 한다.

돗겡이 제주 | 명사 | 회오리바람
갑자기 생긴 저기압 주변으로 한꺼번에 모여든 공기가 나선 모양으로 일으키는 선회 운동.

〔구좌-한동〕아이고, 어제 그 돗겡이에 콩 눌 다 헷싸져 불엇게게. 표아이고, 어제 그 회오리바람에 콩 짚가리 다 흐트려져버렸어.

◆'돗겡이'는 갑자기 뱅뱅 돌면서 거세게 이는 회오리바람을 뜻하는 말이다. '돗겡이'는 '돌껭이/돗껭이/돗공이'라고도 한다. 바람은 바람의 방향에 따라 샛부름(동풍), 갈부름(서풍), 마부름(남풍), 하늬부름(북풍)이라고 한다.

돗국물 제주 | 명사 | 없음
돼지고기를 삶아 우린 국물.

〔구좌-한동〕잔치 땐게 돗국물에 베설덜 썰어 낭 국 끌럿주게, 거 돗베설국. 표잔치 때는 '돗국물'에 창자들 썰어 넣어서 국 끓였지, 거 내장탕.

◆제주에는 돼지고기 삶은 국물을 이용한 국 종류가 많다 대표적으로 '몸쿡(모자반국)'이 있는데, '몸쿡'은 돼지고기를 삶은 국물에 모자반을 넣어 끓인다. 이 외에도 '돗베설국/돗궤기국/돗궤기늠삐국/즙작삐국/고사리육개장' 등이 있는데, 돼지고기를 삶은 '돗국물'을 기본으로 하여 어떤 재료를 넣느냐에 따라 이름이 달라진다.

돗너물지 전북 | 명사 | 돌나물김치
돌나물로 담근 김치.

〔전주〕돗너물 깨깟이 닦어가꼬 돗너물지를 담었지. 표돌나물 깨끗이 닦아가지고 돌나물김치를 담았지.

◆표준어 '돌나물'의 전북 사투리는 '돗나물, 돗너물, 돈너물'이다. '김치'의 전북 사투리는 '지'이다. '돗나물지'는 '돗나물'과 '지'가 합쳐진 합성어이다. 요즘은 전북에서도 '돗나물짐치'가 더 흔히 쓰인다.

동개다 경남 | 동사 | 포개다
놓인 것 위에 또 놓다.

〔울산〕큰방 장롱에 이불을 동개애라. 표큰방 장롱에 이불을 포개어라. 〔하동〕이불을 싹 다 개서 저 게짝 우에 동개애라. 표이불을 싹 다 개서 저 궤짝 위에 포개어라.

◆'동개다'는 그릇이나 이불, 장작처럼 차곡차곡 포개어 보관할 때 사용하는 말이다. 그런가 하면 경주에서는 이불을 갤 때 '동개다'라고 하고, 하동에서는 세간을 정리한다는 뜻으로 살림을 '동갠다'라고 한다. -경남방언연구보존회

동개동개 경남 | 부사 | 차곡차곡
물건을 가지런히 겹쳐 쌓거나 포개는 모양.

〔마산〕깔비를 그쪽에다 동개동개 쌓아라. 표솔가리를 그쪽에다 차곡차곡 쌓아라.

동고리 제주 | 명사 | 사탕
설탕이나 엿 따위를 끓였다가 식혀서 여러 가지 모양으로 굳힌 것.

〔안덕-사계〕동고리 먹젠? 표사탕 먹을래?

◆'방울사탕(눈깔사탕)'을 '동고리' 또는 '동고리사탕'이라고 했다. 눈깔사탕의 모양이 동그랗게 생겨서 그런 이름이 붙었나 생각했는데, 모양에 상관없이 모든 사탕을 '동고리'라고 했다.

동곱살이 강원 | 명사 | 소꿉장난
소꿉을 가지고 노는 아이들의 놀이.

〔평창〕나랑 동곱살이하던 춘자는 어디에서 사는지 궁금하다. 표나랑 소꿉장난하던 춘자는 어디에 사는지 궁금하다. 〔춘천〕이젠 다 컸는데두 소꿉짱노니? 표이젠 다 컸는데도 소꿉장난을 하니?

◆동갑 친구들끼리 주로 하는 놀이라서 '동갑살이'라고 했다. 소꿉놀이를 하면서 살림을 살아보는 것을 뜻하므로 '살이'라고 표현했다.

동구재비 경남 | 명사 | 건홍합
말린 홍합을 꼬치에 끼워서 말린 것.

〔통영〕동구재비로 죽을 끼리모 맛있다. 표건홍합으로 죽을 끓이면 맛있다.

◆경남 일부에서는 '홍합'을 '열합'이라고도 한다. 홍합이 임신부의 열을 내린다는 데서 비롯된 말이다. 그런가 하면 삶은 홍합 알맹이 세 개에서 다섯 개를 꿴 꼬챙이 두 개를 '한 불' 또는 '한 손'이라고 하였다. −김정대(창원) ◆합천에서는 굵은 홍합을 삶아서 말린 다음, 대나무나 싸리나무 꼬챙이에 꿰어 제수용으로 쓰는데 이를 '꼬제비'라고 한다. −경남방언연구보존회 ◆통영과 여수 일대에서는 홍합의 일종인 작고 껍데기가 단단한 홍합을 '오가재이'라고 한다. '오가재이'는 거북손과 함께 바위나 바위 틈에 자생한다. 비록 작지만 알맹이는 실하다. −경남방언연구보존회 ◆하동에서는 말리지 않은 홍합을 '담치'라고 하고 말린 홍합을 '동구재비'라고 한다.

동랑골 경남 | 명사 | 없음

아득히 먼 곳.

〔사천〕내가 오늘 니 연을 동랑골로 보내삐끼다. 표내가 오늘 네 연을 '동랑골'로 보내버릴 거다.

◆예전에는 정월이 되면 연날리기를 하면서 연싸움도 했는데, 연싸움을 하려면 연줄에 '사'를 먹여야 한다. 이를 지역에 따라 '사구 미인다(마산)', '사구 멕인다(진주·합천)', '풀 미인다(창원)'라고 했다. 아교를 푼 물에 연줄을 적신 다음 사금파리 가루를 묻히는 것이다. 이렇게 연줄에 사를 먹이면 연줄을 끊는 데 유리하다. 연싸움을 하다가 연줄이 끊어지면 연이 멀리 날아가는데, 그럴 때 연이 '동랑골'에 간다고 말한다. 동랑골은 "한 번도 가보지 못한 아득히 먼 곳으로 바다 건너 어느 곳"을 가리키는 말이다. 다시 말해 '이상향'과 같은 곳이다. −최상민(사천)

동백꽃 강원 | 명사 | 생강나무 꽃

녹나뭇과의 작은 낙엽 활엽 교목인 생강나무의 꽃을 이르는 말.

〔삼척〕동백꽃이 노랗게 팼다. 표생강나무 꽃이 노랗게 피었다. 〔평창〕새댁이 쪽진 머리에 동박지꽃 지름을 발라 새까만 머릿결이 보기 좋다. 표새댁이 쪽진 머리에 생강나무 꽃 기름을 발라 새까만 머릿결이 보기 좋다.

◆중부 이남에서 제일 먼저 피는 꽃이 동백꽃이라면 중부 이북에서 제일 먼저 피는 꽃은 생강나무 꽃이다. 이 생강나무 꽃을 가리켜 동백꽃이라고 하는 것은 생강나무 꽃을 동백꽃에 견줄 수 있다는 의미에서이다. −김인기(강릉) ◆우리나라 내륙에서 잘 자라는 생강나무는 나뭇가지를 씹으면 알싸한 생강 맛이 나서 생강나무라고 한다. '동백나무', '동박나무'라고도 한다. 남쪽 해안가에서 잘 자라는 동백나무는 겨울에 붉은색의 꽃이 피는데, 생강나무로 불리는 동백나무는 이른 봄에 노란색의 꽃이 피어서 먼 데서 보면 산수유 꽃과 혼동되기도 한다. 김유정의 소설 〈동백꽃〉이 실린 유고집이 1938년 발간되었을 때, 표지화가 논란이 되었다. 소설 속 동백꽃은 노란색의 생강나무 꽃인데, 붉은 동백꽃이 그려져 있었기 때문이다. −유연선(춘천) ◆강원도 산간에서는 생강나무 열매로 기름을 짜서 여인네들이 머리에 바르곤 했다. −이창균(인제) ◆강원도에서 생강나무 꽃을 동백꽃(영서), 동박꽃(영동)이라 하는 것은 아주 오래되었다. 춘천을 비롯한 영서 지방에서는 동백나무, 동백꽃이라고 하는데 김유정의 소설 〈동백꽃〉에도 그대로 반영되었다. 영동 지방이나 영월, 평창, 정선 지방에서 흔히 사용하는 동박, 동박나무, 동박꽃이란 말은 〈정선아리랑〉의 노랫말에 등장한다. "아우라지 뱃사공아 배 좀 건너주게. 싸릿골 올동박이 다 떨어진다. 떨어진 동박은 낙엽에나 쌓이지, 사시장철 임 그리워서 나는 못 살겠네." 여기에 나오는 동박이 바로 생강나무 열매다. −이경진(삼척)

동사 경기 | 명사 | 선원

배의 승무원.

〔옹진〕특별한 직책이 없는 일반 선원은 그냥 동사라구 했어.
◆옹진군 덕적도의 조기잡이 어선인 안강망 어선의 선원을 가리키는 독특한 말이다.

동성우덕 전남 | 명사 | 제수
남자 형제 사이에서 동생의 아내를 이르는 말.
〔고흥〕낼 동성우덕이 고흥으로 기저구 타로 간다 그래서 나도 따라갈라 그랬소. 표내일 제수가 고흥으로 기저귀 타러 간다고 그래서 나도 따라가려고 했소.
◆'동성'은 '동생'의 사투리이다. 전남뿐만 아니라 강원도, 경상도, 충청도, 함경도 등에서 쓰는 말이다. '동성우덕'은 '동생+의+댁'의 음운변화형이다. 전남 고흥에서 오빠의 아내인 올케는 '오라부덕'이라고 부른다.

동아 경기 | 명사 | 동어
숭어의 새끼를 이르는 말.
〔강화〕숭아 새끼를 동아라구 하는데 궈서 기냥 뼈째 먹어. 표숭어 새끼를 동어라고 하는데 구워서 그냥 뼈째 먹어. 〔강화〕오늘 저녁은 모재이 석쇠에 구워 먹어보자. 간장에 찍어 먹으면 맛있겠지? 표오늘 저녁은 동어를 석쇠에 구워 먹어보자. 간장에 찍어 먹으면 맛있겠지?

동지미 충북 | 명사 | 동치미
무김치의 하나. 흔히 겨울철에 담그는 것으로 소금에 절인 통무에 끓인 소금물을 식혀서 붓고 심심하게 담근다.
〔옥천〕삶은 고구마는 동지미 국물이랑 먹어야지. 표삶은 고구마는 동치미 국물이랑 먹어야지.

동지짐치 제주 | 명사 | 없음
배추의 연한 동이나 장다리로 담근 김치.
〔남원〕누물이 이만이 동지 사민 걸로 동지짐치헹 먹어. 표나물이 이만큼 장다리 서면 그걸로 '동지짐치' 해서 먹어. 〔토평〕동지짐친 동 꺼꺼다근에, 기자 배추 동이나 춤누물 동이나 그것에 다른 짐치 허듯 허주게. 표'동지짐치'는 동 꺾어다가, 그저 배추 동이나 춤누물 동이나 그것에 다른 김치 하듯이 하지.
◆겨울을 넘긴 배추에서는 봄에 연한 꽃대가 올라오는데 이 장다리를 제주에서는 '동지' 또는 '동지누물'이라고 한다. '동지'가 올라오는 것을 '동지사다' 또는 '동사다'라고 한다. 배추는 겨울 동안에는 잎을 뜯어 된장국을 끓여 먹다가, 봄에 꽃대가 올라오면 그것을 꺾어 나물로 무쳐 먹거나 김치를 담가 먹는다. 멸치젓을 이용하고, 풋내를 없애기 위해 보리밥이나 보릿가루 풀을 쒀 넣는다.

동태 경북 | 명사 | 바퀴
돌리거나 굴리려고 테 모양으로 둥글게 만든 물건.
〔영덕〕동태 달았나. 재발키도 하다. 표바퀴 달았나. 재빠르기도 하다.
◆경상도와 강원도, 전라도 등지에서 '굴렁쇠'를 뜻하는 말은 '동테'이다. 동그랗게 생긴 테가 있다는 점에서 '바퀴'와 '굴렁쇠'는 공통점이 있다. 실제로 옛날에는 자전거 바퀴를 굴렁쇠처럼 굴리기도 했다.
◆전남에서는 굴렁쇠를 '동태'라고 한다. 이와 비슷하게 '도롱테'가 있는데 충남, 전북, 전남 지역에서 쓰인다. '도롱'은 '돌다'라는 뜻의 '돌'과 관련이 있는 듯하고, '동태'의 '동'은 '도롱'의 줄임말이 아닐까 한다. '태'는 '테'의 변이형으로 물건의 모양을 고정시키기 위해 둘레에 두른 것을 말한다.

동태 경남 | 명사 | 굴렁쇠
어린아이 장난감의 하나. 쇠붙이나 대나

무 따위로 만든 둥근 테로서, 굴렁대로 굴리며 논다.
〔부산〕옹가이 동테 굴리고 밥이나 무라. 囲어지간히 굴렁쇠 굴리고 밥이나 먹어라. 〔창원〕동테 돌림시로 오르막질 올라가모 숨이 얼매나 차는지 아나? 囲굴렁쇠 돌리면서 오르막길 올라가면 숨이 얼마나 차는지 아니?
◆표준어 '굴렁쇠'는 '구르다'에서 온 말이고, 사투리 '동태' 또는 '도롱테'는 '돌다'에서 온 말로 보인다. -김성재(고성) ◆고성에서는 나무통을 이어 붙인 다음 가장자리를 엮어 마무리하는 데 사용하는 쇠(주로 양철)를 '통테'라고 한다. -백만기(고성) ◆창녕에서는 바퀴를 '발통'이라고 하고, 굴렁쇠를 '동터래'라고 한다. -성기각(창녕)

돼기 북한 | 명사 | 홍역
홍역 바이러스가 비말 감염에 의하여 일으키는 급성 전염병.
〔함북〕돼기에 걸리면 물똥을 싼다. 囲홍역에 걸리면 물똥을 싼다.
◆홍역으로 인해 몸에 열이 나서 살갗에 붉은 두드러기나 점이 생겼을 때, 남한에서는 '열꽃'이 피었다고 하는데 북한에서는 '바람꽃'이 피었다고 한다.

돼지팩 북한 | 명사 | 없음
피부 미용을 위하여 얼굴에 바르거나 붙이는 팩 따위를 이르는 말.
〔북한〕돼지팩이라고 150원? 그런데 그거 저녁에 바르고 자면 다음 날에 기차게 새하얘져요. 돼지 껍데기로 만든 크림 같은 건데 그것을 밤에 바르고 자요. 囲'돼지팩'이라고 150원? 그런데 그것을 저녁에 바르고 자면 다음 날에 기차게 새하얘져요. 돼지 껍데기로 만든 크림 같은 것인데 그것을 밤에 바르고 자요.
◆2010년 이후 10대 연령층에게 표백크림이 가장

유행했던 화장품이라면, 20대 이상 성인 여성에게는 미백 효과가 있다는 '돼지팩' 제품이 가장 유행했다고 한다. 북한은 하얀 얼굴을 미의 기준으로 삼는 인식이 있고 이런 상황에서 다양한 중국 화장품이 장마당에 등장하면서 북한 여성 사이에서 미백 제품에 대한 관심도 커졌다.

되다 전북 | 형용사 | 고되다
하는 일이 힘에 겨워 고단하다.
〔전주〕하루 종일 밥하고 빨래하고 청소하고 나니 몸이 되다. 囲하루 종일 밥하고 빨래하고 청소하고 나니 몸이 고되다. 〔정읍〕왔다 갔다 허니라고 겁나게 되고만. 囲왔다 갔다 하느라고 엄청 고되네.

되만헌 방 전남 | 관형구 | 없음
아주 작은 방.
〔고흥〕저금나 갖고 되만 헌 방에서 시어마이랑 서방이랑 나랑 서이 살았어. 囲분가해서 '되만 헌 방'에서 시어머니랑 서방이랑 나랑 셋이 그렇게 살았어.
◆전남 고흥에서는 크기나 양이 일정한 기준에 미치지 못할 때 '되만 헌 것'이라고 한다.

되뷔 경북 | 부사 | 단번에
단 한 번에.
〔진천〕이거를 되뷔 확! 囲이거를 단번에 확?

되아지 전북 | 명사 | 돼지
멧돼짓과의 포유류.
〔정읍〕아칙에 되아지 큰 놈 하나 잡아서 딱 삶어야지. 囲아침에 돼지 큰 놈 하나 잡아서 딱 삶아야지. 〔남원〕돼아지 먹따는 소리 좀 그만혀라. 囲돼지 먹따는 소리 좀 그만해라. 〔군산〕뒤애지에게 쌀겨 한 바가지를 구정물과 함께 타서 먹였

다. 표돼지에게 쌀겨 한 바가지를 구정물과 함께 타서 먹였다.

◆'돼지'의 옛말은 '되야지'이다. 『이조어사전』에는 '되야지(豚)'로 나온다. 전북 사투리 '도야지'는 옛말을 거의 그대로 간직한 형태로 보인다. ◆능력이 없거나 공이 없는 사람은 스스로 도태된다거나 요령도 없고 아무도 못 하는 사람은 밀려나기 마련이라는 뜻으로 "죽을 놈은 돼지뿐이다"라는 말이 있다. 한 집에 같이 사는 소, 개, 닭, 돼지들이 한자리에 모였다. 소가 말했다. "며칠 뒤에 주인 회갑 잔치가 있는데, 또 우리 중에 죽는 놈이 하나 있겠구먼. 나야 걱정 없지만. 내가 아니면 농사를 짓지 못할 것이니 나를 잡아먹겠어?" 그러자 개가 나서서 말했다. "나도 걱정 없지. 밤낮으로 도둑을 지켜주고 어린애가 똥 싸놓으면 내가 다 핥아 치우는데 내가 없으면 한시나 살 수 있겠어?" 이제는 닭이 말했다. "내 공은 누구만 못할까? 나는 새벽마다 때로 알려주고, 내 마누라들은 날마다 알을 낳아주니 말이야." 그러자 돼지가 한숨을 내쉬며 말했다. "죽을 놈은 나 하나뿐이구먼." -김준영(2007)

된내기 경기 | 명사 | 된서리
늦가을에 아주 되게 내리는 서리.
〔광주〕된내기가 와서 호박잎이 모두 시들었어. 표된서리가 와서 호박잎이 모두 시들었어.

된동 충남 | 명사 | 둔덕
논이나 갯벌의 가운데가 솟아서 불룩하게 언덕이 진 곳,
〔보령〕된둥은 평지에 이렇게 나와 있는 부분을 된둥이라고 그러고. 표둔덕은 평지에 이렇게 나와 있는 부분을 둔덕이라고 그러고. 〔태안〕쓰럭질헌 논이 된둥 나면 모가 말르게 핵교 댕겨와 늦더라 끄스렁치 끗구 다녔어. 표써레질한 논에 둔덕이 생기면 모가 마르니까 학교 다녀와 늦도

록 '끄스렁치' 끌고 다녔어.

된바기 경기 | 명사 | 도시락
작은 그릇에 반찬을 곁들여 담는 밥. 또는 그릇.
〔양평〕된바기에 김밥 여러 줄 담아봐라. 표도시락에 김밥 여러 줄 담아봐라. 〔파주〕옛날에는 학교에 바팝 싸가지고 갔었는데. 표옛날에는 학교에 도시락 싸가지고 갔었는데. 〔여주〕산에 나무하러 갈 때 머슴들이 새참으로 된박을 가지고 다녔어. 표산에 나무하러 갈 때 머슴들이 새참으로 도시락을 가지고 다녔어.

◆'된박'은 박의 윗부분을 잘라내고 속을 비워 만든 도시락통이다. 주인집에서 대접이 소홀하면 머슴들이 된박에 고추장을 넣어 비벼 먹은 다음 햇볕에 바짝 말려 빈 된박을 주인집에 가져다주어 설거지하기 어렵게 골탕을 먹였다고 한다. -조성문(여주) ◆'도시락'의 뜻으로 쓰이는 '된박이'는 경기 양평에서만 확인된다. '박'과 관련이 있어 보이나 어원이 분명하지는 않다. 현재 사용하는 단어 '도시락'은 일본어 '벤토'를 대체하기 위하여 옛말에서 찾아낸 말이다. 파주에서 쓰이는 '바팝'은 '밥'과 관련이 있어 보이는 매우 흥미로운 단어이다.

두갓 제주 | 명사 | 부부
남편과 아내. 부부를 가리키는 말.
〔애월-상가〕시어멍이 뭐생 고람쩌마는 두갓이 사이가 조으난 됐수다게. 표시어머니가 뭐라고 말하고 있지만 부부 사이가 좋으니 됐어요. 〔애월-상가〕뭣보다 두갓이 사이가 조아사쥬. 표무엇보다 부부가 사이가 좋아야지. 〔중문〕그 집인 의존 두가시 고쪠 댕겨. 표그 집에는 사이좋은 부부가 같이 다녀.

◆중세 국어에서 '갓'은 '아내'를 뜻하는 말이다. 〈서경별곡〉이나 『월인석보』에도 아내를 가리켜 '갓'이

라고 한다. 『이조어사전』에는 "가시나 겨지븐(각시나 계집은)", "그딋 가시 ㄷ외아지라(그대의 각시가 되고 싶어라)" 같은 예가 나온다. 제주에서는 '부부'를 '두갓', '두갓세/갓세'라고도 한다.

두꾸럽다 북한 | 형용사 | 시끄럽다
듣기 싫게 떠들썩하다.
〔황해〕자식들이 징징거릴 때마다 아버님이 "두꾸러!"라고 하셨다. 표자식들이 징징거릴 때마다 아버님이 "시끄러워!"라고 하셨지.

두꾸비 충북 | 명사 | 두꺼비
두꺼빗과의 양서류.
〔영동〕두꾸비럴 잘못 만지믄 몸에 두드리기가 올라. 표두꺼비를 잘못 만지면 몸에 두드러기가 올라.

두덩 경기 | 명사 | 밭두둑
밭의 가장자리를 흙으로 둘러막은 두둑.
〔강화〕소시랑으로 흑을 골라 밭에 두덩을 만든다. 표쇠스랑으로 흙을 골라 밭에 밭두둑을 만든다. 〔여주〕얼릉 밭두렁에 나가 풀이나 뽑아. 표얼른 밭두둑에 나가 풀이나 뽑아.
◆'두둑'의 사투리는 매우 다양한데 그중 '두덩'은 매우 흔하다. 이것이 2음절에서 모음교체가 되어 형성된 어형이다. ◆경기 화성에서는 밭의 안에 있는 것은 '두둑', 가에 있는 것은 '밭뚝'이라고 한다.

두데 전남 | 명사 | 없음
농촌에서 겨울이면 눈보라를 막고 방한을 위해 볏짚으로 엮어 만들어서 집의 처마 밑 둘레에 둘러치던 세간.
〔진도〕마통에는 반침으로 비 안 들치게 두데를 쳐야 한다. 표장마 때는 마루로 빗물이 안 들어오도록 '두데'를 쳐야 한다. 〔무안〕오늘 지녁에는 눈바람 친게 두대를 쳐야 쓰것다. 표오늘 저녁에는 눈바람 치니까 '두대'를 쳐야 하겠다.
◆진도에서는 '둘러 대어 비를 막는다.' 라는 뜻으로 '비 가리개'를 '두데'라 했다. -주광현(진도) ◆눈이나 비를 막기 위해 처마 둘레에 설치한다는 점에서 울릉도의 '우데기'와 유사하다. 하지만 '우데기'는 방설벽이기 때문에 볏짚을 엮어 만드는 '두데'와는 소재나 형태 면에서 다르다.

두데바리 경남 | 명사 | 없음
멍청하고 행동이 굼뜬 사람.
〔울산〕저런 두데바리 같은 놈 바라. 표저런 '두데바리' 같은 놈 봐라.

두둠발이 충북 | 명사 | 없음
뒤뚱거리며 잘 뛰지 못하는 사람.
〔단양〕갸는 두둠발이라 뜀박질은 헛거여. 표걔는 '두둠발이'라 뜀박질은 잘 못해.
◆'두둠발이'는 '절름발이'를 뜻하는 말로도 쓰인다.

두디기Ⅰ 경남 | 명사 | 걸레
더러운 곳을 닦거나 훔쳐 내는 데 쓰는 헝겊.
〔함안〕물 딲거로 마른 두디기 쫌 가아온나. 표물 닦게 마른 걸레 좀 가져오너라. 〔창원〕없이 산다꼬 두디기마도 안 이인다. 표없이 산다고 걸레만도 안 여긴다. 〔진해〕글마는 늘 두디기 겉은 말만 해싸서 새기들을 끼 벨로 없다. 표그 사람은 늘 걸레 같은 말만 해서 새겨들을 게 별로 없다.
◆울산에서는 '걸레'의 이름이 다양한데 마루에서 쓰는 것은 '마루걸레'라고 하고, 방에서 쓰는 것은 '방걸레'라고 한다. 그런가 하면 부엌에서 쓰는 '행주'를 '정지걸레'라고 하고, '기저귀'를 '똥걸레'라고 한다. 하동에서도 '행주'를 '정지걸레'라고 한다. -조용하(울산) ◆고성·통영 등지에서는 '걸레'를 '걸레'

라고도 하지만 '청걸레[청껄레]'라는 말을 더 즐겨
사용한다. '청'은 '마루'를 뜻하는 말로 마루를 닦을
때 사용하는 걸레라는 뜻이다. 주로 '청'에 두고 사
용하기 때문에 그런 이름이 붙은 것으로 보인다. -
김성재(고성) ◆마산·진해·창원·함안 등 중동부 지
역 일부에서는 '두디기'를 '걸레'라고 하기도 한다.
그러나 "걸레 가아오나(걸레 가져오너라)"라고 할
자리에 "두디기 가아온나"라고 하지는 않는다. 따
라서 '두디기'가 부분적으로 '걸레'로 인식되는 것은
'누덕누덕 기운 헌 옷'의 의미를 갖는 '두디기3'에서
의미가 전용된 결과라 할 것이다.

두디기2 경남 | 명사 | 기저귀
어린아이의 똥오줌을 받아내기 위하여
다리 사이에 채우는 물건.
〔하동〕아가 두디기에 오줌 쌌다. 아 두디기 어디
있네? 표아기 기저귀에 오줌 쌌다. 아기 기저귀
어디 있니? 〔사천〕얼라 오줌 싸모 쎄기 두디기
갈아야 한다. 개지때가리 들모 크일 난다. 표아
기 오줌 싸면 빨리 기저귀 갈아야 한다. 감기 들
면 큰일 난다.
◆남해·울산·창녕 등 일부 지역에서 '기저귀'를 '걸
레'라고 하기도 하지만 정상적인 용법은 아니다. 다
만 '똥걸레'(합천)라고 하면 훨씬 더 '기저귀'에 가까
운 개념에 해당한다.

두디기3 경남 | 명사 | 누더기
누덕누덕 기운 헌옷.
〔합천〕두디기 겉은 옷 입고 자아 가만 사람들 치
다본다. 표누더기 같은 옷 입고 장에 가면 사람
들이 쳐다본다. 〔창원〕이릴 짜아 두디기 입고 공
부한 아이가 난주우 큰사램이 대댔다 카는 말이
있다. 표어릴 적에 누더기 입고 공부한 아이가
나중에 큰사람이 됐다고 하는 말이 있다.

두디기4 경남 | 명사 | 포대기
어린아이를 업거나 눕힐 때 쓰는 작은
이불 같은 천.
〔진해〕얼라 업그로 두디기 어푼 가온나. 표아기
업게 포대기 얼른 가져오너라. 〔창녕〕아아 놓기
도 전에 두디기부럼 장만는다. 표애 낳기도 전에
포대기부터 장만한다. 〔거제〕알라 델꼬 마실 가
그로 두대기 좀 찾아바라. 표아기 데리고 마을
가게 포대기 좀 찾아봐라.
◆어린아이를 업을 때 쓰는 천을 고성·통영 등지에
서는 '누디기'와 '띠'라고 하는데 이 둘은 사용하는
시기도 다르고 모양도 다르다. '누디기'는 이불 모양
으로 생겨서 겨울이나 추울 때 사용하지만, '띠'는
엉덩이와 허리를 받칠 수 있는 띠 모양으로 생겨서
여름이나 더울 때 주로 사용한다. 따라서 엄밀히 말
해서 '포대기'의 사투리는 '누디기'지 '띠'는 아니다.
-김성재(고성) ◆고성에서는 '두디기'와 '포대기'를
함께 사용하고 있다. -백만기(고성)

두디리기 경남 | 명사 | 두드러기
약이나 음식을 잘못 먹거나 또는 환경의
변화로 인해 생기는 피부병의 하나.
〔김해〕옻 타는 사람은 옻나무 젙에마 가도 두디
리기가 이일난다 안 카나. 표옻 타는 사람은 옻
나무 옆에만 가도 두드러기가 일어난다고 했잖
아. 〔창녕〕우리 집 아아는 물이마 무우마 두디리
기가 난다 아이가. 표우리 집 아이는 오이만 먹
으면 두드러기가 나지 않겠니. 〔하동〕이발관 멘
도사 아가씨는 가실만 무웄다 하몬 두디리기가
난다 쿠더라. 표이발관 면도사 아가씨는 과일만
먹었다 하면 두드러기가 난다 하더라. 〔부산〕내
는 오이만 무문 두드레기가 나서 근지룹다. 표나
는 오이만 먹으면 두드러기가 나서 가렵다. 〔고
성〕저 아아는 돼지게기만 무우모 두드리이가 나
사서 돼지게이를 미이모 안 덴다. 표저 아이는

돼지고기만 먹으면 두드러기가 나니까 돼지고기를 먹이면 안 된다.

두레감 충남 | 명사 | 없음
토종 희귀감의 일종.
〔금산〕두레감 홍시는 삐조리 열 개하고도 안 바꾼다. 표'두레감' 홍시는 '뾰주리감' 열 개하고도 안 바꾼다.
◆'두레감'은 다른 감에 비해 훨씬 크고 둥글며 홍시가 되었을 때 맛이 매우 달고 맛있다. 감색이 주황으로 변하면 소금물에 우려내어 먹는다. 두레 곶감일 경우 다른 곶감에 비해 두 배 이상의 가격이 매겨진다.

두려웁다 충북 | 형용사 | 두렵다
어떤 대상을 무서워하여 마음이 불안하다.
〔옥천〕그전에 우리 시아부지가 을매나 두려웁게 야기를 하든지 앞에서는 한 마디두 못 했어유. 표그전에 우리 시어버지가 얼마나 두렵게 이야기를 하던지 앞에서는 한 마디도 못 했어요.

두루젱이 제주 | 부사 | 적당히
정도에 알맞게.
〔노형〕이젠 두루젱이 그만 끝내자. 표이제는 적당히 그만 끝내자. 〔표선〕두루젱이 허지 마랑 콜콜하게 썻으라. 표적당히 하지 말고 깨끗하게 썻어라.
◆'두루젱이'를 '두루셍이'라고도 한다.

두룩두룩 제주 | 부사 | 주룩주룩
조금 높은 데서 아래로 굵은 물방울 따위가 떨어지는 소리. 또는 그 모양.
〔화북〕어디서 두룩두룩 물 누리는 소리가 들렴수다. 표어디에서 주룩주룩 물 내리는 소리가 들립니다.

두룸콩 경북 | 명사 | 두렁콩
논두렁이나 밭두렁에 심는 콩.
〔성주〕저짜 가마 두룸콩 윽씨 마이 있어여. 두룸콩은 예전에 마이 했는데, 오새는 하지도 않아. 표저기 가면 두렁콩 엄청 많이 있어요. 두렁콩은 예전에 많이 했는데, 요새는 하지도 않아.
◆콩은 어디 심어도 재배가 잘되므로 흔히 논과 밭에는 거기에 필요한 작물을 심고 사람 다니는 길로 남겨놓은 두렁에는 콩을 심었다. 어떤 땅이건 그냥 놀리지 않고 곡식 한 알이라도 더 수확하려는 농민의 마음이 담긴 풍습이다. 이런 상황을 표현하는 것이 '두룸콩'이다. 두렁에 심는 콩의 종류는 밤콩, 동부콩, 메주콩 등 다양할 것이나 두렁에 심는다는 뜻을 이름에 담은 것이다.

두룽기리다 전남 | 동사 | 중얼거리다
남이 알아듣지 못할 정도의 작고 낮은 목소리로 혼잣말을 자꾸 하다.
〔진도〕뭐시 그러케 못마땅해서 두룽기리냐? 표무엇이 그렇게 못마땅해서 중얼거리냐? 〔고흥〕뭐이 안 맞었능가 두룽구림시로 방으로 들어가 불드마. 표무엇이 안 맞았는가 중얼거리면서 방으로 들어가버리더군.
◆'두룽기리다'는 '투덜거리다', '구시렁거리다'와 같은 뜻이다. '두룽두룽기림서(중얼중얼거리면서)'처럼 의성어로도 쓰인다.

두리다 제주 | 형용사 | 어리다
나이가 적다. 10대 전반을 넘지 않은 나이를 이른다.
〔노형〕두린 시절의 나는 명절날과 식게날을 손꼽아 기다렸다. 표어린 시절의 나는 명절날과 제삿날을 손꼽아 기다렸다.

두리문뜩 전남 | 부사 | 두리번두리번

눈을 크게 뜨고 자꾸 여기저기를 휘둘러 살펴보는 모양.

〔진도〕저렇게 꼭꼭 숨어 있슨께 두리문뚝해서는 못 찾제. 표저렇게 꼭꼭 숨어 있으니까 두리번두리번해서는 못 찾지.

두리미 경기 | 명사 | 두루미
두루밋과의 새.
〔용인〕여기서는 두리미는 겨울에 볼 수 있지요. 영물이에요. 표여기서는 두루미는 겨울에 볼 수 있지요. 영물이에요.

두메기 제주 | 명사 | 풍뎅이
풍뎅잇과의 곤충.
〔호근〕우리 므스른 풍뎅이를 두메기엔도 허곡 드메기엔도 허여. 표우리 마을은 풍뎅이를 '두메기'라고도 하고 '드메기'라고도 해요.
◆'두메기'는 '두미에기/드메기'라고도 하고 '봉아기/봉애기'라고도 한다.

두벌자식 북한 | 명사 | 손자
아들의 아들. 또는 딸의 아들.
〔북한〕두벌자식이 더 곱다는 말이 있다. 표손자가 더 곱다는 말이 있지.
◆남한에서 '손자'는 아들이나 딸의 아들을 가리키는 말인데, 북한에서 '손자'는 아들이나 딸의 아들과 딸을 모두 아울러 이르는 말이다. 경우에 따라 '손녀'를 '손자딸'이라고 하여 구분하기도 한다. 북한에서 '손주'는 '손자'와 뜻이 같은 말로 주로 구어체로 사용한다. ◆'두벌자식'은 '손자'라는 뜻 외에도 재혼하여 얻은 자식이라는 뜻도 있다.

두볼콩 전남 | 명사 | 강낭콩
콩과의 한해살이풀.
〔고흥〕좋아헌 사람덜은 좋아헙디다마는 나는 두

볼콩은 벨라 안 질요. 표좋아하는 사람들은 좋아합디다마는 나는 강낭콩은 별로 안 즐겨요.
〔진도〕보리밥콩을 밥에 넣어서 해 먹으면 맛있지요. 표강낭콩을 밥에 넣어서 해 먹으면 맛있지요.
◆초봄과 여름에 두 번 심어 먹는다고 하여 '두볼콩'이라고 한다.

두부밥 북한 | 명사 | 없음
부친 두부에 밥을 넣고 양념장을 뿌려 만든 음식.
〔북한〕두부밥 먹으니 속이 든든함메. 표'두부밥'을 먹으니 속이 든든합니다.
◆'두부밥'은 90년대 이후에 등장한 북한의 길거리 음식으로 물기를 뺀 두부를 X자 형태로 잘라 튀기듯 구운 다음, 두부 한 가운데에 칼집을 내어 그 속에 밥을 채우고 각종 채소와 멸치, 고춧가루 등을 섞어 만든 매콤한 양념장(연변에서는 소탕즙이라고 부르는 양념장을 사용함)을 뿌려 먹는다.

두상태기 북한 | 명사 | 없음
남자 늙은이를 홀하게 이르는 말.
〔평북〕야, 이 두상태기 미추과이야! 표야, 이 '두상태기' 미치광이야!
◆'태기'는 영감태기처럼 낮잡아 부르는 뜻이 있다. '두상'은 머리 모양이라는 한자어와 관련이 되는 것인지 확실치 않다. ◆'두상태기'는 성인 남자 중에 잘못을 했다든지 안 좋은 이미지를 보인 사람에게 하는 욕과 같은 말이다.

두톨배기 경기 | 명사 | 쌍동밤
한 껍데기 속에 두 쪽이 들어있는 밤.
〔포천〕밤을 까보면 두 쪽이 들어 있는 것두 있는데 그걸 두톨배기라구 해. 표밤을 까보면 두 쪽이 들어 있는 것도 있는데 그걸 쌍동밤이라고 해.
〔강화〕밤껍질을 까다 보만 가끔씩 쌍톨도 나와.

표밤껍질을 까다 보면 가끔씩 쌍동밤도 나와.

◆밤 한 톨에는 보통 한 쪽의 밤이 들어 있다. 그런데 쪽이 나누어져 밤 한 톨 안에 두 쪽이 들어 있는 밤이 있는데 이것을 두톨배기라고 부른다. 두 쪽이 각각 나뉘어 따로 보늬(밤의 속껍질)에 싸여 있으니 밤 한 톨과 마찬가지로 부르는 것이다. '배기'는 '박다'에서 파생된 '박이'가 전설모음화를 일으켜 '배기'가 된 것이다. 풍습에 밤을 먹다가 쌍동밤이 나오면 반드시 나눠 먹어야지 혼자 다 먹으면 안 좋은 일이 생긴다는 이야기가 전한다. 그래서 사람들은 쌍동밤이 나오면 반드시 한 쪽씩 나누어 먹게 되는데 그 한쪽이 대수롭지 않은 것임에도 인정이 가득 흐르는 듯한 분위기를 만든다.

두투 경남 | 명사 | 없음
상어의 머리 부분에서 떼어낸 고기.
〔부산〕두투나 꼼장아가 술안주로 채고지. 표'두투'나 붕장어가 술안주로 최고지. 〔기장〕두토 잘 안 묵어, 젊은 사람들은. 표'두토' 잘 안 먹어, 젊은 사람들은.
◆부산·울산·창원 등 일부 지역에서는 마늘, 고추 등의 양념을 버무린 상어고기를 가리키는 말로도 쓰인다.

두투러기 경기 | 명사 | 두드러기
약이나 음식을 잘못 먹거나 또는 환경의 변화로 인해 생기는 피부병의 하나.
〔포천〕온몸에 두투러기가 나다. 표온몸에 두드러기가 나다.

둔누키다 충북 | 동사 | 눕히다
몸을 바닥 따위에 수평 상태로 길게 놓다.
〔제천〕아가 자믄 내리서 둔누키야지. 표애가 자면 내려서 눕혀지.
◆'눕다'를 '둔누다'라고 하고 '눕히다'를 '둔누키다'

라고 한다. 사투리에 사동 관계가 형성된 낱말이다.

둔눕다 충남 | 동사 | 드러눕다
편하게 눕다.
〔서산〕저 안마으자에 둔눠. 션하다 그거. 표저 안마의자에 드러누워. 시원하다 그거. 〔공주〕저 아리방이나 자리 펴놨으니 가서 편이 둔눠. 표저 아이방에 자리 펴놨으니 가서 편히 드러누워. 〔세종〕아랫목에 둔눠유. 표아랫목에 드러누워요.

둔눗다 강원 | 동사 | 드러눕다
편하게 눕다.
〔원주〕이제 자게 얼른 다 둔눠. 표이제 자게 얼른 다 드러누워. 〔홍천〕피곤한데 이리 둔눠라. 표피곤한데 이리 드러누워라.

둔자발이 충남 | 명사 | 없음
행동이 느리고 둔한 사람. 행동이 굼뜨고 요령이나 솜씨가 없어서 일을 제대로 깔끔하게 못 하는 사람.
〔서천〕배 내밀고 서 있지 말고 얼른 움직여라, 이 둔자발이야. 표배 내밀고 서 있지 말고 빨리 움직여라, 이 '둔자발이'야.

둘개삼 경북 | 명사 | 두레삼
부녀자들이 두레를 이루어 삼베를 짜는 일.
〔안동〕겨울에도 안네들은 둘개삼 삼느라 맹 바쁘다. 표겨울에도 부녀자들은 두레삼 한다고 역시 바쁘다.

둘러묵다 전남 | 동사 | 속이다
거짓이나 꾀에 넘어가게 하다.
〔고흥〕자가 을마나 숭헌지 몰라. 배추밭에 몇 번이고 풀약헌 걸 나가 봤는디, 사는 사람헌테 약 안 쳤다고 딱 둘러묵드랑께. 표쟤가 얼마나 흉한

지 몰라. 배추밭에 몇 번이나 제초제를 하는 것을 내가 봤는데, 사는 사람한테 약 안 쳤다고 딱 속이더라니까.

둘루다 전남 | 동사 | 훔치다
남의 물건을 남몰래 슬쩍 가져다가 자기 것으로 하다.
〔진도〕놈이 둘러 가면 안 뎅께 문단속을 잘해야 쓰것다. 표남이 훔쳐 가면 안 되니까 문단속을 잘해야 되겠다. 〔강진〕내 지갑 돌라 간 놈 있으면 좋게 자수해라. 표내 지갑 훔쳐 간 놈 있으면 좋게 자수해라.

둠벙 경남 | 명사 | 없음
움푹 파여 물이 괴어 있는 곳.
〔하동〕어지 내린 비로 둠벙이 생겼다. 표어제 내린 비로 '둠벙'이 생겼다. 〔창원〕덤붕에 가서 물 쫌 길러 오이라. 표'덤붕'에 가서 물 좀 길어 오너라.

◆'둠벙'의 '둠'과 '벙'은 모두 '둥글다'라는 뜻을 가진 말로 '둠벙'은 개인 소유로 규모가 작은 편이지만 '못'은 마을 공동체가 관리하는 관개시설로서 '둠벙'보다 규모가 크다. 따라서 '둠벙'은 '못'의 사투리가 아니라 '웅덩이'의 사투리로 보아야 한다. -경남방언연구보존회 ◆'둠벙'은 땅바닥이 우묵하게 파여 물이 괴어 있는 곳으로 늪이나 못보다도 작은 곳으로 '웅덩이'에 가깝다. 다만 웅덩이는 어디에나 있을 수 있지만 '둠벙'은 논 귀퉁이라는 한정된 장소에 파 놓은 웅덩이라는 점에서 일반 웅덩이와 조금 다르다. 즉 '둠벙'은 표준어 '웅덩이'와 달리 농사용으로만 사용한다. -김성재(고성)

둠벙 충남 | 명사 | 웅덩이
움푹 파여 늘 물이 괴어 있는 곳.
〔부여〕둠벙에서 가물치 잡자. 표웅덩이에서 가물

치 잡자. 〔논산〕가물 때는 논 귀팅이 둠벙에서 물을 품어 모를 심었지. 표가물 때는 논 귀퉁이에 웅덩이에서 물을 품어서 모를 심었어. 〔태안〕둠벙은 말이여 붕애가 뜬 삼보담 크구 포강보담 짝은 디를 말여. 표웅덩이는 말이야 붕어가 뜬 샘보다 크고 연못보다 작은 데를 말해. 〔세종〕갱변에 있는 툼벙에는 괴기가 많어. 표강변에 있는 웅덩이에는 고기가 많어.

◆'둠벙'은 물이 고여 있는 작은 못을 이르는 말이다. 비가 오면 물이 고였다가 날이 가물면 물이 마르는 표준어 웅덩이와는 달리 사시사철 물이 고여 있는 곳이다. 보통 '둠벙'은 가물 때 논에 물을 대기 위해 만든 인공 연못이다. 이는 충남 전역에서 쓰는 말이며, 예산·서산·당진·아산·천안 등의 충남 북부 지역에서는 '툼벙'이란 말을 더 많이 쓴다. -이명재(예산)

둠비 제주 | 명사 | 두부
콩으로 만든 식품의 하나. 물에 불린 콩을 갈아서 짜낸 콩물을 끓인 다음 간수를 넣어 엉기게 하여 만든다.
〔중문〕둠비도 흔 모 아상왕 졸게 그차노록. 표두부도 한 모 가지고 와 잘게 썰어놓고. 〔노형〕둠비 허는 걸 보니 무슨 잔치 시냐? 표두부 하는 걸 보니 무슨 잔치 있니? 〔애월-상가〕궤깃반엔 둠비가 들어가야 허주기마씨. 표'궤깃반'엔 두부가 들어가야 하지요.

◆'순두부'는 '물둠비'라고 한다. ◆물에 담근 '둠비콩'을 맷돌에 갈아 '둠빗주멩이'에 넣고 물을 꼭 짠다. 이때 '돗지름(돼지기름)'을 조금씩 섞어서 짜면 콩물이 잘 빠진다. 그렇게 짠 콩물을 큰 가마솥에 넣고 끓이는데, 끓일 때도 '돗지름' 좋은 것으로 간수를 한다. 그렇게 하면 순두부가 만들어지는데, 순두부를 베보자기에 싸서 '도고리(함지박)'에 널빤지를 걸쳐놓고 '그레착(맷돌짝)'으로 눌러 놓으면 두부가 완성된다. 콩물을 짜고 남은 찌꺼기는 '비제기(비

지'라고 한다.

둥구니 경기 | 명사 | 바구니

대나 싸리 따위를 쪼개어 둥글게 결어 속이 깊숙하게 만든 그릇.

〔이천〕아침이면 닭장에 들어가 둥구니 속에서 알을 끄내 와. 표아침이면 닭장에 들어가 바구니 속에서 알을 꺼내 와. 〔강화〕갯가에서 궝이를 잡으만 송두리에 담았어. 표갯가에서 게를 잡으면 바구니에 담았어. 〔강화〕장마철이면 산이 가서 싸리나무를 잘라다 바구이도 맹글고 빗짜루도 맹글고 바스구리도 맹그려야 봄에 농사짓는 데 사용할 수 있어. 표장마철이면 산에 가서 싸리나무를 잘라다 바구니도 만들고 빗자루도 만들고 발채도 만들어야 봄에 농사짓는 데 사용할 수 있어. 〔여주〕쫄때, 싸리나무로 동구미를 만들지. 표졸대, 싸리나무로 바구니를 만들지.

◆강화에서는 '바구니'를 '송두리'라고 한다. 오늘날 '송두리'는 "있는 것은 전부"란 뜻으로 "송두리째 잃다"와 같은 관용구에서만 쓰이는데, 이 말의 뿌리를 강화도의 '송두리'에서 찾을 수 있다.

둥군다 강원 | 동사 | 뒹굴다

누워서 이리저리 구르다.

〔원주〕주말 내내 집에서 둥군다. 표주말 내내 집에서 뒹군다. 〔춘천〕비탈에서 궁그르다 다칠라. 표비탈에서 뒹굴다 다칠라.

둥굴레미 충남 | 명사 | 굴렁쇠

어린아이 장난감의 하나. 쇠붙이나 대나무 따위로 만든 둥근 테로서, 굴렁대로 굴리며 논다.

〔논산〕어릴 쪽에 뭐 놀 게 뭐 있나. 제기 차고, 돌맹이나 갖고 놀지. 둥굴레미도 허고. 그냥 그런 거 갖고 노는 거. 둥굴레미? 거 느덜두 핵교서 했

으. 동글래미 끄는 거. 굴렁쇠. 이이. 굴렁쇠 말하는 거. 표어릴 적에 뭐 놀 게 뭐 있나. 제기 차고, 돌맹이나 갖고 놀지. 굴렁쇠도 하고. 그냥 그런 거 갖고 노는 거야. 굴렁쇠? 거 너희들도 학교에서 했어. 굴렁쇠 끄는 거. 굴렁쇠. 어어. 굴렁쇠 말하는 거야. 〔서산〕둥굴래미 중이서두 자징겨 바쿠이로 맨든 것이 최고였다. 표굴렁쇠 중에서도 자전거 바퀴로 만든 것이 제일 좋았다. 〔논산〕야, 우리 심심한디 둥굴패나 하까. 표야, 우리 심심한데 굴렁쇠나 할까. 〔세종〕니들 굴렛바퀴로 동네 하나 돌고 와. 표너희들 굴렁쇠로 동네 한 바퀴 돌고 와.

둥그리다 제주 | 동사 | 구르다

(1)바퀴처럼 돌면서 옮겨 가게 하다.
(2)물건을 잘 간수하지 아니하고 아무렇게나 함부로 내버려두다.

〔구좌-한동〕돌 둥그령, 큰 돌덜 둥그려야 그 돌 소곱에 잇는 깅이가 나온다. 표돌 굴려서, 큰 돌들 굴려야 그 돌 속에 있는 게가 나온다. 〔조천-함덕〕밧듸 갈 때사게 아이덜 신어난 운동화 헌 거 어디서 둥그럼시민 그거 신곡 옷도 입어난 거 입곡 허주게. 표밭에 갈 때야 아이들 신었던 운동화 헌 거 어디에서 구르고 있으면 그거 신고 옷도 입었던 거 입고 하지.

◆'구르다'를 제주에서는 '둥그리다/둥글리다/둥으리다'라고 한다.

둥매비 북한 | 명사 | 중신아비

중매를 하는 사람 중 남자를 이르는 말.

〔평남〕둥매비가 발쎄 와시요?(중신아비가 벌써 왔어요?)

◆북한에서는 아직까지 연애결혼보다 중매결혼을 하는 비율이 높다. 중매는 주로 일가친척이 하지만 중매를 전문으로 하는 사람이 중매채를 받고 중매를

하기도 한다. 남자 중매꾼은 '중매애비', 여자 중매꾼은 '중매에미'라고 한다. ◆'듕매미'는 '중매미'가 구개음화되기 전의 어형이다. 『이조어사전』에도 구개음화되기 전의 어형인 '듕미(中媒)'로 나온다.

둥이 경기 | 명사 | 바구미
바구밋과 곤충을 통틀어 이르는 말.
〔연천〕쌀을 오래 묵히면 둥이가 생겨. 표쌀을 오래 묵히면 바구미가 생겨.
◆'바구미'의 사투리형으로 '둥이'류는 거의 나타나지 않는데 충북에서 나타나는 '뒹이'와 같은 계열의 사투리로 보인다.

둥투라지 경기 | 명사 | 동사리
동사릿과의 민물고기.
〔여주〕미꾸라지보다는 행동이 느린 둥투라지를 잡기가 쉬웠다. 표미꾸라지보다는 행동이 느린 동사리를 잡기가 쉬웠다.

둥투리 충북 | 명사 | 버들치
잉엇과의 민물고기.
〔옥천〕우리 동네넌 읎었구, 아래루 한참 내리가믄 둥투리가 많었어. 표우리 동네에는 없었고, 아래로 한참 내려가면 버들치가 많았어.

뒈다 전남 | 형용사 | 힘들다
되다. 고되다.
〔강진〕아이고 뒈라, 심들어 죽겄네. 표아이고 힘들어라, 힘들어 죽겠네. 〔진도〕낮에 심들게 일했드니 몸이 무쟈게 뒈다. 표낮에 힘들게 일했더니 몸이 무지하게 힘들다.

뒈양지다 제주 | 형용사 | 되알지다
사람이 올차고 야무지다.
〔남원〕새서방이 뒈양지민 몰 우터레 필먹을 올리

민 그디서 예장 틀린 글자를 고치는 거라. 표새신랑이 되알지면 말 위로 필묵을 올리면 거기서 예장의 틀린 글자를 고치는 거야.

뒘 경기 | 명사 | 두엄
풀, 짚 또는 가축의 배설물 따위를 썩힌 거름.
〔포천〕뒘 위에서 놀지 마라. 표두엄 위에서 놀지 마라.
◆'두엄'의 다양한 축약형 중 하나이다.

뒤시비 북한 | 명사 | 없음
당사자가 없는 자리에서 그 사람을 헐뜯음. 또는 그런 말.
〔자강〕내래 뒤시비하고 다니는 거 봔? 표내가 '뒤시비'하고 다니는 거 봤어? 〔자강〕너 요즘 내 뒷시비질하고 다니지? 표너 요즘 내 '뒷시비질' 하고 다니지?
◆'뒤시비'는 뒤에서 시비를 건다는 뜻을 표현한 것이다. '시비(是非)'란 옳고 그름을 따진다는 뜻이니 주로 헐뜯는 말일 것이다. 더욱이 당사자 앞에게 직접 하지 않고 그 사람 안 보는 데서 하니 험담이 주를 이룰 것이다. '뒤시비'를 '뒤소리'라고도 한다. 즉 뒤에서 하는 소리라는 뜻이다.

뒤지1 경기 | 명사 | 뒤주
쌀 따위의 곡식을 담아두는 세간의 하나. 나무로 궤짝같이 만드는데, 네 기둥과 짧은 발이 있으며 뚜껑의 절반 앞쪽이 문이 된다.
〔연천〕뒤지에 쌀을 가득 채워놓았지. 표뒤주에 쌀을 가득 채워놓았지.

뒤지2 충남 | 명사 | 없음
농기구 따위를 넣어두던 작은 창고.

〔서산〕뒷간은 똥간이고 뒤지가 광이여. 뒤지라고 허고 광이라고도 허고. 표뒷간은 똥간이고 '뒤지'가 광이야. '뒤지'라고 하고 광이라고도 하고. 〔태안〕뒤지 밑이 긁히면 뭐가 어쩐다구? 쌀독이 그미줄 친지 원젠디 증말 밥맛 떨어지는 소리허구 자빠졌네. 표'뒤지' 밑이 긁히면 뭐가 어떻다고? 쌀독에 거미줄 친지 언제인데 정말 밥맛 떨어지는 소리하고 자빠졌네. 〔공주〕두꺼터 추녀 밑이 테마리께인가 큰 두지가 하나 있었는디 선찮은 토감버럽도 더 컸을 껴. 내 생각이는 곡석 여일곱 가마는 들어갔을 껴. 표뒤꼍에 서까래 밑에 툇마루께인가 큰 '두지'가 하나 있었는데 시원찮은 자리보다도 더 컸을 거야. 내 생각에는 곡식 예닐곱 가마는 들어갔을 거야.
◆'뒤주'는 쌀 따위의 곡식을 담아두는 세간의 하나로 궤짝의 모양으로 한정되지만, 충남에서는 '뒤주간'에 해당하는 곡식 창고를 '뒤지'라고 부른다.

뒤통시 경기 | 명사 | 뒤통수
머리의 뒷부분.
〔양평〕그야말로 믿는 사람한테서 뒤통시를 맞은 거지. 표그야말로 믿는 사람한테서 뒤통수를 맞은 거지.

된정대다 충남 | 형용사 | 서투르다
일 따위에 익숙하지 못하여 다루기에 설다.
〔당진〕그 나이에 설거지 하나 제대로 못 하고 된정대기만 하니 왔다 써먹어? 표그 나이에 설거지 하나 제대로 못 하고 서투르기만 하니 어디다 써먹어? 〔공주〕그 사람 그 일만 보면 엄청이 겁나나 봐. 되게 들정들정햐. 표그 사람 그 일만 보면 엄청 겁나나 봐. 되게 서툴러.

뒹개다 경기 | 동사 | 서두르다
일을 빨리 해치우려고 급하게 바삐 움직

이다.
〔안성〕오늘 아침에 나는 뒹개다 넘어졌다. 표오늘 아침에 나는 서두르다 넘어졌다.

드랭이 전남 | 명사 | 드렁허리
드렁허릿과의 민물고기.
〔강진〕드랭이가 꼭 배암 같다고. 표드렁허리가 꼭 뱀 같다고. 〔진도〕찌랭이가 논두렁에 구녁을 내서 논물이 허실되고 있당께라우. 표드렁허리가 논두렁에 구멍을 내어 논물이 허실되고 있다니까요. 〔진도〕요새는 찌랭이가 밈장애보다 더 비싸다고 합니다. 표요즘은 드렁허리가 민물장어보다 더 비싸다고 합니다.
◆'드렁허리'가 지역어로 '찌렝이'로 토착화된 것은 찌렝이가 논두렁을 찌르고 구멍을 내기 때문에 붙여진 이름으로 추정된다. -주광현(진도) ◆어렸을 때 아버지가 논두럭을 치다가 드랭이를 잡는 것을 보았다. 장어인 줄 알았는데 드랭이는 먹을 수 없는 것이고 논두렁에 구멍을 뚫어서 농사에 해로운 것이라고 했다. -김란(고흥)

드룹다 경기 | 형용사 | 더럽다
때나 찌꺼기 따위가 있어 지저분하다.
〔서울〕그땐 시집살이 증말 드룹게 했어요. 표그땐 시집살이 정말 더룹게 했어요. 〔여주〕내 참, 드룹고 아니꼬와서. 표내 참, 더룹고 아니꼬워서.
◆'드룹다'라는 말은 '더룹다'에서 장음 'ㅓ'가 'ㅡ'로 상승되어 나타나는데, 대체로 뜻을 강조하기 위해 쓰이는 말이다.

드망드망 제주 | 부사 | 드문드문
시간적, 공간적으로 사이가 드문 모양.
〔애월-하귀〕아이덜도 다덜 직장 허멍 바쁨주. 드망드망 온다. 표아이들도 다들 직장 하면서 바쁘지. 드문드문 온다.

◆'드망드망'은 '두망두망'이라고도 한다.

드세없다 전남 | 형용사 | 없음
물건이 어지럽게 들어차 질서가 없는 모양새.
〔장성〕올내는 고추 값이 드세없네! 표올해는 고추 값이 '드세없네!'.

드시다 충남 | 형용사 | 드세다
힘이나 기세가 몹시 강하고 사납다.
〔금산〕이젠 쬐그만 등치가 아니니께 드시게 나오질 못할 겨. 표이젠 작은 덩치가 아니니까 드세게 나오질 못할 거야. 〔공주〕그 사람 얼마나 드시기 싸나운지 아무두 대하들 안 할라구 햐. 표그 사람 얼마나 드세고 사나운지 아무도 대화를 안 하려고 해. 〔논산〕내가 첨에 가니게 사람덜이 위쩌나 드신지 고향 생각만 간절했제. 표내가 처음에 가니까 사람들이 어찌나 드센지 고향 생각만 간절했지.

든돌 강원 | 명사 | 들돌
몸의 단련을 위하여 들었다 놓았다 하는, 돌이나 쇠로 만든 운동 기구.
〔영월〕든돌을 들어야만 어른이 될 수 있다. 표들돌을 들어야만 어른이 될 수 있다.
◆본시 '들돌'은 머슴들의 유희로 무거운 들돌을 들면 상머슴이 되지만, 그렇지 못하면 꼴머슴(땔나무나 꼴을 베는 일을 하는 머슴) 신세를 면하기 어렵다. 그러다가 '들돌'은 일반 서민의 성년 의식으로 자리를 잡았다. '들돌'의 기술은 땅뜨기, 물박치기, 허리 올리기, 가슴팍 올리기, 머리 위 올리기, 등 넘기기, 가슴에 품고 당나무 돌기, 어깨에 메고 당나무 돌기 등이 있다.

든지릅다 전남 | 형용사 | 던지럽다
말이나 행동이 더럽다.
〔장성〕기분 든지르와서 더는 못 해묵겄네. 표기분 던지러워서 더는 못 해먹겠네.

들공 경남 | 명사 | 없음
바닥에 'ㅡ, ㅗ, ㅓ' 모양으로 선을 그리고 각 선의 끝과 선이 교차하는 곳에 구멍을 판 다음, 구슬을 던져 구멍에 넣는 놀이.
〔부산〕만다꼬 그래 샀노, 들공이나 하자. 표뭐 한다고 그렇게 하니, '들공'이나 하자. 〔진해〕우리 뎅고 하자.
◆'들공'은 들 '입(入)'에 빌 '공(空)'을 사용한 말이다. 말 그대로 빈 구멍에 구슬을 넣는 놀이라고 할 수 있다. -김승호(진주) ◆서울과 경기에서는 '알랑들롱/알롱구리/알롱달롱'이라고 하는데, 인천에서는 '솔랑/솔롱', 강원에서는 '봉구멍', 대구에서는 '알랑들롱/옹솔', 부산에서는 '들공/알롱구리/알콩달롱', 진해에서는 '뎅고'라고 한다. ◆'뎅고'는 'ㅗ' 모양으로 선을 그린 다음, 각 선의 끝과 선이 교차하는 가운데에 구멍을 파 놓고, 가운데에서 출발하여 '뎅고-양가새-뎅고-바바' 순으로 모든 구멍에 구슬을 넣고 돌아오면 이기는 놀이이다. 가운데 구멍을 '뎅고'라 하고, 양옆의 구멍을 '양가새', 그리고 위에 있는 구멍을 '바바'라 한다. -김영수(진해)

들러퀴다 제주 | 동사 | 날뛰다
(1)마소 따위가 함부로 덤비거나 거칠게 행동하다.
(2)사람이 기쁘거나 화가 나서 날 듯이 껑충 뛰다.
〔한경-신창〕어머님이 시아방신디 밭 ᄒᆞ난 시누이 주렌 헙디덴 허난 시아방이 욕을 허멍 들러퀴는 거라. 표어머님이 시아버지에게 밭 하나는 시누이 주라고 하니까 시아버지가 욕을 하면서 날

뛰는 거야.

들마시 전북 | 명사 | 없음
무거운 물건을 어깨에 매는 일.
〔정읍〕쌀가마니 들마시는 누가 허냐? 표쌀가마니 '들마시'는 누가 하냐?

들문들문하다 북한 | 형용사 | 뜨끈뜨끈하다
매우 뜨뜻하고 덥다.
〔북한〕방이 들문들문하니 좋다야. 표방이 뜨끈뜨끈하니 좋구나. 〔북한〕온돌에 불을 넣었더니 들문들문하다. 표온돌에 불을 넣었더니 뜨끈뜨끈하다.

들비장질 북한 | 명사 | 없음
심사가 뒤틀려 남들 보란 듯 투정을 부리는 행위.
〔북한〕며느리래 부엌 그릇 내던지며 들비장질하디 않간? 표며느리가 부엌 그릇 내던지며 '들비장질'을 하지 않겠니?

들샘 전남 | 명사 | 없음
들에 있는 샘을 이르는 말.
〔고흥〕옛날에 샘 없는 사람들은 들샘에 가서 물 질러다 묵고 그랬어. 표옛날에 샘 없는 사람들은 '들샘'에 가서 물을 길어다 먹고 그랬어.
◆샘 중에서도 '들샘'처럼 바가지로 물을 떠 담는 샘을 '쪽박세암, 쪽박셈'이라고 한다. 전남, 특히 그중 서부에서는 바가지를 '쪽박'이라고 하기 때문이다. 또 샘이 깊어서 줄을 달아서 물을 긷는 샘을 '두룸박시암'이라고 했는데, 물을 푸는 '두레박'을 전남에서는 '두룸박'이라고 하기 때문이다. 나중에는 이러한 샘을 메우고 펌프로 퍼 올리는 샘을 만들었는데, 이를 '작두새암, 짝두새암, 자새새암, 뽐뿌' 등으로 불렀다. '작두/짝두'는 짚을 써는 '작두질' 행위에 빗대

어 이름을 붙인 것이고, '자새'는 '잣다'라는 말에서 나온 것으로 물을 퍼 올린다는 의미이다.

들틀성 북한 | 명사 | 과단성
도전 정신.
〔평안〕남정네가 들틀성이 없어서 무엇에 쓰갔니! 표남자가 과단성이 없어서 무엇에 쓰겠니!
◆어머니가 우리에게 늘 하시던 말씀이 있다. "남정네가 들틀성이 없어서 무엇에 쓰갔니!"라는 말이다. '동창리 미사일 발사장' 바로 옆 동네인 평안북도 철산군 여한면 연수동에서 태어나신 어머니의 들틀성이란 '과단성'과 '도전정신' 그리고 '실천적인 행동력'을 뜻하는 말이다. 1946년 11월 3일 아버지는 북한에서 임시대의원 총선거를 사실상의 공개투표이자 강제 투표로 진행하는 것을 보고 '들틀성' 있게 이삿짐을 싸서 남쪽으로 내려왔다. 어머니는 맏이인 내가 대학에 합격하자 서울의 번화가인 충무로 집을 버리고 당시 수도도 전기도 없던 신촌 새절 깡촌으로 '들틀성' 있게 이사를 결정하였다. 회고컨대 우리는 어머니의 유언 같은 '들틀성'을 한 번도 화끈하게 실천하지 못했던 것 같다. 이제라도 내 그릇에 맞게 소소한 '들틀성'이라도 실천하고 싶다. -전원곤(인천)

듬발듬발 제주 | 부사 | 몽글몽글
점성이 있는 액체 따위가 한 덩어리가 되면서 굳어지는 모양.
〔남원〕콩국은 물 꿰여가민 저 콩ㄱ루 물에 칸 걸 낭 근하지 말앙 오래 익을 만이 막 젓어. 콩ㄱ루가 거자 익은가 허민 근을 허는 거라. 소금을 허민 이제 콩ㄱ루가 듬발듬발 두부거치 모다져. 표콩국은 물 끓어가면 저 콩가루 물에 탄 걸 넣어 간하지 말고 오래 익을 만큼 마구 저어. 콩가루가 거의 익었다 싶으면 간을 하는 거야. 소금을 치면 이제 콩가루가 몽글몽글 두부같이 모여.

듬삭후다 제주 | 형용사 | 없음

기름기 있는 고기 등을 먹었을 때 입안
에 깊은 맛이 돌아 푸짐하게 느껴지다.

〔제주〕방언게 훼로 먹어도 듬삭허영 좋나. 표방
어는 회로 먹어도 '듬삭해서' 좋다. 〔제주〕몹국에
궤기도 하영 들고 국물도 찐헌 것이 막 듬삭헌
게. 표몸국에 고기도 많이 들고 국물도 진한 것
이 아주 '듬삭하네'.

◆'듬삭후다'를 '듬박하다/듬삭후다'라고도 한다.

등거지 경기 | 명사 | 등걸

줄기를 잘라낸 나무의 밑동.

〔연천〕소나무 등거지에 새순이 올라왔다. 표소나
무 등걸에 새순이 올라왔다.

◆'등걸'과 '그루터기'는 "나무 밑동"을 가리키는 말
이라는 점에서는 뜻이 같다. 다만 관점에 따라 뿌리
쪽에 좀 더 가까운 부분을 '그루터기'라고 한다고 볼
수 있고, '등걸'이 '그루터기'보다 고어형에 가깝다
고 볼 수 있다.

등그럭 충북 | 명사 | 그루터기

풀이나 나무 따위의 아랫동아리. 또는
그것들을 베고 남은 아랫동아리.

〔옥천〕등그럭에 앉아서 좀 셨다가 가. 표그루터
기에 앉아서 좀 쉬었다가 가. 〔충주〕심들면 잠깐
뚜거지지에 앉아서 시고 다시 와서 일하구 그래.
표힘들면 잠깐 그루터기에 앉아서 쉬고 다시 와
서 일하고 그래.

등돌 제주 | 명사 | 들돌

몸의 단련을 위하여 들었다 놓았다 하는
돌. 일반적으로 무게가 다른 세 종류의
돌을 사용한다.

〔노형〕저런 큰 바윗돌을 등돌이라고 험쭈. 표저
런 큰 바윗돌을 들돌이라고 하지요.

◆'들돌'은 그 자체로 '돌'을 의미하기도 하지만, 무
거운 돌을 이용하여 힘을 겨루는 민속놀이이자 돌을
들어올리면 아이를 어른으로 대접하는 통과의례이
기도 하다. '들돌들기'는 음력 정월 보름날에 당제를
지내고 복을 기원하는 의미로 행하기도 하는데, 명
절이나 농한기 때도 즐기던 민속놀이이다 '들돌'을
제주에서는 '듬돌/드름돌/등돌'이라고 한다.

등따꿍 충남 | 명사 | 등딱지

게나 거북 따위의 등을 이룬 단단한 껍
데기.

〔보령〕그거 띠고 이렇게 등따꿍을 뜯으면 양쪽
에 날개처럼 구섬탱이라고 이렇게 이렇게 달렸
잖아? 그거 다 띠어내버려야 돼. 표그게 떼고 이
렇게 등딱지를 뜯으면 양쪽에 날개처럼 아가미
라고 이렇게 이렇게 달렸잖아? 그거 다 떼어내
버려야 돼. 〔공주〕하루 대간하게 일허구 집이 와
서 저녁 먹구 이따가 방이 두러누으면 등때기가
따끈따끈허야 그 이트날 뫼이 거뜬혀. 표하루 고
단하게 일하고 집에 와서 저녁 먹고 이따가 방에
드러누우면 등딱지가 따끈따끈해야 이튿날 몸이
거뜬해.

◆'등따꿍'의 '따꿍'은 '뚜껑'의 변이형으로 보인다.
게나 거북이의 등을 묘사할 때 '딱지'라고 하는 것은
딱딱한 질감을 표현한 것인 반면, '따꿍'으로 묘사한
것은 몸을 덮고 있는 것이 뚜껑과 같음을 표현한 것
이다.

등떨같이 경기 | 부사 | 득달같이

잠시도 늦추지 아니하게.

〔강화〕걔네들은 정말 대단해. 그 아버지가 그리
엄하고 까다로우서서 그런지 몰라도 말이 떨어
지기가 무섭게 등떨같이 그 많은 일을 해내는 거
야. 표걔네들은 정말 대단해. 그 아버지가 그렇
게 엄하고 까다로우서서 그런지 몰라도 말이 떨

어지기가 무섭게 득달같이 그 많은 일을 해내는 거야. 〔강화〕말만 해. 등돌같이 해줄 테니까. 표 말만 해. 득달같이 해줄 테니까.

등실기다 전북 | 형용사 | 어색하다
잘 모르거나 아니면 별로 만나고 싶지 않았던 사람과 마주 대하여 자연스럽지 못하다.
〔완주〕초명으는 써먹써먹허고 등실기지. 표초면에는 서먹서먹하고 어색하지.

등천하다 경남 | 형용사 | 없음
냄새가 온 주위에 퍼지다.
〔산청〕전어 꾸우마 꼬시한 내가 등천하는 기라. 표전어를 구우면 고소한 냄새가 '등천하는' 거야. 〔거창〕밥내가 등천하마 실찍이 일어나서 눈치만 보거든. 표밥내가 '등천하면' 슬쩍 일어나서 눈치만 보거든.

등평이 전북 | 명사 | 보리멸
보리멸과의 바닷물고기.
〔부안〕디포리라고 말린 것 있지. 그것이 등평이여. 봄에 보리누름에 담아. 표보리멸이라고 말린 것 있지. 그것이 '등평이'야. 봄에 보릿고개 때 담가.

등화간지 북한 | 명사 | 없음
불빛이 새어나가지 못하도록 두꺼운 천이나 검정색 두꺼운 종이로 창문을 막는 행위.
〔자강〕반항공 훈련이 있으니 등화간지를 잘하라요. 표반항공 훈련이 있으니 '등화간지'를 잘하세요.

디과 북한 | 명사 | 고구마
메꽃과의 여러해살이풀.
〔자강〕디과레 다 닉엇갔다. 표고구마가 다 익었겠다. 〔자강〕디과 자오. 표고구마 드세요.

디다 경북 | 형용사 | 되다
몸이 지쳐서 피곤하고 고달프다.
〔대구〕공부한다꼬 디제? 표공부하느라 되지?
◆'디다'는 '대다' 또는 '뒤다'라고도 한다.

디다 전북 | 동사 | 데우다
식었거나 찬 것을 덥게 하다.
〔부안〕이따 뜨시게 디갖고 먹어. 표이따 따뜻하게 데워갖고 먹어.

디리다 강원 | 동사 | 드리다
물건 따위를 남에게 건네어 가지거나 누리게 하다.
〔정선〕떡이 엄청 맛있어 보여서 어머이 디리고 왔어유. 표떡이 엄청 맛있어 보여서 어머니께 드리고 왔어요. 〔춘천〕이거 마신능 거 할머니 줌 디려봐. 표이거 맛있는 거 할머니 좀 드려봐. 〔삼척〕귀한 햇과일이 났기에 할머니께 드렜더니 맛있게 잡수셨다. 표귀한 햇과일이 났기에 할머니께 드렸더니 맛있게 잡수셨다.

디리다 충북 | 동사 | 드리다
물건 따위를 남에게 건네어 가지거나 누리게 하다.
〔옥천〕부모님께 용돈얼 디리야지. 표부모님께 용돈을 드려야지.

디비쪼오다 경남 | 형용사 | 뒷북치다
일을 순서대로 하지 않고 청개구리처럼 반대로 하는 모습. 일의 우선순위를 제대로 알지 못하고 엉뚱한 일을 할 때 사용함.

〔울산〕자아는 진짜 디비쪼오는 데 선수다. 表저
아이는 진짜 뒷북치는 데 선수다.

디저구 경북 | 명사 | 두더지
두더짓과의 포유류를 통틀어 이르는 말.
〔성주〕디저구는 밭농사 짓는 사람한테는 웬수
택이다. 表두더지는 밭농사 짓는 사람한테는 원
수 격이다.
◆'두더지'는『이조어사전』에 '두디쥐'로 나온다. 그
리고 '뒤지다'라는 뜻을 지닌 '두디다'라는 말도 제
시되어 있다. 이를 보면 '두더지'는 땅을 파거나 농
작물을 훼손하는 뒤지는 행위를 하는 동물이라는 뜻
으로 붙여진 이름이 아닌가 한다. 두더지는 전국적
으로 '뒤제기, 디저기, 두지기, 디지기' 등의 방언형
이 있는데 모두 옛말 '두디다' 또는 '뒤지다'와 관련
이 있는 말로 보인다.

디통생이 충북 | 명사 | 뒤통수
머리의 뒷부분.
〔단양〕그눔 디통생이가 똥그란 기 잘생겼네. 表
그놈 뒤통수가 동그란 게 잘생겼네.

딘장 충북 | 명사 | 된장
메주로 간장을 담근 뒤에 장물을 떠내고
남은 건더기.
〔청주〕그전에는 약이 읎으니께 벌에 쏘이믄 딘장
을 발랐어. 表그전에는 약이 없으니까 벌에 쏘이
면 된장을 발랐어.

딘기다 충북 | 동사 | 들리다
사람이나 동물의 감각기관을 통해 소리
가 알아차려지다.
〔옥천〕소리럴 좀 크게 해봐, 잘 안 딘기네. 表소
리를 좀 크게 해봐, 잘 안 들리네.

두끈하다 제주 | 형용사 | 묵직하다
다소 큰 물건이 보기보다 제법 무겁다.
〔노형〕보기와 달리 들어보니 두끈하다. 表보기와
달리 들어보니 묵직하다.
◆'두끈하다'를 '든직하다'라고도 한다.

독새기 제주 | 명사 | 달걀
닭이 낳은 알.
〔노형〕둥그린 독새긴 빙애기 뒈곡, 둥그린 사름
은 쓸메 난다. 表굴린 달걀은 병아리 되고, 굴린
사람은 쓸모가 있다. 〔애월-상가〕닭들이 우는 소
리가 독새기 났댕 울엄쩌. 表닭들이 우는 소리가
달걀 낳았다고 울었다. 〔애월-상가〕돌아가신 우
리 아방은 아침마다 독세기 하나썩 톡톡 깡 호로
록끼 먹어났쭈기. 表돌아가신 우리 아버지는 아
침마다 달걀을 하나씩 톡톡 까서 호로록 먹었었
지요.
◆제주에서는 암탉이 알을 낳을 자리에 미리 두는
달걀을 '밋알(밑알)'이라고 한다. 암탉이 알을 아무
데나 낳지 않도록 둥지를 지정해준 것이라고 할 수
있다. 이런 알 둥지를 '독텅에'라고 하는데 벽에 걸
어두기도 하고 사람의 왕래가 뜸한 바닥에 두기도
한다. 일반 닭장은 '독집'이라고 하고, '빙애기(병아
리)'를 독수리나 매로부터 보호하기 위해 채를 엮어
만든 것은 '독망' 또는 '독수룽이'라고 한다. -김동필
(용담)

독엿 제주 | 명사 | 없음
닭을 넣어 만든 엿. 차조로 지은 밥에 물
과 엿기름을 넣어 고은 후 삶은 닭고기
를 찢어 넣는다.
〔한경-신창〕그 조팝에 골 낭 딸령 꿩 놓민 꿩엿
이고 독 놓민 독엿 뒈는 거주. 表그 조밥에 엿기
름 넣어서 달여서 꿩 넣으면 꿩엿이고 닭 넣으
면 '독엿'이 되는 거지. 〔애월-상가〕공부허당 지

치믄 둑엿 혼 수저씩 입에 낭 먹으라이! 표공부
하다가 지치면 '둑엿' 한 수저씩 입에 넣어 먹어
라! 〔남원〕둑엿 재료는 똑거트게 허다가, 너무 인
칙 고기를 노민 고기가 세영 못 먹어이. 표'둑엿'
재료는 똑같게 하다가, 너무 일찍 고기를 넣으면
고기가 세서 못 먹어.

◆제주에서는 꿩이나 닭에 익모초와 하눌타리 등의
약재를 넣어 엿을 고아 먹었는데, 재료에 따라 엿의
이름이 달라진다. 육류나 약초를 넣어 만든 엿은 간
식이라기보다 가족의 건강을 위한 보양식이거나 보
약으로 먹었다. 꿩엿은 경기를 예방하는 데 효과가
있고, 익모초엿은 산후 생리불순을 다스리는 약으로
쓰였다. '둑엿'은 원기 회복에 좋다고 하여 주로 겨
울철에 만들어 먹었다.

돌다 제주 | 동사 | 데리다
아랫사람이나 동물 따위를 가까이 있게
하다.
〔구좌-한동〕게난 남 거튼 거 헐 때도이 목수를
돌앙 가야 뒌다. 표그러니까 나무 같은 거 할 때
도 목수를 데리고 가야 된다. 〔한경-신창〕새시방
칩이선 날 둘레 둘이 왔어라. 표새신랑 집에서는
나를 데리려 둘이 왔더라.

돌벵이 제주 | 명사 | 달팽이
연체동물문 달팽잇과의 동물을 통틀어
이르는 말.
〔남원〕도리버즘 낳을 때 나 옛날 말로 저 집엇인
돌벵이 험벅에 싸근에 그 버즘더레 막 민잘민잘
닝겨. 흔 이틀 잇당 썻어불민 좋아난 적 잇어. 표
진버짐 났을 때 나는 옛날 말로 저 집없는달팽이
헝겊에 싸서 그걸 버짐에 마구 '민잘민잘' 문질
러. 한 이틀 있다가 썻어버리면 좋아진 적 있어.
◆'돌벵이'는 표준어 '달팽이'에 대응하는 말이다.
'집엇인돌벵이'는 달팽이의 껍데기를 '집'에 비유해

서 붙여진 이름이다. 이 껍데기를 '옷'에 비유하여
'옷벗은돌벵이'라고도 한다. 민간요법으로 버짐 등
피부병에 효과가 있는 것으로 알려져 있다.

돌치 제주 | 명사 | 달고기
달고깃과의 바닷물고기.
〔조천-조천〕돌치는 주낙으로 잡아 오주. 표달고
기는 주낙으로 잡아 오지.
◆'돌치'는 몸 옆에 달 모양의 문양이 있어서 붙여진
이름이다.

돌코롬ᄒ다 제주 | 형용사 | 달콤하다
감칠맛이 있게 달다.
〔구좌-한동〕믓 막 독헌 물 넘겨가멍, 다시 물 거
려 놔가멍 숢아. 경허영 영 줍아 먹어봥 ᄒ쓸 돌코
롬허민 거려내. 표무릇 마구 독한 물 넘겨가면
서, 다시 물 떠 넣어가면서 삶아. 그래서 이렇게
집어 먹어봐서 조금 달콤하면 떠내. 〔도련〕감저
낭 헌 밥이 돌콤헤영. 표고구마 넣어서 한 밥이
달콤해요.
◆'돌코롬ᄒ다'는 '들크름ᄒ다' 또는 '돌콤ᄒ다'라고
도 한다.

따굽다 강원 | 형용사 | 따갑다
살을 찌르는 듯이 아픈 느낌이 있다.
〔평창〕모갱이가 물어서 따굽다. 표모기가 물어서
따갑다. 〔춘천〕까시가 백힌 것두 모르구 자꾸 따
굽따구만 허네. 표가시가 박힌 것도 모르고 자꾸
따갑다고만 하네.
◆'따갑다'를 '따굽다'라고 하는 것은 '반갑다'를 '반
굽다'라고 하는 것과 같은 어형이다.

따그리 경남 | 형용사 | 없음
너무 크지도 않고 너무 작지도 않고 알
찬 것.

〔울산〕새아가, 조구 새끼 따그리한 거 몇 마리 사다가 국물 나그리하게 붓고 알그리하게 한번 찌져봐라. 표새아가, 조기 '따그리'한 거 몇 마리 사다가 국물 넉넉하게 붓고 얼큰하게 한번 지져봐라.

◆조기를 한 마리 지져도 '따그리, 나그리, 알그리'라는 말이 감자 캐듯 올라온다. '따그리'는 너무 크지도 않고 너무 작지도 않고 알찬 것을 뜻하는 말이고, '나그리'는 국물이 넘치지 않게 하되 넉넉한 것을 뜻하는 말이고, '알그리'는 너무 맵지 않게 하되 얼큰한 것을 뜻하는 말이다. -김인건(울산)

따기꾼 북한 | 명사 | 소매치기
남의 몸이나 가방을 슬쩍 뒤져 금품을 훔치는 일을 직업으로 하는 사람.
〔북한〕그에게 김석근은 지난밤에 따기꾼한테 호주머니를 털리웠는데 잃은 것이 없는가 보라고 말하였다.-윤원삼(2011) 표그에게 김석근은 지난밤에 소매치기한테 호주머니를 털렸는데 잃은 것이 없는가 보라고 말하였다. 〔양강〕장마당에 가면 쓰리꾼들이 많으니 주머니 털리지 않게 조심하오. 표시장에 가면 소매치기들이 많으니 주머니 털리지 않게 조심해라.

따까리1 경남 | 명사 | 딱지
헌데나 상처에서 피, 고름, 진물 따위가 나와 말라붙어 생긴 껍질.
〔하동〕다친 디 생긴 따까리가 쪼깸썩 떨어지몬 다 낫아간다는 징존 기라. 표다친 데 생긴 딱지가 조금씩 떨어지면 다 나아간다는 징조인 거야. 〔창원〕따까리 앉인 데 근질근질하다꼬 근질이다가 따까리 떨어지모 다부 겡긴다이. 표딱지 앉은 데 가렵다고 긁다가 딱지 떨어지면 도로 곪는다이.
◆말이 많거나 억지를 부려 자기 의견을 고집스럽게 내세우는 것을 밀양에서는 '따까리세다'라고 하고, 창녕에서는 '따까리씨아다'라고 한다. 이때의 '따까

리'는 '딱지'가 아니라 '떼'를 뜻하는 말이다. -김성재(고성)

따까리2 경남 | 명사 | 뚜껑
그릇이나 상자 따위의 아가리를 덮는 물건.
〔창녕〕밥 안 식구로 따까리 덮어라. 표밥 안 식게 뚜껑 덮어라.
◆통영에서는 일반 식기의 뚜껑을 '뚜벙'이라고 하고, 항아리 뚜껑은 '뚜께'라고 한다. -경남방언연구보존회

따까옇다 경남 | 동사 | 욱여넣다
가방이나 구멍 따위에 주위에서 중심부 쪽으로 하여 억지로 밀어 넣다.
〔진주〕이래 눌러가꼬 고마 따까옇어라. 표이렇게 눌러가지고 그냥 욱여넣어라. 〔울산〕옷을 옷장에 따까옇었드만 다 구겨져뿌따. 표옷을 옷장에 욱여넣었더니만 다 구겨져버렸다.

따닥개비 경기 | 명사 | 없음
메뚜깃과의 곤충인 방아깨비의 수컷을 이르는 말.
〔양주〕여름 내내 풀섶에서는 따닥개비들이 '따다닥' 날갯소리를 내며 날아다녔다. 표여름 내내 풀숲에서는 '따닥깨비'들이 '따다닥' 날갯소리를 내며 날아다녔다. 〔여주〕가을이면 알을 잔뜩 배 통통한 황가치들이 무거운 몸뚱이로 힘겹게 날아다녔다.
◆경기도 파주에서는 방아깨비를 수컷이든 암컷이든 '방아깨비'라고 하는데 연천에서는 수컷을 '까드대기'라고 하고, 암컷을 '방아깨비'라고 한다. 포천에서도 수컷을 '까드대기/끄드레기'라고 하고, 암컷을 '방아깨비'라고 한다. 그런가 하면 양평에서는 수컷을 '때까치'라고 하고, 암컷을 '방가지'라고 하고, 여주·이천에서는 수컷을 '때까치/따다개비/따닥개

비'라고 하고, 암컷을 '항가치'라고 한다. ◆어렸을 때 작은 수컷을 잡아서 "때까치야, 때까치야. 살려줄게, 황가치를 데려와라." 이런 노래를 부르고 살려주면 황가치한테 업혀 온다고 믿었다. 짝짓기 하는 모습을 보면 이때 살려준 때까치가 황가치를 잡아 온 형상이었다. −이인환(이천)

따댕이 충북 | 명사 | 딱지

헌데나 상처에서 피, 고름, 진물 따위가 나와 말라붙어 생긴 껍질.

〔영동〕접때 넘어져갖구 피가 철철 나더니 따댕이 앉었어? 囲지난번에 넘어져가지고 피가 철철 나더니 딱지 앉었어?

◆옛날에는 아이들이 몸에 딱지를 달고 살았다. 달리다가 넘어져 무르팍에 상처가 나고 따댕이가 생기면 그게 잘 아물어 새살이 나고 따댕이가 떨어져야 하는데, 그러기도 전에 또 넘어져 상처가 마를 날이 없었기 때문이다.

따배이 경북 | 명사 | 똬리

짐을 머리에 일 때 머리에 받치는 고리 모양의 물건. 짚이나 천을 틀어서 만든다.

〔대구〕물동이 일 적에는 따배이를 꼭 받치가 올리라 안 카더나. 囲물동이 일 적에는 똬리를 꼭 받쳐서 올리라고 안 그랬니.

따분하다 북한 | 형용사 | 난처하다

이럴 수도 없고 저럴 수도 없어 처신하기 곤란하다.

〔북한〕영희는 두 남자동무에게 고백을 받았지만 누구도 거절하기 따분해서 혼자 고민하기 시작했담다. 囲영희는 두 남자친구에게 고백을 받았지만 누구도 거절하기 난처해서 혼자 고민하기 시작했다고 합니다.

◆남한에서 '따분하다'가 '재미가 없어 지루하고 답답하다'와 '착 까부러져서 맥이 없다', '몹시 난처하거나 어색하다'라는 세 가지 의미를 지니지만, 북한에서 '따분하다'는 '몹시 난처하거나 어색하다'라는 의미로만 사용된다.

따시다 강원 | 형용사 | 따뜻하다

덥지 않을 정도로 온도가 알맞게 높다.

〔삼척〕옛날 사람들은 삼시 세끼 따신 밥을 먹는 게 소원이었잖소. 囲옛날 사람들은 삼시 세끼 따뜻한 밥을 먹는 게 소원이었잖소. 〔삼척〕이게 금방 쪄낸 셩편인데요, 뜨실 때 어푸 드시와. 囲이게 금방 쪄낸 송편인데요, 따뜻할 때 어서 드시오. 〔평창〕나는 항상 뜨신 물을 먹는다. 囲나는 항상 따뜻한 물을 먹는다.

따시다 전북 | 형용사 | 따뜻하다

덥지 않을 정도로 온도가 알맞게 높다.

〔남원〕아랫묵이 따신게 이리 앉게. 囲아랫목이 따뜻하니까 이리 앉아. 〔임실〕방을 따숩게 헐라면 군불을 많이 때야 히여. 囲방을 따뜻하게 하려면 군불을 많이 때야 한다. 〔군산〕바람이 찬게 따땃헌 국밥이나 한 그릇이 허자고. 囲바람이 차니까 따뜻한 국밥이나 한 그릇 먹자고.

따지 경기 | 명사 | 견출지

책이나 서류 따위에서 분류를 목적으로 붙이는 작은 종이.

〔서울〕따지가 어디 있지, 따지를 붙여야 하는데. 囲견출지가 어디 있지, 견출지를 붙여야 하는데.

딱궁 전북 | 명사 | 뚜껑

그릇이나 상자 따위의 아가리를 덮는 물건.

〔군산〕볼펜 딱궁이 어디로 갔다냐? 囲볼펜 뚜껑이 어디로 갔냐?

딱주기 강원 | 명사 | 잔대

초롱꽃과의 여러해살이풀.

〔정선〕배고프면 산에서 곤두레와 딱주기를 캐다 먹었지. 표배고프면 산에서 곤두레와 잔대를 캐다 먹었지.

딸 경북 | 명사 | 딸기

딸기속 식물을 통틀어 이르는 말.

〔대구〕나무딸이 주렁주렁 열렸더라. 표산딸기가 주렁주렁 열렸더라.

딸꾸비 경북 | 명사 | 없음

연이어 쉴 새 없이 세차게 내리는 비.

〔대구〕딸꾸비가 하로 청일 논 날거치 퍼버쌓티마는 지역답이 되이끼네 씨신 듯이 그친다. -상희구(2015) 표'딸꾸비'가 하루 종일 놋쇠 날처럼 퍼붓더니 저녁때가 되니까 씻은 듯이 그친다.

◆'딸꾸비'는 달구(땅을 단단히 다지는 데 쓰는 기구)로 땅을 단단히 다지듯이 쏟아지는 비를 뜻하는 말이다. 비슷한 뜻으로 '쪼랑비'라는 말이 있다. '쪼랑비'는 '딸꾸비'와 비슷한데 빗줄기가 좀 더 가늘다. '딸구비'와 '쪼랑비'가 좀처럼 그치지 않는 비라면 '깨굼발비'는 한쪽 발을 들고 오래 서 있을 수 없듯이 순간적으로 쏟아져 내린 비를 뜻하는 말이다. 여우비라고도 하는 '야시비'와 뜻이 비슷한 말이다. -상희구(대구)

딸따리 충북 | 명사 | 경운기

동력을 이용하여 논밭을 갈아 일구어 흙덩이를 부수는 기계.

〔보은〕너 뭐 햐. 딸따리 해놓구서 얼릉 새참 먹어야지. 퍼뜩 하구 쉬자구. 표너 뭐 해. 경운기 작업 해놓고 얼른 새참 먹어야지. 빨리 하고 쉬자고.

◆'딸딸이'는 충북에서 경운기를 일컫는 말로 쓰였으나 경북에서는 슬리퍼를, 경남에서는 수컷 방아깨비

를 일컫는 말로 쓰였다. 남사당패의 은어로 '간진딸따리'라고 하면 좋은 차를 뜻하는 말이다. '딸딸딸' 소리가 나는 사물이 많으니 지역마다 다르게 방언이 형성된 것으로 이해된다.

딸딸이 경남 | 명사 | 슬리퍼

실내에서 신는 신.

〔부산〕뭐 하노, 딸딸이 끌고 퍼떡 나온나. 표뭐 해, 슬리퍼 끌고 빨리 나오너라.

◆경상도에서 '딸딸이'는 '슬리퍼'나 '경운기'를 가리키는 말로 쓰인다. 슬리퍼를 끌 때 나는 소리와 경운기가 움직일 때 나는 소리 때문에 붙여진 이름이다. 지역에 따라 전화기나 자전거, 또는 경운기 엔진을 사용하는 배에도 쓴다. -김의부(거제)

땀떼기 충남 | 명사 | 땀띠

땀으로 피부가 자극되어 생기는 발진.

〔서산〕애기의 모가지허구 웅뎅이에 땀떼기가 생겼다. 표애기의 목하고 엉덩이에 땀띠가 생겼다.

땀바구 강원 | 명사 | 없음

청미래덩굴 열매.

〔강릉〕산에 쇠 멕이러 댕길 저 땀바구 따 먹구 그랬어. 표산에 소 먹이러 다닐 적에 '땀바구'를 따 먹고 그랬어. 〔삼척〕예전 파란 깜바구는 따 먹었고, 동그란 잎사구로는 샘물에 물을 떠먹었잖소. 가을이 되면 빨갛게 익은 깜바구를 줄기때 꺾어 와서 집 안에 걸어놓기도 했고요. 표예전에 파란 '깜바구'는 따 먹고, 동그란 잎사귀로는 샘물을 떠먹었잖아요. 가을이 되면 빨갛게 익은 청미래덩굴 열매를 줄기째 꺾어 와서 집 안에 걸어놓기도 했고요.

◆경남 의령에서는 '청미래덩굴'을 '망개나무'라고 하고, 망개 잎에 떡을 싼 것을 '망개떡'이라고 한다. 망개 잎에는 살균 성분이 있어 떡을 오래 보존하는

효과가 있는 것으로 알려져 있다.

땅감 경북 | 명사 | 토마토

가짓과의 한해살이풀.

〔의성〕땅감은 여름부터 해가 가을까지 계속 거둔데이. 표토마토는 여름부터 해서 가을까지 계속 거둔다.

◆'땅감'은 토마토의 순우리말 이름으로 알려진 사투리이다. 토마토는 처음에 관상용으로 심었으나 영양 성분이 밝혀지면서 식용화되었다. 토마토를 우리말로 '일년감'이라고도 하는데, 이는 토마토를 감과 견주어 붙인 이름으로 보인다. 감은 나무에 열리고 토마토는 한해살이풀의 줄기에 열리니, 땅에서 자란다는 뜻으로 땅감이라 할 만하고 1년마다 다시 심어야 하니 '일년감'이라 할 만하다.

땅개비 전남 | 명사 | 방아깨비

메뚜깃과의 곤충.

〔고흥〕땅개비를 꾸 묵으믄 아주 맛있어. 꼬수룸허니. 근디 알 밴 놈은 꾸믄 더 맛있어. 표방아깨비를 구워 먹으면 아주 맛있어. 고스름하니. 그런데 알을 밴 놈은 구우면 더 맛있어. 〔진도〕가실에 장땅개비를 많이 잡아 솥뚜껑을 엎어놓고 뽂아 먹으면 꼬스름하니 맛있어. 표가을에 방아깨비를 많이 잡아 솥뚜껑을 엎어놓고 볶아 먹으면 고소하니 맛있어.

◆시골에서 생활하는 아이들은 자연과 가깝게 지낼 수밖에 없다. 더구나 특별한 장난감이 없었던 옛날에는 자연과 그 안의 모든 곤충과 새, 물고기들은 아이들에게 놀이터이고 놀잇감이었다. 어린 시절에 방아깨비와 풍뎅이를 잡아서 가지고 놀면서 "땅갭아, 땅갭아, 돈 주께 방애 찍어라"라고 불렀다. 여수, 순천 등 일부 동부 지역에서는 '땅깨비'는 방아깨비의 수컷(작은 것)을 일컫는 말이고, 암컷은 '연치'라고 하였다. -천인순(고흥)

땅개비 충남 | 명사 | 방아깨비

메뚜깃과의 곤충.

〔서산〕땅개비 뒷다리 붙잡구, 아침 방아 찧어라 저녁 방아 찧어라 헌다. 표방아깨비 뒷다리 붙잡고, 아침 방아 찧어라 저녁 방아 찧어라 한다. 〔태안〕땅깨비는 숫컷이 짝구 앙컷은 큰디 잡기 쉬운 앙컷이 방애는 잘 쪄. 표방아깨비는 수컷이 작고 암컷은 큰데 잡기 쉬운 암컷이 방아는 잘 쪄. 〔세종〕왕아치의 뒷다리를 재고 있으믄 방아를 찌는디 이렇게 하지유. 표방아깨비의 뒷다리를 잡고 있으면 방아를 찌는데 이렇게 하지요. 〔공주〕우리 어릴 적으면 허두 땅깨미가 많았었는디 지금은 날씨 탓인가 환경인가 뭐인가 많이 안 뵈여. 표우리 어릴 적만 해도 방아깨비가 많았었는데 지금은 날씨 탓인가 환경인가 뭐인가 많이 안 보여.

◆'땅개'와 '땅개비'라는 말은 '메뚜기, 방아깨비, 때때기, 풀무치' 등 전체를 이르는 말로 쓰였다. -권선옥(논산)

땅꼬 전남 | 명사 | 없음

딸을 많이 낳은 집에서 딸을 그만 낳고 아들을 낳기를 바라며 사용하는 이름.

〔해남〕우리 땅꼬, 게아쩜에다 옇고 댕기믄 좋겠다. 표우리 '땅꼬', 호주머니에 넣고 다니면 좋겠다. 〔강진〕딸이 많아 딸 그만 나라고 이름을 땅꼬라고 지었제. 표딸이 많아 딸 그만 낳으라고 이름을 '땅꼬'라고 지었지. 〔진도〕시단아, 땅꼬네 집에 신바람 좀 갔다 온나. 표셋째야, '땅꼬'네 집에 심부름 좀 다녀오너라.

◆딸이 많은 집에서는 이름이 아니라 애칭이나 아명으로 '땅꼬'라고 불렀고, '둘레'라고도 했다. 딸을 그만 낳았으면 좋겠다는 마음으로 '땅꼬(딸 고만)'라고 부른 것이다. '둘레'는 딸을 그만두자는 말로 사용한 게 아닌가 추측만 할 뿐이다. 그런가 하면

또 딸을 낳았다는 뜻으로 '또순이'라고 부르기도 했고, 아들 낳는 것이 어긋났다는 뜻으로 '언년이', 이제 딸을 낳는 것은 끝이라는 뜻으로 '구달이', 반드시 아들을 낳아야 한다고 '필남이'라고도 했다. ―백선옥(해남) ◆'땅꼬'는 서글픈 시대상을 반영한 이름이다. 어느 지역에서 특별히 그렇게 부르는 게 아니고 전 지역에서 고루 썼다. 영광 출신 수필가 조희관의 '땅꼬'에 대한 설명은 이렇다. "땅꼬는 '딸 그만'의 뜻을 담고 있다. 이런 바람의 이름으론 이제 딸은 끝이라는 '만예', 딸은 그만 낳으라는 '그만예', 딸 낳아서 서운하다는 '서운예', 딸 그만이라는 '달만이'가 다 그런 이름들이다." ―오덕렬(광주)

땅두드레기 충남 | 명사 | 두더지
두더짓과의 포유류를 통틀어 이르는 말.
〔금산〕예전엔 땅두드레기가 온 밭을 헤집구 다녀서 응망된 게 많어. 표예전에는 두더지가 온 밭을 헤집고 다녀서 엉망이 된 게 많았어. 〔서산〕두제기 혼인이란 말은 제 본분을 몰르구 엉뚱한 희망을 가진다는 뜻이다. 표두더지 혼인이란 말은 제 본분을 모르고 엉뚱한 희망을 가진다는 뜻이다. 〔공주〕남새밭이 뭐를 심어놓노아먼 두더기랑 놈들이 다 땅을 쑤시고 댕겨 하나두 안 남어. 표남새밭에 뭐를 심어놓으면 두더지란 놈들이 다 땅을 쑤시고 다녀 하나도 안 남아.

땅띔하다 전북 | 동사 | 어림짐작하다
대강 헤아려 짐작하다.
〔부안〕대강 보고 땅띔하기가 에로운디. 표대강 보고 어림짐작하기 어려운데.

땅배얌 충남 | 명사 | 누룩뱀
뱀과의 구렁이.
〔예산〕짜구때낭구 옆일 지나던디 말여. 뭔가가 목이 척 걸리더라구. 슴뜩해서 쳐다보닝께 땅배얌이 낭구가정이에 올러가 있더먼. 월마나 놀랬던지 물러. ―이명재(2015) 표자귀나무 옆을 지나는데 말이야. 뭔가가 목에 척 걸리더라고. 섬뜩해서 쳐다보니까 누룩뱀이 나뭇가지에 올라가 있었어. 얼마나 놀랐는지 몰라.

땅배얌 충북 | 명사 | 누룩뱀
뱀과의 구렁이.
〔보은〕낭구 옆일 지나는데 말여. 땅배얌을 보고 월마나 놀랬던지 물러. 표나무 옆을 지나는데 말이야, 누룩뱀을 보고 얼마나 놀랐는지 몰라.

땅치기 경기 | 명사 | 고누
땅이나 종이 위에 말밭을 그려놓고 두 편으로 나누어 말을 많이 따거나 말 길을 막는 것을 다투는 놀이.
〔포천〕애들아, 우리 땅치기 허구 놀자. 표애들아, 우리 고누 하고 놀자. 〔양평〕나도 꼰질 할 꺼니깐 내 것두 맡어주라고. 표나도 고누 할 거니까 내 것도 맡아주라고. 〔이천〕그냥 땅바닥에 앉아서 꼰두는 거지. 표그냥 땅바닥에 앉아서 고누 하는 거지.
◆함북 사투리로 '땅치기'는 '딱지치기'를 뜻한다. '딱지치기'는 딱지를 땅에 내려쳐서 뒤집힌 것을 따는 놀이이니 땅치기로 불렀음 직하다. 이에 비해 경기도에서는 '고누' 또는 '고누두기'를 뜻하는 말로 쓰였다.

땋줄이 경남 | 명사 | 없음
닻줄처럼 길고 튼튼하게 자라라는 뜻으로 갓 태어난 남자아이에게 붙이는 아명.
〔거제〕오래 살라고 땋줄이라고 했어. 〔창원〕맹이 땋줄이다. 표명이 '땋줄이'다.
◆1950년대 영·유아 사망률은 1000명 당 138명으로 갓난아이들이 태어나자마자 세상을 떠나는 일

이 많았다. '붙들이'와 '따줄이/땇줄이'라는 이름은 이러한 시대적 상황에서 생겨난 말이다. '붙들이'라는 이름에 목숨을 꼭 붙들라는 의미가 있다면, '따줄이/땇줄이'라는 이름에는 '닻'을 뜻하는 경남 사투리 '땇'을 사용하여 배가 정박할 때 닻을 내리듯, 이 세상에 닻을 내려 저 세상으로 떠나지 말라는 의미를, 그리고 닻줄의 튼튼함처럼 오래 살라는 의미를 담고 있다. -김성재(고성)·김의부(거제) ◆우리의 민속신앙 중에는 '이름팔기'라는 것이 있다. 다른 대상에게 이름을 팔면 장수한다고 믿었기 때문에 생겨난 풍습이다. 일종의 '더위팔이'라고 할 수 있다. 이를 위해 삼신할미에게 아이를 판 아이라는 뜻으로 고성에서는 여자아이에게 '폰님이'라고 했는가 하면, 바위에 이름을 판 아이라는 뜻으로 통영에서는 '폰바우'라고 하기도 했다. -김성재(고성) ◆닻줄은 배의 닻을 고정하기 위하여 쓰는 줄로서 단단하여 쉽게 끊어지지 않기 때문에 자손이 귀한 집에서는 아이의 아명으로 땇줄을 상징하는 '땇줄이', '쇠줄이', '붙들이'라고 하였다. -김의부(거제)

때기장 북한 | 명사 | 고집
자기의 의견을 바꾸거나 고치지 않고 굳게 버팀. 또는 그렇게 버티는 성미.
〔북한〕때기장 피우지 마라. 표고집 피우지 마라.

때기장치다 경남 | 동사 | 패대기치다
매우 짜증 나거나 못마땅하여 어떤 일이나 물건을 거칠게 내던지다.
〔울산〕이놈의 머시마가 와 이래 옷을 때기장처 났노? 표이 녀석은 왜 이렇게 옷을 패대기쳐났니? 〔하동〕땅바닥에다 쎄리 때기친다. 표땅바닥에다 마구 패대기친다.
◆'때기치다'는 '패대기치다'와 뜻이 비슷하지만 동의어는 아니다. '패대기치다'는 거칠게 내던지는 행위를 뜻하는 말이지만 '때기치다'는 그러한 의미 외

에도 "바닥에 내리꽂다"를 뜻하는 말이기 때문이다.
◆'때기'는 '딱지'를 뜻하는 말이기도 하다. 따라서 '때끼치기'는 '딱지치기'를 뜻한다.

때까오 전북 | 명사 | 거위
오릿과의 새.
〔정읍〕이놈으 때까오가 어찌나 싸납던지 문 열면 달려둔당게. 표이놈의 거위가 어찌나 사납던지 문 열면 달려들어. 〔군산〕외갓집 사립문 옆에 때까오 두 마리를 개처럼 길렀다. 표외갓집 사립문 옆에 거위 두 마리를 개처럼 길렀다.

때꼰하다 충남 | 형용사 | 때꼰하다
눈이 쏙 들어가고 생기가 없다.
〔공주〕그 사람 요새 너무 힘들었는지 눈이 횅허니 떼꼰햐. 표그 사람 요새 너무 힘들었는지 눈이 횅하니 때꼰해. 〔당진〕고뿔 걸려 몸뗑이가 불뗑이처럼 펄펄 끓으니깨 하루 쳉일 밥두 못 먹더니 눈만 때꼰해졌구먼. 표감기 걸려서 몸뚱이가 불덩이처럼 펄펄 끓으니까 하루 종일 밥도 못 먹더니 눈만 때꾼해졌구먼.
◆충남에서는 특별한 경우가 아니라면 모음조화를 지키려고 한다. 표준어 '때꾼하다'와 달리 충남에서는 '때꼰하다''라고 한다. 당연하게 이와 짝을 이루는 말은 '떼꼰허다'이다. -이명재(예산)

때꼼지 전남 | 명사 | 때꼽재기
더럽게 엉기어 붙은 때의 조각이나 부스러기.
〔고흥〕손톱에 때꼼지가 쩌서 거지가 친구 허자 글었다. 표손톱에 때꼽재기가 끼어서 거지가 친구 하자 그러겠다. 〔강진〕발등에 때꼼지가 끼어 볼만하다. 표발등에 때꼽재기가 끼어 볼만하다.

때꾀우 전남 | 명사 | 거위

232

오릿과의 새.

〔고흥〕나는 때꿰우를 안 키와봤는디 쩌 아랫집에는 키웁디다. 표나는 거위는 안 키워봤는데 저 아랫집에는 키웁디다. 〔진도〕창호네 때까우는 즈 그 주인이 아니믄 달라들어 막 쫀께 그 집 들어 갈라믄 조심혀야 댜. 표창호네 거위는 자기 주인이 아니면 달려들어 막 쪼니까 그 집 들어가려면 조심해야 돼.

◆'때꿰우'는 '대(大)+거위'라는 뜻으로 '큰 거위'를 뜻하는 말로 보인다.

때끔불 경기 | 명사 | 반딧불

(1)반딧불이의 꽁무니에서 나오는 빛.
(2)반딧불잇과의 딱정벌레를 통틀어 이르는 말.

〔연천〕여름에 밤에는 때끔불이 여기저기서 반짝반짝해. 표여름에 밤에는 반딧불이 여기저기서 반짝반짝해. 〔파주〕여름밤에는 반지끄리기 불빛이 여기저기서 보여. 표여름밤에는 반딧불 불빛이 여기저기서 보여. 〔강화〕옛날엔 밴댓불 모아다 공부했다는 말두 있어. 표옛날엔 반딧불 모아다 공부했다는 말도 있어.

◆'반딧불'의 사투리는 매우 다양한데 '때끔불'과 같은 유형은 드물다. 표준어 '이따금'이 사투리에서 '따금'으로 나타나기도 하므로 이따금씩 반짝이는 불이라는 의미를 표현한 것이 아닐까 유추할 수 있다. ◆때끔불은 밤에 피우는 모닥불을 뜻하는 말이기도 하다. 모닥불의 불똥이 튀어 살갗에 닿으면 따끔하다 하여 때끔불이라고도 하니 잠깐이지만 매우 따가운 느낌을 주는 뜻을 표현하는 '따끔'과도 관련이 있을 듯하다.

때끔주 강원 | 명사 | 소주

알코올에 물과 향료를 섞어서 얻는 희석식 술.

〔강릉〕때끔주 한잔하고 그대로 둔너라. 표소주 한잔하고 그대로 드러누워라. 〔춘천〕때끔주 한잔 헐래나? 표소주 한잔하겠나?

◆소주나 배갈은 막걸리보다 독해서 마시면 속이 '때끔때끔하다'고 '때끔주'라고도 하는데, 주정이 높은 술을 가리킨다. −유연선(춘천)

때끼노치 강원 | 명사 | 수수전병

수수를 물에 불려 껍질을 벗긴 후 맷돌에 갈아 부친 전.

〔정선〕때끼지를 갈기를 낸 뒤 반죽을 해서 소두배이에 지지모 때끼노치가 된다. 표수수를 가루를 낸 뒤 반죽을 해서 솥뚜껑에 지지면 수수전병이 된다.

◆삼척에서 '때끼노치'는 수수부꾸미를 뜻하는 말이다. 강원도에서 수수, 즉 '때끼지'는 때끼떡/때끼지떡(수수떡), 때끼무살미(수수부꾸미), 때끼비(수수비), 때낏목(수수목), 때끼살/때끼지쌀(수수쌀), 때낏잎(수수 잎) 등으로 다양하게 파생된다. '때끼지'에는 '찰때끼지'와 '메때끼지'가 있고, 이삭이 흰 것과 붉은 것 두 종류가 있다. 흰색 수수목으로 만든 빗자루는 붉은색 수수목으로 만든 빗자루보다 질겨서 오래 쓴다.

때끼다 경북 | 동사 | 대끼다

애벌 찧은 수수나 보리 따위를 물을 조금 쳐가면서 마지막으로 깨끗이 찧다.

〔대구〕보리를 언제 때끼노? 표보리를 언제 대낄까?
◆'대끼다' 또는 '때끼다'는 '닦게 한다'라는 뜻을 지닌 말이다. 무엇을 박박 문질러 깨끗하게 하는 '닦다'의 '닦'이 경음화와 전설모음화를 입어 '땎'이 되고 피동 접미사 '이'가 붙은 형태이다.

때끼지떡 강원 | 명사 | 수수떡

찰수수 가루로 만든 떡.

〔강릉〕때끼지가 잘된 해에는 때끼지떡 두 되 이렇게 해서 오후쯤 나를 불러 떡돌림을 시킨다. 国수수가 잘된 해에는 수수떡 두 되 이렇게 해서 오후쯤 나를 불러 떡돌림을 시킨다. 〔삼척〕때끼지떡을 찔 때는 반죽한 것을 때낏잎에 싸서 찌잖소. 그냥 찌면 서로 엉겨 붙기 때문에 말이래요. 国수수떡을 찔 때는 반죽한 것을 수숫잎에 싸서 찌잖소. 그냥 찌면 서로 엉겨 붙기 때문에 말이에요. 〔평창〕애기들 돌에는 수꾸떡을 해 먹었다. 国아기들 돌에는 수수떡을 해 먹었다.

때딴지 경북 | 명사 | 금잔디
잡풀이 없이 탐스럽게 자란 잔디.
〔포항〕뒷동산 때딴지에서 놀던 어린 시절. 国뒷동산 금잔디에서 놀던 어린 시절.

때때모찌 경북 | 명사 | 구두쇠
돈이나 재물 따위를 쓰는 데에 몹시 인색한 사람.
〔의상〕우리 사이에 때때모찌맨치로 그칼 기가? 国우리 사이에 구두쇠처럼 그럴 거니?

때뚱하다 충남 | 형용사 | 없음
사물의 형태가 안정되지 않고 불안스럽다.
〔논산〕모서리에 때뚱하게 느여 있어 불안혀. 国모서리에 ‘때뚱하게’ 놓여 있어 불안해. 〔공주〕그 사람 떨어지면 워떡할라구 모서리에 떼뚱떼뚱하게 서 있다. 国그 사람 떨어지면 어떡하려고 모서리에 ‘떼뚱떼뚱하게’ 서 있다.

때식 북한 | 명사 | 끼니
아침, 점심, 저녁과 같이 날마다 일정한 시간에 먹는 밥. 또는 그렇게 먹는 일.
〔북한〕며칠 동안 때식조차 번지고 달렸다. 国며칠 동안 끼니조차 거르고 달렸다.

◆‘때식’은 ‘번지다’, ‘에우다’, ‘잃다’ 등과 함께 쓰는데, “때식을 번지다”라는 말은 “끼니를 거르다”라는 뜻이고, “때식을 에우다”라는 말은 “끼니를 때우다”, “때식을 잃다”라는 말은 “어떤 일을 하느라고 정신이 팔려 밥 먹는 것조차 잊어버렸다”라는 뜻이다. ◆ ‘때식’은 때에 맞게 먹는다는 뜻을 표현한 것이다.

때왈 전남 | 명사 | 꽈리
가짓과의 여러해살이풀.
〔고흥〕콩밭이나 명밭에 가믄 때왈이 많이 있었어. 国콩밭이나 목화밭에 가면 꽈리가 많이 있었어. 〔순천〕빨리 가서 땡깔 따줄게. 国빨리 가서 꽈리 따줄게. 〔강진〕콩밭에서 새콤한 띠알을 따 먹곤 했지. 国콩밭에서 새콤한 꽈리를 따 먹곤 했지.

◆‘때왈’은 전북에서 ‘꽈리’를 뜻하는 말로 쓰이지만 전남에서는 꽈리 외에도 딸기과의 열매를 총칭하는 말로 쓰인다.

땐땐바우 경북 | 명사 | 없음
성격이 야무진 사람을 두고 단단한 바위에 비유하여 이르는 말.
〔경주〕큰아들이 땐땐바우맨추로 일을 잘한다. 国큰아들이 ‘땐땐바우’처럼 일을 잘한다.

◆경북에서는 단단한 것을 ‘땐땐하다’라고 한다.

땔이다 강원 | 동사 | 달이다
사람이 약재, 차 따위를 물에 넣고 끓여서 우러나오게 하다.
〔삼척〕약탕관에다 부인들 산후에 좋다는 사물탕을 땔였잖소. 国약탕관에서 부인들 산후에 좋다는 사물탕을 달였잖소. 〔인제〕간장을 땔여서 잘 식혜 장독에 느야 돼. 国간장을 달여서 잘 식혀 장독에 넣어야 돼. 〔춘천〕할머니 디리게 약 좀 땔여봐. 国할머니 드리게 약 좀 달여봐.

땡기다 강원 | 동사 | 당기다

사람이 사물을 잡아끌어 가까이 오게 하다.

〔원주〕줄을 힘껏 땡겨라. 표줄을 힘껏 당겨라. 〔동해〕검은 엿을 서로 땡겨 늘구먼 흰 엿이 되잖소. 표검은 엿을 서로 당기며 늘이면 흰 엿이 되잖소.

땡기벌 전남 | 명사 | 땅벌

땅속에 집을 짓고 사는 벌.

〔구례〕땡기벌에 쏘였다. 표땅벌에 쏘였다. 〔진도〕늦은 가실에 도토리를 줍다가 오뻐시에 쏘여서 고생했제. 표늦은 가을에 도토리를 줍다가 땅벌에 쏘여서 고생했지.

◆사회성 말벌에는 말벌, 쌍살벌, 땅벌 등이 있는데, 전남에서는 '말벌'을 '대추벌'이라고 하고, '땅벌'을 '땡기벌/땡끼벌' 또는 '땡삐'라고 한다. 다만 순천, 구례 등지에서는 '쌍살벌'을 '땡끼벌'이라고 하고, 진도에서는 모든 말벌을 두루 가리켜 '오뻐시'라고 한다.

땡깔 경남 | 명사 | 꽈리

가짓과의 여러해살이풀.

〔남해〕땡깔 따 무로 가자. 표꽈리 따 먹으러 가자. 〔부산〕뚜깔을 입에 옇어서 씹으모 소리가 난다. 표꽈리를 입에 넣어서 씹으면 소리가 난다.

◆경남권에서는 작고 매운 고추를 '땡초'라고 하고, 소소한 이득을 '땡충'이라고 한다. 이처럼 '땡'에는 '작다'라는 의미가 있어 진해에서는 "저 집 형제들은 말캉 다 땡가리들뿐이고(저 집 형제들은 모두 키가 작은 아이들뿐이냐)"라는 식으로 키가 작은 사람을 가리켜 '땡가리'라고도 한다. -김영수(진해) ◆'꽈리'는 '땡갈'이라고 하고, '까마중'은 '먹땡갈'이라고 한다. 꽈리의 씨를 버리고 입안에 넣고 씹으면 소리가 나는데, 이를 '땡갈분다'라고 한다. -김의부(거제) ◆열매는 붉은 색으로 열리는데, 열매를 따서 씨

를 모두 빼버리고 양쪽에 바늘로 구멍을 뚫어서 입에 넣어 우물거리면 소리가 난다. 그러나 모두가 소리를 낼 수 있는 것은 아니었다. 나중에는 문구점에서 비슷한 모양의 놀잇감을 팔기도 했다. 겉에 밀가루 같은 것이 묻어 있었다. -김성재(창녕)

땡꼬1 경남 | 명사 | 떼

부당한 요구나 청을 들어달라고 고집을 부리는 일을 속되게 이르는 말.

〔창원〕또 땡꼬 지이는 거 바아라. 표또 떼쓰는 것 봐라.

◆'떼'를 뜻하는 '땡꼬'는 '지이다' 또는 '쎄다'와 호응한다. '떼'를 뜻하는 말은 경남 전역에서 '떼깔'이라고 하는데, 마산·진해·창원 등 일부 지역에서는 '땡꼬'라고 한다. -김성재(고성)

땡꼬2 경남 | 명사 | 없음

엄지로 중지를 튕기거나 한 손으로 다른 손의 중지를 잡아당긴 뒤 이마 따위를 때리는 행위. 주로 놀이를 하거나 게임을 한 후 벌칙으로 한다.

〔부산〕진 사람이 땡꼬 맞자.

◆'딱밤'과 '꿀밤'은 엄연히 다르다. 비록 표준어는 아니지만 '딱밤'은 "엄지로 중지의 끝부분을 튕기거나 한 손으로 다른 손의 중지를 잡아당긴 뒤 놓아 그 탄력으로 이마 따위를 때리는 행위"를 뜻하는 말인데 반해, '꿀밤'은 "주먹을 쥔 상태에서 주먹 끝이나 살짝 더 튀어나오게 한 중지로 가볍게 머리를 때리는 행위"를 뜻하는 말이다. '땡꼬'는 '딱밤'에 가깝고, '꿀빰'은 '꿀밤'에 가깝다. 벌칙을 뜻하는 '땡꼬'는 '맞다' 또는 '때리다'와 호응한다. -김성재(고성) ◆놀이를 하여 이긴 사람과 진 사람이 결정 나면 벌칙으로 이긴 사람이 진 사람에게 엄지로 중지를 튕기거나 한 손으로 다른 손의 중지를 잡아당겨 반동을 이용하여 상대방이 아픔을 느끼게 하는 행위로,

이를 '땡코' 혹은 '꿀밤', '딱밤'이라 한다. '땡코'는 '꿀밤'의 경남 사투리로 다른 지역에서는 '땅콩', '딱콩', '땡콩'이라고 한다. 행위로 나누면 주먹 끝으로 가볍게 머리를 때리는 행위를 '꿀밤'이나 '알밤'이라 하고, 가운데 있는 손가락을 구부려 손톱 부분을 엄지손가락으로 눌러 상대의 이마에다 가운데 있는 손가락을 튕겨 손톱 면으로 때리는 행위를 '딱밤'이라 부른다. -임영수(연기)

땡꿀 충북 | 명사 | 까마중
가짓과의 한해살이풀.
〔단양〕딸, 땡꿀 좀 한 바구리 따 와봐. 술 담구게.
표딸기, 까마중 좀 한 바구니 따 와봐. 술 담그게.

땡보 경남 | 명사 | 구두쇠
돈이나 재물 따위를 쓰는 데에 몹시 인색한 사람.
〔하동〕그는 소문난 땡보지만 이우지는 잘 도와준다. 표그는 소문난 구두쇠지만 이웃은 잘 도와준다. 〔부산〕니 별명이 꼼쟁이 아이가? 표네별명이 구두쇠잖아? 〔고성〕노래이 영감, 생전에 그리 꼼쟁이 짓을 하더마는 재산이 많다 카더라. 표구두쇠 영감, 생전에 그리 구두쇠 짓을 하더니만 재산이 많다고 하더라. 〔진주〕저 사람 대기 꼼보다. 표저 사람 아주 구두쇠이다.
◆꼼쟁이란 '깍쟁이'나 '인색하고 이기적인 사람'을 얕잡아 이르는 말이다. '꼼쟁이 짓을 하다'라는 형태로 쓰인다. -성기각(창녕)

땡초 경남 | 명사 | 땡고추
아주 매운 고추.
〔하동〕땡초보다 매운 기 있을까? 표땡고추보다 매운 것이 있을까?
◆경상도 사투리에서 접두사 '땡'은 '작다'를 뜻하는 말이다. 아이들의 불알을 '땡불알'이라고 하듯이,

'땡초'는 그냥 '아주 매운 고추'가 아니라 '작지만 아주 매운 고추'를 뜻하는 말이다. -김영수(진해) ◆창녕에서 '땡고추'는 '땡초[‒]'라고 하고, '땡추(중답지 못한 중을 낮잡아 이르는 말)'는 '땡초[‒_]'라고 한다. -성기각(창녕)

떠껑이 충남 | 명사 | 더께
몹시 찌든 물건에 앉은 거친 때.
〔태안〕머리숙이 기계충은 두째 치구 떠껑이 좀 봐. 잘라면 구숭그리지두 않냐? 표머릿속의 기계충은 둘째 치고 더께 좀 봐. 자려면 근질거리지도 않니?

떠내군지다 충북 | 동사 | 치우다
어떤 물건을 옆으로 힘껏 밀어버리다.
〔옥천〕방구럴 저짝으루 떠내군져야 곡석을 심지. 표바위를 저쪽으로 치워야 곡식을 심지.

떠리미 경남 | 명사 | 떨이
팔다 조금 남은 물건을 다 떨어서 싸게 파는 일. 또는 그렇게 파는 물건.
〔통영〕가재미 떠리밉니다. 헐케 해디리긴깨 사이소. 표가자미 떨이입니다. 싸게 해드릴 거니까 사세요. 〔창원〕이 갈치 떠리미로 산 긴깨네 반값 주고 산 기이제. 표이 갈치 떨이로 산 것이니까 는 반값 주고 산 것이지.
◆요즘 대형마트에 가면 원 플러스 원은 있어도 '떠리미'는 없다. '떠리미'는 그날 물건을 떼어다 그날 물건을 팔아야 했던 재래시장의 장사꾼들이 하루 일과를 마무리하면서 이문을 남기지 않고 남은 물건을 모두 팔아넘기기 위해 외쳤던 말로 지금도 부산의 재래시장에 가면 "자, 떠리미 떠리미. 말만 잘하모 공짜로도 줍니데이"라는 말을 어렵지 않게 들을 수 있다. -이현근(부산)

떡갈도토리 충북 | 명사 | 상수리

상수리나무의 열매.

〔충주〕떡갈도토리 주서다가 묵 쓰믄 맛있지. 근데 요새는 이거럴 못 줍게 하드라구. 표상수리 주워다가 묵 쑤면 맛있지. 그런데 요새는 이것을 못 줍게 하더라고.

떡갈림나무 충북 | 명사 | 떡갈나무

참나뭇과의 낙엽 활엽 교목.

〔옥천〕떡갈림나무넌 참나무랑 틀려서 나무가 좀 찔겨. 표떡갈나무는 참나무랑 달라서 나무가 좀 질겨.

떡멩이 충북 | 명사 | 떡메

인절미나 흰떡 따위를 만들기 위하여 찐 쌀을 치는 메.

〔청주〕메늘아, 인절미 맨들게 떡멩이 좀 갖구 와라. 표며늘애야, 인절미 만들게 떡메 좀 가져와라.

◆'떡멩이'는 인절미나 흰떡 따위를 만들기 위하여 찐 쌀을 치는 메를 가리키는 말이다. 굵고 짧은 나무 토막의 중간에 구멍을 뚫어 긴 자루를 박아 쓴다. 요즘에는 가정에서 떡을 하는 경우가 드물어 거의 사용하지 않는다.

떡발 충남 | 명사 | 없음

꽃게와 민꽃게의 집게발을 제외한 나머지 기는 발 중에서 제일 마지막에 있는 발끝이 넓적하게 생긴 발.

〔서산〕꽃그이가 땅이서넌 꼼작 못 헤두 물숙이선 떡발 치머 헤엄처 댕인다. 표꽃게가 땅에서는 꼼짝 못 해도 물속에서는 '떡발' 치며 헤엄쳐 다닌다.

◆꽃게는 다른 게처럼 기어서 다니는 것이 아니라 물속을 헤엄쳐 다닌다. 꽃게의 마지막 발이 헤엄치기에 알맞게 넓적하게 발달되어 있기 때문이다. -장

경윤(서산)

떡붕애 전남 | 명사 | 떡붕어

토종 붕어보다 머리에서 등지느러미까지의 경사가 급격한 외래 붕어.

〔고흥〕동강장에 강께 떡붕애가 손바닥만썩 헌 놈이 났습다. 표동강장에 가니까 떡붕어가 손바닥만 한 놈이 나왔습디다. 〔진도〕읍장에 가믄 떡붕애가 참붕애보다 훨씬 싸라. 표읍장에 가면 떡붕어가 참붕어보다 훨씬 싸지요.

◆'떡붕어'는 1972년 일본에서 국내로 유입되었고, 왕성한 번식력으로 전국의 호수 및 저수지에 서식한다.

떡심이 풀리다 충북 | 없음 | 맥이 풀리다

기운이나 힘이 빠지다.

〔영동〕친구가 죽었다는 소식을 들으니께 떡심이 풀리네. 표친구가 죽었다는 소식을 들으니까 맥이 풀리네.

떨어푸리다 충북 | 동사 | 떨어뜨리다

위에 있던 것을 아래로 내려가게 하다.

〔옥천〕손이 미끄러워서 그럭을 떨어푸맀어. 표손이 미끄러워서 그릇을 떨어뜨렸어.

떫감 경남 | 명사 | 없음

덜 익어 맛이 떫은 감.

〔진해〕떫감은 한가을이나 대애야 홍시로 따 묵기 좋다. 표'떫감'은 한가을이나 되어야 홍시로 따 먹기 좋다.

◆떫은 감을 가리켜 '땡감'이라고 하는 것은 딱딱하기 때문이 아니다. '단감'도 딱딱하기는 마찬가지이기 때문이다. 따라서 '땡감'은 '떫감' 혹은 '떫감'이라고 하는 편이 자연스러운데 경남 진해에서는 '땡감'을 '떫감'이라고 한다. -김영수(진해) ◆'떫감'은 단감에 대응하여 떫은 맛을 내는 감을 통틀어 일컫는

말이다. 창원에는 '주묵감, 납닥감, 도오감, 돌감' 등의 떫감이 있다.

떱떠부레 경기 | 형용사 | 떨떠름하다
마음이 내키지 않는 데가 있다.
〔의정부〕너는 왜 아직도 떱떠부레한 얼굴로 있는 거냐? 표너는 왜 아직도 떨떠름한 얼굴로 있는 거냐?
◆'떱떠부레하다'는 약간 텁텁하면서 떫은맛을 표현하는 말이다. 맛뿐만 아니라 감정을 표현할 때도 쓴다. 떫은맛은 감의 탄닌 성분 때문에 느낄 수 있는 것으로 영어 등 다른 언어권에서는 찾기 어려운 표현이다.

떼꾸녕쓰다 충북 | 동사 | 떼쓰다
부당한 일을 해줄 것을 억지로 요구하거나 고집하다.
〔옥천〕장에만 가믄 장난감 사달라고 떼꾸녕쓰구 난리여. 표장에만 가면 장난감 사달라고 떼쓰고 난리야.
◆'떼꾸녕'은 아이들이 떼쓰는 것을 강하게 표현한 말이다. 혼내는 것을 '혼꾸녕'이라고 한 것과 같은 이치이다.

떼맨하다 경북 | 동사 | 없음
별로 내키지 않는다.
〔안동〕밥 먹은 지 오래 안 돼서 떡을 봐도 떼맨하네. 표밥 먹은 지 오래 안 돼서 떡을 봐도 '떼맨하네'.

뗑삼이 북한 | 명사 | 없음
똑똑하지 못하고 좀 모자라는 사람.
〔자강〕저 사람 좀 뗑삼이야. 표저 사람 좀 '뗑삼이'야.

또뱅가리 전남 | 명사 | 똬리
짐을 머리에 일 때에 머리에 받치는 고리 모양의 물건. 짚이나 천을 틀어서 만든다.
〔고흥〕뒤안에 가서 또뱅가리 잔 갖고 온나. 표뒤꼍에 가서 똬리 좀 가지고 온나. 〔함평〕또가리는 왕골 잎싹으로 엮어서 마무리를 해사 반질반질 이쁘제. 표똬리는 왕골 잎으로 엮어서 마무리를 해야 반질반질 이쁘지.
◆'또뱅가리 이야기'에서는 '똬리'가 괴물로 변하여 부모를 잡아먹자 아들이 힘을 길러 괴물을 물리치고 부모의 복수를 한다. -천인순(고흥)

또잇또잇하다 제주 | 형용사 | 또렷또렷하다
흐리지 않고 분명하다.
〔화북〕나 하 가민 더 머리를 써사 또잇또잇헐 거 주게. 표나이가 많아 가면 더 머리를 써야 또렷또렷할 거지. 〔영평〕옛날 어른덜 상젯옷 미릿 멘들앙 일 번, 이 번 해서 또이또잇허게 다 죽앙 놔두는 어른도 잇고. 표옛날 어른들 상복 미리 만들어서 일 번, 이 번 해서 또렷또렷하게 다 적어서 놔두는 어른도 있고.

똑데기 강원 | 부사 | 똑바로
틀리거나 거짓 없이 사실 대로.
〔강릉〕강릉 마르 똑데기 잘 알아가지고요 널리 알롸야 돼요. 표강릉 말을 똑바로 잘 알아가지고 널리 알려야 돼요. 〔춘천〕똑뜨기 가리켜줘야 알지? 표똑똑히 가르쳐줘야 알지? 〔삼척〕뭔 일을 하려거든 찬찬히 똑디기 해라. 표뭔 일을 하려거든 찬찬히 똑바로 해라. 〔속초〕독띠기 외워도. 표똑바로 외워둬.
◆'똑데기'는 '똑똑히(또렷하고 분명하게)'의 뜻으로도 쓰인다.

똑띠기 충북 | 부사 | 똑바로
어느 쪽으로도 기울지 않고 곧게.
〔옥천〕그렇게 아무룽게나 하지 말구 똑띠기 줌 햐. 표그렇게 아무렇게나 하지 말고 똑바로 좀 해.

똘감 전남 | 명사 | 고욤
고욤나무의 열매. 감과 비슷하나 훨씬 작고 갸름하며, 검붉고 달면서도 좀 떫다.
〔광양〕옛날에 묵을 것이 읎을 때에는 똘감이라도 양반이제. 표옛날에 먹을 것이 없었을 때는 고욤이라도 양반이었지. 〔강진〕똘감은 맛보다 보기에 좋아. 표고욤은 맛보다 보기에 좋아.

똘뜨 북한 | 명사 | 케이크
밀가루, 달걀, 버터, 우유, 설탕 따위를 주원료로 하여 오븐 따위에 구운 서양 음식.
〔양강〕생일 똘뜨가 자그달만해도 참 맛나갔다. 표생일 케이크가 자그마해도 참 맛있겠다.
◆'똘뜨'는 러시아어 '토르트'에서 온 말로 '케이크'를 뜻한다. 북한에서 생일 똘뜨의 크기는 공기밥만큼 작다.

똘방 경기 | 명사 | 개울
골짜기나 들에 흐르는 작은 물줄기.
〔화성〕예전에는 똘방이 맑아서 미꾸라지가 많이 잡혔어요. 이만큼씩. 표예전에는 개울이 맑아서 미꾸라지가 많이 잡혔어요. 이만큼씩.

똠박허다 전북 | 형용사 | 뭉뚝하다
굵은 사물의 끝이 아주 짧고 무디다.
〔군산〕키는 작은디 뚱뚱해서 똠박허니 생겼당게. 표키는 작은데 뚱뚱해서 뭉뚝하게 생겼다.

똠발지다 전북 | 형용사 | 똘똘하다

매우 똑똑하고 영리하다.
〔김제〕아가 똠발지게 할 소리 다 하드만. 표얘가 똘똘하게 할 소리 다 하던데. 〔정읍〕이놈은 커서 뭐가 될라고 이로콤 똠발당가. 표이 놈은 커서 뭐가 되려고 이렇게 똘똘할까.

똥기다 강원 | 동사 | 동이다
끈이나 실 따위로 감거나 둘러 묶다.
〔원주〕머리카락이 엉클지 않도록 똥겨라. 똥기니까 훨 낫네. 표머리카락이 엉키지 않도록 동여라. 동이니까 훨씬 낫네. 〔춘천〕끄나풀루 잘 뎡겨 매야 풀어지질 않는다. 표끄나풀로 잘 동여매야 풀어지지 않는다. 〔삼척〕머리를 뎡여매고 어려운 수학 문제를 풀고 있잖소. 표머리를 동여매고 어려운 수학 문제를 풀고 있잖소.

똥끼다 충북 | 동사 | 방귀 뀌다
방귀 따위를 몸 밖으로 내어보내다.
〔옥천〕누가 똥낀겨? 냄새가 엄청이 꾸리네. 표누가 방귀 뀐 거야? 냄새가 엄청 구리네.

똥소로기 제주 | 명사 | 솔개
수릿과의 새.
〔노형〕마당에서 놀던 빙애기를 똥소로기가 채 갔다. 표마당에서 놀던 병아리를 솔개가 채 갔다.
◆'똥소로기'는 '똥더웨기/똥소레기/똥수로기/소레기/소로기'라고도 하고 '춤매'라고도 한다.

똬얏똬얏허다 전남 | 동사 | 따끔따끔하다
따가울 정도로 몹시 더운 느낌이 들다.
〔고흥〕오늘 밭에 갈라 그랬등마는 너무 볕이 똬얏똬얏해서 못 가겄구마. 표오늘 밭에 가려 그랬더니 너무 볕이 따끔따끔해서 못 가겠구나. 〔진도〕아침나절에 밭에서 런닝구를 벗고 일했드니 등까죽이 띠얏띠얏한 것이 물집이 생길란가? 표

아침나절에 밭에서 러닝셔츠를 벗고 일했더니 등가죽이 따끔따끔한 것이 물집이 생기려나?

뙤 충남 | 명사 | 떼/뗏장

흙이 붙어있는 상태로 뿌리째 떠낸 잔디.
〔서산〕뙤가 자릴 못 잡아갖구 맘이 편칠 않아. 표떼가 자랄 못 잡아가지고 맘이 편치를 않아. 〔서산〕땔감이 부족했을 때넌 잔대미도 긁어다가 땠다. 표땔감이 부족했을 때는 떼도 긁어다가 땠다. 〔논산〕그 사람 그렇게 용쓰더니 죽으니께 뙷장만 지고 누웠네. 표그 사람 그렇게 용쓰더니 죽으니까 뗏장만 지고 누웠네. 〔세종〕뗏장 떠나 모를 고쳐야겠유. 표뗏장 떠서 묘를 고쳐야겠어요. 〔당진〕죽으면 누구나 뙤짱 이불 덮고 자는 거지 뭐. 표죽으면 누구나 뗏장 이불 덮고 자는 거지 뭐. 〔공주〕선산 산소 여처 오래된 소나무들이 우거거 솔가루가 산소 위로 떨어저 산소에 떼짱이 지대루 자라야지. 표선산 산소 옆에 오래된 소나무들이 우거져 솔가루가 산소 위로 떨어져 산소에 뗏장이 제대로 자라야지.
◆'뙤'는 뿌리째 떠낸 잔디로 무덤이나 정원 따위에 심어서 흙이 무너지지 않도록 했다. '뙤'와 뜻이 비슷한 '잔대미'는 잔디 그 자체를 뜻한다. ◆'뙤'는 충남 전역에서 널리 쓰이는데, 옛말 '뙤'가 그대로 이어져온 말이다. '잔대미'는 '뙤'만큼 널리 쓰이지 않았다. -이명재(예산)

뙤겡이 전남 | 명사 | 뙈기밭

큰 토지에 딸린 조그마한 밭.
〔진도〕큰 골 뙈겡이밭에 고추가 엄청 잘다 부렸어라. 표큰 골 뙈기밭에 고추가 엄청 잘돼 버렸어요. 〔진도〕뙈겡이에는 채소같이 자자분한 거 싱길 거이 쌔부렀어라우. 표뙈기밭에는 채소같이 자질구레한 작물 등 심을 것이 많아요.
◆전남 고흥에서는 조그마한 밭을 '뙈갱이밭'이라고

하고, 조그마한 논을 '다랑치논'이라고 한다. 지금은 경지정리를 통해 논이 크고 반듯반듯하지만 예전에는 불규칙한 모양의 작은 논밭이 많았다. '다랑치논'의 경우 기계를 이용하기 어려워 일꾼을 사서 모내기를 하지 않고 주인이 직접 모내기를 했다. 이것을 '가쟁이질'이라고 한다. ◆'뙈갱이'는 '뙈갱치'라고도 하는데 집 가까이 구석진 곳에 있는 작은 밭이다. 작은 땅이라도 밭으로 일구어 작물을 심는 섬사람의 근면함을 엿볼 수 있다. -주광현(진도)

뙤똥허다 전북 | 형용사 | 별나다

보통과는 다르게 특별하거나 이상하다.
〔군산〕뙤똥허게 오밤중에 먼 노래여? 표별나게 오밤중에 무슨 노래야? 〔군산〕저놈은 꺼떡하면 뙤똥맞은 행동으로 기분을 잡치게 한다. 표저놈은 걸핏하면 별난 행동으로 기분을 잡치게 한다. ◆표준어 '별나다'가 긍정적인 상황이나 부정적인 상황에서 두루 쓰이는 반면, 전북 사투리 '뙤똥허다'와 '뙤똥맞다'는 긍정적인 상황보다 주로 부정적인 상황에서 쓰이는 경우가 많다. ◆임실에서는 '뙤똥하다'를 "물겐을 두리뭉실하게 싸치말고 뙤똥허게 싸면 양이 마나 뵈야(물건을 두루뭉술하게 쌓지 말고 뾰족하게 쌓으면 양이 더 많아 보여)"처럼 '뾰족하다'라는 뜻으로 쓰고 있다. ◆주로 엉뚱한 모습이나 엉뚱한 행동을 표현할 때 쓰는 경우가 많다.

뚜거리탕 강원 | 명사 | 매운탕

생선, 고기, 채소, 두부 따위와 갖은양념을 넣고 고추장을 풀어 얼큰하게 끓인 찌개.
〔양양〕뚜거리탕이 얼큰하다. 표매운탕이 얼큰하다. 〔강릉〕신랑이 느직하문 하리 우에 얹은 뚜가리장이 지 혼처 끓구. 표신랑이 느직하면 화로 위에 얹은 매운탕이 저 혼자 끓고.

뚜걱뚜걱 북한 | 부사 | 뚜벅뚜벅

큰 구둣발로 단단한 바닥을 잇따라 급히 걸어가는 소리. 또는 그 모양.

〔평안〕영희가 뾰족구두 신고, 우리를 향해 뚜걱뚜걱 걸어옴. 표영희가 뾰족구두를 신고, 우리를 향해 뚜벅뚜벅 걸어옵니다.

뚜꺼먹다 북한 | 동사 | 없음

직장이나 학교 등의 모임에 정당한 이유 없이 나가지 않다.

〔평양〕뚜꺼먹지 말라고 했을 때 뚜꺼먹지 말았어야지.

뚜껭이 충남 | 명사 | 뚜껑

그릇이나 상자 따위의 아가리를 덮는 물건.

〔예산〕화딱지가 난다구 밥뚜껭일 집어 던지믄 오티기여?-이명재(2015) 표화딱지가 난다고 밥뚜껑을 집어 던지면 어떡해? 〔태안〕따껭이 옳다구 멀쩡헌 붕을 암 디다나 내비리면 주루 가. 표뚜껑 없다고 멀쩡한 병을 아무 데나 내버리면 벌 받아. 〔서산〕약병은 따껭이를 항상 꼭 막아둬야 한다. 표약병은 뚜껑을 항상 꼭 막아둬야 한다. 〔공주〕사기 주즌자가 하나 있었는디 두꺼티 술단지에 가서 술을 퍼가지고 오는디 마당이 돌맹이가 하나 있는 거를 못 보고 헛디며 넘어지는 바램이 따까리가 땅에 떨어저 깨저버렸어. 표사기 주전자가 하나 있었는데 뒤꼍 술단지에 가서 술을 퍼가지고 오다가 마당에 돌맹이가 하나 있는 거를 못 보고 헛디며 넘어지는 바람에 뚜껑이 땅에 떨어져 깨져버렸어. 〔세종〕뚜께를 누가 이렇게 꾹 잠갔나. 표뚜껑을 누가 이렇게 꼭 잠갔어.

◆'따깽이'는 병처럼 입구가 작은 것을 덮는 물건이고, '떠깽이'는 큰 독의 입구를 덮는 물건이다. '떠깽이'는 아가리가 작은 주발이나 병 따위의 입구를 막는 것에는 쓰지 않는다. '뚜껭이'는 주전자나 밥사발처럼 입구가 중간인 것을 덮는 물건이다.

뚜렁 제주 | 명사 | 바보

행동이 굼뜨고 약간 모자란 듯한 사람을 이르는 말.

〔애월-하귀〕아이고 자 이 뚜렁 담게. 표아이고 저 아이 바보 같다. 〔애월-하귀〕뚜렁고추록 허지 말게. 표바보처럼 하지 마라. 〔애월-상가〕이 똥뚜렁아! 표이 똥바보야!

◆제주도에서 겨울이 되면 바짓가랑이에 몸을 넣은 상태로 상대를 쓰러뜨리는 아이들의 놀이가 있다. 이 놀이를 '뚜렁놀이'라고 하는데, 행동이 바보스럽기 때문에 붙여진 이름이다. 그런가 하면 바보스러운 짓을 잘하는 사람을 가리켜 '두레/두루훼/두리웨/두리훼'라고도 한다.

뚜루지바 북한 | 명사 | 기계톱

동력으로 톱날을 움직여 물체를 자르는 톱.

〔함북〕오늘 우리 집에 나무 자를 거 있으니 뚜루지바 좀 빌리자. 표오늘 우리 집에 나무 자를 거 있으니 기계톱 좀 빌리자.

뚝성질 전북 | 명사 | 불뚝성

갑자기 불끈하고 내는 성.

〔전주〕니는 그놈의 뚝성질 안 고치믄 사회생활 허기 심들 것이다이. 표너는 그놈의 불뚝성 안 고치면 사회생활 하기 힘들 것이야.

뚤룸허다 전남 | 동사 | 흠칫하다

몸을 움츠리며 갑작스럽게 놀라다.

〔고흥〕나 숭을 밨능가 어쨌능가, 나가 드르강께 뚤룸허드랑께. 표내 흉을 봤는지 어쨌는지, 내가 들어가니까 흠칫하더라니까.

◆'뚤룸하다'는 "~하라는데 왜 뚤룸허고 서 있냐"에

서처럼 "어안이 벙벙하여 혹은 당황하여", "혼자 외따로 우두커니" 등의 뜻으로 쓴다.

뚤방 전남 | 명사 | 토방
(1)방에 들어가는 문 앞에 좀 높이 편평하게 다진 흙바닥. 여기에 쪽마루를 놓기도 한다.
(2)마당과 마루 사이의 공간.
〔고흥〕한번은 동상이랑 뚤방에서 장난치다가 마당으로 기양 뚝 떨어져부렀당께. 표한번은 동생이랑 토방에서 장난치다가 마당으로 그냥 뚝 떨어져버렸다니까.
◆뚤방은 처마 안쪽에 있기 때문에 비가 와도 젖지 않는다. 어릴 적에 비오는 날이면 뚤방에서 공기놀이나 소꿉놀이를 하곤 했다. -천인순(고흥) ◆여름 삼베 품앗이꾼들이 물래를 들고 모여들면 말래와 큰방에 자리를 잡고 물래를 돌렸다. 물래 소리가 예서 제서 '왱왱외에앵' 리듬을 타고 돌았다. 비라도 오는 날이면 입이 궁금해져, 텃밭에서 너울나울한 무시지까심을 솎아다가 쌈를 했다.(여름에 삼베 품앗이꾼들이 자기의 물래를 들고 모여들면 마루, 큰방에 자리를 잡고, 물래를 돌렸다. 물래소리가 여기저기서 '왱왱외에앵' 리듬을 타고 돌았다. 비라도 오는 날이면 입이 궁금해져서 텃밭에 너울너울한 무 김칫감을 솎아다가 쌈를 했다). -오덕렬(광주) ◆전남 동부에서는 '뚤발, 뜰방'이라고 하고, 서부에서는 '토방'이라고 한다. 뚤방은 처마 안쪽에 있기 때문에 비가와도 젖지 않는다. 어릴 적에 비오는 날 밖에서 놀지 못할 때면 뚤방에서 공기놀이나 소꿉놀이를 하며 놀았다.

뚫부다 전북 | 동사 | 뚫다
장애물을 헤치다.
〔고창〕하늘에 구멍이 뚫부졌나 비가 겁나 오네잉. 표하늘에 구멍이 뚫렸나 비가 엄청 오네. 〔무

주〕소낙비가 씨게 내려서 비럴 뚝꼬 와야 혀. 표소나기가 세게 내려서 비를 뚫고 와야 해.

뚱구룸하다 충북 | 형용사 | 뚱그스름하다
약간 둥글다.
〔옥천〕생펜언 뚱구룸하게 맹글어야 되야. 표송편은 뚱그스름하게 만들어야 돼.

뚱기뚱기 북한 | 부사 | 뒤뚱뒤뚱
크고 묵직한 물체나 몸이 중심을 잃고 가볍게 이리저리 기울어지며 자꾸 흔들리는 모양.
〔북한〕게사니들은 먹이 먹을 때가 되면 짧은 다리로 뚱기뚱기하며 뛰어 옴다. 표거위들은 먹이 먹을 때가 되면 짧은 다리로 뒤뚱뒤뚱하며 뛰어 옵니다.

뛰키다 강원 | 동사 | 없음
발을 몹시 재게 움직여 빨리 나아가게 하다. '뛰다'의 사동사.
〔원주〕나 뜀박질 잘하니까 경기 뛰켜 해줄 거지? 〔춘천〕재가 을마나 잘 뛴다구. 한번 뛰켜봐. 표재가 얼마나 잘 뛴다고. 한번 '뛰켜'봐. 〔삼척〕아이들을 한나절에 운동장에 뛰키면 안 된다. 일사병, 열사병으로 쓰러질 수 있어서다.

뜨더국 북한 | 명사 | 수제비
밀가루를 반죽하여 맑은장국이나 미역국 따위에 적당한 크기로 떼어 넣어 익힌 음식.
〔북한〕우리 할마이는 내 생일날 여러 가지 남새를 넣고, 밀가루 반죽을 뜯어 넣은 뜨더국을 맹글어주셨슴메. 표할머니는 내 생일날 여러 가지 채소를 넣고 밀가루 반죽을 뜯어 넣은 수제비를 만들어주셨습니다. 〔황해〕어이! 뜨덕지기 한번

해봐. 표어이, 수제비 한번 해봐.
◆얇게 민 밀가루 반죽을 뚝뚝 뜯어 넣는다고 하여 뜨더국이다. 북한은 밀가루가 흔하지 않아 주로 강냉이 가루를 사용해 만든다고 한다. 지역마다 끓이는 방법에도 차이가 있는데 함경도 지방에서는 고추장을 풀어 끓이고 평안도 지방에서는 소금 간을 하고 간장을 넣어 국물을 맑게 끓이는 것이 특징이다.

뜨더께이 경기 | 명사 | 군식구
원래 식구 외에 덧붙어서 얻어먹고 있는 식구.
〔강화〕개네는 둘이 벌어서 살 만한데 주변에 뜨더께이가 많아서 살림이 필 날이 없다. 표개네는 둘이 벌어서 살만한데 주변에 군식구가 많아서 살림이 필 날이 없다.
◆'뜨더께이'는 본인이 열심히 일 할 생각은 안하고 가까운 형제나 친척한테 손을 벌려 경제적 도움을 받으려고만 하는 사람을 가리키는 말이다. −한재정(강화)

뜨데기 강원 | 명사 | 수제비
밀가루를 반죽하여 맑은장국이나 미역국 따위에 적당한 크기로 떼어 넣어 익힌 음식.
〔홍천〕뜨데기 놓구 또똑 띤 논능 거 아니야. 표수제비 놓고 똑똑 떼 놓는 거 아니야. 〔정선〕감재를 강판에 갈아 꽉 짜서 봉그레기 맹글어. 표감자를 강판에 갈아 꽉 짜서 수제비를 만들어. 〔정선〕감재 봉글죽 해 먹자. 표감자 수제비죽 해 먹자.

뜨뜨하다 강원 | 형용사 | 뜨뜻하다
뜨겁지 않을 정도로 온도가 알맞게 높다.
〔평창〕아랫목이 뜨뜨하다. 표장작불에 아랫목이 뜨뜻하다. 〔삼척〕한겨울에 바깥에 쏘댕기다가 뜨뜨한 방에 들어가니 살갗이 개럽더라. 표한겨울에 바깥에 쏘다니다가 뜨뜻한 방에 들어가니 살갗이 가렵더라.

뜨랄선 북한 | 명사 | 저인망 어선
저인망으로 물고기를 잡는 배.
〔북한〕청진에는 뜨랄선이 많아서, 오징어잡이를 할 때는 뜨랄선을 타고 나갑다. 표청진에는 저인망 어선이 많아서, 오징어잡이를 할 때는 저인망 어선을 타고 나갑니다.

뜬모허다 전남 | 동사 | 없음
모내기 이후에 자리를 잡지 못하고 떠 있는 모를 되 심는 것이다.
〔고흥〕사두실 논에 뜬모를 헐란디 놉이 없어서 큰일이당께. 표사두실 논에 '뜬모'를 하려고 하는데 일꾼이 없어서 큰일이라니까.
◆모내기를 할 때에 논에 제대로 심어지지 못하여 물 위에 떠다니는 모를 '뜬모'라고 한다. 그리고 이를 다시 심는 행위를 '뜬모하다'라고 한다. 기계로 모내기를 하는 지금도 뜬모하는 일은 예전과 변함이 없다.

뜰브다 충북 | 형용사 | 떫다
설익은 감의 맛처럼 거세고 텁텁한 맛이 있다.
〔옥천〕감이 서리럴 맞아야 안 뜰브지. 표감이 서리를 맞아야 안 떫지.

뜸물1 전북 | 명사 | 진딧물
진딧물과의 곤충을 통틀어 이르는 말.
〔임실〕댐배밭에 뜸물약 주고 오는 질이여. 표담배밭에 진딧물약 주고 오는 길이야. 〔부안〕뜸물 껴서 못 먹겄다그려. 그것은 약도 없어. 표진딧물 껴서 못 먹겠다그려. 그것은 약도 없어.
◆전북 사투리에서 '진딧물'은 '뜨물' 또는 '뜸물'이라고 한다. 이는 진딧물이 끼어 있을 때 그 색깔이

쌀뜨물과 비슷하다는 의식에서 나온 말로 보인다. '뜨물, 뜸물'은 '뚜물, 뚠물, 뜸믈, 뜬물' 등으로 부르거나 앞에 '쌀'을 붙여 부르기도 한다.

뜸물2 충남 | 명사 | 뜨물
곡식을 씻어내 부옇게 된 물.
〔태안〕내부쳐둬라. 오죽 못났으면 뜸물 먹구 자빠져 꼬약꼬약 주정허겄냐. 표내버려둬라. 오죽 못났으면 뜨물 먹고 자빠져 고래고래 주정하겠냐. 〔공주〕쌀뜸물루 된장하구 꼬치장 좀 쪼끔 넣구 해서 찌개를 끓이면은 맛이 있어. 표쌀뜨물로 된장하고 고추장 좀 조금 넣고 해서 찌개를 끓이면 맛이 있어.
◆보리쌀이나 쌀을 씻고 남으면 뿌연 물이 남는다. 이것이 '뜸물'인데, 이는 충남 전역에서 널리 쓰는 말이다. "된장국은 뜸물루 끓여야 맛나닝 겨"처럼 예전의 충남의 어머니들은 뜸물을 귀하게 썼다. 물론 이때의 뜸물은 쌀뜸물이다. 보리뜸물이나 '스슥뜸물'은 거칠어 사람이 먹지 않고, 돼지나 소에게 먹이기 위해 구정물통에 버렸다. "옛날에 뜬물두 하나 안 버렸어. 그거 구정물통이다 모대놨다가 돼지 주구 소 주구 그랬지." 물론 뭘 좀 아는 사람들은 '뜬물'이라고 했다. 다만 '뜬물'이라 쓰더라도 말할 때는 꼭 '뜸물'이라고 했다. -이명재(예산) ◆논산에서는 쌀을 씻을 때 나오는 물을 '쌀뜸물'이라고 했고, 예산에서는 보리를 씻을 때 나오는 물을 '보리쌀뜸물'이라고 했다. ◆충남 논산과 당진 등지에서는 '뜸물'이 '뜨물'을 뜻하기도 하고 '진딧물'을 뜻하기도 한다. -조일형(당진)

뜸홰 충북 | 명사 | 없음
봄철의 밤에 불을 붙이고 냇가에 나가서 가재나 뱀장어를 잡는 풍습.
〔단양〕이따 밤에 뜸홰나 같이 가자구유. 표이따 밤에 '뜸홰'나 가자고요.

◆냇가에서 고기를 잡는 것을 일컬어 '천렵'이라고 하는데, 이는 여름철 남자들이 즐기는 대표적인 피서 방법이기도 하다. 단양에서는 밤에 즐기는 '천렵'을 '뜸홰'라고 하는데, 어둠을 밝히기 위해 홰(불을 붙이기 위해 나무 따위를 묶은 것)가 필요해서 만들어진 말이 아닌가 싶다.

뜽그막없이 전남 | 부사 | 뜬금없이
갑작스럽고도 엉뚱하게.
〔고흥〕지난 봄에 서울 산 고모가 뜽그막없이 왔드랑께. 표지난 봄에 서울 사는 고모가 뜬금없이 왔더라니까. 〔강진〕자다가 봉창 두드리냐. 뜽그막없이 뭔 말이냐. 표자다가 봉창 두드리냐. 뜬금없이 뭔 말이냐. 〔진도〕어지께는 벨로 친하지도 않은 친구가 뜽그막없이 찾아와서는 돈을 채주라고 안 하요. 표어제는 별로 친하지도 않은 친구가 뜬금없이 찾아와서는 돈을 빌려주라고 하잖아요.
◆'뜬금'의 '뜬'은 '뜨다'이고 '금'은 돈이다. 따라서 '뜬금없다'라는 말은 돈의 가치가 제멋대로 오르락내리락하는 현상을 일컫는 말이다.

뜽글 전남 | 명사 | 등걸
(1)줄기를 잘라낸 나무의 밑동.
(2)땔감의 일종으로 나무가 부러지거나 나무를 줄기를 베어내고 남은 밑동을 말한다.
〔고흥〕오늘은 뜽글 나무허로 가요. 표오늘은 등걸 나무하러 가요. 〔강진〕산에서 내려오다가 뜽글에 걸려 죽을 뻔했당게. 표산에서 내려오다가 등걸에 걸려 죽을 뻔했다니까. 〔진도〕그래도 뜽컬 나무가 훨씬 모져서 아랫묵이 따땃하당께. 표그래도 등걸 나무가 금방 타버리지 않아서 아랫목이 따뜻하다니까.
◆'뜽글'은 '끌팅'이라고도 했는데, 나무 그루터기나

244

배추 뿌리처럼 땅속에 박혀 있는 부분을 이르는 전라도 사투리이다. ◆6·25를 겪고 나서 밥 지을 쌀과 보리만 부족했던 것이 아니다. 땔나무도 귀했다. 겨울에는 산에서 생솔가지를 찍어다가 소죽을 쑤었고, 봄이 되면 '세발끄렝이(작은 나무뿌리)'을 괭이로 파내거나 허리에 줄을 건 상태로 허리를 펴면서 '끌텅'을 뽑아다가 땔감으로 썼다. 사정이 이렇다 보니 산은 벌거숭이가 되고 말았다. 물론 공비 토벌 작전으로 나무를 없앤 것도 민둥산이 된 요인 중 하나였다. 전쟁이 끝나고 조림 사업은 사방공사 무보수 울력으로 해냈다. 50년대 중반 이후 60년대 초반까지 사방공사 울력은 누구나 참여해야 했다. 그 덕에 지금 우리나라는 산림 모범국이 되었다. 울력은 사방 사업에만 그치지 않았다. 봄이면 도로 보수 울력에도 동원되었다. 당시는 모두 비포장도로였으므로 도로 가장자리로 밀려난 돌과 자갈 등으로 파인 도로를 메웠다. 이렇게 힘을 쓰면서도 먹을거리가 부족해 늘 배가 고팠던 시절에 김장을 할 때면 배추 끌텅을 쪄서 배를 불렸다. 지금은 건강 식품으로 먹기도 하지만 지난날에는 굶주린 삶을 이겨내는 눈물겨운 삶의 한 단면이었다. ―오덕렬(광주)

뜽글지 전북 | 명사 | 없음

큰 무를 반으로 가르거나 1.5센티미터 내지 2센티미터의 두께로 썰어서 담은 김치. 보통 무청은 한두 개 남기고 잘라내거나 달려 있지 않은 채로 담는다.

〔고창〕자는 배추지보다 뜽글지를 더 좋아헌게.―전라북도(2018) 표재는 배추김치보다 '뜽글지'를 더 좋아하니까. 〔정읍〕무 뿌라구로 담근 짐치를 '뜽걸지'라고 허지. 표무 뿌리로 담근 김치를 '뜽걸지'라고 하지.

◆전라북도에서는 무의 잎과 뿌리로 담근 김치를 '무김치'라고 하고, 무의 '뿌라구(뿌리)'만으로 담근 김치를 '뜽글지' 또는 '뜽걸지'라고 한다. 무의 뿌라구를 '뜽글이' 또는 '뜽걸이'라고 하기 때문이다. ―이광재(정읍)

띠 경북 | 접사 | 댁

(지명이나 마을 이름 뒤에 붙어) '그 지역이나 마을에서 시집온 여성'의 뜻을 더하는 말.

〔의성〕영덕띠 집이 여기서 가찹다. 표영덕댁 집이 여기서 가깝다.

◆한동네 여성들끼리 서로를 부를 때는 이름을 대신해 '댁' 또는 '띠'라는 호칭을 썼다. 한동안은 갓 시집온 여성을 '새댁'이라고 부르다가 본인의 고향이나 살던 지명을 따서 불렀다. 예를 들어 영덕에서 시집온 여성은 '영덕댁'이라 불렀는데, 그곳에서 시집온 여성이 한 명 이상일 경우에는 서로 구별할 목적으로 '군'이 아니라 '면'이나 '리' 단위로 불렀다.

띠갭지 충북 | 명사 | 띠

주로 아이를 업을 때 쓰는, 너비가 좁고 기다란 천.

〔단양〕요새는 띠갭지두 하기가 펜하게 나오드라구. 표요새는 띠도 하기가 편하게 나오더라고.

◆요즘에는 아기를 업거나 안기 편하게 만든 제품이 다양하지만, 예전에는 끈을 단 포대기나 넓은 소창으로 만든 띠를 썼다. '소창'은 "이불의 안감이나 기저귓감 따위로 쓰는 피륙"을 뜻하는 말이다. 여름에 날이 더울 때는 포대기 대신 띠를 둘렀다. 이 '띠'를 '띠갭지'라고 하는데 조개를 조갑지, 팔목을 팔모갑지라고 하는 것과 유사한 원리로 만들어진 사투리다.

띠금띠기하다 충북 | 동사 | 뜀박질하다

뜀을 뛰다.

〔옥천〕띠금띠기하다가 잘못하면 발목아지 다쳐. 표뜀박질하다가 잘못하면 발목 다쳐.

띠나못띠나 전남 | 명사 | 달고나

불 위에 국자를 올리고 거기에 설탕과 소다를 넣어 만든 과자.

〔목포〕학교 파하고 띠나못띠나 한판 하자. 표학교 끝나고 달고나 한판 하자.

◆'달고나'는 지역에 따라 이름이 다양한데 무안에서는 '띠기', 광주에서는 '띠나못띠나'라고 불렀다. 흔히 '뽑기'라고도 하는데, '띠기' 또는 '띠나못띠나'라는 말이 가장 직관적이다. 문양대로 떼는 것이 중요했기에 '띠기'라고 했고, '잘 뗄 수 있나 없나'라는 의미에서 '띠나못띠나'라고 불렀다.

띠띠무르하다 북한 | 형용사 | 없음

재료 본연의 맛이 나다. 또는 심심하다.

〔함북〕숭늉에 물 탄 듯 맛이 띠띠무르함메다. 표숭늉에 물 탄 듯 맛이 심심합니다.

띠포리 경남 | 명사 | 밴댕이

청어과의 바닷물고기.

〔부산〕덴장 육수 낼 때 띠포리 몇 마리 옇었노? 표된장 육수 낼 때 밴댕이 몇 마리 넣었니? 〔창원〕띠포리는 큰 메르치카마 넙적하고 더 크다. 표밴댕이는 큰 멸치보다 넓적하고 더 크다. 〔하동〕저놈 속은 띠포리 속맹키로 좁은가 고오매 한 개도 넘한테 안 줄라 쿤다. 표저놈 속은 밴댕이 속처럼 좁은가 고구마 한 개도 남에게 안 주려고 한다.

◆인천에서는 '밴댕이'를 회로 먹지만 경남에서는 '띠포리'를 회로 먹지 않는다. 주로 말려서 국물을 만들 때 사용한다. 그런데 멸치보다 비린내가 심해서 된장이나 고추장이 들어가는 국에만 사용한다. 결국 '밴댕이회'와 '띠포리'는 같은 생선이 아니다. 일반적으로 '밴댕이회'나 '밴댕이젓'이라고 불리는 생선은 '밴댕이'가 아니라 '반지'라는 이름의 물고기다.

띤죽 전남 | 명사 | 수제비

밀가루를 반죽하여 맑은장국이나 미역국 따위에 적당한 크기로 떼어 넣어 익힌 음식.

〔고흥〕띤죽 쒀 묵게 밀가리 반죽 잔 해놔라. 표수제비 쒀워 먹게 밀가루 반죽 좀 해놔라. 〔진도〕띤죽 쑬 때 북감자를 썰어서 너면 훨씬 맛있써라. 표수제비 쑬 때 감자를 썰어서 넣으면 훨씬 맛있어요.

◆'띤죽'은 '띠연죽'이라고도 하는데, 손으로 '떼어서 넣는 죽'이라는 뜻이다. 이와 달리 밀가루를 반죽하여 방망이로 얇게 밀고 칼로 썰어 만들어 먹는 죽은 '밀죽, 칼젭이, 칼국시'라고 한다.

띳장 전북 | 명사 | 뗏장

흙이 붙어 있는 상태로 뿌리째 떠낸 잔디의 조각.

〔임실〕띳장이 옆으로 퍼져서 잘 크고 있고만. 표뗏장이 옆으로 퍼져서 잘 크고 있구먼.

◆같은 잔디라도 마당에 심은 것은 '잔디'라 하지만, 무덤과 그 주변에 심은 것은 '뙤' 또는 '뗏장'이라고 한다.

락락하다 ^{북한 | 형용사 | 낙락하다}

매우 즐겁다.

〔북한〕요즘 돈벌이가 잘돼서 한없이 락락합메.
표요즘 돈벌이가 잘돼서 한없이 낙락합니다.

◆순우리말 '낙낙하다'는 "크기, 수효, 부피 따위
가 조금 크거나 남음이 있다"를 뜻하는 말이다. 이
와 달리 한자어 '낙락하다'는 떨어질 락(落)을 쓸 때
는 "큰 소나무의 가지 따위가 아래로 축축 늘어져 있
다", "여기저기 떨어져 있다", "남과 서로 어울리지
않다", "작은 일에 얽매이지 않고 대범하다" 등을 뜻
하고, '즐거울 락(樂)'을 쓸 때는 "매우 즐겁다"를 뜻
한다.

락제국 ^{북한 | 명사 | 낙제}

일정한 기준에 미치지 못함을 비유적으
로 이르는 말.

〔북한〕이번엔 락제국 먹지 않게 열심히 하라우.
표이번에는 낙제하지 않게 열심히 해라.

◆남한에서 '낙제하다'를 "미역국을 먹다"라고 표현
하듯이, 북한에서는 이를 '락제국을 먹다'라고 표현
한다. 일반적으로 북한에서는 5점제로 평가하는데
1점과 2점을 받으면 '낙제생'이라고 부르고, 3점을
받으면 '보통생', 4점을 받으면 '우등생', 5점을 받으
면 '최우등생'이라고 부른다.

롱구방 ^{북한 | 명사 | 승합차}

많은 사람을 태울 수 있는 대형 자동차.

〔북한〕어떤 사람이 롱구방에서 내렸슴다. 표어떤
사람이 승합차에서 내렸습니다.

◆북한에서 유통이 활발해지면서 승객과 화물을 실
어 나르고 돈을 받는 '써비차'가 등장하였다고 한다.
서비스를 제공하는 차라는 뜻이다. 써비차는 카운티
라고 부르는 25인승 승합차를 주로 사용하는데 영
어 long van에서 유래하여 '롱구반'이라고 부른다
고 한다.

마가을 북한 | 명사 | 늦가을

늦은 가을.

〔북한〕마가을 궂은비에 떨어진 젖은 락엽들만 딩굴고 있다. 표늦가을 궂은비에 떨어진 젖은 낙엽들만 뒹굴고 있다.

◆'마가을'은 '늦가을'을 뜻하고, '마겨울'은 '늦겨울'을 뜻한다. 접사 '마'는 '말(末)'에서 온 말로 '끝' 또는 '늦다'를 뜻하는 말이다.

마굴치 제주 | 명사 | 아귀

아귓과의 바닷물고기.

〔구좌-동복〕마굴치로 아귀찜 멘들주. 표아귀로 아귀찜 만들죠.

마널 충북 | 명사 | 마늘

백합과의 여러해살이풀.

〔옥천〕마널루다가 짱아찌 당궈 놓믄 그것두 맛있어. 표마늘로 장아찌 담가 놓으면 그것도 맛있어.

마농 제주 | 명사 | 마늘

백합과의 여러해살이풀.

〔용담〕마농 싱근 디서 저무랑 검질메연? 표마늘 심은 데서 저물도록 김맸니? 〔애월-상가〕콥대생이를 간장으로 장아찌 해 먹읍서. 표마늘을 간장으로 장아찌 해 먹으세요.

◆제주에서 '마농'은 마늘, 달래, 파 등속을 두루 일컫는 말이다. '마늘'은 '대사니' 또는 '콥대사니'라고도 하지만 '숭게마농' 또는 '콥마농'이라고 하고, '달래'는 '들마농' 또는 '꿩마농'이라고 하고, '파'는 '패마농'이라고 한다.

마눌 경기 | 명사 | 마늘

백합과의 여러해살이풀.

〔서울〕미나리, 파, 마눌 그런 거는 쓸거나 다져서 늦어, 깍두기에. 표미나리, 파, 마늘 그런 거는 쓸거나 다져서 넣었어, 깍두기에.

◆'마눌'은 '마늘'에서 'ㅡ'가 'ㅜ'로 바뀐 것인데, 이러한 형태는 '며느라', '바느질' 등에서도 나타난다.

마닥허다 전남 | 동사 | 거절하다

상대편의 요구, 제안, 선물, 부탁 따위를 받아들이지 않고 물리치다.

〔고흥〕나 맘에는 참말로 하나도 안 찬 자리여. 근디 내가 나가 암만 마닥혀도 아부지가 가라그믄 가야제 어치끄시요? 그래서 나가 시집을 왔소. 표내 맘에는 참말로 하나도 안 차는 자리야. 근데 내가 아무리 거절해도 아버지가 가라하면 가야지 어쩌겠어요? 그래서 내가 시집을 왔소.

◆'마닥해도'는 '마다고 해도'의 준말로 보인다.

마답 경기 | 명사 | 없음

외양간의 소를 밖에 끌어내어 쉬도록 매어두는 공간.

〔포천〕낮에는 소를 외양간에서 끌어내 마답에 매어 놓아 시원한 공기와 햇볕을 즐기게 한다. 표낮에는 소를 외양간에서 끌어내 '마답'에 매어

놓아 시원한 공기와 햇볕을 즐기게 한다.

마대다 전북 | 동사 | 거절하다
상대편의 요구, 제안, 선물, 부탁 따위를
받아들이지 않고 물리치다.
〔군산〕쟁인어른이 우리 사주 궁합이 안 좋다고
하면서 마대다 해찌 표장인어른이 우리 사주 궁
합이 안 좋다고 하면서 거절했지.

마데이 강원 | 명사 | 마당질
곡식을 떨어 알곡을 거두는 일.
〔속초〕마데이를 해야 하는데 날이 와서 매했다.
표마당질을 해야 하는데 비가 와서 좋지 않다.
〔평창〕이웃집 마데이 하는 날 소도끼를 얻어먹
었다. 표이웃집 마당질 하는 날 누룽지를 얻어먹
었다. 〔양양〕비 오기 전에 벼 마데이 하자. 표비
오기 전에 벼 마당질 하자. 〔삼척〕뿍닥양지에서
보리 마뎅이를 하다보면 콩죽 같은 땀이 나고요.
태질을 하다보면 능때기에 까우지가 들어가 마
이 껄끄럽고 개룹잖소. 표'뿍닥양지'에 보리 마
당질을 하다 보면 콩죽 같은 땀이 나고요. 태질
을 하다 보면 등에 까끄라기가 들어가 많이 껄끄
럽고 가렵잖소.
◆'마뎅이'의 종류에는 벼마뎅이가 있고 보리마뎅
이, 조마뎅이, 콩마뎅이도 있다. 마뎅이를 하려면 우
선 마당의 작은 돌들을 쓸어내고 보드라운 논흙이나
산 흙을 파다가 메우고 맥질을 하여 고른다. 그리고
빗자루로 마당을 잘 쓴 다음 거기에서 타작을 한다.
−이경진(삼척)

마떼 경북 | 명사 | 자치기
아이들 놀이의 하나. 정하여진 순서에 따
라 여러 방법으로 짤막한 나무토막을 긴
막대기로 쳐서 날아간 거리를 재어 승부
를 정한다.

〔안동〕우리 같이 마떼 하러 갈래? 표우리 같이
자치기 하러 갈래? 〔성주〕어릴 쩍에 마때 마이
놀았어. 표어릴 적에 자치기 많이 놀았어.
◆자치기는 한 자 두 자 뼘을 재는 동작을 표현한 것
이고 토끼치기는 막대를 톡 튀겨 날아가는 모습을
비유한 것이다. '마때, 마때이'는 '막대, 막대기'의
변이형으로 놀이의 도구를 표현한 것이다.

마뜩다 경북 | 형용사 | 깨끗하다
사물이 더럽지 않다.
〔성주〕니 오늘 설거지 당번이제, 그륵 좀 마뜩하
게 씩거라. 표너 오늘 설거지 당번이지, 그릇 좀
깨끗하게 씻어라. 〔영천〕물 마뜩고 공기 좋은 데
사이꺼네 오래 살아요. 표물 깨끗하고 공기 좋은
데 사니까 오래 살아요.
◆'마뜩다'는 마음에 들지 않을 때 쓰는 '마뜩잖다'와
긍정와 부정의 대립형으로 보여 주목된다.

마라마라 경기 | 감탄사 | 없음
소에게 뒤로 물러나라는 뜻.
〔파주〕쟁기로 밭 갈 때 소 보구 물러나라 할 때
는 마라마라 그래. 표쟁기로 밭 갈 때 소 보고 물
러나라 할 때는 '마라마라' 그래.

마람 전북 | 명사 | 마름
마름과의 한해살이풀.
〔김제〕마람, 그거 따다가 삶아 먹으믄 꼭 풋밤 같
은 맛이 났어. 표마름, 그거 따다가 삶아 먹으면
꼭 풋밤 같은 맛이 났어. 〔정읍〕어릴 적으 물밤
따러 많이 댕겼지. 표어릴 적에 마름 따러 많이
다녔지.
◆'마람'은 뿌리가 진흙 속에 박혀 있으며 줄기가 길
게 자라서 이파리는 물 위에 떠 있다. 주로 그리 깊
지 않은 하천에서 자란다.

마래 전남 | 명사 | 광

안방과 작은 방 사이에 있는 저장 공간.
〔고흥〕마래 가서 홍시 두 개만 갖다가 할무니 디
례라. 표광에 가서 홍시 두 개만 가져다가 할머
니 드려라. 〔진도〕마래 쌀 동우에서 쌀 한 주먹
하고 봇쌀 동우에서 봇쌀 예닐곱 주먹을 섞어 지
녁밥 해라이. 표광에 있는 쌀 동이에서 쌀 한 주
먹과 보리쌀 동이에서 보리쌀 예닐곱 주먹을 섞
어 저녁밥을 지어라. 〔광주〕가실이 끝나먼 광에
다 나락 가마니 쟁여놓고 부자가 됐당게. 표가을
이 끝나면 광에다 쌀 가마니 쌓아놓고 부자가 되
었다니까.
◆간혹 '마래'를 '마루'의 사투리로 알고 있는 경우가
있는데, '마루'의 사투리는 '물래'이고 '마래'는 '광'
을 뜻하는 말이다. ◆대체로 '마래'는 안방과 작은방
사이에 있는데 바닥이 나무로 되어 있다. 평소에는
씨앗이나 쌀 등 곡식을 보관하는 장소로 사용하지
만, 명절에는 전이나 생선 등 명절 음식을 보관한다.
'마래'는 나무로 되어 있기 때문에 시원해서 여름에
는 생활공간으로 이용하기도 한다. ◆초가삼간 지어
놓고 어렵게 살던 시절에 농가의 살림집에서 가장
필요한 세 칸 중 한 칸이 바로 '마래'이다. −주광현
(진도)

마랭수 전남 | 명사 | 감자

가짓과의 여러해살이풀.
〔진도〕우리 손주들 마랭수 묵어야제? 표우리 손
주들 감자 먹어야지?
◆전남에서는 감자를 '마령서' 또는 마랭수'라고 한
다. 지역에 따라 '북감자'라고도 한다. '마령서(馬鈴
薯)'는 감자의 모양이 말방울과 비슷하다고 해서 생
긴 말로 중국에서 들어온 말이고, '북감자'는 감자가
북쪽에서 가져온 작물이라는 뜻으로 쓰는 말이다.

마루치기 경남 | 명사 | 비사치기

아이들 놀이의 하나. 손바닥만 한 납작
한 돌을 세워놓고 얼마쯤 떨어진 곳에서
돌을 던져 맞히거나 발로 돌을 차서 맞
혀 넘어뜨린다.
〔고성〕우리 심심한데 마당에서 마루치기나 하고
놀자. 표우리 심심한데 마당에서 비사치기나 하
고 놀자. 〔부산〕난중에 친구들이랑 망까기 할래?
표나중에 친구들이랑 비사치기 할래? 〔거창〕이
돌삐 비짝놀이에 마치맞겠구마. 표이 돌은 비사
치기에 안성맞춤이겠구나.
◆마루치기를 하는 방법으로는 제자리에서 던지기,
뛰어서 던지기, 뛰어서 차기, 손등·발등에 얹어 떨
어뜨리기, 발목·무릎·가랑이에 끼워 떨어뜨리기,
배·등에 얹어 떨어뜨리기, 겨드랑이에 끼워 떨어뜨
리기, 어깨·머리에 얹어 떨어뜨리기, 눈을 감고 떨
어뜨리기 등이 있다. 무릎에 끼워 떨어뜨리기는 '똥
장군', 가랑이에 끼워 떨어뜨리기는 '책보', 머리에
얹어 떨어뜨리기는 '물똥이', 눈을 감고 떨어뜨리기
는 '봉사'라고 했던 기억이 있다. −김성재(고성)

마룽 전북 | 명사 | 마루

집채 안에 바닥과 사이를 띄우고 깐 널
빤지. 또는 그 널빤지를 깔아놓은 곳.
〔남원〕은주가 마룽에서 놀다 널쩌 대그빡에서
피가 났데. 표은주가 마루에서 놀다 떨어져서 머
리에서 피가 났대. 〔군산〕새참 먹고 시골 마룽에
서 낮잠을 잤다. 표새참 먹고 시골 마루에서 낮
잠을 잤다. 〔임실〕그림자기 마룽 우를 설설 기어
댕긴다. 표그리마가 마루 위를 설설 기어 다닌
다. 〔정읍〕무성서원 말깡에는 아그들이 꼬누판을
그려놓고 놀았던 흔적이 있당게. 표무성서원 마
루에는 아이들이 고누판을 그려놓고 놀았던 흔
적이 있다니까.

마르미 경남 | 명사 | 방어

전갱잇과의 하나. 몸의 길이는 1미터 정도로 긴 방추형이고 주둥이는 뾰족하다. 몸은 등이 푸른빛을 띤 회색, 배는 은빛을 띤 흰색이고 옆구리에 누런색 세로띠가 하나 있으며 맛이 좋아 식용한다.
〔부산〕마르미 제철이요. 쫌 잡사 바. 표방어 제철이요. 쫌 잡숴 봐. 〔울산〕메지는 버릴 떼가 없는 기라. 표방어는 버릴 데가 없어.

마부리 전북 | 명사 | 구슬
어린아이들 놀이 기구의 하나. 주로 유리나 사기로 만든다.
〔무주〕마부리 따먹기 놀이넌 그거넌 톡 쎄리먼 저 맞으머는, 금 내가 따머는 거지. 어리서 많이 했지 그거 표마부리 따먹기 놀이는 그것은 톡 때려서 저 맞으면, 그러면 내가 따먹는 거지. 어려서 많이 했지 그거.

마불림 제주 | 명사 | 없음
오랜 장마가 끝나면 온 집 안의 가재도구에 생긴 곰팡이를 제거하기 위해 물건들을 꺼내어 볕과 바람에 말리고 정리하는 일.
〔구좌-한동〕마불림은게 그 7월에 나민 그 브름 쉐운덴 허영 문 열앙 하간 거 쉐와. 표'마불림'은 그 칠월이 되면 그 바람 쏘인다고 해서 문 열어서 온갖 거 쏘여.
◆'마불림'의 '마'는 '장마'를 뜻하고, '불림'은 "곡식을 바람에 날려서 검불, 티, 쭉정이 따위를 날려버리다"라는 뜻의 '불리다'에서 온 말이다. 즉 장마 때 집 안에 찬 습기를 제거한다는 뜻으로 제주에서는 칠월 칠석에 미리 지어둔 '호상옷(수의)'에 곰팡이가 피지 않도록 꺼내어 바람을 쏘였다.

마슬 충남 | 명사 | 마실
이웃에 놀러 다니는 일.
〔서산〕스산이서넌 이우지에 놀러 간 일을 마슬이라구 헌다. 표서산에서는 이웃집에 놀러 가는 일을 '마슬'이라고 한다.
◆'마슬'은 기본적으로 '마을'이라는 뜻을 가지고 있으나 '마을'이라는 뜻으로 쓰지는 않고 마을 내에 있는 다른 집에 놀러 나가는 행위에 한해서 쓰는 말이다. 주로 '간다' 또는 '나간다' 등과 함께 쓴다.

마실 강원 | 명사 | 마을
주로 시골에서 여러 집이 모여 사는 곳.
〔강릉〕아부지는 아랫마실에 놀러 가셨어요. 표아버지는 아랫마을에 놀러 가셨어요. 〔삼척〕우리 마실은 100호도 더 되는 큰 마실이잖소. 표우리 마을은 100호도 더 되는 큰 마을이잖소. 〔춘천〕말 왔다구는 허지만 너무 늦었으니 자구가. 표'말' 왔다고는 하지만 너무 늦었으니 자고 가.
◆동네 소식이 궁금하거나 새로운 소식을 알릴 필요가 있는 경우, 몇 십 리 떨어져 있는 곳으로 '말(마실)'을 다니기도 한다. -유연선(춘천)

마장치다 전남 | 동사 | 뛰놀다
(1)이리저리 뛰어다니며 놀다.
(2)밭 따위에서 함부로 뒹굴어서 곡식을 망치다.
〔장흥〕모래밭에서 마장치며 오징어 놀이를 해봤다. 표모래밭에서 뛰놀며 오징어 놀이를 했다. 〔고흥〕저수지 밭에 북감재를 숭겄는디 아리께 가봉께 멧돼지가 와서 마장을 쳐 부렀습니다. 표저수지 밭에 감자를 심었는데 엊그저께 가보니까 멧돼지가 와서 밭을 망쳐버렸습디다. 〔진도〕텃논에 북감자를 쪼끔 심었는디 니바네 쉐양치가 마장쳐부러서 베래부럿쎠라. 표텃논에 감자를 조금 심었는데 넷째네 송아지가 뛰놀아버려서 망쳐버렸어요.

◆전남 고흥과 장성에서 '마장치다'는 단순히 뛰놀거나 뒹구는 동작을 가리키는 말이 아니라 밭 따위에서 함부로 뒹굴어 곡식을 망치는 행위를 뜻하는 말로 쓰이기도 한다. ◆'마장치다'는 어떤 동물이 마당 텃밭 등에 심어놓은 채소들을 다 짓밟아 망가뜨려 놓았을 때 표현하는 말로 쓰이기도 한다.

마직ᄒ다 제주 | 형용사 | 적당하다
일정한 기준, 정도에 넘치거나 모자라지 않다.
〔구좌-한동〕촐은 무끄민 그 밧듸 그냥 마직허게 눌엇당 촐 다 헤지믄 집이 시꺼 와. 표꼴은 묶으면 그 밭에 그냥 적당하게 가렸다가 꼴 다 하면 집에 실어 와. 〔대정-가파〕그 밥 너미 하다. 마직허게 거리라.표그 밥 너무 많다. 적당하게 떠라.
◆'마직ᄒ다'는 '적당하다'는 뜻 외에 '알맞다'는 뜻으로도 쓰인다. '마직ᄒ다'는 적당하다는 뜻을 지니는 '맞다'와 가능성을 뜻하는 보조형용사 '직하다'가 결합한 표현으로 보인다.

마치맞다 강원 | 형용사 | 마침맞다
어떤 경우나 조건에 아주 꼭 알맞다.
〔삼척〕설볌으로 장에서 사 온 옷을 아이에게 입혀봤잖소. 몸에 딱 마치맞잖소. 표설빔으로 장에서 사 온 옷을 아이에게 입혀봤어요. 몸에 딱 마침맞더군요. 〔영월〕옷이 몸에 마치맞다. 표옷이 몸에 마침맞다. 〔인제〕오늘 아척나절에 콩을 심었는데 맞추맞게 비가 와서 씨가 잘 붙겠구만. 표오늘 아침나절에 콩을 심었는데 마침맞게 비가 와서 씨가 잘 붙겠구먼.
◆주로 '마치맞게', '마치맞은'의 꼴로 쓰인다.

마카 강원 | 부사 | 모두
일정한 수효나 양을 기준으로 빠짐이나 넘침이 없이.
〔강릉〕가주구 있든 돈얼 마카 다 뺏겠어. 표가지고 있던 돈을 모두 다 뺏겠어. 〔평창〕냉기지 말고 마카 다 먹어라. 표남기지 말고 모두 다 먹어라. 〔동해〕마카 다 먹을라고 욕심 내믄 언첸다. 표모두 다 먹으려고 욕심 내면 체한다. 〔삼척〕우리 집 소실들이 마카 모이면 열 식구나 되는 대가족이잖소. 표우리 집 식구들이 모두 모이면 열 식구나 되는 대가족이잖소.
◆'마카'는 '모두 다'라는 뜻으로 많이 쓰는 말이다.
-신승엽(평창)

마카 경북 | 부사 | 모두
일정한 수효나 양을 기준으로 빠짐이나 넘침이 없이.
〔대구〕마카 다 신발 벗고 들어오니라. 표모두 다 신발 벗고 들어오너라.

막니 강원 | 명사 | 사랑니
어금니가 다 난 뒤 성년기에 맨 안쪽에 새로 나는 작은 어금니.
〔양양〕막니가 나면 입에 째지는 거 같지. 표사랑니가 나면 입이 찢어지는 것 같지. 〔평창〕막니가 볼 안에 상처를 내서 빼었더니 시원하다. 표사랑니가 볼 안에 상처를 내서 뺐더니 시원하다.

막뎅이 강원 | 명사 | 막대기
가늘고 기다란 물건의 토막.
〔강릉〕홍시르 따게 긴 막뎅이 좀 가주오니라. 표홍시를 따게 긴 막대기 좀 가져와라. 〔삼척〕이웃집에 갔더니 개가 짖으며 달려들기에 막디기로 후려치는 시늉을 했더니 도망가다와. 표이웃집에 갔더니 개가 짖으며 달려들기에 막대기로 후려치는 시늉을 했더니 도망가더라. 〔평창〕밤을 떨게 긴 작대기를 가져오니라. 표밤을 떨게 긴 막대기를 가져와라.

◆길이에 따라 명칭이 다른데, 토막이 나뭇가지처럼 짧으면 '막데기', 지팡이처럼 길면 '작대기'라고 한다. -유연선(춘천)

막보리 경북 | 명사 | 풋보리
아직 여물지 아니한 보리.
〔경주〕막보리를 거시럼 해서 무면 고마 그해 풍년이 든다 안카더라. 표풋보리를 그을려서 먹으면 그만 그해 풍년이 든다 않더냐.

막살하다 경남 | 동사 | 막설하다
하던 일을 그만두다.
〔부산〕오늘 부산에 갈라 카다가 막살했다. 표오늘 부산에 가려고 하다가 막설했다. 〔고성〕비 온다 카는데 낚시 계획은 막살나아겠다. 표비 온다고 하는데 낚시 계획은 막설해야겠다. 〔하동〕내가 고생해서 니 학비 보태주고 허는디 공부 안 헐라모 핵조 막설해라. 표내가 고생해서 네 학비 보태주고 하는데 공부 안 하려면 학교 막설해라.

막장 경남 | 명사 | 쌈장
주로 순대나 고기를 먹을 때 찍어먹는 여러 양념을 한 된장.
〔부산〕순대는 막장카 묵는 기 맛있다이가. 표순대는 쌈장이랑 먹는 게 맛있잖니.
◆경우에 따라 고추장이나 사이다 등을 넣어 만들기도 한다.

막주상 경북 | 명사 | 술상
술과 안주를 차려 놓은 상.
〔영천〕이 바아 드가이 막주상을 한상 잘 채리 나오는데. 표이 방에 들어가니까 술상을 한상 잘 차려 나오던데.

막지 제주 | 명사 | 막동

윷놀이에서 네 번째로 쓰는 말.
〔구좌-한동〕우린 이 막지만 나민 뒈난 우리가 이기크라. 표우린 이 막동만 나면 되니까 우리가 이기겠어.
◆윷놀이는 말 네 개를 다 내어야 이기는 놀이다. 말 하나 하나를 '흔지, 두지, 석지, 넉지'라고 부르고, 말 하나가 나오는 것을 '흔지 나다'라고 한다. 또 말 하나가 다른 말에 어우르는 것을 '업다'라고 하는데, 업은 개수에 따라 '두지(두동무니)', '석지(석동무니)', '넉지(넉동무니)'라고 한다. '막지'는 마지막 말인 막동을 뜻한다. 상대방 말이 한 동도 나기 전에 네 동이 나서 이기는 것을 '무지막지(단동무니)'라고 한다.

만두리 전북 | 명사 | 만물
벼를 심은 논에 마지막으로 하는 김매기.
〔김제〕만두리를 하고 나믄 여름 농사일은 끝난 거여. 표만물을 하고 나면 여름 농사일은 끝난 거야. 〔임실〕마무리지심이 끝난 다음에는 인자 추수 때를 기다려서 추수를 허지. 표만물이 끝난 다음에는 이제 추수 때를 기다려서 추수를 하지.
◆전북에서 '만두레'는 벼를 심은 논에 마지막으로 하는 김매기를 뜻하는 말이자 '세 벌 김매기를 마치고 벼농사가 가장 잘된 집의 머슴에게 대접을 하며 즐기는 놀이'를 뜻하는 말로 사용되었다. ◆김을 매면서 부르는 민요를 〈만두레소리〉라고 한다.

만뒤떡 제주 | 명사 | 없음
메밀가루를 반죽하여 둥그렇게 만들어 안에 팥소 등을 넣고 가운데로 접어서 삶거나 찐 후 팥고물을 묻힌 떡.
〔구좌-한동〕만뒤떡은 영 똥글랑허게 영 터가지고 이디 영 쉬 놔근에 반달 모양으로 멘든 거. 표'만뒤떡'은 이렇게 동그랗게 이렇게 터가지고 여기 이렇게 소 넣어서 반달 모양으로 만든 거. 〔구

좌-김녕)떡 괼 때 젤 처음은 친떡 놓고 그다음은 만뒤떡 놔. 표떡 괼 때 젤 처음은 시루떡 놓고 그 다음은 '만뒤떡' 놔.

만만디 북한 | 명사 | 없음
동작이 매우 느린 사람을 가리키는 말.
〔양강〕저 사람 너무 만만디요. 표저 사람 너무 '만만디'예요.
◆'만만디'는 "서두르지 않고 천천히"를 뜻하는 중국어인데 자강도와 양강도에서 널리 쓰이는 말이다.

만문하다 경북 | 형용사 | 만만하다
부담스럽거나 무서울 것이 없어 쉽게 다루거나 대할 만하다.
〔안동〕내가 아무리 약골이라 해도 너 같은 건 솔직히 만문타. 표내가 아무리 약골이라 해도 너 같은 건 솔직히 만만하다.
◆'만문하다'는 감정 표현으로만 쓰는 말이 아니라 빵이나 과자 같은 것이 부드럽게 잘 씹힐 때도 쓴다.

만비기 경남 | 명사 | 만만쟁이
남에게 만만하게 보이는 사람을 낮잡아 이르는 말.
〔밀양〕이 만비기 겉은 넘아, 니는 와 만날 몬난 짓만 골라 하노? 표이 만만쟁이 같은 놈아, 넌 왜 맨날 못난 짓만 골라 하니?
◆'만비기'의 '비기'는 '~하게 보이는 사람'을 뜻하는 말이다.

말 충남 | 명사 | 바닷말
바다에서 자라는 조류를 통틀어 이르는 말.
〔보령〕여서는 말, 해초 이렇게 올라와가지고 위에만 이렇게 따가지고 부드러운 데만 위에만 따서 먹거든요. 표여기서는 바닷말, 해초 이렇게 올라와가지고 위에만 이렇게 따가지고 부드러운

데만 위에만 따서 먹거든요.

말그롬하다 충북 | 형용사 | 말그스름하다
조금 맑은 듯하다. 물의 부속물이 가라앉아 맑은 물이 올라온 상태.
〔옥천〕아까는 흙탕물이었는데 지금 보니께 물이 말그롬하네. 표아까는 흙탕물이었는데 지금 보니까 물이 말그스름하네.

말꼬지 강원 | 명사 | 말뚝
땅에 박기 위하여 한쪽 끝을 뾰족하게 만든 몽둥이. 또는 그것을 땅에 박아놓은 것.
〔강릉〕이 말꼬지르 저 한복장더게 박어라. 표이 말뚝을 저 한복판에다가 박아라. 〔평창〕고추밭에 말꼬지 박으로 가자. 표고추밭에 말뚝 박으러 가자. 〔강릉〕말으 잘 모 알아들으믄 귀구아리에 말꼬지르 해 박었나 이래지요. 표말을 잘 못 알아들으면 귀구멍에 말뚝을 해 박았나 이러지요. 〔삼척〕밭 가에 말꾸지를 박고 말방쇠 처냈잖소. 표밭 가에 말뚝을 박고 철조망 처냈잖소.

말랑 강원 | 명사 | 마루
등성이가 진 지붕이나 산 따위의 꼭대기.
〔정선〕나는 지능선 말랑에서 찻길을 버리고 숲으로 들어선다. 표나는 지능선 마루에서 찻길을 버리고 숲으로 들어선다. 〔평창〕말랑가지까지 가는데 깔딱고개가 있데요. 표마루까지 가는데 깔딱고개가 있더라고요. 〔삼척〕짐을 지고 말랑으로 올라가느라고 땀을 뺐잖소. 그런데 말랑에 올라가니 시원한 바람이 불어오더군. 표짐을 지고 마루로 올라가느라고 땀을 뺐잖소. 그런데 마루에 올라가니 시원한 바람이 불어오더군.
◆삼척에서는 산마루를 '산말랑'이라고 하고 고갯마루를 '고개말랑'이라고 한다. -이경진(삼척)

말르다 경기 | 동사 | 마르다

물기가 다 날아가서 없어지다.

〔파주〕도배 자리가 완전히 다 말를 때까지는 기다려야 해요. 표도배 자리가 완전히 다 마를 때까지는 기다려야 해요.

말망생이 경남 | 명사 | 망아지

말의 새끼.

〔합천〕띠아가는 딧모습이 꼭 말망생이캉 똑같다. 표뛰어가는 뒷모습이 꼭 망아지랑 똑같다.

◆'-아지'를 경남권 일부 지역에서는 '-생이'라고 한다. 그래서 '강아지'는 '강생이'라고 하는데 특이하게 '송아지'를 '소생이'라고는 하지 않는다.

말밤세 경남 | 명사 | 마름쇠

끝이 송곳처럼 뾰족한 네 개의 발을 가진 쇠못. 도둑이나 적을 막기 위하여 흘어두었다.

〔부산〕말밤세 까시예 바지까래이가 찢어졌심더. 표마름쇠 가시에 바짓가랑이가 찢어졌어요. 〔창원〕언자는 몰밤을 치낳아서 함부도록 몬 드가겠더라. 표이제는 마름쇠를 쳐놓아서 함부로 못 들어가겠더라.

◆'마름'은 저수지나 연못 등지에서 쉽게 찾아볼 수 있는 한해살이 물풀이다. 이 물풀에는 엄지손가락 크기의 열매가 열리는데, 2~4개의 뿔이 달린 독특한 모양이다. 까맣고 딱딱한 껍질을 까면 짙은 유백색의 내용물이 나오는데 밤맛이 난다고 해서 '물밤' 또는 '말밤'이라고 불렀다. 일종의 지뢰처럼 사용한 '마름쇠'라는 무기는 생김새가 마름 열매와 비슷하다고 해서 붙여진 이름으로 부산에서는 '말밤쇠'라고 불렀다. '말밤'처럼 생긴 '쇠'라는 뜻일 것이다. 6.25 당시 부산에 주둔한 미군 부대 주변에 친 철조망 울타리를 보고 '말밤쇠/말방세/말방소'라고 불렀던 것도 철조망의 모양이 마치 '마름쇠'를 연결해놓은 것처럼 보였기 때문일 것이다. 창원·함안 등지에서는 '몰밤'만을 '철조망'의 의미로 사용하였다. -조용하(울산)

말쌔질하다 북한 | 형용사 | 이간질하다

두 사람이나 나라 따위의 중간에서 서로를 멀어지게 하다.

〔북한〕윤희는 말쌔질을 잘해서 어디에서든 조심해야 함. 표윤희는 이간질을 잘해서 어디에서든 조심해야 합니다.

◆'말쌔질'은 '말 사이'와 '질'의 복합어로 보인다. 말과 말 사이를 견주며 이간질하는 것을 이렇게 표현한 것이다.

말일리다 경기 | 동사 | 없음

일을 들추어내어 트집이나 문젯거리를 일으키는 말이나 행동을 하다.

〔포천〕장난이 심하면 말일리기 쉬우니라. 그렇게 까불대더니 끝내 말을 일렸구먼. 표장난이 심하면 '말일리기' 쉽다. 그렇게 까불대더니 끝내 '말을 일렸구먼'.

◆'말일리다'는 '말을 일리다'의 형태로 보인다. 이때의 '일리다'는 '일으키다'의 경기 지역 사투리이다. 그러므로 '말일리다'는 '말을 일으키다'라는 뜻으로 해석된다. 말썽을 일으키는 것은 말이 나게 하는 것이니 문제를 일으켰을 때 '말일리다'로 표현했음 직하다.

말젯똘 제주 | 명사 | 없음

셋째 딸.

〔구좌-한동〕아이딜은 말젯똘만 서울 시집가고 다 이디 살암서. 표아이들은 셋째 딸만 서울에 시집가고 다 여기 살고 있어. 〔애월-고내〕셋뚤이영 말젯똘은 대학 못 시겼어. 표둘째 딸과 셋째 딸은 대학 못 보냈어. 〔애월-상가〕우리 말잣년이

요망지우다. 표우리 셋째 딸이 야무지다.

◆'말젯'은 친족 관계를 나타내는 말 앞에 붙어서 '셋째'를 뜻하는 접두사이다. 제주 말에는 이러한 친족 관계를 나타내는 말 앞에 붙어서 순서를 나타내는 말이 다양한데, '큰, 셋, 말젯, 족은(말젯)'이 그것이다. 만약 딸이 넷인 상황이라면 첫째는 '큰뚤', 둘째는 '셋뚤', 셋째는 '말젯뚤', 넷째는 '족은(말젯)뚤'이라고 한다. '말젯'을 '말잣'이라고도 한다.

말짓 전북 | 명사 | 말썽질
자주 트집이나 시비를 일으키는 짓.
〔임실〕에리서 말짓허는 놈이 커서 잘되아. 표어려서 말썽질하는 놈이 커서 잘된다. 〔군산〕말짓 허고 댕기는 걸로 동네서 아주 내났당게. 표말썽 질하고 다니는 걸로 동네에서 아주 내놓았다니까. 〔정읍〕아가, 구잡 좀 고만 떨어라. 징하게 말도 안 타네. 표아가, 말썽질 좀 그만 떨어라. 엄청 말도 안 듣네.
◆말짓은 "짓궂게 하는 못된 짓"을 뜻하는 말이다. 해서는 안 되는 못된 짓인지도 모르고 아이들이 습관처럼 저지르는 어떤 동작이나 행동을 낮잡아 이르는 말로서 말썽보다 문제가 되는 정도가 더 심한 경우에 쓴다.

말짜리 경남 | 명사 | 쇠무릎
비름과의 여러해살이풀.
〔창원〕말짜리 뿌래이는 물팍 아푼 데 좋다. 표쇠 무릎 뿌리는 무릎 아픈 데 좋다.
◆'쇠무릎'은 한자어로 '우슬(牛膝)'이라고 한다. 풀의 마디가 소의 무릎을 닮았다고 해서 '쇠무릎' 또는 '쇠무릎지기'라고 하는데, '말짜리'는 풀의 마디가 소의 무릎이 아니라 말의 무릎을 닮았다고 해서 붙여진 이름이다. ◆도꼬마리 열매는 도토리 크기이고, 말짜리 열매는 좁쌀 크기이다. 크기는 다르지만 둘 다 열 매에 가시 모양의 잔털이 있어 옷에 잘 달라붙는다.

흔히 말짜리 열매를 '도깨비풀'이라고 부르는데, '도깨비바늘'과는 종류가 다르다. -김성재(고성)

말째다 북한 | 동사 | 불편하다
(1)거북하고 불편하다.
(2)사람이나 일이 다루기에 까다롭다.
〔평안〕오마니는 말째다는 말을 많이 했댔습니다. 표어머니는 불편하다는 말을 많이 했다고 했습니다.

말청 경남 | 명사 | 마루
집채 안에 바닥과 사이를 띄우고 깐 널빤지. 또는 그 널빤지를 깔아놓은 곳.
〔산청〕고방 쎄때는 아랫방 말청 밑에 있음미더. 표광 열쇠는 아랫방 마루 밑에 있습니다.

말치 강원 | 명사 | 도롱이
짚, 띠 따위로 엮어 허리나 어깨에 걸쳐 두르는 비옷.
〔양양〕빗방굴 떨어진다, 말치 챙겨라. 표빗방울 떨어진다, 도롱이 챙겨라. 〔춘천〕비가 잠시 끄쳐서 말치를 벗어놨다가 다시 입으려니까 그 속에 두께비가 들어가 있어서 을마나 놀랬는지. 표비가 잠시 그쳐서 도롱이를 벗어놨다가 다시 입으려니까 그 속에 두꺼비가 들어가 있어서 얼마나 놀랐는지.
◆도롱이는 지역에 따라 다양한 재료를 사용하여 만든다. 농촌에서는 주로 짚이나 띠, 갈대, 왕골껍질 등을 이용하여 만들지만 양양과 같은 어촌에서는 바닷가에서 쉽게 구할 수 있는 잘피와 같은 해초를 이용하여 만든다. -김성영(양양) ◆비가 올 때 머리에 쓰는 것을 삼척에서는 '샛갓'이라고 한다.

말큼 경남 | 부사 | 모두
일정한 수효나 양을 기준으로 빠짐이나

넘침이 없이.

〔울산〕말큼 다 가져오너라. 표모두 다 가져오너라.

맘마구꽃 충북 | 명사 | 민들레

국화과의 여러해살이풀.

〔단양〕요새는 맘마구꽃으루 즙을 내리서 먹지. 근데 꽃이 하얀색 있는 기 좋은 기여. 표요새는 민들레꽃으로 즙을 내려서 먹지. 근데 꽃에 하얀색 있는 게 좋은 거야.

맘씨 좋은 여편네 동네 서방이 아홉이랴

전북 | 없음 | 없음

결혼해서 남편이 있는 여자가 뭇 남성들에게 관심을 갖는 상황을 비꼬거나 비웃는 말.

〔전주〕맘씨 좋은 여편네 동네 서방이 아홉이라고 혔잖어! 내 은젠가 바람나서 야반도주헐 줄 알았당게. 표맘씨 좋은 여편네 동네 서방이 아홉이라고 했잖아! 내가 언젠가 바람나서 야반도주할 줄 알았어.

◆동네마다 예쁜 데다가 웃음도 헤프고 정이 많은 여자가 있기 마련이다. 그런 여자들 가운데 바람이 나서 집을 나간 여자가 생겼을 경우 "진즉에 그럴 줄 알았다"면서 바람을 핀 여자의 행실을 비난할 때 자주 쓰던 말이다.

망개 경남 | 명사 | 맹감

청미래덩굴의 열매.

〔창원〕덜 익은 망개는 억수로 시고 떫어. 표덜 익은 맹감은 아주 시고 떫어.

◆망개떡은 멥쌀 반죽에 팥소를 넣고 청미래덩굴 잎으로 싸서 찐 떡이다. 이 잎으로 떡을 싸서 찌면 떡이 서로 달라붙지 않을 뿐만 아니라 오랫동안 쉬지 않는다. 예전에는 망개떡 장수가 짧은 바지랑대 양쪽 끝에 망개떡이 담긴 유리 상자를 매달고 다니면서 "망

개떡"이라고 외치고 다녔다. −경남방언연구보존회

망갯덤불 충북 | 명사 | 청미래덩굴

백합과의 낙엽 활엽 덩굴성 관목.

〔영동〕요새두 이거 망갯덤불 잎새기루 떡얼 싸서 팔드라구. 표요새도 청미래덩굴 잎사귀로 떡을 싸서 팔더라고.

망웃 전남 | 명사 | 거름

식물이 잘 자라도록 땅을 기름지게 하기 위하여 주는 물질.

〔담양〕논바닥에 망웃을 뿌렀다. 표논바닥에 거름을 뿌렸다. 〔광양〕보리 갈게 논밭에 망웃 좀 내나라. 표보리 갈게 논밭에 거름 좀 내놓아라. 〔광주〕칙간에서 잘 익은 망웃은 논밭에 내야 한다. 망웃이 발효되면서 내는 열기가 남아 있어 일꾼은 땀을 싸면서 힘들게 망웃 내는 일을 했다. 표측간에서 잘 익은 거름은 논밭에 내야 한다. 거름이 발효되면서 내는 열기가 남아 있어 일꾼은 땀을 빼면서 힘들게 거름 내는 일을 했다.

◆돈을 주고 사서 쓰는 거름이 귀하던 시절에는 퇴비를 직접 만들어야 했다. 두엄자리에 쌓인 두엄과 왕겨를 둘금둘금 놓고 인분을 쳐가며 발효시키는 과정을 거쳐 거름을 만들었는데 이렇게 해서 만들어진 거름을 '망웃'이라 한다. 망웃이 발효될 때는 김이 모락모락 피어올랐다. 발효가 끝나면 논밭에 퇴비를 내는데 "망웃 낸다"라고 했다. 농작물이 잘 자라도록 하는 데는 땅을 기름지게 하여 지력(地力)을 높여줘야 하는데, 망웃만큼 좋은 게 없었다. −오덕렬(광주)

망우리 강원 | 명사 | 쥐불놀이

정월 대보름의 전날에 논둑이나 밭둑에 불을 붙이고 돌아다니며 노는 놀이. 특히, 밤에 아이들이 기다란 막대기나 줄

에 불을 달고 빙빙 돌리며 노는 것을 이른다.

〔강릉〕망우리라고 소레기를 지르지 머. 표쥐불놀이라고 소리를 지르지 뭐.

〔평창〕대보름에 망우리 들리러 가자. 표대보름에 쥐불놀이 돌리러 가자. 〔삼척〕망우리를 하자면 정월대보름이 되기 전, 미리미리 재료를 모으잖소. 빈 깡통, 소깽이나 떨어진 고무신 같은 것과 철사, 막대기를 구해두잖소. 표쥐불놀이를 하자면 정월대보름이 되기 전, 미리미리 재료를 모으잖소. 빈 깡통, 소깽이나 떨어진 고무신 같은 것과 철사, 막대기를 구해두잖소. 〔춘천〕내일이 보름이래, 망월이하러 가자. 표내일이 보름이래, 쥐불놀이하러 가자.

◆강릉에서 쥐불놀이를 가리켜 '망우리' 또는 '망우리놀이'라고 하는 까닭은 쥐불놀이를 하는 음력 1월 15일, 즉 정월 대보름에 동그랗게 뜬 보름달을 '망월'이라고 하기 때문이다. 망우리는 봄이 되어 농사일을 시작하기 전에 들판에 불을 놓아 쥐를 쫓고 해충을 죽이는 한편, 타고 남은 재를 거름으로 이용하기 위한 목적에서 널리 권장되었다. -최길시(강릉)

망우리 충북 | 명사 | 쥐불놀이

정월 대보름의 전날에 논둑이나 밭둑에 불을 붙이고 돌아다니며 노는 놀이. 특히, 밤에 아이들이 기다란 막대기나 줄에 불을 달고 빙빙 돌리며 노는 것을 이른다.

〔보은〕깡통에다가 광솔얼 담아 가지구 돌리민서 하는 기 망우리여. 표깡통에다가 관솔을 담아 가지고 돌리면서 하는 게 쥐불놀이야.

◆'망우리'는 쥐불놀이 자체를 가리키는 말로도 쓰이지만 쥐불놀이를 할 때 쓰는 깡통을 가리키는 말로도 쓰인다. 깡통을 돌리는 것을 두고 "망우리 돌린다"라고 했다. 송진이 많이 엉긴 관솔(소나무 가지나 옹이)은 불이 잘 붙으므로 여기에 불을 붙여 깡

통에 담으면 불이 오래 갔다. 이 불빛이 새어 나오는 깡통에 철사 줄을 길게 달아 공중에 빙빙 돌리는 것이 쥐불놀이이다.

망중참 충남 | 명사 | 막참

마지막 참.

〔천안〕망중차믄 아마 네시서 다서씨쯤 므거. -한영목(2011) 표막참은 아마 네 시에서 다섯 시쯤 먹어.

망지미겨 경기 | 명사 | 왕겨

벼의 겉에서 맨 처음 벗긴 굵은 겨.

〔강화〕베 방아를 찧을 때 맨 처음 나오는 껍질이 망지미겨야. 표벼 방아를 찧을 때 맨 처음 나오는 껍질이 왕겨야.

◆'왕겨'의 사투리는 매우 다양한데 '왕님겨'는 일반적인 사투리와 달리 '왕'을 높이기 위해 '님'을 결합시킨 특이한 어형으로 강화 지역에서 확인된다. '망지미'는 매조미에서 받침 'ㅇ' 첨가와 모음 변화가 일어난 사투라 아닐까 한다. 매조미란 벼를 매통에 갈아서 왕겨만 벗기고 속겨는 벗기지 않은 쌀을 만드는 일을 뜻하는데, 망지미겨는 이 말과 관련이 있다고 본다. 즉 왕겨만 벗긴 그 왕겨를 망지미겨라 부른 것이다.

망질하다 경북 | 동사 | 살피다

두루두루 주의하여 자세히 보다.

〔성주〕어제 꾼 꿈이 좋아가 우리 집에 좋은 분이 나타날까 싶어가 뒷산에서 집을 향해 망질하고 있었다. 표어제 꾼 꿈이 좋아서 우리 집에 좋은 분이 나타날까 싶어서 뒷산에서 집을 살피고 있었다.

◆'망질하다'라는 말은 살핀다는 뜻의 '망(望)'과 어떤 행동을 뜻하는 '질'이 결합한 말이다.

망해트다 전남 | 형용사 | 없음
마음에 들지 아니하다.
〔장흥〕그 일을 생각하면 마음이 망해트다. 표그
일을 생각하면 마음이 '망해트다'.
◆일이 잘 풀리지 않거나 안 좋은 일이 있을 때 '망해
트다'라고 한다.

매가리 경남 | 명사 | 없음
새끼 전갱이를 일컫는 말.
〔진주〕전개이는 몬 잡고 매가리마 항거 잡았다
아이가. 표전갱이는 못 잡고 '매가리'만 많이 잡
았다. 〔하동〕매가리는 니나 가가서 꾸우 무라. 표
'매가리'는 너나 가져서 구워 먹어라.
◆표준어 '매가리'는 '전갱이'와 뜻이 같다. 즉 동의
어이다. 그런데 진주·하동에서 '전갱이'는 '전개이'
라고 하고, 손바닥만 한 크기의 '새끼 전갱이'는 '매
가리'라고 한다. '매가리'와 '전개이'는 동의어가 아
니다. -경남방언연구보존회

매굽다 강원 | 형용사 | 맵다
고추나 겨자와 같이 맛이 알알하다.
〔동해〕음석이 매굽나? 표음식이 맵니? 〔홍천〕작
은 고추가 매웁다구. 표작은 고추가 맵다고.
◆단맛을 '달굽다'라고 하는 것처럼 매운맛을 '매굽
다'라고 한 것으로 보인다.

매급시 전북 | 부사 | 맥없이
아무 까닭도 없이.
〔완주〕매급시 찔쩍거리지 말고 이리 나와. 표맥
없이 집적거리지 말고 이리 나와. 〔남원〕선생님
은 우리를 매급시 불러서 혼내요. 표선생님은 우
리를 맥없이 불러서 혼내요. 〔정읍〕매겁시 때리
지 말랑게. 표맥없이 때리지 말라니까. 〔임실〕촐
랭이가 퉁쇠를 매겁시 건디린다. 표촐랑이가 퉁
쇠를 맥없이 건드린다.

◆매급시는 표준어 '맥없이'가 다르게 발음된 것이
다. 본래 '맥'이 갖고 있는 의미에서 '아무런 이유나
까닭없이'로 의미가 변한 것이다.

매까이시럽다 경북 | 형용사 | 얄밉다
말이나 행동이 약빠르고 밉다.
〔안동〕니는 참 매까이시럽게 말한다. 표너는 참
얄밉게 말한다.

매낀하다 충북 | 형용사 | 매끈하다
흠이나 거친 데가 없이 부드럽고 반드럽다.
〔옥천〕그럭이 모소리가 매낀한 기 이쁘게두 생깄
네. 표그릇이 모서리가 매끈한 것이 예쁘게도 생
겼네.

매란당 충북 | 명사 | 없음
(1)많이 어지럽혀진 상태.
(2)무질서한 모습이나 복장을 한 이를 가
리키는 말.
〔영동〕방 꼬라지가 매란당이다. 표방 꼬라지가
'매란당'이다.
◆'매란당'은 대체로 형편없는 것을 '매란없다'라고
하는 데서 온 말로 보인다. '매란'에 강한 어감을 실
어 강조한 말이다. 변변치 못한 사람을 가리켜 '거랑
말코'라고도 하고 '거랑당말코'라고도 하는 것과 같
은 이치이다.

매랭이 경남 | 명사 | 매미
매밋과의 곤충을 통틀어 이르는 말.
〔밀양〕한낮에 매랭이 빽빽 울어싸아먼 부애가
난다. 표한낮에 매미가 빽빽 울어대면 화가 난
다. 〔김해〕땀은 삐직삐직 나제, 매랭이 잡는다꼬
채 들고 더번 날에 잘 돌아댕깄지. 표땀은 삐질
삐질 나지, 매미 잡는다고 채 들고 더운 날에 잘
돌아다녔지.

매련없다 강원 | 형용사 | 형편없다

결과, 상태, 내용, 질 따위가 매우 좋지 못하다.

〔평창〕고냉이가 방 안을 매련없이 맹글어 놓았네. 표고양이가 방 안을 형편없이 만들어 놓았네. 〔삼척〕평소에는 얌전한 사람으로 알았는데 술이 한 잔 들어가니 달부 매련없는 사람이더군. 표평소에는 얌전한 사람으로 알았는데 술이 한 잔 들어가니 엄청 형편없는 사람이더군. 〔삼척〕등산복이 비에 젖어 꼴이 매련없어. 표등산복이 비에 젖어 꼴이 형편없어. 〔인제〕그 패덜이 장담을 허구 가더니만, 오늘 온 거 보니 행색이 매랜두 읋어. 표그 패들이 장담을 하고 가더니만, 오늘 온 거 보니 행색이 형편없어.

매미 충남 | 감탄사 | 없음

송아지를 부를 때 내는 소리.

〔예산〕송아치를 불를 적인 매미야, 라구 허닝겨.-이명재(2015) 표송아지를 부를 적엔 매미야, 라고 하는 거야. 〔서산〕집 나간 송아치를 찾너라구 "네미, 네미" 불르머 산비얄을 넘었다. 표집 나간 송아지를 찾느라고 "네미, 네미" 부르며 산비탈을 넘었다.

◆동물을 부르는 소리는 충남 지역에서도 차이가 난다. 대체로 충남 서북 지역에서는 돼지를 부를 적에 '오래오래'라고 하고, 개를 부를 적에 '쩍쩍쩍, 쪽쪽쪽'이라고 한다. 물론 개인마다 다를 수 있다. -이명재(예산)

매생이 북한 | 명사 | 마상이

거룻배처럼 노를 젓는 작은 배.

〔북한〕매생이 개지고 낚시했더요. 표마상이 가지고 낚시했지요.

◆'마상이'는 돛이 없는 작은 배를 뜻하는 말이다. 통나무 널빤지를 이어 붙여 만들거나 통나무를 구유처럼 파내어 만들었다. ◆홍양호가 쓴 『북새기략』에는 '마상이'를 가리켜 "함경도, 평안도, 만주 일대의 하천과 연해에서 인마를 수송하거나 곡물을 운반하는 데 쓰였으며 그 크기와 종류가 다양하다"라고 기록하였다. ◆박지원이 쓴 『열하일기』에는 배의 이름이 여럿 등장한다. "작은 배는 걸오(傑傲)라 하였고, 나룻배는 날오(捏傲), 커다란 배는 만장이(漫藏伊)라고 하였으며 (중략) 관서 지방에서는 배를 마상이(馬上伊)라 일컫는다"라고 하였다.

매시꼽다 강원 | 형용사 | 매스껍다

태도나 행동 따위가 비위에 거슬리게 아니꼽다.

〔강릉〕아첨하는 눔으 보문 우리 승질에 속이 매시꼬와서 못 바. 표아첨하는 놈을 보면 우리 성질에 속이 매스꺼워서 못 봐. 〔춘천〕아니꼽구 메시꼬와두 참아야지, 똥이 드러워서 피하지 무서워서 피하냐? 표아니꼽고 매스꺼워도 참아야지, 똥이 더러워서 피하지 무서워서 피하냐?

매이매이 경남 | 부사 | 단단히

헐겁거나 느슨하지 아니하고 튼튼하게.

〔거제〕인자부텀 매이매이 챙기야 될 끼다. 표지금부터는 단단히 챙겨야 될 거다. 〔하동〕매매 묶어라. 표단단히 묶어라.

◆경상도에서는 '확실하게/단단하게/똑바로' 등의 뜻으로 '단디'라는 말을 자주 사용한다. 뜻은 같지만 표준어인 '매매'를 사용하는 지역도 적지 않다. "단디 묶어라"라고도 하고 "매매 묶어라"라고도 하는 것이다.

매좃쟁이 충남 | 명사 | 매죄료장수

매통이나 맷돌의 닳은 이를 정으로 쪼아서 날카롭게 만드는 일을 업으로 삼는 사람.

〔서산〕요즈음은 매촛쟁이가 읎어졌응께 매조서 매조서 소리두 이전 소리가 데였다. 표요즘은 매 죄료장수가 없으니까 매조서매조서 소리도 예전 소리가 되었다.

매지미 충남 | 명사 | 매조미
벼를 매통에 갈아서 왕겨만 벗기고 속겨 는 벗기지 아니한 쌀.
〔서산〕이전이넌 하루아침에 매지미 한 가마니를 갈구 아침밥을 먹었다. 표예전에는 하루아침에 매조미 한 가마니를 갈고 아침밥을 먹었다.

매착 경남 | 명사 | 없음
일의 순서나 이치를 따져서 세우는 계획 이나 깊이 있는 생각.
〔통영〕매착 없는 소리 좀 작작해라. 표'매착' 없 는 소리 좀 작작해라.
◆주로 '매착없다'라는 형태로 사용된다. 관용구로 거제에서는 "매착고착이 없다"라고 하는데, 진주에 서는 "매착가착이 없다"라고 하고, 통영에서는 "매 착끄착이 없다"라고 한다. -김승호(진주) ◆고성에 서도 '매착없다'라고 하는데 주로 부정적인 뜻으로 쓴다. -백만기(고성)

매추 경북 | 명사 | 멧대추
산이나 들에 자란 야생 대추.
〔의성〕매추 따 먹으만 똥 싼다. 먹지 마라. 표멧 대추 따 먹으면 똥 싼다. 먹지 마라.
◆황해도에서 '매추'는 '알이 작은 대추'를 말한다.

매하다 강원 | 형용사 | 나쁘다
마음에 들지 않아 좋지 아니하다.
〔정선〕이 옷은 치렁치렁항 기 매했다. 표이 옷은 치렁치렁한 게 나쁘다. 〔동해〕이 낭구 거 쓸라고, 거 쓰기에는 매했어. 표이 나무 거기 쓰려고, 거

기 쓰기에는 나빠.
◆주로 '매해서', '매했다' 꼴로 쓰인다.

맥지 경북 | 부사 | 괜히
아무 까닭이나 실속이 없게.
〔대구〕말라꼬 맥지로 그라는데? 표무엇하려고 괜히 그러는데? 〔성주〕가가 백지 안그카나. 표개 가 괜히 그렇게 하네. 〔예천〕맥제 그까지 갔다왔 다 아이가. 표괜히 그곳까지 갔다왔다 아니냐.

맨내 북한 | 명사 | 없음
매운 냄새.
〔양강〕집에 맨내가 꽉 차서 눈을 못 뜨갓시오. 표 집에 '맨내'가 꽉 차서 눈을 못 뜨겠어요.
◆'맨내'는 나무가 탈 때 나는 매운 냄새를 뜻하는 말 이다.

맨다지 강원 | 부사 | 맨
다른 것은 섞이지 아니하고 온통.
〔강릉〕조이밭이 아니라 맨다지 패라지밭이야. 표 조밭이 아니라 맨 가라지밭이야.

맨다지 충북 | 부사 | 맨
다른 것은 섞이지 아니하고 온통.
〔보은〕밭에는 맨다지 나생이투성이다. 표밭에는 맨 냉이투성이다. 〔충주〕거기는 전다지 풀밭이 여. 표거기는 맨 풀밭이야.

맨도롱ᄒ다 제주 | 형용사 | 매지근하다
더운 기운이 있다.
〔노형〕맨도롱할 때 국 한 사발 호로록기 먹읍서. 표매지근할 때 국 한 사발 호로록 드세요.

맨들다 경기 | 동사 | 만들다
노력이나 기술 따위를 들여 목적하는 사

261

물을 이루다.

〔서울〕터널을 맨드느라구 집을 다 때려 부서서 지금은 사람이 안 살아요. 표터널을 만드느라고 집을 다 때려 부서서 지금은 사람이 안 살아요. 〔여주〕얼릉 해결해. 일 크게 맹길지 말구. 표얼른 해결해. 일 크게 만들지 말고.

맨맛허다 전북 | 형용사 | 만만하다
부담스럽거나 무서울 것이 없어 쉽게 다루거나 대할 만하다.

〔임실〕갑질은 맨맛헌 놈헌티만 헌다. 표갑질은 만만한 놈한테만 한다.

맨사대이밥 전남 | 명사 | 맨밥
반찬 없는 밥.

〔무안〕옛적에는 맨사대이밥이남둥 양차게 묵도 못허고 살었다.-오홍일(2003) 표옛적에는 맨밥이나마 양차게 먹지도 못하고 살았다.

맨자리 경북 | 명사 | 없음
나무 아래쪽에 말라죽은 나뭇가지.

〔봉화〕밥 먹고 맨자리 한 짐 해와라. 표밥 먹고 '맨자리' 한 짐 해와라.

◆'맨자리'는 가벼워서 지게에 지고 오기 편하고 잘 타서 최고의 연료로 평가된다. -권오성(봉화)

맨자잠이 경북 | 명사 | 쌀밥
멥쌀로 지은 밥.

〔의성〕깡조밥만 묵다가 우짜다가 맨자잠이 무마 그래 맛이 좋다고. 표조밥만 먹다가 어쩌다가 쌀밥을 먹으면 그렇게 맛이 좋다고. 〔대구〕아부지 생일밥은 맨자지. 표아버지 생일밥은 쌀밥이다.

◆우리가 어렸을 때는 농가의 수확이 적은 데다가 잦은 가뭄과 홍수, 병충해 등으로 인해 봄이 되면 양식이 떨어진 집이 속출했고 굶어 죽는 사람도 더러

있었다. 끼니를 제때 챙기기 어려운 시절이니 쌀밥을 먹는 일은 생일이나 가능했다. 이 시절에 대구에서 널리 사용된 말 중에 '맨자지'라는 말이 있다. '맨자지'는 흰쌀로만 지은 쌀밥을 뜻하는 말이다. 흔히 밥을 지을 때 뜸을 들이는 과정을 '잦는다'라고 하는데, '맨자지'란 한 번만 잦은 밥을 뜻한다. 이와 달리 보리쌀은 두 번 잦아야 하며, 실제로 두 번 삶는다고 해서 '곱삶이'라고도 하였다. 참고로 '반자지'는 쌀 반 보리 반으로 지은 밥을 뜻하는 말이다. -상희구(대구)

맨지기 강원 | 명사 | 맹추
똑똑하지 못하고 흐리멍덩한 사람을 낮잡아 이르는 말.

〔동해〕맨지기처럼 굴지 마라. 표맹추처럼 굴지 마라. 〔평창〕달그장을 맨지기처럼 맨들어 놓았네. 표닭장을 맹추처럼 만들어 놓았네.

◆'맨지기'는 소견이 좁은 사람을 이르는 말로 쓰기도 한다. -신승엽(평창)

맨탱이 강원 | 명사 | 맹탕
맹물처럼 아주 싱거운 국이나 과일 따위를 이르는 말.

〔삼척〕저번에 새우젓 절인 거가 맨탱이야. 표저번에 새우젓 절인 게 맹탕이야. 〔춘천〕국이 맨탕이야. 소금 좀 줘. 표국이 맹탕이야. 소금 좀 줘. 〔삼척〕장마 끝이라 그런지 참외가 달부 맨탱이이다야. 표장마 끝이라 그런지 참외가 전부 맹탕이다.

◆삼척에서 '맨탱이'는 맹물처럼 아주 싱거운 국이나 과일 따위를 가리키거나 머리에 든 게 없는 사람을 얕잡아 이를 때 쓰는 말이다.

맨팬하다 경북 | 형용사 | 편편하다
물건의 표면이 높낮이가 없이 매우 평평

하고 너르다.

〔칠곡〕바닥이 맨팬하이 도배로 새로 싹 했다. 표
바닥이 편편하게 도배를 새로 싹 했다.

◆경북 사투리에 '맨맨하다'는 매끈한 것을 뜻하고
'팬팬하다'는 높낮이가 고르게 죽 펴져있는 것을 뜻
한다. 이 두 말이 합해져서 '맨팬하다'라는 말이 쓰
인다.

맬간 경기 | 부사 | 없음
이것 저곳에 많이 퍼져있거나 흔히 보이
는 상황을 나타내는 말.

〔포천〕여기 맛있는 산딸기가 맬간이네요. 표여기
맛있는 산딸기가 '맬간'이네요.

맬갑시 전남 | 부사 | 괜히
아무 까닭이나 실속이 없게.

〔강진〕맬갑시 너무 일쩍 왔나 보다. 표괜히 너무
일쩍 왔나 보다. 〔진도〕멜갑시 나한테 욕을 한께
나도 화가 나서 그래부렀당께. 표괜히 나한테 욕
을 하니까 나도 화가 가서 그래버렸다니까. 〔고
흥〕저 사람이 맬갑시 나한테 욕을 했당께요. 표
저 사람이 괜히 나한테 욕을 했다니까요.

◆'맬갑시'는 '무단이, 무담씨, 뿌담씨'라고도 한다.
한자어 '무단(無端)'에서 온 말로 '단서가 없이' 또는
'어떤 문제를 해결하는 방향으로 이끌어가는 일의
첫 부분이 없이'라는 뜻이다. 이와 같은 의미로 '아
무 이유가 없이'에 해당하는 '내력없이', '매력없이'
란 말이 있는데 '내력(來歷)이 없이'가 변한 말이다.

맬팍스럽다 충남 | 형용사 | 쌀쌀맞다
성격이나 행동이 따뜻한 정이나 붙임성
이 없이 차갑다.

〔서산〕그런디 또 맬팍스럽진 않어. 정이 있어. 암
체 안 허구 챙겨준다니께. 표그런데 또 쌀쌀맞진
않아. 정이 있어. 아는 체 안 하고 챙겨준다니까.

맵다리 경남 | 명사 | 없음
맵싸한 맛이 나는 야생초.

〔진해〕철둑 언덕에 피비도 맵다리도 많응게 가
서 빼애 무우라. 표철둑 언덕에 삘기도 '맵다리'
도 많으니까 가서 뽑아 먹어라.

◆'맵다리'는 맵싸한 맛이 나는 야생초의 이름이다.
길가나 야트막한 언덕배기에 자라는데 3월 하순을
전후로 하얗고 노란 꽃이 핀다. 잎이 아주 작고 줄기
가 한 자 전후로 자라는데 맵고 달달한 맛이 나서 먹
거리나 군것질거리가 별로 없던 시절에 아이들이 삘
기와 함께 즐겨 뜯어 먹던 일종의 구황식물이다. '맵
다리'는 바닷가 조간대 바위에 붙어 사는 고둥의 이
름이기도 하다. '맵다리고둥'이라고도 하고 '쓴고둥'
이라고도 한다. 독성은 없지만 간혹 배가 아플 수 있
어 '배아픈고둥'이라고도 한다. -김영수(진해)

맵방석 충북 | 명사 | 없음
짚으로 새끼 날을 만들어 동그랗게 결어
만든 큰 깔개.

〔옥천〕지금은 포장이 있지만 그전에는 맵방석
깔구 나락 말리구 그랬어. 표지금은 포장이 있지
만 그전에는 '맵방석' 깔고 벼 말리고 그랬어.

◆일반적으로 네모난 것은 '멍석'이라 하고, 동그란
것은 '맵방석'이라고 한다.

맵싹하다 경남 | 형용사 | 맵싸하다
맵고 싸하다.

〔통영〕짐치찌개가 맵싹하이 좋다. 표김치찌개가
맵싸하니 좋다. 〔하동〕이 고치는 마이 맵지 않고
그냥 맵싹허다. 표이 고추는 많이 맵지 않고 그
냥 맵싸하다.

◆아주 맵지는 않지만 혀나 목구멍 또는 코에 자극
을 받아 아린 듯한 느낌이 조금 있을 때, 고성·대
구·부산·통영·합천 등지에서는 '맵싹하다'라고 한
다. ◆약간 맵다는 뜻으로 울산에서 사용한다. -조

용하(울산)

맵싹하다 경북 | 형용사 | 맵싸하다
맵고 싸하다.
〔의성〕올해 짐치는 쪼매 맵싹하이 당겄다. 표올해 김치는 조금 맵싸하게 담겄다.

맵지롱ᄒ다 제주 | 형용사 | 매옵하다
혀가 알알할 정도로 맵다.
〔하효〕이 매운탕은 맵지롱흔 게 꿈 난다. 표이 매운탕은 매옵한 게 침이 나온다.
◆제주도에는 매운맛을 표현하는 말이 많다. '맵지롱ᄒ다' 외에도 '매우릉ᄒ다/맵주랑ᄒ다/맵지근ᄒ다/메우롱ᄒ다/메읍ᄒ다/멥주랑ᄒ다/멥지근ᄒ다/멥지랑ᄒ다/멥지롱ᄒ다' 등이 있다.

맵짜다 북한 | 형용사 | 없음
잘생기고 매력 있다.
〔북한〕야, 저 남자, 좀 맵짜지 않니? 표야, 저 남자, 좀 멋있지 않니?
◆남한에서 '맵짜다'는 "음식의 맛이 맵고 짜다", "바람 따위가 매섭게 사납다", "성미가 사납고 독하다", "성질 따위가 야무지고 옹골차다"의 의미로 쓰이는데, 북한에서 '맵짜다'는 "멋있다"라는 뜻으로 쓰인다.

맷젓 경북 | 명사 | 멸치젓
멸치로 담근 젓.
〔의성〕김치에 맷젓이 들어가여 맛있지. 표김치에 멸치젓이 들어가야 맛있지.

맹감 경기 | 명사 | 없음
해당화의 열매를 이르는 말.
〔옹진〕해당화 꽃이 지고 나면 빨간 맹감이 달려. 표해당화 꽃이 지고 나면 빨간 '맹감'이 달려.
◆'맹감'은 '청미래덩굴의 열매'를 뜻하는 표준어이다. 그런데 옹진군 덕적도에서는 '해당화의 열매'를 가리키는 말로 쓰인다.

맹깽깽이다 전북 | 형용사 | 싱겁다
음식의 간이 보통 정도에 이르지 못하고 약하다.
〔임실〕국에 소금을 안 넌넌지 맹깽깽이다. 표국에 소금을 안 넣었는지 싱겁다. 〔부안〕짜도 않고 달도 않고 맹깽깽이네. 소금 쪼깨 더 너봐. 표짜지도 않고 달지도 않고 싱겁네. 소금 조금 더 넣어봐.

맹당구 경북 | 명사 | 멍
심하게 맞거나 부딪쳐서 살갗 속에 퍼렇게 맺힌 피.
〔의성〕어데서 넘어지고 굴렀는지 온몸이 맹당구 천지다. 표어디서 넘어지고 굴렀는지 온몸이 멍이다.

맹생이 전북 | 명사 | 염소
솟과에 속한 동물인 염소를 이르는 말.
〔익산〕거그 가보게 맹생이 울음소리가 들렸어. 표거기 가보니까 염소 울음소리가 들렸어.-전라북도(2018) 〔익산〕고집이 을매나 센지 맴생이는 저리 가라랑게. 표고집이 얼마나 센지 염소는 저리 가라 한다니까.

맹지바당 제주 | 명사 | 없음
잔잔한 바다.
〔중문〕오널은 맹지바당되면 잘도 볼다. 표오늘은 '맹지바당'되면 정말 잔잔하다.

머갱이 경남 | 명사 | 모기
모깃과의 곤충을 통틀어 이르는 말.
〔진해〕여게는 머갱이가 꼭 날포리처럼 쪼매해.

264

표여기는 모기가 꼭 날파리처럼 작아. 〔기장〕여
바다 머갱이가 쫌 독하다. 표여기 바다 모기가
좀 독하다.

머거주 경기 | 명사 | 자두
자두나무의 열매.
〔양평〕머거주나무 밑에서는 갓도 고쳐 쓰지 말
라는 옛말이 있어. 표자두나무 밑에서는 갓도 고
쳐 쓰지 말라는 옛말이 있어.
◆'자두'의 옛말인 '오얏'의 사투리로 경기도 양평에
서는 '머거주'를 쓴다. 이와 유사한 형태의 사투리로
강원도 인제에서는 '매주'라는 말을 쓰고 있다.

머구 경남 | 명사 | 머위
국화과의 여러해살이풀.
〔하동〕오늘은 머구나물 무쳐서 묵자. 표오늘은
머위나물 무쳐서 먹자. 〔창원〕머구는 봄에는 이
파리, 여름에는 쭐구지로 묵는다. 표머위는 봄에
는 이파리, 여름에는 줄기를 먹는다.

머구리 북한 | 명사 | 개구리
양서강 개구리목의 동물을 통틀어 이르
는 말.
〔북한〕논두렁에 머구리들이래 다 어디 갔시오?
표논두렁에 개구리들이 다 어디 갔습니까?

머굿대 전남 | 명사 | 머윗대
머위의 줄기인 머윗대를 이르는 말.
〔순천〕머굿대 얼마요? 표머윗대 얼마예요? 〔진
도〕명앳대 노물은 쪼깐 쌉스롬해도 먹을 만하더
라고잉. 표머윗대 나물은 조금 쌉쓰름해도 먹을
만하더라고.

머들머들하다 전남 | 동사 | 써걱써걱하다
(씹거나 밟을 때) 먼지나 모래 때문에 써걱

써걱하다.
〔고흥〕바람이 불어 먼지가 들어와 바닥이 머들
머들하네. 표바람이 불어 먼지가 들어와 바닥이
써걱써걱하네.

머라카다 경북 | 동사 | 나무라다
상대방의 잘못이나 부족한 점을 꼬집어
말하다.
〔영천〕겨우 거 갖고 머라카지 좀 마라. 표겨우
거 갖고 나무라지 좀 마라.
◆'머라카다'는 '무엇이라고 하다'의 준말이다. 일반
적으로 '나무라다'라는 뜻으로 사용하는 말이다.

머리기름 북한 | 명사 | 머릿기름
머리털에 바르는 기름.
〔자강〕너 머리기름 뻰지르르 바르고 어디 가니?
표너 머릿기름 번지르르 바르고 어디 가니?

머리쩔 충북 | 명사 | 머릿결
머리카락의 질이나 상태.
〔청주〕머리럴 을매나 안 깜았넌지 머리쩔이 안
좋드라구. 표머리를 얼마나 안 감았던지 머릿결
이 안 좋더라고.

머리창 제주 | 명사 | 없음
안상제가 부모나 시부모의 상이 났을 때
머리에 드리는, 길게 오린 흰 헝겊 오리.
〔구좌-한동〕여저딜 머리창 헌 건 상중이렌 헌 거
주게. 표여자들 '머리창' 하는 건 상중이라고 하
는 거지.
◆안상제가 머리에 드리는 '머리창'은 대상까지만 하
며, 대상이 끝나고 '담제(초상으로부터 27개월 만에
지내는 제사)'까지는 머리에 실로 된 '씰머리창'을 드
린다. '머리창'의 색이 희다고 하여 '흰머리창'이라
고도 한다.

머세 제주 | 명사 | 없음

돌이 많이 쌓여 있고 잡목이 우거진 곳.

〔구좌-한동〕머세는 밧이 막 돌이 쎄여진 걸 머세라고 그래. 표'머세'는 밭이 막 돌이 쌓인 걸 '머세'라고 그래.

◆'머세'를 '머셍이/머체/무시'라고도 한다.

머심둘레 전북 | 명사 | 사태풀

들에 흔히 나는 잡초 중의 하나. 꽃과 잎의 모양이 민들레와 매우 흡사한데, 민들레보다 높게 자란다. 여름에 노란색 꽃이 핀다.

〔부안〕묵정밭이 가면 머심둘레 있어. 민들레허고 비슷한디 민들레는 아녀. 표묵정밭에 가면 사태풀이 있어. 민들레하고 비슷한데 민들레는 아니야.

머우 강원 | 명사 | 머위

국화과의 여러해살이풀.

〔원주〕머우는 향기롭고 독특한 맛이 난다. 표머위는 향기롭고 독특한 맛이 난다.

〔평창〕머우대를 볶으면 밥을 많이 먹는다. 표머윗대를 볶으면 밥을 많이 먹는다.

〔삼척〕예전에는 머우 줄기에서 벗겨낸 껍질도 지를 담갔잖소. 표예전에는 머위 줄기에서 벗겨낸 껍질도 장아찌를 담갔잖소.

◆'머위'의 옛말은 '머우'이다. 강원도 사투리 '머우'는 전설모음화가 일어나기 전의 원래 형태를 간직하고 있는 말이다.

머이머이 경기 | 감탄사 | 없음

송아지를 부르는 소리.

〔포천〕송아지 여물 줄라구 부를 땐 머이머이 그래. 표송아지 여물 줄라고 부를 땐 '머이머이' 그래.

머쿠쟁이 제주 | 명사 | 못

주로 손바닥이나 발바닥에 생기는 단단하게 굳은 살. 물건과 접촉할 때 받는 압력으로 살갗이 단단하게 된다.

〔노형〕손에 머쿠쟁이가 있어. 표손에 못이 있어.

◆'머쿠쟁이'는 '멩구젱이/멍구지/멍코지/멍쿠젱이' 또는 '궹이'라고도 한다.

머퉁이 전북 | 명사 | 핀잔

아랫사람의 잘못을 꾸짖는 말. 또는 조금 불편한 마음을 드러내는 행동이나 태도.

〔군산〕시집가고 잡다 했더니 살이나 빼라고 머퉁이를 주더랑게요. 표시집가고 싶다 했더니 살이나 빼라고 핀잔을 주더라니까요. 〔정읍〕앗따, 머퉁이 좀 허지 마쇼. 기 죽겄소. 표아따, 핀잔 좀 하지 마요. 기 죽겠어. 〔임실〕내가 멋 때미 머퉁이를 먹언는지 알 수가 업네. 표내가 무엇 때문에 핀잔을 먹었는지 알 수가 없네.

먹고재비 경북 | 명사 | 먹보

밥을 많이 먹는 사람을 놀림조로 이르는 말.

〔영천〕내 같은 먹고재비가 참 묵는 때를 그냥 지나칠 리가 있겠나. 표나 같은 먹보가 참 먹는 때를 그냥 지나칠 리가 있겠어.

◆'먹고재비'는 '먹고 잡다(먹고 싶다)'라는 말 뒤에 어떠어떠한 사람을 뜻하는 접사 '-이'가 결합하여 만들어진 말이다.

먹구리 경남 | 명사 | 먹구렁이

뱀과의 구렁이. 몸의 길이는 90센티미터 정도이며, 몸빛은 밤색 바탕에 어두운 갈색의 가로무늬가 있고 배의 각 비늘에는 검은 무늬가 있다. 동양 각지에 분포한다.

〔김해〕큰 먹구리가 지를 감고 있는 기라. 표큰

먹구렁이가 쥐를 감고 있는 거야.

◆경상도에서는 '뱀딸기'를 '뱀딸'이라고도 하지만 '구리딸'이라고도 한다. '뱀'을 '배미/배암'이라고 하지만 '구리'라고도 하기 때문이다. 본디 '구리'는 '구렁이'에서 온 말이다. 따라서 '검은 구렁이'는 '먹구리'라고 하고, '능구렁이'는 '능구리'라고 한다. 증기기관차를 '먹구리'라고 불렀던 까닭은 생김새가 검고 길게 생겼기 때문이다.

먹구잽이 경북 | 명사 | 없음
음식에 탐을 내는 욕심쟁이.
〔상주〕니는 사흘을 굶었나. 꾸역꾸역 먹구잽이같이 많이도 먹네. 표너는 사흘을 굶었니. 꾸역꾸역 '먹구잽이'같이 많이도 먹네.

먹굴 전남 | 명사 | 골목
큰길에서 들어가 동네 안을 이리저리 통하는 좁은 길.
〔신안〕누가 온가 먹굴레 가봐라. 표누가 오나 골목에 가봐라.

먹때왈 전남 | 명사 | 까마중
가짓과의 한해살이풀.
〔고흥〕옛날에는 먹때왈도 많이 따 묵었는디 지금은 그것도 안 묵어집디다. 표옛날에는 까마중도 많이 따 먹었는데 지금은 그것도 안 먹어집디다.
◆이 '먹때왈'의 '먹'은 '검정색'이라는 의미이고 '때왈'은 '딸기'의 전남 방언이다. 그래서 '먹때왈'이 열리는 나무를 '먹때왈나무'라고 하고 '검은'이 두 번 겹친 '검은먹때왈나무'라고도 한다. 이 검정색에 관한 '먹'은 '감(柿)' 중에서도 안쪽에 약간 검정색을 띄는 감, 또는 그런 색을 띈 '고욤(아주 작은 감)'을 '먹감'이라고도 말한다. 보통의 밭에 있는 노르스름하게 익어가는 딸기는 '밭때왈'이라고 한다.

먹시감 전북 | 명사 | 먹감
볕을 받는 쪽이 검게 되는 감.
〔부안〕먹시감은 도가지에다 지푸라기 너코 따순 물 부면 돼. 표먹감은 독에다 지푸라기 넣고 따뜻한 물을 부으면 돼.
◆'먹시감'은 꼭지 쪽으로 까맣게 먹물이 번지듯 생긴 우리나라 토종 감이다. 먹시감나무도 먹시감처럼 먹 문양이 있어 귀한 목재로 취급된다. 정읍에는 먹시감이 흔했는데 덜 익은 감을 항아리에 채우고 미지근한 물을 부은 다음 이불을 덮어씌우면 감의 떫은맛이 사라졌다. 이때 재를 보자기에 싸서 함께 넣었고, 수시로 물갈이도 해주었다. 이를 '감을 우린다'라고 하여 '우린감'이라고도 하였다. '우린감'은 오일장에 내다 팔 만큼 인기가 좋은 상품이었다. –이광재(정읍) ◆곶감이든 홍시든 감에 단맛이 들려면 서리가 내려야 한다. 서리가 내리기 전에는 주로 감을 우려 먹었는데, 예전에는 맛이 덜 든 땡감을 우릴 때, 독에 지푸라기를 넣고 미지근한 소금물을 부었다. 그리고 아랫목에 이불을 덮어두고 한나절이 지나면 떫은맛이 빠졌다. 그런데 물의 온도가 조금만 높아도 감 껍질이 덴 것처럼 되거나 물러지는 바람에 나중에는 카바이드를 신문지에 말아서 넣기도 했고, 물 대신 소주를 붓기도 했다. –김보영(부안) ◆음식 솜씨가 없는 여자를 비난하는 말로 "곶감국 끓여 먹겠다"라는 표현이 있는데, 이는 다음의 설화에서 유래한다. 어떤 사람이 곶감 장수를 만났는데 식구들이 하나씩 맛이나 보도록 곶감 한 꼬치를 사 가지고 와서 새로 들어온 며느리에게 주었다. 저녁 식사 때 밥상을 보니 며느리가 곶감으로 국을 끓여 놓았다. 하도 어이가 없어 며느리에게 곶감으로 국을 끓였느냐고 물었다. 며느리가 "곶감을 구워 먹으면 좋은 것은 저도 알지만 여러 식구들이 국물이라도 한 그릇씩 먹게 하려고 국을 끓였습니다"라고 대답하였다. "곶감국 끓여 먹겠다"는 바로 여기에서 나온 표현이다. –김준영(2007) ◆'곶감의 한쪽을

먹는 것처럼 너무 빨라 일의 흔적조차 남기지 않는다.'는 뜻으로 '감쪽같다'고 한다. 옛날에는 곶감이 아주 귀해서 아무 때나 먹을 수 없었다. 아이들에게 곶감을 주면 누가 뺏어 먹을까 싶어 얼른 입안에 집어넣었다. '감쪽같다'에서 '감'은 '곶감'이고, '쪽'은 어떤 것을 쪼갰을 때의 한 조각을 말한다.

먹쿠실낭 제주 | 명사 | 멀구슬나무
멀구슬나뭇과의 낙엽 활엽 교목.
〔한경-조수〕그 먹쿠실낭에 돌아지는 생이를 먹쿠실생이렌 허여. 표그 멀구슬나무에 매달리는 새를 직박구리라고 해.
◆'멀구슬나무'는 열매로 염주를 만든다고 해서 '목구슬나무'라고도 하며, '먹투실낭' 또는 '멀쿠슬낭'이라고도 한다. 그런가 하면 '멀구슬나무'는 직박구리에 의해 번식이 이루어지는 것으로 알려져 있어 직박구리는 '멀구슬나무새'라는 뜻으로 '먹쿠실생이'라고 한다.

먼첨 경기 | 부사 | 먼저
시간적으로나 순서상으로 앞서서.
〔서울〕지사를 지낼려면 지관이 먼첨 목욕재계를 해요. 표제사를 지낼려면 지관이 먼저 목욕재계를 해요.

멀구 충북 | 명사 | 머루
포도과의 머루를 통틀어 이르는 말.
〔청주〕가실에 멀구 따다가 술 담구믄 좋아. 표가을에 머루 따다가 술 담그면 좋아.

멀국 충남 | 명사 | 국물
국, 찌개 따위의 음식에서 건더기를 제외한 물.
〔서산〕고춧가룬 상관 읎어. 매운탕도 멀국이라 하지. 표고춧가루는 상관 없어. 매운탕도 국물이

라 하지. 〔공주〕국이래도 끓여 밥을 먹으야 헐 틴디 머 늫을께 있어야지. 할 수 읎이 멀덕국이래도 끄려 멀국이래도 먹어야지. 표국이라도 끓여 밥을 먹어야 할 텐데 뭐 넣을게 있어야지. 할 수 없이 '멀덕국'이라도 끓여서 국물이라도 먹어야지. 〔논산〕쇠고깃국이라고 해도 괴기는 한 점도 없고 무 쪼가리 및 개에 멀건 멀국만 있어서 소가 장화 신고 지나갔다고 했지. 표소고기국이라고는 해도 고기는 한 점도 없고 무 쪼가리 몇 개에 멀건 국물만 있어서 소가 장화 신고 지나갔다고 했지. 〔태안〕나이 먹을수록 멀국 읎이 밥이 넘어가간. 오죽허면 으른덜이 찬물 말어 먹었겄어. 표나이 먹을수록 국물 없이 밥이 넘어가나. 오죽하면 어른들이 찬물 말아 먹었겠어.
◆탕국의 국물만을 뜻하는 말이 아니고 식혜와 같이 건더기가 있는 음료수도 건더기를 제외한 것을 '멀국'이라고 한다.

멀대죽 충남 | 명사 | 없음
멀겋게 쑨 죽. 건더기가 매우 적고 물만 많은 멀건 죽.
〔당진〕한국전쟁 띠 피난 거서 멀대죽 헌 그릇에 허발대신 헜당께. 표한국전쟁 때 피난 가서 '멀대죽' 한 그릇에 허발대신 했어.
◆'멀대죽'은 키만 크고 맹한 사람을 놀릴 때 쓰는 말이기도 하다. 곡식이 별로 안 들어가고 물만 많으니 실속이 없다는 뜻으로 하는 말이다.

멀덕국 충남 | 명사 | 없음
건더기가 적거나 아예 없는 국.
〔논산〕때가 지나서 시장한께 멀덕국에 밥 한 술 뜰랑가. 표때가 지나서 시장하니까 '멀덕국'에 밥 한 술 뜨려나. 〔서산〕이름만 괴기국이지 멀국만 한 사발인 멀떡국이다. 표이름만 고깃국이지 국물만 한 사발인 '멀덕국'이다. 〔공주〕요새는 국

거리가 벨루 이쓰야지, 멀떡국이래도 끄려 먹어야지 뭐. 표요새는 국거리가 별로 있어야지, '멀덕국'이라도 끓여 먹어야지 뭐.

◆ '멀덕국'은 '맑다/멁다'에 접사 '-억'이 결합하여 '멀덕'이 되고 여기에 다시 '국'이 붙은 합성어이다. '멀덕국'은 충남 전역에서 두루 쓰였던 말이다. 그런데 1960~70년대 표준어화가 진행되면서 갑자기 사라졌다. '멀덕국'을 '멀국'과 같은 말로 처리하여 '국물'에 대응하는 사투리로 처리한 것이다. 그런데 '멀덕국'에 대응하는 표준어는 없다. 의무교육이 실시되고 모든 이들이 표준어 교육에 집중했다. 그 결과 '멀국'은 '국물'로 대체되었지만 대응하는 표준어가 없는 멀덕국은 그냥 사라져버리고 말았다. 마치 처음부터 그런 말이 없었던 것처럼. -이명재(예산)

◆ '멀대, 멀국, 멀대죽, 멀덕국' 모두 '멀겋다' 또는 '멀거니'의 '멀'과 관련이 있다. 미각과 관련해서는 진하지 않은 것이고 시각과 관련해서는 선명하지 않은 것이다. '멀덕국'은 재료가 부족하여 맛이 안 난다는 뜻을 포함하고 있다. 반면에 '멀국'은 맛의 선호도와 관계 없이 국물을 뜻한다.

멀렁멀렁하다 전남 | 동사 | 걷히다
구름이나 안개 따위가 흩어져 없어지다.
〔고흥〕옛날에 어른들이, 비가 오다가 근칠라믄 '하늘이 멀렁멀렁해진다.' 글등마. 표옛날에 어른들이 비가 오다가 그치려면 '하늘이 걷힌다.' 그러더만.

◆ 비가 완전히 그치지 않았지만 새카맣던 하늘이 점차 밝아지면서 파란 하늘도 듬성듬성 보이는 상태를 '멀렁멀렁해진다'라고 한다.

멀짜 충북 | 명사 | 멀미
차, 배, 비행기 따위의 흔들림을 받아 메스껍고 어지러워짐. 또는 그런 증세.
〔단양〕차럴 오래 탔드니 멀짜가 나 갖구 갠신이 왔어. 표차를 오래 탔더니 멀미가 나 가지고 간신히 왔어.

◆ '멀미'는 차가 없던 시절에 쓰지 않았을 터이므로 멀미의 단양 사투리 '멀짜'는 적어도 차가 보급된 이후에 등장한 말일 것이다.

멍당구 강원 | 명사 | 멍
심하게 맞거나 부딪쳐서 살갗 속에 퍼렇게 맺힌 피.
〔강릉〕질으 가더거 돌멩이르 찼는데 발에 멍당구가 들었어. 표길을 가다가 돌멩이를 찼는데 발에 멍이 들었어. 〔춘천〕어따 부딪혀서 이마빼기에 멍우리가 생겼나? 표어디에다 부딪혀서 이마에 멍이 생겼니? 〔삼척〕얼굴에 성검이 들어 푸르죽죽하면 달걀로 자꾸 문대잖소. 표얼굴에 멍이 들어 푸르죽죽하면 달걀로 자꾸 문대잖소.

◆ 강릉에서는 '멍'을 '멍당구/멍장구/멍자우'라고도 하고, '심거무/심당구/심장구/심장우'라고도 한다. -김인기(강릉)

멍사 전남 | 명사 | 형편
(1)일이 되어가는 상태나 경로 또는 결과.
(2)살림살이의 형세.
(3)이익을 차리는 생각.
〔장성〕먼 멍산지도 모름성 달겨들기는. 표무슨 형편인지도 모르면서 달려들기는.

◆ "멍사 모르다"라는 말은 사정을 잘 모르거나 사리 분별을 못할 때 쓰는 말이다. 이와 비슷한 말로 "먼사 모르다" 또는 "멍새 모르다"라고 한다.

멍위 충남 | 명사 | 머위
국화과의 여러해살이풀.
〔서산〕멍위의 어린 잎새기와 줄검댕이넌 너물루 멍넌다. 표머위의 어린 잎사귀와 줄기는 나물로 먹는다. 〔태안〕암만혜두 불출이랄까미 말은 뭇헌

다만 멍위 물든 각시 손구락이 지일 이쁘지. 표
아무래도 팔불출이랄까봐 말은 못한다만 머위
물든 각시 손가락이 제일 예쁘지. 〔당진〕복대리
미에 멍이대 벼가 껍질 벳겨서 말려뒀다가 슬
게 볶아 먹으면 쌉쌀허니 밥맛 돋지. 표복달임에
머윗대를 베어다가 껍질 벗겨서 말려뒀다가 겨
울에 볶아 먹으면 쌉쌀하니 밥맛 돋지.
◆'머위'의 충청도 말은 '멍위'다. 옛 책을 보면 '머
휘'라는 말이 등장하는데, 이 '머휘'가 충청도에서는
'멍위'이다. 예전 어르신들 중에는 더러 '멍우'라고
하는 분들도 계셨는데 지금은 그리 쓰는 분을 뵙기
가 힘들다. -이명재(예산)

메 북한 | 명사 | 산소
'뫼'를 높여 이르는 말.
〔평안〕해변 켄주춤한 곳에 메를 만든다.-정춘근
(2012) 표해변 경사가 가파르지 않은 곳에 산소
를 만든다.

메갱이 충남 | 명사 | 메
묵직하고 둥그스름한 나무토막이나 쇠
토막에 자루를 박아 무엇을 치거나 박을
때 쓰는 물건.
〔서산〕메갱이질이 고된 일이여. 뵈겐 쉬워 보여
두 심이 많이 들어. 표메질이 고된 일이야. 보기
엔 쉬워 보여도 힘이 많이 들어. 〔공주〕슬 멩절,
추석 멩절만 데먼 임절미 할라구 시루에 찐 참쌀
을 도고통이다 지배넣구 메갱이루 팍팍 찌었지.
표설 명절, 추석 명절만 되면 인절미 하려고 시
루에 찐 찹쌀을 절구통에다 집어넣고 메로 팍팍
찧었지. 〔논산〕장마에 논뚝이 다 무너져서 흙을
등짐허구 메갱이질을 했드니 힘이 다 바졌네. 표
장마에 논둑이 다 무너져서 흙을 등짐으로 옮기
고 메질을 했더니 힘이 다 빠졌네. 〔세종〕메댕이
질 서너 번만 해봐유. 월마나 심든지. 표메질 서

너 번만 해봐요. 얼마나 힘든지.
◆'메갱이'는 길고 둥그스름한 돌에 나무자루를 박
아 곡식을 찧던 물건이고 '메텡이'는 묵직하고 둥그
스름한 나무토막에 자루를 박아 무엇을 치거나 박을
때 쓰던 물건이다. -장경윤(서산) ◆'메겡이'는 돌이
나 나무를 이용해 만들었는데, '독확메이'는 거의 쌀
한 말 무게나 되다 보니 주로 남자들이 이용했다. 시
대와 기술의 변화에 따라 메겡이루 찧던 보리방아는
점차 사라지고 있고, '메겡이'뿐만 아니라 '독확(돌
확)'이나 '독절구, 학절구(확)' 따위의 쓰임도 점차
줄어들고 있다. -이명재(예산)

메꾸럭 제주 | 명사 | 낙지
문어과의 하나.
〔한경-금등〕밤이 횃불 쌍 곳가에서 돌 일리멍 보
말도 잡고 수뭇 메꾸럭도 하영 잡아낫어. 표밤에
횃불을 켜서 갯가에서 돌을 일으키면서 고둥도
잡고 사뭇 낙지도 많이 잡았어. 〔한경-신창〕이
제사 표준어로 낙지엔 헷주, 옛날은 메꾸럭. 메꾸
럭 심으레 갓저. 표이제야 표준어로 낙지라고 하
지, 옛날은 '메꾸럭'. '메꾸럭' 잡으러 갔어.

메꾸리 충남 | 명사 | 멱둥구미
짚으로 둥글고 울이 깊게 걸어 만든 그
릇. 주로 곡식이나 채소 따위를 담는 데
에 쓰인다.
〔서산〕메꾸리 몇 개 내놓구 자구 보믄, 참새 몇
마리씩 들어가 있구 그랬어. 표멱둥구미 몇 개
내놓고 자면, 참새 몇 마리씩 들어가 있고 그랬
어. 〔서산〕메꾸리 찌그러진 것은 장정 스무 명이
일으켜도 소용없다. 표멱둥구미가 찌그러진 것
은 장정 스무 명이 일으켜도 소용없다. 〔세종〕둥
구먹 다 맹글렀으믄 나락 좀 느봐. 표멱둥구미
다 만들었으면 나락 좀 넣어봐.
◆'멱둥구미'는 농촌의 집집마다 몇 개씩 있었던 바

구니이다. 현대의 대야 같은 구실을 했던 것이 바로 멱둥구미이다. 나무를 파서 넓둥글게 만든 것은 함지박이라고 했다. "메꾸리 찌그러진 거슨 장정 스무 명이 일으켜도 소용없다"라는 말은 짚으로 짠 멱둥구미가 한번 찌그러지면 무슨 수를 써도 원상 복귀가 어렵다는 것을 뜻하는 말이다. 찌그러지면서 짚이 꺾여 바로 세우기 힘들었던 것이다. 그런 이유로 집집마다 메꾸리 간수를 잘하는 게 일이었다. 아이들이 그 안에 들어앉아 놀려고 들면 어른들이 막 야단치는 것도 그 때문이었다.

메누리심 충북 | 명사 | 말라리아
말라리아 병원충을 가진 학질모기에게 물려서 감염되는 법정 전염병.
〔보은〕옛나래는 돌림병 때매 그랬을 거요. 거 메누리심. 또 그때 돌림병애 참 마니 죽었어요.-박경래(2009) 표옛날에는 돌림병 때문에 그랬을 거요. 거 말라리아. 또 그때 돌림병에 참 많이 죽었어요.

메둘메둘 충북 | 부사 | 없음
물건이나 사람이 매달려서 건들거리며 흔들리는 모양.
〔영동〕높은 데서 줄에 메둘메둘 매달리서 무섭지도 않은게 벼. 표높은 데서 줄에 '메둘메둘' 매달려서 무섭지도 않은가 봐.

메등강 강원 | 명사 | 묏등
무덤의 윗부분 또는 전체.
〔강릉〕메등강에 삑삑이가 지천이다. 표묏등에 삘기가 지천이다. 〔삼척〕어릴 때는 친구들과 메등강 짠두 위에서 미끄럼을 타고 놀았잖소. 표어릴 때는 친구들과 묏등 잔디 위에서 미끄럼을 타고 놀았잖소. 〔춘천〕멧등에 산거울을 심으면 잔디가 잘 산다는 속설이 있다. 표묏등에 그늘사초를 심으면

잔디가 잘 산다는 속설이 있다. 〔평창〕봄이면 멧등강에서 썰매 타자. 표봄이면 묏등에서 썰매 타자.
◆강릉에서 '묘'는 '메' 또는 '뫼'라고 하고, '묘지'는 '메둔지/메자리/뫼장판'이라고 한다. 그리고 '묏등'은 '메등' 또는 '메등강'이라고 하는데, 본래 '메등강'은 '뫼등강' 즉 '산등성이'를 뜻하는 말인데, '메등강' 즉 '묘의 등성이'를 뜻하는 말로 바뀌었다.강릉에서는 등성이를 '등강'이라고 한다. -김인기(강릉)

메뛰기 전북 | 명사 | 메뚜기
메뚜깃과의 곤충을 통틀어 이르는 말.
〔임실〕메뛰기가 나락 잎을 다 긁어 먹어버렸어. 표메뚜기가 벼 잎을 다 긁어 먹어버렸어. 〔완주〕메때기가 싹 다 뜯어 먹어버렸어. 표메뚜기가 싹 다 뜯어 먹어버렸어.

메띠기 경기 | 명사 | 메뚜기
메뚜깃과의 곤충을 통틀어 이르는 말.
〔양평〕논에 가면 요즘같이 농약을 안 썼기 때문에 메띠기들이 많았거든요. 표논에 가면 요즘같이 농약을 안 썼기 때문에 메뚜기들이 많았거든요.

메루치 충북 | 명사 | 멸치
멸칫과의 바닷물고기.
〔영동〕그전에는 뭐 메루치가 흔하지두 않아 가지구 잘 먹두 못했어. 표그전에는 뭐 멸치가 흔하지도 않아 가지고 잘 먹지도 못했어.

메메 경북 | 부사 | 싹싹
조금도 남기지 않고 전부.
〔김천〕밥 한 네끼도 남기지 말고 메메 긁어 머라. 표밥 한 알도 남기지 말고 싹싹 긁어 먹어라.

메물 강원 | 명사 | 메밀
마디풀과의 한해살이풀.

〔정선〕메물로 맹근 막국시래요. 표메밀로 만든 막국수예요. 〔양구〕도토리묵이 맛있지만 메믈묵두 맛있구먼. 표도토리묵이 맛있지만 메밀묵도 맛있구먼. 〔삼척〕토종 갓김치를 썰어 넣은 메물만두가 맛이 참 좋잖소. 표토종 갓김치를 썰어 넣은 메밀만두가 맛이 참 좋잖소.

메물 전북 | 명사 | 메밀
마디풀과의 한해살이풀.
〔군산〕장가갈 때 메물묵 쑤어야 하는디. 표장가갈 때 메밀묵 쑤어야 하는데. 〔남원〕학독에 메물을 갈아가고 묵을 쒀야 맛나당게. 표돌확에 메밀을 갈아가지고 묵을 쒀야 맛있어. 〔익산〕원래 메물이 소화가 잘되는 거서. 표원래 메밀이 소화가 잘되는 것이야.
◆부안에서는 메밀을 가루 내어 팥칼국수도 해 먹고 수제비도 해 먹는다. 메밀묵을 만들기도 한다. -김금오(부안)

메사하다 북한 | 형용사 | 쑥스럽다
하는 짓이나 모양이 자연스럽지 못하여 우습고 싱거운 데가 있다.
〔북한〕메사하면 투덜거리는 편이 낫다. 표쑥스러우면 투덜거리는 편이 낫다.

메우다 북한 | 동사 | 무치다
나물 따위에 갖은양념을 넣고 골고루 한데 뒤섞다.
〔북한〕나는 텃밭에서 시금치를 뜯어서 데치고, 거기에 된장을 넣어 메웠슴돠. 표나는 텃밭에서 시금치를 뜯어서 데치고, 거기에 된장을 넣어 무쳤습니다.

메프다 제주 | 형용사 | 아프다
원통한 일을 겪어서 마음이 매우 아프다.

〔구좌〕아덜 일러분 생각허민 안적도 가심이 메팡이, 이거 몇 년이니 이거. 경헤도 잊어불지 안 허여. 표아들 잃어버린 생각하면 아직도 가슴이 아파서, 이거 몇 년이니 이거. 그래도 잊어버리지 못해.

멘네두레기 제주 | 명사 | 없음
아직 피지 않은 목화의 열매.
〔한경-신창〕멘네두레기 솜 피기 전이 연헌 거 먹어져, 잘도 돌아. 멘네 타멍 거 하영 먹엇저. 표'멘네두레기' 솜 피기 전에 연한 거 먹을 수 있어, 아주 달아. 면화 타면서 거 많이 먹었어.
◆목화꽃이 지고 난 다음에 아직 벌어지지 않은 어린 목화 열매는 '다래' 또는 '목화 다래'라고 한다. 늘 배가 고팠던 시절에 다래는 단맛을 느낄 수 있어 아이들 최고의 서리 대상이 되곤 했다.

멘들락ᄒ다 제주 | 형용사 | 매끈하다
홈이나 거친 데가 없이 부드럽고 반들하다.
〔애월-상가〕거 춤 멘들락ᄒ다. 표그것 참 매끈하다.
◆제주에서는 '매끈하다'를 '민질ᄒ다' 또는 'ᄆ들락ᄒ다'라고도 한다.

멘하송아리 경기 | 명사 | 없음
아직 피지 않은 목화 열매.
〔연천〕멘하가 활짝 피지 않은 걸 멘하송아리라 해. 표면화가 활짝 피지 않은 걸 '멘하송아리'라 해.
◆'멘하송아리'는 '면화'를 뜻하는 '멘하'와 '송이'를 뜻하는 '송아리'가 결합한 말이다. 『이조어사전』에 목화라는 말은 안 보이고 면화라는 말만 보이는 것을 보면 목화보다 면화가 먼저 쓰인 말로 보인다. 그런데 오늘날에는 '목화씨, 목화밭, 목화솜' 만 보이고 '면화'라는 말은 찾아보기 어렵다. 목화에 밀려 면화가 사라지고 있기 때문일 것이다.

멘핫솜 경기 | 명사 | 솜

목화씨에 달라붙은 털 모양의 흰 섬유질.
〔연천〕겨울에는 멘핫솜이불을 덮으면 뜨뜻해. 표
겨울에는 솜이불을 덮으면 따뜻해.
◆'멘핫솜'의 '핫'은 안에 솜을 두어 만든 '핫바지'나
'핫이불'의 접두사 '핫'과 관련이 있는 말로 보인다.

멜순 제주 | 명사 | 밀나물

백합과의 여러해살이 덩굴풀.
〔노형〕된장만 앗앙 가민게 밧에염에 멜순 헤당
찍엉 먹곡. 표된장만 가지고 가면 밭 가에서 밀
나물 해다가 찍어 먹고. 〔토평〕멜순은 우리 꺾
어당 데왕 먹나. 역불 그건 허레 가주. 표밀나물
은 우리는 꺾어다가 데워서 먹어. 일부러 그건
하러 가지.
◆멜순은 나물의 순이 길게 올라오는 모습을 보고
'소꼬리나물'이라고도 하는데, 들에 나 있는 '멜순'
의 어린순을 뜯어다가 생으로 초고추장에 찍어 먹기
도 하고, 데치거나 무치거나 볶거나 국을 끓이는 등
다양한 방식으로 먹었다. '밀순' 또는 '멘순'이라고
도 한다.

멜싹ᄒᆞ다 제주 | 형용사 | 없음

짜인 물건이 아주 망그러져 납죽하게 되다.
〔서호〕옛날엔 왕왕헷는디, 이젠 멜싹행 못살아.
표옛날에는 잘살았는데 이젠 '멜싹행' 못살아.

멜젓 전남 | 명사 | 멸치젓

멸치로 담근 젓.
〔강진〕짐치 맛은 역시 멜젓 맛이 좋아야 혀. 표
김치 맛은 역시 멸치젓 맛이 좋아야 해.

멜치 전북 | 명사 | 멸치

멸칫과의 바닷물고기.
〔정읍〕국시를 끓일라먼 멜치로 육수를 내야 혀.

표국수를 끓이려면 멸치로 육수를 내야 해. 〔군
산〕마른 메치 멫 마리허고 다시마랑 넣고 푹 끓
이믄 돼. 표마른 멸치 몇 마리하고 다시마랑 넣
고 푹 끓이면 돼.

멜치 충남 | 명사 | 멸치

멸칫과의 바닷물고기.
〔공주〕어릴 적이만 허여두 동네 뉘 집 잔치가 이
따구허면 멜치 국물 내어 거기에 국수를 말아 먹
으면 참 구수해써. 표어릴 적에만 해도 동네 누
구 집 잔치가 있다고 하면 멸치 국물 내어 거기
에 국수를 말아 먹으면 참 구수했어.

멧둑 충북 | 명사 | 없음

경지정리 하기 전 논과 개울 사이에 두
둑하고 넓은 둑.
〔옥천〕멧둑에서 새이럴 먹었다. 표'멧둑'에서 새
참을 먹었다.

멧젓 경남 | 명사 | 멸치젓

멸치로 담근 젓.
〔양산〕짐장철 데마 다디기하고 멧젓 준비하고
정신이 있나? 표김장철 되면 고추양념장하고 멸
치젓 준비하느라고 정신이 있나?

멩마구리 제주 | 명사 | 맹꽁이

맹꽁잇과의 양서류.
〔애월-금성〕비만 오민 멩마구리덜 소리에 낮의
도 시끄릅다. 표비만 오면 맹꽁이들 소리에 낮에
도 시끄럽다.

멩질 제주 | 명사 | 명절

해마다 일정하게 지키어 즐기거나 기념
하는 때. 우리나라에는 설날, 대보름날,
단오, 추석, 동짓날 따위가 있다.

〔애월-상가〕멩질이라도 해 먹젠 허믄 쌉지들 말곡 사이좋게 살게마씨. 표명절이라도 지내려면 싸우지들 말고 사이좋게 살아요. 〔애월-상가〕멩질날은 친척들도 다 모이공 하는디 옷이라도 곰딱허게 입으라게. 표명절날은 친척들도 다 모이고 하니까 옷이라도 예쁘게 입어라.

◆제주에서는 추석을 '팔월 멩질'이라고 하고, 설을 '정월 멩질'이라고 한다. 제주에서 추석 모습은 설과 크게 다르지 않다. 가까운 친족(주로 8촌 이내)끼리 모여 친족집을 번갈아 돌며 차례를 지낸다. 이를 제주 말로 "멩질 먹으러 간다"라고 한다. 그런가 하면 명절에 차례를 지내러 간다는 말은 '멩질ᄒ다'라고 한다. '멩질'은 '명절'의 전설모음화형이다.

며때리다 경기 | 동사 | 팽개치다

짜증이 나거나 못마땅하여 물건 따위를 내던지거나 내버리다.

〔강화〕그 집 남편이 얼마나 화가 났는지 세간살이를 막 며때리고 난리였어. 표그 집 남편이 얼마나 화가 났는지 세간살이를 막 팽개치고 난리였어.

며르치 강원 | 명사 | 멸치

멸칫과의 바닷물고기.

〔춘천〕며르치로 국물을 우려내자. 표멸치로 국물을 우려내자. 〔평창〕메리치 국물을 내서 빡작장을 끓이래요. 표멸치 국물을 내서 강된장을 끓이래요. 〔삼척〕건추국을 끓일 때는 굵은 메리치를 넣어야 국이 구수하잖소. 표시래깃국을 끓일 때는 굵은 멸치를 넣어야 국이 구수하잖소.

◆동해안의 멸치는 그물로 에워싸서 잡는다. 바다에 멸치 떼가 나타나면 물빛이 검게 보인다. 급히 그물로 에워싸서 건져 올리거나 바닷가로 끌고 와 잡는다. 잡은 멸치는 큰 솥에 끓인 다음 발에 펼쳐 말린다. 두 가지 종류가 있는데 그냥 멸치와 양미리(까나리) 새끼인 '명치'가 있다. -이경진(삼척)

며르치젓 충남 | 명사 | 멸치젓

멸치로 담근 젓.

〔보령〕며르치젓이여. 젓으로 잘 안 햐. 표멸치젓이야. 젓으로 잘 안 해. 〔서산〕오래 곰삭은 메루치젓은 단 장물버덤 맛이 있다. 표오래 곰삭은 멸치젓은 단 간장보다 맛이 있다. 〔공주〕황새기젓으로 짐장을 담그야 감칠맛이 나고 심심하긴 헌디 며르치젓도 갠찮어. 표황석어젓으로 김장을 담가야 감칠맛이 나고 심심하긴 한데 멸치젓도 괜찮아. 〔논산〕짐장을 할라먼 메르치젓이 젤여. 표김장을 하려면 멸치젓이 제일이야. 〔태안〕내남적읎이 메리치젓이라구 깐봐서는 큰코다치넌 뱁이여. 표내남직없이 멸치젓이라고 깔봐서는 큰코다치는 법이야.

며음 경기 | 명사 | 미음

입쌀이나 좁쌀에 물을 충분히 붓고 푹 끓여 체에 걸러 낸 걸쭉한 음식.

〔파주〕죽도 못 넘기는 환자한테는 며음을 끓여 줘야지. 표죽도 못 넘기는 환자한테는 미음을 끓여 줘야지. 〔여주〕소화가 안 될 땐 밈을 멕여. 표소화가 안 될 땐 미음을 먹여.

멱투각 충북 | 명사 | 미역튀각

미역을 자그맣게 잘라 기름에 튀긴 반찬.

〔괴산〕멱투각이 빠삭빠삭하니 잘 튀겨졌네! 표미역튀각이 빠삭빠삭하니 잘 튀겨졌네!

명 전남 | 명사 | 목화

아욱과 목화속의 한해살이풀이나 여러해살이풀인 목화를 이르는 말.

〔장성〕우리 애렸을 때는 명바티 가서 명 따묵으믄 들큼허니 맛있었는디! 표우리 어렸을 때는 목

화밭 가서 목화 따먹으면 들큼하니 맛있었는데! 〔진도〕오늘 명 딸 때 쪼끔 심들더라도 깨끄시 좀 따 주쇼이. 표오늘 목화 딸 때 조금 힘들더라도 깨끗이 좀 따 주세요.

◆고흥 지역에서는 '밍'이라고 한다.

명개 경기 | 명사 | 는개
안개비보다는 조금 굵고 이슬비보다는 가는 비.

〔양평〕뿌옇게 명개가 내리면 안개가 낀 거처럼 앞이 잘 안 보여. 표뿌옇게 는개가 내리면 안개가 낀 거처럼 앞이 잘 안 보여.

◆'는개'는 지역에 따라 사투리가 매우 다양한데 '명개'는 특이한 점이 있다. 사전에 등재된 표준어 '명개'는 고운 흙으로 풀이되는 말인데 양평에서는 가는 비를 뜻하는 말로 쓰이고 있다. 미세하게 작다는 뜻의 공통점이 있어 눈길이 가지만 어원의 유사점을 찾기 어렵다. '는개'든 '명개'든 비의 상태를 매우 섬세하게 인식한 표현이니 이는 항상 비를 기다리며 살피는 농민의 삶이 반영된 말이라고 할 수 있다. 마치 에스키모인이 눈을 다양하게 표현했듯 우리 민족은 비를 매우 다양하게 표현했다. 가랑비, 봄비, 가을비, 겨울비, 장맛비, 궂은비, 꽃비, 눈비, 단비, 떡비, 모종비, 못비, 바람비, 스무날비, 안개비, 얼음비, 웃비, 이슬비, 잔비, 큰비. 이 수많은 비의 이름에는 삶의 소망과 정서가 한껏 서려 있다. 가는 비를 표현하는 여러 이름이 있는데 '는개'와 '명개'는 '안개비보다 조금 굵고 이슬비보다 가는 비를 가리키는 말이다.

명에 경기 | 명사 | 무명
무명실로 짠 피륙.

〔이천〕명에로 바지를 해 이범 금방 헤져. 표무명으로 바지를 해 입으면 금방 헤져. 〔강화〕할머이가 맹그러 준 무녕 바지를 입으니 여름에 땀이

안 나서 좋아. 표할머니가 만들어 준 무명 바지를 입으니 여름에 땀이 안 나서 좋아.

◆'무명'의 사투리는 매우 다양한데 '명에'는 이천에서만 확인되는 말이다.

명재 충북 | 명사 | 명주
명주실로 무늬 없이 짠 피륙.

〔제천〕이 동네두 뽕나무가 많아서 그전에넌 집집마다 명재럴 다 짰어. 표이 동네도 뽕나무가 많아서 그전에는 집집마다 명주를 다 짰어.

모개찍이 충남 | 부사 | 없음
한꺼번에 모아서.

〔공주〕오늘 장날이러구나. 장태에 가서 이긋저긋 모개찍이루 흥정해서 사 오니라. 표오늘 장날이구나. 장터에 가서 이것저것 '모개찍이'로 흥정해서 사 오너라.

모겡이 강원 | 명사 | 모기
모깃과의 곤충을 통틀어 이르는 말.

〔강릉〕소껭이불을 피워 모겡이를 내쫓예야지. 표관솔불을 피워 모기를 내쫓아야지. 〔춘천〕모구 땜에 잠을 잘 수 없네. 표모기 때문에 잠을 잘 수 없네. 〔삼척〕모겡이 새끼가 뭔지 아오? 장구벌레인데요. 삼척에서는 '곤두벌거지, 곤두벍기'라고 하잖소. 물속에서 헤엄칠 때 곤두서기도 한다고 해서 말이래요. 표모기 새끼가 뭔지 아시나요? 장구벌레인데요. 삼척에서는 '곤두벌거지, 곤두벍기'라고 하잖소. 물속에서 헤엄칠 때 곤두서기도 한다고 해서 말이에요.

◆'모기'의 옛말은 '모기'로 『이조어사전』에는 '모기벌에'로 나온다. '모겡이'는 이러한 옛말형과 흡사하다. 즉 고어형 '기'의 발음은 '가이'와 흡사하고 이 발음이 전설모음화를 입어 '게이'가 된 것이다. 이 '모게이'에 'ㅇ' 받침이 첨가된 것인데 이것은 빨갱이,

노랭이에서 'ㅇ'이 첨가된 것과 흡사하다.

모곡 경북 | 명사 | 없음
오래전 동네일을 보는 이장에게 동민들이 모아주던 곡식.
〔의성〕모곡 낼 나락이라꼬 시답잖은 거 내놓지 말게나. 표'모곡' 낼 나락이라고 시답잖은 것 내놓지 말게.
◆보리나 벼를 수확한 뒤에 일정 부분의 모곡을 거두었다.

모구 전북 | 명사 | 모기
모깃과의 곤충을 통틀어 이르는 말.
〔임실〕쑥을 뜯다 마당에 모구뿔 놓고 저녁밥을 먹었지. 표쑥을 뜯다 마당에 모깃불 놓고 저녁밥을 먹었지.

모꽈 충북 | 명사 | 모과
모과나무의 열매.
〔진천〕모꽈가 향이 좋아유. 표모과가 향이 좋아요.
◆'모과'는 한자어 '목과(木瓜)' 또는 '목과(木果)'의 한글 표기이다.

모다놓다 강원 | 복합어 | 모아놓다
흩어져 있는 사람이나 사물 따위를 거두어 한곳에 모으다.
〔삼척〕사람들을 전부 모다놓고 말했지. 표사람들을 전부 모아놓고 말했지. 〔삼척〕저기 흩어져 있는 솔방굴으 한 군데 마카 모다놓아라. 표저기 흩어져 있는 솔방울을 한 군데 모두 모아놓아라.

모당찮다 충남 | 형용사 | 어설프다
하는 일이 몸에 익지 아니하여서 익숙하지 못하고 엉성하고 거친 데가 있다.
〔금산〕지난 벌초 때 허는 거 보니, 맥아리가 없고 영 모당차느서 못 쓰것어. 표지난 벌초 때 하는 거 보니, 맥아리가 없고 영 어설퍼서 못 쓰겠어. 〔서산〕낫질허넝 게 모당차네서 손 부지기 쉽것다. 표낫질하는 게 어설퍼서 손 버지기 쉽겠다.

모대다 충남 | 동사 | 모으다
한데 합치다.
〔금산〕여럿이 모대 앉어서 쑥덕공론하고 있더라고. 표여럿이 모여 앉아서 숙덕공론하고 있더라고. 〔태안〕골망 골망이 모태놓은 새앙 푸대를 저짝 가뗑이다 내와. 표고랑 고랑에 모아놓은 생강 푸대를 저쪽 가에다 내놔. 〔공주〕콩 바심할 때 도리깨에 텨나간 것들을 한데 보리켜 싸놔. 표콩 바심할 때 도리깨에 튀어나간 것들을 한데 모아서 싸놔. 〔세종〕뒷산에 상수리가 떨어져 조금씩 무디킨 것이 이만큼여. 표뒷산에 도토리가 떨어져 조금씩 모은 것이 이만큼이야.
◆'모대다'는 '몰'에서 온 말로 충남 전역에서 널리 쓰고 있다. 이 말은 해방 이후까지 널리 쓰였으나 표준어화가 진행됨에 따라 사용 빈도가 점차 축소되고 있다.

모두걸음 북한 | 복합어 | 까치걸음
두 발을 모아서 뛰는 종종걸음.
〔평북〕독챗집 홀아비 만덕네로 모두걸음으로 나가던 큰형님.-정춘근(2012) 표단독주택 홀아비 만덕네로 까치걸음으로 나가던 큰형님.

모두다 경북 | 동사 | 모으다
한데 합치다.
〔영천〕얼라일 때부터 돈을 모다났다디. 표어린 아이일 때부터 돈을 모아났다더니.

모락스럽다 전남 | 형용사 | 모질다
마음씨가 몹시 매섭고 독하다.

〔고흥〕아이, 멀 잔 물어보믄 기양 모락스럽게 통새이를 준당게. 囲아이, 뭘 좀 물어보면 그냥 모질게 면박을 준다니까. 〔고흥〕어치께나 모지락시럽게 거절을 해분디 무참해서 혼났소. 囲어떻게나 모질게 거절을 해버리던지 무안해서 혼났소. 〔진도〕꼬랑비토리를 잡을 때 쬐끄만 것까지 모지락시릅게 잡아불면 씨가 말라불지. 囲다슬기를 잡을 때 조그만 것까지 모질게 잡아버리면 씨가 말라버리지.

◆'모락스럽다'는 '모락시럽다'라고도 한다. 인정사정없이 심하게 행동할 때도 쓰는 말이다.

모래박실 경남 | 명사 | 모래밭
모래가 넓게 덮여 있는 곳.
〔거창〕모래박실에서 놀다가 쓰리빠 이자뿠다. 囲모래밭에서 놀다가 슬리퍼를 잃어버렸다.

◆경남에서는 '모래'를 모새(거제·남해·하동) 또는 몰개(거창·창녕)라고도 한다. '모래밭'은 대부분 지역에서 '모래밭'이라 하지만, 거창 지역에서는 '모래박실'이라 한다. 아울러 '모래언덕'을 난덩/난등(고성·하동)이라고 하는 지역도 있다.

모록이 제주 | 부사 | 없음
(1)밥이나 곡식, 물건 등이 수북히 쌓여 있는 모습.
(2)몸이 포동포동하게 살찐 모양.
〔노흥〕어멍이 언제나 밥을 모록이 거려주셨다. 囲어머니는 언제나 밥을 '모록이' 떠주셨다.

모루 경기 | 명사 | 머루
포도과의 머루를 통틀어 이르는 말.
〔강화〕저 뒷산에 올라가믄 한창때는 모루가 제법 있었어요. 囲저 뒷산에 올라가면 한창때는 머루가 제법 있었어요.

모방 경남 | 명사 | 건넌방
안방에서 대청을 건너 맞은편에 있는 방.
〔부산〕모방에는 할머이가 기싰다. 囲건넌방에는 할머니가 계셨다.

◆부산에서는 안방을 '큰방'이라고 하고, 건넌방을 '모방' 또는 '모빵'이라고 한다. 일반적으로 '모방'이라고 하면 "안방의 한 모퉁이에 붙어 있는 작은 방"을 뜻하는데, 부산 동래에서는 '건넌방'을 뜻하는 말로 쓰인다. '큰방'이 시어머니의 방이라면 '모방'은 며느리의 방이라고 할 수 있는데, 시어머니가 늙어서 안방물림을 하고 나면 '모방'은 늙은 시어머니의 방이 된다. 평소 할머니는 나에게 '갈방이(서캐에서 깨어 나온 지 얼마 안 되는 새끼 이)' 같다면서 "우리나라는 소국이라 작은 놈이 성공한다. 여자도 배워야 한다"라며 '모방'을 공부방으로 내어주곤 하셨다.
-오정필(부산)

모새 충북 | 명사 | 모래
자연히 잘게 부스러진 돌 부스러기.
〔보은〕쎄멘을 이길라믄 모새를 퍼 와야지. 囲시멘트를 이기려면 모래를 퍼 와야지.

모서리주기 북한 | 명사 | 따돌림
따돌리는 일.
〔자강〕학교생활에서 제일 나쁜 게 모서리주기 아니갔나? 囲학교생활에서 제일 나쁜 게 따돌림 아니겠니?

◆'모서리주기'는 '몰아주기'라고도 한다.

모세 전남 | 명사 | 모래
자연히 잘게 부스러진 돌 부스러기.
〔진도〕모세는 무건께 차두에 쪼끔씩 담어라. 囲모래는 무거우니까 자루에 조금씩 담아라. 〔무안〕큰물 진 뒤로 냇가에 가봤더니 곤 모세가 산같이 쌓여 있더라잉. 囲큰물 진 뒤로 냇가에 가

봤더니 고운 모래가 산같이 쌓여 있더라.

모셋접시 제주 | 명사 | 모삿그릇
제사상 앞에 향로와 나란히 띠 뭉치를 담아놓는 그릇.
〔색달〕분양허여그네 영영 어 그 모세에 이거 세 번 지버너코 그다음 거기 잔을 올려서 세 번 영 돌려서 여기 그 모셋접시에 세 번 똑똑 비웁니다.-강영봉(2006) 표분향해서 이렇게 이렇게 어 그 모사에 이것을 세 번 집어넣고 그다음 거기 잔을 올려서 세 번 이렇게 돌려서 여기 그 모삿그릇에 세 번 똑똑 비웁니다.
◆강신의 의식과 관련하여 향을 피우는 것은 하늘의 혼(魂)을 부르는 상징이고, 모삿그릇에 술을 세 번 따르는 것은 백(魄)을 부르는 상징이다. 일반적으로 모래를 채운 그릇에 세 개의 띠를 올려놓는데 지역에 따라 고사리를 올리기도 하고 감귤나무 잎을 올리기도 한다. 이는 부정한 것을 쫓는 의미가 있다.
◆'모사'는 제사에서 술을 따르는 그릇에 담은 모래와 거기에 꽂은 띠의 묶음을 뜻하는 말이다.

모슬빼기 충북 | 명사 | 모서리
물체나 평면의 모가 진 가장자리.
〔제천〕이눔을 구녁이 안 뚫버지면 침얼 발러가주구 문 모슬빼기에 구녁을 뚫어서 이래가주구. 표이놈을 구멍이 안 뚫어지면 침을 발라가지고 문 모서리에 구멍을 뚫어서 이래가지고.
◆'모슬빼기'는 '모서리'와 '빼기'를 결합한 말로 매우 독특한 형태의 사투리라고 할 수 있다. '모슬'은 '모서리'의 축약형이고, '빼기'는 '코빼기, 대갈빼기'처럼 '비하'의 뜻을 나타내는 접미사이기 때문이다. 더욱이 표준어로는 '모서리'를 비하할 수 없기 때문이다.

모시 경기 | 명사 | 모이
닭이나 날짐승의 먹이.
〔용인〕맨날 닭한테 모시 주는 것두 일이에요. 표맨날 닭한테 모이 주는 것도 일이에요.

모싱기 충북 | 명사 | 모내기
모를 못자리에서 논으로 옮겨 심는 일.
〔괴산〕발쌔 모싱기 새참 내갈 때가 되았네. 표벌써 모내기 새참 내갈 때가 됐네.

모욕 전북 | 명사 | 목욕
머리를 감으며 온몸을 씻는 일.
〔군산〕샛강에 가서 모욕하다 빠져 죽을 뻔 알았다. 표샛강에 가서 목욕하다 빠져 죽을 뻔했었다. 〔임실〕그 집 메누리가 뱅든 시엄씨를 자주 뫼욕시킨다네. 표그 집 며느리가 병든 시어머니를 자주 목욕시킨다네. 〔남원〕야들아, 날씨도 더운디 먹감으로 나가자. 표얘들아, 날씨도 더운데 목욕하러 나가자.

모이다 경남 | 동사 | 뭉치다
근육이 뻐근하게 뭉치다.
〔창원〕나는 다리가 너무 모이서 걸음도 잘 몬 걷겄다. 표나는 다리가 너무 뭉쳐서 걸음도 잘 못 걷겠다.

모자리 충북 | 명사 | 못자리
볍씨를 뿌리어 모를 기르는 곳.
〔괴산〕모자리 한 개 맹글구 나니께 대근해서 딴거릴 못 하겠네. 표못자리 한 개 만들고 나니까 고단해서 딴것을 못 하겠네.

모장가리 경남 | 명사 | 마들가리
잔가지나 줄거리의 토막으로 된 땔나무.
〔거제〕모장가리를 마다리에 쓸어 담아라. 표마들가리를 마대에 쓸어 담아라. 〔창원〕고오매는 모

등가리 불에 꾸우 무우모 맛있다. 표고구마는 마들가리 불에 구워 먹으면 맛있다.

◆마들가리를 뜻하는 '모장가리'와 삭정이를 뜻하는 '사근다리'는 땔나무로 사용한다는 점에서는 같지만 대상이 같은 것은 아니다. '모장가리'는 "잔가지나 잎이 다 떨어진 줄거리 토막"을 뜻하고, '사근다리'는 "말라 죽은 삭정이"를 뜻하기 때문에 크기도 다르고 마른 정도도 다르다. 현실적으로 이 둘을 구분할 필요가 없어지면서 현재 경남 대부분의 지역에서는 '모장가리'와 '사근다리'를 구분하지 않고 사용하고 있다. 창원 지역의 '모등가리'는 삭정이는 물론이고 꺾어져 땅에 있는 것도 그 범주에 포함된다는 점에서 '마들가지'와 완벽하게 개념이 일치하지는 않는다.

모재이 경기 | 명사 | 모쟁이
숭어의 새끼.
〔강화〕오늘 저녁은 석쇠에 모재이 구워 먹자. 표 오늘 저녁은 석쇠에 모쟁이 구워 먹자.
◆숭어는 으뜸이란 뜻의 '수어(秀魚)'에서 온 말이다. 정약전의 『현산어보』에는 "고기 맛이 달고 깊어 물고기 중에는 최고"라고 기록돼 있다. ◆새끼 숭어는 표준어로 '모쟁이' 또는 '모롱이'라고 한다. 사투리로 숭어는 크기가 작은 것은 '모치, 쌀모치, 모랭이, 손톱배기, 동어, 참동어'라고 하고, 중간 것은 '댕가리, 딩기리, 모구락, 무구력', 다 자란 것은 '숭애'라고 한다. 크기에 따라 이름이 달라지는 것이다.
◆전남 무안에서는 10센티미터 이하의 새끼 숭어를 '모치'라고 하고, 20센티미터급은 '모뎅이', 30센티미터급은 '괴사리', 40센티미터급은 '참동어', 50센티미터급은 '누거리', 60센티미터급은 '댕가리', 70센티미터급은 '숭어'라고 부른다. 그런가 하면 인천의 황산도에서는 '모치, 동어, 글거지, 애정어, 묵은정어, 애사슬, 묵은사슬, 패, 미령이, 덜미'라고 한다.

모종 전북 | 명사 | 모정
마을 주민이 더위를 피하거나 휴식을 취할 수 있도록 지은 작은 정자.
〔임실〕날이 더워징개 모종 마룽에서 낮잠 자는 사람이 만네. 표날이 더워지니까 모정 마루에서 낮잠 자는 사람이 많네.
◆'모종'은 주로 여름에만 사용하기 때문에 방이 없이 마루로만 되어 있고, 지붕은 짚이나 마른 풀로 덮었다. 최근에는 양철이나 기와로 지붕을 올린 모종이 있다. 오이, 참외, 수박, 호박 따위를 심은 밭을 지키기 위하여 밭머리에 지은 작은 막을 '모종'이라고 부르기도 한다.

모주 먹은 돼지 충남 | 없음 | 없음
게으르게 늘어져 있는 상태. 또는 그런 사람.
〔논산〕지금 몇 신디 모주 먹은 돼지마냥 여적지 자빠져 자구 있어? 표지금 몇 시인데 '모주 먹은 돼지'처럼 여태까지 자빠져 자고 있어?
◆'모주'는 막걸리이다. 돼지가 막걸리를 마실 일은 없으나 만약에 마셨다면 아마도 정신을 차리고 못하고 축 늘어져 있을 것이다. '모주 먹은 돼지'라는 말은 바로 그런 사람을 비유적으로 표현한 말이다.

모지내기 경기 | 명사 | 모내기
모를 못자리에서 논으로 옮겨 심는 일.
〔이천〕모가 다 자라서 모지내기 철이 되면 눈코 뜰 새 없이 바빠. 표모가 다 자라서 모내기철이 되면 눈코 뜰 새 없이 바빠.

모지락시럽다 전북 | 형용사 | 모지락스럽다
보기에 억세고 모질다.
〔임실〕놀부가 흥부 살님을 모지락시럽게 다 빼섰다네. 표놀부가 흥부 살림을 모지락스럽게 다 뺏었다네. 〔군산〕자식새끼들이 모지랍스럽게 타

관살이하나 살더니만 다 성공했디야. 표자식새
끼들이 모지락스럽게 타관살이하고 살더니 다
성공했대.

모착스럽다 경북 | 형용사 | 모지락스럽다
보기에 억세고 모질다.
〔의성〕인간이 어찌 저래 모착스럽노? 표인간이
어떻게 저렇게 모지락스럽지?

모채이 경남 | 명사 | 없음
성질이 급한 사람.
〔진해〕저놈은 누굴 닮아서 모채이 겉노? 표저놈
은 누굴 닮아서 '모채이' 같을까?
◆새끼 숭어는 성질이 급해서 잡히는 즉시 파닥거리
다 제풀에 숨이 넘어간다. 그런 이유로 성질이 급한
사람을 두고 "모채이 겉다"라고 한다. -김영수(진
해) ◆숭어는 계절에 따라서도 이름이 다른데 봄에
잡히는 숭어는 '보리숭어'라고 하고, 가을에 잡히는
숭어는 부산 가덕도에서 '멍숭어'라고 한다.

모커리 제주 | 명사 | 곁채
곁에 딸려 있는 집채.
〔한경-신창〕모커린 영 옆데레 앉으민 모커리. 표
곁채는 이렇게 옆으로 앉으면 곁채. 〔노형〕우리
집 모커리에는 쉐가 산다. 표우리 집 곁채에는
소가 산다.
◆제주에서 안채는 '밧거리', 바깥채는 '밖거리', 곁
채는 '모커리' 또는 '목거리'라고 한다. 육지와 달리
대부분 ㄱ자형으로 짓지 않고 ─자형 겹집의 형태라
든지 ㅁ자형으로 구성하는데, '모커리'는 소막이나
헛간 등으로 사용하는 경우가 많다.

모타리 경남 | 명사 | 점
잘라 내거나 뜯어낸 고기 살점을 세는
단위.

〔거제〕퍼뜩 와서 게기 한 모타리 해라. 표빨리
와서 고기 한 점 해라. 〔진해〕아나, 니도 한 모타
리 무우라. 표옛다, 너도 한 점 먹어라.
◆'모타리'는 "모아놓은 덩어리가 크다"를 뜻하는
'몯다'에 비하의 의미가 있는 접미사 '아리'가 결합
한 말이다. '모두'라는 말도 '몯다'에서 파생된 말이
라고 할 수 있다. -김영수(진해) ◆'모타리'는 거제·
밀양·창녕·함안 등지에서 '몸집'이라는 뜻으로 쓰여
체구가 작은 사람을 가리켜 "한 모타리도 안 된다"
라는 식으로 표현하기도 한다.

모태 강원 | 명사 | 석쇠
고기나 군은 떡 조각 따위를 굽는 기구.
〔정선〕고기 꿔먹게 모태 가져와라. 표고기 구워
먹게 석쇠를 가져와라. 〔강릉〕하리에더 모태르
툭툭 털어 걸체 놓구 그 우에 늘어옴치레기르 꾸
창가. 표화로에다 석쇠를 툭툭 털어 걸쳐 놓고
그 위에 찰떡을 굽지 않는가.

모탱이 강원 | 명사 | 모퉁이
구부러지거나 꺾어져 돌아간 자리.
〔강릉〕저 보이는 뻘건 건물 모탱이르 딱 꼽치면
바로 보예. 표저 보이는 빨간 건물 모퉁이를 딱
돌면 바로 보여. 〔춘천〕엿장수가 저 길 모탱이루
금방 돌아갔어. 표엿장수가 저 길 모퉁이로 금방
돌아갔어. 〔정선〕모렝이 돌아서니 국시집이 보인
다. 표모퉁이 돌아서니 국수집이 보인다.

모테 경남 | 명사 | 석쇠
고기나 군은 떡 조각 따위를 굽는 기구.
〔진해〕꽁치를 한꾼에 모테에 꾸우라. 표꽁치를
한꺼번에 석쇠에 구워라. 〔창원〕가실에 모테에
깔치 꾸우 묵는 거카마 맛있는 반찬 안주 보다
몬했다. 표가을에 석쇠에 갈치 구워 먹는 것보다
맛있는 반찬 아직 보지 못했다.

◆동그랗게 두른 테를 '동테'라고 하고, 네모나게 두른 테를 '모테'라고 한다. 얇은 철사로 네모나게 얼기설기 엮어서 만든 석쇠를 가리켜 '모나게 두른 테'라는 뜻으로 '모테'라고 한다. -김영수(진해) ◆'모태/모테'는 '모탕'에서 온 말로 보인다. '모탕'은 "나무를 패거나 자를 때 받쳐놓는 나무토막"을 가리키는 말로서 '무엇을 올려놓는 틀'을 뜻한다. 어린 시절 나는 부석(부엌)에 있는 융구럭(불이 이글이글하게 핀 숯덩이)을 부작대이(부지깽이)로 그러내어 그 위에 모태(석쇠)를 얹고 세펜(절편)을 구워 먹곤 했는데 아직도 그 꼬신(고소한) 냄새를 기억하고 있다. -김성재(고성)

목달개 북한 | 명사 | 없음
맞섶 양복의 목깃에 대는 좁고 긴 천.
〔북한〕하얀 천을 덧대어서 매일 목달개를 바꿔 달아야 하는데, 하루라도 안 하면 이게 까매져서 목달개 검사라는 걸 함다. 표하얀 천을 덧대어서 매일 '목달개'를 바꿔 달아야 하는데 하루라도 안 하면 이게 까매져서 '목달개' 검사라는 것을 합니다.

목딱걸다 경남 | 동사 | 못생기다
생김새가 보통에 미치지 못하다.
〔울산〕꼭 목딱걸은 게 난리 지기네. 표못생긴 게 난리를 치네.

목신 충남 | 명사 | 나막신
나무를 파서 만든 신. 앞뒤에 높은 굽이 있어 비오는 날이나 땅이 진 곳에서 신었다.
〔서산〕목신 신구 대동선 쪼어간다넌 말은 터무니읎넌 짓을 허넌 것을 빗대넌 말이다. 표나막신 신고 대동선 쫓아간다는 말은 터무니없는 짓을 하는 것을 빗대는 말이다.

◆대동선(大同船)은 조선 시대 대동미를 실어 나르던 관아의 배를 뜻하는 말이다. -장경윤(서산)

목싸리 충남 | 명사 | 굴레
말이나 소 따위를 부리기 위하여 머리와 목에서 고삐에 걸쳐 얽어매는 줄.
〔서산〕목싸리두 옛측엔 짚으루 만들었는디, 나 땐 그냥 사다가 썼어. 그게 더 튼튼혀. 편하구. 표굴레도 옛날엔 짚으로 만들었는데, 나 때는 그냥 사다가 썼어. 그게 더 튼튼해. 편하고. 〔세종〕소는 멍에를 씌워야 말을 잘 듣쥬. 표소는 굴레를 씌워야 말을 잘 듣겠죠.

목태 경기 | 명사 | 멍에
수레나 쟁기를 끌기 위하여 마소의 목에 얹는 구부러진 막대.
〔강화〕소에 쟁기를 맬 땐 소 목에 목태를 얹어. 표소에 쟁기를 맬 땐 소 목에 멍에를 얹어.
◆'목테'는 '목에 얹는 테', 즉 '멍에'를 뜻하는 말이다. 멍에의 종류로는 일자형과 반원형이 있다. 일자형 멍에는 겨리쟁기를 맬 때 쓰고, 반원형 멍에는 쟁기나 달구지를 맬 때 쓴다. 멍에를 매는 불룩 솟은 부분은 멍에목이라고 부르며, 마차를 끌게 할 경우에는 말에다 가죽으로 싼 멍에를 씌운다.

몬댕이 전남 | 명사 | 꼭대기
높이가 있는 사물의 맨 위쪽인 꼭대기를 이르는 말.
〔보성〕아, 그 놈의 자식이 어찌게 감푼지 나무 몬댕이까지 뽀르르잉 올라가 부러. 표아, 그 놈의 자식이 어떻게나 짓궂은지 나무 꼭대기까지 뽀르르잉 올라가 버려.
◆전남 전역에서 산의 '꼭대기(정상)'와 산의 '능선(등성이)'을 구분하지 않고 '몰랑가지, 몰랑이, 몰랑지, 몰렝이' 등을 사용하고 있다. 그런데 특이한 점

은 주로 전남 동부 지역에서 '몬당'과 '몬뎅이'는 산의 '정상'만을 뜻하는 말로 쓴다는 것이다. 여기서 '모랭이, 몰랑이'는 원래 '마루, 모루' 등에서 온 말로, '마루'는 맨 위, 높은 곳을 의미한다. 그래서 '마루(宗)'의 옛 모습이 '무루(꼭대기)'였는데 여기에 '앵이(접미사)'가 붙어 '모랭이'가 된 것으로 보인다. 전남에서는 지붕의 맨 위쪽을 '용모리'라고 하는데 이 '모리'도 같은 어원을 지니고 있는 말로 보인다. '몬당'도 이 '무루'에서 온 말일 것이다.

몬독 제주 | 명사 | 없음
재래식 부엌에 그을음과 티끌 따위가 섞여 쌓인 먼지.
〔용담〕몬독 안 들게 두껑일 꼭 더끄라. 표'몬독' 안 들어가게 뚜껑을 꼭 닫아라. 〔애월-상가〕밥 지은 다음에 아궁이 여피 몬독 하나 어시 해사 불 안 난다. 표밥 지은 다음에 아궁이 옆에 '몬독' 하나 없이 해야 불 안 난다.
◆'몬독'은 티끌이나 검부러기처럼 입자가 큰 형태를 가리키는 말이고, '몬지(먼지)'는 입자가 작은 형태를 가리키는 말이다. '몬지'와 달리 '몬독'은 불을 피울 수 있어 '몬독불(검부러기 따위를 모아 태우는 불)' 또는 '두엄불(잎나무나 검불 따위를 모아 놓고 피우는 불)'이라고 한다.

몬재래다 강원 | 형용사 | 모자라다
기준이 되는 양이나 정도에 미치지 못하다.
〔속초〕구백구십구 개 시고 하나가 몬재래. 천수가 모재랜단 말이야. 표구백구십구 개 세고 하나가 모자라, 천수가 모자라단 말이야. 〔삼척〕숭년으로 양석이 모재래 봄까지 못 가겠다야. 표흉년으로 양식이 모자라 봄까지 못 가겠다.

몬지 경기 | 명사 | 먼지
가늘고 보드라운 티끌.

〔서울〕문지방에 몬지만 있어두 식어머니가 막 야단치구 그랬어요. 표문지방에 먼지만 있어도 시어머니가 막 야단치고 그랬어요.
◆'먼지'는 '몬지'가 비원순모음화에 의해 형성된 것인데 비원순모음화가 일어나지 않은 어형으로도 많이 나타난다.

몯다 경남 | 형용사 | 크다
길이, 넓이, 높이, 부피 따위가 보통 정도를 넘다.
〔진해〕요번 판에 몯게 무웄다. 표이번 판에 크게 먹었다.
◆'몯다'는 중세국어 '몯다'에서 온 말이지만 동사라기보다 형용사에 가깝다. 흔히 구슬치기나 딱지치기를 할 때 한꺼번에 많은 양을 가져갈 때 사용했던 말이다. '몯아다'나 '몯우다'의 본말로 볼 수 있다. -김영수(진해)

몰 북한 | 명사 | 마을
주로 시골에서, 여러 집이 모여 사는 곳.
〔평안〕새참 시간 지난 뒤에도 몰 사람들 발걸음이 후들후들 천근만근.-정춘근(2012) 표새참 시간이 지난 뒤에도 마을 사람들 발걸음이 후들후들 천근만근.

몰개 강원 | 명사 | 모래
자연히 잘게 부스러진 돌 부스러기.
〔강릉〕몰개 한 알이 먼 심이 있는가. 표모래 한 알이 무슨 힘이 있는가. 〔평창〕세멘을 마무리하려면 가는 모새가 있어야 해. 표시멘트를 마무리하려면 고운 모래가 있어야 해. 〔삼척〕해수욕을 했더니 온몸에 몰개미가 붙었다 야.

몰개밭 북한 | 명사 | 모래밭
모래가 넓게 덮여 있는 곳.

〔함남〕몰개밭에 쌓인 시목, 닙쌀, 삼배⋯한소디 노누고.-정춘근(2012) 표모래밭에 쌓인 땔감, 흰쌀, 삼베⋯대강대강 나누고.

몰똑하다 전남 | 형용사 | 훤칠하다
용모가 훤칠하다.
〔진도〕아들이 얼마나 몰똑하던고 부부가 좋아락 했어.-이기갑(1997) 표아들이 얼마나 훤칠하던 지 부부가 좋아라 했어.

몰르다 경기 | 동사 | 모르다
사람이나 사물 따위를 알거나 이해하지 못하다.
〔강화〕뭐 먹고 사는지두 몰르져. 표뭐 먹고 사는 지도 모르죠. 〔서울〕낯 놓고 기역 자도 몰른대잖 아요, 까막눈들은. 표낯 놓고 기역 자도 모른다 잖아요, 까막눈들은.

몰어디리다 충북 | 동사 | 모으다
한데 합치다.
〔음성〕달구 새끼럴 몰어디리구 모시를 주야지. 표닭 새끼를 모으고 모이를 줘야지.

몰치 충남 | 명사 | 없음
숭어의 어린 새끼.
〔서산〕스산에선 가리 발맥기럴 허먼 몰치를 가마니가 차게 잡을 때두 있었다. 표서산에서는 가을에 발막이를 하면 '몰치'를 가마니가 차게 잡을 때도 있었다.
◆서산에서는 숭어 새끼가 1년 큰 것은 '몰치', 2년 큰 것은 '등걸몰치', 3년 큰 것은 '모쟁이'로 구분한 다. -장경윤(서산)

몰팍지다 충북 | 형용사 | 쌀쌀맞다
성격이나 행동이 따뜻한 정이나 붙임성 이 없이 차갑다.
〔단양〕너머 몰팍지게 그라지 말구 잘 줌 해줘. 표너무 쌀쌀맞게 그러지 말고 잘 좀 해줘.

몸썰 전남 | 명사 | 몸서리
몹시 싫거나 무서워서 몸이 떨리는 일.
〔보성〕소총소대 아주 몸썰낭깨 앙가.-이기갑 (2008) 표소총소대 아주 몸서리치니까 안 가.

몸치 전남 | 명사 | 몸살
몸이 몹시 피로하여 일어나는 병. 팔다 리가 쑤시고 느른하며 기운이 없고 오한 이 난다.
〔고흥〕어지께 밭 잔 맷등마는 몸치가 났능가 딸 싹도 못 허겄네. 표어제 밭 좀 맸더니만 몸살이 났는지 꼼짝도 못 하겠네. 〔진도〕낼 텃논 나락을 빌라고 도개를 쳤더니 몸치가 날라고 그란지 으 슬으슬하니 춥다. 표내일 텃논 벼를 베려고 도개 를 쳤더니 몸살이 나려고 그런지 으슬으슬하니 춥다.
◆'몸치'는 주로 '-나다'와 함께 쓰이는데, 몸살이 난 상태를 가리켜 "몸치가 났다"라고 한다.

못뽑이 경기 | 명사 | 장도리
한쪽은 뭉뚝하여 못을 박는 데 쓰고, 다 른 한쪽은 넓적하고 둘로 갈라져 있어 못을 빼는 데 쓰는 연장.
〔용인〕못이 잘 안 빠지믄 못뽑이로 뽑으면 돼. 표 못이 잘 안 빠지면 장도리로 뽑으면 돼.
◆'못뽑이'는 '장도리'에 비해 도구의 용도를 훨씬 더 직관적으로 표현한 말이다.

몽근체 전북 | 명사 | 고운체
올이 가늘고 구멍이 잔 체.
〔정읍〕뭉근체로 살살 일어라. 표고운체로 살살

일어라. 〔임실〕꼬치장 당굴 꼬치가루는 곤체로 쳐야 히여. 표고추장 담을 고춧가루는 고운체로 쳐야 한다. 〔부안〕벤체는 가래떡, 절편 헐 때 쓰고, 가리 내가꼬 유과 헐 때 쓰고 그랬어. 표고운체는 가래떡, 절편 할 때 쓰고, 가루 내서 유과할 때 쓰고 그랬어.

◆'몽근체'는 가루 따위가 미세하고 곱다는 뜻의 형용사 '몽글다'에서 온 말이고, '밴체'는 물건의 사이가 비좁거나 촘촘하다는 뜻을 가진 형용사 '배다'에서 온 말이다. -전라북도(2018) ◆부안에서 '몽근체'와 '벤체'는 가장 고운 가루를 내릴 때 쓰는 '고운체'를 뜻하는 말이다. 그보다 조금 더 굵은 가루를 내릴 때는 '굵은체'를 쓰고, 더 알갱이가 굵은 음식 재료를 고를 때는 '얼맹이' 또는 '얼금이'를 사용한다. '얼맹이' 또는 '얼금이'의 표준어는 '어레미'이다. "시리떡 힐 때 떡가리를 빵궈갖고 굵은체로 내려(시루떡 할 때 떡가루를 빻아가지고 굵은체로 내려)", "깨 떨잖아, 그러면 얼맹이로 개려서 내버리고. 팥도 그 욱에 있는 거 밑으로 내려가고 폴 껍질 그런 거 내버리고 좋은 놈만 골라(깨 떨잖아. 그러면 어레미로 가려서 내버리고. 팥도 그 위에 있는 것은 밑으로 내려가고 팥 껍질 같은 것은 내버리고 좋은 것만 골라)"와 같이 말한다. -김금오(부안)

몽근흑 전남 | 명사 | 없음
언덕이나 경사진 비탈에 자연스레 흘러 내려 쌓여 있는 아주 고운 흙.
〔진도〕산바꿈할라믄 몽근흑하고 새금파리가 많이 있어야 하재! 표소꿉놀이하려면 '몽근흑'하고 사금파리가 많이 있어야 하지!
◆고흥 지역에서는 '몽근가리'라고 한다. 몽글다+ㄴ+가리로, '몽글다'는 "가루 따위가 미세하고 곱다"는 뜻의 형용사이며 '가리'는 '가루'의 전남 지역어로 합하여 "고운 흙"을 뜻한다.

몽글다 제주 | 동사 | 뭉그러지다
썩거나 물러져서 본모양이 없어지게 되다.
〔남원-태흥〕검질이 막 몽글아가민 새 검질 혜당 또 꿀앙.-김순자·김미진(2019) 표검불이 막 몽그라지면 새 검불 해다가 또 깔아.

몽질이 강원 | 부사 | 모조리
하나도 빠짐없이 모두.
〔옥계〕올 친구들은 몽질이 모예주시기 바랍니다. 표올 친구들은 모조리 모여주시기 바랍니다. 〔양양〕친구들아, 우리 몽지리 모예보세. 표친구들아, 우리 모조리 모여보세. 〔춘천〕주머니에 있는 것 몽조리 내놔봐. 표주머니에 있는 것 모조리 내놔봐.

몽창시럽다 경남 | 형용사 | 없음
보기에 민망하고 애처롭다.
〔합천〕삼 일 굶어가 몽창시럽게 나타났다 아이가. 표사흘을 굶어서 '몽창시럽게' 나타났다. 〔밀양〕지 에미 죽고 얼라가 몽창시러버서 젖을 돌리 묵있지. 표제 엄마 죽고 아이가 '몽총시러버서' 젖을 돌려 먹었지.

몽창시리 경남 | 부사 | 몹시
더할 수 없이 심하게.
〔남해〕감기를 몽창시리 하이 살이 쪽 빠지데. 표감기를 몹시 심하게 앓아서 살이 쪽 빠지데.

몽치 북한 | 명사 | 방망이
무엇을 치거나 두드리거나 다듬는 데 쓰기 위하여 둥그스름하고 길게 깎아 만든 도구.
〔함북〕여름에 말린 명태는 너무 꽛꽛해서 몽치로 두둘겨야 먹을 수 있다. 표여름에 말린 명태는 너무 빳빳해서 방망이로 두둘겨야 먹을 수 있다.

몽치매기 강원 | 명사 | 목침
나무토막으로 만든 베개.
〔고성〕방에는 몽치매기만 있고 이부자리는 없어
요. 표방에는 목침만 있고 이부자리는 없어요. 〔홍
천〕오동나무 몽치미를 만들어 봤는데 머리가 편
안해서 좋다. 표오동나무 목침을 만들어 봤는데
머리가 편안해서 좋다. 〔평창〕낮잠을 자게 몽칭기
를 가져와라. 표낮잠을 자게 목침을 가져와라.
◆목침은 침구로만 쓰이지 않았다. 대개 사랑방에는
목침을 여러 개 두었는데, 놀러 온 사람들이 베고 눕
기도 하고, 아이들은 목침 쌓기 놀이를 하기도 했다.
짚신을 삼을 때 짚신의 꼴을 치고, 목침으로 문질러
서 모양을 내는 데 사용하기도 하였으며, 짚 매듭을
부드럽게 하는 데도 사용하였다. 흥이 나면 목침을
두드리면서 박자를 치는데도 썼고, 아이들을 벌 줄
때는 목침 위에 올라서게 하고 회초리로 때리는 체
벌 도구로도 썼다. -유연선(춘천)

몽치미 경북 | 명사 | 목침
나무토막으로 만든 베개.
〔영천〕너무 높은 몽치미 베고 잤디만 목이 아프
네. 표너무 높은 목침 베고 잤더니 목이 아프네.
〔영덕〕몽치미가 딱딱해서 잠을 설쳤다. 표목침이
딱딱해서 잠을 설쳤다.

묏동 전북 | 명사 | 묘
사람의 무덤.
〔익산〕우리 할아머지 묏동에 가서 절하고 오자
꾸나. 표우리 할아버지 묘에 가서 절하고 오자.
〔정읍〕묏동 뒤에 숨었다가 깜짝 놀래키곤 혔어.
표묘 뒤에 숨었다가 깜짝 놀라게 하고 했어. 〔남
원〕쩌기 묏동 가서 총쌈이나 하고 놀자. 표저기
묘 가서 총싸움이나 하고 놀자.

무강 전남 | 명사 | 없음
씨앗으로 쓸 고구마나 줄기를 얻기 위해
심은 고구마인 묵은 고구마를 이르는 말.
〔고흥〕올해는 감재 안 놀라고 무강 안 묻었소. 표
올해는 고구마 안 심으려고 '무강'을 안 묻었소.
◆전라남도 진도에서는 줄기를 잘라내고 남은 고구
마를 '무강'이라고 한다. ◆'무강'은 '묵은 감자'가 줄
어든 말이다. '감자'는 전남 방언에서 '고구마'를 의
미하였다. 대부분의 농가에서는 씨로 쓰기 위해 큰
고구마를 보관했다가 이른 봄에 심어, 줄기가 뻗
어 나오면 잘라서 본 밭에 이랑을 만들고 옮겨심기
를 한다. 이렇게 씨고구마 자체를 '무강'이라고 하기
도 하고, 줄기를 잘라내고 남은 고구마를 '무강'이라
고 하는 것이다. 요즘에는 고구마와 감자를 구분해
서 부르지만 예전에는 고구마를 '감재(감자)', 감자
는 '북감재(북감자), 하지감재(하지감자)'라고 불렀
다. '북감자'는 '북쪽에서 온 감자'라는 뜻이고 '하지
감자'는 해의 길이가 가장 길어지는 절기인 '하지 무
렵에 캐는 감자'라는 뜻이다.

무고자리 강원 | 명사 | 무말랭이
무를 반찬거리로 쓰려고 썰어 말린 것.
〔홍천〕올해는 무고자리도 만들어보자. 표올해는
무말랭이도 만들어보자.

무굽다 강원 | 형용사 | 무겁다
무게가 나가는 정도가 크다.
〔원주〕가방이 진짜 무굽다. 표가방이 진짜 무겁다.
◆'무겁다'를 '무굽다'라고 하는 것은 '따갑다'를 '따
굽다'로, '반갑다'를 '반굽다'로, '가렵다'를 '개룹다'
로 말하는 것과 비슷한 형태의 사투리이다.

무꾸 강원 | 명사 | 무
십자화과의 한해살이풀 또는 두해살이풀.
〔정선〕편을 갈라 남의 무꾸를 훔쳐 먹기도 했다.
표편을 갈라 남의 무를 훔쳐 먹기도 했다. 〔평

창)김장 담글 때 시원하게 무꾸도 넣어라. 표김
장할 때 시원하게 무도 넣어라. 〔평창〕학교에서
돌어올 때면 무수를 뽑아 먹었다. 표학교에서 돌
아올 때면 무를 뽑아 먹었다.

무낭 제주 | 명사 | 산호
산호류를 통틀어 이르는 말.
〔노형〕잇날은 무낭으로 지펭이도 만들어봤주. 표
옛날에는 산호로 지팡이도 만들어봤죠.
◆'무낭'은 '무누낭/무우낭/무의낭/무히낭'이라고도
한다.

무내 충북 | 명사 | 무늬
(1)물건의 거죽에 여러 가지 빛깔의 점
이나 줄 따위가 나타난 어떤 모양.
(2)옷감이나 조각품 따위를 장식하기 위
한 여러 가지 모양.
〔보은〕무내가 이쁘니께 옷이 좋아 비네. 표무늬
가 이쁘니까 옷이 좋아 보이네.

무단시 전북 | 부사 | 무단히
사전에 허락이 없이. 또는 아무 사유가
없이.
〔임실〕무단시 왜 그런다냐. 표무단히 왜 그러냐.
〔익산〕도울라고 혔다가 매급씨 덤태기만 썼네.
표도우려고 했다가 무단히 덤터기만 썼네.
◆'무단시' 외에도 '무단시리, 무단이, 무담시, 무단
스레' 등이 쓰인다.

무달 강원 | 명사 | 달무리
달 언저리에 둥그렇게 생기는 구름 같은
허연 테.
〔인제〕무달이 뜨는 해는 비가 많이 오고 붉은 달
이 뜰 때는 가문다. 표달무리가 뜨는 해는 비가
많이 오고 붉은 달이 뜰 때는 가문다.

무똥 북한 | 부사 | 무척
다른 것과 건줄 수 없이.
〔황해〕무똥 막 좋아합쉐다. 표무척 막 좋아합니다.

무라리하다 경북 | 동사 | 물다
갚아야 할 것을 치르다.
〔의성〕외상 몬 받으모 그거룰 누가 무라리하겠
노. 표외상 못 받으면 그거를 누가 물어주겠니.

무릇고음 충남 | 명사 | 없음
무릇 뿌리를 약한 불에 조청과 함께 푹
고아서 만든 음식.
〔예산〕무릇고음은 저두 잘 몰류. 어릴 즉에 뵈긴
했는디 할 준 모르구. 표'무릇고음'은 저도 잘 몰
라요. 어릴 적에 보긴 했는데 할 줄은 모르고.
◆'무릇곰' 또는 '무릇고음'이라고 한다. '무릇고음'
은 '무릇'을 고아서 만든 음식이라는 점만 같을 뿐,
만드는 방식은 천차만별이다. 충청도뿐만 아니라 경
기도에서도 즐겨 만들어 먹는 음식이다. ◆'무릇'의
잎은 데쳐서 나물로 먹거나 장아찌를 담가 먹고, 뿌
리는 여러 가지 산야초를 넣어 무릇곰을 만들어 먹
는다. 무릇은 독성이 있기 때문에 반드시 우려서 먹
어야 한다.

무릎꼬방이 충북 | 명사 | 무릎
넙다리와 정강이의 사이에 앞쪽으로 둥
글게 튀어나온 부분.
〔단양〕빨리 올라구 하다가 자빠지서 무릎꼬방이
럴 다쳤어. 표빨리 오려고 하다가 자빠져서 무릎
을 다쳤어.

무수고재기 충북 | 명사 | 무말랭이
무를 반찬거리로 쓰려고 썰어 말린 것.
〔옥천〕무수고재기넌 무수럴 가늘구 납작하게 쓸
어서 말린 거여. 표무말랭이는 무를 가늘고 납작

하게 썰어서 말린 거야.

◆충북 충주에서 '무수고재기'는 '무말랭이'를 뜻하는 말이지만, 충남 천안에서는 무를 썰어놓은 것을 뜻하는 말이다. ◆'고재기'는 호박이나 고구마 따위를 길고 납작납작하게 썰어서 말린 '고지'에서 온 말로 보인다.

무수밥 충북 | 명사 | 무밥

무를 채 썰어 쌀에 섞어서 지은 밥. 주로 양념장에 비비어 먹는다.

〔청주〕즈녁에 무수 채 썰어서 무수밥 해 묵자. 〔표〕저녁에 무 채 썰어서 무밥 해 먹자.

◆'무수'는 '무'의 사투리로 강원·경기·경상·대전·전라·제주·충청·함경 등지에서 널리 쓰이는 말이다.

무슴슴하다 북한 | 형용사 | 없음

아무 맛도 느껴지지 않고 싱겁다.

〔북한〕이 국은 맛이 좀 무슴슴하디 않네? 〔표〕이 국은 맛이 좀 싱겁지 않니?

◆북한에서는 음식 맛이 싱거울 때 '심심하다' 외에 '슴뻑하다(맛이 심심하고 밍밍하다)'라고 하기도 하고, '슴슴하다/무슴슴하다(자극이 느껴지지 않을 정도로 싱겁다)'라고도 한다. '띠띠무르하다'는 재료 본연의 맛이 난다는 말로 쓰지만 '심심하다'라는 뜻으로도 쓴다.

무습다 충북 | 형용사 | 무섭다

어떤 대상에 대하여 꺼려지거나 무슨 일이 일어날까 겁나는 데가 있다.

〔단양〕무습게 그라지 말구 말루다 햐. 〔표〕무섭게 그러지 말고 말로 해.

무시 전북 | 명사 | 무

십자화과의 한해살이풀 또는 두해살이풀.

〔남원〕밭에 가면 무시 있슨게 둬 개 캐와라. 〔표〕밭에 가면 무 있으니까 두어 개 캐와라.

무시멧젓 경남 | 명사 | 깍두기

무를 작고 네모나게 썰어서 소금에 절인 후 고춧가루 따위의 양념과 함께 버무려 만든 김치.

〔김해〕무시가 달아야 무시멧젓도 맛있거든. 〔표〕무가 달아야 깍두기도 맛있어.

무시선 전남 | 명사 | 무조림

무를 썰어서 말린 생선이나 멸치 등을 넣고 갖은 양념을 하여 조린 음식.

〔고흥〕아가, 마랫방에 가서 무시선 잔 떠 갖고 온나. 〔표〕아가, '마랫방'에 가서 무조림 좀 떠 가지고 와라.

◆'마랫방'이란 큰방 옆에 곡식, 음식 등을 넣어두는 방이다. ◆'무시선'은 '무시'와 한자 '선(膳)'이 결합한 합성어로 보인다. 전남 고흥에서는 명절에 말린 생선을 쪄서 양념을 발라 먹는다. 이때 채반 밑에 물 대신에 얇게 썬 무와 생선 머리, 멸치 등을 넣고 갖은양념을 해서 끓이면 생선 찐 물이 흘러내려 맛있는 반찬이 된다. 또 무를 채 썰어 굴을 넣고 나물을 하는데, 이것을 '백무시선'이라고 한다.

무시시리떡 전남 | 명사 | 무시루떡

무를 가늘게 채 썰어서 멥쌀가루에 섞은 것을 콩, 팥 따위의 고물을 두고 시루에 안쳐 찐 떡.

〔고흥〕무시를 채 썰어서 쌀가리랑 섞어서 폴이랑 한 돌금씩 놔서 찌는 것이 무시시리떡이여. 〔표〕무를 채 썰어서 쌀가루랑 섞어서 팥이랑 한 돌림씩 놔서 찌는 것이 무시루떡이야.

◆'무시시리떡'과 비슷한 음식 중에 '무설기'가 있다. '무시시리떡'과 비슷하지만 팥고물을 넣지 않고 채 썬 무에 쌀가루만 넣고 찐 떡이다.

무시악대기 전북 | 명사 | 없음
무를 납작하게 썰어 고추장이나 고춧가루를 넣고 지진 반찬.
〔부안〕정월 보름날 아침에는 쏘내기 쏜다고 무시악대기를 못 먹게 혀. 표정월 보름날 아침에는 송충이가 쏜다고 '무시악대기'를 못 먹게 해.
◆예전에는 냉장고가 없었기 때문에 겨울 김장을 끝내고 나면 땅을 판 후 지푸라기를 넣고 무를 수북하게 넣은 후 흙을 두툼하게 덮어서 저장했다. 그 무를 겨울 내내 먹는다. 정월 보름날에는 그 무를 꺼내서 명태 대가리, 멸치 등을 넣고 무시악대기를 끓인다. 대개는 고춧가루를 넣고 국간장으로 간을 맞춘다. 예전에는 정월 대보름 즈음에나 먹을 수 있는 귀한 음식이었지만, 지금은 사시사철 무가 나오기 때문에 아무 때나 해 먹을 수 있는 음식이 되었다. -김금오(부안)

무시이포리 경남 | 명사 | 무청
무의 잎과 줄기.
〔부산〕무시이포리를 가져다가 시래기 꿇이 묵고 무치 묵고 그랬다. 표무청을 가져다가 시래기 끓여 먹고 무쳐 먹고 그랬다.

무왁적 충남 | 명사 | 무전
무를 가늘게 채 썰어서 반죽에 섞어 지진 음식.
〔예산〕무왁적은 지진 거여유. 물랑 잘게 혀가꾸 반죽에 느가지구 지지는 거쥬. 표무전은 지진 거예요. 무를 잘게 해서 반죽에 넣어서 지지는 거죠.

무왁지기 강원 | 명사 | 없음
비린내 나지 않고 비늘 없는 생선에 고추장을 풀어 넣고 소금으로 끓여 만든 국.
〔양양〕지약 밥상에 무왁지기가 올라오니 밥맛이 절로 난다. 표저녁 밥상에 '무왁지기'가 올라오니 밥맛이 절로 난다.

◆강원도에서는 2월 초하루를 '바람님날' 또는 '영등할머니날'이라고 한다. 이날이 되면 명태로 무왁지기를 끓여 가정의 안녕과 풍어 등을 기원한다. 식구 수대로 무왁지기에 수저를 꽂기도 한다.

무윰 충북 | 명사 | 미음
입쌀이나 좁쌀에 물을 충분히 붓고 푹 끓여 체에 걸러 낸 걸쭉한 음식.
〔보은〕속이 안 좋아서 무윰을 끓여 먹어야겠다. 표속이 안 좋아서 미음을 끓여 먹어야겠다.

무쟈게 충남 | 부사 | 너무
일정한 정도나 한계를 훨씬 넘어선 상태로.
〔서산〕딴 딘 오도 않는디 마늘 심은 디만 무쟈게 쏟아지능 겨. 표딴 데는 오지도 않는데 마늘 심은 데만 너무 쏟아지는 거야. 〔논산〕마산장에 갔드니 갑시 무쟈게 비싸. 표마산장에 갔더니 값이 너무 비싸.

무지게 제주 | 명사 | 물지게
허벅에 물을 담아 지어 나를 때 어깨에 걸치는 등받이.
〔구좌-김녕〕강 무지게 가져오라. 표가서 물지게 가져와라.
◆무지게'를 '손물체'라고도 한다.

무쭈리하다 경남 | 형용사 | 없음
몸의 상태가 좋지 못하여 무겁거나 불편하게 느끼다.
〔울산〕일할 때 다친 허리가 비만 오마 무쭈리하고 다리가 지도 나고. 표일할 때 다친 허리가 비만 오면 '무쭈리하고' 다리에 쥐도 나고.

무추룸하다 충북 | 형용사 | 못마땅하다
마음속으로 못마땅하게 여기는 빛이 얼

굴에 드러나다.

〔제천〕처다보는 기 어쩨 무추룸한 거 걸어. 표처
다보는 것이 어쩨 못마땅한 것 같아.

묵그이 충남 | 명사 | 민물게

민물에 사는 작은 게를 통틀어 일컫는 말.

〔서산〕박하질랑 묵그이랑은 달러. 묵그이가 민
물에 사는 그이지. 표민꽃게랑 민물게랑은 달라.
민물게가 민물에 사는 게지.

묵근하다 충북 | 형용사 | 묵직하다

사람이 점잖고 무게가 있다.

〔영동〕사람이 묵근한 기 믿을 만햐. 표사람이 묵
직한 것이 믿을 만해.

묵내기 경남 | 명사 | 없음

마을 주민끼리 친목을 다지기 위해 내기
를 해서 음식을 함께 나누어 먹는 일.

〔통영〕심심한데 묵내기 하토나 함 칠래? 표심심
한데 '묵내기' 화투나 한번 칠래?

◆'묵내기'는 '먹기내기'를 뜻하는 말로 1960년대
농촌에서 마을 주민끼리 친목을 다지기 위해 내기를
해서 음식을 함께 나누어 먹던 일에서 비롯된 말이
다. -김승호(진주)

묵떡장 전북 | 명사 | 없음

묵은 김치의 국물에 메줏가루, 고춧가루,
밥 등을 넣어 만든 장. 대개 음력으로 1월
에서 2월 사이에 설 지나고 담근다.

〔부안〕묵떡장은 정월에 담아갖고 상추쌈 헐 때
까지 먹어. 표'묵떡장'은 정월에 담가서 상추가
나와 상추쌈을 해 먹을 때까지 먹어.

문네방아 경기 | 명사 | 물레방아

떨어지는 물의 힘으로 바퀴를 돌려 곡식

을 찧거나 빻는 기구.

〔포천〕물이 흐르는 냇가가 있으면 문네방아를
만들어 방아를 찧었어. 표물이 흐르는 냇가가 있
으면 물레방아를 만들어 방아를 찧었어.

◆물레방아는 나무바퀴와 굴대 그리고 공이로 구성
되어 있다. 위에서 아래로 쏟아지는 물이 나무바퀴
로 떨어져 돌리면 굴대와 연결된 넓적한 모양의 나
무가 방아채의 한쪽 끝을 눌러 들어 올리게 된다. 다
시 떨어지는 과정에서 다른 쪽 끝에 달린 공이가 방
아확 속에 놓인 곡식을 찧도록 만들어졌다.

문뎅이 강원 | 명사 | 흙먼지

흙이 일어나서 생긴 먼지.

〔양양〕문뎅이 난다, 저리 가라야! 표흙먼지 난
다, 저리 가!

문드리다 제주 | 동사 | 잃어버리다

가지고 있던 물건을 자기도 모르는 사이
에 떨어뜨리거나 잃어버리다.

〔구좌-행원〕놉 빌엉 일헌 일당 줄 걸 호주멩이에
낭 다니단 오꼿 문드려벤게. 표놉 빌려서 일한
일당 줄 거를 호주머니에 넣고 다니다가 그만 잃
어버렸어.

문디 경북 | 명사 | 문둥이

(1)어리석은 사람을 이르는 말.
(2)친근하고 허물없는 사이의 동년배나
아랫사람을 부르는 호칭어.

〔경주〕문디 겉은 소리 하지도 마라. 표문둥이 같
은 소리 하지도 마라. 〔대구〕아유 문디 가시나야,
잘 지내나? 표아유 문둥이 계집애야, 잘 지내?

◆'문디'는 나병을 뜻하는 '문둥'에 사람을 뜻하는 접
사 '-이'를 결합한 '문둥이'에서 온 말이다. '둥이'가
'디'로 변화하는 것은 경상도 방언에서 흔히 확인되
는 현상이다. 예를 들면 '쌍둥이, 궁둥이, 주둥이' 등

의 표준어형이 경상도 사투리에서는 '쌍디, 궁디, 주디'가 된다. '문디'라는 말은 다른 지역에서 경상도 출신을 낮잡아 부를 때 쓰지만 경상도 안에서는 서로 친근하고 허물없는 사이를 부르는 호칭으로 사용한다. "야이, 문디야!"는 대구에서 아주 친한 친구를 오랜만에 만났을 때, 너무 반가워 어깨를 툭 치며 나누는 대구식 인사말이다. "야이 문디이 가시나", "야이 문디이 겉은 늠", "문디이 꽝칠이 겉은 늠", "문디이 자석" 등 짧은 이 몇 마디 속에는 "그동안 잘 있었느냐", "참 오랫만이구나", "어데 아푸진 않느냐?"와 같은 온갖 다정스런 의미가 모두 함축되어 있다고 할 수 있다. 일견, '하늘이 내린 벌'이라는 의미가 있는 문둥이를 가장 애정 어린 인사법으로 바꾸어버린 이런 아이러니는 경상도식의 가장 반어법적인 인사법이라고 할 수 있을 것이다. –상희구(대구)

문딩이 충남 | 명사 | 문둥이
(1)어리석은 사람을 이르는 말.
(2)'나환자'를 낮잡아 이르는 말.
〔서산〕원체 답답헐 띠 하는 소리. 그래두 문딩이라구는 잘 안 혀. 표원체 답답할 때 하는 소리지. 그래도 문둥이라고는 잘 안 해. 〔서산〕문뎅이 콧구녕이서 마눌씨를 빼먹겠다넌 말은 지나치게 인색허구 허넌 짓이 드럽구 넘이 것만 탐헌다넌 말이다. 표문둥이 콧구멍에서 마늘씨를 빼먹겠다는 말은 지나치게 인색하고 하는 짓이 더럽고 남의 것만 탐한다는 말이다.

문때다 경남 | 동사 | 문지르다
무엇을 서로 눌러대고 이리저리 밀거나 비비다.
〔부산〕옷에 문때지 말고 수건에 딲아라. 표옷에 문지르지 말고 수건에 닦아라.

문새이 충북 | 명사 | 문틈
닫힌 문이 벌어져 사이가 난 자리.
〔청주〕문새이가 뜨믄 결에 찬바람이 엄청이 들으오니께 춥지. 표문틈이 뜨면 겨울에 찬바람이 엄청나게 들어오니까 춥지.

문지 강원 | 명사 | 먼지
가늘고 보드라운 티끌.
〔강릉〕성정이 깔끔하여 문지 앉는 꼴을 당춰 못 봐. 표성정이 깔끔하여 먼지가 앉는 꼴을 도저히 못 봐. 〔정선〕문지가 날라 와서 다시 빨아야 해. 표먼지가 날아와서 다시 빨아야 해.

문지 전남 | 명사 | 부침개
기름에 지진 음식을 통틀어 이르는 말.
〔해남〕비 온깨 문지 좀 부처 묵자. 표비가 오니까 부침개 좀 부처 먹자. 〔강진〕문지는 비 오는 날 먹어야 제격이지. 표부침개는 비 오는 날 먹어야 제격이지.
◆고흥의 '부처리'는 '부치다'에 접미사 '어리'가 붙은 형태이다. 즉 밀가루를 묽게 반죽하여 부처 먹는는 뜻이다. '찌짐, 문지'라고도 하는데, 이는 주로 6월 유두나 7월 백중을 즈음하여 농촌에서 부쳐 먹었다.

물강구 전북 | 명사 | 물방개
물방갯과의 곤충을 통틀어 이르는 말.
〔군산〕방죽에 가서 물강구를 잡아 검정 고무신 속에 물을 담아 그 안에 넣었다. 표방죽에 가서 물방개를 잡아 검정 고무신 속에 물을 담아 그 안에 넣었다.

물구름 제주 | 명사 | 비구름
비나 눈을 내리게 하는 구름.
〔대정-구억〕비 오젠 허민 물구름이 몰려와. 표비 오려고 하면 비구름이 몰려와.

물길굴 북한 | 명사 | 수로터널

물이 흐르게 하기 위하여 지하에 설치한 물길.

〔북한〕〈로동신문〉에 쌍룡광산대대에서 물길굴 뚫는 공사 한다고 실렸슴다. 표〈로동신문〉에 쌍룡관산대대에서 수로터널 뚫는 공사를 한다고 실렸습니다.

물꺼무 충북 | 명사 | 소금쟁이

소금쟁잇과의 곤충.

〔단양〕논에 가믄 물꺼무가 많지. 표논에 가면 소금쟁이가 많지.

물두루배기 충북 | 명사 | 두레박

줄을 길게 달아 우물물을 퍼 올리는 데 쓰는 도구. 바가지나 판자 또는 양철 따위로 만든다.

〔청주〕샘이 짚으믄 물두루배기 끈내끼두 질게 해야지. 표샘이 깊으면 두레박 끈도 길게 해야지.

물래 전남 | 명사 | 마루

집채 안에 바닥과 사이를 띄우고 깐 널빤지. 또는 그 널빤지를 깔아놓은 곳.

〔고흥〕워머, 이놈의 달구새끼가 물래까지 올라와서 똥을 싸났네. 표어머, 이놈의 닭이 마루까지 올라와서 똥을 싸놓았네.

◆'물래'는 15세기에 '뭀'이라고 하였으며, 토방에서 방으로 들어가는 마루 공간을 가리키는 말이다. ─오덕렬(광주) ◆전남 대부분의 지역에서는 '물레, 말레, 말리'라고 하는데, 강진과 온도, 진도, 해남 등 서남부 해안 지역에서는 '토지' 또는 '토제'라고 한다.

물룻 제주 | 명사 | 무릇

백합과의 여러해살이풀 무릇을 이르는 말.

〔한경-신창〕물룻 막 돌아. 경허믄 엇인 사름덜 그거 물룻 삶앙 먹주게. 표무릇 아주 달아. 그럼 없는 사람들 그거 무릇 삶아서 먹지. 〔남원〕여긴 물룻도 누웡 뒹굴어도 옷 안 버무릴 정도로 잇어낫다고. 표여긴 무릇도 누워서 뒹굴어도 옷이 안 더러워질 정도로 있었다고.

◆무릇은 먹을 것이 귀하던 시절에 먹었던 구황식물 중 하나이다. 무릇을 파다가 깨끗이 씻어 바다에서 채취한 넓패를 항아리에 같이 넣어 오래 끓여 먹었다. 약한 불에서 오래 끓여야 하기에 무릇을 삶을 때는 보리까끄라기를 이용했다고 한다. 처음 먹는 맛은 엿처럼 들큼하지만 목이 아파 많이 먹지는 못한다. '물룻'은 지역에 따라 '뭇'이라고 하기도 한다.

물마께 제주 | 명사 | 빨랫방망이

빨랫감을 두드려서 빠는 데 쓰는 방망이. 넓적하고 기름한 나무로 만든다.

〔수산〕물마껜 빨래헐 때 비누칠헤서 옷을 모아놔 가지고 저걸로 막 때려 표빨랫방망이는 빨래할 때 비누칠해서 옷을 모아놔서 저걸로 마구 때려.

◆'물마께'를 '서답마께'라고 하기도 한다. 빨랫방망이는 빨래를 하는 과정에서 사용하는 방망이로 모양이 납작한 편이다. 한편 다듬이질을 하는 과정에서 사용하는 '다듬이마께(다듬잇방망이)'나 '홍짓대(홍두깨)'는 모양이 둥근 편이다. 다듬이질을 할 때 밑에 받치는 도구는 나무로 만든 것과 돌로 만든 것이 있는데, 나무로 만든 것은 '안반' 또는 '낭안반'이라고 하고, 돌로 만든 것은 '돌안반'이라고 한다. 지역에 따라 왠반(서홍), 돔베(구좌)라고 하기도 한다.

물반티 경북 | 명사 | 두레박

줄을 길게 달아 우물물을 퍼 올리는 데 쓰는 도구. 바가지나 판자 또는 양철 따위로 만든다.

〔경주〕저 물반티로 물 좀 길어라. 표저 두레박으로 물 좀 길어라.

물배얌 충남 | 명사 | 물뱀

무자치 또는 물에 서식하는 뱀을 통틀어 사용하는 말.

〔태안〕핵교 갈러면 논둑이서 똥아리 틀구 앉었다가 스르르 내빼던 게 다 물배얌였잖어. 표학교 가려면 논둑에서 똬리 틀고 앉았다가 스르르 도망치던 게 다 물뱀이었잖아. 〔서산〕무사람은 도기 읎넌 배얌이다. 그레두 근드리면 물릴 수두 있다. 표물뱀은 독이 없는 뱀이다. 그래도 건드리면 물릴 수도 있다.

물세하다 경남 | 동사 | 없음

이미 있었던 일을 없었던 것으로 간주하다.

〔고성〕니 헹펜이 에렵고 하이 고마 받을 돈 물세해주께. 표네 형편이 어렵고 하니 그냥 받을 돈 '물세해줄게'.

물신다 경북 | 동사 | 물켜다

물을 한꺼번에 많이 마시다.

〔김천〕아칙에 짭게 무서 그런가 물신다. 표아침에 짜게 먹어서 그런지 물켠다.

◆물을 단숨에 들이마시는 것을 뜻하는 '켜다'라는 말은 잡아당긴다는 뜻을 지닌 '혀다'에서 온 말이다. 『이조어사전』에는 '혀다'와 '혀다'로 나온다. 이 옛말이 현대로 오면서 격음화가 일어나 '켜-'가 되거나 구개음화가 일어나 '썰물' 같이 '써-'의 형태로 바뀌었는데 경북 사투리 "물 신다"는 이 단어와 연관이 있어 보인다. 즉 '써다'로부터 전설모음화와 연음화가 일어난 형태인 것이다. 경북 사투리에서 'ㅆ' 음을 연음화하여 'ㅅ' 음으로 발음하는 것은 여러 단어에서 발견되는 일반적인 현상이다.

물싸다 제주 | 동사 | 물써다

밀려 들어왔던 바닷물이 물러 나가다.

〔용담〕물싸민 바당에 들엉 휩도 허여. 표물써면 바다에 들어가 수영도 해.

◆밀물은 '들물' 또는 '물들다'라고 하고, 썰물은 '쓸물' 또는 '물싸다'라고 한다. 참고로 '수영하다'는 '휘다'라고 하고, '수영'은 '휘영'이라고 한다.

물싹ᄒ다 제주 | 형용사 | 물씬하다

잘 익거나 물러서 물렁하다.

〔표선〕감제 밥자로나 국자로 영 접아방 물싹허면 그때 좁쌀을 우티레 삭허게 놔.-박찬식(2017) 표고구마를 밥주걱이나 국자로 이렇게 집어봐서 물씬하면 그때 좁쌀을 위에 삭 넣어.

물에 경남 | 명사 | 오이

박과의 한해살이 덩굴풀 오이를 일컫는 말.

〔남해〕아아들은 물에 크득기 큰다. 표아이들은 오이 크듯이 큰다. 〔하동〕밭에 물에 마이 달렸더마. 몇 개 따 와바라. 찬꺼리 헐 끼 그삐끼다. 표밭에 오이 많이 달렸더라. 몇 개 따 와봐라. 찬거리 할 게 그것뿐이다.

◆'물에'는 일반 오이보다 상대적으로 길이가 짧고 더 통통하며 주름도 적다.

물외 강원 | 명사 | 오이

박과의 한해살이 덩굴풀 오이를 일컫는 말.

〔고성〕물외는 생으로 무쳐도 맛있고 기름에 살짝 볶아도 맛있어요. 표오이는 생으로 무쳐도 맛있고 기름에 살짝 볶아도 맛있어요. 〔평창〕여름이면 물외냉국이 시원하고 맛있다. 표여름이면 오이냉국이 시원하고 맛있다.

물자새 전북 | 명사 | 무자위

물을 높은 곳으로 퍼 올리는 기계.

〔임실〕물자새를 두 칸씩 밟으면 물이 두 배로 품어지는디 바로 앞을 보면 어지렁개 먼 디를 바야 히여. 표무자위를 두 칸씩 밟으면 물이 두 배로

품어지는데 바로 앞을 보면 어지러우니까 먼 데를 봐야 해.

◆물자새는 살에 달린 날개를 한칸씩 밟아 물을 품어 올리는 무자위를 말한다. 반면에 용두레는 삼각 기둥 중간에 용두레 통을 매달아 물을 퍼 올리는 도구이다. 따라서 물자새와 용두레는 판이하게 다르다. -최병선(임실)

물찌 제주 | 명사 | 무수기

(1)조수 간만의 주기를 일컫는 말.

(2)조수 간만의 차가 큰 물때.

〔한경-신창〕옛날엔 넘피 메렌 흔 12월덜만 나민 막 물찌마다 갓주게. 표옛날에는 넓패 매러는 한 12월만 되면 마구 무수기마다 갔지. 〔상가〕물찌 잘 봐둠써게. 부말 잡으러 가게. 표무수기를 잘 봐두세요. 고등 잡으러 가게. 〔애월-상가〕부말 잡으러 가젠 허믄 물찌를 잘 봥 가사주. 표고등 잡으러 가려고 하면 무수기를 잘 보고 가야지요.

◆'물찌'는 '물끼' 또는 '물지'라고도 한다.

물키다 전북 | 형용사 | 물켜다

물을 한꺼번에 많이 마시다.

〔군산〕자주 물켜는 것이 점심에 먹은 김치찌개가 짰는개 벼. 표자주 물켜는 것이 점심에 먹은 김치찌개가 짰나 봐. 〔임실〕소금 먹은 놈이 물쓴다고 힛서. 표소금 먹은 놈이 물켠다고 했어.

물토새기 제주 | 명사 | 군소

군솟과의 연체동물.

〔구좌-한동〕물토새긴 시커멍허고 물크락헌 게 막 징그러운다게. 것도 콩도 먹고 숨앙도 먹어. 표군소는 시커멓고 물컹한 게 아주 징그러워. 것도 구워서도 먹고 삶아서도 먹어.

물팡 제주 | 명사 | 없음

물을 길어 나르는 동이를 올려두는 곳.

〔토평〕정지 앞이 물팡이 잇엉 그디서 물허벅을 지곡 누리곡 헐 거라. 표부엌 앞에 '물팡'이 있어서 거기에서 '물허벅'을 지고 내리고 할 거야.

◆'물팡'은 '허벅'을 담은 바구니를 올려놓을 수 있도록 만든 대이다. '허벅'을 담은 바구니는 '물구덕'이라고 하고, 물구덕을 올려놓을 수 있게 돌로 만든 대는 '물팡돌' 또는 '팡돌'이라고 한다. ◆'팡'은 짐을 안전하게 부려 놓거나 빨래판처럼 쓸 수 있게 된 넓적한 큰 돌을 말한다. '디딜팡'은 발을 딛는 돌로 '부춧돌'을 말하고 '서답팡'은 '빨랫돌'에 해당한다. 마을 어귀에 놓여 있는 '쉼팡'은 잠시 쉬기 위해 걸터앉을 수 있도록 받침대가 되는 넓적한 큰 돌을 말한다. '물팡'은 주로 '물허벅'을 놓아두거나 '물허벅'을 지고 부릴 때 쓰기 때문에 부엌문 근처에 만든다.

뭇다 경남 | 동사 | 건조하다

여러 조각을 한데 붙이거나 이어서 어떠한 물건을 만들다.

〔거제〕자네가 배를 무웠는가? 표자네가 배를 건조했는가?

◆거제에서는 배를 '만들다'라고 하지 않고 '무우다'라고 한다. "배를 무운다", "배뭇기"라는 말을 쓰곤 한다. '뭇다'는 표준어이기도 하다. -김의부(거제)·김승호(진주)

뭉게죽 제주 | 명사 | 없음

문어를 넣어 끓인 죽.

〔구좌-종달〕옛날엔 그자 숨앙만 먹어신디 이제 덜은 뭉게죽도 허고 라멘에도 놓고 경헨게. 표옛날엔 그저 삶아서만 먹었는데 이제는 '뭉게죽'도 하고 라면에도 넣고 그러던데.

◆'문어'를 제주지역에서는 '뭉게', '물꾸럭'이라고 한다. '뭉게죽'을 끓일 때는 문어를 절구에 찧어 끓이기도 하고 푹 삶아낸 문어를 손으로 가늘게 찢어

293

서 끓이기도 한다. 몸이 허약하거나 식욕이 없을 때에 좋은 음식으로 알려져 있다.

뭉구리다 경북 | 동사 | 없음
뭉근하게 만들다.
〔칠곡〕감주는 맨 난주에는 불을 뭉구리야 된다. 표감주는 마지막에는 불을 '뭉구려야' 된다.

뭉생이떡 강원 | 명사 | 버무리떡
쌀가루에 콩이나 팥 따위를 한데 버무려 찐 떡.
〔강릉〕뭉생이떡은 찌는 떡 중 설기떡의 일종이다. 표버무리떡은 찌는 떡 중 설기떡의 일종이다.

뭉쓰다 경남 | 동사 | 떼쓰다
부당한 일을 해줄 것을 억지로 요구하거나 고집하다.
〔하동〕억지로 뭉쓰지 말고 숙게숙게 해결하자고요. 표억지로 떼쓰지 말고 쉽게 쉽게 해결합시다.

미 제주 | 명사 | 해삼
해삼강의 동물을 일상적으로 통틀어 이르는 말.
〔한경-신창〕바당에 나는 거는 무신 저 무꾸럭 같은 것도 나고, 저 미 그런 것덜 줌녜덜 허주게. 이젠 해섬이엔 허주만은 미 그런 거 허주게. 표바다에서 나는 거는 무슨 저 문어 같은 것도 나고, 저 해삼 그런 것들을 해녀가 잡지. 이젠 해삼이라고 하지만 '미'를 잡는 거지.
◆제주에서는 '해삼'을 '해슴/해섬' 또는 '미'라고 한다. 어린 해삼은 '미똥쟁이'라고 하고, 먹을 수 없는 해삼은 '난미'라고 한다. 그런가 하면 해삼 창자는 '미안'이라고 하고, 해삼 똥은 '미똥'이라고 한다. ◆제주도 속담에 "4월에 잡은 미는 사둔칩에 갖고 간다"라는 말이 있다. 음력 4월에는 해삼을 잡을 길이

없으니 그만큼 귀하다는 뜻이다. 해삼을 비롯해 성게·소라·전복 등은 산란기인 음력 4월부터 9월까지는 잡을 수 없고, 음력 10월부터 3월까지만 잡을 수 있다. 음력 10월에 잡은 해삼은 '초해슴'이라고 한다. ◆붉은 해삼은 '대죽미'라고 한다. '대죽'은 '수수'를 뜻한다. 즉, '대죽미'란 수수처럼 붉은 해삼을 가리키는 말이다.

미구 경북 | 명사 | 여우
(1)갯과의 포유류인 여우를 이르는 말.
(2)매우 교활한 사람을 비유적으로 이르는 말.
〔대구〕시부부가 미구같이 구는 기 을마나 미운지 모른다. 표시누이가 여우같이 구는 게 얼마나 미운지 모른다.
◆대구에서 '미구'란 말은 아주 다양한 용도로 쓰인다. 대개는 아주 영악한 어린 여식를 이르는 말이다. 여우, 미구, 메구, 야시, 야시도백이 등 여러 말이 있는데 이 중에서도 '야시도백이'란 말은 미굿짓이 아주 유난스러울 때 쓰는 말이다. -상희구(대구)

미금 경남 | 명사 | 먼지
가늘고 보드라운 티끌.
〔진해〕미금 닦아라. 표먼지 닦아라.
◆내 고향은 스무 남짓 가구가 흩어져 살던 빈촌 중의 빈촌이었다. 전기가 들어오지 않아 창원공단을 조성하면서 마을을 철거했던 1979년까지도 호롱불로 생활해야 했다. 당시 고향 마을의 이름은 하나가 아니었다. 바람이 많이 불어 '바람등', 먼지가 많이 일어 '미금등'이라고 했다. 그만큼 먼지가 많았다. 마창진(마산·창원·진해)에서는 먼지를 '미금'이라 했는데, 지금도 할머니의 "미금 닦아라"라는 소리가 귀에 생생하게 들리는 듯하다. 나른한 봄날 '말청(마루)'에 누워 가만히 비치는 햇살을 바라보면 먼지가 마치 금가루처럼 반짝거린다. 지금의 까맣게 닦이는

미세 먼지와 격이 다른 청정 먼지가 바로 내가 사랑하는 우리말 '미금'이다. -손상기(진해)

미금 경북 | 명사 | 먼지
가늘고 보드라운 티끌.
〔대구〕장독 떠꺼리에 문지가 보야이 앉았다. 표 장독 뚜껑에 먼지가 뽀얗게 앉았다.

미기 경기 | 명사 | 메기
메깃과의 민물고기.
〔양평〕미기를 잡아다가 매운탕 끓여 먹으면 맛이 있어요. 표 메기를 잡아다가 매운탕 끓여 먹으면 맛이 있어요.

미깔맞다 충남 | 형용사 | 밉살스럽다
보기에 말이나 행동이 남에게 몹시 미움을 받을 만한 데가 있다.
〔서산〕승질이 있어서 글치 미깔맞진 않았어. 서글서글했다니께. 표 성질이 있어서 그렇지 밉살스럽지는 않았어. 서글서글했다니까.
◆충남 지역에서는 '밉다'라는 말을 잘 안 쓰고, 대신 '미깔맞다'라고 한다. '미깔'은 '밉다'에 접사 '-갈'이 붙어 '밉갈'인데, 이어지는 두 자음이 서로 닮아 '미깔'이 된 것이다.

미깔스럽다 경북 | 형용사 | 밉살스럽다
보기에 말이나 행동이 남에게 몹시 미움을 받을 만한 데가 있다.
〔청도〕하는 짓이 미깔시럽다. 표 하는 짓이 밉살스럽다.
◆경북에서는 '미깔시럽다' 외에도 '메깔시럽다' 또는 '미까리시럽다'라고도 한다.

미꽐스럽다 충북 | 형용사 | 밉살스럽다
보기에 말이나 행동이 남에게 몹시 미움을 받을 만한 데가 있다.
〔옥천〕사람이 싫으믄 다 미꽐스럽게 보이는 겨. 표 사람이 싫으면 다 밉살스럽게 보이는 거야.

미꾸다 경기 | 동사 | 메꾸다
부족하거나 모자라는 것을 채우다.
〔강화〕빨리 빌린 돈을 미꾸지 않으면 안 되는데 천하태평인 거에요. 표 빨리 빌린 돈을 메꾸지 않으면 안 되는데 천하태평인 거예요.

미끄라미 충북 | 명사 | 미꾸라지
미꾸릿과의 민물고기.
〔청주〕미끄라미 잡아다가 냄비에 지져놓으믄 술안주루 좋지. 표 미꾸라지 잡아다가 냄비에 지져놓으면 술안주로 좋지.

미끼럽다 경기 | 형용사 | 미끄럽다
거침없이 저절로 밀려 나갈 정도로 번드럽다.
〔양평〕바닥이 영 미끼러워서 연탄재를 좀 뿌리구 왔어. 표 바닥이 영 미끄러워서 연탄재를 좀 뿌리고 왔어.

미뚜기 강원 | 명사 | 메뚜기
메뚜깃과의 곤충을 통틀어 이르는 말.
〔평창〕들녘에서 미뚜기가 뛴다. 표 들녘에서 메뚜기가 뛴다. 〔평창〕미뚜기 아녀? 표 메뚜기 아니야?

미름북 경북 | 명사 | 부꾸미
찹쌀가루, 밀가루, 수수 가루 따위를 반죽하여 둥글고 넓게 하여 번철이나 프라이팬 따위에 지진 떡. 팥소를 넣고 반으로 접어서 붙이기도 한다.
〔상주〕오늘 비가 오니까 미름북이나 해 묵자. 표

오늘 비가 오니까 부꾸미나 해 먹자.

미물1 경남 | 명사 | 메밀
마디풀과의 한해살이풀.
〔합천〕미물로 죽을 쑤었다. 표메밀로 죽을 쑤었다.
◆어린 시절 어머니는 '메물묵'을 잘 만드셨다. 동네
에 혼사가 있을 때는 어김없이 메밀묵으로 성의를
표하셨다. 요즘처럼 부조금을 주고받던 시절이 아니
어서 형편에 따라 물품으로 혼주에게 성의를 표했는
데, 소주 한 되, 막걸리 한 동이, 정종 한 병처럼 주
로 술이 위주였던 시절이었다. 이에 비하면 메밀묵
한 함지는 만드는 이의 성의로 보나 가격으로 보나
술보다 상위에 드는 선물이었다. 메밀은 봄에 파종
하여 여름에 수확하는 여름메밀과 여름에 파종하여
가을에 거둬들이는 가을메밀이 있지만, 우리는 여
름메밀 농사를 지었다. 여름이 되면 메밀 타작을 하
고 메밀을 잘 씻어 말린 뒤 맷돌에 곱게 가는 것에서
부터 메밀묵 만들기는 시작된다. 껍질과 가루가 뒤
섞인 혼합 가루에서 가루만으로 액체를 만드는 데는
큼직한 알루미늄 다라이, 그 위에 놓이는 Y자 형태
의 쳇다리, 쳇다리 위에 놓이는 대소쿠리, 대소쿠리
안에 놓이는 큼직한 모시베 보자기가 필요했다. 혼
합 가루는 베 보자기 위에 쏟아지고 그 위로 물을 부
으면서 손으로 혼합 가루를 주무르고 짜면 하얀 액
체가 다라이에 주루루 떨어지는 것이었다. 이 액체
를 가마솥에 넣고 장작불로 끓이면 메밀묵이 되는
데, 이때 불 조절을 잘해야 하고 젓다가 한눈을 팔면
묵이 솥 바닥에 눌어붙기 때문에 신경을 써야 한다.
풀처럼 물러진 반고체 메밀묵을 다시 다라이에 담아
두면 시간이 흐름에 따라 굳어져 메밀묵이 되고, 적
당한 크기로 칼질을 하면 먹기 좋은 메밀묵이 완성
되는 것이었다. -김정대(창원)

미물2 북한 | 명사 | 바보
행동이 굼뜨고 약간 모자란 듯한 사람을
이르는 말.
〔평남〕미물 같은 것이 까부는구나. 표바보 같은
것이 까부는구나.
◆'반네미'(평안·황해), '미물' 모두 '바보'라는 의미
를 지니면서도 '반네미'는 '팔불출'에 가깝고, '미물'
은 '머저리'에 가깝다.

미삭ᄒ다 제주 | 형용사 | 없음
물건 따위가 지나칠 정도로 많다.
〔구좌-한동〕술펭이 미삭ᄒ게 올라왕 그 펭덜 줏
어당 폴앙. 표술병이 '미삭ᄒ게' 많이 올라와서
그 병들 주워다가 팔았지.

미섭다 충남 | 형용사 | 무섭다
어떤 대상에 대하여 꺼려지거나 무슨 일
이 일어날까 겁나는 데가 있다.
〔서산〕혼저서 밤질을 걷자니 고야니 미서운 생
각이 든다. 표혼자서 밤길을 걷자니 공연히 무서
운 생각이 든다. 〔태안〕즈수지서 후염치기 미섭
다구 맨날 냇갈이서 가제나 잡구 놀리? 표저수
지에서 헤엄치기 무섭다고 맨날 냇가에서 가재
나 잡고 놀 테냐?
◆'미섭다'는 충남 전역에서 쓰는 말이다. 옛말 '무싀
엽다/무싀엽다'가 서울지역에서는 '무섭다'로 이어
지고, 충남에서는 '미섭다'로 이어진 것이다. -이명
재(예산)

미숙가리 전북 | 명사 | 미숫가루
찹쌀이나 멥쌀 또는 보리쌀 따위를 찌거
나 볶아서 가루로 만든 식품.
〔임실〕미숙가리 맹길기가 쉽지 아녀. 표미숫가루
만들기가 쉽지 않아.
◆'미수'의 옛말은 '미시'이고 '미시'는 '가루'를 뜻한
다. '가리'는 '가루'의 전설모음화형이다. 따라서 '미숫
가리'는 가루라는 뜻을 두 번이나 표현한 말이 된다.

미습다 강원 | 형용사 | 무섭다

어떤 대상에 대하여 꺼려지거나 무슨 일이 일어날까 겁나는 데가 있다.

〔강릉〕장마는 늦장마가 미슙고, 사램은 늦바람이 미슙다 囲장마는 늦장마가 무섭고, 사람은 늦바람이 무섭다.

미시껍다 경기 | 형용사 | 메스껍다

먹은 것이 되넘어 올 것같이 속이 몹시 울렁거리는 느낌이 있다.

〔화성〕냄새도 나구 미시껍구 구냥 그래. 囲냄새도 나고 메스껍고 그냥 그래.

미시리 강원 | 명사 | 바보

행동이 굼뜨고 약간 모자란 듯한 사람을 이르는 말.

〔강릉〕친정아버지 왔을 때 당신을 보고 미시리 같은 놈이라고 하더라. 囲친정아버지 왔을 때 당신을 보고 바보 같은 놈이라고 하더라.

미싯가루 경기 | 명사 | 미숫가루

찹쌀이나 멥쌀 또는 보리쌀 따위를 찌거나 볶아서 가루로 만든 식품.

〔화성〕아무래도 구찮으니까 아침 대신으로 미싯가루를 물에다가 타서 먹기도 해요. 囲아무래도 귀찮으니까 아침 대신으로 미숫가루를 물에다가 타서 먹기도 해요.

미엄 전북 | 명사 | 미음

입쌀이나 좁쌀에 물을 충분히 붓고 푹 끓여 체에 걸러낸 걸쭉한 음식.

〔군산〕제발 미엄이라도 한 숫갈 뜨세요. 囲제발 미음이라도 한 수저 뜨세요.

미영 전북 | 명사 | 목화

아욱과 목화속의 한해살이풀이나 여러해살이풀을 통틀어 이르는 말.

〔부안〕다래가 커서 꽃처럼 피먼은 미영이 되야. 囲다래가 커서 꽃처럼 피면 목화가 돼.

미영베 전북 | 명사 | 무명베

무명실로 짠 베.

〔부안〕여기 말로는 목화는 미영, 목화솜으로 만든 거는 미영베. 囲여기 말로는 목화는 무명, 목화솜으로 만든 거는 무명베.

◆음력으로 4월 초에 목화를 심으면 음력 6월 즈음에 목화꽃이 피며 목화꽃이 진 자리에 다래가 열린다. 가을이면 목화를 따는데 목화를 쏙쏙 빼면 솜만 빠진다. 그걸 집에 가져가서 씨아에 넣으면서 돌리면 앞으로는 씨가 빠지고 뒤로는 목화솜이 나온다. 그다음에는 대나무로 활처럼 만들어서 돗자리 위에 펼쳐놓은 목화에 대고 활을 탕탕 치면 목화가 다 풀어진다. 풀어진 목화를 약 20 센티미터 길이의 수숫대에 말면 가래떡처럼 말아진다. 가래떡처럼 말아진 목화를 수숫대에서 뺀 다음 하나씩 물레에 넣고 자으면 실이 된다. 그 실을 몇 가닥씩 해서 미영베를 만들었다. -김금오(부안)

미영다래 전북 | 명사 | 다래

아직 피지 아니한 목화의 열매. 꽃이 진 자리에 초록색 열매처럼 열리며, 그것이 더 여물어서 목화송이가 된다.

〔장수〕미영다래가 많이 달린 거 본게 올해는 목훼 풍년이겠네. 囲다래가 많이 열린 것을 보니까 올해는 목화가 풍년이겠네.

미웁다 경기 | 형용사 | 밉다

모양, 생김새, 행동거지 따위가 마음에 들지 않거나 눈에 거슬리는 느낌이 있다.

〔파주〕하는 짓이 너무 미웁잖어. 그래서 내가 볼

러다가 혼을 냈어. 표하는 짓이 너무 밉잖아. 그
래서 내가 불러다가 혼을 냈어.

미잉쑹어리 전남 | 명사 | 없음
화가 익어 피어난 송이인 목화송이를 이
르는 말.
〔고흥〕나가 미잉쑹어리를 시봤는디 네 쪼각이여
쪼각이. 근데 그것이 익으믄 하얀 목화 솜으로
확 퍼져, 꽃맹이로. 표내가 '미잉쑹어리'를 세어
봤는데 네 조각이야 조각이. 그런데 그것이 익으
면 하얀 목화솜으로 확 퍼져, 꽃처럼.
◆꽃이 피기 전의 봉오리를 '다래'라고 하고, 꽃이 지
고 열매가 익어 하얗게 벌어진 상태를 '미잉쑹어리'
라고 한다. '미잉쑹어리'가 벌어지면 씨를 감싸고 있
는 하얀 솜이 나오는데 이 안에 까만 씨앗이 있다.
이 씨앗을 제거한 상태를 '솜' 또는 '미영'이라고 한
다. 이러한 일을 '솜을 탄다'라고 하고, 솜을 꼬아서
물레에서 실을 뽑아 이 실로 베틀에다 옷감을 짜는
데 이 옷감으로 모든 옷을 손수 만들어 입었다. 여자
들은 한 겹으로만 된 하얀 밍베저구리, 까만 물을 들
인 밍베치마를 만들어 입었고, 남자들의 옷은 겹으
로 된 옷을 만들었다. 여름에는 솜을 대신하여 삼베
로 같은 방식으로 옷을 지어 입었다.

미적지그리하다 충북 | 형용사 | 미지근하다
더운 기운이 약간 있는 듯하다.
〔옥천〕군불 좀 때야겠네, 방이 미적지그리하구
먼. 표군불 좀 때야겠네, 방이 미지근하구먼.

미지나다 경북 | 동사 | 동나다
물건 따위가 다 떨어져서 남아 있는 것
이 없게 되다.
〔의성〕조선도 말이라 그전에 호래이가 그래 흔
했는데, 그때 고마 다 미지나써. 표조선도 말이
야 그전에 호랑이가 그렇게 흔했는데, 그때 그만

다 동났어.

미출하다 강원 | 동사 | 잘생기다
사람의 얼굴이나 풍채가 훤하여 보기에
썩 좋게 생기다.
〔원주〕두루매기 입은 남자더리 미출하더라. 표두
루마기 입은 남자들이 잘생겼더라. 〔삼척〕인물이
미출한 게, 배우같이 훤하다야. 표인물이 잘생긴
게, 배우같이 훤하다 야.

미터리 전북 | 명사 | 미투리
삼이나 노 따위로 짚신처럼 삼은 신. 흔
히 날을 여섯 개로 한다.
〔무주〕미터리라고, 인제 생긴 거는 집씨기거치
똑까치 맨드렀는데 미터리라고 인제 고이, 고옥
께 잘 맨드는 게 있어요.-소강춘(2013) 표미투
리라고, 이제 생긴 거는 짚신이랑 똑같이 만들
었는데 미투리라고 이제 그것이, 곱게 잘 만드는
게 있어요.

민구시룹다 강원 | 형용사 | 면구스럽다
낯을 들고 대하기에 부끄러운 데가 있다.
〔정선〕민구시루워서 말씀도 못 드리겠어요. 표면
구스러워서 말씀도 못 드리겠어요.

민주스럽다 충북 | 형용사 | 면구스럽다
낯을 들고 대하기에 부끄러운 데가 있다.
〔단양〕지가 어떻게 했는지 알믄 민주스러울 겨.
표제가 어떻게 했는지 알면 면구스러울 거야.

민줄대다 강원 | 동사 | 민주대다
몹시 귀찮고 싫증나게 하다.
〔삼척〕자꾸만 술을 달라고 민줄대고 있잖소. 표
자꾸만 술을 달라고 민주대고 있잖소.
◆주로 '민주를 대다' 또는 '민줄대다'의 형태로 쓰인다.

민지럽다 경남 | 형용사 | 낯부끄럽다

염치가 없어 얼굴을 보이기가 부끄럽다.

〔거창〕그리 칭찬하이까네 억수로 민지럽네예. 표 그렇게 칭찬하니까는 엄청 낯부끄럽네요.

민하다 북한 | 형용사 | 어리석다

슬기롭지 못하고 둔하다.

〔북한〕지영이는 자기 전에 민하게 많이 먹는구나. 표지영이는 자기 전에 어리석게 많이 먹는구나. 〔북한〕지지바이 민하기는. 표계집아이 어리석기는.

밀갈기 강원 | 명사 | 밀가루

밀을 빻아 만든 가루.

〔고성〕정지에서 밀갈길 가져와라. 표부엌에서 밀가루를 가져와라. 〔춘천〕즌쟁 끝나구 밀까루만 먹던 시절두 있었지. 표전쟁 끝나고 밀가루만 먹던 시절도 있었지.

◆밀가루와 관련된 사투리가 재미있어서 한때 유행하기도 했다. "국시는 밀가리로 만들고, 국수는 밀가루로 만든다.", "밀가리는 점빵에서 팔고, 밀가루는 가게에서 판다." 등이 여기에 해당된다. -유연선(춘천) ◆'밀가루'가 밀을 빻아 나온 재료의 형태를 표현한 단어라면 '밀갈기'는 밀을 가루로 만들기 위해 하는 행동을 표현한 말이다.

밀국 충남 | 명사 | 칼국수

밀가루 반죽을 방망이로 얇게 밀어서 칼로 가늘게 썰어 만든 국수. 또는 그것을 끓여 만든 음식.

〔서산〕반죽을 방멩이루 밀어서 허넌 국수래서 스산에선 밀국이라구 헌다. 표반죽을 방망이로 밀어서 하는 국수라서 서산에서는 '밀국'이라고 한다.

◆밀꾹수, 실국수, 국쉬, 국시, 물국시 등 전국에 국

수에 관한 다양한 사투리가 있는데 국수를 줄여서 '국'만 쓴 사투리는 충남이 유일하다. 말끝을 흐려서 인지는 알 수 없으나 특이한 형태로 보인다.

밀댑방석 충남 | 명사 | 없음

밀대를 재료로 하여 만든 자리.

〔서산〕밀댑방석에 누워 밤하늘의 비율을 세어 본다. 표'밀댑방석'에 누워서 밤하늘의 별을 세어 본다.

◆밀은 본래 비가 좀 적게 오는 곳에서 잘 자라는 특성을 가진 곡물이다. 이런 까닭에 비가 많이 오는 우리나라에서는 예로부터 밀농사를 많이 짓지 않았다. 특히 호밀은 일반 밀에 비해 수확량이 적어 기피 작물이었다. 충남과 전북의 산간 지방에서만 일부 재배되었을 정도인데 이 호밀은 곡물을 얻기 위해서라기보다는 밀짚을 얻기 위해 재배하는 경우가 많았다. 보통 보리나 밀은 탈곡기에 넣어 추수한 뒤 남은 짚들은 불에 태워버렸지만 호밀은 키가 1.5미터 내외로 컸기 때문에 호롱개(와룽개/왈구랑)로 낟알을 떨어내고 남겨진 밀짚은 여러 가지 도구를 만들어 썼다. 지붕을 이는 데 쓰기도 하고 밀짚모자를 만들기도 하고 그랬는데, 충청도에서는 주로 '밀댑방석'을 만드는 데 썼다. '밀댑방석'은 '밀대로 만든 자리'를 뜻하는 충청도 말이다. 본래는 '밀댓방석'인데 편하게 '밀댑방석'이라 부른다. 예전 어른들은 왕골새끼나 노끈을 고드랫돌에 감아놓고, 자리틀에 1.5미터 정도의 호밀대를 양쪽에 번갈아 올려놓으면서 엮었다. 그러면 넓이가 2미터 정도, 길이는 필요한 만큼 늘여 3~4미터 정도로 하면 직사각형의 멍석만한 밀댑방석이 되었다. 이런 밀댑방석은 곡식을 너는 데 쓰는 멍석과 달리 깔개로 이용하였다. 밀댑방석은 가벼웠기 때문에 들고 다니기에 편했고, 부드럽고 푹신하였기 때문에 아주 좋은 깔개였다. -이명재(2015) ◆세종에서는 짚으로 방석을 만들었는데, 세종시 전의면에서는 이를 '껫방석'이라 했다. '깟방

석'은 돗자리보다는 작지만 오늘날 방석보다는 컸기 때문에 두세 명이 앉을 수 있었다. 세종시 연동면에서는 '멧돌뱅이'라 하여 멧돌처럼 둥글게 생겨 혼자 앉을 수 있게 작은 방석을 만들었다. 세종시 연기면에서는 '멧방석'이라 하여 크기가 큰 둥근 방석을 만들었다. -임영수(세종) ◆여름밤에 바깥마당에다 모깃불 피워놓고 밀짚방석을 깔아놓은 후 하늘을 보고 누워 있으면 총총 빛나는 별들이 참으로 아름다웠다. 특히 간간이 흐르는 별똥별은 신기하기도 하고 곧 좋은 일이 찾아올 것만 같아 가슴이 설레었다. 칠석 무렵에는 이르내(미리내, 은하수)를 사이에 둔 견우직녀(짚신 삼는 짚신 할아배와 베 짜는 할매)가 서로 만난다는 전설을 들었고, 또 할머니께서 은하수가 내 코앞까지 올 때가 되면 쌀밥을 먹을 수 있다고 하시는 말씀에, 여름방학이 끝나는 것은 아쉽지만 그래도 시간이 빨리 지나 햅쌀밥을 먹고 싶다는 생각을 하면서 잠들기도 하였다. -조일형(당진)

밀댑방석 충북 | 명사 | 없음
밀대로 만든 자리.
〔단양〕여름인 그늘낭구 밑이다 밀댑방석 깔아놓구 낮잠 자던 기 최고지. 표여름엔 그늘나무 밑에다 '밀댑방석'을 깔아놓고 낮잠 자는 게 최고지.
◆예전에 노끈을 고드랫돌에 감아놓고, 자리틀에 밀대를 양쪽에 번갈아 올려놓으면서 밀댑방석을 엮었다고 한다. 이러한 밀댑방석은 가볍고 푹신해서 많이 사용하였다고 한다.

밀띠기 경북 | 명사 | 메뚜기
메뚜깃과의 곤충을 통틀어 이르는 말.
〔의성〕나락밀띠 꾸버 머으까? 표벼메뚜기 구워 먹을까?

밀싸리 경북 | 명사 | 없음
설익은 밀을 불에 구운 음식.

〔의성〕오늘은 밀싸리 좀 해 묵자. 표오늘은 '밀싸리' 좀 해 먹자.
◆덜 익은 푸른 밀 이삭을 통째로 불에 넣어 익힌 다음 까맣게 탄 밀을 손바닥으로 비벼서 먹으면 쫀득거리는 맛이 일품이다. 콩도 이렇게 해서 먹는데, 이것을 가리켜 '콩싸리'라고 한다. -정경수(예천)

밀장 충북 | 명사 | 미닫이
문이나 창 따위를 옆으로 밀어서 열고 닫는 방식. 또는 그런 방식의 문이나 창을 통틀어 이르는 말.
〔보은〕밀장얼 열믄 정지가 있구 그러치유 뭐. 표미닫이 열면 부엌이 있고 그렇지요 뭐.

밀포구 경북 | 명사 | 없음
팽나무의 열매.
〔의성〕밀포구는 익으면 노랗게 된다.

밈지다 전북 | 형용사 | 없음
국, 찌개 국물 따위가 맑지 않고 걸쭉하여 맛있다.
〔부안〕청국장을 히갖고 실가리 넣고 청국장을 끓이면 밈져갖고 맛나. 표청국장을 해서 시래기 넣고 청국장을 끓이면 '밈져'갖고 맛있어.
◆'밈지다'는 마음의 준말 '밈'에 '그런 성질이 있음' 또는 '그런 모양임'의 뜻을 더하고 형용사를 만드는 접미사인 '-지다'가 결합하여 이루어진 말이다. 기본적으로 국물이 마치 미음처럼 걸쭉하다는 뜻인데, 그래서 맛있다는 뜻으로 쓰인다.

밉괄시룹다 강원 | 형용사 | 밉광스럽다
보기에 말이나 행동이 남에게 몹시 미움을 받을 만한 데가 있다.
〔강릉〕밉괄시루워 죽겠잖소. 표밉광스러워 죽겠잖소. 〔삼척〕저 녀석은 하는 짓마다 미괄스럽잖

소.표저 녀석은 하는 짓마다 밉광스럽잖소.

밉새 충북 | 명사 | 없음
미운 모양.
〔영동〕맨날 하구 돌아댕기는 거 보믄 참 밉새여.
표매일 하고 돌아다니는 것 보면 참 '밉새'야.

밍겅 경북 | 명사 | 거울
빛의 반사를 이용하여 물체의 모양을 비추어 보는 물건.
〔영천〕거랑물을 딜따보며 밍겅거치 잘 보이.표개울물을 들여다보면 거울같이 잘 보여.
◆'밍겅'은 한자어 '면경(面鏡)'에서 온 말이다. 얼굴을 뜻하는 '면'이 '민'으로 발음되는 것은 전설모음화 현상 때문이다.

밍구스럽다 경북 | 형용사 | 민망하다
낯을 들고 대하기가 부끄럽다.
〔봉화〕내가 이 나이에 밍구스럽게 이런 옷을 우째 입노!표내가 이 나이에 민망하게 이런 옷을 어떻게 입어?

밍구스럽다 북한 | 형용사 | 창피스럽다
체면이 깎이는 일이나 아니꼬운 일을 당한데 대한 부끄러운 느낌이 있다.
〔북한〕저게 뭐야, 밍구스럽다. 치워!표저게 뭐야, 창피하다. 치워!

밑찡개 충남 | 명사 | 밑씻개
똥을 누고 밑을 씻어내는 종이 따위를 이르는 말.
〔서산〕이전이넌 나무입이나 검부락지를 밑찡개루 쓰던 때두 있었다.표예전에는 나뭇잎이나 검불을 밑씻개로 쓰던 때도 있었다.

ᄆᆞ물죽 제주 | 명사 | 없음
메밀쌀로 쑨 죽.
〔구좌-한동〕ᄆᆞ물죽은 감기 걸린 때 좋아. 물 팔팔 궬 때 ᄆᆞ물쏠 들이쳥 영 젓엇 그 우이 패마농 흐끔 썰어 낭 허민 뒈여.표'ᄆᆞ물죽'은 감기 걸렸을 때 좋아. 물 팔팔 끓을 때 메밀쌀 들이뜨려서 이렇게 저어서 그 위에 쪽파 조금 썰어 넣어서 하면 돼.
◆'ᄆᆞ물죽'을 'ᄆᆞ물죽/ᄆᆞ멀죽'이라고도 한다. 'ᄆᆞ물죽'은 메밀쌀로 쑨 죽으로 매우 부드럽다. 민간요법에서 죽을 먹으면 감기가 낫는다고 한다. ◆제주 속담에 "ᄆᆞ물죽에 야게 건다(메밀죽에 목을 멘다)"라는 말이 있는데, 이 말은 '하찮은 일에 매달리다 낭패를 본다'라는 뜻이다.

ᄆᆞ습다 제주 | 형용사 | 무섭다
어떤 대상에 대하여 꺼려지거나 무슨 일이 일어날까 겁나는 데가 있다.
〔조천-대흘〕그때는게 산에 사람도 ᄆᆞ습곡 순경도 ᄆᆞ습곡 헤낫주게. 나 두린 때라도 거 ᄆᆞ스와난 건 알아져.표그때는 산의 사람도 무섭고 순경도 무섭고 했었지. 내가 어린 때에도 그거 무서웠던 건 알아. 〔애월-상가〕난 ᄆᆞ스은 선생이여.표난 무서운 선생님이다.

ᄆᆞᆯ막 제주 | 명사 | 마구간
말을 가두어 기르는 곳.
〔애월-상가〕ᄆᆞᆯ막에 ᄆᆞᆯ 우는 소리가 구슬프니 귀신이 오나보다.표마구간에 말 우는 소리가 저리 구슬프니 귀신이 오나보다.
◆제주에서 마구간은 'ᄆᆞᆯ마귀/ᄆᆞᆯ막/ᄆᆞᆯ방'이라고 하고 외양간은 '쉐막'이라고 한다.

ᄆᆞᆯ싸움쿨 제주 | 명사 | 제비꽃
제비꽃과의 식물을 통틀어 이르는 말.

〔서홍〕아이덜 허멀에 물싸움쿨 거경 독독 두드령 소곰에 헹 부쩌낫어. 표아이들 종기에 제비꽃 꺽어 독독 두드려서 소금에 해서 붙였었어.

◆'제비꽃'은 이름이 매우 다양하다. 제비를 닮았다고 해서 혹은 제비가 돌아올 때 피는 꽃이라고 해서 '제비꽃'이라고 하지만, 꽃이 필 무렵에 오랑캐들이 쳐들어온다고 해서 혹은 꽃 모양이 오랑캐의 뒷머리와 비슷하다고 해서 '오랑캐꽃'이라고도 한다. 다 자란 꽃이 손바닥 한 뼘에 불과하기 때문에 '앉은뱅이꽃'이라고도 한다. 제주에서 '제비꽃'은 '물싸움쿨'뿐만 아니라 '물싸움고장, 쓸께풀, 앚은베기꼿'이라고도 한다.

물착물착 제주 | 부사 | 쌈빡쌈빡
작고 연한 물건이 잘 드는 칼에 쉽게 자꾸 베어지는 소리. 또는 그 모양.
〔노형〕호미로 검질을 물착물착 베었다. 표낫으로 잡초를 쌈빡쌈빡 베었다.

물탈락 제주 | 명사 | 말타기
막대기나 친구의 등을 말로 삼아 타고 노는 놀이.
〔남원-의귀〕누게 엎더지민 그 우이 올라탕, 물탈락은 경 허는 거. 표누가 엎어지면 그 위에 올라타서, 말타기는 그렇게 하는 거. 〔애월-상가〕우리 심심헌디 밥 먹어뒹 물탈락이나 허카? 표우리 심심한데 밥 먹고나서 말타기나 할까?

◆'물탈락'은 '물똘락/말톨레기'라고도 한다. '물탈락'에는 '죽은물탈락'과 '생물탈락'이 있다. '죽은물탈락'은 두 편으로 나누고, 진 편의 한 사람이 벽에 기대어 서면 말이 되는 사람들은 기댄 사람의 가랑 사이에 머리를 박고 허리를 잡아 엎드린다. 말이 되는 사람들이 앞 사람의 가랑이에 머리를 넣어 긴 말을 만들면 상대방이 뒤에서 달려가며 마치 말을 타는 것처럼 올라탄다. 말이 무너지거나 가위바위보에서

지면 공수는 바뀐다. 한편 '생물탈락'은 마부가 말이 된 사람의 한 눈을 가리고 뱅글뱅글 돌고 있으면 달려가며 타는 놀이다. 만일 말이 된 사람의 다리에 채이면 그 사람은 말이 되고, 놀이는 계속된다.

뭄국 제주 | 명사 | 없음
돼지고기나 순대를 끓인 국물에 모자반과 돼지고기를 넣고 끓인 국.
〔남원〕옛날에 무신 큰일허젠 ᄒ민, 고기 아난 물에 물망 놓고 뭄국 헤낫지. 표옛날에 무슨 큰일하려고 하면 고기 삶았던 물에 모자반 넣고 '뭄국'을 했었지. 〔한경-신창〕잔치 때만게. 집이서사 어떵 경 뭄국을 끌려 먹어게? 표잔치 때만. 집에서야 어떻게 그렇게 '뭄국'을 끓여 먹어?

◆'뭄'은 '모자반'을 뜻하는 말로, '뭄국(모자반국), 뭄무침(모자반 무침), 뭄치(모자반 장아찌)' 등의 재료다. 제주의 '뭄국'은 경조사에 빠지지 않는 음식이자 주머니가 가벼운 서민의 음식이기도 하다. ◆모자반의 종류는 매우 다양한데, 잎과 공기주머니가 가늘고 작은 '쥐뭄', 잎과 공기주머니가 넓고 큰 '춤뭄', 기름기가 많은 '건뭄', 해변에서 나는 '굿뭄', 먼바다에서 나는 '구실뭄', 밭에 거름으로 사용하는 '고지기뭄'과 '장뭄' 등이 있다. '뭄'에 있는 공기주머니는 '부글레기'라고 한다.

뭉근놈 제주 | 명사 | 없음
남자에 대한 욕설로 하는 말.
〔애월-상가〕경ᄒ난 밍무근놈이렌 욕 들어도 싸주. 표그러니까 '뭉근놈'이라고 욕을 들어도 싸지.

◆'뭉근놈'이라는 말을 글자 그대로 풀이하면 '만들어버린 놈'이란 말이다. 남자에게 욕을 할 때 쓰는 표현으로, 여자에게는 '뭉근년'이라고 한다.

ㅂ

바각지 강원 | 명사 | 바가지
박을 두 쪽으로 쪼개거나 또는 나무나 플라스틱으로 그와 비슷하게 만들어 물을 푸거나 물건을 담는 데 쓰는 그릇.
〔강릉〕기분 좋게 치르 뒤잡어씨구 바각지 하나 들구 떡 갔어. 표기분 좋게 키를 뒤집어쓰고 바가지 하나 들고 딱 갔어.

바구 전남 | 명사 | 바위
부피가 매우 큰 돌.
〔고흥〕멧돌바구로 갈라믄 사두실 고개에서 쩌 뒷골로 보고 올라가자믄 중간에가 굵은 돌이 딱 포개있어. 맷돌매로. 그걸 보고 멧돌바구다 그랬어. 표멧돌바위로 가려면 사두실 고개에서 저 뒷골을 보고 올라가자면 중간에 굵은 돌이 딱 포개어있어. 맷돌처럼. 그걸 보고 멧돌바위다 그랬어.
◆전남 고흥에서는 '돌'을 '독', '돌팍이'라고 한다.

바넷소 전남 | 명사 | 배냇소
남의 소를 송아지 때 가져다가 길러서, 다 자라거나 새끼를 낳으면 원래 주인과 그 이득을 나누어 가지기로 하고 기르는 소인 배냇소를 이르는 말.
〔고흥〕그 집이 없이 살아서 부자(富者) 신 씨 집서 바넷소를 내왔답니다. 표그 집이 가난해서 부자 신 씨 집에서 배냇소를 가져왔답니다.
◆농업 중심의 사회에서 소는 매우 중요한 재산이었는데, 그렇기 때문에 소를 소유하는 일과 기르는 일

역시 중요한 일이었다.

바농 제주 | 명사 | 바늘
옷 따위를 짓거나 꿰매는 데 쓰는, 가늘고 끝이 뾰족한 쇠로 된 물건.
〔중문〕바농 도독이 쇠도독 된덴고라. 표바늘 도둑이 소도둑 된다고 해.

바농사다 제주 | 동사 | 없음
얼굴을 찡그리게 되어 미간에 주름이 잡히다.
〔구좌-종달〕영 눈 찌푸리민 주름설이 생기는 걸 바농삼젠 허주게. 표이렇게 눈 찌푸리면 주름살이 생기는 걸 '바농산다'고 하지.
◆'바농사다'라는 말은 '바농(바늘)'이 '사다(서다)'라는 말로 미간에 바늘처럼 주름이 선다는 뜻이다.

바누질허다 경기 | 동사 | 바느질하다
바늘에 실을 꿰어 옷 따위를 짓거나 꿰매다.
〔서울〕파는 옷이 어뎠어, 츤 사다가 다 바누질허문 그게 슬빔이야. 표파는 옷이 어뎠어, 천 사다가 다 바느질하면 그게 설빔이지.

바두다 경북 | 동사 | 없음
어떤 일을 온 정성을 다하여 골똘하게 하다.
〔영천〕엉가이 공부를 바두는 겉은데 매일 꼬바

303

래이배끼 몬 하이 우짜겠노? 표어지간히 공부를 '바두는' 것 같은데 매일 꼴찌밖에 못 하니 어떻게 하겠냐?

바라코 경북 | 부사 | 우두커니
넋이 나간 듯이 가만히 한자리에 서 있거나 앉아 있는 모양.
〔경주〕부뚜막 앞에 바라코 서 있었다. 표부뚜막 앞에 우두커니 서 있었다.
◆ 경북의 '바라코'는 무엇을 기다리며 바라보고 서 있는 모습을 나타낸다. '바라보고'라고 풀이해도 좋겠으나 의태어처럼 우두커니 선 모습을 묘사하는 뜻이 함께 들어 있다.

바랑깨비 전남 | 명사 | 없음
장독 깨진 조각을 가리키는 말.
〔순천〕우리 애랬을 적에 장도가지 깨진 것을 보고 바랑깨비라고 했는디잉. 표우리 어렸을 적에 장독 깨진 것을 보고 '바랑깨비'라고 했는데.

바루사니 충남 | 명사 | 없음
발맥이에서 발 임자가 고기를 잡고 지나간 뒤를 따라다니며 발짝이나 구멍, 웅덩이에 처진 고기를 줍는 일.
〔서산〕바루사니 가서 줏은 괴기버덤 은은 괴기가 더 많다. 표'바루사니' 가서 주은 고기보다 얻은 고기가 더 많다.
◆ 발맥이를 해서 고기를 많이 잡게 되면 바루사니 온 사람들에게 고기를 나누어주었다. -장경윤(서산)

바른육면체 북한 | 명사 | 정육면체
여섯 개의 면이 모두 합동인 정사각형으로 이루어진 정다면체.
〔북한〕소학교에 입학해 처음으로 바른육면체에 대해 배웠네다. 표소학교에 입학해 처음으로

정육면체에 대해 배웠습니다.

바릇 제주 | 명사 | 해산물
바다에서 나는 동식물을 통틀어 이르는 말.
〔용담〕바릇 허레 가민 졸건디. 표해산물 채취하러 가면 좋을 텐데.
◆ "밤에 횃불을 들고 바닷가에 나가 낙지나 보말 등 해산물을 채취하는 일"을 '횃바르'라고 하고, 해산물을 채취하거나 고기를 잡기 위해 바다로 나가는 일을 '바릇가다' 또는 '바릇ᄒ다'라고 한다.

바수거리 경기 | 명사 | 발채
짐을 싣기 위하여 지게에 얹는 소쿠리 모양의 물건. 싸리나 대오리로 둥굴넓적하게 조개 모양으로 결어서 접었다.
〔화성〕바수거리가 가득 차면 히미 들지. 표발채가 가득 차면 힘이 들지. 〔포천〕짚이나 꼴을 지게에 많이 실을래면 싸리로 지겟살을 만들어서 지게에 올려. 표짚이나 꼴을 지게에 많이 실으려면 싸리로 발채를 만들어서 지게에 올려.
◆ 경기도에서는 지게 위에 얹는 조개 모양의 소쿠리를 '바수거리'라고 한다. 바수거리를 얹은 지게를 '바수거리지게' 또는 '바지게'라고 하고, 지게에 짐을 싣고 짐이 떨어지지 않도록 잡아매는 줄을 '지게꼬리' 또는 '지꼬리'라고 한다. 아울러 지게를 세울 때 받치는 막대기는 '지게작대기'라고 한다. '바수거리'는 고된 사람이 짐을 지는 지게 위에 물건이 쏟아지지 않게 담는 기능을 했는데 이제는 지게가 사라지면서 잊히는 물건이 되었다. ◆ '바수거리'는 흐트러지기 쉬운 농산물이나 두엄 같은 짐을 담아 나르기 위해 지게에 얹어 사용하는 소쿠리 모양의 물건이다. 보통 싸릿대를 재료로 하여 부챗살 모양으로 두 장을 겹쳐 엮어 만든다. 밑부분은 붙어 있고 윗부분은 따로 떨어져 있어서 가운데 부분을 벌릴 수 있게 만들었다.

바수다 경남 | 동사 | 빻다

물기가 없는 것을 짓찧어서 가루로 만들다.

〔김해〕너무 매 바수먼 몬 씬다. 표너무 심하게 빻으면 못 쓴다.

바아실 경남 | 명사 | 방앗간

방아를 두고 곡식을 찧거나 빻는 곳.

〔창원〕쎄기 바아실에 띠이가서 꼬칫가리 쫌 찾아온나. 표빨리 방앗간에 뛰어가서 고춧가루를 좀 찾아오너라.

◆'방아실'과 '방앗간' 그리고 '정미소'는 '방앗간'을 가리키는 동시대의 말이 아니라 세대를 거치는 동안 자연스럽게 바뀐 말이다. 이용하는 동력도 바뀌었고, 건물 규모도 커지면서 그러한 차이가 반영된 말이라고 할 수 있다. '방아실'은 물레방아로 방아를 찧던 시절의 산물이다. -김승호(진주)

바재이다 북한 | 동사 | 바장이다

마음에 걸리는 것이 있어서 머뭇머뭇하다.

〔북한〕내일 걱정에 바재이기도 하고 또 이런 것 저런 것 예측하면서 잠 못잤지 않네? 표내일 걱정에 바장이기도 하고 또 이런 것 저런 것 예측하면서 잠을 못 잤어.

바짓작대기 전남 | 명사 | 지겟작대기

지게를 버티어 세우는 작대기.

〔고흥〕저 양반이 풀을 한 짐 지고 오다가 바짓작대기로 지게를 받쳐 놓고 지 볼일만 보고 있네. 표저 양반이 풀을 한 짐 지고 오다가 지겟작대기로 지게를 받쳐 놓고 제 볼 일만 보고 있네.

◆'바작대기'는 원래 '바짓작대기(지겟작대기)'의 준말인데, '바짓작대기' 역시 '발+지게+작대기'가 줄어든 말이다. 주로 동부에서는 '바지겟작대기', '바짓작대기, 바작대기'라고 하는데, 서부에서는 '짝대기'라고만 한다.

바쭈기 경기 | 명사 | 박쥐

박쥐목에 속하는 동물.

〔양평〕저짝 동굴엔 바쭈기가 많이 살어. 표저쪽 동굴엔 박쥐가 많이 살아.

박다 경기 | 동사 | 찍다

어떤 대상을 촬영기로 비추어 그 모양을 옮기다.

〔서울〕그때 잠깐 미국에서 들어와서 사진 박은 게 이거야. 표그때 잠깐 미국에서 들어와서 사진 찍은 게 이거야. 〔여주〕여행 온 기념으루 사진 한 장 박읍시다. 표여행 온 기념으로 사진 한 장 찍읍시다.

◆사진은 '찍다'로 많이 표현하는데 필름에 담아 인화지에 인쇄하는 것까지 포함해 '박다'라고도 한다. '백인다'는 '박다'의 사동형 '박이다'에 '이'모음 역행 동화가 나타난 어형이다.

박산 강원 | 명사 | 튀밥

찰벼를 볶아 튀긴 것.

〔강릉〕박산두 팅기구 광밥두 팅게 와라. 표튀밥도 튀기고 강냉이도 튀겨 와라.

◆평창에서는 쌀을 튀긴 것은 '박산'이라고 하고, 옥수수를 튀는 것은 '박상'이라고 한다. -신승엽(평창)

박상 경남 | 명사 | 튀밥

튀긴 쌀.

〔남해〕박상 팅가 묵어라. 표튀밥 튀겨 먹어라.

◆경남에서는 지역에 따라 튀밥을 '박산'이라고도 하고 '박상' 또는 '밥상'이라고도 한다. 쌀을 튀긴 것은 '살박상'이라고 하고, 옥수수를 튀긴 것은 '강내이 박상'이라고 한다.

박새 북한 | 명사 | 우박

큰 물방울들이 공중에서 갑자기 찬 기운

을 만나 얼어 떨어지는 얼음덩어리.
〔함북〕박새가 많이 오우? 표우박이 많이 내리나요?

박수보약 북한 | 명사 | 없음
학습이나 집회 때 지지박수를 많이 쳐야
열성자로 인정받고 신상에도 해롭지 않
다는 데서 나온 말.
〔북한〕신상에 좋을라면 박수보약이 최고디. 표신
상에 문제가 없으려면 박수보약이 최고지.
◆북한 뉴스나 홍보 자료를 보면 거리나 집회장에서
주민들이 한껏 미소를 머금고 열렬히 박수를 치는 모
습을 볼 수 있다. 이런 모습을 비유한 북한 은어가
'박수보약'이다. '박수보약'은 박수치는 것이 건강에
좋다는 의미가 아니라 신상에 좋다는 의미로 쓰인다.

박적 전북 | 명사 | 바가지
박을 두 쪽으로 쪼개거나 나무 따위로
그와 비슷하게 만들어 물을 푸거나 물건
을 담는 데 쓰는 그릇.
〔정읍〕그냥, 박적 그놈을 들고 가서는 "어머니 물
잡수쇼" 허드란 말여. 표그냥, 바가지 그놈을 들
고 가서는 "어머니 물 잡숴요" 하더란 말이야.

박죽 강원 | 명사 | 주걱
밥을 푸는 도구.
〔정선〕우리 어멍이 박죽으로 내따 처버렸다. 표
우리 어머니가 주걱으로 냅다 처버렸다. 〔삼척〕
밥이 다 되면 박죽으로 감재를 툭툭 터준 다음
홀 섞어서 푸잖소. 표밥이 다 되면 주걱으로 감
자를 툭툭 터준 다음 홀 섞어서 푸잖소.
◆'박죽'의 옛말은 '밥쥭'이다. '박'은 '밥'의 'ㅂ'이
'ㄱ'으로 바뀐 것이며, '죽'은 '주걱'의 줄임말로 보인
다. -이경진(삼척)

박하지 충남 | 명사 | 민꽃게

꽃겟과의 하나인 민꽃게를 이르는 말.
〔서산〕우리 집서는 박하지 장물 들여 먹질 않았
어. 표우리 집에서는 민꽃게 장물 들여 먹질 않
았어.
◆바다 연안의 바위 밑에 숨어 사는 게로 꽃게보다
는 좀 작으나 껍질은 단단하여 억세게 보인다. 통째
로 양념에 무치거나 간장 등에 절여 먹는다. 또는 찌
개 등에 넣어 먹는다. ◆박카지(박하지)는 시장에서
흔히 볼 수 있는 꽃게처럼 생긴 껍질이 딱딱한 돌게
를 말한다. -조일형(당진)

반가브다 충북 | 형용사 | 반갑다
그리워하던 사람을 만나거나 원하는 일
이 이루어져서 마음이 즐겁고 기쁘다.
〔옥천〕큰아덜이 오니께 을매나 반가븐지 몰러.
표큰아들이 오니까 얼마나 반가운지 몰라.

반굉일 충북 | 명사 | 토요일, 반공일
오전만 일을 하고 오후에는 쉬는 날이라
는 뜻으로, '토요일'을 이르던 말.
〔청주〕혼인 날짜 받어놓구 반굉일같이 색씨가
어디 돌어댕기구 하면 그게 큰 숭이지 머, 옛날
에야. 표혼인 날짜 받아놓고 반공일같이 색시가
어디 돌아다니고 하면 큰 흉이지 뭐, 옛날에야.

반구두 전남 | 명사 | 고무신
탄성 고무로 만든 신.
〔광양〕내 반구두가 어딨는지 찾아봐라. 표내 고
무신이 어디 있는지 찾아봐라.
◆'반구두'라는 말은 짚세기를 신고 살다가 고무신
을 신게 되니 구두에 반쯤은 간 게 아니냐 하는 의미
로 썼던 말로 보인다. '반구두'는 '방구두'라고도 하
는데 'ㄴ'이 뒤따르는 'ㄱ'에 이끌려 연구개비음으로
발음된 것으로 볼 수 있다. -오덕렬(광주)

반굽다 강원 | 형용사 | 반갑다

그리워하던 사람을 만나거나 원하는 일이 이루어져서 마음이 즐겁고 기쁘다.

〔홍천〕오랜만에 친구를 만나서 마음이 반굽고 기쁘다. 표오랜만에 친구를 만나서 마음이 반갑고 기쁘다.

반실이 경남 | 명사 | 반실

(1)낱알이나 과일 따위가 절반 정도밖에 여물지 못한 쭉정이. 또는 그런 상태.
(2)음식을 알뜰하게 먹지 않고 대충 먹는 일 또는 그런 음식을 이르는 말.

〔창원〕게기로 반실이로 무우모 우짜노? 표고기를 반실만 먹으면 어떡하니?

◆'반실이'는 '반실(半實)'에서 온 말로 반만 실하고 나머지 반은 실하지 않다는 뜻이 있다. 낱알이나 과일 따위가 절반 정도밖에 여물지 못한 쭉정이 상태일 때도 사용하지만, 수확물이 이전에 비해 절반밖에 되지 않는 상황이나 먹는 것이 부실해 절반을 버리는 상황에서도 사용한다. -김정대(창원)

반장수 전남 | 명사 | 없음

정월 대보름에 매구 칠 때에 무서운 탈바가지를 쓰고 앞장서는 사람.

〔고흥〕저 아랫집 양반이 옛날에 매구 치고 그믄 반장수 노릇은 다 했어. 표저 아랫집 양반이 옛날에 매구 치고 그러면 '반장수' 노릇은 모두 했어.

◆전남 고흥의 정월 대보름 풍속 중에 풍물패를 만들어 동네 집집을 돌면서 액을 쫓는 것이 있었는데 이것을 "매구 친다"라고 한다. 매구 칠 때에 풍물패 앞에서 얼굴에 무서운 가면을 쓰고 춤을 추며 위협을 하면서 앞서서 들어오는 앞잡이가 있었는데 이 사람을 '반장수'라고 하며 그 역할을 '반장수 노릇'이라고 한다. 또 무슨 일에 앞장서서 나서거나 과장된 몸짓을 하는 사람을 보고도 "반장수 노릇을 한

다"라고 하기도 한다.

반주깨미 경남 | 명사 | 소꿉놀이

소꿉을 가지고 노는 아이들의 놀이.

〔함양〕담부랑 밑에서 반주깨미 살고 그랬거든. 표담벼락 밑에서 소꿉놀이 하고 그랬거든.

반지기 제주 | 명사 | 없음

보리쌀과 좁쌀 또는 보리쌀과 쌀을 반씩 섞어서 지은 밥.

〔애월-고내〕보리쏠이영 좁쏠이영 ᄀ치 낭 밥헌 것그라 반지기밥이엔 허여. 표보리쌀이랑 좁쌀이랑 같이 넣어서 밥한 것보고 '반지기'밥이라고 해.

◆쌀이 귀했던 제주에서는 보리, 조, 메밀 등이 주식이었다. '반지기'는 보리 반 쌀 반 또는 보리 반 조 반을 넣어 지은 밥을 뜻한다. '반지기밥'이라고도 한다. 보리와 쌀로 '반지기밥'을 지을 때는 보리쌀을 먼저 익힌 다음에 쌀을 넣어 밥을 지어야 한다. '반지기밥'을 지을 때는 쌀과 보리를 섞어서 짓기도 하지만, 섞지 않고 구분 지어서 쌀밥을 떠서 귀한 손님이나 어른께 대접하기도 하였다.

반지락 전북 | 명사 | 바지락

백합과의 조개인 바지락을 이르는 말.

〔정읍〕지금이 딱 반지락이 많이 나올 때그만 표지금이 딱 바지락이 많이 나올 때구나. 〔부안〕요새 반지락 사다가 젓 담으면 맛나지. 표요새 바지락 사다가 젓갈을 담그면 맛있지.

반지락 충남 | 명사 | 바지락

백합과의 조개인 바지락을 이르는 말.

〔태안〕왜 서해에는 많지. 반지락. 국수에도 느서 먹고, 뻘에 깔린 게 이거여. 표왜 서해에는 많지. 바지락. 국수에도 넣어 먹고, 갯벌에 깔린 게 이거야. 〔서산〕수합은 봄에 진달래꽃이 필 때가 질

맛이 있다. 표바지락은 봄에 진달래꽃이 필 때가 제일 맛이 있다.

반진그륵 전북 | 명사 | 반짇고리
바늘, 실, 골무, 헝겊 따위의 바느질 도구를 담는 그릇.
〔김제〕반진그륵에서 바늘 좀 가져오너라. 표반짇고리에서 바늘 좀 가져와.

반천 충북 | 명사 | 절반
하나를 반으로 가름. 또는 그렇게 가른 반.
〔보은〕혼자 먹지 말구 나 반천만 줌 줘. 표혼자 먹지 말고 나 절반만 좀 줘.

반치지 제주 | 명사 | 없음
파초를 된장이나 간장에 담가 오래 두고 먹는 음식.
〔토평〕반치진 거 썰어근에 장물 흐쓸 우터레 올르듯 낫다근에 먹는 거게. 표'반치지'는 거 썰어서 간장 조금 위로 올라오듯 낫다가 먹는 거지.
◆'반치'는 '반초' 또는 '반추'라고도 한다. '반치'는 '파초'를 뜻하는 말로 '반치지'는 파초로 담근 장아찌이다. 옛날에는 '반치지'를 따로 담그지 않고 간장을 담글 때 메주 띄운 항아리에 파초를 넣어 3~4개월이 지난 후에 꺼내 먹었다. 파초는 주로 관상용으로 기르지만 약재로도 효험이 있다. 제주 지역에서는 지를 담가 먹었다.

반팅이 경북 | 명사 | 함지
나무로 네모지게 짜서 만든 그릇.
〔대구〕떡 쫌 여 반팅이에 담아서 가 가라. 표떡을 좀 여기 함지에 담아서 가지고 가라.

반푼이 충남 | 명사 | 없음
아둔하고 어리석은 사람을 놀림조로 이르는 말.
〔서산〕모지란 사람헌티 반푼이라 그랬지. 표모자란 사람한테 '반푼이'라 그랬지.

받재 강원 | 명사 | 받자
남이 괴로움을 끼치거나 여러 가지 요구를 하여도 너그럽게 잘 받아 줌.
〔속초〕받재를 하지 마세요. 표받자를 하지 마세요.
◆'받재'는 '받자'에서 온 말로 상대의 부탁을 잘 받아준다는 의미를 담고 있다. -이경진(속초)

발그림자 북한 | 명사 | 발걸음
발을 옮겨서 걷는 동작.
〔평양〕사람들이 발그림자도 안 하게 돼시요. 표사람들이 발걸음도 안 하게 됐어요.

발낀하다 충북 | 형용사 | 발끈하다
사소한 일에 걸핏하면 왈칵 성을 내다.
〔옥천〕냄편이 쏭질이 나믄 발낀하긴 해두 뒤끝은 읎어. 표남편이 성질이 나면 발끈하기 해도 뒤끝은 없어.

발땅새기 경북 | 명사 | 반짇고리
바늘, 실, 골무, 헝겊 따위의 바느질 도구를 담는 그릇.
〔상주〕야야, 발땅새기 좀 가져와봐라. 표애야, 반짇고리 좀 가져와라.

발때 전남 | 명사 | 발채
짐을 싣기 위하여 지게에 얹는 소쿠리 모양의 물건. 싸리나 대오리로 둥글넓적하게 조개 모양으로 결어서 접었다.
〔고흥〕발때가 안 보인디 헛간에 있능가 가바라. 표발채가 안 보이는데 헛간에 있는가 가봐라.

발떠죽 전남 | 명사 | 발자국

발로 밟은 자리에 남은 모양.

〔고흥〕여기로는 암도 안 지내갔구마. 발떠죽이 안 뵈기자네. 표여기로는 아무도 안 자나갔군. 발자국이 안 보이잖아.

발롱발롱 제주 | 부사 | 초롱초롱

눈이 정기가 있고 맑은 모양.

〔하효〕쟈이는 눈이 막 발롱발롱ㅎ다이. 표저 아이는 눈이 굉장히 초롱초롱하구나.

발르다 충북 | 동사 | 결리다

숨을 크게 쉬거나 몸을 움직일 때에, 몸의 어떤 부분이 뜨끔뜨끔 아프거나 뻐근한 느낌이 들다.

〔음성〕갈비뼈가 발르다고 해유. 표갈비뼈가 결리다고 해요.

발방아 강원 | 명사 | 디딜방아

발로 디디어 곡식을 찧거나 빻는 방아. 나무 한끝에 방아공이가 있고, 다른 한끝에 두 갈래의 다리가 있다. 방아공이가 닿는 곳에 방아확을 파 놓는다.

〔화천〕방앗간에 가 발방아를 밟아라. 표방앗간에 가서 디딜방아를 밟아라. 〔양양〕발방아 찧다가 맥이 다 빠졌다. 표디딜방아를 찧다가 맥이 다 빠졌다. 〔삼척〕예전에는 곡석을 일일이 발방아에 쩨서 먹었잖소. 표예전에는 곡식을 일일이 디딜방아에 찧어서 먹었잖소.

◆디딜방아는 방아채, 방앗공이, 방아다리, 방아확, 볼씨와 쌀개, 괴밀대 등으로 구성된다. 방아의 몸채인 방아체에는 앞쪽에 방앗공이가 달려 있고, 가운데에 방아의 중심축인 '볼씨' 위에 얹을 수 있도록 옆으로 튀어나온 '쌀개'가 있고, 뒤쪽에 두 갈래로 갈라진 '방아다리'가 있다. 방아확은 찧을 곡식을 넣는 통이고, 괴밀대는 방아를 쓰지 않거나 확에 있는 곡식을 꺼낼 때 방아를 괴어놓는 막대기이다. ◆디딜방아는 우리나라뿐만 아니라 세계 여러 나라에서도 사용하는 것으로 알려져 있는데 우리나라처럼 양다리방아는 드물다고 한다. 방아의 다리가 두 개로 된 형태인 양다리방아는 아무리 고된 일이라도 함께 하면 힘도 덜 들고 일을 즐겁게 할 수 있다는 마음에서 비롯된 농기구라고 할 수 있다. -유연선(춘천) ◆방아는 방아다리가 하나인 외다리방아와 둘인 양다리방아가 있다. 흔히 양다리방아를 '발방아'라고 하고, 외다리방아는 '디염방아' 또는 '디욤방아'라고 한다. 삼척에는 두 종류의 물레방아가 있다. 수차 형태에 물이 돌아가며 방아를 찧는 물레방아가 있고, 큰 나무통에 물이 차면 쏟아지면서 방아 공이를 움직여 곡식을 찧는 통방아가 있다. 사람의 힘으로 발을 디뎌 방아를 찧는 디딜방아 또는 발방아는 발을 디디지 않는 통방아의 반대 개념이기도 하다. -이경진(삼척)

발새물다 전남 | 형용사 | 없음

무좀 등으로 발가락 사이에 물집이 생겨 짓무르다.

〔고흥〕발새물었능가 근지루와 죽겠네. 표'발새물었는지' 가려워서 죽겠네.

◆예전에는 주로 고무신을 신었는데 고무신은 특성상 땀 흡수가 되지 않고 통풍도 되지 않으며 물이 고이면 빠지지도 않는다. 따라서 발에 습기가 많이 차서 발이 붙어 있었다고 한다. 특히 발가락 사이는 틈새가 좁기 때문에 무좀균이 살 수 있는 좋은 조건이었다. 발이 가려워서 긁다 보면 발가락 사이가 찢어져서 몹시 아팠다고 한다.

밤갓 경기 | 명사 | 없음

밤나무를 심어놓고 가꾸는 개인 소유의 산.

〔양주〕오빠 밤갓에 가면 아람이 천지다. 표오빠

ㅂ

309

'밤갓'에 가면 밤이 천지다.

◆'밤갓'은 '밤(栗)'이라는 말과 "나무를 함부로 베지 못하게 가꾸는 산"을 뜻하는 '멧갓'의 '갓'이 결합한 말이다. 즉 '밤갓'은 주인이 밤을 심어 직접 돌보는 산을 뜻한다. 예로부터 밤은 혼례와 제례에 꼭 사용할 만큼 소중히 여겼는데, 이러한 전통에 따라 아이가 태어나면 밤나무를 심기도 했다. 그리고 아이의 이름을 따서 '아무개 밤갓'이라고 불렀다. −이현구(양주) ◆밤으로 유명한 경기도 양주에서는 알이 작은 밤을 '콩밤'이라고 한다. 참고로 알이 큰 밤은 '왕밤'이라고 하고, 밤송이 속에 알이 들지 않은 것은 '쭉정밤', 아직 덜 익은 밤은 '풋밤', 밤송이 속에 외톨로 있는 동그랗게 생긴 밤은 '회오리밤', 밤송이 속에 두 개의 밤이 있는 것은 '쌍동밤', 잘 익어서 밤송이에서 저절로 떨어진 밤은 '알밤', 저절로 떨어질 정도가 된 상태나 그런 열매는 '아람'이라고 한다.

밤꼬생이 충북 | 명사 | 밤송이
밤알을 싸고 있는 두꺼운 겉껍데기. 가시가 많이 돋쳐 있고 밤이 여물면 네 갈래로 벌어져 밤알이 떨어진다.
〔단양〕밤꼬생이에 맞으믄 엄청이 따구와. 표밤송이에 맞으면 엄청 따가워.

밤서리 전남 | 명사 | 없음
제사를 지내고 남은 음식을 이웃과 나누어 먹기 위해 준비한 음식.
〔장성〕야들아, 오늘 진안 양반네 지사랴. 모다들 울집으로 술시까지 모야. 밤서리를 내가 할팅게 알았쟤? 표얘들아, 오늘 진안 양반네 제사래. 모두들 우리 집으로 술시까지 모여. '밤서리'를 내가 할테니까 알았지?
◆제사를 지낸 집에서 제사를 지내고 남은 음식을 이웃과 나누어 먹기 위해 장독 위에 떡과 전 등을 소쿠리에 담아 놓아두었다. 서리 아닌 서리를 하도록

배려한 것이다. 이를 전남 장성에서는 '밤서리'라고 한다. −조선희(장성) ◆'밤서리'와 비슷한 풍속으로 '단자'라는 것이 있다. 단자는 제사를 지낸 집만 대상이 되는 것이 아니라 잔치를 지낸 집도 대상이 되며, '밤서리'와 달리 주는 것을 먹는 것이 아니라 먹고 싶은 것을 적어 그 집 담장 너머로 "단자요" 하고 외치며 던져놓는다. 단자(單子)는 물목(物目)을 적은 종이를 뜻하는 말이다. −오덕열(광주), 이대흠(장흥), 조선희(장성)

밤크림 북한 | 명사 | 없음
밤에 바르는 크림.
〔북한〕밤크림을 바르고서리 자면 다음 날 아침 얼굴이 환해지지요. 표'밤크림'을 바르고 자면 다음 날 아침 얼굴이 환해지지요.

밤감주 북한 | 명사 | 없음
쉰밥에 엿기름가루를 버무려 삭힌 뒤에 먹는 음료.
〔북한〕길지 말라. 밤감주 먹고 취했네? 표그러지 마라. '밤감주' 먹고 취했니?
◆'밤감주'는 그냥 밥으로 만든 식혜를 뜻하는 말이 아니다. 제주도의 '쉰다리'와 비슷한 음식으로 쉰밥을 버리기 아까워 엿기름을 넣고 발효를 시킨 술의 일종이다.

밥떠꺼리 경남 | 명사 | 밥알
밥 하나하나의 알.
〔창녕〕밥떠꺼리로 송에를 낚는다. 표밥알로 송사리를 낚는다.
◆'밥떠꺼리'는 단순히 '밥알'을 가리키는 말이 아니라 필요에 의해 의도적으로 준비한 밥알이나 부주의하게 떨어뜨린 밥알을 가리킬 때 사용하는 말이다. 부산·양산·창원·울산 등지에서는 '밥띠꺼리'라고도 한다. ◆창원 지역에서는 위관급 장교의 계급을 '밥떠

꺼리'로 표현하기도 한다. 소위는 밥떠꺼리 한 개, 중위는 밥떠거리 두 개, 대위는 밥떠꺼리 세 개라고 하고, 준위는 노란 밥떠꺼리라고 한다. -김정대(창원)

밥띠기 충북 | 명사 | 밥풀
밥 하나하나의 알.
〔청주〕옷에 묻은 밥띠기는 은제 먹을라구 그라는겨? 표옷에 묻은 밥풀은 언제 먹으려고 그러는 거야?

밥부재 경북 | 명사 | 보자기
물건을 싸서 들고 다닐 수 있도록 네모지게 만든 작은 천.
〔영덕〕밥상을 밥부재로 잘 덮어라. 표밥상을 보자기로 잘 덮어라.
◆무엇을 싸거나 덮는 데 쓰기 위해 넓은 천으로 네모지게 만든 것을 보자기라고 하는데 이 용도가 매우 다양하다. 보자기를 지시하는 전국의 방언을 보면 그 용도를 함께 표현한 단어들이 있다. 밥을 덮는다고 밥보재기, 상을 덮는다고 상보, 책을 싼다고 책보, 물건을 꾸린다 하여 보따리 등으로 표현한 것이다. '밥부재'는 '밥보재기'로부터 음운 변화가 일어난 방언형이라고 할 수 있다.

밥식이 경북 | 명사 | 갱죽
시래기 따위의 채소류를 넣고 멀겋게 끓인 죽.
〔상주〕히야, 밥식이 쫌 무을랍니꺼? 표형님, 갱죽 좀 먹을랍니까?

밥완자 북한 | 명사 | 없음
양념을 넣고 비벼낸 밥을 밀가루 반죽 안에 넣어 보기 좋은 모양으로 튀겨낸 음식.
〔북한〕내래 길거리 음식 중에 밥완자를 제일 좋

아하디요. 표저는 길거리 음식 중에 '밥완자'를 제일 좋아합니다.
◆밥완자는 90년대 말 '고난의 행군' 시기에 생겨난 길거리 간식으로 다진 돼지고기에 파, 마늘, 양파 등을 넣고 볶다가 밥을 넣고 동그랗게 뭉친 뒤 밀가루 튀김옷을 입히고 계란 물을 묻혀 기름에 튀겨 만든다. 완자밥이라고도 한다.

밥주리 제주 | 명사 | 잠자리
잠자리목의 곤충을 통틀어 이르는 말.
〔대정-일과〕왕밥주리 심엉 실로 묶엉 놀아줘. 표왕잠자리 잡아서 실로 묶어 놀았어요.
◆잠자리는 '밥줄' 또는 '밥주리'라고 하는데, 파란 잠자리는 '곤밥줄', 빨간 잠자리는 '고치밥줄'이라고 했다. -김동필(용담) ◆어렸을 때 잠자리를 쉽게 잡기 위해 암놈을 잡아 꼬리에 실을 묶어 수놈을 유인하기도 했고, 수놈을 잡아 호박꽃 암술로 암놈처럼 위장하기도 했다. 잠자리 중에 큰 잠자리는 '큰밥주리'라고 했고, 흔히 볼 수 있는 잠자리는 '멜밥주리'라고 했다. -양영철(대정-일과)

방고무신 충북 | 명사 | 고무신
탄성 고무로 만든 신.
〔충주〕그전에 방고무신 하나 있으믄 뭐 남부러울 기 읎었지. 표그전에 고무신 하나 있으면 뭐 남부러울 것이 없었지.
◆'방고무신'은 여자 아이들이 신는 고무 재질의 신발을 뜻하는 말로 쓰인다.

방굽다 경기 | 형용사 | 반갑다
그리워하던 사람을 만나거나 원하는 일이 이루어져서 마음이 즐겁고 기쁘다.
〔양평〕오랜만에 손자들을 보니 어쩌나 방굽던지. 표오랜만에 손자들을 보니 어쩌나 반갑던지.

ㅂ

방꼬 경북 | 명사 | 방아

디딜방아의 본체 끝에 달려 있는, 기둥 같이 생긴 부분.

〔의성〕방꼬가 시원찮아 방아질이 잘 안 된다. 표 방아가 시원찮아 방아질이 잘 안 된다.

◆손주를 지나치게 귀여워하는 사람에게 "차라리 방꼬를 업고 댕겨라(차라리 방아를 업고 다녀라)"라고 말하기도 하였다.

방달개 전남 | 명사 | 솔개

수릿과의 새인 솔개나 독수리를 이르는 말.

〔영광〕우리 집 닭을 저 방달개가 다 잡아갔어. 표 우리 집 닭을 저 솔개가 다 잡아갔어.

◆전남 고흥에서는 솔개를 '솔갱이'라고 한다. '솔갱이(소리개)'가 나타나면 어미 닭은 병아리들을 날개 품속에 품어서 지켰으며, 닭 주인은 싸리나무나 가는 대나무를 고깔 모양으로 엮어서 만든 '장태'라는 곳에 병아리들을 숨겼다.

방독 전남 | 명사 | 구들장

방고래 위에 깔아 방바닥을 만드는 얇고 넓은 돌.

〔고흥〕방독이 깨져부렀능가 불 때문 방에서 낸내가 난당께요. 표 구들장이 깨져버렸는지 불 지피면 방에서 연기 냄새가 난다니까요.

◆음식을 하기 위해 아궁이에 솥을 걸고 불을 지피기도 하지만 오로지 방을 덥히려고 불을 때기도 하는데 이것을 '군불 때다'라고 한다. 조리를 위해서 불을 땔 때는 땔감을 솥의 밑부분 쪽에 두지만, 군불을 땔 때에는 아궁이 입구에서 불을 지펴서 땔감이 이글거리면 당글개(고무래)로 방고래 가까이까지 깊숙하게 밀어 넣어 방독(구둘장)을 데운다.

방독 충남 | 명사 | 구들장

방고래 위에 깔아 방바닥을 만드는 얇고 넓은 돌.

〔서산〕사람이 늘구 빙이 들면 아룸먹 방독을 지넌 신세가 덴다. 표 사람이 늙고 병이 들면 아랫목 구들장을 지는 신세가 된다.

방맹이국수 경기 | 명사 | 기계국수

기계를 사용하여 뽑은 국수.

〔용인〕오늘은 점심으로 방맹이국수를 먹어야겠다. 표 오늘은 점심으로 기계국수를 먹어야겠다.

방아코 경남 | 명사 | 방아깨비

메뚜깃과의 곤충.

〔함안〕방아코의 긴 다리 두 개를 잡으모 앞뒤로 꺼떡거린다. 표 방아깨비의 긴 다리 두 개를 잡으면 앞뒤로 끄덕거린다.

◆경남에서는 방아깨비 수컷과 암컷의 이름이 같은 지역도 있지만, 방아깨비 암컷을 '연치'라고 하는 지역이 많다. 그런가 하면 창녕에서는 방아깨비 수컷을 '때때구리'라고 하고, 암컷을 '상그래비'라고 한다. 창원에서는 방아깨비 수컷을 '떼떼'라고 하고, 암컷을 '연치'라고 한다. 울산에서는 수컷을 '떼떼'라고 하고, 암컷을 '황걸래비'라고 한다. ◆엄밀히 말해서 '떼떼'는 날아갈 때 '딱딱딱' 소리가 난다고 해서 붙여진 이름이다. 그렇다면 '떼떼'는 '방아깨비'의 사투리가 아니라 '딱따깨비'의 사투리로 보아야 한다. '딱따깨비'는 '방아깨비'와 비슷하지만 몸이 가늘고 길다. 다만 일부 지역에서 '딱따깨비'와 '방아깨비'를 구분하지 않고 이 말을 사용하고 있다. ◆경남 사투리 '연치'에는 두 가지 뜻이 있다. 하나는 '여치'이고 다른 하나는 '방아깨비'이다. 말의 형태로 볼 때는 '여치'에서 'ㄴ'이 첨가된 것이 '연치'이다. '여치'를 '연치'라고 하는 대표적인 지역은 거창·밀양·부산·울산·진주·창녕·하동 등이고, '방아깨비'를 '연치'라고 하는 지역은 위에서 소개한 바 있다. ◆창원에서는 "외손주를 돌보느니 방아코를

돌보겠다"라는 말이 있다. 외손주를 보살핀 공이 친손주를 보살핀 공에 비해 크지 않다는 말이다. 이 말 속의 '방아코'는 '방아깨비'를 가리키는데, 그로 인해 '방아코손주' 또는 '방아코'를 '외손주'라는 뜻으로 사용하기도 한다. -김정대(창원)

방안통수 전남 | 명사 | 없음
(1)밖에 나가는 것보다 집에 있는 것을 더 좋아하는 사람을 낮잡아 이르는 말.
(2)집 안에 들어앉아 밖에 별로 나다니지 아니하는 사람을 일컫는 말.
(3)숫기가 없어서 많은 사람들 앞에서는 못하고 집 안에서만 큰소리치는 짓을 이르는 말.
〔고흥〕그 양반은 암 것도 몰라. 방안통수여. 표그 양반은 아무 것도 몰라. '방안통수'야.
◆'방안통수'는 밖에 잘 나가지 않고 집에만 있는 사람을 가리키는 말이다. 요즘 말로 '집돌이/집순이'와 비슷한 말이다. 물론 '방안통수'라는 말은 비난의 의미로 사용하는 말이라는 점에서 "집 안에만 있어서 세상 물정을 잘 모르는 사람" 또는 "집 안에서만 큰소리를 치는 사람"이라는 뜻으로도 쓰인다.

방애 충남 | 명사 | 방아
곡식 따위를 찧거나 빻는 기구나 설비를 통틀어 이르는 말.
〔논산〕느 할머니는 방애를 참 잘 쪘지. 표너희 할머니는 방아를 참 잘 찧었지.
◆'방애'는 표준어 '방아'의 전설모음화한 형태이다. 충남 지역에는 특히 전설모음화된 형태의 사투리가 많다. '바깥'을 '배깥'이라고 하고, '꾸러미'를 '꾸레미'라 하는 식이다. 심지어는 '빵'을 '뺑'이라고 하기도 한다.

방애다리 강원 | 명사 | 방아깨비

메뚜깃과의 곤충.
〔양양〕방애다리가 방애처럼 움직이지. 표방아깨비가 방아처럼 움직이지.
◆'방아다리'는 방아깨비를 잡아서 다리를 쥐고 있으면 긴 다리가 꺾어지며 몸을 굽혔다 폈다 하는 모습이 방아를 찧는 것과 닮았다 하여 붙여진 이름이다.

방에혹 제주 | 명사 | 방아확
방앗공이로 찧을 수 있게 돌절구 모양으로 우묵하게 판 돌.
〔성산-신천〕이것그란 방에혹이엔 불러낫어, 옛날 마늘도 뺏고 음식헐 때 뭿도 허고. 표이것보고 방아확이라고 불렀었어, 옛날 마늘도 빻고 음식할 때 뭣도 하고.
◆'방에혹'은 '남방에'의 가운데에 있는 돌절구이다. 일반적으로 '남방에'는 큰 통나무를 파서 만든 절구로 통나무 가운데를 다시 파내고 그 안에 작은 구멍을 내어 돌절구를 끼워 넣은 방아다. '남방에'의 크기에 따라 여러 사람이 함께 일을 했는데, 두 사람이 함께 찧는 것을 '두콜방에(쌍방아)', 세 사람이 찧는 것을 '세콜방에'라고 했다. '남방에'는 나무로 만들어 나무 부분은 삭거나 깨지고 '방에혹'만 남아 있는 경우가 태반이다. 필요에 따라 '방에혹'만 따로 제작하여 사용하기도 했다.

방짓돌 경기 | 명사 | 다듬잇돌
다듬이질을 할 때 밑에 받치는 돌.
〔화성〕차라리 저 방지똘을 잡꼬 있으라구 했어요. 표차라리 저 다듬잇돌을 잡고 있으라고 했어요.
◆방짓돌은 풀 먹인 빨래를 매끈하게 펴기 위해 다듬이질을 할 때 쓰기도 하고 걸레를 깨끗이 빨기 위해 방망이로 걸레를 쾅쾅 때려 빨 때 받침돌로 사용하기도 한다. 이 용도로 쓰는 방짓돌은 보통 수돗가에 고정해놓은 넓은 돌판이다. 살림살이가 고될 때 아녀자들은 우물가 방짓돌에 빨래 하나 얹어 놓고

313

빨래에 구멍이 나도록 힘껏 내리치며 화를 가라앉히기도 했다. 시어머니와 며느리가 밤새워 방짓돌을 가운데 두고 방망이로 리듬 맞춰 두들기며 동병상련의 애환을 달래기도 했다. 다듬잇돌은 매우 무거운 중량을 지니고 있으므로 누가 어딜 못 가게 묶어 놓을 때 다듬잇돌에 묶어 놓는다는 표현을 했다. "차라리 저 방짓돌 잡고 있으라구 했어요"라는 식이다. 어딜 가고 싶지 않은 마음을 표현한 말이다. ◆직육면체형을 띄며 밑면의 네 모서리에는 각각 네 개의 짧은 다리가 있다. 주로 단단한 화강암이나 곱돌 등을 재료로 만들었다. 옷감과 직접 닿는 윗면은 반들반들하게 만들어 고운 옷감도 상하지 않게 하였다.

방찰락 제주 | 명사 | 없음

땅바닥에 여러 개의 방을 그려놓고 목대를 차며 노는 놀이.

〔구좌-한동〕방찰락은 땅바닥에 니귀반듯헌 방 영 그려낭 그디 사그마치 낭 발로 차는 거주게. 표'방찰락'은 땅바닥에 네모반듯한 방 이렇게 그려놓고 거기 사금파리 놔서 발로 차는 거지.

◆방찰락은 제주도에서 망치기(사방치기)를 부르는 다른 이름이다. 마당에 놀이판을 그어놓고 작은 칸에 납작한 목대(목자라고도 부른다)를 던져놓고 깨금발로 차면서 나간다. 찬 돌이 금에 닿거나 다른 칸으로 넘어가면 실격이다. 정해진 순서대로 무사히 돌고 오면 이기는 놀이이다. -임영수(연기)

방천나다 전남 | 형용사 | 없음

비가 많이 와서 논이나 밭둑이 터진 상태이다.

〔고흥〕논에 방천났는가 잔 둘러보고 와야 쓰겄네. 표논에 '방천났는가' 좀 둘러보고 와야겠네.

◆'방천(防川)'은 "둑을 쌓거나 나무를 많이 심어 냇물이 넘쳐 들어오는 것을 막는 둑"을 뜻하는 말이다. 논둑이나 밭둑을 쌓는 것을 '방천한다'라고 하며 비

가 많이 와서 둑이 터지는 것을 '방천났다'라고 한다.

방콩 충북 | 명사 | 밤콩

빛깔과 맛이 밤과 비슷하고 알이 꽤 굵은 콩.

〔옥천〕방콩얼 밥에다가 늫구 밥얼 하믄 포실포실한 기 맛있어. 표밤콩을 밥에 넣고 밥을 하면 포실포실한 게 맛있어.

배깥 충남 | 명사 | 바깥

밖이 되는 곳.

〔보령〕저 배깥에 망 있지? 거다 널러두고 해풍에 말리고 그러는 것이여. 표저 바깥에 망 있지? 거기다 널어두고 해풍에 말리고 그러는 거야.

◆'배깥'은 충남뿐만 아니라 전국에서 두루 쓰이는 말이라, 딱히 충남 사투리라고 하기는 어렵다. 다만 "배깥손님이닝께 사내인 늬가 나가봐라"에서 '배깥손님'은 '남자 손님'을 뜻하는 말이다. 상황에 따라서는 '남자 주인을 찾아온 손님'을 뜻할 수도 있다. "안벤소 두구 왜 배깥벤소를 쓴냐?"에서는 담장을 기준으로 안에 있는가 밖에 있는가에 따라 '안벤소'와 '배깥벤소'를 구분하는데 안벤소는 여자가, 배깥벤소는 남자나 손님이 쓰는 화장실을 뜻한다. -이명재(예산) ◆'배깥양반'은 '남편'을, '배깥일'은 '남자들이 하는 일'을 뜻한다. '배깥일'과 반대되는 '안살림'은 '여자들이 하는 일'을 뜻하는 말이다. -권선옥(논산)

배나다 충남 | 형용사 | 상하다

음식이 변하거나 썩어서 먹을 수 없게 되다.

〔보령〕싱싱한 것이 지났다 이 말이야. 배나고 그런 것은. 표싱싱한 것이 지났다 이 말이야. 상하고 그런 것은.

배나리 경기 | 명사 | 반살미

갓 결혼한 새색시를 일갓집에서 초대하여 음식을 대접하는 일.

〔강화〕옛날엔 시어머이가 메누리 데리고 배나리 다녔지. 표옛날엔 시어머니가 며느리 데리고 반살미 다녔지.

◆평택의 집성촌을 중심으로 친척 중에 며느리를 새로 맞이하면 집에 초대하여 저녁 한끼를 대접하는 문화가 있었다. 이를 '주발림'이라고 하는데, 아마도 주발에 밥을 담아 식사를 대접한다고 해서 그런 말이 생긴 것으로 추측된다. 주발림이 있는 날이면, 어려운 생활에서도 고기 한칼 끊고 간고등어 한 손을 샀는데, 옹백이에 달걀찜도 빼놓지 않았다. 서먹서먹한 신혼생활을 시작하는 새색시에게 동네 생활에 잘 적응하게 하려는 배려였던 것 같다. -정영인(평택) ◆강화도 일대에서는 집안에 새식구를 들이면 일가친척이 새식구를 초대하여 대접하는 문화가 있다. 이를 '배나리'라고 하는데 시집을 와서 길게는 1달이 넘도록 이곳저곳에 초대를 받는다. 예전에는 친척끼리 가까운 곳에 모여 살았기 때문에 가능했던 풍습으로, 서로 얼굴을 익히기 위한 의도로 보인다. 배나리를 할 때면 시어머니가 며느리와 함께 집을 나섰는데 은근슬쩍 며느리 자랑을 하기도 했다. -서완수(강화) ◆'배나리'는 집성촌만의 문화는 아니다. 대가족이나 가족 간의 우애가 좋을 때는 새식구를 맞이하는 의식처럼 배나리를 치렀다. 배나리는 결혼식을 마치자마자 하는 것이 아니라 생일이나 명절 다음 날에 하는데, 그때 대접할 음식이 넉넉하기 때문이다. 새식구는 조카 며느리뿐만 조카 사위도 맞이하지만, 주로 조카 며느리를 대접하였다. 이때 손수건이나 양말 같은 작은 선물도 준비하여 주었다. -한숙경(강화)

배다 경기 | 동사 | 배우다

새로운 지식이나 교양을 얻다.

〔서울〕나는 아부지한테 천자문을 배서 글두 좀 읽어요. 표나는 아버지한테 천자문을 배워서 글도 좀 읽어요.

배두링이 충북 | 명사 | 두렁이

어린아이의 배와 아랫도리를 둘러서 가리는 치마같이 만든 옷. 겹으로 만들거나 솜을 두어 만든다.

〔옥천〕예전에 애덜언 배두링이럴 많이 했는데 요즘은 안 햐. 표예전에 애들은 두렁이를 많이 입었는데 요즈음 안 입어.

◆충북에서는 두렁이를 '배두링이'라고 하고 경기에서는 '배투레이'라고 한다.

배똥 제주 | 명사 | 배꼽

탯줄이 떨어지면서 배의 한가운데에 생긴 자리.

〔노형〕너무 웃으면 배똥 털어진다. 표너무 웃으면 배꼽 떨어진다.

배락시럽다 충남 | 형용사 | 별나다

보통과는 다르게 특별하거나 이상하다.

〔논산〕애가 어쩌나 배락시런지 잠간두 가만있질 안혀. 표애가 어찌나 별난지 잠깐도 가만있지를 않아.

배름빡 충남 | 명사 | 벽

집이나 방 따위의 둘레를 막은 수직 건조물.

〔보령〕요기다 참이 심고, 즈짝 배름빡에는 옥시시 섰지. 표여기다 참외 심고, 저쪽 벽에는 옥수수를 심었지. 〔서산〕슨거철만 되면 둥네 배람빡마다 벽보투성이랑께. 표선거철만 되면 동네 벽마다 벽보투성이라니까. 〔공주〕비바램이 어찌나 씨게 불고 허는지 베름빡이 헐고 띠껴나가써. 홈

315

점 개서 지파래기 점 쓸어 넣구 발르야 헐 턴디. 표비바람이 어쩌나 세게 불고 하는지 벽이 헐고 뜯거나갔어. 흙 좀 개서 지푸라기 좀 썰어 넣고 발라야 할 텐데. 〔논산〕그렇게 베름빡만 지구 앉었지 말구 무슨 말 좀 혀봐. 표그렇게 벽만 지고 앉았지 말고 무슨 말 좀 해봐

◆'배름빡'은 '바람벽'에서 온 말이다. 바람벽의 옛말은 '부룸벽'으로 '부르벽'〉'블름벽'〉'부람벽'〉바람벽'으로 변하였다. ◆예전의 시골집들은 대부분 집의 둘레를 막는 담장이 없었다. 방의 벽이 곧 집의 벽 역할을 했으므로 '베람빡'이 곧 방의 벽이자 집의 벽을 뜻하는 말로 쓰였다. -조일형(당진)

배보다 경기 | 동사 | 망보다
상대편의 동태를 알기 위하여 멀리서 동정을 살피다.
〔여주〕니가 배봐라. 표네가 망봐라.

배부릅다 충북 | 형용사 | 배부르다
더 먹을 수 없이 양이 차다.
〔단양〕자꾸 먹지 말구 배부릅으믄 고만 먹어. 표자꾸 먹지 말고 배부르면 그만 먹어.

배암때왈 전북 | 명사 | 뱀딸기
장미과의 여러해살이풀.
〔남원〕배암때왈은 먹으면 큰일 나는 거 아녀? 표뱀딸기는 먹으면 큰일 나는 거 아니야?
◆'뱀'의 옛말은 '비암'이다『이조어사전』에 뱀딸기는 '비암딸기', 뱀장어는 '비암쟝어'로 되어 있다. 뱀의 전북 사투리 '비암'은 대체로 옛말을 간직한 형태이다.

배앙지르다 전남 | 동사 | 비아냥거리다
얄밉게 빈정거리며 자꾸 놀리다.
〔고흥〕아이, 앙 그래도 부애 나 죽겄소. 배앙지

르지 말고 카만 있어. 표아이, 안 그래도 화가 나 죽겠다. 비아냥거리지 말고 가만있어.
◆'배양지르다'는 '비양지르다'라고도 한다. 흔히 "화를 돋우다" 또는 "약을 올리다"라는 뜻으로 사용하던 말이다.

배차꼬갱이 충북 | 명사 | 배추속대
배춧잎 가운데에서 올라오는 잎.
〔청주〕배차 속에 노랗구 이은헌 것얼 배차꼬갱이라구 하지유. 표배추 속에 노랗고 연한 것을 배추속대라고 하지요.

배추뚱글 전북 | 명사 | 없음
배추의 뿌리를 이르는 말.
〔부안〕배추뚱글 내가봐서 깎어 먹자. 표'배추뚱글' 가져와서 깎아 먹자.
◆예전에는 지금처럼 포기 배추가 없어서 경종 배추를 심었다. 경종 배추는 크면 뿌리가 제법 크다. 배추의 뿌리는 겨울에 무처럼 땅속에 묻어두었다가 고구마와 같이 쪄서 먹기도 하고 생으로 깎아 먹기도 한다. 먹을거리가 부족한 겨울에 매우 훌륭한 간식이 되었다. -김금어(부안)

배추속깡 전북 | 명사 | 배추속대
배춧잎 가운데에서 올라오는 잎.
〔군산〕배추속깡에 초장 찍어 먹으면 맛있겠다. 표배추속대에 초장 찍어 먹으면 맛있겠다.

배코 충북 | 명사 | 정수리
머리 위의 숫구멍이 있는 자리.
〔보은〕위 쳐다보다가 배코애 이릏게 하다가 크게 찌어쩌. 표위를 쳐다보다가 정수리 이렇게 하다가 크게 찔었어.
◆표준어로 '배코'는 "상투를 앉히려고 머리털을 깎아낸 자리"를 뜻한다. 관용적 표현으로 "배코를 치

다"라는 말은 중이 머리를 깎듯이 미는 것을 말한다.

배투레이 경기 | 명사 | 두렁이
어린아이의 배와 아랫도리를 둘러서 가리는 치마같이 만든 옷. 겹으로 만들거나 솜을 두어 만든다.
〔연천〕애기들 배가 차가우면 안 되니까 배투레이를 입혀. 표애기들 배가 차가우면 안 되니까 두렁이를 입혀.
◆'두렁이'의 사투리로 '두렝이'와 '투렝이'가 확인되는데 배를 가리는 입성이므로 '배'가 앞에 붙은 어형이다. 베투레이는 베투렝이에서 'ㅇ' 받침이 탈락한 것으로 이런 현상은 사투리에서 많이 나타난다. 예를 들어 '고쟁이'를 '고재이' '걸뱅이'를 '걸배이'라고 하는 식이다. ◆배두렝이는 배들 두른다 하여 붙여진 이름으로 보인다. '실오라기'를 '실오랭이'로, '나부라기'를 '나부랭이'로 발음하는 원리와 같다. ◆'배투레이'는 오줌을 가리지 못하는 갓난아이의 체온을 유지하기 위해 아랫도리로 입히는 옷이다. 대개 돌이 되기 전까지 사용하였는데 윗도리로 배냇저고리를 입힌다.

배틀하다 경기 | 형용사 | 없음
약간 비릿하면서도 감칠맛이 있다.
〔서울〕이번에 담근 김장김치는 배틀한 맛이 있다. 표이번에 담근 김장김치는 '배틀한' 맛이 있다.
◆'배틀하다'의 말뜻에 담겨있는 '비릿한 맛'은 채소나 생선, 고기 따위에서 느낄 수 있는 맛 또는 냄새를 뜻하는 말이다. 김장김치에서 배틀한 맛을 느낄 수 있는 까닭은 채소 또는 생선에서 나는 냄새 때문일 것이다.

백무리 충남 | 명사 | 백설기
시루떡의 하나.
〔서산〕티 읎이 하얀 백무리넌 신성한 음석으루

예거 고사상에 올랐다. 표티 없이 하얀 백설기는 신성한 음식으로 여겨 고삿상에 올랐다.
◆'백무리'는 '멥쌀가루를 하얗게 가라앉힌 것'을 뜻하는 말이다. 이것으로 떡을 만들면 '백무리떡'이 된다. 그러니까 '백무리'는 '백무리떡'이 줄어든 말이다. 보통 사람들이 많이 해먹는 것은 '팥시루떡'인데, '백무리/백무리떡'은 팥 대신 흰 종이로 켜를 했기 때문에 순 쌀가루만으로 만들어진 떡이다. 대개 '백무리'는 어린아이의 백일잔치나 '돌백기(돌잔치)'에 썼고, 아주 특별히 이를 좋아하는 집안에서는 팥시루떡 대신에 백무리를 해 먹었다. −이명재(예산)
◆'무리떡'은 팥고물을 쓰지 않은 시루떡이란 뜻이다. 팥으로 켜를 한 것이 아니므로 빛깔은 당연히 희다. 그러니까 '백무리떡'에서 '백(白)'은 굳이 쓰지 않아도 된다. 그래서 '무리떡'이 되었다. 팥이 귀한 가난한 집에서는 팥을 쓰지 못했다. 그래서 가난한 이들은 원치 않는 무리떡을 해 먹기도 했다. 떡은 삶과 밀접한 음식이기 때문에 '백무리, 백무리떡, 무리떡'이란 말은 충남 사람들의 입에 두루 오르내렸다. −이명재(예산) ◆충북 지역에서는 백설기를 '흰설기'라고 하고 경기 지역에서는 '심'이라고 한다. 경상도에서는 배떡, 백떡이라 하고, 강원도에서는 백시루라 한다. 예로부터 각 집에서 떡을 시루에 쪄서 가장 흔히 했던 떡이면서도 기념할 날에 만들었던 떡이다.

백지 경북 | 부사 | 괜히
아무 까닭이나 실속이 없게.
〔구미〕가가 백지로 그칸다카이. 표걔가 괜히 그렇게 하는 거야. 〔안동〕백지로 말로 했노? 표괜히 무엇하러 했니?

백짠지 전남 | 명사 | 무나물
무를 채 쳐서 삶은 뒤 바로 양념을 하거나 또는 다시 볶으면서 양념을 하여 무친 반찬.

〔고흥〕무시있소? 백짠지 잔 해 묵을라그요. 표무 있어요? 무나물 좀 해 먹으려고요.

백찜 경북 | 명사 | 백설기

시루떡의 하나.

〔상주〕떡 주문할라 카는데, 백찜으로 하니껴? 표떡 주문하려고 하는데, 백설기로 할까요?)

◆'백찜'은 하얀 쌀가루로만 찐 시루떡이다. 6.25 전란이 일어났을 때, 피난민에게 비상식량으로 각광을 받은 음식이다. −상희구(대구) ◆백설기를 뜻하는 사투리가 '심무리, 백무리, 흰설기' 등 전국적으로 다양하게 쓰였지만 모두 빛깔이 희다는 것을 표현한 반면에 '백찜'은 조리법을 표현한 점이 독특하다.

뱀때왈 전남 | 명사 | 뱀딸기

장미과의 여러해살이 풀.

〔고흥〕뱀때왈은 싱겁고 밸로 맛도 읎었어. 표뱀딸기는 싱겁고 별로 맛도 없었어. 〔강진〕뱀띠알은 배암이 묵는당게. 표뱀딸기는 뱀이 먹는다니까.

◆'뱀때왈'은 뱀이 먹거나 뱀이 지나간 곳에 자라기 때문에 잘못 먹으면 뱀독이 오른다고 해서 먹기 전에 나이만큼 손등을 밟거나 침을 먼저 뱉고 먹었다. 아마도 길가에 아무렇게나 자라서 더럽다고 여겨서 그랬던 것 같기도 하다. 잘 익으면 약간 단맛이 나지만 대체로 싱겁고 물이 많아 맛이 없다.

뱀자 경기 | 명사 | 선주

배의 주인.

〔옹진〕조기잡이가 한창일 땐 뱀자들은 돈 무지하게 벌었지. 표조기잡이가 한창일 땐 선주들은 돈 무지하게 벌었지.

◆'배 임자'를 줄여서 '뱀자'라고 하는 것은 'ㅐ'가 과거에 하향이중모음이었기 때문에 후행하는 'ㅣ'와 축약이 가능한 것으로 보인다.

뱀재기 충북 | 명사 | 땅뺏기

어린이 놀이의 하나. 정한 땅에 각자의 말을 퉁긴 대로 금을 그어서 땅을 빼앗아 간다.

〔청원〕뱀재기넌 돌맹이를 시 번 팅기구 금얼 그서 지 땅을 멩그는 거여. 표땅뺏기는 돌맹이를 세 번 팅기고 금을 그어서 자기 땅을 만드는 거야.

◆땅뺏기 놀이에서 자기 집을 지을 때 한 뼘을 돌려 둥글게 선을 긋는다. 누가 더 넓은 땅을 가지나 놀이할 때, 사이에 짜투리 땅이 생기면 뼘으로 재어 한 뼘 안에 들어오면 자기 땅이 된다. 이러한 뱀재기 동작을 표현한 것이 '뱀재기'일 것이다. 뼘을 지방에 따라 '한 배미, 두 배미'처럼 재로로 '뱀재기'의 '뱀'은 '배미'의 축약형으로 보인다. ◆땅따먹기는 땅바닥에 큰 원이나 사각형을 그어 자기 자리에서 자기 집을 정하고, 뼘으로 반원을 그려 기본 땅을 확보한 후 작은 사금파리나 넓적한 돌멩이를 손가락으로 튕겨 세 번 만에 자기 집으로 돌아오면 그은 땅을 차지한다. 이렇게 해서 가장 큰 땅을 차지한 사람이 이기는 놀이이다. 우리나라의 각 지역에서 부르는 이름이 여러 가지가 있으며 제주에서는 '땅재먹기', 충청도에서는 '땅따먹기', 경기도에서는 '꼭꼬락치기', 그 밖에도 '뽐을땅', '땅빼앗기', '땅뺏기' 등 다양하다.

뱁차 경기 | 명사 | 배추

십자화과의 두해살이풀인 배추를 이르는 말.

〔강화〕올해 배차는 잘돼서 존데 꼬추가 안돼서 진장값이 많이 들게 생겼어. 표올해 배추는 잘돼서 좋은데 고추가 안 돼서 김장값이 많이 들게 생겼어. 〔이천〕땅속에 묻었다 캐 먹는 겨울 배차는 달작지근하지. 표땅속에 묻었다 캐 먹는 겨울 배추는 달짝지근하지.

뱅뱅두리 강원 | 명사 | 반병두리

놋쇠로 만든 그릇의 하나. 둥글고 바닥이 평평하여 양푼과 비슷하나 매우 작다. 주로 국이나 국수를 담는다.
〔속초〕뱅뱅두리에 밥을 봉긋 담아 아랫목에 넣어두셨다. 囲반병두리에 밥을 봉긋하게 담아 아랫목에 넣어두셨다. 〔평창〕사위가 오면 뱅뱅두리에 고봉밥을 담아준다. 囲사위가 오면 반병두리에 고봉밥을 담아준다.

뱅치 경북 | 명사 | 벼랑

낭떠러지의 험하고 가파른 언덕.
〔울릉도〕뒷산 뱅치에 진달래가 개락천지다. 囲뒷산 벼랑에 진달래가 엄청나게 많다.

버꾸개 경기 | 명사 | 벽장

벽을 뚫어 작은 문을 내고 그 안에 물건을 넣어두게 만든 장.
〔연천〕버꾸개에 약과를 뒀으까 배고프면 꺼내 먹어라. 囲벽장에 약과를 두었으니까 배고프면 꺼내 먹어라.

버꾸녕치다 강원 | 동사 | 발광하다

어떤 일에 몰두하거나 어떤 행동을 격하게 하다.
〔동해〕핵교에서 몽질이 모에서 한바탕 버꾸녕쳐보자. 囲학교에서 모조리 모여서 한바탕 발광해보자. 〔강릉〕아 마한 눔덜, 하루 휑일 그러 버꾸질치데야. 囲아 못된 놈들, 하루 종일 그렇게 발광하네.
◆'버꾸녕치다'라는 말에서 '버꾸녕'은 농악기의 하나인 '버꾸', 즉 '소고'에서 온 말이다. 소고를 치면서 정신없이 도는 행위를 '버꾸녕치다'라고 한다. - 김인기(강릉)

버끔 경남 | 명사 | 거품

(1)현상 따위가 일시적으로 생겨 겉만 번지르르하고 실속은 없는 상태를 비유적으로 이르는 말.
(2)액체가 공기나 그 밖의 기체를 머금고 부풀어서 생긴 속이 빈 방울.
〔마산〕사기꾼 이바구는 들어봤자 고마 버끔인기라, 버끔! 囲사기꾼 이야기는 들어봤자 그저 거품인 거야, 거품! 〔진주〕입에 버끔을 물고 디로 넘어가뺐다. 囲입에 거품을 물고 뒤로 넘어가버렸다.

버녁 경북 | 명사 | 소고기편육

소고기 편육으로 소의 머리고기, 껍데기 등을 푹 삶아서 굳힌 음식.
〔안동〕큰집 술상에 애구, 버녁이 없으면 되나? 囲큰집 술상에 돼지편육, 소고기편육이 없으면 되니?

버니기 충북 | 명사 | 물동이

물을 긷거나 담아두는 데 쓰는 동이.
〔보은〕그전에는 다 버니기루 물얼 퍼다 날랐지. 囲그전에는 다 물동이로 물을 퍼다 날랐지.
◆'물동이'보다 아가리가 넓어 물을 긷는 데 사용하지 않는 동이를 '자베기'라고 부른다. ◆같은 충북이라도 영동에서는 '버니기'가 '보늬(밤의 속껍질)'를 가리키는 말로 쓰이는데, 보은에서는 '물동이'를 가리키는 말로 쓰인다.

버더거리다 경기 | 동사 | 버걱거리다

크고 단단한 물건이나 질기고 뻣뻣한 물건이 맞닿을 때 나는 소리가 자꾸 나다. 또는 그런 소리를 자꾸 내다.
〔서울〕여름에 땀띠가 나면 피부가 버더거린다. 囲여름에 땀띠가 나면 피부가 버걱거린다.

버리 전북 | 명사 | 보리
볏과의 두해살이풀인 보리를 이르는 말.
〔무주〕쌀이 없응게 버리를 많이 놓아서 밥을 허지. 표쌀이 없으니까 보리를 많이 섞어서 밥을 하지.

버리버리하다 북한 | 형용사 | 어리바리하다
정신이 또렷하지 못하거나 기운이 없어 몸을 제대로 놀리지 못하고 있는 상태이다.
〔북한〕탄내를 먹은 사람처럼 버리버리해. 표연탄 냄새를 맡은 사람처럼 어리바리해.

버릿게 경기 | 명사 | 보릿겨
보리에서 보리쌀을 내고 남은 속겨.
〔양평〕버릿게 뭣 하러 가져가, 돼지 줄라구? 표보릿겨 뭣 하러 가져가, 돼지 주려고?
◆'보리'가 비원순모음화에 의해 '버리'가 되고, '겨'가 단모음화에 의해 '게'가 되는 것은 경기도 사투리의 일반적인 특징이다.

버미 경기 | 명사 | 보늬
밤이나 도토리 따위의 속껍질.
〔강화〕밤껍질을 벗겨내면 버미가 있어요. 그걸 다시 벗겨내믄 먹을 수가 있죠. 표밤껍질을 벗겨내면 보늬가 있어요. 그걸 다시 벗겨내면 먹을 수가 있죠.

버바리 강원 | 명사 | 벙어리
선천적이거나 후천적인 요인으로 청각이나 발음기관에 탈이 생기거나, 처음부터 말을 배우지 못하여 말을 할 수 없는 사람을 낮잡아 이르는 말.
〔삼척〕이거 버바리네 갖다 주고 온나. 표이거 벙어리네 가져다주고 오너라. 〔강릉〕그래, 내가 벙치고 쇠경이다. 표그래, 내가 벙어리고 소경이다.

◆'벙어리'를 가리키는 말로 '숫버바리', '암버바리'라는 말까지 사용했을 정도로 장애인에 대한 차별이 매우 심했던 시절이 있었다.

버새 북한 | 명사 | 없음
똑똑하지 못하고 바보처럼 구는 사람을 홀대하여 부르는 말.
〔북한〕야, 너는 손이 없니 발이 없니? 왜 버새처럼 맞기만 했니? 표야, 너는 손이 없니 발이 없니? 왜 '버새'처럼 맞기만 했니?

버섭 경기 | 명사 | 버섯
담자균류와 자낭균류의 고등 균류를 통틀어 이르는 말.
〔포천〕버섭은 많이 따러 다녔어요. 표버섯은 많이 따러 다녔어요.

버성그다 경북 | 형용사 | 어설프다
하는 일이 몸에 익지 아니하여서 익숙하지 못하고 엉성하고 거친 데가 있다.
〔안동〕일을 그래 버성그게 하지 마고 다부지게 좀 해라. 표일을 그렇게 어설프게 하지 말고 다부지게 좀 해라.

버죽 충북 | 명사 | 쐐기
물건의 틈에 박아서 사개가 물러나지 못하게 하거나 물건들의 사이를 벌리는 데 쓰는 물건. 나무나 쇠의 아래쪽을 위쪽보다 얇거나 뾰족하게 만들어 사용한다.
〔충주〕버죽을 박아서 고정을 해야 튼튼하지. 표쐐기를 박아서 고정을 해야 튼튼하지.

버지기 경남 | 명사 | 버치
자배기보다 조금 깊고 아가리가 벌어진 큰 질그릇.

320

〔통영〕버지기에 호박 우거리를 폐서 몰라왔다. 표 버치에 호박 말린 것을 펴서 말렸다.

◆ '자배기'는 둥글넓적하고 아가리가 넓게 벌어진 질그릇으로 양쪽에 손잡이가 달려 있다. 주로 부엌에서 식재료를 씻거나 설거지를 할 때 사용했다. '버지기(버치)'는 '자배기'와 비슷하게 생겼지만 이보다 더 크기 때문에 김치를 담글 때나 빨래를 할 때 사용했다. 울산에서는 '자배기'와 '버치'를 구별하지 않고 '버지기'라고 했다. —김승호(진주) ◆ '버지기'는 "욕을 버지기로 얻어무웠다"처럼 '많이' 또는 '엄청나게'를 뜻하는 말로도 쓰이고, "저 버지기 겉은 가시나 바라"처럼 '칠칠맞게'를 뜻하는 말로도 쓰인다. —김성재(고성)·성기각(창녕) ◆ 용기류 명칭은 지역마다 다를 뿐만 아니라, 같은 명칭이라 해도 지역마다 의미가 꼭 같은 것은 아니라서 일률적으로 기술하기가 쉽지 않다. 창원 지역에는 '도가지, 중두리, 단지, 도오, 추마리, 두리미, 드무, 버지기, 사구'와 같은 아홉 가지 중요 도기 용기류 명칭이 있고, 이들 대부분의 명칭 아래에는 또 다른 이름의 다양한 용기류가 있다. 이를테면, '도가지'에는 '수티이, 암독/밑독, 쑥독' 등이, '중두리'와 관련해서는 '옹티이, 왜지리기/왜지레기' 등이, '단지'에는 '총각단지, 단지새끼' 등이, '도오'는 쓰임에 따라서는 '물또오, 새비젖또오, 술또오, 짐치도오, 콩지름도오' 등이, 재질에 따라서는 '사도오' 등이, '추마리'는 쓰임에 따라 '장추마리, 똥추마리' 등이, '드무'와 관련해서는 '버리'가, '사구'에는 '보오쌀사구, 꼭대기사구/꼭닥사구/도랑사구' 등이 더 있다. 아홉 가지 중요 명칭은 다음과 같은 방식으로 하나의 낱말밭을 이루고 있다. '도가지'를 기준으로 해보면, 그 크기가 조금 작은 것은 '중두리'이고, 그보다 더 작은 것은 '단지'이다. 따라서 이들 사이에는 크기라는 차이가 존재한다. 이들은 배가 부르고 손잡이나 목이 없는 점으로 보아 저장용 용기임을 알 수 있다. '단지' 정도의 크기에 배가 부르지 않고 손잡이가 있는 것이 '도

오'이다. '단지'도 경우에 따라서는 배가 부르지 않은 것이 있기 때문에 '단지'와 '도오'를 가름하는 결정적인 변별 바탕은 '손잡이'가 된다. 손잡이가 있는 것은 운반용이다. '도오'에서 운두가 더 낮아지고 아가리가 넓어지면 '드무, 버지기, 사구'가 된다. 이들의 상대적인 크기는 드무, 버지기, 사구의 순이지만, 드무는 물을 저장하는 용도로 쓰이고 버지기와 사구는 운반용으로 쓰인다는 차이가 있다. '추마리'는 '도오'와 같이 손잡이가 있으면서도 그것과는 달리, 목도 갖고 있어 꽤 많은 양의 액체를 멀리 나르는 데 이용되었음을 알게 해준다. 목은 있으나 손잡이가 없는 것으로는 '두리미'가 있다. 이는 분류라는 입장에서 보면, '추마리'는 '도오'와 '두리미' 사이에 존재하는 용기임을 뜻하는 것이라 하겠다. —김정대(1989)

버큼 충남 | 명사 | 거품

액체가 기체를 머금고 부풀어서 생긴, 속이 빈 방울.

〔보령〕널러다니는 거? 버큼. 물버큼. 표 날아다니는 거? 거품. 물거품.

◆ 충남 남부에서는 '버큼'을, 북부에서는 '거큼'을 상대적으로 많이 쓰고 있다. 표준어화가 진행되면서 표준어와 차이가 큰 '버큼'이 가장 먼저 사라졌고, '거큼'이 '거품'과 함께 쓰이다가 그마저 점차 사용 빈도가 줄어들고 있다. —이명재(예산) ◆ '거품'을 '버큼'이라고 하는 것은 'ㄱ'과 'ㅍ'의 음운도치 때문이다. 첫 음절의 'ㄱ'이 둘째 음절로 가면서 격음이 되어 'ㅋ'이 되고 둘째 음절의 'ㅍ'이 첫 음절로 가면서 연음이 되어 'ㅂ'이 된 것이다. 이러한 음운도치로 형성된 단어로는 '배꼽', '해오라비', '혹시' 등이 있다. 배꼽은 원래 '뱃복'이었는데 둘째 음절의 초성과 종성의 도치가 일어난 것이고, 해오라비는 '하야로비'로부터 모음도치가 일어났다. 혹시는 원래 '시혹'이었는데 음절도치가 일어났다. 거품의 방언 '버큼'

은 충남뿐만 아니라 경상도와 전라도에서도 쓰인다.

번글증 경남 | 명사 | 번갈증
지나치게 목말라하며 물을 많이 마시는 증상.
〔거제〕와, 번글증이 나나? 표왜, 번갈증이 나니?
◆'번갈증'은 '다음증'의 이전 용어로 지금은 사용하지 않는 말인데, 마치 목이 마른 사람처럼 무엇인가를 하고 싶거나 사고 싶어서 조급증이 난 상태나 갑갑한 느낌이 들 때도 사용한다.

번다소리 북한 | 명사 | 잔소리
필요 이상으로 듣기 싫게 꾸짖거나 참견함. 또는 그런 말.
〔평안〕자꾸 번다소리 하면 짜증 나지. 표자꾸 잔소리하면 짜증 나지.
◆'번다하다'라는 말은 "말이나 행동이 정도를 넘게 다사스럽다"를 뜻하는 말이고, '다사하다'라는 말은 "쓸데없이 말수가 많다"를 뜻하는 말이다.

번받다 경기 | 동사 | 본받다
본보기로 하여 그대로 따라 하다.
〔강화〕장남이 잘해야 동생들이 그걸 번받는데 말이죠. 표장남이 잘해야 동생들이 그걸 본받는데 말이죠.

번자 북한 | 명사 | 접시
높이가 낮고 납작한 그릇.
〔황남〕빼람에 있는 과자를 번자에 좀 담아 와라. 표서랍에 있는 과자를 접시에 좀 담아 오너라.

벌간 전남 | 명사 | 산소
'뫼'를 높여 이르는 말.
〔진도〕뒷산 벌간에 벌초하러 가자. 표뒷산 산소에 벌초하러 가자.

◆'벌깐'은 나무를 베어낸 묘지 구역을 뜻하는 말이다. 즉 묘지를 조성하기 위해 묘지 둘레에 나무가 자라지 않도록 넓은 터를 만든 곳이다. '벌간' 또는 '벌안'이라고도 한다. -오덕렬(광주) ◆전라남도 장성에서는 '밝은 날'을 '벌간'이라고 한다.

벌거지 충북 | 명사 | 벌레
곤충을 비롯하여 기생충과 같은 하등동물을 통틀어 이르는 말.
〔옥천〕나락이 벌거지가 나가지구 말리야 먹겄어. 표나락에 벌레가 생겨서 말려야 먹겠어.
◆경남에서는 '벌거지'를 '벌'의 사투리로도 쓴다.

벌구두데기 경북 | 명사 | 없음
봄나물의 일종. 잎이 작고 잔가지가 넓게 퍼져 있다.
〔안동〕나는 냉이만 잔뜩 캤는데 너는 어디 가서 벌구두데기를 이리 많이 캤네.
◆'벌구두데기'는 나생이(냉이), 달래, 모메(메), 꽃다지 등과 함께 나는 대표적인 봄나물이다. 지역에 따라 보리 순이 피는 초봄에 나는 나물이라고 하여 '보리대대'라고도 한다. -김주득(안동)

벌금다지 충북 | 명사 | 벼룩이자리
석죽과의 한해살이풀 또는 두해살이풀.
〔옥천〕봄에 입맛 읎을 때 벌금다지 무친 거 늫구 밥 비비 먹으믄 좋지. 표봄에 입맛 없을 때 벼룩이자리 무친 거 넣고 밥 비벼 먹으면 좋지.

벌때청이 전남 | 명사 | 건성꾼
세상 돌아가는 이치를 잘 모르거나 매사를 건성으로 보아 넘기는 사람.
〔고흥〕아, 그 사람은 말귀를 못 알아듣고 또 물어보고 또 물어보고 벌때청이당께. 표아, 그 사람은 말귀를 못 알아듣고 또 물어보고 또 물어보고

건성꾼이라니까.

◆고흥에서는 '벌때청이' 또는 '벌처니'라고 한다. "벌처니 노릇허고 있네"라는 식으로 쓴다. '벌'은 '벌소리(쓸데없는 소리), 벌로 듣다(잘못 듣다), 벌로 보다(건성으로 보다)' 등의 말에서도 찾아볼 수 있다. -천인순(고흥)

벌레지 경기 | 명사 | 벌레
곤충을 비롯하여 기생충과 같은 하등동물을 통틀어 이르는 말.
〔용인〕여기 벌레지 좀 잡아줘. 표여기 벌레 좀 잡아줘.

벌로 경북 | 부사 | 건성
(주로 '건성으로' 꼴로 쓰여) 진지한 자세나 성의 없이 대충 하는 태도.
〔구미〕가는 입만 열면 벌로 지기싸서 감당이 안 된다. 표걔는 입만 열면 건성으로 지껄여서 감당이 안 된다.

벌씨로 전남 | 부사 | 벌써
예상보다 빠르게.
〔고흥〕소 띠끼로 보내농께 벌씨로 와부렀네. 표소 풀 먹이라고 보내놓으니까 벌써 와버렸네.

벌적스럽다 강원 | 형용사 | 없음
보기에 매우 요란하고 화려하다.
〔양양〕그 집 아는 왜 옷을 벌적스럽게 입는지 모르겠네. 표그 집 아이는 왜 옷을 '벌적스럽게' 입는지 모르겠네.

범벅이밥 북한 | 명사 | 없음
낟알 가루에 채소를 섞어서 범벅을 만들어 끼니로 먹는 밥.
〔황해〕보리, 감자가 넉넉하니 범벅이밥이나 해

먹자우. 표보리, 감자가 넉넉하니 '범벅이밥'이나 해 먹자.

◆주로 황해도 지역에서 많이 먹는 음식으로 보리, 감자, 밀가루 등 여러 가지 곡식을 넣고 섞에서 만든 밥이다.

벙굴 경남 | 명사 | 벚굴
섬진강 하구 일대에서 자라는 굴. 2월 중순에서 4월 말까지가 제철이며, 일반 굴에 비하여 크기가 훨씬 크다.
〔하동〕벙굴은 생으로 그냥 초장에 찍어 묵는 기 최곱니더. 표벚굴은 생으로 그냥 초장에 찍어 먹는 게 최고입니다.

◆'벚굴'은 여러 개의 굴이 모여 있는 모습이 물속에 핀 벚꽃과 같다고 해서 붙여진 이름이라는 설이 있는가 하면, 벚꽃이 필 무렵에 가장 맛이 뛰어나서 붙여진 이름이라는 설이 있다. 그런데 본래 '벚굴'의 이름은 '벙굴'이었다. '벙굴'은 크기에 비해 살이 단단하지 않아서 붙은 이름으로 보인다. 실제로 경남 지역 사투리 중에 손끝이 야물지 못하거나 덜렁거리는 사람을 가리켜 '벙캐'라고 하고, 조금 모자란 사람을 '벙치'라고 하는데, 이때의 접두사 '벙'은 야물지 못한 대상을 가리킬 때 사용하는 말이다.

벙클다 강원 | 동사 | 부풀다
살가죽이 붓거나 부르터 오르다.
〔강릉〕에그 좀 파 네레가니 내뜩 벙클언데 달부어여와. 말루만 듣던, 순다지 갈그뿐이라는 단지 칡겡이야. 동우뎅이만 항 그 파느라 한나절으 발광했어. 표에그 좀 파 내려가니 냅다 부풀었는데 아주 어려워. 말로만 듣던, 순전히 가루뿐이라는 단지 칡이야. 단지만 한 것을 파느라 한나절을 발광했어. 〔정선〕고구마가 벙클면 캔다. 표고구마가 부풀면 캔다. 〔속초〕꽃이 벙클기 시작했어. 표꽃이 부풀기 시작했어.

ㅂ

베 충북 | 명사 | 벼

볏과의 한해살이풀.

〔옥천〕가실에 비가 많이 오믄 물이 많으니께 베럴 비기가 심들지. 囲가을에 비가 많이 오면 물이 많으니까 벼를 베기가 힘들지. 〔보은〕그 타자 캐쿠 그래구서넌 나락을 좀 읃으다 그래 먹구 그래구 살구 거 고상얼 행 걸 머 거 말해먼 뭘 해요. 囲그 타작하고 그러고서는 벼를 좀 얻어다 그렇게 먹고살고 그 고생을 한 걸 말하면 뭘 해요.

◆ 지역에 따라 '베'는 볏과의 한해살이풀을 뜻하기도 하고, 그 하나하나의 낟알을 뜻하기도 한다.

베락 전북 | 명사 | 벼락

공중의 전기와 땅 위의 물체에 흐르는 전기 사이에 방전 작용으로 일어나는 자연현상.

〔정읍〕이런 베락 맞을 놈으 새끼를 봤다. 囲이런 벼락 맞을 놈의 새끼를 봤다. 〔남원〕천둥 치고 베락 치고 날리가 아녀. 囲천둥 치고 벼락 치고 난리가 아니야. 〔고창〕동네 전봇대가 큰 베랑 맞었잖아요. 囲동네 전봇대가 큰 벼락 맞았잖아요.

베락시럽다 충남 | 형용사 | 별나다

보통과는 다르게 특별하거나 이상하다.

〔예산〕갸가 어려서 워내기 베락시렀어. 집안을 완통 후젓어났다니께. 囲그 애가 어려서 워낙 별났어. 집안을 온통 휘저어났다니까.

◆ '베락시럽다'는 어디로 튈지 모르는 성미를 지닌 아이를 이를 때 쓰는 말이다. "아이가 얼마나 성미가 급하고 데설궂은지 벼락 치듯 번쩍번쩍 사고를 쳐서 감당할 수가 없다." 이럴 때 충남 사람들은 아이를 '벼락'에 빗대어 베락시럽다고 한다. 이 말은 생긴 대로 '벼락'에 접사 '-스럽다'가 붙은 꼴이다. -이명재(예산)

베락시럽다 충북 | 형용사 | 별나다

보통과는 다르게 특별하거나 이상하다.

〔옥천〕애덜언 원래가 베락시러운 겨. 囲애들은 원래 별난 거야.

베랑박 전북 | 명사 | 벽

집이나 방 따위의 둘레를 막은 수직 건조물.

〔임실〕이 애기가 뙤애기를 업고 베랑박을 올라가던 말던 니가 무신 상관이야? 囲새끼 이가 '뙤애기'를 업고 벽을 올라가든 말든 네가 무슨 상관이야? 〔김제〕날 뜨실 때 베랑빡으 붙어 있으면 좀 낫당게. 囲날 뜨거울 때 벽에 붙어 있으면 좀 낫다니까. 〔남원〕장 씨, 우리 집 벼랑박이 무너져서 은제 고쳐야겄는디 시간이 나는가? 囲장 씨, 우리 집 벽이 무너져서 언제 고쳐야겠는데 시간이 나는가?

◆ '바람벽'이 '베랑박'이 된 것은 첫 번째 음절의 모음 'ㅏ'와 세 번째 음절의 'ㅓ'가 도치된 결과로 보인다. 전라도에서 '베랑박'은 방의 벽이자 집의 벽을 두루 가리키는 말로 쓰이고 있다. ◆ 임실에서는 지금도 "내가 무슨 말은 하든지 네가 무슨 상관이냐?"라는 뜻으로 "이 애기가 뙤애기를 업고 베랑박을 올라가던 말던 니가 무신 상관이야?"라는 식으로 말한다. '이 애기'는 새끼 이를 뜻하고 '뙈애기'는 정확한 뜻을 알 수 없으나 새끼 이보다 큰 '쐐기' 정도를 뜻하는 말로 보인다. - 최병선(임실)

베럭박 경남 | 명사 | 바람벽

방을 둘러막은 둘레의 벽.

〔진해〕니는 나가 몇인데 베럭박에 똥칠할 때까지 살라꼬 천날만날 보약을 달고 사노? 囲너는 나이가 몇인데 바람벽에 똥칠할 때까지 살려고 매일 보약을 달고 사니? 〔하동〕베름빡에 지대앉아 담배만 빠끔빠끔 뽈고 있었다. 囲바람벽에 기대

앉아 담배만 빠끔빠끔 빨고 있었다.

◆하동에서는 '바람벽'을 '베름빡'이라고 하고, '담벼락'을 '담부랑'이라고 한다. 가난한 살림집에서는 '담부랑'을 하지 않고 울타리를 하지만, 부유한 살림집에서는 '담부랑'으로 집을 에워쌌다. -강위생(하동) ◆고성에서는 방과 방 사이의 벽을 '베럭박'이라고 하며, 집과 집 사이의 벽 즉 담장을 '담부랑'이라고 한다. -백만기(고성)

베롱ᄒ다 제주 | 형용사 | 반하다
어두운 가운데 밝은 빛이 비치어 조금 환하다.
〔한경-신창〕안방에 창곰 똘랑내불어. 경혜사 ᄒ꼼 베롱헤영 베레질 거 아니? 표고방에 '창곰' 뚫어버려. 그래야 조금 반하게 보일 거 아니야?
◆'베롱ᄒ다'라는 말이 형용사로 쓰일 때는 "어두운 가운데 밝은 빛이 비치어 조금 환하다(반하다)" 또는 "빛이 흐릿하다(희미하다)"라는 뜻이 되고, 동사로 쓰일 때는 "생활이 옹색한 지경에서 벗어나 조금 편해지다"라는 뜻이 된다. ◆'창곰'은 연기가 빠져나가도록 벽 가운데 뚫어놓은 구멍을 뜻하는 말이다.

베룩 전북 | 명사 | 벼룩
벼룩목에 속하는 곤충을 통틀어 이르는 말.
〔임실〕베룩의 간을 내먹어라. 표벼룩의 간을 내먹어라.

베름박 충북 | 명사 | 벽
집이나 방 따위의 둘레를 막은 수직 건조물.
〔제천〕베름박에 기대서 앉아갖고. 표벽에 기대어 앉아가지고.

베리다 제주 | 동사 | 보다
눈으로 대상의 존재나 형태적 특징을 알다.

〔구좌-한동〕시리떡 칠 땐 정지문 탁 더껑 사름 베리지도 못허게 허여. 표시루떡 찔 때는 부엌문 탁 닫아서 사람 보지도 못하게 해. 〔남원〕잘못허당 실 끈어지카 부덴 멩심허영 그레 베리멍 술술 줍아뎅겨. 표잘못하다가 실 끊어질까 봐 명심해서 그리로 보면서 살살 잡아당겨.
◆'베리다'를 '베레다'라고도 한다. '바라보다'라는 말은 '바레보다/바레여보다' 또는 '베려보다'라고 한다.

베비 충북 | 명사 | 삘기
띠의 어린 꽃이삭.
〔영동〕그전에는 먹을 기 읎으니께 베비럴 뽑아서 씹구 댕기구 그랬어. 그라믄 끔껄이 되거덩. 표그전에는 먹을 게 없으니까 삘기를 뽑아서 씹고 다니고 그랬어. 그러면 껍살이 되거든.

베악재기 북한 | 명사 | 없음
부엌 아궁이를 이르는 말.
〔자강〕베악재기에 장작깨비를 디밀라. 표베악재기에 장작을 넣어라.

베이삭 전북 | 명사 | 벼이삭
벼에서 꽃이 피고 꽃대 끝에 열매가 수북하게 많이 열리는 부분.
〔정읍〕올가실에는 베이삭이 아조 튼튼허네. 표올가을에는 벼이삭이 아주 튼튼하네. 〔임실〕올해는 나락모가지가 아조 크고 조아. 표올해는 벼이삭이 아주 크고 좋아.

베제 강원 | 명사 | 겨
벼, 보리, 조 따위의 곡식을 찧어 벗겨낸 껍질을 통틀어 이르는 말.
〔양양〕방을간에 가서 빠아모 베제도 나오고 그러지. 표방앗간에 가서 빻으면 겨도 나오고 그러지. 〔삼척〕비 오는 날 샛제에다 불을 붙여놓으면

아무리 많은 비가 와도 꺼지지 않고 타잖소. 표
비 오는 날 겨에다 불을 붙여놓으면 아무리 많은
비가 와도 꺼지지 않고 타잖소. 〔홍천〕베두 깡 거
왕게라 구래잖어. 표벼도 깐 거 거라 그러잖어.
〔강릉〕마늘 심군 밭에더가 샛제를 좀 깔거라. 표
마늘 심은 밭에다가 겨를 좀 깔거라.
◆곡물의 겉껍질만 벗겨진 '게(겨)'를 '왕게(왕겨)'
라고 하는데, 열전도율이 낮아서 겨울철에 곡식이
얼어 죽는 것을 막는 데 쓰기도 했다. -유연선(춘
천) ◆동해와 삼척에서 '샛제'는 '왕겨'를 뜻하는 말
이다. -이경진(삼척)

벡담 제주 | 명사 | 밭담
밭의 가장자리를 돌멩이로 벽을 쌓듯이
에둘러놓은 둑.
〔구좌-한동〕덧은 거 족제비 잘 뎅길 직헌 디, 어
디 어수룩헌 벡담에 논다. 표덫은 그 족제비 잘 다
닐 것 같은 데, 어디 어두침침한 '벡담'에 놓는다.

벤닙 경기 | 명사 | 베갯잇
베개의 겉을 덧씌워 시치는 헝겊.
〔강화〕베게를 천으로 싸잖어, 그게 벤닙이야. 표
베개를 천으로 싸잖어, 그게 베갯잇이야.

벨 북한 | 명사 | 화
몹시 못마땅하거나 언짢아서 나는 성.
〔함북〕무례한 친구의 말에 벨을 참지 못해서 영
석이가 그만 울음을 터뜨렸다구만. 표무례한 친
구의 말에 화를 참지 못해서 영석이가 그만 울음
을 터뜨렸다는구먼.
◆'벨'은 창자를 비속하게 부르는 '배알'의 줄임말
'밸'과 관련이 있다. 화가 나면 창자로부터 반응이
생기는 생리 현상을 표현한 것이다.

벨나도 전남 | 부사 | 유난히

언행이나 상태가 보통과 아주 다르게.
또는 언행이 두드러지게 남과 달라 예측
할 수 없게.
〔강진〕존 옷 입었다고 벨나도 티를 내네. 표좋은
옷 입었다고 유난히 티를 내네. 〔장성〕으째 그리
벨나게 지랄이여. 표어째 그리 유난히 지랄이야.

벨똥 전북 | 명사 | 별똥별
'유성'을 일상적으로 이르는 말.
〔임실〕백중날 저녁으 벨똥이 많이 떨어져. 표백
중날 저녁에 별똥별이 많이 떨어져.

벨량 제주 | 명사 | 별명
본명이나 자 이외에 쓰는 이름. 허물없
이 쓰기 위하여 지은 이름이다.
〔중문〕가이 벨량이 뭐시엔 고라라. 표그 사람 별
명이 무엇인지 말해라.
◆'벨량'은 '별호'라는 뜻으로 쓰지만, 기본적으로 좋
은 뜻으로 쓰는 말이 아니기 때문에 '별명'을 뜻하는
말로 볼 수 있다. -김동필(용담)

벨루 경기 | 부사 | 별로
이렇다 하게 따로. 또는 그다지 다르게.
〔서울〕나는 과자 같은 건 벨루 안 좋아해. 표나
는 과자 같은 건 별로 안 좋아해. 〔여주〕네가 한
일이 벨루 잘한 것 같지 않다. 표네가 한 일이 별
로 잘한 것 같지 않다.

벱자리 경기 | 명사 | 질경이
질경잇과의 여러해살이풀.
〔강화〕마차 다니는 길가에 보만 벱자리 천지야.
표마차 다니는 길가에 보면 질경이 천지야.
◆'질경이'의 방언형으로 '벱-' 형은 매우 다양하게
나타나는데 '벱자리'는 강화에서만 확인된다.

벹 전북 | 명사 | 볕

해가 내리쬐는 기운.

〔정읍〕벹이 참말로 잘 든다. 벹이 잘 들어야 좋아. 표볕이 참말로 잘 든다. 볕이 잘 들어야 좋아. 〔임실〕남양집이라 시안에도 벹이 잘 들어. 표남향집이라 겨울에도 볕이 잘 들어. 〔군산〕메칠 내동 비가 쏟아져가꼬 벹 구경을 못 혔어. 표며칠 내내 비가 쏟아져가지고 볕 구경을 못 했어.

벼락딱방맹이 충북 | 명사 | 없음

천방지축으로 휘젓고 다니는 모습.

〔충주〕갸는 왜 벼락딱방맹이마냥 싸돌아댕긴다니? 표걔는 왜 '벼락딱방맹이'처럼 싸돌아다닌다니?

벼씨 경기 | 명사 | 볍씨

못자리에 뿌리는 벼의 씨.

〔포천〕추수가 끝나면 벼씨를 잘 보관해야 해요. 표추수가 끝나면 볍씨를 잘 보관해야 해요.

보강지 강원 | 명사 | 아궁이

방이나 솥 따위에 불을 때기 위하여 만든 구멍.

〔원주〕추운 날이면 매운 내 마셔가며 보강지에 불 지피던 엄마가 생각난다. 표추운 날이면 매운 내 마셔가며 아궁이에 불 지피던 엄마가 생각난다. 〔양양〕보강지 불에 감자 궈 먹자. 표아궁이 불에 감자 구워 먹자. 〔평창〕날이 추우니 고냉이가 버강지에서 자드라. 표날이 추우니 고양이가 아궁이에서 자더라.

◆부뚜막과 부넘기가 없이 불길이 바로 구들로 들어가도록 만든 '함실아궁이' 또는 '군불아궁이'가 있다. 이런 아궁이는 구들장 밑으로 불길이 직접 들어가기 때문에 방이 비교적 빨리 데워지는데, 강릉에서는 이런 아궁이를 '함벅'이라고 한다. −김인기(강릉)

보골 경남 | 명사 | 화

노엽거나 언짢게 여겨 일어나는 불쾌한 감정.

〔밀양〕내가 오늘 우리 엄마 잔소리 때문에 억수로 보골무웠다 아이가. 표내가 오늘 우리 엄마 잔소리 때문에 엄청 화났단 말이야. 〔진해〕사탕 갖고 얼라 보골 좀 그만 채아고 그냥 주우라. 표사탕 가지고 아기 화 좀 그만 돋우고 그냥 줘라. 〔하동〕그 사람헌티서 그런 말을 들은깨 에나 보골이 난다. 표그 사람한테서 그런 말을 들으니까 정말 화가 난다.

◆주로 화가 나면 "보골이 난다"라고 하거나 "보골을 채우다"라고 한다. 왜냐하면 '보골'은 경상남도 사투리로 '허파'를 뜻하고, 흔히 화가 날 때 "부아가 치민다"라고 하는데 이때 '부아'가 바로 '허파'이기 때문이다. '보골먹다'의 형태로도 사용된다.

보구니 강원 | 명사 | 바구니

대나 싸리 따위를 쪼개어 둥글게 결어 속이 깊숙하게 만든 그릇.

〔횡성〕봄이 되면 보구니를 들고 밭에 가서 나생이를 캐자. 표봄이 되면 바구니를 들고 밭에 가서 냉이를 캐자.

보구레 강원 | 명사 | 쟁기

논밭을 가는 농기구.

〔삼척〕소 매가주 하는 보구레라고 이써요. 표소 매어가지고 하는 쟁기라고 있어요. 〔원주〕극쟁이로 바슬 갈아라. 표쟁기로 밭을 갈아라.

◆춘천에서는 쟁기의 일종인 보습을 '버섯'이라고 한다. −유연선(춘천)

보그라지다 경기 | 동사 | 벌어지다

식물의 잎이나 가지 따위가 넓게 퍼져서 활짝 열리다.

〔파주〕목화가 이러게 보그라져 이쓰면 쏙쏙 빼면 쏙쏙 빠져.-최명옥(2013) 표목화가 이렇게 벌어져 있으면 쏙쏙 빼면 쏙쏙 빠져.

◆'보그라지다' 또는 '보그러지다'는 '버그러지다'의 작은 말이다. 현재 표준어로는 등재되어 있지 않으나 '버그러지다'라는 단어로 표현할 수 없는 경우를 담당할 말이 아닌가 싶다. 꽃망울이 열리거나 예쁜 아기의 눈이 잠에서 깨어 살짝 뜨려할 때 '버그러진다'라는 표현보다 '보그러진다'라는 표현이 더 알맞을 것 같기 때문이다.

보금치 충북 | 명사 | 바구니

대나 싸리 따위를 쪼개어 둥글게 결어 속이 깊숙하게 만든 그릇.

〔제천〕나물을 캘라믄 보금치럴 가지구 가야지. 표나물을 캐려면 바구니를 가지고 가야지.

◆'보금치'는 테두리에 대나무를 서너 겹 둘러 손잡이가 달린 형태로도 쓸 수 있다. 바구니를 뜻하는 방언은 강주리, 다래끼, 소코리, 도방구리, 동고리, 봉태기, 종대기 등 전국에 있는데 이 보금치는 매우 특이한 형이다. 강원도에서는 '버금치'라고 한다.

보꾼떡 전남 | 명사 | 부꾸미

볶은 떡. 찹쌀가루, 밀가루, 수수가루 따위를 반죽하여 둥글고 넓게 하여 번철이나 프라이팬 따위에 지진 떡.

〔영암〕또 머단 사람들은 보꾼떡도 마니 하고 그랍떠다.-이기갑(2009) 표또 어떤 사람들은 부꾸미도 많이 하고 그러더군요.

◆'보꾼떡'은 찹쌀가루나 차수수가루를 반죽하여 둥글납작하게 빚은 다음 소를 넣어 반달 모양으로 지져낸 떡을 뜻하는 말이다. 지역에 따라 소를 넣지 않고 둥글넓적하게 부쳐내기도 한다.

보랭이 경남 | 명사 | 없음

새끼 멧돼지를 일컫는 말.

〔김해〕이런 보랭이 겉은 자슥들. 표이런 '보랭이' 같은 녀석들.

보로씨 전남 | 부사 | 겨우

어렵게 힘들여.

〔고흥〕워머, 허리가 어쩌게 아픈지 밭을 보로씨 맸당께. 표어머, 허리가 얼마나 아픈지 밭을 겨우 맸다니까. 〔강진〕얼매나 담박질로 왔던지 차 시간을 포로씨 맞췄네. 표얼마나 달음박질로 왔던지 차 시간을 겨우 맞췄네. 〔진도〕밭에서 올 때 배가 어찌가 고픈지 포도시 집에 왔당께. 표밭에서 올 때 배가 어찌나 고픈지 겨우 집에 왔다니까.

◆전남에서는 '겨우'의 뜻으로 '보로씨' 외에도 '포도시' 또는 '보돕시'를 쓰고 있다.

보론 북한 | 명사 | 담요

순수한 털이나 털에 솜을 섞은 것을 굵게 짜거나 두껍게 눌러서 만든 요.

〔자강〕야, 보론에서 봉뎬이니까 들썩이지 말라. 표야, 담요에서 먼지 나니까 들썩이지 마라.

보리꺼리 전북 | 명사 | 보릿고개

햇보리가 나올 때까지의 넘기 힘든 고개라는 뜻으로, 묵은 곡식은 거의 떨어지고 보리는 아직 여물지 아니하여 농촌의 식량 사정이 가장 어려운 때를 비유적으로 이르는 말.

〔군산〕옛날에는 그 보리꺼리라고 해가지고 저 머야 있었어요.-소강춘(2007) 표옛날에는 그 보릿고개라고 해가지고 저 뭐야 있었어요. 〔부안〕보리가 누릇누릇헐 때, 그때가 보리누름여. 그때가 질로 옹삭어. 표보리가 누릇누릇할 때, 그때가 보릿고개야. 그때가 제일 옹색했어.

보리동생 경남 | 명사 | 없음

바로 밑의 동생.

〔고성〕머 한다꼬 니 보리동생이 저리 난리로 치노? 표무엇 때문에 네 '보리동생'이 저렇게 난리를 치니? 〔하동〕니 보리동생이 천재라 쿠데. 표네 '보리동생'이 천재라 하던데. 〔창원〕내가 머 당신 아시동상겉이 보이요? 표내가 뭐 당신 '아시동상'같이 보이오? 〔남해〕니 뽀독동생 이분에 승진했다 쿠데. 표네 '뽀독동생'이 이번에 승진했다 하던데.

◆고성·진주 등지에서는 바로 밑의 동생을 가리켜 '보리동생'이라고 한다. '보리'가 '바로'에서 온 말이기 때문에 모든 동생을 두루 가리키는 말이라기보다 바로 밑의 동생을 가리키는 말로 보아야 한다. 이와 비슷한 말로 거창·고성·밀양·통영 등지에서는 '아시동생'이라고 한다. '아시'는 '처음'을 뜻하는 말로 '첫째 동생', 즉 바로 밑의 동생이라고 할 수 있다. -김성재(고성) ◆예문에서 보는 것처럼, 창원에서는 '아시동상'을 시비를 거는 데 대한 본인의 불쾌한 반응을 보일 때나 화자의 불만을 드러낼 때와 같은 한정적인 환경에서 쓰고, 일반적인 환경에서는 쓰지 않는다. -김정대(창원)

보리똥 충남 | 명사 | 보리수

보리수나무의 열매.

〔논산〕어제 춘식이네 보리똥 땄는디 먹을 겨? 표어제 춘식이네 보리수 땄는데 먹을 거야? 〔서산〕뽀루수넌 느진가리 된서리 네릴 적이 따 먹으야 질 달다. 표보리수는 늦가을 된서리 내릴 적에 따 먹어야 제일 달다. 〔태안〕여름이 가제 입맛 옰넌디 보리수 좋아하다가 혓바늘 슨다. 표여름에 가뜩이나 입맛 없는데 보리수 좋아하다가 혓바늘 선다. 〔공주〕옛날이는 먹을 것이 벨반 있었남. 뽀리똥 같은 것두 많이 따 먹구 그랬어. 표옛날에는 먹을 것이 별반 있었나. 보리수 같은 것도

많이 따 먹고 그랬어.

◆충남 남부 지역에서 주로 쓰는 말이다. 차령 이북의 북부 지역에서는 주로 '뽀로수'라 하는데 논산, 서천 등의 남부 지역에서는 '뽀리수, 보리똥'을 많이 쓴다. ◆'보리똥'이라는 말은 보리가 익어갈 무렵에 꽃이 핀다고 해서 붙여진 이름이라는 설이 있는가 하면, 배고픈 보릿고개를 넘길 때 많이 먹었다고 해서 붙여진 이름이라는 설도 있다.

보릿대춤 전남 | 명사 | 없음

(1)허튼춤 가운데, 발동작 없이 양팔을 굽히고 손목을 젖혔다 뒤집었다 하며 좌우로 흔들며 추는 춤.
(2)마구잡이로 추는 춤, 또는 뻣뻣하게 서서 율동이 없이 추는 춤.

〔고흥〕그 양반은 춤출 지도 모름스로도 흥은 많응가 손만 내젓음서 보릿대춤을 친당께. 표그 양반은 춤출 줄도 모르면서도 흥은 많은지 손만 내저으면서 '보릿대춤'을 춘다니까.

◆'보릿대춤'은 보릿대가 꼿꼿하게 서서 대만 바람에 이리저리 흔들리는 모양에 빗대어 쓰는 말로 보인다. '꿔다 놓은 보릿자루', '땔나무 보릿대꾼', '보리뚱땡이', '보리방구'처럼 보리와 관련된 관용구가 많은 것을 보면 보리가 그만큼 친숙한 곡식이기 때문인 듯하다.

보말국 제주 | 명사 | 없음

보말고둥을 넣어 끓인 국.

〔도련〕보말 잡아 온 거 숢앙 보말국도 끌령 먹고 헷어. 표보말고둥 잡아 온 거 삶아 '보말국'도 끓여 먹고 했어. 〔구좌-한동〕보말국은 그 솜에 메역에 낭 끌리는디 무물크루 흐끔 카 놓민 좋아. 표'보말국'은 그 말똥성게에 미역을 넣어 끓이는데 메밀가루를 조금 타서 넣으면 좋아. 〔애월-상가〕늦봄인데 솜은 보말로 파나 쉐우리 넣고 보양식

ㅂ

으로 보말국이나 보글보글 끓여 먹읍주기마씨.
표늦봄인데 삶은 보말고둥으로 파나 부추 넣고
보양식으로 '보말국'이나 보글보글 끓여 먹게요.
◆제주 사람들은 논과 밭이 육지에만 있는 것이 아
니라 바다에도 있다고 생각한다. 보말 서식지를 '보
말밭'이라고 하는 것만 봐도 쉽게 알 수 있다. 이 외
에도 자리돔 서식지를 '자리밧'이라고 하고, 톳 서식
지를 '톳밧'이라고 한다.

보생이 강원 | 명사 | 고물
인절미나 경단 따위의 겉에 묻히거나 시
루떡의 켜와 켜 사이에 뿌리는 가루로
된 재료. 콩, 팥, 녹두, 깨 따위로 만든다.
〔삼척〕밤 보생이를 세 수까락맹큼 넣고 섞습니
다. 표밤 고물을 세 숟가락만큼 넣고 섞습니다.
〔평창〕밤에는 꿀밤보생이가 별미래요. 표밤에는
도토리고물이 별미예요. 〔강릉〕남편은 부엌으로
들어가서 깨보생이를 가지고 왔다. 표남편은 부
엌으로 들어가서 깨고물을 가지고 왔다. 〔양양〕
들깨보새이가 구수하다. 표들깨고물이 구수하다.

보싱이떡 충남 | 명사 | 수리취떡
수리취의 잎을 넣어서 만든 시루떡.
〔예산〕보싱이떡이라구 쑥이랑 가지구 쌀가루 버
무려스 찐 거. 표수리취떡이라고 쑥이랑 쌀가루
버무려서 찐 거야.
◆'보싱이떡'은 수리취를 넣어 만든 떡으로 오월 단
오날에 먹는다. 지역에 따라 보생이떡, 보싱이떡, 수
루치떡 등으로 다양하게 불린다. 찰떡이나 시루떡에
수리취를 넣어 만들거나 절편으로 만들기도 한다.
서산 지역의 보싱이떡은 수리취와 쌀가루를 대강 버
무려 성긴 상태로 쪄 먹는 것이 특징이다.

보쌀 전남 | 명사 | 보리쌀
보리를 찧어 겨를 벗긴 낟알.

〔고흥〕아가, 걸대 바구니에 가서 보쌀 한 그럭만
퍼 와서 밥 안체라. 표아가, 걸대 바구니에 가서
보리쌀 한 그릇만 퍼 와서 밥 안쳐라. 〔강진〕에렷
을 때 하두 보쌀밥을 많이 묵어 시방은 니가 난
다. 표어렸을 때 하도 보리밥을 많이 먹어 지금
은 물린다. 〔진도〕아야, 깎은 보쌀 두어 대 갖구
가서 뽀사 온나. 출출한데 보리빵이나 맨들어 먹
게. 표애야, 깎은 보리쌀 두어 되 가지고 가서 빻
아 오너라. 출출한데 보리빵이나 만들어 먹게.
◆쌀이 귀하던 시절에는 주로 보리쌀로 밥을 지었
다. 보리쌀은 탄성이 있고 소화도 잘 되지 않아서 절
구통에 넣고 물을 부어서 오래도록 찧은 후에 삶았
다. 그리고 삶은 보리쌀을 걸대 바구니에 넣어두었
다가 조금씩 퍼서 솥에 넣고 다시 밥을 지었다. ◆연
자방애에서 소를 몰아 보리방애를 찧어놓으면, 덕석
에 널어서 깡깡하게 엉겨 있는 보리쌀을 잘 바수어
확독에서 들들 갈아서 날쌍한 꽁보리밥을 지어냈다
(연자방아에서 소를 몰아 보리방아를 찧어놓으면,
멍석에 널어서 단단하게 엉겨 있는 보리쌀을 잘 부
수어 돌확에서 들들 갈아서 물기가 약간 있는 꽁보
리밥을 지어냈다). -오덕렬(광주)

보재맞이 강원 | 명사 | 없음
장례를 치른 후 도와준 이웃을 초대하여
음식을 대접하는 일.
〔강릉〕지낙에 보재맞이 할라구. 그래네 우리 집
으루 좀 오게야. 표저녁에 '보재맞이' 하려고. 그
러니까 우리 집으로 좀 오게. 〔삼척〕이웃집에서
장사를 지내고 수고한 일꾼들을 초청해 보재맞
이를 한다네야. 표이웃집에서 장사를 지내고 수
고한 일꾼들을 초청해 '보재맞이'를 한다네.
◆'보재'는 '포재(布齋)'에서 온 말로 '포(布)'는 상복
을 뜻하고 '재(齋)'는 초상계의 계원이 사망했음을
뜻한다. 따라서 '보재맞이'는 초상을 당했을 때 장례
를 무사히 치를 수 있도록 도와준 이웃을 초대하여

330

음식을 대접하는 일에만 사용할 수 있는 말이다. 그런데 요즘에는 결혼이나 환갑처럼 경사를 치른 뒤에도 이 말을 사용하고 있는데, 이는 잘못된 것이다. -김인기(강릉)·이경진(삼척)

보찌 제주 | 명사 | 없음
제사상에 올리는 음식 중에 두부나 묵을 새끼손가락 크기로 작게 자른 음식.
〔노형〕정월 멩질에는 보찌를 올려줘야 돼. 표정월 명절에는 '보찌'를 올려줘야 돼.
◆제사상에 보통 세 종류의 '탕쉬(나물무침)'를 올리는데, 두부나 묵을 가늘게 썰어 올리기도 한다. 이를 '보찌'라고 한다. '보찌'는 별도의 그릇에 따로 뜨기도 하지만 고사리나 콩나물을 넣은 위에 올려놓는다.

보태기 경남 | 명사 | 애호가
특정 음식을 사랑하고 좋아하는 사람.
〔마산〕게기 보태기야, 마이 무우라. 표고기 애호가야, 많이 먹어라. 〔하동〕우리 막딩이는 떡 보태이다. 표우리 막내는 떡보다.

보트라지다 경남 | 동사 | 넘어지다
사람이나 물건 따위가 한쪽으로 기울어지며 쓰러지다.
〔함안〕논에서 보트라져서 다쳤다 아이가. 표논에서 넘어져서 다쳤단 말이야.
◆'보트라지다'는 '팽개치다'라는 의미로도 쓰인다. '팽개치다'와 관련되는 말로는 보티리다(하동·함안), 부티리다(합천) 등이 있다.

보티이 경남 | 명사 | 보통이
물건을 보자기에 싸서 꾸려놓은 것.
〔창녕〕옷을 한 보티이 사 왔다.-성기각(2019) 표옷을 한 보통이 사 왔다.
◆부산, 경남에서는 '-통이'로 끝나는 말은 대체로

'-티이'로 발음한다. 모통이는 '모티이', 귀퉁이는 '기티이'라고 하는 식이다. -강현석(거창)

보플다 경남 | 형용사 | 타박타박하다
가루음식 따위가 물기나 진기가 없어 씹기에 조금 팍팍하다.
〔거제〕보푼 고오매는 목이 맥히기 때민에 꼭 동치미 국물하고 무우야 덴다. 표타박타박한 고구마는 목이 막히기 때문에 꼭 동치미 국물하고 먹어야 된다.
◆경남 사투리 '보플다'는 '보플보플하다'의 형태로도 쓰이는데, 팍팍한 음식을 먹어 목이 멜 때 쓰는 말이다. 거제에서는 '밤고구마'라고 하는 '타박고구마'를 '보폰 고오매' 또는 '보플 고오매'라고 한다.

복상 강원 | 명사 | 복숭아
복사나무의 열매. 품종에 따라 크고 작은 것이 있는데, 시고 단 맛이 있으며 담홍색으로 익는다.
〔원주〕조카가 복상을 따러 밭에 새벽부터 와 있드라구요. 표조카가 복숭아를 따러 밭에 새벽부터 와 있더라고요. 〔고성〕복상 맛이 시금털털하다. 표복숭아 맛이 시금털털하다. 〔삼척〕옛날에는 약을 안 쳤기 때문에 복상에 벌거지가 참 많았잖소. 표옛날에는 약을 안 쳤기 때문에 복숭아에 벌레가 참 많았잖소. 〔춘천〕들 여문 개복쐉루 술을 담구면 약술이 된대. 표덜 여문 개복숭아로 술을 담그면 약술이 된대.
◆강원도 산간에서는 집집마다 과일나무를 몇 그루씩 논이나 밭머리에 심어놓는다. 5, 6월이 지나 쌀이나 다른 곡식 등이 떨어져 식량이 마땅찮을 때, 배고픈 아이들을 먹이기 위해서이다. 그런데 미처 익지 않은 과일을 따서 먹고 탈이 나는 경우가 종종 있다. 따라서 어른들은 아이들에게 익지 않은 과일을 먹지 않도록 단단히 주의를 주곤 하며, 비바람에 떨

어진 과일이나 채 익지 않은 과일은 감자처럼 솥에 삶아 아이들에게 먹임으로서 탈이 생기지 않도록 하였다.

복새 경남 | 명사 | 복사
모래가 물에 밀려 논밭 따위에 덮여 쌓임. 또는 그 모래.
〔통영〕텃밭에 복새가 쌓였다. 표텃밭에 복사가 쌓였다. 〔하동〕비가 억수로 온 뒤에 냇고랑 옆 논에 복새가 마이 쌓있다. 표비가 많이 온 뒤에 냇가 옆 논에 복사가 많이 쌓였다.
◆표준어 '모새'는 "가늘고 고운 모래" 즉 '잔모래'를 뜻하고, '목새'는 "물결에 밀려 한 곳에 쌓인 보드라운 모래"를, '묵새'는 "거무스름한 모래흙"을 뜻한다. 그런가 하면 '복사(覆沙/覆砂)'는 "큰물이 지고 난 후에 떠밀려 온 모래가 논밭의 농작물을 덮친 상태, 또는 그 모래"를 뜻한다. 이 '복사'를 경남 일부 지역에서는 '복새'라고 한다. ◆거제에서는 논을 써레질하고 난 후 그루터기 조각들이 물꼬에 모여 논물을 덮을 때 또는 물꼬 밑에 쌓인 그루터기 조각을 '보새'라고 한다. '복새'는 '둑새풀'을 뜻하는 말이다. -김의부(거제) ◆논이 비탈진 곳에 있어서 큰비가 내리고 나면 흙이나 모래가 떠밀려 와 쌓이는 논을 '복새배미'라고 한다. ◆울산에서는 풀이나 나뭇가지들이 물에 떠서 몰려 있는 것을 '낭개미'라고 한다. -조용하(울산)

복송 전북 | 명사 | 복숭아
복사나무의 열매. 품종에 따라 크고 작은 것이 있는데, 시고 단 맛이 있으며 담홍색으로 익는다.
〔남원〕저넘이 글시 순천땍 밭에 가 복송을 훔쳤다. 표저놈이 글쎄 순천댁 밭에 가서 복숭아를 훔쳤다. 〔임실〕산에 있는 개복송은 벌거지가 많어. 표산에 있는 복숭아는 벌레가 많아.

복수 충북 | 명사 | 어항
물고기를 잡는 데 쓰는 항아리 모양의 유리통.
〔단양〕복수루 물괴기 잡으로 가자. 표어항으로 물고기 잡으러 가자.

복입다 제주 | 동사 | 없음
부모가 돌아가셔서 상중에 있다.
〔색달〕아방 죽어부난 복입고 있우다. 표아버지가 돌아가셔서 '복입고' 있습니다.
◆조선 시대까지만 해도 '착복(着服)'이란 말은 단순히 옷을 입거나 남의 금품을 부당하게 자기 것으로 만드는 것을 뜻하는 말이 아니라 '복을 입다', 즉 상복을 입다라는 뜻으로 사용되었다. 제주에서는 상복을 '복옷'이라고 한다.

복쟁이 충남 | 명사 | 복어
참복과의 바닷물고기를 통틀어 이르는 말.
〔논산〕복쟁이 있잖여. 독 있는 늠. 그려, 잡아 올리믄 빵빵하니 부푸는 늠. 표복어 있잖아. 독 있는 놈. 그래, 잡아 올리면 빵빵하게 부푸는 놈. 〔태안〕복쟁이 배아지 보구 있으면 내가 다 숨차. 표복어 배 보고 있으면 내가 다 숨차. 〔서산〕복쟁이 이빨 갈디끼란 말은 분해서 이빨을 바드득바드득 간다던 말이다. 표복어 이 갈듯이란 말은 분해서 이를 바드득바드득 간다는 말이다. 〔당진〕짐 서방네가 갯가서 사둘로 괴기 잡었는디 복쟁기 새끼가 있어 그냥 생각 읎이 퇴비깐에 버렸넌디 옆집 이 서방네 닭들이 돌아댕기다 그걸 줏어 먹고 몽땅 다 죽였댜. 표김 서방네가 갯가에서 사둘로 고기 잡았는데 복어 새끼가 있어 그냥 생각 없이 퇴비장에 버렸더니 옆집 이 서방네 닭들이 돌아다니다가 그걸 주워 먹고 몽땅 다 죽었대. ◆경북에서는 '복어'를 '복쟁이'라고 한다. '복쟁이'는 쏙부쟁이, 갯능쟁이, 곤쟁이, 노락쟁이, 소금쟁

이, 칡쟁이라는 표현의 어감과 흡사한데, 하찮은 것으로 여기는 듯한 어감이 있는 말이다.

복주깨 북한 | 명사 | 없음
그릇을 덮는 물건.
〔황해〕복주깨에 술 한 잔 주라우. 표'복주깨'에 술 한 잔 줘라.
◆ 황해도 평산에서는 소주를 마실 때 아랫목에 넣어 두었던 복주깨에 술을 따라 마신다. 복주깨의 온기가 술의 찬 기운을 없애주기 때문이다.

복지깨 전북 | 명사 | 없음
놋쇠로 만든, 그릇을 덮는 물건.
〔정읍〕밥 식웅게 복지깨로 덮어놔라. 표밥 식으니까 '복지깨'로 덮어놔라. 〔남원〕아부지가 늦게 올 모양인게 복지깨로 밥 좀 덮어라. 표아버지가 늦게 올 모양이니 '복지깨'로 밥 좀 덮어라.
◆ 임실에서는 놋쇠로 된 밥그릇 뚜껑을 '복지깨'라고 한다. 다른 재료의 밥그릇 뚜껑은 그냥 '뚜껑'이라고 한다. -최병선(임실) ◆ '복지깨'는 '주발 뚜껑'을 뜻하는 '복지똥'과 같은 의미로 사용된다.

볼고름하다 충북 | 형용사 | 불그름하다
조금 붉다.
〔옥천〕볼고름한 기 맛있게두 생겼네. 표불그름한 것이 맛있게도 생겼네. 〔충주〕얼굴이 볼고스름허니 예쁘네.표얼굴이 불그름하니 예쁘다.

볼구다 경남 | 동사 | 바르다
뼈다귀에 붙은 살을 걷거나 가시 따위를 추려내다.
〔고성〕살점만 찬차이 볼가내서 무우라. 생선 뼈가 어시다. 표살점만 찬찬히 발라내서 먹어라. 생선 뼈가 억세다. 〔하동〕애기헌테는 게기 까시를 볼가내고 믹이라. 표애기한테는 고기 가시를 발라내고 먹어라.
◆ 생선 가시에서 살을 발라낼 때 '볼가내다' 또는 '볼가 먹다'라고 한다. ◆ '볼구다'라는 말은 '고르다'라는 뜻으로 쓰인다. 울산에서는 "익은 딸만 볼가 묵는다(익은 딸기만 골라 먹는다)"라고 한다. -신기상(울산)

볼뗑이 경기 | 명사 | 없음
'볼'을 속되게 이르는 말.
〔서천〕골나서 볼뗑이가 불어터졌네.
◆ '볼'의 비속어로서 '볼따구니' 또는 '볼테기'는 볼 그 자체를 가리키는데, '볼뗑이' 또는 '볼텡이'는 볼록하게 부풀어 오른 볼을 가리키는 말이다. -조주옥(서천)

볼추레미 충북 | 명사 | 없음
볼이 불거져 나와 심술스럽고 욕심이 많아 보이는 얼굴.
〔옥천〕반기는 사람도 없는데 저 볼추레미 영감이 왜 또 왔을까? 표반기는 사람도 없는데 저 '볼추레미' 영감이 왜 또 왔을까?

봉당 강원 | 명사 | 토방
방에 들어가는 문 앞에다 약간 높고 편평하게 다져놓은 흙바닥.
〔강릉〕그냥 맨 봉당에 앉았다. 표그냥 맨 토방에 앉았다. 〔평창〕여름철에는 봉당에서 옥시기를 먹곤 했지. 표여름철에는 토방에서 옥수수를 먹곤 했지. 〔춘천〕봉당을 씰어놔야, 집 안이 깨끗해 보이지. 표토방을 쓸어놔야, 집 안이 깨끗해 보이지. 〔삼척〕야야! 봉당에 서 있지 말고 어서 방으로 들어오너라. 표야야! 토방에 서 있지 말고 어서 방으로 들어오너라.
◆ 강릉과 삼척에서는 안방과 건넌방 사이에 마루를 놓지 않고 평평하게 흙을 바른 바닥을 봉당이라

고 한다. ◆봉당은 흙이 파여 나가지 않게 하려고 진 흙으로 많이 다졌는데, 봉당 옆 벽에 붙어서 좁고 긴 마루를 깔기도 했다. 이런 놓은 마루를 툇마루 또는 쪽마루라고 부른다. -유연선(춘천)

봉당 충북 | 명사 | 토방

방에 들어가는 문 앞에다 약간 높고 편 평하게 다져놓은 흙바닥.

〔제천〕마루에서 봉당으로 욍기녕 거 말하는 겨? 표마루에서 토방으로 옮기는 것 말하는 거야?

◆'봉당'과 '토방'은 표준어이다. 그런데 충북에서는 '봉당'이라는 말이 '토방'을 뜻하는 말로 쓰인다. 본 래 봉당은 "안방과 건넌방 사이의 마루를 놓을 자리 에 마루를 놓지 않고 흙바닥을 그대로 둔 곳"인데, 충북에서 '봉당'이라고 하면 "마루 끝에서 마당 사이 에 댓돌이 놓이는 곳", 즉 토방을 뜻하는 말이 되는 것이다.

봉세기 충북 | 명사 | 멱둥구미

짚으로 둥글고 울이 깊게 결어 만든 그 릇. 주로 곡식이나 채소 따위를 담는 데 에 쓰인다.

〔보은〕봉세기넌 지푸라기루 똥그랗게 해서 요 정도 높이로 만든 거여. 표멱둥구미는 지푸라기 로 동그랗게 해서 이 정도 높이로 만든 것이야.

봉장봉장ᄒ다 제주 | 동사 | 옹잘옹잘하다

불만이나 불평 또는 원망 따위를 입속으 로 계속 중얼거리다.

〔구좌-한동〕큰년은 막 착헌디 셋년은 나가 무시 거렌만 굴으민 봉장봉장헤낫어. 표큰딸은 아주 착한데 둘째 딸은 내가 뭐라고만 하면 옹잘옹잘 했었어.

◆불평이나 원망 따위를 계속 중얼거릴 때, '봉당봉 당ᄒ다/봉당봉당ᄒ다/붕진붕진ᄒ다'라고도 한다.

봉창 전북 | 명사 | 호주머니

옷의 일정한 곳에 헝겊을 달거나 옷의 한 부분에 헝겊을 덧대어 돈, 소지품 따 위를 넣도록 만든 부분.

〔김제〕콩을 한 줌 봉창에다가 늫고서는 한 개썩 끄내 먹는 거여. 표콩을 한 줌 호주머니에다가 넣고서는 한 개씩 꺼내 먹는 거야. 〔정읍〕개아짐 에 손 넣고 탱자탱자하는구나. 표호주머니에 손 넣고 빈둥빈둥하는구나. 〔정읍〕개비에 손 쑤셔 넣고 깐대까대허지 말랑게? 표호주머니에 손 쑤 셔 넣고 깐족깐족하지 말라니까? 〔임실〕어른이 말허는디 버리장머리 없이 개와쭈머니에 손을 넣고 서 있냐. 표어른이 말하는데 버르장머리 없 이 호주머니에 손을 넣고 서 있냐.

봉태기 경북 | 명사 | 멱둥구미

짚으로 둥글고 울이 깊게 결어 만든 그 릇. 주로 곡식이나 채소 따위를 담는 데 에 쓰인다.

〔영덕〕감자는 어딧노? 도장 안 봉태기에 있나? 표감자는 어디 있니? 창고 안 멱둥구미에 있니?

◆'봉새기' 같은 것을 보관했던 '도장'은 별도의 창고 건물을 뜻하는 말이 아니라 건물 내 빈칸을 창고의 용도로 사용할 때 그런 공간을 가리키는 말이다. - 김칠(상주)

부각ᄒ다 제주 | 형용사 | 부풀다

보드랍고 탄력 있게 부풀어 있다.

〔구좌-종달〕상웨떡은 허첸 허민 밀그룰 반죽헹 무시거라도 더껑 뜻신 디 놔두민 부각허게 피여. 표상화떡은 하려고 하면 밀가루를 반죽해 뭐라도 덮어서 따뜻한 데 놔두면 부풀어 올라. 〔남원〕조 팝을 물에 문달문달헤여근에 누룩 서경 항에 낭 놔두민 메칠 이시민 것이 부각허게 궤으게. 표조 밥을 물에 는적는적해서 누룩 섞어 항아리에 넣

어서 놔두면 며칠 있으면 그것이 부풀어서 괴지.
◆'부각ㅎ다'는 솜을 태우거나 술 따위를 발효시켰을 때 부풀어 오른 상태를 말한다.

부깨미 전북 | 명사 | 부침개
기름에 지진 음식을 통틀어 이르는 말.
〔군산〕비 오는 날엔 부깨미 부쳐서 막걸리랑 먹으면 딱이지. 표비 오는 날엔 부침개 부쳐서 막걸리랑 먹으면 좋지. 〔임실〕가실 끝내고 쑤시 부깨미 부치 먹으면 멩이 질대야. 표가을걷이 끝내고 수수 부침개를 부쳐 먹으면 명이 길대. 〔남원〕부깨미는 수수로 부쳐야 맛있제. 표부침개는 수수로 부쳐야 맛있지. 〔익산〕그렇게 자꾸 뒤집으믄 부꾸미가 맛이 없당게. 표그렇게 자꾸 뒤집으면 부침개가 맛이 없다니까.
◆'부깨미'는 남원 등지에서 '부꾸미'라는 뜻으로 쓰이는 말이다. ◆부안에서 '부깨미'는 '부꾸미'를 뜻하는 말이다. 부깨미는 찹쌀가루를 익반죽하여 솥뚜껑에다가 들기름을 바르고 동글납작하게 부치다가 팥고물을 넣고 반으로 접어서 익혀낸다. 부안에서는 표준어 부침개를 '전'이라고 하였다. "호박전 부쳐 먹자", "솔 비어다가 전 부쳐 먹고 그랬지" 등으로 쓴다. -김금오(부안)

부꾸 강원 | 명사 | 북
식물의 뿌리를 싸고 있는 흙.
〔동해〕김매기를 할 때는 풀만 뽑아서는 안 되구 부꾸도 잘 줘야 해. 표김매기를 할 때는 풀만 뽑아서는 안 되고 북도 잘 줘야 해. 〔삼척〕감재밭에 부꾸를 줘야 할 텐데 시간이 없다야. 표감자밭에 북을 줘야 할 텐데 시간이 없다. 〔평창〕감자는 부꾸를 잘 주어야 해를 보지 않아. 표감자는 북을 잘 주어야 해를 보지 않아. 〔양양〕파밭 맬 때는 부구를 잘 주어야 한다. 표파밭 맬 때는 북을 잘 주어야 한다.

부단지 충북 | 명사 | 항아리
아래위가 좁고 배가 부른 질그릇.
〔옥천〕밥을 쌂어서 쬐금 부단지에다가 이렇게 너 놓는 겨. 표밥을 삶어서 조금 항아리에다가 이렇게 넣어놓는 거야.
◆'단지'는 '목이 짧고 배가 부른 작은 항아리'를 뜻하는데 충북 옥천에서는 크기가 작은 항아리를 '부단지'라고 하고 크기가 큰 항아리를 '단지'라고 한다. -박경래(2010)

부대다 충북 | 동사 | 부딪히다
무엇과 무엇이 힘 있게 마주 닿게 되거나 마주 대게 되다. 또는 닿게 되거나 대게 되다.
〔옥천〕어디다 부댔는지 집이 와보니께 멍이 시퍼렇게 들었드라구. 표어디에 부딪혔는지 집에 와보니까 멍이 시퍼렇게 들었더라고.

부데붙이다 전남 | 동사 | 흘레붙이다
생식을 하기 위하여 동물의 암컷과 수컷이 성적(性的)인 관계를 맺게 하다.
〔진도〕도야지 부데붙이러 갑니다. 표돼지 흘레붙이러 갑니다.
◆고흥에서는 교미를 '갈래'라고 하여 "갈래가 났다", "갈래를 붙였다"라고 한다. "교미가 났다"의 다른 표현으로 "갈래끼가 보인다"라고도 한다.

부둔하다 충남 | 형용사 | 없음
움직임이 부자연스러운 느낌이 있다.
〔당진〕내의를 껴입었드니 부둔헌디 글두 뜨뜻혀서 좋아. 표내의를 껴입었더니 '부둔헌데' 그래도 따뜻해서 좋아.

부땡기다 충남 | 동사 | 달라붙다
끈기 있게 찰싹 붙다.

〔논산〕아이구, 부땡기지 좀 말고 저리 가! 표아
이고, 달라붙지 좀 말고 저리 가! 〔공주〕평시 입
던 옷인디 몸이 불었나 엄칭이 부땡기네그랴. 표
평소에 입던 옷인데 몸이 불었나 엄청나게 달라
붙네그려.

◆'부땡기다'는 어감적으로 '붙잡고 당기다' 또는 '붙
어서 당기다'라는 뜻을 포함하는 말로 보인다.

부랍소 경기 | 명사 | 둘치
생리적으로 새끼를 낳지 못하는 짐승의
암컷.
〔화성〕부랍소라고 해서 새끼를 낳지 못하는 소
를 그렇게 불렀어요. 표둘치라고 해서 새끼를 낳
지 못하는 소를 그렇게 불렀어요.

부랑다구 경남 | 명사 | 없음
일이나 어떤 시합에서 이기기 위해 온
힘을 다해 죽자고 덤비는 사람.
〔울산〕쪼꼬만 놈이 부랑다구매로 절대 안 질라
칸다. 표조그만 놈이 '부랑다구'처럼 절대 안 지
려고 한다.

부랑하다 경남 | 형용사 | 거칠다
행동이나 성격이 사납고 공격적인 면이
있다.
〔부산〕아가 행동이 대기 부랑해서 고치야겠다.
표아이가 행동이 너무 거칠어서 고쳐야겠다.

부레기 전남 | 명사 | 황소
큰 수소인 황소를 이르는 말.
〔여수〕그놈은 부레기라 영 말을 안 듣는다. 표그
놈은 황소라 영 말을 안 듣는다. 〔장성〕저놈우 새
끼는 날마둥 빈둥빈둥 놀믄서 먼 일만 쫌 시킬라
믄 뿌사리같이 들이대길 잘햐. 표저놈의 새끼는
날마다 빈둥빈둥 놀면서 무슨 일만 좀 시키려고

하면 황소같이 들이대기를 잘해. 〔진도〕뿌사리라
심히 쎄니까 코뚜리를 꽉 잡아야 한당께. 표황소
라 힘이 세니까 코뚜레를 꽉 잡아야 한다니까.

◆여수에서 '부레기'는 '수송아지'를 뜻하는 말로도
쓰인다. -김수곤(여수)

부루 북한 | 명사 | 상추
국화과의 한해살이풀 또는 두해살이풀.
〔북한〕상순이는 부루쌈이 없으면 밥을 먹지 않
슴다. 표상순이는 상추쌈이 없으면 밥을 먹지 않
습니다.

◆'부루'로 쌈을 싸서 먹으면 눈을 부릅뜬다는 의미
에서 만들어진 말이라는 설이 있으나 일종의 민간어
원설이 아닐까 한다. '부루'는 『이조어사전』에도 나
오는 옛말로 '부루 와(萵) 부루 거(苣)'로 제시되어
있다. 와(萵)와 거(苣)는 모두 상추를 뜻한다. 제주,
강원, 경북, 충남 지역에서도 상추를 부루라 하고 특
히 제주에서는 부추도 '부루'라고 한다.

부리 충북 | 명사 | 벌
꿀벌과의 곤충.
〔음성〕부리한테 쏘이믄 살이 띵띵해지지. 표벌한
테 쏘이면 살이 띵띵해지지.

부사리 제주 | 명사 | 없음
나이를 꽤 먹은 부룩소.
〔노형〕우리 집 부사리는 심이 쎄언 찔레질 후민
늘 이긴다. 표우리 집 '부사리'는 힘이 쎄서 소
싸움을 하면 늘 이긴다.

부사베다 경기 | 형용사 | 냅다
연기로 인해 눈이나 목구멍이 쓰라린 느
낌이 있다.
〔파주〕불을 피우니 부사베다. 표불을 피우니 냅
다. 〔포천〕연기가 많이 맵니? 표연기가 많이 냅

니? 〔강화〕연기가 눈에 들어가믄 눈이 매워서 못 뜬다고 하지요. 표연기가 눈에 들어가면 눈이 내 워서 못 뜬다고 하지요.

◆예전에는 연기가 나서 눈이나 목구멍이 쓰라릴 때 '냅다'라고 했는데, 요즘에는 '맵다'라고 한다. 경기도에서는 '매웁다(화성)', '맵다(강화·양평·연천·용인·이천·포천)', '부사베다(파주)'라고 한다. '부사베다'는 어떤 연유로 이런 상황을 표현하게 된 것인지 알 수 없으나 파주 지역의 독특한 표현인 듯 하다.

부삭 전남 | 명사 | 아궁이

방이나 솥 따위에 불을 때기 위하여 만 든 구멍.

〔고흥〕아이, 부삭에 불이 잘 안 탄다. 가리나무를 옇어서 불 살라라. 표아이, 아궁이에 불이 잘 안 탄 다. 가리나무를 넣어서 불 살려라. 〔강진〕부삭에 검부락지 넣고 불 좀 때라. 표아궁이에 검불 넣 고 불 좀 때라. 〔진도〕어머니는 부삭에 불 땜서 반찬도 맹글고 경도 쳤다. 표어머니는 아궁이에 불 때면서 반찬도 만들고 설거지도 했다.

◆'부삭' 또는 '부석'은 '아궁이'를 가리키는 말이고 '부떡'은 '부뚜막'을 가리키는 말이다. 둘 다 '불'의 '어귀'를 가리키는 말이라 '부엌'의 의미로도 쓰였으 나 '부엌'을 일컫는 한자어 '정주(정지)'가 들어오면 서 의미가 분화되었다. ◆솥을 걸고 불을 때는 구멍 인 '아궁이'는 사투리로 '부삭'이라 하고, 밥을 짓고 반찬을 만들며 설거지하는 등 식사에 관련된 일하는 곳은 사투리로 '정지' 또는 '정재'라 한다. 이처럼 부 삭과 부엌은 음절 하나만 다를 뿐인데도 불구하고 그 의미가 전혀 다르다. ─주광현(진도)

부석짝 전북 | 명사 | 부뚜막

아궁이 위에 솥을 걸어놓는 언저리. 흙 과 돌을 섞어 쌓아 편평하게 만든다.

〔정읍〕부석짝 앞이 따숩당게. 표부뚜막 앞이 따 뜻해.

부성이 강원 | 명사 | 짜증

마음에 꼭 맞지 아니하여 발칵 역정을 내는 짓.

〔강릉〕우째지 모해 덧다 부성이만 부리구 있어. 표어쩌지 못해 들입다 짜증만 부리고 있어. 〔삼 척〕부성을 떨지 말고 좀 참아라. 아야. 표짜증 내 지 말고 좀 참아라. 아야. 〔인제〕넌 왜 벨일두 아 닌데 째장만 내니? 표넌 왜 별일도 아닌데 짜증 만 내니?

부수개 전북 | 명사 | 유과

밀가루나 쌀가루 반죽을 적당한 모양으 로 빚어 바싹 말린 후에 기름에 튀기어 꿀이나 조청을 바르고 튀밥, 깨 따위를 입힌 과자.

〔임실〕올 설날에는 부수개 좀 만들어 먹자. 표올 설날에는 유과 좀 만들어 먹자. 〔군산〕부수개를 집에서 만들어 먹었다. 표유과를 집에서 만들어 먹었다. 〔익산〕부수개를 많이 먹었드니 밥맛이 없네. 표유과를 많이 먹었더니 밥맛이 없네. 〔부 안〕옛날에는 부수개를 들지름에다도 튀기고 모 래에다도 튀겨. 표옛날에는 유과를 들기름에다 도 튀기고 모래에다도 튀기고.

◆'부수개'는 유과와 비슷하지만 유과보다 넓적하 게 만드는 전라도식 한과이다. ◆김제와 순창, 진안, 완주 등에서 사용되는 사투리로 '부시개'라고도 한 다. ◆전북 완주군 용진면 서계 마을에서는 '부수개' 를 '부스개'라고 한다. "유과가 손도 못 대게 잘 부서 진다. 처음에는 작았던 것이 기름에 익히면서 부스스 커진다고 하여 부스개라고 했다"라고 한다. '부수개' 는 과자가 부서지는 모양을 나타내는 의태어에 명 사형 접사가 결합한 어형이다. 전북에서는 유과를 포

함한 한과를 '꽈자' 또는 '꽈잘'이라고 하고, 강원도 와 함경도, 평안도에서는 '과줄'이라고 한다. 요즘에 는 유과와 한과를 혼용하여 사용하는 경우가 많다.

부수깨 경남 | 명사 | 부엌/아궁이

일정한 시설을 갖추어놓고 음식을 만들고 설거지를 하는 등 식사에 관련된 일을 하는 곳.

〔부산〕부수깨 가서 버지기 좀 가온나. 표부엌에 가서 뚝배기 좀 가져오너라. 〔창원〕청솔깨이 불 붙었는가 본다꼬 부숙에 머리 옇으모 눈물 코물 다 나고 머리 끄실리고 이망에 껌정 묻고 할 짓 아이더라. 표청솔가지 불 붙었는가 본다고 아궁이에 머리 넣으면 눈물 콧물 다 나고 머리카락 그을리고 이마에 그을음 묻고 할 짓 아니더라.

◆부산에서는 아궁이와 부엌을 구분하지 않고 '부수깨'라고 한다. '부수깨'는 함경도 사투리로 부엌을 뜻하며, 땔감은 '부수깨나무'라고 한다. 울산 일부 지역에서도 아궁이와 부엌을 함께 '부적, 부적'이라고 한다. 그러나 절대 다수의 경남 지역에서는 아궁이와 부엌을 엄격하게 구분한다. 아궁이에 해당하는 말로는 '부석(고성·산청·양산·의령·창녕·창원·하동), 부섴(거제·거창·고성·남해·마산·밀양·사천·양산·울산·진주·창녕·통영·하동·합천), 부숙(창원), 부숙(마산), 부시끼(창원)' 등이 있고, 부엌에 해당하는 말로는 '정지'가 압도적이지만 고성·사천·진주·창녕·하동 등 남서부 경남에서는 '정기'라 한다.

부스레미 강원 | 명사 | 부럼

음력 정월 대보름날 새벽에 깨물어 먹는 딱딱한 열매류인 땅콩, 호두, 잣, 밤, 은행 따위를 통틀어 이르는 말.

〔양양〕부스레미 깨문다. 표부럼 깨문다. 〔춘천〕부스럼을 깨물어야 1년 내내 흔디가 안 난대. 표

부럼을 깨물어야 1년 내내 상처가 안 난대.

◆피부에 나는 종기를 뜻하는 '부스럼'의 옛말은 '부으름'이다. 『이조어사전』에는 "부으름 터지다(瘡破)"라는 말이 나온다. 정월 대보름에 부럼을 깬다는 것은 이 '부으름'에서 온 말이다. 딱딱한 껍질을 깨 먹어야 1년 내내 상처가 안 난다는 민간신앙으로 생활 속에서 행해지던 풍습이다. 이 풍습을 뜻하는 말은 '부럼'으로 전해지고 강원도 사투리 '브스레미'는 이 옛말로부터 'ㅅ'이 첨가되고 '이'가 덧붙어 전설모음화가 일어난 어형이다. 여기서 '이'는 어떤 뜻이 있는 게 아니고 '산등성'을 '산등성이'로, '갑돌, 갑순'을 '갑돌이, 갑순이'로 부르듯이 어조를 고르는 구실을 한다.

부시다 경기 | 동사 | 부수다

단단한 물체를 여러 조각이 나게 두드려 깨뜨리다.

〔서울〕터널을 맨드느라구 집을 다 때려 부셔서 지금은 사람이 안 살어요. 표터널을 만드느라고 집을 다 때려 부숴서 지금은 사람이 안 살아요.

부식간나 강원 | 명사 | 없음

지저분하고 헝클어진 머리를 한 여자아이.

〔태백〕니 꼴이 딱 부식간나 같다.

부실이 북한 | 명사 | 얼간이

됨됨이가 변변하지 못하고 덜된 사람.

〔함북〕암말 안 하고 가만히 있다고 부실이 취급함까? 표아무 말 안 하고 가만히 있다고 얼간이 취급합니까? 〔함북〕용만이는 안해에게 꽉 잡혀 살아서 부실이 같데요. 표용만이는 아내에게 꽉 잡혀 살아서 얼간이 같지요.

◆'부실이'는 그야말로 '부실한 사람'을 직접적으로 표현한 말이다.

부실하다 북한 | 형용사 | 모자라다
지능이 정상적인 사람에 미치지 못하다.
〔자강〕너 와 이렇게 부실하니? 囲너 왜 이렇게
모자라니?
◆'부실하다'는 주로 건강하지 못한 사람을 가리키는
말이지만 똑똑하지 못하거나 좀 모자란 사람을 가리
킬 때도 사용하는 말이다.

부애 강원 | 명사 | 부아
노엽거나 분한 마음.
〔평창〕귀딱새를 맞으니 부애가 나서 코탱이를
쥐어박았다. 囲귀싸대기를 맞으니 부아가 나서
코를 쥐어박았다. 〔삼척〕영감이 내 속도 모르고
부왜를 지르잖소. 囲영감이 내 속도 모르고 부아
를 지르잖소.

부애 전남 | 명사 | 부아
노엽거나 분한 마음.
〔고흥〕나가 걍께 어치께 부애를 내고 야단인지
나가 기양 암말도 못 허고 나와부렀당께. 囲내가
가니까 어떻게나 부아를 내고 야단인지 내가 그
냥 아무 말도 못 하고 나와버렸다니까. 〔강진〕내
숭을 보고 다녔다는 말을 듣고 무척 부애 났다.
囲내 흉을 보고 다녔다는 말을 듣고 무척 부아가
났다. 〔진도〕같이 잘 놀다가 갑자기 판을 깨분께
어쩌나 부애가 나던지 참느라 혼났당께. 囲같이
잘 놀다가 갑자기 판을 깨버리니까 어쩌나 부아
가 나던지 참느라 혼났다니까.
◆'부애'는 '부화(腑火)', 즉 배 속의 내장에서 불이
난다는 뜻이다. '부앳짐에'라는 말은 '홧김에'를 뜻
한다.

부애 충북 | 명사 | 부아
노엽거나 분한 마음.
〔옥천〕자꾸 젙에서 뭐라구 하니께 부애가 나서

기냥 갔어. 囲자꾸 옆에서 뭐라고 하니까 부아가
나서 그냥 갔어.

부에 제주 | 명사 | 부아
노엽거나 분한 마음.
〔애월-상가〕무사 내가 이 소릴 들엄싱고 생각허
난 막 부에가 남신게. 囲왜 내가 이 소리를 듣나
생각하니 막 부아가 나네.
◆'부에나다'와 비슷한 표현으로, '북부기 뒈싸지다'
라는 관용 표현이 있다. '북부기'는 '허파'를 뜻하고,
'뒈싸지다'는 '죽다'를 뜻한다. 즉 기가 막히거나 숨
을 쉴 수 없을 만큼 화가 났을 때 쓰는 말이다.

부엣짐 충북 | 명사 | 부앗김
노엽고 분한 마음이 일어나는 때.
〔옥천〕을매나 부애가 나는지 부엣짐에 애럴 막
투디려갖구 피가 철철 나. 囲얼마나 부아가 났는
지 부앗김에 애를 막 때려가지고 피가 철철 나.
◆지역에 따라 '부엣김'이라고도 한다. '부아가 난
김'을 뜻한다.

부줄구다 강원 | 동사 | 분지르다
단단한 물체를 꺾어서 부러지게 하다.
〔강릉〕그거를 부줄궈라. 囲그것을 분질러라. 〔평
창〕연필심을 뿌질궜다. 囲연필심을 분질렀다.
〔삼척〕꼬챙이 한 개를 뿌질구기는 쉬워도 여러
개를 한꺼번에 뿐질구기는 쉽지 않다. 囲꼬챙이
를 한 개를 분지르기는 쉬워도 여러 개를 한꺼번
에 분지르기는 쉽지 않다. 〔춘천〕괜히 성냥개피
는 왜 분질르구 있니? 囲괜히 성냥개비는 왜 분
지르고 있니?

부지땡이 충남 | 명사 | 부지깽이
아궁이 따위에 불을 땔 때에, 불을 헤치
거나 끌어내거나 거두어 넣거나 하는 데

쓰는 가느스름한 막대기.

〔서산〕'갈이넌 부지땡이두 덤벙인다'넌 속담이 있다. 표'가을에는 부지깽이도 덤벙인다'는 속담이 있다.

◆'가을에는 부지깽이도 덤벙인다'는 속담은, 가을 걷이 때는 일이 너무 많아서 누구나 바삐 나서서 거든다는 뜻이다. 생활 소품을 가지고 이렇게 재미있는 속담을 만들어 쓴 선조들의 재치가 엿보인다.

부찰 충남 | 명사 | 거북손

거북손과의 하나.

〔보령〕부찰이라는 말이 어떻게 좀 이상했던지 지금은 돼지발톱이라고 불러. 표거북손이라는 말이 어떻게 좀 이상했던지 지금은 돼지발톱이라고 불러.

◆거북손은 그 모양과 거북의 다리(발)를 닮아 '귀각(龜脚)', '석겁' 등으로도 사전에 올라와 있다. 지역에 따라 '보찰', '부찰'이라고도 한다.

부채발 충남 | 명사 | 없음

게의 맨 뒷다리를 이르는 말.

〔보령〕부채발이라고. 젤 끄트머리라 그러고.-강정희(2012ㄱ) 〔서산〕그이 발 중에 질 아피 것이 집게발이라구 허구 나머지 기는 발은 좀발이라구 헌다. 표게 발 중에 제일 앞의 것은 집게발이라고 하고 나머지 기는 발은 '좀발'이라고 한다. 〔당진〕꽃그이는 떡발이 젤로 영그지지. 표꽃게는 '떡발'이 제일 살이 많지.

◆게의 앞다리 한 쌍을 '집게발'이라고 하고 뒷다리 네 쌍을 '걷는발' 또는 '좀발'이라고 한다. 부채발은 '걷는발' 중에서 가장 뒤쪽에 있는 발을 일컫는데, 헤엄치기에 적합하도록 넓게 퍼져 있어서 '헤엄발'이라고도 하며, 그 모양이 펼쳐놓은 부채와 닮았다고 하여 '부채발'이라고도 한다. 지역에 따라 '떡발'이라고 하기도 한다.

부치기 강원 | 명사 | 부침개

기름에 지진 음식을 통틀어 이르는 말.

〔춘천〕기분두 꿀꿀헌데 부치기나 부쳐 먹지. 표기분도 꿀꿀한데 부침개나 부쳐 먹지. 〔삼척〕부치기 종류에는 감재 부치기가 있고요 밀 부치기, 메밀 부치기도 있잖소. 표부침개 종류에는 감자 부침개가 있고요 밀 부침개, 메밀 부침개도 있잖아요. 〔평창〕여름이면 할머니가 감재 적을 부쳐 주셨습니다. 표여름이면 할머니가 감자 부침개를 부쳐주셨습니다.

부치기 경기 | 명사 | 부침개

기름에 지진 음식을 통틀어 이르는 말.

〔가평〕김치 부치기가 막걸리랑 먹기가 좋죠. 표김치 부침개가 막걸리랑 먹기가 좋죠.

◆'전유어(煎油魚)' 또는 '저냐'라고도 하며 궁중 요리에서는 전유화(煎油花)라고도 하였다. 기름을 두른 번철에 밀가루를 묻혀서 지진 음식을 말하는데 재료로는 육류·어패류·채소류 등이 쓰인다. 전은 부침 요리로서 전감의 두께, 크기, 모양을 일정하게 하여 밀가루와 달걀물을 씌워 부친다.

부편 경북 | 명사 | 없음

찹쌀가루를 익반죽한 뒤 볶은 콩가루에 꿀과 계핏가루를 섞어 소로 넣고 그 위에 대추나 곶감채를 얹어 거피팥고물을 뿌려 쪄내어 만든 떡.

〔의성〕부편 찔 때 서로 안 붙구로 널찍하이 쪄야 대. 그카고 고물은 여러 가지 묻혀 묵지. 표'부편' 찔 때 서로 안 붙도록 넓게 쪄야 해. 그리고 고물은 여러 가지 묻혀 먹지.

부피다 제주 | 동사 | 붐비다

좁은 공간에 많은 사람이나 자동차 따위가 들끓다.

〔노형〕아침 복기 전의 오라. 사람이 하영 부피구나. 표아침 밝기 전에 와라. 사람들이 많이 붐빈다.

북개 제주 | 명사 | 복슬강아지
털이 북슬북슬하고 탐스럽게 생긴 개.
〔구좌-김녕〕북개 데령 놀러 가젠? 표복슬강아지 데리고 놀러 갈래?

북덕물 전북 | 명사 | 붉덩물
붉은 황토가 섞여 탁하게 흐르는 큰물.
〔전주〕한물이 지면 방천에 북덕물이 넘실거링께 조심해야 쓴다. 표비가 많이 내리면 방천에 붉덩물이 넘실거리니까 조심해야 한다.
◆전라도와 경상도에서는 비가 많이 내리는 것을 보고 '한물지다'라고 한다. 한물이 지면 하천의 물이 논밭으로 흘러들 수도 있는데, 이를 막기 위해 제방 위에 길게 쌓은 둑을 '방천'이라고 하고, 방천에 오르면 '북덕물'이 거칠게 흐르는 것을 볼 수 있다. '북덕물'은 '붉덩물'에서 온 말로 보이는데, 의미상 '황톳물'을 뜻하는 말이라기보다 '흙탕물'에 가까운 말이라고 할 수 있다. -이송자(전주)

북물다 제주 | 동사 | 부르트다
살가죽이 들뜨고 그 속에 물이 괴다.
〔화북〕굴갱이 심곡 호미 심엉 일만 일만 허단 보민 손 북물엉 터짐도 허곡게. 표곡괭이 잡고 호미 잡아서 일만 일만 하다가 보면 손 부르터 터지기도 하고.

북새 경남 | 명사 | 노을
해가 뜨거나 질 무렵에 하늘이 햇빛에 물들어 벌겋게 보이는 현상.
〔하동〕아침 북새는 비가 올 징조다. 표아침 노을은 비가 올 징조다. 〔남해〕북새 피는 거 본께 날이 가물랑갑다. 표노을 피는 거 보니까 날이 가

물려나 보다.
◆붉은 햇살을 뜻하는 '붉살'은 '북살'을 거쳐 '북새'로 바뀐 것으로 보인다. -경남방언연구보존회

북새 충남 | 명사 | 노을
해가 뜨거나 질 무렵에 하늘이 햇빛에 물들어 벌겋게 보이는 현상.
〔태안〕애비야, 니열은 냇둑이다 소를 매지 마라. 저녁 북새가 심상치 않어. 표아비야, 내일은 냇둑에다 소를 매지 마라. 저녁 노을이 심상치 않아.

북에 충북 | 명사 | 북어
바짝 말린 명태.
〔옥천〕고사상에는 북에를 꼭 올리는 겨. 표고사상에는 북어를 꼭 올리는 거야.

분나다 충남 | 동사 | 화나다
성이 나서 화기가 생기다.
〔서산〕일허는디 뭐 하날랑 제대룰 못하니 분나서 한소리 쳤디. 표일하는데 뭐 하나를 제대로 못하니 화나서 한소리 했지. 〔공주〕국민핵께 갈 운동해 날인가 웃동네하구 우리 동네하구 운동 시합을 했는디 우리 동네가 졌내그랴. 부애가 어찌나 나던지. 표국민학교 가을 운동회 날인가 윗동네하고 우리 동네하고 운동 시합을 했는데 우리 동네가 졌네그려. 화가 어찌나 나던지.

분답다 경북 | 형용사 | 분잡하다
많은 사람이 북적거려 시끄럽고 어수선하다.
〔영천〕아이고 분답어라, 와 이래 분답노? 표아이고 분잡해라, 왜 이렇게 분잡하니? 〔영천〕분답 지기지 말고 가만이 좀 있으라 캐라. 표분잡하게 굴지 말고 가만히 좀 있으라고 해라.
◆'분답다'는 '분답 지기다'와 같이 표현하기도 한다.

분추 강원 | 명사 | 부추

백합과의 여러해살이풀.

〔속초〕국밥에 분추 좀 넣으세요. 표국밥에 부추 좀 넣으세요. 〔평창〕술 먹은 뒤에는 분추죽이 속 풀이에 좋다. 표술 먹은 뒤에는 부추죽이 속풀이 에 좋다. 〔삼척〕미꾸라지탕을 끓일 때는 분추를 듬뿍 넣어야 비린내가 없어지고 맛도 좋잖소. 표 미꾸라지탕을 끓일 때는 부추를 듬뿍 넣어야 비 린내가 없어지고 맛도 좋잖소.

분탕 북한 | 명사 | 당면

감자나 고구마 따위에 들어 있는 녹말을 가려 가루로 내어 그것으로 만든 마른국수.

〔북한〕순대에 분탕이 너무 많아서 못 먹갔시오. 표순대에 당면이 너무 많아서 못 먹겠습니다.

◆남한 순대에는 당면이 많이 들어가는데 북한 순대 에는 찹쌀이 많이 들어간다.

불골기 북한 | 명사 | 없음

불 땔 때 다 탄 덩어리는 꺼내고 새 덩이 나 땔감을 갈아대는 일.

〔북한〕땅 타박 그만하고 불골기 하러 가자.

불깡통 전남 | 명사 | 없음

쥐불놀이를 하기 위해 깡통에 구멍을 뚫 어 줄을 매달아 불을 넣고 돌릴 수 있게 만든 것.

〔고흥〕옛날에는 정월 대보름에 웃돔이랑 아랫돔 아그들이 불깡통을 돌림서 몰려 댕김서 싸우고 놀고 그랬제. 표옛날에는 정월 대보름에 윗마을 이랑 아랫마을 아이들이 '불깡통'을 돌리면서 몰 려 다니면서 싸우고 놀고 그랬지.

◆정월 대보름 전날에 하는 쥐불놀이는 논둑이나 밭 둑에 불을 붙이고 돌아다니며 노는 놀이이다. 특히, 밤에 아이들이 기다란 막대기나 줄에 불을 달고 빙 빙 돌리며 노는 것을 이른다. 이때에 통조림통에 못 으로 구멍을 낸 후 불이 잘 붙고 오래가는 소나무를 사용하는데 이 나무를 관솔이라고 한다. 관솔에 불 을 지펴서 손으로 깡통의 끈을 잡고 팔을 세차게 돌 리면 불이 거세진다.

불뭇간 전북 | 명사 | 대장간

쇠를 달구어 온갖 연장을 만드는 곳.

〔진안〕불뭇간에 가서 잘 드는 칼 하나 빌려 와라 잉. 표대장간에 가서 잘 드는 칼 하나 빌려 와라. 〔임실〕도란 장날에는 베리갯간에 가서 호맹이를 베리 와야겄다. 표돌아오는 장날에는 대장간에 가서 호미를 고쳐 와야겠다.

불손 경남 | 명사 | 부손

화로에 꽂아두고 쓰는 작은 부삽. 모양 이 숟가락과 비슷하나 좀 더 크고 납작 하다.

〔창녕〕우리 에릴 짜아는 집에 하리다가 불손을 장 꽂아낳고 썼는데 오시는 그런 기 머 있나. 표 우리 어릴 적에는 집에 화로에다가 부손을 늘 꽂 아두고 썼는데 요새는 그런 게 뭐 있나.

불찍 제주 | 명사 | 부싯깃

부싯돌을 이용해 불을 켤 때 불이 붙도 록 부싯돌에 대는 물건.

〔노형〕폭낭이 불찍으로는 좋지. 표팽나무가 부싯 깃으로는 좋지.

◆팽나무는 잘라서 겨 속에 묻어 보관하면 폭신폭신 해진다. 그것을 10센티미터 정도로 잘라서 그 끝에 불을 붙였다가 꺼 불똥을 미리 입혀둔다. 그리고 그 것을 가지고 다니다가 필요할 때마다 부싯돌로 불꽃 을 일켜 그 불똥에 불을 붙여 사용하였다. 바람이 거센 제주도에서는 집에서나 야외에서 불을 쉽게 붙 이기 위해 사용하였다. 일종의 성냥과 같은 역할을

하였다. 불찍은 대나무통으로 만든 불찍통에 거꾸로 넣어 껐다 -현임종(노형) ◆'불찍'을 '부찍'이라고도 한다. 부싯깃을 담는 대나무통은 지역에 따라 '봉통/불찍대/불찍통/화찍대/활찍대'라고 한다.

불창 강원 | 명사 | 없음
방과 방 사이에 구멍을 내어 등잔 하나로 양쪽 방에 불을 밝히던 시설.
〔삼척〕예전에 안방과 사랑방 사이에 불창이 있었잖소. 벽 사이에 있었는데 등잔을 켜놓았고요. 전기가 들어온 다음에는 천장 벽에 구멍을 내고 거기에 전등을 켜 양쪽 방에 비치게 했잖소. 다 석유 기름을 아끼고 전기를 아끼려는 지혜였지요 뭐.
◆주로 안방과 부엌 사이에 있는 벽에 구멍을 내어 한쪽에는 창호지를 발라 바람을 막고 불빛은 새어 나오도록 하여 등잔 하나로 양쪽 방에 불을 밝혔다. 바람을 막을 필요가 없는 곳에서는 양쪽 모두 창호지를 바르지 않았다.

불치 제주 | 명사 | 재
불에 타고 남는 가루 모양의 물질.
〔노형〕밥 짓고 나서 나오는 불치를 모아 밭에다가 거름 삼아 뿌린다. 表밥 짓고 나서 나오는 재를 모아 밭에다가 거름 삼아 뿌린다.
◆'불치'는 제주에서 검부러기 따위를 태우고 생긴 재를 뜻하는 말이다. '불껑'이라고도 한다.

불쿠다 경기 | 동사 | 불리다
(1)물에 젖게 해서 부피를 커지게 하다.
(2)분량이나 수효를 많아지게 하다.
〔파주〕깨끗한 물에 담궈놓고 한참을 불쿼놔야 해요. 表깨끗한 물에 담가놓고 한참을 불려놔야 해요. 〔이천〕보리쌀은 불쿼야 해. 表보리쌀은 불려야 해.

불퉁파 경남 | 명사 | 대파
우리나라 음식의 대표적인 향신 채소로 생으로 사용할 때는 알싸한 매운맛과 특유의 향이 있고, 익히면 단맛을 낸다.
〔울산〕불퉁파는 국 끓이는 데 시언해라꼬 들어가거든. 表대파는 국 끓이는 데 시원하라고 들어가거든.

붓자리 경남 | 명사 | 없음
바위틈같이 민물고기가 알을 낳는 어둡고 조용한 산란 장소.
〔밀양〕요요 바위 들차바라, 이런 데가 붓자린기라. 表여기여기 바위 들어봐라, 이런 데가 '붓자리'인 거야.

붕키다 충북 | 형용사 | 긁히다
손톱이나 뾰족한 기구 따위로 바닥이나 거죽이 문질러지다. '긁다'의 피동사.
〔옥천〕아덜눔이 친구 따라 산에 갔다가 팔얼 온통 붕키가지구 왔네. 表아들놈이 친구 따라 산에 갔다가 팔을 온통 긁혀가지고 왔네.

붸 충남 | 명사 | 부아
노엽거나 분한 마음.
〔예산〕하두 붸가 나설래미 욕을 바가지루 쩐져 줬어. 表하도 부아가 나서 욕을 바가지로 던져줬어. 〔서산〕붸 난다구 돌뿌리 차봐야 제 발뿌리만 아프다. 表부아 난다고 돌부리 차봐야 제 발부리만 아프다. 〔태안〕붸 나먼 산꼭대기 가서 바락바락 소리 질러. 유월 대삼차람 선허게. 表부아가 나면 산꼭대기 가서 바락바락 소리 질러. 유월 댓바람처럼 시원하게.
◆'붸'는 속에서 끓어오르는 감정의 불덩이(火)를 뜻하는 말로 표준어 '부아'에서 온 말이다. '부애'가 줄어 '붸'가 된 것이다. 이 말은 충남 전역에서 널리 쓰

인다. 지금은 표준어화에 의해 '뷔'는 거의 쓰지 않고 '부애/부아'를 쓴다. -이명재(예산) ◆'봬'는 노엽다는 뜻을 가진 '부아'와 연관이 있는 말이다. 일종의 '부아'의 축약형이다. '뱃김에'는 '부아가 난 김에'라는 뜻이다.

비각 전북 | 명사 | 없음
서찰을 전달하는 장정.
〔군산〕이번에는 비각들 밥을 너무 많이 주지 마라. 배부르면 못 뛴다.

비개 전북 | 명사 | 베개
잠을 자거나 누울 때에 머리를 괴는 물건.
〔군산〕비개에 눈물을 적시며 말없이 슬퍼했다. 표베개에 눈물을 적시며 말없이 슬퍼했다. 〔남원〕자면서 어찌나 땀을 흘렸는지 비갯이가 시커멍게 비갯이 벗겨서 좀 빨아라. 표자면서 얼마나 땀을 흘렸는지 베갯잇이 시커머니까 베갯잇 벗겨서 좀 빨아라. 〔정읍〕비게 높이 비면은 오래 못 산다는디? 표베개 높이 베면 오래 못 산다는데?
◆전라북도에서는 베개를 '비개'라고 하고, '비개'를 "베고 잔다"라고 하지 않고 "비고 잔다"라고 한다. '베다'가 '비다'가 되는 것은 'ㅔ〉ㅣ'의 변화로, '메다'를 '미다', '세다'를 '시다', '데다'를 '디다'로 발음하는 것과 같은 이치이다.

비갬마고리 충북 | 명사 | 베갯모
베개의 양쪽 마구리에 대는 꾸밈새.
〔제천〕비갬마고리다 수두 놓구 그랬다고. 표베갯모에다 수도 놓고 그랬다고.
◆'비갬마고리'의 '비갬'은 베개를 뜻하는 사투리이고, '마고리'는 베개처럼 길쭉한 물건의 양 끝에 대는 꾸밈새를 뜻하는 표준어이다. ◆'베갯모'는 베개의 양쪽 끝을 조그마한 널조각에 수를 놓은 헝겊으로 덮어 끼우는데, 남자의 것은 네모지고 여자의 것은 둥글다.

비꼬치 북한 | 명사 | 빗방울
비가 되어 점점이 떨어지는 물방울.
〔북한〕문득 하늘에서 날아내린 비꼬치가 담뱃불을 꺼버렸다.-손광영(1995)
◆북한에서는 '빗방울'을 '비꼬치'라고 하고, '눈송이'를 '눈꼬치'라고 한다. 빗방울, 눈송이가 하늘에서 내려오는 것이 마치 꽃이 지는 것 같다 하여 '꽃'이라고 표현한 것인데, '꽃'으로 발음하지 않고 주격조사가 붙은 '꼬치'로 발음한 것이다. 이 '꼬치'가 하나의 명사로 굳어졌다.

비내 충북 | 명사 | 보늬
밤이나 도토리 따위의 속껍질.
〔영동〕비내럴 안 뺏기구 먹으믄 뜳어서 못 먹어. 표보늬를 안 벗기고 먹으면 떫어서 못 먹어.

비다 경기 | 동사 | 베다
날이 있는 연장 따위로 무엇을 끊거나 자르거나 가르다.
〔여주〕칼 가지구 장난놀지 마. 그러다 손 빈다. 표칼 가지고 장난하지 마. 그러다 손 벤다.

비든지 경북 | 명사 | 진드기
진드깃과의 절지동물을 통틀어 이르는 말.
〔안동〕이놈의 쇠비든지가 소 피를 얼마나 빨았는지 모른다. 표이놈의 쇠진드기가 소 피를 얼마나 빨았는지 모른다.

비들비들하다 북한 | 형용사 | 비실비실하다
흐느적흐느적 힘없이 자꾸 비틀거리다.
〔함경〕아즈바이, 그렇게 비들비들해서 어따 쓰겠소. 표아저씨, 그렇게 비실비실해서 어디에 쓰겠소.

◆'비들비들'이나 '배들배들'은 모두 비슷한 의미로 쓰이는 말이다.

비렁내 전북 | 명사 | 비린내
날콩이나 물고기, 동물의 피 따위에서 나는 역겹고 매스꺼운 냄새.
〔정읍〕비렁내 나서 못 먹었다. 표비린내 나서 못 먹겠다.

비루 충북 | 명사 | 비료
경작지에 뿌리는 영양 물질. 토지의 생산력을 높이고 식물의 생장을 촉진한다.
〔옥천〕논에 비루를 뿌렸다. 표논에 비료를 뿌렸다.

비말 제주 | 명사 | 애기삿갓조개
삿갓조갯과의 하나.
〔노형〕달밤이 먹돌에 횃불 쌍 가믄 밤의 막 나오는 게 비말이주. 표달밤에 돌에 횃불 켜서 가면 밤에 막 나오는 게 애기삿갓조개지.
◆'애기삿갓조개'는 작은 삿갓을 쓴 것 같다고 해서 붙여진 이름인데, 다른 이름으로 '딱전복' 또는 '배말'이라고 한다. 제주에서는 '비말/베말/벨망/베망/젱베름' 등으로 불린다. '비말'은 '딱전복'이라는 이름처럼 전복 맛이 나는 조개의 일종이다. 소리가 비슷한 '보말'은 고동의 일종으로 '비말'과 모양도 다르고 맛도 다르다. 삿갓조개류는 1밀리미터 이하의 작은 이빨이 있어 바위에 한번 달라붙으면 떼어내기가 좀처럼 쉽지 않다.

비미 경남 | 부사 | 어련히
따로 걱정하지 아니하여도 잘될 것이 명백하거나 뚜렷하게. 대상을 긍정적으로 칭찬하는 뜻으로 쓰나, 때로 반어적으로 쓰여 비아냥거리는 뜻을 나타내기도 한다.

〔마산〕말린다고 비미 안 하시겠나? 표말린다고 어련히 안 하시겠니? 〔울산〕지가 빈미이 알아서 하겠나? 표자기가 어련히 알아서 하지 않겠나? 〔밀양〕니도 빈미이 하겠지만 넘어 말도 쫌 듣고 해보라머. 표너도 어련히 하겠지만 남의 말도 좀 듣고 해보아라.

비바리 제주 | 명사 | 처녀
결혼하지 않은 성인 여성.
〔남원-남원〕옛날은 아가씨가 어딨어, 비바리주. 표옛날은 아가씨가 어딨어, 처녀지. 〔호근〕비바리 늙어가민 늙은 비바리라고 허주. 표처녀가 늙어가면 노처녀라고 하지. 〔용담〕만날 비바리로 사랄지카? 표평생 처녀로 살 수 있을까?
◆'비바리'의 '비'는 전복을 뜻하는 '빗'에서 온 말이다. 전복 따는 도구를 '빗창'이라고 하고, 전복의 암컷을 '암핏', 전복의 수컷을 '수핏'이라고 한다. '바리'는 악바리나 핫바리처럼 사람을 낮추어 부를 때 사용하는 접사이다. 즉 '비바리'는 '전복을 따는 일을 하는 사람'을 낮추어 부른 말이었다. 그러던 것이 오늘날에 와서는 결혼하지 않은 여성을 뜻하는 말로 의미가 바뀌었다.

비슬거지 전남 | 명사 | 비설거지
비가 오려고 하거나 올 때, 비에 맞으면 안 되는 물건을 치우거나 덮는 일.
〔고흥〕야야, 비 딸아진다. 얼른 나온나. 비슬거지 허자. 표애야, 비 떨어진다. 어서 나와라. 비설거지하자.
◆전남 신안에서는 비가 오기 전에 하는 '비설거지'를 '비거리'라고 하고, 비가 올 때 하는 '비설거지'를 '비몰이'라고 한다.

비슷꼬름하다 전남 | 형용사 | 비스름하다
거의 비슷하다.

〔강진〕달동네 집들이 모두 비슷꼬름해 보였다. 표달동네 집들이 모두 비스름해 보였다.

비아리 경기 | 명사 | 귀얄
풀이나 옻을 칠할 때에 쓰는 솔의 하나. 주로 돼지털이나 말총을 넓적하게 묶어 만든다.
〔파주〕도배할 땐 비아리로 풀칠을 허믄 좋아. 표도배할 때는 귀얄로 풀칠을 하면 좋아.

비알 강원 | 명사 | 비탈
산, 언덕, 길 따위가 한쪽으로 기울어진 상태나 정도. 또는 그 기울어진 곳.
〔정선〕산불 감시 초소에서 직진으로 사면을 오르면 이어지는 비알은 결코 방심을 허락하지 않는다. 표산불 감시 초소에서 직진으로 경사면을 오르면 이어지는 비탈은 결코 방심을 허락하지 않는다. 〔평창〕봄이면 산뻬얄에 창꽃이 꽃바탕이래요. 표봄이면 산비탈에 진달래가 '꽃바탕(야생화 군락)'이에요. 〔인제〕베루꾸미 위쪽 비얄에 있는 미는 뉘 집이 운제 미를 썼는지 몰라 두 몇 해째 묵구 있어. 표베루꾸미 위쪽 비탈에 있는 묘는 누구네 집이 언제 묘를 썼는지 몰라도 몇 해째 묵고 있어.
◆'베루꾸미'는 좁고 가파른 지형을 뜻하는 말이다. -이창균(인제)

비얌 전북 | 명사 | 뱀
파충강 뱀과의 동물을 통틀어 이르는 말.
〔군산〕산소에 갈 때 비얌 물리지 않게 해라. 표산소에 갈 때 뱀 물리지 않게 해라. 〔정읍〕비얌 있으니께 긴바지 입고 가. 표뱀 있으니까 긴바지 입고 가. 〔임실〕너헌티 비얌이 지나갈라고 혀. 표너한테 뱀이 지나가려고 해.

비얌쟁이 전북 | 명사 | 뱀장어
뱀장어과의 민물고기.
〔무주〕비얌쟁이가 밈물허고 바단물하고 합수 지는 디 거그서 새끼럴 치지.-소강춘(2012) 표뱀장어가 민물하고 바닷물하고 합수하는 데 거기서 새끼를 치지. 〔남원〕기력을 딸리면 비얌장어라도 먹어야지. 표기력이 딸리면 뱀장어라도 먹어야지. 〔임실〕그전이는 비얌장애가 더러 있었는 디 옥정 저수지 막고 나서 한 마리도 업서. 표그전에는 뱀장어가 더러 있었는데 옥정 저수지 막고 나서 한 마리도 없어.

비얼 경기 | 명사 | 별
빛을 관측할 수 있는 천체 가운데 성운처럼 퍼지는 모양을 가진 천체를 제외한 모든 천체.
〔강화〕전깃불이 없을 때는 하늘을 보면 비얼이 많았는데 요즘에는 안 벼. 표전깃불이 없을 때는 하늘을 보면 별이 많았는데 요즘에는 안 보여.
◆'비얼'은 '별'에 쓰인 이중모음 'ㅕ'를 두 개의 음절로 나누어 발음한 형태이다. '비율'이라고도 한다.

비적하다 충남 | 형용사 | 없음
그럴듯하게 괜찮다.
〔서천〕비적하게 맨들었네. 표'비적하게' 만들었네.
◆'비적하다'는 단순히 '비슷하다'는 말이 아니다. 에둘러 칭찬하는 말로 '근사하다' 또는 "아주 뛰어나다"라는 말에 가깝다. -조주옥(서천)

비죽비죽 제주 | 부사 | 훌쩍훌쩍
조용히 흐느껴 우는 소리.
〔구좌-한동〕아이고, 나 영허단 죽어불민 저거 비죽비죽 울언 어떵허리 헨 확 시집보내불엇저. 표아이고, 내가 이러다가 죽어버리면 저거 훌쩍훌쩍 울어서 어찌하리 해서 확 시집보내버렸어.

비지깨이 강원 | 명사 | 부지깽이

아궁이 따위에 불을 땔 때에, 불을 헤치거나 끌어내거나 거두어 넣거나 하는 데 쓰는 가느스름한 막대기.

〔속초〕참깨가 마르면 비지깨이로 털어야지. 표참깨가 마르면 부지깽이로 털어야지. 〔삼척〕벅에서 부지개이로 불도삽을 하다가 어마이한테 혼났잖소. 표부엌에서 부지깽이로 불장난을 하다가 어머니한테 혼났잖소. 〔평창〕애들을 부지깨이로 때리면 안 돼. 표애들을 부지깽이로 때리면 안 돼. 〔춘천〕밥은 안 허구 부지껭이루 불만 걷어 눅구 있으면 으떡허니? 표밥은 안 하고 부지깽이로 불만 걷어 넣고 있으면 어떡하니?

◆평창에서는 아무리 화가 나더라도 아이들을 '부지깨이'로 때리면 안 된다는 말이 있다. ―신승엽(평창) ◆나이 어린 새색시가 불만 줄 알지, 밥도 태우고 반찬도 제대로 못 하면 "부지껭이 시집 왔냐?"라는 말로 질책하곤 했다. ―유연선(춘천)

비차락 제주 | 명사 | 빗자루

먼지나 쓰레기를 쓸어내는 기구.

〔용담〕비차락 들렁 정재 무뚱도 코컬 씰라. 표빗자루 들고 부엌 입구도 깨끗이 쓸어라.

비캐다 강원 | 동사 | 비키다

무엇을 피하여 있던 곳에서 한쪽으로 자리를 조금 옮기다.

〔강릉〕야, 갈구치게 얼쩐대지 말고 가생이로 비캐. 표야, 걸리적거리게 얼씬대지 말고 가장자리로 비켜. 〔인제〕넌 일도 그들지 못하면서 왜 얼쩡거린? 걸구치지 말구 물래! 표너는 일도 거들지 못하면서 왜 얼쩡거리니? 걸리적거리지 말고 비켜!

비토리 전남 | 명사 | 갯고둥

갯고둥과의 동물.

〔진도〕야, 비토리 잡으러 가자! 표야, 갯고둥 잡으러 가자! 〔강진〕비투리 쪽쪽 빠는 맛이 최고여. 표갯고둥 쪽쪽 빠는 맛이 최고야.

빈대 경기 | 명사 | 다래끼

속눈썹의 뿌리에 균이 들어가 눈시울이 발갛게 붓고 곪아서 생기는 작은 부스럼.

〔강화〕빈대가 크게 나서 눈이 제대로 떠지지 않아. 표다래끼가 크게 나서 눈이 제대로 떠지지 않아. 〔양평〕눈 위에 나면 웃 다라키구 아래에 나면 아래 다라키구 그러치 뭐. 표눈 위에 나면 위 다래끼고 아래에 나면 아래 다래끼고 그렇지 뭐. 〔이천〕눈에 장다리끼가 나면 오래가구 잘 낫지 않어. 표눈에 다래끼가 나면 오래가고 잘 낫지 않아. 〔강화〕동생한테 떡을 주었다 뺏으면 다락지가 난다고 하니까 뺏지 말고 다시 줘. 표동생한테 떡을 주었다 뺏으면 다래끼가 난다고 하니까 뺏지 말고 다시 줘.

◆'다래끼'의 정도가 심한 경우에는 '장'을 앞에 붙여 '장다래끼'라고 한다.

빈데기 충북 | 명사 | 번데기

완전 변태를 하는 곤충의 애벌레가 성충으로 되는 과정 중에 한동안 아무것도 먹지 아니하고 고치 같은 것의 속에 가만히 들어 있는 몸.

〔영동〕장에 가믄 빈데기럴 끓이서 팔어유. 표장에 가면 번데기를 끓여서 팔아요

빈빈 제주 | 부사 | 빈둥빈둥

자꾸 게으름을 피우며 아무 일도 하지 아니하고 놀기만 하는 모양.

〔구좌-한동〕호
 주물앙 집이서 빈빈 무시거 헴시? 표하루 저물도록 집에서 빈둥빈둥 뭐 하니?

ㅂ

〔대정-가파〕이젠 대학 혜도 빈빈 노는 사람이 핫젠 혜라. 표이젠 대학을 졸업해도 빈둥빈둥 노는 사람이 많다고 하더라.

빈정사납다 전북 | 형용사 | 없음
은근히 비웃는 태도가 거슬려 기분이 몹시 언짢다.
〔전주〕니 때문에 오늘 하루가 빈정사나울 거 같네. 표너 때문에 오늘 하루가 '빈정사나울' 것 같네.

빈주리 경기 | 명사 | 없음
어린 밴댕이 말린 것.
〔강화〕오늘 국수에 넣을 육수는 빈주리로 하자. 맛있겠지?

빈지럭 전남 | 명사 | 반지
멸칫과의 하나인 반지를 이르는 말.
〔영암〕여러 빈지럭젓 있고 다 있제.-이기갑(2009) 표여기 반지젓 있고 다 있지.

빕새 충남 | 명사 | 뱁새
오목눈잇과의 하나인 뱁새를 이르는 말.
〔서산〕빕새가 황새 걸음을 따러가다가넌 가루쟁이가 찢어진다넌 말이 있다. 표뱁새가 황새 걸음을 따라가다가는 가랑이가 찢어진다는 말이 있다.
◆'뱁새'는 부리가 짧고 꼬리가 길다. 매우 민첩하고 수십 마리가 떼를 지어 관목 지대나 덩굴 등지에서 곤충이나 거미를 잡아먹는다. '뱁새'를 '빕새'라고 하는 것은 고모음화 현상 때문이다.

빗낟든다 충남 | 동사 | 없음
빗방울이 하나둘 떨어지기 시작하다.
〔논산〕철수야, 빗낟든다. 빨리 빨래 줌 마당에서 걷어 와! 표철수야, '빗낟든다'. 빨리 빨래 좀 마당에서 걷어 와! 〔공주〕멀쩡허든 날씨가 비래도

올라나 마당이 널어놓은 꼬추 멍석을 개야 되겠내. 얘야 바우야, 빗낟든다. 꼬추 멍석을 걷어라. 표멀쩡하던 날씨가 비라도 오려나 마당에 널어놓은 고추 멍석을 개어야 되겠네. 얘야 바우야, '빗낟든다'. 고추 멍석을 걷어라.

빗물닦개 북한 | 명사 | 와이퍼
자동차의 앞 유리에 들이치는 빗방울 따위를 좌우로 움직이면서 닦아내는 장치.
〔북한〕중앙당 간부 차가 멈춰 서자 아이들이 모여들어서 빗물닦개며 차 번호판이며 들여다보며 신기해했다. 표중앙당 간부 차가 멈춰 서자 아이들이 모여들어서 와이퍼며 차 번호판이며 들여다보며 신기해했다.
◆북한에서 백미러는 후사경이라고 하며 타이어는 다이야, 핸들은 조향대라고 한다.

빗잘기 강원 | 명사 | 빗자루
먼지나 쓰레기를 쓸어내는 기구.
〔삼척〕방 씨는 빗잘기로 마당 씰면 되겠니? 표방 쓰는 빗자루로 마당 쓸면 되겠니? 〔평창〕수수로 빗잘구를 만들면 잘 쓸레. 표수수로 빗자루를 만들면 잘 쓸려. 〔평창〕하두 말을 안 들어서 비짜루루 팼더니, 그제서야 잘못했다구 빌더라구. 표하도 말을 안 들어서 빗자루로 팼더니, 그제서야 잘못했다고 빌더라고.
◆수수로 만든 비를 가리켜 '쉬시비'라고 한다. -김성영(양양)

빙구 강원 | 명사 | 썰매
아이들이 눈 위나 얼음판 위에서 미끄럼을 타고 노는 기구.
〔고성〕겨울이면 강에서 빙구를 타며 놀았다. 표겨울이면 강에서 썰매를 타며 놀았다. 〔춘천〕겨울에 얼음이 얼면 홍천에서 발구에 숯을 싣구 강

을 따라 서울까지 갔다니까. 표겨울에 얼음이 얼면 홍천에서 썰매에 숯을 싣고 강을 따라 서울까지 갔다니까. 〔평창〕어렸을 때는 외발 시게또를 맹글어 탔지. 표어렸을 때는 외발 썰매를 만들어 탔지.

빙그리다 충남 | 동사 | 없음
뚜껑을 조금만 열어놓다.
〔공주〕찌개가 팔팔 끓걸랑 넘치나 보고 안 넘치게 뚜껑을 살짝 빙그려라. 표찌개가 팔팔 끓으면 넘치나 보고 안 넘치게 뚜껑을 살짝 '빙그려'놔.
◆'빙그리다'는 살짝 어긋나게 되는 '빗기다'라는 동작에서 온 말이 아닐까 싶다.

빙아리 전북 | 명사 | 병아리
아직 다 자라지 아니한 어린 닭.
〔군산〕빙아리 새끼처럼 마루에 옹기종기 앉아 있구나. 표병아리 새끼처럼 마루에 옹기종기 앉아 있구나. 〔정읍〕뻥아리가 어서 커야지. 표병아리가 어서 커야지. 〔임실〕삐얘기 두 마리가 꺼시랑 하나를 양쪽으서 물고 서로 잡아댕긴다. 표병아리 두 마리가 지렁이 하나를 양쪽에서 물고 서로 잡아당긴다.

빛전화 북한 | 명사 | 유선전화기
전화기 본체와 수화기기 사이에 연결된 선이 있는 전화기.
〔자강〕너네 집에 빛전화 들어완? 표너희 집에 유선전화기 들어왔어?

부뜨다 제주 | 동사 | 밭다
액체가 바싹 졸아서 말라붙다.
〔구좌-한동〕콩 오래 솖아가민 물 부뜨난 물 흐끔 놔가멍 불 솖아. 표콩 오래 삶으면 물 밭으니까 물 조금 넣어가면서 불 때.

◆'부뜨다'는 "액체가 졸아서 말라붙다"라는 의미 외에도 "옷이나 신발이 작다"라든지 "길이가 짧다"라는 의미로도 쓰인다.

부른구덕 제주 | 명사 | 없음
헐어 쓸모없게 된 바구니에 종이나 헝겊 따위를 발라 가루 등이 새지 않게 만든 바구니.
〔구좌-한동〕보리 흔불 근 건 부른구덕에 담앙 왕 멍석에 널엉 몰려. 표보리 애벌 간 건 '부른구덕'에 담아 와서 멍석에 널어서 말려. 〔노형〕구덕 헐엉 못 쓰게 돼가민 이젠 험벅 볼라근에 부른구덕으로 썻주게. 표바구니 헐어서 못 쓰게 되어가면 이젠 헝겊 발라서 '부른구덕'으로 썼어. 〔애월-상가〕장마 지나난 할망 부른구덕에서 냄새가 막 남서. 오늘은 해가 나난 부른구덕 곱들락헌 헝겊으로 부르게마씨. 표장마 지나가니 할머니 '부른구덕'에서 냄새가 많이 나네요. 오늘은 해가 나니 '부른구덕'을 고운 헝겊으로 바르면 어떨까요.
◆대나무를 가늘게 쪼개어 짠 '구덕(바구니)'이 헐면 그 위에 헌 옷 따위를 덧발라 계속 사용했는데, 이를 '부른구덕'이라고 한다. ◆구덕은 만드는 재료와 용도에 따라 이름이 각기 다르다. 가늘고 긴 대오리로 엮어 만든 바구니는 '?는대구덕', 으름덩굴 따위로 결은 바구니는 '너덩구덕', 대오리로 엮은 바구니는 '대구덕', 조금 굵은 대오리로 성기게 엮어 만든 바구니는 '엉긴구덕', 댕댕이덩굴로 결은 바구니는 '정당구덕'이라고 한다. 그런가 하면 빨랫감을 넣어 가지고 다녔던 바구니는 '서답구덕', 채소나 해조류를 보관했던 바구니는 '승키구덕', 아기를 눕혀 재웠던 바구니는 '아기구덕', 조그만 바늘 상자로 사용했던 바구니는 '조막구덕', 고기잡이 갈 때 어깨에 메고 다녔던 바구니는 '바릇구덕', 고기를 잡아 보관했던 바구니는 '궤기구덕'이라고 한다. ◆사돈집에 큰일이 났을 때 부조로 쌀이나 떡을 담아 가는 바구니

ㅂ

를 '사돈구덕'이라고 했고, 어려서 부모끼리 약속한 혼사는 '구덕혼수'라고 했다.

부름의지 제주 | 명사 | 없음
바람을 맞받지 않아 눈비 따위를 피할 수 있는 곳.
〔구좌-한동〕이디 부름이 얼마나 씨니? 밧듸 강 검질메당이라도 밧담 부름의지 헤영 앚앙 점심 먹고 헷주. 표여기 바람이 얼마나 세니? 밭에 가서 김매다가도 밭담을 '부름의지' 삼아 앉아서 점심 먹고 했지.
◆'부름의지'는 바람을 맞받지 않고 피할 수 있는 곳을 말한다. 굴 속이나 큰 바위, 담장 등이 바람을 피할 수 있는 곳으로 '부름의지'가 된다. '부름의지'와 반대로 바람을 많이 받는 곳, 즉 바람이 센 곳을 '부름코지(바람받이)'라고 한다.

빠가사리 강원 | 명사 | 동자개
동자갯과의 민물고기.
〔원주〕어제밤 급작스럽게 다녀온 홍천 빠가사리 낚시 이야기인데요. 표어젯밤에 급작스럽게 다녀온 홍천 동자개 낚시 이야기인데요. 〔평창〕여름밤이면 빠가사리가 잘 잡혀요. 표여름밤이면 동자개가 잘 잡혀요.

빠가사리 충북 | 명사 | 자가사리
퉁가릿과의 민물고기.
〔청주〕그전에는 빠가사리가 흔했는데 요새는 잘 읎드라구. 표그전에는 자가사리가 흔했는데 요새는 잘 없더라고.
◆'빠가사리'는 강원도와 북한에서 '동자개'를 가리키는 말이지만 충북에서는 '자가사리'를 가리키는 말이다. 동자개는 자가사리에 비해 좀 더 크고 몸에 반점이 있다.

빠금장 경기 | 명사 | 없음
메주를 빻아서 빠르게 만드는 장. 메주를 띄우지 않고 가루로 만들어 따뜻한 물에 풀어 빠르게 만드는 장을 일컫는다.
〔안성〕빠금장이 맛있지.
◆메주를 소금물에 60일가량 담가 우려낸 뒤 그 국물을 떠내어 솥에 붓고 달이면 간장이 되고, 간장을 뜨고 남은 건더기는 된장이 된다. 된장 중에는 간장을 뜨지 않고 담그는 된장이 있고, 간장을 뜨고 남은 된장이 있다. '빠금장'은 간장을 뜨지 않고 담근 된장이며, 메주를 빻아서 만든 된장이라는 뜻으로 '빠개장/빠짐장/빵장'이라고도 한다. 지역마다 조금씩 다를 수 있으나 메주를 빻아서 콩 삶은 물이나 동치미 국물 등을 붓고 부뚜막 따뜻한 곳에서 띄워서 만든다. 요즘은 부뚜막이 없으니 실내 상온에서 숙성을 시킨다.

빠금장 충남 | 명사 | 없음
메주를 빻아서 빠르게 만드는 장. 메주를 띄우지 않고 가루로 만들어 따뜻한 물에 풀어 빠르게 만드는 장을 일컫는다.
〔예산〕빠금장은 메주를 으깨가지구 가루로 맹글어유. 그리구 뜨신 물을 한 바가지 잘 풀어야 돼유. 금방 마르거든유? 그러믄 댕 거유. 나중에 짐치 좀 쏠어 늫고 먹곤 해유. 표'빠금장'은 메주를 으깨가지고 가루로 만들어요. 그리고 뜨거운 물을 한 바가지 잘 풀어야 돼요. 금방 마르거든요? 그러면 된 거예요. 나중에 김치 좀 썰어 넣고 먹곤 해요.
◆빠금장은 숙성된 메주를 바로 빻아서 만드는 장이다. 지역에 따라 '빠개장'이라고도 부른다. 일주일 남짓의 짧은 기간이면 만들 수 있기 때문에 된장이 떨어질 무렵 급히 만들어 먹는 장이기도 하다.

빠꿈살이 전북 | 명사 | 소꿉놀이

소꿉을 가지고 노는 아이들의 놀이.

〔정읍〕빠꿈살이는 아나 허는 짓이랑게. 표소꿉놀이는 아이나 하는 짓이야. 〔군산〕빠꿈사리맹키로 살림을 어설피 해갖고 으짤라고 그냐. 표소꿉놀이처럼 살림을 어설프게 해가지고 어쩌려고 그러냐. 〔남원〕미영이는 친구들하고 까끔살이한다고 올 꼼시랑도 안 혀. 표미영이는 친구들하고 소꿉놀이한다고 올 생각도 안 해. 〔임실〕빠꿈새기 잘허는 늠이 살림도 잘히여. 표소꿉놀이 잘하는 놈이 살림도 잘한다.

빠꿈살이 충북 | 명사 | 소꿉놀이

소꿉을 가지고 노는 아이들의 놀이.

〔옥천〕애덜이 빠꿈살이하구 노느라구 밥때가 되두 안 오네. 표애들이 소꿉놀이하고 노느라고 밥때가 돼도 안 오네.

◆소꿉놀이는 어린 시절 최고의 놀이로 전국에 다양한 사투리가 있다. 경기에서는 '토꼽짱냥'이라 했으니 이는 소꿉장난의 유아스런 발음을 닮았다. '동갑살이'는 나이가 같은 아이들이 살림을 차리고 사는 설정된 상황을 표현한 것이다. '빠꿈살이'와 '까끔살이'는 변이형 관계인데 가족이 된 것처럼 살림을 사는 놀이가 계속 지속되는 것이 아니고 잠깐 노는 동안만 그렇다는 뜻을 담고 있다. 소꿉놀이의 도구로는 대체로 주변에서 쉽게 구할 수 있는 돌이나 식물 등을 사용했다. 지금은 소꿉놀이용 작은 주방 그릇을 만들어 파는 소꿉놀이 장난감이 있으나 그런 것이 없던 옛날에도 병뚜껑, 돌멩이 등을 모아 소꿉놀이를 했다.

빠끔살이 전남 | 명사 | 소꿉놀이

소꿉을 가지고 노는 아이들의 놀이.

〔고흥〕오매, 요놈들이 아적질부터 청일 빠끔살이만 허네. 표어머, 요놈들이 아침부터 종일 소꿉놀이만 하네. 〔강진〕땅꼬야 우리 둘이 빠끔살이하고 놀까? 표땅꼬야 우리 둘이 소꿉놀이하고 놀까?

◆소꿉놀이의 '소꿉'은 아이들이 살림살이하는 흉내를 내며 놀 때 쓰는, 자질구레한 그릇 따위의 장난감을 뜻하는 말이다. -오덕렬(광주) ◆어려서 빠꿈살이를 할 때 돌을 곱게 갈아서 부엌 놀이를 했다. 이때 붉은빛이 나는 돌가루는 고춧가루, 자줏빛이 나는 돌가루는 물을 부어 반죽하여 팥죽이라고 했다.

빠람죽 충남 | 명사 | 보리죽

보리쌀을 갈아서 쑤거나 또는 보리쌀 그대로 쑨 죽.

〔예산〕빠람죽이라고 보릿가루 넣어 쑨 죽이여유. 표보리죽이라고 보릿가루 넣어 쑨 죽이에요.

빠물레기 전북 | 명사 | 없음

덜 익은 감과 잘 익은 감의 중간 정도로 익은 감.

〔남원〕앞집 감낭구에 빠물레기가 한두 개 달렸네. 〔임실〕서리 맞인 감나무에 빰물렝이 몇 개가 달렸네. 표서리 맞인 감나무에 '빰물렝이' 몇 개가 달렸네. 〔부안〕반물랭이다, 뜨러서 못 먹겄다. 표'반물랭이'다. 떫어서 못 먹겠다.

◆'빠물레기'는 홍시가 되기 전 단계의 감으로 약간 떫은맛이 나는데, 먹을 때 소금을 조금 찍어서 먹으면 떫은맛이 덜하고 특유의 맛이 살아난다. 감 종류 중에서 작고 단단한 '골감'은 단단하기 때문에 주로 곶감을 만들어 먹고, '장동감'은 대봉시보다 조금 작지만 큰 편에 속하고, '물감'은 그보다 작지만 홍시로 먹으면 맛이 달다. 옆으로 넓게 퍼진 감은 '또바리감'이라고 한다. -노충환(남원) ◆빰물렝이는 빠물렝이를 음가대로 적은 것으로 반물렝이의 된소리이다 -최병선(임실)

빠뿌쟁이 전북 | 명사 | 질경이

질경잇과의 여러해살이풀.

〔남원〕근자 저, 불미나리, 빠뿌쟁이, 그 또 저 씬너물, 쑥뿌쟁이라고 또 이써 그. 표이제 저 돌미나리, 질경이, 그 또 저 씀바귀, 쑥부쟁이라고 또 있어 그.

빠추다 강원 | 동사 | 빠뜨리다
물이나 허방이나 또는 어떤 깊숙한 곳에 빠지게 하다.
〔원주〕도구를 물에 빠췄다. 표도끼를 물에 빠뜨렸다. 〔춘천〕제정신을 가지구 다니니? 툭허면 빠치구 다니잖아. 표제정신을 가지고 다니니? 툭하면 빠뜨리고 다니잖아. 〔삼척〕개를 물에 빠추었더니 헤미를 쳐 나왔다. 표개를 물에 빠뜨렸더니 헤엄을 쳐 나왔다. 〔정선〕저수지에 가방을 빠췄다. 표저수지에 가방을 빠뜨렸다.

빠치치기 전남 | 명사 | 딱지치기
딱지를 가지고 노는 놀이.
〔진도〕이따가 점심 묵고 사장꺼리에서 빠치치기 하고 놀자. 표이따가 점심 먹고 당산나무 밑에서 딱지치기하고 놀자.
◆종이를 네모나게 접어 만들어서 하는 놀이이다. 수비하는 아이가 자기 딱지를 땅에 놓으면 공격하는 아이가 자기 딱지로 땅에 놓인 상대 딱지를 일거나 힘차게 두들기거나 바람을 일으켜서 수비하는 딱지가 뒤집혀 위와 아래가 바뀌면 공격하는 아이가 따 먹는 놀이이다. 만일 공격이 실패하면 수비하던 아이가 공격자가 되어 같은 방법으로 하는 놀이이다. 70여 년 전 농어촌 아이들이 즐겨 하던 놀이 문화이다. ‒주광현(진도)

빡빡 북한 | 부사 | 꽥꽥
갑자기 목청을 높여 자꾸 지르는 소리. 또는 그 모양.
〔북한〕오리들이 빡빡 소리 내며 줄을 지어 가는 게 귀엽지 않습까? 표오리들이 꽥꽥 소리 내며 줄을 지어 가는 게 귀엽지 않습니까?
◆북한에서는 오리가 우는 소리를 '빡빡'이라고 표현한다.

빡빡장 경남 | 명사 | 강된장
쇠고기, 표고버섯 등의 건더기에 된장을 많이 넣고 육수를 자작하게 부어 되직하게 끓인 것.
〔울산〕빡빡장 낄이서 상추쌈 싸 묵자. 표강된장 끓여서 상추쌈 싸 먹자.
◆빡빡장은 일반 된장보다 물을 적게 넣고 각종 채소를 고명으로 곁들인 음식이다.

빡세다 강원 | 형용사 | 세다
행동하거나 밀고 나가는 기세 따위가 강하다.
〔양양〕보기보단 힘이 빡세다. 표보기보다는 힘이 세다. 〔삼척〕이 팀은 아주 빡신 팀이잖소. 표이 팀은 아주 센 팀이잖소.

빡적장 강원 | 명사 | 강된장
쇠고기, 표고버섯 등의 건더기에 된장을 많이 넣고 육수를 자작하게 부어 되직하게 끓인 것.
〔평창〕빡적장을 끓여서 호박쌈을 싸 먹고 밥에 비벼 먹으면 밥도둑이지. 표강된장을 끓여서 호박쌈을 싸 먹고 밥에 비벼 먹으면 밥도둑이지. 〔강릉〕신랑이 느직하문 하리 우에 얹은 뚜가리장이 지 혼처 끓구. 표신랑이 늦으면 화로 위에 얹은 강된장이 저 혼자 끓고.
◆강원도의 강된장은 된장을 쓰지 않고 막장을 쓰는 것이 다르며 '뚜가리장', '빡적장', '뽀글장', '빠글장' 등으로 불린다. ◆춘천에서는 장을 지질 때 빠작빠작 소리가 날 때까지 지진다고 해서 빠작장이라고

한다. -유연선(춘천)

키는 말로 '붉은 볼락'을 뜻한다.

빤지리하다 경북 | 형용사 | 반질거리다
표면이 매끄럽고 윤기가 흐르다. 인물 좋
은 것을 비꼬아 속되게 이르는 말이다.
〔영덕〕빤지리한 게 꼴값한다. 얼굴만 빤지리하면
뭐하노, 심보가 고와야지. 표반질거리는 게 꼴값
한다. 얼굴만 반질거리면 뭐해, 심보가 고와야지.

빤짝지양복 북한 | 복합어 | 없음
양복천이 햇빛을 받으면 반짝거린다고
해서 붙여진 말로 고급양복을 이르는 말.
〔북한〕대중 속에서 빤짝지양복은 사람들의 시선
을 이끈다. 표대중 속에서 '빤짝지양복'은 사람
들의 시선을 이끕니다. 〔북한〕 빤짝지양복은 옷
에 빤짝빤짝한 것이 많아서 멀리에서부터 그 사
람은 멋있어 보임. 표'빤짝지양복'은 옷에 빤
짝빤짝한 것이 많아서 멀리에서부터 그 사람은
멋있어 보입니다.

빨가딩이 충북 | 명사 | 발가숭이
옷을 모두 벗은 알몸뚱이.
〔음성〕워째 옷두 안 입구 빨가딩이루 떠댕기구
그랴. 표어째 옷도 안 입고 발가숭이로 뛰어다니
고 그래.

빨간괴기 경남 | 명사 | 눈볼대
반딧불게르칫과의 바닷물고기 눈볼대를
이르는 말.
〔부산〕오늘 낚시 가서 빨간괴기만 마이 잡았어.
표오늘 낚시 가서 눈볼대만 많이 잡았어.
◆ '빨간고기' 또는 '빨강고기'는 적어(赤魚)라고 하
며, 눈이 커서 '눈퉁이/눈볼대/눈볼태'라고도 한다.
지역에 따라 '빨간 조기'라고도 한다. 거제에서는
'열기'라고 하는데, '볼락'이 아니라 '불볼락'을 가리

빨락지사탕 북한 | 명사 | 없음
셀로판지로 싸인 고급 사탕과자.
〔북한〕철이가 어릴 때는 빨락지사탕을 많이 먹
었는데 크면서 좋아하지 않습. 표철이가 어릴
때는 '빨락지사탕'을 많이 먹었는데 크면서 좋아
하지 않습니다.
◆개인이 만든 사탕은 빨락지(셀로판지)가 없이 그
냥 만드는데, 고급 사탕은 빨락지에 싸서 만든다.

빨암죽 충북 | 명사 | 없음
겉보리를 씻어 말려서 맷돌로 갈아 체로
쳐 만든 가루에 쌀을 조금 섞어서 쑨 죽.
〔옥천〕빨암죽은 식으믄 묵 겉은 꺼풀이 생겨. 표
'빨암죽'은 식으면 묵 같은 꺼풀이 생겨.

뺏지치기 제주 | 명사 | 딱지치기
딱지를 가지고 노는 놀이.
〔한경-신창〕골련곽헤단 막 두덥게 뺏지 멘들앙
뺏지치기덜 헤났구나. 표골판지로 막 두껍게 딱
지 만들어서 딱지치기를 했었구나. 〔구좌-한동〕
종이를 영 뱅뱅 오그려근에 꼭꼭 디물이멍 니귀
반듯허게 뺏질 멘들아. 뺏지치긴 뺏지 멘들민 이
레 흐나 놓곡 흐나 손에 심엉 착 두드리주게. 젠
뒈싸지민 이긴 거. 표종이를 이렇게 뱅뱅 오그려
서 꼭꼭 들이밀어서 네모반듯하게 딱지를 만들
어. 딱지치기는 딱지 만들면 이리 하나 놓고 하
나 손에 잡아서 착 두드리지. 그래서 뒤집어지면
이긴 거. 〔애월-상가〕밥이라도 요망지게 하영 먹
어사 뺏지치기허영 이겨질 거라. 표밥이라도 야
무지게 많이 먹어야 딱지치기해서 이길 거야.

빵가재 경남 | 명사 | 물방개
물방갯과의 곤충을 통틀어 이르는 말.

353

〔함양〕니 빵가재 꾸우 무우봤나? 표너 물방개 구워 먹어봤니?

◆'물방개(빵가재)'는 대나무 가지 끝에 조리를 묶어 물속에 넣은 다음, 살살 흔들어 물 위로 올라오면 건져내는 방법으로 잡는다. 그렇게 잡은 물방개는 생으로 불에 구워서 껍데기를 까서 먹는다. -정재운(함양)

빵개살이 경북 | 명사 | 소꿉장난

소꿉을 가지고 노는 아이들의 놀이.

〔영천〕빵깨살이하자. 표소꿉장난하자. 〔대구〕빵개가 살고 있네 이카거든요. 표소꿉장난하고 있네 이러거든요.

빵게 충남 | 명사 | 방게

바위겟과의 하나.

〔보령〕돌 뒤집으면 찌끄만 것들이 모여 있고 그라. 작은 게들 있어, 빵게라고. 표돌 뒤집으면 조그만 것들이 모여 있고 그래. 작은 게들 있어, 방게라고.

빵구다 충남 | 동사 | 빻다

물기가 없는 것을 짓찧어서 가루로 만들다.

〔예산〕메주가 잘된 놈으루 가져다가 가루가 될 때까지 빵궈가지구 물을 늫으면 되는디유. 표메주가 잘된 놈으로 가져다가 가루가 될 때까지 빻아가지고 물을 넣으면 되는데요. 〔서산〕무리떡을 찔라면 물에 불린 메쌀을 절구에 느쿠 빵구야 헌다. 표무리떡을 찌려면 물에 불린 멥쌀을 절구에 넣고 빻아야 한다. 〔논산〕묵을 잘할라면 도토리를 곱게 빵궈야 혀. 표묵을 잘하려면 도토리를 곱게 빻아야 해. 〔공주〕임절미 점 해 먹게 콩을 볶어서 도고통이다 늫구 곱게 빵궈서 체로 잘 쳐서 해놓거라. 표인절미 좀 해 먹게 콩을 볶아서 절구통에다 넣고 곱게 빻아서 체로 잘 쳐서 해놓

거라. 〔태안〕꼬추 빵구러 갔더니 월마나 재치기 나오던지 눈물알라 쏙 빠쳤어. 표고추 빻으러 갔더니 얼마나 재채기 나오던지 눈물까지 쏙 빠뜨렸어.

◆'빵구다'는 '빻다'에 사동접미사 '구'가 더해진 말이다. '빻'의 받침이 'ㅇ' 소리가 된 것은 일종의 모음 위치동화 현상이라고 할 수 있다.

빼갱이 전남 | 명사 | 절간고구마

얇게 썰어서 볕에 말린 고구마.

〔여수〕오늘은 비도 오는데 빼갱이죽 써 먹자. 표오늘은 비도 오는데 절간고구마죽 쒀 먹자. 〔강진〕한겨울의 빼떼기는 쫄깃쫄깃하고 달착지근해 먹을 만하다. 표한겨울의 절간고구마는 쫄깃쫄깃하고 달착지근해 먹을 만하다. 〔완도〕가을이면 밭에서 고구마를 캐내어 시달캐미를 만들어 말려서 매상했었는데. 표가을이면 밭에서 고구마를 캐내어 절간고구마를 만들어 말려서 팔았었는데.

◆'절간고구마'는 보릿고개를 나기 위해 고구마를 얇게 잘라 볕에 말려 오랫동안 보관할 수 있도록 만든 음식이다. 일제강점기에 주정 공장이 들어선 이후 절간고구마는 공출을 하기 위해 만들었다. 해방 이후 주정 및 전분 제작을 위해 수매를 하게 되었고 정부는 당밀 수입에 드는 외화를 절약하기 위해 절간고구마 생산을 권장하였다. 현재 통영 등 경남 해안 지역의 향토 음식인 빼데기죽(절간고구마죽)을 통해 보릿고개를 이겨낸 조상들의 식문화를 엿볼 수 있다. ◆'절간고구마'는 전남 광양에서는 '빼갱이', 보성·여수에서는 '빼깽이'라고 한다. 욕지도에서는 '시달캐미'라고 한다.

빼깽이 전남 | 명사 | 무말랭이

무를 반찬거리로 쓰려고 썰어 말린 것.

〔고흥〕생 빼깽이는 내다 폴고, 삶은 빼깽이는 삼

동에 군임석으로 묵으믄, 짤긋짤긋허니 맛있제. 표생 무말랭이는 내다 팔고, 삶은 무말랭이는 삼동에 군것질거리로 먹으면 쫄깃쫄깃하니 맛있지. ◆겨울이면 집집마다 고구마를 생으로, 또는 삶아서 얇게 썰어서 지붕에 널어 말려서 이를 겨울에 간식으로 먹었다. 아주 작은 고구마는 바로 통째로 삶아서 말리기도 하였다. 무나 호박을 잘게 썰어서 널어 말리기도 했는데, 이를 '무시써레기, 무시빼깽이', '호박써레기'라고 하였다. '무시빼깽이'는 반찬으로 먹었고, '호박써레기'는 주로 찰밥이나 시루떡 만드는 데 넣어 먹었다.

빼다지 경기 | 명사 | 서랍
책상, 장롱, 화장대, 문갑 따위에 끼웠다 빼었다 하게 만든 뚜껑이 없는 상자.
〔강화〕저기 빼다지 좀 열어봐라. 표저기 서랍 좀 열어봐라.

빼다지 전북 | 명사 | 서랍
책상, 장롱, 화장대, 문갑 따위에 끼웠다 빼었다 하게 만든 뚜껑이 없는 상자.
〔남원〕쩌기 빼다지 안에 바늘이 있는게 것 좀 찾아봐라. 표저기 서랍 안에 바늘이 있으니까 그것 좀 찾아와라. 〔군산〕빼다지에 중하게 보관한 엄마 사진을 물끄러미 쳐다보았다. 표서랍에 중요하게 보관한 엄마 사진을 물끄러미 쳐다보았다. 〔정읍〕빼다지 안에 양말 있다. 표서랍 안에 양말 있다. 〔임실〕빼다지 안에 잘 찾아봐라. 표서랍 안에 잘 찾아봐라.

빼닫이 충남 | 명사 | 서랍
책상, 장롱, 화장대, 문갑 따위에 끼웠다 빼었다 하게 만든 뚜껑이 없는 상자.
〔서산〕빼닫이가 달린 책상. 표서랍이 달린 책상. 〔공주〕할머니가 시집오실 때 해가지고 오셨다는 디 하두 오래데닝깨 낡어서 삐걱거리구 빼닫이도 잘 안 열려. 표할머니가 시집오실 때 해가지고 오셨다는데 하도 오래되니까 낡아서 삐걱거리고 서랍도 잘 안 열려. 〔논산〕빗을 쓰구서 아무 디나 던져놓지 말구 빼닫이에 꼭 늫으라고 했지. 표빗을 쓰고서 아무 데나 던져놓지 말고 서랍에 꼭 넣으라고 했지. 〔세종〕저그 빼닫이 열믄 그 속에 있유. 표저기 서랍 열면 그 속에 들어 있어요.
◆'빼닫이'는 충남 전역에서 널리 쓰인 말이다. 뺐다 닫았다 할 수 있도록 만들어진 도구라서 '빼닫이'라고 하였는데, 표준어화가 진행되면서 한자어 설합(舌盒)에서 온 말인 '서랍'에게 자리를 빼앗기고 말았다. -이명재(예산) ◆뺐다 닫았다 하는 서랍을 '빼닫이'라고 부르는 것은 행동을 직접 표현하는 것으로 지시 대상과 잘 연계되는 선명함이 있다. '서랍'은 『이조어사전』에 '설합(抽屉)'으로 나오는데 덧붙은 한자는 '뺄 추. 언치 체'이다. 언치란 말 안장 아래 넣어 등을 덮어주는 담요를 뜻한다. 말 등과 안장 사이에 들어간 담요를 넣고 빼는 것이 현재의 서랍의 상태와 같은 점이다.

빼때기 경남 | 명사 | 절간고구마
얇게 썰어서 볕에 말린 고구마.
〔하동〕고구매가 맛이 없어도 빼때기 맨들어 무우모 무울 만하다. 표고구마가 맛이 없어도 절간고구마 만들어 먹으면 먹을 만하다. 〔고성〕빼때기를 마이 말라나야 빼때기 죽이라도 쑤우 먹지. 표절간고구마를 많이 말려놔야 절간고구마 죽이라도 쒀 먹지.
◆'빼때끼'의 표준어 '절간(切干)고구마'는 고구마를 잘라놓은 모양이 둥근 방패와 같아서 붙여진 이름이다. '빼때기'를 만들 때, 물기가 많아 물렁물렁한 '물고구마'는 말리기가 쉽지 않아 삶아서 말려야 한다. 물고구마를 삶아서 말린 것을 서부 경남 지역에서는 '쫄때기/쫄띠기'라 하고 중부 경남 지역에서는 '쫀디

기'라 한다. ◆삶은 고구마를 썰어서 말린 것을 두고 함안에서는 '빼때기'라고 하는데, 거제에서는 '곤조' 또는 '곤조리'라 하고, 고성에서는 '쫀디기', 통영에서는 '부자'라고 한다. -경남방언연구보존회 ◆울산에서는 고구마뿐만 아니라 무나 감자도 빼때기로 만들어 먹었다. -조용하(울산)

빼뿌쟁이 경남 | 명사 | 질경이
질경잇과의 여러해살이풀을 일컫는 말.
〔하동〕빼뿌쟁이는 발에 모지게 볿히도 죽지 않고 산다. 표질경이는 발에 모질게 밟혀도 죽지 않고 산다. 〔마산〕저거는 빼뿌재이만치 모질어서 농약을 쳐도 죽지 않는다. 표저것은 질경이같이 모질어서 농약을 쳐도 죽지 않는다.

빼뿌쟁이 경북 | 명사 | 질경이
질경잇과의 여러해살이풀을 일컫는 말.
〔경주〕빼뿌쟁이가 연할 때 나물 문치노마 맛있다. 표질경이가 연할 때 나물로 무처놓으면 맛있다.

빼엔하다 경북 | 형용사 | 없음
무엇인가로 가려졌던 것을 걷어내다.
〔대구〕하늘이 꾸리무리하디디 인자아 빼엔해졌다. 표하늘이 흐리더니 이제 '빼엔해졌다'.
◆'빼엔하다'는 대략 대여섯 가지의 뜻으로 쓰이나 활용하기에 따라서는 거의 무한대라고 해도 좋을 만큼 쓰임새가 많다. 기본적으로는 "무엇인가로 가려졌던 것을 걷어내다"라는 뜻인데, 이와 비슷한 모든 상황에 적절하게 활용하여 쓸 수 있다. 1.용모가 수려하다: 할매가 지 각씨 될 사람 선 보로 가는 손주 녀석을 쥐영히 불러 앉히고는 한마디 한다. "니이 색씨깜, 산다구 쪼매 빼엔하다꼬 엎어지고 자빠지고 하지 마래이. 여자는 그저 수더분항 기이 지일이니라." 2.흐린 날씨가 개다: 하늘이 꾸리무리하디디 인자아 빼엔해졌다. 3.병세가 호전되다: 알라가 고뿔

이 들었는지 밤새두룩 콜록거리쌓티이 인자사 쪼매 빼엔해졌다. 4.땅에 쓸 만한 공간이 조금 생기다: 할매가 동네 공터를 쭈욱 돌아보고는, 상추라도 쪼매 갈아물라 캤디이 한 군데도 빼엔한 데가 없네 그카신다. 5.어떤 사정이나 형편이 좋아지다: 아부지가 장사 안 된다꼬 및 일 투덜거리쌓티이, 쥐영한 거 보이 요새는 빼엔한 갑구마는. -상희구(대구)

빼욱하다 경기 | 형용사 | 빽빽하다
사이가 촘촘하다.
〔용인〕책이 빼욱하게 꽂혀 있다. 표책이 빽빽하게 꽂혀 있다.

빼지다 강원 | 동사 | 삐지다/삐치다
성나거나 못마땅해서 마음이 토라지다.
〔춘천〕에이그, 소갈머리허구는 툭하면 빼진다니까. 표에이그, 소갈머리하고는 툭하면 삐진다니까. 〔삼척〕적은 일로 빼지면 소인이다. 표작은 일로 삐치면 소인이다.

빼라지다 제주 | 동사 | 재다
잘난 척하며 으스대거나 뽐내다.
〔애월-고성〕너무 빼라지지 마라! 게건 아이들이 시알흔다. 표너무 재지 마라! 그러면 아이들이 시샘한다.

삘빵가다 경북 | 동사 | 도망가다
피하거나 쫓기어 달아나다.
〔영덕〕웃동네 아가 저녁 답에 서울로 삘빵가뿌랐다. 표윗동네 얘가 저녁 무렵에 서울로 도망가 버렸다.

뺨 경기 | 명사 | 뺨
얼굴의 양쪽 관자놀이에서 턱 위까지의 살이 많은 부분.

〔연천〕화가 너무나서 뺨이 뻘겋게 달아오른 거야. 표화가 너무나서 뺨이 벌겋게 달아오른 거야.

뺑깃거리다 충남 | 동사 | 없음
시킨 일이나 할 일을 하지 않고 주변을 얼쩡거리다.
〔예산〕놀기만 허걸래 책 점 보라니께 저렇기 뺑깃거리매 말을 안 들유.-이명재(2019) 표놀기만 하길래 책 좀 보라니까 저렇게 '뺑깃거리며' 말을 안 들어요.

뺑때바지 북한 | 명사 | 스키니 진
체형이 그대로 드러나도록 몸에 꼭 맞게 입는 바지.
〔북한〕뺑때바지 입으면 청년동맹에서 잡아감다. 표스키니 진 입으면 청년동맹에서 잡아갑니다.
◆북한에서 쫄쫄이나 스키니 진은 자본주의의 상징이라 단속 대상이 되는 옷차림이다.

뺑이 전북 | 명사 | 팽이
둥글고 짧은 나무의 한쪽 끝을 뾰족하게 깎아서 쇠구슬 따위의 심을 박아 만든 아이들의 장난감. 주로 채로 치거나 끈을 몸통에 감았다가 잡아당겨 돌린다.
〔정읍〕서울서 우리 사춘성이 구슬 박힌 뺑이 사왔당게. 표서울에서 우리 사촌형이 구슬 박힌 팽이를 사 왔다니까.

뻐대 충북 | 명사 | 기지개
피곤할 때에 몸을 쭉 펴고 팔다리를 뻗는 일.
〔음성〕인났으믄 뻐대 좀 햐. 표일어났으면 기지개 좀 해.

뻐대다 경북 | 동사 | 훑치다
몹시 흩어지게 하다.
〔예천〕어데 갔다 오니라꼬 달구새끼가 나락 다 뻐대도록 놔뒀니껴? 표어디 갔다 오느라고 병아리가 벼를 다 훑치도록 놔뒀습니까?

뻐드럭뻐드럭 북한 | 부사 | 없음
안간힘을 다하여 바둥바둥하는 모양.
〔함경〕소가 배들배들하더니 논밭에 쓰러져 뻐드럭뻐드럭하고 있습메. 표소가 비실비실하더니 논밭에 쓰러져 '뻐드럭뻐드럭'하고 있습니다.

뻐지르다 충북 | 동사 | 어지르다
정돈되어 있는 일이나 물건을 뒤섞거나 뒤얽히게 하다.
〔청주〕엄한 데 뻐지르지 말구 집이나 잘 지키구 있어. 표애먼 데 어지르지 말고 집이나 잘 지키고 있어.

뻑저지끈하다 강원 | 형용사 | 뻐근하다
근육이 몹시 피로하여 몸을 움직이기가 매우 거북스럽고 살이 뻐개지는 듯하다.
〔고성〕온몸이 뻑저지끈하다. 표온몸이 뻐근하다.
〔삼척〕진종일 방 도배를 했더니 온몸이 뻑쩌지근하다야. 표진종일 방 도배를 했더니 온몸이 뻐근하다.

뻑쩍지근하다 전북 | 형용사 | 화려하다
환하게 빛나며 곱고 아름답다.
〔김제〕새로 지은 기와집이 뻑쩍지근하더만! 표새로 지은 기와집이 화려하구먼!

뻔지리하다 경남 | 부사 | 번지르르하다
(1)거죽에 기름기나 물기 따위가 묻어서 윤이 나고 미끄럽다.
(2)말이나 행동 따위가 실속은 전혀 없

357

이 걸만 그럴듯하다.

〔부산〕생긴 기 뻔지리하이 개안터라. 표생긴 게 번지르르하니 괜찮더라. 〔진주〕니는 매 말만 그래 뻔지리하이 하면 머하네? 표너는 매번 말만 그렇게 번지르르하게 하면 뭐하니?

뻘통 전남 | 명사 | 없음

보리수나무의 열매.

〔여수〕오늘 앞산에 뻘통 따 먹으로 가세. 표오늘 앞산에 '뻘통' 따 먹으러 가세. 〔진도〕북산 너머에 가믄 보리똥이 많은께 따러 가자. 표북산 너머에 가면 '보리똥'이 많으니까 따러 가자.

뻬뻬젱이 전남 | 명사 | 질경이

질경잇과의 여러해살이풀.

〔영암〕논뚜게 가면 뻬뻬젱이 이써라우.-이기갑(2009) 표논두렁에 가면 질경이 있어요. 〔진도〕베짠잎은 따서 제게 만들믄 일등 제게가 되지라. 표질경이는 따서 제기 만들면 일등 제기가 되지요.

◆고흥에서는 '빼뿌쟁이'라고 한다. 질경이로 국을 끓여 먹기도 했고, 잎대를 벗겨내어 한 묶음씩 묶어서 제기를 만들어 차기도 했다.

뺏기다 강원 | 동사 | 벗기다

사람이 자기 몸 또는 몸의 일부에 착용한 물건을 몸에서 떼어내다.

〔삼척〕젖은 옷을 뺏기고 새 옷을 입었다. 표젖은 옷을 벗기고 새 옷을 입었다. 〔평창〕옷을 뺏게라. 표옷을 벗거라. 〔춘천〕멀쩡히 살아 있는 낭구 껍질을 베끼면 그게 죽지, 사니? 표멀쩡히 살아 있는 나무 껍질을 벗기면 그게 죽지, 사니?

뼈꼬시 전남 | 명사 | 뼈째회

세고시. 세꼬시. 병어, 전어, 광어 따위의

생선을 뼈째 썰어놓은 회.

〔여수〕오늘 뼈꼬시 먹으러 가자. 표오늘 뼈째회 먹으러 가자. 〔진도〕오늘 장에서 전어가 싸서 마니 샀은께 뼈꼬시 해서 술 한잔하자. 표오늘 장에서 전어가 싸서 많이 샀으니까 뼈째회 해서 술 한잔하자.

뼝대 강원 | 명사 | 낭떠러지

깎아지른 듯한 언덕.

〔정선〕산비탈의 뼝대에 붙어서 피는 기름나물과 쑥부쟁이들을 열심히 담는다. 표산비탈의 낭떠러지에 붙어서 피는 기름나물과 쑥부쟁이들을 열심히 담는다. 〔삼척〕야야! 앞산 뼝대는 가팔라 위험하니 절대 거기는 낭구하러 가지 마라. 표애야! 앞산 낭떠러지는 가팔라서 위험하니 절대 거기는 나무하러 가지 마라. 〔평창〕봄이면 뼝창에서 낙석이 떨어져요. 표봄이면 낭떠러지에서 낙석이 떨어져요.

◆뼝대는 병풍처럼 세워진 절벽(누각)이란 뜻의 한자인 '병대(屛臺)'에서 나온 말이다. '뼝창'은 병풍처럼 된 창(窓)이란 의미의 '병창(屛窓)'을 되게 발음하는 말이다. 강원도는 산이 많고 높아 절벽이 많다. 높은 뼝대는 사람 접근이 쉽지 않고 아래가 잘 보이기 때문에 솔개, 수리 같은 맹금류가 서식한다. -이경진(삼척)

뽀고리채다 충남 | 형용사 | 없음

어떤 일을 함에 있어서 상대방과 나의 뜻이 맞지 않아 일부러 상대방 기분을 나쁘게 하기 위해 얄밉게 하는 행동을 말한다.

〔논산〕자 좀 봐, 일부러 뽀고리채니라고 저러능겨! 표쟤 좀 봐, 일부러 '뽀고리채려고' 저러는 거야! 〔공주〕그 사람 잘하던 일두 웅심이 났나, 데게 뽀고리채네그려. 표그 사람 잘하던 일도 옹

심이 났나, 되게 '뽀고리채네'그려.

뽀닷하다 전북 | 형용사 | 빠듯하다
어떤 한도에 차거나 꼭 맞아서 빈틈이
없다.
〔정읍〕투가리에다 뽀닷하게 끓여야 맛있당게. 표
뚝배기에다 따뜻하게 끓여야 맛있다니까. 〔임실〕
알탕갈탕 뫼아논 돈이 세탁기 값 주기에 뽀돗허
네. 표애면글면 모아놓은 돈이 세탁기 값 주기에
빠듯하네.

뽀로수 충북 | 명사 | 보리수
보리수나무의 열매.
〔충주〕뽀로수가 뻘겋게 익으믄 따다가 술두 담
구구 그랬어. 표보리수가 빨갛게 익으면 따다가
술도 담그고 그랬어.

뽀시락재이 전남 | 명사 | 장난꾸러기
장난이 심한 아이. 또는 그런 사람.
〔고흥〕그 집 신랑이 뽀시락장난을 잘 쳐서 뽀시
락재이라 그랬어. 표그 집 신랑이 보스락장난을
잘 쳐서 장난꾸러기라 그랬어. 〔진도〕니바는 뽀
시락쟁이는 기지만 지앙방퉁이는 아닝께 좋지라
이. 표넷째는 장난꾸러기는 맞지만 말썽꾸러기
는 아니어서 좋지요.
◆전남 사투리로 큰 말썽을 피우는 아이를 '지앙방퉁
이', '꺼들백이'라고 한다. '뽀시락재이'는 이에 비해
좀 더 작은 장난질을 하는 아이에게 붙이는 부드러
운 말이라 볼 수 있다. 이러한 장난을 '뽀시락장난'이
라고 한다. 이 말은 '바스락'에서 온 말로 보인다.

뽀짝 전북 | 부사 | 바짝
매우 가까이 달라붙거나 세게 죄는 모양.
〔임실〕내 옆으로 뽀짝 부터 서라. 표내 옆에 바
짝 붙어 서라. 〔정읍〕뽀짝 붙어야 잘 나온다잉.

표바짝 붙어야 잘 나온다.
◆전북 사투리 '뽀짝거리다'는 '뽀짝'에 '그런 상태
가 잇따라 계속됨'을 뜻하는 접미사가 결합한 형태
이다. '뽀짝'은 표준어 '바싹, 바짝'의 사투리이다.
전북을 대표하는 작가 최명희는 작품에서 '뽀짝'이
란 어휘를 '아주 가까이 달라붙거나 죄는 모양'을 나
타내는 부사로 쓰고 있다. 한편 전라도 사투리를 작
품에서 탁월하게 형상화하는 조정래는 최명희와 달
리 자신의 작품에서 '뽀짝'을 '말라버린 모양'과 '긴
장하는 모양'을 나타내는 부사로 쓰고 있다. 이것은
'뽀짝'이란 어휘가 지닌 의미의 다양성과 풍부함 때
문에 가능한 일로 보인다. (예1)하하, 고것 참. 너
어디 담 넘어 이우제로 갈래? 어머니 못 잊혀서? 그
렇게 뽀짝 곁으로 시집가면 나도 좋지. -최명희, 『혼
불』 (예2)생솔가지나 볏짚 안 때고 뽀짝 마른 삭쟁
이 이럴 때먼 연기가 안 나는디요. -조정래, 『태백산
맥』 (예3)동무덜, 지끔부텀 정신 뽀짝 채리씨요. 우
리덜 코밑이 초손께. 짜아, 내레갑시다. -조정래,
『태백산맥』

뽁닥양지 강원 | 명사 | 없음
삼복더위가 내리쬐는 양지.
〔강릉〕쇠꿉두 녹아내리는 한여름 뽁닥양지에 나
세보게. 표쇠도 녹아내리는 한여름 '뽁닥양지'
에 나서보게. 〔삼척〕뽁닥양지 감재밭에서 짐을
맬 때 일이래요. 표'뽁닥양지'에 감자밭에서 김
을 맬 때 일이에요. 〔평창〕요즘 날씨는 복닥더위
가 일찍 왔네요. 표요즘 날씨는 '삼복더위'가 일
찍 왔네요.
◆'뽁닥'은 삼복 기간의 몹시 심한 더위를 가리키는
말이다. '삼복더위'라고도 한다. -김인기(강릉) ◆
삼척에서 '뽁닥양지'는 볶을 정도로 심한 땡볕과 양
지(陽地)가 결합한 말이다. 삼복지경 한여름에 그늘
없이 햇볕에 그대로 노출되어 볶을 정도로 불볕이
내리 쐬므로 심한 더위를 느끼는 곳이라는 의미로

쓰인다. -이경진(삼척)

뽁쟁이 강원 | 명사 | 복어

참복과의 바닷물고기를 통틀어 이르는 말.
〔삼척〕뽁쟁이 고기는 기름기가 적고 살이 토실
토실해서 아주 담백하잖소. 표복어 고기는 기름
기가 적고 살이 토실토실해서 아주 담백하잖소.
〔속초〕뽁쟁이가 개락으로 나잖소. 표복어가 많이
나잖소.
◆바닷가 연안의 작은 복쟁이를 '졸복'이라고 한다.
-이경진(삼척) ◆'뽁쟁이'는 '복어'로부터 경음화
가 일어난 말에 '소금쟁이, 기름쟁이(밋꾸리과의 민
물고기), 쑥부쟁이, 금소라쟁이'처럼 동식물에 붙는
'쟁이'가 결합한 어형이다.

뽁쟁이 경남 | 명사 | 복어

참복과의 바닷물고기를 통틀어 이르는 말.
〔부산〕뽁쟁이를 잡아다가 던져노으며 지가 뽁뽁
소리를 내. 표복어를 잡아다가 던져놓으면 자기가
뽁뽁 소리를 내. 〔울산〕지금이야 뽁재이도 고급이
지, 옛날에야 처다보지도 안 했는데. 표지금이야 복
어도 고급이지, 옛날에야 처다보지도 않았는데.

뽁지국 경북 | 명사 | 복국

복어를 물에 넣고 맑은 국물이 우러나도록
끓여서 소금이나 간장으로 간을 맞춘 국.
〔경주〕저짝 시장 가마 뽁지국 잘하는 집이 있는데
항상 줄 서가 기다리야 대. 표저쪽 시장 가면 복
국 잘하는 집이 있는데 항상 줄 서서 기다려야 돼.

뽁지이 경북 | 명사 | 복어

참복과의 바닷물고기를 통틀어 이르는 말.
〔포항〕뽁지이 배가 볼록하다. 표복어 배가 볼록
하다.

뽄받다 전북 | 동사 | 본받다

본보기로 하여 그대로 따라 하다.
〔정읍〕너는 아랫집 수봉이 뽄받아 헌다. 표너
는 아랫집 수봉이 본받아야 한다.

뽈래기 경남 | 명사 | 볼락

양볼락과의 바닷물고기.
〔하동〕지금 바다낚시 허모 뽈래기가 마이 잡힌
다. 표지금 바다낚시 하면 볼락이 많이 잡힌다.
〔남해〕밤에 미조 방파제 가믄 뽈라구 열댓 마리
는 올라온다 쿠더라. 표밤에 미조 방파제 가면
볼락 열댓 마리는 올라온다고 하더라. 〔고성〕요
새 뽈래이가 마이 잽히갖고 엄청시리 헐터라. 표
요새 볼락이 많이 잡혀가지고 엄청스레 싸더라.
◆'뽈래기'는 거창·진주·하동·합천 등지에서 '풍선'
을 가리키는 말로 쓰고 있다.

뽈래찐 북한 | 명사 | 폴리에틸렌

에틸렌을 중합하여 만드는 열가소성 수지.
〔북한〕못 먹는 건 뽈래찐 빠께쯔에다 담으라. 표
못 먹는 건 폴리에틸렌 바께쓰에 담아라.
◆북한의 학생들은 학교에 뽈래찐을 비롯하여 다양
한 물품을 내야 한다. 예를 들어 토끼 가죽, 분토,
땔감, 쌀 등이 있다. 고난의 행군 시기에는 가정에
서 쓸 것도 없는데 학교에서 내라는 것이 많아 학교
를 다니지 못하는 학생이 많았다고 한다. 뽈래찐은
내약품성·절연성·방습성·내한성·가공성이 뛰어나
절연 재료, 그릇, 잡화, 공업용 섬유, 도료 따위에 쓰
인다.

뽈리다 전북 | 동사 | 빨리다

(1)입속으로 당겨져 들어가게 되다.
(2)어떤 대상이나 물질이 끌어들이는 힘
이 작용하는 쪽으로 이끌리다.
〔군산〕피가 뽈리는 느낌이라 나와 봤더니 거머

리가 물었더랑게. 표피가 빨리는 느낌이라 나와서 봤더니 거머리가 물었더라니까.

뿔지 경남 | 명사 | 박쥐
박쥐목에 속하는 동물.
〔함안〕뿔지만 한 게 까불고 그러냐? 표박쥐만 한 게 까불고 그러냐? 〔하동〕굴속에 밤쥐란 놈이 산다더마 한 바리도 안 빈다. 표굴속에 박쥐란 놈이 산다더니 한 마리도 안 보인다.

뽕냥하다 경북 | 형용사 | 볼록하다
볼록한 상태. 물체의 거죽이 조금 도드라지거나 쏙 내밀리다. 또는 그렇게 되게 하다.
〔대구〕배가 뽕냥하다. 표배가 볼록하다.
◆대구에서 많이 쓰였던 '배뽕양하다'라는 말에는 참 재미있는 함의가 있다. 말의 의미를 풀이하면, 원래는 가난하던 사람이 돈을 벌어 부자가 되니, 배가 불러서(배뽕양해서) 지금은 거만해졌다는 뜻이다. -상희구(대구)

뽕돌 제주 | 명사 | 봉돌
낚싯바늘이 물속에 가라앉도록 낚싯줄 끝에 매어 다는 작은 쇳덩이나 돌덩이.
〔한경-신창〕고무옷 엇인 때난 뽕돌은 엇어. 표잠수복 없을 때니까 봉돌은 없어.
◆해녀들이 물질을 할 때 허리에 차는 납덩이를 '연철'이라고 하는데 지역에 따라 '뽕돌'이라고도 한다.

뿌개지다 충북 | 동사 | 부서지다
단단한 물체가 깨어져 여러 조각이 나다.
〔옥천〕경운기루 딜이받어서 자종고가 다 뿌개졌어. 표경운기로 들이받아서 자전거가 다 부서졌어.

뿌끼미 경남 | 명사 | 부꾸미
찹쌀가루, 밀가루, 수수 가루 따위를 반죽하여 둥글고 넓게 하여 번철이나 프라이팬 따위에 지진 떡. 팥소를 넣고 반으로 접어서 붙이기도 한다.
〔창녕〕오올겉이 비 오는 날은 뿌끼미 부치 묵눈다.-성기각(2019) 표오늘같이 비 오는 날은 부꾸미 부쳐 먹는다.
◆'뿌끼미'는 '정구지찌줌'과 함께 대표적인 날궂이 음식 중 하나이다. '누렁디이(늙은호박)'를 '술묵(숟가락)'으로 긁어서 '밀까리(밀가루)'에 반죽하여 '전소두배이(번철)'에 구워 '탁배기(막걸리)'와 함께 먹으면 맛이 그만이다. -성기각(창녕)

뿌드다 충남 | 형용사 | 뿌듯하다
기쁨이나 감격이 마음에 가득 차서 벅차다.
〔공주〕우리 아이가 전교에서 우등을 해서 상을 받았다나. 어찌나 맴이 뿌드던지. 표우리 아이가 전교에서 우등을 해서 상을 받았다나. 어찌나 마음이 뿌듯하던지.

뿌떡뿌떡하다 북한 | 형용사 | 찐득찐득하다
풀기 또는 끈기가 많아서 몹시 기분 나쁘게 들러붙었다 떨어졌다 하는 모양.
〔북한〕생 소나무를 맨손으로 만졌더니 송진이 묻었는지 뿌떡뿌떡거려서 야단 났네! 표생 소나무를 맨손으로 만졌더니 송진이 묻었는지 찐득찐득거려서 야단 났네!
◆'뿌덕뿌덕하다'라는 말은 '끈적끈적하다'보다 센 말이다. '뿟덕뿟덕하다' 또는 '뽈덕뽈덕하다'라고도 한다.

뿌라다 경북 | 동사 | 부수다
단단한 물체를 여러 조각이 나게 두드려 깨뜨리다.
〔포항〕생 라면 뿌라서 스프 뿌리가꼬 먹으면 맛

있대이. 표생 라면 부숴서 스프 뿌려가지고 먹으면 맛있다.

뿌래기 강원 | 명사 | 뿌리
식물의 밑동으로서 보통 땅속에 묻히거나 다른 물체에 박혀 수분과 양분을 빨아올리고 줄기를 지탱하는 부분.
〔강릉〕파 뿌래기 마커 파거라. 표파 뿌리 전부 파거라. 〔양양〕관솔 뿌래기를 산에 가서 캐다간 한 망태기 지고 나가야 돼. 표관솔 뿌리를 산에 가서 캐다가는 한 망태기 지고 나가야 돼. 〔춘천〕무슨 나무 뿌럭지가 여기까지 뻗었냐? 표무슨 나무 뿌리가 여기까지 뻗었냐? 〔삼척〕모를 낸 논이 덮이는 것을 보니 벼 뿌리기가 잘 정착한 모양이구나. 표모를 낸 논이 덮이는 것을 보니 벼 뿌리가 잘 정착한 모양이구나.

뿌찐뿌찐 경기 | 부사 | 끈적끈적
자꾸 검질기게 굴 만큼 성질이 끈끈한 모양.
〔강화〕그 집은 설거지를 제대로 하지 않는지, 그 집 냄비를 붙잡으면 뿌찐뿌찐해. 표그 집은 설거지를 제대로 하지 않는지, 그 집 냄비를 붙잡으면 끈적끈적해.

뿐질르다 충남 | 동사 | 부러트리다
단단한 물체를 꺾어서 부러지게 하다.
〔논산〕애덜 지나년 딘 지차귀 놓딜 말어. 저더러 집이 광이다 지차귀를 놨다가니 애 발꼬락 뿐질렀대잖어. 표애들 지나다니는 데는 쥐덫 놓지 마. 쟤들 집 광에다가 쥐덫을 놨다가 애 발가락 부러트렸다잖아. 〔논산〕일이 하기 싫은게 연장 자루만 자꾸 뿐질러쌓네. 표일이 하기 싫으니까 연장 자루만 자꾸 부러트리네. 〔태안〕솔가지를 요만큼씩 뿐질러 구락쟁이다 늫야 우룽우룽

괄게 타지. 표솔가지를 요만큼씩 부러트려 아궁이에 넣어야 우룽우룽 괄게 타지. 〔세종〕저놈이 가지고 있는 낭구를 분지러서라도 내다 버릴 거여. 표저놈이 가지고 있는 나무를 부러트려서라도 내다 버릴거야.

뿔구다 강원 | 동사 | 불리다
물에 젖어서 부피가 커지게 하다.
〔삼척〕발뒤꿈치를 뿔구니 굳은살이 벗겨졌다. 표발뒤꿈치를 불리니 굳은살이 벗겨졌다. 〔평창〕마른 버섯을 뿔궈서 먹으래요. 표마른 버섯을 불려서 먹으래요. 〔춘천〕말라서 가볍지 물에 뿔러나면 한 짐은 될 거다. 표말라서 가볍지 물에 불어나면 한 짐은 될 거다.

뿔기 충북 | 명사 | 눈불개
잉엇과의 민물고기.
〔옥천〕뿔기 잡아가지구 국시 늫구 꾧이노믄 맛있지. 표눈불개 잡아가지고 국수 넣고 끓여놓으면 맛있지.

뿔따구 강원 | 명사 | 성
노엽거나 언짢게 여겨 일어나는 불쾌한 감정.
〔원주〕돌아서서 뿔따구 내는 사람은 가망이 없는 사람이다. 표돌아서서 성을 내는 사람은 가망이 없는 사람이다. 〔양양〕욕을 먹으니 뿔따구 난다. 표욕을 먹으니 성이 난다. 〔춘천〕뿔따구가 나두 참아야지 으떠커니. 표성이 나도 참아야지 어떡하니.

뿔딱 충남 | 부사 | 벌떡
눕거나 앉아 있다가 조금 큰 동작으로 갑자기 일어나는 모양.
〔공주〕금동아, 비가 오리 내비다. 뿔딱 이러나 꼬

추 뱅석을 걷우야 제겄다. 뿔딱 일어나, 어여. 표 금동아, 비가 올 모양이다. 벌떡 일어나, 고추 멍석을 걷어야 되겠다. 벌떡 일어나 얼른.

뿔렁 전남 | 명사 | 풍선
얇은 고무주머니 속에 공기나 수소 가스를 넣어 공중으로 뜨게 만든 물건.
〔장흥〕진득한 콧물은 아이가 숨을 쉴 때마다 뿔렁을 만들곤 했다. 표진득한 콧물은 아이가 숨을 쉴 때마다 풍선을 만들곤 했다.

삐갱이 경남 | 명사 | 병아리
아직 다 자라지 아니한 어린 닭.
〔울산〕삐갱이가 약 될라마 좀 더 키아야지. 표병아리가 약 되려면 좀 더 키워야지. 〔밀양〕묵을 고기가 없으이 삐개이도 많이 키왔고 강새이도 많이 키왔고. 표먹을 고기가 없으니 병아리도 많이 키웠고 강아지도 많이 키웠고.

삐까리 경남 | 명사 | 더미
많은 물건이 한데 쌓인 큰 덩어리.
〔부산〕나락 비기가 끝난 논에는 여어저어 삐까리가 쌓여 있다. 표벼 베기가 끝난 논에는 여기저기 더미가 쌓여 있다. 〔창원〕나락 삐까리, 짚 삐까리, 나무 삐까리, 삐까리가 천지 삐까리네. 표벼 더미, 짚 더미, 나무 더미, 더미가 매우 많네.
◆'삐까리'의 본래 뜻은 '볏가리'이지만, 현재 경남에서는 이런 뜻으로는 잘 쓰지 않고 대체로 '더미'의 뜻으로 쓰인다. ◆어릴 적 마당에 있는 감나무에 감이 주렁주렁 달렸을 때, 학교 가는 길에 산딸기가 지천으로 널렸을 때, '천지 삐까리'라고 했다. 그것이 무엇이든 많다는 뜻이다. 그런데 본래 '삐까리'는 곡식이나 장작 따위의 더미를 세는 단위로서 가을 추수를 끝내고 논둑에 수북이 쌓아둔 볏단을 가리키는 말이었다. 농촌 마을에 '삐까리(볏가리)'가 그야말

로 '천지 삐까리'였던 것이다. -마임생(부산)

삐꿈 경남 | 부사 | 빼꼼
살며시 문 따위를 아주 조금 여는 모양.
〔함안〕삐꿈 디다보고 가뿠다. 표빼꼼 들여다보고 가버렸다. 〔하동〕내가 아파 누웄는데 삐꿈도 안 하더라. 표내가 아파 누웠는데 빼꼼도 안 하더라. 〔하동〕이웆이 사는 조캐가 삐꿈 딜이다보고 바쁘담시로 가뿄다. 표이웃에 사는 조카가 빼꼼 들여다보고 바쁘다면서 가버렸다.

삐꿈타다 경남 | 동사 | 토라지다
마음에 들지 아니하고 뒤틀리어서 싹 돌아서다.
〔통영〕자아는 삐꿈을 잘 타서 삐석한 소리도 몬 한데이. 표쟤는 잘 토라져서 듣기 싫은 소리도 못 한다.
◆잘 토라지는 사람을 가리켜 거제에서는 '삐꿈쟁이'라고 하는데, 남해나 통영에서는 '삐꿈새'라고 한다. -경남방언연구보존회

삐끌리다 경북 | 동사 | 어긋나다
잘 맞물려 있는 물체가 틀어져서 맞지 아니하다.
〔영천〕만낼 날짜가 서리 삐끌리가 고만 돈이고 머고 아무것도 몬 받았다. 표매일 날짜가 서로 어긋나서 고만 돈이고 뭐고 아무것도 못 받았다.

삐다 제주 | 동사 | 뿌리다
곳곳에 흩어지도록 던지거나 떨어지게 하다.
〔남원〕밧 갈아가멍 씨 삐여가멍 영 볼려가멍 허는 거라. 표밭 갈아가면서 씨 뿌려가면서 이렇게 밟아가면서 하는 거야. 〔구좌-한동〕멜망텡이가 잇어. 영 메영 뎅기는 걸 멜망텡이라 허주. 거

웃둑지에 영 혜근에 씨 뻐는 거주게. 표망태기가 있어. 이렇게 매고 다니는 걸 '멜망텡이'라고 하지. 거 어깨에 이렇게 해서 씨 뿌리는 거지.

삐다듬다 강원 | 동사 | 치장하다
잘 매만져 곱게 꾸미다.
〔홍천〕애, 너는 어딜 가려고 그렇게 삐다듬고 있니? 표애, 너는 어디를 가려고 그렇게 치장하고 있니?

삐닥질 충북 | 명사 | 가위질
가위로 자르거나 오리는 일.
〔보은〕색종이 삐닥질 좀 그만해라. 표색종이 가위질 좀 그만해라.
◆가위질을 삐닥질로 표현한 데에는 아마 옛날의 가위가 성능도 좋지 않고 녹이 슬어 잘 들지 않는다는 뜻이 포함된 것이 아닐까 한다. 도구가 잘 들지 않을 때 삐그덕거린다고 하고 종이를 서툴게 자르면 삐딱한 모양이 된다. 이런 어감으로 표현했다면 삐닥질은 의태어적인 이름이라고 볼 수 있다.

삐더거리하다 경남 | 형용사 | 꾸덕꾸덕하다
물기 있는 물체의 거죽이 좀 마르거나 얼어서 꽤 굳어 있다.
〔합천〕말류는 기 어법 삐더거리하네. 표말리는 게 제법 꾸덕꾸덕하네.
◆경남권 사투리에서 '-거리하다/-구리하다/-그리하다'는 '~에 거의 가깝거나 가까운 상태가 되다'를 뜻하는 말이다. 거의 중년이 된 상태를 '중씨거리하다'라고 하고, 거의 붉은색에 가까운 색을 '뽈따구리하다'라고 한다. -김승호(진주)

삐리삐리하다 북한 | 형용사 | 비리비리하다
비틀어질 정도로 여위고 연약하다.
〔함경〕군대에 간 동생이 영양실조로 삐리삐리해

서 돌아온 거 보니 속이 쓰림다. 표군대에 간 동생이 영양실조로 비리비리해서 돌아온 것을 보니 속이 쓰립니다.

삐비 전북 | 명사 | 삘기
띠의 어린 꽃이삭.
〔남원〕옛날에 배고플 때는 삐비를 뜯어서 먹기도 했는디 오래 씹으면 껌처럼 되. 표옛날에 배고플 때는 삘기를 뜯어서 먹기도 했는데 오래 씹으면 껌처럼 돼.
◆아직 피지 않은 어린 삘기꽃은 군것질거리가 귀했던 시절에 마치 껌처럼 질겅질겅 씹어대기 좋은 먹을거리였다. 주로 무덤 근처에 많아 학교를 오가는 길에 큰길에서 조금 벗어난 동산에 올라 한 웅큼씩 삘기를 뜯어댔던 기억이 난다. -김형주(부안)

삐비 충남 | 명사 | 삘기
띠의 어린 꽃이삭.
〔서산〕어릴 적이넌 삐비를 찾어 온 들을 헤맸다. 표어릴 적에는 삘기를 찾아 온 들을 헤맸다.

삐빌삐빌하다 전남 | 동사 | 버무리다
여러 가지를 한데에 뒤섞다.
〔고흥〕밥을 부대찌개 국물과 삐빌삐빌해서 먹어라. 표밥을 부대찌개 국물과 버무려서 먹어라.

삐아스 북한 | 명사 | 파운데이션
화장품의 하나로 가루분을 기름에 섞어 액체 또는 고체 형태로 만든 것.
〔함북〕크림에 삐아스 정도만 발랐슴다. 표크림에 파운데이션 정도만 발랐습니다. 〔함북〕야, 니 오늘 삐아스 넘 발라서 허옇타. 표야, 너 오늘 파운데이션 너무 발라서 하얗다.
◆'피아스'라고도 하는데 남한의 파운데이션과 비슷하며, 짜는 것도 있고 통에 든 것도 있다. 주로 중국

산으로 개인 여행자를 통해 장마당에서 판매된다고 한다.

뻬조리 충남 | 명사 | 뾰주리감
모양이 조금 갸름하고 끝이 뾰족한 감. 장준, 고추감 따위를 이른다.
〔금산〕두레감 홍시는 뻬조리 열 개하고도 안바꾼다. 표두레감 홍시는 뾰주리감 열 개하고도 안바꾼다. 〔공주〕고욤나무이다가 접 붙쳤더니 뻬조리감이 및 개 열렸대는그려. 표고욤나무에다가 접 붙였더니 뾰주리감이 몇 개 열렸다는구려.
◆뻬조리는 2~30년 전에 충청도 산악 지역에서 흔히 볼 수 있었으나 근래에는 거의 사라져 보기 어렵게 되었다.

뻬조리감 전북 | 명사 | 뾰주리감
모양이 조금 갸름하고 끝이 뾰족한 감. 장준, 고추감 따위를 이른다.
〔완주〕뻬조리감은 홍시일 때라야 맛나지. 표뾰주리감은 홍시일 때여야 맛있지.
◆뻬조리감은 토종 감으로 대봉시처럼 뾰족하게 생겼지만 대봉시보다는 작다. 한때 뻬조리감은 시장에서 구할 수 없는 감이었다. 왜냐하면 뻬조리감은 홍시가 되면 속이 물이나 죽처럼 변해 입을 대고 한 번에 쫙 빨아 먹는 감이라 도로 여건이 좋지 않고 운송 수단이 발달하지 못했던 때에는 다른 지역으로 운반하는 과정에서 터지거나 상해버렸기 때문이다. –이성식(완주)

뻬툴이 충남 | 명사 | 소라
소라의 한 종류.
〔보령〕소라 껍데기 속에 그 게가 들어가서 사는 거잖아. 여기 말로는 뻬툴이.

뻰따먹기 전북 | 명사 | 없음

철사처럼 가느다란 쇠로 만든 핀을 따먹는 놀이.
〔완주〕시리뻰을 손가락을 탁 쳐갖고 멀리 날라가게 허는 것이 뻰따먹기지. 표실핀을 손가락으로 탁 쳐가지고 멀리 날아가게 하는 것이 '뻰따먹기'지.
◆전북에서는 철사처럼 가느다란 쇠로 만든 실핀을 '시루뻰/시리뻰(완주), 씨리뻰(김제)'이라고 한다. '뻰따먹기'는 실핀을 손가락 끝으로 튕겨서 멀리 날아가게 하거나 다른 사람의 실핀을 맞히는 놀이이다. 주로 여자아이들이 '뻰따먹기'를 했다. ◆뻰따먹기는 여자 어린이들이 노는 놀이이다. 뻰은 여자아이들이 머리를 다듬거나 장식할 때 머리를 고정시키거나 장식을 떨어지지 않게 장치하는 기구이다. 지금은 흔하지만 1960~80년대에는 머리뻰을 구하기가 귀하였기에 이것을 따거나 떼이면 큰 기쁨과 슬픔이었다. 그래서 여자아이들은 이것을 따먹는 놀이를 만들었고 여러 가지 놀이가 전승되었다. 간단하게는 가위바위보를 하여 이긴 사람이 하나씩 빼앗아 오는 방법, 손에 쥔 뻰이 홀수인지 짝수인지 맞히는 놀이, 땅에 원을 그려놓고 2~3미터에서 던져 원 안에 들어가면 먹는 방법, 금을 그어놓고 2~3미터에서 던져 가까운 사람이 먹는 방법 등 여러 가지가 있다. 이는 남자들이 노는 돈치기, 구슬치기와 비슷하다. –임영수(연기)

뻥이치기 제주 | 명사 | 없음
삘기를 가지고 노는 놀이.
〔남원〕뻥이치기 허젠 허민 새왓디 강 뻥이 뽑앙 와야지. 경허단 새왓 임제안티 걸리민 욕 듣곡. 표'뻥이치기' 하려고 하면 띠밭에 가서 삘기 뽑아서 와야지. 그러다가 띠밭 임자한테 걸리면 욕 듣고. 〔한경-신창〕뻥이치긴 그 삐 빵당 크정허게 이디 건들지 안허영 디물아사주게. 표'뻥이치기'는 그 삘기 뽑아다가 가지런하게 여기 건드리지

365

않고 집어넣어야지.

◆'삥이'는 띠의 꽃이삭을 싸고 있는 애순으로 씹으면 달콤한 맛이 나서 아이들의 간식거리였다. '삥이치기'는 삘기가 나는 봄철에 아이들이 하는 놀이로 띠밭의 삘기를 뽑아다가 편을 나누어 서로 상대편의 삘기를 따는 놀이다. '삥이'를 '삥이'라고도 한다.

◆자연에서 삥이를 한 주먹씩 뽑아서 정자나 누구네 마루 등 편편한 곳으로 모여 놀이를 한다. 참석한 아이들이 정해진 숫자만큼 삥이를 내놓으면 가위바위보를 하여 이긴 순서대로 삥이치기를 하는데 한 손에 삥이를 잡고 손목을 돌려 바닥에다 떨어뜨린다. 가운데에 삼각형 모양의 구멍을 만들고 그곳에 삥이를 조심스럽게 넣기 시작하는데 삥이가 넘어지거나 바닥에 깔린 삥이가 움직이면 순서가 다음 사람으로 넘어간다. 삥이를 다 채우면 이번에는 넣은 삥이를 조심스럽게 빼내는데, 빼낸 숫자만큼의 삥이를 상대방에게 받을 수 있다. 그 외에도 여러 가지 방법으로 상대방의 삥이를 빼앗아 오는 놀이를 한다. 삥이는 보릿고개를 넘기 어려웠던 시절 아이들의 허기진 배를 채우는 간식거리였다. 삥이는 껍질을 벗겨내고 속에 있는 새순을 씹어 먹는데 연할 때는 쉽게 씹히어 상긋한 맛을 내지만, 그것이 세면 질겨서 껌을 씹듯 씹다가 뱉어낸다. −임영수(연기)

사고디 경북 | 명사 | 다슬기

다슬깃과의 연체동물.

〔경주〕사고디 잡으러 거랑에 가자. 표다슬기를 잡으러 개울에 가자. 〔성주〕사고디 묵게 탱자나무 가시 좀 가온나. 표다슬기 먹게 탱자나무 가시 좀 가져와라.

◆'고디'는 논에서 나는 '고둥'의 사투리이고, '사고디'는 강에서 나는 '다슬기'의 사투리이다. '사고디'를 삶아서 먹을 때는 꼭 탱자나무 가시를 따 와서 먹곤 했다. -손성진(성주) ◆상주에서는 '고둥'을 '골베이'라고 하고, '다슬기'를 '차지골베이'라고 한다. -김옥진(상주)

사과 충북 | 명사 | 능금

능금나무의 열매. 사과와 비슷한 모양이지만 훨씬 작다.

〔단양〕장에서 파는 것두 사과구 이렇게 쪼만 것두 사과여. 표장에서 파는 것도 능금이고 이렇게 조그만 것도 능금이야.

◆사과와 능금은 다른 과일이지만 충북에서는 '사과'가 능금을 뜻하기도 한다. 사과를 사투리라고 할 수 없으나 이 단어가 갖고 있는 뜻이 포괄적이라는 점에서 알아둘 만하다.

사내끼 전북 | 명사 | 새끼

짚으로 꼬아 줄처럼 만든 것.

〔익산〕옛날엔 사내끼 꼬는 기계가 있어서 짚을 두어 개씩 구녕에 넣어주면 새끼줄이 나왔어. 표옛날엔 새끼 꼬는 기계가 있어서 짚을 두어 개씩 구멍에 넣어주면 새끼줄이 나왔어. 〔임실〕가마니를 칠라면 산내끼를 먼저 꽈야 히여. 표가마니를 치려면 새끼를 먼저 꼬아야 해. 〔군산〕생계를 위해 밤에는 새내끼를 꼬고 낮에는 가마니를 쳤다. 표생계를 위해 밤에는 새끼를 꼬고 낮에는 가마니를 쳤다.

◆부안에서는 짚으로 꼬아 만든 것은 '사내끼'라 하고, 실을 꼬아 만든 것은 '실내끼'라고 한다. 가느다란 실을 몇 가닥씩 잡아서 꼬아 끈으로 만들어서 사용한다. -김동녀(부안)

사네기 전북 | 명사 | 노래기

노래기강의 절지동물을 통틀어 이르는 말.

〔정읍〕사네기는 징그럽지만 시글시글햐. 표노래기는 징그럽지만 시글시글해. 〔임실〕산애기를 건딜면 고약헌 냄새가 난다. 표노래기를 건드리면 고약한 냄새가 난다.

◆음력 2월 초하루 머슴날 콩을 볶을 때 솔잎 한 움큼을 부엌 천정으로 던지며 "산약각시 바늘 주자"라는 말을 세 번 외친다. 산약각시(노래기의 존칭)가 한 움큼이나 되는 솔잎 바늘을 가지고 바느질을 하는데 정신이 팔려 노래기가 봄부터 가을까지 부엌으로 들어오지 못하도록 하는 액막이를 하였다. -최병선(임실)

사대다 경북 | 동사 | 싸돌아다니다

여기저기를 마구 돌아다니다.

〔영천〕얼매나 사대다노이 다레에 가래토시 다 나겐노. 표얼마나 싸돌아다녔으면 다리에 가래 톳이 다 나겠니.

사뎅이 경기 | 명사 | 감자탕

돼지 뼈에 감자, 들깨, 파, 마늘 따위의 양념을 넣어 끓인 찌개.

〔수원〕오늘은 사뎅이 먹으러 가자. 표오늘은 감 자탕 먹으러 가자.

◆수원 등지에서 감자탕을 '사뎅이'라고 부르는데 감 자탕의 주재료인 돼지 등뼈를 가리키는 말이다. 등 또는 등뼈를 함경북도에서도 '사등이'라고 하고 강 원도에서는 '사데이'라고 하는데, 이 말을 가져와 음 식 이름에 붙인 것이다. 표준어는 아니지만 의학 용 어로 사람의 척추뼈를 '사등이뼈'라고 한다.

사둔잔치 제주 | 명사 | 없음

결혼식 다음 날 신랑집에서 신부 집안사 람들을 맞이하여 벌이는 잔치.

〔구좌-한동〕사둔잔치 허레 갈 땐 뭐 도세기 다리 도 하나 놓곡 쌀도 혼 말 놓고 헹 가났어. 표'사둔 잔치' 하러 갈 때는 뭐 돼지 다리도 하나 넣고 쌀 도 한 말 넣고 해서 갔어.

◆제주에서는 결혼식을 기준으로 하루 전날에는 '가 문잔치'를 치르고, 결혼식 다음 날에는 '사둔잔치'를 치른다. '가문잔치'는 친척들이 모여서 잔치 음식을 먹는 날이고, '사둔잔치'는 양가 사돈끼리 만나서 인 사를 나누는 절차를 말한다.

사드락사드락 전북 | 부사 | 천천히

동작이나 태도가 급하지 아니하고 느리게.

〔군산〕심심하면 사드락사드락 다녀와. 표심심하 면 천천히 다녀와.

사등개 북한 | 명사 | 등

사람이나 동물의 몸통에서 가슴과 배의 반대쪽 부분.

〔양강〕하루 종일 모내기하니 사등개가 쑤시디 않갔시오? 표하루 종일 모내기하니 등이 쑤시지 않겠습니까?

사라구 북한 | 명사 | 씀바귀

국화과의 여러해살이풀.

〔북한〕사라구는 흰 즙이 나오고 매우 쓰겁습다. 표씀바귀는 흰 즙이 나오고 매우 씁니다.

사랑담 전남 | 명사 | 없음

어떤 물건이 흥미를 끌지 못하거나 귀찮 아서 싫어하는 마음이 생기는 일.

〔순천〕새 장난감도 며칠 가지고 놀면 금방 사랑 담을 할 거야. 표새 장난감도 며칠 가지고 놀면 금방 '사랑담'을 할 거야.

사무랍다 경북 | 형용사 | 사납다

성질이나 행동이 모질고 억세다.

〔대구〕개가 성질이 얼매나 사무랍은동 동네 사 램들이 건저도 몬 간다. 표개가 성질이 얼마나 사나운지 동네 사람들이 근처도 못 간다.

사방연 경기 | 명사 | 방패연

방패 모양으로 만든 연.

〔파주〕팔월 추석날이믄 모여서널 사방연 날리구. 표팔월 추석날이면 모여서들 방패연 날리고.

◆'방패연'이 연의 모양을 본떠 붙인 이름이라면 '사 방연'은 네 귀퉁이가 각이 졌다는 뜻을 표현한 이름 이다.

사붕글다 전남 | 동사 | 없음

주책없어 쓸데없는 말을 자꾸 지껄이다.

〔고흥〕사붕글지 말고 조용히 자라. 표'사붕글지'

말고 조용히 자라. 〔강진〕피곤하지도 않는지 어지간히 시붕그네. 표피곤하지도 않는지 어지간히 '사붕그네'.

사사여행자 북한 | 명사 | 없음
북한 당국의 허락을 받아 중국에 다녀오는 사람.

〔북한〕엄마는 할아버지가 사사여행자여서 삐아스를 빨리 발랐다고 들었슴다. 표엄마는 할아버지가 '사사여행자'여서 파운데이션을 빨리 발랐다고 들었습니다.

사오기 제주 | 명사 | 벚나무
장미과의 낙엽 활엽 교목인 벚나무를 이르는 말.

〔노형〕우리 집 마리는 사오기로 멘들앙 튼튼ᄒᆞ다. 표우리 집 마루는 벚나무로 만들어 튼튼하다. 〔애월-고내〕지동 허는 것도 굴무기 말앙 사오기엔 헌 나무도 잇곡. 표기둥 하는 것도 느티나무 말고 벚나무라고 하는 나무도 있고.

◆'사오기(벚나무)'는 '굴무기(느티나무)'와 함께 가구를 만드는 데 좋은 목재이다. '사오기'는 붉은색을 띠고 '굴무기'는 노르스름하면서 붉은색을 띠는데, 두 나무는 성장 속도가 빠르지 않은 편이라 나이테가 촘촘하고 재질이 단단하다.

사울사울 전남 | 부사 | 없음
비가 온 듯 안 온 듯 이슬처럼 가늘게 내리는 모양.

〔고흥〕아직질에 비가 사울사울 와부러서 밭에를 못 가부렀소. 표아침결에 비가 '사울사울' 와버려서 밭에 못 가버렸소.

◆'사울사울'은 "잠이 사울사울사울 온다"처럼 세 번 반복하여 사용하기도 한다. '잠비'는 '봄에 풀이 돋을 때에 이슬처럼 가늘게 내리는 비'라는 뜻으로 사용하는 말이다. -천인순(고흥)

사웃대 충남 | 명사 | 상앗대
배질을 할 때 쓰는 긴 막대. 배를 댈 때나 띄울 때, 또는 물이 얕은 곳에서 배를 밀어 나갈 때 쓴다.

〔서산〕그는 분을 못 참고 나에게 사웃대질을 해대며 화를 낸다. 표그는 분을 못 참고 나에게 상앗대질을 해대며 화를 낸다.

◆말다툼을 할 때 주먹이나 손가락 따위를 상대편 얼굴 쪽으로 내지르는 것이 마치 삿대로 배를 밀어내는 모습과 비슷해서 '사웃대질'이라고 한다. -장경윤(서산)

사이밥 북한 | 명사 | 새참
참과 참 사이에 먹는 음식.

〔북한〕어제 종일 굶었드니 사이밥 먹어도 허기가 짐메. 표어제 종일 굶었더니 새참 먹어도 허기가 집니다.

사자고추 북한 | 명사 | 피망
가지과에 속하는 고추의 한 가지.

〔북한〕이 사자고추는 내 주먹 두 개만 하다. 표이 피망은 내 주먹 두 개만 하다.

◆피망의 모습이 마치 사자 머리와 같다고 하여 '사자고추'라고 한다. 꼬투리가 주먹처럼 크고 우굴쭈굴 깊이 홈이 져 있다. 홍피망은 '붉은사자고추', 청피망은 '푸른사자고추'라고 한다.

사장꺼리 전남 | 명사 | 없음
당산나무 밑. 혹은 당산나무 근처의 거리.

〔고흥〕사장나무가 큰께 그늘이 많이 지제. 그래서 여름에는 어르신들이 사장꺼리서 앙거 장기도 두고 글고 노셨어. 표당산나무가 크니까 그늘이 많이 지지. 그래서 여름에는 어르신들이 '사

369

장꺼리'에 앉아 장기도 두고 그러고 노셨어.

사참하다 전남 | 형용사 | 아슬아슬하다
소름이 끼칠 정도로 약간 차가운 느낌이
잇따라 드는 듯하다.
〔장흥〕아따, 기차를 사참하게 타부렀구만! 사참
했네, 글씨. 표아따, 기차를 아슬아슬하게 타버렸
구만! 아슬아슬했네, 글쎄.
◆전남 무안 지역에서는 아슬아슬하여 자칫 큰일이
날 뻔한 것을 '사참허다'라고 한다. 그런데 같은 지
역에서 '잔재주를 부리다', '교활하게 행동하다'라는
의미의 '사참허다'도 쓰인다. 이는 '사참허다'가 쓰
이는 상황이나 의미가 이 지역에서 넓다는 것을 미
루어 짐작하게 한다. -오홍일(2003)

사치맞다 경북 | 동사 | 없음
치수가 꼭 맞다.
〔상주〕새로 만든 치마저고리가 나한테 사치맞네.
표새로 만든 치마저고리가 나한테 '사치맞네'.

사탕 북한 | 명사 | 설탕
단맛이 나는 조미료.
〔함경〕사탕가루가 정말 곱다야. 표설탕가루가 정
말 곱구나.
◆『조선말대사전』에도 '설탕'이라는 말이 올라와 있
다. 다만 "눈같이 하얀 가루로 된 사탕"이라고 뜻을
풀이하고 있을 만큼 '사탕'이라는 말을 더 즐겨 사용
한다. 가루로 된 설탕은 '사탕가루'라고 하고, 덩어
리로 된 설탕은 '각사탕(모사탕)'이라고 한다. 북한
주민들은 설탕보다는 사카린을 주로 사용했지만 제
대로 된 단맛을 내기 위해서 설탕에 의존하기 시작
했다고 한다.

삭 충북 | 부사 | 많이
수효나 분량, 정도 따위가 일정한 기준
보다 넓게.
〔충주〕밭농사야 자기 머꾸 사녀라구 여러 가지
자꼬기니까, 머 버리두 해구 밀 머 콩두 해구 삭
해닝 거지 머.-박경래(2007) 표밭농사야 자기
먹고 사느라고 여러 가지 잡곡이니까, 뭐 보리도
하고 밀 뭐 콩도 하고 많이 하는 거지 뭐.

삭갈리다 충북 | 동사 | 헷갈리다
(1)정신이 혼란스럽게 되다.
(2)여러 가지가 뒤섞여 갈피를 잡지 못
하다.
〔옥천〕한븐 놓치니께 삭갈리서 뭐가 뭔지 몰르
겠드라구. 표한번 놓치니까 헷갈려서 뭐가 뭔지
모르겠더라고. 〔옥천〕그전에 갔던 질인데 요번에
갈라구 하니께 질이 삭갈리서 혼났어. 표그전에
갔던 길인데 이번에 가려고 하니까 길이 헷갈려
서 혼났어.

삭댕이 충북 | 명사 | 삵
고양잇과의 포유류.
〔옥천〕간밤에 삭댕이가 닭을 물어 갔다네. 표간
밤에 삵이 닭을 물어 갔다네.
◆'삵'을 소리 나는 대로 '삭'이라 하고 여기에 접미
사 '둥이'의 방언형 '댕이'를 붙인 것이다. '옆'을 '옆
댕이'로 표현하는 것과 흡사하다.

삭삭하다 충북 | 형용사 | 없음
식물이 설익어 맛이 달고 시다.
〔보은〕안 익어서 깨물어 먹으면 삭삭하지.
◆『이조어사전』에는 '삭삭하다'가 사박사박한 것을
뜻한다고 나와 있다. 사박사박한 것은 입안에서 느
끼는 촉감인 반면 충북 사투리 '삭삭하다'는 입안에
서 느끼는 미각 표현이다.

삭장기 경기 | 명사 | 삭정이

살아 있는 나무에 붙어 있는, 말라 죽은 가지.

〔파주〕삭장기는 보이는 대루 따 떠내야 해요. 표 삭정이는 보이는 대로 다 떼어내야 해요.

삭큼삭큼 전남 | 부사 | 새금새금

(1)여럿이 다 맛깔스럽게 조금 신 맛이 나 냄새가 있는 느낌.
(2)맛이나 냄새 따위가 맛깔스럽게 매우 신 느낌.

〔고흥〕열무짐치가 삭으믄 검덜큼허니, 삭큼삭큼허니 맛있어요. 표 열무김치가 삭으면 들큼하니, 새금새금하니 맛있어요. 〔진도〕쩌그 샘에 보면 열무짐치를 담어서 너났는데 익어서 삭큼삭큼허니 맛있더라. 표 저기 샘에 보면 열무김치를 담아서 넣어났는데 익어서 새금새금하니 맛있더라.

◆'삭큼삭큼'이라는 말은 "김치나 젓갈 따위의 음식물이 발효되어 맛이 들다"를 뜻하는 '삭다'에서 온 말로 보인다.

산고뎅이 강원 | 명사 | 산등성이

산의 등줄기.

〔속초〕아침에 보리밥 싸서 산고뎅이에 오르니 불어오는 산바람이 시원하다. 표 아침에 보리밥을 싸서 산등성이에 오르니 불어오는 산바람이 시원하다. 〔양양〕산꼬뎅이 오르기 참 심들다. 표 산등성이 오르기 참 힘들다. 〔평창〕산고데이까지 가려면 숨이 턱에 차네요. 표 산등성이까지 가려면 숨이 턱에 차네요. 〔삼척〕볏단을 지고 산코뎅이를 올라가는데 콩죽 같은 땀이 비오듯 나잖소. 표 볏단을 지고 산등성이를 올라가는데 콩죽 같은 땀이 비오듯 나잖소.

◆'꼭대기'의 옛말은 '곡뒤'이다. 『이조어사전』에는 '뫼ㅅ곡뒤'라는 표현이 나온다. 강원도 사투리 '산고뎅이'의 '고뎅이'는 아직 첫 음절에서 경음화가 이루

어지지 않았다는 점에서 표준어보다 옛말의 원형에 좀 더 가깝다.

산다이 전남 | 명사 | 없음

서남해 도서 연안 지역 청춘 남녀들의 유흥적 노래판.

〔신안〕가거도에서는 지금도 후박나무 껍데기 벳기며 산다이를 부르제. 표 가거도에서는 지금도 후박나무 껍데기 벗기며 '산다이'를 부르지. 〔진도〕낮에는 들에서 왼칭일 일해쓰면서도 밤에는 심든지 모르고 처녀 총각들이 모태서 밤마다 산다이를 벌었지. 표 낮에는 들에서 온종일 일했으면서도 밤에는 힘든지 모르고 처녀 총각들이 모여서 밤마다 '산다이'를 벌였지.

산담 제주 | 명사 | 사성

무덤 주위를 장방형으로 둘러쌓은 돌담.

〔남원〕청명에는 산에 가서 그 풀도 비고 산담도 몰아진 거 이시민 잘 다우고 허여. 표 청명에는 산소에 가서 그 풀도 베고 사성도 무너진 거 있으면 잘 쌓고 해. 〔구좌-한동〕물메접이라고 해서 그 밧듸 돌도 일르고 또 이제 산담 거튼 것도 이녁 혼자 못 허니까 동네 사름덜이 그런접 허영 ᄀ치 허엿주게. 표 '물메접'이라고 해서 그 밭에 돌도 일으키고 또 이제 사성 같은 것도 자기 혼자 못 하니까 동네 사람들이 그렇게 해서 같이 했지.

◆'산담'은 보통 무덤을 둘러 장방형으로 쌓는 것이 일반적이나 타원형으로 쌓기도 한다. '산담'은 산소의 영역을 구분하기도 하지만 마소가 산소로 들어오는 것을 막고 산불이 번지는 것을 막는 기능을 하기도 한다. '산담'은 장사를 치른 이후에 택일하여 쌓는데, 마을 사람들이 계를 조직하여 상부상조하여 만들기도 한다.

산동추 경북 | 명사 | 유채
십자화과의 두해살이풀.
〔상주〕끄러 유채, 그걸 산동추라 그래여.-김무식
(2012) 표그래 유채, 그것을 '산동추'라 그래요.

산뒤쌀 제주 | 명사 | 밭벼쌀
밭벼를 찧어 만든 쌀.
〔노형〕제주에는 논이 어시니까 산뒤쌀밖에 없다.
표제주에는 논이 없으니까 밭벼쌀밖에 없다.

산들이하다 경북 | 형용사 | 쌀쌀하다
날씨나 바람 따위가 음산하고 상당히 차
갑다.
〔대구〕날씨가 산들이해졌으니 외투 입고 가야겠
다. 표날씨가 쌀쌀해졌으니 외투 입고 가야겠다.

산등게이 충북 | 명사 | 산등성이
산의 등줄기.
〔옥천〕동네 이짝에넌 나무가 읎어서 산등게이 너
머루 나무하루 댕깄어. 표동네 이쪽에는 나무가
없어서 산등성이 너머로 나무하러 다녔어.
◆산의 등줄기를 '산등' 또는 '산등성이'라고 한다.
'산등백이'는 '산등배기'라고도 하는데, '언덕배기'의
'배기'처럼 비탈진 곳이나 꼭대기를 뜻하는 말이다.

산등백이 충남 | 명사 | 산등성이
산의 등줄기.
〔태안〕우리 아버지는 어릴 적이 감낭구골 가다
산등백이서 여수를 봤다잖어 글쎄. 표우리 아버
지는 어릴 적에 감나무골 가다가 산등성이에서
여우를 봤다잖아 글쎄.
◆'산등백이'는 충남 전역에서 쓰는 말이다. '등배기'
는 표준어 '등성이'에 대응하는 말로 사물의 등에 해
당하는 부분을 이르는 말이다. 그러니까 '산등백이'
는 산의 등줄기가 되는 부분, 산의 능선(稜線)을 뜻

한다. 해방 이후 표준어화의 영향으로 '산등셍이'의
쓰임이 늘어나면서 '산등백이'는 점차 사용 빈도가
줄고 있다. -이명재(예산)

산말랑 강원 | 명사 | 산마루
산의 등성이와 등성이를 잇는 봉우리.
〔정선〕산말랑에 햇빛을 받은 구름 하나가 병풍
을 칩니다. 표산마루에 햇빛을 받은 구름 하나가
병풍을 칩니다. 〔삼척〕대관령 산말랑에서 내려다
보면 저 멀리 강릉 시가지가 보이잖소. 표대관령
산마루에서 내려다보면 저 멀리 강릉 시가지가
보이잖소. 〔평창〕산말랑가지에는 참나물이 개락
이래요. 표산마루에는 참나물이 많아요.

산말랭이 충남 | 명사 | 산마루
산의 등성이와 등성이를 잇는 봉우리.
〔태안〕즑기 눈 퍼부면 산말랭이 너머 오이갓집
댕이기가 웅 애먹었던디. 표겨울에 눈 퍼부으
면 산마루 너머 외갓집 다니기가 영 애먹었는데.
〔서산〕되비산 말랑이에 올러스면 끗읎이 펼쳐진
천수만과 서해 바다를 처다볼 수 있다. 표도비산
산마루에 올라서면 끝없이 펼쳐진 천수만과 서
해 바다를 처다볼 수 있다.
◆'산말랭이'는 "주변에서 가장 높은 곳"을 뜻하는
말이다. 표준어로는 '마루'라고 하고, 한자로는 '종
(宗)'이라고 한다. 따라서 '종교'를 한자의 뜻대로 풀
이하면 '마루 가르침'이 된다. '삶의 가르침 가운데
가장 높은 것'이 종교라는 뜻이다. 이 말은 경기도의
일부 지방과 충청도 북부 지방에서 쓰는 사투리이
다. 산마루는 '산말랭이'라고 하고, 고개마루는 '고
갭말랭이'라고 한다. -이명재(2015)

산번더니 충북 | 명사 | 기슭
산이나 처마 따위에서 비탈진 곳의 아랫
부분.

〔옥천〕지금은 산번더니에두 나무가 있지만, 그전에는 하두 해 가서 나무가 없었어. 표지금은 기슭에도 나무가 있지만. 그전에는 하도 해 가서 나무가 없었어.

◆충북에서는 산기슭을 '산번더니' 또는 '산번던니'라고 한다. 받침에 'ㄴ'을 붙여서 강하게 하느냐 약하게 하느냐 차이이다.

산비얄 충남 | 명사 | 산비탈

산 따위의 경사진 자리를 일컫는 말.

〔예산〕인제 마루서 내려올 즉에 거길 산비얄이라구 하쥬. 비얄. 표인제 마루에서 내려올 적에 거기를 산비탈이라고 하죠. 비탈. 〔서산〕비얄이 심헌 산은 올러가구 내려가기가 심든다. 표비탈이 심한 산은 올라가고 내려가기가 힘들다.

◆'산비얄'은 충남의 전 지역에서 쓰는 말이다. 충남에서 표준어 '비탈'은 음운탈락으로 '비알'이 된다. 보통 학식이 있는 계층에서는 '비탈'을 쓰지만 일반적으로는 '비알'이라고 한다. "산비얄이 가팔르다", "어덕이 비얄져서 우염허다"라는 식으로 쓴다. 다시 말해 산등성이에서 기슭으로 이어지는 기울기가 심한 곳이 '산비얄'이다. −이명재(예산) ◆강원도와 충북에서도 산비탈을 '산비얄' 또는 '산삐얄'이라고 한다.

산태미 경남 | 명사 | 채반

껍질을 벗긴 싸릿개비나 버들가지 따위의 오리를 울과 춤이 거의 없이 둥글넓적하게 결어 만든 채그릇.

〔부산〕매르치 삶아가아 산태미 우우다 올리나라. 표멸치를 삶아서 채반 위에다 올려놔라.

◆'삼태기'의 사전적 정의를 보면 "흙이나 쓰레기, 거름 따위를 담아 나르는 데 쓰는 기구. 가는 싸리나 대오리, 칡, 짚, 새끼 따위로 만드는데 앞은 벌어지고 뒤는 우긋하며 좌우 양편은 울이 지게 엮어서 만든다"라고 되어 있다. 그런데 부산 해운대 바닷가 마

을에서는 대나무로 만들어 멸치를 삶아서 말릴 때 사용했던 동그란 채반 같은 것을 '산태미'라고 불렀다. −이광진(부산) ◆산데미는 일반적으로 둥글거나 네모난 형태로 만든다. 싸리, 대나무, 간혹 짚으로도 만들며 주로 채소류, 곡류, 물고기 등을 말리는데 사용하였다. −김의부(거제)

살결물 북한 | 명사 | 미안수

피부에 수분을 주어 피부 표면을 다듬는, 맑은 액체 형태의 화장수.

〔북한〕저의 친구는 얼굴에 살결물을 바른 후부터 얼굴이 엄청 좋아졌슴다. 표제 친구는 얼굴에 미안수를 바른 후부터 얼굴이 엄청 좋아졌습니다.

살구받기 경남 | 명사 | 공기놀이

공기를 가지고 노는 아이들 놀이.

〔양산〕소이 작으이까네 살구받기를 잘 몬한다. 표손이 작으니까 공기놀이를 잘 못한다. 〔하동〕누구는 꼰띠기 해라. 우리는 콩돌줍기할 끼다. 표너희는 고누놀이 해라. 우리는 공기놀이할 거다. 〔창녕〕아지매 깔래나 하입시더. 표아줌마 공기놀이나 합시다.

◆공깃돌은 보통 다섯 개를 사용하며 일정한 놀이 규칙이 있었다. 창원군 상남면 지역에서는 '에나걸이(외나걸이), 두나걸이, 세나걸이, 네나걸이/니나걸이, 등, 죽, 팥, 알, 집' 등과 같은 용어를 사용하는데, 이들 용어는 놀이 순서를 나타낸다. 즉 '에나걸이'로 시작하여 '집'까지 한바퀴 도는 것이다. 이를 '동'이라고 하기도 한다. −김성재(고성) ◆'지께'라는 말은 '콩'을 줍는 행위에 초점이 놓인 말이라면 '받기'는 '콩'을 받는 행위에 초점이 놓인 말이다. 경남 지역에서 '지께'보다 '받기'가 더 널리 사용된 것은 공기놀이에서 집는 행위보다 받는 행위가 더 중요하기 때문이다. −김성재(고성) ◆창녕에는 "깔래받기 자꾸 하마 숭년 진다(공기놀이 자주 하면 흉년

든다)"라는 속담이 있다. 공기놀이하는 데 시간을 많이 뺏기면 일을 하는 데 시간이 부족하다는 것을 경계한 속담으로 보인다.

살까기 북한 | 명사 | 다이어트

체중을 줄이거나 건강의 증진을 위하여 제한된 식사를 하는 것을 이른다.
〔양강〕저 요즘 살까기 중임다. 자꾸 먹으라 하지 마시라요. 표저 요즘 다이어트 중입니다. 자꾸 먹으라 하지 마세요.

살락ᄒ다 제주 | 형용사 | 꺼끌꺼끌하다

밥 따위가 찰기가 없이 꺼끌꺼끌하다.
〔대정-가파〕조팝은 살락헤도 먹으민 경 시장기가 안 나. 표조밥은 꺼끌꺼끌해도 먹으면 그렇게 시장기가 안 나. 〔구좌-한동〕모인조팝은 살락허영 좁쏠 방올 ᄒ나ᄒ나 다 세어저. 표메좁쌀은 꺼끌꺼끌해서 좁쌀 알 하나하나 다 세어져.

살레 제주 | 명사 | 찬장

음식이나 그릇 따위를 넣어두는 장.
〔용담〕살레에 오고셍이 싱 건 무시거꼬? 표찬장에 그대로 있는 건 무엇이냐?

살림집 북한 | 명사 | 공공주택

국가에서 공급하는 집.
〔북한〕영희는 5만 세대 살림집 건설장에서 청춘을 불태웠어. 표영희는 5만 세대 공공주택 건설장에서 청춘을 불태웠어.

◆북한의 주택 소유 형태는 국가 소유와 기업 소유, 개인 소유 등으로 나눌 수 있는데 개인 소유 주택은 재산 가치가 낮은 편이다. 국가 소유의 살림집에 살기 위해서는 일정 부분 사용료를 지불해야 하는데, 전기료와 상하수도료와 같은 일종의 공과금으로 생각하면 된다. 살림집은 국가 소유지만 점유권이 인정되어 교환이 가능하다.

살박다 경기 | 형용사 | 정성스럽다

보기에 온갖 힘을 다하려는 참되고 성실한 마음이 있다.
〔서울〕포장을 참 살박아 했네. 표포장을 참 정성스럽게 했네.

◆'살박다'는 "살을 박다"라는 관용적 표현의 준말로 '정성스럽다'라는 뜻 외에도 흰떡에 떡살로 무늬를 박을 때도 쓰는 말이다.

살사리 경남 | 명사 | 삽살개

개 품종의 하나로 삽살개를 일컫는 말.
〔부산〕살사리맨치로 꼬리를 사알살 흔들더라. 표삽살개처럼 꼬리를 살살 흔들더라.

◆털이 복슬복슬한 '삽살개'는 우리나라 토종개이다. 일제강점기에 멸종 위기에 몰렸다가 현재는 경북 경산군의 '경산 삽살개'가 천연기념물로 지정되어 보호받고 있다.

살씨다 경북 | 형용사 | 사납다

성질이나 행동이 모질고 억세다.
〔경주〕야, 너무 살씬 거 아니가? 표야, 너무 사나운 거 아니니?

살찐이 경북 | 명사 | 고양이

고양잇과의 하나.
〔대구〕우리 집 살찐이는 쥐를 구신같치 잡는다. 표우리 집 고양이는 쥐를 귀신같이 잡는다.

◆고양이를 가리키는 사투리 어휘는 전국적으로 매우 다양하게 나타나는데, 대략 고냥이류(고냥이, 고냉이, 고내기, 고내이 등), 고양이류(고양이, 고앵이, 귀양이, 귀앵이 등), 광이류(광이, 괭이, 갱이 등)로 구분할 수 있다. 그중에서도 경상도 사투리의 '살찐이'는 비슷한 부류의 어형이 전혀 없는 특이

374

한 말이다. 살찐이는 '삶을 길들인 것'이라는 뜻에서 '삶+진(陳)+이'로 보기도 한다.

삼마 제주 | 명사 | 반하

천남성과의 여러해살이풀.

〔행원〕어린 땐 벗덜이영 삼마 파레도 뎅겨나고 드릇마농 파레도 하영 뎅겨낫주. 표어렸을 때는 벗들이랑 반하 파러도 다녔었고 달래 파러도 많이 다녔었어. 〔한동〕삼마도 헤당 구뎅이 팡 막 비와. 비와낮당 그거 질구덕 헹 막 씻어근에 폴곡 헷저. 표반하도 해다가 구덩이 파서 막 부어. 부어났다가 그거 바구니 해서 막 씻어서 팔고 했어.

삼면자크가방 북한 | 명사 | 없음

삼면이 지퍼가 달린 남성용 서류가방.

〔북한〕쯔메리 양복을 입고 여기다가 삼면자크가방 하나 딱 들면 어디 가서도 중앙당 간부처럼 행세할 수 있습. 표'쯔메리' 양복을 입고 여기다가 '삼면지퍼가방' 하나 딱 들면 어디 가서도 중앙당 간부처럼 행세할 수 있습니다.

◆남성용 서류가방은 평양 간부들이 주로 사용했는데, 부의 상징으로 여겨졌다고 한다. 남자들 사이에 필수 액세서리로 유행하였다.

삼수기 강원 | 명사 | 삼세기

삼세깃과의 바닷물고기.

〔강릉〕인날엔 삼수기가 잽히문 마커 바다더게 되루 조년데. 표옛날에는 삼세기가 잡히면 모두 바다에다 도로 주었는데. 〔삼척〕강릉 중앙시장 2층에 가면 삼숙이탕이 유명하고요. 삼척에 가면 곰치국이 유명한데요. 풍덕궁이라는 고기도 있잖소. 표강릉 중앙시장 2층에 가면 삼세기탕이 유명하고요. 삼척에 가면 곰치국이 유명한데요. '풍덕궁이'라는 고기도 있잖소.

◆'삼세기'는 '아귀'와 마찬가지로 못생긴 고기지만

같은 고기는 아니다. 몸에 가시가 많아 '삼쐐기'라고도 한다. 쑤기미와 비슷한데 몸은 우둘투둘하며, 질은 녹색 또는 녹색이고 옆구리에 검은 갈색의 가로 띠가 있다. 등지느러미의 가시가 연하다.

삼수세 제주 | 명사 | 환삼덩굴

뽕나뭇과의 한해살이 덩굴풀.

〔구좌-한동〕사름 안 뎅겨나민 삼수세가 막 줄 벋엉 허민 거 바작바작 옷에 부터. 표사람 안 다니면 환삼덩굴이 막 줄 벋어서 하면 거 바작바작 옷에 붙어. 〔노형〕자리젓에 삼수세 허영 영 바깟디 둘리민 쉬파리 안 다녀. 표자리젓에 환삼덩굴 해서 이렇게 밖에 두르면 쉬파리 안 다녀. 〔표선〕삼수세기 걷어당 된장이나 젓갈 우에 덮으민 배랭이 안 생긴다. 표환삼덩굴 걷어다 된장이나 젓갈 위에 덮으면 벌레 안 생긴다.

◆'삼수세'를 '삼수세기' 또는 '수세기'라고도 한다.

삽작 경남 | 명사 | 사립문

사립짝을 달아서 만든 문.

〔부산〕삽작에 누가 왔는갑 대이. 표사립문에 누가 왔는가 보다.

◆'삽작걸'은 "사립문이 있는 곳"을 뜻하는 말이다. "배겉이 와 저래 씨끄럽노? 머슨 일인지 삽작걸에 나가바라(바깥이 왜 저렇게 시끄럽니? 무슨 일인지 사립문이 있는 곳에 나가보아라)"라는 식으로 쓴다. 이때 '삽작걸'의 '걸'은 어떤 것이 있는 곳을 뜻하는 접미사이다. 비석이 있는 곳은 '비석걸', 메(묘)가 있는 곳은 '멧등걸', 우물이 있는 곳은 '새미껄', 다리가 있는 곳은 '다리껄'이라고 한다. 이 '-걸'이 음절이 늘어나면 '-거리'가 되고, 우연히 '-걸'이 있는 곳에 도로가 생기면 그곳이 '거리'로 인식된다. 마산에는 '불종거리', '댓거리'라는 지명이 있다. 원래 '불종걸(화재를 알리는 불종이 있는 곳)', '댓걸(월영대가 있는 곳)'을 가리키던 말이었는데, 일제강점

기에 그 근처에 큰길이 나면서 '거리'의 의미로 인식되기에 이르렀다. -김정대(창원)

삽짝 충북 | 명사 | 사립문
사립짝을 달아서 만든 문.
〔단양〕그전에 송아지 키울 적이 삽짝을 열어노믄 송아지가 나가가지구 그거 찾루 댕길라믄 엄청이 귀찮었어. 표그전에 송아지 키울 적에 사립문을 열어놓으면 송아지가 나가가지고 그거 찾으러 다니려면 엄청 귀찮았어.

삿갓지기 충북 | 명사 | 없음
삿갓에 덮여 보이지 않을 만큼 작은 크기의 땅을 이르는 말.
〔충주〕요새 누가 삿갓지기에다 농사를 져, 기냥 묵히지. 표요새 누가 '삿갓지기'에다 농사를 지어, 그냥 묵히지.

상가도 강원 | 부사 | 아직도
어떤 일이나 상태 또는 어떻게 되기까지 시간이 더 지나야 함을 나타내거나, 어떤 일이나 상태가 끝나지 아니하고 지속되고 있음을 나타내는 말.
〔원주〕철수야 영희는 상가도 자나? 표철수야 영희는 아직도 자나? 〔삼척〕상구도 밭을 다 못 맸나? 표아직도 밭을 다 못 맸니? 〔평창〕길동이는 아죽도 자나? 표길동이는 아직도 자니?

상거 경북 | 부사 | 아직
어떤 일이나 상태 또는 어떻게 되기까지 시간이 더 지나야 함을 나타내거나, 어떤 일이나 상태가 끝나지 아니하고 지속되고 있음을 나타내는 말.
〔안동〕재는 그게 나쁜 버릇인 걸 알면서도 상거 저런다, 글쎄. 표재는 그게 나쁜 버릇인 걸 알면서도 아직 저런다, 글쎄.

상고 경남 | 부사 | 아직
어떤 일이나 상태 또는 어떻게 되기까지 시간이 더 지나야 함을 나타내거나, 어떤 일이나 상태가 끝나지 아니하고 지속되고 있음을 나타내는 말.
〔창원〕상고 더 가야 합니더. 표아직 더 가야 합니다.

상그럽다 경남 | 형용사 | 없음
(1)자꾸 들볶거나 번거롭게 굴어 괴롭고 귀찮다(성가시다).
(2)성질이나 행동이 모질고 억세다(사납다).
〔김해〕눈 뜨기 상그럽다. 〔마산〕이 골목은 복잡해서 주차하기가 상그럽다. 〔합천〕상그럽은 개 콧딩이 아물 날이 없다. 표'상그럽은' 개 콧등이 아물 날이 없다. 〔밀양〕길이 상거럽어서 다니기기 힘드네.

상긋하다 충남 | 형용사 | 향긋하다
은근히 향기로운 느낌이 있다.
〔공주〕그것 참 입안이 상긋하니 참 좋내그랴. 표그것 참 입안이 향긋하니 참 좋네그래.
◆표준어 '상긋하다'는 '눈과 입을 귀엽게 움직이며 소리 없이 가볍게 웃다'를 뜻하는 말이다. 이와 달리 충남 사투리 '상긋하다'는 '은근히 향기로운 느낌이 있다'를 뜻하는 말이다.

상납 제주 | 명사 | 향합
제사 때 피우는 향을 담는 합.
〔구좌-한동〕그 상납에 향나무 가까근에 놔두는 거주. 표그 향합에 향나무 깎아서 놔두는 거지. 〔구좌-김녕〕나가 식게허게 뒈난 이거 촛대영 상로, 상납이영 쟁반이영 다 장만헌 거주게. 저 젯

상은 친정아부지가 혜준 거라. 표내가 제사하게 되니까 이거 촛대랑 향로, 향합이랑 쟁반이랑 다 장만한 거지. 저 제상은 친정아버지가 해준 거야. ◆'상납'을 '상압'이라고도 한다.

상반밥 경기 | 명사 | 조밥
좁쌀로만 짓거나 입쌀에 좁쌀을 많이 두어서 지은 밥.
〔연천〕쌀이 부족할 땐 상반밥을 지어 먹었어. 표쌀이 부족할 땐 조밥을 지어 먹었어. 〔화성〕예전에는 서숙밥을 해서 먹은 적이 있어요. 이제는 그런 것이 없구. 표예전에는 조밥을 해서 먹은 적이 있어요. 이제는 그런 것이 없고.
◆두 가지 이상의 곡식을 섞어서 지은 밥을 '상반'이라고 한다. 경기도 연천은 조가 흔해 쌀과 조를 섞은 밥을 '상반밥'이라고 하였다.

상보 전남 | 명사 | 밥보자기
밥을 담은 그릇이나 차려놓은 밥상을 덮어두거나 싸는, 베나 헝겊으로 만든 보자기.
〔진도〕포리가 쌔까맣게 앉는다. 빨리 상보로 밥상을 덮어라. 표파리가 새카맣게 앉는다. 빨리 밥보자기로 밥상을 덮어라. 〔광주〕정갈한 상보를 쓰고, 정제 마루에서 밥상이 어머니처럼 나를 기다리고 있었다. 표정갈한 밥보자기를 쓰고, 정제 마루에서 밥상이 어머니처럼 나를 기다리고 있었다.

상사말 북한 | 명사 | 생마
길들이지 아니한 거친 말.
〔평북〕그 아이는 상사말같이 바둥바둥거린다. 표그 아이는 생마같이 바둥바둥거린다.

상열하다 강원 | 동사 | 없음
제정신이 아닌 듯하다.
〔강릉〕술을 먹으면 상열하든데 뭐. 표술을 먹으면 '상열하던데' 뭐. 〔고성〕걔는 성격이 미치미치해.
◆표준어 '상열하다'가 "열이 오른다"를 뜻하는 말이라면 강원도 사투리 '상열하다'는 '상혈(上血)하다'에서 온 말로 "피가 위로 솟구치다"를 뜻한다. 이와 비슷한 의미로 쓰이는 '미치미치하다'는 화가 나서 "제정신이 아닌 듯하다"를 뜻하는 말이다. −김인기 (강릉)

상웨떡 제주 | 명사 | 상화떡
밀가루를 누룩이나 막걸리 따위로 반죽하여 부풀려 시루에 찐 떡.
〔용담〕그 예펜 이버니 부지는 상웨떡 헨 감쩬 고라라. 표그 여자 이번 부조는 상화떡 해서 간다고 말하더라.
◆상웨떡은 막걸리와 소다 등을 넣어 길쭉한 형태로 발효시킨 떡으로, 떡을 셀 때 한 빗, 두 빗이라고 했다. 예전에 돈으로 부조를 하지 않던 시절에는 상웨떡을 대나무로 결은 '찰옹'이나 '구덕' 같은 데 넣어 부조하기도 했다. −김동필(용담) ◆제주에서는 광복 이전에 '보리상웨떡(보리상화떡)'을, 광복 이후에는 '밀상웨떡(밀상화떡)'을 즐겨 먹었다. '상웨'는 막걸리를 넣고 발효시킨 떡으로 보관이 용이하다. 요즘에는 팥소를 넣지만 본래는 속을 넣지 않는다. 그래야만 더운 여름에도 오래 보관할 수 있기 때문이다. '상왜떡'은 '상화떡'에서 'ㅎ' 음이 약화되고 전설모음화가 일어난 말이다. '상웨떡'은 '삼메떡'이라고도 한다.

상초 경기 | 명사 | 상추
국화과의 한해살이풀 또는 두해살이풀.
〔옹진〕고기 먹을 땐 상초 뜯어다 싸 먹으면 좋아. 표고기 먹을 땐 상추 뜯어다 싸 먹으면 좋아.
◆'상추'의 사투리는 매우 다양한데 '상초'는 '시금

초' 등과 함께 한자 '초(草)'와 결합하여 만들어진 말이다.

상쾡이 충남 | 명사 | 상괭이
물돼짓과의 포유류.
〔보령〕고래보다 작은 거, 여기 사람들은 상쾡이라고 그래요. 〔당진〕벼지거나 짖어서 피가 많이 나는 디는 시욱지 기름이면 댓빵이지. 표베었거나 찢어져서 피가 많이 나는 데는 상쾡이 기름이면 최고지.

상한손 경기 | 명사 | 생인손
손가락 끝에 종기가 나서 곪는 병.
〔화성〕거스러미를 잘못 뜯으면 상한손에 걸리구 그랬지. 표거스러미를 잘못 뜯으면 생인손에 걸리고 그랬지.

새고롬하다 전북 | 형용사 | 새콤하다
조금 신맛이 있다.
〔임실〕비빔국수에 식초가 많이 들어가서 새고롬하이 맛나네. 표비빔국수에 식초가 많이 들어가서 새콤하니 맛있네. 〔남원〕짐치 맛이 새고롬하니 맛이 들었구만. 표김치 맛이 새콤하니 맛이 들었구먼. 〔정읍〕무침이 새고롬하게 돼서 좋아하겠네. 표무침이 새콤하게 돼서 좋아하겠네.

새골배기 충북 | 명사 | 없음
머리 부분에 흰 털이 나 있는 소.
〔옥천〕이 새 요기 요요 새골배기가설랑언 하양 개 배키넝 기 있다고 새골배기라구 한다고 그게. -박경래(2013) 표이 사이 여기 요요 새골배기에 하얀 게 박힌 게 있다고 '새골배기'라고 한다고 그게.

새그랍다 경북 | 형용사 | 새콤하다
조금 신맛이 있다.
〔대구〕귤이 달지는 않고 너무 새그랍기만 하다. 표귤이 달지는 않고 너무 새콤하기만 하다.
◆신 것을 먹을 때의 느낌을 경북에서는 '새그랍다'라고 한다. 그런가 하면 손목이 시큰거릴 때도 '새그랍다'라고 한다. 이는 미각을 촉각화한 말이라고 할 수 있다.

새깨비 전남 | 명사 | 삭정이
살아 있는 나무에 붙어 있는, 말라 죽은 가지.
〔강진〕새깨비가 불쏘시개로는 최고여. 표삭정이가 불쏘시개로는 최고야. 〔고흥〕옛날에 쌔깨비도 해다 땠어. 표옛날에 삭정이도 주워다가 땠어.
◆삭정이를 뜻하는 사투리 중에 '새깨비'는 '나무 사이에 있는 작은 곁가지'를 뜻하고, '삭다리'는 '삭거나 썩은' 나무를 뜻한다. '자장거리' 또는 '자장개비'는 '작은 나뭇가지'를 뜻하는 말이다.

새꼬롬하다 경남 | 형용사 | 없음
날씨가 은근히 차고 흐리거나, 표정이 토라진 듯하다.
〔고성〕날이 새꼬롬한 기 비라도 올 모양인갑다. 표날이 '새꼬롬한' 게 비라도 올 모양인가 보다. 〔울산〕와 무신 일로 새꼬롬해 비이노? 표왜 무슨 일로 '새꼬롬해' 보이니?
◆마산·진해·창원에서는 기온이 낮고 눈비가 올 듯한 날씨를 '샛날'이라고 한다. -경남방언연구보존회

새꼴시럽다 경남 | 형용사 | 보잘것없다
볼만한 가치가 없을 정도로 하찮다.
〔밀양〕머가 이리 작노, 새꼴시럽구로. 표뭐가 이렇게 작아, 보잘것없게. 〔진주〕새꼴시럽아가 말이 안 나오네. 표보잘것없어서 말이 안 나오네.

새나다 북한 | 동사 | 약비나다
정도가 너무 지나쳐서 진저리가 날 만큼 싫증이 나다.
〔평북〕일곱 살 때 할마이가 사준 빨간 동복을 4년이나 입었드니 너무 새나서 새 동복 사고 싶다는 생각이 불끈불끈 나. 표일곱 살 때 할머니가 사준 빨간 동복을 4년이나 입었더니 너무 약비나서 새 동복을 사고 싶다는 생각이 불끈불끈 나.
◆'새나다'의 '새'는 기세를 뜻하는 '세'에서 온 말로 보인다. 매우 화가 난 것을 "세가 났다"라고 하는데 이와 관련된 말이 '새나다'이다.

새내다 경북 | 동사 | 질투하다
남이 잘되거나 좋은 처지에 있는 것 따위를 공연히 미워하고 깎아내리려 하다.
〔대구〕니가 그래 잘하면 딴 사람들이 새낸다. 표니가 그렇게 잘하면 다른 사람들이 질투한다.

새도래 북한 | 형용사 | 새퉁이
밉살스럽거나 경망한 짓. 또는 그런 짓을 하는 사람.
〔함경〕옆집 아줌마가 새도래 같습메. 표옆집 아줌마가 새퉁이 같아요.
◆'새도래 같다'라는 말은 행동이 경망스럽고 밉살스러운 사람을 비하할 때 쓴다.

새똥빠지다 전북 | 형용사 | 없음
상황에 어울리지 않게 엉뚱한 말과 행동을 하다.
〔전주〕새똥빠진 소리 허고 앉았네. 표'새똥빠진' 소리 하고 앉았네. 〔군산〕새똥빠진 소리 작작 좀 혀라. 지금 어느 세상인디. 표'새똥빠진' 소리 작작 좀 해라. 지금이 어떤 세상인데. 〔임실〕갑째기 무신 새똥빠진 소리냐? 표갑자기 무슨 '새똥빠진' 소리냐? 〔정읍〕새똥빠진 소리 그만혀라. 표

'새통빠진' 소리 그만해라.
◆'새똥빠지다'라는 말은 상황에 어울리지 않게 '새삼스럽게 하는 말'이나 '엉뚱한 말' 또는 '이치에 맞지 않는 말'을 뜻하는 말이다. ◆'쌔똥빠지다'와 의미가 같은 '새수빠지다'는 채만식의 소설에 자주 등장한다. (예1)"여편네가 새수빠진 소리만 하구 있네?" -채만식, 〈탁류〉 (예2)"입 싸고 새수빠지고 속 얕고 속없고 조심성 없고 체통머리 없고…." -채만식, 〈이런 처지〉

새리새리 북한 | 부사 | 없음
겨우 또는 가까스로.
〔함경〕기차 시간을 새리새리 맞춰 오면 어떡함까? 표기차 시간을 '새리새리' 맞춰 오면 어떡합니까?

새무리떡 충남 | 명사 | 없음
햇곡식으로 만든 떡. 의례를 위해 만든 떡이다.
〔논산〕갈에 새로 난 걸로 떡 맹긴다 해서 새무리떡이라 허지. 표가을에 새로 난 걸로 떡 만든다 해서 '새무리떡'이라 하지.
◆음력 10월이 되어 햇곡이 나오면 햇곡을 먹기 전에 가장 먼저 수확한 것 중에 좋은 쌀을 골라 떡을 찐다. 처음 찌는 떡이자, 가을을 갈무리하는 떡이라 하여 '첫무리떡' 또는 '철무리떡'이라고 한다. 한편 충남 남부와 경기 남부에서는 '가을떡', 충남 서북부에서는 '가을배끼', 경기 북부에서는 '도신(禱神)떡'이라고 한다. '첫무리떡'은 충남 남부에서도 서쪽에 치우쳐서 나타난다. ◆가을에 접어든 후 처음 나온 곡식으로 만든 떡을 '새무리떡'이라고 하는데, 햇곡으로 만든 떡은 대부분 의례를 지낼 때 사용한다.

새민데 경기 | 명사 | 여기저기
여러 장소를 통틀어 이르는 말.

〔강화〕오늘은 날이 흐려서 그린지 새민데가 쑤시고 아프네. 얘들아, 엄마 좀 주물러주렴. 표오늘은 날이 흐려서 그런지 여기저기가 쑤시고 아프네. 얘들아, 엄마 좀 주물러주렴.

새방자 경기 | 명사 | 허수아비
곡식을 해치는 새, 짐승 따위를 막기 위하여 막대기와 짚 따위로 만들어 논밭에 세우는 사람 모양의 물건.
〔강화〕우리들은 새방자처럼 멍하니 처다만 보다가 다 뺏기구 말았지. 표우리들은 허수아비처럼 멍하니 처다만 보다가 다 뺏기고 말았지. 〔옹진〕갈이 돼서 배가 여물 때가 되만 논에 정애를 세워서 새를 쫓어. 표가을이 돼서 벼가 여물 때가 되면 논에 허수아비를 세워서 새를 쫓아. 〔여주〕요새 허수애비는 신식이여. 표요즘 허수아비는 신식이야.
◆'허수아비'는 '허수하다(짜임새나 단정함이 없이 느슨하다)'의 '허수'에 사내를 뜻하는 '아비'가 결합한 말로 진짜 사내가 아니라 '느슨한 사내'를 뜻하는 말이다. 다시 말해 진짜 사람이 아니라는 뜻이다. ◆ '정재비'는 무속에서 볏짚으로 사람의 형상을 만들어 제의가 끝날 무렵에 불에 태우거나 배에 실어 바다에 띄워 보내는 액막이형 제웅을 뜻하는 말로 '정애비' 또는 '정경이'라고도 한다.

새뺑이 경기 | 명사 | 새우
절지동물문 십각목 장미아목을 통틀어 이르는 말.
〔이천〕새우젓은 민물 새뺑이 것이 맛있지요. 표새우젓은 민물 새우 것이 맛있지요.

새보지기 충북 | 명사 | 새벽
먼동이 트려 할 무렵.
〔충주〕여서 아침 먹구 새보지기에 신 한 커리 매구 츤츤히 걸어가지. 표여기서 아침 먹고 새벽에 신 한 켤레 메고 천천히 걸어가지.

새복 전북 | 명사 | 새벽
먼동이 트려 할 무렵.
〔임실〕새복에 일찍 인나서 가얀다. 표새벽에 일찍 일어나서 가야 한다. 〔정읍〕논일 헐러면 새복밥 먹고 히야 혀. 표논일 하려면 새벽밥 먹고 해야 해. 〔남원〕새복에 인나야 물을 지러 오제. 늦으면 천신도 못 헌다. 표새벽에 일어나야 물을 길어 오지. 늦으면 천신도 못 한다. 〔무주〕울 엄니는 새복마다 자슥들 잘되라고 치성을 혀요. 표우리 엄마는 새벽마다 자식들 잘되라고 치성을 해요.

새비1 경남 | 명사 | 새우
절지동물문 십각목 장미아목을 통틀어 이르는 말.
〔울산〕고래 싸암에 새비등 터진다. 표고래 싸움에 새우등 터진다. 〔하동〕가실에 민물 새비로 생이젓을 담는다. 표가을에 민물 새우로 새우젓을 담근다.
◆경남에서는 새우 중에서도 크기가 큰 새우를 독새비(하동), 시쌔비(김해), 왕새비(진주), 징기미(양산), 찡기미(하동), 컨새비(고성)라고 한다. ─경남방언연구보존회 ◆'새우'의 고어는 '사비'이다. 『이조어사전』에는 '사비'와 '새오' 두 어휘가 나오나 '사비'가 더 이른 시기 문헌에 나온다. 경남 사투리 '새비'는 고어 그대로의 어형을 유지한 말이라고 할 수 있다.

새비1 전북 | 명사 | 새우
절지동물문 십각목 장미아목을 통틀어 이르는 말.
〔임실〕새비젓에 든 고록이 참 맛있어. 표새우젓에 든 꼴뚜기가 참 맛있어. 〔정읍〕김장 김치에는

새비젓을 넣어야 된다. 표김장 김치에는 새우젓을 넣어야 된다.

◆'새비'는 '새오, 징기미, 징게미'라고도 한다. ◆크기가 작은 새우는 젓갈로 담그거나 국거리로 이용하고, 크기가 큰 새우는 주로 굽거나 쪄서 먹는다.

새비2 경남 | 명사 | 없음
물결에 밀려 떠내려온 각종 쓰레기.
〔거제〕큰물이 져가 논에 새비가 걸렸다. 표큰물이 져서 논에 '새비'가 걸렸다.

◆거제에서는 물결에 밀려 떠내려온 각종 쓰레기와 논을 쓰레질하고 난 후에 물꼬에 모인 여러 가지를 '새비'라고 한다. -김의부(거제)

새비젓 경남 | 명사 | 새우젓
새우로 담근 것. 빛이 흰 작은 새우에 소금을 뿌려 담근다.
〔하동〕대지게기는 새비젓과 항꾸내 묵으몬 배탈이 안 난다 쿠더마. 표돼지고기는 새우젓과 함께 먹으면 배탈이 안 난다고 하더라.

새살떨다 전북 | 동사 | 새새거리다
(1)젖먹이가 누워 놀면서 입으로 소리를 낸다.
(2)실없이 웃으며 가볍게 자꾸 지껄이다.
〔임실〕애기가 새살떤다. 표아기가 새새거린다. 〔임실〕나헌티 새살떨지 말고 빨리 가거라. 표나한테 새새거리지 말고 빨리 가거라.

◆'새살'은 아직 말을 배우지 못한 아이의 '놀소리'나 '옹아리'처럼 '재롱을 떠는 말'을 뜻한다. 그런데 이 말의 의미가 변질되어 잔소리나 변명처럼 '듣기 싫은 말'을 뜻하기도 한다. ◆임실에서 '새살떨다'라는 말은 '재롱을 떠는 말'이나 '달콤한 말'이라는 뜻으로 쓰인다. -최병선(임실) ◆'새살'은 주로 여성이 자신보다 강한 사람에게 무엇인가를 얻어내기 위

해 아양을 떠는 상황에서 쓰는 말이다. 전북 출신의 작가 최명희의 소설에서도 이러한 쓰임을 찾아볼 수 있다. (예)"잘 알었는디, 새살떨지 말고, 살째기 지키고 섰어어." -최명희,『혼불』

새실럭거리다 강원 | 형용사 | 새새거리다
실없이 웃으며 가볍게 자꾸 지껄이다.
〔강릉〕분사머리 읎이 조잘거리미 고러 새실럭거리잖소. 표분수 없이 조잘거리며 그렇게 새새거리잖아. 〔평창〕시누이가 새실럭거리는 것을 볼 때면 배알이 꼬인다. 표시누이가 새새거리는 것을 볼 때면 배알이 꼬인다.

새아시 제주 | 명사 | 중매
결혼이 이루어지도록 중간에서 소개하는 일. 또는 그런 사람.
〔용담〕경도 존 디서 새아시허여도 말덴. 표그렇게도 좋은 데서 중매해도 마다해. 〔중문〕우리 똘 새아시 흐끔 해줍서. 표우리 딸 중매 좀 해주세요.

새알 경북 | 명사 | 사레
음식을 잘못 삼켜 기관 쪽으로 들어가게 되었을 때 갑자기 기침처럼 뿜어져 나오는 기운.
〔대구〕재수가 없을라이게 물 먹다가도 새알 들리고 카네. 표재수가 없으려니까 물 먹다가도 사레 들리고 그러네.

새알씀 충남 | 명사 | 새알심
팥죽 따위에 넣어 먹는 새알만 한 덩이.
〔논산〕생떡국은 새알씀으로 끓인 떡국이여. 쌀가루 가져다가 뜨신 물로 뭉쳐 딱딱 떼어다 만들쥬. 표생떡국은 새알심으로 끓인 떡국이야. 쌀가루 가져다가 뜨거운 물로 뭉쳐 딱딱 떼어다 만들죠. 〔서산〕이전이넌 똥지날 지 나이의 숫자만

큼 새알시미를 먹으야 한 살을 더 멍넌다구 믿었다. 표예전에는 동짓날 제 나이의 숫자만큼 새알심을 먹어야 한 살을 더 먹는다고 믿었다. 〔공주〕동지날이는 팥죽을 끓이야 한 살을 더 먹고 액운두 물리친다구 허여 꼬옥 끓였는디 그래두 씨알썸이가 많이 들어가야 팥죽 맛이 더 있어. 표동짓날에는 팥죽을 끓여야 한 살을 더 먹고 액운도 물리친다고 하여 꼭 끓였는데 그래도 새알심이 많이 들어가야 팥죽 맛이 더 있어. 〔논산〕왜 이렇게 팥죽을 멀떡하게 끓였어. 새알심이를 좀 너야지. 표왜 이렇게 팥죽을 멀겋게 끓였어. 새알심을 좀 넣어야지. 〔세종〕동지 팥죽에는 새알심이가 들어가야 제맛인 겨. 표동지 팥죽에는 새알심이 들어가야 제맛인 거야.

새알죽 전남 | 명사 | 동지죽
동짓날에 찹쌀 새알심을 넣고 쑤어 먹는 팥죽. 액을 막고 잡귀를 쫓는다고 하여 대문에도 뿌린다.
〔고흥〕동지에는 새알죽을 쒀 묵었제. 새알죽을 동지죽이라고 그러는 거여. 표동지에는 동지죽을 쒀 먹었지. '새알죽'을 동지죽이라고 그러는 거야. 〔강진〕한여름 울 엄마가 쒀주신 새알죽 맛 아직도 잊을 수가 없네. 표한여름 우리 어머니가 쒀주신 동지죽 맛 아직도 잊을 수가 없네. 〔진도〕동지죽이라도 새알이 들어가야 동지죽 같제. 표동지죽이라도 새알이 들어가야 동지죽 같지.
◆예부터 동지죽은 잡귀를 물리치는 효험이 있다고 하여 12월 22일 저녁이 되면 누구나 할 것 없이 끓여 먹었다. 이 동지죽에 들어가는 '새알심'에 대한 명칭은 전남 사투리에서 '새알, 세알심, 세왈, 세알, 세심, 공알, 풋죽건지, 팟죽건지' 등 다양하다.

새앙 충남 | 명사 | 생강
생강과의 여러해살이풀.
〔서산〕우리 아배는 어릴 쪽에도 새앙 농사를 지었어. 우리를 다 새앙 농사로 키운 겨. 표우리 아빠 어릴 적에도 생강 농사를 지었어. 우리를 다 생강 농사로 키운 거야. 〔논산〕콩나물국에다가는 상을 좀 넣어야 지다루 맛이 나지. 표콩나물국에는 생강을 좀 넣어야 제대로 맛이 나지.
◆'새앙'은 당진, 서산 등 생강이 많이 나는 지역에서 쓰는 말이다. 예전에는 '새양'이라고 했는데, 일제강점기 이후 '생강'이 널리 펴졌다. 해방 이후에는 거의 '생강'으로 대체되었다. –이명재(예산) ◆전라도에서도 생강을 '새앙'이라고 한다.

새왓 제주 | 명사 | 띠밭
지붕을 일 띠가 자라는 밭.
〔남원〕삥이 새왓디 강 뽑앙 와야지. 겐 새왓 임제 안티 걸리민 욕 듣곡. 표삥기 띠밭에 가서 뽑아서 와야지. 그래서 띠밭 임자한테 걸리면 욕 듣고. 〔노형〕우린 새밧 이견에 무멀 갈안에 장만헤당 먹어봤어. 표우리 띠밭 일궈서 메밀 갈아서 장만해다가 먹어봤어.

새이 충북 | 명사 | 새참
참과 참 사이에 먹는 음식.
〔제천〕집 나설 때 증슴 먹구 새이 먹을라구 내온 밥이었나 보더라구. 표집 나설 때 점심 먹고 새참 먹으려고 내온 밥이었나 보더라고. 〔보은〕보리 빌 때 새이를 머리에 이구 날랐다. 표보리 벨 때 새참을 머리에 이고 날랐다.

새이참 충북 | 명사 | 새참
참과 참 사이에 먹는 음식.
〔영동〕새이참이루 먹게 고고마라두 쩔까유? 표새참으로 먹게 고구마라도 쩔까요?
◆표준어로 '새참'은 '곁두리'라고도 한다. "농사꾼이나 일꾼들이 끼니 외에 참참이 먹는 음식"을 말한다.

새첩다 경남 | 형용사 | 귀엽다

예쁘고 곱거나 또는 애교가 있어서 사랑스럽다.

〔진주〕아따, 그 집 딸내미 참 새첩게 생겼네. 표아따, 그 집 딸내미 참 귀엽게 생겼네. 〔부산〕아이고 새촙아라. 어째 이리 새촙노. 표아이고 귀여워라. 어떻게 이렇게 귀엽지.

◆'새첩다'는 단순히 귀엽게 아니라 '작으면서 귀엽고 예쁘다'라는 말이다. 따라서 인형이나 아기에게 주로 사용한다. -김승호(진주) ◆내가 첫아이를 임신했을 때 부산에서 서울까지 먼 길 오신 어머니가 "얘야, 정말 새촙제?"라며 꺼내 든 배냇저고리와 양말을 보면, '새첩다'라는 말에는 '앙증맞다'라든지 '깜찍하다'와 같은 뜻이 있는 게 틀림없다. -문화영(부산)

새칠로 전북 | 부사 | 다시

하던 것을 되풀이해서.

〔군산〕비기 싫어도 새칠로. 표보기 싫어도 다시.

◆전라도 사투리 '새칠로'의 '칠로'는 격조사 '처럼'과 뜻이 비슷한 말로 보인다.

새침 강원 | 명사 | 창애

짐승을 꾀어서 잡는 틀의 하나. 주로 새를 잡을 때 사용한다.

〔삼척〕새침으 맹글아 메추래기를 잡는다. 표창애를 만들어 메추라기를 잡는다.

◆'새침'은 싸리가지 두 개를 A자형으로 세우고 또 다른 가지는 활처럼 휘게 줄을 매어 그곳에 조나 이삭 같은 먹이를 달아두면 새가 와서 쪼다가 걸린다. 일종의 침을 이용하여 잡는다고 해서 붙여진 이름인 듯하다. -이경진(삼척)

새코롬하다1 전남 | 형용사 | 없음

초겨울에 서늘한 기운이 도는 듯한 느낌.

〔진도〕오늘 날씨가 새코롬하니 따뜻하게 입어라. 〔강진〕눈이 내리려나. 어쩐지 날씨가 새코롬하다. 〔장성〕어따, 오늘 날씨가 으째 쌩고롬허네이. 표아따, 오늘 날씨가 어째 '쌩고롬하네'.

새코롬하다2 전북 | 형용사 | 새무룩하다

(1)마음에 못마땅하여 별로 말이 없고 얼굴에 언짢은 기색이 있다.

(2)날이 흐려 그늘지다.

〔군산〕날이 새코롬헐 때 군대 가니 맴이 참으로 안 좋구나. 표날이 새무룩할 때 군대 가니 마음이 참으로 안 좋구나. 〔정읍〕하늘을 봉게 새코롬헌 것이 눈이 올랑갑다. 표하늘을 보니까 새무룩한 것이 눈이 오려나 보다. 〔임실〕늦가실 날씨가 쌩고롬허다. 표늦가을 날씨가 새무룩하다.

새피하다 경남 | 형용사 | 시쁘다

껄렁하여 대수롭지 않다.

〔거제〕내가 새피하이 비이나? 표내가 시쁘게 보이니? 〔진주〕글마 새피하이 보모 컬 난다. 표그 녀석 시쁘게 보면 큰일 난다.

색경 강원 | 명사 | 거울

빛의 반사를 이용하여 물체의 모양을 비추어 보는 물건.

〔춘천〕색경 뚫어질라. 뭘 그렇게 들여다보구 있니? 표거울 뚫어질라. 뭘 그렇게 들여다보고 있니? 〔평창〕새색시가 혼례를 앞두고 망경을 보고 있네. 표새색시가 혼례를 앞두고 거울을 보고 있네. 〔삼척〕예전에는 민경도 제대로 없었잖소. 표예전에는 거울도 제대로 없었잖소.

◆'색경'은 '찾는다'는 뜻의 한자어 색(索)에 거울 경(鏡)자를 결합한 말로 보인다. -이경진(삼척)

색깔 북한 | 명사 | 바람

몰래 다른 이성과 관계를 가짐.

〔자강〕야, 너 색깔지지 말라. 표야, 너 바람피지 마라.

샌치 경남 | 명사 | 송아지
어린 소.
〔거제〕샌치 안 도망가고르 잘 챙기라. 표송아지 안 도망가도록 잘 챙겨라 〔하동〕못된 송아치 엉디이에 뿔 난다. 표못된 송아지 엉덩이에 뿔 난다.
◆아직 코뚜레를 꿰지 않고 목에 고삐를 맨 송아지를 합천에서는 '목매송아치'라고 하고, 코뚜레를 꿸 때가 넘은 송아지를 창원에서는 '인진배기'라고 한다. -경남방언연구보존회

샐팍 전남 | 명사 | 없음
사립문 밖.
〔고흥〕아부지 오신가 샐팍에 잔 나가봐라. 표아버지 오시는가 '샐팍'에 좀 나가봐라.
◆'샐팍'은 '살팍'이라고도 한다.

샛거리 전남 | 명사 | 곁두리
농사꾼이나 일꾼들이 끼니 외에 참참이 먹는 음식.
〔고흥〕샛거리를 너무 자주 먹는다. 표곁두리를 너무 자주 먹는다. 〔강진〕아낙들이 샛것으로 내온 간재미 무침 맛을 잊을 수가 없네. 표아낙들이 곁두리로 내온 가자미 무침 맛을 잊을 수가 없네. 〔진도〕옛날에 모 심을 때나 가실할 때는 술참으로 국수 삶아갖고 비빔국수로 먹거나 설탕가리를 너서 다디다게 먹었당께. 표옛날에 모 심을 때나 가을걷이할 때는 곁두리로 국수를 삶아 가지고 비빔국수로 먹거나 설탕을 넣어서 달디 달게 먹었다니까.
◆전남에서는 모내기하는 일꾼을 '모꾼'이라고 하고, 일꾼이 먹는 밥을 '못밥'이라고 한다. ◆'못밥'은 점심 전과 후에 새참으로 먹는다고 해서 '샛거리'라

고도 한다.

샛날 경남 | 명사 | 없음
하늘에 구름이나 안개 따위가 낀 흐린 날.
〔울산〕샛날 저가 낚시는 틀렸다. 표'샛날' 져서 낚시는 틀렸다.
◆진주에서 '샛날'은 '새날', 즉 '다음 날'을 뜻하지만, 울산에서 '샛날'은 "비가 올듯 구름이 끼고 쌀쌀한 날"을 뜻하는 말이다. 흔히 '샛날'은 '지다'와 함께 쓰여 '샛날지다'라고 하는데, 거제·통영에서도 '샛날지다'라고 한다. '샛'은 '샛바람'에서 온 말로 보이는데, 예로부터 어부들은 샛바람이 불면서 날씨가 흐린 날을 '샛날지다'라고 하여 고기가 잘 들지 않는 것으로 여겼다. -경남방언연구보존회

생딩이 충남 | 명사 | 날것
말리거나 익히거나 가공하지 아니한 먹을거리.
〔공주〕앞마당이 감이 홍시가 될라먼 아즉 멀었구 아즉 쌩딩이여. 잘못 먹었다가는 배탈이 나서 큰 고상을 혀. 표앞마당의 감이 홍시가 되려면 아직 멀었고 아직 날것이야. 잘못 먹었다가는 배탈이 나서 큰 고생을 해. 〔서산〕이 새우젓 언제 담근 거래유? 새우가 쌩뎅이루 그냥 있네유. 표이 새우젓 언제 담근 거예요? 새우가 날것으로 그냥 있네요. 〔세종〕미나리는 쌩것으로 무쳐 먹어야 향이 짙데유. 표미나리는 날것으로 무쳐 먹어야 향이 짙데요.
◆충청도나 전라도에서는 표준어에 비해 소리가 강한 말들이 많다. 예를 들면 마르지 않은 나무를 '쌩나무'라 하고, 덜 익은 김치는 '쌩짐치', 대가 없이 하는 고생은 '쌩고상'이라고 한다. -이명재(예산)

생떡국 충남 | 명사 | 없음
쌀가루를 익반죽한 새알로 끓인 떡국.

〔논산〕생떡국은 새알쏨으로 끓인 떡국이여. 쌀 가루 가져다가 뜨신 물로 뭉쳐 딱딱 떼어다 만들쥬. 표'생떡국'은 새알심으로 끓인 떡국이야. 쌀 가루 가져다가 뜨거운 물로 뭉쳐 딱딱 떼어다 만들죠.

생설미 경기 | 명사 | 새알심

팥죽 따위에 넣어 먹는 새알만 한 덩이.

〔강화〕팥죽에는 생설미를 느야 제맛이야. 표팥죽에는 새알심을 넣어야 제맛이야. 〔강화〕팥죽 끓일 때 찹쌀을 동그랗게 빚어서 향살미를 늫구 끓여. 표팥죽 끓일 때 찹쌀을 동그랗게 빚어서 새알심을 넣고 끓여. 〔여주〕팥죽에는 옹심이가 들어가야 제맛이 나. 표팥죽에는 새알심이 들어가야 제맛이 나.

◆'새알심'의 사투리는 전국적으로 다양한데 '생설미'는 강화에서만 확인된다. 충청도에서는 '샐새미'와 '샤알시미' 등이 확인되고 경기도에서는 '샐심이'도 확인되는데 모두 새알심으로부터 음운 변화를 겪은 어형이다. 또한 '향살미'라는 말도 쓰이는데 이 말은 '생설미'로부터 'ㅎ' 구개음화와 모음의 변화를 겪은 어형이다. ◆팥죽에 넣는 새알심은 익힌 떡으로 만드는 게 아니라 익지 않은 생쌀 가루로 반죽하여 동글동글하게 빚는다. 이런 이유로 '생설미'라고 한다.

생이 전남 | 명사 | 형

같은 부모에게서 태어난 사이이거나 일가친척 가운데 항렬이 같은 남자들 사이에서 손윗사람을 이르거나 부르는 말.

〔광양〕생이야, 놀러 가자. 표형, 놀러 가자. 〔영광〕소 키워서 주고 즈그 성이 서울써 목공으로 일엤응게 거그서 돈 잔썩 주고 고것을 야튼 무난히 갈처써.-이기갑(2007) 표소 길러서 주고 저희 형이 서울에서 목공으로 일했으니까 거기서 돈 조금씩 주고 그것을 하여튼 무난히 가르쳤어.

생이집 전남 | 명사 | 상엿집

상여와 그에 딸린 여러 도구를 넣어두는 초막. 흔히 마을 옆이나 산 밑에 짓는다.

〔진도〕날이 저물막할 때나 밤에 혼자 생이집 금방을 지날라면 머리끝이 쑤꿋함서 무섭정이 와락 들더랑께라우. 표날이 저물 때나 밤에 혼자 상엿집 근방을 지나려면 머리끝이 서면서 무섭증이 와락 들더군요. 〔강진〕생애집 옆을 지날 땐 항상 담밤질쳤다. 표상엿집 옆을 지날 땐 항상 달음박질쳤다.

◆공동체 생활을 장려했던 예전에는 관혼상제를 개인이 아니라 마을의 공동 행사로 여겼다. '생이집(상엿집)'에는 관을 올리는 도구와 종이꽃을 장식하는 틀 등을 보관하였다가 장례가 있을 때마다 사용하였다. 아이들이 이곳을 무서워해서 담력을 시험하는 장소로 종종 이용되었다.

생키다 충남 | 동사 | 삼키다

무엇을 입에 넣어서 목구멍으로 넘기다.

〔금산〕쪼맬할 때는 그걸 생키질 못허니 물에다 타서 멕이고 그랬지. 표어릴 때는 그걸 삼키질 못하니 물에다 타서 먹이고 그랬지. 〔서산〕배가 고풀 때넌 음석을 생키구, 슬풀 때넌 눈물을 생킨다. 표배가 고플 때는 음식을 삼키고, 슬플 때는 눈물을 삼킨다. 〔논산〕육모초는 냄새가 고약한 게 눈 딱 감고 단숨에 꿀떡 생켜야 혀. 표익모초는 냄새가 고약하니까 눈 딱 감고 단숨에 꿀떡 삼켜야 해. 〔공주〕생선을 먹다가 생선 까시가 목구멍에 걸려서 침을 생켜도 안 넘어가고 한참 욕봤네그랴. 표생선을 먹다가 생선 가시가 목구멍에 걸려서 침을 삼켜도 안 넘어가고 한참 고생했네그려.

人

샘1 충남 | 명사 | 우물

물을 긷기 위하여 땅을 파서 지하수를 괴게 한 곳. 또는 그런 시설.

〔예산〕원체 가물으니께 헐 일두 읎구 난 그때 샘 구덩이만 팠지.-이명재(2019) 표원체 가물으니까 할 일도 없고 난 그때 우물 구덩이만 팠지.

샘2 충북 | 명사 | 보조개

말하거나 웃을 때에 두 볼에 움푹 들어가는 자국으로, 볼을 비롯하여 턱이나 이마에 생기며 피부 밑이 말랑말랑하고 지방이 두꺼울수록 생기기 쉬움.

〔옥천〕깐난애기가 샘이 쏙 들으갔네. 표갓난아기가 보조개가 쏙 들어갔네.

◆'보조개'를 뜻하는 충북 사투리 '새암'은 '샘'의 옛말이기도 하다. '샘'과 '보조개'의 공통점은 움푹 파였다는 것이다.

서거리 강원 | 명사 | 아가미

물속에서 사는 동물, 특히 어류에 발달한 호흡기관.

〔고성〕서거리에 무를 채 썰어 식해를 담근다. 표아가미에 무를 채 썰어 식해를 담근다. 〔속초〕새금새금하게 익은 맹태 써거리가 먹고 싶다. 표새금새금하게 익은 명태 아가미가 먹고 싶다. 〔삼척〕명태 써개비에다 무꾸를 썰어 넣고 마늘과 고춧가루를 휘섞어 삭히면 써개비 식해가 되잖소. 표명태 아가미에다 무를 썰어 넣고 마늘과 고춧가루를 뒤섞어 삭히면 아가미 식해가 되잖소.

서거푸다 충북 | 형용사 | 서글프다

쓸쓸하고 외로워 슬프다.

〔옥천〕그 양반이 돌어가구 나니께 맴이 서거푸드라구. 표그 양반이 돌아가시고 나니까 마음이 서글프더라고.

서느름 경북 | 명사 | 없음

아침보다는 일찍, 새벽보다는 늦은 시기를 나타냄.

〔영천〕서느름에 묵니라고 씻지도 몬 했다. 표'서느름'에 먹느라고 씻지도 못 했다.

서답 경남 | 명사 | 빨래

더러운 옷이나 피륙 따위를 물에 빠는 일. 또는 그런 빨랫감.

〔하동〕삼동에 서답을 하러 나가이께네 을매나 춥었노? 표삼동에 빨래를 하러 나가니까는 얼마나 춥겠니? 〔고성〕비 묻어온다. 어서 가서 서답 좀 걷어라. 표비가 올 조짐이다. 어서 가서 빨래 좀 걷어라.

◆경남에서는 '빨래'를 '서답'이라고도 한다. 한자어인 '세답(洗踏)'에서 온 말로 더러운 옷이나 피륙 따위를 물에 빠는 일을 가리킨다. 애벌빨래는 '아시서답'이라고 하고, 두벌빨래는 '삶은서답'이라고 한다. 빨랫비누는 '서답비누', 빨랫방망이는 '서답방마이/서답방매이', 빨랫줄은 '서답줄', 빨래 집게는 '서답찌깨'라고 한다. 그런가 하면 빨랫돌을 '서답돌'이라고 하기도 하는데, 지역에 따라 다듬잇돌이라는 의미로 사용하기도 한다. ◆"비 묻어오다"라는 말은 저 멀리서 빗줄기가 선 모습을 보고서 머지 않아 이쪽에도 비가 내릴 조짐이 보이는 상황을 뜻하는 말이다. 어린 시절에 어머니가 "비 묻어온다, 비설거지해라"라고 하면 마당에 널어놓은 곡식을 거두어들이곤 했다. -김성재(고성)

서답 북한 | 명사 | 빨래

더러운 옷이나 피륙 따위를 물에 빠는 일. 또는 그런 빨랫감.

〔평남〕개굴가에 가서 서답질하고 오겠슴메. 표개울가에 가서 빨래하고 오겠습니다.

서두리 경북 | 명사 | 없음

일을 선도하여 거들어줌. 또는 그러한 일.

〔대구〕큰아부지가 그래서 장사 일로 서두리를 다 해주이 해냈디 내가 만개 머 아노. 표큰아버지가 그래서 장사 일을 '서두리'를 다 해주니까 해냈지 내가 뭐라고 뭐 아는가.

서러지 충북 | 명사 | 설거지

먹고 난 뒤의 그릇을 썻어 정리하는 일.

〔단양〕밥얼 먹엇이믄 서러지럴 해야지, 안 그라믄 남덜이 욕햐. 표밥을 먹었으면 설거지를 해야지, 안 그러면 남들이 욕해.

◆'서러지'는 충청도뿐만 아니라 경기도와 경북 등지에서 흔히 쓰는 말이다. '설거지'에서 'ㄱ'을 탈락시킨 발음으로 어감상 더 유연하게 들린다. '배나무고개'를 줄인 '배고개'를 '배오개'라고 하는 것과 같은 이치이다.

서룬애기 제주 | 명사 | 없음

(1)제 자식이나 남의 자식을 귀엽게 이르는 말.
(2)딱한 처지에 있거나 입장이 참으로 안되었을 때 쓰이는 말.

〔토평〕나 먹을 거 엇엉 헤난 옛말 굴으민 우리 손지, 할무니 라면 끌려 먹지 허는 거라. 아이고, 이 서룬애기야. 그때 라면이 어디 셔시니? 표내 먹을 거 없어서 했었던 옛말 하면 우리 손주, 할머니 라면 끓여 먹지 하는 거야. 아이고, 이 '서룬애기'야. 그때 라면이 어디 있었니? 〔구좌-한동〕아이고, 물애기 놔뒁 아방은 죽어부난 저 서룬애긴 혼자 어떵 애기 키울 거라. 표아이고, 갓난아기 놔두고 아버지는 죽어버리니 저 '서룬애기'는 혼자 어떻게 아기 키울 거야.

◆'서룬애기'는 글자 그대로 '서러운 아기'를 뜻한다. 그런데 부정적인 의미보다 애정을 드러내는 표현으로 쓰이는 경우가 많다. 애틋한 대상 앞에 '서룬' 또는 '설룬'이라는 접사를 붙이면 되는데, '설룬어멍'이라는 말도 자식들 때문에 고생을 많이 한 불쌍한 어머니를 가리키는 말이다. '설룬'은 '서럽다'를 뜻하는 '설룹다'에서 온 말이다.

서미주 북한 | 명사 | 없음

기장쌀로 담근 술.

〔북한〕버드나무 그늘 아래서 서미주 한 잔을 기울이면 이태백도 부럽디 않디요. 표버드나무 그늘 아래서 '서미주' 한 잔을 기울이면 이태백도 부럽지 않지요.

서빠지게 전북 | 부사 | 없음

진이 빠질 정도로 몹시 힘을 들여.

〔군산〕내가 이런 꼴 보려고 서빠지게 고생한 줄 아냐? 〔정읍〕저런 거 가지고 고개 넘을라면 쎄빠지게 고상헌당게. 표저런 거 가지고 고개 넘으려면 '쎄빠지게' 고생한다니까. 〔임실〕하루 칭일 쎄빠지게 일해도 품삯은 제우 쌀 서 되었다. 표하루 종일 '쎄빠지게' 일해도 품삯은 겨우 쌀 세 되었다. 〔남원〕니는 쎄빠지게 일하고 욕을 먹냐?

◆전북에서도 '서빠지게'를 쓰고, 전남에서도 '서빠지게'를 쓴다. 둘 다 '혀'를 '서'로 발음한다. 그런데 뜻은 다르다. 전북에서 쓰는 '서빠지게'는 '혀가 빠질 정도로' 힘이 든다는 뜻이다. 굉장히 힘이 들었을 때는 '쎄빠지게'라고 하기도 한다. 이와 달리 전남에서 '서빠지게'는 '근거가 없는 허황되게'를 뜻하는 말이다. 물론 '힘들다'는 뜻의 '쎄빠지다'는 전남과 전북 모두에서 두루 쓰는 말이다.

서쪽새 경기 | 명사 | 소쩍새

올빼밋과의 여름새인 소쩍새를 이르는 말.

〔용인〕여름이 되믄 밤에 산 쪽에서 서쪽새 우는 소리가 들려요. 표여름이 되면 밤에 산 쪽에서

소쩍새 우는 소리가 들려요. 〔포천〕여름이 되면 밤에 서쭉새가 서쭉서쭉 하구 울어. 표여름이 되면 밤에 소쩍새가 소쩍소쩍 하고 울어.

◆경기도와 강원도, 경상도, 전남 일대에서 '소쩍새'를 '서쭉새'라고 한다.

서툴르다 경기 | 형용사 | 서투르다
일 따위에 익숙하지 못하여 다루기에 설다. 〔파주〕처음 할 때는 아무래도 서툴르니까 실수가 잦았죠. 많이 혼났어요, 그때는. 표처음 할 때는 아무래도 서투르니까 실수가 잦았죠. 많이 혼났어요, 그때는. 〔여주〕하는 짓이 서툴르다. 표하는 짓이 서투르다.

섞갈리다 북한 | 동사 | 헷갈리다
여러 가지가 한데 뒤섞여 갈피를 잡지 못하고 헤매다. 〔북한〕나는 이게 까만색인지 쥐색인지 섞갈림다. 표 나는 이게 까만색인지 쥐색인지 헷갈립니다.

선나 경남 | 부사 | 조금
정도나 분량이 적게. 〔하동〕밥을 아주 선나치 줌시로 마이 무우라모 우짜네? 표밥을 아주 조금 주면서 많이 먹으라고 하면 어떡해?

◆'선나꼽재이'는 낱개로 '서너' 개와 '눈곱'을 뜻하는 '곱자기'가 결합한 말로 아주 적은 양을 나타낼 때 사용한다. ㅡ경남방언연구보존회

선나 경북 | 명사/부사 | 조금
(1)적은 정도나 분량.
(2)정도나 분량이 적게. 〔예천〕사람이 추접구로 그거 선나를 갖고 머를 그카노? 표사람이 추접스럽게 그거 조금을 갖고 뭐를 그러나? 〔대구〕오늘 채진밭에 꼬치하고 상

추를 선나 숭갔다. 표오늘 채소밭에 고추하고 상추를 조금 심었다.

◆'선나'는 '서넛 낱'의 준말로, 적은 수량을 나타내는 말로 쓰인다. 탈락과 축약이 빈번한 경북 사투리의 특징으로 보아 '선나'는 '서넛→서너→선'과 '낱→나'가 결합한 말로 보인다. 특히 '선나'는 '선나곱재기, 선나곱쟁이, 선나곱재이' 등으로 다양하게 사용하는데, 이때 '곱재기'는 '눈곱'을 의미하는 경북 사투리 '눈곱재기'에서 온 말로 매우 적은 수량을 비유적으로 이르는 말이다.

선낯하다 전북 | 동사 | 낯가리다
친하고 친하지 아니함에 따라 달리 대우하다. 〔남원〕꽃들이 선낯하지 않고 인사를 허네. 표꽃들이 낯가리지 않고 인사를 하네.

◆전북에서는 '선낯하다'와 유사한 의미로 '놈타다'라는 어휘를 쓴다. "오늘 처음 보는 사람인디 놈타지도 않고 성격이 괜찮드만"이라는 식이다.

선낱꼽재기 경북 | 명사 | 극소량
아주 조금. 〔대구〕돈은 선낱꼽재기 주민서 일은 버지기로 시키묵는다. 표돈은 극소량 주면서 일은 많이 시켜먹는다. 〔영주〕야들은 새뱃돈 그마이 필요없고 선낱만 줘도 되니더 뭐 하러 어린 아들한테 돈을 그마이나 주니껴? 표애들은 세뱃돈 그만큼 필요없고 조금만 줘도 됩니다. 뭐 하러 어린아이들에게 돈을 그만큼이나 줍니까? 〔영천〕거 선나꼽사리만쿠로 줘놓고는 뭐라 카는교? 표거 눈곱만큼 줘놓고는 뭐라고 하는 겁니까?

◆'선나'는 '서넛 낱'의 준말이고, '곱재기'는 '눈곱재기'에서 '눈'이 탈락한 말이다. 탈락과 축약이 빈번한 경북 사투리의 특징이 잘 반영된 말이라고 할 수 있다. 따라서 '선나곱재기' 또는 '선낱꼽재기'는 서너

개밖에 없는 눈꼽만큼 적은 양을 나타내는 말이다.

선스나 북한 | 명사 | 사나이
한창 혈기가 왕성할 때의 남자를 이르는 말.
〔평안〕열댓 살 선스나가 뒤섞여 자무 말 없이 걸어가는 모습이 고행을 하는 수도승처럼 경건하고 무서워 보인다.-정춘근(2012) 표열댓 살 사나이가 뒤섞여 아무 말 없이 걸어가는 모습이 고행을 하는 수도승처럼 경건하고 무서워 보인다.

설어빠지다 북한 | 형용사 | 덜되다
말이나 하는 짓이 일정한 수준에 이르지 못하거나 바르지 못하다.
〔북한〕이 집은 가정교육이 영 엉망이구만. 그러니까 애들이 설어빠지게 놀지 않갔소? 표이 집은 가정교육이 영 엉망이구만. 그러니까 애들이 덜되게 놀지 않겠소?

설운살 충북 | 명사 | 없음
음력 섣달 그믐에 태어나서 며칠 있다가 두 살이 되는 나이.
〔충주〕나이 들면 설운살이 더 좋다드라. 표나이 들면 '설운살'이 더 좋다더라.
◆미처 살아보지도 못한 채 한 살을 더 먹은 것이 서럽다고 해서 '설운살'이라고 한다. -임금자(충주)

섬세미 경기 | 명사 | 그리마
절지동물문 그리맛과의 동물을 통틀어 이르는 말.
〔옹진〕섬세미가 돌아다니는 걸 보면 돈이 생긴다구 해서 돈벌레라구 하기두 해. 표그리마가 돌아다니는 걸 보면 돈이 생긴다고 해서 돈벌레라고 하기도 해.
◆'그리마'의 사투리형 '섬섬이' 계통은 중부에서 주로 발견되는데 '섬세미'는 'ㅣ' 모음 역행동화의 결과이다.

섬이지다 강원 | 형용사 | 서먹서먹하다
낯이 설거나 친하지 아니하여 자꾸 어색하다.
〔춘천〕이웃 간에 섬이져서 왕래도 안 한다. 표이웃 간에 서먹서먹해져서 왕래도 안 한다.

섬이지다 충남 | 형용사 | 서먹서먹하다
낯이 설거나 친하지 아니하여 자꾸 어색하다.
〔논산〕별것도 아닌 것을 가지고 섬이져서 아는 체도 안 하고 산다. 표별것도 아닌 것을 가지고 서먹서먹해져서 아는 체도 안 하고 산다.
◆특별한 이유 없이 친구끼리 데면데면하게 지낼 때 "왜 섬이 지고 사냐?"라는 말을 종종 듣게 된다.

섬지그랑ᄒ다 제주 | 형용사 | 섬뜩하다
갑자기 소름이 끼치도록 무섭고 끔찍하다.
〔노형〕얼굴만 보민 섬지그랑ᄒ여. 표얼굴만 보면 섬뜩해.
◆'섬지그랑ᄒ다'를 '썹지그랑ᄒ다' 또는 '섬뜩ᄒ다'라고도 한다.

섬피역 제주 | 명사 | 없음
새끼 전복.
〔남원-위미〕전복 죽은 것 그라 섬피역이엔 헌다게. 수컷은 수천복 암컷은 암천복이엔 허곡. 표전복 작은 것 보고 '섬피역'이라고 해. 수컷은 수천복 암컷은 암천복이라고 하고.
◆'섬피역'을 '설피역' 또는 '설폐역'이라고 하기도 한다.

섭 강원 | 명사 | 홍합
홍합과의 조개.

〔고성〕방파제로 섭 따러 가자. 표방파제로 홍합 따러 가자. 〔삼척〕예전 바닷가에 놀러 가면 바위에서 섭이나 따개비, 골뱅이, 굴을 따서 끓에 먹었잖소. 표예전 바닷가에 놀러 가면 바위에서 홍합이나 따개비, 골뱅이, 굴을 따서 끓어 먹었잖소.

섭국 강원 | 명사 | 없음
섭으로 끓인 국.
〔속초〕여가 자연산 섭으로 끓인 섭국이 유명한 음식점이다. 표이곳이 자연산 홍합으로 끓인 '섭국'이 유명한 음식점이다. 〔속초〕섭국에 밥 한 공기를 말아 먹으면 정말 죽처럼 부드럽습니다. 〔양양〕영동 가서 섭국 안 먹고 오면 섭섭해.

성가시럽다 전남 | 형용사 | 성가시다
자꾸 들볶거나 번거롭게 굴어 괴롭고 귀찮다.
〔강진〕바빠 죽겠는디 자꾸 놀러 오겠다고 해 성가시럽다. 표바빠 죽겠는데 자꾸 놀러 오겠다고 해 성가시다. 〔진도〕일하는데 자꾸 걸어 댕긴게 성가시럽지라. 표일하는데 자꾸 걸어 다니니까 성가시지요.

성거렇다 경북 | 동사 | 식다
더운 기가 없어지다.
〔영덕〕처서가 지나니 아직 저녁으로 제법 성거렇다. 표처서가 지나니 아침 저녁으로 제법 식었다. 〔의성〕성거른 국 기양 묵지 말고 데파가 무라. 표식은 국은 그냥 먹지 말고 데워 먹어라.
◆'성거렇다'라는 말에는 '차다'라는 의미가 있는데, 실제로 찬 기운보다 더 찬 느낌의 정서가 있을 때, '성거렇다'라는 말을 쓴다. -상희구(대구)

성그리다 제주 | 동사 | 찡그리다
얼굴의 근육이나 눈살을 몹시 찌그리다.

〔구좌-김녕〕무사 경 성그럼시니? 표왜 이렇게 찡그리니?
◆'성그리다'는 '성으리다/싱그리다/싱크리다'라고도 한다.

성문다리 전남 | 명사 | 정강이
무릎 아래에서 앞 뼈가 있는 부분.
〔고흥〕문틀에다가 성문다리를 칵 찍어부러서 시방 팅팅 부섰소. 표문틀에다가 정강이를 콱 찍어버려서 지금 퉁퉁 부었소.

섶타리 충남 | 명사 | 울타리
풀이나 나무 따위를 얽거나 엮어서 담 대신에 경계를 지어 막는 물건.
〔당진〕큰비 오면 논 언덕 흘러내릴라. 방천 박고 섶타리 쳐두어라. 표큰비 오면 논 언덕 흘러내릴라. 방천 박고 울타리 쳐두어라.
◆'벽'은 장소에 따라 방 둘레에 있으면 '바람벽'이 되고 집 둘레에 있으면 '담벼락'이 된다. 즉 '바람벽'과 '담벼락'은 뜻이 다른 말이다. 그런데 오래전 담벼락이라고 부를 만한 변변한 담이 없던 시절에, 즉 잎나무나 싸리 풋나무로 울타리를 치고 살던 시절에 '담벼락'이라고 하면 '바람벽'을 뜻하는 말이 되곤 했다. 충남 당진만 하더라도 '댐뿌락'이라고 하면 방에 있는 벽을 뜻하는 말이다. '울타리'를 가리키는 말로는 '섶타리'가 있다. -조일형(당진)

세꼬시 강원 | 명사 | 없음
살아 있는 생선을 뼈째 잘게 썰어놓은 회.
〔고성〕뻬다구 다친 데는 세꼬시가 좋다. 표뼈 다친 데는 '세꼬시'가 좋다.

세다 경기 | 동사 | 세우다
몸이나 몸의 일부를 곧게 펴게 하거나 일어서게 하다. '서다'의 사동사.

390

〔서울〕사람들을 이렇게 죽 세놓구 식을 허드라구요. 표사람들을 이렇게 죽 세워놓고 식을 하더라고요.

◆통상적으로 '세우다' 형태로 나타나지만 서울을 중심으로 '세다' 형태로도 많이 나타난다.

세롭다 전남 | 형용사 | 아쉽다

필요할 때 없거나 모자라서 안타깝고 만족스럽지 못하다.

〔고흥〕아이, 밭에 가봉께 꼬칫대를 금매 머이 싹 가지가부렀어. 시방 한나가 세로운디. 표아이, 밭에 가보니까 고추 지주대를 글쎄 모두 싹 가져가 버렸어. 지금 하나가 아쉬운데.

◆'한나'는 수사 '하나'의 전남 사투리이다.

세모 충남 | 명사 | 참풀가사리

홍조류 풀가사릿과의 해조인 참풀가사리를 이르는 말.

〔보령〕여기 사람들이 부르는 건 세모라고도 하고, 가시라고도 하고. 표여기 사람들이 부르는 건 참풀가사리라고도 하고, 가시라고도 하고. 〔서산〕세모년 지름을 두르고 소금울 뿌려 볶아 먹기두 허구 국두 끓여 먹넌다. 표참풀가사리는 기름을 두르고 소금을 뿌려 볶아 먹기도 하고 국도 끓여 먹는다.

세수소랭이 북한 | 명사 | 세숫대야

세숫물을 담는 둥글넓적한 그릇.

〔양강〕애미야, 세수소랭이 좀 가지고 오너라. 표애미야, 세숫대야 좀 가지고 오너라.

세아레 경기 | 명사 | 사레

음식을 잘못 삼켜 기관(氣管) 쪽으로 들어가게 되었을 때 갑자기 기침처럼 뿜어져 나오는 기운.

〔강화〕천천히 먹어. 안 그러만 세아레들어. 표천천히 먹어. 안 그러면 사레들려. 〔양주〕물 마시다 잘못 넘어가면 싸리들려서 기침이 많이 나. 표물 마시다 잘못 넘어가면 사레들려서 기침이 많이 나.

세척크림 북한 | 명사 | 클렌징크림

얼굴의 화장을 깨끗이 닦아내는 데 사용하는 화장용 크림.

〔북한〕세척크림으로 깨끗이 닦아야 얼굴이 뽀애지디 않간? 표클렌징크림으로 깨끗이 닦아야 얼굴이 뽀얘지지 않겠니?

세피하다 경북 | 형용사 | 시시하다

신통한 데가 없고 하찮다.

〔대구〕세피하이 생각한다. 표시시하게 생각한다.

성 충남 | 명사 | 싱아

마디풀과의 여러해살이풀인 싱아를 이르는 말.

〔당진〕배고풀 때 성만 꺾어 먹어도 행결 낫었지. 표배고플 때 싱아만 꺾어 먹어도 한결 나았지. 〔공주〕어릴 적이 동네 친구들이랑 뒤동산이 올라 성을 꺾어 그래를 빠러 먹으면 시금털털허니 그랬어. 표어릴 적에 동네 친구들이랑 뒷동산에 올라 싱아를 꺾어 그것을 빨아 먹으면 시금털털하니 그랬어. 〔서산〕봄이면 산이루 들루 댕기머 삐비를 뽑구 시영두 꺾어 먹었다. 표봄이면 산으로 들로 다니며 삘기를 뽑고 싱아를 꺾어 먹었다. 〔예산〕애덜헌티 시영은 참 존 주전부리거리였어. 표애들한테 싱아는 참 좋은 주전부리거리였어.

◆'성'은 '시영'의 준말로 충남 전역에서 널리 쓰인 말이다. 말 그대로 '맛이 신 풀'의 뜻하는 말이다. 봄날이면 주전부리가 귀했기에 아이들은 '성'을 꺾으려고 산등성이를 탔다. 잎을 따내고 껍질을 벗기고

부드러운 줄기를 입에 넣으면 시디신 물이 침과 함께 섞였다. -이명재(예산)

소고리 강원 | 명사 | 소쿠리
얇고 가늘게 쪼갠 대나 싸리 따위를 어긋나게 짜서 만든 그릇. 둥그런 테를 만들고 앞을 트이게 하여 농작물이나 생활용품 등을 담는 데 쓰인다.
〔원주〕나물을 소고리에 가득 캐 오너라. 표나물을 소쿠리에 가득 캐 오너라. 〔양구〕깻잎을 씻어 소고리에 바처 물끼를 빼고 그늘에서 말려. 표깻잎을 씻어 소쿠리에 받쳐 물기를 빼고 그늘에서 말려.
◆춘천에서 '소쿠리'는 대나 싸리로 엮어서 지게에 얹어 짐을 질 수 있게 만든 큰 그릇을 뜻하고, '보구니'는 옆구리에 차고 다닐 수 있을 정도로 작게 엮은 그릇을 뜻한다. -유연선(춘천)

소곰 충북 | 명사 | 소금
염화나트륨을 주성분으로 하는 짠맛이 나는 백색의 결정체로, 대표적인 조미료.
〔보은〕국이 싱구우니 소곰을 줌 더 늫으라. 표국이 싱거우니 소금을 좀 더 넣어라. 〔단양〕국이 싱구우믄 호염을 쫌 느서 낋이야 맛이 나지. 표국이 싱거우면 소금을 좀 넣어서 끓여야 맛이 나지.
◆천일염 중에 바닷물을 증발시켜 얻은 굵고 거친 소금은 중국에서 나는 소금이라고 하여 호염(胡鹽)이라고 한다. 다른 말로 청염(淸鹽)이라고도 한다. 호염을 볶은 것은 소염(燒鹽)이라고 하고, 1000℃ 이상으로 구운 소금은 천금(天金)이라고 한다.

소곳하다 경북 | 형용사 | 솔깃하다
그럴듯해 보여 마음이 쏠리는 데가 있다.
〔영천〕그 상주가 가마 이래 드러보이 소곳한 이얘기 글드. 표그 상주가 가만히 이렇게 들어보

니 솔깃한 이야기 같거든.

소구하다 경북 | 동사 | 없음
따끈한 국물이 있는 음식을 땀까지 흘리면서 먹었을 때 잘 먹었다는 뜻으로 하는 말.
〔김천〕오늘 점심은 보신탕 한 그릇으로 소구했네.
◆'소구하다'는 해장국, 보신탕 등 따끈한 국물이 있는 음식을 땀을 뻘뻘 흘리면서 먹었을 때 잘 먹었다는 뜻으로 하는 말이다. 경북 북부에서 주로 쓴다.

소금재이 강원 | 명사 | 잠자리
잠자리목의 곤충을 통틀어 이르는 말.
〔동해〕하늘을 나는 소금재이. 표하늘을 나는 잠자리. 〔삼척〕여름철 비가 온 뒤에는 소금재이들이 많이 날아오잖소. 표여름철 비가 온 뒤에는 잠자리들이 많이 날아오잖아요. 〔평창〕초가을에는 소굼재이가 하늘을 뒤덮지요. 표초가을에는 잠자리가 하늘을 뒤덮지요.
◆어렸을 때 소금재이를 장가보낸다고 해서 잠자리를 잡아서 꽁무니에 가는 풀줄기를 끼워서 날려 보내곤 했다. -이경진(삼척) ◆표준어 소금쟁이는 주로 물 위에서 살고 잠자리보다 훨씬 작고 가늘며 몸에 비해 날개가 큰 곤충을 이른다.

소깝 경남 | 명사 | 솔가지
꺾어서 말린 소나무의 가지. 주로 땔감으로 쓰인다.
〔부산〕아적에 아재가 소깝 한 짐 해놓고 갔다. 표아침에 아저씨가 솔가지 한 짐 해놓고 갔다.
◆소나무가 흔한 마을에서 '갈비(솔가리)'는 최상의 땔감이었다. "말라서 땅에 떨어져 쌓인 솔잎"은 아이들도 쉽게 한 짐 긁어 모을 수 있었을 뿐만 아니라, 은근하게 오래 타기 때문에 화르륵 타고 마는 볏짚보다 불땀이 좋았다. '소깝(솔가지)'은 "꺾어서 말

린 소나무 가지"를 뜻하는 말로 '갈비'보다 불땀이 더 좋다. 그런데 1960년대만 해도 갓 잘라낸 '청소깝(청솔가지)'을 얻기 위해 소나무 가지를 자르려면 꼭 군이나 면의 허가를 받아야 했다. 그래서 '갈비' 사이에 '청소깝'을 몰래 숨겨 가져가는 이들도 많았다. 한편 줄기를 잘라낸 나무의 밑동(등걸)은 '둥구리'라고 했고 그루터기는 '까둥구리'라고 했는데, 운반하기가 쉽지 않지만 오래 타기 때문에 좋은 땔감으로 여겨졌다.

소꼴기 강원 | 명사 | 누룽지
솥 바닥에 눌어붙은 밥.

〔속초〕솥에다 밥을 한 솥씩 하지요. 그래믄 소꼴기가 많이 눌어요. 표솥에다 밥을 한 솥씩 하지요. 그러면 누룽지가 많이 눌어요. 〔삼척〕소디끼요, 금방 꺼냈을 때 먹으면 부드러운데요. 표누룽지는요, 금방 꺼냈을 때 먹으면 부드러워요. 〔양양〕소생이 나 줌 줘. 표누룽지 나 좀 줘. 〔평창〕어릴 적에 먹던 소도끼 맛이 그립다. 표어릴 적에 먹던 누룽지 맛이 그립다.

소꾸라다 경남 | 동사 | 데치다
물에 넣어 살짝 익히다.

〔창녕〕정구지는 살째기 소꾸라야 덴다. 표부추는 살짝 데쳐야 된다. 〔밀양〕추어탕 끼리구로 미꾸라지 소꾸라났다. 표추어탕 끓이려고 미꾸라지 데쳐놨다.

◆창녕에서 '소꾸라다' 또는 '소쿠라다'는 '데치다' 외에도 '고다(고기나 뼈 따위를 무르거나 진액이 빠지도록 끓는 물에 푹 삶다)'라는 뜻이 있다. -성기각(창녕) ◆'소꾸라다'는 낙지, 문어, 꼴뚜기, 해삼, 미꾸라지 따위를 뜨거운 물에 살짝 데쳐낼 때 사용하는 말이다.

소낭구 충북 | 명사 | 소나무
소나뭇과의 모든 식물을 통틀어 이르는 말.

〔제천〕눈 큰 장정덜이 심군 소낭구 시방꺼정 아름아름 벌구유. 표눈 큰 장정들이 심은 소나무가 지금까지 아름아름 넓어져요.

소당 경기 | 명사 | 소댕
솥을 덮는 쇠뚜껑. 가운데가 볼록하게 솟고 복판에 손잡이가 붙어 있다.

〔포천〕화로 위에 소당을 뒤집어 놓고 기름을 두른 다음 밀가루를 묽게 탄 국물을 한 국자 부어 부치면 맛있는 소당떡이 된다. 표화로 위에 소댕을 뒤집어 놓고 기름을 두른 다음 밀가루를 묽게 탄 국물을 한 국자 부어 부치면 맛있는 빈대떡이 된다. 〔이천〕가서 화루 위에 인는 솟에 소두박 덮구 와. 표가서 화로 위에 있는 솥에 소댕 덮고 와. 〔강화〕밥이 잦아지면 소당뚜껑을 조금 열었다 닫아야 밥물이 넘지를 않아. 표밥이 잦아지면 소댕을 조금 열었다 닫아야 밥물이 넘치지를 않아. 〔여주〕소두방에 고기를 구어 먹으면 맛이 있지. 표소댕에 고기를 구워 먹으면 맛이 있지.

◆'소당'은 '소댕'의 경기도 사투리이다. 보통 'ㅏ' 모음이 전설모음화를 일으켜 'ㅐ가 될 때 'ㅐ' 모음 쪽을 사투리로 간주하는데, 이 단어는 '소당'이 사투리이다. ◆솥뚜껑의 사투리 중 '소두방' 계열은 확인이 되는데 '소두박'은 드물다. 소두방은 전국 여러 지역에서 널리 쓰이는데 소두박은 경기 지역에서만 일부 쓰인다.

소대새이 충남 | 명사 | 잠꾸러기
잠이 아주 많은 사람을 낮잡아 이르는 말.

〔서산〕작년에 일 쉬면서 집에 있을 땐 그냥 소대새이가 따로 읎었지. 표작년에 일 쉬면서 집에 있을 땐 그냥 잠꾸러기가 따로 없었지. 〔공주〕저 녀석은 허라는 공부는 안 허구 먹기만 허먼 자구 허니 공부는 언제 허구 잠꾸리기인가 잠만 자

구 있어. 표저 녀석은 하라는 공부는 안 하고 먹기만 하면 자고 하니 공부는 언제 하고 잠꾸러기인가 잠만 자고 있어. 〔당진〕야, 이 잠챙아! 해가 똥구멍을 치받는다. 빨리 일어나지 못하냐? 표야, 이 잠꾸러기야! 해가 중천에 떴다. 빨리 일어나지 못하냐?

◆잠꾸러기를 뜻하는 사투리 중에 다른 지역의 사투리는 '잠꾸링이, 잠보, 잠꾸레기'처럼 '잠'이라는 말이 직접적으로 쓰이는데 '소대새이'는 형태적으로 잠과 아무런 연관성이 보이지 않는다. '소대새이'는 우리나라의 고전 소설 『소대성전』의 주인공 이야기에서 연유한 말이다. 작자와 연대 미상의 이 소설은 일종의 영웅 소설로, 주인공 소대성이 자신을 알아주던 승상이 세상을 뜨자 실의에 빠져 과거 공부도 그만두고 누워서 잠만 잤다는 대목이 등장한다. 이와 관련하여 "소대성이 이마빡 쳤나"와 "소대성이 점지를 했나"라는 속담이 나왔는데 이는 잠만 자는 사람을 놀리는 뜻을 담고 있다.

소도리 제주 | 명사 | 말전주

이 사람에게는 저 사람 말을, 저 사람에게는 이 사람 말을 좋지 않게 전하여 이간질하는 짓.
〔애월-구엄〕난 강 왕 그런 소도리허멍 울멍 헤도, 거 다 글을 수 었다.-김순자·김미진(2019) 표내가 갔다 와서 그런 말전주하면 울면서 해도, 거 다 말할 수 없다. 〔노형〕소도리쟁이 아주망이 있다. 표말전주꾼 아줌마가 있다. 〔중문〕안 곳고랜 곳는디 소도리 나크냐? 표말하지 않았다고 하는데 말전주하겠어?

◆소문을 내는 행위를 '소도리후다'라고 하고, 소문의 진위와 전말을 살피기 위해 말을 옮긴 사람과 처음 말을 꺼낸 사람을 대면하는 행위를 '소도리맞춤'이라고 한다.

소돌시리 경남 | 부사 | 많이

수효나 분량, 정도 따위가 일정한 기준보다 아주 많이.
〔진해〕오늘따라 소돌시리 모있네. 표오늘따라 많이 모였네. 〔고성〕어이구, 소금 쫌 빌리달라꼬 했더만 허들시리도 마이 주싰네. 표어이구, 소금 좀 빌려달라고 했더니 많이도 주셨네.

◆창원에서는 '허들시리'를 엄살을 부리는 상황에서도 쓴다. "정말 허들시리 아푸겠다"는 많이 아프겠다는 말이 아니라 엄살 부리지 말라는 말이다. -김정대(창원)

소돌치 북한 | 명사 | 눌은밥

솥 바닥에 눌어붙은 밥에 물을 부어 불려서 긁은 밥.
〔황해〕바께이를 그대로 뒀다가 물을 부어 소돌치로 해 먹자. 표누룽지를 그대로 뒀다가 물을 부어 눌은밥으로 해 먹자.

◆황해남도에서는 '바께이'가 '누룽지'이고 '소돌치(가마치)'가 누룽지에 물을 부어 만든 '눌은밥'을 뜻하는 말이다. '소돌치'는 '솔치'라고도 한다. ◆남한에서 '누룽지'는 "솥 바닥에 눌어붙은 밥"을 뜻하고, '눌은밥'은 "솥 바닥에 눌어붙은 밥에 물을 부어 불려서 긁은 밥"을 뜻한다. 북한의 '가마치'는 남한의 '누룽지'와 뜻이 같다. 그런데 북한 전역에서 '가마치'를 사용하는 것은 아니다. 황해도에서는 '바께이/밥강지'라고 하고, 평안남도에서는 '가마티/가막찌/밥과질', 함경남도에서는 '밥가질', 강원도·평안북도에서는 '밥과질', 양강도·자강도에서는 '밥가마치'라고 한다. 그런가 하면 북한의 '눌은밥'은 '가마치'와 뜻이 같거나 '누릿하게 조금 탄 밥'을 뜻하는 말이라 남한의 '눌은밥'과 뜻이 다르다. 남한의 '눌은밥'과 뜻이 같은 말로 함경북도에서는 '물가마치'라고 하고, 황해남도에서는 '소돌치'라고 하고, 평안남도에서는 '소돌치'라고 한다. 솥을 훑었다는 뜻의

'솥홅이'의 발음은 '솓홀티'가 되는데 이로부터 'ㅎ' 탈락과 구개음화를 겪은 것이 '소둘치'이다. 마른 누룽지가 아니라 누룽지에 물을 부어 끓인 것을 가리킨다.

소두방 전남 | 명사 | 소댕

솥을 덮는 쇠뚜껑. 가운데가 볼록하게 솟고 복판에 손잡이가 붙어 있다.

〔고흥〕소두방에 발등 찍힐라 조심해라잉. 표소댕에 발등 찍힐라 조심해라. 〔강진〕짐 샐라, 소두벙 잘 덮어라. 표김 샐라, 소댕 잘 덮어라. 〔진도〕소두방을 벌릴 땐 발등을 찍히지 않게 조심해라잉. 표소댕을 벌릴 땐 발등을 찍히지 않게 조심해라.

소두배이 강원 | 명사 | 솥뚜껑

솥의 아가리를 덮는 것.

〔정선〕바람에 소두배이가 날라간다. 표바람에 솥뚜껑이 날아간다. 〔원주〕소당으 보이 소당떡이 먹고 싶다. 표솥뚜껑을 보니 빈대떡이 먹고 싶다. 〔춘천〕소댕뚜껑에 부치개 좀 해 먹지. 표솥뚜껑에 부침개 좀 해 먹지. 〔삼척〕소두뱅이 새로 김이 폭푹 나는 걸 보니 감재 다 익었겠다야. 표솥뚜껑 사이로 김이 폭폭 나는 걸 보니 감자 다 익었겠다. 〔평창〕감자적을 소두베이에 부쳐 먹으면 제맛이 난다. 표감자전을 솥뚜껑에 부쳐 먹으면 제맛이 난다.

♦소두뱅이는 밥을 할 때도 필요하지만 기름질을 할 때도 꼭 필요하다. 부침개를 붙이거나 우겡이(찹쌀가루를 반죽하여 솥뚜껑에서 지져낸 웃기떡)를 구울 때, 거꾸로 한 상태로 소두뱅이가 달궈지면 그 위에 기름칠을 하고 밀가루 반죽이나 감자를 간 반죽을 올려서 요리를 했다. -이경진(삼척)

소락대기 전북 | 명사 | 고함

크게 부르짖거나 외치는 소리.

〔전주〕하도 소락대기 질러서 귀청 떨어지겄다. 표하도 고함 질러서 귀청이 떨어지겠다. 〔정읍〕저놈은 날마다 소락대기만 질러댄당게. 표저놈은 날마다 고함만 질러. 〔군산〕한밤중에 소락배기 지르고 지랄이야! 표한밤중에 고함 지르고 지랄이야!

♦'소락대기, 소락배기'는 일반적인 소리보다 좀 더 크게 악을 쓰면서 내지르는 소리를 뜻한다. '소락댕이'도 같은 의미로 사용된다.

소락대기 충남 | 명사 | 고함

크게 부르짖거나 외치는 소리.

〔논산〕자꾸 소락대기를 질러쌌게 귀가 멍먹하네. 표자꾸 고함을 질러대니까 귀가 먹먹하네. 〔서산〕월마나 놀랬으면 고암을 칠까. 표얼마나 놀랐으면 고함을 칠까.

♦'소락대기'는 사람의 목소리를 뜻하는 '소리'와 비하의 뜻을 더하는 접미사 '대기'가 결합한 말이다. 크게 지르는 소리를 좋지 않게 여기는 태도가 반영된 말이다.

소랍다 전남 | 형용사 | 수월하다

까다롭거나 힘들지 않아 하기가 쉽다.

〔진도〕그 일을 해본께 에런 줄 알았더니 소랍기만 하더라잉. 표그 일을 해보니까 어려운 줄 알았더니 수월하기만 하더라.

♦'소랍다'는 발음이 비슷한 '수월하다'에서 온 말로 보인다. -주광현(진도)

소랑ᄒ다 제주 | 형용사 | 갸름하다

보기 좋을 정도로 조금 가늘고 긴 듯하다.

〔구좌-동복〕영 동그레기 허지 말고 소랑허게 허여. 표이렇게 동그랗게 하지 말고 갸름하게 해. 〔애월-고내〕수천복은 영 소랑허고 암천복은 조금 동글랑허고 모냥이 틀려. 표수전복은 이렇게

395

갸름하고 암전복은 조금 동그랗고 모양이 달라.

소래고동 경남 | 명사 | 다슬기
다슬깃과의 연체동물.
〔하동〕우리 동네 다리 밑에 소래고동이 꽉 찼다. 표우리 동네 다리 밑에 다슬기가 꽉 찼다. 〔거창〕사고디이 국 끓이 무우라. 표다슬기 국 끓여 먹어.

소렴하다 경북 | 형용사 | 갸름하다
보기 좋을 정도로 조금 가늘고 긴 듯하다.
〔성주〕낯이 소렴하이 내랑 마이 닮았더라. 표낯이 갸름하게 나랑 많이 닮았더라.

소롯이 경북 | 부사 | 오롯이
모자람 없이 온전하게.
〔경주〕빌리났던 돈을 소롯이 다 써빴다. 표빌려 났던 돈을 오롯이 다 써버렸다. 〔대구〕날이 가문 께네 고기들이 소롯이 모있다. 표날이 가무니까 고기들이 오롯이 모였다.

소복달 경기 | 명사 | 게으름쟁이
습성이나 태도가 게으른 사람.
〔강화〕해가 중천에 떴는데 인테꺼정 뭐 하냐, 이 소복달아. 표해가 중천에 떴는데 이제까지 뭐 하냐, 이 게으름쟁이야.

소소리바람 전북 | 명사 | 회오리바람
갑자기 생긴 저기압 주변으로 한꺼번에 모여든 공기가 나선 모양으로 일으키는 선회(旋回) 운동.
〔장수〕겨울이 가고 봄이 왔다고 생각했는데, 소소리바람이 불어서 춥네. 표겨울이 가고 봄이 왔다고 생각했는데, 회오리바람이 불어서 춥네. 〔임실〕쇠소리바램이 불면 왼갖 작것이 흙문지에 셌여 뺑뺑 돔서 하늘 높이 올라간다. 표회오리바람이 불면 온갖 잡것이 흙먼지에 섞여 뺑뺑 돌면서 하늘 높이 올라간다.
◆표준어에서 '소소리바람'은 "이른 봄에 살 속으로 스며드는 듯한 차고 매서운 바람"을 뜻하는 말이다. 전북에서는 '소소리바람'을 '돌풍' 또는 '회오리바람'이라는 뜻으로 쓴다.

소잡다 경남 | 형용사 | 비좁다
자리가 몹시 좁다.
〔진주〕거 길은 소잡다. 표그 길은 비좁다. 〔하동〕배잡아도 개적은깨 자주 놀로 오시이소. 표비좁아도 가까우니까 자주 놀러 오십시오.
◆'소잡다'는 '솔다(狹)'와 '잡다'가 합쳐진 말인데, 둘 다 '좁다'라는 뜻이 있다. −김승호(진주)

소잡다 경북 | 형용사 | 비좁다
자리가 몹시 좁다.
〔안동〕가족 너이서 살기에는 집이 소잡다. 표가족 넷이서 살기에는 집이 좁다. 〔대구〕소잡더라도 개찹은 길로 갑시다. 표좁은 골목이라도 가까운 길로 갑시다.

소젖가루 북한 | 명사 | 우유가루
건조한 우유를 분말 형태로 만든 것.
〔북한〕철이가 소젖가루를 많이 먹으면 얼굴색이 하얗게 된다고 말했소. 표철이가 우유가루를 많이 먹으면 얼굴색이 하얗게 된다고 말했어요.

소중이 제주 | 명사 | 없음
해녀들이 물질할 때 입는, 오른쪽 옆이 트인 중의. 광목 따위로 만든다.
〔구좌−하도〕겨울에도 그 소중이만 입엉 물에 드난 얼마나 추우크니? 표겨울에도 그 '소중이'만 입고 물에 드니 얼마나 춥겠니? 〔남원〕미녕에 거

396

멍헌 물 들영 소중이 다 이녁냥으로 멘들앙 입엇어. 표무명에 검은 물 들여서 '소중이' 다 자기대로 만들어서 입었어.

◆제주에서 해녀가 물질할 때 입는 옷은 '속곳/소중기/물소중이'라고도 한다. 주로 광목이나 무명으로 만드는데 상의와 하의가 붙어 있는 형태이며 왼쪽 어깨 부위에 '미친' 또는 '매친'이라는 이름의 끈이 달려 있고, 왼쪽 허리와 다리 부위는 '무작단추'로 채울 수 있도록 터져 있다. 1970년대 초에 지금과 같은 고무옷이 나오기 전까지 '소중이'를 입고 위에는 '물적삼', 머리에는 '물수건'을 쓰고 물질을 하였다. 본래 '소중이'는 흰색이나 쉽게 더러워지기 때문에 검게 물을 들여 입기도 하였다.

소찐디깨미 전남 | 명사 | 쇠진드기

소와 말 등에 기생하면서 피를 빨아 먹는 진드기.

〔고흥〕옛날에 소 키울 때에 굵은 소찐디깨미가 소한테 엥겼어. 그럼 그걸 많이 따겼어. 표옛날에 소 키울 때에 굵은 쇠진드기가 소한테 엉겼어. 그러면 그걸 많이 떼어줬어.

◆'소찐디깨미'는 '소찐디깽이'라고도 한다. 쇠진드기가 소에 달라붙어서 피를 빨면 엄지손톱만큼 커진다.

소태 경북 | 명사 | 없음

맛이 너무 짜서 먹지 못할 정도의 상태.

〔상주〕국이 소태 겉다. 소태 할애비다. 표국이 '소태' 같다. '소태' 할아비다.

소토지 북한 | 명사 | 없음

밭으로 지정되어 있지 않은 빈 땅을 일구어 곡식을 심는 것.

〔북한〕봉순이네 올해 소토지 많이 했대. 표봉순이네 올해 개인 농사를 많이 지었대. 〔북한〕북한에 남겨져 있는 우리 딸은 소토지를 해서 감자, 강내, 콩을 심어 그럭저럭 배고픈 고생은 안 한다고 한다. 표북한에 남겨져 있는 우리 딸은 개인 농사를 해서 감자, 옥수수, 콩을 심어 그럭저럭 배고픈 고생은 안 한다고 한다.

◆북한의 땅은 모두 국가 소유이다. 먹을 것이 항상 모자란 북한 주민들은 밭으로 지정되어 있지 않은 빈 땅을 일구어 곡식을 심어 식량에 보태는데 이를 '소토지 한다'라고 말한다.

소호리 경북 | 명사 | 부리망

소를 부릴 때에 소가 곡식이나 풀을 뜯어 먹지 못하게 하려고 소의 주둥이에 씌우는 물건.

〔청도〕소호리를 채우고 밭을 갈아라. 표부리망을 채우고 밭을 갈아라.

속다 강원 | 동사 | 수고하다

일을 하느라고 힘을 들이고 애를 쓰다.

〔강릉〕질이 매핸데 댕기느라고 폭 속았소야. 표길이 좋지 않은데 다니느라 많이 수고했소. 〔삼척〕그동안 동상 뒷바라지하느라 속았다야. 표그동안 동생 뒷바라지하느라 수고했다. 〔강릉〕아가, 상 차리느라 마이 속았다. 표며늘아가, 상 차리느라 많이 수고했다.

속다 제주 | 동사 | 수고하다

일을 하느라고 힘을 들이고 애를 쓰다.

〔구좌-한동〕식게 치리젠 허난 속앗저. 표제사 차리려고 하니 수고했어. 〔애월-상가〕이디꼬지 오젠 허난 폭삭 속앗수다. 표여기까지 온다고 아주 수고하셨습니다.

◆제주에서 '속다'는 "속앗저" 또는 "속앗수다" 등의 형태로 쓰이며 수고했다는 의미다.

속닥하다 경남 | 형용사 | 오붓하다
홀가분하면서 아늑하고 정답다.
〔함양〕추울 땐 속닥하이 모여서 고구매 묵는 게 최고다. 표추울 땐 오붓하게 모여서 고구마 먹는 게 최고다.

속도전떡 북한 | 명사 | 없음
옥수숫가루를 물로 반죽하여 길게 늘인 뒤에 칼로 썰어서 옥수숫가루에 찍어 먹는 떡.
〔양강〕빨리 먹고 배를 채우는 데는 속도전떡이 최고디. 표빨리 먹고 배를 채우는 데는 '속도전떡'이 최고지.
◆속도전떡은 속도전 가루를 반죽해서 만들어 먹는 떡으로 짧은 시간에 간단하게 만들 수 있다. 속도전 가루는 옥수숫가루로서 두 번 익혀서 재가공되어 만들어진 가루인데 찬물에 반죽을 하면 바로 떡을 만들 수 있다. 가격에 비해 양이 많기 때문에 가정 형편이 어려운 집에서는 더 없이 좋은 식량이다. 시간이 지나면 딱딱해져 그냥 먹지 못하고 기름에 지져 먹어야 한다.

속솜하다 제주 | 형용사 | 없음
아무 말도 하지 않다.
〔구좌-한동〕아이덜 홍역헐 땐 얼굴 벌겅헤도 그냥 속솜헹 뭐렌 그으민 안 뒈여. 표아이들 홍역할 때는 얼굴 빌게도 그냥 '속솜해' 뭐라고 말하면 안 돼. 〔애월-상가〕그저 이젤랑 지난 일들이니 속솜헙써! 표그저 이제는 지난 일들이니 '속솜하세요'! 〔애월-상가〕무사 경 시끄러우니? 속솜허라. 표왜 그렇게 시끄러우니? '속솜하라'.

속수리바람 충남 | 명사 | 회오리바람
갑자기 생긴 저기압 주변으로 한꺼번에 모여든 공기가 나선 모양으로 일으키는 선회(旋回) 운동.
〔보령〕대풍 불어서 빙빙 도는 것을 속수리바람이라 허지. 표대풍 불어서 빙빙 도는 것을 회오리바람이라 하지. 〔공주〕쏙쏘리바램이 한번 몰아치머는 초가 지벙이 날러가구 남어나는 게 없이 난리였네 난리였어. 표회오리바람이 한번 몰아치면 초가 지붕이 날아가고 남아나는 것이 없이 난리였네 난리였어.

속알빼기 충남 | 명사 | 소갈머리
마음이나 속생각을 낮잡아 이르는 말.
〔대전〕어릴 즉엔 속알빼기 없이 넘한테 다 지고, 지 실속 모르고 내대녔지. 표어릴 적에는 소갈머리 없이 남한테 다 지고, 자기 실속도 모르고 나다녔지. 〔서산〕속알빼기 읎넌 저늠은 이레두 흥, 저레두 흥 헌다. 표소갈머리 없는 저놈은 이래도 흥, 저래도 흥 한다. 〔공주〕철수는 생각하는 거라던지 하는 짓이라던지 왼통 밴댕이 속알머리 읍는 짓만 혀. 표철수는 생각하는 거라든지 하는 짓이라든지 온통 밴댕이 소갈머리 없는 짓만 해.
◆주로 "속알빼기 없다"라는 형태로 쓰이며, 지역에 따라 "소견빼기 없다", "속창아리 없다" 등의 형태로도 쓰인다. 이런 말들은 모두 '마음'을 뜻하는 '속'의 속된 말이다. '속알'은 '마음의 알맹이'고, '소견(所見)'은 '속에 든 생각'이고, '속창'은 '속에 든 창자'다. 여기에 속된 의미를 담은 접사 '-배기, -아리'가 붙었다. 이 밖에 사람의 '속'을 속되게 표현하는 말에는 "사람이 생긴 건 멀쩡헌디 소갈머리가 읎어"나 "그 사람 생긴 건 멀쩡헌디 소갈딱지가 밴댕이여"처럼 '소갈머리, 소갈딱지'도 널리 쓰인다. -이명재(예산)

속창아리 전북 | 명사 | 소갈머리
마음이나 속생각을 낮잡아 이르는 말.
〔남원〕너는 속창아리도 없이 거길 또 가냐. 표너는 소갈머리도 없이 거길 또 가냐. 〔정읍〕너도 참

속창아리 없다. 표너도 참 소갈머리 없다. 〔임실〕너는 속창시도 없냐? 그놈헌티 맨날 속음서 자꼬 따라댕기게. 표너는 소갈머리도 없냐? 그놈한테 맨날 속으면서 자꾸 따라다니게.

◆'속창아리'는 생각이 없다는 뜻으로 철없는 말이나 행동을 할 때 쓰는 말이다. 참고로 임실에서는 '밸'이나 '못된 성질'을 뜻하는 말로 쓴다. −최병선(임실)

속태 충남 | 명사 | 밤콩
빛깔과 맛이 밤과 비슷하고 알이 꽤 굵은 콩.
〔서산〕속태 삶은 물 놓어서 갈아가지구 먹으면 속에 좋아. 표밤콩 삶은 물 넣어서 갈아가지고 먹으면 속에 좋아. 〔서산〕방콩은 뱁밋콩이루, 종콩은 메자콩이루 좋다. 표밤콩은 밥밑콩으로, 종콩은 메주콩으로 좋다.

손가락과자 북한 | 명사 | 없음
손가락 모양으로 반죽하여 튀겨낸 과자.
〔북한〕영희네는 집에서 아직도 손가락과자를 팔데? 표영희네는 집에서 아직도 '손가락과자'를 팔더라?

손골목 경북 | 명사 | 고샅
좁은 골목길.
〔상주〕낯선 사람을 손골목에서 만나거든 한 옆으로 비키서거라. 표낯선 사람을 고샅에서 만나거든 한 옆으로 비켜서거라.

◆'손골목'의 '손'은 형용사 '솔다(공간이 좁다)'를 뜻하는 말이다.

손곱 북한 | 명사 | 없음
손톱 밑에 낀 때.
〔함남〕손톱을 자주 깎아주지 않으면 손곱이 많이 끼디 않간? 표손톱을 자주 깎아주지 않으면

'손곱'이 많이 끼지 않겠니?

◆북한에서는 '손톱기계(손톱깍개 또는 손톱깍이)'를 주머니에 넣고 다니는, 일상생활에 필요한 도구라고 하여 '주머니 세간'이라고 한다. ◆눈에 끼는 것을 '눈곱'이라 하듯 손에 끼는 것을 '손곱'이라 표현한 것이다.

손넙적 제주 | 명사 | 손바닥선인장
선인장과의 여러해살이풀.
〔구좌-행원〕화상엔 약이 엇이난 손넙적 두 개 벌런에 붙여낫어. 표화상에는 약이 없으니까 손바닥선인장 두 개 쪼개서 붙였었어.

손톱 경기 | 명사 | 손톱
손가락 끝에 붙어 있는 딱딱하고 얇은 조각.
〔파주〕밤에는 손톱을 깎지 말라는 얘길 들은 적이 있어요. 표밤에는 손톱을 깎지 말라는 얘길 들은 적이 있어요.

솔 전북 | 명사 | 부추
백합과의 여러해살이풀.
〔임실〕솔 늫고 부친 전이 최고지. 표부추 넣고 부친 전이 최고지. 〔부안〕솔 비어다가 꼬치 조깨 쓸어 늫고 적 부처 먹으까? 표부추 베어다가 고추 좀 썰어 넣고 부침개 부쳐 먹을까?

◆전라북도에서는 '솔'을 '부초' 또는 '정구지'라고도 한다.

솔갈비 강원 | 명사 | 솔가리
말라서 땅에 떨어져 쌓인 솔잎.
〔속초〕솔갈비가 깔린 폭신폭신한 산길이라 촉감이 참 좋다. 표솔가리가 깔린 폭신폭신한 산길이라 촉감이 참 좋다. 〔춘천〕솔껌불 좀 긁어 와 유, 불쏘개 허게. 표솔가리 좀 긁어 와요, 불쏘시

개 하게. 〔정선〕갈비를 끄러모은다. 표솔가리를
끌어모은다. 〔삼척〕깔비는 부살개로 그만이잖소.
표솔가리는 불쏘시개로 그만이잖소.

솔갈이치다 강원 | 동사 | 거짓말하다
사실이 아닌 것을 사실인 것처럼 꾸며
대어 말하다.
〔원주〕몇 개썩, 몇 바구 돌다 없어지는데, 그전에
왔다 간 사람들은 못 보니까 솔가리친다 그러구.
표몇 개썩, 몇 바퀴 돌다 없어지는데, 그전에 왔
다 간 사람들은 못 보니까 거짓말한다고 그러고.

솔걸 충남 | 명사 | 솔가리
말라서 땅에 떨어져 쌓인 솔잎.
〔서산〕솔걸은 갈키로 긁어야 한다. 표솔가리는
갈퀴로 긁어야 한다. 〔예산〕솔꺼럭 두어 짐 긁었
다가 그 냥반 큰 벌금 물었어. 표솔가리 두어 짐
긁었다가 그 양반 큰 벌금 물었어. 〔공주〕뒷동산
종벅이네 산이 가문 오래된 소나무들이 있는디
그 밑이서 노란 솔가루를 긁어다가 불 때문 참
잘 타구 기랬어. 표뒷동산 종복이네 산에 가면
오래된 소나무들이 있는데 그 밑에서 노란 솔가
리를 긁어다가 불 때면 참 잘 타고 그랬어.
◆'솔걸'은 충남 전역에서 널리 쓰인 말이다. '껄'
은 동강난 도막이나 작은 까끄라기를 뜻하는 '꺼럭'
의 준말이다. '솔껄' 또는 '솔꺼럭'은 소나무의 동강
난 나뭇가지나 땅에 떨어진 마른 솔잎을 이르는 말
이다. 인구가 증가함에 따라 땔감은 많이 필요하고,
이에 따라 온 산이 민둥산이 되었다, 이에 일제강점
기 때부터 소나무는 허가 없이 베어서는 안 되는 보
호수가 되었다. 해방 이후에는 소나무 보호를 위해
'솔껄'도 긁어 가지 못하게 했다. 그래서 산에는 오
직 소나무만 살아남을 수 있었다. 비슷한 말에 '솔깽
이'가 있는데, 이는 땅에 떨어지거나 가지치기한 마
른 솔가지나 그 도막 가지를 뜻하는 말이다. -이명
재(예산) ◆솔잎이 땅에 떨어진 것을 '솔걸(솔가리)'
이라 한다. 땔감이 부족했던 옛날에는 솔가리를 긁
어 둥글게 단을 만들어 갖고 와 취사나 난방을 위해
아궁이에 불을 때기도 하고, 시장에 내다 팔기도 하
였다. 그런데 요즘은 가스나 전기로 난방과 조리를
하기 때문에 솔가리가 필요하지 않게 되었다. 자연
히 소나무 밑에는 솔가리가 차곡차곡 쌓이게 된다.
그런데 솔가리는 분해될 때 끝까지 분해되지 않고
남은 페놀류 화합물이나 타닌류가 다른 식물이나 미
생물의 성장을 억제하고, 또 소나무의 타감작용으로
풀 따위의 식물이 잘 자라지 못하게 된다. 특히 산속
에 있는 무덤에 잔디가 죽어 뻘건 흙만 남아 있는 현
상도 소나무의 타감작용과 솔가리에서 뿜어 나오는
화학물질 때문이다. 그러므로 무덤의 잔디를 살리려
면 주변에 있는 소나무나 그 가지를 제거하고, 무덤
주변에 있는 솔가리를 자주 긁어내야 한다. -조일형
(당진)

솔곱정나다 경북 | 형용사 | 번거롭다
귀찮고 짜증스럽다.
〔의성〕아 진짜 솔곱정나게 하는 데 뭐 있다. 표
아 진짜 번거롭게 하는 데 뭐 있다.

솔깜부리 경북 | 명사 | 없음
마른 솔방울.
〔안동〕나무할 게 없거든 솔깜부리라도 많이 주
워갖고 오너라. 〔대구〕불 피게 솔빵구리 좀 가온
나. 표불 피우게 '솔빵구리' 좀 가져와라.

솔꽁 전남 | 명사 | 솔방울
소나무 열매의 송이.
〔장흥〕겨울이면 나무하러 산에 가 솔꽁을 줍곤
했다. 표겨울이면 나무하러 산에 가 솔방울을 줍
곤 했다. 〔강진〕솔꽁 주스러 얼렁 가자. 표솔방울
주우러 얼른 가자.

◆나무를 땔감으로 이용하던 시절에는 소나무 장작
뿐만 아니라 쌔깨비(썩은 가지), 뚱글(등걸), 솔똥
(솔방울), 솔가리(갈비) 등을 땔감으로 이용하였다.

솔라니국 제주 | 명사 | 없음
옥돔을 넣어 끓인 국. 보통 미역이나 무
를 같이 넣어 끓인다.
〔토평〕솔라니국 가시 불를 땐 솔라니 영 놔근에
흐쓸만 퀘민 건져내사주 오래 헤불민 카져불엉
안 뒈여. 표'솔라니국' 가시 바를 때는 옥돔 이렇
게 넣어서 조금만 끓으면 건져내야지 오래 해버
리면 흐트러져버려서 안 돼.
◆제주에서 '옥돔'은 지역에 따라 부르는 이름이 다
양하다. '생성/생선', '오토미/오토미생성'이라고도
하고 '솔라니/솔레기'라고도 한다. 제사 음식으로
'옥돔'은 배를 갈라 살짝 말린 것을 굽기도 하고 날
것으로 국을 끓이기도 했다.

솔랑하다 전남 | 형용사 | 약삭빠르다
눈치가 빠르거나, 자기 잇속에 맞게 행
동하는 데 재빠르다.
〔보성〕개는 하는 행동이 진짜 솔랑하더라. 표개
는 하는 행동이 진짜 약삭빠르더라.
◆'솔랑하다'는 약삭빠른 행동을 묘사할 때 쓰는 말
이고, '솔레솔레' 또는 '솔랑솔랑'은 그 반대로 행동
이 느릴 때 쓰는 말이다.

솔빡 경남 | 부사 | 송두리째
있는 전부를 모조리.
〔고성〕이장이 전답 판 돈을 솔빡 사기 당했다 카
더라. 표이장이 전답 판 돈을 송두리째 사기 당
했다고 하더라. 〔하동〕서울 딸래 집에 댕기온다
고 집을 비았더마 도둑놈이 통장이고 머고 홀랑
가지가뺐다. 표서울 딸네 집에 다녀온다고 집을
비웠더니 도둑놈이 통장이고 무엇이고 송두리째

가져가버렸다.

솔지 전북 | 명사 | 부추김치
생것의 상태인 부추를 재료로 하여 담근
김치.
〔부안〕봄에는 솔지가 맛있지. 표봄에는 부추김치
가 맛있지. 〔임실〕솔짐치 담어서 먹으믄 참 좋지.
표부추김치 담어서 먹으면 참 좋지. 〔군산〕솔짐
치를 먹은 지가 오래된다. 표부추김치를 먹은 지
가 오래된다.
◆'오이'로 담근 김치를 '오이지'라고 하듯 '부추'를
뜻하는 '솔'로 담근 김치는 '솔지'라고 한다. 그런가
하면 '단무지'는 '무'로 담근 김치이므로 '무지'인데
여기에 '달다'라는 수식을 붙여 '단무지가 되었다.
'싱건지'는 '싱겁다'라는 수식이 붙고, '똑딱지'는 '똑
딱똑딱' 썰었다는 수식이 붙어서 만들어진 말이다.

솔찬하다 충남 | 형용사 | 상당하다
일정한 액수나 수치, 정도 따위에 이르다.
〔서산〕이끔일랑도 솔찬혀. 표지금도 상당해. 〔논
산〕그 집 새로 온 메누리 인물이 솔찬하데. 표그
집 새로 온 며느리 인물이 상당하데.
◆'솔찬하다'는 마음에 드는 정도를 에둘러 표현하
는 말이다. 아주 좋거나 꽤 많거나 할 때 '솔찬하다'
라고 한다. ◆'솔찬하다'는 금산·논산·부여·서천 등
차령산맥 남쪽에서 흔히 쓰는 말이다. 차령산맥 북
쪽에서는 '쉴찬허다'라고 한다. '솔찬하다'는 전라도
에서 더 두루 쓰인다. -이명재(예산)

솔찬히 전북 | 부사 | 상당히
수준이나 실력이 꽤 높이.
〔군산〕양식이 솔찬히 남아 있으니 걱정 마슈. 표
양식이 상당히 남아 있으니 걱정 마세요. 〔남원〕
오늘 뒷산에 가서 고사리를 솔찬히 끈어 왔당게
요. 표오늘 뒷산에 가서 고사리를 상당히 뜯어

왔어요. 〔전주〕그새 솔찬히 컸다이. 표그새 상당
히 컸구나. 〔임실〕알밤을 항 개씩 주선는디 한나
잘을 주승개 솔찬이 만히여. 표알밤을 한 개씩
주웠는데 한나절을 주으니까 상당히 많아. 〔고
창〕거그는 짚이가 솔챈히 짚어서 위엄혀. 표거기
는 깊이가 상당히 깊어서 위험해.

◆'솔찮다'는 "수월하지 아니하다"를 뜻하는 '수월찮
다'의 줄임말이다. '수월찮다'는 "까다롭거나 힘들어
서 하기가 쉽지 아니하다" 또는 "꽤 많다"를 뜻하는
말이므로 '솔찬허다'는 '굉장하다, 대단하다, 상당하
다'라는 뜻으로 쓰이는 말이다.

솔통 전남 | 명사 | 똥구덩이
똥을 모아두기 위하여 판 구덩이.
〔장흥〕솔통에 빠져서 똥독이 올랐다. 표똥구덩
이에 빠져서 똥독이 올랐다. 〔진도〕우리 집 시동
통은 커서 합수를 다 풀려면 똥장군으로 시 번은
퍼야 댜야. 표우리 집 똥구덩이는 커서 똥오줌을
다 퍼내려면 똥장군으로 세 번은 퍼내야 돼.
◆전남 진도에서는 '시동통(똥구덩이)'에 모아진 분
뇨를 '합수'라고 하는데, 이것을 '똥장군'이라는 통
에 담아 지게로 날라 거름으로 사용했다. -조년환
(진도)

솔핀 전남 | 명사 | 송편
멥쌀가루를 반죽하여 팥, 콩, 밤, 대추,
깨 따위로 소를 넣고 반달이나 모시조개
모양으로 빚어서 솔잎을 깔고 찐 떡.
〔진도〕아따 오늘 솔핀이 맛있구나. 표아따 오늘
송편이 맛있구나.
◆'송편'의 '송'은 한자어 '송(松)'자를 쓰는데 반해,
'솔핀'의 '솔'은 고유어 '솔'자를 쓴다는 점이 다르다.

솖다 경북 | 동사 | 비좁다
자리가 몹시 좁다.

〔영천〕여는 길이 와 이래 솖노? 표여기는 길이
왜 이렇게 비좁아?
◆포항에서는 '솖다[솔다]'를 옆에서 누가 '귀찮게
굴거나 시끄럽게 떠들 때 '솔바죽겠다'라고 한다. -
김민정(포항)

솜보지 강원 | 명사 | 없음
이가 하나 빠진 소.
〔인제〕이가 하나 빠징 거는 솜보지라고 한다. 표
이가 하나 빠진 거는 '솜보지'라고 한다.
◆강원도 산간에서는 겨울철 소에게 먹일 여물을 끓
일 때, 때로는 무를 넣는 경우가 있는데 이때에는 반
드시 무를 칼로 썰어서 넣었다. 무를 썰지 않고 그냥
넣으면, 겉은 식었어도 속이 뜨거운 상태의 무를 먹
다가 소의 이빨이 빠지는 경우가 종종 있기 때문이
다. 이를 방지하기 위하여 무를 여물에 넣을 때는 반
드시 썰어서 넣도록 했다.

솟덕 제주 | 명사 | 봇돌
아궁이의 양쪽에 세우는 돌.
〔애월-고내〕정지에 가면은 솟덕을 돌로게 요렇
게 영 허믄 솟을 이디 앚질 거 아니라. 표부엌에
가면 봇돌을 돌로 이렇게 하면 솥을 여기 안칠
거 아니야. 〔도련〕솟은 솟덕에 앚진하고 허주. 표
솥은 봇돌에 앉힌다고 하지.
◆'솟덕'은 '솥덕'에서 온 말이다. 현무암 세 개를 둔
덕처럼 세우고 그 위에 솥을 걸쳐두었다고 해서 붙
여진 이름이다.

송구 북한 | 부사 | 아직
어떤 일이나 상태 또는 어떻게 되기까지
시간이 더 지나야 함을 나타내거나, 어
떤 일이나 상태가 끝나지 아니하고 지속
되고 있음을 나타내는 말.
〔평안〕그렇게 말했는데 숙제는 안 하고 송구두

놀고 있어? 표그렇게 말했는데 숙제는 안 하고 아직도 놀고 있어?

송구죽 경북 | 명사 | 없음
송기를 찧어 넣어 만든 죽.
〔의성〕내는 속이 씨리가 밥 말고 송구죽 데파가 가온나. 표나는 속이 쓰리니 밥 말고 '송구죽' 데워 가저오너라.
◆'송기'는 소나무의 속껍질이다. 보리가 익기 전까지 먹을거리가 떨어진 시기에 새순이 오르는 소나무 껍질을 벗기면 그 안에 하얀 속껍질이 나오는데 그것을 씹으면 그래도 허기진 입에 조금은 위안이 되었다. 그야말로 보릿고개 때 초근목피로 연명한다는 노랫말의 먹을거리 중 하나였다. 이 송기를 절구에 찧어 곡식과 함께 끓여 죽을 만들었다.

송시래기 충북 | 명사 | 없음
벼 이삭 끝에 낟알이 달리는 벼톨 줄기.
〔진천〕벼톨 송시래기가 옷 속에 들어가믄 까끌까끌하지. 표벼톨 '송시래기'가 옷 속에 들어가면 까끌까끌하지.

송시럽다 경남 | 형용사 | 소란스럽다
시끄럽고 어수선한 데가 있다.
〔거제〕니 와 이러케 송시럽노? 표너 왜 이렇게 소란스럽니? 〔마산〕머스마 세 멩이 집 안에서 복작거린깨네 너무 송신타. 표사내아이 세 명이 집 안에서 복작거리니까 너무 소란스럽다.

송아지동무 북한 | 명사 | 없음
어렸을 때 함께 뛰놀던 친구.
〔북한〕어릴 때 같이 소꿉놀이하던 송아지동무가 보고 싶슴다. 표어릴 때 같이 소꿉놀이하던 '송아지동무'가 보고 싶습니다.

송채이 경기 | 명사 | 송충이
솔나방의 애벌레.
〔파주〕옛날에는 나무에 송채이가 엄청 많았어. 표옛날에는 나무에 송충이가 엄청 많았어. 〔여주〕송챙이는 솔잎을 먹고 갈챙이는 갈잎을 먹어. 표송충이는 솔잎을 먹고 갈충이는 갈잎을 먹어.

송쿠 전남 | 명사 | 송기
소나무의 속껍질인 송기를 이르는 말.
〔광양〕배가 을매나 고프믄 묵자 것도 읎는 송쿠를 다 해 묵었겄소? 표배가 얼마나 고프면 먹을 것도 없는 송기를 다 해 먹었겠소? 〔진도〕봄에 일하다가 쉴 때 먹을 것이 없은께 송쿠를 배께 먹고 그랬제. 표봄에 일하다가 쉴 때 먹을 것이 없으니까 송기를 벗겨 먹고 그랬지요.
◆'송쿠'는 한자어인 '송기(松肌)'가 '송기〉 송쿠'로 변한 말이다. '솔나무'의 '솔'이 '송'으로 변한 모습인데, '송챙이, 송진, 송화' 등에서 쉽게 볼 수 있다.

송팔사탕 북한 | 명사 | 없음
풀뿌리와 강냉이를 이용하여 만든 사탕.
〔북한〕갈 길도 먼데 이 송팔사탕 하나 입에 물고 가라.
◆송팔사탕은 풀뿌리와 강냉이를 이용하여 만든 사탕이다. 평양 송신동에서 팔골까지 1시간 20분 거리를 가면서 먹어도 녹지 않는다고 하여 나온 말이다.

송핀 충북 | 명사 | 송편
멥쌀가루를 반죽하여 팥, 콩, 밤, 대추, 깨 따위로 소를 넣고 반달이나 모시조개 모양으로 빚어서 솔잎을 깔고 찐 떡.
〔단양〕송핀언 추석에 해 먹어유. 표송편은 추석에 해 먹어요.

솥단지걸기 전북 | 명사 | 없음

다섯 개의 공기로 하는 놀이에서 하는 동작 중 하나.

〔완주〕솥단지걸기 헐 때 그냥 허고 자픈 대로 허는 것이 아니여. 시 번이먼 시 번, 니 번이먼 니 번, 딱 정해져 있어. 표'솥단지걸기' 할 때 그냥 하고 싶은 대로 하는 것이 아니야. 세 번이면 세 번, 네 번이면 네 번, 딱 정해져 있어.

◆'솥닫지걸기'는 네 개의 공기를 흩뿌린 후 그중 세 개의 공기를 한데 모으고 그 위에 나머지 한 개의 공기를 올려놓는 동작이다. 이때 세 개의 공기를 끌어모으는 데 필요한 과정을 일정하게 제한한다.

쇗배 제주 | 명사 | 참바

마소에 짐을 실을 적에 동여매는 조금 굵직하고 기다란 참바.

〔제주〕말에 짐 실을 쇗배를 까먹고 안 가지고 오다니, 이 노릇을 어찌할까? 표말에 짐 실을 참바를 까먹고 안 가지고 오다니, 이 노릇을 어찌할까? ◆'쇗베'를 '쉐얏베' 또는 '쉐얏베'라고도 한다. ◆참바는 무엇으로 만들었느냐에 따라 종려나무 껍질로 만들면 '남총배', 소리나무를 으깨서 만들면 '소리낭배', 말의 갈기나 마소의 꼬리털로 만들면 '총배', 칡덩굴로 만들면 '칙배'라고 한다. 용도에 따라서도 이름이 다른데, 물동이를 등에 질 때 사용하는 참바는 '물바'라고 한다.

쇠땡 경기 | 명사 | 경대

거울을 버티어 세우고 그 아래에 화장품 따위를 넣는 서랍을 갖추어 만든 가구.

〔용인〕쇠땡에 비친 내 모습이 어떤지 보려구. 표경대에 비친 내 모습이 어떤지 보려고. 〔양평〕하루 종일 체경 앞에서 떠나질 않더라니까. 표하루 종일 경대 앞에서 떠나질 않더라니까.

쇠똥 충북 | 명사 | 왕고들빼기

국화과의 한해살이풀 또는 두해살이풀.

〔청주〕쇠똥 뜯어 고추장에 보리밥 썩썩 비벼 먹으면 죽었던 입맛도 살아나지. 표왕고들빼기 뜯어 고추장에 보리밥 쓱쓱 비벼 먹으면 죽었던 입맛도 살아나지.

◆왕고들빼기는 일반 고들빼기보다 크다고 해서 붙여진 이름이다. 왕고들빼기 어린잎은 나물로 식용이 가능하다. ◆충청도에서는 왕고들빼기를 '새똥'이라고도 하는데 잎이나 줄기를 꺾었을 때 흰 액이 나오는 것을 보고 새가 똥을 싼 것 같다고 해서 붙여진 이름이라는 설이 있다.

쇠똥부시럼 경기 | 명사 | 기계독

머리 밑에 피부 사상균이 침입하여 일어나는 피부병(두부 백선)을 일상적으로 이르는 말.

〔용인〕옛날에는 쇠똥부시럼을 앓는 애들이 아주 많아어. 표옛날에는 기계독을 앓는 아이들이 아주 많았어. 〔화성〕옛날에는 사내애들 머리에 다 도장불스름이 있었어. 표옛날에는 사내애들 머리에 다 기계독이 있었어.

쇠물 경기 | 명사 | 쇠죽

소에게 먹이려고 짚, 콩, 풀 따위를 섞어 끓인 죽.

〔포천〕요즘에는 농촌에도 소를 기르는 집이 적어 쇠물 끓이는 일을 보기가 어렵다. 쇠물 퍼주는 일은 작은아들의 몫이며 덕분에 따뜻한 사랑방에서 편히 쉴 수가 있다. 표요즘에는 농촌에도 소를 기르는 집이 적어 쇠죽 끓이는 일을 보기가 어렵다. 쇠죽 퍼주는 일은 작은아들의 몫이며 덕분에 따뜻한 사랑방에서 편히 쉴 수가 있다.

◆경기도 포천에서 '쇠물'은 소나 말에게 주는 죽을 뜻한다. 흔히 말린 볏짚이나 건초를 썰어 넣은 것은

'여물'이라고 하는데, 여물을 소나 말에게 먹이면 살이 찌지 않기 때문에 여물에 뜨물과 쌀겨, 콩 등을 넣어 죽을 끓여 먹는다. 이 죽을 '쇠죽'이라고 한다. 즉 '여물'을 넣고 '쇠죽'을 끓이는 것이다. −이재효(포천)

쇠물박 충북 | 명사 | 쇠죽바가지

쇠죽을 푸는 바가지. 소나무를 손잡이 달린 바가지 모양으로 파서 만든다.

〔옥천〕날이 저물믄 쇠물박에 쇠죽 담아 황소 저녁 주지. 표날이 저물면 쇠죽바가지에 쇠죽 담아 황소 저녁 주지.

◆쇠물박은 주로 밤나무나 소나무를 이용하여 만들었는데 바가지가 뒤틀어지지 않도록 솥에 찌거나 삶아서 사용하였다. 높은 산에 오르면 소나무 마디 중에 유난히 굵은 마디가 있는데 그런 마디는 "부엉이가 방귀를 뀌었다"라고 하여 쇠물박을 만들 때 사용하곤 했다. −이인구(충주)

쇠물팍 전북 | 명사 | 쇠무릎

비름과의 여러해살이풀.

〔완주〕밭이가 어뜨게 쇠물팍이 많든가 뽑아번지니라고 심었어. 표밭에 어찌나 쇠무릎이 많던지 뽑아버리느라고 힘들었어.

◆'쇠무릎'은 그 줄기가 소의 무릎과 같이 생겼다 하여 붙은 이름이다. 쇠무릎이 무릎 관절에 좋다고 하여 식혜를 해서 먹기도 한다. −이덕순(완주)

쇠보이다 북한 | 형용사 | 없음

이해가 밝으며 약아 보이다.

〔양강〕그 동무, 어쩐지 쇠보이더라니. 표그 친구, 어쩐지 '쇠보이더라니'.

쇠통 전북 | 명사 | 자물쇠

여닫게 되어 있는 물건을 잠그는 장치.

〔임실〕쇠통은 자물쇠요 쇳대는 열쇠니라. 표쇠통은 자물쇠이고 쇳대는 열쇠이다. 〔남원〕쇠통을 열라디 쇠때가 안 보인다. 어이, 쇠때 못 봤어? 표자물쇠를 열려고 하는데 열쇠가 안 보인다. 어이, 열쇠 못 봤어? 〔정읍〕요거시 중요허다고 쇠때를 감가노았당게. 표이것이 중요하다고 자물쇠를 잠가놓았다니까.

쇳대1 강원 | 명사 | 열쇠

자물쇠를 잠그거나 여는 데 사용하는 물건.

〔삼척〕열대는 여는 막대기라는 말이고, 쇳대는 쇠로 된 막대기라는 말이잖소. 표열쇠는 여는 막대기라는 말이고, '쇳대'는 쇠로 된 막대기라는 말이잖소. 〔홍천〕창고 쇳대가 없어졌다. 표창고 열쇠가 없어졌다. 〔평창〕며느리에게 쇳대르 넘겨주었다. 표며느리에게 열쇠를 넘겨주었다. 〔춘천〕저 늙은이는 잃어버릴 것두 읎는데 쇳대 뭉치만 잔뜩 차구 덜러럭거리구 다녀. 표저 늙은이는 잃어버릴 것도 없는데 열쇠 뭉치만 잔뜩 차고 달그락거리고 다녀.

◆예전에는 곳간의 문을 잠그고 여는 열쇠를 '쇳대'라고 하였다. '쇠(鐵)'로 된 막대기라는 뜻이다. 한 가정의 곳간을 여는 쇳대는 힘의 상징이었다. 그래서 된 시어머니는 며느리가 들어와도 곳간의 쇳대를 쉽게 넘겨주지 않았다. −이경진(삼척)

쇳대2 북한 | 명사 | 쇠뭉치

뭉쳐진 쇳덩어리.

〔함북〕저의 동생은 어릴 때부터 쇳대를 얻으러 많은 곳을 다녔슴다. 표저희 동생은 어릴 때부터 쇠뭉치를 얻으러 많은 곳을 다녔습니다.

◆'쇳대'는 남한 대부분의 지역에서 '열쇠'를 뜻하는 사투리로 쓰이는데, 북한에서는 함경도 등 일부 지역을 제외하고 '쇠뭉치'를 뜻하는 말로 쓰인다. 북한에서는 '고철'을 '파철'이라고 한다. 북한은 소년단에 가입한 후, 중학생이 되면 학생 1인당 할당되는

'꼬마계획'이라는 과제가 있는데 파철, 파동, 파늄, 파지를 수집하여 바쳐야 한다. 만약에 이것을 못 바치면 담임선생님으로부터 질책을 받거나 처벌 노동을 해야 한다.

쇵편 전북 | 명사 | 송편

멥쌀가루를 반죽하여 팥, 콩, 밤, 대추, 깨 따위로 소를 넣고 반달이나 모시조개 모양으로 빚어서 솔잎을 깔고 찐 떡.

〔무주〕그럼 쇵편 만들 때 넌능 거시 시금자꽤여?
-소강춘(2013)표그럼 송편 만들 때 넣는 것이 검은깨요?

수군포 경남 | 명사 | 삽

땅을 파고 흙을 뜨는 데 쓰는 연장.

〔거제〕호박 구디이 파거로 수군포 좀 가아오이라. 표호박 구덩이 파게 삽 좀 가져오너라. 〔하동〕감낭구를 엥기 심고로 수군포로 구디를 팠다. 표감나무를 옮겨 심게 삽으로 구덩이를 팠다. 〔창녕〕호매이로 막을 거로 수굼파로 막는다. 표호미로 막을 것을 삽으로 막는다.

◆경상도 토박이 여부를 판별할 때 "저짜게 수군포 가온나(저쪽의 삽 가져오너라)"라는 말을 던져서 알아듣지 못하면 경상도 토박이가 아니라는 말이 있다. 그만큼 '수군포'는 경상도에서 일상적으로 사용하는 말이다. '수군포'라는 말의 어원은 영어 스쿱(scoop) 또는 네덜란드어 스콥(schop)이 일본어 수콧푸(スコップ)로 변형된 다음 우리말로 차용되었다는 것이 통설이지만, 경상도 지역에서 '수건표'라는 이름을 달고 판매되었던 삽의 상표라는 설도 있다. -김영수(진해)

수껑 경북 | 명사 | 숯

나무를 숯가마에 넣어 구워낸 검은 덩어리의 연료.

〔대구〕장 담글 때 우에 수껑 넣으면 좋체. 표장 담글 때 위에 숯 넣으면 좋지.

수꾸 강원 | 명사 | 수수

볏과의 한해살이풀인 수수를 이르는 말.

〔정선〕수꾸가 익어가니 새들이 쪼아 먹나 봐요. 표수수가 익어가니 새들이 쪼아 먹나 봐요. 〔평창〕빗자루 만들 때 수꾸 짚으로 만들래요. 표빗자루 만들 때 수수 짚으로 만들래요. 〔강릉〕쉬시가 익을라치문 참새가 달개들어 마커 따 먹네야. 표수수가 익으려 하면 참새가 달려들어 전부 따 먹네. 〔강릉〕알이 꽉찬 때끼지를 다 떨고 나면 때끼지 대로 비잘기를 만들었다. 표알이 꽉 찬 수수를 다 털고 나면 대로 빗자루를 만들었다.

수내기 충북 | 명사 | 어린순

나무의 가지나 풀의 줄기에서 새로 돋아 나온 연한 싹.

〔옥천〕노루란 눔이 수내기만 똑똑 끊어 먹었네. 표노루란 놈이 어린순만 똑똑 끊어 먹었네.

◆식물의 새로 돋은 어린순을 '순애기'라고 하고, 가장 위쪽에 난 '순애기'를 '상순애기'라고 한다.

수눌음 제주 | 명사 | 품앗이

힘든 일을 서로 거들어 주면서 품을 지고 갚고 하는 일.

〔노형〕오늘은 삼춘네 밭에 가서 수눌음으로 검질을 메연. 표오늘은 삼촌네 밭에 가서 품앗이로 김을 맸어. 〔애월-상가〕사람 사는 게 별거 라. 서로 수눌어가멍 사는 거주. 표사람 사는 게 별거 있냐. 서로 품앗이하면서 사는 거지.

◆동사 '수눌다'는 '품앗이하다'를 뜻하는 말인데, "손을 모으다" 또는 "손을 쌓다"라는 뜻으로 쓰는 말이다. 여성이 주도적으로 농사를 지을 수 있는 제주 특유의 노동 관행이다.

수두룩벅적하다 전북 | 동사 | 벅적하다
(1)매우 많고 흔하다.
(2)많은 사람이 매우 어수선하게 큰 소리로 떠들거나 움직이다.
〔군산〕저수지 물 빼고 낳게 새뱅이가 수두룩벅허당게. 표저수지 물 빼고 나니까 민물새우가 벅적하다. 〔전주〕장날이라 그렁가 수두룩벅적허고만. 표장날이라 그런가 벅적하구만.

수두배기 전남 | 명사 | 숫보기
순진하고 어수룩한 사람.
〔고흥〕그 사람은 수두배기라놔서 계산헐 지도 모르고 넘 퍼주기만 좋아해. 표그 사람은 숫보기라서 계산할 줄도 모르고 남에게 퍼주기만 좋아해.
◆'수두배기'는 어리숙한 사람을 이르는 말이지만 부정적인 의미보다는 '순수하다'는 의미로 더 많이 쓰인다.

수말스럽다 전남 | 형용사 | 의젓하다
말이나 행동 따위가 점잖고 무게가 있다.
〔광주〕젊은 사람이 참 수말스럽네이. 표젊은 사람이 참 의젓하네. 〔고흥〕에렸을 때에 우리 집 밑에 할무니가 날 보고 야는 시키지도 않은디 수말시룹게 먼 일을 잘한다고 했어. 표어렸을 때에 우리 집 밑에 할머니가 날 보고 얘는 시키지도 않았는데 의젓하게 무슨 일을 잘한다고 했어. 〔강진〕옆집 복순이는 예쁘고 참 수말스러운 아그다. 표옆집 복순이는 예쁘고 참 의젓한 아이다.
◆전남에서는 '수말스럽다'와 뜻이 비슷한 말로 '의정시롭다' 또는 '의정서럽다'라고도 한다.

수메 북한 | 명사 | 수염
성숙한 남자의 입 주변이나 턱 또는 뺨에 나는 털.
〔양강〕저의 아버지는 수메가 많아서 매일 면도를 하시디요. 표저희 아버지는 수염이 많아서 매일 면도를 하시지요.
◆'쉐미'는 "쉐미 많이 났어"처럼 표현하지 "쉐미가 많이 났어"처럼 표현하지 않는 것으로 보아 주격 조사 '이'가 결합된 '수염이'의 줄임말로 보인다.

수설 충남 | 명사 | 족사
연체동물이 몸에서 내는 실 모양의 분비물. 바위 따위에 달라붙는 작용을 하며, 홍합 따위에서 볼 수 있다.
〔보령〕수설이라고 있어. 홍합에다 머리카락처럼 달렸잖아. 표족사라고 있어. 홍합에다 머리카락처럼 달렸잖아.

수수망새기 충남 | 명사 | 수수팥떡
수수 가루에 팥고물을 켜켜이 얹어 찐 시루떡.
〔예산〕아니쥬. 떡이 아니구유. 떡은 범벅이 아니구 망새기라고 해서 먹는게 있으유. 수수망새기. 망새기떡. 표아니죠. 떡이 아니고요. 떡은 범벅이 아니고 팥떡이라고 해서 먹는 게 있어요. 수수팥떡. 팥떡. 〔논산〕백일잔치는 그 수수망새기가 들어가.-강정희(2009) 표백일잔치에는 그 수수팥떡이 들어가. 〔서산〕돌상에 올라가넌 수수팥단지. 표돌상에 올라가는 수수팥떡. 〔공주〕깐난쟁이 배길 때나 돌때나 잔병치레도 하지 말구 무럭무럭 잘 자라구 무병장수하라구 꼬옥 쑤수망태기를 했었지. 표갓난쟁이 배일 때나 돌 때 잔병치레도 하지 말고 무럭무럭 잘 자라고 무병장수하라고 꼭 수수팥떡을 했었지. 〔논산〕돌날엔 수수망세기를 해줘야지. 그래야 애가 바람이 불어도 자빠지지 않어. 표돌날에는 수수팥떡을 해주어야지. 그래야 애가 바람이 불어도 넘어지지 않아.

수에 제주 | 명사 | 순대

돼지의 창자에 메밀가루와 각종 양념 등을 이겨 담고 삶아서 먹는 음식.

〔구좌-동복〕어디 간 수에도 먹곡 헷주마는. 표어디 가서 순대도 먹고 했지만.

◆제주도 순대인 '수에'는 쌀이 귀한 탓에 찹쌀 대신 메밀이나 보릿가루를 넣었는데 다소 뻑뻑한 느낌이 강하다. 다만 수분이 적기 때문에 저장성이 뛰어나다.

수왕 충남 | 명사 | 물통

물을 긷는 데 쓰는 통. 나무나 함석 따위로 만들고, 물을 길어 물지게 양쪽에 매달아 물을 나른다.

〔서산〕집집마두 수도 시설이 되면서 수왕은 자치를 감췄다 표집집마다 수도 시설이 되면서 물통은 자취를 감췄다.

수이망 충남 | 명사 | 부리망

소를 부릴 때에 소가 곡식이나 풀을 뜯어 먹지 못하게 하려고 소의 주둥이에 씌우는 물건.

〔서산〕바슬 가넌 누렁이에게 풀을 못 뜯게 허너라구 주뎅이에 수이망을 썼다. 표밭을 가는 누렁이에게 풀을 못 뜯게 하느라고 주둥이에 부리망을 씌웠다.

◆표준어 '부리망'은 소의 '부리'에 초점이 놓인다면 '소망' 또는 '수이망'은 '소'에 초점이 놓인 말이다.

수지비 전북 | 명사 | 수제비

밀가루를 반죽하여 맑은장국이나 미역국 따위에 적당한 크기로 떼어 넣어 익힌 음식.

〔임실〕비 오는 날 방애간에서 밀가루 타다가 수지비 끓이 먹으면 좋지. 표비 오는 날 방앗간에서 밀가루 빻아다가 수제비 끓여 먹으면 좋지.

수지빗국 충북 | 명사 | 수제비

밀가루를 반죽하여 맑은장국이나 미역국 따위에 적당한 크기로 떼어 넣어 익힌 음식.

〔옥천〕그전에는 쌀이 귀허니께 수지빗얼 자주 먹었지. 표그전에는 쌀이 귀하니까 수제비를 자주 먹었지.

수지연필 북한 | 명사 | 샤프펜슬

가는 심을 넣고 축의 끝부분을 돌리거나 눌러 심을 조금씩 밀어내어 쓰게 만든 필기도구.

〔북한〕내 필갑통에는 수지연필밖에 없다야. 표내 필통에는 샤프펜슬밖에 없다.

◆북한에서 가장 인기 있는 학용품은 수지연필이다. 펜대가 합성수지로 되어 있어서 그렇게 이름이 붙었다. 학기 초 학부모와 학생들은 학용품 준비에 많은 신경을 쓴다. 학교에 따라서는 소학교 입학 때에 학부모에게 비용을 걷어 가방과 '필갑통(필통)', '원주필(볼펜)', 책받침, 자, 크레파스, 연필, 지우개, 공책 등을 준비해서 일괄적으로 나누어주기도 한다. '고난의 행군'으로 불리던 1990년대 후반에는 펄프가 부족해 옥수수 껍질로 교과서와 노트를 만들어 쓰기도 했다. 샤프에 넣는 색연필 심은 '색수지'라고 부른다.

수질ᄒᆞ다 제주 | 동사 | 멀미하다

차, 배, 비행기 따위의 흔들림을 받아 메스껍고 어지러워지다.

〔용담〕배 타민 수질ᄒᆞ기 때문에 타카 말카 핸. 표배 타면 멀미하기 때문에 탈까 말까 했네.

수키다 경북 | 동사 | 쏘이다

벌레의 침과 같은 것으로 살이 찔리다.

〔영천〕버리한테 수키머 얼매나 아픈데. 표벌한테

쏘이면 얼마나 아픈데.

수펭이 충남 | 명사 | 수평아리
병아리의 수컷.
〔서산〕빙아리 감별사넌 수펭이 암펭이럴 워처게 개려내넌지 재주도 용허다. 표병아리 감별사는 수평아리 암평아리를 어떻게 가려내는지 재주도 용하다.

수푸렁 강원 | 명사 | 수풀
풀, 나무, 덩굴 따위가 한데 엉킨 것.
〔정선〕수푸렁에 가믄 깨구리가 엄청 많아. 표수풀에 가면 개구리가 엄청 많아. 〔춘천〕풀수펑에 들어가지 마, 뱀에 물려. 표수풀에 들어가지 마, 뱀에 물려.

수학하다 전북 | 형용사 | 지독하다
마음이 매우 앙칼지고 모질다.
〔익산〕그 돈을 떼먹다니 숭학한 놈이구먼. 표그 돈을 떼먹다니 지독한 놈이구먼.

숙굿대비 경북 | 명사 | 수숫대
수수의 줄기.
〔의성〕숙굿대비 섚만 달콤하다. 표수숫대 섚으면 달콤하다.

숙금하다 충남 | 형용사 | 조용하다
아무런 소리도 들리지 않고 고요하다.
〔예산〕며칠 숙금허니 이상혔지. 표며칠 조용하니 이상했지. 〔서산〕배가 아푸다구 소리소리 질르더니 약을 먹구 숙금헤졌다. 표배가 아프다고 소리소리 지르더니 약을 먹고 조용해졌다.

숙보다 북한 | 동사 | 깔보다
얕잡아 보다.

〔북한〕어리다고 나를 숙보지 마오. 표어리다고 나를 깔보지 마시오.
◆'숙보다'는 "실제보다 낮추어 보다" 또는 "깔보거나 업신여기다"를 뜻하는 말이다. 이와 비슷한 말로 '숫보다'라는 말이 있다. '숙보다'의 '숙'은 콩인지 보리인지 구별하지 못한다는 '숙맥'에서 온 말로 보이고, '숫'은 "사람이 손대지 않은 본시 그대로의 것" 또는 "사람이 손댄 것에서 처음의 것"이라는 뜻을 나타내는 말로 보인다.

숙채나물 충북 | 명사 | 숙주나물
녹두를 시루 같은 그릇에 담아 물을 주어서 싹을 낸 나물.
〔보은〕숙채나물언 녹두럴 시루에다 눙구 콩나물마냥 물얼 주믄 크지. 표숙주나물은 녹두를 시루에 넣고 콩나물마냥 물을 주면 크지.
◆표준어로 '숙채'는 '생체'의 반의어로 '익혀서 무친 나물'을 뜻하는 말이고, 사투리로 '숙채'는 '숙주'를 뜻하는 말이다.

순다리 제주 | 형용사 | 없음
쉰밥이나 찬밥에 누룩을 넣어 만든 음료.
〔애월-상가〕순다리 혼 사발 시원하게 먹어가멍 일헙쭈기. 표'순다리' 한 사발 시원하게 먹어가면서 일합시다. 〔애월-상가〕남은 밥은 버리지 말고 순다리 만들엉 먹게마씨. 표남은 밥은 버리지 말고 '순다리' 만들어 먹게요.
◆'순다리'는 '쉰다리'라고도 하는데, 쉰밥이나 찬밥을 버리기 아까워 누룩으로 발효시킨 제주 특유의 음료이다. 순다리는 밥을 항아리에 넣은 다음, 누룩을 덩어리째로 넣고 실온에서 하룻동안 두면 마실 수 있다. 맛을 내기 위해 당원을 넣기도 하는데, 누룩이 들어가기 때문에 톡 쏘는 술기운이 나는 것이 특징이다. 찬밥보다 쉰밥을 사용하면 발효가 더 잘된다. 만약 만들어둔 순다리가 상할 것이 걱정되면

人

끓여서 마시기도 한다. 다만 순다리를 끓이면 톡 쏘는 맛이 사라진다. -변명수(애월-상가)

순메 제주 | 명사 | 소/고물
(1)송편 등을 만들 때, 맛을 내기 위하여 익히기 전에 속에 넣는 여러 가지 재료.
(2)떡의 겉에 묻히는 재료.
〔조천-대흘〕옛날에 순멘 풋허고 녹디허고 거메기지. 표옛날에 소는 팥하고 녹두하고 거뿐이지. 〔애월-김녕〕곤떡 속에 순메 놓주게. 표흰떡 속에 소 넣게. 〔남원〕순메는 돈맛이 여간 아녀. 표고물이 단맛이 여간 아니야.
◆제주에서는 떡이나 빵 속에 넣는 '소'와 떡의 겉에 무치는 '고물'을 통틀어 '쉬' 또는 '순메'라고 한다. 소나 고물로 팥을 사용하면 '풋순메', 콩을 사용하면 '콩순메'라고 한다. 또 '콩밥'을 지었을 때 밥에 들어간 콩을 '콩순메'라고도 한다.

순부기낭 제주 | 명사 | 순비기나무
마편초과의 낙엽 관목.
〔조천-함덕〕굴체도 순부기낭 헤당 멘들앙 썻주게. 표삼태기도 순비기나무를 해다가 만들어 썼지. 〔대정-가파〕갯갓이 순부기로 중시리 졸앙 그걸로이 돗걸름 정이, 발창이 벨라지게 져. 표갯가에 순비기나무로 '중시리'를 결어서 그것으로 돼지거름을 져서, 발바닥이 까지게 져.
◆'순부기낭'은 제주도 바닷가에서 잘 자란다. '순비기낭' 열매는 해녀들의 잠수병인 관절염과 두통을 진정시키는 약재로 사용되며, 불면증에도 효과가 있어 베갯속을 채우는 데도 사용된다. 제주에서는 볏짚을 구하기 어려워 '순비기낭'으로 망태기나 삼태기 등을 만든다. '순부기낭'은 '순부기/숨부기/숨부기낭/숨베기'라고도 한다.

순색으로 경기 | 부사 | 없음

이유나 까닭없이, 괜히, 저절로.
〔포천〕어릴 적에 여름철이면 순색으로 두드러기가 나서 고생을 하곤 했다.

술막지 경북 | 명사 | 술지게미
재강에 물을 타서 모주를 짜내고 남은 찌꺼기.
〔성주〕비지밥에 돌매이 삐적거리는 개떡 먹고 술막지 사까루 타 먹든 때를 안 잊어부리야 대는데 말이다. 표비지밥에 돌맹이가 씹히는 개떡 먹고 술지게미 사카린 타 먹던 때를 안 잊어버려야 되는데 말이다.
◆가난했던 시절에 술찌이기는 서민의 허기를 메워 주는 훌륭한 음식이었다. 옛날 양조장에서는 대개 시벽에 술을 거르는데, 이때 술찌이기가 쏟아져 나온다. 엊지역도 쫄쫄 굶은 아이들이 새빅걸치 양조장으로 몰리가서는 바께수에다가 술찌기이를 주는 대로 얻어 와서는, 골목 한쪽 모티이서 서로 술찌기이를 껄찌 묵고 난리가 나는 것이다. 늦은 아침이마, 술찌기이를 걸신들린걸치 거마아 무운, 너댓 살은 묵은 머시마들이 술이 취해, 낯짹이 뽈또고리해서 들어오마, 엄마, 할매들 얼굴에는 서글픈 쓴웃음이 번지곤 하는 거였다. "아이고, 대가리에 피도 안 마린 늠들이 발씨로 술로 배야가아 우쨌고, 싶우다가도, 흥, 그래서라도 속을 채왔시이, 인자아사, 에미가 반마음이라도 놓인다, 싶기도 한 것이다. -상희구(대구)

술묵 경남 | 명사 | 숟가락
밥이나 국물 따위를 떠먹는 기구. 은·백통·놋쇠 따위로 만들며, 생김새는 우묵하고 길둥근 바닥에 자루가 달려 있다.
〔창녕〕오동 술묵에 가무치국을 무웄나.-성기각(2019) 표오동나무 숟가락으로 가물치국을 먹었나.

◆'술묵'은 '술목'에서 온 말이다. '술목'은 "술잎과 술자루가 연결되는 부분"을 가리키는 말이다. 따라서 '술목'은 '숟가락' 자체가 될 수 없는데 창녕에서 '술목'은 '숟가락' 자체를 가리키는 말로 쓰이고 있다. –성기각(창녕) ◆"오동 술묵에 가무치국을 무웠나"라는 말에서 오동나무 숟가락과 가물치는 색깔이 모두 검다. 즉 이 말은 얼굴이 검은 사람을 놀리는 말이다. 참고로 창녕은 늪을 끼고 있는 지역 특성상 가물치가 흔하다. –성기각(창녕)

술뱅이 경남 | 명사 | 용치놀래기
농어목 놀래기과의 바닷물고기로, 주로 여름에 남해안 연안에 출현한다. 몸은 긴 원통형이며 식탐이 강한 편인데 자라면서 스스로 암컷에서 수컷으로 성별을 바꾸는 특이한 번식 전략을 갖고 있다.
〔부산〕술뱅이가 잡어지만 헤 떠 무으면 맛있다. 표용치놀래기가 집히면 회 떠 먹으면 맛있다. 〔남해〕아침부터 나가가 술배이밖에 못 잡았소? 표아침부터 나가서 용치놀래기밖에 못 잡았어요?

술찌거니 충북 | 명사 | 술지게미
재강에 물을 타서 모주를 짜내고 남은 찌꺼기.
〔보은〕예즌에 배고픈 시절에 술찌거니 먹구 취한 게 어디 한두 번여? 표예전에 배고픈 시절에 술지게미 먹고 취한 게 어디 한두 번이야?

술찌게 경북 | 명사 | 술지게미
재강에 물을 타서 모주를 짜내고 남은 찌꺼기.
〔대구〕양조자아서 술찌게 주 묵고 고마 취했다. 표양조장에서 술지게미 주워 먹고 그만 취했다.

숨것숨것하다 충북 | 동사 | 주저주저하다
매우 머뭇거리며 망설이다.
〔음성〕뭐럴 잘못했는지 말얼 못하구 숨것숨것하구만 있드라구. 표무엇을 잘못했는지 말을 못하고 주저주저하고만 있더라고.

숨굴 제주 | 명사 | 없음
물이 땅속으로 스며드는 구멍.
〔노형〕제주에는 비만 오민 빗물이 숨굴로 모다 들언 지하수가 뒌다. 표제주에는 비만 오면 빗물이 '숨굴'로 모여들어 지하수가 된다.
◆제주도는 현무암으로 되어 있어 비가 잘 스며들어 지하수가 모일 수 있도록 물이 잘 스며드는 요소요소의 장소가 있다. 이런 지형적 특색을 땅이 숨을 쉬게 하는 통로라는 뜻으로 '숨굴'이라고 불렀다.

숨기다 전남 | 동사 | 심다
초목의 뿌리나 씨앗을 흙속에 묻다.
〔신안〕마늘을 숨긴다. 표마늘을 심는다. 〔강진〕배추 모종은 모다 숭겼냐? 표배추 모종은 모두 심었냐? 〔고흥〕마늘 숭구러 가요. 표마늘 심으러 가요.

숨두부 충남 | 명사 | 순두부
눌러서 굳히지 아니한 두부.
〔논산〕가서 숨두부 한 그릇 할텨유? 표가서 순두부 한 그릇 할래요? 〔서산〕아침에 숨두부찌개로 속풀이를 했다. 표아침에 순두부찌개로 속풀이를 했다. 〔공주〕갈저 끈나고 나믄 해콩으로 두부를 맹그러서 배차 거쩌리애다 싸서 먹으믄 참 맛이 꿀맛이었어. 그러구 나서 숨두부 한 그릇씩 훌훌 마시면 목이 시원했어. 표가을걷이 끝나고 나면 해콩으로 두부를 만들어서 배추 겉절이에다 싸서 먹으면 참 맛이 꿀맛이었어. 그리고 나서 순두부 한 그릇씩 훌훌 마시면 목이 시원했어.

숨비다 제주 | 동사 | 없음
숨을 참고 물속에 들어가다.
〔한경-신창〕소중이만 입엉 물질헐 땐 멧 번 숨병 나왕 불 초고 헷주. 표소중이만 입고 물질할 때는 몇 번 '숨비고' 나와서 불 쬐고 했지. 〔구좌-한동〕닷가지 그차지난 당신냥으로 숨비연에 닷가지 쫄라내영 와신디 그게 아픔 시작혜연. 표닻가지가 끊어지니까 당신대로 '숨비연'에 닻가지 잘라내서 왔는데 그게 아프기 시작했어. 〔애월-상가〕줌녀들의 숨비소리는 멀리서 들으민 휘파람소리처럼 들리지 안해? 표해녀들의 '숨비소리'는 멀리서 들으면 휘파람소리처럼 들리지 않아? ◆해녀는 바닷속에 '숨비어' 해산물을 채취한다. 깊은 바닷속에서 전복이나 소라를 따기 위하여 숨을 오래 참으면서 물속에 있어야 하는데 바다 위로 올라왔을 때 참았던 숨을 한꺼번에 길게 내뱉는다. 이때 내는 소리를 '숨비소리'라고 한다.

숨브릅다 제주 | 형용사 | 지루하다
시간이 오래 걸리어 매우 지루하다.
〔토평〕그레 글멍 흐끔썩 허는 게 숨브르우난 바락 허게 담아불민 그것이 글아지지 안허어. 표맷돌을 갈면서 조금씩 하는 게 지루하니까 바락하게 담아버리면 그것이 갈아지지 않아. 〔애월-상가〕아까추룩 흐나씩 허난 숨브릅다. 표아까처럼 하나씩 하니까 지루하다.

숨빡숨빡허다 제주 | 형용사 | 그렁그렁하다
눈에 눈물이 넘칠 듯이 젖어 있다.
〔구좌-한동〕흔번은 새벡이 오줌 누레 가는디 뜰방에 불이 싸진 거라. 무산고 허영 문 올앙 보난 가이가 울엄서. 소리 내도 안 허고 눈물이 숨빡숨빡허영 이시난 이거 무신 일인고 헷주게. 표한번은 새벽에 오줌 누러 가는데 딸 방에 불이 켜진 거야. 왜인가 해서 문 열어서 보니까 개가 울고 있어. 소리 내지도 않고 눈물이 그렁그렁해 있으니까 이거 무슨 일인가 했어.

숫밥 북한 | 명사 | 없음
밥솥에서 먼저 푼 밥.
〔북한〕숫밥이 맛있지. 표밥솥에서 먼저 푼 밥이 맛있지.

숫붕태 제주 | 명사 | 없음
어리숙한 사람을 이르는 말.
〔용담〕어디서 숫붕태처럼 홍쟁이 허젠? 표어디서 '숫붕태'처럼 어리광을 하니?

숭 충북 | 명사 | 흉
(1)남에게 비웃음을 살 만한 거리.
(2)상처가 아물고 남은 자국.
〔옥천〕함부루 남 숭보는 거 아녀. 표함부로 남 흉보는 거 아니야. 〔옥천〕다친 데 자꾸 건들믄 숭져. 표다친 데 자꾸 건들면 흉져.

숭개 전북 | 명사 | 흉터
상처가 아물고 남은 자국.
〔정읍〕배에 숭개가 있는데 숭개졌다고 하더라고. 표배에 흉터가 있는데 '숭개졌다'고 하더라고. 〔임실〕도독의 때는 벗을 수 있어도 불에 딘 숭터는 안 없어져. 표도둑의 때는 벗을 수 있어도 불에 덴 흉터는 안 없어져. 〔무주〕어렸을 때 불에 화상얼 입어서 아적까정 숭터가 있당게. 표어렸을 때 불에 화상을 입어서 아직까지 흉터가 있어.

숭냥 경남 | 명사 | 숭늉
밥을 지은 솥에서 밥을 푼 뒤에 물을 붓고 데운 물.
〔밀양〕숭냥 한 그릇 무우야 배가 불뚝 일나지. 표숭늉 한 그릇 먹어야 배가 벌떡 일어나지.

숭님 경기 | 명사 | 숭늉
밥을 짓고 솥에서 밥을 푼 뒤에 물을 붓고 데운 물.
〔고양〕숭님꺼정 배부르게 잘 먹었다. 표숭늉까지 배부르게 잘 먹었다.

숭님 전북 | 명사 | 숭늉
밥을 지은 솥에서 밥을 푼 뒤에 물을 붓고 데운 물.
〔군산〕숭님이 쉬었는가 비. 표숭늉이 쉬었나 봐. 〔임실〕정기밥솥 때미 숭냉이 업서져써. 표전기밥솥 때문에 숭늉이 없어졌어.

숭시럽다 전북 | 형용사 | 흉스럽다
흉한 데가 있다.
〔완주〕울고불고 숭시러웠제. 표울고불고 흉스러웠지.

숭아 경기 | 명사 | 숭어
숭엇과의 바닷물고기.
〔강화〕민물하구 바닷물하구 만나는 데 가면 숭아가 많이 잡혀. 표민물하고 바닷물하고 만나는 데 가면 숭어가 많이 잡혀.

숭악스럽다 충북 | 형용사 | 흉악하다
(1)성질이 악하고 모질다.
(2)모습이 보기에 언짢을 만큼 고약하다.
〔옥천〕남헌티 숭악스럽게 하믄 낭중에 지한테 다 돌아오는 겨. 표남한테 흉악스럽게 하면 나중에 자기한테 다 돌아오는 거야.

숭악하다 강원 | 형용사 | 흉악하다
(1)성질이 악하고 모질다.
(2)모습이 보기에 언짢을 만큼 고약하다.
〔춘천〕수집은 척하드니 아니, 숭악한 자식이로

군! 표수줍은 척하더니 아니, 흉악한 자식이로군! 〔삼척〕사람이 숭악하게 놀면 집에 사람이 붐비지 않는다오. 표사람이 흉악하게 놀면 집에 사람이 붐비지 않는다오.

숭악허다 전북 | 형용사 | 흉악하다
(1)성질이 악하고 모질다.
(2)모습이 보기에 언짢을 만큼 고약하다.
〔정읍〕저, 숭악헌 놈이 또 지랄허네. 표저, 흉악한 놈이 또 지랄하네. 〔임실〕불펭이는 괴야커고 숭악시런 넘이여. 표불평이는 고약하고 흉악스런 놈이야.
◆일반적으로 '숭악허다'는 사람의 성질을 나타낼 때 쓰는 말이지만, '숭악헌 보리밥'과 같이 거친 사물의 속성을 나타낼 때도 쓴다.

숭칙하다 전북 | 형용사 | 흉측하다
몹시 흉악하다.
〔전주〕저, 숭칙헌 게 뭐다냐? 표저, 흉측한 게 뭐야?

숭키다 전북 | 동사 | 숨기다
감추어 보이지 않게 하다.
〔정읍〕나쁜 놈헌티 안 걸리라면 잘 숭켜야 헌다. 표나쁜 놈한테 안 걸리려면 잘 숨겨야 한다.

숭태기 경북 | 명사 | 꼬랑이
배추나 무 따위의 뿌리 끝부분.
〔경주〕먹을 게 없던 시절에는 숭태기도 안 버렸다. 표먹을 게 없던 시절에는 꼬랑이도 안 버렸다.

숭포 전북 | 명사 | 내숭
겉으로는 순해 보이나 속으로는 엉큼함.
〔전주〕숭포 고만 떨고 가자면 얌전허니 가는 거여. 표내숭 그만 떨고 가자면 얌전히 가는 거야. 〔정

읍)에라이 숭녕스런 놈. 표에이 내숭스러운 놈.
◆전북 사투리 '숭포'는 '흉포(凶暴)'에서 온 말로 본래는 '흉악하고 포악함'을 뜻하는 말이었다. 파생접사 '-스럽다'와 함께 쓰여 '숭포스럽다' 또는 '숭녕스럽다'라고 한다.

숭하다 충남 | 형용사 | 흉하다
생김새나 태도가 보기에 언짢거나 징그럽다.
〔서산〕숭하다는 거. 게둘레하다 그르믄 뵈기 영 밉살시럽구 그런 거지. 표흉하다는 거야. '게둘레하다' 그러면 보기 영 밉살스럽고 그런 거지. 〔공주〕그 사람 모양새가 도깨비같이 생겨서 엄청이 숭해 보여. 표그 사람 모양새가 도깨비같이 생겨서 엄청 흉해 보여. 〔논산〕유돈가 뭐시긴가 헌다고 까불다 장가락을 분질러놔서. 얼거배기마냥 당허지 말라고 보내났더니. 모양새가 숭혔지. 표유도인가 뭔가 한다고 까불다 가운뎃손가락을 분질러놔서. 얼금뱅이마냥 당하지 말라고 보내났더니. 모양새가 흉했어. 〔태안〕저 여편네는 시집가서 슥 달 만이 쌍뎅이 아덜 낳다. 숭허긴. 표저 여편네는 시집가서 석 달 만에 쌍둥이 아들 낳았대. 흉하기는.

숭허다 충북 | 형용사 | 흉하다
생김새나 태도가 보기에 언짢거나 징그럽다.
〔옥천〕얼굴이가 하두 숭허게 생기서 내가 자세 봤어. 표얼굴이 하도 흉하게 생겨서 내가 자세히 봤어.

숲다 강원 | 형용사 | 싶다
앞말이 뜻하는 행동을 하고자 하는 마음이나 욕구를 갖고 있다.
〔삼척〕저 손톱을 뚫아주고 숲다. 표저 손톱을 깎

아주고 싶다. 〔삼척〕데려다주고 수프더구만. 표데려다주고 싶더구만.

쉐우리 제주 | 명사 | 부추
백합과의 여러해살이풀.
〔애월-상가〕돈 어시난 쉐우리 행 장에 강 팡앙 용돈도 벌어났수다. 표돈이 없으니까 부추 캐서 장에 가서 팔고 용돈도 벌었었지요. 〔용담〕장물거려 온 디 세우리 흔 쿨 허영 썰어놔. 표장물 떠온 데 부추 한 무더기 해서 썰어놔.

쉬쉬하다 강원 | 형용사 | 쉬지근하다
맛이나 냄새가 좀 쉰 듯하다.
〔원주〕숙주나물이 좀 쉬쉬하다. 표숙주나물이 좀 쉬지근하다.

쉬시겍끼 전북 | 명사 | 수수께끼
어떤 사물에 대하여 바로 말하지 아니하고 빗대어 말하여 알아맞히는 놀이.
〔군산〕원두막에 옹기종기 모여 앉아 쉬시겍끼 놀이를 했다. 표원두막에 옹기종기 모여 앉아 수수께끼 놀이를 했다. 〔임실〕오늘은 춤치새끼나 하고 놀자. 표오늘은 수수께끼나 하고 놀자.
◆수수께끼의 사투리는 전국적으로 52개나 된다. 그중 몇 가지만 살펴보면, '수수고끼, 쉬시겍끼, 수수적기, 수수저꿈, 수지기, 시지저름, 시끼저리, 수리치기, 숭키잽기, 수때치기, 준치새끼, 껄룰락, 말지러미, 깍퉁이' 등 재미있는 말이 많다. '수수'란 숨은 것을 찾아낸다는 뜻이고, '께끼'란 겨룬다는 뜻이다. 즉, 수수께끼는 "질문하는 사람은 숨겨서 아리송하게 묻고, 대답하는 사람은 답을 찾는 겨루기"라고 할 수 있다.

쉬시하다 경북 | 동사 | 상하다
음식이 변하거나 썩어서 먹을 수 없게

되다.

〔안동〕식혜가 좀 쉬시한 거 같지마는 버리기는 아까우니 다 먹어치우자. 표식혜가 좀 상한 거 같지만 버리기는 아까우니 다 먹어치우자.

쉬움떡 북한 | 명사 | 증편

술을 넣고 발효시켜 찐 떡.

〔황해〕언니 생일에 나는 장마당에서 쉬움떡을 사다 주었슴다. 표언니 생일에 나는 장마당에서 증편을 사다 주었습니다.

◆'쉬움떡'은 음식의 맛이 시큼하게 변한 것을 '쉬다'라고 한 데서 유래한 말이다. 쉬움떡을 만드는 방법은 쌀가루의 4분의 1은 익반죽하고 나머지는 감주(막걸리보다 톡 쏘는 맛은 덜하고 달아서 '단술'이라고도 함)를 넣어 반죽한 다음 설탕과 중조물(베이킹소다)를 섞어 쪄내면 된다.

스다 경기 | 동사 | 서다

사람이나 동물이 발을 땅에 대고 다리를 쭉 뻗으며 몸을 곧게 하다.

〔파주〕저 노인네 나이 먹은 분이 차에 올라오면 정작 다 일어서서 양보했잖어? 표저 노인네 나이 먹은 분이 차에 올라오면 정작 다 일어서서 양보했잖아?

스럽다 전북 | 형용사 | 서럽다

원통하고 슬프다.

〔김제〕맨날 무시항게 스러워서 살겄냐? 표맨날 무시하니까 서러워서 살겠냐? 〔전주〕돈이 없는 게 겁나게 서러웠제. 표돈이 없는 게 엄청 서러웠지.

스룹다 강원 | 형용사 | 서럽다

원통하고 슬프다.

〔동해〕내가 아푸니 세상 스룹다. 표내가 아프니 세상 서럽다. 〔춘천〕괜헌 허물을 씌우니 스러워서 살겠나. 표괜한 허물을 씌우니 서러워서 살겠나.

스슥밥 충남 | 명사 | 조밥

좁쌀로만 짓거나 입쌀에 좁쌀을 많이 두어서 지은 밥.

〔서산〕싱기허게 스슥밥을 잘 찾아댔어. 표신기하게 조밥을 잘 찾아댔어. 〔공주〕산수골 700평 밭이다가 긴 고랑 대여섯 줄에 차스슥과 메스슥을 심었어. 차스슥밥은 차지고 맛이 있었는디 메스슥은 입천장이 꺼끌꺼끌허니 맛이 읎어. 표산수골 700평 밭에다가 긴 고랑 대여섯 줄에 차조와 메조를 심었어. 차조밥은 차지고 맛이 있었는데 메조는 입천장이 꺼끌꺼끌하니 맛이 없어. 〔태안〕말이야 바른 말이지. 스슥밥은 보리꼽살미보담 낫지. 표말이야 바른 말이지. 조밥은 보리꼽삶이보다 낫지.

◆'스슥'은 한자말 '서속(黍粟)'에서 나온 말이다. '서속'은 '조와 기장'이란 말인데, 기장이 곡물로서의 지위를 잃고 재배되지 않자 '조'만을 일컫는 말로 정착한 것으로 보인다. '메조'는 충남에 오면 '메스슥'이 되고, '차조'는 '찰스슥'이 되었다. 충남 지역의 '스슥' 농사는 1970년대까지였다. 1980년대에 들어와 '스슥'농사는 보리농사와 함께 사라졌다. 그러자 '스슥'이란 말도 자연스럽게 표준어 '조'로 바뀌었다. -이명재(예산) ◆'스슥밥'은 먹기가 참 그랬다. 충남에서는 여름 밥상에 주로 보리밥이 올랐다. 그 거칠고 소화 안 되는 보리밥이 물릴 즈음 가을이 왔다. 벼 바심이 있기 한 달 전쯤 스슥 바심이 있었다. 그래서 가을이면 보리밥 대신 스슥밥을 먹었다. 금방 지은 스슥밥은 부드러웠다. 그러나 30분만 지나면 딱딱하게 굳었다. 아침에 해놓은 밥을 점심에 먹으려면 숟가락이 들어가지 않았다. 억지로 한 술 뜨면 밥그릇 안에서 스슥밥 전체가 한 덩어리가 되어 빠져나왔다. 그 밥은 지금 웰빙 음식으로 먹는 조

밥이 아니다. 지금의 조밥은 좋은 밥솥에 부드럽게 조리된 차조밥이다. 그러나 그땐 솥에 익힌 메조밥이었다. 그 스슥밥(메조밥)이란 것은 지금의 누룽지보다 결코 부드럽지 않은 것이었다. ―이명재(예산) ◆조밥을 뜻하는 사투리는 전국적으로 다양하다. 스슥밥뿐 아니라 서숙밥, 서석밥, 수숙밥, 수슥밥, 써숙밥, 쑤수밥, 쑤시밥, 쓰숙밥, 잔수밥, 재밥, 제비밥, 점수리밥, 지비밥, 메조밥, 상반밥 등이 있다. 여러 지역에서 좁쌀을 서숙이라고 했고 좁쌀로 지은 미음을 서숙미음이라고 했다.

슬건 북한 | 부사 | 실컷
마음에 하고 싶은 대로 한껏.
〔북한〕슬건 놀아보라. 표실컷 놀아봐라.

슬슬하다 경남 | 형용사 | 쓸쓸하다
외롭고 적적하다.
〔하동〕손자들이 오니 좋더만 가고 나니 쓸쓸허다. 표손자들이 오니 좋더구면 가고 나니 쓸쓸하다.

슬키다 전남 | 동사 | 없음
스쳐서 상처가 나다.
〔고흥〕아적질에 창고 잔 치왔는디 어디따 슬컸는가 폴에 피가 나요. 표아침결에 창고 좀 치웠는데 어디다 '슬켰는가' 팔에 피가 나요 〔고흥〕콩잎 싹에 쐴캤는디, 쐐기가 있었는가 팅팅 붓고, 쏙쏙 쏘요. 표콩잎 싹에 '쐴캤는디', 쐐기벌레가 있었는지 팅팅 붓고, 쏙쏙 쏘네요.

슬핏하다 경기 | 형용사 | 설핏하다
해의 밝은 빛이 약하다.
〔이천〕해가 슬핏하니 한기가 든다. 표해가 설핏하니 한기가 든다.

승깔나다 충북 | 형용사 | 성질나다

언짢거나 못마땅한 것이 있어 화가 나다.
〔옥천〕해두 안 되끼 승깔나서 못하겠네. 표해도 안 되니까 성질나서 못하겠네.

승내다 충남 | 동사 | 성내다
노여움을 나타내다.
〔천안〕친구한티 승내지 마. 표친구한테 성내지 마. 〔서산〕성내서 바위를 차 봐야 제 발뿌리만 아푸다. 표성내서 바위를 차 봐야 제 발부리만 아프다. 〔공주〕우리 속담이 방구 꾼 놈이 쏭낸다더니 자기가 뭘 잘했다구 먼저 승냐, 승내기를. 표우리 속담에 방귀 뀐 놈이 성낸다더니 자기가 뭘 잘했다고 먼저 성내, 성내기를. 〔태안〕고연히 승내지 말구 내 말 찬찬히 들어봐. 표공연히 성내지 말고 내 말 찬찬히 들어봐.

승냥쟁이 충남 | 명사 | 대장장이
쇠를 달구어 연장 따위를 만드는 일을 직업으로 하는 사람.
〔서산〕우리 동내엔 승냥쟁이가 없어서 건넛마을까지 나가야 했어. 승냥쟁이, 그 호미 같은 그 만들구 고쳐주구 하는 사람. 표우리 동네엔 대장장이가 없어서 건넛마을까지 나가야 했어. 대장장이, 그 호미 같은 거 만들고 고쳐주고 하는 사람. 〔당진〕요새는 승냥쟁이가 승냥간에서 일하면 문화재 취급 받는댜. 표요새는 대장장이가 대장간에서 일하면 문화재 취급 받는다. 〔태안〕승냥간 승냥쟁이네 뷕칼이 읎다던디 암맘헤두 곧이들리지 않어. 표대장간 대장장이네 부엌칼이 없다는데 아무래도 곧이들리지 않아. 〔공주〕뭐니 뭐니 혀두 대장쟁이는 우리 아버지여. 낫이구 연장이구 잘 베렸어. 장날이믄 사람들이 득실득실혔어. 표뭐니 뭐니 해도 대장장이는 우리 아버지야. 낫이고 연장이고 잘 벼렸어. 장날이면 사람들이 득실득실했어.

◆'승냥/성냥'은 '석류황'에서 나온 말로 불을 피워 내는 도구이다. 이에 불로 쇠붙이를 다루는 곳을 '승냥 간/성냥간'이라 하고, 불을 다루고 쇠붙이 도구를 만 드는 사람을 '승냥쟁이/성냥쟁이'라고 하였다. 해방 이후 표준어화의 진행에 따라 '대장간, 대장쟁이'에 게 자리를 내주고 사라졌다. -이명재(예산) ◆살강, 시렁, 선반 외에 '밥걸이'가 있다. 밥걸이는 밑에서 도 공기가 통하도록 둥글거나 네모난 모양으로 새끼 줄이나 끈으로 얽어 만든 납작한 바구니를 쥐나 고 양이 등의 짐승이 쉽게 드나들지 못하도록 천정에 서 아래로, 공중에 매단 것을 말한다. 보리밥을 할 땐 보리쌀을 아시(애벌) 삶고, 그것에 강낭콩이나 쌀 등을 섞어서 다시 밥으로 안쳐서 푹 익히고 퍼지 게 해야 먹기에 편하다. 그냥 아시(애벌) 삶아서 먹 으면 밥에 물기가 없고(되고) 보리쌀이 퍼지지 않아 딱딱하여 입안에서 올강거려 먹기도 불편하고 소화 도 잘 되지 않기 때문이다. 그러므로 보리쌀을 미리 삶아 바구니에 담아 밥걸이에 보관하고 필요할 때 조금씩 덜어서 밥을 해야 먹기 편한 밥이 된다. 이 밥걸이는 쥐나 고양이 등의 짐승 피해를 막는 기능 도 있지만 사방에서 바람이 잘 통하므로 더운 여름 에도 음식물이 쉽게 상하지 않게 하는 기능도 한다.

시거리 경남 | 명사 | 야광충
야광충속의 원생동물을 일컫는 말.
〔남해〕시거리가 예쁘다. 표야광충이 예쁜다.
◆'시거리'는 경남 남해를 비롯해 바닷가에서 주로 사용하는 말로 그믐이나 달이 뜨지 않을 때 파도나 돌, 모래 등의 자극을 받아 반짝거리는 플랑크톤을 가리킨다. 표준어로는 '야광충'이라고 하는데, 몸의 지름은 1밀리미터 정도이고 무색이지만 여럿이 모 이면 연한 붉은색을 띤다. -이승인(남해) ◆'시거리' 는 순우리말로 북한에서부터 경남에 이르기까지 동 해안 바닷가 지역에서 폭넓게 사용되는 말이다.

시거리 충남 | 명사 | 삼거리
세 갈래로 나누어진 길.
〔서산〕시 갈래루 갈러지넌 질목을 스산이서넌 시거리라구 해유. 표세 갈래로 갈라지는 길목을 서산에서는 삼거리라고 해요. 〔세종〕시거리에는 임 씨들이 득실거려. 표삼거리에는 임 씨들이 득 실거려.
◆'세질목'은 '충남 전역에서 널리 쓴 말이다. 길이 셋으로 갈라진 길목으로 삼거리를 뜻하는 말이다. 표준어화 이전에는 주로 '시질목'이라 썼고, 이후 '세질목'이 '세거리, 상거리'와 함께 쓰였다. -이명 재(예산) ◆삼거리를 '세질목'이라 불렀는데 여기서 '질목'은 '길목'의 구개음화형이다. 엿길금을 엿질금 이라 하는 것과 같다.

시건 경남 | 명사 | 철
어떤 일이나 사물을 살펴보고 가지게 되 는 생각이나 의견.
〔마산〕나가 그만하모 언자 시건이 들 때도 됐구 마는. 표나이가 그만하면 이제 철이 들 때도 됐 구먼. 〔고성〕이제 시건머리가 들 때도 데었다. 표 이제 철이 들 때도 되었다. 〔부산〕아아가 아직 나 가 에리서 그런지 시건머리가 없다. 표애가 아직 나이가 어려서 그런지 철이 없다.
◆'시건'은 '세견(世見)'에서 온 말로 소견이나 식견 을 뜻한다. 흔히 "시건이 있다" 또는 "시건이 없다" 의 형태로 사용하는데, 보통 어른이 철없는 아이를 나무랄 때 "시건머리가 없다"의 형태로도 사용한다. -김승호(진주)

시구룹다 강원 | 형용사 | 시다
음식이 식초의 맛과 같다.
〔정선〕살구가 대우 시구루와. 표살구가 매우 시 어. 〔평창〕꽤를 먹으면 시그룹다. 표자두를 먹으 면 시다.

인
ㅅ

417

시굼불 북한 | 명사 | 심부름
남이 시키는 일을 하여 주는 일.
〔평북〕쑹이 디던 걸이 디던 위에서 시키는 시굼
불을 했디요.-정춘근(2012) 표윷이 되든 걸이
되든 위에서 시키는 심부름을 했지요.

시굿 충북 | 명사 | 없음
땅이 꺼지고 수직에 가까운 구멍이 난 곳.
〔단양〕비가 오구 나믄 시굿이 생기지. 표비가 오
고 나면 '시굿'이 생기지.
◆장마철에는 산의 개울 근처에 새로운 구멍이 생기
거나 메워져서 안 보이기도 한다.

시근치 경기 | 명사 | 시금치
명아줏과의 한해살이풀 또는 두해살이
풀인 시금치를 이르는 말.
〔강화〕겨울에는 땅에 착 붙어서 자라는 시근치
캐다 나물 무쳐서 먹어. 표겨울에는 땅에 착 붙
어서 자라는 시금치 캐다 나물 무쳐서 먹어.
◆'시금치'는 붉은색의 뿌리를 가진 채소라는 의미를
가진 중국어 '적근채(赤根菜)'에서 유래했다. '赤'의
표준 중국어 발음은 '츠'와 가까워서 '시'가 될 가능
성이 높지 않은데 '시'나 이와 유사하게 발음하는 지
역의 중국어가 차용된 것으로 보인다. 표준 중국어
의 시금치는 '보차이(菠菜)'로서 '적근채(赤根菜)'와
계통이 다르다.

시금추 전북 | 명사 | 시금치
명아줏과의 한해살이풀 또는 두해살이
풀인 시금치를 이르는 말.
〔정읍〕김밥에는 시금추가 들어가야 맛나지. 표김
밥에는 시금치가 들어가야 맛나지.

시끈둥하다 경기 | 형용사 | 시큰둥하다
말이나 행동이 주제넘고 건방지다.

〔서울〕이가 부실해서 누가 맛난 거 먹자고 해도
시끈둥해요. 표이가 부실해서 누가 맛난 거 먹자
고 해도 시큰둥해요. 〔강화〕모짜리 좀 같이 하자
그랬는데 시끈둥하네. 표못자리 좀 같이 하자 그
랬는데 시큰둥하네.

시나매 강원 | 부사 | 천천히
동작이나 태도가 급하지 않고 느리게.
〔강릉〕너무 서두르지 말구 시나매 올라가라. 표
너무 서두르지 말구 천천히 올라가라. 〔정선〕작
업이야 혼자서 시나메 몇 날 며칠이 걸리더라도
문제 될 게 없다. 표작업이야 혼자서 천천히 몇
날 며칠이 걸리더라도 문제 될 게 없다. 〔양양〕시
나매 시나매 언덕을 올라왔소. 표천천히 천천히
언덕을 올라왔소. 〔동해〕빨리 갈라하다 넘어지면
고베이가 아파. 시너메 와라. 표빨리 가려다가
넘어지면 무릎 아파. 천천히 와라. 〔평창〕모든 일
은 시너미 해라. 표모든 일은 천천히 해라.

시낭골 북한 | 명사 | 없음
서낭신을 모신 집이 있는 마을.
〔평안〕시낭골로 시집간 고모 집 찾기.

시누대 전북 | 명사 | 신의대
볏과의 대나무인 신의대를 이르는 말.
〔군산〕시누대로 만든 낚시대로 샛강에 가서 낚
시했다. 표신의대로 만든 낚싯대로 샛강에 가서
낚시했다. 〔정읍〕붓을 맨들 때 붓대는 해변 가서
자라는 시누대나 오죽을 사용헌다. 표붓을 만들
때 붓대는 해변 가서 자라는 신의대나 오죽을 사
용한다.

시니리대 경남 | 명사 | 조릿대
볏과의 여러해살이 식물.
〔언양〕신불산 거어는 시니리대 좀 본 거 겉은데.

418

⊞신불산 거기서는 조릿대를 좀 본 것 같은데. 〔양산〕시니리때가 머 있나, 인자 다 죽어뿟지. ⊞조릿대가 뭐 있나, 지금은 다 죽어버렸지.
◆'시니리대'는 산죽이나 조릿대 등 키가 작은 야생 대나무를 모두 일컫는 말이다.

시다 충남 | 형용사 | 세다
사물의 수효를 헤아리거나 꼽다.
〔논산〕몇 놈이나 올랐는지 셔봐야 알어. ⊞몇 놈이나 올랐는지 세어봐야 알아. 〔공주〕그놈 심이 어찍히 신지 베 시 가마니를 그뜬히 짊어지고 일어니께. ⊞그놈 힘이 얼마나 센지 벼 세 가마니를 거뜬히 짊어지고 일어나더라.

시덥 북한 | 명사 | 대접
위가 넓적하고 운두가 낮으며 뚜껑이 없는 그릇.
〔평북〕이캔에 있는 거이 한숫이 시덥들이지. ⊞이쪽에 있는 것이 거의 대부분 대접들이지.
◆'시덥'은 국이나 물 따위를 담는 데 쓰는 그릇이다.

시뚝벵이 강원 | 명사 | 삐죽이
사소한 일에 쉽게 토라지는 사람을 놀림조로 이르는 말.
〔강릉〕쟈는 시뚝벵이라 무신 말으 모 해. ⊞쟤는 삐죽이라 무슨 말을 못 해.
◆'시뚝하다'는 북한에서 '토라지다' 또는 '삐치다'라는 뜻으로 쓰이는 말이다. 강원도 사투리 '시뚝벵이'는 '시뚝하다'에서 온 말로 보이는데, 표준어 '희뜩하다'나 '시퉁하다'와 그 의미가 비슷하다.

시래기죽 경기 | 명사 | 갱죽
시래기 따위의 채소류를 넣고 멀겋게 끓인 죽.
〔강화〕시러기를 듬뿍 넣어서 시래기죽을 끓여

먹어. ⊞시래기를 듬뿍 넣어서 갱죽을 끓여 먹어. 〔여주〕한창 못 먹구 살 때는 씨래기죽을 끓여서 양을 늘려 먹었죠. ⊞한창 못 먹고 살 때는 갱죽을 끓여서 양을 늘려 먹었죠.

시래지 북한 | 명사 | 시래기
무청이나 배춧잎을 말린 것.
〔함남〕가을 김장철이면 배추, 무를 직장에서 나누어주는데 시래지도 꽤 많이 생겨서 온 겨울 시래지국을 주식처럼 먹는다. ⊞가을 김장철이면 배추, 무를 직장에서 나누어주는데 시래기도 꽤 많이 생겨서 온 겨울 시래깃국을 주식처럼 먹는다.

시러기 경기 | 명사 | 시래기
무청이나 배춧잎을 말린 것.
〔강화〕겨울에 채소가 없을 땐 시러기 늫구 된장국을 끓여 먹어. ⊞겨울에 채소가 없을 땐 시래기 넣고 된장국을 끓여 먹어.
◆'시러기'는 '시레기'를 '시러기'의 'ㅣ' 모음 역행동화에 의한 것으로 파악해 만들어진 과도교정형이다.

시러미 제주 | 명사 | 시로미
시로밋과의 상록 관목.
〔노형〕여름에 한라산더레 가문 시러미가 하영 잇어마씨. ⊞여름에 한라산에 가면 시로미가 많이 있어요.
◆'시러미'는 불로초를 구해 오라는 진시황의 명을 받은 서복(徐福)이 한라산에 올라 구해 간 것으로 알려진 전설의 나무이다. 정확히 말해 시로미 열매를 따 간 것으로 보이는데, 그런 속설 때문인지 예로부터 한라산에 올라 시로미 열매를 따 가는 사람들이 많았다. 시로미 열매는 생식을 하거나 말려서 미숫가루에 타 먹기도 하고, 차를 끓여 마시기도 했다.

시루다 경남 | 동사 | 켕기다
맞당기어 팽팽하게 만들다.
〔창녕〕빨랫줄을 팽팽하이 시라라. 囲빨랫줄을 팽팽하게 켕거라.
◆'시루다'는 "(악기를) 타다"라는 뜻으로도 쓰인다. 일반적으로 현악기는 '시루다'라고 하고 건반악기나 타악기는 '치다'라고 하는데, '연주하다'라는 뜻으로 "피아노를 시루다"라고 하기도 한다. −경남방언연구보존회

시릉 경기 | 명사 | 살강
그릇 따위를 얹어놓기 위하여 부엌의 벽 중턱에 드린 선반.
〔인천〕명절에나 쓰는 그륵들은 시릉에 올려두었어. 囲명절에나 쓰는 그릇들은 살강에 올려두었어. 〔강화〕누구 키 큰 사람 이리 좀 와서 바금테이 좀 시렁에 올려줘. 쥐들이 못 올라오게. 囲누구 키 큰 사람 이리 좀 와서 바구니 좀 살강에 올려줘. 쥐들이 못 올라오게. 〔이천〕시렁에 그릇 잘 올려놔. 囲살강에 그릇 잘 올려놔. 〔여주〕설광에다 그릇을 언저놔. 囲살강에다 그릇을 얹어놔.
◆'시릉'은 부엌의 부뚜막이나 조리대 위에 놓고 밥그릇이나 반찬 그릇을 올려놓는 간이식 선반이다. 대나무를 이용해 발을 엮거나 통판으로 만들었다.

시망시럽다 전북 | 형용사 | 시망스럽다
몹시 짓궂은 데가 있다.
〔임실〕에리서 시망시럽떤 짱구가 시방은 서울에 있는 큰 회사 사장이 되었대야. 囲어려서 시망스럽던 짱구가 지금은 서울에 있는 큰 회사 사장이 됐대. 〔군산〕그놈의 자식이 어릴 때 어떻게 시망시러웠던지 아줌마 속 깨나 썩었어. 囲그놈의 자식이 어릴 때 얼마나 시망스러웠던지 아줌마 속 깨나 썩었어.

시부정찮다 충남 | 형용사 | 시원찮다
(1)마음에 흡족하지 아니하다.
(2)일을 확실하게 끝내지 못하고 흐리멍덩하다. 또는 행동하는 품새가 자연스럽지 못하다.
〔예산〕위째 일허넌 게 이렇기 시부정찮냐? 그렇기 시부정찮게 헐라믄 아예 허덜 말어. 囲어떻게 일하는 게 이렇게 시원찮아? 그렇게 시원찮게 하려면 아예 하지 마. 〔공주〕그 사람 겉으로 보기에는 야물딱저 보여서 일도 야물딱하게 헐 줄 알았더니 보기와는 틀리게 일은 시부정찮어. 囲그 사람 겉으로 보기에는 야무지게 보여서 일도 야무지게 할 줄 알았더니 보기와는 다르게 일은 시원찮아. 〔서산〕위디가 아푼가 걸음걸이가 시부정찮다. 囲어디가 아픈가 걸음걸이가 시원찮다.
◆'시부정찮다'는 충남 전역에서 두루 쓰인다. '시부정찮다'는 "시부정하지 않다"의 줄임말이다. '시부정'은 표준어 '시부적'의 충남 사투리로 일을 힘들이지 않고 하는 모양새를 이르는 말이다. 이 '시부정'에 부정의 뜻을 지닌 '않다'가 붙었으니 이는 '일을 힘들게 하는 것'이 된다. "오째 일허넌 게 시부정찮구먼"인 경우, 일이 잘 진행되지 않는 것에 대한 불만이나, 빨리빨리 진행하라는 힐책의 의미를 담는다. 이와 비슷한 뜻의 '개갈찮다'는 "개갈이 나지 않다"의 줄임말이다. '개갈'은 모를 심기 전에 논둑을 매끄럽게 매만지는 일이다. 그러니까 '개갈찮다'는 일이 매끄럽게 다듬어지지 않았다는 뜻이 된다. 그 '개갈찮다'와 '시부정찮다'가 같은 것이라 했으니 일이 잘 진행되지 않거나 마무리되지 못한 것을 이르는 말이 된다. '개갈찮다, 시부정찮다'는 직설 화법을 피하고, 빗대어 이르는 충남말의 특징을 여실히 보여주는 것들이다. −이명재(예산)

시부지기 경북 | 부사 | 슬며시
남의 눈에 띄지 않게 넌지시.

〔대구〕동냥을 주이깨 그지사 시부지기 가더라. 囲동냥을 주니까 그제서야 슬며시 가더라.

시암¹ 전북 | 명사 | 우물

물을 긷기 위하여 땅을 파서 지하수를 괴게 한 곳. 또는 그런 시설.

〔군산〕냉장고가 없어 여름철 시암 속에 보리밥을 꽝주리에 담아놓았는디 된장에 비벼 먹으면 엄청나게 맛있었다. 囲냉장고가 없어서 여름철 우물 속에 보리밥을 광주리에 담아놓았는데 된장에 비벼 먹으면 엄청나게 맛있었다. 〔정읍〕목 마른 놈이 시암 판다네. 囲목 마른 놈이 우물 판다네.

◆고창에서는 '시암'을 '바가치시암'과 '두룸박시암'으로 구분한다. '바가치시암'은 물을 바가지로 뜰 수 있는 우물이고, '두룸박시암'은 물을 두레박으로 긷는 우물이다. '바가치시암'은 물이 깨끗하지 않아 주로 빨래를 할 때 쓰고, '두룸박시암'은 물이 깨끗하여 주로 식수로 쓴다. '바가치시암'을 '빨래샘'이라고도 한다. ◆'시암'은 표준어 '샘'과 관련이 있는데 『이조어사전』에는 '심'으로 나온다. 이 형태가 모음 변화를 겪으며 '시암'도 되고 '샘'도 된 것이다.

시암² 전북 | 동사 | 샘

남의 처지나 물건을 탐내거나, 자기보다 나은 처지에 있는 사람이나 적수를 미워함. 또는 그런 마음.

〔정읍〕논을 샀다니 저놈이 시암낸당게. 囲논을 샀다니 저놈이 샘낸다.

시앙 전북 | 명사 | 생강

생강과의 여러해살이풀.

〔완주〕여그 시앙이 겁나 유명헌디 왕흔티 진상까지 했었디야. 囲여기 생강이 아주 유명한데 왕한테 진상까지 했었대.

시앙치 전남 | 명사 | 송아지

어린 소.

〔고흥〕시앙치가 많이 컸등마는 당아 뗄 때 안 됐소? 囲송아지가 많이 컸던데 아직 뗄 때 안 되었소? 〔강진〕촌에서는 시앙치 한 마리만 있어도 부자지. 囲촌에서는 송아지 한 마리만 있어도 부자지. 〔진도〕밤에는 시앙치가 어쩌나 울어싸는지 징하요. 囲밤에는 송아지가 어쩌나 울어대든지 증해요.

◆전남에서는 '소'를 '쇠'라고 한다. 그래서 '송아지'를 '쇠앙치'라고도 했다. 아직 어려서 소의 코를 뚫지 않은 송아지는 '목사리'라고 불렀다. 목에다 끈을 매어 데리고 다닌다는 뜻이다.

시자 전남 | 명사 | 홍시

물렁하게 잘 익은 감인 홍시를 이르는 말.

〔고흥〕도가지에 시자를 여났다가 삼동에 묵으믄 올마나 달고 맛난지 몰라. 囲항아리에 홍시를 넣어뒀다가 삼동에 먹으면 얼마나 달고 맛난지 몰라.

◆'시자(柿子)'는 '유자(柚子)'가 유자 열매를 뜻하듯이 감나무 열매를 뜻하는 한자어이다. 하지만 보성 지역에서는 '홍시(紅柿)'의 뜻으로도 쓰인다. "시자를 앉힌다"라는 말은 홍시를 만들기 위해 땡감을 따로 준비하여 올려놓는다는 뜻이다.

시장시럽다 경남 | 형용사 | 없음

(1)쓸쓸하고 외로워 슬프다.
(2)흥미나 관심이 없고 시들하다.
(3)하찮거나 아니꼽다.

〔언양〕헤이고, 쟈를 보이 시장시럽고 안됐다. 囲아이고, 저 아이를 보니 '시장시럽고' 안됐다. 〔부산〕늙어가 머슨 일을 해도 그 나대는 시장시러블 때도 됐지. 囲늙어서 무슨 일을 해도 그 나이대는 '시장시러블' 때도 됐지.

421

시재마끔 경북 | 부사 | 제각기
저마다 각기.
〔경주〕남은 거 시재마끔 노나 가가라. 표남은 거 제각기 나누어 가져가라.

시절 충남 | 명사 | 바보
행동이 굼뜨고 약간 모자란 듯한 사람을 이르는 말.
〔예산〕예이, 시절아! 그것두 모르믄 어뜩 하능겨. 표에이, 바보야! 그것도 모르면 어떻게 해. 〔공주〕잘햐. 왜 너더러 시절이라고 하겄어? 그라구 막 암 데나 도래댕기니께 그르치. 표잘해. 왜 너에게 바보라고 하겠어? 그렇게 막 아무 데나 돌아다니니까 그렇지. 〔서산〕시절은 약으로두 못 고친다. 표바보는 약으로도 못 고친다. 〔태안〕어이구 시절, 우리 집이 오먼서 복다람이 수박 뎅이 들구 꿍꿍대냐. 표어이구 바보, 우리 집에 오면서 복달임에 수박 덩이 들고 꿍꿍대냐.
◆'시절'은 '일정한 절기나 때' 또는 '세상의 형편'을 가리키는 말이다. 그런데 "시절이 좋다"느니 "시절이 수상하다"느니 하는 말처럼 "예이, 시절아"라는 말은 그 뜻을 단순히 '시절' 그 자체의 의미로 해석하기 어렵다. 충청도 사투리로 '시절'은 '일정한 절기나 때를 잘 모르는 사람'을 뜻하거나 '세상의 형편을 잘 모르는 사람을 놀릴 때' 사용하는 말이기 때문이다. 그렇다고 '바보'나 '얼간이'처럼 상대를 조롱하거나 비웃는 말은 더더욱 아니다. 오히려 걱정이 돼서 하는 말에 가깝다. ―이명재(예산) ◆태안에서 자주 쓰는 '시절'은 '바보'처럼 어리석고 못난 사람을 조롱하는 말이 아니라 아는 사람을 짓궂게 놀리거나 웃음거리로 만드는 정도로 쓴다. ―김병섭(태안) ◆'시절'은 '피다'와 함께 쓰기도 한다. '시절피다'는 '어리석다'를 뜻하는 말이다. 서산에서는 "저눔 시절피구 동쪽이루 가라닝께 서쪽이루 가네(저놈 어리석게 동쪽으로 가라니까 서쪽으로 가네)"처

럼 쓴다.

시절피다 충북 | 형용사 | 없음
어리석은 말이나 행동을 하다.
〔진천〕시절피는 소리 하구 앉았네. 표'시절피는' 소리 하고 앉았네.
◆'시절'은 충청도 사투리로 '바보' 혹은 '멍청한 이'를 일컫는 말로, 경상도 지역의 '반피'와 비슷한 쓰임이다. 즉, "시절피고 있네"라는 말은 "바보짓하고 있네"라는 뜻이 된다.

시질목 충북 | 명사 | 삼거리
세 갈래로 나누어진 길.
〔충주〕이 길을 따라 곧장 가시면 시질목이 나와유. 거기서 좌회전하세유. 표이 길을 따라 곧장 가시면 삼거리가 나와요. 거기서 좌회전하세요.
◆'세질목' 또는 '시질목'은 '삼거리'의 지역어로 충남 예산에서 쓰는 말이다.

시척 충남 | 명사 | 없음
다른 사람을 보고 알은체를 하는 모양. 그러한 시늉.
〔서산〕삼촌을 을매나 싫어하는지, 시척도 안 하구 지나가더래니께. 표삼촌을 얼마나 싫어하는지, '시척'도 안 하고 지나가더라니까. 〔태안〕월마나 돈 붙었으면 뭉질 끄트머리 동네 성을 보구두 시척두 않구 가냐. 표얼마나 돈 벌었으면 명절 끄트머리 동네 형을 보고도 '시척'도 않고 가냐. 〔공주〕내가 너를 언제 봤다고 아는 시척도 않네그랴. 표내가 너를 언제 봤다고 아는 '시척'도 않네그려. 〔예산〕이 사람아, 사람이 찾아왔으믄 시척이라두 혀봐. 표이 사람아, 사람이 찾아왔으면 '시척'이라도 해봐.
◆'시척'은 '본다'는 뜻의 '시(視)'에 남을 알아보는 태도를 뜻하는 '척'이 결합한 말이다. 말 그대로 풀

422

면 '본 척'이 된다. 이 '본 척'은 두 단어이므로 '시척'에 대응하는 표준어는 없는 것이 된다. 충남에서 '시척'은 '본 첵' 또는 '본 체'와 함께 두루 쓰였는데 표준어화가 진행되면서 소멸하게 되었다. 따라서 지금은 기억하는 이들은 있어도 쓰는 이들은 없다. ◆'시척'은 그 자리에 없던 사람이 오거나 여러 사람이 있는 자리에 갔을 때 상대에게 알은체를 하며 인사를 나누는 태도를 뜻한다. 흔히 "시척도 안허다"의 꼴로 쓰는데, 이는 상대를 무시하는 태도가 된다. 반갑기는커녕 쳐다보는 것도 싫어서 보고도 인사를 않는 것이 "시척 안허다"이고, 비슷하게 쓰이는 충남 말에는 "알은 체두 안 헌다" 또는 "아넌 첵두 안헌다", "본 첵두 안헌다" 따위가 있다.

시치다 전북 | 동사 | 씻다
물이나 휴지 따위로 때나 더러운 것을 없게 하다.
〔정읍〕상추는 물에 잘 시쳐서 상에 올려라. 표상추는 물에 잘 썼어서 상에 올려라. 〔임실〕손을 깨깟이 시쳐라. 표손을 깨끗이 씻어라.

시치다 충북 | 동사 | 씻다
물이나 휴지 따위로 때나 더러운 것을 없게 하다.
〔옥천〕인났으믄 얼굴얼 시치야지. 표일어났으면 얼굴을 씻어야지.

시프다 전남 | 형용사 | 만만하다
부담스럽거나 무서울 것이 없어 쉽게 다루거나 대할 만하다.
〔강진〕저 애는 나보다 덩치가 작아 대하기가 시프다. 표저 애는 나보다 덩치가 작아 대하기가 만만하다. 〔진도〕그 일을 그게 시퍼 볼 일이 아녀. 표그 일을 그렇게 만만하게 볼 일이 아니야.
◆'시프다'는 "나를 시프게 보지 마라잉"이라는 말에서도 느낄 수 있듯이 '만만하다' 또는 '얕잡아 보다'라는 뜻으로 쓰이는 말이다. '쉽+브다'가 변한 말로 보인다.

시피보다 전북 | 동사 | 쉬이보다
사람을 깔보거나 쉽게 여기다.
〔임실〕저것이 나를 시피보고 뎀비더라. 표저것이 나를 쉬이보고 덤벼들어. 〔완주〕사람 고로코롬 시피보지 마소. 표사람 그렇게 쉬이보지 마소.

식게 제주 | 명사 | 제사
해마다 사람이 죽은 날에 지내는 제사.
〔애월-상가〕게 식게 언제니? 혼저 와시민 조켜. 식게떡이영 반 받아먹고 싶다. 표너네 제사 언제니? 빨리 왔으면 좋겠다. 제사떡이랑 반기 받아먹고 싶다.
◆제주에는 "식게 먹다"라는 말이 있다. 제사에 참석하는 것을 "식게 먹으러 간다"라고 말하기도 한다. 즉, '식게'는 '제사' 그 자체를 가리키는 말이기도 하지만, 제사를 지내고 나서 음식을 나누어 먹는 '음복'의 의미가 있는 것이다.

식관 충남 | 명사 | 식당
(1)건물 안에 식사를 할 수 있게 시설을 갖춘 장소.
(2)음식을 만들어 손님들에게 파는 가게.
〔태안〕요 앞 사거리에 있는 식관 앞에서 만나유. 표이 앞 사거리에 있는 식당 앞에서 만나요.

싥다 경북 | 동사 | 씻다
물이나 휴지 따위로 때나 더러운 것을 없게 하다.
〔대구〕가실 배차는 물로 단디 싥어야 된다. 표가을 배추는 물로 단단히 씻어야 된다.

신건지 전북 | 명사 | 싱건지

소금물에 심심하게 담근 무김치.

〔익산〕여름에는 신건지가 정말 맛있다. 〔부안〕무시 싱건지를 담을라면 대포리가 꼭 필요혀. 그걸로 덮어둬야 혀. 표무 싱건지를 담그려면 댓잎이 꼭 필요해. 그걸로 덮어둬야 해.

◆'신건지'는 '싱건지'의 전북 사투리이다. 나박김치처럼 무를 납작하게 썰고, 동치미처럼 하얗게 하지만 나박김치나 동치미와는 다르다. '신건지'는 무를 납작하게 썰어서 소금물에 간이 배도록 절여놓고 찹쌀풀, 양파, 마늘 등을 넣고 물을 자작하게 부은 후 소금으로 간을 한 김치이다. 고춧가루를 넣기도 하는데 보통 넣지 않은 채로 먹는다. '싱거운 김치'에서 파생되어 만들어진 말로 보인다. −이정인(익산)

신경질나다 북한 | 동사 | 없음

짜증이 나다.

〔자강〕너 좀 신경질나게 놀지 마이. 표너 좀 '신경질나게' 놀지 말아.

신구간 제주 | 명사 | 없음

제주도에만 있는 대한 후 5일에서 입춘 전 3일까지의 약 일주일을 이르는 말.

〔구좌-한동〕신구간은 신이, 이 지상에 잇는 신이 저 하늘로 다 올라강 회의를 허는 날이라. 표'신구간'은 신이, 이 지상에 있는 신이 저 하늘로 다 올라가서 회의를 하는 날이야. 〔애월-고내〕이사 가젠 허믄 신구간. 집 고치는 것도 헷주게. 표이사 가려고 하면 '신구간'. 집 고치는 것도 했지. 〔애월-상가〕경허여도 남들 헐 때 신구간에 이사허여사 잘 살주기마씀. 표그래도 남들 할 때 '신구간'에 이사해야 잘 살지요.

◆신구간(新舊間)은 대한(大寒) 후 5일에서 입춘(立春) 전 3일까지 인간 세상의 모든 신들이 옥황상제에게 한 해 동안 일어난 일을 보고하고 새로운 임무

를 받으려고 하늘로 올라가 있는 기간을 뜻한다. 인간 세상에 신이 없으므로 어떤 일을 해도 탈이 없다고 믿어, 이 기간에 이사를 하거나 집을 고치고 집들이를 한다. 이는 오래된 제주의 대표적인 풍습이다.

신낭 제주 | 명사 | 식나무

층층나뭇과의 상록 활엽 관목.

〔남원-수망〕그 신낭 오름이 빨강허여. 그거 헤당 지름 빵 머리 허물에 볼르민 좋녠 허여.−김순자(2018) 표그 식나무 열매가 빨개. 그거 해다가 기름 짜서 머리 종기에 바르면 좋다고 해.

◆'신낭'은 '식낭' 또는 '심낭'이라고도 하는데, 가지와 잎이 사시사철 푸르기 때문에 '청목(靑木)'이라고도 하고, 잎이 넓어서 '넓적나무'라고도 한다.

신넙지 경북 | 명사 | 없음

오금 윗마디의 넓적다리 부분을 통틀어 이르는 말.

〔경주〕밭일 한다꼬 깨구락지맨추로 쪼그려 있디마 일라면 고마 신넙지가 땡기가 난리 지긴다. 표밭일 한다고 개구리처럼 쪼그려 있더니 일어나면서 그만 '신넙지'가 당겨서 난리를 피운다.

◆강원도 일부 지역과 북한에서는 넓적다리 부분을 가리켜 '신다리'라고 한다. 경북에서 확인되는 '신넙지'는 '신다리'와 '허벅지'가 혼효되어 사용되는 어형으로 추정된다.

신돌 제주 | 명사 | 숫돌

칼이나 낫 따위의 연장을 갈아 날을 세우는 데 쓰는 돌.

〔용담〕신돌 어시난 안 고정 와네. 표숫돌 없으니까 안 가지고 왔어.

◆제주에서 신돌은 [씬똘]이라고 발음하는데, 제주도 내에는 숫돌로 사용할 수 있는 돌이 없어서 뭍에서 돌을 들여와서 쓴다. −김동필(용담)

신득게레다 전남 | 동사 | 신들거리다
자꾸 시건방지게 행동하다.
〔고흥〕둘째 아들이 신득게레싸서 어디 가서 미움 받을까 나가 영 애까심이요. 표둘째 아들이 신들거리는데 어디 가서 미움 받을까 봐 내가 영 애타요. 〔고흥〕저놈은 씬득씬득 말을 잔생이도 안 들어묵어. 표저놈은 신들신들 말을 잔생이도 안 들어먹어.

신사라 제주 | 명사 | 뉴질랜드삼
백합과의 여러해살이풀.
〔구좌-행원〕나일론 줄 나기 전인 그 신사라 헹 걸로 망사리 줄앙 썻어. 표나일론 줄 나기 전에는 그 뉴질랜드삼 해서 그걸로 망사리 걸어서 썼어. 〔수산〕신사라 저거는 소나 말 기르젠 허면은 베, 베 꼬아근에 드리는 거주. 표뉴질랜드삼 저거는 소나 말 기르려고 하면 바, 바 꼬아서 드리는 거지
◆'신사라'는 뉴질랜드가 원산지인 식물로 '뉴질랜드삼'을 뜻한다. 제주에서 '신사라'는 집집마다 뒤켵의 울담 한쪽에서 키우던 식물 가운데 하나였다. 길다란 칼 모양의 잎은 쪼개어 밧줄을 만드는 데 쓰였다. 제주에서는 밧줄뿐만 아니라 해녀들이 해산물을 채취할 때 쓰는 '망사리'를 만드는 재료로도 많이 쓰였다.

실가리 전북 | 명사 | 시래기
무청이나 배춧잎을 말린 것.
〔남원〕추어탕에는 실가리를 넣어야 제맛이제. 표추어탕에는 시래기를 넣어야 제맛이지. 〔임실〕시안에는 씰가리국이 보도롬허니 좋아. 표겨울에는 시래기국이 보드레하니 좋아.
◆부안에서는 무청으로 만든 시래기는 '무시실가리', 배춧잎으로 만든 시래기는 그냥 '실가리' 또는 '배추실가리'라고 한다. '무시실가리'는 무청을 삶아서 바짝 말린 것이다. '배추실가리'는 삶거나 말리지를 않고 소금으로 짭짤하게 간을 해두었다가 씻어서

음식 재료로 사용한다. -김금오(부안)

실경 충남 | 명사 | 살강
그릇 따위를 얹어놓기 위하여 부엌의 벽 중턱에 드린 선반.
〔공주〕순이야, 실경 위에 보리쌀 쌂어서 소쿠리에 담어 올려노은 거 쉬파리가 안 끼개 보재기로 잘 덮어놓구 하거라. 표순이야, 살강 위에 보리쌀 삶아서 소쿠리에 담아 올려놓은 거 쉬파리가 안 끼게 보자기로 잘 덮어놓고 하거라. 〔태안〕도둑구이가 밤새 덜껑그리더니 살랑에 둔 자반고등애 도막이 온다간다듶네. 표도둑고양이가 밤새 덜껑거리더니 살강에 둔 자반고등어 도막이 온데간데없네. 〔논산〕그 냥반이 어쪄나 쫀쫀한지 살강에 어퍼 논 그륵 밑을 처다보구 다녔다. 표그 양반이 어쩌나 쫀쫀한지 살강에 엎어놓은 그릇 밑을 쳐다보고 다녔대.
◆"살강 밑에서 숟가락 줍기"라는 말이 있다. 사실 살강 밑에서 숟가락을 줍는 것은 아주 흔한 일인데다가 그것이 누구의 숟가락인지 금세 알 수 있기 때문에 숟가락을 주웠다고 좋아할 일이 아니다. 따라서 이 말은 아주 쉬운 일을 했거나 의미없는 일을 해놓고 마치 큰일이라도 한 것처럼 자랑하는 사람을 비웃을 때 사용하는 말이다. -조일형(당진) ◆"물건을 얹어놓기 위하여 방이나 마루 벽에 두 개의 긴 나무를 가로질러 선반처럼 만든 것"은 '시렁'이라고 한다. "물건을 얹어두기 위하여 까치발을 받쳐서 벽에 달아놓은 긴 널빤지"는 '선반'이라고 한다. '시렁'과 '선반'은 물건을 얹어두기 위한 용도는 같지만 구조가 다르다. '시렁'은 두 개의 긴 나무를 사용하지만 '선반'은 널빤지를 사용한다. '살강'은 "그릇 따위를 얹어놓기 위하여 부엌의 벽 중턱에 선반처럼 드린 것"으로 발처럼 엮어서 만들기 때문에 그릇의 물기가 잘 빠진다는 점에서 '시렁'과 구조는 같다. 다만 용도가 다를 뿐이다. 다시 말해 두 개의 긴 나무를

人

가로질러놓은 선반을 안방이나 마루에서는 '시렁'이라고 하고 부엌에서는 '살강'이라고 하는 것이다. ◆충남어에는 '싫다/싢다'라는 타동사가 널리 쓰인다. 표준어 '싣다'에 대응하는 말이다. 이에 표준어 '물건을 싣는다[신는다]'는 충남 지역에서 '물건을 싫는다[실른다]'가 되고, 표준어 '물건을 싣고[싣꼬]'는 '물건을 싫고[실코]'가 된다. -이명재(예산) ◆금산에서는 '실겅'은 위에 있어 상 같은 것을 놓고, '살강'은 밑에 있어 그릇 같은 것을 놓았다. -안용산(금산)

실광 강원 | 명사 | 시렁
물건을 얹어놓기 위하여 방이나 마루 벽에 두 개의 긴 나무를 가로질러 선반처럼 만든 것.
〔홍천〕물건을 팔 때 실광에 올려놓고 팔았다. 표물건을 팔 때 시렁에 올려놓고 팔았다. 〔삼척〕예전 한옥의 실광은 천정 아래 벽에 얼룩대를 두 줄로 놓아 만들었잖소. 거기에는 반짇고리를 올려놓고 호박 같은 것도 올려놓았고요. 더러는 이불을 올려놓기도 했잖소. 표예전 한옥의 시렁은 천장 아래 벽에 바지랑대를 두 줄로 놓아 만들었잖소. 거기에는 반짇고리를 올려놓고 호박 같은 것도 올려놓았고요. 더러는 이불을 올려놓기도 했잖소. 〔평창〕할머니는 손녀 줄려구 꼬깜을 실겅 두어다가 준다. 표할머니는 손녀 주려고 곶감을 시렁에 두었다가 준다.
◆실겅은 아이들의 손을 타서 물건이 망가지거나 음식물을 못 먹게 하기 위해서 높이 얹어놓는 시설이기도 했다. -유연선(춘천)

실기알다 전남 | 동사 | 철들다
사리를 분별하여 판단하는 힘이 생기다.
〔보성〕실기아라가고 나무 일 허머는 그 잘해야 쌀 반성 한 되 어런더런 대성 한 되.-이기갑(2008) 표철들어서 남의 일 하면은 그 잘해야 쌀

작은 한 되 어른들은 큰 한 되.

실깅이 경남 | 명사 | 매생이
녹조류 매생잇과의 해조. 파래와 비슷하나 더 부드럽고 단맛이 있다.
〔울산〕실깅이죽 끓이 묵자. 표매생이죽 끓여 먹자.

실끗하다 충북 | 형용사 | 무섭다
어떤 대상에 대하여 꺼려지거나 무슨 일이 일어날까 겁나는 데가 있다.
〔단양〕생각만 해도 실끗햐. 표생각만 해도 무서워.

실방구리 경북 | 명사 | 실타래
실을 쉽게 풀어 쓸 수 있도록 한데 뭉치거나 감아놓은 것.
〔청도〕고양이가 실방구리를 가지고 논다. 표고양이가 실타래를 가지고 논다.

실푸냥스럽다 충북 | 형용사 | 시원찮다
마음에 흡족하지 아니하다.
〔충주〕실푸냥스럽게 여기거든 큼직한 오지방구리에 그득 떠서 갖다주게. 표시원찮게 여기거든 큼직한 오지그릇에 가득 떠서 갖다주게.
◆잔칫날이 되면 술도가에서 도갓술을 통으로 받아 손님을 대접했는데, 술깨나 마시는 사람들에게는 '오지방구리(물을 길어 나르거나 음식물을 담아두는 동이 모양의 작은 오지그릇)'에 술을 담아냈다. 그래야만 '실푸냥스럽게(시원찮게)' 여기지 않기 때문이다. 안주로는 짠지에 고추장 넣고 돼지비계를 '후물 버무린(대충 버무려)' 것이라도 충분하였다. 그 자체로 '꾸뚜룸(은근히 맛이 느껴지는 뒷맛)'한 맛이 일품이었기 때문이다. -이은택(충주)

실프다 제주 | 형용사 | 싫다
무엇을 할 마음이 들지 않다.

〔애월-상가〕그게 경 허기 실퍼냐? 표그게 그렇게 하기 싫으냐? 〔구좌-한동〕아멩 실퍼도 이녁 헐 일은 이녁이 헤 산다. 표아무리 싫어도 자기가 할 일은 자기가 해야 한다. 〔애월-고내〕깅이 죽 경헹 끌렁 맛 좋게 먹어낫어. 어떤 땐 그걸 한 번 헹 먹어보카 허당 실펑 못 헹 먹어. 깅이도 잡아 오도 못허곡케. 표게죽 그렇게 끓여서 맛 좋게 먹었었어. 어떤 때는 그걸 한번 해서 먹어볼까 하다가 싫어서 못 해 먹어. 게도 잡아 오지도 못하고.

싫다 경기 | 동사 | 싣다

물체나 사람을 옮기기 위하여 탈것, 수레, 비행기, 짐승의 등 따위에 올리다.
〔서울〕마차에다 한 짐 가득 싫구 피난이라구 떠나긴 했져. 표마차에다 한 짐 가득 신고 피난이라고 떠나긴 했죠.

심 경기 | 명사 | 백설기

시루떡의 하나.
〔강화〕맵쌀가루에 설탕만 늫구 시루에 쪄낸 걸 심이라구 해. 표멥쌀가루에 설탕만 넣고 시루에 쪄낸 걸 백설기라고 해. 〔화성〕우리 애기 생일에 흰무리를 돌렸어요. 표우리 아이 생일에 백설기를 돌렸어요.
◆강화도 사투리 '심무리'는 표준어 '흰무리'에서 온 말로 보인다. '흰무리'의 'ㅎ'이 'ㅅ'으로 구개음화를 일으킨 것이다. '힘줄'을 '심줄'이라 하고 '휴지'를 '수지'라고 발음하는 것과 같은 음운현상이다. 강화에서는 이 '심무리'를 줄여서 '심'이라고도 한다. 백설기는 쌀가루를 빻아 시루에 찌기만 하면 되기 때문에 집에서 하기 가장 좋은 떡이었다. 백일이나 돌 같은 날에는 하얀 백설기를 쪄서 이웃과 나누고 이사를 가면 켜켜이 삶은 팥을 넣은 팥시루떡을 해서 이웃에 돌렸다. 떡은 한번 하면 많이 하게 되는 음식으로 떡 문화는 바로 이웃과 정을 나누는 문화였다고 할 수 있다.

심구다 강원 | 동사 | 심다

초목의 뿌리나 씨앗을 흙속에 묻다.
〔삼척〕감재를 심구고 난 다음 강냉이도 심궜잖소. 표감자를 심고 난 다음 강냉이도 심었잖소. 〔원주〕호박은 텃밭 가생이에 따로 심어라. 표호박은 텃밭 가에 따로 심어라. 〔평창〕배추를 싱굴 데는 감재를 싱귀라. 표배추를 심는 곳에는 감자를 심어라. 〔춘천〕비두 오시는데, 뭘 싱구나? 표비도 내리는데, 뭘 심니?

심들다 충남 | 형용사 | 힘들다

힘이 쓰이는 면이 있다.
〔서산〕지끔은 잘 먹구 살지, 먹구 살기 심든 때두 있었지만. 표지금은 잘 먹고 살지, 먹고 살기 힘든 때도 있었지만. 〔공주〕여기서 공주 장태가 몇 리여. 삼십오리나 뎌. 새벽밥 해 먹고 공주 장태 가서 소 방골하구 족을 사서 짊어지고 왔더니 어찌나 심이 들는지. 표여기서 공주 장터가 몇 리야. 삼십오 리나 돼. 새벽밥 해 먹고 공주 장터에 가서 소 방골하고 족을 사서 짊어지고 왔더니 어찌나 힘이 드는지.

심방 제주 | 명사 | 무당

귀신을 섬겨 길흉을 점치고 굿을 하는 것을 직업으로 하는 사람.
〔노형〕우리 집에서는 1년에 한 번 심방을 빌어 굿을 했다. 표우리 집에서는 1년에 한 번 무당을 빌어 굿을 했다.

심방돌 경기 | 명사 | 댓돌

집채의 앞뒤에 오르내릴 수 있게 놓은 돌층계.

〔이천〕마루에 오를래면 심방돌에 신발을 벗구 올라가지. 표마루에 오르려면 댓돌에 신발을 벗고 올라가지. 〔양평〕중방돌에 신발 벗어놓구 올러와그래. 표댓돌에 신발 벗어놓고 올라와.

◆댓돌은 전통 가옥의 마루에 오르기 위해 딛고 올라서야 하는 넓은 돌로 보통 신발을 벗어두는 곳이다. 지붕의 처마가 댓돌을 덮을 만큼 길기 때문에 비가 와서 낙숫물이 떨어져도 댓돌이 젖지 않도록 설계되어 있다. 그러므로 "낙숫물이 댓돌을 뚫는다"와 같은 속담은 모순이 있다. 댓돌은 안채와 바깥채가 구분된 넓은 집에서 안뜰로 들어서는 입구 앞에 놓기도 한다. 댓돌을 이천에서는 '심방돌'이라고 한다. 우리말에 방문하여 찾는다는 뜻의 '심방'이 있는데 이 말과 관련된 것은 아닐까 추정해본다. 같은 기능의 돌을 두고 물건을 얹는다는 뜻의 댓돌, 뜰에 놓는다 하여 뜰돌, 찾는다 하여 심방돌, 뜰과 마루 사이에 있다 하여 중방돌, 쌓아 올렸다 하여 축대, 물러간다 하여 툇돌이라 한 것이 아닐까. 이중 댓돌과 툇돌은 복수 표준어로 인정되고 있으며 축대는 표준어이지만 댓돌을 뜻하지 않고 여러 층으로 쌓아 올린 대를 뜻하니 댓돌을 뜻하는 사투리인 축대는 이와 다르게 쓰인 말이다.

심방말축 제주 | 명사 | 방아깨비
메뚜깃과의 곤충.
〔노형〕심방말축이 파르르 늘면은 일로 늘개가 삭 나와근에 영 뒈여. 표방아깨비가 파르르 날면은 이리로 날개가 삭 나와서 이렇게 돼.

◆'말축'은 '메뚜기'를 뜻하는 말이다. 메뚜기 중에서도 '띠무늬메뚜기'는 '물말축'이라고 하고, '방아깨비'는 '산뛰말축' 또는 '심방말축'이라고 한다. '산뛰'는 '밭벼'를 뜻하고, '심방'은 '무당'을 뜻한다. '방아깨비'를 '심방말축/산뛰말축' 외에 '산전볼라기/산전볼락'이라 하기도 한다.

심서리 충남 | 명사 | 없음
경험이 많고 듬직하여 일을 잘해낼 수 있는 사람.
〔서산〕심서리 덕분에 어려운 일두 시웁게 끈냈다. 표'심서리' 덕분에 어려운 일도 쉽게 끝냈다.

◆'심서리'는 단순히 시키는 일만 하는 사람이 아니라 적재적소에 필요한 일을 찾아서 해결주는 사람이라고 할 수 있다.

심지 전남 | 명사 | 없음
꼴뚜기, 오징어 따위의 연체동물의 등뼈.
〔고흥〕고록을 닥딸헐 때에 심지를 잡아댕기믄 쏙 나와. 표꼴뚜기를 손질할 때에 '심지'를 잡아당기면 쏙 나와.

심키다 충북 | 형용사 | 쓰이다
마음 쓰이다. 어떤 일에 마음이나 관심이 기울여지다.
〔옥천〕맨날 받기만 했드니 괜스리 맴이 심키네. 표맨날 받기만 했더니 괜스레 마음이 쓰이네

심통이 강원 | 명사 | 도치
도칫과의 바닷물고기.
〔속초〕시장에 싱싱한 심통이가 벌써 나왔네요. 표시장에 싱싱한 도치가 벌써 나왔네요.

◆심통이는 겨울철에 나는데 비린내가 덜한 담백한 물고기다. 뜨거운 물에 살짝 데쳐서 껍질을 벗겨 먹는데, 그냥 썰어서 초장에 무쳐먹거나 김치를 넣고 볶거나 찌개를 끓여 먹어도 좋다. 알은 쪄서 먹는다. 속초·고성에서는 도치 알을 제사상에도 올린다. - 이경진(삼척)

심패때리기 경남 | 명사 | 없음
놀이에서 이긴 사람이 진 사람의 손목이나 팔뚝을 때리는 행위.

〔진해〕심패때리기로 얼마나 맞았던지 손목이 통통 부었다. 囲'심패때리기'로 얼마나 맞았던지 손목이 통통 부었다.

◆'심패때리기'는 주로 화투 등의 놀이에서 이긴 사람이 진 사람의 손목이나 팔뚝을 중지와 검지만으로 때리는 행위를 뜻한다.

싱간 전남 | 명사 | 심간
깊은 마음속.

〔고흥〕아적 때까지 께끄름허니 죽것등마는 그 말을 해붕께 싱간이 편허구마. 囲아침 때까지 꺼림직하니 죽겠더니만 그 말을 해버리니까 심간이 편하군. 〔강진〕쩌 집은 자석들 다 시집 장개 보내뿌러 싱간이 편하겄다. 囲저 집은 자식들 다 시집 장가 보내버려 심간이 편하겠다. 〔진도〕아잡씨는 자식들 다 결혼시켜뿌러서 참 싱간이 편하씨라. 囲아저씨는 자식들 다 결혼시켜버려서 참 심간이 편하겠어요.

싱구다 경기 | 동사 | 헹구다
물에 넣어서 흔들어 씻다. 또는 물을 넣어 젓거나 흔들어서 씻다. 흔히 세제 따위를 이용하여 한 번 씻은 것을 다시 씻는 것을 이른다.

〔포천〕잘 싱군다고 했는데 찌꺼기가 남었네. 囲잘 헹군다고 했는데 찌꺼기가 남았네.

싱굽다 충북 | 형용사 | 싱겁다
음식의 간이 보통 정도에 이르지 못하고 약히다.

〔청주〕싱구우믄 음석이 맛이 읎는 겨. 囲싱거우면 음식이 맛이 없는 거야.

싱그렁벙그렁하다 충남 | 형용사 | 싱글벙글하다
눈과 입을 슬며시 움직이며 소리 없이 정답고 환하게 웃다.

〔서산〕싱그렁벙그렁하다는 건 기분이 좋아 뵌다는 거여. 실실 웃는거. 囲싱글벙글하다는 건 기분이 좋아 보인다는 거야. 실실 웃는 거.

싱기 경북 | 명사 | 매생이
녹조류 매생잇과의 해조. 파래와 비슷하나 더 부드럽고 단맛이 있다.

〔대구〕싱기 묵을 때 입 딘다, 조심해라. 囲매생이 먹을 때 입 덴다, 조심해라.

슬그랑이 제주 | 부사 | 없음
베나 모시 따위위 천이 풀이 서서 좀 거친 듯하나 살갗에 닿지 않는 모양.

〔한경-신창〕그 애기 옷은 베로 헹 입젓어. 그게 슬그랑이 슬에 안 부뜨곡 꺼끌락허난 그롭지 안허메. 囲그 아기 옷은 베로 해서 입혔어. 그게 '슬그랑이' 살에 안 붙고 꺼끌꺼끌하니까 가렵지 않아. 〔화북〕으름인 베웃이 슬그랑이 좋주게. 囲여름에는 베옷이 '슬그랑이' 좋지.

승키 제주 | 명사 | 푸성귀
사람이 가꾼 채소나 저절로 난 나물 따위를 통틀어 이르는 말.

〔애월-상가〕승키 많이 먹으민 머리가 맑아져마씨.(푸성귀를 많이 먹으면 머리가 맑아져요. 〔구좌-한동〕김치 허는 건 사당 허고 집이서 승키로 먹는 건 그자 우영팟디 심어근에가 먹엇주. 囲김지 하는 건 사다가 하고 집에서 푸성귀로 먹는 건 그저 텃밭에 심어서 먹었지. 〔중문〕강 우영팟디 송키 허영 오라. 囲가서 텃밭의 푸성귀 캐서 와라.

싸게 전북 | 부사 | 빨리
걸리는 시간이 짧게.

〔장수〕우리 싸게싸게 서둘러서 갑시다. 표우리 빨리빨리 서둘러서 갑시다. 〔군산〕기차가 들어오고 있고만! 기차표 싸게싸게 끊으란 말여! 표기차가 들어오고 있어! 기차표 빨리빨리 끊으란 말이야! 〔정읍〕우리 후딱 갑시다잉. 표우리 빨리 갑시다.

◆'싸게싸게'는 '빨리'를 강조하기 위해 '싸게'를 반복해서 사용한 말이다. 고창에서는 '싸그싸그'라고 한다.

싸게싸게 충북 | 부사 | 빨리빨리
걸리는 시간이 아주 짧게.
〔옥천〕싸게싸게 해야지 안 그라믄 비에 다 젖어갖구 못써. 표빨리빨리 해야지 안그러면 비에 다 젖어가지고 못써.

싸고지다 강원 | 형용사 | 싸다/고소하다
(1)저지른 일 따위에 비추어서 받는 벌이 마땅하거나 오히려 적다.
(2)미운 사람이 잘못되는 것을 보고 속이 시원하고 재미있다.
〔원주〕촐랭이처럼 까불거리다가 선생님한테 혼나는 거 보니 싸고지다. 표촐랭이처럼 까불거리다가 선생님한테 혼나는 거 보니 고소하다. 〔평창〕나를 때리고 도망가다 코뱅이를 찧으니 정말 싸고지다. 표나를 때리고 도망가다 코를 찧으니 정말 고소하다. 〔강릉〕그렇게 못된 짓만 일삼더니 잘못되고 싸고지다. 표그렇게 못된 짓만 일삼더니 잘못돼도 싸다.

싸그리 강원 | 부사 | 깡그리
하나도 남김없이.
〔삼척〕산에 가서 풀을 벨 때는 아래서부터 싸그리 베라. 표산에 가서 풀을 벨 때는 아래서부터 깡그리 베라. 〔원주〕싸그리 불태워라. 표깡그리

불태워라. 〔춘천〕몽탕 먹어버렸다. 표깡그리 먹어버렸다.

싸나웁다 충남 | 형용사 | 사납다
성질이나 행동이 모질고 억세다.
〔금산〕어릴 즉부터 승질이 지 아비를 닮아가구서 뭔 소리 좀 할라치면 싸나웁게 굴었지. 표어릴 적부터 성질이 제 아버지를 닮아가지고서 뭔 소리 좀 하려고 하면 사납게 굴었지. 〔논산〕그이는 원체 싸난 사람이라 상대를 못 혀. 표그이는 워낙 사나운 사람이라 상대를 못 해. 〔공주〕그 사람 살쾡이처럼 어째 표독하고 싸나운지 누구도 상종을 안 할라구 그랴. 표그 사람 살쾡이처럼 어째 표독하고 사나운지 누구도 상종을 안 하라고 그래.

싸내기 경남 | 명사 | 노래기
노래기강의 절지동물을 통틀어 이르는 말.
〔하동〕싸내기를 쥑이모 꼬린내가 난다. 표노래기를 죽이면 고린내가 난다 〔창원〕썩은 새 들쑤모 노내기 많다. 손가아 몬치모 노랑내 디기 난다. 표썩은 새 들쑤면 노래기 많다. 손으로 만지면 노린내 되게 난다.

싸득싸득 전남 | 부사 | 찬찬히
동작이나 태도가 급하지 않고 느릿하게.
〔신안〕한 뻔에 일을 다 헐라고 애쓰지 말고 싸득싸득 잔 해라. 표한 번에 일을 다 하려고 애쓰지 말고 찬찬히 좀 해라. 〔진도〕짐이 무건께 싸득싸득 거러가장께. 표짐이 무거우니까 찬찬히 걸어가자니까.

싸락하다 전남 | 형용사 | 쌀쌀하다
날씨나 바람 따위가 음산하고 상당히 차갑다.

430

〔강진〕가을비가 내린 뒤끝이라 그란지 바람 끝이 싸락하다. 표가을비가 내린 뒤끝이라 그런지 바람 끝이 쌀쌀하다.

싸래기 강원 | 명사 | 싸라기
부스러진 쌀알.

〔양양〕얘끼 이놈! 싸래기만도 못한 놈! 표예끼 이놈! 싸라기만도 못한 놈! 〔평창〕옛날 보릿고개엔 싸래기밥이라도 고마웠어. 표옛날 보릿고개에는 싸라기밥이라도 고마워어. 〔춘천〕옥시기 싸래기루 밥을 했나? 밥이 왜 이렇게 우둘우둘해? 표옥수수 싸라기로 밥을 했니? 밥이 왜 이렇게 우둘우둘해? 〔강릉〕베를 일쩍 베면 쌀알도 가늘고 싸래기가 마이 나잖소. 표벼를 일쩍 베면 쌀알도 가늘고 싸라기가 많이 나잖소. 〔삼척〕싸래기밥만 처먹었나? 말끝마다 반말을 하게. 표싸라기밥만 처먹었니? 말끝마다 반말을 하게.

◆'싸래기'는 토막이 난 쌀이다. 주로 방아를 찧는 과정에 생기는데 죽을 해먹거나 떡을 해 먹었다. 더러는 닭 모이로 쓰기도 했고 술을 담가 먹기도 했다.

싸목싸목 전남 | 부사 | 천천히
동작이나 태도가 급하지 아니하고 느리게.

〔강진〕세월이 좀 먹냐. 싸목싸목 해라. 표세월이 좀 먹냐. 천천히 해라. 〔장성〕바쁠 거 읍씅께 싸목싸목 햐! 표바쁠 거 없으니까 천천히 해!

◆'싸목싸목'과 '싸득싸득'은 뜻이 비슷한 듯하면서도 조금 다르다. '싸목싸목'은 '천천히'를 강조한다면 '싸득싸득'은 '찬찬히'를 강조하는 말이다.

싸무룹다 강원 | 형용사 | 사납다
성질이나 행동이 모질고 억세다.

〔강릉〕우리 시어머니는 쎄빠또처럼 싸무룹게 생게 먹응 기 심술도 많잖소. 표우리 시어머니는 쎄퍼드처럼 사납게 생겨 먹은 게 심술도 많잖소.

〔삼척〕그 집 개는 싸무룹게 생겼다. 싸무루운 개, 콧등 아물 날 없다잖소. 표그 집 개는 사납게 생겼다. 사나운 개, 콧등 아물 날이 없다잖소.

싹퉁배기 충남 | 형용사 | 싹수
어떤 일이나 사람이 앞으로 잘될 것 같은 낌새나 징조.

〔서산〕그려가지구 싹퉁배기 없단 소리두 들군 했는디. 표그래가지고 싹수 없다는 소리도 듣고는 했는데. 〔태안〕씨 받을 종자라니께. 애시당초 싹바가지 읎넌 망아지 새끼었어. 표씨 받을 종자라니까. 애시당초 싹수 없는 망아지 새끼였어. 〔공주〕싹뚱배기 있는 놈은 어릴 적 커날 때부터 알어본다구 커서도 싹뚱배기는 데게 읎는 놈여. 표싹수 있는 놈은 어릴 적 클 때부터 알아본다고 커서도 싹수는 되게 없는 놈이야. 〔세종〕그 녀석 싸가지 없는 노릇만 골라 하는구먼. 표그 녀석 싹수 없는 노릇만 골라 하는군.

◆'싹퉁배기'는 '새싹의 밑동박이', 즉 '식물의 뿌리'를 뜻하는 말이다. 충남 전역에서 쓰는 말인데 사용 빈도가 높지는 않다. "싹퉁배기 읎다"의 형태로 일종의 욕처럼 쓰는 말이기 때문이다. 충남 지역에는 '싹수'의 속된 말이 참 많다. 가장 흔히 쓰는 말이 '싸가지(싹아지)'이며, 이는 표준어 '싹수'에 대응한다. 이 '싹수, 싸가지'를 저속하게 표현하는 것이 '싹퉁배기' 또는 '싹통배기'이며, 다른 한편으로는 '싸갈배기' 또는 '싹바가지'가 있다. 이 말들은 "즈런, 싹퉁배기를 봤나?", "즈런 싸갈배기 읎넌 새낑이가 워딨댜?", "싹바가지가 노란 게 애시당체 틀린 눔이여, 저눔이"처럼 대부분 욕설과 이어지기 때문에 일반적인 경우에는 사용하지 않는다.

쌀알바귀 충북 | 명사 | 바구미
바구밋과의 곤충을 통틀어 이르는 말.

〔영동〕부단지에 느 났어두 쌀얼 오래 안 먹으믄

431

쌀알바귀가 생기는 겨. 표항아리에 넣어 났어도 쌀을 오래 안 먹으면 바구미가 생기는 거야.

쌀지울 충북 | 명사 | 쌀겨
쌀을 찧을 때 나오는 가장 고운 속겨.
〔제천〕소죽 쑬 때 쌀지울 한 바가지 늫으라. 표소죽 쑬 때 쌀겨 한 바가지 넣어라. 〔옥천〕새끼 난 소년 소죽 끓일 때 딩개럴 느서 끓이 주지. 표새끼 낳은 소는 소죽 끓일 때 쌀겨를 넣어서 끓여 주지.

쌈빡하다 전북 | 형용사 | 산뜻하다
(1)기분이나 느낌이 깨끗하고 시원하다.
(2)보기에 시원스럽고 말쑥하다.
〔군산〕동창회에 나갔더니 다들 쌈빡하게 채려입고 나왔데. 표동창회에 나갔더니 다들 산뜻하게 차려입고 나왔더라. 〔남원〕추어탕에 젠피가 들어간 게 쌈빡하니 맛나네. 표추어탕에 제피가 들어간 게 산뜻하니 맛나네.

쌉쑤름하다 전남 | 형용사 | 쌉싸래하다
조금 쓴 맛이 있는 듯하다.
〔진도〕댠에서 뜯은 상추로 쌈을 싸야 쌉쑤름하니 맛있제. 표뒤안에서 뜯은 상추로 쌈을 싸야 쌉싸래하니 맛있지.

쌍글다 경남 | 동사 | 썰다
어떤 물체에 칼이나 톱을 대고 아래로 누르면서 날을 앞뒤로 움직여서 잘라 내거나 토막이 나게 하다.
〔합천〕김치 담구로 배차 한 페기 쌍글어 나아라. 표김치 담그게 배추 한 포기 썰어 놔라. 〔울산〕김치를 묵기 좋게 짠글라라. 표김치를 먹기 좋게 썰어라. 〔하동〕삼동 짐장짐치는 써리 무울 때보다 찢어 무울 때 더 맛있다. 표삼동 김장김치는

썰어 먹을 때보다 찢어 먹을 때 더 맛있다.

쌔그럽다 경남 | 형용사 | 시다
음식이 식초의 맛과 같다.
〔양산〕이 사탕은 레몬 맛이가, 와 이리 쌔그럽노? 표이 사탕은 레몬 맛인가, 왜 이렇게 실까? 〔김해〕내는 씨그럽은 건 잘 몬 묵는다이가. 표나는 신 것은 잘 못 먹는다. 〔합천〕줄을 마이 무웄더마는 이가 새그럽어서 더 못 묵겄다. 표귤을 많이 먹었더니만 이가 시어서 더 못 먹겠다. 〔하동〕밥이 시었는지 시구름허다. 표밥이 쉬었는지 신맛이 난다.

쌔떼기 전북 | 명사 | 억새
볏과의 여러해살이풀인 억새를 이르는 말.
〔임실〕옴마, 쌔떼기가 참 멋지네. 표어머, 억새가 참 멋지네. 〔남원〕쎄떼기에 비며 얼매나 아픈지 몰러. 표억새에 베이면 얼마나 아픈지 몰라. 〔임실〕쌧떼기를 여거서 지붕을 이면 10년을 간다. 표억새를 엮어서 지붕을 이으면 10년 간다.

쌔리 경남 | 부사 | 드리
세차게 마구.
〔부산〕고마 쌔리 다 디비뿌까? 표그냥 드리 다 엎어버릴까?

쌔리다 전북 | 동사 | 때리다
손이나 손에 든 물건 따위로 아프게 치다.
〔군산〕거짓뿌렁허는 놈은 내사 귀퉁머리 쌔리뿔란 게. 표거짓말하는 놈은 내가 귀퉁머리 때려버릴 거야.

쌔삐리다 경북 | 동사 | 쌔다
쌓일 만큼 퍽 흔하고 많이 있다.
〔대구〕그런 물건은 하마 창고에 쌔삐맀다. 표그

런 물건은 이미 창고에 쌨다.

◆'쌓이다'의 준말 '쌔다'에 보조 용언 '-아/어버리다'가 결합한 어형으로 생각된다. 대체로 해당 의미에서는 '쌔고 쌔다' 구성으로 사용되는 게 일반적이나 경상도에서는 '쌔삐리다' 또한 활발하게 사용되고 있다.

쌔쓰개 북한 | 명사 | 미치광이

정신에 이상이 생겨 말과 행동이 보통 사람과 다른 사람을 낮잡아 이르는 말.

〔함북〕저런 쌔쓰개 같은 놈을 봤다. 표저런 미치광이 같은 놈을 봤나.

쌔와리다 충북 | 동사 | 씨불이다

주책없이 함부로 실없는 말을 하다.

〔영동〕입루만 쌔와리지 말구 가서 얼렁 줌 햐. 표입으로만 씨불이지 말고 가서 얼른 좀 해.

쌔허다 전북 | 형용사 | 싸하다

혀나 목구멍 또는 코에 자극을 받아 아린 듯한 느낌이 있다.

〔임실〕덜 익은 갓짐치를 먹응개 쎗바닥이 쌔허네. 표덜 익은 갓김치를 먹으니 혓바닥이 싸하네.

쌕이다 충남 | 동사 | 썩이다

걱정이나 근심 따위로 마음이 몹시 괴로운 상태가 되게 만들다.

〔공주〕그 녀석은 어릴 쩍부터 내 속을 그렇게도 쌕이드니 커서 으른이 돼서도 그렇게 내 속을 쌕이네그려. 표그 녀석은 어릴 적부터 내 속을 그렇게도 썩이더니 커서 어른이 돼서도 그렇게 내 속을 썩이네그려. 〔서산〕어려선너 부모님 숙을 쌕이더니 크면서 소자가 돼간다. 표어려서는 부모님 속을 썩이더니 크면서 효자가 돼간다.

쌩둥이 전남 | 명사 | 초짜

어떤 분야에서, 처음으로 일하여 그 일에 능숙하지 못한 사람을 낮잡아 이르는 말.

〔고흥〕아이가, 쌩둥이치고는 기를 많이 잡었네. 표아이고, 초짜치고는 게를 많이 잡았네. 〔강진〕나는 초보 농부라 아직도 쌩통이다. 표나는 초보 농부라 아직도 초짜다. 〔진도〕시바는 키만 멀뚱하게 컷제 쌩뚱이라서 쟁기질을 할지 몰라라. 표셋째는 키만 멀뚱하게 컸지 초짜여서 쟁기질을 할지 몰라요.

◆'쌩-'은 '쌩것(날것), 쌩머리(타고난 그대로의 머리), 쌩이빨(생이빨), 쌩영감(나이 어린 영감)' 등에서 볼 수 있듯이 '처음, 익숙하지 않은, 아직 가공하지 않은' 등의 의미로 쓰인다.

쌩딩이 충북 | 명사 | 날것

말리거나 익히거나 가공하지 아니한 먹을거리.

〔청주〕짐장짐치가 여적 하나두 안 익었네유. 완전 쌩딩이유. 표김장김치가 아직 하나도 안 익었네요. 완전 날것이에요.

◆충청도에서 '쌩딩이'라는 말은 익지 않은 것도 가리키지만 '쌩딩이 농사꾼' 같이 완전 초보라는 뜻으로도 쓰인다. '쌩'은 한자 생(生)에서 온 말이고 '딩이'는 막둥이처럼 어떤 사람을 가리키는 접사 '둥이'에서 전설모음이 일어난 말이다.

쎄개 강원 | 명사 | 서캐

이의 알.

〔고성〕머리깨이에 쎄개가 있어요. 표머리카락에 서캐가 있어요. 〔평창〕요즘에도 아딜 머리에 쎄개가 있대요. 표요즘에도 애들 머리에 서캐가 있대요. 〔삼척〕예전에는 이가 많았잖소. 내복 솔기에 쎄갱이가 붙어 있었고요. 머리카락 속에도 쎄갱이가 있었잖소. 표예전에는 이가 많았잖소. 내

복 솔기에 서캐가 붙어 있었고요. 머리카락 속에
도 서캐가 있었잖소.

써레시침 전남 | 명사 | 써레씻이
농가에서 음력 4월에 모내기를 끝내고
즐겁게 노는 일.
〔고흥〕옛날에 우리 동네는 모 다 끝나고 나믄 써
레시침을 했는디 이녁 동네도 써레시침 했소? 표
옛날에 우리 동네는 모내기가 다 끝나고 나면 써
레씻이를 했는데 자기 동네도 써레씻이 했소?
◆일반적으로 논농사를 지을 때 세 번의 김매기를
하는데, 이를 '초벌, 중벌, 만벌'이라고 한다. '만벌'
은 지역에 따라 '만드리'라고도 하고 '만드레' 또는
'만두레'라고도 한다. 간혹 '만벌' 후에도 김을 매는
경우가 있는데, 이는 '군벌'이라고 한다. 이렇게 김
매기를 모두 마친 음력 7월쯤에 하루를 즐겁게 먹
고 노는데, 이를 '호미씻이'라고 한다. '써레시침' 또
는 '써우레시침'은 써레를 씻는 날이라는 뜻으로 모
내기를 전후로 '써레'를 사용하는 일을 모두 마치고
하루를 즐겁게 먹고 노는 날을 뜻한다. '써레시침'은
모내기가 끝나고 초벌매기를 시작하기 전에 한다.
'호미씻이'와 '써레시침'은 고된 농사일에 쉼을 주는
민속행사이다. −오덕렬(광주)

써장 북한 | 명사 | 외상
돈이 없이 먼저 가져간 다음 후에 돈을
갚아주는 것.
〔함북〕은희 아버지는 술을 사 오라면서 항상 돈
을 주지 않고 써장을 해 오라고 함메. 표은희 아
버지는 술을 사 오라면서 항상 돈을 주지 않고
외상을 해 오라고 합니다.

썩둥구리 경남 | 명사 | 고주박
땅에 박힌 채 썩은 소나무의 그루터기.
〔울산〕산에 가서 썩둥구리 한 짐 지고 와라. 표

산에 가서 고주박 한 짐 지고 와라. 〔하동〕솔라무
썩둥거리에 걸터앉아 아부지 올 때꺼정 좀 시고
있어라. 표소나무 고주박에 걸터앉아 아버지 올
때까지 좀 쉬고 있어라.
◆'둥구리'는 "줄기를 잘라낸 나무의 밑둥", 즉 '등
걸'을 뜻하고, '썩둥구리'는 '썩은 등걸', 즉 '고주박
(땅에 박힌 채 썩은 소나무의 그루터기)'을 뜻한다.

썩뚜거리 경북 | 명사 | 고주박
땅에 박힌 채 썩은 소나무의 그루터기.
〔안동〕군불 땔 때 썩뚜거리 몇 개만 있으면 넉넉
하지. 표군불 땔 때 고주박 몇 개만 있으면 넉넉
하지.

썩세빠지다 강원 | 형용사 | 극성스럽다
성질이나 행동이 몹시 드세거나 지나치
게 적극적인 데가 있다.
〔강릉〕그걸 혼자 다 했다고? 진짜 썩세빠졌네.
표그걸 혼자 다 했다고? 진짜 극성스럽네. 〔평
창〕그 친구는 억세빠져서 그 일을 해냈다. 표그
친구는 극성스러워서 그 일을 해냈다. 〔춘천〕개
는 얼마나 극썽스러운지 내 정신이 다 빠져. 표
개는 얼마나 극성스러운지 내 정신이 다 빠져.

썩쎄이 북한 | 명사 | 그을음
어떤 물질이 불에 탈 때에 연기에 섞여
나오는 먼지 모양의 검은 가루.
〔평북〕어드렇게 거구만 썩쎄이가 꼈을까? 표어
떻게 거기만 그을음이 꼈을까?

썩은새물 전남 | 명사 | 지지랑물
비가 온 뒤에 썩은 초가집 처마에서 떨
어지는 검붉은 빛깔의 낙숫물.
〔고흥〕오매, 머더고 얼릉 안 들어오냐. 썩은새물
맞으믄 사마구 난단 말다. 표어머, 뭐하느라고

얼른 안 들어오냐, 지지랑물 맞으면 사마귀 난단 말이다.
◆초가지붕에 새 이엉을 올릴 때에 기존에 있던 이엉을 모두 걷어내는 것이 아니라 기존의 이엉 위에 새로 짠 것을 덮는다. 그러다 보니 짚이 켜켜로 쌓이게 되어 안쪽에 있는 오래된 짚은 썩어서 비가 오면 짚 썩은 벌건 물이 흘러내리는데 이 물을 '썩은새물(지지랑물)'이라고 한다. ◆썩은새물의 표준어는 '지지랑물'이고, 전남 사투리는 '지시랑물'이다. 썩은새도 사투리로는 '석은새'라고 한다. 기본적으로 발효한 것도 김치 같은 음식은 '썩었다'라고 하지 않고 '삭았다'라고 한다. 이와 마찬가지로 지붕의 짚도 '썩었다'고 하지 않고 '섞었다' 또는 '삭았다'라고 한다. -오덕렬(광주)

썩장 북한 | 명사 | 청국장
콩을 삶아서 발효시켜서 먹는 장.
〔함북〕우리 오마니 썩장 하나는 잘 맹굴어. 표우리 어머니 청국장 하나는 잘 만들어.

썩째이 북한 | 명사 | 삭정이
살아 있는 나무에 붙어 있는, 말라 죽은 가지.
〔평북〕눈무지를 헤치고 썩째이를 꺾었다. 표눈더미를 헤치고 삭정이를 꺾었다.
◆'썩째이'의 '썩'은 '부패하다'라는 뜻이다. '째이'는 '쟁이'에서 경음화가 일어나고 'ㅇ' 받침이 탈락한 어형이다.

썩후다 전북 | 동사 | 썩히다
유기물이 부패 세균에 의하여 분해됨으로써 원래의 성질을 잃어 나쁜 냄새가 나고 형체가 뭉개지는 상태가 되게 하다.
〔정읍〕홍어는 잘 썩훠야 지대로다. 표홍어는 잘 썩혀야 제대로다. 〔남원〕홍어는 거름자리에 썪궈

야 제맛이지. 표홍어는 두엄자리에 썩혀야 제맛이지.
◆홍어를 삭힐 때 홍어를 항아리에 넣은 상태로 '거름자리(두엄자리)'에 묻어두면 잘 삭는다. -김현식(남원)

썸썽그르다 충북 | 형용사 | 찌뿌드드하다
비나 눈이 올 것같이 날씨가 매우 흐리다.
〔음성〕어째 날이 썸썽그른 기 눈이 올 거 겉어. 표어째 날이 찌뿌드드한 게 눈이 올 거 같아.

씽그리하다 경북 | 형용사 | 서늘하다
물체의 온도나 기온이 꽤 찬 느낌이 있다.
〔대구〕오늘 좀 씽그리하네. 옷 좀 따시게 입어라. 표오늘 좀 서늘하네. 옷 좀 따뜻하게 입어라.
◆대구에서 '성그렇다'는 기온이 낮아서 쌀쌀하다거나 추운 것이 아니라 분위기나 정서에 따른 쌀쌀함, 차거움 등을 말할 때가 많다. -상희구(대구)

씽내다 전북 | 형용사 | 성내다
노여움을 나타내다.
〔군산〕그 노인네는 꺼떡허면 씽만 내니까 누가 말 붙이것냐? 표그 노인네는 걸핏하면 성만 내니까 누가 말 붙이겠냐?

쎄가리 경남 | 명사 | 서캐
이의 알.
〔하동〕머리를 한 메칠 안 깜아더마 쎄가리 생긴 거매이로 건지럽고 머어가 뽈뽈 멀크레이 새애로 기이대이는 거 겉다. 표머리를 한 며칠 안 감았더니 서캐 생긴 것처럼 간지럽고 뭐가 빨빨 머리카락 사이로 기어다니는 거 같다. 〔울산〕머리까락에 새가리가 하얗다. 표머리카락에 서캐가 하얗다.

쎄곤소리 경남 | 명사 | 없음

아쉬운 소리를 일컫는 말.

〔거제〕또 쎄곤소리 한다. 囲또 '쎄곤소리' 한다.

쎄끌 경남 | 명사 | 처마

마룻대에서 도리 또는 보에 걸쳐 지른 나무 끝.

〔고성〕쎄끌에 고드름이 달렸다. 囲처마에 고드름이 달렸다. 〔창원〕비 올 짜아 쎄끌 배겉으로 나가모 비 맞는다. 囲비 올 적에 처마 바깥으로 나가면 비 맞는다.

◆'쎄끌'의 어원은 분명하지 않다. '서까래'에서 온 것으로 보기도 하고, '서까래 끝'의 의미로 보기도 한다. 중세 한국어에 '셔[椽]'라는 말이 있다. 따라서 '서까래'는 '셔+ㅅ+가래'에서 온 말이다(표준 국어대사전 참조). 그렇다면 경남 사투리 '쎄끌'은 '셔 +ㅅ+끝(끝)'에서 온 말일 가능성이 크다. '쎄끌'은 예문에서 보는 것과 같이 단독형으로도 쓰이지만, '쎄끌물, 쎄끌밑'처럼 합성어로 많이 쓰인다. 겨울철 쎄끌밑은 아이들 놀이터의 하나였다. 절대 다수가 초가집이던 시절, 눈이 녹기 시작하면 쎄끌 위 초가지붕을 타고 낙숫물이 떨어졌고 밤이 되면 떨어지는 물은 얼어 고드름이 되었다. 이엉과 맞닿은 부분의 고드름에는 짚이 썩으면서 생기는 붉은 기운이 돌았지만, 그 끝은 말갛게 희었다. 그 흰 부분만 부러뜨려 먹기도 하고 손목 위에 올려놓고 누가 오래 견디나 시합을 하기도 했던 곳이 바로 쎄끌밑이었다. - 김정대(창원)

쎄리 경남 | 부사 | 마구

몹시 세차게. 또는 아주 심하게.

〔창원〕쎄리 마 주우 볿아 뺐다 아이가. 囲마구 마 뭐 밟아버렸잖겠어. 〔부산〕매매 팍팍 쎄리 딱아래이. 囲단단히 팍팍 마구 닦아라.

◆일반적으로 제사 하루 이틀 전에는 제기를 닦아야

하는데, 먼저 마당에 가마니부터 깔고 기왓장을 깨서 가루로 만든 다음, 그것을 물에 타서 짚에 그 물을 묻혀 가며 닦는다. 그때마다 어른들은 밖을 내다보시며 "매매 팍팍 쎄리" 닦을 것을 주문한다. 그래야만 제기가 반질반질 윤이 나기 때문이다. -오정필(부산)

쎄빠지다 경북 | 형용사 | 힘들다

힘이 쓰이는 면이 있다.

〔영천〕갈걸이할 무렵에는 매일 쎄빠지게 일해야지. 囲가을걷이할 무렵에는 매일 힘들게 일해야지.

◆"쎄가 빠지다"라는 말은 혀가 입에서 빠져 나올 정도로 어떤 일이 매우 힘들다는 뜻이다.

쎈찮다 전북 | 형용사 | 시원찮다

마음에 흡족하지 아니하다.

〔전주〕그 남자는 내 짝으로 쎈찮다. 囲그 남자는 내 짝으로 시원찮다.

쏘개울치 강원 | 명사 | 서캐훑이

살이 가늘고 촘촘하여 서캐를 훑어 내는 데 쓰는 참빗.

〔고성〕요즘도 챔빗과 쏘개울치를 파네요. 囲요즘도 참빗과 서캐훑이를 파네요. 〔평창〕씨개빗은 대나무 빗이 좋아요. 囲서캐훑이는 대나무 빗이 좋아요. 〔춘천〕머리를 감구 동백지름을 바르구 챔빗으로 빗으면 서캐가 잘 빠진단다. 囲머리를 감고 동백기름을 바르고 서캐훑이로 빗으면 서캐가 잘 빠진단다. 〔삼척〕챔빗으로 머리를 빗으면 이가 나왔고요. 쎄갱이도 나왔잖소. 囲서캐훑이로 머리를 빗으면 이가 나왔고요. 서캐도 나왔잖소.

◆예전에는 빗살이 성긴 '얼레빗'과 빗살이 촘촘한 '참빗'이 주종을 이루었다. 요즘에는 '참빗'은 예전

처럼 나오지만 '얼레빗'은 없어졌다. 그리고 빗살을 플라스틱이나 철사로 만들기도 하고, 빗에 자루가 달렸다고 '꼬리빗'이라고 부르기도 하며, 얼레빗처럼 빗살이 성긴 빗을 '도끼빗'이라고도 한다. 대부분의 빗에는 자루가 달렸는데, 빗을 솔이라는 의미로 '브러시'라고도 한다. '브러시는 '패들브러시'와 '롤브러시'가 대표적이다. -유연선(춘천) ◆예전에 머리를 빗을 때 '얼개'와 '챔빗'을 썼다. '얼개'는 나무로 되어 있어 사이가 성글었다. 그냥 머리를 빗거나 헝클어진 머리를 빗을 때 주로 썼다. '챔빗'은 대나무를 가늘게 쪼개어 만들었기 때문에 아주 촘촘했다. 머리를 더 단정히 빗는 데 썼고 머리에 생긴 '이'나 '쎄겡이(서캐)'를 훑어내는 데도 요긴하게 쓰였다. -이경진(삼척)

쏘내기 전북 | 명사 | 쐐기
쐐기나방의 애벌레. 몸은 짧고 굵으며 엷은 녹색이다. 번데기는 굳은 고치 속에 있는데 몸에 독침을 지닌 돌기가 있다. 감나무, 배나무, 능금나무 따위를 해친다.
〔군산〕담베락에 쏘내기 천지였당게. 표담벼락에 쐐기 천지였다니까. 〔임실〕쐬애기 쒼 자리가 불키고 쏙쏙 애림서 군시럽다. 표쐐기 쏘인 자리가 부르트고 쏙쏙 아리면서 군시럽다.

쏘다 충남 | 형용사 | 춥다
대기의 온도가 낮다.
〔홍성〕오늘 날 쏘다. 표오늘은 날 춥다.
◆'쏘다'는 살갗을 에일 듯이 추울 때 쓰는 말이다. -조원복(홍성)

쏘댕기다 충남 | 동사 | 쏘다니다
아무 데나 마구 분주하게 돌아다니다.
〔공주〕너는 허구헌 날 허는 일 읎이 그리 쏘댕겨

쏘댕기긴. 표너는 허구한 날 하는 일 없이 그리 쏘다녀 쏘다니긴.

쏘물다 경남 | 형용사 | 좁다
틈이나 간격이 넓지 않다.
〔진주〕모를 그래 쏘물게 심그믄 안 되고 더 널카라. 표모를 그렇게 좁게 심으면 안 되고 더 넓게 해라. 〔하동〕마음을 쏘무게 무으믄 델 일도 안 된다. 표마음을 좁게 먹으면 될 일도 안 된다.

쏘이다 전남 | 형용사 | 없음
돌을 잘못 디뎌서 발바닥이 심하게 아픈 현상.
〔고흥〕나가 에랬을 때에 독에 쐬에 갖고 그놈이 애레서 혼났어. 표내가 어렸을 때에 돌에 '쐬에 갖고' 그놈이 아려서 혼났어.
◆고르지 못한 자갈길을 고무신을 신고 걷거나 뛰다 보면 돌에 발을 잘못 디뎌서 발을 다치게 되는데 이러한 상황을 "이리 볼캉 저리 볼캉 독에 쏘였다(이리 불쑥 저리 불쑥한 돌에 쏘였다)"라고 한다.

쏙구리다 전남 | 형용사 | 없음
속이 차지 않고 비었다.
〔영암〕겉은 멀쩡한 디 하나같이 쏙구렸응께 올해 호박 농사는 망쳐 브렀구만. 표겉은 멀쩡한데 하나같이 '쏙구렸응께' 올해 호박 농사는 망쳐 버렸구만.
◆'쏙구리다'는 '속'에 '굴다'가 결합한 말로 보인다. '굴다'는 '줄다'를 뜻하는 말로 제주뿐만 아니라 전남에서도 쓰이는 말이다. 즉 '쏙구리다'는 "속이 굴다(속이 비다)"를 뜻하는 말이다.

쏙새 강원 | 명사 | 씀바귀
국화과의 여러해살이풀.
〔홍천〕쏙새가 제일이지. 표씀바귀가 제일이지.

437

〔원주〕씸바구도 두 가지잖어. 큰 것은 꼬들빼이, 작은 것은 쏙새지. 표씀바귀도 두 가지잖아. 큰 것은 '꼬들빼이', 작은 것은 '쏙새'지.

쏙쏘리바람 전남 | 명사 | 회오리바람
갑자기 생긴 저기압 주변으로 한꺼번에 모여든 공기가 나선 모양으로 일으키는 선회(旋回) 운동.
〔고흥〕옛날에 망주 학교가 쏙쏘리바람에 무너져 부렀어. 표옛날에 망주 학교가 회오리바람에 무너져버렸어.
◆60~70년 전에는 '쏙쏘리바람'이 자주 불었다고 한다. '쏙쏘리바람'이 불고나면 소나기가 내릴 때도 많았고 이런 날씨에는 곡식을 널어 말릴 수도 없었다고 한다. '쏙쏘리바람'은 경남 동부 해안가에서 많이 쓰는 말이고, 대부분의 지역에서는 '소소리바람'이라고 한다. '소소리바람'이 위로 높이 치솟는 바람이라면, '회오리바람'은 돌면서 높이 치솟는 바람을 뜻하는 말이라고 할 수 있다.

쏙이다 경기 | 동사 | 속이다
거짓이나 꾀에 넘어가게 하다.
〔용인〕맨날 쏙일 궁리나 허구 도저히 믿을 수 없는 사람이죠. 표맨날 속일 궁리나 하고 도저히 믿을 수 없는 사람이죠.

쏠라쏠라 북한 | 부사 | 없음
알아들을 수 없는 말을 하는 소리. 또는 그 모양.
〔평안〕북쪽 지역 사람들은 자기들끼리 쏠라쏠라 말한다. 표북쪽 지역 사람들은 자기들끼리 '쏠라쏠라' 말한다.
◆남한에서 쓰는 '쏼라쏼라'는 알아들을 수 없는 외국어를 하는 소리를 나타내는 말이고, '속닥속닥'은 남이 듣지 못하게 작은 목소리로 은밀하게 이야기하는 소리를 나타내는 말인데, '쏠라쏠라'는 남이 알아듣지 못할 지방 언어를 말하는 소리나 그 모양을 나타내는 말이다.

쏠캄하다 전남 | 형용사 | 뾰족하다
물체의 끝이 점차 가늘어져서 날카롭다.
〔해남〕가시가 쏠캄해서 찔링께 조심해야. 표가시가 뾰족해서 찔리니까 조심해.

쏴개다 전남 | 형용사 | 고되다
하는 일이 힘에 겨워 고단하다.
〔구례〕아이고, 쏴개라. 표아이고, 고되라. 〔보성〕그러면 이 노무 건, 배는 고푸재, 훌려는 고되재. -이기갑(2008) 표그러면 이 놈의 것, 배는 고프지, 훈련은 고되지.

쐤다 충남 | 형용사 | 많다
수효나 분량, 정도 따위가 일정한 기준을 넘다.
〔공주〕올이는 감재 농사가 잘데써 흔헌 개 감저다. 쐐빠저 가지구 지가비나 바둘러나 모르거네. 표올해는 감자 농사가 잘돼서 흔한 게 감자지. 많아 가지고 제값이나 받으려나 모르겠네.

쑤다 충북 | 동사 | 켜다
등잔이나 양초 따위에 불을 붙이거나 성냥이나 라이터 따위에 불을 일으키다.
〔옥천〕깜깜하믄 불을 쒀야 혀. 표깜깜하면 불을 켜야 해.
◆옛 어르신들은 가족들이 바깥에 나가 다 돌아오지 않으면 "밖에 불 쒀 놔라"라고 이야기하곤 한다. '쑤다'는 표준어 '켜다'와 달리 전체 전기 제품에 쓰이지 않고 전등 따위에만 쓰는 말이다.

쑤벅쑤벅 경기 | 부사 | 꿋꿋이

사람의 기개, 의지, 태도나 마음가짐 따위가 매우 굳센 태도로.

〔강화〕나 오늘 하루종일 땡볕에서 혼자 쑤벅쑤벅 김만 맸어. 표나 오늘 하루종일 땡볕에서 혼자 꿋꿋이 김만 맸어.

쑤수부깨미 충북 | 명사 | 수수부꾸미
수수 가루를 반죽하여 둥글고 넓게 만들어 기름에 지진 떡.

〔단양〕쑤수부깨미넌 수수를 빠 가지구 부칭개마냥 부쳐서 먹는 겨. 표수수부꾸미는 수수를 빻아 가지고 부침개처럼 부쳐서 먹는 거야.

쑤수풀떼기 충남 | 명사 | 없음
수수를 가루로 만들어 끓인 죽

〔공주〕농사치도 벤벤치 않지. 거기다가 숭년까지 들어 먹을 게 벤벤히 있남. 질리드룩 지긋지긋허개두 쑤수풀떼기죽을 쒀 먹었지. 표농사치도 변변치 않지. 거기다가 흉년까지 들어 먹을 게 변변히 있나. 질리도록 지긋지긋하게도 '쑤수풀떼기'죽을 쑤어 먹었지.

◆ '쑤수풀떼기'는 수숫가루를 넣어 걸쭉하게 쑨 죽을 뜻하는 말이다. 팥이나 콩, 찹쌀, 호박을 함께 삶아 쑤기도 한다.

쑤시방태이 경남 | 명사 | 엉망
일이나 사물이 헝클어져서 갈피를 잡을 수 없을 만큼 어수선한 상태.

〔함안〕머리가 쑤시방태이다. 표머리가 엉망이다. 〔하동〕저 나락논은 울매나 피가 많은지 쑤시방태이다. 표저 벼논은 얼마나 피가 많은지 엉망이다.

◆ '쑤시방태이'의 '쑤시'는 '수세미'를 뜻하고 '방태이'는 '뭉텅이'를 뜻한다. 따라서 '쑤시방태이'는 수세미 뭉텅이처럼 마구 흐트러진 머리털을 뜻하는 말로도 쓰인다. 표준어로는 '쑥대머리'에 대응한다.

쑥방맹이 경기 | 명사 | 부싯깃
부시를 칠 때 불똥이 박혀서 불이 붙도록 부싯돌에 대는 물건.

〔양평〕옛날에 불을 붙일래면 쑥을 묶어 쑥방맹이를 만들고 거기에 부싯돌을 쳤어. 표옛날에 불을 붙이려면 쑥을 묶어 부싯깃을 만들고 거기에 부싯돌을 쳤어.

◆ '쑥방맹이'는 어형적으로 '쑥방망이'의 사투리로 볼 수 있으나 표준어 '쑥방망이'는 쑥덕을 만들기 위해 쑥을 문지를 때 쓰는 작은 방망이를 뜻하니 서로 다른 말이다. 옛날에 불이 필요할 때 딱딱한 돌인 석영에 쇠붙이를 긁듯이 쳐서 불을 일으켰다. 이때 반짝 튀는 불똥은 일시적이므로 불을 유지할 매개체가 필요했는데 종이가 없던 시절 주로 쓴 것이 바로 마른 쑥이다. 즉 마른 쑥가루를 쓰기도 했지만 마른 쑥을 묶어 만든 쑥방맹이를 부싯돌에 갖다 대고 부시로 부싯돌을 쳐서 불을 일으키면 쑥방맹이에 불이 옮겨붙는 것이다.

쑥소 전남 | 명사 | 수소
소의 수컷인 수소를 이르는 말.

〔영암〕쑥소 암소 그라제.-이기갑(2009) 표수소 암소 그러지. 〔곡성〕수쏘를 보고는 그냥 부사리라 허지요.-이기갑(2012) 표수소를 보고는 그냥 '부사리'라 하지요.

쑥시기판 경남 | 형용사 | 난장판
여러 사람이 어지러이 뒤섞여 떠들어대거나 뒤엉켜 뒤죽박죽이 된 곳. 또는 그런 상태.

〔부산〕방이 이기 머고, 완전 쑥시기판 다 댔네. 표방이 이게 뭐니, 완전 난장판 다 됐네.

쑥시랍다 전북 | 형용사 | 쑥스럽다
하는 짓이나 모양이 자연스럽지 못하고

우습고 싱거운 데가 있다.

〔정읍〕아따, 칭찬 좀 그만허라, 쑥시랍다. 표아따, 칭찬 좀 그만해라, 쑥스럽다. 〔임실〕잘헌 것도 벨로 없는디 상을 받을랑개 쑥시럽네요. 표잘한 것도 별로 없는데 상을 받으려니 쑥스럽네요.

쑥쑥허다 경남 | 형용사 | 지저분하다

정돈이 되어 있지 않고 어수선하다.

〔하동〕쑥쑥허고로 흙 묻은 손으로 낯을 몬치노? 표지저분하게 흙 묻은 손으로 낯을 만지니? 〔창원〕도재가 너무 쑥쑥어서 쫌 치아는 중이다. 표곳간이 너무 지저분해서 좀 치우는 중이다.

◆창원에서는 '쑥쑥하다'라는 말을 사람에게는 잘 쓰지 않고 사물이나 장소에 잘 쓴다. −김정대(창원)

쑥털털이 경남 | 명사 | 쑥버무리

쌀가루와 쑥을 한데 버무려서 시루에 찐 떡.

〔마산〕봄에 쑥털털이 해 무우까? 표봄에 쑥버무리 해 먹을까?

◆'쑥버무리'는 봄에 뜯은 쑥에 밀가루나 부드러운 보릿겨를 버무려 쪘다고 해서 붙여진 이름이다. 최근에 와서는 쌀가루를 넣기도 한다. '쑥털털이'는 쑥에 곡물가루를 버무릴 때 어느 한쪽에 뭉치지 않도록 탈탈 털어서 붙여진 이름으로 보이는데, '쑥털털이'를 줄여서 '털털이'라고도 한다. 쑥털털이에 쓰는 쑥은 초봄에 갓 올라오는 쑥이 아니라 쓴 맛이 제법 많은 자란 쑥이다. 쑥국을 끓여 먹기에는 좀 늦은 쑥은 찐 음식으로 활용되는 것이다.

쉐미 강원 | 명사 | 수염

성숙한 남자의 입 주변이나 턱 또는 뺨에 나는 털.

〔정선〕장에 갈라믄 쉐미 좀 깎고 가그라. 표장에 가려면 수염 좀 깎고 가거라. 〔춘천〕쉠이 허연 노인네가 아부질 찾아왔었어. 표수염이 하얀 노인네가 아버지를 찾아왔었어. 〔삼척〕코 밑에 쐬미가 새카맣게 나는 걸 보니 꽤 컷구나. 표코 밑에 수염이 새카맣게 나는 걸 보니 꽤 컸구나.

쓰겁다 강원 | 형용사 | 쓰다

혀로 느끼는 맛이 한약이나 소태, 씀바귀의 맛과 같다.

〔고성〕나물이 쓰겁다. 표나물이 쓰다. 〔평창〕가물어서 오이가 된통 씨굽다. 표가물어서 오이가 된통 쓰다. 〔춘천〕꿀두 약이라면 쓰겁다는데. 표꿀도 약이라면 쓰다는데. 〔인제〕그래 씨구운 걸 왜 먹구 난리냐? 표그러게 쓴 걸 왜 먹고 난리야? 〔삼척〕물외 끝 부분인 꼭지를 먹으면 씨굽잖소. 표오이 끝 부분인 꼭지를 먹으면 쓰잖소.

◆약재로 사용하는 소태나무 껍질이 무척 쓰기 때문에 '소태다'라고도 한다. 소태나무 껍질은 매우 질겨서 미투리의 뒷갱기로도 쓰고, 무엇을 동여맬 때도 쓴다. −최길시(강릉) ◆상대의 언행이 마음에 들지 않을 때도 "입이 쓰다"라고 한다. 동해에서는 "입이 씨과서 말이 안 나온다.(입이 써서 말이 안 나온다.)라고 하고, 강릉에서는 "입이 씨꾸와서 퉁을 줬다.(입이 써서 핀잔을 주었다.)"라고 말한다.

쓰굽다 충북 | 형용사 | 쓰다

혀로 느끼는 맛이 한약이나 소태, 씀바귀의 맛과 같다.

〔단양〕애덜은 약이 쓰구어서 잘 안 먹을라구 그라지. 표애들은 약이 써서 잘 안 먹으려고 그러지.

쓰다 전남 | 동사 | 켜다

갈증이 나서 물을 자꾸 마시다.

〔고흥〕쌩김치가 맛나서 아조 많이 묵어 부렀드마 물이 쓰이네. 표생김치가 맛나서 아주 많이 먹어버렸더니 물이 켜네.

쓰레 충북 | 명사 | 써레

갈아놓은 논의 바닥을 고르는 데 쓰는 농기구.

[괴산]쓰레럴 소가 끌지 누가 끌어? 표써레를 소가 끌지 누가 끌어?

◆긴 각목에 둥글고 끝이 뾰족한 살을 7~10개 박고 손잡이를 가로 대었으며 각목의 양쪽에 밧줄을 달아 소나 말이 끌게 되어 있다.

쓰레질 경기 | 명사 | 써레질

써레로 논바닥을 고르거나 흙덩이를 잘게 부수는 일.

[강화]쓰레질을 해놓고 사날 정도는 재워야 흙탕물이 가라앉아 모가 쓰러지지 않아. 표써레질을 해놓고 사날 정도는 재워야 흙탕물이 가라앉아 모가 쓰러지지 않아. [이천]쓰레질 일꾼이 최고여. 표써레질 일꾼이 최고야.

◆'써레'는 소나무를 이용한 긴 토막나무에 참나무나 박달나무처럼 단단한 나무를 깎아 만든 둥글고 끝이 뾰족한 이를 빗살처럼 나란히 박은 다음 위에는 손잡이를 가로 대었다. 그런 다음 토막나무에 긴 나무를 대각을 이루게끔 박고 거기에 밧줄을 매어 소 멍에에 잡아매었다.

쓰잘데기 충남 | 명사 | 쓰잘머리

사람이나 사물의 쓸모 있는 면모나 유용한 구석.

[논산]느딜 하는 소리 하나 쓰잘데기 없다. 표너희들 하는 소리 하나 쓰잘머리 없다. [서산]그럼 쓰잘데기 읊넌 말은 당체 허들 말게. 표그런 쓰잘머리 없는 말은 당최 하지 말게. [태안]쓰잘데기 읊넌 증치 얘기 허들 말구 얼릉 새내끼나 꽈. 쫌 있으면 새벽여. 표쓰잘머리 없는 정치 얘기 하지 말고 얼른 새끼나 꽈. 조금 있으면 새벽이야. [공주]그것 시장에서 필요할 것 같아 하나 사

왔이더니마는 아무 쓰잘떼기도 읎다구 하네그랴. 표그거 시장에서 필요할 것 같아 하나 사 왔더니만 아무 쓰잘머리도 없다고 하네그래.

◆주로 '쓰잘데기 없다'와 같이 부정적인 의미로 사용된다.

쓸다 충남 | 동사 | 썰다

어떤 물체에 칼이나 톱을 대고 아래로 누르면서 날을 앞뒤로 움직여서 잘라 내거나 토막이 나게 하다.

[서산]괴깃뎅이를 먹기 좋게 쓸어 오너라. 표고깃덩이를 먹기 좋게 썰어 오너라. [태안]무수를 쓸다 말구 수둑이 냉기면 낭중이 누가 다 쓴다니. 표무를 썰다 말고 수두룩이 남기면 나중에 누가 다 썬다니. [공주]자루 잰 듯하게 잘 쓸어 갖춰놔. 표자로 잰 듯하게 잘 썰어 갖춰놔.

◆충청도 사투리의 모음 특징 중 하나로 '으'와 '어' 모음이 교체되는 것이 있다. 예를 들어 '써레질'을 '쓰레질'이라 하고 '업신여기다'를 '읍시여기다'라 하는 것과 같다. '썰다'를 '쓸다'라고 하는 것도 그 한 예이다.

씀벅씀벅하다 전북 | 동사 | 없음

생각 없이 말을 함부로 해대다.

[군산]가운데서 가만히 자빠져 있지 씀벅씀벅 납디지 마. 표가운데에서 가만히 넘어져 있지 '씀벅씀벅' 다대지 마. [임실]너는 씸뻑씸벅 말허는 것이 험이여. 표너는 '씸뻑씸벅' 말하는 것이 흠이야.

◆'씀벅씀벅하다'는 '눈꺼풀이 움직이며 눈이 잇따라 감겼다 떠졌다 하다. 또는 그렇게 되게 하다'라는 뜻과 '눈이나 살 속이 찌르듯이 잇따라 시근시근하다'라는 뜻을 지닌다. 하지만 전북 사투리 '씀벅씀벅하다' 또는 '씀벅씀벅허다'는 듣는 사람의 감정 상태를 전혀 고려하지 않고 생각 없이 함부로 말을 내뱉는

상황을 가리킬 때 자주 쓰는 말이다.

쑵쓰그리하다 경북 | 형용사 | 쓰다
혀로 느끼는 맛이 한약이나 소태, 씀바귀의 맛과 같다.
〔대구〕밥 맛이 쑵쓰그리하다. 표밥 맛이 쓰다.
〔영덕〕입맛이 쑵쓰그리하다. 표입맛이 쓰다.

쓩내다 강원 | 형용사 | 성내다
노여움을 나타내다.
〔강릉〕아, 똥 싼 눔이 쑵낸다구, 니가 지끔 어데 더거 숭질으 부리구 있어? 표아, 똥 싼 놈이 성 낸다고, 네가 지금 어디에다가 성질을 부리고 있어? 〔삼척〕똥 싼 놈이 쓩내고 방귀 뀐 놈이 쓩낸 다오. 표똥 싼 놈이 성내고 방귀 뀐 놈이 성낸다오. 〔춘천〕승내 봤자 니만 손해야. 표성내 봤자 너만 손해야.

쓩어리 충북 | 명사 | 피라미의 수컷
잉엇과의 민물고기.
〔단양〕쓩어리 잡어다가 지져 놓으믄 술안주루 질 이여. 표피라미 수놈 잡아다가 지져 놓으면 술안 주로 제일이야.
◆암수를 따로 구분하지 않을 때는 '피래미'라고 하는데, 암컷을 따로 부를 때는 '꽃깔라리'라고 한다.

씨구랑허다 전남 | 형용사 | 없음
(1)상대에게 불만을 표하기 위해 입을 내밀고 표정이 굳어 있다.
(2)풀이 죽다.
〔고흥〕일을 잔 시케 농께 허기가 싫어서 씨구랑 해갖고 있구마잉. 표일을 좀 시켜놓으니까 하기 가 싫어서 '씨구랑 해갖고' 있고만.
◆'씨구랑허다'는 무언가 불만이 있는 상태를 뜻하는 데, '뛰뛰허다'라고도 하며, 입이 쑥 나온 상태를 "입 이 툭시발(만)하다"라고도 한다.

씨다 충남 | 형용사 | 세다
행동하거나 밀고 나가는 기세 따위가 강하다.
〔공주〕고집허구는 웅고집 닮았나 얼마나 씬지 아무도 못 말려. 표고집하고는 웅고집 닮았나 얼 마나 센지 아무도 못 말려. 〔서산〕큰딸이 고집 너머 쎄서 오머니는 늘 걱정이여. 표큰딸이 고집 이 너무 세서 어머니는 늘 걱정이다.

씨락국 경남 | 명사 | 시래깃국
시래기를 넣어 끓인 된장국.
〔통영〕충무김밥 묵을 때 씨락국이 빠지모 씨나? 표충무김밥 먹을 때 시래깃국이 빠지면 쓰나?

씨사이 경남 | 명사 | 실없쟁이
실없는 사람을 놀림조로 이르는 말.
〔하동〕씨사이 나올장 가는 것도 아니고 시킨 일 이나 잘헐 일이지. 표실없쟁이 나흘장 가는 것도 아니고 시킨 일이나 잘할 일이지.
◆거제의 '씨산이'는 '실없는 사람'이 아니라 '말이 많은 사람'을 뜻한다. -김의부(거제) ◆"씨사이 나 을장 간다"라는 말은 닷새 만에 열리는 오일장을 하 루 전날에 찾아간다는 뜻으로 쓸데없는 일을 하는 '매착없는 사람'을 가리키는 말이다. -김성재(고성)

씨아똥 전북 | 명사 | 왕고들빼기
국화과의 한해살이풀 또는 두해살이풀 인 왕고들빼기를 이르는 말. 어린순을 식용한다.
〔진안〕봄에 씨아똥 캐서 짐치 담으믄 맛나. 표봄 에 왕고들빼기 캐서 김치 담그면 맛나. 〔부안〕씨아 똥으로 쌈도 싸 먹고 겉절이도 해 먹고 그려. 표왕 고들빼기로 쌈도 싸 먹고 겉절이도 해 먹고 그래.

씨압씨 전남 | 명사 | 시아버지
남편의 아버지를 이르는 말.
〔고흥〕우리 씨압씨는 나를 이뻐했제. 시엄씨가 그 꼴을 못 봐내 갖고 나를 미워라 했어. 표우리 시아버지는 나를 예뻐했지. 시어머니가 그 꼴을 못 봐 가지고 나를 미워라 했어.

씨앗소 전북 | 명사 | 없음
암소가 낳은 첫 송아지를 이르는 말.
〔고창〕소앙치를 대신 키워 줌게, 씨앗소를 한 마리 주데요. 표송아지를 대신 키워 주니까 '씨앗소'를 한 마리 줬어요.

씨앗숲 북한 | 명사 | 실생림
씨가 싹이 터서 자라 이루어진 숲.
〔북한〕씨앗숲에 가서 나무를 해치면 큰일 남메.-채훈영(2000) 표실생림에 가서 나무를 해치면 큰일 납니다.
◆북한의 산림경영소라고 불리는 곳에서 북한 전역의 산림을 관리하는데 씨앗, 묘목 등을 관리하는 숲을 따로 지정해놓고 있다. 산림을 관리할 목적으로 씨앗을 받아내는 숲을 '씨앗숲'이라고 하고, 작은 묘목들을 생산하는 숲을 '묘목숲'이라고 부른다. '소년단림'은 소년단원들이 가꾸는 숲, '사로청림'은 사로청원들이 가꾸는 숲을 뜻한다.

씨얐다 전남 | 동사 | 없음
쌓여 있다.
〔신안〕바테가 보리가 한나 씨야써도 암 메.-이기갑(2012) 표밭에 보리가 가득 '씨야써도' 안 매.
◆'씨얐다'는 '흔하게 많다', '쌔고 쌨다'의 의미도 있다. -조선희(장성)

씨우룽ᄒ다 제주 | 형용사 | 쌉쓰레하다
맛이 조금 쌉쌀한 듯하다.

〔구좌-한동〕돌포말은 씨우룽헹 것만은 하영 못 먹어. 표눈알고둥은 쌉쓰레해서 그것만은 많이 못 먹어. 〔토평〕옛날은게 질러서 ᄂ물 헹 와도 어떵 안행 먹어낫주게. 그 드룻ᄂ물 ᄒᄁ옴 씨우룽혜도 막 맛셔낫어. 표옛날은 길에서 나물 해 와도 어째 않고 먹었어. 그 들나물 조금 쌉쓰레해도 아주 맛있었어.

씨월이다 전북 | 동사 | 시부렁거리다
주책없이 쓸데없는 말을 함부로 자꾸 지껄이다.
〔정읍〕그만 좀 씨월이고 밥이나 먹어라. 표그만 좀 시부렁거리고 밥이나 먹어라. 〔남원〕괜한 말 씨부렁데지 말고 한쪽에 가만히 있어라. 표괜한 말 시부렁거리지 말고 한쪽에 가만히 있어라.

씨익씨익하다 전남 | 형용사 | 심심하다
하는 일이 없어 지루하고 재미가 없다.
〔고흥〕오메 씨익씨익한 그. 표어머, 심심한 거.

씨잘데기없다 전북 | 형용사 | 쓸데없다
아무런 쓸모나 득이 될 것이 없다.
〔임실〕너는 맨날 씨잘데기없는 소리만 허냐? 표너는 맨날 쓸데없는 소리만 하냐? 〔군산〕오랜만에 만서서 씨잘데기없는 소리만 하고 간다. 표오랜만에 만나서 쓸데없는 소리만 하고 간다. 〔남원〕씨잘데기없이 날시도 더운디 돌아댕기고 날려. 표쓸데없이 날씨도 더운데 돌아다니고 난리야. 〔정읍〕이것들이 쓰잘데기없는 말만 나불대고 지랄이여? 표이것들이 쓸데없는 말만 나불대고 지랄이야?

씬나물 경남 | 명사 | 없음
고들빼기나 씀바귀처럼 쓴맛이 나는 모든 나물을 두루 일컫는 말.

〔창녕〕씬나물 문쳐서 무우마 마싶다. 표'씬나물'
을 무쳐서 먹으면 맛있다. 〔하동〕아 젖 떼는 디는
소태가 체고지만 씬너물도 개안타. 표아이 젖 떼
는 데는 소태가 최고지만 '씬너물'도 괜찮다.
◆경남에서 '씬나물'은 '씀바귀'뿐만 아니라 '냉이'
와 '민들레', '고들빼기'처럼 쓴맛이 나는 모든 나물
을 두루 일컫는 말이다. 그렇다고 각 나물의 이름이
없는 것은 아니다. 예를 들어 씀바귀는 '씬내이/씬
냉이'라고 한다. -경남방언연구보존회 ◆울산에서
'씬나물'은 '씀바귀'를 가리키는 말이다. '고들빼기'
는 '꼬들빼기'라고 하고, '냉이'는 '나새이/나생이/내
이', '민들레'는 '맨들레/신내이'라고 한다.

씬내이 경남 | 명사 | 씀바귀
국화과의 여러해살이풀.
〔울산〕씬내이 나물 다 팔고 가능 교? 표씀바귀
나물 다 팔고 가는 거예요? 〔마산〕에릴 때는 씬
내이가 그리 맛이 없더마는 나가 든께네 그 쌉쌀
한 맛이 땡긴다. 표어릴 때는 씀바귀가 그리 맛이
없더니 나이가 드니까 그 쌉쌀한 맛이 당긴다.
◆'씬내이'는 거제·거창·김해·밀양·사천·영덕·울
산·창녕·창원·합천 등지에서는 '씀바귀'를 가리키
는 말이지만, 창원에서는 '고들빼기'나 '민들레', 통
영에서는 '민들레'를 가리키는 말이 된다. -경남방
언연구보존회

씬내이 충북 | 명사 | 씀바귀
국화과의 여러해살이풀.
〔옥천〕봄에 씬내이 캐다가 꼬치장에 무쳐 먹으
믄 밥 반찬으로는 질여. 표봄에 씀바귀 캐다가
고추장에 무쳐 먹으면 밥 반찬으로는 제일이야.

씬더구 전남 | 명사 | 얼굴/표정
(1)눈, 코, 입이 있는 머리의 앞면.
(2)얼굴을 속되게 이르는 말.

(3)마음속에 품은 감정이나 정서 따위의
심리 상태가 겉으로 드러남. 또는 그런
모습.
〔고흥〕아이, 씬더구가 시커머이 머이냐, 존 썩어
라. 표야, 얼굴이 새카마니 뭐냐, 좀 씻어라. 〔진
도〕요새는 그 사람 꼴새 보기가 꿈에 용 보기 같
어라우. 표요새는 그 사람 얼굴 보기가 꿈에 용
보기 같아요. 〔진도〕새 그 사람한테 먼 걱정 있
는가 꼴새가 말이 아니어라. 표요새 그 사람한테
무슨 걱정 있는가 얼굴이 말이 아니에요.
◆'씬더구'는 "저런 문댕이 씬더구를 허고 있응께 집
안이 하냥 요 꼴이제(저런 못된 꼬락서니를 하고 있
으니 집안이 늘 이 꼴이지)"처럼 주로 부정적인 의
미로 '낯빤대기'보다 더 불만을 표현할 때 쓰는 말이
다. ◆'씬더구'는 사람 얼굴이나 표정 및 물건의 생김
새를 말할 때 쓰는 말이다. -주광현(진도)

씬찬허다 전남 | 형용사 | 시원찮다
마음에 흡족하지 아니하다.
〔고흥〕니는 한다고 해싼다마는 나 보기는 씬찮허
다. 표너는 한다고 한다마는 내 보기는 시원찮다.
◆'씬찬허다'는 '쎈찬허다'라고도 한다. "혼차 해 바
라고 냅뒀는디 암만해도 쎈찬하요.(혼자 해 보라고
내버려 두었는데 아무래도 시원치 않아요.)"라는 말
은 단순히 마음에 들지 않는다는 뜻보다 '불안하다'
또는 '걱정스럽다'라는 뜻도 있는 것으로 보인다.

씰다 경기 | 동사 | 쓸다
비로 쓰레기 따위를 밀어내거나 한데 모
아서 버리다.
〔양평〕오전 내내 낙엽 씰어내느라 바빴어. 표오
전 내내 낙엽 쓸어내느라 바빴어.

씹다 경남 | 형용사 | 쓰다
혀로 느끼는 맛이 한약이나 소태, 씀바

귀의 맛과 같다.

〔하동〕머구잎이 씹기는 해도 쌈 싸 묵으면 맛있다. 표머위잎이 쓰기는 해도 쌈 싸 먹으면 맛있다. 〔창녕〕씹다 달다 말이 엄따. 표쓰다 달다 말이 없다. 〔창원〕이 나물은 너무 쑳어서 아아들은 잘 못 묵는다. 표이 나물은 너무 써서 아이들은 잘 못 먹는다.

◆창녕에서는 '쓰다'를 뜻하는 말을 모두 '씹다'로 발음한다. '쓴맛'을 '씬맛'이라고 하고, '쓴소리'를 '씨분소리', '씁쓰레하다'를 '씹쑤룸하다/씹씨부리하다'라고 한다. −성기각(창녕) ◆울산에서는 많이 쓸 때 '씨다'라고 하고 조금 쓸 때 '십다'라고 한다. −조용하(울산)

씹씨룸하다 강원 | 형용사 | 씁쓰레하다
(1)맛이 조금 쑵쓸한 듯하다.
(2)달갑지 아니하여 싫거나 언짢은 기분이 조금 나는 듯하다.
〔강릉〕오직했이문 그랬을까 싶어서 씹씨룸하네야. 표오죽했으면 그랬을까 싶어서 씁쓰레하다. 〔춘천〕그눔이 다짜고짜 삿대질을 허는데 사람들이 말려서 그만뒀지만 맴은 씹쓰룸허구먼. 표그놈이 다짜고짜 삿대질을 하는데 사람들이 말려서 그만뒀지만 마음은 씁쓰레하구먼. 〔삼척〕두릅보다는 개두릅이 더 씹싸름하잖소. 표두릅보다는 개두릅이 더 씁쓰레하잖소.

씻치다 충남 | 동사 | 씻다
물이나 휴지 따위로 때나 더러운 것을 없게 하다.
〔태안〕메눌악아, 방 다 훔쳤으면 언능 나와 배차점 씻쳐라. 표며늘아가, 방 다 훔쳤으면 얼른 나와 배추 좀 씻어라. 〔예산〕그것두 꺼내서 잘 씨치묵어야지 안 그름 지끌유. 표그것도 꺼내서 잘 씻어 먹어야지 안 그럼 흙이 씹혀요. 〔서산〕몸두

맘두 깨깟이 찟구 치성을 디린다. 표몸도 마음도 깨끗이 씻고 치성을 드린다.

씽내이 경남 | 명사 | 없음
땟국물이 흐르는 칠칠치 못한 아이를 이르는 말.
〔진주〕쌩내이맨키로 해 가꼬 오대로 그리 댕기노? 표쌩내이처럼 해가지고 어디를 그리 다니니? 〔하동〕저 아는 에미가 씻기지도 않는지 맨날 씽예이걸이 하고 돌아댕기노? 표저 아이는 엄마가 씻기지도 않는지 매일 '씽예이'같이 하고 돌아다니네? 〔하동〕씽예이걸이 손이 새까마이 해갖고 밥을 우찌 물래? 표'씽예이'같이 손이 새까맣게 해가지고 밥을 어찌 먹을래?

◆'씽내이'는 본래 갯과의 포유류 '승냥이'를 이르는 말인데, 승냥이처럼 돌아다니는 아이를 가리키는 말로도 쓰인다.

씽치이 북한 | 명사 | 식충이
밥만 먹고 하는 일 없이 지내는 사람을 비난조로 이르는 말.
〔함경〕씽치이처럼 게걸스럽게 먹는다야. 표식충이처럼 게걸스럽게 먹는구나.

씽쿠 전남 | 부사 | 시원히
어떤 일이 그렇게 되어서 아주 고소하다라는 의미로 사용한다.
〔고흥〕혼자 더 마이 묵을라고 욕심 부래쌌트마 씽쿠 잘해 부렀다. 표혼자 더 많이 먹으려고 욕심 부려대더니 시원히 잘돼 버렸다.

◆'씽쿠'는 "씽쿠 잘했다" 또는 "씽쿠 잘됐다"처럼 상대가 마뜩찮은 행동을 하다가 잘못되었을 때 쓰는 말이다.

아강발 제주 | 명사 | 족발
각을 뜬 돼지의 발. 또는 그것을 조린 음식.
〔노형〕아강발 안줘에 술이나 혼잔 허게. 표족발
안주에 술이나 한잔 하자.

아구똥허다 전북 | 형용사 | 당돌하다
꺼리거나 어려워하는 마음이 조금도 없
이 올차고 다부지다.
〔정읍〕저놈은 키는 주먹만 허지만 솔찬히 아구
똥지당게. 표저놈은 키는 주먹만 하지만 상당히
당돌해.

아궁지 경기 | 명사 | 아궁이
방이나 솥 따위에 불을 때기 위하여 만
든 구멍.
〔포천〕아궁지에서 나오는 재 같으면 좀 난데 이
화장실에 있는 변소간에 있는 재를 갔다 퍼다가
막 껴언질 땐 아주 그 또 냄새나구 죽을 지경이
거든뇨.-최명옥(2013) 표아궁이에서 나오는 재
같으면 좀 나은데 이 화장실에 있는 변소간에 있
는 재를 갔다 퍼다가 막 끼얼때는 아주 그 또
냄새나고 죽을 지경이거든요. 〔여주〕아구니에 불
좀 지펴라. 표아궁이에 불 좀 지펴라.

아그사리젓 전남 | 명사 | 주둥치젓
주둥치로 담근 젓갈.
〔고흥〕아그사리젓은 꼬시기는 헌디 뻬가 씨서
짝짝 찢어서 묵어야 써. 표주둥치젓은 고소하기

는 한데 뼈가 세서 짝짝 찢어서 먹어야 해.
◆'아그사리젓'은 억센 가시가 많아 자칫하면 입안을
다칠 수 있어서 조심해야 하며 오래 씹으면 고소한
맛이 난다. -신정자(고흥)

아글타글 북한 | 부사 | 아등바등
무엇을 이루려고 몹시 애쓰거나 기를 쓰
고 달라붙는 모양.
〔평북〕성준이는 과학자의 꿈을 이루기 위해 낮
과 밤을 패면서 아글타글임. 표성준이는 과학
자의 꿈을 이루기 위해 낮과 밤을 새우면서 아등
바등합니다.

아꿈다 경기 | 형용사 | 아깝다
소중히 여기는 것을 잃어 섭섭하거나 어
떤 대상이 가치 있는 것이어서 내놓기가
싫다.
〔양평〕너무 아꿈다구 생각허지 말구, 다 노나주라
구 했지. 표너무 아깝다고 생각하지 말고, 다 나
눠주라고 했지. 〔강화〕아껍다고 애끼다가 다 썩어
버렸네. 표아깝다고 아끼다가 다 썩어버렸네.

아깝다 제주 | 형용사 | 아깝다
소중히 여기는 것을 잃어 섭섭하거나 어
떤 대상이 가치 있는 것이어서 내놓기가
싫다.
〔우도-연평〕나 딸이 고우면 사우도 아깝다. 표내
딸이 고우면 사위도 아깝다. 〔구좌-한동〕밥 선

거 그대로 던져버리긴 아깝고 경허민 누룩 낭 순
다리 멘들앙 먹어. 표밥 쉰 거 그대로 던져버리
긴 아깝고 그러면 누룩 넣어서 '순다리' 만들어
서 먹어.

아나 전북 | 감탄사 | 없음
(1)"여기 있다"를 이르는 말.
(2)화자가 어떤 상황이나 감정을 부정적
으로 판단하고 있음을 강조할 때 사용하
는 말.
〔군산〕올 애기 아나 어서 먹어라. 표우리 애기
'아나' 어서 먹어라. 〔임실〕도독질히서 부자된 뇌
미 국회원 니왔으니 아나 잘 되겠다. 표도둑질해
서 부자된 놈이 국회의원 나왔으니 '아나' 잘 되
겠다. 〔전주〕그렇게 어설피 해 가꼬 아나! 잘되
겠다. 표그렇게 어설프게 해가지고 '아나!' 잘되
겠다.

아낭아낭하다 경남 | 형용사 | 몰랑몰랑하다
매우 또는 여기저기가 야들야들하게 보
드랍고 조금 무른 듯하다.
〔창녕〕홍시가 아낭아낭하다. 표홍시가 몰랑몰랑
하다.

아다무락 전남 | 명사 | 없음
어린아이의 무덤.
〔고흥〕옛날에는 애기들이 죽으믄 동우에다 담어
서 골짝에다가 독다무락을 삥 둘러서 싸요, 그것
을 아다무락이라 그래요. 표옛날에는 아기들이
죽으면 독에다 담아서 골짜기에다가 돌무더기를
삥 둘러서 쌓아요, 그것을 '아다무락'이라 그래
요. 〔진도〕작은재 공동지에서 소 띠끼다 보면 아
다무락이 많이 눈에 뵈라. 표작은재 공동묘지에
서 소 풀 뜯기다 보면 '아다무락'이 많이 눈에 보
여요.

◆전남 고흥에서는 아이가 죽으면 관에 넣지 않고
옹기에 시신을 넣었다. 그리고 야생 동물이 시신을
훼손하지 못하도록 옹기를 빙 둘러서 돌을 쌓았는
데 이것을 '독다무락' 또는 '독담'이라고 하며, 아이
의 무덤이란 뜻으로 '아다무락'이라고 한다. -천명
순(고흥) ◆'아다무락'은 '아기'와 '담'이 결합한 합
성어이다. 아이가 죽으면 동이에 넣고 묻는데, 일종
의 옹관묘라고 할 수 있다. 지난날엔 산짐승이 많아
무덤 속의 시신을 헤칠까봐 돌로 주위를 둘러서 짐
승이 접근하지 못하게 했다. 그래서 아이의 '독다무
락'이 생겼는데 이것을 '아다무락'이라고도 한다. -
오덕렬(광주)

아다부리하다 경북 | 형용사 | 답답하다
숨이 막힐 듯이 갑갑하다.
〔대구〕니 꼴을 보이 참 아다부리하다. 표네 꼴을
보니 참 답답하다.

아들베 전남 | 명사 | 움벼
(1)가을에 베어낸 그루에서 움이 자란 벼.
(2)벼를 베고 난 그루터기에서 새로 올
라 온 벼의 싹.
〔고흥〕아따, 논에 아들베가 많이 올라 왔네. 표아
따, 논에 움벼가 많이 올라 왔네. 〔진도〕날씨가
따뜻하게 아들베가 많이도 올라왔네. 표날씨가
따뜻하니까 움벼가 많이도 올라왔네.
◆벼를 베고 난 자리에 다시 올라 온 벼의 싹이라는
의미로 '아들베(아들 벼)'라고 한다. 아들베의 표준
어는 '움벼'이고, 아들베는 아들과 '베(벼)'의 합성
어다. 아들베의 작명에서 선인들의 언어감각에 놀란
다. 벼의 그루터기에 난 것이니 제2대다. 아들인 것
이다. 벼는 벼되 아들벼가 아닌가. -오덕렬(광주)

아듬이질 경기 | 명사 | 다듬이질
옷이나 옷감 따위를 방망이로 두드려 반

447

드럽게 하는 일.

〔인천〕이불 호청 다 말르면 물을 좀 뿜고 방맹이로 아듬이질을 해줘. 표이불 홑청 다 마르면 물을 좀 뿜고 방망이로 다듬이질을 해줘.

◆아듬이질은 인천 말로 소개되었지만 경북 군위 관광 소개에 할머니들의 '아듬이질' 공연도 놓치지 말라는 문구가 있다. 다듬이질로부터 음운이 생략되어 형성된 단어로 추정되는 '아듬이질'은 방망이를 치는 소리가 듣기 좋고 서로 리듬을 조화롭게 맞추면 훌륭한 리듬악기 역할을 한다. 주로 다듬이질은 할머니들이 하시던 터라 지방에 따라 다듬이 할머니 연주단 공연이 이루어지기도 한다.

아래 경북 | 명사 | 그저께

어제의 전날.

〔대구〕아래께 아랫마실에 왔었다 카더만. 표그저께 즈음에 아랫마을에 왔었다고 하더라.

◆'아래'와 '어제아래'는 동일한 의미로 씨이는 말이다.

아레께 전북 | 명사 | 그저께

어제의 전날.

〔무주〕아레께 옆집 짝은아들이 서울서 내려왔는디 돈을 많이 벌어 왔대야. 표그저께 옆집 작은아들이 서울서 내려왔는데 돈을 많이 벌어 왔대.

아망시럽다 경북 | 형용사 | 없음

조금도 융통성이 없이 자기주장만 계속 내세우다.

〔영천〕가아가 얼매나 아망시러븐지 저거 아부지 말도 안 든다. 표개가 얼마나 '아망시러븐지' 자기 아버지 말도 안 든다.

◆대구에서 "아망이 시다(세다)"라고 하면 거의 어린아이를 두고 하는 말이다. 어른들에게는 거의 이런 말을 쓰지 않는다. 가령, 여기에 고집불통의 너댓 살 쯤 먹은 아이가 도무지 울음소리를 그치지 않고,

그악시럽기 울어대기만 할 때, 대개 엄마가 내뱉는 말은 "아이고 요 아망데기로 우짜꼬?"이다. -상희구(대구)

아멩 제주 | 부사 | 아무렇게나/아무리

(1)구체적으로 정하지 않은 어떤 상태나 조건에 놓여 있다. '아무러하다'의 준말.

(2)비록 그렇다 하더라도.

〔애월-상가〕아멩이나 허라게. 표아무렇게나 네 마음대로 하려무나. 〔애월-상가〕아멩이라도 허젠 허염신디 잘 안됨쩌. 표아무리 하려 하지만 잘 안되고 있어요.

◆'아멩'은 맥락에 따라 '아무렇게나' 또는 '아무리'를 뜻하는 말로도 쓰인다.

아믄 충북 | 감탄사 | 아무렴

말할 나위 없이 그렇다는 뜻으로, 상대편의 말에 강한 긍정을 보일 때 하는 말.

〔옥천〕막둥이가 핵교서 상 타 와서 좋지유? 아믄, 당연허지! 표막둥이가 학교에서 상 타 와서 좋지요? 아무렴 당연하지!

아부르다 경북 | 동사 | 어울리다

함께 사귀어 잘 지내거나 일정한 분위기에 끼어 들어 같이 휩싸이다.

〔대구〕끼리끼리 아불리 다니더니 잘한다. 표끼리끼리 어울려 다니더니 잘한다. 〔영덕〕행실 나쁜 아들과 어불리지 마라. 표행실 나쁜 아이들과 어울리지 마라.

◆'어불리다'는 '어우러지다'의 대구 말이다. 맨날 혼자서만 쓸쓸하게 놀고 있는 아들 녀석에게 엄마가 "예야, 니는 와 자꾸 혼자서만 노노? 친구들캉 어불리가주고 놀아." 캐쌓았다. -상희구(대구) ◆'아부르다'는 '아우르다' 'ㅂ' 음 첨가가 일어난 것인데, 경북에서는 '데리러'를 '데불러', '졸리다'를 '자부랍

다', '짜다'를 '짭다'로 말하는 것처럼 'ㅂ'을 덧붙여 발음하는 현상에 따른 것이다.

아수I 경기 | 명사 | 작은어머니
아버지 동생의 아내를 이르거나 부르는 말.
〔옹진〕여기선 작은어머니라구 하기두 하구 아수라고 하기두 하구 그래. 표여기서는 작은어머니라고 하기도 하고 '아수'라고 하기도 하고 그래. 〔강화〕작은어머이 오셨다 얼릉 가서 인사 드려라. 표작은어머니 오셨다 얼른 가서 인사드려라.
◆옹진군 덕적도에서 쓰는 말로서 '아수'는 보통 '아우'를 뜻하는데 아버지 아우의 부인이란 의미에서 통용되는 말이다.

아수2 충북 | 명사 | 아우
같은 부모에게서 태어난 사이거나 일가 친척 가운데 항렬이 같은 남자들 사이에서 손아랫사람을 이르는 말.
〔청주〕드디어 나도 아수럴 본다구. 표드디어 나도 아우를 본다고. 〔제천〕아가 아수 타느라구 비쩍 말랐구먼그래. 표아이가 아우 타느라고 비쩍 말랐구먼그래. 〔충주〕재가 아수 볼라구 그래는구먼. 표재가 아우 보려고 그러는구나.
◆어른들은 아이가 평소 하지 않던 행동을 하면 "아수 보려고 그러는 거야"라는 말을 했는데, 동생이 생길 것을 미리 알고 이상한 행동을 한다고 했다.

아수바래기 경기 | 동사 | 없음
동생이 생긴 뒤에 아이가 몸이 여위다.
〔이천〕애가 빼짝 말랐네, 동생 생기더니 아수바래기 하나 봐. 표애가 바짝 말랐네, 동생 생기더니 '아수바래기' 하나 봐.
◆"아우(를) 타다"라는 말은 동생이 생긴 뒤에 아이가 몸이 여위는 것을 이르는 말이다. 경기도 이천에서는 "아수바래기 한다"라고 한다. ◆'아수바래기'는

아우'의 사투리 '아수'와 '바라다'의 명사형 '바래기'가 결합한 말이다.

아숩다 경기 | 형용사 | 아쉽다
필요할 때 없거나 모자라서 안타깝고 만족스럽지 못하다.
〔강화〕지원이 부족헌 게 일 처리하는 입장에선 늘 아숩죠. 표지원이 부족한 게 일 처리하는 입장에선 늘 아쉽죠. 〔이천〕돈이 없으니까 항상 아숩지. 표돈이 없으니까 항상 아쉽지.

아숭개I 전북 | 명사 | 냉이
십자화과의 두해살이풀. 5~6월에 들이나 밭에 자란다.
〔남원〕배춘댁은 어니서 이렇게 나숭개 많이 캤데. 표배춘댁은 어디서 이렇게 냉이를 많이 캤대. 〔남원〕빼뿌쟁이허고 나숭개허고는 틀려. 나숭개 뿌리가 길어. 표질경이하고 냉이하고는 달라. 냉이 뿌리가 길어.
◆'아숭개'는 이른 봄에 잎이 연한 잎과 뿌리를 나물로 먹는다. 특유의 향이 있다.

아숭개2 전북 | 동사 | 아쉬워하다
미련이 남아 서운하게 여기다.
〔임실〕그놈이 아숭개 나헌티 와서 인사를 허능고만. 표그놈이 아쉬우니까 나한테 와서 인사를 하는구만.

아슴찮다 전북 | 형용사 | 고맙다
남이 베풀어 준 호의나 도움 따위에 대하여 마음이 흐뭇하고 즐겁다.
〔임실〕돈이 기로운디 밀린 품삯을 받어 아심찮게 썼다. 표돈이 괴로운데 밀린 품삯을 받아 고맙게 썼다.
◆전북 사투리 '아슴찮다'는 '빛이 약하거나 멀어서

조금 어둑하고 희미하다. 또는 기억이 똑똑히 떠오르지 않고 매우 흐릿하다. 또는 똑똑히 보이거나 들리지 않고 흐리고 희미하다'라는 뜻을 지닌 '아슴하다'와 관련이 있는 말이다.

아시 충남 | 명사 | 애벌
여러 단계 가운데 처음으로 시작하는 단계. 그러한 일.
〔예산〕우선 급허니께 아시루 손 본 경게 쓰구 도루 가좌유. 표우선 급하니까 애벌로 손 본 거니까 쓰고 도로 가져와요.
◆'아시'는 옛말 '아ᅀᅵ'에서 온 말이다. 표준어에서 반치음이 떨어지면서 '애'가 되었고, '애'는 단독형으로 쓰이지 않는다. 이에 비해 '아시'는 옛말의 형태를 유지하면서 단독형으로도 쓰인다. 대체로 옛말 '아ᅀᅵ'는 충청도에서 '아시'의 형태가 유지하는 것과, '애'로 변한 두 가지가 있다. '아시갈이(애벌갈이), 아시매기(애벌매기), 아시빨다(애벌빨다), 아시찧기(능그기), 아시하다(처음하다), 아싯닦기(애잇닦기), 아싯일(애벌일)' 따위는 '아시'의 형태가 유지되는 것이고, '애시당체(애시당초), 애체(애초), 애체이(애초에)' 따위는 '애'의 형태로 변한 말들이다. '아시'의 형태를 가진 말들은 표준어화에 따라 사용 빈도가 떨어지고 있지만, 2020년 현재에도 충남 지역에서 두루 쓰이고 있다.

아시뎅이 충남 | 명사 | 없음
못자리에 어린 잡풀이 나면 맨 처음으로 벼 포기 사이의 흙을 호미로 떠엎는 김매기.
〔서산〕호미뎅이넌 아시뎅이와 두벌뎅이가 있다. 표호미매기에는 '아시뎅이'와 '두벌뎅이'가 있다.

아시매다 경기 | 동사 | 애벌갈이하다
논이나 밭을 첫 번째 갈다.

〔이천〕논에 잡초를 뽑을래면 아시매기부터 해야지. 표논에 잡초를 뽑으려면 애벌갈이부터 해야지. 〔파주〕논에 난 풀을 처음 뽑는 걸 앳논맨다고 해. 표논에 난 풀을 처음 뽑는 걸 애벌갈이한다고 해.
◆'아시'는 "같은 일을 여러 차례 거듭하여야 할 때 맨 처음 대강 하여 낸 차례", 즉 '애벌'을 뜻하는 말이다.

아이매다 강원 | 동사 | 없음
애벌김을 매다.
〔원주〕그전에는 여그도 마카 아이매고 했었이기야. 표그전에는 여기도 전부 '아이매고' 했었다 이거야. 〔평창〕밭을 아이매고 그담에 두 벌 매지. 표밭을 '아이매고' 그다음에 '두 벌 매지'.
◆첫 번째 매는 김을 '아이맨다'고 하고 두 번째 매는 김을 '두 벌 맨다'고 했다. 부지런한 농가에서는 논을 세 번 매고 피사리를 했다. -유연선(춘천) ◆"같은 일을 여러 차례 거듭하여야 할 때에 맨 처음 대강 하여 낸 차례"라는 의미로 '아이'라는 단어가 사용되기도 한다. -이경진(삼척)

아이몰른눈 제주 | 명사 | 도둑눈
밤사이에 사람들 모르게 내려 쌓인 눈.
〔애월-고내〕옛날엔 눈도 하영 왔어. 아이몰른눈 왕 마당 허영허민게 그거 아척인 군대로 밀멍 치우곡. 표옛날에는 눈도 많이 왔어. 도둑눈 와서 마당이 하야면 그거 아침에는 고무래로 밀면서 치우고. 〔구좌-한동〕낮이 눈 오는 건 브름이 눌리멍 그냥 녹아부는디 브름 엇인 날 밤인 폭허게 쌓이주게. 거 아이덜 다 잘 때 아이덜 몰르게 눈 왐젠 아이몰른눈이렌 골앗어. 표낮에 눈 오는 건 바람에 날리면서 그냥 녹아버리는데 바람 없는 날 밤에는 폭하게 쌓이지. 거 아이들 다 잘 때 아이들 모르게 눈 온다고 '아이몰른눈'이라고 말했어.

◆예로부터 제주에서는 '아이몰른눈'이 내리면 풍년이 든다고 여겼다.

아잎다 경북 | 형용사 | 애처롭다
가엾고 불쌍하여 마음이 슬프다.
〔대구〕그래도 살겠다꼬 캐샇는 거 보이 영 아잎다카이.㊤그래도 살겠다고 하는 거 보니까 애처롭다니까.

아재 북한 | 명사 | 이모
엄마의 여동생을 부르는 말.
〔함북〕우리는 방학이 되면 황해도 평산에 있는 아재네 집에 놀러 가자고 어머니에게 졸랐다.㊤우리는 방학이 되면 황해도 평산에 있는 이모네 집에 놀러 가자고 어머니에게 졸랐다. 〔함북〕아지미 물 한 그릇 좀 주오.㊤이모 물 한 그릇 좀 주오.
◆북한에서 '아재' 또는 '아지미'는 상황에 따라 '이모'가 되기도 하고, '고모가'가 되기도 하고, '작은어머니'가 되기도 한다.

아짐찬허다 전남 | 형용사 | 없음
고맙고 미안하다.
〔고흥〕멀라고 참지름을 그렇게 주요, 아짐찬허게.㊤뭣하려고 참기름을 그렇게 주세요. '아짐찬허게'. 〔강진〕심들게 짓거심을 또 가져왔당가. 아심찬허게.㊤힘들게 김칫거리를 또 가져왔을까. '아심찬허게'. 〔진도〕그렇게 귀한 참지름을 아심찬하게 줘서 잘 먹고 있지라우.㊤그렇게 귀한 참기름을 '아심찬하게' 줘서 잘 먹고 있지요.
◆'아짐찬허다'는 생각지도 못했는데 상대가 무언가를 해주거나 무엇을 받았을 때 고맙다는 의미로 하는 말이다. 이 말에 대한 답례로는 "내가 진찬히 해 중갑네(내가 괜한 일을 해준 것 같네)" 등이 쓰인다.
◆전남 지역 어르신들은 누가 무엇을 가져다주었을 때 '고맙다'는 뜻으로 "아짐찬허요"라고 한다. 이 상황에서 주는 사람이 받는 사람에게 우스갯 소리로 "아짐 차면 괴양 가제"라고도 한다. 이 말은 "아짐(아주머니)을 발로 찼으니 벌로 귀양을 가야 한다"라는 뜻의 언어유희이다. 숨은 뜻은 "별것 아니니 부담 갖지 말라"이다.

아칙불새 경북 | 명사 | 아침노을
아침 하늘이 햇살로 벌겋게 보이는 현상.
〔성주〕아칙불새가 뻘거면 그 날 하루는 맑은 날이라.㊤아침노을이 붉으면 그 날 하루는 맑은 날이다.

아침북새 전남 | 명사 | 아침노을
아침 하늘이 햇살로 벌겋게 보이는 현상.
〔고흥〕장에 갈라고 나간디 아침북새가 이쁘게 떠 갖고 있습디다.㊤장에 가려고 나가는데 아침노을이 예쁘게 떠 가지고 있습디다. 〔강진〕아침붉새가 유독 붉어. 오늘 비가 오려나.㊤아침노을이 유독 붉어. 오늘 비가 오려나.
◆'북새'는 대체로 아침 하늘에 보이는 '붉은 색의 구름'인데, '저녁북새'라는 말도 있다. '북'은 '붉은'의 의미를 가지고 있다. 다만 '새'는 '꽝새(꽹가리), 먹새(먹보)' 등에서 보이는 '물건, 사람'을 지칭하는 접미사로 볼 수도 있고, '동쪽'을 의미할 수도 있다. 전남 사투리에서 '새벽'을 '새복'이라고 하는데, '동쪽이 붉다(붉다)'는 의미로 그 형태가 비슷하게 사용된 것이다.

악다받다 경남 | 동사 | 대들다
요구하거나 반항하느라고 맞서서 달려들다. 손윗사람에게 고분고분하지 않고 되받아 말대꾸하거나 말로 지지 않고 대드는 억센 모습을 나타낼 때 쓴다.
〔밀양〕한마디도 안 지고 어른한테 대드는 거 바

라. 저래 악다받은 놈은 첨 본다. 표한마디도 안
지고 어른한테 대드는 거 봐라. 저렇게 대드는
놈은 처음 본다

◆'아가리, 아구지, 아구통, 아구창'과 마찬가지로
'악다받다, 악다물다' 등에 쓰인 '악'은 어원적으로
입(口)을 뜻하는 말이다.

악다받다2 경북 | 형용사 | 고집스럽다
보기에 고집을 부리는 태도가 있다.
〔의성〕그 양반은 평생 논농사만 악다받게 지은
양반이다. 표그 양반은 평생 논농사만 고집스럽
게 지은 양반이다.

안개오줌 강원 | 명사 | 는개
안개비보다는 조금 굵고 이슬비보다는
가는 비.
〔삼척〕바다에서 새가 치밀면 안개오줌이 오잖
소. 안개 같긴 한데 살갗에 닿으면 물기가 있잖
소. 그래서 안개오줌이라고 하잖소. 표바다에서
샛바람이 치밀면 는개가 오잖소. 안개 같긴 한데
살갗에 닿으면 물기가 있잖소. 그래서 '안개오줌'
이라고 하잖소.

◆경남에서도 '는개'를 '안개오줌'이라고 한다. 오줌
을 눌 때 밖으로 자잘하게 튀기는 모습과 촉감이 닮
았다 하여 이렇게 묘사한 것이 아닌가 싶다.

안들 경남 | 명사 | 아낙네
남의 집 부녀자를 통속적으로 이르는 말.
〔창원〕저 안들 저어서 와 저라노? 표저 아낙네들
저기에서 왜 저러니? 〔울산〕그 집 나매는 개운기
곤치러 가고 없고 집에 안들만 있다. 표그 집 남편
은 경운기 고치러 가서 없고 집에 아낙네만 있다.

◆경남 창원에서는 남의 아내를 높여 부를 때 '안댁'
이라고 하고 낮잡아 부를 때 '안들'이라고 한다.

안따 북한 | 명사 | 스웨터
털실로 짜되 목이 V자 모양으로 파인 스
웨터.
〔황해〕어머니는 겨울이면 손뜨개로 아버지의 안
따를 만들었슴다. 표어머니는 겨울이면 손뜨개
로 아버지의 스웨터를 만들었습니다. 〔함북〕나는
겨울에 세타 없으면 추워서 나가지 못합니다. 표
나는 겨울에 스웨터 없으면 추워서 나가지 못합
니다.

◆중년 남성들 사이에서 '안따'는 세련미를 보여주는
상징이기도 하다.

안서러지 충남 | 명사 | 내장
흉강 및 복강 속에 있는 여러 가지 기관
의 총칭. 호흡기, 소화기, 비뇨생식기, 내
분비 샘 따위.
〔서산〕소의 안서러지는 하나두 베리넌 게 읎다.
표소의 내장은 하나도 버리는 게 없다.

안적 전북 | 부사 | 아직
어떤 일이나 상태 또는 어떻게 되기까지
시간이 더 지나야 함을 나타내거나, 어
떤 일이나 상태가 끝나지 아니하고 지속
되고 있음을 나타내는 말.
〔임실〕우리는 안적까지 그러 안 해반는디 사다
모시버려. 우리 작은집도 본개. 그리서 아이코,
이렇게 시상이 달라저 버렸다.-소강춘(2009) 표
우리는 아직까지 그렇게 안 해봤는데 사다 모셔
버려. 우리 작은집도 보니까. 그래서 아이구, 이
렇게 세상이 달라져버렸다.

안전부 북한 | 명사 | 경찰서
범죄를 다루는 곳.
〔북한〕니 동생 없어져 가지고 나 안전부가서 체
조 받았다. 표네 동생 없어져 가지고 나 경찰서

가서 조사받고 혼났다.

안질콩 충북 | 명사 | 강낭콩

콩과의 한해살이풀.

〔제천〕그래구 안질콩두 한 말에 품에 개 해주구 갔다 먹구. 표그리고 강낭콩도 한 말에 품에 개 해주고 갔다 먹고. 〔제천〕아범아, 올게는 안진콩 얼 많이 심거라. 표아범아, 올해는 강낭콩을 많이 심거라.

안짝 충북 | 명사 | 안쪽

안으로 향한 부분이나 안에 있는 부분.

〔청주〕저 안짝이루 돌어가유. 개울 따러 한참 들어가다 보믄 그 안짝이루 동네가 보여유. 표저 안쪽으로 돌아가요. 개울 따라 한참 들어가다 보면 그 안쪽으로 동네가 보여요.

◆'안짝'은 '나이나 거리 따위가 일정한 수효에 미치지 못함'을 뜻하는 말로도 쓰인다.

안창 충남 | 명사 | 없음

(1)옷의 안쪽에 들어가는 천이나 헝겊.
(2)동네, 산, 골짜기 따위에서 깊이 들어간 안쪽.

〔논산〕글쎄, 윤환이가 나를 줄려구 봉창 안창에다 홍수를 너 갖구 오는디 애들이 이게 뭐냐구 꾹꾹 찔러서 다 터져버렸어. 표글세, 윤환이가 나를 주려고 주머니 '안창'에다 홍시를 넣어 가지고 오는데 아이들이 이것이 뭐냐고 꾹꾹 찔러서 다 터져버렸어. 〔태안〕아니, 자 안창이 에여짝이루다 더 짚이 불 쓰구 잘 찾어보래두 그러네. 표아니, 저 '안창'에 왼쪽으로 더 깊이 불 쓰고 잘 찾아보래도 그러네. 〔공주〕고단평 가는 디이 베끼산이 있는디 입구는 좁은 거 같은디 안청이는 엄청히 넓은가 벼. 육이오 사변 때는 피난민들이 여럿이 거기로 피난 와서 살았다지. 표고단평 가

는 데에 벽계산이 있는데 입구는 좁은 것 같은데 '안청이'는 엄청 넓은가 봐. 육이오 사변 때는 피난민들 여럿이 거기로 피난 와서 살았다지.

◆표준어의 '신발창, 깔창'을 의미하는 '안창'과는 다른 뜻이다. 표준어에서 명사 '창'은 '신발의 바닥이나 신 바닥에 까는 물건'을 말하는데 충남에서는 '신 바닥' 외에 '안창'을 뜻하기도 한다. 그래서 충남 말 '안창'은 표준어 '안쪽'에 대응하는 말이 된다. 충남 말 '안창 짚숙히'는 표준어 '안쪽 깊숙히'에 대응하고, '고랑 안창이'는 골짜기 안쪽에'에 대응한다. 이 말도 1970년대 이후 급속히 소멸의 길로 들어섰다. −이명재(예산) ◆서산과 예산 지역에서 쓰던 '안창'은 문맥에 따라 다양하게 의미가 분화되고 있다. 호주머니에 쓰이면 호주머니를 만든 옷감을 가리키고 지형에 쓰이면 외진 곳 또는 우묵한 곳을 가리킨다.

알구쇠 북한 | 명사 | 석쇠

고기나 굳은 떡 조각 따위를 굽는 기구.

〔평북〕알구쇠에 구워온 조구다.−정춘근(2012) 표석쇠에 구워온 조기다.

◆'석쇠'는 네모지거나 둥근 쇠 테두리에 철사나 구리 선 따위로 잘게 그물처럼 엮어 만든다.

알기다 충남 | 형용사 | 아리다

식물의 독소 때문에 나타나는 혀끝을 찌를 듯이 알알한 느낌을 말한다.

〔금산〕무릇이 덜 과졌나 알기네? 표무릇이 덜 고아졌나 아리네? 〔태안〕마령사 맨이루 한 입 베물어 봐. 알켜서 금방 비낼 걸. 표마령서 생으로 한 입 베어 물어 봐. 아려서 금방 뱉을 걸. 〔세종〕토란을 쌩으로 먹었더니 주딩이가 애려서 죽겠유. 표토란을 생으로 먹었더니 주둥이가 아려서 죽겠어요.

◆'무릇'은 먹을 것이 귀하던 시절에 알뿌리를 엿처럼 고아서 먹었던 음식이다. '무릇'은 그냥 삶아서

453

먹으면 목이 아려서 먹을 수가 없다. ◆'마령서'는 '감자'를 달리 이르는 말이다. '감자'의 모양이 '말방울'처럼 생겼다고 해서 붙여진 이름이다.

알락방구 북한 | 명사 | 알랑방귀
약삭빠른 말과 그럴듯한 행동으로 남의 비위를 맞추는 짓을 속되게 이르는 말.
〔북한〕저어 보기오. 상대에게 잘 보이려고 알락방구 쓴다. 표저 사람 보시오. 상대에게 잘 보이려고 알랑방귀 뀐다.

알랭이 전북 | 명사 | 알맹이
물건의 껍데기나 껍질을 벗기고 남은 속 부분.
〔임실〕해부래기 알랭이를 까먹으면 귀신이 뵌대야. 표해바라기 알맹이를 까먹으면 귀신이 보인데.

알시럽다 경북 | 형용사 | 없음
손아랫사람이나 약자에게 도움을 받거나 폐를 끼쳤을 때 마음에 미안하고 딱하다.
〔대구〕그기 그래 고상하는 거로 보이 알시러버가 발이 안 떨어지더래이. 표그게 그렇게 고생하는 걸 보니까 '알시러워서' 발이 안 떨어지더라. ◆대구에서 '알시럽다'는 '애처롭다' 또는 '측은하다'를 뜻하는 말인데, 옛날 우리네 어머니나 할머니들이 참 많이 쓰던 말이다. 그렇다면 어떤 경우에 '알시럽다'는 말을 쓸까? 예를 들어, 닭이나 오리 같은 날짐승은 생식의 형식으로 육신의 형체를 띤 새끼 대신, '알'을 낳는데, 가령 내가 낳아놓은 '알'을 바라다보는 닭이나 오리 같은 어미의 심정은 얼마나 애처롭고 측은할까? 과연 내가 낳은 알이, 다른 짐승에게 먹히질 않고, 온전히 자신의 새끼로 거듭 태어날 수 있을까? 하는 등의 염려를 떨칠 수 없었을

터이다. 이런 어미의 '알시럽은' 심정은 황선미의 명작 동화 『마당을 나온 암탉』에도 잘 묘사되어 있다.
–상희구(대구)

알쿠다 강원 | 동사 | 알리다
사람이 어떤 사실이나 소식 따위를 전하여 알게 하다.
〔강릉〕주민 여러분들인데 알콰드래요. 표주민 여러분들께 알려드립니다. 〔강릉〕누구 아시는 분 알궈주세요. 표누구 아시는 분 알려주세요. 〔삼척〕집안 어른들에게 알구지 않고 멀리 도망가는 것을 '오입'이라고 했잖소. 표집안 어른들에게 알리지 않고 멀리 도망가는 것을 '오입'이라고 했잖소.

알탕구지 충남 | 명사 | 알맹이
사물의 핵심이 되는 중요한 부분.
〔당진〕농사지어노니까 알탕구지만 가져가서 나는 쑥찜먹었다. 표농사지어놓으니까 알맹이만 가져가서 나는 손해봤다.

암사받다 경북 | 형용사 | 없음
일이나 살림을 정성스럽고 알뜰하고 규모 있게 하여 빈틈이 없다.
〔경주〕새댁이 얼매나 암사바든동 집안 살림이 확 버렸다. 표새댁이 얼마나 '암사바든동' 집안 살림이 확 폈다. 〔군위〕가는 참 암살받게 잘한다. 표개는 참 '암살받게' 잘한다. ◆'암사받다'라는 말은 문맥에 따라 '알뜰하다' 또는 '깔끔하다'라는 뜻으로도 쓰인다.

암시랑 충남 | 부사 | 없음
어느 것도 전혀. 어떤 일이나 상황이 아무 영향을 미치지 않는 모양.
〔부여〕아니, 암시랑 안혀. 표아니, '암시랑'도 않

아. 〔공주〕어끄재 나 사는 집 근처에 집 한 채가 팔자로 나왔는디 한번 잡아 보라고 매재한테 일렀더니 솔깃하더니먼은 막상 계약을 하자고 허니 언재 그랬냐는 둥 암시렁도 않게 생각을 하대. 囲엊그제 나 사는 집 근처에 집 한 채가 팔자로 나왔는데 한번 잡아 보라고 매제한테 일렀더니 솔깃하더니 막상 계약을 하자고 하니 언제 그랬 냐는 둥 '암시렁도' 않게 생각을 하더라. 〔태안〕 저녁내 쐬주를 나발 불고 말레이다 게더니 암시 렁투 않은개 벼. 囲저녁내 소주를 나발 불고 마루에다 게우더니 '암시렁'도 않은가 봐.

◆'암시랑'과 '암시렁'은 충남 전역에서 쓰는 말이다. 충남 전역의 사용 빈도를 보면 '암시렁'이 더 높다. 사용 빈도의 특징만 보면 '암시랑'은 충남 남부 지역 말이다. 금산, 논산, 서천을 중심으로 한 남부 지역 에서는 '암시랑'과 '암시렁'의 차이가 없다. '암시랑' 또는 '암시렁'의 사용 빈도가 모두 높다. 이에 반해 차령산맥 북쪽의 충남 북부 지역에서는 '앙시렁'의 사용 빈도가 훨씬 높다. 두 말의 변별력은 없는데, 북부 지역의 사람들은 '암시렁'을 선택해 쓰는 것이 다. 충남 남부에서 전라도로 넘어가면서 '암시랑'의 사용 빈도가 더 높아지고, 충남 북부에서 경기 남부 로 올라가면서 '암시렁'의 사용 빈도가 높아지는 경 향이 있다. -이명재(예산) ◆'암시랑 안혀' 같은 표 현은 전북 지역에서도 쓰인다.

암암하다 북한 | 형용사 | 없음
눈에 선하다.
〔평안〕샛퍼런 광기가 암암하다.-정춘근(2012) 囲시퍼런 광기가 '암암하다'.

암짱 강원 | 부사 | 아무짝
'아무 데'를 비하하여 이르는 말.
〔원주〕이 덧신은 암짱에도 쓸모없어! 囲이 덧신 은 아무짝에도 쓸모없어! 〔춘천〕암짝에두 쓸모

읍는 걸 왜 주서 오니? 囲아무짝에도 쓸모없는 걸 왜 주워 오니?

◆'아무 짝'이란 말에서 '아무'가 축약하여 '암'이 되 고 '짝'의 받침소리가 변하여 '짱'이 된다.

압다지 전남 | 명사 | 반닫이
앞의 위쪽 절반이 문짝으로 되어 아래로 젖혀 여닫게 된, 궤 모양의 가구.
〔화순〕영순아, 압다지에서 내 저고리 좀 갖다주 라. 囲영순아, 반닫이에서 내 저고리 좀 가져다 주라. 〔강진〕엄니가 물러주신 압다지가 우리 집 보물 1호이다. 囲어머니가 물려주신 반닫이가 우 리 집 보물 1호이다. 〔광주〕어머니 시집 올 때 가 져오신 압다지. 어머니 가신 지 오래 되었지만 지금도 나를 지키고 있다. 囲어머니 시집 올 때 가져오신 반닫이. 어머니 가신 지 오래 되었지만 지금도 나를 지키고 있다. 〔진도〕이 옛날 압다지 는 우리 엄매가 시집올 때 해 온 거여. 囲이 옛날 반닫이는 우리 엄마가 시집올 때 해 온 거야.

◆'반닫이'는 앞의 위쪽 절반이 문짝으로 되어 아래 로 젖혀 여닫게 된 궤 모양의 가구이다. 윗면에는 이 불 등을 얹고 내부에는 물품을 넣는 등 다용도로 사 용할 수 있기 때문에 서민들 사이에서 널리 쓰인 가 구이다. 지역에 따라 크기와 형태, 재료를 달리하는 특색이 있기도 하다. '반닫이'는 전면부의 반절인 문 짝을 아래로 젖혀 여는 방식을 반영한 명칭이라고 할 수 있다. 반면 전남 사투리의 '압닫이'는 가구를 여는 문짝이 앞에 있음을 반영한 명칭이라고 할 수 있다.

압씨기 충북 | 명사 | 수두
어린아이의 피부에 붉고 둥근 발진이 났 다가 얼마 뒤에 작은 물집으로 변하는 바이러스 전염병.
〔단양〕압씨기에 걸리믄 곰부가 되지유. 囲수두에

걸리면 곰보가 되지요.

◆천연두는 무서운 전염병이라 금기어처럼 여기며 직접 이 이름을 부르지 않고 '손님' 또는 '마마'로 높여 부르는 풍습이 있다.

앗따리 전북 | 명사 | 없음

편을 갈라 놀이를 할 때 남는 한 사람.

〔정읍〕어린 사람이 앗따리 하는 거. 표 어린 사람이 '앗따리' 하는 거야.

◆편을 갈라서 하는 놀이에서 짝이 맞지 않아 남는 아이가 있거나 너무 나이가 어려 굳이 편을 가를 필요가 없는 아이를 '꼰달'이라고 하여 편을 정하지 않고 양편에서 모두 놀 수 있도록 하였다. 표준어에서 '깍두기'가 어느 편에도 끼지 못하는 신세를 비유적으로 이르는 말이라면, 전북 방언에서의 '꼰달'은 일종의 배려라고 할 수 있다. ─양재종(익산) ◆'깍두기'는 어린아이들이 놀이를 할 때 양편의 실력이 균형을 이루도록 인력을 나누는 나름의 규칙이다. 두 편으로 나눌 때 짝이 맞지 않는 경우, 실력이 월등하거나 지나치게 부족한 아이를 양편 모두에 속하도록 함으로써 두 편의 실력을 겨루는 일에 누구 한 사람의 실력이 크게 영향을 미치지 않도록 한다. 전북에서는 일반적으로 '깍두기'라는 어휘를 많이 사용하며 지역에 따라 '꼰달'이나 '아따꼴'이라고도 한다.

앙갈지게 경기 | 형용사 | 앙그러지다

하는 짓이 꼭 어울리고 짜인 맛이 있다.

〔서울〕내 바느질 솜씨 보구 다들 앙갈지다구 했어. 표 내 바느질 솜씨들 보고 다들 앙그러지다고 했어.

앙물하다 경남 | 동사 | 앙분하다

분하게 여겨 앙갚음할 마음을 품다.

〔산청〕그러구러 나쁜 맴을 앙물하고 그리 대었지. 표 그렇게 나쁜 마음을 앙분하고 그렇게 다녔지. 〔합천〕그리키 남을 앙물하고 살아가 좋았나? 표 그렇게 남을 앙분하고 살아서 좋겠니?

앙알앙알 전북 | 부사 | 구시렁구시렁

못마땅하여 군소리를 자꾸 듣기 싫도록 하는 모양.

〔익산〕아니 저것이 뭐라고 앙알앙알하냐? 표 아니 저것이 뭐라고 구시렁구시렁하냐?

앙장구 경남 | 명사 | 말똥성게

둥근성겟과의 극피동물. 5~6센티미터의 바늘 같은 가시가 빽빽이 덮여 있으며 얕은 바다의 돌 밑에 붙어산다.

〔부산〕그 집 메악국에는 앙장구가 꼭 드간다. 표 그 집 미역국에는 말똥성게가 꼭 들어간다.

◆우리나라에서 식용하는 성게는 속살이 하얗고 달콤한 '보라성게'와 속살이 붉고 쌉싸름한 '말똥성게'가 있는데, '앙장구'는 말똥성게를 가리키는 말이다. 성게의 모양이 말똥같이 생겼다고 해서 붙여진 말똥성게를 거제·기장·부산 등지에서는 '앙장구'라고 한다. 보라성게는 모양이 밤처럼 생겼다고 해서 거제·통영에서는 '밤시이/밤쌍이'라고 하고, 거제·남해·통영에서는 '밤싱이'라고 한다. ─김승호(진주)

앙코다리다 경기 | 동사 | 없음

사실을 말하면서 비꼬듯이 말을 하여 상대의 마음에 상처를 주는 말을 한다.

〔강화〕저 인간이 지난 일을 하나하나 들춰내며 앙코다려서 속이 확 뒤집어지네. 표 저 인간이 지난 일을 하나하나 들춰내며 '앙코다려서' 속이 확 뒤집어지네.

앙콤하다 충남 | 형용사 | 앙큼하다

엉뚱한 욕심을 품고 깜찍하게 분수에 넘치는 짓을 하고자 하는 태도가 있다.

〔서산〕어릴 즉엔 애가 이쁘장하구 하는 짓이 앙쿰혔지. 표어릴 적엔 애가 예쁘장하고 하는 짓이 앙큼했지. 〔공주〕그 사람 눈 매무새하구 누가 말할 때 고개는 뻐딱하게 허구 입은 씰룩씰룩하가며 보통 앙큼하게 생긴 게 아녀. 표그 사람 눈 매무새하고 누가 말할 때 고개는 뻐딱하게 하고 입은 씰룩씰룩해가며 보통 앙큼하게 생긴 게 아니야.

앞매기 경기 | 명사 | 없음
슴베가 칼자루에 단단히 고정되도록 해주는 부분.
〔여주〕자루 앞에는 앞매기를 끼워야 깔끔하게 마감이 돼. 표자루 앞에는 '앞매기'를 끼워야 깔끔하게 마감이 돼.

앞쌀 제주 | 명사 | 없음
덜 여문 보리를 베어다 만든 보리쌀.
〔구좌-한동〕쑬이 엇이난 섯보리라도 헤당 앞쌀 내왕 밥헹 먹엇주. 표쌀이 없으니까 풋보리라도 해다가 '앞쌀' 내서 밥해서 먹었지.
◆'앞쌀'은 묵은 곡식을 다 먹어 가는데 아직 햇곡식은 익지 아니하여 식량이 부족한 봄철에 식량을 마련하려고 덜 여문 보리를 베어다 보리 이삭을 삶고 말려서 낸 보리쌀을 뜻한다. 이때 이삭이 완전히 여물지 않은 보리를 '섯보리'라고 하고 그 보리쌀로 지은 밥을 '섯보리밥'이라고 한다.

애골나다 경남 | 동사 | 없음
약이 오르거나 화가 나다
〔고성〕니 애골나제? 표너 '애골나제'? 〔진해〕니는 힘 좀 세다고 친구들한테 애골 믹이는 짓 좀 고만해라. 표너는 힘 좀 세다고 친구들한테 '애골 믹이는' 짓 좀 그만해라.
◆약이 오르거나 화가 날 때 "보골 채아다"라고도 하고 "애골 믹이다"라고도 한다. '보골'과 '애골'의 의미는 크게 다르지 않지만 대체로 "보골 채아다"는 가까운 곳에서 일어난 일과 관련이 있고, "애골 믹이다"는 먼 곳에서 일어난 일과 관련이 있다. 그런가 하면 보골은 허파를 뜻하고 애골은 창자를 뜻하는데, 허파에 바람을 넣듯 "보골을 채우다"라고 하고, 창자에 음식을 넣듯 "애골을 믹이다"라고 하니, 가히 지역 어르신들의 언어적 지혜가 오롯이 살아 있는 말이라고 하지 않을 수 없다. -김영수(진해)

애구 경북 | 명사 | 없음
소 편육.
〔안동〕잔칫집 술상에 애구도 나왔더라. 표잔칫집 술상에 '애구'도 나왔더군요.
◆'애구'는 소머리와 소껍데기로 만든 일종의 묵이자 편육이다. 다만 일반적인 의미의 편육이 아니라 좀 더 말랑말랑하다. 좀 더 편육에 가까운 형태는 '번역'이라고 한다. 번역은 소머리뿐만 아니라 돼지머리로도 만든다. -김주득(안동)

애까심 전남 | 명사 | 골칫덩이
애를 먹이는 일이나 사람을 속되게 이르는 말.
〔장성〕그늠의 자석은 그 집 애까심이랑께. 표그놈의 자식은 그 집 골칫덩이라니까.
◆'애까슴' 또는 '애까심'은 '애'와 '가심'이 결합한 말로 '가심'은 '일가심(일감), 짓가심(김칫거리), 맷가심(매를 버는 사람)' 등에서 볼 수 있듯이 '재료'나 '상태' 또는 그러한 '사람'을 일컫는 말로 쓰인다. 따라서 '애까심'은 '애를 태우는 사람'으로, '부앳가심'은 '화를 돋우는 사람'으로 볼 수 있다. ◆문맥에 따라 '애까슴' 또는 '애까심'은 "솔찬히 애가심이 탄다니까"나 "머한다고 애까심을 멕이는지 몰르것다"처럼 '애'를 뜻하는 말로도 쓰인다.

애꼬추 충북 | 명사 | 풋고추

아직 익지 아니한 푸른 고추.

〔옥천〕밥맛 읎을 때넌 꼬치장에 애꼬추 푹 찍어 먹으믄 좋지. 표밥맛 없을 때는 고추장에 풋고추 푹 찍어 먹으면 좋지.

애꿉다 경북 | 형용사 | 아니꼽다

하는 말이나 행동이 눈에 거슬려 불쾌하다.

〔구미〕내가 그래 행동하니 애꿉나? 표내가 그렇게 행동하니 아니꼽나?

◆'애꿉다'는 꼭 '아니꼽다'로만 해석되는 말은 아니다. 영천에서는 "애꿉으로 와그카노, 아한테 그카지 마라!(추접스럽게 왜 그러니, 애한테 그러지 마라.)"라는 식으로도 쓴다. -정성엽(영천)

애끼다 경기 | 동사 | 아끼다

물건이나 돈, 시간 따위를 함부로 쓰지 아니하다.

〔서울〕나무를 애끼지 않구 죄 벼다 때니 산에 나무가 남아나지 않져. 표나무를 아끼지 않고 죄 베다 때니 산에 나무가 남아나지 않죠. 〔이천〕애끼면 똥 된다. 표아끼면 똥 된다. 〔여주〕돈을 애껴야 부자가 되지. 표돈을 아껴야 부자가 되지.

애달구다 경북 | 형용사 | 약올리다

비위가 몹시 상할 때 일어나는 감정으로 일부러 화가 나게 하는 짓을 의미한다.

〔대구〕그만 애달구고 돈 있으면 좀 조라. 표그만 약 올리고 돈 있으면 좀 줘라.

◆'애달구다'는 "약을 올리다"에 해당하는 경상도 사투리이다. "답답하거나 안타까워하는 마음"을 '애'(창자)에 비유하고, 그러한 마음이 고조되는 것을 불을 달구는 데 빗댄 표현이다.

애도랍다 전북 | 형용사 | 애석하다

슬프고 아깝다.

〔임실〕꺼시랑이 까지헌티 눈을 빼주고 애도랍다고 지금도 서러게 운다. 표지렁이가 가재한테 눈을 빼주고 애석해서 지금도 서럽게 운다.

◆아주 먼 옛적에 진 쉬염을 가진 양반 까재와 눈만 두 개 달린 상놈 꺼시랑이 만났다. 눈이 없어서 세상을 볼 수가 없는 가재와 쉬염이 없어서 상놈이 된 지렁이는 눈과 쉬염을 서로 바꾸기로 하였다. 지렁이가 먼저 눈을 빼주자 가재가 눈을 끼우고 줄행랑을 놓았다. 봉사가 된 지렁이는 가재가 쉬염을 주기만 기다리다가 속은 것을 알고 내눈 내놓으라고 고함을 지르다가 지쳐 쓰러져 "애도랍다"라고 목놓아 울었다. 달 밝은 가을 저녁 시골길 풀밭에서 처량하게 우는 지렁이 소리가 지금도 들린다. 애도르르 애도르르 -최병선(임실) ◆'애도랍다'는 '아쉽다'라는 의미로도 쓰인다.

애돌하다 전북 | 형용사 | 안타깝다

뜻대로 되지 아니하거나 보기에 딱하여 가슴 아프고 답답하다.

〔정읍〕두 번째 선본 남자를 놓친 걸 애돌해봐야 버스 떠난 뒤 손드는 거여. 표두 번째 선본 남자를 놓친 걸 안타까워해봐야 버스 떠난 뒤에 손드는 거야.

애두롭다 전남 | 형용사 | 안타깝다

뜻대로 되지 아니하거나 보기에 딱하여 가슴 아프고 답답하다.

〔고흥〕오늘 장에를 갔는디 낙지가 싸드랑 걸 차에 옴스로 그 말을 듣고 어치께 애두로운지, 앵통앵통험서 왔네. 표오늘 장에를 갔는데 낙지가 싸더라는 것을 차에 오면서 그 말을 듣고 어떻게나 안타까운지, 속을 끓면서 왔네. 〔강진〕너에게 또 지다니 너무너무 앵통허다. 표너에게 또 지다니 너무너무 안타깝다.

458

◆'애두룹다' 또는 '애도롭다'는 '앵통하다'와 뜻이 비슷한 말로 "하도 애두루와서 앵통앵통혔당께"처럼 두 어휘를 함께 사용하여 그 애석함의 정도를 강조하기도 한다. -신정자(고흥), 천인순(고흥)

애닳다 경북 | 형용사 | 안타깝다
뜻대로 되지 아니하거나 보기에 딱하여 가슴 아프고 답답하다.
〔안동〕그 집 삼대독자 외동아들이 그렇게 가다니 참 너무 애닳데이. 표그 집 삼대독자 외동아들이 그렇게 가다니 참 너무 안타깝다.

애디이 경북 | 명사 | 애호박
덜 여문 어린 호박.
〔의성〕덴장찌개 무울라 카머 애디이도 너어마 맛이 더 살제. 표된장찌개 먹으려고 하면 애호박도 넣어야 맛이 더 산다.

애많다 경북 | 형용사 | 억울하다
아무 잘못 없이 꾸중을 듣거나 벌을 받거나 하여 분하고 답답하다.
〔의성〕괜히 주디를 놀리 갖고 애많은 내만 욕봤다. 표괜히 주둥이를 놀려가지고 억울한 나만 고생했다.

애무섭다 경북 | 형용사 | 측은하다
가엾고 불쌍하다.
〔영양〕가는 요즘 공부한다고 살이 쏙 빠져가 얼굴이 고마 반쪽이 되뿠던데 내가 얼마나 애무섭던지. 한창 크는 아들이 먹는 거라도 잘 먹어야 될긴데. 표걔는 요즘 공부한다고 살이 쏙 빠져서 얼굴이 그만 반쪽이 되버렸던데 내가 얼마나 측은하던지. 한창 크는 아이들이 먹는 거라도 잘 먹어야 될텐데.

애비 충북 | 감탄사 | 아서
그렇게 하지 말라고 금지할 때 하는 말. 해할 자리에 쓴다.
〔옥천〕애비, 그거 만지지 말구 절루 가서 지달리구 있어. 표아서, 그거 만지지 말고 저리로 가서 기다리고 있어.
◆'애비'는 주로 어린아이에게 쓰는 말이며 어른에게는 쓰지 않는다.

애비다 경북 | 형용사 | 야위다
몸의 살이 빠져 조금 파리하게 되다.
〔대구〕고생을 얼마나 했으면 그새 이래 애뱄노. 표고생을 얼마나 했으면 그새 이렇게 야위었니.

애살 경남 | 명사 | 의욕
무엇을 하고자 하는 적극적인 마음이나 욕망.
〔마산〕저 아는 애살이 많아 가지고 어찌나 열심히 하는지 말도 몬 한다. 표저 아이는 의욕이 많아 가지고 어찌나 열심히 하는지 말도 못 한다. 〔합천〕너그 집 아아는 애살이 참 많은데, 우리 집 아아는 애살이 없어서 걱정이다. 표너희 집 아이는 의욕이 참 많은데, 우리 집 아이는 의욕이 없어서 걱정이다.
◆'애살'은 흔히 '애살이 많다' 또는 '애살시럽다' 등의 형태로 쓰이는데, 다른 사람보다 잘하려는 애바른 마음을 뜻하는 말로서 '샘'보다는 '의욕'이라는 말에 가깝다.

애상바치다 충남 | 형용사 | 없음
속상하거나 기분이 나빠서 마음이 상하다.
〔서산〕가제 숙이 상허넌디 옆이서 애상바치지 말아라. 표가뜩이나 속이 상하는데 옆에서 '애상바치지' 말아라 〔공주〕내 생각에는 나는 이렇개 이렇개 했으면 좋겄는디 그 사람은 내 말을 번번

459

이 묵살해버리니 애상바쳐 못살겄어. 표내 생각
에는 나는 이렇게 이렇게 했으면 좋겠는데 그 사
람은 내 말을 번번이 묵살해버리니 '애상바처'
못살겄어. 〔논산〕내가 혼꾸녁을 냈드니 그것이
서운했능가 계속해서 애상바치는 거여. 표내가
혼꾸명을 냈더니 그것이 서운했는지 계속해서
'애상바치는' 거야.

◆'애상바치다'는 주로 "속상하거나 기분이 나빠서
마음이 상하니 그런 행동을 하지 말라"라는 뜻으로
하는 말이다.

애설룹다 제주 | 형용사 | 애석하다
슬프고 아깝다.
〔하효〕애설루워. 표애석해.

애성받치다 전북 | 동사 | 없음
화가 나거나 슬픔에 잠겨 목소리가 잘
나오지 않다.
〔군산〕한밤중에 차가 고장나서 애상받치게 허네.
표한밤중에 차가 고장나서 '애상받치게' 하네.
〔임실〕아버지가 말성꾸레기 아들을 보고 "니가
나럴 애송받칠나고 생기났냐?"고 허더라네. 표아
버지가 말썽꾸러기 아들을 보고 "네가 나를 '애
송받칠나고' 생겨났냐?"고 하더라네.

애오라지 전남 | 부사 | 오로지
오직 한 곳으로.
〔강진〕애오라지 팔십 평생 눈까마이로 사셨다.
표오로지 팔십 평생 까막눈으로 사셨다.

애자지다 충남 | 형용사 | 애처롭다
가엾고 불쌍하여 마음이 슬프다.
〔서산〕불쌍흐다구 하는겨. 에구 보기 애잖다, 애
잖어. 그러지. 맞어 처량허다구. 표불쌍하다고 하
는 거야. 에구 보기 애처롭다, 애처로워. 그러지.

맞아 처량하다고.

애진 북한 | 명사 | 초저녁
날이 어두워진 지 얼마 되지 않은 때.
〔평안〕말 사람들 저녁을 애진에 먹는다.-정춘근
(2012) 표마을 사람들 저녁을 초저녁에 먹는다.

애콩 경남 | 명사 | 완두콩
완두의 열매로, 주로 초여름에 열린다.
〔하동〕애콩을 밥에 놔 묵었다. 표완두콩을 밥에
넣어 먹었다.

애탄가탄 전북 | 부사 | 애면글면
몹시 힘에 겨운 일을 이루려고 갖은 애
를 쓰는 모양.
〔군산〕그분들은 애탄가탄 고생하더니만 자식새
끼 모두 출가시키고 편안히 산다. 표그분들이 애
면글면 고생하더니만 자식새끼 모두 출가시키고
편안히 산다. 〔임실〕알탕갈탕 돈을 뫼아 제우 집
한 칸 장만헛네. 표애면글면 돈을 모아 겨우 집
한 칸 장만했네.

앳대다 충북 | 형용사 | 앳되다
애티가 있어 어려 보이다.
〔단양〕샥시가 아주 이쁘고 앳대게 생겼드유.
표색시가 아주 예쁘고 앳되게 생겼는데요.

앵간하다 경북 | 형용사 | 어지간하다
(1)수준이 보통에 가깝거나 그보다 약간
더하다.
(2)정도나 형편이 기준에 크게 벗어나지
아니한 상태에 있다.
(3)성격 따위가 생각보다 심하다.
〔대구〕그놈아맨치 하기도 앵간해서는 힘들다. 표
그 사람만큼 하기도 어지간해서는 힘들다. 〔대

구)어른들은 앵간하면 니가 참아라, 니가 참아라 그랬지. 표어른들은 어지간하면 네가 참아라, 네가 참아라 그랬지. 〔영천〕우리 할매도 참 앵간하다. 표우리 할머니도 참 어지간하다.

앵간하다 충남 | 형용사 | 어지간하다
수준이 보통에 가깝거나 그보다 약간 더 하다.
〔논산〕앵간히 싸돌아다니믄 뭐라골 안 혀. 맨 찾으믄 읎구. 돌아다녀싸니께 승이 나지. 표어지간히 싸돌아다니면 뭐라고 안 해. 맨날 찾으면 없고. 돌아다녀대니까 화가 나지. 〔공주〕그 사람 승질이 앵간해야지 서로 얘기도 하구 밥두 같이 한째 먹구 하지. 표그 사람 승질이 어지간해야지 서로 얘기도 하고 밥도 같이 한번 먹고 하지. 〔서산〕술두 앵간허게 마셔야지 너머 마시구 인사불성이 되면 쓰남. 표술도 어지간히 마셔야지 너무 마시고 인사불성이 되면 쓰나.
◆ '앵간하다'는 행동이 정도를 벗어나 마음에 들지 않을 때 주로 충남 남부 지역에서 쓰는 말이다.

앵간하다 충북 | 형용사 | 어지간하다
수준이 보통에 가깝거나 그보다 약간 더 하다.
〔옥천〕앵간하면 그만 혼내키구 집에 보내. 표어지간하면 그만 혼내고 집에 보내.

앵간허다 전북 | 형용사 | 어지간하다
수준이 보통에 가깝거나 그보다 약간 더 하다.
〔군산〕앵간하면 니가 져 줘라. 머할라 그러냐. 표어지간하면 니가 져 줘라. 뭐하려고 그러냐. 〔남원〕짐치 맛이 앵간히 간이 맞구만. 표김치 맛이 어지간히 간이 맞구만. 〔임실〕험담을 득고도 참는 것을 봉개 너도 엔간허다.(험담을 듣

고도 참는 것을 보면 너도 어지간하다. 〔임실〕잔소리 좀 앵간치 히라. 표잔소리 좀 어지간히 해라.

앵구 경남 | 명사 | 고양이
고양잇과의 하나.
〔거제〕앵구 소리가 꼭 아아 우는 소리 겉다. 표고양이 소리가 꼭 아이 우는 소리 같다.

앵그라보다 전남 | 동사 | 째려보다
못마땅하여 매서운 눈초리로 흘겨보다.
〔고흥〕머시 그렇게 마땅찮해서 앵그라보고 그래 쌌냐? 표뭣이 그렇게 마땅치 않아서 째려보고 그러냐? 〔장흥〕시어머니가 빨래하는 메느리를 앵그라보고 있었다. 표시어머니가 빨래하는 며느리를 째려보고 있었다.

앵꼽다 경남 | 형용사 | 아니꼽다
하는 말이나 행동이 눈에 거슬려 불쾌하다.
〔부산〕아이고 앵꼽아라. 표아이고 아니꼬와라.

앵꼽다 경북 | 형용사 | 아니꼽다
하는 말이나 행동이 눈에 거슬려 불쾌하다.
〔의성〕앵꼽은 일이라도 참을 줄 알아야 한다. 표아니꼬운 일이라도 참을 줄 알아야 한다.

앵동그라지다 경남 | 동사 | 없음
떼를 쓰며 온몸으로 매달리다.
〔부산〕애린 아아가 앵가이 앵동그라지게 해야지. 표어린 아이가 어지간히 '앵동그라져야지'.
◆ 초등학교에 들어갈 무렵의 아이들이 장난감이나 주전부리를 사달라고 온몸으로 떼를 쓰며 소맷자락이나 바짓가랑이에 대롱대롱 매달리던 것을 '앵동그라지다'라고 한다. -허남출(부산)

야드레하다 강원 | 형용사 | 야들야들하다
반들반들 윤기가 돌고 보들보들하다.
〔춘천〕이번 비에 새싹이 야드레하게 올라왔네.
표이번 비에 새싹이 야들야들하게 올라왔네.
◆'야드레하다'는 '보드레하다, 가무레하다, 가무스레하다, 게슴츠레하다'와 같이 어떤 상태가 유지되고 있음을 뜻하는 말이 붙은 어형이다.

야찹다 전북 | 형용사 | 얕다
겉에서 속, 또는 밑에서 위까지의 길이가 짧다.
〔임실〕또랑물은 개울물보담 야찹다. 표도랑물은 개울물보다 얕다. 〔정읍〕이건 야찬 물에서 살지. 표이건 얕은 물에서 살지. 〔전주〕물이 야차 갖고 넘어지지도 안해. 표물이 얕아 가지고 넘어지지도 않아.
◆'야찹다'는 '얕다'와 '낮추다'가 결합된 말이다

야톰하다 충북 | 형용사 | 야트막하다
조금 얕은 듯하다.
〔옥천〕너머 높으믄 심드니께 야톰하게 맹글어야 좋아. 표너무 높으면 힘드니까 야트막하게 만들어야 좋아.

약과 북한 | 명사 | 없음
밀가루 반죽을 꼬아 꽈배기 형태로 만들어 기름에 튀긴 후 미지근한 사탕가루 물에 담갔다 빼서 식혀 만든 음식.
〔북한〕영희는 장마당에서 약과 하나를 사서 손에 들고 먹다가 난데없이 나타난 꽃제비한테 뺏겨 버려서 그 자리에서 엉엉 울었다고 함메. 표영희는 장마당에서 '약과' 하나를 사서 손에 들고 먹다가 난데없이 나타난 꽃제비한테 뺏겨 버려서 그 자리에서 엉엉 울었다고 합니다.
◆개성식 약과는 대표적인 북한의 디저트로 한입 크

기의 사각 형태로 단맛이 적절히 밴 약과에 잣과 계피가루를 넣어 만든다. 우리나라 약과와 달리 개성 약과는 바삭바삭하다.

약궤 제주 | 명사 | 약과
좁쌀가루나 밀가루 따위로 네모지게 만들어서 구멍 다섯을 내고 기름에 지지거나 삶아낸 떡.
〔토평〕약궨 영 네귀방장허영 고망 네 밧더 똘랑 영헌 거. 중궤나 약궤나 지름에 지저. 표약과는 이렇게 네모반듯해서 구멍 네 군데 뚫어서 이런 거. '중궤'나 약과나 기름에 지져.
◆제주의 '상례'에는 일반 '제례'와 달리 '중궤(좁쌀이나 메밀가루로 기름하게 만들어 기름에 튀긴 떡)'와 '약궤(좁쌀이나 밀가루 따위로 네모지게 만들어서 구멍 다섯 개를 내고 기름에 지지거나 삶아낸 떡)'가 추가된다.

약송가락 전북 | 명사 | 약손가락
다섯 손가락 가운데 네 번째 손가락.
〔완주〕약송가락에다 반지를 끼워주며 겔혼하자 그러데. 표약손가락에다 반지를 끼워주며 결혼하자 그러더라.

약약스럽다 전북 | 형용사 | 인색하다
(1)재물을 아끼는 태도가 몹시 지나치다.
(2)어떤 일을 하는 데 대하여 지나치게 박하다.
〔남원〕사과 하나 덤으로 주지 그 양반 참 약약스럽네. 표사과 하나 덤으로 주지 그 양반 참 인색하네. 〔임실〕약곰쟁이는 참말로 약약시럽다. 표구두쇠는 정말로 인색하다. 〔정읍〕한 됫박 퍼주지 양약스럽게 그러네. 표한 됫박 퍼주지 인색하게 그러네.

약차하다 경기 | 형용사 | 크다
사람이나 사물의 외형적 길이, 넓이, 높이, 부피 따위가 보통 정도를 넘다.
〔강화〕하지 않아도 될 일인데 하도 해달라고 해서 관여했더니 손해가 약차하다. 표하지 않아도 될 일인데 하도 해달라고 해서 관여했더니 손해가 크다.

약포육 경기 | 명사 | 육포
얇게 저미어서 양념을 하여 말린 고기.
〔서울〕약포육은 고기를 포를 떠 가주구서는 간장에다가 기름허구 설탕하구 느서 주물러서 말례요. 표육포는 고기를 포를 떠 가지고서는 간장에다가 기름하고 설탕하고 넣어서 주물러서 말려요.
◆전통적인 육포는 오늘날의 육포와 조금 다르다. '약포육'은 서울 지역 특유의 조리법으로 만든 육포를 가리키는 말이다.

얀난하다 경기 | 형용사 | 없음
국물이 적당하게 있다.
〔파주〕꽁치조림을 얀난하게 되도록 졸여라. 표꽁치조림을 '얀난하게' 되도록 졸여라.

얄개다리치다 경기 | 동사 | 뻐기다
얄미울 정도로 매우 우쭐거리며 자랑하다.
〔강화〕그 여편네는 남편이 좀 출세했다고 얄개다리치면서 다니는데 정말 꼴불견이더라고. 표그 여편네는 남편이 좀 출세했다고 뻐기면서 다니는데 정말 꼴불견이더라고.

얄궂다 강원 | 형용사 | 야릇하다/이상하다
(1)무엇이라 표현할 수 없이 묘하고 이상하다.
(2)의심스럽거나 알 수 없는 데가 있다.

〔삼척〕아무 흔적 없이도 떠오르는 기억이 얄궂다. 표아무 흔적 없이도 떠오르는 기억이 야릇하다. 〔인제〕애가 그 먼 곳꺼정 갔다는데 본 사람덜이 없다니 참말로 애격시러운 일이야. 표애가 그 먼 곳까지 갔다는데 본 사람들이 없다니 참말로 이상한 일이야.

얄똥시룹다 강원 | 형용사 | 얄밉다
말이나 행동이 약빠르고 밉다.
〔강릉〕우터 이러 얄똥시룹나야. 표어떻게 이렇게 얄밉냐. 〔삼척〕하는 짓마다 얄미룹구나. 표하는 짓마다 얄밉구나. 〔인제〕그따구로 허니깐 얄똥맞다구 허는 게지. 표그따위로 하니까 얄밉다고 하는 거지.

얄망시럽다 경북 | 형용사 | 없음
성질이나 태도가 괴상하고 까다로워 얄미운 듯하다.
〔대구〕저 가시나는 얄망시럽은 짓만 골라가 하드라. 표저 여자애는 '얄망시러운' 짓만 골라서 하더라.

얄미웁다 경기 | 형용사 | 얄밉다
말이나 행동이 약빠르고 밉다.
〔포천〕너무 싹싹하고 빈틈이 없어두 얄미웁긴 마찬가지지요. 표너무 싹싹하고 빈틈이 없어도 얄밉긴 마찬가지지요.

얌딱하다 강원 | 형용사 | 얌전하다
성품이나 태도가 침착하고 단정하다.
〔강릉〕사래미 얌딱항 기 갠찮다.-김인기(2014)
표사람이 얌전해서 괜찮다.

얌얌하다 전남 | 형용사 | 야무지다
사람의 성질이나 행동, 생김새 따위가

463

빈틈이 없이 꽤 단단하고 굳세다.
〔강진〕우리 아들 딸들은 뭐든지 할 때 양얌하게 해서 이뻐. 표우리 아들 딸들은 뭐든지 할 때 야무지게 해서 이뻐. 〔강진〕수두배기처럼 보여도 실상은 양얌하다. 표숫보기처럼 보여도 실상은 야무지다.

양골 전북 | 명사 | 없음
물건을 사고팔 때 받는 수수료를 사는 사람과 파는 사람에게 모두 받는 행위.
〔전주〕수수료를 양골로 먹는다. 표수수료를 '양골'로 먹는다.

양글양글 전북 | 부사 | 없음
언행이 옹골차고 야무진 모양.
〔김제〕자는 딴 아들보다 양글양글하드만. 표재는 다른 아이들보다 '양글양글'하네.
◆'양글양글'은 과실이나 곡식 따위가 알이 들어 단단하게 잘 익은 모양을 가리키는 말로도 쓰인다.

양녕줄 충남 | 명사 | 양낭이줄
자전거의 앞뒤 기어를 연결하는 쇠줄을 속되게 이르는 말.
〔예산〕자징게 양녕줄이 시절피유. 표자전거 양낭이줄이 고장났어요. 〔서산〕자징겨 양전줄이 끊어져 자징겨포까장 끌구 가서 수리혔다. 표자전거 양낭이줄이 끊어져서 자전거포까지 끌고 가서 수리했다. 〔태안〕중핵교 때 자징교 타구 댕길라면 그늠의 양녕줄이 엔간히 넘어쌓더니. 표중학교 때 자전거 타고 다니려면 그놈의 양낭이줄이 엔간히 벗겨졌어.
◆'양녕줄'은 주로 충남 서북 지역에서 많이 쓰는 말이다. 1980년대 이후 외래어 '체인'에 밀려 사용 빈도가 급격히 줄어들었다. −이명재(예산) ◆'양감줄'은 '자전거의 페달 옆에 달린 톱니바퀴와 뒷바퀴에

달린 톱니바퀴, 이 양 톱니바퀴를 감아 동력을 이어 주는 줄'이란 말이다. '두 기어를 감아주는 줄' 정로로 풀이하면 된다. 이 양감줄은 '양가못줄'과 경쟁적으로 쓰였다. 시기적으로는 '양가못줄'이 앞선다. '양가못줄'은 '양쪽에 있는 기어를 감아주는 쇠줄'이란 뜻으로 의미나 조어법이 양감줄과 유사하다. '양가못줄'은 1970년대까지 예산 지역에서 많이 쓰였고, 1980년대 이후 충남 서북 지역에서 널리 쓰인 '양감줄'에 자리를 내줬다. 양감줄은 홍성, 서산, 예산, 당진, 공주 지역 등에서 쓰였다. 일부 '양냥줄'이라 쓰는 이도 있었는데 이는 표준어 '양냥이줄/양냥줄'의 영향 관계로 보인다. −이명재(예산)

양엣근 제주 | 명사 | 양하
양하의 땅속줄기에서 올라오는 자주빛 꽃이삭.
〔남원〕양엣근이 그 죽순 닮은 거라이. 걸로도 지시 헹 먹어. 표양하가 그 죽순 닮은 거야, 그거로도 장아찌 해서 먹어. 〔남원-의귀〕양에지도양, 양엣근 흔 여근에 다듬앙, 판쩍 다듬아근에 시청 또로 소곰이영 무신거 흔쓸 버무령 낫근에 흔 이틀만 시민 그거 믄딱 건져내어. 경 호영 장 꿰왕 식혀. 장 식영 놔근에 흔 메칠 뒈민 그거 먹어져. 표양하장아찌도, 양하 해서 다듬어서, 말끔히 다듬어서 씻어서 따로 소금이랑 무엇 조금 버무려서 넣어 한 이틀만 있으면 그거 모두 건져내. 그렇게 해서 장 끓여서 식혀. 간장 식혀 넣어서 한 며칠 되면 그거 먹을 수 있어.
◆제주에서는 죽순처럼 봄에 돋아나는 양하의 연한 줄기와 추석 무렵에 피는 꽃이삭을 채취하여 음식 재료로 사용한다. 집 울담이나 처마 밑에 많이 심어 빗물이 땅을 패는 것도 막고 음식 재료로도 이용하였다. 꽃이삭인 '양엣간'은 무쳐 먹거나 장아찌를 담가 먹었다.

양이 전북 | 명사 | 없음

아이들이 가지고 노는 장난감의 하나. 미리 일정한 규격대로 만들어 놓고 파는 그림딱지.

〔군산〕이거 새로 산 양인데 별도 있고 숫자도 있당게. 겁나 멋있지? 표이거 새로 산 '양이'인데 별도 있고 숫자도 있어. 엄청 멋있지?

◆군산에서는 집에서 만든 딱지와 문방구에서 사는 기성품 딱지를 구분하였다. 직접 만든 것은 '딱지', 문방구에서 파는 동그란 그림 딱지는 '양이'라 불렀다. 그에 따라 그것을 가지고 하는 놀이도 구분해서 각각 '딱지치기'와 '양이치기'라고 하였다. 양이치기를 시작할 때 승기를 잡아 그림 딱지를 나눠주는 행위를 "양이를 접다"로, 승자가 되기 위해 그림 딱지를 거는 행위를 "양이를 걸다"로 표현했다. ◆딱지는 주로 종이를 네모나게 접어서 만들지만, 그 외에도 두꺼운 종이쪽에 그림을 그리거나 글을 써 만든 것 등 여러 가지가 있다. 딱지를 가지고 노는 아이들의 놀이인 '딱지치기'는 '쾨지치기'라 한다.

양책차리다 북한 | 명사 | 욕심부리다

욕심이 드러나는 행동을 하다.

〔양강〕그렇게 양책부리지 말라우. 표그렇게 욕심 부리지 마라.

양치다 경북 | 동사 | 새김질하다

한번 삼킨 먹이를 다시 게워 내어 씹다.

〔의성〕소가 양치는 거 맨날 보지. 표소가 새김질 하는 거 맨날 보지.

어가리 강원 | 명사 | 억지

잘 안될 일을 무리하게 기어이 해내려는 고집.

〔강릉〕야, 어가리 부리지 마라. 표야, 억지 부리지 마라. 〔삼척〕어다 대고 어가리를 부리나? 표언

다 대고 억지를 부리나? 〔평창〕길동이 어거지는 알아준다. 표길동이 억지는 알아준다. 〔춘천〕개는 어거지가 너무 심해. 표개는 억지가 너무 심해.

어기다 경기 | 동사 | 우기다

억지를 부려 제 의견을 고집스럽게 내세우다.

〔용인〕맨날 지가 옳다고 어겨대니 그게 말이 통해요? 표맨날 지가 옳다고 우겨대니 그게 말이 통해요?

어둑살 경북 | 명사 | 땅거미

해가 진 뒤 어스레한 상태. 또는 그런 때.

〔대구〕어둑살이 들기 전에 집에 들어와 있어레이. 표땅거미가 지기 전에 집에 들어와 있어라.

어따불라 제주 | 감탄사 | 없음

갑자기 뜨거운 것이 닿았을 때 내는 소리.

〔노형〕그거 거찌민 어따불라 헌다이. 표그거 건드리면 '어따불라' 한다.

어런아기 전북 | 명사 | 애어른

하는 짓이나 생각이 어른 같은 아이.

〔임실〕철부지 줄 알았는디 어런아기여. 표철부지 인 줄 알았는데 애어른이야.

어렝이물훼 제주 | 명사 | 없음

어렝놀래기로 만든 물회.

〔구좌-한동〕물훼는 뭐 그자 문문헌 건 자리물훼, 어렝이물훼주. 거 하영 헹 먹엇어. 표물회는 뭐 그저 만만한 건 자리돔물회, '어렝이물훼'지. 거 많이 해서 먹었어.

◆제주에서는 싱싱한 생선을 회나 물회로 먹는데, 제주를 대표하는 물회로 '자리물회, 한치물회, 소라물회' 외에 '어렝놀래기'를 이용한 '어렝이물훼'가 있다.

어리덕어리덕 경기 | 부사 | 어릿어릿

말과 행동이 활발하지 못하고 생기 없이
움직이는 모양.

〔강화〕잰 오늘따라 어리덕어리덕허네. 표잰 오늘
따라 어릿어릿하네.

◆표준어 '어릿어릿'은 눈앞에 어렴풋하게 어른거릴
때도 쓰고 말과 행동이 활발하지 못하고 생기 없이
움직일 때도 쓴다. 이와 달리 '어리덕어리덕'은 행동
이 느릴 때만 쓰는 말이다.

어림빗 충남 | 명사 | 얼레빗

빗살이 굵고 성긴 큰 빗.

〔서산〕어림빗 챔빗 품구 가두 제 복이 있으면 잘
산다. 표얼레빗 참빗 품고 가도 제 복이 있으면
잘산다.

◆'얼레'는 낚싯줄이나 연줄을 감는 도구인데 굵은
나무로 짜여 있다. 머리를 빗는 빗 중에 굵고 사이도
성긴 큰 빗이 얼레를 닮았다 하여 '얼레빗'이라고 하
는데, 충남 지역에서는 '어림빗'이라고도 한다. '어
림'이란 대강 헤아린다는 뜻으로 촘촘하지 못한 상
황을 의미한다. 속담에 "얼레빗 참빗 품에 품고 시
집을 가도 복이 있으면 잘 산다"라는 말은 시집갈 때
혼수 장만을 못 했어도 잘살 수 있음을 뜻한다. 이런
속담에서 아무리 혼수를 마련하지 못했어도 빗은 꼭
챙겨 간 풍습을 엿볼 수 있다.

어링이 충북 | 명사 | 어레미

바닥의 구멍이 굵은 체.

〔괴산〕큰 거하구 쪼만 거하구 섞이 있으믄 어링
이루 치믄 되지. 표큰 것하고 조그만 것하고 섞
여 있으면 어레미로 치면 되지.

◆'어링이'는 "병아리나 닭 따위를 가두어 기르기 위
하여 채를 엮어 만든 물건"의 의미로도 쓰인다.

어마두지하다 전북 | 형용사 | 당황하다

놀라거나 다급하여 어찌할 바를 모르다.

〔익산〕어마두지 그런 말 했네. 이해하소. 표당황
해서 그런 말을 했네. 이해하소. 〔김제〕삼거리에
사람들이 너무 나와 어마두지혀 가지고 어디로
가는지 모르겠데요. 표삼거리에 사람들이 너무
나와 당황해서 어디로 가는지 모르겠네요.

◆'어마두지' 또는 '어마둥지'는 어떤 말이나 행동을
깊이 생각하지 않고 자신도 모르게 순간적으로 했을
때 그런 상황에서 쓰는 말이다.

어머야라 강원 | 감탄사 | 어머

예상하지 못한 일로 깜짝 놀랐을 때 내
는 소리.

〔동해〕어머야라, 그 지집아 머이 그래나이? 표어
머, 그 여자아이는 어떻게 그러니? 〔강릉〕어무야
라, 야 좀 보래이. 니 먼 일 있니? 표어머, 애 좀
봐라. 너 뭔 일 있니?

어먼 전북 | 관형사 | 애먼

(1)일의 결과가 다른 데로 돌아가 억울
하게 느껴지는.
(2)일의 결과가 다른 데로 돌아가 엉뚱
하게 느껴지는.

〔남원〕왜 어먼 사람을 갖고 그런데. 표왜 애먼 사
람을 갖고 그런데.〔임실〕손이 거친 폭푁이가 애
민 소리를 듣고도 카만이 있더니 오늘 진범이 잡
혔다네. 표손버릇이 안 좋은 폭푁이가 애먼 소리
를 듣고도 가만히 있더니 오늘 진범이 잡혔다네.

어슴새복 전남 | 명사 | 어슴새벽

조금 어둑하고 희미한 새벽인 어슴새벽
을 이르는 말.

〔고흥〕옛날 사람들은 어슴새복으로 헌 일이 한
나잘 일을 다 해부러. 표옛날 사람들은 어슴새벽
에 한 일이 한나절 일을 다 해버려. 〔진도〕빌 물

품어서 모심을라믄 어심새북에 이러나야 덴께 일찍 자그라. 표내일 물 품어서 모심으려면 어슴새벽에 일어나야 되니까 일찍 자거라.

◆'어슴새복'은 '어스름한 새벽'을 뜻하는 말이다. 전남 사투리에서 '땅거미, 해거름'을 그냥 '어스름, 어시름'이라고 하고 '땅거미'를 '어시름발'이라고 한다. 이러한 어휘에서 보이는 '어스' 또는 '어'는 좀 '어둑한 상태, 모호한' 등의 의미를 지닌 말이다. 그리고 '새'는 '동쪽'을 의미하고, '복'은 '밝다'를 의미한다. 즉 "아직 환하지 않지만 동쪽이 붉다(밝다)"라는 말이다. 동쪽 하늘에 붉게 떠 있는 구름을 '북새'라고 하는데, 이때의 '복'과 '북'은 '밝다, 붉다'는 의미의 같은 어원으로 볼 수 있다.

어시미 전남 | 명사 | 없음
곡식의 새싹 줄기를 끊어 먹고 사는 해충인 작은 굼벵이를 이르는 말.
〔고흥〕아침에 밭에 강게 어시미가 꽤를 차근차근 쪼사 부렀드랑께. 표아침에 밭에 갔더니 '어시미'가 깨를 차근차근 쪼아버렸더라니까.
◆'어시미'는 주로 아침에 활동을 하는데, 참깨나 콩의 줄기를 끊어 버려서 농사에 많은 피해를 준다고 한다. '어시미'라고 이름 지은 이유는 '어슴프레'한 아침에 활동을 하기 때문에 붙여진 이름인 듯하다.
◆굼벵이의 일종인데 검은 회색이며 크기는 굼벵이에 비해 아주 작다.

어양시럽다 전남 | 형용사 | 아양스럽다
귀염을 받으려고 알랑거리는 태도가 있다.
〔강진〕그녀는 성격이 참 어양시러 친구가 많다. 표그녀는 성격이 참 아양스러워서 친구가 많다.
〔진도〕손지가 어쩌나 어양시런지 이뻐 죽것써라. 표손주가 어쩌나 아양스러운지 예뻐 죽겠어요.
◆'살랑살랑헌다' 또는 '댄다'라고도 한다. "걔는 어른들헌티 살랑살랑 해싼게 이뻐(걔는 어른들한테

아양스럽게 굴어서 예뻐)"처럼 사용한다.

어업시 경남 | 감탄사 | 없음
흡족하게 여길 때 쓰는 감탄사.
〔진주〕동생: 성님 한 잔 더 하소. 형: 어업시! 표동생: 형님 한 잔 더 하소. 형: '어업시'!
◆'어업시'는 진주에서 지금도 노인들이 흔히 쓰는 말이다. 대략 "만족하니 되었다"라는 뜻이다. 약간의 미련이 남아 있지만 체면을 중히 여기는 옛 어른들에게 잘 어울리는 말이다. 다만 친구 간이나 아랫사람에게 쓰는 말이지 윗사람에게는 쓸 수 없는 말이다. -최명림(진주)

어엽다 강원 | 형용사 | 어이없다/엄청나다
(1)일이 너무 뜻밖이어서 기가 막히는 듯하다.
(2)짐작이나 생각보다 정도가 아주 심하다.
〔강릉〕나르 보드니 다짜고짜 술으 사라 그래니 달부 어엽잖소. 표나를 보더니 다짜고짜 술을 사라 그러니 너무 어이없잖소.

어이틸리다 북한 | 형용사 | 어이없다
일이 너무 뜻밖이어서 기가 막히는 듯하다.
〔북한〕영철이는 어이틸리는 이야기를 할 때가 많다. 표영철이는 어이없는 이야기를 할 때가 많습니다.

어짓잔하다 전남 | 형용사 | 어쭙잖다
비웃음을 살 만큼 언행이 분수에 넘치는 데가 있다.
〔장성〕저 사람 지 일이나 잘허지. 어짓잔하게. 표저 사람 지 일이나 잘하지. 어쭙잖게.

어푸 강원 | 부사 | 얼른
시간을 끌지 아니하고 바로.

〔동해〕뜨실 때 어푸 갔다 오나라. 표뜨거울 때 얼른 갔다 오너라. 〔평창〕그 일을 얼푼하고 이 일도 하거라. 표그 일을 얼른하고 이 일도 하거라. 〔삼척〕밥이 식기 전에 어푸 먹어라. 표밥이 식기 전에 얼른 먹어라.

억년 북한 | 부사 | 언제나
모든 시간 범위에 걸쳐서. 또는 때에 따라 달라짐이 없이 항상.
〔북한〕용암이 미증유의 힘으로 솟구쳐오르고 불재를 날리던 분화구는 억년 마를 줄 모르는 천연호수로 되었다.-최성진(1997) 표용암이 미증유의 힘으로 솟구쳐오르고 화산재를 날리던 분화구는 오랫동안 마를 줄 모르는 천연호수로 되었다.

억시게 충북 | 부사 | 매우
보통 정도보다 훨씬 더.
〔옥천〕우리 아덜이 취직이 되니께 기분이 억시게 좋드라구. 표우리 아들이 취직이 되니까 기분이 매우 좋더라고. 〔충주〕무쟈게 좋지? 표아주 좋지?

언감자밴새 북한 | 명사 | 없음
언 감자를 말려 만든 가루로 빚어 만든 떡.
〔양강〕언감자밴새에 김치 속을 넣으니 칼칼한 게 맛있잼가? 표'언감자밴새'에 김치 속을 넣으니 칼칼한 게 맛있지 않습니까?
◆언감자밴새는 감자가 많이 나는 양강도와 자강도 지방에서 만들어 먹는 떡으로 언감자떡이라고도 부른다. 언 감자를 말려 가루를 낸 다음 반죽하여 빚은 후에 콩 등을 넣고 시루에 쪄서 만든다. ◆감자떡은 질기면서도 미끄러운데 인품이 좋은 사위를 선택하는 방법으로 감자떡을 젓가락으로 떨어뜨리지 않고 집는 것이 있다고 한다.

언강 제주 | 명사 | 아양
귀여움을 받으려고 애교를 부리는 말. 또는 그런 행동.
〔남원〕족은메느린 원체 일도 잘허고 언강이 좋다게. 표작은며느리는 원체 일도 잘하고 아양이 좋다. 〔한경-신창〕큰 손지는 이젠 할망신디 오젠도 안 허는디 족은 손진 자꾸 온다게. 나신디 언강도 부리고 나가 헤주는 것도 잘 먹곡 허여. 표큰 손주는 이젠 할머니에게 오려고도 안 하는데 작은 손주는 자꾸 와. 나에게 아양도 부리고 내가 해주는 것도 잘 먹고 해.
◆제주도에서 '언강'은 '애교'와 '아양' 외에도 '말주변'을 뜻한다.

언나 강원 | 명사 | 어린아이
나이가 적은 아이.
〔정선〕요즘 언나들이 다 그렇지요. 표요즘 어린아이들이 다 그렇지요. 〔삼척〕언나 보는 일은 아무리 잘 봐도 공 없다잖소. 그만큼 얼라 보기 힘들다는 말이지요. 표어린아이 보는 일은 아무리 잘 봐도 공이 없다잖소. 그만큼 어린아이를 보기 힘들다는 말이지요. 〔춘천〕우리 언내 좀 업어서 재워줄래? 표우리 어린아이 좀 업어서 재워줄래?
◆'언나'는 '어린아이'의 축약형이다.

언들배기 강원 | 명사 | 언덕
땅이 비탈지고 조금 높은 곳.
〔강릉〕언들배기에 올러가서 바다르 네레더보미 지다렛아. 표언덕에 올라가서 바다를 내려다보며 기다렸어. 〔양양〕꼬뎅이가 있어 올라가기 힘이 든다. 표언덕이 있어 올라가기 힘이 든다. 〔강릉〕그 둔데기에 집을 겠대야. 표그 언덕에 집을 지었대. 〔춘천〕느네 송아지가 저 언덕배기루 넘어가드라. 표너네 송아지가 저 언덕으로 넘어가더라.

언사시럽다 경북 | 형용사 | 지긋지긋하다

진저리가 나도록 몹시 싫고 괴롭다.

〔칠곡〕피난 댕기던 거 생각하면 지금도 언사시럽다. 표피난 다니던 거 생각하면 지금도 지긋지긋하다.

◆경상도 사투리 '언사시럽다'는 '언슨시럽다', '언선시럽다', '엉성시럽다' 등 다양한 형태로 나타난다. '언사시럽다'는 어근 '언사(言辞)'와 접사 '−시럽다'가 결합하여 만들어진 말이다. '말씀'과 '말쑴'이라는 뜻을 나타내고 있어 말이 많다는 의미를 나타낸다. 이것이 부정적인 의미로 해석하면 말이 너무 많다는 것을 알 수 있는데 말이 너무 많으니 지긋지긋하거나 진절머리가 날 수 있다는 의미로 확장되기도 한다.

언서리 충북 | 명사 | 언저리

둘레의 가 부분.

〔단양〕아까 핵교 운동장 언서리서 어실렁그리던 디 여적까장 집이 안 들어갔대유? 표아까 학교 운동장 언저리에서 어슬렁거리던데 여태까지 집에 안 들어갔어요?

언선떨다 경남 | 명사 | 없음

남에게 귀엽게 보이게 굴다.

〔거제〕그 덩치에 언선떨기는. 표그 덩치에 '언선떨기'는.

◆창녕에서는 '깔롱떨다/애지랑부리다/애질갑다'라고 하는데, 거제에서는 '언선떨다', 고성에서는 '야지랑떨다/언선시럽다', 진주에서는 '언새지이다', 합천에서는 '애지랑지기다'라고 한다.

언지 경북 | 감탄사 | 아니

주로 질문에 대해 겸손하게 부정하거나, 사양하는 경우에 사용한다.

〔성주〕언지요, 글마는 믿을 게 못 되니더. 표아닙니다, 그 사람은 믿을 게 못 됩니다. 〔대구〕언지, 나는 바뿌이 니 혼차 가도 개안타. 표아니, 나는 바쁘니 너 혼자 가도 괜찮아.

얼거배기 충남 | 명사 | 얼금뱅이

얼굴이 얼금얼금 얽은 사람을 낮잡아 이르는 말.

〔공주〕옆집 아는 생긴 거는 잘생겼는디 어릴 즉이 마마를 얼매나 심이 앓았던지 커가서도 얼굴이 다닥다닥허게 얼거배기가 됐써. 표옆집 아이는 생긴 건 잘생겼는데 어릴 적에 천연두를 얼마나 심하게 앓았던지 커서도 얼굴이 다닥다닥하게 얼금뱅이가 됐어. 〔서산〕요즘은 마마가 읎어져서 얼걱배기도 읎어졌지. 표요즘은 마마가 없어져서 얼금뱅이도 없어졌지.

◆'얼거배기'라는 말은 얼굴이 얽은 '곰보'를 낮추어 이르는 말인데, 당진에서는 "얼거배기마냥 당허지 말어라"라는 말로도 쓰고 있다. 이 말은 '얼거배기'를 '얼굴이 얽은 사람'이라는 본래의 뜻과 상관없이 '모자란 사람'이라는 뜻으로 사용하는 말이라는 점에서 '곰보'에 대한 편견을 드러낸 말이라고 할 수 있다.

얼구다 강원 | 동사 | 얼리다

(사람이 물체를) 차가운 상태로 만들어 굳게 하다.

〔춘천〕도토리두 얼궈서 먹어봐. 떫지 않아. 표도토리도 얼려서 먹어봐. 떫지 않아. 〔삼척〕이른 추위가 와서 무꾸를 다 얼쿠었다. 표이른 추위가 와서 무를 다 얼렸다.

얼그미빗 충북 | 명사 | 얼레빗

빗살이 굵고 성긴 큰 빗.

〔단양〕얼그미빗으루 하구 나야 참빗으루 하기가 펜하지. 표얼레빗으로 하고 나야 참빗으로 하기

가 편하지.

얼기빗 경남 | 명사 | 얼레빗
빗살이 굵고 성긴 큰 빗.
〔고성〕머리 감고 나모 얼기빗으로 싸악 빗어 내라라. 표머리 감고 나면 얼레빗으로 싹 빗어 내려라.

얼뜰하다 북한 | 형용사 | 미련하다
어리석고 둔하다.
〔함남〕영석이는 장마당에서 얼뜰하게 놀다가 꽃제비들에게 주머니에 있는 돈을 다 뺏겼습메. 표영석이는 장마당에서 미련하게 놀다가 꽃제비(일정한 거주지 없이 먹을 것을 찾아 떠돌아다니는 북한의 어린아이들을 이르는 말)들에게 주머니에 있는 돈을 다 뺏겼습니다.

얼랑얼랑허다 제주 | 형용사 | 싱싱하다
채소 따위가 싱싱하고 연하다.
〔구좌-한동〕노물은 우영팟디 싱그난 막 얼랑얼랑헷주게. 물 와상와상 궤 가민 거 혜당 물에 확 시청 모지령 놀 거주. 표나물은 터앝에 심으니까 아주 싱싱했지. 물 부글부글 끓어 가면 거 해다가 물에 확 씻어서 무질러서 넣을 거지. 〔화북〕이디 승키 막 얼랑얼랑헤신게. 이거 흐끔 툿앙 강 먹으쿠다. 표여기 푸성귀 아주 싱싱했네요. 이거 조금 뜯어 가서 먹겠습니다.

얼럭대 강원 | 명사 | 얼루기
강원도 지방에서 곡식 단을 말리기 위하여 만들어놓은 시렁 장치. 움막처럼 만든 것도 있다.
〔강릉〕벼르 걸 때도 얼럭대르 사용했사요.(벼를 걸 때도 얼루기를 사용했어요.
〔삼척〕저기 있는 얼룩대로 가리를 맹글고, 그 우에다 콩단을 좀 재 놔라. 콩단을 잰 위에는 주저리를 씨와 놔라. 표저기 있는 얼루기로 가리를 만들고, 그 위에다 콩단을 좀 쟁어 놔라. 콩단을 잰 위에는 주저리를 씌워 놔라.
◆'얼럭대'는 쇠파이프 등이 나오기 전에 굵지 않은 긴 나무를 이용하여 만들었다. -신승엽(평창) ◆얼룩대는 대개 가늘고 긴 나무를 베어다 사용한다. 여러 개를 세워 가리를 만드는데 그것을 '얼룩가리'라 했다. 얼룩가리에는 볏단, 보릿단, 서속(조)단, 콩섶 등을 타작하기 전에 쟁여 놓는다. 잘 마르게 하려고 하는 것인데 꼭대기에는 비가 맞지 않게 '주저리'를 씌운다. 낫가리를 만들 때는 얼룩대부터 엮어 세운다. '꼬지가리(마초를 보관하는 가리)'를 만들 때도 얼룩대로 가리를 세워야 한다. -이경진(삼척)

얼런없다 경북 | 형용사 | 어림없다
(1)(일이) 도저히 가능하지 않다.
(2)(무엇이) 도저히 감당해 낼 수 없거나 비교의 대상이 되기에도 부족하다.
〔경주〕가아가 니한테 돈 꿔줄 주 아나? 얼런도 없다. 표걔가 너한테 돈 꿔줄 줄 아니? 어림도 없다. 〔경주〕그때치 들어낼라카면 오늘 하루 갖꼬는 얼런도 없다. 표그만큼 들어내려고 하면 오늘 하루 가지고는 어림없다.

얼멩이 전북 | 명사 | 어레미
바닥의 구멍이 굵은 체.
〔고창〕얼멩이로 싹 처 갖고 걸르믄 되아. 표어레미로 싹 쳐 갖고 거르면 돼. 〔정읍〕풋은 얼멩이로 쳐야 허는 것이여. 표팥은 어레미로 쳐야 하는 것이야. 〔임실〕그러니까 그 이제 얼미기체로 쳐 가지고. 표그러니까 그 이제 어레미로 쳐 가지고. 〔남원〕정재 벼랑박에 얼게미 체 좀 가져오니라. 표정주 벽에 어레미 체 좀 가져와라.

얼미다 북한 | 형용사 | 어리바리하다
정신이 또렷하지 못하거나 기운이 없어 몸을 제대로 놀리지 못하고 있는 상태이다.
〔북한〕잘 놀다가 넘어지는 거 보니 애가 얼미구나. 표잘 놀다가 넘어지는 것을 보니 애가 어리바리하구나.

얼벌벌하다 북한 | 형용사 | 얼얼하다
맛이나 느낌이 몹시 얼얼하다.
〔북한〕양념이 얼벌벌하다. 표양념이 얼얼하다.
◆'얼벌벌하다'라는 말은 '얼벌하다'를 강조하여 이르는 말이다. '얼벌하다'의 사전적 의미는 "맛이나 느낌이 몹시 얼얼하다"이다.

얼병들다 전북 | 형용사 | 골병들다
심하게 다치거나 무리한 노동 따위로 몸이 상하여 겉으로 드러나지 아니하고 속으로 깊이 병이 들다.
〔익산〕잘 데도 없고 겁나게 추운디 자네 같으면 얼병 안 들겠는가이? 표잘 데도 없고 엄청 추운데 자네 같으면 골병 안 들겠는가?

얼분이 경북 | 명사 | 없음
아는 척 잘하고 말하기를 좋아하여 시끄럽게 구는 사람.
〔안동〕저 얼분이 또 왔네. 표저 '얼분이' 또 왔네.
◆'아 다르고 어 다르다는 말이 있듯이 '알분이' 다르고 '얼분이' 다르다. '알분이' 또는 '알분떤다'는 말은 아는 척을 하면서 대화에 옹총망총 잘 끼어드는 사람을 놀릴 때 쓰는 말이고, '얼분이' 또는 '얼분스럽다'는 말은 나이에 맞지 않게 어른스러운 사람에게 쓰는 말이다. 간혹 속을 알 수 없는 능구렁이 같은 사람을 비하할 때 쓰기도 한다. -민희정(안동)

얼이차다 북한 | 형용사 | 정신없다
무엇에 놀라거나 경황이 없어 앞뒤를 생각하거나 사리를 분별할 여유가 없다.
〔북한〕학교가 끝나고 친구들과 오락회를 열었는데, 몇몇 다사스럽고 복잡한 동무들 때문에 얼이 차서 못 견디겠다. 표학교 수업이 끝나고 친구들과 오락회를 열었는데, 몇몇 다사스럽고 복잡한 동무들 때문에 정신이 없어서 못 견디겠다.

얼창 충북 | 부사 | 곧바로
다른 곳을 거치거나 들르지 아니하고.
〔보은〕집에서 학교까지 딴 데 들리지 말고 얼창 가라! 표집에서 학교까지 다른 데 들리지 말고 곧바로 가라!

얼척없다 전남 | 형용사 | 어처구니없다
일이 너무 뜻밖이어서 기가 막히는 듯하다.
〔영암〕너 하는 짓이 얼척없다. 표너 하는 짓이 어처구니없다.
◆'얼척' 또는 '어처구니'가 맷돌의 손잡이라는 설이 있으나 맷돌의 손잡이는 '맷손'이다. 궁궐 추녀마루에 세워진 '잡상'이라는 설도 있으나 근거가 부족하다. 표준어로 '어처구니'는 엄청 키가 큰 사람이나 사물을 뜻하는 말로 "어처구니없다"라는 말의 유래와 관련이 없는 말로 보인다.

얼콰하다 강원 | 형용사 | 얼큰하다
술에 취하여 정신이 조금 어렴풋하다.
〔정선〕벌써 한 잔씩 해서 얼굴이 얼콰하다. 표벌써 한 잔씩 해서 얼굴이 얼큰하다. 〔춘천〕얼콰헌 걸 보니, 한잔헌 모양이군. 표얼큰한 것을 보니, 한잔한 모양이군.

얼쿠름하다 충북 | 형용사 | 얼큰하다
매워서 입안이 조금 얼얼하다.
〔청주〕국얼 좀 얼쿠름하게 끓이야지, 싱거우믄

471

맛이 읎어. 표국을 좀 얼큰하게 끓여야지, 싱거우면 맛이 없어.

얼크름허다 충북 | 형용사 | 얼큰하다
술에 취하여 정신이 조금 어렴풋하다.
〔옥천〕술이 얼크름허니께 기분이 좋구먼. 표술이 얼큰하니까 기분이 좋구먼.
◆'국을 얼크름허게 끓이다'라고 할 때 '얼크름허다'를 쓰기도 한다.

얼턱얼턱허다 전남 | 형용사 | 울퉁불퉁하다
물체의 거죽이나 면이 고르지 않게 여기저기 몹시 나오고 들어간 데가 있다.
〔고흥〕옛날에는 질이 얼턱얼턱해서 발을 더러 다치고 그랬어. 표옛날에는 길이 울퉁불퉁해서 발을 더러 다치고 그랬어. 〔진도〕옛날에는 신작로에 맨날 부역을 해쌌게 질바닥이 얼턱얼턱해서 도랏구가 빨리 못 갓써라. 표옛날에는 신작로에 맨날 자갈을 깔아 길바닥이 울퉁불퉁해서 트럭이 빨리 못 갔어요.
◆길이 '얼턱얼턱(울퉁불퉁)'해서 발을 다치다라는 뜻으로 '까치눈 뜨다'라고도 한다. 발가락 마디가 찢어진 모양이 까치의 눈처럼 보인다는 말이다.

엄뚱하다 경남 | 부사 | 엉뚱하다
사람, 물건, 일 따위가 현재 일과 관계가 없다.
〔울산〕엄뚱한 소리나 하고 앉았네. 표엉뚱한 소리나 하고 앉았네. 〔창원〕야, 이 사람아, 그렇기 엄뚱하기 일로 하모 우짜노? 표야, 이 사람아, 그렇게 엉뚱하게 일을 하면 어쩌니?

엄배덤배 충북 | 부사 | 없음
가는 것이 이리저리 뒤섞이어 얽힌 모양.
〔단양〕실이 엄배덤배 다 엉키갔구 풀덜 못하겠

네. 표실이 '엄배덤배' 다 엉커가지고 풀지를 못하겠네.
◆흔히 '엄배덤배'는 '무슨 영문인지도 모르고 덤벙거리는 모양'을 뜻하는 말로 알려져 있으나 충북에서는 엎친 데 덮친 상황이나 일이 복잡하게 뒤엉킨 상태 등을 뜻하는 말로 쓰인다.

엄버지기 경남 | 부사 | 많이
수효나 분량, 정도 따위가 일정한 기준보다 아주 많이.
〔김해〕얼라가 똥을 엄버지기 싸 나왔네. 표아기가 똥을 아주 많이 싸 놓았네. 〔울산〕욕을 태배기로 하더라. 표욕을 아주 많이 하더라. 〔하동〕욕을 태배기로 얻어무우서 기가 아푸다. 표욕을 많이 얻어먹어서 귀가 아프다.
◆'엄버지기'는 단순히 '많이'가 아니라 '아주 많이'를 뜻하는 말이다. '엄버지기'의 '엄'은 '많다' 또는 '크다'를 뜻한다. ◆대체로 '태배기'는 '억수로'를 뜻하는 말로 부정적인 상황에서 '아주 심하게'라는 뜻으로 쓰인다. '태배기'는 '뒷박'에서 온 말로 "욕을 태배기로 먹었다"라는 말은 '욕을 뒷박으로 먹었다'라는 뜻이 된다. -백만기(고성)

엄수있다 경남 | 형용사 | 많다
수효, 분량, 정도 따위가 일정한 기준을 넘다.
〔진해〕요번에 엄수있게 무웄다. 표이번에 많이 먹었다.
◆경남 사투리로 '엄' 또는 '엄수'는 '많다'라는 뜻 외에도 '크다'라는 뜻으로 쓰인다. 그런데 김해에서는 '위엄'을 뜻하는 말로 쓰이고, 거제·고성·김해·울산·진주·통영·하동·합천에서는 '실속'을 뜻하는 말로 쓰이기도 한다.

엄첩다 경남 | 형용사 | 대견하다

472

흐뭇하고 자랑스럽다.
〔창녕〕아따 그놈 엄첩다. 표아따 그놈 대견하다.

엄첩다2 경북 | 형용사 | 흐뭇하다
마음에 흡족하여 매우 만족스럽다.
〔영천〕애러분데도 잘 자란 아들이 엄첩기만 했다.
표어려운데도 잘 자란 아들이 흐뭇하기만 했다.

업세나 충남 | 감탄사 | 어머나
크게 놀랄 일은 아니지만 의외의 상황에
서 사용하는 말.
〔공주〕업세나, 개천에서 용 난다더니 철수가 이
번이 존 회사에 들어갔다지 뭐여. 표어머나, 개
천에서 용 난다더니 철수가 이번에 좋은 회사에
들어갔다지 뭐야.

엉개벙개 전북 | 부사 | 어영부영
뚜렷하거나 적극적인 의지가 없이 되는
대로 행동하는 모양.
〔김제〕저놈이 뭐라고 엉개벙개 하면서 우리 집
에서 사흘을 눌러있다 갔네. 표저놈이 뭐라고 어
영부영 하면서 우리 집에서 사흘을 있다 갔네.

엉거불사하다 강원 | 형용사 | 엉성하다
꽉 짜이지 아니하여 어울리는 맛이 없고
빈틈이 있다.
〔강릉〕워데 한 군데 성한 데라군 없구 엉거불사
하다. 표어디 한 군데 성한 데라고는 없고 엉성
하다.

엉구렁 경북 | 명사 | 함정
짐승 따위를 잡기 위하여 땅바닥에 구덩
이를 파고 그 위에 약한 너스레를 쳐서
위장한 구덩이. 빠져나올 수 없는 상황
이나 남을 해치기 위한 계략을 비유적으

로 이르는 말.
〔의성〕멧돼지 빠지라고 파논 엉구렁에 멧돼지는
안 빠지고 우리 개가 빠졌네. 표멧돼지 빠지라
고 파논 함정에 멧돼지는 안 빠지고 우리 개가
빠졌네.

엉그럭떨다 충북 | 형용사 | 엄살떨다
엄살을 몹시 부리다.
〔옥천〕코강기에 을매나 엉그럭떠는지 병원에 입
원할 뻔했다니께. 표코감기에 얼마나 엄살을 떠
는지 병원에 입원할 뻔했다니까.

엉글다 충남 | 형용사 | 성글다
물건의 사이가 뜨다.
〔논산〕그물 절수를 따져서 엉근 놈에서부터 자
꾸 자잘한 놈으루 가는거. 이절에서 사십이절까
지 이른 식으루. 표그물 절수를 따져서 성근 것
에서부터 점점 자잘한 것으로 가는 거야. 이절에
서 사십이절까지 이런 식으로. 〔서산〕명덕구럭은
샌내끼를 엉글게 떠서 맹근 큰 구럭이다. 표명덕
구럭은 새끼를 성글게 떠서 만든 큰 망태기이다.
〔공주〕그물코를 내간에는 촘촘히 좀 뚤라고 하
였드니 뜨고 보니께 엉금엉금하게 떠졌네. 표그
물코를 내 딴에는 촘촘히 좀 뜨려고 했더니 뜨고
보니까 성글게 떠졌네.

엉기나다 경북 | 형용사 | 지긋지긋하다
진저리가 나도록 몹시 싫고 괴롭다.
〔의성〕고무신을 하도 신어 엉기났다. 표고무신을
하도 신어서 지긋지긋하다. 〔경주〕가만 보모 언
선시럽다. 표가만 보면 지긋지긋하다.

엉기정나다 경남 | 형용사 | 지긋지긋하다
진저리가 나도록 몹시 싫고 괴롭다.
〔울산〕맨날 곤치 돌라 캐가 엉기정난다. 표매일

고쳐달라고 해서 지긋지긋하다. 〔하동〕이자는 그 사람 이약만 들어도 엉걸찡이 난다. 표이제는 그 사람 이야기만 들어도 지긋지긋하다. 〔부산〕저리 엉걸나게 붙어대이이 싸암이 안 나나? 표저렇게 지긋지긋하게 붙어 다니니 싸움이 안 나겠어?

엉덕 제주 | 명사 | 없음
(1)바위로 이루어진 낮은 절벽이나 언덕.
(2)바닷가나 바닷속의 큰 바위.
〔남원〕그 엉덕 아래 사는 거, 것그라 매엔사 혜신지. 그거 옷밤이주, 옷밤. 표그 '엉덕' 아래 사는 거, 그것보고 매라고 했는지. 그거 올뻬미지, 올뻬미.
◆'엉덕'은 '엉' 또는 '덕'이라고도 한다. 제주에는 '엉'을 접사로 사용하는 지명이 많다. 남원에 있는 '큰엉'은 해안가에 있는 큰 절벽을 뜻하고, 서귀포에 있는 '엉또폭포'는 낮은 절벽에 있는 폭포를, 함덕 수욕장에 있는 '엉물'은 바위 아래서 나오는 물을 뜻한다.

엉쿠렁 강원 | 명사 | 구렁텅이
몹시 험하고 깊은 구렁.
〔강릉〕멧돼지 일곱 마리가 짜들박으로 내려왔다가 엉쿠렁을 타고 산고댕이로 올라갔다. 표산돼지 일곱 마리가 언덕으로 내려왔다가 구렁텅이를 타고 산등성이로 올라갔다.

엉탁ᄒ다 제주 | 동사 | 없음
음식이나 무슨 일을 너무 탐내어 바삐 움직이다.
〔노형〕너무 엉탁ᄒ영 먹언게 배탈이 났구먼. 표너무 '엉탁ᄒ영' 먹더니 배탈이 났네.

엉팅이 경남 | 명사 | 심술
온당하지 아니하게 고집을 부리는 마음.
〔거제〕그 집 아이는 엉팅이가 그리 쎄가지고 머 하

겠노? 표그 집 아이는 심술이 그리 세서 어쩌냐?

에나 경남 | 부사 | 정말로
거짓이 없이 말 그대로.
〔진주〕그 말이 에나가? 표그 말이 정말이야? 〔고성〕너 이사간다 하더만 에나가? 표너 이사간다고 하더니 정말이야?

에둥데둥 경기 | 부사 | 애지중지
매우 사랑하고 소중히 여기는 모양.
〔강화〕그 아이는 얼마나 귀하게 컸는지 몰라. 그 할머니가 에둥데둥하면서 그 손주를 손에서 놓지를 않으셨지. 표그 아이는 얼마나 귀하게 컸는지 몰라. 할머니가 애지중지하면서 그 손주를 손에서 놓지를 않으셨지.
◆애지중지하는 모습을 표현하는 강화 사투리 '에둥데둥'은 아이가 잘못될까 조바심치며 아이를 키우는 모습이나 살림하느라 분주한 모습을 묘사한 의태어이다. 애절함을 표현하는 '에이고 데이고'와 바쁜 모습을 표현하는 '허둥지둥'과 같은 형태가 이런 어감을 형성하는 것으로 보인다.

에라다 경남 | 동사 | 겨누다
목표물을 향해 방향과 거리를 잡다.
〔진해〕눈을 가늠세에 가죽기 붙이 가꼬 에라라. 표눈을 가늠쇠에 가까이 붙여서 겨누어라. 〔하동〕새총으로 참새를 잘 공구고 싸서 맞히라. 표새총으로 참새를 잘 겨누고 쏴서 맞혀라.

에럽다 경기 | 형용사 | 외롭다
홀로 되거나 의지할 곳이 없어 쓸쓸하다.
〔용인〕명절에 자식 손주들 오믄 좋은데 돌아가믄 또 많이 에럽죠. 표명절에 자식 손주들 오면 좋은데 돌아가면 또 많이 외롭죠.

에럽다 경남 | 형용사 | 외롭다

홀로 되거나 의지할 곳이 없어 쓸쓸하다.

〔울산〕산에서 에럽기 혼자 산다. 표산에서 외롭게 혼자 산다. 〔고성〕혼차 있이모 에럽는데 우리 집에 놀로 오이라. 표혼자 있으면 외로운데 우리 집에 놀러 오너라.

◆울산에서는 '외롭다'를 '애롭다[--_]'라고 하고, '어렵다'를 '애럽다[-_]'라고 한다. -조용하(울산)

에법 경남 | 부사 | 제법

수준이나 솜씨가 어느 정도에 이르렀음을 나타내는 말.

〔밀양〕어쭈 에법 하는데. 표어쭈 제법 하는데. 〔창원〕아이고, 그 자석 자읽구를 에부 잘 타네. 표아이고, 그 자식 자전거를 제법 잘 타네.

에법 경북 | 부사 | 제법

수준이나 솜씨가 어느 정도에 이르렀음을 나타내는 말.

〔대구〕이제는 에법 잘한다. 표이제는 제법 잘한다.

에스키모 북한 | 명사 | 아이스크림

우유, 달걀, 향료, 설탕 따위를 넣어 크림 상태로 얼린 것.

〔북한〕이거 철수가 제일 좋아하는 에스키모구나. 표이거 철수가 제일 좋아하는 아이스크림이구나. 〔북한〕방금 전에 얼음 까까오 장사 지나갔어. 표방금 전에 아이스크림 장사 지나갔어.

◆북한에서는 말다듬기 사업으로 '아이스크림'을 '얼음보숭이'로 순화했지만 거의 사용하지 않는다. 그 대신에 아이스크림 상표 중 하나인 '에스키모'를 사용한다. 재료에 따라 초코에스키모, 딸기에스키모 레몬에스키모 등이 있다. '까까오'라고도 하고 '얼음과자'라고도 한다.

엔간찬하다 전남 | 형용사 | 어이없다

일이 너무 뜻밖이어서 기가 막히는 듯하다.

〔고흥〕지가 그래놓고 나가 그렇거처럼 그런당께, 하도 엔간찬해서 죽겄어. 표자기가 그래 놓고는 내가 그런 것처럼 그런다니까, 정말 어이없어서 죽겠어.

◆'엔간찬하다'는 "인간같지 아니하다"라는 말이 줄어서 된 말이다. '~하지 아니하다'가 '찬하다, 찬허다'로 줄어든 말은 '씬찬허다(시원하지 아니하다), 솔찬허다(솔하지 아니하다, 수월하지 아니하다, 상당하다)' 등에서도 볼 수 있다.

엥가이 경남 | 부사 | 어지간히

수준이 보통에 가깝거나 그보다 약간 더 하게.

〔부산〕엥가이 묵어라, 배에 껄배이 들었나? 표어지간히 먹어라, 배에 거지가 들었니?

여가리 강원 | 명사 | 없음

옆의 가장자리나 언저리.

〔춘천〕너는 왜 가운테루 안 댕기구 여가리로 댕기냐? 표너는 왜 가운데로 안 다니고 '여가리'로 다니냐?

여가리 경기 | 명사 | 없음

옆의 가장자리나 언저리.

〔포천〕돗자리 여가리가 낡아서 새로 사야겠다. 표돗자리 '여가리'가 낡아서 새로 사야겠다. 〔강화〕장독의 걍자리 좀 잘 닦아라. 표장독의 '걍자리' 좀 잘 닦아라.

여가리 북한 | 명사 | 없음

옆의 가장자리나 언저리.

〔함경〕아즈마이 길 여가리로 옵세. 표아주머니 길 '여가리'로 오세요. 〔북한〕그저 편편한 신작

로 여가리의 좁은 터전 안에 인가만 다닥다닥 붙어있는 건조무미한 집단부락이었다.-리기영(2014) 囲그저 편편한 신작로 언저리의 좁은 터전 안에 인가만 다닥다닥 붙어있는 건조무미한 집단부락이었다.

◆'옆'은 북한 전역에서 '녘' 또는 '역'이라고 하고, 지역에 따라 '여파리(함남·함북·황북)'라고도 한다. '길녘' 또는 '길역'은 '길옆'을 뜻하는 말이다.

여깽이 강원 | 명사 | 여우

(1)갯과의 포유류인 여우를 이르는 말.
(2)매우 교활한 사람을 비유적으로 이르는 말.
〔속초〕여깽이가 살던 바우다. 囲여우가 살던 바위다. 〔인제〕자가 하는 짓을 보믄 여쾌이가 틀림읎어. 囲저 아이가 하는 짓을 보면 여우가 틀림없어. 〔삼척〕뭔 비가 영깽이 오줌싸듯 하구나. 시원하게 내리지 않고 찔끔찔끔 온다는 말이잖소. 囲뭔 비가 여우 오줌싸듯 하구나. 시원하게 내리지 않고 찔끔찔끔 온다는 말이잖소.

여던하다 북한 | 형용사 | 여전하다

전과 같다.
〔평안〕그만들 하라우, 그만들 해. 거 여던하구만. 囲그만들 해라, 그만들 해, 그것 여전하구먼.

여룹다 전남 | 형용사 | 열없다

좀 겸연쩍고 부끄럽다.
〔고흥〕시집와서 어른들이랑 모도 어찌께 칭찬을 해 싸서 나가 여루와서 혼났구마. 囲시집와서 어른들이랑 모두 어떻게나 칭찬을 하던지 내가 부끄러워서 혼났어. 〔강진〕여학생들 앞은 여러워서 혼자 지나가기가 힘들당께. 囲여학생들 앞은 열없어서 혼자 지나가기가 힘들다니까. 〔진도〕어지께 국어선생님이 맨당 꼴등하는 나보고 공부를

잘한다고 칭찬을 하시니까 여러서 혼났당께. 囲어저께 국어선생님이 맨날 꼴등하는 나보고 공부를 잘한다고 칭찬을 하시니까 열없어서 혼났다.

여물스럽다 전남 | 형용사 | 사삭스럽다

보기에 언행이 자잘하고 밉살스러운 데가 있다.
〔장흥〕나는 그 가시내 너무 여물스러워서 싫드라. 囲나는 그 계집아이 너무 사삭스러워서 싫드라.

여벌 충남 | 명사 | 없음

쓸모없는 사람을 낮잡아 이르는 말.
〔논산〕너두 일을 좀 혀야지. 여벌로 온 줄 알어. 囲너도 일을 좀 해야지. '여벌'로 온 줄 알아? 〔금산〕둘만 쏠라고 했는디 여벌로 한 사람 더 왔어. 囲둘만 쓰려고 했는데 '여벌'로 한 명이 더 왔어.

◆'여벌'은 지금 입지 않고 남아도는 옷이다. 옷은 옷인데 지금 쓸 데가 없는 옷으로, 옷장만 채우는 꼴이다. 충남 지역어의 가장 큰 특징 가운데 하나는 비유어의 발달이다. 충남 말은 상대를 직접 겨냥하지 않고, 빗대어 표현하는 언어가 남다르다. '여벌'도 그런 비유어 가운데 하나다. 본래의 의미로 쓰는 경우는 아주 드물고, '여벌'하면 쓸모없는 것이나 자리만 차지하는 사람을 가리키는 말이 된다. 충남의 비유어는 여럿의 의미를 동시에 담아낸다. "그 여벌은 워따 냅버리지 뭐더러 데꾸 댕기는규?"는 '쓸모없는 사람은 왜 데리고 다니느냐'라는 게 기본 의미이고, '그런 사람은 데리고 다니지 마라'는 뜻이기도 하다. 또 상황에 따라 상대에게 묻는 형식을 빌려 일 못하는 사람을 놀리는 말이 된다. "그 사람은 여벌이닝께 신경 쓸 것 읎어"라고 하면 보통 일 못하는 사람을 무시하는 말이 되는데, 때로는 그 사람에게 신경 쓰지 말라며 일 못하는 사람을 보호하는 의미를 담기도 한다. -이명재(예산)

여분데기 강원 | 명사 | 나머지

어떤 한도에 차고 남은 부분.

〔정선〕큰 싹은 부러져도 여분데기에 씨눈이 있어 아마 살 거 같습니다. 표큰 싹은 부러져도 나머지에 씨눈이 있어 아마 살 것 같습니다. 〔춘천〕냉겨지는 집에 가지구 가서 먹어두 되쥬? 표나머지는 집에 가지고 가서 먹어도 되죠?

◆표준어 '데기'는 "그와 관련된 일을 하거나 그런 성질을 가진 사람"을 뜻하는 접사지만, 사투리 '데기'는 '구석데기'나 '고물데기'처럼 대상 그 자체를 비속하게 뜻하는 접사로도 쓰인다. '여분데기'도 '여분'을 비속하게 이르는 말이다. ◆'냉겨지'의 옛말은 '남저지'이다.

여불띠기 경남 | 명사 | 옆

사물의 오른쪽이나 왼쪽의 면. 또는 그 근처.

〔산청〕저기 여불띠기 잠사리 땅에 구디 좀 파가 옇어라. 표저기 옆에 쓸모없는 땅에 구덩이 좀 파서 넣어라.

◆'여불띠기'는 집 모퉁이를 뜻하는 말이자 작물을 키우지 않는 자투리땅을 뜻하는 말이다. "여불띠기로 온나"라고 말할 때는 '옆'을 뜻한다. -오덕수(산청)

여술잖다 경북 | 형용사 | 기걸하다

모습이나 행동이 기이하거나 뛰어나다.

〔안동〕뉘집 딸내민지 참 여술잖네요. 표누구 딸인지 참 기걸하네요.

여시 전북 | 명사 | 여우

(1)갯과의 포유류인 여우를 이르는 말.
(2)매우 교활한 사람을 비유적으로 이르는 말.

〔정읍〕저 여시가 머시메를 홀렸당게. 표저 여우가 남자를 홀렸다니까.

여이다 경기 | 동사 | 여위다

몸의 살이 빠져 파리하게 되다.

〔양평〕몇 날을 못 먹은 사람처럼 여여 가지구 참 안타까운 일이지요. 표몇 날을 못 먹은 사람처럼 여위어서 참 안타까운 일이지요.

여적 충북 | 부사 | 여태

지금까지 또는 아직까지를 강조하여 이르는 말. 어떤 행동이나 일이 이미 이루어졌어야 함에도 그렇게 되지 않았음을 불만스럽게 여기거나 또는 바람직하지 않은 행동이나 일이 현재까지 계속되어 옴을 나타낼 때 쓰는 말이다.

〔옥천〕여적 그것베께 못 했어? 표여태 그것밖에 못 했어?

◆'여적'은 어떤 행동이나 일이 이미 이루어졌어야 함에도 그렇게 되지 않았음을 불만스럽게 여기거나 또는 바람직하지 않은 행동이나 일이 현재까지 계속되어 옴을 나타낼 때 쓰는 말이다.

여적지 강원 | 부사 | 여태

지금까지 또는 아직까지를 강조하여 이르는 말. 어떤 행동이나 일이 이미 이루어졌어야 함에도 그렇게 되지 않았음을 불만스럽게 여기거나 또는 바람직하지 않은 행동이나 일이 현재까지 계속되어 옴을 나타낼 때 쓰는 말이다.

〔홍천〕여적지 감재도 안 굽고 뭐 혔어. 표여태 감자도 안 굽고 뭐 했어. 〔삼척〕학교에서 곧바로 오지 않고 여적지 뭐 하다 이제야 왔나. 표학교에서 곧바로 오지 않고 여태 뭐 하다 이제야 왔니.

역뿌러 충남 | 부사 | 일부러

어떤 목적이나 생각을 가지고 또는 마음을 내어 굳이.

〔공주〕사춘이 땅 사면은 배 아퍼한다더니 딱 맞는 말이여. 이번이 조상님들 산소를 이장을 할라고 하니 역뿌러 못하게 하는구먼. 표사촌이 땅을 사면 배 아파한다더니 딱 맞는 말이야. 이번에 조상님들 산소를 이장을 하려고 하니 일부러 못하게 하는구먼.

◆'역뿌러'는 주로 차령산맥 남쪽 지역에서 많이 쓰는 말이다. 충남 사투리 중에 표준어 '일부러'에 대응하는 말은 여럿이다. '일부러/일부로, 역부러/역부로, 부러' 따위가 그것이다. 이 가운데 '부러'는 충남 전역에서 두루 쓰였다. '역부러, 일부러'도 충남 전역에서 두루 쓰였는데 사용 빈도에서는 지역별로 차이가 있다. 대체로 차령 이남의 남부 지역에서는 '역부러'의 사용 빈도가 높고, 차령 이북의 북부 지역에서는 '일부러'의 빈도가 높다. -이명재(예산)

연덕같다 전남 | 형용사 | 없음
마음에 들지 아니하다.
〔장흥〕이번 일이 잘못돼 기분이 연덕같다. 〔진도〕오전에 친구하고 아무것도 아닌 것 갓고 싸웠더니 기분이 연덕같당께. 표오전에 친구하고 아무것도 아닌 일로 싸웠더니 기분이 '연덕같다'.
◆전남 강진에서는 '눈엣가시'를 '연덕'이라고 한다.

연치 충북 | 명사 | 여치
여칫과의 곤충.
〔영동〕풀섶에서 연치 우는 소리가 나네유. 표풀숲에서 여치 우는 소리가 나네요.
◆밀대로 연치 집을 만들었다고 한다.

열갱이 강원 | 명사 | 볼락
양볼락과의 바닷물고기.
〔고성〕열갱이 두 마리만 주세요. 표볼락 두 마리만 주세요.
◆강릉에서는 빨간색 볼락을 '빨겡이/빨젱이/빨치'

라고 한다. 볼락은 가시가 많아 고기를 먹다 보면 가시가 목에 걸리는 경우가 종종 있는데, 그런 때마다 시래기쌈을 싸서 꿀떡 삼키곤 했다. -김인기(강릉)

열스럽다 북한 | 형용사 | 창피하다
(1)체면이 깎이는 일이나 아니꼬운 일을 당하여 부끄럽다.
(2)어색하고 부끄럽다.
〔함남〕열스럽게 자꾸 날 뚱보라고 부르디 않갔어? 표창피하게 자꾸 나를 뚱보라고 부르지 않겠어?

엿사탕 북한 | 명사 | 없음
옥수수가루와 엿기름가루로 만든 엿.
〔북한〕우리 할마니래 손녀딸을 위해서 한 달에 한 번은 옥수수가루와 길금가루로 엿사탕을 만들어 간식으로 먹기 좋게 잘라주셨시오. 표우리 할머니는 손녀딸을 위해서 한 달에 한 번은 옥수숫가루와 엿기름가루로 '엿사탕'을 만들어 간식으로 먹기 좋게 잘라주셨어요.

엿장사 강원 | 명사 | 소금쟁이
소금쟁잇과의 곤충.
〔원주〕떼를 지어 연못 위에서 술술 움직이는 엿장사는 몸이 가늘고 빛깔이 짙다. 표떼를 지어 연못 위에서 술술 움직이는 소금쟁이는 몸이 가늘고 빛깔이 짙다. 〔삼척〕여름철 소나기가 와 웅덩이가 지면 잠자리가 날아와 알을 슬고요, 때론 엿장새, 물방개도 날아들잖소. 표여름철 소나기가 와 웅덩이가 생기면 잠자리가 날아와 알을 낳고요. 때로는 소금쟁이, 물방개도 날아들잖소.

엿지름 충북 | 명사 | 엿기름
보리에 물을 부어 싹이 트게 한 다음에 말린 것. 식혜나 엿을 만드는 데에 쓰인다.

〔청주〕장에 가믄 단술 만들게 엿지름 줌 사 오셔
유. 표장에 가면 식혜 만들게 엿기름 좀 사 오세요.
◆'질금'은 '엿기름'을 뜻하는 말로 쓰이기도 하지만
충북과 강원, 함경 등지에서는 '콩나물'을 뜻하는 말
로도 쓰인다.

영감눈 경북 | 명사 | 함박눈
굵고 탐스럽게 내리는 눈.
〔성주〕영감눈이 평평 내리가 겨울 논에 소복하
이 싸있다. 표함박눈이 펑펑 내려서 겨울 논에
소복하게 쌓였다.

영금보다 전남 | 동사 | 혼쭐나다
크게 혼나다.
〔고흥〕크게 영금 봤응게 인자 안 그럴 거이요. 표
크게 혼쭐이 났으니 이제 안 그럴 거예요. 〔강진〕
말 한마디 잘못해 이번에 영금봤다. 표말 한마디
잘못해 이번에 혼쭐났다. 〔진도〕담부락에 올라
갔다가 떠려져 영금봤은께 다시는 안그럴꺼시오.
표담벼락에 올라갔다가 떨어져 혼쭐이 났으니까
다시는 안할 것이에요.

영깡깨이 경기 | 명사 | 자새
새끼, 참바 따위를 꼬거나 실 따위를 감았
다 풀었다 할 수 있도록 만든 작은 얼레.
〔파주〕연 날릴래믄 영깡깨이에 줄을 감어서 날
려. 표연을 날리려면 자새에 줄을 감아서 날려.

영상스럽다 북한 | 형용사 | 민망하다
낯을 들고 대하기가 부끄럽다.
〔양강〕영석이래 너무 때와 장소 가리지 않고 큰
소리로 말하는 습관이 있어 같이 놀기 매우 영상
스럽디 않니? 표영석이는 너무 때와 장소 가리
지 않고 큰 소리로 말하는 습관이 있어 같이 놀
기 매우 민망하지 않니?

영잎 강원 | 명사 | 없음
배추 겉껍질.
〔삼척〕영잎은 다 떼어버리니 시할아버지가 "손
주 메눌아, 영잎은 버리지 말고 소를 주거라." 하
시더라고. 표'영잎'을 다 떼어버리니 시할아버지
가 "손주 며느리야, '영잎'은 버리지 말고 소를
주거라." 하시더라고.

영자 경기 | 명사 | 없음
선원 중 최고령자.
〔옹진〕뱃사람 중 나이가 젤 많은 사람을 영자라
구 해. 표뱃사람 중 나이가 제일 많은 사람을 '영
자'라고 해.
◆옹진군 덕적도의 조기잡이 어선인 안강망 어선의
선원을 가리키는 독특한 말이다.

영정머리 경남 | 명사 | 없음
생각 없이, 또는 모자란 듯이 말하거나
행동하는 태도.
〔울산〕자는 늘상 하는 짓이 영정머리가 없다. 표
저 아이는 늘상 하는 짓이 '영정머리'가 없다.

영추샘 충북 | 명사 | 샘
물이 땅에서 솟아 나오는 곳. 또는 그 물.
〔단양〕그전에는 뭐 영추샘이 가서 물얼 떠다 먹었
지. 표그전에는 뭐 샘에 가서 물을 떠다 먹었지.

영카리 북한 | 명사 | 큰다닥냉이
십자화과의 두해살이풀.
〔북한〕봄에는 영카리 김치가 입맛 돋우는 데 좋
슴다. 표봄에는 큰다닥냉이 김치가 입맛 돋우는
데 좋습니다.
◆'영카리'는 '영채'의 함경도 사투리이다. '영채'는
봄 채소로 '큰다닥냉이, 향갓'이라고도 불리며, 유럽
이 원산지로 산이나 들에서 자라는데 평안도와 함경

도처럼 추운 지방에서 재배가 가능하다. 북한에서는 장수식품으로 알려져 있다. 고추냉이처럼 톡 쏘는 맛이 나며, 나물로 무쳐 먹거나 김치를 만들어 먹기도 한다.

예기다 경기 | 동사 | 여기다
마음속으로 그러하다고 인정하거나 생각하다.
〔서울〕츰엔 전쟁을 우습게 예기구 그랬는데 사람이 막 죽어나가니 정신이 들드라구요. 표처음엔 전쟁을 우습게 여기고 그랬는데 사람이 막 죽어나가니 정신이 들더라고요.

예수비탈하다 경북 | 동사 | 없음
지나칠 정도로 유난스럽고 야단스러운 행동을 하다.
〔봉화〕여자들 여럿이 모여서 웃고 떠들고 난리법석 예수비탈하고 있네. 표여자들 여럿이 모여서 웃고 떠들고 난리법석 '예수비탈하고' 있네.

예질갑다 경남 | 형용사 | 살갑다
마음씨가 부드럽고 상냥하다.
〔통영〕아따 그늠 어지간이 예질갑네. 표아따 그놈 어지간히 살갑네.

옛날꼰날 전남 | 명사 | 옛날 옛적
매우 오래전.
〔광주〕옛날꼰날 한 마을에 혹부리영감이 살고 있었다. 표옛날 옛적 한 마을에 혹부리영감이 살고 있었다. 〔진도〕옛날꼰날에는 큰 산에 호랭이가 살았당께. 표옛날 옛적에는 큰 산에 호랑이가 살았다니까.

오가리1 북한 | 명사 | 무말랭이
무를 반찬거리로 쓰려고 썰어 말린 것.

〔함북〕니네 오가리 맛나두라. 좀 사야 긋다. 표너희 무말랭이 맛있더라. 좀 사야겠다.

오가리2 전북 | 명사 | 항아리
아래위가 좁고 배가 부른 질그릇.
〔남원〕장깐으 오가리가 깨져버렸네. 표장독대의 항아리가 깨져버렸네.

오각질 경기 | 명사 | 구역질
속이 메스꺼워 자꾸 토하려고 하는 짓.
〔강화〕그거 빨리 치워, 오각질 날 거 같아! 표그거 빨리 치워, 구역질 날 거 같아!

오곰을 놀리다 북한 | 없음 | 없음
몸을 활발하게 움직이다.
〔황해〕굶지 않으려고 항상 오곰을 놀림. 표굶지 않으려고 항상 부지런히 움직입니다.
◆'오곰'은 무릎 안쪽의 오목한 부분을 뜻하는 '오금'과 관련이 있는 말이다. "오금을 놀리다"라는 표현은 오금을 자주 움직이게 한다는 뜻으로 부지런히 움직임을 뜻하는 말이다.

오국밥 전남 | 명사 | 오곡밥
찹쌀에 기장, 찰수수, 검정콩, 붉은팥의 다섯 가지 곡식을 섞어 지은 밥. 대개 음력 정월 보름에 지어 먹는다.
〔진도〕내일이 대보름이어서 오국밥을 할랑께 많이 먹을라믄 나무를 한 짐 해와야겠소. 표내일이 대보름이어서 오곡밥을 하니까 많이 먹으려면 나무를 한 짐 해와야겠소.

오굼쟁이 강원 | 명사 | 오금
무릎의 구부러지는 오목한 안쪽 부분.
〔정선〕무릎 뒤쪽 오굼쟁이를 만져보니 호두알만 한 혹이 있더라. 표무릎 뒤쪽 오금을 만져보니

호두알만 한 혹이 있더라. 〔춘천〕난 오금패기가 제려서 먼 길은 못 걸어. 표난 오금이 저려서 먼 길을 못 걸어.

◆'오굼쟁이'는 '오금'을 친근하게 또는 낮잡는 부르는 말이다.

오글박작하다 강원 | 동사 | 박작하다
(1)많은 사람이 어수선하게 높은 소리로 떠들거나 움직이다.
(2)작은 벌레나 짐승, 사람 따위가 한 곳에 빽빽하게 모여 자꾸 움직이다.
〔강릉〕아딜이 오글박작하니 모여서 논다. 표아이들이 박작하게 모여서 논다. 〔삼척〕변소에 가보니 구더기가 오글박작하고요. 냇가 웅덩이에 갔더니 올챙이가 오글박작하잖소. 표변소에 가보니 구더기가 박작하고요. 냇가 웅덩이에 갔더니 올챙이가 박작하잖소.

오나서 경기 | 동사 | 오다
어떤 사람이 말하는 사람 혹은 기준이 되는 사람이 있는 쪽으로 움직여 위치를 옮기다.
〔강화〕여보시겨 수깔만 없으만 되니께는 일루 오나서 같이 밥 먹어. 표여보시오 숟가락만 없으면 되니까 이리로 와서 같이 밥 먹어.

◆'오다'의 일반적인 활용형은 '와' 또는 '와서'인데 평안도와 황해도 등지에서는 '오나,' 또는 '오나서'와 같이 활용한다. 강화도와 충청도 서해안 일부 지역에서도 이러한 활용형이 쓰이고 있다.

오다지게 경남 | 부사 | 단단히
보통보다 심할 정도로.
〔부산〕그 사람 오다지게 걸리뿌렀네. 표그 사람 단단히 걸려버렸네. 〔양산〕지보다 더 독한 놈한테 오다지게 걸리바야 정신을 차리제. 표자기보다

더 독한 놈한테 단단히 걸려봐야 정신을 차리지.

◆'오다지게'는 주로 어떤 일이나 사태로 인해 매우 심하게 당했음을 부정적으로 나타낼 때 쓰는 말이다.

오대오밥 북한 | 명사 | 없음
옥수수를 쌀 크기로 쪼갠 강냉이쌀과 안남미, 입쌀을 섞어서 지은 밥.
〔북한〕한 달 내내 오대오밥만 지어 먹고 있다. 표한 달 내내 '오대오밥'만 지어 먹고 있다.

◆오대오밥은 쌀이 부족한 북한 전역에서 옥수수를 쌀 크기로 쪼갠 강냉이쌀과 안남미, 입쌀 등을 섞어서 지은 밥을 뜻하는 말이다. 이것조차 살림이 좀 넉넉한 집에서만 먹을 수 있는 음식이다. 오대오는 5:5라는 뜻이다. 가정 형편에 따라서 오대오가 아닌 다른 비율로 섞어 먹기도 한다.

오돌개 경남 | 명사 | 오디
뽕나무 열매.
〔하동〕니 입이 시커먼 거 본께 우리 밭에서 오돌개 따 묵은 기 분명허다. 표네 입이 시커먼 걸 보니까 우리 밭에서 오디를 따 먹은 것이 분명하다.

오둔없다 강원 | 형용사 | 철없다
사리를 분별할 만한 지각이 없다.
〔양양〕나이를 먹을 만큼 먹었지만 오둔없어. 표나이를 먹을 만큼 먹었지만 철없어.

오들토들 북한 | 부사 | 오돌토돌
거죽이나 바닥이 고르지 아니하게 군데군데 도드라져 있는 모양.
〔함경〕이마에 뽀무라지가 오들토들 돋아났습메. 표이마에 뾰루지가 오돌토돌 돋아났어요

오라다 경기 | 형용사 | 오래다
때의 지나간 동안이 길다.

〔서울〕그 사람은 북쪽에서 내려온 지 오라다. 표
그 사람은 북쪽에서 내려온 지 오래다.
◆ '오래다'에 대응하는 '오라다'는 서울과 인천 등지에서 쓰는 말이다. 그런데 표준어 '오래다'와 사투리 '오라다'는 표준어와 사투리의 자리가 뒤바뀐 말이다. 즉 '오라다'가 원형이고 '오래다'는 전설모음화로 생긴 변이형인데, 더 자주 쓰이면서 원형이 사투리가 된 것이다. 『이조어사전』에는 '오라다'가 표제어로 올라와 있고, 〈용비어천가〉에도 "나라히 오라건마른 天命이 나아갈쌔"라는 구절이 등장한다.

오람 경기 | 명사 | 알밤
밤송이에서 빠지거나 떨어진 밤톨.
〔강화〕가을에 산에 가만 오람을 한 움큼 줏을 수 있어. 표가을에 산에 가면 알밤을 한 움큼 주울 수 있어.
◆ '알밤'을 뜻하는 '아람'은 폭넓게 쓰인 말로 모음이 교체된 '오람'은 강화에서만 확인된다. '아람'이 '알밤'의 변화형이라면 '오람'은 '올밤'의 변이형으로 볼 수 있다.

오랍뜰이 강원 | 명사 | 오래뜰
대문이나 중문 안에 있는 뜰.
〔삼척〕기냥 오랍뜰이에 풀이 장허가주 그만 집이 제위 비키다시피 하더라구. 표그냥 오래뜰에 풀이 길어가지고 그만 집이 겨우 비키다시피 하더라고.
◆ '오랍뜰이'는 집 주변이라는 넓은 범위의 의미로 사용되기도 한다. -신승엽(평창) ◆ 흔히 바깥마당과 안마당 또는 바깥뜰과 안뜰이라고 하고, 집 뒤에 있는 뜰을 뒷마당 또는 뒤뜰이라고 한다. -유연선(춘천)

오래시놀이 경북 | 명사 | 사방치기
땅바닥에 일정한 모양의 칸을 그리고 칸 안에 번호를 써넣은 다음 번호 순서대로 그 안에 납작한 돌이나 사금파리 등을 던져 놓고 깨금발로 돌아 나오는 놀이.
〔포항〕오래시 하까? 표사방치기 할까?
◆ '망줍기'라고도 하고 '사방치기'라고도 하는 땅따먹기 놀이는 우리의 전통놀이가 아니라 일본에서 유입된 서양의 놀이이다.

오령기와집 충북 | 명사 | 없음
잘 지어진 기와집.
〔충주〕옛날버텀 오령기와집을 짓구 살았어. 표옛날부터 '오령기와집'을 짓고 살았어.

오름 제주 | 명사 | 없음
용암이 분출하면서 생긴 작은 화산체.
〔구좌-한동〕저 오름은 둔지오름이엔도 허고 둔지봉이엔도 허주게. 표저 '오름'은 '둔지오름'이라고도 하고 '둔지봉'이라고도 하지. 〔대정-신도〕저디가 가마오름이엔 헷어. 그디 강 이런 솔썹 아래 떨어지면 그런 거 근어당 불 때낸. 표저기가 '가마오름'이라고 했어. 거기 가서 이런 솔가리 아래 떨어지면 그런 거 그러모아다가 불을 땠었어.
◆ '오름'은 용암이 분출하면서 생긴 것으로, 한라산을 중심으로 제주 전역에 걸쳐 360여 개가 있다고 알려져 있다. '오름'은 '악'이나 '봉', '산'이나 '메'로 불리기도 한다.

오리떼기 경남 | 명사 | 달고나
불 위에 국자를 올리고 거기에 설탕과 소다를 넣어 만든 과자.
〔진해〕연탄불에 설탕 녹여서 오리떼기 해 묵자. 표연탄불에 설탕 녹여서 달고나 해 먹자. 〔양산〕앞집 아랑 또 쪽자 할매한테 갔다 왔드나? 표앞집 아이랑 또 달고나 할머니한테 갔다 왔니?
◆ 1950~60년대 '달고나'는 요즘 '달고나'와 다른

점이 몇 가지 있다. 우선 소다를 넣지 않고 만든 것도 있고, 설탕물에 소다를 넣어 만든 것도 있다. 그런가 하면 찍어놓은 문양대로 떼어오면 다양한 부상을 주었다. 부상이 걸려 있어 뾰족한 도구에 침을 묻혀 가며 떼어 냈는데 오리(五里)를 걸어갈 만큼이나 시간이 걸린다고 해서 '오리떼기'라는 이름이 붙었다. 마치 십리를 걸어갈 동안 먹을 수 있는 사탕을 '십리(十里) 사탕'이라고 불렀던 것과 같은 이치다. −김영수(진해) ◆'오리떼기'를 하는 방법은 '떼기'이지 '오리기'가 아니다. 그런데 정상적인 '떼기'만으로는 부상을 받을 수 없어서 편법으로 바늘에 침을 묻혀 '녹이기'를 시도하거나 불에 달군 칼 등을 사용하여 '오리기'를 시도하는 경우가 적지 않았다. 그로 인해 '떼기'가 '오려떼기'가 되고 '오리떼기'라는 말이 생긴 것이다. −김성재(고성)

오리소리하다 전북 | 동사 | 아물아물하다
말이나 행동 따위를 시원스럽게 하지 못하고 꼬물꼬물하다.
〔익산〕긍께 오리소리하게 기억이 난당게. 표 그러니까 아물아물하게 기억이 난다니까.

오메기 제주 | 명사 | 없음
차좁쌀 가루를 익반죽하여 둥글게 빚은 뒤 가운데에 구멍을 내어 삶아낸 떡.
〔한경-신창〕히린좁썰은 떡 혜영 먹고, 그걸로 오메기 혜영이 술 내왓주. 표 차조는 떡 해서 먹고, 그걸로 '오메기' 해서 술 냈지.
◆오메기떡은 '흐린좁쌀(차좁쌀)'로 만드는데, 차좁쌀 가루를 익반죽하여 도넛처럼 가운데 구멍을 뚫어 둥글게 빚은 상태로 끓는 물에 삶아낸 다음 콩가루나 팥고물을 묻혀 먹는 떡이다. 가운데 구멍이 있어 '구멍떡'이라고도 한다. 동글동글한 모양에 팥고물 범벅으로 만든 오메기떡은 진짜 오메기가 아니다. 오메기떡은 차조가 많이 나는 가을에 술을 빚기 위하여 가운데 구멍을 뚫어 만든 떡으로 모양이 오목하다고 하여 붙여진 이름이기 때문이다. 오메기떡을 누룩 가루를 버무려 항아리에 넣어두면 오메기술이 된다.

오모가리 전북 | 명사 | 뚝배기
찌개 따위를 끓이거나 설렁탕 따위를 담을 때 쓰는 오지그릇.
〔전주〕전주에 오모가리 매운탕이 아주 유명허요. 표 전주에 뚝배기 매운탕이 아주 유명해요.
◆'오모가리'는 '뚝배기'의 사투리로 '투가리, 토가리, 투겡이'라고도 한다. 전주한옥마을 근처에는 오모가리에 민물생선을 넣어 끓인 매운탕이 유명하다.

오몽ᄒ다 제주 | 동사 | 움직이다
멈추어 있던 자세나 자리를 바꾸다.
〔구좌-한동〕사름은 오몽허야사 오래 산다. 표 사람은 움직여야 오래 산다. 〔애월-고내〕삼춘, 녕만 잇지 말앙 흐끔 오몽헙서. 표 삼촌, 누워만 있지 말고 조금 움직이세요.

오무랑ᄒ다 제주 | 형용사 | 없음
자잘한 것이 일정한 곳에 많다.
〔한경-금등〕밤이 불 들렁 바룻강 영 돌 일리민 그디 보말이 오무랑허게 모다정 신 때도 잇어. 표 밤에 불 들고 해산물 잡으러 가서 이렇게 돌을 일으키면 거기 고둥이 '오무랑허게' 모여 있을 때도 있어.

오박고사리 충남 | 명사 | 없음
잎줄기가 굵고 탐스러운 고사리.
〔예산〕산지장날 너머 오박고사리덜이 참 많더라구. 그늘낭무 밑이루 오박고사리가 츤지더라닝께. −이명재(2015) 표 산지장날 너머 '오박고사리'가 참 많더라고. 그늘나무 밑으로 고사리가

천지더라니까.

◆오박고사리는 '오박진 고사리'라는 뜻이다. 충청도에는 표준어에 없는 '오박지다'라는 말이 있는데, 이는 "식물의 잎줄기나 열매 따위가 실하거나 탐스럽다"를 뜻하는 말이다. 양지쪽의 고사리가 먼저 돋아나 팰 때면 산기슭이나 수풀 속에 음지에서는 굵고 긴 줄기를 가진 고사리들이 자라나는데 그 탐스럽고 옹골진 고사리를 '오박고사리'라고 한다. -이명재(예산)

오박고사리 충북 | 명사 | 없음
잎줄기가 굵고 탐스러운 고사리.
〔보은〕산 너머에 가믄 오박고사리가 엄청이 많드라구. 표산 너머에 가면 '오박고사리'가 엄청 많더라고.

오발이 전남 | 명사 | 불가사리
불가사리강의 극피동물인 불가사리를 이르는 말.
〔보성〕그물을 쳐 놓았더니 오바리만 걸렸다. 표그물을 쳐 놓았더니 불가사리만 걸렸다.

오방대틀 경남 | 명사 | 없음
여간해서 달래기 쉽지 않은 아이를 귀엽게 이르는 말.
〔밀양〕저 아는 아주 오방대틀이야. 표저 아이는 아주 '오방대틀'이야.
◆'오방대틀'은 '엉망진창'을 뜻하는 '오방난장'과 연관이 있는 말로서 '오방'은 '어방지다(넓고 크다)'와 비슷하게 '크다'를 뜻하는 말로 보인다. -김승호(진주)

오부뎅이 강원 | 부사 | 몽땅
있는 대로 죄다.
〔평창〕도둑이 들어서 오부뎅이 없어졌다. 표도둑

이 들어서 몽땅 없어졌다.

오분순하다 경북 | 형용사 | 오붓하다
홀가분하면서 아늑하고 정답다.
〔칠곡〕식구들 다 오분순하게 모이는 것도 오랜만이다. 표식구들 다 오붓하게 모이는 것도 오랜만이다.

오분재기 제주 | 명사 | 떡조개
백합과의 연체동물.
〔한경-금등〕오분재기는 뚜껑이 맨들락허여. 전복은 투들락투들락허고. 표떡조개는 뚜껑이 미끈해. 전복은 울퉁불퉁하고. 〔구좌-한동〕종류가 틀리니까 전복은 전복이고 오분재긴 암만 커도 오분재기베끼 안 뒈는 거고. 표종류가 다르니까 전복은 전복이고, 떡조개는 아무리 커도 떡조개밖에 안 되는 거고. 〔대정-가파〕이 골겡이 가정 물에 들어가서 소라도 따고 오분재기도 따고 뭣이라도 따져. 생복은 비창이로 뜨는 거고. 표이 호미를 가지고 물에 들어가서 소라도 따고 떡조개도 따고 무엇이라도 딸 수 있어. 전복은 '비창'으로 뜨는 거고. 〔애월-상가〕가이는 오분재기 잘도 좋아 부주게. 표그 아이는 떡조개를 아주 좋아해.
◆'오분제기'는 작은 전복과 모양이 비슷하지만, 구멍이 튀어나와 있는 전복과 달리 껍데기가 평평하고 매끄러운 편이다. '오분제기'는 '오분자기/오분작/오분자귀' 또는 '바르/고망바르'라고 하기도 한다.
◆'오분재기'는 새끼 전복이 아니라 작은 전복의 일종이라고 할 수 있다. 엄밀한 의미에서 전복은 아니다.

오빠지 전북 | 명사 | 땅벌
땅속에 집을 짓고 사는 벌.
〔완주〕오빠지 나오면 큰일 낭게 약 갖고 가. 표땅벌 나오면 큰일 나니까 약 갖고 가.

오사게 전북 | 부사 | 지독히
느끼기에 정도가 매우 심하게.
〔전주〕그놈 오사게 말도 안 듣드만 장개는 잘 갔나 비네. 표그놈 지독히 말도 안 듣더니 장가는 잘 갔나 보네. 〔정읍〕저세끼는 오살허게도 말을 않들어 쳐먹는당게. 표저 새끼는 지독하게도 말을 안 들어. 〔군산〕일도 오사허게 꼬이네. 표일도 지독히 꼬이네.

오살나다 전남 | 형용사 | 엄청나다
짐작이나 생각보다 정도가 아주 심하다.
〔고흥〕나가 몸치가 났는지 오살나게 아프구마. 표내가 몸살이 났는지 엄청나게 아프구만.
◆'오살'은 주로 역적을 처형할 때 사용했던 끔찍한 형벌을 뜻한다. 전남 사투리 '오살나다'는 '엄청' 또는 '매우 심하게'를 뜻하는 말이다. 경우에 따라 '오살헐 놈'이나 '오사리잡놈'이라는 말을 욕처럼 사용하기도 한다.

오삼춘 경기 | 명사 | 외삼촌
어머니의 남자 형제를 이르거나 부르는 말.
〔인천〕저분이 니네 오삼춘이라고 했지? 표저분이 너희 외삼촌이라고 했지?

오새없다 북한 | 형용사 | 철없다
사리를 분별할 만한 지각이 없다.
〔함남〕막내동생이 오새없이 자꾸 간식 사 달라고 엄마한테 졸라댐니다. 표막냇동생이 철없이 자꾸 간식 사달라고 엄마한테 졸라댑니다. 〔양강〕너 와 이렇게 오새없이 노니? 표너 왜 이렇게 철없이 노니? 〔자강〕너 요즘 오새들었다야. 표너 요즘 철이 들었다.

오시다 경기 | 동사 | 오다
비, 눈, 서리나 추위 따위가 내리거나 닥치다.
〔서울〕가물면 비 좀 오시라구 지사 지내구 그랬에요. 표가물면 비 좀 오라고 제사 지내고 그랬어요.
◆"비가 오시다"라는 말은 자연을 경외의 대상으로 여기던 시절의 풍습이 반영된 표현이다. 지금도 비를 기다릴 때 "비가 좀 오시려나?"라고 하고, 장마철에 큰비가 내리면 원망하는 마음이 들 법도 한데 "비님이 너무 오시네"라고 한다. 자연은 인간에게 불가항력적인 존재라 항상 경외의 대상이었기 때문이다. 그런데 '오시다'를 사투리형으로 볼 수 있느냐 하는 것이 문제이다. 이와 관련하여 차츰 사라져가는 표현 중 하나이므로 사투리형으로 다루는 것도 좋을 듯하다.

오실오실 제주 | 부사 | 고슬고슬
밥 따위가 되지도 질지도 않고 알맞은 모양.
〔구좌-한동〕솟디 쏠 낭 물을 손둥어리 요만이만 허민 밥이 오실오실. 표솥에 쌀 넣고 물을 손등 요만큼만 하면 밥이 고슬고슬.

오쑤굿대 충북 | 명사 | 옥수숫대
옥수수의 줄기.
〔옥천〕마른 오쑤굿대룰 불 때믄 잘 탈 겨. 표마른 옥수숫대로 불 때면 잘 탈거야.

오아바치다 경북 | 형용사 | 고자질하다
남의 잘못이나 비밀을 일러바치다.
〔성주〕그때 아들이 내만 오아바쳐가 내한테만 다 덮어씌았다 아이가. 표그때 애들이 나만 고자질해서 나한테만 다 덮어씌웠잖아.

오이냇국 충북 | 명사 | 오이냉국
오이를 잘게 썰어 소금이나 간장에 절인

후 냉국에 넣고 파, 초, 설탕, 고춧가루 등을 넣은 음식.
〔청주〕날이 더우니께 션한 오이냇국이나 해 먹자. 표날이 더우니 시원한 오이냉국이나 만들어 먹자.

오이다 경기 | 동사 | 외다
(1) 같은 말을 되풀이하다.
(2) '외우다'의 준말.
〔용인〕그땐 너무 긴장을 해서 기껏 밤새 오인 것두 전부 다 잊어버렸어요. 표그땐 너무 긴장을 해서 기껏 밤새 외운 것도 전부 다 잊어버렸어요. 〔여주〕벼락치기루 공부하면 오인 것을 금방 잊어버리드라. 표벼락치기로 공부하면 외운 것을 금방 잊어버리더라.

오이통김치 경기 | 명사 | 오이소박이
오이를 서너 갈래로 갈라 속에 파, 마늘, 생강, 고춧가루를 섞은 소를 넣어 담근 김치.
〔포천〕금번에 담근 오이통김치가 잘 익었어. 표이번에 담근 오이소박이가 잘 익었어.

오작가작 경기 | 부사 | 오순도순
정답게 이야기하거나 의좋게 지내는 모양.
〔강화〕순이네랑 철이네는 이웃 간에 아이들만이 아니라 엄마 아빠까지도 서로 오작가작하며 친동기간처럼 의좋게 살고 있다. 표순이네랑 철이네는 이웃 간에 아이들만이 아니라 엄마 아빠까지도 서로 오순도순하며 친동기간처럼 의좋게 살고 있다.

오중아 경남 | 명사 | 오징어
연체동물문 두족강 갑오징어목과 살오징어목의 일부 종들을 통틀어 이르는 말.
〔마산〕어지 묵다 냉긴 오중아 우쨌지? 표어제 먹다 남긴 오징어 어떻게 했지?
◆거제에서는 '갑오징어'를 '박시기', '꼴뚜기'를 '호래이', 반건조 오징어를 '피데기'라고 한다. 다만 일반적으로 '피데기'는 반건조 오징어를 가리키는 말이 아니라 속에 물기가 남아 있고 겉만 대강 마른 생선을 두루 일컫는 말이다. -김의부(거제) ◆일본에서는 오징어를 '이카(いか)'라고도 하고 '수루메(するめ)'라고도 하는데 '이카'는 물오징어를, '수루메'는 마른오징어를 가리키는 말이다. '오징어'를 거제·밀양·울산에서는 '이가' 또는 '이까'라고도 하고, 거제·울산·의령·창녕·창원·하동 등지에서 '수리미/수루메/스루메'라고도 하는데 둘 다 일본어에서 온 말이다. ◆'오징어'의 옛말은 '오즉어' 또는 '오증어'이다. 경남 사투리 '오중아'는 표준어 '오징어'에 비해 옛말에 가까운 형태라고 할 수 있다.

오지게 충북 | 부사 | 옹골지게
실속이 있게 속이 꽉 차 있다.
〔옥천〕저번에는 고기를 오지게 많이 잡았어. 표저번에는 고기를 옹골지게 많이 잡았어. 〔충주〕오지게 한방 맞았더니 아파 죽겠네. 표옹골지게 한방 맞았더니 무척 아프다.

오질없다 경북 | 형용사 | 없음
줏대가 없이 이리저리 휩쓸리며 오락가락하다.
〔의성〕저 사람 하는 짓이 어찌 저리도 오질없노? 표저 사람 하는 짓이 어찌 저리도 '오질없을까'?

오징어살이 전북 | 명사 | 없음
바닥에 오징어 모양의 선을 그려놓고 두 편으로 나누어서 하는 놀이.
〔김제〕오징어살이 하게 선 좀 그서봐. 표'오징어살이' 하게 선 좀 그어봐. 〔임실〕핵교 댕길 때 '올

챙이 노리' 허다가 옷이 찢어졌어. 표학교 다닐 때 올챙이 놀이 하다가 옷이 찢어졌어.

◆이 놀이를 할 때는 마당에 커다란 오징어를 그리는데 머리는 삼각형에 큰 원을 겹치게 그리고, 몸통은 네모를 덧붙여 세모와 네모 사이에 좁은 골목을 만들어놓는다. 두 편으로 나누어, 진 편은 오징어 몸통에 들어가 수비를 하고 이긴 편은 머리에 들어가 공격을 하는데 오징어 몸통으로 들어가 머리인 삼각형 꼭짓점을 발로 밟으면 이기는 놀이이다. 만약 공격팀이 꼭짓점을 밟지 못하고 모두 죽으면 공격과 수비가 바뀐다. 공격팀은 밖으로 나올 때 깨금발로 다니는데 오징어의 골목을 통과하면 두 발로 다닐 수 있다. 그래서 수비팀은 공격팀이 골목을 못 건너게 막는다. 수비팀이 밖으로 나갈 때는 깨금발로 나가서 공격팀과 싸워 이기면 진 사람은 실격되어 놀이가 끝날 때까지 참여를 못 한다. 또 금을 밟거나 넘어지거나 손이나 양발이 땅에 닿으면 실격된다. 보통 '오징어 가이상'이나 '오징어 따까리'라고 부르는데, '가이상'은 일본말 '가이상(がいさん)'으로서 싸움이 시작되었다는 개전(開戰)을 뜻한다. 일제강점기 때 들어온 놀이로, 일본에서는 '오징어 연'과 같이 물고기를 소재로 한 놀이가 많다. 이는 일본이 섬나라이기 때문이다. -임영수(연기)

오징이달구지 경남 | 명사 | 없음
땅바닥에 동그란 머리, 세모난 몸통, 네모난 다리로 구성된 오징어 모양의 선을 그리고 두 편으로 나누어 공격과 수비를 하는 놀이.
〔부산〕우리 집에 온나, 오징어달구지 하그로. 표우리 집에 와, '오징어달구지' 하게.
◆'달구지'는 '다리'의 비속어이다. ◆거창에서는 땅바닥에 선을 긋고 하는 놀이를 대부분 '삥'이라고 한다. 십자 모양의 선을 그리면 '십자삥'이 되고 둥근 모양의 선을 그리면 '공짜삥'이 된다. -강현석(거창)

오푼이 충남 | 명사 | 없음
지혜나 생각이 모자란 사람을 낮잡아 이르는 말.
〔예산〕넌 팔푼이, 칠푼이두 못 되넌 오푼이여. 표넌 팔푼이, 칠푼이도 못 되는 오푼이야. 〔논산〕그 사람이 허우대는 멀쩡해두 하는 짓은 반푼이였어. 표그 사람이 허우대는 멀쩡해도 하는 짓은 '반푼이'였어.
◆꽉 찬 숫자를 뜻하는 것이 '열(十)'이다. 사람도 열이 차야 온전해진다. 이에 온전한 사람은 '십푼이'가 된다. 그런데 사람이 생각과 행실이 조금 모자라면 '팔푼이, 칠푼이'가 된다. 이는 모자란 사람을 놀려 이를 때 쓰는 말로 표준어에 올라있다. 이에 비해 '오푼이'는 아주 많이 모자란 사람을 이르는 말인데 표준어에 오르지 못했다. 이와 비슷한 충남 사투리에는 '칠띠기, 팔띠기'가 있다. '칠띠기, 팔띠기'에 대응하는 표준어는 '칠뜨기'다. 생각과 행실은 모자라면서 밥만 찾는 이가 있다. 이를 이르는 표준어는 '바보(밥오)'다. '바보'는 충남 지역에서 쓰지 않는 말이다. 그 대신에 '밥텡이' 또는 '밥팅이'가 있다. -이명재(예산)

오합주 제주 | 명사 | 없음
청주, 달걀, 참기름, 꿀, 생강 등 다섯 가지 재료를 혼합하여 발효시킨 술.
〔애월-상가〕어멍은 오합주를 아방만을 위해 정성껏 맨들어 놓았다. 표어머니는 '오합주'를 아버지만을 위해 정성껏 만들어 놓았다. 〔노형〕나질 잘헤난 건 그 술 오합주가 있어. 헌디 난 그레 마농 하나 더 낭 육합주를 했어. 표내가 제일 잘 했던 건 그 술 '육합주'가 있어. 그런데 난 거기에 마늘 하나 더 넣어서 '육합주'를 했어.
◆제주의 전통주 중에 '둑새기 노린알(달걀 노른자)'로 담그는 술이 있다. 꿀을 냄비에 넣고 조려 물기를 없앤 다음, 달걀노른자를 잘 저어 오메기 청주와 참

기름, 생강즙, 꿀 등 다섯 가지 재료를 잘 혼합하여 짧게는 5일에서 길게는 10일 동안 발효한 술인데 이를 '오합주'라고 한다. 오합주는 겨울철 농한기에 만들어 먹었던 보양주이다.

옥대치기 강원 | 명사 | 비사치기

아이들 놀이의 하나. 손바닥만 한 납작한 돌을 세워 놓고, 얼마쯤 떨어진 곳에서 작은 돌을 던지거나 발로 돌을 차서 세워 놓은 돌을 맞혀 넘어뜨린다.

〔동해〕애들하고 사방치기나 옥대치기 하던 일도 생각나네. 囲애들하고 사방치기나 비사치기 하던 일도 생각나네.

◆'옥대치기'는 '옥대놀이'라고 하고 '비석치기'라고도 한다. 예전 7~15세 정도의 어린이들이 돌의 놀이었다. 이때 사용하는 돌을 옥대라고 하였는데 옥대는 손에 들거나 발에 올려놓을 수 있을 정도의 납작하고 넓적한 모양의 놀이용 돌이다. 손바닥만 한 돌을 세워 놓고 얼마쯤 떨어진 곳에서 돌을 던져 맞히거나 발로 돌을 차서 맞혀 넘어뜨리는 놀이이다. 또 발에서부터 머리에 까지 난이도를 높여가며 옥대를 올려놓고 과녁인 옥대가 있는 곳까지 걸어가서 맞추기도 한다. 돌을 발목 사이에 끼고 가고 그다음 발등→무릎→가슴→어깨→이마→머리 위로 올려놓고 이동하여 과녁인 돌을 맞춘다. -이경진(삼척)

옥수수온면 북한 | 명사 | 없음

옥수수로 만든 국수.

〔북한〕점심으로 간단한 옥수수온면이나 해 먹자우. 囲점심으로 간단한 '옥수수온면'이나 해 먹자.

◆'옥수수온면'의 재료인 옥수수면은 다른 종류에 비해 뻣뻣하여 물에 꼭 불려 사용해야 한다. 30분 정도 물에 담가 애호박 등을 채 썰어서 들기름으로 볶고, 고춧가루와 간장으로 양념한 뒤에 물을 붓고 콩나물과 계란을 넣은 후 삶은 옥수수면을 넣어 먹는다.

옥시기 강원 | 명사 | 옥수수

볏과의 한해살이풀. 열매는 녹말이 풍부하고 식용하거나 가축 사료로 쓴다.

〔양양〕지난해 옥시기를 심궜던 밭이다. 囲지난해에 옥수수를 심었던 밭이다. 〔원주〕심심풀이로 속 편하게 먹는 과자로는 강냉이나 뻥튀기가 최고죠. 囲심심풀이로 속 편하게 먹는 과자로는 옥수수나 뻥튀기가 최고죠. 〔삼척〕옛날에는 옥시기 자루가 아주 컸잖소. 囲옛날에는 옥수수자루가 아주 컸잖소.

옥지쟁이 전남 | 명사 | 사마귀

사마귓과의 곤충을 통틀어 이르는 말.

〔진도〕옥지쟁이는 생긴 것만 봐도 무수와! 囲사마귀는 생긴 것만 봐도 무서워!

옥파 북한 | 명사 | 양파

백합과의 두해살이풀.

〔북한〕국에는 남새 중에서도 옥파가 꼭 들어가야디. 囲국에는 채소 중에서도 양파가 꼭 들어가야지.

◆북한에서는 양파를 '둥글파'라고도 한다.

온시야 경북 | 형용사 | 안타깝다

뜻대로 되지 아니하거나 보기에 딱하여 가슴 아프고 답답하다.

〔경주〕아이고 온시야, 시험에서 떨어져가 우야노? 囲아이고 안타까워라, 시험에서 떨어져서 어떡하니?

온천하다 북한 | 형용사 | 믿음직스럽다

믿음직스러운 데가 있다.

〔함북〕그 동무가 온천해서 그럴 줄 전혀 몰랐단 말입다! 囲그 동무가 믿음직스러워서 그럴 줄 전혀 몰랐단 말입니다!

올개미 전남 | 명사 | 어레미

바닥의 구멍이 굵은 채.

〔장흥〕깨 까불게 챙이하고 올개미 가져와라. 표
깨 까불게 챙이하고 어레미 가져와라. 〔진도〕
참깨를 다 털었으면 얼멍치로 쳐야만 잘 골라져
야. 표참깨를 다 털었으면 어레미로 쳐야만 잘
골라진다.

◆고흥에서는 '얼기미'라고 한다. 올개미(어메리)는
체에 비해 구멍이 성기다. 어릴 때 논고랑에 미꾸라
지를 잡으러 가면서 엄마가 올개미를 가지고 가라고
했는데 체와 구별을 못하여 체를 가지고 갔다가 엄
마한테 매우 혼이 났다. 올개미는 구멍이 성기어서
물이 빠지는데, 체는 물이 잘 빠지지 않을 정도로 촘
촘한데 논흙이 들어가니 빠져나오지 못하고 무게 때
문에 체 밑 부분이 빠져버렸기 때문이다. -김란(고
흥) ◆'체(篩)'는 가루나 액체를 거르기 위한 도구로
눈이 작은 체와 눈이 큰 체로 구분할 수 있다. 눈이
작은 것은 '체'로 부르는데 전남 지역에서는 '치'로 부
른다. 눈이 큰 것은 '어레미'라고 하는데 전남 지역에
서는 주로 '얼게미'라고 하며 지역에 따라 '얼검치',
'얼기미', '얼멩이', '얼멍치' 등으로 부르기도 한다.

올갱이 충남 | 명사 | 다슬기

다슬깃과의 연체동물.

〔예산〕어머니가 도슬비 잡는 것을 좋아하셨슈.
저두 따라 많이 잡으러 댕겼지유. 표어머니가 다
슬기 잡는 것을 좋아하셨어요. 저도 따라 많이
잡으러 다녔지요.

◆다슬기는 지역에 따라 '고뎅이, 고딩, 올갱이' 등
으로 불리는데, 충남 이외의 지역에서는 '고디, 달팽
이, 대사리' 등으로 불린다.

올게쌀 전남 | 명사 | 오례쌀

올벼의 쌀인 오례쌀을 이르는 말.

〔고흥〕이빨이 안 좋으믄 올게쌀을 한 주먹씩 털

어 옇고 머금어서 춤으로 불레갖고 씹어 묵으믄
달달허니 맛나제. 표이가 안 좋으면 오례쌀을 한
주먹씩 털어 넣고 머금어서 침으로 불려가지고
씹어 먹으면 달달하니 맛나지.

◆그 해에 농사 지은 약간 덜 익은 올벼로 밥을 지어
처음 맛보는 일 또는 그런 풍속을 '올벼심니'라고 하
는데, '올벼심니'는 추수 전 좋은 날에 떡과 밥을 하
여 안방에 차려 놓고 조상에게 제사를 드리는 세시풍
속이다. ◆광주, 전남에서는 '오례쌀'을 '올게쌀'이라
고 하고 '올벼심니'를 '올게심니'라고 한다.

올기 전북 | 명사 | 올벼

제철보다 일찍 여무는 벼.

〔부안〕세상으 올기쌀도 그렇게 좋아혔는디 이빨
이 안 좋은게 안 먹어진다. 표세상에 올벼쌀도
그렇게 좋아했는데 이가 안 좋으니 안 먹어진다.

◆올기쌀은 약간 노릇노릇해졌으나 덜 익은 나락을
훑어서 솥에 쪄 넣어서 바짝 말린 다음 절구통에 찧
어서 만든다. 올기쌀은 추수하기 전에 밥 지을 쌀이
없을 때 쌀을 대신하였다. 여유가 있는 집에서는 간
식으로도 먹었다. -김금오(부안)

올레 제주 | 명사 | 오래

거리에서 대문으로 통하는 좁은 길.

〔도련〕그냥 올레는 짧은 것이고, 먼올레 허민 긴
거.-박찬식(2017) 표그냥 오래는 짧은 것이고,
먼오래 하면 긴 거. 〔애월-상가〕맹질 돌아왐시난
올레에 강 검질도 메고, 폰치락허게 비질도 허쿠
다. 표명절이 돌아오니 집 앞 오래에 김도 메고,
깨끗하게 비로 쓸게요. 〔애월-상가〕지금은 올레
길 올레길 허주마는 원래 올레는 그게 아니라.
옛날에 올레가 길엉 길 안트래 있는 집이 한 층
더 알아줬쥬. 표지금은 올레길 올레길 하지만 원
래 '올레'는 그게 아니에요. 옛날엔 오래가 길어
서 길 안쪽에 있는 집을 훨씬 더 알아줬어요.

◆'올레'는 길에서 집으로 연결되는 좁은 길을 뜻하는 말로서 '골목'이 아니라 골목처럼 생긴 길이다. 이 길이 짧은 것은 '올레'라고 하지만 긴 것은 '먼올레'라고 한다. 올레길 양쪽에는 돌담을 쌓았는데 대체로 곡선이 많다. 집으로 불어오는 바람의 힘을 줄이기 위한 의도로 볼 수 있다. 올레가 시작되는 곳에는 '어귓돌'을 두어 이곳이 집의 입구임을 표시하였고, 올레길 바닥에는 '이힛돌(디딤돌)' 또는 '다리팡돌'을 놓아 비가 와도 신발이 젖지 않도록 만들었다.

옴마 전북 | 감탄사 | 어머
예상하지 못한 일로 깜짝 놀랐을 때 내는 소리.
〔군산〕옴마, 그래서 어떤다냐. 표어머, 그래서 어떻대. 〔정읍〕엇따메, 저 징상스런 놈 좀 보소. 표어머, 저 징그러운 놈 좀 봐.
◆전북에서는 기쁘거나 슬프거나 놀라거나 공포스러울 때 '워매'라는 말을 주로 쓴다.

옴마이 경기 | 명사 | 어머니
자기를 낳아 준 여자를 이르거나 부르는 말.
〔옹진〕요새는 엄마라구 하지만 옛날 사람들은 옴마이라구 했어. 표요새는 엄마라고 하지만 옛날 사람들은 '옴마이'라고 했어.

옹노 강원 | 명사 | 올가미
새끼나 노, 철선 따위로 옭아서 고를 내어 짐승을 잡는 도구.
〔평창〕들고 온 옹노는 산토끼 다니는 길에 놓고, 지게를 짊어지고 산을 내려온다. 표들고 온 올가미는 산토끼가 다니는 길에 놓고, 지게를 짊어지고 산을 내려온다. 〔양양〕아저씨가 돼지 옹노 놓았대. 표아저씨가 돼지 올가미를 놓았대. 〔원주〕쪽재비를 잡으려고 옹노를 놓았더니, 살살 비켜 다니기만 하더라구. 표족제비를 잡으려고 올가미를 놓았더니, 살살 비켜 다니기만 하더라고.

옹매 경기 | 명사 | 올가미
새끼나 노 따위를 옭아서 고를 내어 짐승을 잡는 장치.
〔이천〕노루, 고라니, 멧돼지를 잡을래면 길목에 옹매를 놔야지. 표노루, 고라니, 멧돼지를 잡으려면 길목에 올가미를 놔야지. 〔강화〕산에 놓은 올무에 퇴끼가 잽혔었는데 어뜯게 됐는지 빠져나갔네. 표산에 놓은 올가미에 토끼가 잡혔었는데 어떻게 됐는지 빠져나갔네.

옹심이 강원 | 명사 | 새알심
팥죽 따위에 넣어 먹는 새알만 한 덩이.
〔속초〕팥칼국수 맛을 돋우기 위해 국시에 옹심이를 넣는다. 표팥 칼국수의 맛을 돋우기 위해 국수에 새알심을 넣는다. 〔양양〕동지 팥죽에 옹심이 맛이 좋다. 표동지 팥죽에 새알심 맛이 좋다. 〔평창〕옹심이 안 들어가면 팥죽이 아니래요. 표새알심이 들어가지 않으면 팥죽이 아니예요.
◆찹쌀로 만든 옹심이는 팥죽을 쑬 때 넣는다. 삼척에서는 감자가루로도 옹심이를 만든다. 굵은 감자를 골라 껍질을 벗긴 다음 강판에 간다. 걸쭉한 녹말의 물기를 짜낸 다음 동글동글하게 만든다. 국수가 끓을 때 넣지만 그냥 국에도 넣어 먹는다. 전분가루로 만든 옹심이보다 강판에 간 녹말로 만든 옹심이가 식감이 더 좋다. −이경진(삼척)

와랑와랑 제주 | 부사 | 없음
사람이 힘차게 가거나 달리는 모습.
〔색달〕경찰이 시머간덴 헤니까 와랑와랑 주. 표경찰이 잡아간다고 하니까 '와랑와랑' 달리지.
◆'와랑와랑'은 힘차게 움직이는 모습뿐만 아니라 불이 활활 타는 모습을 나타낼 때도 쓴다.

와리다 제주 | 동사 | 서두르다
일을 빨리 해치우려고 급하게 바삐 움직
이다.
〔노형〕막 와리지 말앙 글라. 표마구 서두르지 말고
가자. 〔애월-고내〕장은 꼭 새 거 먹젠딜 안 허난
경 와리지 안헤도 뒈주게. 표된장은 꼭 새 거 먹으
려고 안 하니까 그렇게 서두르지 않아도 되지.
◆여러 사람이 함께 일을 하는데 한 사람이 '와리게'
행동하면 눈에 띨 수밖에 없고, 결과적으로 나머지
사람들 눈 밖에 나게 된다. 이러한 이유로 '와리다'
는 '설치다'라는 부정적인 의미로 쓰이기도 한다.

왁새 북한 | 명사 | 왜가리
왜가릿과의 새.
〔북한〕강물 위로 왁새 떼가 날아가는 모습이 보
이디? 표강물 위로 왜가리 떼가 날아가는 모습
이 보이지?
◆북한의 민요 중 〈왁새야 왁새야〉는 "왁새야 덕새
야 너오마니 속옷가래 불붙는다 어서가서 한버지기
두버지기 물퍼줘라"라는 노랫말이 있다. 왁새처럼
많이씩 떼는 걸음이나 껑충거리며 멋없이 걷는 걸음
을 '왁새걸음'이라고 한다.

왁왁ᄒ다 제주 | 형용사 | 캄캄하다
(1)빛이 없어 새까맣게 어둡다.
(2)희망이 없어 참담하고 막막하다.
〔화북〕무사 영 왁왁헤시니? 불 싸라. 표왜 이렇
게 캄캄하니? 불 커라. 〔구좌-한동〕아이딜이 다
섯인디 아방 죽어부난 귀눈이 왁왁헨게. 표아이
들이 다섯인데 아버지 죽어버리니까 눈앞이 캄
캄하더라.
◆'왁왁ᄒ다'는 시각적으로 빛이 없어 새까맣게 어둡
다는 의미다. 나아가 듣는 것을 포함하여 마음, 기억
등 인식의 영역으로까지 확대되어 희망이 없어 막막
한 상태를 뜻하는 말로도 쓰인다. 관용적 표현인 "귀

눈이 왁왁ᄒ다"라는 말은 앞에서 벌어지는 광경이
눈과 귀를 어지럽게 하여 빚어진 결과로 정신을 차
릴 수 없이 어지러운 상황에서 쓰는 말이다.

왈게다 전남 | 동사 | 혼내다
윗사람이 아랫사람의 잘못에 대하여 호
되게 나무라거나 벌을 주다.
〔고흥〕애기를 왈게지 말고 싸쌀 홀개써요. 표아
기를 혼내지 말고 살살 달래세요.
◆'왈게다'는 말이나 움직임 따위를 미리 잘라서 막
는다는 뜻의 전남 사투리이다. "아이를 왈게지 말
라"라는 말은 "아이를 혼내서 기를 죽이지 말라" 정
도로 풀이할 수 있다.

왈랑왈랑 제주 | 부사 | 부글부글
물 따위의 액체가 계속 끓는 소리. 또는
그 모양.
〔한경-신창〕보리쌀 낭 불 숨으멍 왈랑왈랑 쓸 거
저 익어 가민 좁쌀 놔. 표보리쌀 넣어서 불 때면
서 부글부글 쌀 거의 익어 가면 좁쌀 넣어. 〔토
평〕콩국은 물이 왈랑왈랑 꿰어 가민 콩ᄀ루 칸
거, 이제 ᄂ물부터 낭 그 우이 콩ᄀ룰 싹 영허게
비와. 표콩국은 물이 부글부글 끓어 가면 콩가루
탄 거, 이제 나물부터 넣어서 그 위에 콩가루를
싹 이렇게 부어.
◆물이 끓는 소리는 제보자에 따라 다양하다. 표준
어와 같은 형태인 '부글부글'도 쓰지만 '바글바글,
부갈부갈, 부끌락부끌락, 북각북각, 와상와상, 왈랑
왈랑'도 쓰고 있다.

왈랑절랑 북한 | 부사 | 절렁절렁
큰 방울이나 얇은 쇠붙이 따위가 자꾸
흔들리거나 부딪쳐 울리는 소리.
〔북한〕소방울이 왈랑절랑 새벽안개 깨치누나. 표
소방울이 절렁절렁 새벽안개 깨치는구나.

491

왕고리 경기 | 명사 | 왕골

사초과의 한해살이풀인 왕골을 이르는 말.

〔화성〕이 자리는 왕고리 껍질을 말려서 만든 거야. 표이 자리는 왕골 껍질을 말려서 만든 거야.

◆'왕고리'는 '왕골'에 접사 '이'가 결합된 어형이다. '왕골'은 우리나라와 일본, 중국 등지에서 자생하며 우리나라 전역에서 재배되지만 특히 강화도와 교동도 왕골이 유명하다.

왕그실이 경남 | 명사 | 마당비

마당을 쓰는 데 사용하는 비. 댑싸리나 싸리 따위로 만든다.

〔부산〕왕그실이로 마당 좀 씰어라. 표마당비로 마당 좀 쓸어라. 〔창원〕이거 갖고 마당 씰모 '거시랑, 거시랑' 소리가 난다 캐서 '거시랑빗자리'라 칸다 아이가. 표이것 갖고 마당 쓸면 '거시랑, 거시랑' 소리가 난다고 해서 '거시랑빗자리'라고 하잖아.

◆경상도에서는 '마당비'를 '거시래이/거시리/그실이'라고 한다. 이 말은 "잡풀을 베다" 또는 "마당을 쓸다"라는 뜻을 가진 동사 '거스르다'에서 왔는데 주로 밭이나 마당을 깨끗하게 관리할 때 사용한다. 지역에 따라 '마당비'를 '왕거시리/왕개시리'라고도 하는데, 이 말은 '큰 빗자루'나 '큰 마당비'로 볼 수 있다. 그런가 하면 '실개/씰개'는 '쓸다'에서 온 말로 '방비'를 가리킬 때 사용하는데 주로 '방실개/방씰개'라고 한다. -김성재(고성)

왕기 경남 | 명사 | 왕겨

벼의 겉겨.

〔고성〕이미 소가 사안치를 낳아서 왕기로 깔아조오라. 표어미 소가 송아지를 낳아서 왕겨를 깔아줘라. 〔울산〕마개 아시등개 좀 깔아라. 표외양간에 왕겨를 좀 깔아라.

◆정미소에서 곡식을 도정할 때 일차적으로 나온 굵은 겨를 '겉겨'라고 하고, 겉겨를 벗겨낸 고운 겨를 '속겨'라고 한다. 벼의 경우 겉겨는 '왕겨' 또는 '등겨'라고 하고, 속겨는 '쌀겨'라고 하는데, 주로 '겉겨'는 깔개용으로 사용하거나 풀무를 이용하여 소죽을 끓일 때 땔감으로 사용한다. '속겨'는 가축 사료로 이용한다. -김성재(고성) ◆거제에서는 '딩기'와 '참딩기'를 구분한다. '딩기'는 '왕딩기'라고도 하며 닭장 바닥에 뿌려 사용하거나 거름으로 사용하는데 반해, '참딩기'는 제일 마지막에 나온 겨를 가리키며 아주 부드러워 국을 끓일 때 첨가물로 사용한다. -김의부(거제)

왕나리 참방 만나다 전남 | 없음 | 없음

상대가 어떤 일을 해결해주려하다가 오히려 더 큰 일을 벌였다는 뜻.

〔고흥〕자기 까냥은 나를 도와줄라고 허다가 더 왕나리 참방을 만나부렀소. 표자기 딴에는 나를 도와주려고 하다가 더 '왕나리 참방을 만나부렀소'.

◆'더 왕나리 참방을 만났다'라는 말은 '이전보다 더 한 참봉 나리를 만났다'라는 뜻이다. 어떤 일을 해결해보려다가 오히려 나쁜 상황이 되어버렸을 때 쓰는 말이다. 시어머니가 치매에 걸려 대소변을 제대로 가리지 못했을 때의 일이다. 내가 잠시 외출했다가 집에 들어왔더니 시어머니가 옷에 대변을 묻히고는 그걸 혼자 치우겠다고 이불이며 다른 옷들까지 모두 더렵혀놓았다. 이럴 때 내가 할 수 있는 말은 "나가 더 왕나리 참방을 만내부렀소" 뿐이다. -천인순(고흥)

왕드살 북한 | 명사 | 없음

성질이 몹시 드센 사람을 이르는 말.

〔함경〕옥이는 왕드살이여서 학교에서 매일 아이들과 싸움박질을 한다. 표옥이는 '왕드살이'어서 학교에서 매일 아이들과 싸움박질을 한다. 〔북한〕그는 늙은 녀인답지 않게 힘이 세고 입심이 사나와 그의 왕드살에 견디는 사람이 없었다.-김

정민(1993) 표그는 늙은 여인답지 않게 힘이 세고 입심이 사나와 그의 '왕드살'에 견디는 사람이 없었다.

왕아치 충북 | 명사 | 방아깨비
메뚜깃과의 곤충.
〔청원〕다라나지두 모타구 왕아치 있으면 무서버서, 머 드러오기만 하먼 그건 머 피햐. 표달아나지도 못하고 방아깨비 있으면 무서워서, 뭐 들어오기만 하면 그건 뭐 피해.
◆충북에서는 지역에 따라 방아깨비의 수컷을 부르는 말이 다르다. 청원에서는 '왕아치'라고 하지만 제천에서는 '땅가비', 괴산·음성·제천·진천·청주·충주 등에서는 '때까치', 단양에서는 '때때', 보은·영동·옥천 등에서는 '때때기'라고 한다.

왕텡이 충남 | 명사 | 말벌
말벌과의 벌.
〔서산〕큰 소동이 일어나는 것을 왕텡이 집을 근대린 것 같다구 헌다. 표큰 소동이 일어나는 것을 말벌 집을 건드린 것 같다고 한다 〔논산〕산에 가면 벌을 조심해야 혀. 왕팅이한테 한 방 쐬먼, 죽은 사람도 있다. 표산에 가면 벌을 조심해야 해. 말벌한테 한 방 쏘이면, 죽은 사람도 있대.
◆'왕텡이'는 옛말을 그대로 이은 경기 사투리이다. '왕통이' 또는 '왕퉁이'가 충남으로 내려가면 '왕팅이' 또는 '왕텡이'가 된다. '왕팅이'는 표준어화가 일어나기 이전에 쓰던 말이고, '왕텡이'는 표준어화가 급속히 진행되던 1970년대 이후에 쓰던 말이다. - 이명재(예산) ◆기존의 사투리 조사 자료에는 '왕텡이'가 '땅벌'을 뜻하는 말로 기록되어 있으나 서산에서는 말벌을 뜻하는 말로 쓰고 있다.

왜냥 충남 | 부사 | 없음
무슨 까닭으로 이러하게.
〔대전〕오늘은 왜냥 시간이 안 간댜. 표오늘은 '왜냥' 이렇게 시간이 안 간대.

왜서 강원 | 부사 | 왜
무슨 까닭으로.
〔삼척〕이 좋은 세상을 왜서 지옥이라고 하나? 표이 좋은 세상을 왜 지옥이라고 하나? 〔동해〕눈물은 왜서 나오능가? 표눈물은 왜 나오는가? 〔평창〕왜서 그래? 표왜 그러는 거야?

외소백이 강원 | 명사 | 오이소박이
오이의 허리를 서너 갈래로 갈라 속에 파, 마늘, 생강, 고춧가루를 섞은 소를 넣어 담근 김치.
〔삼척〕오이소백이는 싱싱할 때도 맛있지만 푹 삭으면 더 맛있잖소. 표오이소박이는 싱싱할 때도 맛있지만 푹 삭으면 더 맛있잖소. 〔영월〕마당에 부추가 너무 실하게 자라서 외써배기를 담갔다. 표마당에 부추가 너무 실하게 자라서 오이소박이를 담갔다.
◆'오이'의 옛말은 '외'이다. 『이조어사전』에는 "외를 머거지라"라는 표현이 나온다. 강원도 사투리 '외써배기'의 '외'는 옛말을 그대로 간직한 형태로 보인다. '써배기'는 '소박이'로부터 경음화와 전설모음화가 일어난 어형이다.

외약 전북 | 관형사 | 왼
왼쪽을 이를 때 쓰는 말.
〔남원〕날 때부터 외약손잽이라서 인자는 못고쳐. 표태어날 때부터 왼손잡이라서 이제는 못 고쳐. 〔정읍〕외약쪽으로 밥 먹는다고 검나게 헌났당게로. 표왼손으로 밥 먹는다고 엄청 혼났어.

욍기다 전남 | 동사 | 옮기다
어떤 곳에서 다른 곳으로 자리를 바꾸게

하다. '옮다'의 사동사.

〔강진〕무시 다발 좀 밭둑으로 윙겨라. 표무 다발 좀 밭둑으로 옮겨라. 〔장성〕이참에 헌 농짝 내삐리뿔고 돈 쪼까 더 주고 자개농 샀당께. 하이고 고놈 윙기느라고 오늘 죽을똥살똥 심 잠 써부렀떵마 배고파 죽겄다야. 표이번에 헌 농 버리고 돈 좀 더 주고 자개농 샀잖아. 어휴 그놈 옮기느라고 오늘 죽을 힘 다해 힘 써버렸더니 배고파 죽겠네. 〔진도〕통새가 정개하고 가까운께 쩌쪽으로 윙게불라요. 표변소가 부엌과 가까우니까 저쪽으로 옮길거요.

요망지다 제주 | 형용사 | 야무지다

사람의 성질이나 행동, 생김새 따위가 빈틈이 없이 꽤 단단하고 굳세다.

〔노형〕아무래도 경 요망진 놈은 실수헐 리 엇주. 표아무래도 그렇게 야무진 놈은 실수할 리 없지. 〔삼척〕그 집 똘딜은 문딱 요망지주게. 표그 집 딸들은 모두 야무지다.

요상시럽다 전북 | 형용사 | 이상스럽다

보기에 이상한 데가 있다.

〔군산〕보면 볼수록 요상허게도 생겼네. 표보면 볼수록 이상하게도 생겼네. 〔군산〕배가 어째 요상스럽게 배배 꼬이고 아프당게. 표배가 어째 이상스럽게 배배 꼬이고 아파.

요하니 경기 | 부사 | 없음

높은 자리나 위험한 곳에 올라 떨어져 다칠 우려가 있을 때 하는 말.

〔포천〕왜 요하니 그곳에 올라갔니? 위험해, 어서 내려오너라. 표왜 '요하니' 그곳에 올라갔니? 위험해, 어서 내려오너라.

욕보다 경남 | 동사 | 수고하다

일을 하느라고 힘을 들이고 애를 쓰다.

〔진주〕그라모 욕 보소. 표그러면 수고하소. 〔하동〕아재, 갑니더. 욕보시지예. 표아저씨, 갑니다. 수고하십시오.

욕보다 충남 | 동사 | 수고하다

일을 하느라고 힘을 들이고 애를 쓰다.

〔서산〕삼복더위에 그 넓은 바슬 매너라구 욕보았다. 표삼복더위에 그 넓은 밭을 매느라고 수고했다. 〔논산〕오늘 더운디 모 심느라구 욕봤슈. 표오늘 더운데 모를 심느라고 수고가 많았어요.

◆'욕보다'는 윗사람에게 쓸 수 없는 말이다.

용시 제주 | 명사 | 농사

곡류, 과채류 따위의 씨나 모종을 심어 기르고 거두는 따위의 일.

〔용담〕저슬엔 용시 허는 일 어시난에. 표겨울엔 농사 하는 일이 없으니까. 〔노형〕용시철이 되면 사돈이 와도 또꼬망으로 인사할 정도다. 표농사철이 되면 사돈이 와도 엉덩이로 인사할 정도다.

용심내다 제주 | 형용사 | 노여워하다

몹시 언짢거나 못마땅하여 노여움을 나타내다.

〔노형〕무사 경 용심냄시니? 표왜 그렇게 노여워하시니? 〔애월-상가〕용심내서 달라질 거 어시난 아이들을 안아주라! 표노여워해서 달라질 것 없으니 아이들 안아주라!

용천대 충남 | 명사 | 돛대

돛을 달기 위하여 배 바닥에 세운 기둥.

〔보령〕그런디 여가 돛대라고 용천대다 꽂아. 표그런데 여기가 돛대라고 '용천대'에 꽂아.

우거리 전북 | 명사 | 말랭이

494

무나 가지 같은 것을 가늘게 썰어서 말린 것.
〔부안〕무 말렸다가 정월에 우거리 해 먹자. 표무 말렸다가 정월에 말랭이 해 먹자. 〔부안〕어저께 갈치 쪼린 것도 무시오거리로 헌 거여. 표어제 갈치 좋인 것도 무말랭이로 한 거야.
◆'꼬시래기'라는 말이 무청이나 배춧잎을 말린 시래기와 관련이 있는지, 또는 말린 모습을 표현한 '꼬들꼬들'이나 '꼬실꼬실('고슬고슬'의 사투리)'과 관련이 있는지는 확실치 않다. 그런데 무를 말린 '무시래기'라는 단어의 쓰임을 생각하면 '꼬'와 '시래기'의 결합으로 이루어진 말로 볼 수 있다. ◆'무우거리, 무시오거리'는 가을에 말려야 맛있다. 가을에 무를 각자 좋아하는 크기로 나박나박하게 썰어서 말린다. 바짝 안 말리면 썩기 때문에 수분이 남지 않도록 바짝 말려야 한다. 정월 대보름 때 '무우거리, 무시오거리'를 푹 삶아서 하룻저녁 정도 담가서 우려낸다. 물기를 쪽 뺀 '무우거리, 무시오거리'에 들깨를 갈아서 넣고 끓여서 먹는다. 완성된 음식도 '무우거리, 무시오거리'라 한다. -김금오(부안)

우겡이 강원 | 명사 | 웃기
(1)떡·포·과일 따위를 괸 위에 모양을 내기 위하여 얹는 재료.
(2)흰떡에 물을 들여 여러 모양으로 만든 떡(웃기떡).
〔강릉〕바짝 마른 우겡이르 화롯불에더거 꼬 먹으믄 을매나 맛있는가. 표바짝 마른 웃기를 화롯불에다가 구워 먹으면 얼마나 맛있는가. 〔삼척〕우겡이는 평소에는 맛보지 못 하는 아주 귀한 음식에다 고급 음석이잖소. 표웃기는 평소에는 맛보지 못 하는 아주 귀한 음식에다 고급 음식이잖소.
◆'우겡이'는 찹쌀가루로 만든 '웃기떡'을 뜻하는 말이다. 먼저 솥뚜껑을 거꾸로 하여 그 밑에 장작불을 땐다. 소두방이 달면 기름을 두르고 그 위에 찹쌀가루를 반죽한 것을 올려놓는다. 동그란 모양으로 만들어 지진다. 모양을 아름답게 하기 위해 표면에는 곶감, 맨드라미, 미나리 잎, 석이버섯, 대추 조각 같은 것을 올린다. 제사나 시제 때 과판에 절편 덕을 쌓아올리는데 맨 위에 우겡이로 치장한다. 그래야 과판의 품위가 높아진다. 멥쌀로 만든 떡보다 고소하다.

우두다 경남 | 동사 | 없음
지나치게 끼고돌거나 지나치게 두둔하다.
〔진주〕자석새끼 우두쌓더마는 결국에는 다 지한테 돌아오지. 표자식새끼 '우두쌓더마는' 결국에는 다 자기한테 돌아오지. 〔산청〕아를 그래 우다쌓아먼 안 조은 기라. 표아이를 그렇게 '우다쌓아먼' 안 좋은 거야.

우두다 경북 | 형용사 | 떠받들다
소중하게 다루다.
〔의성〕얼매나 어무이가 자슥을 우두고 길렀다고. 표얼마나 어머니가 자식을 떠받들고 길렀다고.

우렁싱이 경남 | 명사 | 우렁쉥이
멍겟과의 원삭동물. 몸길이는 5~15센티미터이고 몸빛은 대체로 선홍색이다. 외피는 가죽 모양으로 질기고 얇으며, 표면에 젖꼭지 같은 돌기가 있다. 몸의 뒤쪽 끝에 있는 뿌리 모양의 돌기로 다른 물질에 부착해 생활한다.
〔하동〕우렁싱이를 초고치장에 찍어 묵은께 좋더라. 표우렁쉥이를 초고추장에 찍어 먹으니까 좋더라. 〔진해〕우렁싱이를 쫌 사 무웁시더. 표우렁쉥이를 좀 사 먹읍시다.

우룽재 강원 | 명사 | 없음
여물지 못해 붉은 껍질을 가지고 있는

495

감자.

〔삼척〕그 다으메 우롱재라는 얘기는 동구라면서 껍질 자체가 발개요. 표 그 다음에 '우롱재'는 껍질 자체가 빨개요.

◆'우롱재'의 맛은 다른 감자에 비해 더 달고 식감은 퍼석퍼석하다.

우리하다1 경남 | 형용사 | 뻐근하다
근육이 몹시 피로하여 몸을 움직이기가 매우 거북스럽고 살이 뼈개지는 듯하다.
〔마산〕배가 우리하이 아푸다. 표 배가 뻐근하게 아프다. 〔하동〕맥힌 것도 아인디 가심이 우리허고 소화도 안 덴다. 표 막힌 것도 아닌데 가슴이 뻐근하고 소화도 안 된다.

우리하다2 경북 | 형용사 | 없음
다치거나 맞은 곳이 울리듯 깊이 아프다.
〔대구〕지난 주에 부딪힌 데가 아직도 우리하다. 표 지난 주에 부딪힌 데가 아직도 '우리하다'.

◆청진기조차 없던 옛날에는, 문진이나 촉진이 전부였는데 어디가 어떻게 아픈지, 말로 표현하기가 쉽지 않았다. 겨우 표현한다는 말이 "바늘로 콕콕 찌르는 걸치 아푸다." 또는 "속이 무지리하다." 정도가 최선이었다. 이때 '무지리하다'는 '무지근하다' 또는 '무적지근하다'로도 표현되는데, 아주 둔탁한 쇠망치로 얻어맞은 것 같은 묵직한 통증을 뜻하는 말이다. 대개 무지리하게 아픈 경우에는 병이 꽤 깊어졌다는 신호일 경우가 많다. 이 말에는 다른 뜻도 있는데, 머리가 띵하고 가슴과 팔다리 따위가 무엇에 눌린 것처럼 무겁다는 뜻도 있다.-상희구(대구)

우멍스럽다 북한 | 형용사 | 의뭉스럽다
겉과 속이 다르고 속을 알 수 없다.
〔평북〕저 사람은 속을 알 수 없고, 우멍스러운 구석이 있으니 조심하라구. 표 저 사람은 속을 알 수 없고 의뭉스러운 구석이 있으니 조심하라구.

◆'우멍스럽다'는 '음흉'과 관련이 있는 말로 보인다. 지역에 따라 '으뭉하다'라고도 하는데 '음흉'으로부터 'ㅎ' 음이 탈락하고 모음 변화가 일어난 말로 보인다.

우메기 북한 | 명사 | 없음
쌀과 찹쌀을 섞은 것에 대추를 넣어 만든 동그란 떡을 기름에 튀겨 엿물에 적신 다음 설탕을 뿌린 떡.
〔황남〕우메기 빠진 잔치는 없다. 표 '우메기'가 빠진 잔치는 없다. 〔북한〕우메기는 찹쌀가루를 익반죽하여 참깨소를 넣고 모양 있게 빚어서 잣을 박아 튀겨 낸 다음 꿀물에 담그어 만든다.-서영일(2003) 표 '우메기'는 찹쌀가루를 익반죽하여 참깨소를 넣고 모양 있게 빚어서 잣을 박아 튀겨 낸 다음 꿀물에 담가 만든다.

◆'우메기떡'은 이북식 찹쌀 도넛으로 황해도의 명절 음식이다. "우메기가 빠진 잔치는 없다"라는 말이 있을 정도로 잔칫상에 자주 올라간다. 찹쌀가루에 막걸리를 넣고 반죽한다. 참깨를 볶아 빻은 후 설탕을 섞어 소를 만들어 넣고 동그랗게 빚어 기름에 튀겨낸다. 튀긴 떡은 엿물에 적신 다음 건조시켜 설탕을 뿌려 먹는다. 반죽에 호박을 놓으면 호박우메기떡이 된다.

우붕 경북 | 명사 | 우엉
국화과의 두해살이풀. 뿌리와 어린잎은 식용하고 씨는 약용한다.
〔김천〕우붕 무까? 표 우엉 먹을까?

우뿌다 북한 | 형용사 | 우습다
재미가 있어 웃을 만하다.
〔함남〕영석이는 춤도 잘 추고 롱담도 재치 있고 우쁘게 잘하는 친구야. 표 영석이는 춤도 잘 추고

농담도 재치 있고 우습게 잘하는 친구야.

우야다 경북 | 동사 | 어찌하다
어떠한 방법으로 하다.
〔영천〕우야든동 델꼬 살아야지. 표어찌하든 데리고 살아야지. 〔대구〕우예 일일이 다 따지가매 하겠노. 표어떻게 일일이 다 따져가면서 하겠니.

우엄 강원 | 명사 | 위험
해로움이나 손실이 생길 우려가 있음. 또는 그런 상태.
〔삼척〕뺑창에는 구를 우엄이 있으니 올라가지 마와. 표절벽에 구를 위험이 있으니 올라가지 마세요. 〔삼척〕아야! 글루 가면 우엄햐! 표애야, 그 쪽으로 가면 위험해!

우엄하다 충남 | 형용사 | 위험하다
해로움이나 손실이 생길 우려가 있다.
〔서산〕대즌 간다 할뚜. 일딴 간다 싸는 거. 도시 늠들이 을매나 우엄한다. 표대전 간다 할 때도. 일단 간다 하는 거야. 도시 놈들이 얼마나 위험한데. 〔공주〕그 쪽으로 가믄 길이 흄하고 우엄혀 조심해야더. 표그 쪽으로 가면 길이 험하고 위험하니 조심해야해.

우영팟 제주 | 명사 | 텃밭
집터에 딸리거나 집 가까이 있는 밭.
〔노형〕우리 우영팟에 강 눔삐 뽑아당 먹읍써게. 표우리 텃밭에 가 무 뽑아서 드세요. 〔용담〕우녕팟디 가민 유쌀도 토당오컬. 표텃밭에 가면 들깻잎도 뜯어올걸.
◆'우영팟'은 울타리 안에 있는 텃밭을 가리키는 말로 '우영/위연'이라고도 한다. ◆제주에서는 울타리 안에 있는 '텃밭'을 가리켜 '우녕' 또는 '우녕팟', '우잣'이라고 하고, 울타리 밖의 밭은 지역의 이름을 따

서 붙이되 밭이 있는 장소에 따라 '당' 가까이 있는 밭은 '개우당밧', '불묵당밧', '장운당물'이라고 하고, 물가에 있는 밭은 '도욕새미' '대수배기'라고 하고, 동산 가까이 밭은 '콧딩이머루', '엄난마루'라고 하다. '당'은 초이레와 초여드레에 심방(무속인)이 일 년 운세를 봐주는 곳이다. -김동필(용담)

우웡 충북 | 명사 | 우엉
국화과의 두해살이풀. 뿌리와 어린잎은 식용하고 씨는 약용한다.
〔옥천〕여서는 그전에 우웡을 안 심궈서 잘 알두 못했어. 표여기서는 그전에 우엉을 안 심어서 잘 알지도 못했어.
◆'우엉'의 옛말은 '우웡'으로 15세기 문헌에도 등장한다. '우웡'은 19세기까지 쓰이다가 20세기 이후 둘째 음절의 모음에서 반모음 w가 탈락한 '우엉'으로 바뀌어 오늘에 이른다.

우찌새 전북 | 명사 | 고명
음식의 모양과 빛깔을 돋보이게 하고 음식의 맛을 더하기 위하여 음식 위에 얹거나 뿌리는 것을 통틀어 이르는 말.
〔고창〕계란으로 지단을 만들어 가지고 국수에 우찌새릴 올려. 표계란으로 지단을 만들어 가지고 국수에 고명을 올려. 〔남원〕암만 그리도 제단을 올려야 모양이 살지. 표아무리 그래도 고명을 올려야 모양이 살지.

우툽다 전남 | 형용사 | 위태롭다
어떤 형세가 마음을 놓을 수 없을 만큼 위험한 듯하다.
〔고흥〕느그들 저수지에 가서 놀지 말어라잉, 우툽다. 표너희들 저수지에 가서 놀지 마라, 위험하다.

우티 강원 | 명사 | 옷

몸을 싸서 가리거나 보호하기 위하여 피류 따위로 만들어 입는 물건.

〔강릉〕우티에는 피에 흘게 칠갑을 해갖구, 매련두 읎어예. 표옷에는 피에 흙 칠갑을 해서 형편이 없어. 〔양양〕빨래하자 우티 벗어라. 표빨래하자 옷 벗어라. 〔춘천〕오티에 드러운 걸 많이 묻히구 다니지 말아. 표옷에 더러운 것을 많이 묻히고 다니지 마라.

우티 북한 | 명사 | 옷

몸을 싸서 가리거나 보호하기 위하여 피류 따위로 만들어 입는 물건.

〔북한〕우티를 줏어 입고 빨리 나오시오. 표옷을 주워 입고 빨리 나오시오. 〔평안〕야는 닙성을 올케 못 냅냐? 표애는 옷을 단정히 못 입냐?

◆평안도와 함경도 등지에서는 '옷'을 '입성'이라고 하는데, 이는 옷을 속되게 이르는 말이다. ◆'우티'는 '겉에 입는 옷'이라는 뜻이다. '티'는 '치'의 구개음화 전의 어형인데, '치'는 사물을 나타내는 접미사이다. 예를 들어 뒤에 있는 것을 고르라는 표현은 "뒤치를 골라"라고 한다.

운구지 전남 | 명사 | 문절망둑

망둑엇과의 바닷물고기인 문절망둑을 이르는 말.

〔순천〕운구지 생긴건 사나와도 맛은 좋다. 표문절망둑 생긴 건 사나워도 맛은 좋다. 〔진도〕가실이 댜야 운저리가 커서 먹을 만하당께. 표가을이 되어야 문절망둑이 커져서 먹을 만하다.

운짐달다 경북 | 형용사 | 없음

늦거나 느긋하지 아니하고 매우 급하다.

〔의성〕지각하지 않으려고 뛰는 걸 보니 운짐이 달긴 단 모양이다. 표지각하지 않으려고 뛰는 걸

보니 '운짐이 달긴 단' 모양이다.

◆'운짐달다'는 문맥에 따라 '조급하다' 또는 '다급하다', '애가 타다'라는 뜻으로 다양하게 쓰인다. 발음은 [운쩜달다]라고 하지 않고 [운짐달다]라고 한다. -이인성(포항)

울내미 경북 | 명사 | 울보

걸핏하면 우는 아이.

〔경주〕울내미들이 크마 노래를 잘한다 카던데. 표울보들이 크면 노래를 잘한다고 하던데.

◆찔찔 짜면서 우는 아이를 '울내미, 을래미, 찔래미'라고 하는데 대구에서는 이런 아이를 놀릴 때 "야이, 울래미 찔래미야"라고 한다. -상희구(대구) ◆'울래미'는 '아들내미, 딸내미'처럼 대상에 귀여워하는 마음을 담는 말 '내미'가 붙었다. '울'은 'ㄹ' 소리로 인해 '내미'가 '래미'로 변하는 유음화를 겪는다.

울다 충남 | 동사 | 찌푸리다

날씨가 매우 음산하게 흐려지다.

〔서산〕하늘이 왜이리 운댜. 비올라구 그러능갑다. 표하늘이 왜 이렇게 찌푸린대. 비 오려고 그러나보다. 〔공주〕날씨가 왜이래 울쌍이랴 비라도 올 모양인가. 표날씨가 왜 이렇게 찌푸렸어 비라도 올 모양인가.

울대 경기 | 명사 | 없음

고기의 울음을 듣는 데 쓰는 청죽을 이르는 말.

〔옹진〕여름에 민어 잡을 땐 울대를 바닷물 속에 꽂아서 귀로 소리를 듣구 그물을 쳐. 표여름에 민어 잡을 땐 '울대'를 바닷물 속에 꽂아서 귀로 소리를 듣고 그물을 쳐.

◆'울대'는 옹진군 덕적도에서만 쓰는 말이다. 덕적도에서는 낚시를 할 때 속이 빈 대나무를 잘라 바닷물에 집어넣고 물고기의 소리를 듣는다. 물고기 없

는 곳에 그물을 치고 기다렸다 허탕을 치는 일을 줄일 수 있으니 얼마나 슬기로운가.

울레불레허다 전남 | 형용사 | 갑갑하다
가슴이나 배 속이 꽉 막힌 듯이 불편하다.
〔강진〕아이고 뭣을 잘못 묵었는갑다. 어찌 속이 울레불레허네. 표아이고 무엇을 잘못 먹었는가 보다. 어떻게 속이 갑갑하네.

울매 경남 | 명사 | 메
묵직하고 둥그스름한 나무토막이나 쇠토막에 자루를 박아 무엇을 치거나 박을 때 쓰는 물건.
〔함안〕울메로 쳐서 보를 끼아라. 표메로 쳐서 보를 끼워라.
◆'울메'는 통나무로 만든 나무망치이다. 목재 건축물이나 목재 가구를 제작하는 과정에서 나무와 나무를 짜맞춤할 때 사용하고, 새끼를 꼬거나 가마니를 짜기 위해 볏짚의 숨을 죽일 때도 사용한다. 도토리를 따기 위해 참나무에 충격을 줄 때도 나무에 상처를 내지 않기 위해 주로 울매를 사용한다.

울멍거리다 충남 | 형용사 | 울렁거리다
심장이 뛰고 감정이 격양되다.
〔서산〕약 안묵으면 가슴이 울멍거려싸가지구. 음충 불편혀. 표약 안 먹으면 가슴이 울렁거려가지고. 엄청 불편해. 〔공주〕언젠가 서울 애덜내 집일 간다구 버스를 타구 가는디 차멀미가 나서 속이 울멍거려 먹은 것두 다 토해내구 애먹었네. 표언젠가 서울 아이들네 집에 간다고 버스를 타고 가는데 차멀미가 나서 속이 울렁거려 먹은 것도 다 토해내고 애먹었네.

울뱅이 충북 | 명사 | 우렁이
우렁잇과의 고둥을 통틀어 이르는 말.

〔청주〕요새는 약을 치니께 논에 가두 울뱅이가 읎어. 표요새는 약을 치니까 논에 가도 우렁이가 없어.

움멍허다 전남 | 형용사 | 의뭉하다
겉으로는 어리석은 것처럼 보이면서 속으로는 엉큼하다.
〔고흥〕저 사람 참 우멍하게 생겼네. 표저 사람 참 의뭉하게 생겼네. 〔강진〕저 애는 우멍시러 진심을 된통 알 수가 없다. 표저 애는 의뭉해 진심을 된통 알 수가 없다. 〔장성〕고 가스나 진짜로 우뭉시럽네이. 표그 가시네 정말로 의뭉스럽네.

움물 경기 | 명사 | 우물
물을 긷기 위하여 땅을 파서 지하수를 괴게 한 곳. 또는 그런 시설.
〔가평〕수도가 들어오기 전에는 마을에 움물이 있어서 거기서 길어다 먹었어. 표수도가 들어오기 전에는 마을에 우물이 있어서 그곳에서 길어다 먹었어. 〔강화〕우리 어빠네 움물은 바가지 움물이야. 표우리 오빠네 우물은 바가지 우물이야.
◆'움물'은 '우물'의 옛말이다. 즉 움에서 나는 물이라는 뜻의 '움물'에서 'ㅁ'이 탈락한 것이다. '움'이 홀로 쓰이면 새싹이라는 뜻이나 움막, 움집 같은 단어에서 움은 땅을 팠다는 뜻을 지닌다. 우물도 땅을 깊게 파고 지하수를 괴게 하여 그 물을 쓸 수 있게 한 곳이다. 어원으로 보면 '우물' 자체가 물을 뜻하지만 현재에는 우물은 그런 시설을 가리키고 거기서 나는 물은 우물물이라고 한다.

웃방 북한 | 명사 | 안방
집 안채의 부엌에 딸린 방.
〔함북〕니네는 웃방에서 자고 우리는 아랫방에서 잘게. 표너희는 안방에서 자고 우리는 거실에서 잘게.

499

웃짓이 충북 | 명사 | 꾸미

국이나 찌개에 넣는 고기붙이.

〔단양〕떡꾹에는 웃짓이루 소고기 산적이나 고기를 다져서 늫지. 표떡국에는 꾸미로 쇠고기 산적이나 고기를 다져서 넣지.

웅굴 강원 | 명사 | 우물

물을 긷기 위하여 땅을 파서 지하수를 괴게 한 곳. 또는 그런 시설.

〔평창〕일 년에 한 번은 웅굴을 다시 파서 수리해야 한다. 표일 년에 한 번은 우물을 다시 파서 수리해야 한다. 〔삼척〕웅굴에서 물을 뜰 때는 두레박을 드리워 뜨고요. 동우에다 부어서 이고 오잖소. 표우물에서 물을 뜰 때는 두레박을 드리워 뜨고요. 동이에다 부어서 이고 오잖소.

웅등굴씨다 전남 | 동사 | 응등그리다

(1)춥거나 겁이 나서 몸을 움츠리다.

(2)이를 사납게 드러내다.

(3)화가 나거나 삐쳐서 굳은 표정으로 도사리고 있는 모양.

(4)몸을 잔뜩 움츠리다.

〔고흥〕그 양반은 회관에 강게 말도 안 허고 머이 맘에 안 맞었등가, 웅등굴씨고 앙겄등마. 표그 양반은 회관에 가니까 말도 안 하고 무엇이 맘에 안 맞았는지 웅등그리고 앉았더군.

◆'웅등그리다-웅둥굴씨다'는 '구부리다-구불씨다, 오그리다-오글씨다, 꼬구리다-꼬굴씨다'처럼 일반적으로 쓰이는 어형이다.

웅아 충남 | 명사 | 드렁허리

드렁허릿과의 민물고기.

〔서산〕웅아넌 잡어서 우이논이다 던지구 그머리는 잡어서 아레논이다 던진다. 표드렁허리는 잡아서 위 논에 던지고 거머리는 잡아서 아래 논에 던진다.

◆'드렁허리'는 땅에 구멍을 뚫는 성질이 있어 위 논에 던지면 논둑에 구멍을 뚫어 아래에 있는 자기 논으로 물이 내려오고, '거머리'는 위 논에 던지면 물 따라 아래에 있는 자기의 논으로 오기 때문에 아래 논에 던진다는 말이 있다. -장경윤(서산)

웅지뱅이 전남 | 명사 | 중동

(1)사물의 중간이 되는 부분이나 가운데 부분.

(2)나무의 맨 가운데 있는 중심이 되는 줄기. 이곳을 베면 더 이상 높이 자랄 수 없게 된다.

〔고흥〕옛날에 송쿠 해 묵을 때에 웅지뱅이를 똑 끊어서 해 묵었어. 표옛날에 송기 만들어 먹을 때에 중동을 똑 끊어서 해 먹었어.

◆'송쿠'는 한자어 '송기(松肌)'에서 온 말이다. 가난했던 시절 사람들은 봄철 송홧가루 날릴 때쯤 산에 올라 물오른 소나무 가지를 잘라 겉껍질을 벗기고 탐스럽게 붙어 있는 '송쿠'를 먹곤 했다.

웅치다 전남 | 동사 | 움츠러들다

몸이나 몸의 일부가 몹시 오그라져 들어가거나 작아지다.

〔고흥〕지 아버지가 집에서 하도 애들을 잡아서 애들이 어디 가도 웅쳐서 할 말도 못한다. 표지 아버지가 집에서 하도 애들을 잡아서 애들이 어디가도 움츠러들어서 할 말도 못한다.

워너니 전북 | 감탄사 | 어련히

따로 걱정하지 아니하여도 잘될 것이 명백하거나 뚜렷하게. 대상을 긍정적으로 칭찬하는 뜻으로 쓰나 때로 반어적으로 쓰여 비아냥거리는 뜻을 나타내기도 한다.

〔임실〕공무언 되기가 쉽다더니 워너니 그러컸다? 표공무원 되는 것이 쉽다더니 '워너니' 될 것 같으냐? 〔남원〕지 아무리 용써 본들 워너니 생각나것다. 표제 아무리 용써 본들 '워너니' 생각나겠다.

◆전라도 사투리 '어너니'는 표준어 '워낙' 또는 '훨씬'의 의미로도 쓰인다. 하지만 문장이나 말의 처음에 쓰이면 '그러면 그렇지'라는 의미를 나타내는데, 보통 부정적 상황에서 어떤 사실을 비아냥거릴 때 쓰는 표현이다.

워떻다 충북 | 형용사 | 어떻다
의견, 성질, 형편, 상태 따위가 어찌 되어 있다.
〔옥천〕뭐가 워떻다구 자꾸 그라는 겨. 표뭐가 어떻다고 자꾸 그러는 거야.

◆'워떻다'는 주로 부정의 의미를 나타낼 때 쓰이는 말이다.

워령 충남 | 명사 | 사성
무덤 뒤에 반달 모양으로 두둑하게 둘러싼 토성.
〔서산〕산역꾼덜이 무덤의 봉분을 쌌더니 반달 모냥의 워령을 맹근다. 표산역꾼들이 무덤의 봉분을 쌓더니 반달 모양의 사성을 만든다.

원담 제주 | 명사 | 돌발
해변 조간대에 만을 이루는 곳에 돌담을 빙 둘러 쌓은 시설. 밀물과 썰물의 차이를 이용하여 물고기를 잡는다.
〔한경-금등〕물든 때 원담에 멜덜 막 들어오민 물 싸민 나가지 못허지게, 가두와정. 게민 족바지 들렁 강 걸 거려. 표밀물 때 돌발에 멸치들 마구 들어오면 물써면 나가지 못하지, 갇혀서. 그럼 뜰채 들고 가서 걸 떠. 〔구좌-한동〕서알도 원담 멘

들앗는데 그딘 파도가 쎄니까 허물어져 불고, 비릿질에는 헌 디 원담 지금 남아 잇저. 표'서알'도 돌발 만들었는데 거긴 파도가 세니까 허물어져 버리고, '비릿질'이라고 하는 데 돌발 지금 남아 있어.

◆'원담'은 밀물일 때 물이 담을 넘어 물고기가 들어오고, 썰물일 때 바닷물이 담 구멍으로 빠져나가가 물고기만 남게 되는 원리를 이용한 시설이다. 썰물 때 '원담' 안에 남은 물고기를 잡으면 되기 때문에 '원담'은 돌로 만든 그물이라고 할 수 있다. '원담'을 '원/개/갯담'이라고도 한다.

원이 충북 | 명사 | 술래
술래잡기 놀이에서 숨은 사람을 찾는 사람.
〔청주〕원이는 열까지 시구 찾아라. 표술래는 열까지 세고 찾아라.

원지 충남 | 대명사 | 언제
(1)잘 모르는 때를 가리키는 지시 대명사.
(2)과거의 어느 때.
(3)때가 특별히 정해지지 않았음을 나타내는 말.
〔예산〕그 냥반을 원제 다시 만날라나? 표그 양반을 언제 다시 만나려나? 〔서산〕원제나 그리운 건 고향이지. 표언제나 그리운 것은 고향이지. 〔공주〕원제 너헌티 그러케 하라구 했어? 난 그렇게 허러구 한 적 읋어. 원제 그랬나 생각해봐. 표언제 너한테 그렇게 하라고 했어? 난 그렇게 하라고 한 적 없어. 언제 그랬나 생각해봐.

◆'원지, 원제, 온제'는 '어느 제'가 줄어들어 생긴 말이다. 이 세 말은 서로 다른 지역에서 쓴 말이 아니라, 충남 서북 지역에서 시차를 두고 사용했던 말이다. '원제, 온제'는 충남 전역과 전라도 전역에서 널리 써온 말로 충남 방언이라고 단정할 수 없다. 다만 '원지'는 충남 서북 지역에서만 쓴 말로 볼 수 있다.

차령산맥 이북의 서쪽 지역인 서산, 태안, 당진 등에서는 고모음화가 다른 지역보다 많이 일어났다. 이에 1960년대 이전 '원제'를 '원지'로 말하는 사람들이 꽤 있었다. 1960년대 이전 충남 서북 지역에서 가장 많이 쓴 말은 '원제'이다. 1970년대에는 '원제'보다 '온제'를 쓰는 이가 훨씬 많았고, 2020년 현재 '원제'를 쓰는 이는 거의 없다. -이명재(예산)

원최 충북 | 부사 | 당최
'도무지', '영'의 뜻을 나타내는 말.
〔옥천〕원최 무신 말인지 알 수가 없어유. 표당최 무슨 말인지 알 수가 없어요.
◆'당최'는 부정의 뜻이 있는 말과 함께 쓰여 '도무지', '영'을 뜻하는 말이다.

원캉 전남 | 부사 | 워낙
두드러지게 아주.
〔광주〕땅이 원캉 넓어서 끝이 안 보이드랑께. 표땅이 워낙 넓어서 끝이 안보이더라니까. 〔곡성〕배가 언제 가느냐.-이기갑(2005) 표베가 워낙 가느냐.

월남게 충남 | 명사 | 깨다시꽃게
꽃겟과의 절지동물. 등딱지는 부채 모양이며, 자색을 띤 작은 과립이 덮여 있다.
〔보령〕저 위에서는 반게라고도 하고. 우리는 월남게.
◆'월남게'는 '금게'와 서식지와 모양이 비슷하여 혼동하는 경우가 있으나 종이 다르다. 지역에 따라 깨다시(꽃)게, 황게, 반게, 월남게 등으로 부른다.

웨울르다 제주 | 동사 | 소리치다
소리를 크게 지르다.
〔토평〕그땐 벵완이라도 가져시냐게. 그냥 집에서 아프덴 웨울르당 죽엇제게. 표그때는 병원에라

도 갈 수 있니. 그냥 집에서 아프다고 소리치다가 죽었어. 〔구좌-한동〕옛날 우알집 헹 부텅 사난 웨울러 가민 아이고 저디 또 싸왐구나 헹 알아지주게. 표옛날 위아랫집 해서 붙어서 사니까 소리쳐 가면 아이고, 저기 또 싸우고 있구나 해서 알 수 있지. 〔애월-상가〕니가 하도 웨울러부난 귀가 다 아프다. 표네가 심하게 소리치니까 귀가 다 아프다.

위치기 경북 | 명사 | 비사치기
아이들 놀이의 하나. 손바닥만 한 납작한 돌을 세워 놓고 얼마쯤 떨어진 곳에서 돌을 던져 맞히거나 발로 돌을 차서 맞혀 넘어뜨린다.
〔의성〕위치기 하며 놀았다. 표비사치기를 하며 놀았다.

유 전남 | 명사 | 친구
가깝게 오래 사귄 사람.
〔담양〕유끼리 놀아라. 표친구끼리 놀아라.

유지럽다 경북 | 형용사 | 흐뭇하다
마음에 흡족하여 매우 만족스럽다.
〔경주〕손자 아들이 맛있게 묵는 거를 보며 내사 참 유지럽고 보기 좋더라. 표손자들이 맛있게 먹는 것을 보면 내가 참 흐뭇하고 보기 좋더라.

육모추 충북 | 명사 | 익모초
꿀풀과의 두해살이풀.
〔옥천〕육모추넌 여름에 배 아플 때 먹어유. 표익모초는 여름에 배 아플 때 먹어요.

육조란 경기 | 명사 | 없음
다진 고기를 양념해 대추 모양으로 빚은 음식.

〔서울〕고기를 다져서 양념을 해 가주구서는 주물러서 요렇게 대추 모양으로 만든 게 육조란이지. 표고기를 다져서 양념을 해가지고서는 주물러서 요렇게 대추 모양으로 만든 게 '육조란'이지.
◆'육조란'은 서울 지역에서 만들어 먹던 특유의 음식으로 다른 지역에서는 쓰지 않는 말이다.

율구 강원 | 명사 | 해당화 열매
장미과의 낙엽 활엽 관목인 해당화의 열매를 이르는 말.
〔양양〕율구 따 먹으러 가자. 표해당화 열매 따 먹으러 가자. 〔고성〕일구가 새콤달콤하구나. 표해당화 열매가 새콤달콤하구나.

융감 경북 | 명사 | 장티푸스
티푸스균이 창자에 들어가 일으키는 급성 법정 전염병.
〔안동〕옆집 아들은 작년에 융감으로 죽었다. 표옆집 아들은 작년에 장티푸스로 죽었다.

으슬뜨리다 강원 | 형용사 | 진저리치다
몸에 차가운 것이 닿거나 무서움을 느낄 때에 또는 오줌을 눈 뒤에 몸을 부르르 떨다.
〔정선〕몸을 꺾고 앉아 으슬뜨리다 찻물을 올린다. 표몸을 꺾고 앉아 진저리치다 찻물을 올린다. 〔삼척〕한겨울에 뜨신 방에 있다가 밖에 나가 오줌을 쌌더니 몸이 으슬트러지더군. 표한겨울에 따뜻한 방에 있다가 밖에 나가 오줌을 쌌더니 몸이 진저리쳐지더군.

으젱이뜨젱이 충남 | 명사 | 어중이떠중이
여러 방면에서 모인 변변찮은 잡다한 사람들을 얕잡아 이르는 말.
〔서산〕사람만 많이 멧지 모두 으젱이뜨젱이덜만 멧다. 표사람만 많이 모였지 모두 어중이떠중이들만 모였다.
◆'어중이'는 표준어로 "어느 쪽에도 속하지 아니하며 태도가 분명하지 아니한 사람"이나 "제대로 할 줄 아는 것이 별로 없어 쓸모가 없는 사람"을 뜻하는 말이다. '떠중이'는 앞말의 의미를 해학적으로 표현하기 위해 사용한 말로서 운율을 맞추기 위해 별 뜻 없이 앞말과 유사한 형태로 만들어낸 말이다. 이와 비슷한 형태로 충남에서는 '으재이뜨재이' 또는 '으주이뜨주이'라고 하기도 한다.

으짓잔하다 전북 | 형용사 | 어설프다
(1)하는 일이 몸에 익지 아니하여서 익숙하지 못하고 엉성하고 거친 데가 있다. (2)철저한 준비나 신중한 생각 없이 가볍게 행동하다.
〔군산〕제발 으짓잔하게 놀지 마. 표제발 어설프게 놀지 마. 〔정읍〕참말로 허는 짓마덩 으짓잔혀서 몬 봐주겄고만. 표참말로 하는 짓마다 어설퍼서 못 봐주겠네.

으쩌분하다 충북 | 형용사 | 넉넉하다
크기나 수량 따위가 기준에 차고도 남음이 있다.
〔충주〕저어 큰방 둘렛상엔 떡이며 전이며 고기며 으쩌분하게 담게. 표저 큰방 두레상에는 떡이며 전이며 고기며 넉넉하게 담게.
◆70여 호가 모여 사는 마을에 잔칫날이 되면 '채일(차일)'부터 치고, 멍석을 깐 마당에 '교젯상(교자상)'을 펼쳐놓는다. 그리고 각 상에 음식을 올리는데 돼지고기를 '으쩌분하게(넉넉하게)' 담고 능금대추를 '으드간이(넘치지도 않고 모자라지도 않게 적당하게)' 담으라며 이리왈저리왈 손만큼이나 입도 바쁘다. 모두 '꾸수무리한(구수한)' 충주의 토종말이다. -이은택(충주)

으트게 경기 | 부사 | 어찌

어떠한 이유로.

〔서울〕으뜽게들 성화를 하는지 견딜 수가 있어야지. 표어찌나 성화를 하는지 견딜 수가 있어야지.

◆'어떻게'가 '으트게'로 바뀌는 과정은 일반적이지 않지만 중부 사투리에서는 널리 쓰인다.

은골 충남 | 명사 | 개자

불기운을 빨아들이고 연기를 머무르게 하려고 온돌 윗목 밑으로 방고래보다 더 깊이 파 놓은 고랑.

〔서산〕구리질을 헐라먼 은골에 싸인 재버텀 긁어내야 헌다. 표구두질을 하려면 개자리에 쌓인 재부터 긁어내야 한다.

◆우리나라의 온돌 구조를 보면 부엌 아궁이에서 장작불을 때면 화기가 방의 온돌 아래로 들어가는 방식이다. 그 초입에 더 깊숙이 판 구들 개자리가 있고, 고래를 통과하여 윗목을 지나면 굴뚝으로 연기가 빠져나가도록 되어 있는데 굴뚝 안쪽에 또 한번 깊숙이 판 고래 개자리가 있다. 이것을 서산에서는 '은골'이라 불렀다.

은단 강원 | 명사 | 없음

성게의 알.

〔강릉〕성게 안에 있는 이기 은단입니다. 표성게 안에 있는 이것이 성게 알입니다.

은해 전남 | 명사 | 안개

지표면 가까이에 아주 작은 물방울이 부옇게 떠 있는 현상.

〔고흥〕비 온 뒤에는 꼭 은해가 쩌. 표비 온 뒤에는 꼭 안개가 끼었어 〔강진〕오늘 아침 은해가 쫙 끼어 날씨가 덥겠네. 표오늘 아침 안개가 쫙 끼어 날씨가 덥겠네.

◆'은해'는 전남에서 '안개'를 뜻하는 말이지만 전북으로 넘어가면 '은하수'가 된다. 전남 사투리 '은해'는 [으내]로 발음한다.

을매나 강원 | 부사 | 얼마나

주로 의문문에 쓰여, 수량이나 정도를 물어 보는 데 쓰는 말.

〔정선〕사람이 을매나 많은지 아니? 표사람이 얼마나 많은지 아니? 〔평창〕1등을 하니 을매나 좋으냐? 표1등을 하니 얼마나 좋으냐? 〔삼척〕울매나 더 줘야 마음이 흡족하겠니? 표얼마나 더 줘야 마음이 흡족하겠냐?

을큰ᄒ다 제주 | 형용사 | 서운하다

아쉽거나 섭섭한 마음이 있다.

〔표선〕돈 빌려강 갚지 안행 경행 막 을큰ᄒ다. 표돈을 빌려가서 갚지 않아서 그래서 무척 억울하다. 〔구좌-한동〕ᄒ간 거 더 못 준 생각에 을큰헤진다게. 표온갖 거 더 못 준 생각에 서운하다니까.

◆'을큰ᄒ다'는 '서운하다' 또는 '섭섭하다'라는 의미 외에 '억울하다'라는 의미도 있다.

음산집 전남 | 명사 | 없음

볕이 잘 들지 아니하는 그늘진 곳에 있는 집이나 마을을 이르는 말.

〔고흥〕옛날에 나가 음산집서 산디 추와 죽을 뻔 봤소. 표옛날에 내가 '음산집'에서 살았는데 추워서 죽을 뻔 했소.

◆'음산집'은 '음산돔' 또는 '음산뜸'이라고도 한다. 해가 잘 드는 곳은 '양달뜸'이라고 하며 아랫마을을 '아랫돔', '윗마을'을 '웃돔'이라고 한다. 그곳에 사는 사람은 '아랫돔 사람', '웃돔 사람', '음산돔 사람'이라고 한다. 이로 보아서 '돔/돔' 또는 '뜸'은 땅이나 지역, 마을을 뜻하는 말로 보인다. 또 장소를 나타낼 때는 '돔'을 생략하고 "음산에 살아봤는데"처럼 말한다. 음산에서는 정월대보름이 되면 쥐불놀이

를 하는데 웃돔(윗마을) 아이들과 아랫돔(아랫마을) 아이들이 몰려다니면서 불 싸움을 하였다.

음석상 경북 | 명사 | 식탐
음식을 탐냄.
〔경주〕가가 음석상이 많아가 살이 마이 쪘다. 표
그 아이가 식탐이 많아서 살이 많이 쪘다.

읎다 경기 | 형용사 | 없다
사람, 동물, 물체 따위가 실제로 존재하지 않는 상태이다.
〔서울〕있이 사는 집이 몇 집 안 되구 다 읎이 살았죠 그 땐. 표있이 사는 집이 몇 집 안 되고 다 없이 살았죠 그 땐.

읎이보다 충북 | 동사 | 업신여기다
교만한 마음에서 남을 낮추어 보거나 하찮게 여기다.
〔옥천〕남얼 함부루 읎이보믄 벌 받는 거, 그눔이 나럴 암만 읎이봐두 유분수지. 표남을 함부로 업신여기면 벌 받는 거야, 그놈이 나를 아무리 업신여겨도 유분수지.
◆'읎이보다'는 '없이 보다'에서 온 말이다. 즉 상대방을 가진 것 없는 사람으로 여기니 하찮게 보는 것이다. 'ㅓ' 모음과 'ㅡ' 모음은 충북 방언에서 교체형으로 자주 등장한다. '써래'를 '쓰레'라 하고 '거리낌 없다'를 '그리낌없다'라 하는 것과 같다.

응강 전남 | 명사 | 응달
볕이 잘 들지 아니하는 그늘진 곳.
〔고흥〕여그는 응강이라 긍가, 지심도 벨로 없구마. 표여기는 응달이라 그런지, 풀도 별로 없군.
〔강진〕팽나무 아래 응강에서 장기를 두고 계시네. 표팽나무 아래 응달에서 장기를 두고 계시네.
◆그늘을 '응강'이라고 하고, 그늘이 지는 것을 '응

지다'라고 한다. '응강'은 '음광(陰光)'에서 온 말이다.

응글먹다 충북 | 형용사 | 멍들다
과일이나 채소가 부딪쳐서 멍들다.
〔옥천〕응글먹는다. 사과 떤지지 마라! 표멍든다. 사과 던지지 마라!

응기 전북 | 명사 | 드렁허리
드렁허릿과의 민물고기.
〔군산〕이전엔 논두렁으 구멍 파고 사는 응기가 많았는디 지금은 찾아볼 수가 없어. 표예전엔 논두렁에 구멍 파고 사는 드렁허리가 많았는데 지금은 찾아볼 수가 없어. 〔정읍〕그전에는 드랭이가 겁났는디 지금은 없어. 표그전에는 드렁허리가 많았는데 지금은 없어.
◆예전에는 침을 많이 흘리는 아이들이나 몸이 허약한 아이들에게 '응기'를 고아서 먹였다. 논두렁에서 '드렁허리'를 보면 뱀으로 착각하여 많이 놀라기도 하였다.

의견스럽다 경기 | 형용사 | 어른스럽다
나이는 어리지만 어른 같은 데가 있다.
〔의정부〕새색시가 참 의견스럽네. 표새색시가 참 어른스럽네. 〔여주〕하는 짓이 으른스럽다. 표하는 짓이 어른스럽다.
◆'의견스럽다'라는 말은 어린 사람이나 처음 본 사람처럼 전혀 기대하지 않았던 사람이 어른스럽게 제 할 일을 알아서 척척 해낼 때 이를 대견스러워하며 칭찬할 때 사용하는 말이다. 의정부시 낙양동 곤재 일대에서 일상적으로 사용했던 말이다. -신영채(의정부)

이 충남 | 감탄사 | 그래
(1)긍정의 뜻으로 대답할 때 쓰는 말.
(2)상대방과 대화할 때 추임새로 사용하

는 말.

(3)이미 일어난 일이나 상황에 놀라거나 후회하고 아쉬워하면서 그것을 강조함을 나타내는 말.

〔공주〕지나구 보니께 그 사람 말이 맞는 거 같더구먼. 이이 그려. 표지나고 보니까 그 사람 말이 맞는 거 같더구먼. 그래그래. 〔공주〕이? 나 같으면 그거 안 사겠네. 내 생각에는 너무 비싼 거. 표그래? 나 같으면 그거 안 사겠네. 내 생각에는 너무 비싼 거야.

◆'이'는 주로 긍정을 뜻하며 추임새처럼 사용하는 말이다. 한 음절, 두 음절, 세 음절 또는 그 이상으로 겹쳐 사용하기도 하며, 그 형태에 따라 감정의 정도가 다르다. ◆대화 내용에 공감하거나 동의할 때는 '이'를 다소 길게 발음하며 끝을 내리고, 의외이거나 놀랄 때는 '이'를 다소 짧게 발음하며 끝을 올린다.

이골나다 전북 | 동사 | 없음
아주 길이 들어서 버릇이 몸에 푹 배었다.
〔정읍〕저놈은 얻어먹는 것이 이골난 놈이여. 표저놈은 얻어먹는 것이 '이골난' 놈이야. 〔임실〕나는 욕 듣는 것이 이골이 나서 험담을 들어도 암시랑 안히여. 표나는 욕 들은 것이 '이골이 나서' 험담을 들어도 아무렇지 않아.

이깝 충남 | 명사 | 미끼
낚시 끝에 꿰는 물고기의 먹이.
〔보령〕냉동 이깝으로나 쓰지 그건. 표냉동 미끼로나 쓰지 그건. 〔서산〕강태공의 낚시에는 이깝이 없었다지. 표강태공의 낚시에는 미끼가 없었다지. 〔태안〕니가 제 정신이냐. 이깝두 잊번지구 오너 뭘 잡어. 잉어가 승허품허다 널 잡겄다. 표네가 제 정신이냐. 미끼도 잊어버리고 와 뭘 잡아. 잉어가 선하품하다 너를 잡겠다.
◆'이깝'은 바닷물고기를 잡거나 민물고기를 잡을 때

쓰는 미끼를 이르는 말로 충남 남부 지역에서 많이 쓰던 말이다. -이명재(예산) ◆바다에서 망둥어를 낚시로 잡는 방법은 횟대낚시(찌낚시)와 떰벙낚시(찌 없이 낚싯대를 들었다 놓았다 하는 낚시)가 있다. 횟대낚시는 낚시 바늘에 '입깝(미끼)'를 끼워 놓고 수수깡에 조그만 깃털을 꽂아 만든 '횟대(찌)'와 낚싯줄을 던져 횟대와 수면을 적당히 맞춰놓고 기다리다가 횟대가 쑥 들어가면 낚아채는 낚시 방법이다. 떰벙낚시는 횟대 없이 낚시 바늘에 입깝을 끼워 던지고서 낚싯대를 들었다 놓았다를 반복하다가 낚싯대가 묵직하면서 흔들리는 느낌이 있을 때 낚아채어 올리는 낚시 방법이다. 망둥어 낚시 입깝으로는 갯지렁이, 작은 생선 토막, 등 무엇이든 좋으나 특히 민치기(갯달팽이고둥)는 미끼가 잘 부슬어지거나 망둥어가 물어도 잘 물려져 빠지지 않아 최고로 친다. 일반적으로 횟대낚시보다는 떰벙낚시가 망둥어를 더 많이 잡을 수 있다. -조일형(당진)

이끔 충남 | 명사 | 지금
말하는 바로 이때.
〔서산〕이끔일랑 암시롱 않지. 표지금은 아무렇지도 않지. 〔태안〕이끔이 몇 신디 연태 자. 불라께 일어나. 표지금이 몇 시인데 여태 자. 부리나케 일어나.
◆충남 사투리로 '이끔'은 '이즈음'을 뜻하는 말이다. '이끔'의 '이'는 지시대명사이고, '끔'은 '틈'을 뜻한다. 그런가 하면 전라도 사투리로 '이끔'은 '한참'을 뜻하는 말이다.

이난듯하다 충남 | 동사 | 없음
전혀 그러했던 적이 없다는 듯 행동하다.
〔서산〕저이가 엊저녁에 글케 울고불고 화를 내드니만 아침이 되니까 이난듯이 웃으면서 인사를 한당께. 표저 사람이 엊저녁에 그렇게 울고불고 화를 내더니만 아침이 되니까 '이난듯이' 웃

으면서 인사를 한다니까.

이등개미 전남 | 명사 | 없음
깨진 장독을 모아놓은 것.
〔고흥〕장도가지 깨진 걸 모타 논 걸보고 이등개미라 그랬제. 囲장독 깨진 걸 모아놓은 것을 보고 '이등개미'라고 그랬지.

이릏게 경기 | 부사 | 이렇게
'이러하게'가 줄어든 말.
〔서울〕조개같이 이릏게 생긴 그륵 있어요. 囲조개같이 이렇게 생긴 그릇 있어요.
◆'이렇게'에서 둘째 음절의 'ㅓ'가 'ㅡ'로 바뀌는 것은 흔한 예는 아닌데 서울 사투리에서 널리 사용되고 있다.

이마직 전북 | 부사 | 이리
이곳으로. 또는 이쪽으로.
〔전주〕이마직 오니라. 囲이리 오너라.

이막 경북 | 명사 | 원두막
오이, 참외, 수박, 호박 따위를 심은 밭을 지키기 위하여 밭머리에 지은 막.
〔성주〕예전에느 이막에서 잠도 자고 그켔어요. 囲예전에는 원두막에서 잠도 자고 그랬어요.

이말무지로 전북 | 부사 | 에멜무지로
결과를 바라지 아니하고, 헛일하는 셈치고 시험 삼아 하는 모양.
〔김제〕짐치를 이말무지로 담갔는게비여. 囲김치를 에멜무지로 담갔는가봐.
◆전라도에서는 "그랬다고 허드만"이나 "그랬는게비여", "히였는감만"이라는 식으로 화자의 관여 정도를 최소화하는 표현을 다양하게 사용한다. 불필요한 갈등을 피하기 위한 나름의 화법이라고 할 수 있

다. -곽정식(김제)

이무롭다 전남 | 형용사 | 임의롭다
(1)서로 친하여 거북하지 아니하고 행동에 구애됨이 없다.
(2)허물이 없이 아주 친하다.
〔광양〕우리는 옆집에 상께 서로 이무롭게 살제. 囲우리는 옆집에 사니까 서로 임의롭게 살지. 〔고흥〕우리는 이무런 사잉께 이런 말 해도 숭이 아니제? 囲우리는 임의로운 사이니까 이런 말 해도 흉이 아니겠지? 〔장성〕양쪽 집이 원채 이무롭게 지내다봉께 두 집안 허물도 다 알 정도라니께. 囲양쪽 집이 워낙 임의롭게 지내다보니까 두 집안 흉도 다 알 정도라니까.
◆이무롭다'는 '임의(任意)롭다'라는 한자어에 접사 '롭다'가 붙어서 만들어진 말이다. '서로 친하여 거북하지 아니하고 행동에 구애됨이 없다'는 의미이다.

이물없다 전북 | 형용사 | 허물없다
서로 매우 친하여, 체면을 돌보거나 조심할 필요가 없다.
〔김제〕이녁일랑 이므렁께. 囲당신과는 허물없으니까.

이바구 경북 | 명사 | 이야기
(1)자신의 경험한 지난 일이나 마음속에 있는 생각을 남에게 일러 주는 말.
(2)어떤 사실에 관하여, 또는 있지 않은 일을 사실처럼 꾸며 재미있게 하는 말.
〔대구〕이 씨, 이바구나 좀 더 하게 어디 딴 데 가서 한잔하입시다. 囲이 씨, 이야기나 좀 더 하게 어디 딴 데 가서 한잔합시다.
◆『이조어사전』에 '입아괴(吻), 입아구(口吻)' 등이 나오는데 한자 '물(吻)'은 '입술, 입가, 말투'를 뜻하는 말이다. 이에 근거하여 '입아괴'를 '이바구'의 어

원으로 보기도 한다.

이벙 경기 | 명사 | 지붕
집의 맨 꼭대기 부분을 덮어씌우는 덮개.
〔양평〕이벙 인는 사라믄 그 군살 잘바가야 돼 그걸 잘못 바다노믄 엉터리야.-최명옥(2013) 표지붕 있는 사람은 그 군세 잘 박아야 해 그걸 잘못 박아놓으면 엉터리야. 〔강화〕용을 다 이었으니 이제 용마루에 용구세를 얹어야지. 표용을 다 이었으니 이제 용마루에 지붕을 얹어야지.

이은가시 경기 | 명사 | 사마귀
사마귓과의 곤충을 통틀어 이르는 말.
〔연천〕이은가시는 앞다리가 크구 무서워. 표사마귀는 앞다리가 크고 무서워. 〔옹진〕당개미는 손으로 잡으려구 하면 이렇게 오줌을 갈기고 도망을 가요. 표사마귀는 손으로 잡으려고 하면 이렇게 오줌을 갈기고 도망을 가요.
◆'연가시'는 곤충에 기생하는 긴 벌레로 흔히 알려져 있지만 경기도와 강원도에서는 '사마귀'를 뜻하는 말로 쓰인다. 장음 '연'이 고모음화한 결과 '이은'처럼 들린다.

이웃듣다 충북 | 동사 | 엿듣다
남의 말을 몰래 가만히 듣다.
〔옥천〕그짓말 하지 마유, 내가 다 이웃었어유. 표거짓말 하지 마요, 내가 다 엿들었어요.

이자 경기 | 명사 | 없음
선원 중 두 번째 고령자.
〔옹진〕그 담 나이가 많은 사람은 이자구. 표그 담 나이가 많은 사람은 '이자'고.

이적지 강원 | 부사 | 여태
지금까지. 또는 아직까지. 어떤 행동이나 일이 이미 이루어졌어야 함에도 그렇게 되지 않았음을 불만스럽게 여기거나 또는 바람직하지 않은 행동이나 일이 현재까지 계속되어 옴을 나타낼 때 쓰는 말.
〔원주〕이적지 목돈이라믄 베 매상해서 기백만 원 쥐어 본 거가 전부다. 표여태 목돈이라면 벼 매상해서 기백만 원 쥐어 본 것이 전부다. 〔평창〕사람이 이렇게 많은 것을 여적지 본 적이 없다. 표사람이 이렇게 많은 것을 여태 본 적이 없다.

이지다 경남 | 동사 | 피다
(1)생선이나 가축 따위가 살이 통통하게 올라 기름지다.
(2)사람이 살이 오르고 혈색이 좋아지다.
〔거제〕가아가 요새 와서 이지는지 인물이 나더라. 표개가 요즘 와서 피는지 인물이 나더라.
◆지역에 따라 생선이나 가축 따위에도 '이지다'를 사용하지만, 고성처럼 사춘기를 막 벗어난 여자아이에게만 사용하는 지역도 있다. -김승호(진주)

이짐부리다 전북 | 동사 | 고집부리다
고집이 드러나는 행동을 하다.
〔익산〕저 아이가 두 시간째 저기서 이짐 부리고 있네요. 표저 아이가 두 시간째 저기서 고집부리고 있네요.

이차떡 북한 | 명사 | 인절미
찹쌀을 쪄서 떡메로 친 다음 네모나게 썰어 고물을 묻힌 떡.
〔북한〕오마니가 만들어 주신 이차떡을 가져왔시요. 표어머니가 만들어 주신 인절미를 가져왔어요.
◆'인절미'는 '인절병(引切餠)'이라고도 하는데, 잡아당겨서 끊어 먹는 떡이란 뜻을 담고 있다. 황해도 연안은 우리나라에서 인절미로 가장 유명한 곳인데, 이곳에서 생산되는 찹쌀이 유난히 기름지고 찰지기

때문이다. 우리나라 풍습에 인절미를 혼례 떡으로
사용하는 까닭은 부부가 딱 붙어서 떨어지지 말고
살라는 의미가 있고, 인절미를 이바지 떡으로 사용
하는 까닭은 시부모의 입을 딱 붙게 해서 잔소리를
하지 못하게 하는 의미가 있다. '혼인인절미'라는 말
은 이러한 이유로 생겨났다.

인사떡 전남 | 명사 | 없음
이바지에 답례로 신랑 집에서 신부 집으
로 보내는 떡.
〔보성〕처가에 인사떡으로 인자 해 가꼬 가고 그
래써요.-이기갑(2008) 囲처가에 '인사떡'을 이
제 해 가지고 가고 그랬어요.

인저 충남 | 부사 | 이제
바로 이때에. 지나간 때와 단절된 느낌
을 준다.
〔예산〕왜 인저 온 겨? 囲왜 이제 온 거야? 〔세
종〕시방부터 여러분은 군인이 된 거여. 囲이제부
터 여러분은 군인이 된 거야.
◆'인자'와 '인제'는 충남 전역에서 쓰는 말이다. 이
는 옛말 '이적의'가 변한 말인데, 서울 지역에서는
'이제'가 되고 충남 지역에서는 '이자/이저, 인자/인
저' 따위가 되었다. 형태상 '이자/이저'에서 '인자/
인저'로 변한 것 같은데 분명하지는 않다. 이 가운데
'인자, 인저'가 충남 전역에서 사용 빈도가 높다. 이
들은 모음교체형으로 의미나 쓰임에 변별력은 없다.
지역적 특색을 미시적으로 살펴보면 '인자'는 충남
남부 지역에서 사용 빈도가 상대적으로 높았고, 충
남 북부 지역에서는 '인저'의 사용 빈도가 상대적으
로 높았다. 특히 태안, 서산, 당진 예산 등의 충남 서
북 지역에서는 '인저'의 사용 빈도가 크게 높았다.이
두 말은 '인자서/인저서(이제서), 인자서야/인저서
야(이제서야), 인잔/인전(이젠), 인자는/인저는(이
제는)' 따위로 확장되어 쓰인다.

인조고기밥 북한 | 명사 | 없음
한 뼘 정도 크기로 자른 인조고기를 삶아
서 안에 밥을 넣고 고춧가루 등으로 매콤
달콤하게 양념한 음식.
〔북한〕길거리 음식 중에서는 인조고기밥이 젤로
맛나디. 囲길거리 음식 중에서는 '인조고기밥'이
제일 맛있다.
◆북한에서는 콩기름을 뽑은 대두박으로 먹을 때 씹
는 느낌이 고기와 비슷한 '인조고기'를 만든다. 콩
을 이용하기 때문에 '콩인조고기'라고도 한다. 콩인
조고기밥은 콩인조고기의 가운데에 칼집을 낸 다음,
그곳에 밥을 넣고 양념을 발라서 먹는 음식이다.

인지 경북 | 명사 | 강정
쌀가루로 만든 과자의 하나.
〔의성〕설날에 할머니게서 콩인지를 만들어오셨
다. 囲설날에 할머니게서 콩강정을 만들어오셨다.
◆'인지'는 콩이나 깨 등에 엿을 묻혀 굳힌 간식으로
콩인지(콩강정) 깨인지(깨강정)라고 한다. -이윤경
(의성)

인차 북한 | 부사 | 이내
그때에 곧. 또는 지체함이 없이 바로.
〔함북〕나 인차 갔다 올게. 囲나 금방 다녀올게.
◆함경도에서는 '인차'를 반복해 '인차인차'라고 하
는데, 이는 의미를 강조하면서 대상이 여러 명일 경
우에 쓴다.

임병허다 전북 | 형용사 | 없음
이치에 닿지 않는 말을 하다.
〔김제〕뭔소리여 임병허네. 囲무슨 소리야 '임병
허네'.
◆'임병하다'는 '염병하다'의 전라도 사투리로 이치
에 닿지 않는 말을 할 때 답답한 심정을 드러내는 말
이다. -곽정식(김제)

입싸구 충남 | 명사 | 잎사귀

낱낱의 잎. 주로 넓적한 잎을 이른다.

〔금산〕어디서 귀한 낭구라 캐싸가지구, 입싸구
하나하나 닦아 가며 키운 건디 하루아침에 그냥.
표어디서 귀한 나무라 해서 잎사귀 하나하나 닦
아 가며 키운 건데 하루아침에 그냥. 〔서산〕같이
먼 가로수 잎새기가 떠러져 질껄이 지저분허다.
표가을이면 가로수 잎사귀가 떨어져 길거리가
지저분하다. 〔논산〕이것은 입싸구가 뇌란 게 잘
크기는 틀렸다. 표이것은 잎사귀가 노란 게 잘
크기는 틀렸어.

입쌀개 경북 | 명사 | 없음

말이 많으며 언행이 가볍고 방정맞은 사람.

〔대구〕그 입쌀개를 조심해라. 표그 '입쌀개'를 조
심해라.

◆경상도 사투리 '입쌀개'는 단순히 말이 많은 수다
쟁이보다 남의 말을 가볍게 떠벌리는 사람을 뜻하는
말이다.

입쌀만두 북한 | 명사 | 없음

쌀과 찹쌀 반죽으로 만두피를 만들고 김
치와 두부로 만든 만두소를 넣어 만든
만두.

〔북한〕이 입쌀만두 기딱차게 맛있디 않니? 표이
'입쌀만두' 기막히게 맛있지 않니?

◆'입쌀만두'는 북한 주민뿐만 아니라 조선족들도 즐
겨먹는 음식으로 조선족은 입쌀만두를 '입쌀밴새'라
고 부르기도 한다. 만드는 재료는 쌀, 찹쌀, 김치, 두
부이며, 쌀과 찹쌀을 반죽하여 만두피를 만든 다음
다진 김치와 두부를 넣고 만두 모양으로 빚어 찜통
에 찐다.

입정 충남 | 명사 | 주전부리

끼니 외에 때를 가리지 아니하고 과일이

나 과자 등 군음식을 자꾸 먹음. 또는 그
런 입버릇.

〔청양〕저녁 묵은 지 을매나 됐다구 또 입정허는
겨? 표저녁 먹은 지 얼마나 됐다고 또 주전부리
하는 거야?

◆결혼하고 시댁에 처음 갔을 때 시어머니로부터
"너 입정하니?"라는 말을 듣고, 무슨 뜻인지는 모르
지만 뭔가 이상한 말 같아서 아무 대답도 하지 못했
는데 옆에서 신랑이 "군것질하냐고"라고 알려줘서
크게 웃었던 적이 있다. -김은경(청양) ◆'입정'은
『이조어사전』에 "입정 사오납다"라는 예문과 함께
'입버릇'을 뜻하는 말로 소개되어 있다. 이때의 '입
버릇'이란 '말버릇'이 아니라 '음식을 먹는 버릇'을
뜻하는 말이다. 평안도에서는 군음식을 자꾸 먹는
것을 '입노릇'이라고 한다.

입촉바리 경남 | 명사 | 촉새

언행이 가볍거나 방정맞은 사람을 비유
적으로 이르는 말.

〔진주〕그 아이는 입촉바리 아이가? 표그 아이는
촉새잖아? 〔울산〕절마 말하는 기 똑 촉새다. 표
저놈 말하는 게 꼭 촉새다.

잇기다 경남 | 동사 | 웃기다

기쁘거나 만족스럽거나 우습게 하여 얼
굴을 활짝 펴거나 소리를 내게 하다.

〔합천〕데기 잇기네. 표되게 웃기네. 〔진주〕너무
잇기가 배창시가 다 아푸다. 표너무 웃겨서 배가
다 아프다.

잉그락불 전남 | 명사 | 잉걸불

불이 이글이글하게 핀 숯덩이.

〔고흥〕잉그락불이 올라오믄 오래가라고 윤뒤로
따둑따둑해놔. 표잉걸불이 올라오면 오래가라고
인두로 따둑따둑해놔.

◆장작불을 피울 때도 불이 제대로 붙어서 '잉걸불'
이 되면 '불이 잉글잉글헌다'라고 한다. '잉글잉글'
은 이글이글 타 오르는 모양을 표현한 의태어이다.

ㅈ

자갈집기 북한 | 명사 | 공기놀이
공기를 가지고 노는 아이들 놀이.
〔평북〕자갈집기를 하고 놀았디요. 표공기놀이를 하고 놀았지요.
◆홍순학은 『병인연행가』에서 공기놀이를 "다섯 개의 밤톨만 한 돌로 노는 놀이"라고 소개한다. ◆공기놀이는 우리나라의 전통놀이이다. 주로 여자아이들이 엄지손가락 마디보다 작은 크기의 돌멩이 다섯 개를 바닥에 놓고 순서대로 한 개를 공중에 던져 바닥의 한 개를 집고 떨어지는 돌을 받아내며 논다. 처음에는 한 개씩, 두 번째는 두 개씩, 세 번째는 세 개, 네 번째는 네 개를 모두 잡으며 단계적으로 논다. 19세기 초에 이규경(1788~1863)이 쓴 『오주연문장전산고』에서는 "우리나라에는 아이들이 둥근 돌을 가지고 노는 놀이가 있어 이를 공기(拱碁)라고 한다. 둥근 돌을 가지고 공중에 던져 손바닥으로 받고 이미 받은 것을 솥발 형태로 만드는 것을 '솥발공기'라고 한다"라고 하였다. 이때부터 이 놀이를 '공기'라고 불렀다. 1925년 최영년이 쓴 『해동죽지』에는 "이는 참으로 오조룡(五爪龍, 발톱이 다섯 개 있는 용이 구슬을 어르는 듯하다)이다"라고 했으며 이것을 오란희(五卵戲)라 이름 붙였다. 1941년의 『조선의 향토 오락』에는 '석유(石遊)'라고 기록하고 괄호 안에 "공기, 공개, 꽁기"라고 하였다. 지역에 따라 여러 가지 이름으로 불리는데 경북에서는 '짜게받기', 경남에서는 '살구', 전남에서는 '닷짝걸이', 평북에서는 '조아질' 또는 '자갈집기'라고 한다. 이 밖에도 공개놀이, 꽁기놀이, 공기줍기, 공기잡기, 조알채기, 좌돌리기, 조개질, 좌질, 짜구잡기, 돌놀이, 조개돌놀이, 조갈놀이, 자갈잡기, 자갈채기, 자세잡기, 콩주워먹기 등으로 부르기도 한다. -임영수(연기)

자구리 경기 | 명사 | 밴댕이
청어과의 바닷물고기.
〔옹진〕5월에는 자구리가 많이 잡혀서 회무침을 해 먹었어. 표5월에는 밴댕이가 많이 잡혀서 회무침을 해 먹었어.

자낙자낙 경북 | 부사 | 여유롭게
물질적·공간적·시간적으로 넉넉하여 남음이 있도록.
〔영천〕일을 바삐 하지 말고 자낙자낙 해라. 표일을 바쁘게 하지 말고 여유롭게 해라.

자도 충북 | 명사 | 자두
자두나무의 열매.
〔보은〕자도가 시크름하네유. 표자두가 시큼하네요.
◆'자두'의 옛말은 '자도(紫桃)'이다. '자도'의 둘째 음절에 있는 모음 'ㅗ'가 'ㅜ'로 변하여 '자두'가 되었는데, 이러한 변화는 '앵도>앵두, 호도>호두' 등에서도 나타난다.

자랄꼬비들다 경기 | 동사 | 야위다
몸의 살이 빠져 조금 파리하게 되다.
〔파주〕요즘 들어 너 자랄꼬비들었나, 살이 왜 그르케 빠져? 표요즘 들어 너 야위었어, 살이 왜 그

렇게 빠져?

◆'자랄꼬비들다'와 비슷한 뜻으로 동식물이 잘 자라지 못할 때 '지실들다' 또는 '조잡들다'라고 하고, 아기가 잔병치레로 고생할 때 '개암들다'라고 한다.

자래가다 경북 | 동사 | 자라다

일정한 지점을 향하여 뻗었을 때 그에 미치거나 닿다.

〔성주〕키가 작아가 우에까지 안 자래간다. 표키가 작아서 위에까지 안 닿는다.

◆경상도 사투리 '자래가다'는 표준어 '자라다'에 대응하는 '자래다'에 '-아 가다'가 결합한 합성동사이다. 경상도에서 널리 사용하는 말로 '자리가다' 또는 '잘리가다' 등의 변이형도 쓰인다.

자름하다 충남 | 형용사 | 갸름하다

보기 좋을 정도로 조금 가늘고 긴 듯하다.

〔서산〕얼굴이 자름허니 곱상한 기, 서울 사람인 줄 알았지. 표얼굴이 갸름하니 곱상한 게, 서울 사람인 줄 알았지. 〔공주〕그 아가씨 얼굴이 자름하고 피부도 히고 곱쌀하니 이쁘게 생겼어. 표그 아가씨 얼굴이 갸름하고 피부도 희고 고우니 예쁘게 생겼어.

자리갯단 경기 | 명사 | 볏단

벼를 베어 묶어놓은 단.

〔화성〕자리개로 베를 묶어놓은 게 자리갯단이야. 표자리개로 벼를 묶어놓은 게 볏단이야. 〔강화〕옛날에는 장정이 볏뭇을 지게로 중산하고 거기서부터 소 기리마로 마당으로 옮겨 노적가리를 쌓았어. 표옛날에는 장정이 볏단을 지게로 중산하고 거기서부터 소 길마로 마당으로 옮겨 노적가리를 쌓았어.

◆짚으로 만든 줄을 뜻하는 '자리개'로 묶어놓은 볏단을 뜻하는 말로 '볏단'과 다른 말은 아니다.

자마리 경기 | 명사 | 잠자리

잠자리목의 곤충을 통틀어 이르는 말.

〔용인〕어렸을 때 친구들이랑 자마리 잡으러 많이 다녔죠. 표어렸을 때 친구들이랑 잠자리 잡으러 많이 다녔죠. 〔여주〕곤충채집 하면 나마리부터 잡아야지. 표곤충채집 하면 잠자리부터 잡아야지.

자마리 충북 | 명사 | 잠자리

잠자리목의 곤충을 통틀어 이르는 말.

〔옥천〕갈이면 자마리가 참 많었어유. 표가을이면 잠자리가 참 많았어요.

자망허다 전남 | 동사 | 없음

매우 놀라서 까무러칠 지경이 되다.

〔고흥〕소막에 시앙치가 안 뵈에서 기냥 나가 자망해부렀당께. 표외양간에 송아지가 안 보여서 그냥 내가 '자망해버렸다니까'.

◆'자망하다'라는 말의 정확한 어원을 알 수 없지만 '자(自)+망(忙)'에서 온 말로 보인다. "하이고, 놀래서 자망허겄데(아이고, 놀라서 질겁하겠네)"라는 식이다.

자무래지다 경북 | 동사 | 까무러치다

얼마 동안 정신을 잃고 죽은 사람처럼 되다.

〔대구〕이바구를 듣디마는 고마 자무래지더라. 표이야기를 듣더니 그만 까무러치더라.

자물쐐다 전남 | 동사 | 까무러치다

얼마 동안 정신을 잃고 죽은 사람처럼 되다.

〔고흥〕쟈는 지 뜻대로 뭐이 안 되믄 울다가 기양 딱 자물쐐 부러. 표저 아이는 자기 뜻대로 안 되면 울다가 그냥 딱 까무라쳐버려.

ㅈ

◆'자물쒜다'는 스스로 분을 이기지 못하는 사람의 행동을 표현할 때 쓰는 말이다.

자박생이 강원 | 명사 | 머리채
길게 늘어뜨린 머리털.
〔정선〕자박생이 다 날라갈 정도의 바람에 갈매기들만 신났다. 표머리채가 다 날아갈 정도의 바람에 갈매기들만 신났다. 〔강릉〕자박생이는 끄들지 마시우야. 표머리채는 꺼들지 마시오. 〔춘천〕즈 기집이 뭘 잘못했능가벼, 박 서방이 머리끄뎅이를 잡구 질질 끌구 댕기더라니까. 표저 계집이 뭘 잘못했는가 봐. 박 서방이 머리채를 잡고 질질 끌고 다니더라니까. 〔양양〕여자애들이 자박시미를 틀어잡고 싸운다. 표여자애들이 머리채를 틀어잡고 싸운다. 〔삼척〕아들 둘이 자박시 끄들고 난리 났다이. 표애들 둘이서 머리채 붙잡고 난리 났다.

자방침 충북 | 명사 | 재봉틀
바느질을 하는 기계.
〔제천〕그걸 자방침으로 꼬매가주설랑에. 표그걸 재봉틀로 꿰매 가지고.
◆옷감에 바느질을 하는 것을 '재봉'이라고 하는데 '자방침'의 '자방'은 '재봉'의 변이형이다. 자방침의 '침'은 바늘을 뜻하는 한자어이다.

자배기 경남 | 명사 | 정조
만조나 간조 때에 물의 높이가 변하지 아니하는 시간.
〔통영〕자배기, 지금 자배기 아이가. 표정조, 지금 정조네.
◆'자배기'는 물의 흐름이 멈췄을 때를 가리키는 말로, 보통 '자배기' 시간은 30~40분가량이다.

자봉침 전북 | 명사 | 재봉틀
바느질을 하는 기계.
〔임실〕그때 자봉침 인는 집은 부자집이여. 표그 시절에 재봉틀이 있는 집은 부잣집이야. 〔정읍〕재봉침으로 옷 만들어 입었당게. 표재봉틀로 옷 만들어 입었다니까.

자부럽다 경북 | 동사 | 졸리다
자고싶은 느낌이 들다.
〔성주〕밤을 샜다만 자부럽어서 참도 못하겠다. 표밤을 샜더니 졸려서 참지도 못하겠다.
◆경상도 사투리 '자부럽다' 또는 '자부랍다'는 표준어 '졸리다'에 대응하는 말이다. 이와 마찬가지로 '자불다'는 '졸다', '자부럼'은 '졸음'에 대응한다. 그런가 하면 경남 합천에서는 '자부럽다'를 '부지런하다'라는 의미로 쓰고 있다.

자부럼 북한 | 명사 | 졸음
잠이 오는 느낌이나 상태.
〔함경〕오래 책을 읽으면 자부럼 오지 않갔습메? 표오래 책을 읽으면 졸음이 오지 않겠습니까? 〔함북〕어제 늦게 잤더니 오늘 강의시간에 계속 자부럼 와서 혼났네. 표어제 늦게 잤더니 오늘 강의시간에 계속 졸음이 와서 혼났네.
◆졸린다는 것을 북한 지역에서는 '자부랍다'라고 하는데 이 말의 명사형이 전설모음화를 일으켜 '자부럼'이 된 것이다. 경상 방언에서도 '자부릅다, 자부랍다, 자부람'이라고 한다.

자부룹다 강원 | 동사 | 졸리다
자고 싶은 느낌이 들다.
〔평창〕책을 보면 자부룹다. 표책을 보면 졸립다. 〔정선〕씻고 둔눠 있으이 자부룹다. 표씻고 드러누워 있으니 졸립다. 〔삼척〕이틀 동안 잠을 안 잤더니 되게 자부룹다야. 표이틀 동안 잠을 안 잤더니 되게 졸립다.

자불다 경북 | 동사 | 졸다

잠을 자려고 하지 않으나 저절로 잠이
드는 상태로 자꾸 접어들다.

〔대구〕여서 자불지 말고, 바아 들어가서 자라. 표
여기서 졸지 말고, 방에 들어가서 자라.

자불자불 경남 | 부사 | 보글보글

적은 양의 액체가 잇따라 야단스럽게 끓
는 소리. 또는 그 모양.

〔부산〕죽이 자불자불 끓어 넘칠라 카거든 불마
개를 닫거레이. 표죽이 보글보글 끓어서 넘치려
고 하거든 불 마개를 닫아라.

◆울산에서는 '종알거리다'라는 뜻으로 '자불자불하
다' 또는 '자불거리다'라고 한다. -조용하(울산)

자브롭다 충북 | 형용사 | 졸리다

자고 싶은 느낌이 있다.

〔단양〕방이 더우니께 자브로와 죽겠네. 표방이
더우니까 졸려 죽겠네.

자빠등하다 경북 | 형용사 | 거만하다

잘난 체하며 남을 업신여기는 데가 있다.

〔영천〕그 사람 보며 행동이 자빠등하이 아무 사
람이나 니리 보는 거 있제. 표그 사람 보면 행동
이 거만하게 아무 사람이나 내려보는 거 지.

자싯물 경기 | 명사 | 개숫물

음식 그릇을 씻을 때 쓰는 물.

〔이천〕국이 자싯물 마냥 멀게 가지구 영 맛이 없
었어요. 표국이 개숫물처럼 멀게 가지고 영 맛이
없었어요. 〔여주〕자싯물이라구 함부루 버리지 말
어. 표개숫물이라고 함부로 버리지 말아.

자싯물 충남 | 명사 | 개숫물

음식 그릇을 씻을 때 쓰는 물.

〔공주〕순이야 자박지 가지구 샴이 가서 설거지
할 자싯물 좀 한 자박지 질어오니라. 표순이야
양동이 가지고 샘에 가서 설거지할 개숫물 좀 한
양동이 길어오너라.

자싯물 충북 | 명사 | 개숫물

음식 그릇을 씻을 때 쓰는 물.

〔보은〕자싯물루 서러지허다가 막 물이 텨서 명
지 조고리가 다 젖구, 하이구! 표개숫물로 설거
지하다가 막 물이 튀어서 명주 저고리가 다 젖
고, 아이고!

자치기아들 경기 | 명사 | 없음

짧은 막대기 혹은 길이를 재는 작은 자.

〔용인〕자치기아들은 좀 가는 나무로 양쪽을 비
스듬히 깎어서 만들어.

자클하다 전남 | 형용사 | 자르르하다

물기나 기름기, 윤기 따위가 많이 흘러
서 반지르르하다.

〔장흥〕이번에 온 새 올케 언니의 피부는 정말로
자클했다. 표이번에 온 새 올케 언니의 피부는
정말로 자르르했다. 〔강진〕대리미로 대렀는지 바
지가 자클하다. 표다리미로 다렸는지 바지가 자
르르하다. 〔진도〕오메, 쉐양치를 얼마나 잘 메겟
쓰면 이렇케 털이 자클핫까이? 표어머나, 송아지
를 얼마나 잘 먹였으면 이렇게 털이 자르르할까?

작두보리 강원 | 명사 | 없음

춘궁기에 덜 여문 보리를 미리 거두어
말린 뒤에 찧은 보리.

〔삼척〕작두보리를 해 먹을 때가 보릿고개의 절
정이잖소.

◆보리를 파종하고 나서 수확하기까지 양식이 떨어
진 농가에서 거의 여문 풋보리를 베어다가 작두로

썰어서 가마에 넣고 볶거나 디딜방아에 찧었다. 가마에 넣고 볶아서 얻은 보리쌀로는 죽이나 밥을 해 먹었고, 디딜방아에 넣고 찧은 보릿가루로는 범벅을 만들거나 감자와 함께 섞어서 먹었다. -이경진(삼척) ◆곡식이 완전히 익기 전에 거두어 먹는 것을 '바심이'라고 하는데, 보리는 '보리바심이', 벼는 '베바심이'라고 한다. -유연선(춘천) ◆보리가 다 익은 후에는 낫으로 수확하여 벼를 떨면 되지만, 보리가 덜 여물었을 때 보리 수확하려면 보리를 베서 다시 그것을 작두로 짧게 썰어 말린 다음에 보리 알곡을 수확할 수 있었다. 덜 여문 것을 베었으므로 다시 작두로 썰어야 했기에 '작두보리'라고 불렀다.

작두샘 전북 | 명사 | 펌프
수도 시설이 없는 곳에서, 사람이 손잡이를 상하로 되풀이하여 움직임으로써 그 압력에 의하여 땅속에 수직으로 박혀 있는 관을 통하여 지하수가 땅 위로 나오도록 하는 기구.
〔군산〕두레박으로 물 긷다가 작두샘을 설치해서 여간 편리했다. 표두레박으로 물을 긷다가 펌프를 설치해서 여간 편리했다. 〔정읍〕우리 집도 우물을 메꾸고 작두를 노았당게. 표우리 집도 우물을 메꾸고 펌프를 놓았어.

작사 경기 | 명사 | 없음
해변에 있는 주막을 가리키는 말.
〔옹진〕옛날 안강망 어선이 항구에 꽉 찼을 때는 해변에 작사가 널려 있었어.
◆'작사'는 조기잡이 어업의 전진기지였던 옹진군 덕적도 지역이 한창 번성했을 무렵, 해안가에 있던 임시 주막을 가리키는 말로서 이 지역에서만 쓰였다.

작산것 제주 | 명사 | 없음
철이 든 아이.

〔용담〕작산게 두린거고찌 허염디? 표철든 것이 철없는 아이같이 하고 있니?
◆제주에서는 철이 든 아이를 '작산것'이라고도 하지만 '역은아이'라고도 한다. 아직 철이 들지 않은 아이는 '두린아이'라고 한다. '역은아이'라는 말에는 '지혜롭다' 또는 '영리하다'라는 뜻이 있다. 즉 철이 들었다는 말이 된다. -김동필(용담)

작세미 강원 | 명사 | 없음
지게를 세우는 나무 막대기.
〔속초〕작세미를 갖다 이릏게 막넌다구. 표'작세기'를 갖다가 이렇게 막는다고. 〔양양〕뱅을 작세미로 후려처. 표뱀을 '작세기'로 후려쳐.
◆'작세미'의 '작'은 '작대기'를 뜻하고 '세미'는 세우는 것을 뜻한다. 즉 지게를 세우는 나무 막대기라는 뜻이다.

잔나비 경기 | 명사 | 원숭이
구세계원숭잇과와 신세계원숭잇과의 짐승을 통틀어 이르는 말.
〔포천〕동물원에서 잔나비를 봤어. 표동물원에서 원숭이를 봤어.

잔대미 충북 | 명사 | 잔디
볏과의 여러해살이풀.
〔영동〕산소에 잔대미가 잘 크야 자손덜이 잘 되는 겨. 표산소에 잔디가 잘 커야 자손들이 잘 되는 거야.

잔물 충남 | 명사 | 민물
강이나 호수 따위와 같이 염분이 없는 물.
〔보령〕내륙에서 민물. 말하자면 잔물에서 사는 고기.

잔상시룹게 전남 | 부사 | 지지리

'아주 몹시' 또는 '지긋지긋하게'의 뜻을 나타내는 말.

〔고흥〕나도 참말로 복이 잔상시룹게도 없제. 열여덜에 엄니가 죽어서 혼차 시집을 왔는디 씨엄씨가 그라고 나를 못 봐내드라고. 표나도 참말로 복이 지지리도 없지. 열여덟에 엄마가 죽어서 혼자 시집을 왔는데 시어머니가 그렇게 나를 미워하더라고.

잔조 충남 | 명사 | 잔소리

쓸데없이 자질구레한 말을 늘어놓음. 또는 그 말.

〔당진〕그 양반 한번 애기 시작하면 잔조가 어찌 심한지 자손들 괴로울 거야. 표그 양반 한번 애기 시작하면 잔소리가 어찌 심한지 자손들 괴로울 거야.

잔질구다 강원 | 동사 | 가라앉히다

물 따위에 떠 있거나 섞여 있는 것을 밑바닥으로 내려앉게 하다. '가라앉다'의 사동사.

〔홍천〕밥이 삭아서 하얗게 이렇게 잔질구지 쬐쬐. 표밥이 삭아서 하얗게 이렇게 가라앉지 전부. 〔삼척〕상처가 나면 잘 잔질구어라. 표상처가 나면 잘 가라앉혀라. 〔삼척〕어제는 술을 너무 많이 먹어 오늘은 몸을 잔질구고 있잖소. 표어제는 술을 너무 많이 먹어 오늘은 몸을 가라앉히고 있잖소.

잘그 강원 | 명사 | 자루

속에 물건을 담을 수 있도록 헝겊 따위로 길고 크게 만든 주머니.

〔삼척〕어데가서 머우를 한 잘그 꺾어 오더라. 표어디 가서 머위를 한 자루 꺾어 오더라. 〔춘천〕쌀 잘멩이 좀 욍겨 줘유. 표쌀자루 좀 옮겨줘요.

◆'자루'의 옛말은 '잘'이다. '자루에'를 '잘늬'라 했고 '자루를'을 '잘를'이라 했다. 즉 강원도 사투리 '잘그'는 옛말에 좀 더 가까운 형태라고 할 수 있다.

잘급허다 전남 | 동사 | 질겁하다

뜻밖의 일에 자지러질 정도로 깜짝 놀라다.

〔고흥〕새복에 교회 간디 뱀이 나와 갖고 잘급을 해부렀네. 표새벽에 교회 가는데 뱀이 나와 가지고 질겁을 해버렸네.

잘급허다 전북 | 동사 | 질겁하다

뜻밖의 일에 자지러질 정도로 깜짝 놀라다.

〔완주〕잘급혀서 오줌이 나올 뻔했다니께. 표질겁해서 오줌이 나올 뻔했다니까. 〔임실〕거짓말 잘허는 허펑이가 회장에 나섯다니 질급헐 일이여. 표거짓말 잘하는 허풍이가 회장에 나섰다니 질겁할 일이다.

◆전북에서는 놀란 마음을 강조하기 위해 '잘급허다'와 "매우 놀라서 기절할 지경에 이르다"라는 뜻의 '자망허다'를 함께 사용하는 경우가 있다. 다만 '자망허다'를 단독으로 쓰기보다는 '잘급허다'에 '자망허다'를 결합하여 '잘급자망허다'라고 한다.

잘룩허리 경기 | 명사 | 잔허리

잘록 들어간, 허리의 뒷부분.

〔강화〕눈치 없이 말하만 잘룩허리를 쿡쿡 찔르고 그랬지. 표눈치 없이 말하면 잔허리를 쿡쿡 찌르고 그랬지.

잘콴이여 제주 | 감탄사 | 잘코사니

미운 사람의 불행을 고소하게 여길 때에 내는 소리.

〔구좌-한동〕저거 보라 저거 욕심내당 자빠지는 거. 잘콴이여. 표저거 봐라 저거 욕심내다가 자빠지는 거. 잘코사니. 〔애월-하귀〕잘콴이여, 눕 뜨지

517

말렌 허난. 표잘코사니, 냅뛰지 말라고 하니까.
◆'잘콴이여'는 '잘콴이' 도는 '잘콴다리'라고도 한다.

잠자리포수 경기 | 명사 | 없음
하찮거나 별 볼일 없는 사람을 빗대어서
일컫는 말.
〔부천〕그 친구는 잠자리포수야.
◆'잠자리포수'는 주로 경기도 부천에서 쓰던 말이다.
잠자리를 잡는 포수를 뜻하는 말로 상황에 어울리지
않는 말이나 행동을 하는 사람을 놀리는 말이다.

잠포수 경기 | 명사 | 잠꾸러기
잠이 아주 많은 사람을 낮잡아 이르는 말.
〔강화〕잠이 많아서 아침에 잘 일어나지 못하만
잠포수라고 해. 표잠이 많아서 아침에 잘 일어나
지 못하면 잠꾸러기라고 해.
◆'잠꾸러기'의 사투리는 전국적으로 매우 다양하게
나타나는데 '잠포수'는 강화 지역에서만 확인된다.
'잠보'와 관련이 있는 듯한데 '포수'는 다른 단어에
서는 잘 확인되지 않는다. 아마 '잠포수'는 잠을 잡
는 포수라는 뜻을 표현한 듯하다.

장 충북 | 부사 | 늘
계속하여, 언제나.
〔옥천〕기분이 어째 장 그러네. 표기분이 어째 늘
그러네.

장가락 충남 | 명사 | 가운뎃손가락
다섯 손가락 가운데 셋째 손가락.
〔당진〕유돈가 뭐시긴가 헌다고 까불다 장가락을
분질러놔서. 얼거배기마냥 당허지 말라고 보내
놨더니. 모양새가 숭했지. 표유돈가 뭔가 한다고
까불다 가운뎃손가락을 분질러놔서. 얼금뱅이처
럼 당하지 말라고 보내놨더니. 모양새가 흉했지.
〔서산〕쟁뼘은 엄지송꾸락허구 가운디송꾸락을

다 블린 질이를 말헌다. 표장뼘은 엄지손가락과
가운뎃손가락을 다 벌린 길이를 말한다.
◆가운뎃손가락은 손가락들 사이에서 위치를 기준으
로 '중지'라 부르고, 길이를 기준으로 '장지', '장짓가
락'이라 부르기도 한다. '장가락'의 형태는 길이에 견
주어 얻은 이름으로 옛말인 '댱가락'에서 온 것이다.

장거지다 경북 | 동사 | 기절하다
두려움, 놀람, 충격 따위로 한동안 정신
을 잃다.
〔의성〕아가 뭘 봤는지 장거졌다. 표애가 뭘 봤는
지 기절했다.

장겸시 제주 | 명사 | 가위바위보
손을 내밀어 그 모양에 따라 순서나 승
부를 정하는 방법.
〔삼척〕장겸시행 처레 정허게. 표가위바위보로 순
서를 정하자.
◆'가위바위보'를 대정읍 일과리에서는 '쟁겸쉿'이라
고 하는데, 한경면 고산리에서는 '덜러쉿'이라고 한
다. -양영철(대정-일과)

장골배기 전북 | 명사 | 정수리
(1)머리 위의 숫구멍이 있는 자리.
(2)사물의 제일 꼭대기 부분을 비유적으
로 이르는 말.
〔무주〕장골배기를 만진게로 문 냄시가 그리 심
하다요. 표정수리를 만지니까 무슨 냄새가 그리
심하대요.

장공일 경북 | 명사 | 없음
장이 서지 않는 날.
〔군위〕파장되면 다음 장날 정하여 만날 약속을 하
는데 전국 어디서도 장이 없는 장공일이 있지요.
◆한 달에 여섯 번 전국 읍, 면 소재지에 장이 서는

데, 전국 어디에서도 장이 서지 않는 날이 있다. 그 날을 바로 "장이 서지 않는다"라고 하여 '장공일'이라고 한다. 1, 3, 5, 7, 9, 11월 31일이 그날이다. - 정창현(군위)

장광¹ 강원 | 명사 | 자갈땅
자갈이 많은 땅.
〔정선〕뿔이 난 황소가 후다닥 장광을 뛰어나가다 엎어진다. 표화가 난 황소가 후다닥 자갈땅을 뛰어나가다 엎어진다. 〔삼척〕장마철 장광은 온통 물바다야. 표장마철 자갈땅은 온통 물바다야. 〔양양〕장광에 나가 솥 걸어놓고 철렵하세나. 표자갈땅에 나가 솥 걸어놓고 천렵하세나.

장광² 전북 | 명사 | 장독대
장독 따위를 놓아두려고 뜰 안에 좀 높직하게 만들어놓은 곳.
〔김제〕장광에 가서 된장 좀 퍼 오니라. 표장독대에 가서 된장 좀 퍼 와라. 〔남원〕장광에 가며 째간 도가지에 고추장 있는게 좀 퍼 와라. 표장독대에 가면 작은 독에 고추장이 있으니까 좀 퍼 와라. 〔군산〕1년으 한 번 장광 소지를 헐 때가 있어. 표1년에 한 번 장독대 청소를 할 때가 있어.
◆'광'은 보통 사방이 막힌 실내에 물건을 보관하는 곳인데, 장독을 보관하는 장소는 실내가 아니라 실외이다. 그럼에도 불구하고 장독을 놓아두는 대를 광으로 표현한 것은 장을 보관한다는 의미를 중히 여긴 것이라고 생각된다.

장국 경남 | 명사 | 찹쌀수제비
찹쌀가루를 반죽하여 맑은장국이나 미역국 따위에 적당한 크기로 떼어 넣어 익힌 음식.
〔밀양〕역시 장국을 무우야 속이 든든하지. 표역시 찹쌀수제비를 먹어야 속이 든든하지.

◆일반적으로 '장국'이라고 하면 장물에 끓인 국을 떠올리기 쉬운데, 밀양에서는 '찹쌀수제비'를 뜻하는 말이다. 육수를 낸 물에 미역을 넣고 동그랗게 빚은 새알을 넣어 먹는다. 밀가루로 만든 수제비는 '밀장국'이라고 하여 '장국'과 다르다. -백순예(밀양)

장깡 충북 | 명사 | 장독대
장독 따위를 놓아두려고 뜰 안에 좀 높직하게 만들어놓은 곳.
〔제천〕장 맨드는 농원에 갔드니 장깡이 엄청이 넓은데. 표장 만드는 농원에 갔더니 장독대가 엄청 넓데.

장깨미 전남 | 명사 | 가위바위보
손을 내밀어 그 모양에 따라 순서나 승부를 정하는 방법.
〔진도〕장깨미 해서 책보 들고 가기 결정하자. 표가위바위보 해서 책 보따리 들어주기 결정하자.
◆가위바위보를 할 때 구호처럼 입을 모아 외치는 소리는 '장깨미'라고 한다. 손 모양 하나하나의 이름도 재미있는데 여수 지역에서는 가위를 '까시개', 바위를 '바구', 보를 '덕석'이라고 한다.

장께 경북 | 명사 | 없음
된장 덩어리.
〔의성〕단장국 끼릴 때 장께 안 지도록 잘 풀어야 댄다. 표된장국을 끓일 때 '장께'가 안 지도록 잘 풀어야 한다.

장꼬방 경북 | 명사 | 장독대
장독 따위를 놓아두려고 뜰 안에 좀 높직하게 만들어놓은 곳.
〔성주〕자우간 저 돌이 참 희한한 돌인데 저 돌은 우리 장꼬방에 갖다 놓으며 안 대나? 표좌우지간 저 돌이 참 희한한 돌인데 저 돌은 우리 장독

대에 갖다 놓으면 안 되냐?

◆'장꼬방'은 경북뿐만 아니라 경남과 전남에서도 쓰는 말이다. '장'은 간장, 고추장, 된장 등을 가리키며, '고방(庫房)'은 '광'의 원말로 물건을 놓아두는 저장 장소를 뜻한다. '꼬방'은 '고방'의 경음화형이다.

장꾸방 전남 | 명사 | 장독대

장독 따위를 놓아두려고 뜰 안에 좀 높직하게 만들어놓은 곳.

〔여수〕장꾸방에 가서 된장 좀 퍼 오너라. 표장독대에 가서 된장 좀 퍼 오너라. 〔고흥〕영식아, 장끄방에 가서 장 잔 떠 온나. 표영식아, 장독대에 가서 장 좀 떠 와라. 〔진도〕장꾸방은 햇빛이 잘 들고 바람이 잘 통하는 곳에 있지라우. 표장독대는 햇빛이 잘 들고 바람이 잘 통하는 곳에 있지요.

장녹 전북 | 명사 | 자리공

자리공과의 여러해살이풀.

〔완주〕내가 봄이 장녹나물 히 먹고 자꾸 짤라버렸드니 키가 별라 안 커. 표내가 봄에 자리공 나물을 해 먹고 자꾸 잘라버렸더니 키가 별로 안 커. 〔김제〕장록이는 열매가 오도개거치 열려. 표자리공은 열매가 오디같이 열려.

◆'장녹'은 독성을 가진 식물이지만 꽃대가 올라오기 전의 어린잎과 줄기를 데쳐서 식용할 수 있다. 나물로 먹으려면 먼저 껍질을 벗긴 줄기 부분과 잎을 끓는 물에 넣어 살짝 데친 후 말려야 한다. 말린 장녹에 다시 끓는 물을 부어 몇 시간 동안 쓴맛을 우려낸 다음 헹구어 물기를 꽉 짠다. 간장, 매실 진액, 기름, 마늘, 깨소금을 넣어 양념이 배도록 조물조물 무친 후 볶다가 먹기 좋게 물러졌을 때 대파와 참기름을 넣어 마지막으로 살짝 볶아주면 맛있는 장녹나물이 완성된다. 맛은 근대나물과 비슷하다. 장녹은 데쳐서 먹더라도 독성이 꽤 강하기 때문에 절대 많이 먹으면 안 된다. 열매는 초록색에서 점차 보라색으로 익어가는데, 그 모양이나 색깔이 블루베리 같기도 하고 작은 머루 같기도 하다. 시골에서는 여자아이들이 장녹이의 보라색 열매의 즙을 살짝 짜서 손톱에 예쁘게 물을 들이기도 한다. ―이덕순(완주)

장다리 충북 | 명사 | 마늘종

마늘의 꽃줄기. 연한 것은 쪄 먹거나 장아찌로 만들어 먹는다.

〔단양〕장다리로 건건이 해놓고. 표마늘종으로 반찬 해놓고.

◆'장다리'는 무나 배추 따위의 꽃줄기를 가리키는 말이지만, 육쪽마늘이 유명한 단양에서는 '마늘종'을 가리키는 말로 쓰인다.

장뚝대 강원 | 명사 | 장독대

장독 따위를 놓아두려고 뜰 안에 좀 높직하게 만들어놓은 곳.

〔강릉〕댄에 있는 장뚝대서 어멍이가 정한수 떠놓구 손 싹싹 비베 소원 빌었어. 표뒤란에 있는 장독대에서 어머니가 정화수 떠놓고 손 싹싹 비벼 소원 빌었어. 〔원주〕저, 마당에 보머는 아까 장독 단지를 나누는 데를 장뚝대라 그러지. 표저, 마당에 보면 아까 장독 단지를 놓아두는 곳을 장뚝대라 그러지. 〔평창〕겨울에 장뚝대에 눈이 소복히 앉았네. 표겨울에 장독대에 눈이 소복이 앉았네.

◆예로부터 선조들은 음식의 기본인 장과 장을 담은 장독을 소중히 여겼다. 장맛이 변하면 안 좋은 일이 생기고 장맛이 좋아야 식생활이 풍요로워진다고 생각했다. 그래서 장독을 그냥 마당에 두지 않고 넓적한 돌로 대를 만들거나 시멘트를 굳혀 대를 만들어 마당과 구분했다. 그리고 대를 만들었다 하여 이름을 장독대라고도 했지만, 장을 보관한다는 의미로 '광'의 옛말인 '고방'을 써서 '장꼬방'이라고도 했다.

장뚝소래기 충북 | 명사 | 장독소래기
장독을 덮는, 오지나 질 따위로 만든 뚜껑.
〔제천〕아가 울매나 저정스런지 장뚝소래기를 깨 보렸다. 표얘가 얼마나 조심성이 없는지 장독소래기를 깨버렸다.

장물 강원 | 명사 | 간장
음식의 간을 맞추는 데 쓰는 짠맛이 나는 흑갈색 액체.
〔원주〕메주와 분리한 장물은 항아리에 담은 후 다시 발효시킨다. 표메주와 분리한 간장은 항아리에 담은 후 다시 발효시킨다. 〔평창〕그 집의 음식 맛은 장물에 달렸지요. 표그 집의 음식 맛은 간장에 달렸지요. 〔춘천〕장물을 발효시켜 간장을 만들지? 표간장을 발효시켜 간장을 만들지? 〔삼척〕예전 봄에 지렁물을 달엤는데요. 표예전 봄에 간장을 달였는데요.
◆춘천에서는 발효시킨 '장물'을 '간장'이라고 한다.
－유연선(춘천)

장바구니 충북 | 명사 | 정수리
머리 위의 숫구멍이 있는 자리.
〔옥천〕햇볕이 뜨거워서 장바구니가 뜨끈뜨끈하게 익겄네유. 표햇볕이 뜨거워서 정수리가 뜨끈뜨끈하게 익겠네요.

장배기¹ 경북 | 명사 | 정수리
머리 위의 숫구멍이 있는 자리.
〔울진〕장배기에 머시 났노? 표정수리에 뭐가 났니?

장배기² 충북 | 명사 | 장보기
시장에 가서 물건을 팔거나 사 오는 일.
〔옥천〕지사 장배기 꼼꼼히 챙겨라. 두 번 걸음 허지 않게. 표제사 장보기 꼼꼼히 챙겨라. 두 번 걸음 하지 않게.

장아리 충북 | 명사 | 장다리
무, 배추 따위의 꽃줄기.
〔단양〕장아리가 굵직헌 기 씨 좀 많이 나오겄는걸. 표장다리가 굵직한 게 씨 좀 많이 나오겠는걸.

장제기 강원 | 명사 | 장작개비
통나무를 길쭉하게 잘라서 쪼갠 땔나무.
〔강릉〕장제기를 패라. 표장작개비를 패라. 〔평창〕장제기 패고 있다. 표장작개비를 패고 있다. 〔양양〕보강지에 장재기를 놓지. 표아궁이에 장작개비를 넣지.

장쨍이 강원 | 명사 | 장아찌
오이, 무, 마늘 따위의 채소를 간장이나 소금물에 담가놓거나 된장, 고추장에 박았다가 조금씩 꺼내 양념하여서 오래 두고 먹는 음식.
〔양양〕송이장쨍이는 일품일세. 표송이장아찌는 일품일세. 〔평창〕무장찌는 오래 묵을수록 거무해요. 표무장아찌는 오래 묵을수록 거뭇해요. 〔삼척〕도시락 귀퉁이에 고추장 조금 하고 무꾸지나 마늘종다리지 같은 것을 싸 갔잖소. 표도시락 귀퉁이에 고추장 조금 하고 무장아찌나 마늘종장아찌 같은 것을 싸 갔잖소.
◆'장쨍이'는 장에 박아 절인다고 해서 나온 말이다. 영동 지방에서는 장아찌를 '지'라고 한다. '지'의 종류에는 무꾸지, 마늘종다리지, 고추지, 깻잎지, 미역줄거리지, 머위줄거리지 같은 것이 있다. '지'는 '담근다'는 의미의 '지(漬)'를 뜻한다.

장청 경북 | 명사 | 고집
자기의 의견을 바꾸거나 고치지 않고 굳게 버팀. 또는 그렇게 버티는 성미.
〔상주〕되도 안한 장청 좀 쓰지 말애! 표되지도 않는 고집 좀 피우지 말아!

◆주로 "장청을 부리다" 또는 "장청을 쓰다"의 형태로 쓴다.

장태 전북 | 명사 | 닭장
닭을 가두어두는 장.
〔부안〕우리 친정으서는 외양간 욱으가 장태가 있었거든, 근디 시집 와 갖고서는 부엌으로 들어가는 질에 장태가 있었어. 囲우리 친정에서는 외양간 위에 닭장이 있었거든, 그런데 시집 와서는 부엌으로 들어가는 길에 닭장이 있었어. 〔임실〕해가 징게 옴마가 장태 문을 닫으라고 헌다. 囲해가 지니까 엄마가 닭장 문을 닫으라고 한다. 〔군산〕닥장에 들어가 알 좀 가져 와라. 囲닭장에 들어가서 알 좀 가져와라.
◆임실 관촌 지역에서는 예전에 집집마다 닭을 10~20여 마리씩 길렀다. 마당 귀퉁이나 변소 담 바깥쪽에 있는 달기장(장태)에서 잠을 재우고 낮에는 풀어놓았다. 달기장에는 안쪽에 긴 막대기 두어 개를 가로 걸쳐놓은 홰와 출입문이 있다. 해가 뜬 후 주인이 문을 열어주면 우루루 몰려나와 자유롭게 활동하고 해가 지면 스스로 달기장으로 들어가 홰에 올라앉았다. 어둡기 전에 주인이 문을 닫아 삵과 족제비의 습격을 차단한다. -최병선(임실) ◆'장태'는 동학 농민군이 장성 전투에서 관군에 맞서 싸운 무기의 일종으로, 일반 가정에서 사용하는 '장태'보다 더 크며 그 안에 볏집을 가득 채워 방패막이로 삼았다. 당시 사용된 장태는 기다란 덕가리 형태였다. -최병선(임실)

장태고동 전남 | 명사 | 얼룩비틀이고둥
갈대밭에 사는 고둥으로 장태처럼 생긴 얼룩비틀이고둥을 이르는 말.
〔고흥〕장태고동 잡을라믄 갯출가에 깔대밭으로 가야 돼. 囲얼룩비틀이고둥을 잡으려면 바다 가장자리의 갈대밭으로 가야 돼.

◆'장태'는 싸릿대나 대나무를 엮어 만드는데 삼각형 모양이다. '얼룩비틀이고둥'의 생김새가 '장태'와 흡사하여 '장태고동'이란 이름이 붙었다.

장통밧 제주 | 명사 | 없음
비가 오면 물이 잘 빠지지 않고 고이는 밭.
〔구좌-한동〕우리 신장로 밧은 장통밧이라부난 비 하영 와 나민 물 골른. 囲우리 신장로 받은 '장통밧'이어서 비 많이 오고 나면 물이 고인다.
◆'장통밧'은 비만 오면 물이 괴는 밭으로 "비야 비야 오지 말라 장통밧듸 물 글람져(비야 비야 오지 마라 장통밭에 물 괸다)"의 형태로 동요에도 등장한다.

재금 경남 | 명사 | 없음
어떤 행동을 스스로 금하지 못함. 또는 그런 행동.
〔진주〕아이고, 우째 이리 재금이 없노? 囲아이고, 어찌 이렇게 '재금'이 없니? 〔고성〕저 자석은 저어 아부지가 아무리 뭐라캐도 자금도 안 탄다. 囲저 자식은 자기 아버지가 아무리 뭐라고 해도 '재금'도 안 한다.
◆'재금없다'는 말은 '자금(自禁)없다'에서 온 말로 스스로 절제할 능력이 부족함을 탓할 때 쓰는 말이다. 경우에 따라서는 눈치가 없거나 잘못을 뉘우치지 않을 때도 쓴다. 관용적 표현으로는 고성·통영 등지에서는 "자금도 안 탄다"라고 하고, 하동 동지에서는 "재그럼도 안 탄다"라고 한다.

재래기 경북 | 명사 | 겉절이
배추, 상추, 무 따위를 절여서 곧바로 무쳐 먹는 반찬.
〔대구〕있는 나물을 모다가 재래기로 문쳤다. 囲있는 나물을 모아서 겉절이로 무쳤다. 〔영덕〕보리밥에 무재래기가 꿀맛이다. 囲보리밥에 무겉절이가 맛이 좋다.

◆재래기로 배추재래기, 상추재래기, 열무재래기가 대표적인데, 대구에서는 그중에서 경산·자인 논두렁 콩밭 새에서 키운 열무로 재린 '경산·자인 열무재래기'를 최고로 쳤다. 이 열무재래기는 씹으면 씹을수록 고소한 맛이 난다. −상희구(대구)

재래다 강원 | 형용사 | 자라다

넉넉하여 모자람이 없다.

〔삼척〕이 노끈이 거기까지 재래가나? 표이 노끈이 거기까지 자라가나? 〔평창〕지붕을 이을 이엉이 간신히 재래간다. 표지붕을 이을 이엉이 간신히 자라간다. 〔인제〕이기 뵈기는 우숩구 가까워두 저기가정 자라갈라믄 장바 서너 개는 이어야 될걸! 표이게 보기에는 우숩고 가까운 것 같아도 저기까지 자라려면 긴 밧줄 서너 개는 이어서 늘여야 될걸!

재빌하다 북한 | 동사 | 없음

가만히 있지 못하고 날뛰다.

〔북한〕저 간나는 왜 저렇게 재빌하냐? 표저 계집아이는 왜 저렇게 '재빌하냐'?

재소코리 전북 | 명사 | 재삼태기

흙이나 쓰레기, 거름 따위를 담아 나르는 데 쓰는 도구.

〔군산〕동네사람들은 신작로를 만들려고 재소코리에 자갈을 담아 날랐다. 표동네 사람들은 신작로를 만들려고 재삼태기에 자갈을 담아 날랐다. 〔임실〕보리갈이 헐 때 칙간에 있는 거름을 지고 가서 잿소쿠리에 담아 밭고랑에 재를 허칫다. 싸리깽이로 맹긴 것은 산태미여. 지금은 이령 것들을 맹길 종 아는 사람이 없어. 표보리 파종 때 변소에 있는 거름을 지고 가서 볏짚을 썰어서 만든 재삼태기에 담아 밭고랑에 뿌렸지. 싸리 나무로 만든 것은 삼태기야. 지금은 이런 것들을 만들 줄 아는 사람이 없어. 〔남원〕부석작에 재 좀 까랭이에 담아 뒤엄자리에 냇사라. 표부엌 아궁이에 재 좀 삼태기에 담아 두엄에 버려라.

◆'재소코리'는 재를 담아내는 도구의 이름이다. '삼태기'는 재와 같이 가벼운 물건보다 좀 더 무게가 있는 물건을 담을 때 사용한다. "밑에 이렇게 아궁지에다가 잿소쿠리를 딱 대갖고 긁어서 가져가고"(김제), "밭에서 자갈 같은 거 긁어 담는 거, 그게 삼태기여"(김제)와 같이 쓴다.

재작 경남 | 명사 | 손짭손

좀스럽고 얄망궂은 손장난.

〔합천〕와이리 재작을 지이고 있노? 표왜 이렇게 손짭손을 하고 있니? 〔하동〕어지밤에 누가 우리 참에밭에 재작을 지깄다. 표어젯밤에 누군가가 우리 참외밭에 손짭손했다. 〔창원〕아아들은 본래 재잭이 심하다. 표아이들은 본래 손짭손이 심하다.

◆주로 '재작질' 또는 '재작지긴다/재작지이다', '재작시럽다' 등의 형태로 쓰인다.

재장궂다 전남 | 형용사 | 짓궂다

과격하고 위험한 행동을 하는 아이를 일컫는 말.

〔고흥〕우리 작은 놈이 애랬을 때에 아조 말도 못허게 재장궂었어. 표우리 작은 놈이 어렸을 때에 아주 말도 못하게 짓궂었어.

◆동네 아이 중에 마을 앞 팽나무에 자주 올라가는가 하면, 수시로 저수지에 헤엄치러 다니는 아이가 있었다. 그 아이의 아버지가 늘 근심을 했는데, 이러한 아이를 '재장궂다' 또는 '감푸다'라고 한다.

재지다1 경남 | 동사 | 잦히다

밥물이 끓으면 불의 세기를 잠깐 줄였다가 다시 조금 세게 해서 물이 잦아지게 하다.

523

〔창원〕기한 아들이라고 지한테는 밥을 재지가지고 험한 밥 안 묵구로 했다. 国귀한 아들이라고 저한테는 밥을 잦혀서 험한 밥 안 먹게 했다.
◆밥물이 끓으면 불의 세기를 잠깐 줄였다가 다시 조금 세게 해서 물이 잦아지게 하는 불을 자진불(거창), 재잔불(통영), 재진불(김해)이라고 한다.

재지다² 전남 | 동사 | 없음
밥을 지을 때에 밥이 끓고 난 뒤 적당한 시간이 지난 뒤 낮은 불로 은근하게 뜸을 들이는 것.
〔고흥〕밥 끓믄 쪼끔 있다가 주벅으로 따둑따둑해서 파싹 한번 재제라잉. 国밥 끓면 조금 있다가 주걱으로 다독다독해서 바싹 한번 '재제라잉'.
◆지금처럼 쌀이 흔하지 않던 시절에는 밥을 할 때에 삶은 보리를 밑에다 깔고, 위에 쌀을 아주 조금 없는 정도로 넣었다. 보리가 많이 섞인 밥은 단번에 지어지지 않아서 밥이 끓은 후에 작은 불을 다시 때는 방식으로 밥을 지었다. 이렇게 다시 은근하게 불을 때는 일을 밥을 '재진다'고 한다.

재지랍다 충북 | 형용사 | 없음
재치있고 유익한 장난을 잘하다.
〔옥천〕동상언 지덜 성덜하구 틀리게 을매나 재지라운지 몰라. 国동생은 자기 형들하고 다르게 얼마나 '재지라운지' 몰라.

재피질 강원 | 명사 | 없음
폐단을 일으키는 것, 즉 어떤 일이나 행동에서 나타나는 옳지 못한 경향이나 해로운 현상을 말한다.
〔춘천〕이제 한참 재피질하는 시기라 모든 물건들을 쇼파 위에 올려놓았다. 〔평창〕아들이 철이 없어 잭태가 심해요. 〔인제〕그 집 아가 그래 재패질을 쳐대드만 결국은 이번에 돈깨나 물어주겠

구만. 国그 집 아이가 그렇게 '재패질'을 하더니만 결국은 이번에 돈깨나 물어주겠구먼. 〔삼척〕아가 커 갈수록 작폐질이 얼마나 심한지, 일일이 따라다니며 말려야 하잖소. 国아이가 커 갈수록 '작폐질'이 얼마나 심한지, 일일이 따라다니며 말려야 하잖소.
◆지역에 관계없이 '재피질' 또는 '재패질'이라고 하는데, 마땅한 표준어가 없다. 일부 사람들은 난장(亂場)처럼 어질러 놓았다고 해서 '난장질'이라고도 한다. -유연선(춘천) ◆'작폐질'은 삼척에서 폐단을 일으키는 것, 즉 어떤 일이나 행동에서 나타나는 옳지 못한 경향이나 해로운 현상을 의미하는 말로 쓰인다. 아기들이 걷기 시작하면서 호기심으로 물건들을 뒤집거나 어질러놓는 짓도 '작폐질'이고, 어른도 된 짓을 하거나 옳지 못한 행동을 할 때 "작폐를 떤다" 또는 "작폐질을 한다"라고 한다. 아이와 같이 모르고 하는 것도 '작폐질'이고 어른의 못된 행동도 '작폐질'이다. -이경진(삼척) ◆강원도 인제에서 '재피질'은 어린아이만이 아니라 성년이 되지 않은 아이들의 심한 장난이나 잘못된 행동을 모두 포함한다. -이창균(인제)

잭기장 강원 | 명사 | 공책
글씨를 쓰거나 그림을 그리도록 백지로 매어놓은 책.
〔춘천〕사랑은 잭기장에 마카 연필로 썼다가 고무딱개로 마카 지우시오. 国사랑은 공책에 전부 연필로 썼다가 지우개로 모두 지우시오. 〔강릉〕우리 애덜 때 축의금 잭기장을 훑어보니 백만 원을 했습디다. 国우리 아이들 때 축의금 공책을 훑어보니 백만 원을 했습디다.
◆'잭기장'은 글씨를 쓴다는 뜻의 '적다'의 명사형 '적기'에서 전설모음화가 일어난 어형이다.

잭기장 충북 | 명사 | 공책

글씨를 쓰거나 그림을 그리도록 백지로
매어놓은 책.
〔청주〕엄마가 잭기장 사라구 계란 한 꿰미럴 쥈
어. 표엄마가 공책 사라고 계란 한 꿰미를 주셨어.

잿님 충북 | 명사 | 대님
한복에서, 남자들이 바지를 입은 뒤에
그 가랑이의 끝 쪽을 접어서 발목을 졸
라매는 끈.
〔보은〕잿님이 자꾸 풀려져서 뭘 하덜 못 하겠네.
표대님이 자꾸 풀어져서 뭘 하지를 못하겠네.

잼뱅이 경기 | 명사 | 잠방이
가랑이가 무릎까지 내려오도록 짧게 만
든 홑바지.
〔양평〕잼뱅이 입었으니 춥지? 표잠방이 입었으
니 춥지?
◆'잼뱅이'는 농부들이 여름철에 농사일을 할 때 바
지 대신 입었는데 가랑이가 무릎까지 내려오게 지었
다. 오늘날의 반바지와 비슷한 형태다.

잿님 전북 | 명사 | 대님
한복에서, 남자들이 바지를 입은 뒤에
그 가랑이의 끝 쪽을 접어서 발목을 졸
라매는 끈.
〔군산〕나는 잿님 치는 법을 몰라 한참을 망설였
다. 표나는 대님 치는 법을 몰라 한참을 망설였
다. 〔정읍〕댓님을 잘 묶어야 한복은 태가 난당게.
표대님을 잘 묶어야 한복은 태가 난다니까.

잿등 전남 | 명사 | 없음
고개 등성이.
〔강진〕아부지가 나를 델코 넘었던 잿등은 이제
도로가 나서 버스가 다닌다. 표아버지가 나를 데
리고 넘었던 '잿등'은 이제 도로가 나서 버스가

다닌다.

잿말랑 강원 | 명사 | 잿마루
재의 맨 꼭대기.
〔정선〕잿말랑에는 돌무더기와 서낭당이 있었다.
표잿마루에는 돌무더기와 서낭당이 있었다. 〔평
창〕잿말랑까지는 멀었대요. 표잿마루까지는 멀
었어요. 〔삼척〕새벽에 잿말랑에 올라서서 해 뜨
는 광경을 봤지. 장관이더군.표새벽에 잿마루에
올라서서 해 뜨는 광경을 봤지. 장관이더군.
◆'산말랑'은 '산마루'를 뜻하고 '잿말랑'은 '잿마루'
를 뜻한다. '산마루'는 '산등성이'를 이루는 산줄기
중 가장 높은 곳이고 '잿마루'는 길이 나 있어 걸어
다닐 수 있는 고개 중 가장 높은 곳이다.

쟁개비 북한 | 명사 | 냄비
음식을 끓이거나 삶는 데 쓰는 용구의
하나. 보통 솥보다 작고 뚜껑과 손잡이
가 있다.
〔평남〕남정이 양은 쟁개비 끓듯 한다. 표남자가
양은 냄비 끓듯 한다.
◆평양을 비롯하여 평안도와 자강도 등지에서는 '가
마'를 '가매'라고 하고, '냄비'는 '쟁개비', '양푼'은
'소래'라고 한다.

쟁구다 충남 | 동사 | 쟁이다
물건을 차곡차곡 포개어 쌓아두다.
〔서산〕바로는 아니구 무처논 걸랑 하루 쟁궈뒀
다가 먹는 거지. 표바로는 아니고 무쳐놓은 건
하루 쟁여뒀다가 먹는 거지. 〔공주〕울타리 구석
쟁이에 고염나무가 한 그루 있는디 어찌나 많이
열었든지 그걸 따서 독아지에다 쟁궈놔 꺼내 먹
었드니 어찌나 달든지. 표울타리 구석에 고염나
무가 한 그루 있는데 어찌나 많이 열렸던지 그걸
따서 독에다 쟁여놔 꺼내 먹었더니 어찌나 달던

지. 〔당진〕장작을 잔뜩 쟁궈났으니 올즉은 뜨뜻하게 살겠구먼. 표장작을 많이 쟁여놨으니 올겨울은 따뜻하게 살겠다.

쟁깨미 충북 | 명사 | 없음

놋그릇을 닦을 때 사용하던 오래되어 삭은 기와로 낸 가루.

〔진천〕쟁깨미루 놋그럭얼 닦으니께 반짝반짝 빛이 나네. 표'쟁깨미'로 놋그릇을 닦으니까 반짝반짝 빛이 나네.

◆가루를 냈을 때 검은색이 나는 것은 쓰지 않고, 흰색이 나는 가루로 그릇을 닦는다.

저금 전남 | 명사 | 젓가락

음식을 집어 먹거나, 물건을 집는 데 쓰는 기구. 한 쌍의 가늘고 짤막한 나무나 쇠붙이 따위로 만든다.

〔곡성〕저금이 없네. 저금짝 상에 놓아라. 표젓가락이 없네. 젓가락을 상에 놓아라. 〔강진〕저봄질을 첨부터 제대로 배워야제. 표젓가락질을 처음부터 제대로 배워야지. 〔진도〕밥상에 숫구락과 제범짝은 간지란히 놔야 댜야. 표밥상에 숟가락과 젓가락은 가지런히 놔야 돼.

◆전남에서 '젓가락'을 이르는 말은 매우 다양하다. 담양·신안·완도에서는 '젓갈, 저꾸락, 저끄락'이라고 하고, 광산·광양·나주·무안·영광·영암·장성·장흥·함평·화순에서는 '저붐, 저범, 저분', 강진·고흥·곡성·광양·보성·승주·신안·여천·여수·완도·장흥·진도·해남에서는 '제범, 제봄, 제붐', 영광·담양·강진에서는 '저금'이라고 한다.

저누리 경기 | 명사 | 곁두리

농사꾼이나 일꾼들이 끼니 외에 짬짬이 먹는 음식.

〔포천〕일을 하다가 힘들면 인제 저누리로 감자나 옥수수 이런 거 먹으면서 쉬지. 표일을 하다가 힘들면 이제 곁두리로 감자나 옥수수 이런 거 먹으면서 쉬지. 〔강화〕3시쯤 겨뚜리 가지고 논으로 나와라. 표3시쯤 곁두리 가지고 논으로 나와라. 〔평택〕젯누리 먹고 해요. 표곁두리 먹고 해요.

◆아침, 점심, 저녁 때를 맞추어 먹는 밥을 '참'이라고 하고, 참과 참 사이에 먹는 음식을 '곁두리' 또는 '새참'이라고 한다. 일반적으로 '새참'은 아침을 먹고 난 후에 아침과 점심 사이에 먹고, 점심을 먹고 난 후에 점심과 저녁 사이에 먹는데 한낮의 더위를 피하기 위해 새벽부터 일을 시작한 경우에는 아침 전에 먹을 수도 있다. 평택에서는 '새참'을 '젠누리'라고 한다. '젠누리'는 '젓누리(곁두리)'에서 온 말이다. -김유복(평택)

저드랑 끼다 충북 | 없음 | 팔짱 끼다

두 손을 각각 다른 쪽 소매 속에 마주 넣거나, 두 팔을 마주 끼어 손을 두 겨드랑이 밑으로 각각 두는 일을 일컫는다.

〔옥천〕그르케 저드랑 끼고 보구만 있지 말구 이것 줌 햐. 표그렇게 팔짱 끼고 보고만 있지 말고 이것 좀 해.

저릅대 강원 | 명사 | 겨릅대

껍질을 벗긴 삼대.

〔홍천〕삼 껍질은 주인이 가져가고 어머니는 저릅대만 머리에 이고 오신다. 표삼 껍질은 주인이 가져가고 어머니는 겨릅대만 머리에 이고 오신다. 〔양양〕저릅대로 발을 엮어라. 표겨릅대로 발을 엮어라. 〔평창〕옛날에 산골에서는 저릅대를 엮고 진흙 발라 벽을 세워 집을 지었다. 표옛날에 산골에서는 겨릅대를 엮고 진흙 발라 벽을 세워 집을 지었다.

저분 경북 | 명사 | 젓가락

음식을 집어 먹거나, 물건을 집는 데 쓰는 기구. 한 쌍의 가늘고 짤막한 나무나 쇠붙이 따위로 만든다.

〔경주〕에릴 때 저분질 잘 배아나야 커서도 잘할 수 있다. 표어릴 때 젓가락질 잘 배워야지 커서도 잘할 수 있다.

저분 전북 | 명사 | 젓가락
음식을 집어 먹거나, 물건을 집는 데 쓰는 기구. 한 쌍의 가늘고 짤막한 나무나 쇠붙이 따위로 만든다.

〔군산〕저분질을 잘 못해 꾸중을 들었다. 표젓가락질을 잘 못해 꾸중을 들었다. 〔정읍〕반찬은 저분질을 잘해야 쓴다. 표반찬은 젓가락질을 잘해야 쓴다. 〔남원〕상에 아부지 저분 좀 놔라. 표상에 아버지 젓가락 좀 놔라.

저질치다 강원 | 동사 | 저지레하다
일이나 물건에 문제가 생기게 만들어 그르치다.

〔고성〕너는 뭐만 했다 하면 저질치냐? 표너는 뭐만 했다 하면 저지레하냐? 〔춘천〕그 녀석은 무슨 일만 시키면 꼭 저지레를 차더라. 표그 녀석은 무슨 일만 시키면 꼭 저지레를 하더라.

저프다 제주 | 형용사 | 대단하다
보통에서 아주 뛰어나 놀랄 만하다.

〔애월-상가〕옛 어른덜이 정말 저픈 거주. 표옛 어른들이 정말 대단한 거지요.

적바람 경북 | 명사 | 적바림
나중에 참고하기 위하여 글로 간단히 적어 둠. 또는 그런 기록.

〔안동〕적바람 갔다 온나. 표적바림 갔다 오너라.
◆어렸을 때 부모님 심부름으로 친척 집에 가서 물건을 빌려 온 적이 있었을 것이다. 좀 더 자라서는 시장에 가서 장을 봐오기도 했을 것이고, 한복 바느질을 맡긴 집에 가서 옷의 치수를 전해주고 온 일도 있었을 것이다. 이때 간단한 메모를 들고 심부름을 가기도 하고 메모를 직접 전달해주기도 했을 텐데 이를 '적바람'이라고 했다. -이동희(안동)

전시내 경북 | 부사 | 온통
있는 전부.

〔칠곡〕꽃가루 때문에 전시내 누런색이다. 표꽃가루 때문에 온통 누런색이다.

전주다 경북 | 동사 | 비교하다/겨누다
(1)둘 이상의 사물을 견주어 서로 간의 유사점, 차이점, 일반 법칙 따위를 고찰하다.
(2)활이나 총 따위를 쏠 때 목표물을 향해 방향과 거리를 잡다.

〔대구〕나아로 미칭갱이자태 전주는 거느 도저히 몬 참겠심더. 표나를 미친놈한테 비교하는 것은 도저히 못 참겠습니다.

절구땡이 충남 | 명사 | 절굿공이
절구에 곡식 따위를 넣고 빻거나 찧거나 할 때에 쓰는 공이.

〔서산〕오이손자럴 구애허너니 절구땡이럴 귀애허지 허넌 속담은 오이손자넌 아무리 구여워혜주두 그는 결국 외조부에게 덕을 보여주지 안넌다는 말이다. 표외손자를 귀애하느니 절굿공이를 귀여워하지 하는 속담은 외손자는 아무리 귀여워해주어도 결국 외조부에게 덕을 보여주지 않는다는 말이다. 〔논산〕도굿대를 똑자루 잡아야 도굿대질을 잘하지. 표절굿공이를 똑바로 잡아야 잘 빻아지지.
◆'도굿대질'은 '절구공이로 곡식 등을 빻는 일'을 뜻

하는 말이다. -권선옥(논산) ◆절굿공이를 '절구땡이'라고 하는 것은 '간'을 속되게 '간땡이'라 표현하는 것과 흡사하다. 절굿공이는 곡식을 찧기 위해 늘 사용하는 것이지만 도구 나부랭이에 지나지 않는다는 어감을 포함한다.

절리다 경기 | 동사 | 결리다

숨을 크게 쉬거나 몸을 움직일 때에, 몸의 어떤 부분이 뜨끔뜨끔 아프거나 뻐근한 느낌이 들다.

〔연천〕아까 일을 좀 했더니 어깨가 절려서 이러구 있어요. 囲아까 일을 좀 했더니 어깨가 결려서 이러고 있어요.

절벤본 제주 | 명사 | 절편판

둥근 떡인 절편을 만들 때 쓰는 떡살.

〔한경-신창〕반죽 삶은 걸 동골동골하게 헹 두 개 부쩍 절벤본으로 꼭 허게 누르뜨민 우이 모냥이 그려져. 囲반죽 삶은 것을 동글동글하게 해서 두 개 붙여서 절편판으로 꼭 누르면 위에 모양이 그려져. 〔안덕-창천〕이 절벤본 절벤 허는 거. 물려받은 거난 나 어드레 버려불지 못허주게. 囲이 절편판 절편 하는 거. 물려받은 거니까 내가 어디 버려버리지 못하지. 〔애월-상가〕어멍! 나도 절편본으로 떡 만들어보젠경 허라게. 囲어머니! 나도 절편판으로 떡 만들어보고 싶어요. ◆절편은 둥그런 두 개의 떡을 붙여 만든 떡이기 때문에 떼어서 먹지 않는다.

절시하다 경북 | 동사 | 없음

지난날의 잘못이나 허물을 고쳐 올바르고 착하게 되다.

〔대구〕저 아래 골목 끄티이 집에 칠복이란 늠 있제? 글케 그늠이 절시로 했다네. 囲저 아래 골목 끝 집에 칠복이란 놈 있지? 글쎄 그놈이 '절시했

다네'. ◆'절시'는 '절시(絶時)'에서 온 말로 보인다. 오후 11시에서 새벽 1시 사이를 '자시'라고 하는데, 자시의 중심인 '자정'은 시간이 끊어지거나 시간이 바뀌는 때로 전환점을 뜻하는 말이 된다. 따라서 '절시하다'라는 말은 어제의 불효자가 오늘의 효자가 되는 것처럼 사람이 달라졌을 때 쓰는 말이다. -상희구(대구)

점드락 충남 | 부사 | 저물도록

해가 져서 어두워질 때까지.

〔서천〕점드락 밥때도 까먹고 어디를 싸다니는 거, 이눔아. 囲저물도록 밥때도 까먹고 어디를 싸돌아다니는 거야, 이놈아. ◆집 근처에 종종 찾는 주점이 있다. 저녁 무렵에 주점에 들렀더니 60대 후반의 주점 주인인 대천댁이 "오늘은 점드락 손님 하나 없었구만유"라고 인사한다. 어린 시절, 해가 뉘엿뉘엿 저물 때까지 친구들과 들판으로 바닷가로 뛰놀다 집에 들어가면, 대문에 들어서기 무섭게 어머니는 "점드락 밥때도 까먹고 어디를 싸다니는 겨, 이눔아"라고 지청구를 하곤 했다. -임종건(서천)

젓국같다 경기 | 형용사 | 어렵다

겪게 되는 곤란이나 시련이 많다.

〔강화〕그 집은 젓국 같은 살림에 한 푼 두 푼 모아 시동생 장가갈 때 패물을 해줬대. 囲그 집은 어려운 살림에 한 푼 두 푼 모아 시동생 장가갈 때 패물을 해줬대.

젓무 경기 | 명사 | 깍두기

무를 작고 네모나게 썰어서 소금에 절인 후 고춧가루 따위의 양념과 함께 버무려 만든 김치.

〔서울〕깍두기를 갖다가 그전에는 젓무라구 그

528

랬어여. 표깍두기를 갖다가 그전에는 '젓무'라고 그랬어요.

◆깍두기는 한국인의 밥상에서 빼놓을 수 없는 반찬이다. 1923년 11월 10일자 〈조선일보〉에는 깍두기의 명칭을 통일하고 담은 법을 표준화하자는 기사가 실렸는데 문헌상 가장 이른 시기의 기록으로 추정된다. 이보다 더 이른 시기에 '젓무'라는 단어가 쓰였는데 조선 말기의 요리서인 『시의전서』에 나오는 말이다. 이 책에서 '젓무'는 무를 네모지게 썰어 젓갈에 담근다고 설명하고 있다. 그러므로 지금의 깍두기와 비슷한 것이 아닐까 생각되는데 현재 서울에서는 깍두기를 젓무라고도 하지만 거의 사라져가는 단어가 되었다. 같은 지시 대상을 네모지게 깍둑 썰기를 했다 하여 깍두기로 부를 수 있는가 하면 맛을 내는 핵심 요소인 젓갈에 초점을 두어 젓무라고 부를 수도 있으니 세상을 바라보는 사람의 관점은 참으로 다양함을 새삼 느낄 수 있다.

정 경기 | 명사 | 종기
피부의 털구멍 따위로 화농성 균이 들어가서 생기는 염증.
〔양평〕눈깔에 정이 났구나. 표눈깔에 종기가 났구나.

정갱이 경기 | 명사 | 정강이
무릎 아래에서 앞 뼈가 있는 부분.
〔연천〕정갱이를 걷어찼어. 표정강이를 걷어찼어.

정구 경남 | 명사 | 끼니
아침, 점심, 저녁과 같이 날마다 일정한 시간에 먹는 밥. 또는 그렇게 먹는 일.
〔울산〕행님, 정구치셨습니꺼? 표형님 식사하셨습니까?
◆'정구'는 '점고'에서 온 말이다. '점고'는 "명부에 일일이 점을 찍어 가며 사람의 수를 조사"한다는 말이다. "끼니를 때우다"라는 의미로 거제·창원·통영·하동·합천 등지에서는 '정구 마치다'라고 하고, 울산에서는 '정구치다'라고 한다. 지역에 따라 '정구'를 '끼니를 때우다'가 아니라 '식사'의 의미로 사용하기도 하고, 합천에서는 "니 숙제 정구 마쳤나?"와 같은 형태로 숙제 검사를 할 때도 이 말을 사용한다. -김성재(창원)

정구다 전북 | 동사 | 잠그다
물속에 물체를 넣거나 가라앉게 하다.
〔정읍〕이놈들이 나를 자빠치고는 물속에 정궜당게. 표이놈들이 나를 넘어뜨리고는 물속에 잠갔다니까.
◆전북 사투리 '정구다'는 신체나 어떤 물건을 물에 넣었을 때만 사용하는 특징이 있다. '정구다'는 전라도에서 자주 사용하는 어휘로 전북 사투리를 탁월하게 구사하는 전북 출신 작가 윤흥길의 〈장마〉에서도 그 쓰임을 찾아볼 수 있다. "그러고 얼음 백힌 디는 까짓대가 질이다. 까짓대를 푹 쏾어서 그 물에다가 한참썩 수족을 정구고 나면 고닥 풀리느니라." -윤흥길, 〈장마〉

정구지 경북 | 명사 | 부추
백합과의 여러해살이풀.
〔대구〕오늘 비도 오는데 정구지 찌짐 해가 막걸리 한잔하자. 표오늘 비도 오는데 부추전 해서 막걸리 한잔하자.

정기떡 제주 | 명사 | 없음
고운 메밀가루 반죽을 번철이나 프라이팬 따위에 얇게 펴 지져서 가운데에 양념한 무채 소를 넣고 말아서 만든 떡.
〔구좌-동복〕정기떡 내움살만 맡아도 춤이 돌아. 표'정기떡' 냄새만 맡아도 침이 돌아.

◆제주에서 '빙떡'을 '빙/빈/영빈/전기떡/정기떡/정기'라고도 한다. ◆'빙'은 한자어 '병(餠)'에서 온 말이다. 지역에 따라 빙떡은 '빈/빈떡/빙떡/영빈/전기/전기떡' 등으로 불린다. '빙'을 만드는 것을 "빙지지다" 또는 "빙 부끄다(부치다)"라고 한다.

정낭 강원 | 명사 | 뒷간
대소변을 보도록 만들어놓은 곳.
〔고성〕밤중에 정낭 가는 게 제일 무섭다. 표밤중에 뒷간에 가는 것이 제일 무섭다. 〔강릉〕감나무 옆에 정낭이 있잖소. 표감나무 옆에 뒷간이 있잖소. 〔춘천〕잿간에는 뱀두 안 들어온데. 표뒷간에는 뱀도 안 들어온데.
◆뒷간을 뜻하는 '정낭(淨廊)'은 마음을 깨끗하게 하는 곳이란 말이자 곁채(딸려 있는 집)라는 뜻이다. 강원도에서는 '곁'을 '젙'이라고 하므로 '젙낭'이 '정낭'이 된 것으로 볼 수 있다. '통시'는 통을 묻은 구시라는 뜻인데, '구시'는 깊게 판 구덩이를 뜻하는 말이다. -김인기(강릉) ◆'뒤깐'은 뒤를 보는 곳이자 집 뒤에 따로 만든 곳이란 뜻이 있고, '잿깐'은 용변을 보고 재를 뿌리기 위해 재를 모아 놓아두는 곳이란 뜻이 있다. -유연선(춘천)

정동 제주 | 명사 | 댕댕이덩굴
새모래덩굴과의 여러해살이 덩굴풀인 댕댕이덩굴을 이르는 말.
〔노형〕골체는 산에 강 정동 걷어당 집이 왕은에 손빵 걸로 졸아. 표삼태기는 산에 가서 댕댕이덩굴 걷어다가 집에 와서 손봐서 걸로 결어. 〔대정-상모〕이 푸는체 이거 정동이렌 허주, 정동으로 멘든 거. 풀 부른 건 나가 헐어근에 새어 가난 풀 불랑 씻주게. 표이 키 이거 댕댕이덩굴이라고 하지, 댕댕이덩굴로 만든 거. 풀로 천을 바른 건 내가 헐어서 새어가니까 풀로 천을 발라서 썼지.
◆제주에서는 '정동줄'로 '골체(삼태기)'나 '푸는체

(키)'를 만들어 썼다. 또 전통 모자의 하나인 '정당벌립(벙거지)'을 만들기도 했다. '정동'을 '정동줄' 또는 '정당줄'이라고 한다.

정주석 제주 | 명사 | 없음
정낭을 걸쳐 놓는 돌기둥.
〔수산〕정주석은 올레 어귓담에 정낭 걸치는 돌이주게. 표'정주석'은 골목 양 옆 담에 '정낭'을 걸치는 돌이지. 〔대정-신평〕정주석은 옛날 거의 있었지. 정 낭 어디 다녔거든. 표'정주석'은 옛날 거의 있었지. '정' 놔서 어디 다녔거든.
◆'정주석'과 '정낭'은 함께 쓰이는데, 제주 전통 가옥에서 대문 역할을 한다. 올레 입구 양쪽에 세워놓는 '정주석'에는 세 개의 구멍이 뚫려 있는데, 이 구멍에 길쭉한 모양의 나무인 '정낭'을 걸쳐놓는다. '정주석'은 지역에 따라서 나무로 만들기도 하는데 '정주목' 또는 '정주목낭'이라고 한다. ◆제주에는 거지가 없고 도둑이 없고 대문이 없다. 대문이 아예 없는 것은 아니다. 육지와 비슷한 대문이 없을 뿐이다. 제주에는 올레 입구에 일종의 대문 역할을 하는 세 개의 나무를 가로로 걸쳐놓는다. 나무를 걸쳐놓은 모양에 따라 집에 사람이 있는지 여부를 알려줄 뿐만 아니라 가축이 못 들어오게 막는 역할도 한다. 정월 대보름날 풍습 중에 아이들이 남의 집 정낭을 가져다 다른 곳에 버리는 놀이도 있었다. 그래서 정월 대보름날 저녁에는 누가 정낭을 가져갈까 봐 숨겨놓기도 했지만 대부분의 집들은 정낭도 없이 터놓고 살았다.

정지칸 북한 | 명사 | 부엌
일정한 시설을 갖추어놓고 음식을 만들고 설거지를 하는 등 식사에 관련된 일을 하는 곳.
〔함북〕메느리들은 명절만 되면 시집에 가서 하루종일 정지칸에만 있다가 온다. 표며느리들은

명절만 되면 시집에 가서 하루종일 부엌에만 있다가 온다.

정치다¹ 경기 | 부사 | 없음
많이 또는 크게라는 말.
〔안성〕되지도 않는 일을 정치게 벌려놨네. 国되지도 않는 일을 '정치게' 벌려놨네. 〔안성〕입술을 정치게 그렸네. 国입술을 '정치게' 그렸네.

정치다² 경기 | 형용사 | 경치다
(1)혹독하게 벌을 받다.
(2)아주 심한 상태를 못마땅하게 여겨 이르는 말.
〔이천〕이런 정칠 놈. 国이런 경칠 놈. 〔여주〕이런 정을 칠 놈 같으니. 国이런 경을 칠 놈 같으니.
◆옛날에 죄인의 이마나 팔뚝에 먹물로 죄명을 써넣던 형벌을 '묵형'이라 하였고, 글자를 써넣는 일을 '경치다' 혹은 "경을 치다"라고 하였다. 오늘날에는 큰일을 당하는 것을 뜻하는 말로 사용하고 있다. '경치다'가 '정치다'라는 사투리형으로 바뀐 것은 일종의 구개음화라고 볼 수 있다.

젙두리 충남 | 명사 | 곁두리
농사꾼이나 일꾼들이 끼니 외에 참참이 먹는 음식.
〔예산〕농삿일이 젙두리 먹넌 재미두 읎으믄 오쩐야? 国농삿일이 곁두리 먹는 재미도 없으면 어떡한대? 〔당진〕오늘 젓두리 뭐여? 막걸리에 두부김치믄 좋겄구먼. 国오늘 곁두리 뭐야? 막걸리에 두부김치면 좋겠구나. 〔서산〕쉴참으로 빵과 막걸리를 먹었다. 国곁두리로 빵과 막걸리를 먹었다. 〔세종〕일은 안혀구 샛밥 오기만 눈빠지라 기다리네. 国일은 안하고 곁두리 오기만을 눈이 빠지게 기다리네.
◆'젙두리'는 충남 서북 지역에서 쓰는 말이다. 예전

민중들은 점심밥을 먹지 못했다. 가을 곡식이 떨어지는 겨울이나 봄날이면 밥 대신 고구마나 감자 따위로 점심을 대신했다. 그러나 품을 사 일을 할 때에는 꼭 점심밥을 내야 했다. 함지박에 점심을 준비해 들녘으로 나가는데, 점심 때 먹는 이 음식을 '젙두리'라 했다. 이 말은 표준어화에 따라 빨리 사라졌는데 충남 지역에서는 표준어와 비슷한 '참, 새참' 따위의 다른 말이 있었기 때문이다. -이명재(예산) ◆충남 북부 지역에서는 '젙두리' 외에 '참, 새참, 접밥, 때껏, 젙거리' 따위의 말을 쓴다. "진진 해이 모꾸덜 시장허겄다. 싸게 접밥 내가자"라는 말은 모심기에 바쁜 일꾼에게 점심밥을 내보내자는 말이다. 이때 '접밥'을 쓰고 있는데, 이 '접밥'은 '참'과 함께 서산, 당진, 홍성, 태안 등의 충남 북부 지역에서 가장 많이 쓰는 말이다. -이명재(예산) ◆집 또는 야외에서 힘든 일을 할 때는 하루 세 번의 끼니 사이 젓두리를 먹는다. 끼니와 달리 막걸리나 부침개, 떡 등 간단한 음식으로 일하느라 허기진 배속을 채워주는 역할을 한다. 이땐 지나가는 동리 사람 또는 나그네가 있으면 불러서 같이 먹는다. 남의 일터에서 젓두리 음식을 얻어먹는 것을 '은메기'라 한다. -조일형(당진)

제깍ᄒ다 제주 | 형용사 | 빈틈없다
비어 있는 사이가 없다.
〔한경-신창〕보리밧이 얼어 나면 땅이 영 들려. 게민 그걸 제깍허게 볼라 줘야 보리가 잘 뒈여. 国보리밭이 얼고 나면 땅이 이렇게 들려. 그러면 그걸 빈틈없이 밟아 줘야 보리가 잘 돼. 〔남원〕바농질은 듬성듬성헌 것도 잇고 제깍허는 것도 잇주게. 듬성듬성허는 건 호는 거고 제깍허게 허는 건 뎅침허는 거. 国바느질은 듬성듬성한 것도 있고 빈틈없는 것도 있지. 듬성듬성하는 건 호는 거고 빈틈없이 하는 건 박음질하는 거.
◆다른 지역 사투리에 '제깍'이란 부사가 있어 '그때 그때 바로'라는 시간적인 뜻을 나타내는데 제주 사

투리 '제깍하다'는 공간적인 뜻을 나타내는 게 특이하다.

제낙 북한 | 명사 | 저녁
해 질 무렵부터 밤이 되기까지의 사이.
〔평북〕오늘 제낙에 누구레 옵니까? 표오늘 저녁에 누가 옵니까? 〔평남〕어제 저낙에는 호께 더워시요. 표어제 저녁에는 몹시 더웠어요.
◆북한 전역에서는 초저녁을 '아시저녁'이라고 하고, 지역에 따라 '아지내(평남)' 또는 '초아진(평북)'이라고 한다. 그런가 하면 남북한 모두 해가 지기 전의 이른 저녁을 '보리저녁'이라고 하는데, 대체로 보리밥은 두 번을 삶아서 짓기 때문에 쌀밥과 달리 보리쌀을 일찍부터 안쳐야 하기 때문에 생긴 말이다.

제놓다 경기 | 동사 | 짓다
재료를 들여 밥, 옷, 집 따위를 만들어놓다.
〔서울〕초막 따로 제놓고 살구 그랬에요. 표초막 따로 짓고 살고 그랬어요.
◆'지어놓다'가 '제놓다'로 축약되는 것은 중부 지역에서는 드문 일인데 서울에서는 많이 쓰인다.

제누리 강원 | 명사 | 곁두리
농사꾼이나 일꾼들이 끼니 외에 참참이 먹는 음식.
〔원주〕모를 심는 일꾼들은 배가 출출하면 제누리가 오나 하고 산모탱이를 본다. 표모를 심는 일꾼들은 배가 출출하면 곁두리가 오나 하고 산모퉁이를 본다. 〔인제〕아척 저녁 제누리꺼정 하루 오시를 멕이믄서 일을 하믄 먹은 값을 해야지. 표아침과 저녁 곁두리까지 하루에 다섯 끼니를 먹이면서 일을 하면 먹은 값을 해야지. 〔양양〕어머니는 젠노리를 머리에 이고 논두렁길을 걷고 또 걸었다. 표어머니는 곁두리를 머리에 이고 논두렁길을 걷고 또 걸었다. 〔평창〕아무리 힘든 농사도 젠노리를 먹을 때면 신난다. 표아무리 힘든 농사도 곁두리를 먹을 때면 신난다.
◆아침과 점심 사이에 먹는 음식을 '점심제누리' 점심과 저녁 사이에 먹는 음식을 '저녁제누리'라고 한다. 그러나 저녁과 아침 사이에 먹는 음식은 '밤참'이라고 한다. -유연선(춘천)

제리기 경남 | 명사 | 겉절이
배추, 상추, 무 따위를 절여서 곧바로 무쳐 먹는 반찬.
〔부산〕푹 익은 짐치뽀다 제리기가 더 좋다. 표푹 익은 김치보다 겉절이가 더 좋다. 〔진주〕제리기는 소곰에 제리는 기 아이다. 표겉절이는 소금에 절이는 게 아니다.
◆무엇을 넣느냐에 따라 배추를 넣으면 '배차제리기'가 되고, 파를 넣으면 '파제리기', '마늘'을 넣으면 '마알제리기'가 된다.

제리다 강원 | 형용사 | 저리다
뼈마디나 몸의 일부가 오래 눌리거나 추위로 인해 피가 잘 통하지 못하여, 감각이 둔하고 아리며 움직이기가 거북하다.
〔원주〕손발이 제리다. 표손발이 저리다. 〔삼척〕한 자세로 오래 앉아 있었더니 오금이 제리구나. 표한 자세로 오래 앉아 있었더니 오금이 저리구나. 〔횡성〕손발이 제리다. 표손발이 저리다.

제자루방매이 경기 | 명사 | 고집불통
조금도 융통성이 없이 자기주장만 계속 내세우는 일. 또는 그런 사람.
〔강화〕쟤는 아무리 이야기해도 통하지가 않네. 아주 제자루방매이야. 표쟤는 아무리 이야기해도 통하지가 않네. 아주 고집불통이야.

제피 경남 | 명사 | 조피

조피나무의 열매를 일컫는 말.

[하동]갓짐치에 제피를 옇으몬 그 맛이 일품이다. 표갓김치에 조피를 넣으면 그 맛이 일품이다. ◆조피나무 열매는 가루로 만들어 추어탕에 넣어 먹는다. 의령에서는 김치를 담글 때도 넣는다. '조피'와 '산초'는 생김새가 비슷하여 간혹 '조핏가루'를 산초나무 열매 가루로 알고 있는 경우가 있는데, 조피나무의 열매 가루로 만든다. -김승호(진주) ◆'산초'와 '조피'를 구분하는 방법은 산초나무 열매로는 기름을 짜지만 제피나무 열매로는 기름을 짜지 않는다는 것이다. -김성재(고성)

젠치 북한 | 명사 | 고수
산형과의 한해살이풀.

[북한]우리 할마이는 젠치를 참 잘 잡수심다. 표우리 할머니는 고수를 참 잘 잡수십니다.

조개볼 경기 | 명사 | 보조개
말하거나 웃을 때에 두 볼에 움푹 들어가는 자국.

[강화]조개볼이 파인 모습이 귀엽다. 표보조개가 파인 모습이 귀엽다. ◆표준어 '보조개'는 '볼조개'로부터 온 말이고, 경기 지역 사투리 '조개볼'은 '볼조개'의 말차례를 바꾼 형태이다.

조거 충북 | 명사 | 조기
민어과의 보구치, 수조기, 참조기 따위를 통틀어 이르는 말.

[영동]지사 때는 조거럴 꼭 올리야 혀. 표제사 때는 조기를 꼭 올려야 해.

조니레 전남 | 부사 | 제발
간절히 바라건대.

[보성]조니레 조심하란 말다. 표제발 조심하란 말이다.

조단조단 전남 | 부사 | 차근차근
말이나 행동 따위를 아주 찬찬하게 순서에 따라 조리 있게 하는 모양.

[고흥]부애 내 싸치 말고 조단조단 말 잔 허씨요. 표화내 쌓지 말고 차근차근 말 좀 하세요. [강진]여동생은 아부지하고 조단조단 야그도 잘한당께. 표여동생은 아버지하고 차근차근 얘기도 잘한다니까. [진도]우리 집 메느리는 조단조단하게 말도 잘해서 좋당께. 표우리 집 며느리는 차근차근하게 말도 잘해서 좋아요.

조당수물 경북 | 명사 | 없음
메밀가루에 술을 쳐서 미음과 비슷하게 쑨 우리나라 전래 음식의 하나.

[의성]우리 어릴 때는 물께 없어가 조당수물 해가 마이 묵지. 표우리 어릴 때는 먹을 게 없어서 '조당수물'을 해서 많이 먹었지.

조랭이 충남 | 명사 | 조리
쌀을 이는 데 쓰는 기구.

[서산]니 애비 어릴 즉에 하루 쥥일 조랭이질을 하는디. 애가 승실은 헌디 요령이 읎었써. 표네 아빠 어릴 적에 하루 종일 조리질을 하는데. 애가 성실은 한데 요령이 없었어. [예산]우리 어렸을 적인 대조랭이랑 쇠조랭이를 많이 썼지먼, 독 골르넌 기계 나오구 나선 조랭이 귀경 통 못했어. 표우리 어렸을 적엔 대나무 조리랑 쇠 조리를 많이 썼지만, 돌 고르는 기계 나오고 나선 조리 구경을 통 못했어. [공주]우리 어릴즉에먼 허두 슬멩일시구 보름끼만데면 '복조랭이 사려 복조랭이 사려' 허구 왼 동내를 돌아댕겼어. 표우리 어릴 적에만 해도 설 명일을 쇠고 보름께만 되면 '조리 사려 조리 사려' 하고 온 동네를 돌아다녔어.

◆'조랭이'는 충남 전역에서 널리 써온 말이다. 옛말 '죠리'에서 '죠리, 죠래'가 되고 여기에 접사 '-앵이'가 붙었다. '-앵이'는 충남 지역에서 가장 흔히 쓰이는 접사 가운데 하나다. '조랭이'는 대개 대나무를 이용해 만들었다. 충남 지역에서는 대나무가 흔치 않았기 때문에 주로 대나무 장수의 것을 사다 썼다. "이즌이는 황애장수덜이 조랭이 팔러두 많이 댕겼구먼 시방이야 누가 조랭일 쓰남?(예산)"을 보면 조랭이 장수들이 마을마다 돌아다니며 팔았다는 것을 알 수 있다. 해방 이후 '조래미'의 사용 빈도가 충남 중서부 지역에서 높아졌다. '조래미'는 경기 사투리라 할 수 있다. '조래미'는 해방 이전부터 충남 지역에서 '조랭이'와 함께 쓰였지만, 해방 이후 천안, 아산 등에서 크게 확장되었다. 그리고 1960년대 이후 표준어화가 급격히 이루어지면서 예산, 홍성, 청양, 홍성 등의 충남 중서부 지역까지 '조랭이'는 '조래미'로 대체되었다. "이전이 여서는 조랭이질을 헌다구 덜 혔지, 조래미질이라구는 잘 안 혔어.(서산)", "복조랭이, 복조리는 있어두 복조래미는 잘 읎어.(예산)" 이런 말들은 '조리'의 충남 토박이말이 '조래미'가 아니라 '조랭이'라는 것을 보여준다. 2000년대에 들어서며 '조랭이, 조래미'는 '조리'에 자리를 내주고 잊히고 있다. -이명재(예산)

조리복쟁이 전남 | 명사 | 올챙이
개구리의 유생인 올챙이를 이르는 말.
〔고흥〕옛날에는 논에 물 잡아놓으믄 조리복쟁이가 와글와글 해. 표옛날에는 논에 물을 잡아 놓으면 올챙이가 와글와글 해. 〔진도〕꿀방망치 잡을라믄 텃논에 가봐. 표올챙이를 잡으려면 텃논에 가봐.
◆'조리복쟁이'를 진도에서는 '졸복쟁이'라고 한다. 이때에 '졸'은 '작다'는 의미이고 '복쟁이'는 '복어(바닷물고기)'의 전남 방언이다. 또 속이 좁아 이랬다 저랬다 하는 사람을 일컫기도 한다. '올챙이'

가 마치 작은 복어처럼 생겼다고 해서 생긴 말이다. '졸'은 '졸갑시럽다(속이 좁은 사람), 졸팽나무(작은 열매열린 팽나무)' 등에서 찾아볼 수 있다.

조마구 북한 | 명사 | 없음
어린아이의 작은 주먹.
〔평북〕작은아가 조마구를 꼼쳤시요. 표동생이 '조마구'를 감추었어요.
◆'조막'은 '조마구'의 준말이다. '조막'은 조막도끼, 조막돌, 조막손, 조막이삭, 조막패 등 다양한 합성어에 사용되는데 공통적으로 '작다'라는 뜻을 담고 있다. ◆'조마구'와 '주머구'는 글말이 아니라 입말이라는 점에서는 같다. 그렇지만 뜻은 다르다. '조마구'는 어린아이의 작은 주먹을 뜻하지만, '주머구'는 어른의 주먹을 뜻하는 말이다.

조박지 전남 | 명사 | 자배기
둥글넓적하고 아가리가 넓게 벌어진 질그릇.
〔고흥〕옛날에 쓰든 조박지가 우리 집에 있어. 표옛날에 쓰던 자배기가 우리 집에 있어. 〔강진〕저박지로 물 좀 길러 온나. 표자배기로 물 좀 길어 오너라.
◆고흥·곡성에서는 '조박지'라고 하는데, 강진·보성·진도에서는 '저박지'라고한다.

조배기 경기 | 명사 | 조바위
추울 때에 여자가 머리에 쓰는 방한모의 하나. 모양은 아얌과 비슷하나 볼끼가 커서 귀와 뺨을 덮게 되어 있다.
〔서울〕손녀딸들은 조배기를 해서 씌웠어. 표손녀딸들은 조바위를 해서 씌웠어.

조오 강원 | 명사 | 종이
주로 식물성 섬유를 물에 풀어 얇고 평

평하게 엉기도록 하여 물을 빼고 말린 것. 글을 쓰거나 그림을 그리거나 인쇄 등을 할 수 있는 얇은 물건이며, 이것의 표면에 먹 또는 잉크가 찍힌다.

〔정선〕전에는 봉초 담배를 조오로 말아 피웠다. 표전에는 봉초 담배를 종이로 말아 피웠다. 〔양양〕한지 조이로 연 만들자. 표한지 종이로 연 만들자. 〔평창〕종우르 찢어놨다. 표종이를 찢어놓았다.

◆ '종이'의 옛말은 '죠희'다. 『이조어사전』에는 '죠희지(紙)'라는 표현이 나온다. 이 '죠희'로부터 'ㅇ'음 첨가가 일어나 현재의 '종이'가 된 것이다. 옛말형에서 'ㅇ' 받침 첨가가 일어나지 않고 'ㅎ' 음이 탈락되고 단모음화가 일어난 형태가 바로 '조오'이다.

조재기 충북 | 명사 | 종지
간장·고추장 따위를 담아서 상에 놓는, 종발보다 작은 그릇.

〔진천〕조재기넌 지렁물이나 꼬추장을 담능 거지유. 표종지는 간장이나 고추장을 담는 거지요.

조조방구 경기 | 명사 | 촉새
언행이 가볍거나 방정맞은 사람을 비유적으로 이르는 말.

〔강화〕아이고 그 아저씨 옆에 있으면 아주 정신이 없어, 아주 조조방구야. 표아이고 그 아저씨 옆에 있으면 아주 정신이 없어, 아주 촉새 같아.

◆ '조조방구'는 말을 분별없이 재재거리며 쉬지 않고 이야기하는 사람을 일컫는 말이다. 주로 말이 많은 남자에게 쓴다. -한자경(강화)

조진조진허다 제주 | 동사 | 종잘종잘하다
말을 수다스럽게 자꾸 종알거리다.

〔애월-하귀〕우리 동세가 경 말이 좋앙 조진조진 허난 나가 무시거렌 못 허지. 표우리 동서가 그렇게 말이 좋아서 종잘종잘하니까 내가 뭐라고 못 하지. 〔구좌-한동〕똘이 똘이라. 아덜덜은 학교 가 와도 무신 말 안 근는데 똘은 나 윳이 왕 조진조진허여. 표딸이 딸이야. 아들들은 학교 갔다 와도 무슨 말 안 하는데 딸은 내 옆에 와서 종잘 종잘해.

조코고리 제주 | 명사 | 없음
조의 이삭.

〔노형〕많지 않은 조코고리는 손으로 보벼서 털 수밖에 없다. 표많지 않은 '조코고리'는 손으로 비벼서 털 수밖에 없다. 〔애월-상가〕조코고리가 큰 걸 보니 수확량이 많으쿠다. 표'조코고리'가 큰 걸 보니 수확량이 많겠어요. 〔애월-고내〕조는 스까야. 이디 하니 시민 영 영 이 정도로 듬성 듬성 해야 조코고리가 커. 표조는 솎아내. 여기 있으면 이렇게 이렇게 이 정도로 듬성듬성 해야 '조코고리'가 커.

조푸 경남 | 명사 | 두부
콩으로 만든 음식의 하나. 물에 불린 콩을 갈아서 짜낸 콩물을 끓여 여기에 간수를 넣어 엉기게 하여 만든다.

〔고성〕쌂은 조푸는 간장 양님에 찍어 무우야 맛내지. 표삶은 두부는 간장양념에 찍어 먹어야 맛있지. 〔진해〕정지서 조푸하고 지렁 가아온나. 표부엌에서 두부하고 간장 가져오너라. 〔하동〕조푸 묵다 이 빠지는 소리 고마해라. 표두부 먹다가 이 빠지는 소리 그만해라.

◆ '두부'를 뜻하는 '조포' 또는 '조푸'라는 말은 옛날 관가에 두부를 만들어 바치던 곳을 '조포소(造泡所)'라고 한 것과 국가 제의에 사용하던 두부를 만들던 절을 '조포사(造泡寺)'라고 한 것에서 유래한다. -성기각(창녕)

존졸히 충북 | 부사 | 알뜰히

일이나 살림을 정성스럽고 규모 있게 하여 빈틈이 없이.

〔충주〕월급 올랐다구 흥청거리지 말구 존졸히 쓰야 햐. 囲월급 올랐다고 흥청거리지 말고 알뜰히 써야 해.

졸 경기 | 명사 | 부추

백합과의 여러해살이풀.

〔화성〕봄철에 졸을 뜯어 살짝 데쳐서 무쳐 먹으면 춘곤증에도 매우 좋다. 囲봄철에 부추를 뜯어 살짝 데쳐서 무쳐 먹으면 춘곤증에도 매우 좋다.

졸겡이 제주 | 명사 | 으름

으름덩굴의 열매.

〔노형〕졸겡이 따 먹으렝허라게. 囲으름 따 먹으라고 해라. 〔애월-상가〕초봄에 일찍 피는 연보리빛 졸겡이 꽃이 너미 고와마씨. 囲초봄에 일찍 피는 연보라빛 으름 꽃이 너무나 고와요.

◆제주에서 '으름'을 '졸겡이'라고도 하고 '유럼/유름존겡이/존겡이'라고도 한다.

좁짝ᄒ다 제주 | 형용사 | 비좁다

자리가 몹시 좁다.

〔애월-상가〕좁짝흔 고망가게에 앚아 있는 모십이 눈에 선흐다게. 囲비좁은 구멍가게에 앉아 있는 모습이 눈에 선합니다.

◆'좁짝ᄒ다'는 '좁다'라는 형용사에 '짝ᄒ다'가 붙은 말인데 '배리짝ᄒ다(약간 비린 맛이 있다), 달짝지근ᄒ다(약건 단맛이 있다)'에 쓰인 '짝'과 기능이 비슷한 듯하다. 그런데 '좁짝ᄒ다'의 경우 좁은 상태를 더 강조함에 비해 '배리짝ᄒ다'는 비린 맛을 강조하는 것은 아니라 차이가 있다. 표준어 '넓적하다[넙쩌카다]'는 꽤 넓은 상태를 지시하는 것이니 '좁짝ᄒ다'의 표현 방식과 흡사하다.

종개 북한 | 명사 | 물수제비

둥글고 얄팍한 돌을 물 위로 튀기어 가게 던졌을 때에, 그 튀기는 자리마다 생기는 물결 모양.

〔황남〕모래부리에서 종개치기를 했시다. 囲모래톱에서 물수제비뜨기를 했습니다.

종게 제주 | 명사 | 자전거

사람이 타고 앉아 두 다리의 힘으로 바퀴를 돌려서 가게 되는 탈것.

〔용담〕느량 종게 탕 뎅기메. 囲항상 자전거 타서 다니네.

종댕이 경기 | 명사 | 종다래끼

작은 바구니. 다래끼보다 작으며 양쪽에 끈을 달아 허리에 차거나 멜빵을 달아 어깨에 메기도 한다.

〔포천〕나물은 종댕이다 담아두기도 하죠. 囲나물은 종다래끼에 담아두기도 하죠. 〔강화〕밭에 감자를 캐났으니 바금테가 가져가서 얼릉 담아 와. 囲밭에 감자를 캐났으니 종다래끼 가져와서 얼른 담아 와. 〔여주〕종다리는 댕이 넝쿨루 만들었어. 囲종다래끼는 댕이덩굴로 만들었어.

◆바구니의 포천 사투리로 '종댕이'로 사용되나 사전에는 '종다래끼'의 사투리로 등재되어 있다. 종다래끼는 다래끼보다 작은 바구니로 씨앗을 담는 데 사용하며, 포천의 '종댕이'는 씨앗만이 아닌 다양한 것을 보관하는 바구니의 용도로 사용한다. '종다래끼'와 '다래끼'는 크기만 조금 다를 뿐 용도는 비슷하다. 양쪽에 끈을 달아 허리에 차거나 어깨에 멘 상태로 씨를 뿌릴 때 사용하고, 산이나 들에서 채취한 나물을 담거나 곡물을 보관할 때 사용한다. '다래끼'도 작은 바구니지만 '종다래끼'는 그보다 좀 더 작은 바구니이다. ─이재효(포천) ◆종자의 씨를 담아 씨를 뿌릴 때 사용한다. 바닥이 넓고 위는 좁은 형태이며,

윗부분 양쪽에 끈을 달아 그 끈을 어깨에 메거나 허리에 감아서 찬다.

좨칼 경기 | 명사 | 없음
굴 따는 도구.
〔옹진〕갯가 돌멩이이 붙어 있는 굴은 좨칼로 콕콕 찍어서 따구 그래. 표갯가 돌멩이에 붙어 있는 굴은 '좨칼'로 콕콕 찍어서 따고 그래. 〔강화〕그 집네 섬에서 시집온 새샥시 구좨질을 아주 잘해. 표그 집네 섬에서 시집온 새색시 '구좨'질을 아주 잘해.
◆'좨칼'은 옹진군 덕적도에서 쓰이는 말로서 '죄칼'로 발음하기도 한다. 옹진에서는 굴 따는 도구 전체를 '좨칼'이라고 부른다. 그런데 다른 지역에서는 바위로부터 굴 껍데기를 분리하는 도구를 '줴'라고 하고 줴의 끝에 날카롭게 달려 있어 굴 껍데기에서 굴의 살을 꺼낼 때, 즉 굴을 깔 때 쓰는 칼을 '좨칼'이라고 한다. '굴'에 대해 쓰는 동사로 '따다'와 '까다'가 있는데 과일이나 호두처럼 껍질까지 통째로 바위나 나무 등 붙어 있는 곳으로부터 분리하는 것을 '딴다'고 하고, 분리된 몸통에서 껍질과 속 내용을 분리하는 것은 '깐다'고 한다.

주 경북 | 부사 | 마구
몹시 세차게. 또는 아주 심하게.
〔대구〕그냥 주 패기만 한다고 말을 듣겠능교? 표그냥 마구 패기만 한다고 말을 듣겠습니까?

주끼다 경북 | 동사 | 지껄이다
(1)자신이 경험한 지난 일이나 마음속에 있는 생각을 남에게 일러주다.
(2)'말하다'를 낮잡아 이르는 말.
〔안동〕니는 뭘 알지도 못하면서 그렇게 주끼노. 표너는 뭘 알지도 못하면서 그렇게 지껄이니. 〔대구〕입이 있다고 아무 소리나 주끼는 기 아이다. 표입이 있다고 아무 소리나 지껄이는 거 아니다.

주내 제주 | 명사 | 하모니카
직사각형의 틀에 조그마한 칸을 여러 개 만들고, 칸마다 쇠붙이 서를 끼워 만든 작은 관악기. 입에 대고 숨을 불어 넣거나 빨아들여서 소리를 낸다.
〔용담〕버금 오멍 주내 고정왕 불민 조미지쿵게. 표다음에 올때 하모니카 가지고 와서 불면 재미 있겠네.

주넹이 제주 | 명사 | 지네
지네강의 절지동물을 통틀어 이르는 말.
〔애월-상가〕주넹이 물린 데는 오줌이 최고라. 부수기 전에 확 오줌 싸불라. 표지네 물린 곳에는 오줌이 최고라. 부어오르기 전에 빨리 오줌 싸라. 〔노형〕형제간도 싸와 가믄 독광 주넹이フ치 경헴젠 욕허잖아. 표형제간도 싸워 가면 닭과 지네처럼 그런다고 욕하잖아.
◆'주넹이'를 '지낭이/지넹이'라고도 한다.

주둥패기 충남 | 명사 | 주둥이
(1)사람의 입을 속되게 이르는 말.
(2)일부 짐승이나 물고기 따위의 머리에서, 뾰족하게 나온 코나 입 주위의 부분.
(3)병이나 일부 그릇 따위에서, 좁고 길쭉하게 나온, 담긴 물질을 밖으로 나오게 하는 부분.
〔금산〕주둥패기 안에 한 주먹 느놓고 또 처먹네. 표주둥이 안에 한 주먹 넣어놓고 또 처먹네. 〔논산〕그냥 주둥패기만 살어갓구. 그냥 주먹이루 콱 쩧고 싶네. 표그저 주둥이만 살아서. 그냥 주먹으로 세게 쥐어박고 싶네. 〔공주〕옛날서부터 으른들께서 말씀하시기를 시치서빠닥과 주둥패기

537

를 잘 놀리려고들 허섰어. 주둥패기 잘못 놀렸다
가는 패가망신 당한다구. 표옛날부터 어른들께서
말씀하시기를 세치혀와 주둥이를 잘 놀리라고 하
섰어. 주둥이 잘못 놀렸다가 패가망신 당한다고.
◆충남 지역에서는 사람의 입을 속되게 이를 때 '주
딩이' 또는 '주뎅이'를 주로 쓴다. 이는 표준어 '주둥
이'에 대응하는 말이다. 더 저속하게 이를 때는 '조
동아리/주둥어리'라 하는데 이와 비슷한 말이 '주
둥패기'다. 이는 '주둥이'에 접사 '-팍'이 붙은 것으
로, 다르게는 '주둥빼기'라고도 한다. 입을 저속하게
이르는 충남 지역어로 '주뎅이/주딩이'계 외에 '아
가리/아구리, 아갈빼기/아갈패기' 아구통/아구텡
이' 따위의 '아가리/아구리'계가 있다. -이명재(예
산) ◆'주둥패기'는 아둔한 사람을 '아둔패기'라 하
고 심술 있는 사람을 '심술패기'라 하는 것과 흡사하
다. '주둥이'라는 말도 입을 속되게 표현한 것이지만
여기에 '패기'를 붙여 더 감정이 상한 상황에서 쓰는
말이 된다.

주박 경기 | 명사 | 쇠죽바가지
쇠죽을 푸는 바가지.
〔강화〕쇠죽을 끓이믄 주박으로 구유에 퍼줘. 표
쇠죽을 끓이면 쇠죽바가지로 구유에 퍼줘.
◆'주박'은 소나무나 피나무를 재료로 만드는데 용
도는 쇠죽이나 여물을 퍼 담기 위해서이다. 쇠죽이
나 여물은 뜨겁기 때문에 보통 손잡이를 단 형태를
띤다.

주벅 강원 | 명사 | 주걱
나무, 플라스틱, 쇠붙이 따위를 부삽 모
양으로 만든, 푸거나 젓는 도구.
〔동해〕헹수가 소꼴기 끓더거 주벅으루 뺌따구르
쌔레댔다잖소. 표형수가 누룽지를 긁다가 주걱
으로 빰을 때려댔다잖소. 〔강릉〕주벅 좀 다와. 표
주걱 좀 다오.

주수다 경기 | 동사 | 줍다
바닥에 떨어지거나 흩어져 있는 것을 집다.
〔포천〕남의 물건이 떨어져 있어도 주수는 사람
이 없었어요. 표남의 물건이 떨어져 있어도 줍는
사람이 없었어요. 〔서울〕그런 건 내다 놔두 엿장
수두 안 줏어가요. 표그런 건 내다 놔도 엿장수
도 안 주워가요. 〔여주〕깨끗한 환경을 위해 휴지
를 잘 주서야 한다. 표깨끗한 환경을 위해 휴지
를 잘 주워야 한다.

주우가래이 경남 | 명사 | 바짓가랑이
바지에서 다리를 꿰는 부분.
〔부산〕그래 간절하면 글마 주우가래이라도 붙잡
고 늘어지뿌라. 표그렇게 간절하면 그 사람 바짓
가랑이라도 붙잡고 늘어져버려라. 〔고성〕주가래
이 좀 거지 입어라. 표바짓가랑이 좀 걷어 입어
라. 〔하동〕중우가 진께 중우가래이를 좀 거지가
라. 표바지가 기니까 바짓가랑이를 좀 걷어라.
◆'주우가래이'의 '주우'는 '중의(中衣)'에서 온 말
로 경상도에서는 '바지'를 뜻한다. ◆고성에서는 바
지를 '주' 또는 '즈봉'이라며 '가랑이'를 '가래이'라
하므로 '바지가랑이'를 '주가래이'라 하기도 한다. -
백만기(고성)

주제비없다 북한 | 형용사 | 없음
잘 모르거나 아니면 별로 만나고 싶지
않았던 사람과 마주 대하여 자연스럽지
못하다.
〔자강〕김 선생을 갑자기 만나더랬는데 참 주제
비없었단 말이다. 표김 선생을 갑자기 만났는데
참 '주제비없었단' 말입니다.

주지넙다 경남 | 동사 | 주제넘다
말이나 행동이 건방져 분수에 지나친 데
가 있다.

〔울산〕어른들 말씀할 때 주지넙게 나서지 마라. 표어른들 말씀할 때 주제넘게 나서지 마라. 〔하동〕주지넙지만 한 말씸 디리도 데겠십니꺼? 표주제넘지만 한 말씀 드려도 되겠습니까?

◆'주지'는 '주지넙다'와 '주지있다'의 형태로 쓰이는데, '주지넙다'는 '주제넘다'와 뜻이 비슷하지만, 그 뜻이 완전히 일치하는 것은 아니다. 즉, '주지넙다'에는 부정적인 의미만 있지만 경남에서는 긍정적인 의미도 담고 있다. 예를 들어 평소 수줍음을 잘 타는 내성적인 사람이 숫기 있게 행동할 때 '주지넙다'라고 한다. '주지있다'의 '주지'는 사태에 따라 지켜야 할 말이나 행동을 뜻한다. -김정대(창원)

죽벌 전북 | 명사 | 없음

새만금 간척 사업으로 하천 물길이 막히고 퇴적물이 쌓이면서 새롭게 생겨난, 생물이 살 수 없는 죽은 갯벌.

〔군산〕죽벌은 암것도 못 살제. 다 죽어비려. 표'죽벌'에는 아무것도 못 살아. 다 죽어버려.

◆단군 이래 최대의 간척 사업으로 불리는 새만금 간척 사업으로 새만금 방조제가 완공되었다. 방조제에 하천 물이 바다로 흘러들지 못하고 바닷물도 강으로 들어오지 못하면서 강 하구에 퇴적물이 쌓여 새로운 갯벌이 생겨났다. 그러나 이 갯벌은 생물이 살지 못하는 '죽은 갯벌'이다. 단기간에 급속하게 일어난 해양 환경의 변화 때문에 기존의 생물들이 적응해 살지를 못하는 것이다. 새만금 지역 어민들은 이렇게 간척 사업의 부수적 결과로 생겨난 죽은 갯벌을 '죽벌'이라고 부른다.

죽신 북한 | 부사 | 엄청

정도나 수량이 일정한 한도에 차고 남을 만하게.

〔함남〕성희네는 토끼를 죽신 많이 기릅다. 표성희네는 토끼를 엄청 많이 기릅니다.

줄구다 강원 | 동사 | 줄이다

(1)사람이 무엇의 수효나 규모 따위를 적어지게 하다.

(2)사람이 무엇의 길이나 넓이 따위를 이전보다 작은 상태로 되게 하다.

〔원주〕강폭을 줄궈서 농지를 확보했다. 표강폭을 줄여서 농지를 확보했다. 〔춘천〕바지 기럭지 줌 쫄여 입어라. 표바지 기장 좀 줄여 입어라. 〔삼척〕수입이 줄어들면 씀씀이를 줄굴 수밖에 더 있나? 표수입이 줄어들면 씀씀이를 줄일 수밖에 더 있나?

줄당콩 북한 | 명사 | 동부

콩과의 한해살이 덩굴성 식물.

〔북한〕추석에 줄당콩으로 송편이랑 완자 만들어야디. 표추석에 동부로 송편이랑 완자 만들어야지.

◆북한에서 팥은 너무 비싸서 송편이나 콩 완자 등을 만들 때 팥 대신 줄당콩으로 만든다. 평양종자는 팥과 비슷하나 약간 길고 식용한다. ◆김일성시대 때 "줄당콩 60알은 닭알(계란)1알과 맞먹는고 줄당콩을 많이 심으라"는 교시가 있었다.

줄때부리 경남 | 명사 | 횃대

옷을 걸 수 있게 만든 막대. 간짓대를 잘라 두 끝에 끈을 매어 벽에 달아매어둔다.

〔부산〕사랑방 줄때부리에 아부지 바지 좀 갖고 온나. 표사랑방 횃대에 있는 아버지 바지 좀 가져오너라. 〔하동〕줄대불 밑에 더벅머리 셋이 모이모 날고뛰는 놈도 벨수가 엄따. 표횃대 밑에 더벅머리 셋이 모이면 날고뛰는 놈도 별수가 없다. 〔창원〕햇대에 햇대보 안 하모 문지캉 꺼시름 묻어 쌓아서 옷 다 베린다. 표횃대에 횃대보 안 하면 먼지랑 그을음 묻어 쌓아서 옷 다 버린다.

◆표준어에는 '홰'와 '횃대'가 다른 의미를 담고 있다. 전자는 "새장이나 닭장 속에 새나 닭이 올라앉게

가로질러 놓은 나무 막대"를, 후자는 "옷을 걸 수 있게 만든 막대"를 가리킨다. 그러나 경남방언 '햇대'는 표준어의 '홰'와 '횃대'의 의미를 아우르고 있다. 차이가 있다면 재료의 문제인데, 닭장 등의 '햇대'는 대나무, 소나무 등 긴 막대기 어느 것을 써도 좋지만, 방 안의 '햇대'는 반드시 대나무를 쓰기 때문이다. 대나무 이외의 나무는 곧기의 문제가 있고 나무의 진으로 옷을 버릴 수 있다는 것이 그 이유일 것이다. 방 안의 '햇대'는 먼지나 그을음으로부터 옷을 보호하기 위해 커튼처럼 보자기를 겉에 씌웠는데, 이를 '햇대보'라고 한다. 그러나 표준어에는 '횃대보'가 없다. -김정대(창원)

줄말 북한 | 명사 | 얼룩말
얼룩말류의 포유류를 통틀어 이르는 말. 어깨의 높이는 1미터 정도이며, 흰색 또는 엷은 황색이고 바탕에 검은색 줄무늬가 있다.
〔평양〕그림을 그려놓은 듯한 줄말 무늬가 신기함다. 표그림을 그려놓은 듯한 얼룩말 무늬가 신기합니다.

줄방말방 경남 | 부사 | 계속
끊이지 않고 잇따라.
〔울산〕욕을 줄방말방 하는 기라. 표욕을 계속하는 거야.
◆'줄방'의 '줄-'은 '실(絲)'을 뜻하고, '말방'은 운율을 맞추거나 뜻을 강조하기 위해 별다른 의미 없이 덧붙은 말로 보인다. -김승호(진주)

줌머니 경기 | 명사 | 주머니
자질구레한 물품 따위를 넣어 허리에 차거나 들고 다니도록 만든 물건.
〔연천〕줌머니에 동전이나 열쇠 같은 거 늫구 그러지. 표주머니에 동전이나 열쇠 같은 거 넣고

그러지.

중디이 강원 | 명사 | 가운데
일정한 공간이나 길이를 갖는 사물에서, 한쪽으로 치우치지 않고 양 끝에서 거의 같은 거리가 떨어져 있는 부분.
〔삼척〕중디이를 짱크지 말고 뿌리기째 뽑아라. 표가운데를 자르지 말고 뿌리째 뽑아라. 〔평창〕무우는 중대이가 마숩다. 표무는 가운데가 맛있다. 〔춘천〕재는 맨날 간장 종지마냥 한가운데만 앉는다. 표쟤는 맨날 간장 종지마냥 한가운데만 앉는다.

중우 전북 | 명사 | 고의
남자의 여름 홑바지.
〔부안〕외삼촌도 클 때 여름에는 삼베로도 만들어서 중우 입고, 모시로도 만들어서 입고, 겨울에는 미영베로도 만들어서 입었지. 표외삼촌도 클 때 여름에는 삼베로도 만들어서 고의 입고, 모시로도 만들어서 입고, 겨울에는 무명베로도 만들어서 입었지. 〔정읍〕중우적삼이 헐렁허네. 표고의가 헐렁하네.

중정머리없다 전남 | 형용사 | 주책없다
일정한 줏대가 없이 이랬다저랬다 하여 몹시 싫다.
〔고흥〕동네 사람들이 그 사람 보고 중정머리없다고 그래쌌등마. 표동네 사람들이 그 사람을 보고 주책없다고 그러더군. 〔강진〕나이 묵어가면서 중정머리없이 왜 그랬쌌오. 표나이 먹어가면서 주책없이 왜 그러시오. 〔진도〕저 아잡씨는 술만 마셨다하믄 얼마나 중정머리없는지 아요? 표저 아저씨는 술만 먹었다 하면 얼마나 주책없는지 아세요?
◆'중정'은 어느 한쪽으로 지나치거나 모자람이 없고

곧고 올바른 것을 말한다. 여기에 부정의 뜻을 표현하기 위해 '머리없다'를 덧붙이면 '중정머리없다'가 된다. 마치 '채신머리 없다, 버르장머리 없다'와 같은 표현이다.

중치멕히다 제주 | 동사 | 없음

속셈을 잃어버리다.

〔한경-신창〕경 곧는디 중치멕혀라. 아이고, 시상에. 표그렇게 말하는데 '중치멕히더라.' 아이고, 세상에. 〔애월-하귀〕밧이영 식계영 다 누눌 걸 밧은 톡허게 풀아머엉 뒹 지네 식겔 안 허켄 가져가렌 허난 중치멕힙디다. 표밭이랑 제사랑 다 나눌 것을 밭은 톡 팔아먹어놓고 자기네 제사를 안 하겠다고 가져가라고 하니까 '중치멕힙니다'.

◆'중치멕히다'는 '중추멕히다'라고도 한다.

중태기 충남 | 명사 | 중고기

잉엇과의 민물고기를 이르는 말.

〔금산〕붕어는 하나두 안 잡히구 중태기믄 잡혔나. 표붕어는 하나도 안 잡히고 중고기만 잡혔나. 〔예산〕꼬치장 풀어 쫄여 먹넌 중티기 맛이 올마나 좋은디. 표고추장 풀어서 졸여 먹으면 중고기 맛이 얼마나 좋은데.

◆'중태기'는 충남 남부 지역의 사투리라 할 수 있다. 몸길이가 10센티미터 정도로 작은, 잉엇과의 민물고기인 '중태기'는 '중티기, 중테미/중티미'와 함께 널리 쓰였다. 남부 지역에서는 '중태기'가 많이 쓰이고, '중태미'는 충남 북부 지역에서 주로 쓰인 것으로 보인다. 맑은 시냇물에 살며, 뼈가 굵지 않고 잔뼈도 없어 시냇물에서 나는 물고기 가운데 인기가 높았다. -이명재(예산)

줴기밥 북한 | 명사 | 주먹밥

주먹처럼 둥글게 뭉친 밥 덩이.

〔북한〕줴기밥을 싸서 들고 집을 나섰다. 표주먹밥을 싸서 들고 집을 나섰지.

◆'줴기밥'의 '줴기'는 밥을 손으로 꼭 쥐는 동작을 뜻한다. 꼭꼭 쥐어야 뭉쳐지고 덩어리가 된다. "줴기 잡는다"라는 표현도 쓰는데, 마른 국수를 삶아 찬물에 씻어 건질 때 손으로 건져 한 사리씩 덩이를 만들어 놓을 때나 빨래를 하면서 손으로 옷감 한 부분을 꼭 잡아 쥐고 그 부분만 세탁하는 것을 뜻한다.

줴피 제주 | 명사 | 제피나무

운향과의 낙엽 활엽 관목. 또는 그 잎.

〔애월-하귀〕자리물훼엔 줴피 놔사 좋주게. 표자리물회에는 제피나무 잎 넣어야 좋지. 〔조천-함덕〕니에 베렝이 엇넨 허영 줴피 먹으민 좋덴 허는 말 들어낫어. 표이에 벌레 없애는 데 제피나무 잎 먹으면 좋다고 하는 말 들었어.

◆'줴피'는 '제피' 또는 '조피'라고도 한다. 제피나무 잎은 똑 쏘는 매운 향과 시원한 맛 때문에 향신료로 사용된다. 생선 요리의 비린내나 육류의 잡냄새를 없애고 입맛을 개운하게 하며 소화를 돕는 작용을 하기도 한다. 제주에서는 특히 '자리물회' 등에 넣어서 먹는다.

쥐실래비 북한 | 명사 | 기생오라비

기생과 같이 곱게 생기거나 몹시 모양을 내는, 잘 노는 남자를 낮잡아 이르는 말.

〔북한〕남자가 그런 거 바르려고 하면 뭐 쥐셀래비 같은 놈이라고 욕을 먹지. 표남자가 그런 거 바르려고 하면 뭐 기생오라비 같은 놈이라고 욕을 먹지.

쥑이다 경기 | 동사 | 죽이다

생명을 없애거나 끊어지게 하다. '죽다'의 사동사.

〔서울〕일번늠이 민비를 시해를 했거등, 쥑였단 말이야. 표일본 놈이 민비를 시해를 했거든, 죽

였단 말이야.

즈뜨리 북한 | 명사 | 꼬락서니

'꼴'을 낮잡아 이르는 말.

〔평북〕얼굴 즈뜨리 뭐야. 표얼굴 꼬락서니 뭐야.

즉 충남 | 명사 | 겨울

한 해의 네 철 가운데 넷째 철.

〔당진〕올 즉은 별로 춥지 않았다. 표올 겨울은 별로 춥지 않았다.

즉다 경기 | 형용사 | 적다

수효나 분량, 정도가 일정한 기준에 미치지 못하다.

〔서울〕즉게 잡아두 열에 일굽은 될 걸 아마. 표적게 잡아도 열에 일곱은 될 걸 아마. 〔여주〕봉급이 즉어서 살림하기 심들어. 표봉급이 적어서 살림하기 힘들어.

즉석국수 북한 | 명사 | 라면

국수를 증기로 익히고 기름에 튀겨서 말린 즉석식품. 가루수프를 따로 넣는다.

〔북한〕즉석국수 맛이 삼삼하니 먹을 만하디 않네? 표라면 맛이 삼삼하니 먹을 만하지 않니?

◆북한에서는 라면을 '꼬부랑국수' 또는 '즉석국수, 속성국수'라고 부르는데, 남한과는 달리 양념수프가 없고 설렁탕 맛과 비슷하다. 평양 등 일부 지역에만 공급되어 지방에서는 쉽게 볼 수 없다. 봉지라면에 해당하는 '봉지즉석국수'와 컵라면인 '그릇즉석국수'가 있으며, 주민들은 봉지즉석국수를 '봉지라면', 그릇즉석국수를 '고뿌라면'이라고 부르기도 한다.

즉접 경기 | 부사 | 직접

중간에 아무것도 개재시키지 아니하고 바로.

〔서울〕사기 빤 거랑 애교랑 이겨 가지구 즉접 실에 메기지. 표사기 빻은 거랑 애교랑 이겨서 직접 실에 먹이지.

◆'직접'과 '즉접'은 'ㅡ'의 전설모음화의 결과일 수 있으니 본래 '직접'이었으므로 과도교정에 의한 어형으로 볼 수 있다.

증말 경기 | 부사 | 정말

거짓이 없이 말 그대로.

〔서울〕곤쟁이젓이라구 있는데 증말 맛있에요. 표곤쟁이젓이라고 있는데 정말 맛있어요.

지 전북 | 명사 | 김치

소금에 절인 배추나 무 등을 고춧가루, 파, 마늘 따위의 양념에 버무린 뒤 발효를 시킨 음식.

〔군산〕지허고 밥 먹어야 밥 먹은 것 같당게. 표김치하고 밥 먹어야 밥 먹은 것 같다니까. 〔정읍〕바로 버무린 것은 생지고, 1년 묵은 지는 개미가 있당게. 표바로 버무린 것은 생김치고, 1년 묵은 김치는 맛이 있어. 〔남원〕머니 머니 해도 지가 있어야 밥이 잘 넘어가지. 표뭐니 뭐니 해도 김치가 있어야 밥이 잘 넘어가지.

◆'김치'의 옛말인 '딤치'는 한자어 '침채(沈菜)'에서 온 말이다. 19세기 국어에 '갓김치'가 있는데 '짐치'가 구개음화를 겪은 것으로 잘못 이해하여 '김치'로 변했을 것으로 추정된다. 중세 국어 '다히'가 '김치, 짠지'인데 '디', '지'로 연결되었다.

지국물국시 경북 | 명사 | 칼국수

밀가루 반죽을 방망이로 얇게 밀어서 칼로 가늘게 썰어 만든 국수. 또는 그것을 익힌 음식.

〔김천〕지국물국시가 잔치국시보다 구수한 맛이더 난다. 표칼국수가 잔치국수보다 구수한 맛이

더 난다.

◆'지국물국시'라는 말은 국수 면을 따로 건져서 다른 물에 말지 않고, 제 국물에 고추, 호박, 감자, 마늘 등과 고명을 넣어서 만든 국수라는 뜻에서 붙여진 이름이다. -박인기(김천)

지그럽다1 경남 | 형용사 | 가렵다
피부에 긁고 싶은 느낌이 있다.
〔울산〕몸에 두드러기가 나 가지고 지그럽다. 표몸에 두드러기가 나서 가렵다. 〔부산〕머리에 쌔가리가 있나, 지거럽어서 죽겄다. 표머리에 서캐가 있나, 가려워서 죽겠다. 〔하동〕보리타작헐시로 몬지도 둘러씨고 땀도 흘릿더니 온몸이 근지럽다. 표보리타작하면서 먼지도 둘러쓰고 땀도 흘렸더니 온몸이 가렵다.

지그럽다2 경북 | 형용사 | 없음
신명날 만큼 상황이 대단하다.
〔안동〕투망을 딱 한 번 던졌는데 고기가 얼마나 많던지, 정말 지그럽더라 야. 표투망을 딱 한 번 던졌는데 고기가 얼마나 많던지, 정말 '지그럽더라' 야.

지꺼지다 제주 | 동사 | 기꺼하다
마음속으로 은근히 기뻐하다.
〔노형〕모음 쏘그레 지꺼진 춤이라도 추고 싶다. 표마음속으로 기꺼운 춤이라고 추고 싶다. 〔조천-함덕〕입이 찢어점쩌. 경 지꺼지냐? 표입이 찢어진다. 그렇게 기쁘냐?

지꼬갱이 경기 | 명사 | 새꽤기
갈대, 띠, 억새, 짚 따위의 껍질을 벗긴 줄기.
〔포천〕이에 뭐가 끼면 지꼬갱이를 손톱으로 똑 잘라서 쑤시구 그랬어. 표이에 뭐가 끼면 새꽤기를 손톱으로 똑 잘라서 쑤시고 그랬어. 〔강화〕이 쑤시개가 없으만 지꼬쟁이로 쑤시만 되지. 표이 쑤시개가 없으면 새꽤기로 쑤시면 되지.

◆'새꽤기'의 사투리형 중 '지꼬개'는 경기도에서 흔히 쓰이는데 여기에 접사가 추가된 어형이 '지꼬갱이'이다. 사실 '새꽤기'가 표준어라는 사실은 낯설다. 오늘날에는 이쑤시개라는 말을 더 널리 쓰고 있기 때문이다. 강화 지역에서는 '지꼬쟁이'라고 하는데 'ㄱ'이 'ㅈ'으로 교체된 특이한 형태로 보인다. 일반적으로 '-갱이'와 '-쟁이'가 교체되는 예는 드물다. ◆주로 짚단에서 빼서 쓰거나 벼를 타작할 때 나오는 것을 모아놓은 다음 비나 풀비를 매서 사용한다.

지꼬대 경북 | 명사 | 기지개
피곤할 때에 몸을 쭉 펴고 팔다리를 뻗는 일.
〔성주〕지꼬대를 시원하이 키고 나야 개운타. 표기지개를 시원하게 켜고 나야 개운하다.

◆경북에서 기지개를 뜻하는 단어로는 비교적 표준어형과 비슷한 '지지개', '지지기' 등도 나타난다. 특히 '지꼬대'는 어떤 다른 지역 사투리에서도 비슷한 부류의 어형이 발견되지 않는다. 정확한 어원을 밝히기는 어려우나, 잠에서 깨지 못하고 꿈 속을 헤매는 '잠꼬대'와 잠에서 깨어나 하루를 맞이하는 '지꼬대'의 어형이 비슷하다는 점이 절묘하다. '기지개'에 호응하는 서술어 '켜다'는 경상도 사투리에서 '키다'의 형태로 나타난다.

지꿍지꿍 경기 | 명사 | 곤지곤지
젖먹이에게 왼손 손바닥에 오른손 집게손가락을 댔다 뗐다 하라는 뜻으로 내는 소리.
〔용인〕애한테 손가락 장난 시킬래문 지꿍지꿍 이렇게 말해. 표애한테 손가락 장난 시키려면 곤지곤지 이렇게 말해.

◆'곤지곤지'와 '잼잼'은 어린아이에게 손 모양을 따라 하게 하며 내는 소리이다. '지꽁지꽁'은 곤지곤지의 음운 도치형으로 경음화가 일어난 형태이고 받침을 'ㅇ'으로 바꾸어 음상을 분명하게 한 형태이다. 음운 도치는 '곤지곤지'를 연이어 발음하면 '지곤지곤'으로 자연스럽게 발음된다.

지끌다 충남 | 형용사 | 지끔거리다
음식에 섞인 잔모래나 흙 따위가 거볍게 자꾸 씹히다.
〔예산〕바닷물도 좋구 소금물두 좋쥬. 뷔놓구 어둔데 두믄 지들이 알아서 뻘을 토해내는디, 오래 뒤야지 안 그럼 지끌쥬. 요즘 사람들 승질 급해서 금방 끄내놓구 지끌다고 그러는거유. 표바닷물도 좋고 소금물도 좋아요. 부어놓고 어두운데 두면 자기들이 알아서 갯벌을 토해내는데, 오래 뒤야지 안 그럼 지끔거려요. 요즘 사람들 성질 급해서 금방 꺼내놓고 지끔거린다고 그러는거예요. 〔서산〕조개넌 잡으면 해감을 헤야지 그렇지 안으면 지슬다. 표소개는 잡으면 해감을 해야지 그렇지 않으면 지끔거린다. 〔태안〕해캄허들 않으면 지끌지끌해서 영근 갯갓이래두 먹을 수 있간. 표해감하지 않으면 지끔지끔해서 영근 바지락이라도 먹을 수 있나.
◆'지끌다'는 입안에서 단단하고 작은 알갱이가 씹히는 느낌을 표현하는 말로, 주로 뻘의 진흙이나 모래 따위가 씹히는 느낌을 뜻한다. 그밖에도 손질이 제대로 되지 않아 여타의 이물질이 씹혀 먹기에 불편한 경우에도 쓴다.

지끼 전북 | 명사 | 층
물체가 거듭 포개져 생긴 켜.
〔남원〕배추김치 한 지끼 노코 요런 놈 무수 한 지끼썩 노코.-소강춘(2005) 표배추김치 한 층 놓고 이런 놈 무 한 층씩 놓고. 〔임실〕쌀가루와

고물을 한 둘금썩, 그렇게 한 지끼썩 놓아 시루떡을 맹긴다. 표쌀가루와 고물을 한 층씩 놓고 시루떡을 만든다.

지나이 경북 | 부사 | 천천히
동작이나 태도가 급하지 아니하고 느리게.
〔영천〕체하지나 말구로 지나이 드시소. 표체하지나 않게 천천히 드십시오.

지내 북한 | 부사 | 너무
일정한 정도나 한계를 훨씬 넘어선 상태로.
〔자강〕지내 늦지 않게 갔다오라이. 표너무 늦지 않게 다녀와.

지대다 충남 | 동사 | 기대다
몸을 무엇에 의지하면서 비스듬히 대다.
〔논산〕벼랑빡에 지대봐. 표벽에 기대봐. 〔서산〕자석덜은 나이를 먹어두 부모에게 지대는 버릇이 있다. 표자식들은 나이를 먹어도 부모에게 기대는 버릇이 있다. 〔대안〕니이 드니께 일어슬라먼 어지러 하루이두 몇 번쓱 지둥이다 지댄다니께. 표나이 드니까 일어서려면 어지러워 하루에도 몇 번씩 기둥에 기댄다니까.
◆'기대다'를 '지대다'라고 하는 것은 구개음화 현상이다. '길경이'가 '질경이'가 된 것과 같은데 '지대다'는 표준어로 등재되어 있지 않다는 차이가 있다.

지댄허다 전북 | 형용사 | 기다랗다
매우 길거나 생각보다 길다.
〔임실〕나락이 패면 지댄헌 대목까지를 흔듬서 새를 본다. 표벼가 패면 기다란 대나무를 흔들면서 새를 쫓는다.

지데미 강원 | 명사 | 배지느러미
어류나 물에 사는 포유류가 물속에서 몸

의 균형을 유지하고 헤엄을 치는 데 쓰는 기관으로 배에 지느러미를 이르는 말. 〔고성〕물고기 배 쪽에 있는 지느러미가 지데미야. 표물고기 배 쪽에 있는 지느러미가 배지느러미야.

지두룸 강원 | 명사 | 없음
객지로 나간 자손들이 집에 오면 주려고 보관해두는 먹거리.
〔강릉〕지두룸으루 짚이 간수하더거 슬 때나 추석 때 자손들이 네레오그덩 주거덩. 표'지두룸'을 깊이 간수하다가 설이나 추석 때 자손들이 내려오면 주거든. 〔인제〕군대 간 오래비 외식은 떠놓고 밥을 퍼야지. 표군대 간 오빠 '외식'은 떠놓고 밥을 퍼야지.
◆'지두룸'의 종류는 곶감이나 엿, 과줄처럼 저장이 용이한 것 들이다. 이런 음식은 장롱 깊숙이 숨겨두거나 시렁 위에 두었다가 준다. 자손들의 귀향을 '기다린다'라는 의미를 담고 있다. -이경진(삼척) ◆'지두룸'은 밖에 나간 사람이나 가축이 돌아오기를 기다리는 것을 '지두른다', '지다린다'라고 한다. 이 외에도 밖에 나간 사람이 돌아오면 주려고 그 사람 몫으로 남겨둔 음식을 뜻하는 말로도 사용된다. -김인기(강릉)·유연선(춘천) ◆강원도 인제 지방에서는 '지두룸'과 비슷한 의미로 '외식'이라는 말을 썼다. 솥에서 밥을 뜰 때 밖이나 외지에 나가 언제 돌아올지 모르는 가족의 몫으로 밥을 담는데 약간 작은 분량으로, 식사 시간이 지나도 오지 않으면 따뜻하게 두었다가 그 가족이 돌아왔을 때나 다른 손님이 왔을 때 밥을 차려 내기도 하고, 아니면 다음 식사 때까지 식은 밥으로 남겼다가 며느리나 부엌일을 하는 식구들의 몫이 되기도 하였다. 식량 사정이 좋지 않은 산간에서도 이 '외식'은 쌀이 많이 섞인 쪽을 골라 그릇에 담기 때문에 비록 식은 밥이라도 아이들이 서로 차지하려고 다투기도 하였다.

지둥 충남 | 명사 | 기둥
건축물에서, 주춧돌 위에 세워 보·도리 따위를 받치는 나무. 또는 돌·쇠·벽돌·콘크리트 따위로 모나거나 둥글게 만들어 곧추 높이 세운 것.
〔서산〕지둥뿌리를 뽑아 먹을라구 작정을 했어. 표기둥뿌리를 뽑아 먹으려고 작정을 했어. 〔논산〕바람이 불면 지둥을 꼭 잡구 있어야 혀. 표바람이 불면 기둥을 꼭 잡고 있어야 한다. 〔태안〕딸 싯 여위면 지둥뿌리가 워쩐다는 말두 다 후이겨 읂넌 소리여. 표딸 셋 여위면 기둥뿌리가 어쩐다는 말도 다 휘기없는 소리여.
◆'지둥'은 '기둥'이 구개음화한 형태로 충남 지역에서 쓰는 말이다. 지붕을 떠받치는 중심에서, 사람에게 옮겨가면 집단의 중심이 되는 인물이나 주변 사람이 의지할 만한 인물을 비유하게 된다. '지둥감, 지둥가머리'는 큰 재목이 될 만한 나무와 같은 인물이 되고, '지둥서방'은 남편 없는 여자의 의지처가 된다. "애덜 대학 갈칠라니께 지둥뿌리가 남어나덜 않여"에서 "지둥뿌리가 남어나덜 않는다"라는 말은 집안 재산을 학비에 투자해 남는 것이 없음을 뜻한다. 이처럼 '지둥뿌리, 지둥뿌리기'는 기둥의 밑 부분보다 사회나 집안의 근본을 빗대는 말로 많이 쓰인다. -이명재(예산)

지둥나무 충북 | 명사 | 없음
기둥으로 쓸 나무. 또는 이미 기둥으로 쓰인 나무.
〔옥천〕나무가 굵긴 허지만 키가 쪽어서 지둥나무로는 못 쓰겄어. 표나무가 굵긴 하지만 키가 작아서 '지둥나무'로는 못 쓰겠어.

지들쿠다 경북 | 동사 | 누르다
물체의 전체 면이나 부분에 대하여 힘이나 무게를 가하다.

〔대구〕저거 모티이가 쫌 떴는데 돌로 지들쿠먼 안 되나? 표저거 모서리가 조금 들떴는데 돌로 누르면 안 되나?

지락하다 북한 | 형용사 | 축축하다
물기가 있어 젖은 듯하다.
〔함경〕밥이 지락하게 되었다. 표밥이 질게 되었다.

지랑1 제주 | 명사 | 없음
짐승의 고기 따위를 양념을 넣고 볶아 단지 같은 작은 그릇에 담아두고서 먹는 반찬의 일종.
〔남원〕궤기로 지랑 헨? 표고기로 '지랑' 했어?

지랑2 충남 | 명사 | 간장
음식의 간을 맞추는 데 쓰는 짠맛이 나는 흑갈색 액체.
〔공주〕메주가 잘 떠야 지랑 맛이 좋아. 그래가지구 잘 달여서 햇빛을 쏘야 더 맛이 있지. 표메주가 잘 떠야 간장 맛이 좋아. 그래가지고 잘 달여서 햇빛을 쐐야 더 맛이 있지. 〔태안〕장물을 지랑이라구 허는 둥네는 지랑물을 뭐라구 불르나 몰러. 표간장을 '지랑'이라고 하는 동네는 '지랑물'은 뭐라고 부르나 몰라. 〔세종〕장뚝에 가서 지렁 좀 퍼와. 표장독대에 가서 간장 좀 퍼와. 〔서산〕뜨거운 국에 덴 놈은 장물도 불어 먹는다. 표뜨거운 국에 덴 놈은 간장도 불어 먹는다.
◆'지렁'은 전라도를 제외한 지역에서 광범위하게 쓰이는 말인데 지역에 따라 '지렁/지랑/지름' 또는 '기렁'이라고 하기도 하고, '장물'이라고 하기도 한다. '지렁'형과 '장물'형을 모두 쓰는 지역도 있지만 한 가지 형태만 쓰는 지역도 있다. 강원도에서는 달이기 전의 간장을 '장물'이라고 하고, 달인 후의 간장을 '지렁'이라고 하여 둘을 구별한다. 충청도에서는 외양간이나 초가지붕, 퇴비 등에서 흘러나오는 검붉

은 물을 '지랑'이라고 한다. ◆경기도 남부인 안성과 평택 등지에서는 간장을 '지렁'이라고 한다. ◆충남 북부에서는 간장을 '지랑' 또는 '지렁'이라고 하고, 간장물을 '지랑물' 또는 '지렁물'이라 하는데, 썩은 초가지붕에서 흘러내리는 검은 물은 따로 구분하여 '전지랑물'이라 한다. -이명재(예산)

지렁 경남 | 명사 | 간장
음식의 간을 맞추는 데 쓰는 짠맛이 나는 흑갈색 액체.
〔부산〕아지매 지렁 좀 주이소. 표아줌마 간장 좀 주시오. 〔합천〕지렁에 참지름 좀 옇어라. 표간장에 참기름 좀 넣어라. 〔창녕〕넘우 밥 보고 지렁부텀 떠묵는다. 표남의 밥 보고 간장부터 떠먹는다. 〔거창〕장독간에 가서 지렁장 한 사발 떠 온나. 표장독간에 가서 간장 한 사발 떠 오너라. 〔산청〕실강에 어퍼낸 종바리에 지렁 좀 부가 달그로 무글라면 지렁장에 사까리 좀 넣어서 찍어 무거소. 표살강에 엎어놓은 종지에 간장 좀 부어 달게 먹으려면 간장에 사카린 좀 넣어서 찍어 먹소.
◆통영에서는 간장을 크게 두 가지로 구분한다. 콩으로 담근 간장은 '콩간장' 또는 '콩장'이라고 하고, 멸치로 담근 간장은 '멸간장' 또는 '멜간장'이라고 한다. 일반적으로 '간장'이라고 하면 '콩간장'을 뜻하는데 구별이 필요할 때는 '콩장'이니 '멜장'이니 한다. -김승호(진주)

지려빠지다 충남 | 형용사 | 졸렬하다
옹졸하고 천하여 서투르다.
〔공주〕금마는 뉘 닮아서 지려빠져가지군 제 앞가림이나 할라나 몰러. 표개는 누구 닮아서 졸렬해가지고 제 앞가림이나 하려나 몰라.

지령 경기 | 명사 | 없음
제사상에 올리는 간장이나 웃어른 음식

상에 놓는 간장.

〔포천〕오늘 국이 조금 싱겁죠? 지령 종지를 못 올렸네요.

지롱 전남 | 명사 | 지팡이

걸을 때에 도움을 얻기 위하여 짚는 막 대기.

〔진도〕함마니께서 지롱을 찾으시는데 얼릉 찾아 서 갖다 드려라. 표할머니께서 지팡이를 찾으시 는데 얼른 찾아서 갖다 드려라. 〔강진〕주령 갖다 드려라. 표지팡이 갖다 드려라.

지르매 강원 | 명사 | 길마

짐을 싣거나 달구지를 채울 수 있도록 말이나 소의 등에 얹는 운반구.

〔영월〕옛날에는 소 지르매에 똥통을 싣고 다녔 어. 표옛날에는 소 길마에 똥통을 싣고 다녔어. 〔춘천〕이삿짐이 너무 많아서 질마에 다 실릴는 지 모르겠네. 표이삿짐이 너무 많아서 길마에 다 실릴는지 모르겠네.

지름ᄂ물 제주 | 명사 | 유채

십자화과의 두해살이풀.

〔구좌-행원〕이제 그 지름ᄂ물 막 먹을 때라. 표 이제 그 유채 막 먹을 때야. 〔색달〕옛날은 지름 ᄂ물 하영 머거십쭈게. 표옛날에는 유채 많이 먹 었지요.

◆유채 종자로는 기름을 뽑고 어린 줄기와 이파리로 는 김치도 담가 먹고, 데쳐서 'ᄂ멀(나물)'도 해 먹는 다. -김동필(용담)

지름떡 제주 | 명사 | 기름떡

찹쌀가루를 익반죽하여 기름떡 본으로 찍어내어 기름에 지진 떡.

〔노형〕식게 때 지름떡을 올린다. 표제사 때 기름

떡을 올린다. 〔한경-신창〕아이고, 옛날 지름떡 헤 사게. 우리 시대에나 지름떡 헷주. 표아이고, 옛날 에 기름떡 했을까. 우리 시대에나 기름떡 했지.

◆'지름떡'은 테두리에 톱니 모양이 있는데, 톱니는 약 서른 개로 한 달을 뜻한다. ◆제사상에는 여러 종 류의 떡을 한 접시에 쌓는데, 맨 아래 괴는 네모난 '침떡(시루떡)'은 땅을 상징하고, '은절미(인절미)' 는 구름, 반달 모양의 '솔변'은 달을, 둥근 모양의 '절변'은 해를, 맨 위에 괴는 둥근 톱니 모양의 '지름 떡(기름떡)'은 별을 상징한다. 기름떡은 제사상의 맨 위에 괴기 때문에 '우찍(웃기떡)'이라고 한다.

지름밥 제주 | 명사 | 없음

흰쌀에 참기름 등을 넣어 지은 밥.

〔구좌-한동〕아이덜 아픈 땐 곤밥 헐 때 춤지름 흐끔 낭 지름밥을 헹 멕엿어. 표아이들 아팠을 때 는 흰밥 할 때 참기름 조금 넣어서 '지름밥'을 해 서 먹었어.

지름챙이 충북 | 명사 | 방개

물방갯과의 곤충.

〔충주〕지름챙이가 암눔하구 숫눔하구 틀리게 생깄 어. 표방개는 암놈하고 수놈하고 다르게 생겼어.

지리기 충북 | 명사 | 길이

한끝에서 다른 한끝까지의 거리.

〔영동〕지리기가 긴 꼴두선 치마에 노랑조고렁가 그릏게 했지. 표길이가 긴 꼴두선 치마에 노랑저 고리인가 그렇게 했지.

지리수굿하다 충북 | 형용사 | 없음

겸연쩍은 듯 고개를 조금 숙이고 있는 모습.

〔영동〕무슨 일인지 말얼 해봐! 그릏게 지리수굿 하게 앉아 있지만 말구. 표무슨 일인지 말을 해

봐! 그렇게 '지리수굿하게' 앉아 있지만 말고.

지리숙이다 충남 | 동사 | 치켜뜨다
눈을 아래에서 위로 올려 뜨다.
〔당진〕무엇이 낭낭치 않은지 지리숙이고 집을 나가더라. 표무엇이 탐탁지 않은지 눈을 치켜뜨고 집을 나가더라.

지미 강원 | 감탄사 | 제미
몹시 못마땅할 때 욕으로 하는 말.
〔영월〕지미 울자니 남부끄럽고 기가 맥혀서 텅 빈 가슴을 주먹으로 칩니다. 표제미 울자니 부끄럽고 기가 막혀서 텅 빈 가슴을 주먹으로 칩니다.

지민장사 경북 | 명사 | 애물단지
버릴 수도 안 버릴 수도 없는 골치 아픈 물건.
〔봉화〕감재 싸게 팔아서 샀다마는 지민장사네. 표감자 싸게 팔아서 샀더니 애물단지네.

지벌나다 강원 | 형용사 | 짐벙지다
(1)매우 흥이 나서 즐겁다.
(2)시끄럽고 떠들썩하다.
(3)넉넉하고 많다.
〔강릉〕뭘 이렇게 상을 지벌나게 바웠소? 표뭘 이렇게 상을 짐벙지게 차렸소? 〔평창〕환갑집에 가서 지벌나게 먹었네요. 표환갑집에 가서 짐벙지게 먹었네요.
◆강릉에서는 '지벌나다'라는 말을 매우 다양한 상황에서 쓴다. 흥에 겨울 때도 쓰고 푸짐한 상차림에도 쓴다. 각기 다른 상황에 쓰는 말이라 딱히 대응하는 표준어가 없을 듯한데 "신명나고 푸지다"라는 뜻의 표준어 '짐벙지다'와 정확하게 뜻이 통한다.

지북솟 경기 | 명사 | 가마솥
아주 크고 우묵한 솥.
〔가평〕사랑방 벅이나 안채 벅 지북솟에다 넣어놓고서 불을 서서히 때면서 보리를 볶는다고 말하기도 하지요. 표사랑방 부엌이나 안채 부엌 가마솥에 넣어놓고서 불을 서서히 때면서 보리를 볶는다고 말하기도 하지요. 〔포천〕가마솟에다 여물을 끓였어요. 그것을 소죽이라구두 해요. 표가마솥에다 여물을 끓였어요. 그것을 소죽이라고도 해요.

지성귀 제주 | 명사 | 기저귀
어린아이의 똥오줌을 받아 내기 위하여 다리 사이에 채우는 물건.
〔애월-상가〕애기 지성귀는 뜻뜻하게 말려서 데와다 채워라. 표아기 기저귀는 따뜻하게 말려서 데운 후 채워라.
◆'지성귀'는 '지성귀/지셍이/지성기'라고도 한다.

지슬 제주 | 명사 | 감자
가짓과의 여러해살이풀.
〔애월-상가〕학교 갔다 오걸랑 지슬 파당 가마솥에 솖앙놔두라. 표학교 갔다 오면 감자 파다가 가마솥에 삶아놔둬라. 〔남원〕봄에는 눈을 하나썩만 부쳥 뽀개도 좋는데 여름 지슬 놀 때 뽀개면은 썩어불엉 자잘헌 거로 통차 놔야 뒈여. 표봄에는 눈을 하나씩만 붙여서 쪼개도 좋는데 여름 감자 놓을 때는 쪼개면 썩어버려서 자잘한 걸 통째로 놔야 돼.
◆제주도에서는 '감자'를 '지슬' 또는 '지실'이라고 하고, '고구마'를 '감자'라고 한다.

지시 제주 | 명사 | 장아찌
마늘이나 마늘종, 마늘잎을 식초와 설탕에 절여 진간장에 넣어두었다가 간이 밴 다음에 먹는 반찬.

〔조천-조천〕마농줄기 캐근에 지시 만들엉 먹으카? 표마늘줄기 캐서 장아찌 만들어 먹을까? 〔구좌-한동〕반찬이사 지시 거튼 거베끼 엇엇주. 표반찬이야 장아찌 같은 거밖에 없었지.

지신물 제주 | 명사 | 낙숫물
처마 끝에서 떨어지는 물.
〔애월-고내〕지신물 받앙 그 물은 먹지 못허연게, 빨레나 빨고. 표낙숫물 받은 그 물은 먹지 못하니까, 빨래나 빨고. 〔구좌-한동〕지붕에서 영 지신물 털어지는 디 보민 땅이 막 파지니까 그디 돌 놓나 뭐 싱그나 헤낫어. 표지붕에서 이렇게 낙숫물 떨어지는 데 보면 땅이 막 파이니까 거기 돌을 놓거나 뭐 심거나 했었어.

지심 충북 | 명사 | 김
논밭에 난 잡풀.
〔보은〕지심언 뭐 수두 읎이 매지. 표김은 뭐 수도 없이 매지.

지심매다 경남 | 동사 | 김매다
논밭의 잡풀을 뽑아내다.
〔하동〕큰 밭 지심맬라몬 놉이 셋이 있어야 힐 낍니더. 표큰 밭 김매려면 일손이 셋은 있어야 할 겁니다. 〔울산〕논에 지시미매러 가야지. 표논에 김매러 가야지.

지심매다 전북 | 동사 | 김매다
논밭의 잡풀을 뽑아내다.
〔군산〕그때 지심맬 때 왜 풍장을 쳤나? 표그때 김맬 때 왜 풍장을 쳤나?

지심매다 충남 | 동사 | 김매다
논밭의 잡풀을 뽑아내다.
〔서산〕지심맨다는 건 풀 맨다는 얘기여. 피가 있

으믄 마늘이 안 커. 표김맨다는 건 풀 맨다는 얘기야. 피가 있으면 마늘이 안 커. 〔태안〕옴마는 지슴매다 즘슨 먹으러 들오면 앞지락이다 땅꼴을 이망큼 줏어 왔넌디. 표엄마는 김매다 점심 먹으러 들어오면 앞자락에다 땅꽈리를 이만큼 주워 왔는데.

지약 강원 | 명사 | 저녁
저녁에 먹는 끼니.
〔양양〕지약 먹고 싹 나오래요. 표저녁 먹고 전부 나오래요. 〔평창〕지약을 일찍 먹고 마실 갈래요. 표저녁을 일찍 먹고 마실 갈래요. 〔춘천〕지냑은 잡수셨에유? 표저녁은 잡수셨어요? 〔삼척〕오늘 저역에는 국시를 해 먹자. 표오늘 저녁에는 국수를 해 먹자.

지웃거리다 전북 | 동사 | 기웃거리다
무엇을 보려고 고개나 몸 따위를 이쪽저쪽으로 자꾸 기울이다.
〔전주〕넘의 집을 자꾸 지웃거리면 쓰나? 표남의 집을 자꾸 기웃거리면 쓰냐? 〔임실〕달뎅이가 목을 빼고 순이네 집을 찌웃거린다. 표달덩이가 목을 빼고 순이네 집을 기웃거린다.

지이 경남 | 명사 | 묵은지
오랫동안 숙성되어 푹 익은 김장 김치.
〔밀양〕지이 하나 놓고도 밥 묵는다. 표묵은지 하나 놓고도 밥 먹는다. 〔김해〕군둥내도 엄꼬 지이짐치가 시언하다. 표군내도 없고 묵은지가 시원하다.

지일로 전북 | 부사 | 가장
여럿 가운데 어느 것보다 정도가 높거나 세게.
〔정읍〕저놈이 지일로 악잘이랑게. 표저놈이 제일

로 악질이라니까.

지중지중 북한 | 부사 | 없음
생각에 잠겨 조금씩 걷는 모양.
〔평안〕앞에 사람이 오는 줄도 모르고 그리 지중지중 걸어간? 표앞에 사람이 오는 줄도 모르고 그리 '지중지중' 걸어가니?

지지갑지 충북 | 명사 | 없음
장작을 팰 때 나오는 나무 부스러기.
〔옥천〕지지갑지 줏어다가 불 댕길 때 쓰믄 좋지. 표'지지갑지' 주위다가 불 붙일 때 쓰면 좋지.

지지개 충남 | 명사 | 기지개
피곤할 때에 몸을 쭉 펴고 팔다리를 뻗는 일.
〔서산〕그년 아침에 이러나면 지지개버텀 컨다. 표그는 아침에 일어나면 기지개부터 켠다.

지질허다 전남 | 형용사 | 피곤하다
몸이나 마음이 지치어 몹시 고달프다.
〔고흥〕아이고 잔 둔너줘았다, 지심 좀 맷등마는 겁나게 지질허네. 표아이고 좀 누워야겠다. 김 좀 맸더니만 아주 피곤하네 〔진도〕아이고, 뻗쳐 죽겄네잉. 표아이고, 피곤해 죽겠네.
◆'지질허다' 외에도 '뻗치다'라는 말을 쓰기도 한다.

지짐 북한 | 명사 | 부침개
기름에 지진 음식을 통틀어 이르는 말.
〔북한〕엄마 오늘 저녁에는 지짐 지져 먹을까? 표엄마 오늘 저녁에는 부침개 부쳐 먹을까? 〔함북〕명절이나 잔치, 생일이 돌아오면 밀가루로 지짐을 굽군 한다. 표명절이나 잔치, 생일이 돌아오면 밀가루로 부침개를 굽곤 한다.
◆함경북도에서 '지짐'은 밀가루 따위를 물에 걸죽하게 풀어 여러 가지 재료와 함께 달군 프라이팬에 기름을 두르고 지져내는 '전'을 뜻하는 말이다.

지쪼대로 경북 | 부사 | 제멋대로
아무렇게나 마구. 또는 제가 하고 싶은 대로.
〔경주〕산에서 지쪼대로 컸이이 배운 기 머 있겠노. 표산에서 제멋대로 컸으니 배운 게 뭐 있겠냐.

지충개 전북 | 명사 | 씀바귀
국화과의 여러해살이풀.
〔임실〕지충개가 널렸다. 표씀바귀가 널렸다. 〔남원〕입맛 없을 때 씬나물 무쳐 먹으면 입맛이 돌아오제. 표입맛 없을 때 씀바귀 무쳐 먹으면 입맛이 돌아오지.
◆'지충개'는 이른 봄에 어린순을 채취하여 나물로 먹는다. 쓴맛이 강한 봄나물이다. ◆부안에서는 '씀바귀'를 '싸랑부리'로, '지칭개'는 '지총개'로 구분하여 부른다. 씀바귀는 이른 봄에 어린순과 뿌리를 먹는다. 씀바귀 뿌리는 쓴맛이 너무 강하기 때문에 삶아서 한나절 정도 물에 담가두어야 한다. 씀바귀 뿌리는 프라이팬에 기름을 두르고 된장과 들깻가루를 넣어서 볶아내야 쓴맛이 약해진다. '지칭개'는 봄에 어린순을 나물로 먹는다. 지칭개 역시 쓴맛이 강하다. 지칭개는 여름에 보라색 꽃이 피는데, 꽃의 모양이나 색깔이 엉겅퀴와 비슷하여 많은 사람들이 둘을 혼동하기도 한다. -김금오(부안)

지치레기 경기 | 명사 | 지스러기
골라내거나 잘라내고 남은 나머지.
〔여주〕올해는 사과가 지치레기가 많구나! 표올해는 사과가 지스러기가 많구나!
◆전남 장흥에서 태어난 송기숙의 〈자랏골의 비가(悲歌)〉는 전라도의 벽지 마을 '자랏골'에서 일어난 3대의 비극을 다룬 작품인데, 여기에는 "어쭙잖은

참봉 나부랭이거나 아전 지치레기들일 것이 뻔한데"라는 구절이 나온다. 여기에서 '지치레기'란 보잘것 없는 사람을 뜻하는 말이다.

지태 충남 | 명사 | 없음
고사에 제물로 바치는 소를 일컫는 말.
〔보령〕지태라고 하는 소를 잡는 거예요.
◆충남 보령시 오천면 외연도에서 당산제를 지낼 때 제물로 바치는 소를 '지태'라고 한다. 소를 잡을 때 땅에 닿은 부위는 제물로 쓰지 않고 땅에 닿지 않는 부위만 제물로 쓴다.

지푸락지 충북 | 명사 | 지푸라기
낱낱의 짚. 또는 부서진 짚의 부스러기.
〔옥천〕청일 논일얼 혔더니 지푸락지가 머리 위다가 까치집을 졌구먼. 표종일 논일을 했더니 지푸라기가 머리 위에 까치집을 졌구먼.

직산ᄒ다 제주 | 동사 | 기대다
몸을 무엇에 의지하면서 비스듬히 대다.
〔용담〕이 어룬은 시상이 보민 벡에 직산했다그네 눠 자느녜. 표이 어른은 언제나 보면 벽에 기댔다가 누워 잔다.

직통생 북한 | 명사 | 없음
고등중학교를 졸업하고 곧바로 상급 학교에 진학하여 공부하는 학생.
〔북한〕동무래 이제는 직통생이 되는 거이구만. 표동무는 이제는 '직통생'이 되는 것이구먼. 〔함북〕우리 아저씨는 직발생인데 공부를 진짜 잘해서 외국어 능수라고 대학생 잡지에 났댔다. 표우리 형부는 '직발생'인데 공부를 진짜 잘해서 외국어 능수라고 대학생 잡지에 났다.
◆함북에서는 '직발생'이라고 한다. 대학이나 전문학교 입학생 중에는 고등중학교 졸업생, 사회생활을

2~3년 하다 입학한 사람, 제대군인 등이 있는데 고등중학교를 졸업하고 입학한 사람을 '직발생'이라고 한다.

진거 제주 | 명사 | 뱀
파충강 뱀과의 동물을 통틀어 이르는 말.
〔구좌-한동〕고사리 거끄레도 늦엉은게, 오월 넘어가민 진거 나오곡 허난 안 가. 표고사리 꺾으려도 늦었으니까, 오월 넘어가면 뱀 나오고 하니까 안 가. 〔토평〕옛날은 그 진게 집 안에도 막 들어와낫주게. 아이구, 금치락허여. 표옛날은 그 뱀이 집 안에도 마구 들어왔지. 아이고, 끔찍해.

진눈깨지 경기 | 명사 | 진눈깨비
비가 섞여 내리는 눈.
〔파주〕진눈깨지가 오니까 길이 질척질척해. 표진눈깨비가 오니까 길이 질척질척해.

진능깨미 전북 | 명사 | 진눈깨비
비가 섞여 내리는 눈.
〔군산〕아이는 몰아치는 진능깨미 맞으며 어머니의 빨자국을 따라갔다. 표아이는 몰아치는 진눈깨비를 맞으며 어머니의 발자국을 따라갔다.

진닛죽 충북 | 명사 | 갱죽
시래기 따위의 채소류를 넣고 멀겋게 끓인 죽.
〔음성〕진닛죽에다 챙기름을 느야 고소롬허지. 표갱죽에 참기름을 넣어야 고소하지.

진달래꼿술 전북 | 명사 | 진달래술
진달래꽃을 넣어 빚은 술.
〔부안〕전이는 진달래꼿술을 히갖고 토방에다 묻었어. 표예전에는 진달래술을 해가지고 토방에다 묻었어.

진대나무 북한 | 명사 | 없음
넘어지거나 쓰러진 나무.
〔함경〕진대나무 사이로 퇴끼가 보임메. 표'진대나무' 사이로 토끼가 보입니다.

진둥개 전북 | 명사 | 진드기
진드깃과의 절지동물을 통틀어 이르는 말.
〔임실〕어떵 것이 아주까린지 진둥갠지 알 수가 없네. 표어떤 것이 아주까리인지 진드기인지 알 수가 없네.
◆'아주까리'라고도 하고 '피마자'라고도 하는 것의 씨는 생긴 것이 '진드기'와 크게 다르지 않다. 그래서 "어떤 것이 아주까린지 진둥갠지 알 수가 없다"라는 말은 무엇이 진실이고 무엇이 거짓인지 알 수가 없다는 의미로도 쓰인다. -최병선(임실)

진따기 경남 | 명사 | 진놀이
진을 치고 노는 일. 또는 그런 아이들의 놀이.
〔진해〕진따기 놀로 동네가 요란스럽다. 표진놀이로 동네가 요란스럽다. 〔남해〕마야 할 사람 요요 붙어라. 표진놀이 할 사람 여기여기 붙어라.
◆진따기는 50~60년대 아이들의 일상적인 놀이의 하나로 패를 둘로 나누어 전봇대를 각 패의 진으로 삼고 서로의 진을 공격하여 뺏는 놀이이다. 각 패는 보통 열 명 이내로 구성하며, 각자에게 고유의 수를 부여한다. 제일 높은 숫자 9부터 제일 낮은 숫자 1까지 부여한 다음, 숨고 쫓고, 도망가고 잡으러 가고, 잡아 오고 잡혀 가며 상대방 진인 전봇대를 손으로 치면 최종 승자가 된다. -김영수(진해) ◆남해에서는 '마야'라고 한다.

진또배기 강원 | 명사 | 솟대
마을 수호신의 상징으로 마을 입구에 세운 장대. 장대 끝에 나무로 깎은 새를 붙여 세운다.
〔강릉〕바닷가에 마을의 삼재를 막아주는 진또배기가 있다. 표바닷가에 마을의 삼재를 막아주는 솟대가 있다.
◆'진또배기'는 마을 어귀에 높이 세운 솟대를 가리키는 말이다. 솟대 꼭대기에는 나무로 깍아 만든 새를 얹어놓았는데 마을의 평안을 기원하는 민간 신앙에서 온 것이다. '진또배기' 또는 '수살간'은 강원도에서 쓰는 말이며 제주도에서는 '거욱대', 경상도에서는 '솟대' 또는 '별신대', 전라도에서는 '솔대' 또는 '당산'이라도 한다.

진옷 충북 | 명사 | 누더기
누덕누덕 기운 헌 옷.
〔옥천〕맨날 진옷만 입구 댕기니께 으더박씨 겉어. 표맨날 누더기만 입고 다니니까 거지 같아.

진저리꼽재기 전북 | 명사 | 구두쇠
돈이나 재물 따위를 쓰는 데에 몹시 인색한 사람.
〔부안〕그 사람이 뭐시든지 다른 사람도 안 주고 집안사람도 뭘슬 못 사 먹게 헌게 진저리꼽재기라고 했지. 표그 사람이 뭐든지 다른 사람도 안 주고 집안사람도 무엇을 못 사 먹게 하니까 구두쇠라고 했지 〔정읍〕으이구, 저 진지꼽쟁이 좀 보소. 표어이구, 저 구두쇠 좀 보소. 〔임실〕오생완은 진지꼽재기여. 표오생원은 구두쇠야. 〔남원〕말도 마. 저 넘은 밥 한번 안 사는 쫌생이여. 표말도 마. 저 놈은 밥 한번 안 사는 구두쇠야.
◆'진저리꼽재기'는 '진저리'에 '꼽재기'가 결합된 말이다. '진저리' 또는 '진지리'라고 하는데 이는 '몹시 싫증이 나거나 귀찮아 떨쳐지는 몸짓'을 뜻하는 말이며 '넌더리' 또는 '신물'과 그 의미가 유사하다. '꼽재기'는 '인색하다'는 뜻의 전북 사투리 '꼽꼽하다'에서 온 말로 '꼽쟁이'라고도 한다.

진지꼬꿉쟁이 전남 | 명사 | 구두쇠

돈이나 재물을 쓰는 데에 몹시 인색한 사람.

〔보성〕저놈은 진지꼬꿉쟁이라 지 손에 있는 건 절대 놓하고 안 갈라 묵는다. 표저 놈은 구두쇠라 자기 손에 있는 건 절대 다른 사람하고 안 나눠 먹는다. 〔고흥〕동네 사람들이 그 사람 보고 진지꼽쟁이다고 그래쌌어. 표동네 사람들이 그 사람 보고 구두쇠라고 그랬어. 〔강진〕저 여자는 맨날 남의 것 언어만 묵고 꼬꿉쟁이랑께. 표저 여자는 맨날 남의 것 언어만 먹고 구두쇠라니까. 〔진도〕지가 진지꼬꿉쟁이인데 놈을 꼬꿉쟁이라고 숭보네. 표자기가 구두쇠면서 남을 구두쇠라고 흉보네.

◆'꼬꿉쟁이'라고도 하는데, 꼭 '구두쇠'만을 뜻하는 말이 아니라 무엇이든 작은 부분까지 신경을 쓰는 '세밀한 사람'을 일컫기도 한다.

진차이 경남 | 부사 | 괜히

아무 까닭이나 실속이 없게.

〔울산〕진차이 진뺐다. 표괜히 힘뺐다. 〔고성〕자석이 애를 미이 싫는 거 보고 있으모 진차이 낳았다고 생각한다. 표자식이 애를 먹이는 걸 보고 있으면 괜히 낳았다고 생각한다.

◆'진차이'는 '긴하지 않다'에서 온 말로 보인다. 꼭 필요하거나 매우 간절한 것이 아니라는 뜻을 담고 있는 말이다.

진찬히 전남 | 부사 | 괜히

아무 까닭이나 실속이 없게.

〔고흥〕아이고, 나가 진찬히 끼어들었능가 싶어서 맘이 안 좋구마. 표아이고, 내가 괜히 끼어들었는가 싶어서 마음이 안 좋구먼.

진쿠렁 강원 | 명사 | 진구렁

질척거리는 진흙 구렁.

〔강릉〕진쿠렁을 퍼내면 미꾸라지를 많이 잡을 수 있단다. 표수렁을 퍼내면 미꾸라지를 많이 잡을 수 있단다.

◆강릉 사투리 '진쿠렁'은 "질척거리는 진흙 구렁"을 뜻하는 '진구렁'에서 온 말이다.

진퍼리 경기 | 명사 | 시궁창

시궁의 바닥. 또는 그 속.

〔양평〕여름이 되면 진퍼리에서 쉰내가 많이 나. 표여름이 되면 시궁창에서 쉰내가 많이 나.

◆땅이 질어 질펀한 땅이란 뜻의 '진펄'에 '이'가 결합한 형태이다. 질펀한 벌과 시궁창은 가리키는 대상이 다른데 사투리에서는 이 두 대상을 구분하지 않는다. 벌은 너른 땅이고 시궁은 땅속으로 파인 도랑인데도, 주로 물이 잘 안 빠지는 곳이며 고인 물에서 썩은 냄새도 나는 공통점이 있어서 구분하지 않고 쓰는 듯하다. 진펄이 좀 더 깊으면 늪도 되고 좀 더러우면 시궁창도 된다. 강원도에서는 늪을 '진펄'이라고 하고 경기도에서는 시궁창을 '진펄'이라고 한다.

질 강원 | 명사 | 두레

농민들이 농번기에 농사일을 공동으로 하기 위하여 부락이나 마을 단위로 만든 조직.

〔양양〕아버지는 질 짜러 가셨다. 표아버지는 두레 짜러 가셨다.

◆'두레'는 일종의 계 모임으로 일손이 많이 필요한 모내기 철에 꼭 필요하다. 공동으로 모내기를 할 때는 순번을 정하게 하는데, 순번이 정해진 것을 두고 "질이 짜졌다"라고 한다. 모내기와 달리 벼를 베거나 타작을 할 때는 상대적으로 일손이 많이 필요하지 않기 때문에 굳이 "질을 짜지" 않는다. -김성영 (양양)

질금 경기 | 명사 | 엿기름
보리에 물을 부어 싹이 트게 한 다음에 말린 것.
〔양평〕식혜를 맨들려믄 질금이 있어야 하죠. 표 식혜를 만들려면 엿기름이 있어야 하죠. 〔이천〕길금을 낼 때 그 달기가 정말 말도 못 합니다. 표 엿기름을 낼 때 그 달기가 정말 말도 못 합니다.

질금 경남 | 명사 | 엿기름
보리에 물을 부어 싹이 트게 한 다음에 말린 것. 녹말을 당분으로 바꾸는 효소를 함유하고 있으며, 식혜나 엿을 만드는 데에 쓰인다.
〔고성〕질금으로 단술도 맹글고 엿도 맹글제. 표 엿기름으로 식혜도 만들고 엿도 만들지.
◆부산과 창녕·통영·하동의 '질금'은 숙주나물을 뜻한다. 숙주나물을 '질검' 또는 '질금'이라고 하는 까닭은 경상도 사투리로 '기르다'를 '질가다'라고 하기 때문이다. 합천에서는 콩나물과 숙주나물을 모두 '질금'이라고 한다. -경남방언연구보존회 ◆창녕의 '이찔금'은 '엿질금'에서 온 말로 보인다.

질금령하다 강원 | 형용사 | 질겁하다
뜻밖의 일에 자지러질 정도로 깜짝 놀라다.
〔강릉〕배무르 잡어서 지집아들인데 휘둘렀드니 질금령하구 내뛰던 순이가 발으 자불띠렀어. 표 뱀을 잡아서 계집애들한테 휘둘렀더니 질겁하고 내뛰던 순이가 발을 접질렀어.

질금콩 충북 | 명사 | 기름콩
콩나물로 기르는 잘고 흰 콩.
〔제천〕그전에는 질금콩으루 다 질궈서 먹었지, 콩나물얼. 표 그전에는 기름콩으로 다 길러서 먹었지, 콩나물을.
◆'질금'은 경기·강원·경남 등지에서는 '엿기름'을 뜻하는 말로 쓰이지만, 충북에서는 '콩나물'을 뜻하는 말로 쓰인다.

질나다 경북 | 동사 | 길나다
버릇이나 습관이 되어 익숙해지다.
〔영천〕저 소도 이제 논일하는 데 질났다. 표 저 소도 이제 논일 하는 데 길났다.

질러빠지다 강원 | 형용사 | 게을러빠지다
행동이 느리고 움직이거나 일하기를 싫어하여 일 따위를 몹시 꾸물거리거나 미루다.
〔원주〕그 애는 종일 하는 일도 없고, 아주 질러빠졌다. 표 그 애는 종일 하는 일도 없고, 아주 게을러빠졌다. 〔춘천〕그 사람 을마나 질러터진지 일 허는 건지 노는 건지 모르겠어. 표 그 사람 얼마나 게을러터졌는지 일하는 건지 노는 건지 모르겠어.

질알금 강원 | 명사 | 없음
신랑 집에서 신부 집에 보내는 음식.
〔강릉〕신랑집서야 가작해야 질알금인가 하는 떡밲에 더 있는가? 표 신랑집에서는 고작해야 '질알금'인가 하는 떡밖에 더 있는가?
◆'질알금'이란 말은 '길을 알려준다'라는 뜻으로 신랑이 처가에 처음 갈 때 가져가는 떡과 고기, 술 등을 이르는 말이다. 신랑이 질알금을 가지고 온 날 밤에 동네 청년들이 신부 집에 모여 신랑의 발목을 매달고 발바닥을 때리며 노는데, 이를 '신랑달기' 또는 '왁달계'라고 한다. '왁달'이란 성질이나 행동이 곰살갑지 못한 모양을 뜻하는 말로 '왁달박달'에서 파생된 말이다. -김인기(강릉)

질짜기 강원 | 명사 | 품앗이
힘든 일을 서로 거들어주면서 품을 지고 갚고 하는 일.

〔동해〕질짜기로 일을 하고 난 다음에 서낭당에 모예. 표품앗이로 일을 하고 난 다음에 서낭당에 모여.
◆이웃끼리 서로 돌아가며 김매기를 하거나 모내기를 하는 것을 '질짜기'라 하며, 이때 함께 어울려 술과 음식을 나누어 먹는 것을 '질먹기'라고 한다.

질크덩하다 충북 | 형용사 | 질커덕하다
진흙이나 반죽 따위가 물기가 매우 많아 질다.
〔옥천〕노인데딜언 밥이 좀 질크덩해야 좋지. 표노인들은 밥이 좀 질커덕해야 좋지.

짐1 강원 | 명사 | 김
논밭에 난 잡풀.
〔강릉〕짐으 그라 매면 되나? 표김을 그렇게 매면 되니? 〔춘천〕풀이 너무 승해서 짐을 매기두 힘들어. 표풀이 너무 성해서 김을 매기도 힘들어 〔평창〕기양 호미는 바테 짐맬 쩨 씨닝 기고 호미에는 감재 팔 쩨게 씨지. 표기양 호미는 밭에 김맬 때 쓰는 거고 호미는 감자 팔 적에 쓰지.

짐2 강원 | 명사 | 김
홍조류 보라털과의 조류.
〔원주〕반찬 없으면 짐 갖다가 먹어라. 표반찬이 없으면 김을 가져다가 먹어라. 〔평창〕들기름을 발라 구운 짐이 밥도둑이래요. 표들기름을 발라 구운 김이 밥도둑이래요. 〔삼척〕이른 봄, 찬 기운이 있을 때 바닷가 돌방구에 가서 짐을 뜯잖소. 표이른 봄, 찬 기운이 있을 때 바닷가 바위에 가서 김을 뜯잖소.

짐3 경기 | 명사 | 김
홍조류 보라털과의 조류.
〔강화〕밑반찬으로 구운 짐두 올라가죠. 표밑반찬

으로 구운 김도 올라가죠.

짐국 전남 | 명사 | 김국
뜨물에 양념을 하여 끓인 후에 김가루를 풀어 넣어 만든 국.
〔고흥〕해우로 만든 짐국 잡솨봤소? 표김으로 만든 김국 잡숴어보셨소? 〔진도〕해우를 짚불에 살짝 귀서 싹싹 비벼서 풀어야 짐국이 맛있제. 표김을 짚불에 살짝 구워서 싹싹 비벼서 풀어야 김국이 맛있지.
◆'짐국'은 뜨물에 양념을 하여 끓인 후 김가루를 풀어 넣어 만든 국이다. 특히 김국을 만들 때 쇠고기를 잘게 썰어 간장과 참기름으로 양념하여 볶다가 물을 부어 끓인 후 생김과 다진 마늘을 넣고 국간장과 참기름으로 간을 한다. ◆'짐국'은 '짐짓국'이라고도 한다.

짐싸게 전북 | 부사 | 없음
걸리는 시간이 짧게.
〔익산〕아따, 그놈 짐싸게 먹네.
◆전라도의 관용적인 표현으로 "짐싸게 먹다"라는 말이 있다. 이 말은 단순히 음식을 빨리 먹는 것을 뜻하는 말이 아니라 김을 한 장이라도 더 먹으려고 허겁지겁 먹는 것을 뜻하는 말이다. 지난날 모든 것이 부족했던 시절에 '김'은 100장이 아니라 10장씩 묶어서 팔았는데 1년에 한두 번 명절 때나 되어야 먹을 수 있었기 때문에 들기름을 발라 구운 김이 밥상에 오르면 밥을 먹는 시간이 짧을 수밖에 없었다.
-김봉철(익산)

짐체 전남 | 명사 | 김치
소금에 절인 배추나 무 따위를 고춧가루, 파, 마늘 따위의 양념에 버무린 뒤 발효를 시킨 음식.
〔진도〕짐치는 배추짐치가 대표지만 파짐치, 갓짐치, 지쪽 등 그 종류도 많다. 표김치는 배추김치

555

가 대표지만 파김치, 갓김치, 깍두기 등 그 종류도 많다. 〔장성〕새아가, 냉장고서 지 잠 가꾼나! 표새아가, 냉장고에서 김치 좀 가져오너라!

짐치 강원 | 명사 | 김치
소금에 절인 배추나 무 따위를 고춧가루, 파, 마늘 따위의 양념에 버무린 뒤 발효를 시킨 음식.
〔원주〕언제 짐치를 담궜니? 표언제 김치를 담갔니? 〔양양〕할머니 짐치가 맛이 좋다. 표할머니 김치가 맛이 좋다. 〔홍천〕짠지에는 맬치젓이 마니 들어가야 마시찌. 표김치에는 멸치젓이 많이 들어가야 맛있지. 〔평창〕밥상에는 짠지를 빼면 먹을 게 없어요. 표밥상에는 김치를 빼면 먹을 것이 없어요.
◆강원도 산간에서는 '김치'를 '짠지'라고 했고, '물김치와 동치미'를 '김치'라고 했다. "떡 줄 사람은 생각도 않는데 김칫국부터 마신다"라는 속담에서의 '김칫국'은 떡을 먹을 때 목이 메지 않도록 마시는 '물김치'나 '동치미'처럼 김칫독에서 꺼내어 곧바로 먹을 수 있는 국물을 뜻하므로 강원도 산간의 사투리이 속담이 부합한다고 할 수 있다.

집베늘 전남 | 명사 | 짚가리
짚단을 쌓아 올린 더미.
〔고흥〕오마, 집베늘만 바도 배 불르것소. 이것이 몇 토매나 될랑가, 앵간헌 까끔만 허요이. 표어머, 짚가리만 봐도 배가 부르겠소. 이것이 몇 단이나 되려나, 어지간한 동산만 하네요. 〔강진〕쩌 집은 집베늘이 하늘 닿겄네. 표저 집은 짚가리가 하늘 닿겠네. 〔진도〕워메, 쩌그 저 집 짚베늘 좀 바바. 큰 배만 한 짚베늘이 몇 개냐? 표어머나, 저기 저 집 짚가리 좀 봐봐. 큰 배만 한 짚가리가 몇 개냐?
◆전남 화순에서는 곡식 등을 쌓아둔 '노적(露積)'을

'노독'이라고도 한다. '노적'에 '가리'를 뜻하는 '베늘'이 결합하면 '노적가리'가 된다. 일반적으로 전남에서는 '나락베늘'이라고 한다. ◆전남에서 다발로 묶어놓은 짚단은 '짚토매'라고 하고, 탈곡하기 전에 쌓아놓은 볏단은 '나락베늘'이라고 한다. 벼를 베어서 논에 넓게 펼치거나 단으로 묶어 세워서 말린 후에 마당이 넓어서 탈곡이 가능한 집에서는 마당으로 볏단을 옮겨와 쌓아놓았는데 이것이 '나락베늘'이다. 탈곡을 하는 일은 모내기 못지않은 큰 일이어서 많은 일꾼이 필요했다. 벼농사를 많이 짓는 집에서는 불을 켜놓고 늦은 밤까지 탈곡을 했다.

집시기 충북 | 명사 | 짚신
볏짚으로 삼아 만든 신.
〔옥천〕집시기는 집얼 손이루 꽈서 맹글었지유. 표짚신은 짚을 손으로 꽈서 만들었지요.
◆'집시기'는 볏짚으로 가는 새끼를 꼬아 날을 삼고 총과 돌기총으로 울을 삼아 만든다. 충청도와 강원도 경상도, 전북 등지에서는 '짚시기'라고 하고, 전라도와 강원도에서는 '짚세기'라고 한다.

집시락물 전남 | 명사 | 기스락물
(1)낙숫물.
(2)초가집의 처마에서 떨어지는 물.
〔고흥〕비가 오고 나믄 집시락물이 똑똑 떨어져. 표비가 오고 나면 기스락물이 똑똑 떨어져. 〔강진〕밤새 지시락물이 고드름이 돼부렀어야. 표밤새 기스락물이 고드름이 돼버렸어. 〔진도〕비는 아까치메 끄친 것 가튼데 지시락물은 아직도 떨어지네. 표비는 아까 그친 것 같은데 기스락물은 아직도 떨어지네.
◆농가에서 추수가 끝나고 늦가을이 오면 초가지붕의 묵은 이엉을 걷어내고 새 이엉으로 바꾼다. 해마다 겨울이 오기 전에 새 이엉으로 바꿔야 하는데 일손이 달린 농가에서는 제때에 지붕을 이지 못하고

한 해를 넘기는 집이 한두 집 있다. 비가 오면 이런 집의 지붕은 빗물이 안으로 새기도 하고 썩은새에서 썩은 빛깔의 빗물이 떨어지기도 한다. ―주광현(진도) ◆전남 동부에서는 썩은새에서 떨어지는 물을 '집시락물'이라고 하고 서부에서는 '지시락물'이라고 한다. '지시락, 집시락'의 '짓'과 '집'은 모두 '집'의 의미로 '짓, 집'에 '떨어지다'는 '락(落)'이 붙어서 이루어진 말이다.

집청 경남 | 명사 | 조청
곡식을 엿기름으로 삭혀서 졸여 꿀처럼 만든 감미료.
〔밀양〕개미떡으 짤라가 집청 찍어 묵고 그랬제.囲가래떡을 잘라서 조청 찍어서 먹고 그랬지.
〔울산〕집청 아니면 단 기 있나? 설탕도 후제 나왔고.囲조청 아니면 단 게 있나? 설탕도 나중에 나왔고.

짓가심 전남 | 명사 | 김칫거리
김치 담글 재료.
〔강진〕김치 담그게 짓가심 좀 씻어 온나.囲김치 담그게 김칫거리 좀 씻어 오거라.〔장흥〕엄니가 밭에 가서 짓가슴을 해 오셨다.囲어머니가 밭에 가서 김칫거리를 해 오셨다.

짓거리 전북 | 명사 | 김칫거리
김치를 담글 재료.
〔부안〕가 짓거리 캐 와야겄다.囲가서 김칫거리 캐 와야겠다.〔남원〕짓거리라도 사야 반찬이라도 맨글지.囲김칫거리라도 사야 반찬이라도 만들지.〔정읍〕시장에 가서 짓거니 좀 사 오랑게.囲시장에 가서 김칫거리 좀 사 와라.〔군산〕짓거리 시장에 내다 팔아 자식 학비 보탰다.囲김칫거리 시장에 내다 팔아서 자식 학비 보탰다.

짓누리미 충북 | 명사 | 지느러미
물고기 또는 물에 사는 포유류가 몸의 균형을 유지하거나 헤엄치는 데 쓰는 기관.
〔옥천〕괴기가 큰 거는 짓누리미가 억셔서 못 먹으니께 짤라야 햐.囲고기가 큰 것은 지느러미가 억세서 못 먹으니까 잘라야 해.

짓매질 경기 | 명사 | 수선
사람의 정신을 어지럽게 만드는 부산한 말이나 행동.
〔강화〕물건을 어디에 두고 생각이 나지 않아 짓매질을 하여 찾았는데 바로 코앞에 있네.囲물건을 어디에 두고 생각이 나지 않아 수선스럽게 찾았는데 바로 코앞에 있네.

징갑 전남 | 명사 | 쓰레받기
비로 쓴 쓰레기를 받아내는 기구.
〔장흥〕방 소지하게 징갑 찾아가꼬 오니라.囲방 청소하게 쓰레받기 찾아 가지고 와라.〔광양〕테바지 좀 가져오니라.囲쓰레받기 좀 가져와라.〔광주〕내 방 쓸게 니 티바지 가꼴래?囲내가 방을 쓸 테니까, 너는 쓰레받기 가져올래?
◆'징갑'은 '진갑(塵匣)'에서 온 말로 보인다. '진갑'의 '진(塵)'은 '티끌'을 뜻하고, '갑(匣)'은 티끌을 담는 도구를 뜻한다.

징개미 충북 | 명사 | 생이
새뱅잇과의 민물 새우.
〔진천〕징개미럴 잡을라믄 소나무럴 끊어다가 물에 당가놓잖아.囲생이를 잡으려면 소나무를 끊어다가 물에 담가놓잖아.

징글랍다 전남 | 형용사 | 징그럽다
(1)보거나 만지기에 소름이 끼칠 정도로 흉하거나 끔찍하다.

(2)지겹고 그만 보고 싶다.

〔순천〕그만 좀 해야. 그 꼴 보는 것도 징글랍다. 표그만 좀 해. 그 꼴 보는 것도 징그럽다. 〔강진〕꿈틀꿈틀 기어가는 지렁이 모습이 징글랍다. 표꿈틀꿈틀 기어가는 지렁이 모습이 징그럽다. 〔진도〕아따, 수염 잔 깎으쇼. 너무 질어서 징글랍구만. 표아따, 수염 좀 깎으세요. 너무 길어서 징그럽구만.

징상허다 전북 | 형용사 | 지나치다
일정한 한도를 넘어 정도가 심하다.
〔군산〕징상하게도 말도 안 듣네. 표지나치게 말도 안 듣네. 〔임실〕헌소리 또 허고 헌소리 또 허고 징상헌 저놈으 잔소리 언지나 끝날랑가? 표한소리 또 하고 한소리 또 하고 지나친 저놈의 잔소리 언제나 끝나려나?

징이다 충북 | 동사 | 쟁이다
물건을 차곡차곡 포개어 쌓아두다.
〔옥천〕나무를 해가꾸 징여눟구 쓰는 거지. 표나무를 해가지고 와 쟁여놓고 쓰는 거지.

징징흐다 제주 | 형용사 | 징그럽다
보기에 소름이 끼칠 정도로 흉하거나 끔찍하다.
〔애월-고내〕쉐걸름이나 지붕 우이 굼벵인 이만썩 크주게. 거 막 징징허여. 표쇠두엄이나 지붕 위의 굼벵이는 이만큼 크지. 거 아주 징그러워. 〔구좌-한동〕이젠 엇인디 옛날엔 베염도 하낫어이. 이 집 안터레도 막 들어와나세. 에구, 거 생각만 헤도 징징허다게. 표이젠 없는데 옛날엔 뱀도 많았었어. 이 집 안에도 마구 들어왔었어. 에구, 거 생각만 해도 징그럽다.

짚까리술 충남 | 명사 | 없음

술독을 짚더미로 감싸 그 열로 발효시켜 만드는 발효주.
〔예산〕별건 아니구. 짚으로 둘둘 감아두믄 그 열루다가 팍 시거든유. 그걸 짚까리술이라 그려유. 표별건 아니고. 짚으로 둘둘 감아두면 그 열로 팍 쉬거든요. 그걸 '짚까리술'이라 그래요.
◆옛날에 식량이 부족했을 때 식량을 보존하기 위해 술을 담그는 것을 단속하였는데 '짚까리술'은 단속을 피하는 것과 술을 익히는 것을 겸하는 방법이었던 것으로 보인다. -김국명(공주)

짚다 전북 | 형용사 | 깊다
겉에서 속까지의 거리가 멀다.
〔익산〕물이 짚다, 조심해라. 표물이 깊다. 조심해라. 〔전주〕짚은 물에는 들어가면 안 되다잉. 표깊은 물에는 들어가면 안 된다. 〔남원〕여기는 짚퍼서 사람들이 대수리를 안 잡았구만. 표여기는 깊어서 사람들이 다슬기를 안 잡았구먼.

짚시락물 전북 | 명사 | 낙숫물
처마 끝에서 떨어지는 물.
〔정읍〕비가 올 때는 처마 끝에서 짚시락물 맞지 마라. 표비가 올 때는 처마 끝에서 낙숫물 맞지 마라. 〔임실〕집시랑에서 떨어지는 썩은새국이 묻으면 손등에 사마구 난다. 표기스락에서 떨어지는 낙숫물이 묻으면 손등에 사마귀 난다.

ᄌ들다 제주 | 동사 | 걱정하다
안심이 되지 않아 속을 태우다.
〔용담〕부죽허카부뎬 ᄌ들아신디. 표부족하면 어쩌나 걱정했는데. 〔애월-상가〕ᄌ둘지 말라게. 표걱정하지 말아라.
◆'ᄌ들다'와 비슷한 뜻으로 '솔ᄆ슴흐다'라는 말을 쓰기도 하는데, 이 말은 걱정하는 마음이 도를 넘어 근심하고 두려워하는 마음을 뜻한다. -현임종(노형)

ᄌᆞ들리다 제주 | 동사 | 없음

성가시게 하거나 걱정하게 하다.

〔노형〕사름들이 너무 ᄌᆞ들리니까 도망가 분거주. 표사람들이 너무 '조들하니까' 도망가 버린거지. 〔애월-상가〕아이덜 너무 ᄌᆞ들리지 말라. 해줄 수 있는 건 그냥 해줘불라. 표아이들 너무 '조들리지' 말아라. 해줄 수 있는 건 그냥 해주라.

◆'ᄌᆞ들리다'는 '걱정스러운 일이 있어 근심하다'라는 의미의 'ᄌᆞ들다'에서 파생된 말이다. '저들리다'라고도 한다.

ᄌᆞ록 제주 | 명사 | 자루

손으로 다루게 되어 있는 연장이나 기구 따위의 끝에 달린 손잡이.

〔용담〕ᄌᆞ록을 졸끈 심어사 민지룹지 아녀! 표자루를 힘껏 붙잡아야 미끈거리지 않아!

ᄌᆞ작벳 제주 | 명사 | 땡볕

따갑게 내리쬐는 뜨거운 볕.

〔노형〕ᄌᆞ작벳 때문에 일을 헤지건 허고 마라지건 말라. 표땡볕 때문에 일을 할 수 있으면 하고 그렇지 않으면 하지 말아라.

존다니 제주 | 명사 | 잔소리

쓸데없이 자질구레한 말을 늘어놓음. 또는 그 말.

〔노형〕남펜 존다니가 옹장옹장 아주 심허다. 표남편 잔소리가 아주 심하다.

◆'존다니'를 '갱질이' 또는 '존당이'라고도 한다.

존샘 제주 | 명사 | 잔정

자상하고 자잘한 정.

〔안덕-화순〕촘 부지런허곡 존샘이신 어른이엇져. 표참 부지런하고 잔정이 있는 어른이었지. 〔화북〕저 녀석은 이녁 어멍신디는 잘도 존샘 좋아.

표저 녀석은 자기 어머니에게는 무척 잔정이 있어. 〔구좌-한동〕우리 족은년은 막 존샘 신 아이라. 어멍 걱정허영 후루에도 멧 번썩 전화헌다. 표우리 작은딸은 아주 잔정 있는 아이야. 어머니 걱정해서 하루에도 몇 번씩 그렇게 전화를 해.

줌녀 제주 | 명사 | 해녀

바다 속에 들어가 해삼, 전복, 미역 따위를 따는 것을 직업으로 하는 여자.

〔애월-구엄〕줌녀덜은 무신거 점복ᄒᆞ곡 구젱이ᄒᆞ곡게 문어도 잡곡.-김순자·김미진(2019) 표해녀들은 무엇 전복하고 소라하고 문어도 잡고. 〔애월-상가〕나가 숨이 질어서 줌녀허민 잘 해실건디. 표내가 숨이 길어서 해녀 하면 잘 했을건데.

◆제주에서 '해녀'를 가리키는 말은 '줌녜', '줌수', '해녀' 등이 있다. 이 가운데 '줌녜'와 '줌수'는 조선 시대 이후로 줄곧 사용했던 말이고, '해녀'는 일제강점기 이후에 등장한 말이다. 이와 관련하여 일제 시대의 용어인 '해녀'를 버리고 '잠녀'를 사용하자는 주장이 있는가 하면, '잠녀'는 조선 시대 공납을 담당했던 여성을 가리키는 말이므로 '해녀'를 사용해야 한다는 주장도 있고, '목수'처럼 직업적인 전문성을 강조하기 위해 '줌수'라는 용어를 사용해야 한다는 주장도 있다.

줏 제주 | 명사 | 나무굼벵이

하늘솟과의 애벌레를 통틀어 이르는 말.

〔영평〕실거리낭이나 뽕낭 그런 것에 줏이 잘 듭니다. 표실거리나무나 뽕나무 그런 것에 나무굼벵이가 잘 듭니다.

◆뽕나무 등의 '나무굼벵이'는 제주에서 '줏'이라고 부른다. '나무굼벵이'는 『동의보감』에 따르면 가슴앓이를 낫게 할 뿐만 아니라, 상처에 새살을 돋게 하는 효험이 있다고 한다. 특히 민간요법에서 꾸지뽕나무는 약재로 많이 쓰였는데, 줄기와 가지 등에 기

생하는 뽕나무좀벌레(상두충)와 뽕나무이끼(상화)는 물론이고, 뽕나무에 낳은 사마귀 알(상표초)까지도 약으로 사용한다.

짜가사리 전북 | 명사 | 동자개
동자갯과의 민물고기.
〔임실〕짜가사리헌티 쐬면 그 자리가 애려. 표동자개에게 쏘이면 그 자리가 아려.

짜개받기 경북 | 명사 | 공기놀이
공기를 가지고 노는 아이들 놀이.
〔영덕〕갱빈에서 짜개받기 하고 놀았다. 표냇가에서 공기놀이 하고 놀았다. 〔의성〕한겨울에 깨갈하다가는 손이 다 튼데이. 표한겨울에 공기놀이하다가는 손이 다 튼다.
◆ '짜개'는 자갈을 뜻하는 말이지만, '짜개받기'에서 '짜개'는 공기놀이의 '공깃돌'을 뜻한다. ◆ '공구밴기'의 '공구'는 '공기'의 사투리지만 『이조어사전』에 '공긔'로 나오는 것으로 보아 오히려 '공구'가 원형에 가까운 것으로 보인다.

짜구나다 경남 | 동사 | 없음
배가 터질 듯이 먹어 탈이 나다.
〔하동〕짜구난다. 고마 무라. 표'짜구난다'. 그만 먹어라.
◆ 본래 '자귀'는 개나 돼지에 생기는 병의 하나로 너무 많이 먹어서 생기는 병이다. 배가 붓고 발목이 굽으면서 일어서지 못한다.

짜굽다 강원 | 형용사 | 짜다
소금과 같은 맛이 있다.
〔정선〕국이 짜굽다. 표국이 짜다. 〔원주〕칼국시가 짜겁다 표칼국수가 짜다. 〔춘천〕국이 짜거워서 소금물이 됐네. 표국이 짜서 소금물이 되었네. 〔삼척〕장 속에 묻어둔 무꾸지가 너무 짜굽구

나. 표장 속에 묻어둔 무장아찌가 너무 짜구나.
◆ '달다'를 '달굽다', '맵다'를 '매굽다'라고 하는 것과 표현 형식이 같다.

짜다라 경남 | 부사 | 그다지
(주로 '않다, 못하다' 따위의 부정어와 호응하여) 그러한 정도로는. 또는 그렇게까지는.
〔마산〕그래 하는 기 짜다리 안 내킨다. 표그렇게 하는 게 그다지 안 내킨다. 〔창원〕짜다라 무울 것도 엄슴시로 부르기는 만다꼬 부르노? 표그다지 먹을 것도 없으면서 부르기는 왜 부르니?
◆ "짜다리 비싸다"라는 말은 "너무 비싸다"라는 뜻이다.

짜드라 경북 | 부사 | 그다지
(주로 '않다, 못하다' 따위의 부정어와 호응하여) 그러한 정도로는. 또는 그렇게까지는.
〔성주〕헐토 않은데 짜드라 맛도 없더라. 표싸지도 않은데 그다지 맛도 없더라.
◆ 의성에서 '짜드라'는 '많이'라는 뜻으로 쓰인다. "신문에 난 집이라꼬 구경하로 짜드라 와쌌는다(신문에 난 집이라고 구경하러 많이 온다)"의 형태로 쓰인다.

짜들박 강원 | 명사 | 자드락
산이나 언덕 기슭의 비탈진 곳.
〔정선〕어디가 어디인지도 분간하기 힘든 짜들박을 네 발로 설설기면서 산행을 했다. 표어디가 어디인지도 분간하기 힘든 자드락을 네 발로 설설 기면서 산행을 했다. 〔정선〕길이 미꾸러워서 차가 짜들배기에서는 설설 게요. 표길이 미끄러워서 차가 자드락에서 설설 기어요. 〔삼척〕짜들배기 밭은 농사짓기가 심이 들잖소. 거름도 지게로 날라야 하고요. 농사지은 곡식도 일일이 등짐으로 날라야 하잖소. 심한 짜들배기 밭은 경사가

560

심해서 소로 갈 수도 없지요 뭐. 표자드락 밭은 농사짓기가 힘이 들잖소. 거름도 지게로 날라야 하고요. 농사지은 곡석도 일일이 등짐으로 날라야 하잖소. 심한 자드락 밭은 경사가 심해서 소로 갈 수도 없지요 뭐.

짜박지 전남 | 명사 | 된물김치
국물을 자박하게 부어 만든 열무김치.
〔고흥〕옛날에는 없는 시절이라 보리밥에다가 짜박지만 묵어도 맛있었제. 표옛날에는 없는 시절이라 보리밥에다가 된물김치만 먹어도 맛있었지.
◆'짜박지'는 '도구통(절구통)'에 보리밥이랑 불긋불긋한 생고추를 넣고 '확독(절굿대 대용으로 사용하는 돌)'으로 득득 갈아서 국물을 짜박짜박하게 담가 삭혀 먹으면 검덜큼하고 사금사금하게 맛있다. ─천인순(고흥)

짜부치다 경남 | 동사 | 없음
짜증을 내다.
〔울산〕짜부치지 좀 마소. 표짜증 좀 내지 마소.
◆짜증을 잘 내는 사람을 짠보(거제·밀양·울산·진주·하동·함안·합천), 짠새미(거제·김해·함안)라고 한다.

짜불레지다 강원 | 동사 | 짜부라지다
물체 또는 기운이나 형세 따위가 눌리거나 부딪혀서 오그라지다.
〔인제〕곰방 짜불레질 오양간 그 상자는 어떤 사람이 모르고 밟아서 짜부라졌다. 표금방 짜부라질 외양간 그 상자는 어떤 사람이 모르고 밟아서 짜부라졌다. 〔삼척〕눈이 얼마나 많이 쌓였는지, 오두막집이 짜불아질 판이다. 표눈이 얼마나 많이 쌓였는지, 오두막집이 짜부러질 판이다. 〔원주〕그 상자는 어떤 사람이 모르고 밟아서 찌부라졌다. 표그 상자는 어떤 사람이 모르고 밟아서 짜부라졌다.

짜와리 충북 | 명사 | 꽈리
가짓과의 여러해살이풀.
〔단양〕짜와리럴 입에다가 늫구 이빨루 문질르믄 뽀도독 소리가 나지. 표꽈리를 입에 넣고 이로 문지르면 뽀도독 소리가 나지.
◆'꽈리'가 꽉꽉 무는 모습이나 꽉꽉 소리나는 모습을 표현한 것이라면 '짜와리'는 눌러서 공기를 짜듯 누르는 동작을 표현한 것이 아닐까 한다. 한 대상을 두고 여러 표현이 존재할 수 있는 것은 사람의 경험을 통해 느끼는 인식적 특성이 개입되기 때문이다.

짜웅하다 충북 | 동사 | 아부하다
남의 비위를 맞추어 알랑거리다.
〔청주〕머 하나 읃어먹으라구 곁에 붙어서 짜웅해서 머라머라 하드라구. 표뭐 하나 얻어먹으려고 옆에 붙어서 아부해서 뭐라뭐라 하더라고.
◆'짜웅'은 군대 용어이기도 하다. 흔히 '뇌물 공여', '상급자에 대한 아부', '상급자와의 야합' 등을 뜻하는 말로 쓰인다.

짝달비 전남 | 명사 | 장대비
장대처럼 굵고 거세게 좍좍 내리는 비.
〔고흥〕아이, 짝달비 딸아진다. 얼른 가서 덕석 잔 채덮어라. 표아이, 장대비 쏟아진다. 얼른 가서 멍석 좀 채 덮어라. 〔강진〕짝달비에 미꾸락지가 덩달아 뛰네. 표장대비에 미꾸라지가 덩달아 뛰네. 〔진도〕워메, 짝달비 쏟아질라고 한다. 얼릉 띠어가서 덕석 좀 채서 디래나라. 표워메, 장대비 쏟아지려고 한다. 얼른 뛰어가서 멍석 좀 채서 들여놔라.
◆'짝달비(작달비)'는 장대처럼 굵고 거세게 좍좍 내리는 비이다. 소나기를 '짝달비'라고도 한다. '채 덮는다'라는 말은 "멍석에 말려놓은 곡식을 대충 덮는

것"을 뜻하는 말이다. 이 상황은 농부들이 들에서 일을 하다가 갑자기 소나기가 쏟아지자 집으로 허둥지둥 달려와서 비설거지를 하는 모습을 묘사한 것이기도 하다. 곡식을 그러모아 담으려고 하면 비에 젖어버리기 때문에 멍석의 귀를 잡아당겨 대충이라도 덮어서 비에 젖지 않게 하려는 것이다.

짝수발 전남 | 명사 | 작사리
한끝을 엇걸어서 동여맨 작대기. 무엇을 걸거나 받치는 데에 쓴다.
〔고흥〕우리 아부지가 성질이 겁나게 급애서 오마, 말만 못 알아들어도 짝수발을 치깨들고 쫓아오고 그랬당께. 표우리 아버지가 성격이 아주 급해서 말만 못 알아들어도 작사리를 치켜들고 쫓아오고 그랬다니까.

짝지 경남 | 명사 | 지팡이
걸을 때에 도움을 얻기 위하여 짚는 막대기.
〔창원〕너거 세이가 짝지로 해주었다. 표너희 형이 지팡이를 해줬다.
◆'지팡이'는 구식이냐 신식이냐에 따라 부르는 이름이 다르다. 창녕에서는 아무렇게나 만든 것을 '작대기'라고 하고, 제대로 만든 것을 '지팽이'라고 한다. 그런가 하면 창원에서는 구식을 '짝지'라고 하고, 신식을 '지팽이'라고 한다. -김정대(창원)

짠지 충남 | 명사 | 김치
소금에 절인 배추나 무 따위를 고춧가루, 파, 마늘 따위의 양념에 버무린 뒤 발효를 시킨 음식.
〔서산〕짠지라구두 하고 짐치라구두 하구. 고춧가룰랑은 상관 읎어. 표'짠지'라고도 하고 김치라고도 하고. 고춧가루랑은 상관 없어. 〔논산〕입맛이 없으면 물 말어서 짠지랑 먹어봐. 표입맛이 없으

면 밥을 물에 말아서 김치랑 먹어봐. 〔세종〕짐치가 푹 익어 지져 먹어야겠유. 표김치가 푹 익어서 지져 먹어야겠어요.
◆일반적으로 짜게 담은 김치는 다 '짠지'가 될 수 있다. '짠지'의 반대말은 '싱건지'이다. 소금을 덜 넣어 싱겁게 담은 김치란 뜻이다. 무를 이용하여 달콤하게 담그면 단무지, 묵은 김치는 묵은지, 장에 담그면 장아찌, 파로 담으면 파지, 무로 담으면 무수지, 게로 담으면 게국지가 되는 식이다. -이명재(예산)

짠지발 경기 | 명사 | 맨발
아무것도 신지 아니한 발.
〔이천〕짠지발로 공을 찬 거여? 표맨발로 공을 찬 거야?

짠짠지 경기 | 명사 | 짠지
무를 통째로 소금에 짜게 절여서 묵혀 두고 먹는 김치.
〔옹진〕연평도에서는 김치가 짠지니까 짠지는 짠짠지라고 해.
◆'김치'를 '짠지'라고 하는 지역은 전국적으로 확인되는데, '짠지' 혹은 '장아찌'를 '짠짠지'라고 하는 지역은 경기도 옹진과 황해도가 유일하다. 이는 옹진이 황해도 방언권임을 확인해주는 사례이다. 평안북도에서는 '잔짠디'라고 한다. 이는 구개음화가 아직 일어나지 않은 어형이다.

짤긋짤긋허다 전남 | 형용사 | 쫄깃쫄깃하다
씹히는 맛이 매우 차지고 질긴 듯하다. '졸깃졸깃하다'보다 센 느낌을 준다.
〔고흥〕빼깽이를 씹으믄 짤긋짤긋허니 달달허니 맛나요. 표무말랭이를 씹으면 쫄깃쫄깃하니 달달하니 맛나요.

짤까닥짤까닥 북한 | 부사 | 우쭐우쭐

의기양양하여 뽐내는 모양.
〔함경〕짤까닥짤가닥 대는 거이 아버지 모색이랑 똑같다. 표우쭐대는 것이 아버지 모습이랑 똑같다. 〔함경〕영미는 뭐가 잘 났는지 모든 일에서 짤까닥짤까닥 댄다. 표영미는 뭐가 잘 났는지 모든 일에서 우쭐댄다. 〔함경〕영숙이래 낄 데 안 낄 데 다 끼는 짤까닥 성격을 가졌디요. 표영숙이는 낄 데 안 낄 데 다 끼는 우쭐하는 성격을 가졌지요.
◆북한에서 '짤까닥짤까닥'은 작고 단단한 쇠붙이 같은 것이 부딪칠 때 야무지게 울리는 소리를 뜻하는 말이다. 이 말을 우쭐대는 상황에 사용한 것으로 보아 '돈 많은 사람'의 허세를 표현한 속어로 볼 수 있다. ◆북한에서는 때와 장소를 가리지 않고 우쭐대거나 나서기 좋아하는 사람을 '짤까닥이'라고 한다.

짤뜨래기 충남 | 명사 | 자투리
어떤 기준에 미치지 못할 정도로 작거나 적은 조각.
〔공주〕그 짤뜨래기땅은 아무 쓰잘때기가 없어 남새나 갈어먹구 그래야지. 표그 자투리땅은 아무 쓸모가 없어 채소나 갈아먹고 그래야지.

짤박하다 경남 | 형용사 | 없음
국이나 찌개를 끓일 때 물을 모자라듯이 부은 모습.
〔부산〕찌개 할라면 물을 짤박하게 부우야지. 표찌개 하려면 물을 '짤박하게' 부어야지. 〔산청〕머슨 찌개든 국물이 짜박짜박해야 맛있다. 표무슨 찌개든 국물이 '짤박짤박해야' 맛있다.

짤쪽하다 충북 | 형용사 | 갸름하다
보기 좋을 정도로 조금 가늘고 긴 듯하다.
〔옥천〕열 손꾸락이 짤쪽하게 생겼어유. 표열 손가락이 갸름하게 생겼어요.

짤쭉하다 전북 | 형용사 | 갸름하다
보기 좋을 정도로 조금 가늘고 긴 듯하다.
〔전주〕자는 짤쭉하니 참 크다잉. 표쟤는 갸름하고 참 크다. 〔완주〕무시가 짤쭉허니 좋네. 표무가 갸름하니 좋네. 〔임실〕밥을 못 먹고 대니는지 볼태기가 잘쪽허더라고. 표밥을 못 먹고 다니는지 볼이 갸름하더라고.

짧당하다 충북 | 형용사 | 짤따랗다
매우 짧거나 생각보다 짧다.
〔음성〕이 끈 왜 이렇게 짧당하지? 표이 끈 왜 이렇게 짤따랗지?

짬 강원 | 명사 | 암초
물속에 잠겨 보이지 아니하는 바위나 산호.
〔고성〕저 짬 조심해라. 위험해. 표저 암초 조심해라. 위험해.

짬마 전북 | 명사 | 없음
아이들 놀이의 하나인 자치기에 사용하는 짤막한 나무토막.
〔군산〕자치기헐 때는 짬마를 많이 허야 점수가 많이 나는 법여. 표자치기할 때는 '짬마'를 많이 해야 점수가 많이 나는 법이야. 〔남원〕야들아 짬마치기나 허자. 표얘들아 '짬마'치기나 하자.
◆군산에서는 자치기에 사용하는 길다란 나무토막은 '잣대'라 부르고, '잣대'로 쳐서 멀리 날아가도록 하는 짧은 나무토막은 '짬마'라 부른다. -손종근(군산)

짬만하다 강원 | 형용사 | 만만하다
부담스럽거나 무서울 것이 없어 쉽게 다루거나 대할 만하다.
〔강릉〕한 판 둘라능가. 우째 오늘은 짬만한 기분이 버쩍 드능 기 아주 좋은데. 표한 판 두겠는가. 어째 오늘은 만만한 기분이 버쩍 드는 것이 아주

좋은데. 〔춘천〕내가 그렇게 맨맨해 뷔니? 나만 보면 뎀비게. 표내가 그렇게 만만하게 보이니? 나만 보면 덤비게.

짬뿟하다 충남 | 형용사 | 없음

비뚤어지거나 기울거나 굽지 아니하고 바르다.

〔서천〕바지를 제발 좀 짬뿟하게 고쳐 입어라.

◆'짬뿟하다'라는 말은 무궁무진한 충남의 의태어 중 하나이다. 성의 없이 방치하거나 늘어져서 헐렁한 것을 제대로 반듯하고 단정하게 손본 상태를 뜻하는 말이다. -조주옥(서천).

짭다 경남 | 형용사 | 짜다

소금과 같은 맛이 있다.

〔하동〕너물이 너무 짭다. 표나물이 너무 짜다. 〔창원〕짭기 무우모 물씬다. 표짜게 먹으면 물컨다.

짭질밧다 경남 | 형용사 | 없음

살림 솜씨가 야물고 좋다.

〔부산〕참 짭질밧다.

◆종가집에서는 제삿날이 되면 먼 친척의 '아지매'들까지 손을 거드는데, 솜씨가 있으면 고기나 생선을 다루고 솜씨가 없으면 콩나물을 다듬거나 솥에 불을 때는 일을 맡는다. 이때 종부는 음식을 장만하는 '아지매'들에게 "참 짭질밧다" 정도의 인사를 해야 한다. 의례건 음식 맛이 참 '개운하다'는 뜻으로 "깨꼼하다"느니 "깨분하다"느니 하는 칭찬도 아끼지 않는다. 정성껏 음식을 장만하는 데 칭찬이 없으면 '삐끼는(삐치는)' 사람이 꼭 나오기 때문이다. -오정필(부산)

짭짭허다 전남 | 형용사 | 심심하다

하는 일이 없어 지루하고 재미가 없다.

〔고흥〕갸는 회관에도 안 나오고 짭짭허도 안해까? 표걔는 회관에도 안 나오고 심심하지도 않을까?

◆'짭짭하다'는 "입맛이 당기며 무엇이 먹고 싶다" 또는 "입이 궁금하다"처럼 '음식을 먹고 싶다'라는 뜻으로도 쓴다.

짱가리다 경남 | 동사 | 자르다

동강을 내거나 끊어 내다.

〔울산〕천대를 짱가린다. 표자루를 자른다.

짱짜란하다 전북 | 형용사 | 나란하다

여럿이 줄지어 늘어선 모양이 가지런하다.

〔군산〕쌍둥이가 가방을 메고 짱짜란히 동네 앞을 지나간다. 표쌍둥이가 가방을 메고 나란히 동네 앞을 지나간다. 〔임실〕신혼부부가 짱짜라니 강개 뷔기 좋다. 표신혼부부가 나란히 걸어가니 보기 좋다. 〔정읍〕동고간에 짠짜란히 앉저 있구나? 표동기간에 나란히 앉아 있구나?

짱크다 강원 | 동사 | 자르다

동강을 내거나 끊어 내다.

〔삼척〕낭기 을매나 무구운지요. 도저히 지고 오지 못하겠잖소. 할 수 없이 짱커서 가주 왔잖소. 표나무가 얼마나 무거운지요. 도저히 지고 오지 못하겠어서 할 수 없이 잘라서 가져왔잖소. 〔춘천〕그건 느 아부지가 뭣에 쓸려구 갖다 둔 건데 짤르면 어떡허니? 표그건 네 아버지가 무엇에 쓰려고 가져다 둔 것인데 자르면 어떡하니?

째비다 경남 | 동사 | 꼬집다

주로 엄지와 검지로 살을 집어서 뜯듯이 당기거나 비틀다.

〔진주〕아아 낯을 째비가 헤로 쳐나왔다. 표아이 낯을 꼬집어 회를 쳐놓았다. 〔하동〕주인 모리게 살째기 물건을 째비다가 들킸다. 표주인 모르게

564

살그머니 물건을 훔치다가 들켰다.
◆경남 서남부 일부 지역을 제외하고 경남 대부분의 지역에서 '째비다'는 "남의 물건을 남몰래 슬쩍 가져다가 자기 것으로 하다"라는 뜻으로 쓰인다.

째비다 경북 | 동사 | 꼬집다
주로, 엄지와 검지로 살을 집어서 뜯듯이 당기거나 비튼다.
〔대구〕우애 그리 세게 째빘는지 피가 다 난다. 표어쩜 그렇게 세게 꼬집었는지 피가 다 난다.

째질째질하다 강원 | 형용사 | 자잘자잘하다
물기가 말라서 잦아드는 데가 있다.
〔강릉〕가물어서 또랑에 물이 째질째질하다. 표가물어서 도랑에 물이 자잘자잘하다. 〔춘천〕개울물이 말라서 째작째작허니, 물괴기 줏으러 가자. 표개울물이 말라서 자잘자잘하니, 물고기 주우러 가자.
◆물기가 줄어드는 것을 표현하는 '잦다'에서 '자질자질하다'라는 말이 쓰이는데 강원도 사투리 '째질째질하다'는 경음화와 전설모음화가 일어난 어형이다.

째포 북한 | 명사 | 재일교포
북송 재일교포.
〔자강〕우리 동네에 째포가 있었이요. 처음에는 말을 걸기가 힘들었지만 시간이 흐르면서 많이 친해졌이오. 표우리 동네에 재일교포가 있었습니다. 처음에는 말을 걸기가 힘들었지만 시간이 흐르면서 많이 친해졌습니다.
◆1959년 12월 14일 일본 니가타에서 출발하는 귀국선을 타고 북한으로 들어온 북송 재일동포를 '째포'라고 하였다. 이들이 일상생활에서 사용하는 물건과 차림새가 1960년대 전반에 걸쳐 평범한 북한 주민에게 상당한 충격을 주었다고 한다. 북한에서 쓰이는 '째포'라는 말에는 북송 재일교포에 대한 부

정적 의미가 담겨 있다.

쨴지두부 북한 | 명사 | 없음
콩물에 김치를 다져 넣어 김치의 소금기로 굳힌 두부.
〔북한〕기거가 가시오마니가 부친 쨴지두부구나. 표그것이 장모님이 부친 '쨴지두부'구나.
◆'쨴지두부'는 맷돌에 콩비지를 끓이다가 신 김치를 넣고 불을 끈 뒤 뚜껑을 닫은 채 30분 정도 놓아두면 콩비지가 엉겨 붙게 되는데 이것이 쨴지두부이다. 북한에서 '쨴지'는 '장아찌'를 뜻하는 말이자 '김치'를 뜻하는 말이다. 따라서 김치가 들어간 음식 이름에 '쨘지' 또는 '쨴지'가 붙는다. "김치를 썰어놓고 볶다가 쌀을 넣고 지은 밥"은 '김치밥' 또는 '쨘지밥'이라고 하고, "김치를 썰어 넣고 끓인 국"은 '김치국' 또는 '쨴지국'이라고 한다. 황해도에서는 김칫국을 '쨴지마룩' 또는 '쨴지국마룩'이라고 하기도 한다. ◆'쨴지'는 '쨘지'의 전설모음화형이다.

쨴지밥 북한 | 명사 | 없음
돼지고기와 김치, 콩나물 등을 넣고 지은 밥으로 황해도, 평안도 등지의 토속 음식.
〔평남〕오늘 저녁은 뭐 먹간? 쨴지밥 해주란? 표오늘 저녁은 뭐 뭐먹을까? '쨴지밥' 해줄까?

쨀쨀이 북한 | 명사 | 없음
입이 빨라 남의 말을 잘 옮기는 사람을 가리켜 이르는 말.
〔자강〕넌 너무 쨀쨀이야.

쨈매다 전북 | 동사 | 잡아매다
흩어지지 않게 한데 매다.
〔임실〕나뭇짐은 꽉 쨈매야 깡똥히여. 표나뭇짐은 바짝 잡아매야 간편해.

쨍쨍하다 북한 | 형용사 | 없음

겉으로 드러나는 멋이 있다.

〔북한〕너, 오늘 좀 쨍쨍하다야. 무슨 일 있었네?
표너, 오늘 좀 '쨍쨍하다'. 무슨 일 있었어?

쩍국 전북 | 명사 | 국물

국, 찌개 따위의 음식에서 건더기를 제
외한 물.

〔정읍〕머니 머니 혀도 쩍국에 밥 말어 먹어야 속
이 풀리지. 표뭐니 뭐니 해도 국물에 밥 말아 먹
어야 속이 풀리지 〔남원〕몰국 맛이 좋네, 몰국 좀
더 없는가? 표국물 맛이 좋네, 국물 좀 더 없나?
◆전북 지역에서는 '말국'과 '멀국' 둘을 다 쓰지만
충남 지역에서는 '멀국'이라고 한다. ◆완주에서는
'멀궉'으로 표현하기도 한다.

쩐지다 충북 | 동사 | 끼얹다

액체나 가루 따위를 다른 것 위에 흩어
지게 내던지듯 뿌리다.

〔옥천〕배차에 소금물을 쩐져서 절구면 되지유.
표배추에 소금물을 끼얹어서 절이면 되지요.

쩔리다 충남 | 형용사 | 움츠러들다

겁을 먹거나 위압감 때문에 기를 펴지
못하고 몹시 주눅이 들다.

〔보령〕엄니, 쩔릴 거 읎슈. 표어머니 움츠러들 거
없어요.

쩜매다 충남 | 동사 | 잡아매다

(1)흩어지지 않게 한데 매다.
(2)달아나지 못하도록 묶다.

〔서산〕마늘을 다 걷어다가 노서 쩜매. 그리고
풍 잘드는 디다 놓는 거. 표마늘을 다 걷어다가
나눠서 잡아매. 그리고 바람 잘 드는 데다 놓는
거야. 〔논산〕그렇게 헐렁하게 하지 말구 꼭 좀 쩜

매. 표그렇게 대충 하지 말고 단단하게 잡아매.
〔세종〕영을 엮을 때 끄트머리를 이렇게 쩜매야
풀러지지 않는 거여. 표이엉을 엮을 때는 끝을
이렇게 잡아매야 풀어지지 않는 거야.

◆'쩜매다'는 충남 전역에서 널리 쓰는 말로 "풀어지
지 않도록 강하게 엮어 매는 것"을 이른다. 예전보다
쓰임이 많이 줄었지만 지금도 흔히 쓰는 말이다. 특
히 태안, 서산, 당진, 예산, 홍성 등에서 많이 쓴다.
'찜매다'도 흔히 쓰였는데, 2000년대 이후에는 쓰
는 이가 드물다.

이 말에서 파생한 명사로 '쩜맹이'가 있다. '얽어매
는 데 쓰는 끈'을 이르는 말이다. '쩜맹이' 또는 '찜맹
이'도 마찬가지다. 표준어화가 진행되면서 사용 빈
도가 크게 줄어들었다. 2020년 현재, 노인 분들은
종종 쓰는 반면, 1980년대 이후 출생한 젊은 세대
들은 거의 쓰지 않는다. −이명재(예산)

쩡탕하다 북한 | 형용사 | 없음

정신이 번쩍 들다.

〔양강〕홍어 회냉면 어찌나 맵싸한지 쩡탕하게
잘 먹었시오. 표홍어 회냉면이 얼마나 매운지
'쩡탕하게' 잘 먹었습니다.

쪼각지 전남 | 명사 | 깍두기

무를 작고 네모나게 썰어서 소금에 절인
후 고춧가루 따위의 양념과 함께 버무려
만든 김치.

〔고흥〕무시 한나 뽑아오씨요. 쪼각지 맨들어 묵
게. 표무 하나 뽑아오시오. 깍두기 만들어 먹게.
〔강진〕적당히 익은 쪼각지가 게미가 있다. 표적
당히 익은 깍두기가 독특한 맛이 있다.

◆'쪼각지'는 '쪼각짐치, 쪼각짐체'라고도 하였는데,
'무'를 잘게 조각을 내어서 김치를 담는다는 의미이다.

쪼각지 전북 | 명사 | 깍두기

무를 작고 네모나게 썰어서 소금에 절인 후 고춧가루 따위의 양념과 함께 버무려 만든 김치.

〔부안〕클 때는 쪼각지라고 했지, 깍두기라는 말은 들어보도 못했어. 囲클 때는 '쪼각지'라고 했지, 깍두기라는 말은 들어보지도 못했어. 〔남원〕깍띠기도 고로케 담고.-소강춘(2005) 囲깍뚜기도 그렇게 담고.

쪼글락ᄒ다 제주 | 형용사 | 작다
길이, 넓이, 부피 따위가 비교 대상이나 보통보다 덜하다.

〔안덕-화순〕난 쪼글락ᄒ 걸로 줍서게. 囲나는 조 그만한 것으로 주세요.

◆작을 것을 표현할 때 '헤꼬만ᄒ다' 또는 '후끌락ᄒ다'라고도 한다.

쪼글리띠다 강원 | 동사 | 쪼그리다
팔다리를 오그려 몸을 작게 옴츠리다.

〔삼척〕진종일 쪼글띠리고 밭을 맸더니 고뱅이가 아프잖소. 囲하루 종일 쪼그리고 밭을 맸더니 무릎이 아프잖소. 〔정선〕쪼글띠래 앉았더니 고베이가 제리다. 囲쪼그려 앉았더니 무릎이 저리다.

◆우리말에 '뜨리다'는 강조를 뜻하는 접미사이다. 강원도 방언 '쪼글띠리다'의 '띠리다'는 '뜨리다'의 전설모음화 형이다. 쪼그라진 상태를 뜻하는 '쪼글쪼글'의 '쪼글'이 강조를 뜻하는 접미사와 만난 것이다.

쪼까 전북 | 부사 | 조금
적은 정도나 분량.

〔남원〕그리 있지 말고 쪼까 이짝으로 와보쇼. 囲그렇게 있지 말고 조금 이쪽으로 와봐. 〔정읍〕쪼까 주더랑게. 겁나가 꼬꼽허네. 囲조금 주더라. 겁나게 쪼잔하네. 〔임실〕내가 당신허고 헐 말이 쬐께 있응게 좀 봅시다. 囲내가 당신과 할 말이

조금 있으니 잠깐 봅시다.

쪼끼개 경기 | 명사 | 그네
벼를 훑는 데 쓰던 농기구. 길고 두툼한 나무의 앞뒤에 네 개의 다리를 달아 떠받치게 하고 몸에 빗살처럼 날이 촘촘한 쇠틀을 끼운 것이다.

〔이천〕싸리나 수수깽이로 쪼끼개를 만들어서 베를 훑어. 囲싸리나 수수깡으로 그네를 만들어서 벼를 훑어. 〔포천〕베가 마르면 한 움큼씩 손에 잡아 베훌치개에 걸처 끌어당겨 나락을 떨구지. 囲벼가 마르면 한 움큼씩 손에 잡아 그네에 걸처 끌어당겨 벼를 떨구지. 〔파주〕탈곡기가 나오기 전에는 글께로 벼를 훑어서 탈곡을 했지. 囲탈곡기가 나오기 전에는 그네로 벼를 훑어서 탈곡을 했지.

◆각목에 네 개의 다리를 달아 이를 떠받치게 하고, 날이 빗살 모양으로 촘촘한 쇠틀을 몸에 끼운 형태이다. 볏대를 날 사이에 넣고 이를 훑어 내려서 나락을 떨어뜨린다.

쪼대흙 경남 | 명사 | 없음
빛깔이 검붉은 차진 흙(진흙)이나 끈기가 있어 차진 흙(찰흙).

〔김해〕큰 그륵 맨드는 데 쪼대흙을 그래 쪼매 옇으모 우짜노. 囲큰 그릇 만드는 데 '쪼대흙'을 그렇게 조금 넣으면 어떻해. 〔울산〕쪼대흙으로 사람도 맹글고 소나 말도 맹근다. 囲'쪼대흙'로 사람도 만들고 소나 말도 만든다.

◆'진흙'과 '찰흙'은 '차진 흙'이라는 점은 같지만 용도가 다르다. '진흙'은 대체로 주로 담을 쌓거나 기와를 올리고 구들을 놓을 때 사용하지만, '찰흙'은 기와나 벽돌 혹은 옹기를 만들 때 사용한다. 그런데 경남 동부 지역에서는 이 두 흙을 구별하지 않고 '쪼대흙'이라고 한다. ◆울산에서는 빛깔이 붉은 진흙

을 '황토흘'이라고 하고, 빛깔이 검은 진흙을 '쪼대흘'이라고 한다. -조용하(울산)

쪼락지다 제주 | 형용사 | 떫다
설익은 감의 맛처럼 거세고 텁텁한 맛이 있다.
〔구좌-한동〕이 감 쪼락져도 소금물에 담았당 먹으민 맛서. 표이 감 떫어도 소금물에 담갔다가 먹으면 맛있어. 〔구좌-송당〕쪼락진 풋감 혜당 거 뺏앙 감물 들영 입었어. 표떫은 풋감 해다가 그것을 빨아서 감물 들여 입었어.
◆제주에서 떫은맛을 나타낼 때 '초랍다'라고 하기도 한다.

쪼르래기 북한 | 명사 | 없음
잔 주름으로 된 메리야스 같은 천.
〔함북〕어제 쪼르래기 스프링 장사꾼이 지나갔는데 못 샀다야. 표어제 '쪼르래기' 속옷 장사꾼이 지나갔는데 못 샀어.

쪼리 전남 | 명사 | 없음
작고 부실한 것.
〔고흥〕올해 나는 마늘 농사를 배래붔어. 큰 놈은 벨라 읎고 맨 쪼리뿐이여. 표올해 나는 마늘 농사를 망쳤어. 큰 것은 별로 없고 모두 '쪼리'뿐이야.
◆'왕마늘'은 큰 마늘이라고 하고, '벌마늘'은 제대로 영글지 않고 벌어진 마늘, '쪼리'는 작은 마늘이라고 하였다.

쪼매 강원 | 명사/부사 | 조금
(1)적은 정도나 분량.
(2)정도나 분량이 적게.
〔춘천〕강원도식 칼국수는 된장을 쪼매 풀어서 된장 맛이 납니다. 표강원도식 칼국수는 된장을 조금 풀어서 된장 맛이 납니다. 〔홍천〕냄새가 쪼꿈 나지만 좋아요. 표냄새가 조금 나지만 좋아요. 〔삼척〕국시를 할 때 장을 많이 풀지 말고 쪼매이만 넣어라. 표국수를 할 때 장을 많이 풀지 말고 조금만 넣어라.

쪼매 경북 | 명사 | 조금
적은 정도나 분량.
〔대구〕사우지 말고 서로 쪼매만 양보하거래이. 표싸우지 말고 서로 조금만 양보해라.

쪼매하다 경남 | 형용사 | 조그마하다
조금 작거나 적다.
〔울산〕쪼매한 기 쪼매 하네. 표조그마한 게 조금 하네.

쪼빼다 경남 | 동사 | 조빼다
난잡하게 굴지 아니하고 짐짓 조촐한 태도를 나타내다.
〔거제〕와 그리 자꾸 쪼빼샇소? 표왜 그렇게 자꾸 조빼십니까?
◆'조빼다'라는 말의 '조(操)'는 '지조'와 '정조'를 뜻한다. '쪼빼다'는 난잡하게 굴지 않고 점잖게 행동하는 것을 일컫는 말이다. -김승호(진주)

쪼지다 경남 | 동사 | 꾸미다
모양이 나게 매만져 차리거나 손질하다.
〔고성〕니 오늘 와 이리 쪼지고 나왔노? 표너 오늘 왜 이렇게 꾸미고 나왔니?

쪼춤바리 경남 | 명사 | 달음박질
급히 뛰어 달려감.
〔부산〕패나케 쪼춤바리로 달아나는기라. 표휑하니 달음박질로 달아나는 거야.
◆내가 근무하는 학교 울타리에는 큰 매실나무 한 그루가 있었는데, 해마다 매실이 '항거(한가득)' 달

리면 '간지갱이(장대)'를 들고 나타난 사람들이 매실을 터느라 '탁탁' 소리가 요란하다. 그러다가 교장 선생님이라도 운동장에 나타나면 '쪼춤바리'로 달아나기 바쁘다. 교장 선생님은 '패나케(횡하니)' 물러나는 사람들을 바라보며 어차피 "농갈라 먹을라고 심은건데(나누어 먹으려고 심은건데)." 하며 미소를 짓는다. ─오정필(부산)

쪼치기상 전남 | 명사 | 없음
집에 묵은 손님에게 마지막으로 차려드리는 술상.
〔고흥〕아이, 쪼치기상 잔 얼릉 줘라, 가게. 표아이, '쪼치기상' 좀 얼른 줘라, 가게.
◆'쫓치다'는 '쫓다'의 전남 사투리이다. '쫓이기상(쪼치기상)'은 오신 손님을 가시도록 마지막 내는 술상이다. 혼인식을 치를 때 상객으로 오신 분을 어떻게 쫓겠는가, 이제 해로 보아 가실 참이 되었으니 마지막 술상을 준비할 때 애교 섞인 말로 "'쫓을상'이니 있는 것 없는 것 잘 차려냅시다." 하는 데서 '쪼치기상'이나 '쫓을상'이 생겨난 것이다. ─오덕렬(광주)

쪽기 제주 | 명사 | 제기
동전 따위를 종이나 헝겊에 싼 다음 나머지 부분을 먼지떨이처럼 여러 갈래로 늘여 발로 차고 노는 놀이 도구.
〔애월-고내〕쪽긴 창호지 헌거게 막 긋앙 이디 돈이나 무시거 떼깍헌 거 담앙 뱅뱅 무꺼. 쪽긴 경 멘들앗주게. 표제기는 창호지 해서 마구 가위질 해서 여기 돈이나 뭐 딱딱한 거 담아서 뱅뱅 묶어. 제기는 그렇게 만들었지. 〔구좌-한동〕쪽기를 영 놔가지고 저레 차고 받아 가지고 이레 차고. 표제기를 이렇게 놔 가지고 저리 차고 받아 가지고 이리 차고.

쪽자 전남 | 명사 | 국자
국이나 액체 따위를 뜨는 데 쓰는 기구.
〔보성〕야야. 단술 줄 테니까 쪽자 좀 들고 오이라. 표야, 단술 줄테니까 국자 좀 들고 와라.
◆쪽자는 경남 지역에서 널리 쓰이는 방언형으로 전남 지역에서는 쪽다리가 쓰이는 광양을 포함한 구례 등 전남 동부 지역에서 쓰일 것으로 추정된다. 국자, 국재를 쓰는 곳은 확인할 수 없다. ◆'국자'는 전남 지역에서도 표준어와 마찬가지로 '국자'라고 하지만 고흥·구례·광양·여수 지역에서는 '조갈치', 광양에서는 '쪽다리'라고 한다. 그 밖에도 광양 지역에서 '갱재', 보성 지역에서 '갱짜'라고 하기도 한다.

쪽찌개 충북 | 명사 | 벼훑이
두 개 또는 여러 개의 나뭇가지를 집게처럼 만들고 그 사이에 벼 이삭을 넣고 벼의 알을 훑는 농기구.
〔진천〕그전에는 기계 겉은 기 읎으니께 쪽찌개루 다 했지. 표그전에는 기계 같은 것이 없으니까 벼훑이로 다 했지.
◆나뭇가지나 수숫대 또는 댓가지의 한끝을 동여매어 집게처럼 만들고 그 틈에 벼 이삭을 넣고 벼의 알을 훑는 농기구이다.

쫄가리 충남 | 명사 | 삭정이
살아 있는 나무에 붙어 있는, 말라 죽은 가지.
〔금산〕쫄가리 한 짐 해가지고 가면은 어머니가 밥 열 그릇 준다. 표삭정이 한 짐 해가지고 가면 어머니가 밥 열 그릇 준다.

쫄로기 경북 | 부사 | 나란히
여럿이 줄지어 늘어선 모양이 가지런한 상태로.
〔성주〕쌍디를 쫄로기 안차논 것만 봐갖고는 누가 눈지 몰겐네. 표쌍둥이를 나란히 앉혀놓은 것

만 봐서는 누가 누군지 모르겠네.

쫄로로니 북한 | 부사 | 나란히
여럿이 줄지어 늘어선 모양이 가지런한
상태로.
〔평안〕덩거당에 쫄로로니 줄을 서 있디요. 표정
거장에 나란히 줄을 서 있어요.

쫄로리 강원 | 부사 | 줄줄이
줄지어 잇따라.
〔고성〕우리는 쫄로리 일렬로 엎드려 도란도란
담소를 나누었어요. 표우리는 줄지어 일렬로 엎
드려 도란도란 담소를 나누었어요. 〔원주〕쫄로
리 늘어져 있는 주전자들은 물주전자예요. 표줄
지어 늘어져 있는 주전자들은 물주전자예요. 〔삼
척〕저녁 때 담장 위로 쥐떼가 쭐루리 지나가더
라. 표저녁 때 담장 위로 쥐 떼가 줄지어 지나가
더라.

쫄로미 경북 | 부사 | 줄줄이
줄지어 잇따라.
〔성주〕키 순서대로 쫄로미 세아라. 표키 순서대
로 줄줄이 세워라.

쫌매다 경기 | 동사 | 졸라매다
느슨하지 않도록 단단히 동여매다.
〔여주〕답답해 보이니까 머리 좀 쫌매. 표답답해
보이니까 머리를 좀 졸라매.

쫑개다 경북 | 동사 | 끼이다
벌어진 사이에 들어가 죄이고 빠지지 않
게 되다. '끼다'의 피동사.
〔봉화〕좁은 방에 여럿이 자야 하는데, 쫑개서 자
자. 표좁은 방에 여럿이 자야 하는데, 끼어서 자자.

쫑구래이 경남 | 명사 | 종그라기
물이나 술 따위의 액체를 조그마한 바가
지에 담아 그 분량을 세는 단위.
〔진주〕그러모 쫑구래이로 한 빠알만 더 조 바아
라. 표그러면 종그라기로 한 방울만 더 줘봐라.
◆진주 지방에서는 생일이나 자녀 혼사와 같은 경사
가 있을 때 가정에서 직접 빚은 막걸리를 큰 '버지기
(자배기)'에 가득 담고 그 위에 '쫑구래이'를 띄운 채
로 술을 대접한다. -최명림(진주)

쫑다리 경북 | 명사 | 제기
엽전이나 그와 비슷한 것을 종이나 헝겊
에 싼 다음 나머지 부분을 먼지떨이처럼
여러 갈래로 늘여 발로 차고 노는 장난감.
〔영덕〕쫑다리 내기를 했더니 허벅지가 아프다.
표제기차기 시합을 했더니 허벅지가 아프다. 〔영
천〕우리 아배가 얼라 때 짱꼴라를 기가 맥히게
잘 찼다 카데요. 표우리 아버지가 어릴 때 제기
를 기가 막히게 잘 찼다고 하더라고요.
◆대구, 영천 등지에서는 '제기'를 '짱꼴라, 짱꼴래,
짱굴래'라고 한다. '짱꼴라'는 일제 강점기에, 중국
사람을 낮잡는 뜻으로 이르던 말이다.

쫑때바지 북한 | 명사 | 없음
줄여서 입은 바지.
〔북한〕남자애들 벌써 바지를 쫑때바지로 쫄겨
입기 시작했슴다. 표남자애들 벌써 바지를 '쫑때
바지'로 줄여 입기 시작했습니다.
◆'쫑때바지'는 '쫄대바지'라고도 한다. 다리에 꽉 끼
도록 쫄리게 만든 바지라는 뜻이다.

쬐깐하다 전북 | 형용사 | 조그마하다
조금 작거나 적다.
〔전주〕가게가 이렇게 쬐깐해서 어디다 쓴다냐.
표가게가 이렇게 조그만해서 어디서 쓰냐. 〔군

산)대부분 대가족이었지만 초가 삼칸 쬐깐한 집에서 살았다. 표대부분 대가족이었지만 초가 삼칸 조그마한 집에서 살았다. 〔남원〕키는 쩨깐한 것이 하는 짓 보면 옴팡지단게. 표키는 조그마한 것이 하는 짓 보면 속이 깊어.

쭈갱이 전남 | 명사 | 쭉정이
껍질만 있고 속에 알맹이가 들지 아니한 곡식이나 과일 따위의 열매인 쭉정이를 이르는 말.
〔보성〕올해 농사는 태풍으로 곡식이 쭈갱이가 절반이다. 표올해 농사는 태풍으로 곡식이 쭉정이가 절반이다. 〔진도〕지난 여름에 나락이 바람 마저가꼬 쭈갱이가 절반이랑게. 표지난 여름에 벼가 태풍으로 쭉정이가 절반이라니까.
◆전남 사투리에서 '쭉정이'를 뜻하는 말은 '쭈갱이'이다. 완도에서는 '쭈거리', '쭉제'라고도 한다.

쭈부러지다 경기 | 동사 | 가라앉다
붓거나 부풀었던 것이 줄어들어 본래의 모습대로 되다.
〔양평〕아이고, 이제 많이 쭈부러따고 그러면선 약을 제주고 가 갔는데 그 약 먹으니까 부어. 표아이고, 이제 많이 가라앉고 그러면서 약을 지어 주고 갔는데 그 약 먹으니까 부어.
◆'쭈부러지다'는 '찌부러지다'와 '쭈그러지다'의 복합형인 듯 느껴진다. 찌부러지는 것은 눌려서 우그러지는 거고 쭈그러드는 것은 눌리거나 우그러져서 부피가 몹시 작아지는 것이다. 몸이 부었다가 제 상태로 되는 것을 쭈부렀다고 표현하니 '찌부러지다'도 '쭈그러지다'도 표현하기 어려운 상황을 적절히 묘사한 것 같다. '찌'와 '쭈'는 모음변이형이지만 '쭈'는 '줄다'와 연상이 되어 부피가 작아진다는 뜻을 더 강하게 표현하는 어감을 지닌다.

쭉띠기 경북 | 명사 | 쭉정이
껍질만 있고 속에 알맹이가 들지 아니한 곡식이나 과일 따위의 열매.
〔포항〕쭉디기는 손으로 골라내라. 표쭉정이는 손으로 골라내라. 〔영덕〕나락 쭉디기는 닭모이로 조라. 표벼 쭉정이는 닭모이로 주어라.

쭉쟁이 경기 | 명사 | 쭉정이
껍질만 있고 속에 알맹이가 들지 아니한 곡식이나 과일 따위의 열매.
〔양평〕올해는 새들이 극성을 부려 다 파먹고 쭉쟁이만 남았구나. 표올해는 새들이 극성을 부려 다 파먹고 쭉정이만 남았구나.
◆쓸모없게 되어 사람 구실을 제대로 하지 못하는 사람을 비유적으로 이를 때도 '쭉쟁이'라고 한다.

쭉제 강원 | 명사 | 미강
쌀을 찧을 때 나오는 가장 고운 속겨.
〔고성〕방앗간에 가서 쭉제를 한 말 사와라. 표방 앗간에 가서 미강을 한 말 사와라. 〔춘천〕등게는 개떡을 맨들어 먹던지, 닭 모이로 주게, 잘 뫄둬라. 표미강은 개떡을 만들어 먹던지, 닭 모이로 주게 잘 모아두어라.
◆껍질을 벗기는 과정에서 곡물이 부서져 섞인 '게 (겨)'를 '등게(등겨)'라 하였는데, 버리기 아까워서 '등게(등겨)'로 반대기를 만들어 '개떡' 또는 '등게 떡'이라는 것을 만들어 먹기도 했다. -유연선(춘천)

쭉쨍이 강원 | 명사 | 쭉정이
껍질만 있고 속에 알맹이가 들지 아니한 곡식이나 과일 따위의 열매.
〔평창〕옥수수는 비료를 많이 주어야 쭉쨍이가 적다. 표옥수수는 비료를 많이 주어야 쭉정이가 적다. 〔정선〕올해는 쭉재이가 많어. 표올해는 쭉정이가 많아. 〔춘천〕가뭄이 심해서 올 농사는 쭉

쟁이만 거뒀네. 표가뭄이 심해서 올해 농사는 쭉 정이만 거뒀네.

쪽다 강원 | 형용사 | 작다

길이, 넓이, 부피 따위가 비교 대상이나 보통보다 덜하다.

〔원주〕옷이 좀 쪽다. 표옷이 좀 작다. 〔삼척〕참새 는 쪽어도 알만 잘 낳는다는 말이 있잖소. 키가 작다고 얕보지 말라는 말이오. 표참새는 작아도 알만 잘 낳는다는 말이 있잖소. 키가 작다고 얕 보지 말라는 말이오.

찌그리 경북 | 감탄사 | 젠장

뜻에 맞지 않고 불만스러울 때 혼자 욕 으로 하는 말.

〔청송〕이런 찌그리. 또 엎어뿄네. 표이런 젠장. 또 엎어버렸네.

◆주로 "이런, 찌그리!"라고 말하는데, "이걸 어쩌 나!" 또는 "이런 젠장!"의 뜻으로 풀이된다.

찌깨 강원 | 명사 | 벼훑이

두 개 또는 여러 개의 나뭇가지를 집게 처럼 만들고 그 사이에 벼 이삭을 넣고 벼의 알을 훑는 농기구.

〔인제〕젤 바쁜 때가 찌깨 헐 때가 제일 바뿌지요. 표제일 바쁜 때가 벼훑이 할 때가 제일 바쁘지 요. 〔삼척〕추석 전에 벼를 베어와 말린 다음 훑치 에 대고 훑잖소. 그걸 찧어 추석 상에 올리구. 표 추석 전에 벼를 베어와 말린 다음 벼훑이에 대고 훑잖고. 그걸 찧어 추석 상에 올리고.

◆'찌깨'는 주로 수수깡이나 대나무, 철사 등으로 만들었다. '찌깨'는 가을에 추수할 때도 썼지만 특 히 풋바심을 할 때 많이 쓰던 농기구이다. ─유연선 (춘천)

찌끄락지 전남 | 명사 | 찌꺼기

(1)액체가 다 빠진 뒤에 남은 물건.
(2)쓸 만하거나 값어치가 있는 것을 골 라낸 나머지.

〔진도〕그 찌끄락지 좀 베리고 오니라. 표그 찌꺼 기 좀 버리고 와라. 〔진도〕니바야, 이 찌끄락찌는 통새에다 베려라. 거름데게. 표넷째야, 이 찌꺼기 는 변소에다 버려라. 거름되게.

◆'찌꺼기'의 옛말은 '즛' 또는 '즛의'이다. 곡성·담 양·신안·영광·함평에서는 '찌겡이' 또는 '찌게이'라 고 하고, 광양·나주·담양·신안·여수·완도에서는 '찌끄레기' 또는 '찌꺼러기', 목포에서는 '찌꺼리'라 고 한다.

찌끄레기 충남 | 명사 | 찌꺼기

(1)액체가 다 빠진 뒤에 남은 물건.
(2)쓸 만하거나 값어치가 있는 것을 골라 낸 나머지.

〔예산〕쓸 디 읎넌 찌끄레기는 냅불지, 머더라 쓸 어 담넌 겨? 표쓸 데 없는 찌꺼기는 내버리지 뭐 하려고 쓸어 담는 거야? 〔서산〕먹다가 냉기넌 음 석 찌끄럭지넌 도야지 멕이로 준다. 표먹다 남긴 음식 찌꺼기는 돼지 먹이로 준다. 〔공주〕아니 지 금 시간이 몇 신디 인저 와. 다 먹구 찌끄러기만 남었어. 표아니 지금 시간이 몇 신데 이제 와. 다 먹고 찌꺼기만 남았어. 〔논산〕내가 좀 늦었거든. 그랬더니 존 것은 다 골라가고 찌끄래기만 남었 어. 표내가 좀 늦었거든. 그랬더니 좋은 것은 다 골라가고 찌꺼기만 남았어. 〔태안〕엥간히 굴르구 찌끄럭지는 삼태미루 담어다가 마지다 벼려. 표 엥간히 고르고 찌꺼기는 삼태기로 담아다가 퇴 비장에 버려. 〔세종〕여그에 찌끄러기 배린 사람 나와유. 표여기에 찌꺼기 버린 사람 나와요.

◆논산에서 '찌끄레기'는 번듯하게 좋은 것이 아니라 보잘것없는 것이라는 의미로, 음식만이 아니라 다

572

양한 상황에서 쓰인다. -권선옥(논산) ◆'찌끄레기'는 쓸 만한 것을 골라내고 남은 것이다. 알맹이는 빠지고 쭈그러지고 하찮은 것을 이르는 말이다. 1970년대 이전 충남 지역에서는 '찌끄럭지, 찌끄리기, 찌끄레기'가 주로 쓰였다. "알맹이는 읊구 맨 찌끄럭지뿐이네"처럼 쓰인 '찌끄럭지'는 표준어와 차이가 큰 탓에 먼저 사라지고, '찌끄리기'는 '찌끄레기'로 변했다. -이명재(예산)

찌다랗다 충북 | 형용사 | 길다
잇닿아 있는 물체의 두 끝이 서로 멀다.
〔옥천〕그거는 너머 짤뤄서 못쓰구 찌다란 거럴 좀 갖구 와. 표그것은 너무 짧아서 못 쓰고 긴 것을 좀 가지고 와.

찌락소 전북 | 명사 | 없음
성질이 사나운 소. 고집이 센 사람을 비유적으로 이르는 말.
〔김제〕그 애는 어려서부터 찌락소였어.

찌부까다 전북 | 동사 | 꼬집다
주로, 엄지와 검지로 살을 집어서 뜯듯이 당기거나 비틀다.
〔군산〕동생 얼굴을 그렇게 찌부까면 쓰냐? 표동생 얼굴을 그렇게 꼬집으면 되냐? 〔임실〕막뒹이가 얼간이 폴뚝을 찌버까서 멍이 들었대야. 표막내가 얼간이 팔을 꼬집어서 멍이 들었다는군.
◆'찌부까다'는 '찝어까다'라고도 한다. '찌부까다'의 '찝다'는 무엇인가를 겨누어 힘주어 잡아드는 것을 뜻하고 '까다'는 '껍질을 힘주어 벗겨내다'를 뜻한다. 따라서 '찌부까다'는 의도적인 목적을 가지고 고통을 주기 위해 살점을 잡아 비트는 행위를 가리키는 말이라고 할 수 있다.

찌부리다 강원 | 동사 | 기울이다
비스듬하게 낮추거나 비뚤게 하다.
〔양양〕그거 찌부레야 된다. 표그거 기울여야 된다. 〔삼척〕먹다 남은 맥주병을 찌부렸더니 술이 몇 방울 나왔다. 표먹다 남은 맥주병을 기울였더니 술이 몇 방울 나왔다.

찌뿟허다 전남 | 형용사 | 찌뿌둥하다
표정이나 기분이 밝지 못하고 언짢다.
〔강진〕비가 오려고 그러는지 온몸이 찌뿟허다. 표비가 오려고 그러는지 온몸이 찌뿌둥하다.

찌얹다 충남 | 동사 | 끼얹다
액체나 가루 따위를 다른 것 위에 흩어지게 내던지듯 뿌리다.
〔태안〕멱 감는 재미야 이전버텀 물 찌얹지며 물탕치는 재미 말구 뭐 있남. 표멱 감는 재미야 이전부터 물 끼얹으며 물탕치는 재미 말고 뭐 있나. 〔서산〕땀 범벅이 된 몸뗑이에 찬물을 찌얹졌다. 표땀 투성이가 된 몸둥이에 찬물을 끼얹었다. 〔세종〕지나가는디 갑자기 물은 찐는디 놀래 잡바질뻔 했유. 표지나가는데 갑자기 물을 끼얹어서 놀라 자빠질뻔 했어요.

찌짐 경남 | 명사 | 지짐이
기름에 지진 음식물을 통틀어 이르는 말.
〔하동〕자아서 열합을 사 왔은게 소풀을 비 와서 고치도 쪼매 옇고 찌짐 꾸우 묵자. 표장에서 홍합을 사 왔으니까 부추를 베 와서 고추도 조금 넣고 지짐이 구워 먹자. 〔함안〕오늘은 비도 오는데 찌지미 부치 먹자. 표오늘은 비도 오는데 지짐이 부처 먹자. 〔창녕〕정구지찌줌도 마십꼬 배차찌줌도 맛있지만 밍태찌줌이 지일 맛있다. 표부추지짐이도 맛있고 배추지짐이도 맛있지만 명태지짐이가 제일 맛있다.

찌클다 전북 | 동사 | 뿌리다
곳곳에 흩어지도록 던지거나 떨어지게
하다.
〔완주〕물을 확 찌클어야 정신 차리지! 표물을 확
뿌려야 정신을 차리지! 〔군산〕대문 앞에서 여자
친구를 부르자 그녀의 아버지가 양동이로 물을
찌클었다. 표대문 앞에서 여자 친구를 부르자 그
녀의 아버지가 양동이로 물을 뿌렸다. 〔임실〕불
이 나면 우선 물을 찌크리야 히여. 표불이 나면
먼저 물을 뿌려야 한다.

찍배기 경기 | 명사 | 없음
짓궂게 남이 귀찮아 하는 일을 하는 사
람을 이르는 말.
〔포천〕그 녀석은 얼마나 찍배기 짓을 하는지 할
머니가 아주 고생하셨지.

찍사리넣다 북한 | 형용사 | 혼쭐내다
몹시 꾸짖거나 벌을 주다.
〔북한〕영수는 힘이 약한 친구를 찍사리넣었다.
표영수는 힘이 약한 친구를 혼쭐내었다.

찐맛없다 경북 | 형용사 | 열없다
좀 겸연쩍고 부끄럽다.
〔경주〕이걸 혼자 할라카이 찐맛없어가 몬 하겠다.
표이걸 혼자 하려고 하니 열없어서 못 하겠다.

찔게 북한 | 명사 | 반찬
밥에 곁들여 먹는 음식을 통틀어 이르는 말.
〔평남〕찔게가 왜 이렇게 없네? 표반찬이 왜 이렇
게 없어? 〔황남〕찔게 타발은 하지 말랬습다. 표
반찬 타박은 하지 말라고 했습니다.
◆평안도와 함경도, 황해도 일부 지역에서는 물고기
로 만든 반찬만 '반찬'이라고 한다. 육류를 비롯하여
'남새'로 만든 반찬은 '찔게'라고 한다. 함경도에서

는 물고기 '밸(창자)'로 만든 반찬을 '밸반찬'이라고
한다. ◆찔게는 오래 두고 먹는 반찬이 아니라 바로
해서 먹는 반찬을 뜻하는 말이다.

찔기미 전남 | 명사 | 칠게
달랑겟과의 게인 칠게를 이르는 말.
〔고흥〕꼭기는 된둥에 살고, 찔기미는 진창에 살
아. 표꽃게는 된갯벌에 살고 칠게는 진창에 살
아. 〔진도〕어제 화랑기를 많이 잡았는데, 젓 담
가서 먹으려고 한다. 표어제 칠게를 많이 잡았는
데, 젓 담가서 먹으려고 한다.
◆'찔기미'는 간장 게장처럼 간장을 다려 부어 삭힌
후에 먹는다.

찔벅대다 전남 | 동사 | 집적거리다
말이나 행동으로 자꾸 남을 건드려 성가
시게 하다.
〔고흥〕카만 있는 아한테 워째 그라고 찔벅찔벅
대샀어? 표가만히 있는 애한테 어찌 그렇게 집
적거리냐?
◆'찔벅대다'는 장난을 심하지 않게 가만히 있는 사
람을 건드리는 행위를 말할 때 쓰는 말이다. '찔벅기
린다'라고도 한다.

찔찔하다 전남 | 형용사 | 축축하다
물기가 있어 젖은 듯하다.
〔강진〕장마철이라 방바닥이 찔찔하다. 표장마철
이라 방바닥이 축축하다. 〔장성〕괜히 내가 갔는
가 싶어 어째 기분이 찝찔하네. 표괜히 내가 갔
는가 싶어 기분이 찝찝하네. 〔진도〕장마철이라
장판이 쭐쭐한께 낮에는 방에 불 쫌 때야겄다.
표장마철이라 장판이 축축하니까 낮에는 방에
불 좀 지펴야겠다.

찝동 제주 | 명사 | 짚동

장례 때 상제 앞에 놓아두는, 다섯 또는 일곱 마디로 묶은 짚단.

〔한동〕영장 때 찝동은 꼭 멘들주. 찝동은 산디짚을 일곱 무작으로 헹 무껑 멘드는디 그걸 돌아간 망인 보듯이 걸 경 낭 제지내곡. 囲초상 때 짚동은 꼭 만들지. 짚동은 밭볏짚을 일곱 마디로 해서 묶어서 만드는데 그걸 돌아간 망인 보듯이 그걸 그렇게 놔서 제지내고. 〔한경-신창〕짚동은 영 접으로 허영 요 지러기로 무껑 멘들아. 囲짚동은 이렇게 짚으로 요 길이로 묶어서 만들어.

◆초상이 났을 때 상제들이 몸을 기대거나 베개로 쓰는 짚다발은 '찝동(짚동)'이라고 하고, 상제가 짚는 지팡이는 '방장대(상장)'라 한다. 아버지가 돌아가시면 왕대로 방장대를 삼고, 어머니가 돌아가시면 '머귀낭(머귀나무)'으로 방장대를 삼는데, 원칙적으로 어머니가 돌아가셨을 때 오동나무를 방장대로 삼아야 하지만 제주에 오동나무가 귀해 머귀나무를 사용하게 되었다. 제주에서 어머니가 돌아가셨을 때 머귀나무로 방장대를 삼는 까닭은 머귀나무에 가시가 다닥다닥 붙어 있어서 그 가시의 수만큼 잔정이 많기 때문이라는 이야기도 전한다.

찡골 경남 | 명사 | 없음
남에게 몹시 폐가 되는 일을 속되게 이르는 말.

〔창원〕아주 찡꼴을 빨라 카나? 囲아주 '찡골'을 끼치려고 하니?

◆'찡골'은 '대다/부리다/빼다'와 함께 쓰인다. 창원에서는 자기 생각대로만 행동하려는 고집스러운 아이를 '찡꼴이/찡꼴쟁이'라고 한다. ―김정대(창원)· 김승호(진주)

찡구다 충북 | 동사 | 끼우다
(1)벌어진 사이에 무엇을 넣고 죄어서 빠지지 않게 하다.

(2)무엇에 걸려 있도록 꿰거나 꽂다.

〔옥천〕우체부가 핀지럴 대문에 찡궈놓구 갔어. 囲우체부가 편지를 대문에 끼워놓고 갔어.

찡기다 강원 | 동사 | 끼이다
벌어진 사이에 들어가 죄이고 빠지지 않게 되다. '끼다'의 피동사.

〔양양〕문에 찡게서 아푸다. 囲문에 끼어서 아프다. 〔춘천〕아유 좀 비켜봐, 찡겨서 죽겠어. 囲아유 좀 비켜봐, 끼어서 죽겠어. 〔삼척〕디딜방아를 찧다가 호박에 손이 찌게 다쳤잖소. 囲디딜방아를 찧다가 호박에 손이 끼어 다쳤잖소.

◆'찡기다'는 '끼이다'의 구개음화 형이면서 'ㅇ' 받침과 피동형 접미사 '기'가 함께 첨가된 어형이다. 다른 예로 '심다'를 '싱구다'로 '감기다'를 '갱기다'로 말하는 것은 'ㅇ'이 첨가된 것이다.

찡바바지 북한 | 명사 | 없음
징이 박혀 있는 청바지.

〔북한〕저 찡바바지 좀 봐라, 단속되겠구나야. 囲저 '찡바바지' 좀 봐라, 단속되겠구나.

◆북한에서는 청바지나 징이 박힌 바지를 입는 것은 단속 대상이지만 단속을 피해서 입는 사람들이 있다.

찡커매다 강원 | 동사 | 징거매다
옷이 해어지지 아니하게 딴 천을 대고 대강 꿰매다.

〔영월〕단추가 떨어져서 찡커맸다. 囲단추가 떨어져서 징거맸다. 〔춘천〕찢어진 옷이 흔 옷인데, 뭘 찡거매냐, 그냥 버려라. 囲찢어진 옷이 헌 옷인데, 뭘 징거매냐. 그냥 버려라.

찡읍시다 북한 | 동사 | 부딪히다
무엇과 무엇이 힘 있게 마주 닿게 되거나 마주 대게 되다. 또는 닿게 되거나 대게 되다.

〔북한〕자, 다 같이 잔 들고 쩰읍시다. 표자, 다 같
이 잔 들고 건배합시다.

◆북한의 문화어인 '쩰다'는 '부딪히다', '내리치다'
등의 의미와 함께 '건배하다'라는 의미도 있다.

쫍지롱ᄒ다 제주 | 형용사 | 짭조름하다

조금 짠맛이 있다.

〔구좌-행원〕자리젓 ᄒ끔 쫍지롱허여도 쿠싱허영
거민 밥 먹주. 표자리젓 조금 짭조름해도 구수해
서 그거면 밥 먹지. 〔애월-고내〕고등에 폐쌍 쫍
지롱허게 소금 혜근에 쿵 먹어도 맛셔. 표고등어
배를 갈라서 짭조름하게 소금 쳐서 구워 먹어도
맛있어.

차곰차곰하다 충북 | 형용사 | 없음
차갑고 시원하다.
〔청주〕겁나게 덥드니 입추 지나니께 바람이 차곰차곰한 게 션하고 살거 겉으네. 표매우 덥더니 입추 지나니까 바람이 '차곰차곰한' 게 시원하고 살 거 같네.

차단지 경북 | 명사 | 없음
똑 부러지고 야무지게 말하는 사람.
〔상주〕그 집 딸은 나이도 어린데 말을 차단지같이 얼마나 야무지게 하는지.
◆'차단지'는 '찹쌀로 빚은 단자'에서 온 말로 보인다. 대화를 할 때 찹쌀 단자처럼 말이 착착 달라붙는 사람을 가리키기 때문이다. 긍정적인 의미로는 말을 야무지게 잘하는 사람을 가리키는 말로 쓰이지만, 말대꾸를 잘하는 사람이란 부정적인 의미도로 쓰인다.
−최태영(상주)

차래기 강원 | 명사 | 아람
밤이나 상수리 따위가 충분히 익어 저절로 떨어질 정도가 된 상태. 또는 그런 열매.
〔삼척〕차래기가 떨는지 모르겠다야. 얼른 뒷산 밤낭게 가봐라. 표아람이 떨어지는지 모르겠다. 얼른 뒷산 밤나무에 가봐라.

차색 북한 | 명사 | 연갈색
연한 갈색.

〔함북〕선물 받은 그 차색 가방은 내레 10년을 쓰갔소. 표선물 받은 그 연갈색 가방은 내가 10년을 쓰겠어요.
◆연한 갈색이 마시는 차의 빛깔을 닮았다고 하여 '차색'이라고 한다.

차우 경기 | 명사 | 덫
짐승을 꾀어 잡는 기구.
〔이천〕꿩을 잡을 때 차우를 썼어요. 표꿩을 잡을 때 덫을 썼어요. 〔연천〕짐승들이 다니는 길목에 쒜기를 놔가지구 짐승들을 잡어. 표짐승들이 다니는 길목에 덫을 놔가지고 짐승들을 잡아. 〔강화〕쥐새끼가 하도 많아서 이놈 잡으려고 쥐차위를 놓았더니 바로 잡혔씨다. 표쥐새끼가 하도 많아서 이놈 잡으려고 쥐덫을 놓았더니 바로 잡혔다.
◆'쒜기'는 '덫이 짐승들을 조여서 잡는다는 면에서 '죄다'에서 파생된 말로 보인다.

차진디기 충북 | 명사 | 없음
떨어지지 않고 붙어 다니는 얄미운 사람.
〔옥천〕저 사람 누군데 차진디기마냥 따라댕겨? 표저 사람 누군데 '차진디기'마냥 따라다녀?

착살떨다 경기 | 형용사 | 착살맞다
하는 짓이나 말 따위가 얄밉게 잘고 다랍다.
〔서울〕이거 너무 착살떠는 거 아냐? 표이거 너무 착살맞게 행동하는 것 아냐?

ㅊ

◆박완서의 소설 『그대 아직도 꿈꾸고 있는가』를 보면 "자식 1등 착살맞게도 좋아하더니 이제야 좀 신물이 나나 보구나"라는 구절이 등장한다. 이 '착살맞다'라는 말은 '착살하다, 착살부리다, 착살스럽다, 착살떨다' 등으로 다양하게 쓰인다.

찬새 북한 | 명사 | 참새
참샛과의 새.
〔평북〕아츰부터 찬새들이 질벌댄다. 표아침부터 참새들이 지절거린다.

찰금자리 충북 | 명사 | 찰거머리
끈질기게 달라붙어서 남을 괴롭히는 사람을 비유적으로 이르는 말.
〔옥천〕빚쟁이가 맨날 와 가지구 돈 달라구, 아주 기냥 찰금자리 같어. 표빚쟁이가 매일 와서 돈 달라고, 아주 그냥 찰거머리 같아.

찰박 충남 | 명사 | 갑오징어
오징엇과의 연체동물인 갑오징어를 이르는 말.
〔서산〕요새 찰박이 제철이라 맛있어유. 표요새 갑오징어가 제철이라 맛있어요.

찰쑤시 전북 | 명사 | 찰수수
찰기가 있는 수수.
〔부안〕보리 비어다가 찰쑤시허고 섞어갖고 팥고물 히 갖고 둘금둘금 쪄서 먹으믄 싸박싸박허니 맛있어. 표보리순 베어다가 찰수수하고 섞어서 팥고물 해가지고 둘금둘금 쪄서 먹으면 아삭아삭하니 맛있어.

찰쑥떡 전남 | 명사 | 없음
찹쌀로 만든 쑥떡.
〔고흥〕찰쑥떡이 겁나게 맛난디 참쌀이 귀헝게

많이 못해 묵었어. 표'찰쑥떡'이 아주 맛나는데 참쌀이 귀하니까 많이 못해 먹었어.
◆'찰쑥떡'은 멥쌀 대신 찹쌀에 쑥을 넣어 만든 떡이다. 예전에는 설날에 쑥떡과 '찰쑥떡'을 큼지막하게 만들어서 채반에 말린 후에 보름까지 두고 먹었다. 이때에 떡 덩어리를 찐 다음 먹기 좋은 크기로 떼어서 콩고물을 발라 조청(보리 등을 고아서 만든 물엿)에 찍어서 먹었다. 대체로 표준어가 '찰〉차'로 'ㄹ' 탈락을 보이는 데에 비하여, 전남 사투리에서는 찰시리떡(차시리떡), 찰서숙(차조) 등으로 'ㄹ'을 유지하고 있는 형태가 많다.

참대곰 북한 | 명사 | 판다
아메리카너구릿과의 레서판다와 곰과의 대왕판다를 통틀어 이르는 말.
〔북한〕참대곰은 눈을 뜨고 있어도 감고 있는 거 같디 않니? 표판다는 눈을 뜨고 있어도 감고 있는 거 같지 않니?

참땅꼴 충남 | 명사 | 땅꽈리
가짓과의 한해살이풀인 땅꽈리를 이르는 말.
〔서산〕콩밭이서 노렇게 익은 참땅꼴을 따 먹었다. 표콩밭에서 노랗게 익은 땅꽈리를 따 먹었다.
◆서산에서는 땅꽈리와 까마종이를 '땅꼴'이라 부르고, 땅꽈리는 참땅꼴, 까마종이는 말땅꼴이라고 구별해서 부른다. -장경윤(서산)

참봉 북한 | 명사 | 장님
'시각장애인'을 낮잡아 이르는 말.
〔평남〕아랫집 넝감은 참봉이 됐슴네다레. 표아랫집 노인은 장님이 됐습니다.
◆시각장애인들이 할 수 있었던 역술을 보는 사람의 계급을 참봉이라 한 데서 온 말로, 처음에는 낮잡는 뜻이 없었다. 그러나 이들이 역술 일을 하면서 부업

으로 고리대금업을 했는데 사람들이 이들이 앞을 못 본다고 얕잡아 보며 돈을 갚지 않는 일이 자주 발생하자 이들이 단결하여 채무를 요구하곤 했는데 이때 역술을 하는 시각장애인 참봉들에 대한 반감이 세졌다고 한다.

참살 경북 | 명사 | 탓
주로 부정적인 현상이 생겨난 까닭이나 원인.
〔대구〕더 이상 말할 기이 없다. 다 내 참살이다.
표더 이상 말할 것이 없다. 다 내 탓이다.

참우 충북 | 명사 | 참외
박과의 덩굴성 한해살이 재배 식물.
〔괴산〕차무가 션하구 달달허네. 표참외가 시원하고 달달하네.

창꽃 강원 | 명사 | 진달래꽃
진달랫과의 낙엽 활엽 관목.
〔원주〕내 고향에서 창꽃이라고 불렀는데 진달래도 모르는 촌놈이라고 놀림을 받았다. 〔양양〕참꽃은 먹어도 좋으나 문뎅이꽃은 먹으면 죽는다. 표진달래꽃은 먹어도 좋으나 철쭉꽃은 먹으면 죽는다. 〔평창〕산에 창꽃 따 먹으러 가자. 표산에 진달래 따 먹으러 가자. 〔원주〕창꽃 따다가 화전을 부치자. 표진달래 따다가 화전을 부치자.

창꽃 경기 | 명사 | 진달래꽃
진달랫과의 낙엽 활엽 관목.
〔용인〕저쪽에 창꽃이 많이 피어 있네. 표저쪽에 진달래꽃이 많이 피어 있네. 〔양평〕창꽃이 산을 예쁘게 물들게 하니까. 표진달래꽃이 산을 예쁘게 물들게 하니까. 〔이천〕이천에서는 어렸을 때 참꽃이라고 불렀어요. 나중에 진달래라는 것을 알았죠.

창세기 충북 | 명사 | 창자
큰창자와 작은창자를 통틀어 이르는 말.
〔옥천〕돼지럴 잡으믄 창세기루 피창얼 맹글지. 표돼지를 잡으면 창자로 순대를 만들지.
◆'창세기'는 창자를 뜻하는 '창'에 '세기'를 덧붙인 말인데 마치 '짚세기, 짚북세기' 같은 말의 조어 방식과 흡사하다.

창재기 경기 | 명사 | 창자
큰창자와 작은창자를 통틀어 이르는 말.
〔화성〕뭘 잘못 먹었는지 창재기가 꼬여서 혼났어. 표뭘 잘못 먹었는지 창자가 꼬여서 혼났어.

채미 경기 | 명사 | 참외
박과의 덩굴성 한해살이 재배 식물인 참외를 이르는 말.
〔시흥〕채미 좀 가져와라. 표참외 좀 가져와라. 〔강화〕옛날에는 아이들과 어울려서 채미 서리도 하고 그랬지. 표옛날에는 아이들과 어울려서 참외 서리도 하고 그랬지.

채받기 전북 | 명사 | 없음
공기놀이를 할 때 손등에 다섯 개의 공깃돌을 올려놓고 손바닥을 뒤집어 받는 일.
〔임실〕공기놀이 중에서 질로 에룽 것이 채받기여. 표공기놀이 중에서 제일 어려운 것이 '채받기'야.
◆'채받기'는 '조세받기'라고도 한다. '조세받기'는 손바닥에 공기를 쥐고 있다가 손등으로 뒤집어 보낸 다음 앞으로 잡는 것을 뜻한다. ◆'채받기'는 한자어 '차금(借金)'이라는 말에서 온 말로 보인다.

채소깡 경기 | 명사 | 채소밭
채소를 심어 가꾸는 밭.
〔강화〕골에서는 채소깡에 가만 먹을 게 천지야.

표 시골에서는 채소밭에 가면 먹을 게 천지야.

◆ '꽝'은 '미나리꽝'과 같은 합성어에서만 확인되는데 주로 토질이 걸고 물이 많은 땅을 가리킨다. 물이 많으면 미나리와 같은 채소는 잘 자라지만 다른 채소들은 뿌리가 썩기 때문에 다른 채소들을 심는 밭에는 쓰지 않는데 강화도에서는 '채소깡'과 같이 더 넓은 의미로 쓰인다.

채장아찌 경기 | 명사 | 채김치
배추, 무, 갓 따위를 채 쳐서 담그는 김치.
〔옹진〕채장아찌랑 달걀 넣고 비벼 먹으면 맛있다. 표 채김치랑 달걀 넣고 비벼 먹으면 맛있다.

채질 경기 | 명사 | 자리개질
자리개로 곡식 단을 묶어서 타작하는 일.
〔이천〕돌절구를 뉘어놓구 볏단을 채질해서 탈곡을 허구두 해. 표 돌절구를 뉘어놓고 볏단을 자리개질해서 탈곡을 하기도 해. 〔강화〕와랑개비 이전에는 태질로 벼를 다 털었어. 표 탈곡기 이전에는 자리개질로 벼를 다 털었어.

◆ '채질'은 세게 내려친다는 뜻의 '태질'이 변형되어 쓰이는 것으로 보인다.

채키화 충북 | 명사 | 접시꽃
아욱과의 여러해살이풀.
〔옥천〕채키화넌 꽃이 뚱그런 기 이쁘지. 표 접시꽃은 꽃이 둥그런 게 예쁘지.

◆ '채키화'와 비슷한 말로 규화(葵花), 덕두화(德頭花), 촉규(蜀葵), 촉규화(蜀葵花), 층층화(層層花) 등이 있다.

책집게 북한 | 명사 | 스테이플러
'ㄷ'자 모양으로 생긴 철사 침을 사용하여 서류 따위를 철하는 도구.
〔북한〕압정이나 붙임띠, 책집게로 붙이기 전에

날래 도래자로 간격을 재어보시오. 표 압정이나 테이프, 스테이플러로 붙이기 전에 어서 줄자로 간격을 재어보시오.

챙기름 충북 | 명사 | 참기름
참깨로 짠 기름.
〔청주〕챙기름은 '참깨'루 짜구, 들기름은 '들깨'루 짜구 그라지. 표 참기름은 '참깨'로 짜고, 들기름은 '들깨'로 짜고 그러지.

챙피하다 충남 | 형용사 | 창피하다
체면을 깎이는 일이나 아니꼬운 일을 당하여 부끄럽다.
〔서산〕이 달에넌 부모님께 성적표를 뵈드리기가 챙피허다. 표 이 달에는 부모님께 성적표를 보여드리기가 창피하다. 〔태안〕살다보면 챙피헌 일두 숱허구 넘부끄런 일두 많지먼 다 지나가넌 바람이더라. 표 살다 보면 창피한 일도 숱하고 남부끄러운 일도 많지만 다 지나가는 바람이더라.

처나다 충남 | 동사 | 비키다
무엇을 피하여 있던 곳에서 한쪽으로 자리를 조금 옮기다.
〔부여〕야! 청소하게 처나바. 표 야 청소하게 비켜봐. 〔서산〕쫍은 질이서 차를 만나먼 길 가뗑이루 쳐나야 헌다. 표 좁은 길에서 차를 만나면 길가로 비켜야 한다. 〔공주〕여기는 비바람이 불고 사나우먼 산에서 돌맹이가 떨어지고 허니께 저만치 쳐나 있어야 되여. 표 여기는 비바람이 불고 사나워서 산에서 돌맹이가 떨어지고 하니까 저만치 비켜 있어야 해요.

천팽이 경기 | 명사 | 절굿공이
절구에 곡식 따위를 빻거나 찧거나 할 때에 쓰는 공이. 나무, 돌, 쇠 따위로 만든다.

〔강화〕보리쌀을 쎄게 찧으면 천괘이에서 가루가 날려. 표보리쌀을 세게 찧으면 절굿공이에서 가루가 날려.

◆'절구'와 '괭이'의 합성어인 표준어의 '절굿공이'는 여러 사투리형이 보고되는데 '천괘이'는 강화에서만 나타난다. 비모음화가 일어나 '천괘이'라고도 한다.
◆나무로 만든 것은 '잘굿데이', 돌로 만든 것은 '돌괘이'라고 부른다. -윤용완(강화)

천웅이 경기 | 명사 | 없음
큰눈이 내릴 것 같은 어둑하고 추운 날씨.

〔여주〕천웅이가 오려나, 날이 잔뜩 내려앉았네.

◆예전에는 자연에 대해 이야기할 때 하대하지 않고 공대하는 문화가 있었다. 예를 들어 비가 올 때도 "비가 오시려나" 했듯이 눈이 올 때도 "천웅이가 오시려나" 했다. -김종태(여주)

천지빼까리 경북 | 명사 | 없음
추수 때 볏가리가 사방으로 쌓인 모습처럼 무언가 매우 많은 상태를 비유적으로 나타내는 말.

〔성주〕서울에 가마 사람도 천지삐까리고 차도 쌨다. 표서울에 가면 사람도 '천지삐까리'고 차도 아주 많다.

◆'천지'는 그 자체로 '대단히 많다'를 뜻하는 말이다. '삐까리'는 나락 타작을 한 후 볏단을 모아 차곡차곡 쌓아놓은 더미를 뜻하는 말이다. 따라서 '천지삐까리'는 사방에 쌓인 볏단더미처럼 많음을 뜻한다.

철뱅이1 경남 | 명사 | 헬리콥터
회전 날개를 기관으로 돌려서 생기는 양력과 추진력으로 나는 항공기.

〔울산〕철뱅이가 날아간다. 표헬리콥터가 날아간다.

◆경상도 전역에서는 잠자리처럼 생겼다고 해서 '잠

자리 비행기'라고 불렀다. 그런데 통영에서는 '앵오리 비항구'라고 했고, 합천에서는 '철기 비항구'라고 했다. -백남배(울산)

철뱅이2 경북 | 명사 | 잠자리
잠자리목의 곤충을 통틀어 이르는 말.

〔대구〕인자 철뱅이 날아 댕기는 거 보이 가을이 왔는갑네. 표이제 잠자리 날아 다니는 거 보니까 가을이 왔는가 보다.

철푸덕 충남 | 부사 | 편안히
편하고 걱정 없이 좋은 상태로.

〔공주〕자리는 벤벤차너두 거기에 철푸덕 안찌 그려. 표자리는 누추하네만 편안히 앉으시게.

첫대박새 경기 | 명사 | 첫대바기
맞닥뜨린 맨 처음.

〔강화〕그 사람을 한 30년만에 만났는데 나를 첫대박새 알아보더라고요. 표그 사람을 한 30년만에 만났는데 나를 첫대바기 알아보더라고요.

청 전남 | 명사 | 벌꿀
꿀벌이 꽃에서 빨아들여 벌집 속에 모아 두는, 달콤하고 끈끈한 액체.

〔고흥〕올해는 아카시아 청이 많이 안 나와서 비싸게 폰답다. 표올해에는 아카시아 벌꿀이 많이 안 나와서 비싸게 판답디다.

청간시럽다 경남 | 형용사 | 없음
매우 예의 바르고 남에게 폐를 끼치지 않게 행동하다.

〔창원〕자는 너무 청간스러운 기 탈이다. 표저 사람은 너무 '청간시러운 게' 탈이다.

◆'청간시럽다'라는 말의 '청간'은 '청관(淸官)'에서 온 말로 '청백리'를 뜻한다. 즉 '청간시럽다'라는 말

은 남에게 폐를 끼치지 않기 위해 예의와 체면을 깍듯하게 차릴 때 쓰는 말이다. 그런데 간혹 '청간시럽게' 구는 것이 지나칠 때 오히려 상대가 부담스럽게 생각할 수도 있다. 경우에 따라 "청간시럽긴!"이라는 핀잔을 들을 수도 있다는 말이다. ◆'청간시럽다'라는 말은 경남뿐만 아니라 경북에서도 쓰인다.

청묵 제주 | 명사 | 메밀묵
메밀가루를 자루에 담아 물에 놀려서 나온 물로 쑤어 만든 묵.
〔구좌-한동〕묵 종류는 기자 그 쑤는 묵도 있고 이 청묵이란 게 있저. 표묵 종류는 그저 그 쑤는 묵이 있고 메밀묵이란 게 있어 〔한경-신창〕무물쓸을 잘리에 낭 막 물 웃정 그 물 나온 거 청묵 허지게. 표메밀쌀을 자루에 넣어서 마구 물 우려서 그 물 나온 거로 메밀묵을 하지.
◆메밀쌀을 갈아서 쑤는 '무물묵/모멀묵(메밀묵)'과 달리 '청묵'은 메밀쌀을 물에 담갔다가 베 자루에 넣어 손으로 계속 놀려 나온 뽀얀 물을 끓여 만든다.

청푸묵 충북 | 명사 | 청포묵
녹두로 쑨 묵을 통틀어 이르는 말. 녹말묵, 제물묵 따위가 있다.
〔옥천〕청푸묵이 부드럽게 잘 쑤어졌네유. 표청포묵이 부드럽게 잘 쑤어졌네요.

체면없다 북한 | 형용사 | 염치없다
체면을 차릴 줄 알거나 부끄러움을 아는 마음이 없다.
〔함북〕옆집 아지미는 새해 아침부터 체면없이 소금을 빌리러 왔단 말입다. 표옆집 아줌마는 새해 아침부터 염치없이 소금을 빌리러 왔단 말입니다.

초계란 경기 | 명사 | 없음

삶은 달걀위에 채 썬 양배추를 올리고 초장을 뿌려 섞어 먹는 음식.
〔인천〕야, 초계란 사 먹자.

초깔 전남 | 명사 | 꼴
말이나 소에게 먹이는 풀.
〔화순〕초깔 베어서 소에게 먹인다. 표꼴 베어서 소에게 먹인다. 〔강진〕시앙치 깔 비러 가야지. 표송아지 꼴 베러 가야지. 〔진도〕소 띠끼면서 깔도 베 갖꼬 온나. 표소 먹이면서 꼴도 베가지고 오너라.

초꼬지불 전남 | 명사 | 호롱불
호롱에 켠 불.
〔진도〕유제 함쎄는 밤에 개똥불 같은 초꼬지불도 지름 애낀다고 안 써고 지역은 어둡기 전에 볼가서 대강 먹고 기양 잔다네. 표이웃 할머니는 밤에 반딧불 같은 호롱불도 기름 아낀다고 안 켜고 저녁은 어둡기 전에 밝을 때 대강 먹고 그냥 잔다고 하네. 〔강진〕동네에 전기가 안 들어와 초꼬지불로 공부했다. 표동네에 전기가 안 들어와 호롱불로 공부했다.
◆어렵던 시절 농어촌 노인들은 밤에 반딧불같이 희미한 호롱불을 켜는 것도 아까워 저녁 식사는 어둡기 전에 일찍 마치고 잠자리에 들었다. 하룻밤에 약한 시간 정도 불을 켠다고 해도 기름이 별로 안 드는 작은 호롱불을 켜면 일 년 내내 석유 한 되면 될 것인데 그걸 아끼자고 일 년 열두 달 내내 캄캄한 밤을 보낸 것이다. 그때의 초꼬지불은 역사의 유물이 되고 그 어휘마저 사어(死語)가 돼 가고 있다. -주광현(진도)

초래 경북 | 명사 | 호드기
봄철에 물오른 버드나무 가지의 껍질을 고루 비틀어 뽑은 껍질이나 짤막한 밀짚 토막 따위로 만든 피리.

〔의성〕초래 함 만들어보까? 표호드기를 한번 만들어볼까?

◆같은 의성군에 있지만 서쪽에 있는 비안면에서는 풀피리를 '초래'라고 하고, 북쪽에 있는 단촌면에서는 '홀띠'라고 한다. -홍순로(의성), 유정우(의성)

초마리 전남 | 명사 | 항아리

아래위가 좁고 배가 부른 질그릇.

〔곡성〕고들배기 담아놓은 초마리 이리 주라. 표고들배기 담아놓은 항아리 이리 줘라.

◆'추마리'는 경남 거제·밀양·의령·창녕·하동에서는 '항아리'를 뜻하고 전남 함평에서는 '뚝배기'를 뜻하는 말로 쓰인다.

초시기 경남 | 명사 | 초석

(1)왕골이나 부들 따위로 엮어 만든 자리.
(2)짚으로 만든 자리.

〔양산〕산소 갈 때 초시기 챙기라. 표산소 갈 때 초석을 챙겨라.

◆'초시기' 또는 '초시게'의 어원은 '초석(草席)'이다. '초석'은 왕골이나 부들, 또는 짚 따위로 엮어 만든 자리를 뜻하고, '돗자리'는 왕골이나 골풀 줄기 따위로 엮어 만든 자리라는 점에서 재료가 다르다. 따라서 '초시기'를 '돗자리'의 사투리라고 풀이하는 것은 올바른 해석이 아니다. -경남방언연구보존회

초잡다 경북 | 형용사 | 더럽다

(1)때나 찌꺼기 따위가 있어 지저분하다.
(2)못마땅하거나 불쾌하다.

〔경주〕초잡그로 겨우 그거밖에 안 줄라 카나? 표추접하게 겨우 그것밖에 안 주려고 하니? 〔대구〕힘들고 추접은 일은 안 한다꼬 카든데. 표힘들고 더러운 일은 안 한다고 하던데.

◆'초잡다'는 야비하거나 인색한 사람을 비유적으로 이르는 말로도 쓴다.

초참 경기 | 명사 | 처음

시간적으로나 순서상으로 맨 앞.

〔군포〕책을 읽을라면 초참부터 읽어야지. 표책을 읽으려면 처음부터 읽어야지. 〔강화〕아이들이 와서 밥 한끼 사준 것이 춤이야. 표아이들이 와서 밥 한 끼 사준 것이 처음이야.

◆'초참'의 '초'는 시작이라는 뜻의 한자 초(初)이고 '참'은 때를 나타내는 의존명사이다. "가려던 참이었어"에서 '참'과 같은 것이다. 즉 시작하는 때라는 뜻을 표현한 것이다.

촉 경남 | 명사 | 싹

씨, 줄기, 뿌리 따위에서 처음 돋아나는 어린잎이나 줄기.

〔하동〕벌시로 마늘 촉이 났다. 표벌써 마늘 싹이 났다.

촐람생이 제주 | 명사 | 없음

촐랑거리기를 잘하는 사람을 낮잡아 이르는 말.

〔노형〕생긴 꼴은 멀쩡흔데 허는 짓은 촐람생이다. 표생긴 꼴은 멀쩡한데, 하는 짓은 '촐람생이'다. 〔애월-상가〕너 헐 거나 잘허라. 여기저기 촐람생이추룩 다니지 말앙. 표너 할 거나 잘해라. 여기저기 '촐람생이'처럼 다니지 말고.

촐뱅이 전남 | 명사 | 개맛

갯벌에 사는 해양생물인 개맛을 이르는 말.

〔고흥〕뻘에 백혀 있는 촐뱅이를 쪽 뽑아서 아래 꼬리 쪽을 자근자근 썹어묵으믄 맛있어. 표갯벌에 박혀 있는 개맛을 쪽 뽑아서 아래 꼬리 쪽을 잘근잘근 씹어 먹으면 맛있어.

◆'촐뱅이(개맛)'는 갯벌 속에 꼬리를 박아두고 머리만 내밀고 있다가 위험을 느끼면 갯벌 속으로 들어가버린다. 머리는 맛이나 홍합처럼 생겼는데 납짝하

고 꼬리는 잠자리처럼 매우 길다.

촘메 제주 | 명사 | 참외
박과의 덩굴성 한해살이 재배 식물.
〔삼척〕촘메 익엉 쿠신내 나듯 코시롱헌 내 나. 표
참외 익어 향긋한 냄새나듯 코를 찌르는 달콤한
냄새가 나.

촛대잠 북한 | 명사 | 없음
몸을 꼿꼿이 세우고 앉아서 자는 잠.
〔황해〕오라바이는 촛대잠이 들었다. 표오빠는
'촛대잠'이 들었다.

촛물 경기 | 명사 | 없음
콩울 물에 불려 갈아 그 국물을 끓인 다
음 간수를 넣어 저으면 순두부가 되는데,
이때 순두부를 제외한 국물을 이르는 말.
〔포천〕두부는 좋은 식재료이나 촛물은 쇠물 끓
이는 데 쓰인다. 표두부는 좋은 식재료이나 '촛
물'은 쇠죽 끓이는 데 쓰인다.

최다 전남 | 동사 | 빌리다
남의 물건이나 돈 따위를 나중에 도로
돌려주거나 대가를 갚기로 하고 얼마 동
안 쓰다.
〔강진〕최 간 돈 언제 갚을래? 표빌려 간 돈 언제
갚을래? 〔고흥〕아적질에 영자 엄니가 와서는 돈
이 한나도 없는디 하도 채주라고 급헌 소리를 항
께 유재서 채서 줬소. 표아침나절에 영자 엄마가
와서는 돈이 하나도 없는데 하도 빌려주라고 급
한 소리를 하니까 이웃집에서 빌려서 줬소. 〔진
도〕아짐씨, 애기가 만이 아픈께 병원에 갈라는데
돈이 한 푼도 읍슨께 그라요, 돈 좀 채주쇼. 표아
주머니, 아기가 많이 아파서 병원에 가려는데 돈
이 한 푼도 없어서 그래요, 돈 좀 빌려주세요.

◆'최다'는 '취하다'로부터 'ㅎ' 음이 약화되고 축약
이 일어난 사투리로 '최 간 돈'은 '취해 간 돈'을 줄여
서 말한 것이다. 평남 방언에서도 '빌리다'를 '최가
다'라고 쓴다.

추마리 경남 | 명사 | 없음
(1)아래위가 좁고 배가 부른 질그릇. 간
장 등을 이동할 때 사용한다.
(2)똥장군, 오줌장군을 이르는 말.
〔창녕〕지게 우에 추마리를 지고 간다. 표지게 위
에 '추마리'를 지고 간다.
◆본래 '추마리'는 항아리 계통 질그릇의 한 종류를
일컫는 말이다. 저장된 간장을 어디로 옮길 때 추마
리를 많이 이용하였다. 그렇지만 밀양과 창녕에서는
의미가 확대되어 똥이나 오줌을 담아 나르는 '똥장
군'과 '오줌장군'을 가리키는 말로도 쓰인다. -김승
호(진주)

추물 경남 | 명사 | 침
입속의 침샘에서 분비되는 무색의 끈기
있는 소화액.
〔산청〕저가부지 요새 보니 마이 애비고 얼라매
쿠로 추물도 잘 흘리던데. 표너희 아버지 요즘
보니 많이 여위고 아이처럼 침도 잘 흘리던데.
◆산청과 진주 등지에서는 뱉는 침을 '춤'이라고 하
고, 흘리는 침을 '추물'이라고 했다. 실제로 '추물'은
'춤물'에서 온 말로 '침'이라는 말에 '물'이라는 말이
더해져 탁도나 끈기가 없는 맑은 침에 가까워 어린
아이나 노인이 흘리는 침 또는 맛있는 음식을 보고
흘리는 침 정도로 볼 수 있다. -오덕수(산청)

추자 전북 | 명사 | 호두
호두나무의 열매.
〔남원〕옛날에는 물고기를 잡을 때 추자껍질을
빵궈서 고기를 잡기도 했어. 표옛날에는 물고기

를 잡을 때 호두껍질을 빻아서 고기를 잡기도 했어. 〔임실〕아이고, 추자가 많이도 열렸네. 표아이고, 호두가 많이도 열렸네. 〔진안〕추자가 파랄 때 손이 묻히면 옻이 올라. 표호두가 푸를 때 손에 묻히면 옻이 올라.

◆'추자'의 '추'는 호두나무 추(楸)이다. 진안에서는 추자를 껍데기가 밉게 생겼다고 하여 부르는 이름이다. -송미영(진안)

축구 경남 | 명사 | 바보

행동이 굼뜨고 약간 모자란 듯한 사람을 이르는 말.

〔울산〕어이구, 축구 겉은 기. 표어이구, 바보 같은 게. 〔하동〕야, 이 반핑아 그것도 몰라? 표야, 이 바보야 그것도 몰라? 〔부산〕에이구, 추깽이 매로 하는 짓이 저러이. 표아이구 바보처럼 하는 짓이 저러니.

◆'축구'는 '축구(畜狗)'에서 온 말로 집에서 기르는 가축과 개를 뜻한다. 이 말이 사람답지 못한 짓을 하는 사람을 낮잡아 이르는 말로 확산되어 쓰인 것으로 보인다. -김승호(진주)

축담 경남 | 명사 | 토방

마당에서 마루로 올라갈 때 신발을 벗어 두는 곳으로 마당보다 조금 높이 편평하게 다진 흙바닥.

〔하동〕축담에 신을 가지런키 벗어놓고 청에 올라와라. 표토방에 신을 가지런하게 벗어놓고 마루에 올라오너라. 〔창원〕축담을 얼매나 칼클히 해 낳았는지 똑 마리 겉다. 표토방을 얼마나 깨끗하게 해놓았는지 꼭 마루 같다.

◆'댓돌/섬돌'은 마루로 오르내릴 때 신발을 벗어두도록 만든 돌을 가리키는 말로서 축담 위에 둔다. '심방돌'이라고도 한다. ◆마당에서 마루로 올라가기 위해 마루 앞에 흙단을 만든 것을 축담이라 하고

축담 위에 쪽마루를 설치하기도 하고 쪽마루에서 단까지 60~80센티미터 간격을 두었으며 축담과 마당 사이에는 30~50센티미터 정도의 높이를 돌로 반듯하게 쌓고 안에 흙을 채웠다. -김의부(거제)

축엇다 제주 | 형용사 | 없음

똑같다.

〔삼척〕아덜이 아방흐곡 뵈리닥지 축엇다. 표아들이 아버지하고 바라볼수록 똑같다.

충걸 북한 | 명사 | 없음

매우 뛰어난 것을 보고 놀람.

〔북한〕야 이거 완전 충걸인데.

충그리다 충남 | 동사 | 지체하다

때를 늦추거나 질질 끌다.

〔논산〕왜 이렇게 충그리는 겨? 빨리 혀. 표왜 이렇게 지체하는 거야? 빨리 해. 〔태안〕심바람 시키먼 씽허니 댕여와야지 워디서 충이다 해 다간디 인제 오넌 겨. 표심부름 시키면 쌩하니 다녀와야지 어디서 지체하다 해 저물었는데 이제 오는 거야. 〔공주〕버스 올 시간 다 됬는지 왜 이렇게 충그리는 겨? 그러다 버스 놓치것네. 표버스 올 시간 다 됐는데 왜 이렇게 지체하는 거야? 그러다 버스 놓치겠어.

츠렁바위 북한 | 명사 | 큰바위

험하게 겹쌓인 큰 바위.

〔평안〕강변에 츠렁바위가 길을 따라 놓여 있습다. 표강변에 큰바위가 길을 따라 놓여 있습니다.

츠렁츠렁 북한 | 부사 | 치렁치렁

길게 드리운 물건이 자꾸 이리저리 부드럽게 흔들리는 모양.

〔평안〕김 씨 아저씨네 정원에는 포도송이가 츠

585

렁츠렁 열렸시다. 표김씨 아저씨네 정원에는 포도송이가 치렁치렁 열렸습니다.

츰 충남 | 명사 | 처음
시간적으로나 순서상으로 맨 앞.
〔논산〕아니? 츰 들어보는디? 표아니? 처음 들어보는데? 〔서산〕내가 서울에 츰 갔을 때넌 한강을 부꼬로 근너댕겼다. 표내가 서울에 처음 갔을 때는 한강을 부교로 건너다녔다. 〔태안〕츰음버텀 잘헐라구 허다간 뎁세 망치니께 슬슬 헤봐. 표처음부터 잘하려고 하다가 도리어 망치니까 슬슬 해봐. 〔공주〕아니 그 사람 이름은 츰 들어보는 이름이여. 표아니 그 사람 이름은 처음 들어보는 이름이야. 〔세종〕나는 오늘 처음으로 빠스를 타봐유. 표나는 오늘 처음으로 버스를 타봐요.
◆'처음'을 '츰'이라고 하는 것은 충남 사투리의 특징 중 하나인 '어' 모음이 '으' 모음으로 교체된 예이다.

층벽 충북 | 명사 | 낭떠러지
깎아지른 듯한 언덕.
〔충주〕층벽에 올라가 밑에 보믄 미섭구 어질어질하지. 표낭떠러지에 올라가 밑에 보면 무섭고 어질어질하지.

치 충남 | 명사 | 키
배의 방향을 조절하는 장치.
〔서산〕배의 치를 잡넌 사람이 선장이다. 표배의 키를 잡는 사람이 선장이다. 〔논산〕치질하는 솜씨를 본께 그 여자 보통이 아녀. 표키질하는 솜씨를 보니까 그 여자 보통이 아니야.
◆충남 서해 지역에서는 '키'를 '치'라고 한다. 배를 책임지는 '키잡이'도 당연하게 '치잽이'가 된다. '치잽이'는 요즘으로 치면 대형선박이나 외항선의 선장쯤 되겠다. -이명재(예산)

치거리 경북 | 명사 | 기슭
산이나 처마 따위에서 비탈진 곳의 아랫부분.
〔대구〕치거리 끝이 지붕 참한 집이 생깄다. 표기슭 끝에 제법 참한 집이 생겼다.
◆기슭을 뜻하는 '치거리'는 비탈을 뜻하는 '빈달'의 사촌쯤 된다. '빈달'은 경상도와 강원도, 충청북도 등지에서 쓰는 말이다. 그런데 '치거리'와 '빈달'은 엄밀히 말해 같은 말이 아니다. '빈달'은 고도가 좀 더 높고, '치거리'는 고도가 좀 더 낮다. 실제로 '치거리'는 동네의 끝부분에 해당하는 언덕과 들판의 경계를 아우르는 말로 마을의 가장 후미진 곳에 속한다. 어머니의 먼 일가인 할머니가 북산(北山) 치거리에 살고 계셨는데, 어쩌다가 파장에 싸게 파는 갈치라도 사 오면 어머니는 나를 북산으로 갈치조림 심부름을 보내곤 했다. -구활(대구)

치념하다 충남 | 형용사 | 체념하다
희망을 버리고 아주 단념하다.
〔서산〕지붕 날러갔을 적엔 으쩌나 시퐜지. 다 치념허구 있는디 느 할아배가 보험을 들우났대나 뭐래나 하는겨. 표지붕 날아갔을 땐 어쩌나 싶었지. 다 체념하고 있는데 너희 할아버지가 보험을 들어놨다나 뭐라나 하는 거야. 〔공주〕사라호 태풍인가 뭔가 어찌나 요란하고 심했던지 지붕이 다 날러가버리구 논밭이 다 물이 잼겨 휩쓸그 가 엉망이 되었으니 어쩌것나 치념허구 말어야지. 표사라호 태풍인가 뭔가 어찌나 요란하고 심했던지 지붕이 다 날아가버리고 논밭이 다 물에 잠겨 휩쓸어가 엉망이 되었으니 어쩌겠나 체념하고 말아야지.

치다 경기 | 동사 | 치우다
물건을 다른 데로 옮기다.
〔서울〕밥 하구 나문 처야 하구 치구 나문 빨래해

야 하구 쉴 틈이 있나요? 표밥 하고 나면 치워야
하고 치우고 나면 빨래해야 하고 쉴 틈이 있나요?

친떡 제주 | 명사 | 시루떡
떡가루에 콩이나 팥 따위를 섞어 시루에
켜를 안치고 찐 떡.
〔한경-신창〕그땐 친떡 허고 기주떡 허곡게, 여름
에 기주떡. 표그땐 시루떡 하고 증편 하고, 여름
에 증편.

칠그랭이 충북 | 명사 | 칡
콩과의 낙엽 활엽 덩굴성 식물.
〔진천〕그전에는 먹을 기 읎으께 칠그랭이럴 많
이 캐다가 먹었지 뭐. 표그전에는 먹을 게 없으
니까 칡을 많이 캐다가 먹었지 뭐.
◆'칠그랭이'라는 말은 칡을 칡 나부랭이와 같은 어
감을 표현한 말로 보인다. 즉 그냥 칡이 아니라 먹을
것이 없어서 그것이라고 먹을 수밖에 없었다는 느낌
으로 '칡'을 속되게 이르는 말인 것이다. 이런 의미
에서 사투리는 표준어로 표현할 수 없는 정서를 표
현할 수 있는 삶의 언어라고 할 수 있다.

칭칭다리 충남 | 명사 | 계단
사람이 오르내리기 위하여 건물이나 비
탈에 만든 층층대.
〔서산〕높은 산두 칭칭다리를 노아 시웁게 올러
간다. 표높은 산도 계단을 만들어 쉽게 올라간
다. 〔공주〕무성산 올러가는디 중턱에 건징이라고
거기에 불땅이 있었어. 거기에 칭칭개가 얼마나
가파르고 까끌막진지 애먹었어. 표무성산 올라
가는데 중턱에 건징이라고 거기에 불당이 있었
어. 거기에 계단이 얼마나 가파르고 가풀막진지
애먹었지. 〔태안〕팔봉산이 가면 맨 칭칭다리던디
도가니 멀쩡헌 자낸 올러 댕기기 좋은감. 표팔봉
산에 가면 맨 계단이던데 종지뼈 멀쩡한 자낸 올

러 다니기 좋은가.
◆'칭칭다리' 또는 '칭칭대'는 1970년대 이전 충남
전역에서 널리 쓰였던 말이다. "층층을 올라갈 수 있
도록 만들어진 다리"를 뜻하는 '층층다리'라는 말은
한자 교육을 받지 않은 계층이 고유어를 섞어 만들
어낸 말이다. 이와 달리 '층층대'는 한자 교육을 받
은 계층이 한자어를 섞어 만들어낸 말이라고 할 수
있다. 표준어가 확산되면서 '칭칭다리'가 먼저 소멸
되었고, '칭칭대'도 좀 더 쓰이다가 '층계' 또는 '칭
계'에 밀려 역사적으로 사라진 말이 되었다. -이명
재(예산)

츠궹이 제주 | 명사 | 도롱이
짚, 띠 따위로 엮어 허리나 어깨에 걸쳐
두르는 비옷.
〔한경-신창〕비 올 때 새로 헤영 츠궹이 쓰언덜
밧디 가. 표비 올 때 띠로 해서 도롱이 쓰고 밭에
가. 〔한경〕그땐 우산도 엇일 때난 츠궹이 걸치고
벌립 썽 쉐 보레 가주게. 표그때는 우산도 없을
때니까 도롱이 걸치고 벙거지 쓰고 소 보러 가지.
◆비 오는 날 밭일을 하거나 마소를 둘러볼 때 '츠궹
이'를 어깨에 두르고 댕댕이덩굴로 만든 삿갓과 '정
동벌립'을 쓰면 옷이 젖는 것을 막을 수 있었다. 길
이가 긴 것은 겨울용이고 짧은 것은 여름용인데 '츠
궹이'는 길이가 긴 겨울용을 가리키는 말이다. 도롱
이는 띠로 만드는데 눈을 맞은 띠로 만들면 질기지
않다. '츠궹이'라고도 한다.

츨레 제주 | 명사 | 없음
밥과 곁들여 먹는 장, 젓 따위의 짠 반찬.
〔한경-신창〕옛날엔 자리젓, 멜젓 헌 것그라 츨레
렌 헷수게. 표옛날에는 자리젓, 멸치젓 한 것보
고 '츨레'라고 했지요.
◆제주에서 반찬이라는 말은 '반찬'이라고도 하고
'츨레'라고도 한다. 그런데 '츨레'는 그냥 '반찬'이 아

니라 장이나 젓갈처럼 짠 반찬을 가리키는 말이다.
◆'츨레'는 반찬의 총칭이 아니라 반찬의 일종이다.
제주도 토박이인 할머니의 말에 따르면 장을 넣고
조린 생선 찌개 혹은 조림쯤 되는 음식을 가리키는
말이라고 한다. 생선을 넣기도 하지만 자리젓을 넣
기도 한다. -상현주(제주)

츰생이 제주 | 명사 | 참샛과의 새
참샛과의 새.
〔용담〕츰생이덜이 수룩하멍 놀아왐서. 표참새들
이 떼 지어 날아오네.

ㅋ

칼국 제주 | 명사 | 칼싹두기

메밀가루나 밀가루 반죽 따위를 방망이로 밀어서 굵직굵직하게 썰어 끓인 음식.

〔호근〕예전에 꿩도 낭 칼국 헹 먹었수가? 囲예전에 꿩도 넣어서 칼싹두기 해서 먹었습니까?

◆'칼국' 또는 '메밀칼국'은 서귀포 지역의 대표적인 구황 음식이다. 제주도는 밀을 거의 재배하지 않기 때문에 메밀가루로 국수를 만들었는데, 찰기가 없어 면을 두껍게 뽑아야 했다. 면이 뚝뚝 끊어지기 때문에 '칼국'은 젓가락을 사용하지 않고 숟가락으로 떠먹는다. 국수와 수제비의 중간 형태라고 할 수 있다.

칼기없다 경북 | 형용사 | 없음

더 말할 것도 없이 최고로 좋다.

〔대구〕그 집 국밥은 고마 칼기없다. 囲그 집 국밥은 정말 '칼기없다'.

◆경상도 사투리로 '칼끼없다'는 "~라고 할 것이 없다"가 축약된 말로 "더 말할 것도 없이 최고다"란 뜻이다. 특정한 맥락 없이도 활발하게 사용되므로 하나의 단어로 간주할 수 있다.

칼딱서니 충남 | 명사 | 수제비

밀가루를 반죽하여 맑은장국이나 미역국 따위에 적당한 크기로 떼어 넣어 익힌 음식.

〔공주〕애야! 아버지 칼딱서니하고 탁배기 한 잔 갖다 드려라. 시장하시겠다. 囲애야! 아버지 수제비하고 막걸리 한 잔 갖다 드려라. 시장하시겠다.

〔천안〕밀 갈아서 지울라구 나오면 그걸 수지비 떠머꼬야.-한영목(2013) 囲밀을 갈아서 기울이라고 나오면 그걸로 수제비 떠먹을 거야. 〔세종〕시간 읎을 때는 수지비 떠먹는 게 제일 빨러. 囲시간 없을 때는 수제비를 떠먹는 것이 제일 빨라.

칼칼쓰다 제주 | 형용사 | 쓰디쓰다

몹시 쓰다.

〔남원〕간바지면은 맛이 칼칼쓰고. 囲간보면 맛이 쓰디쓰고.

칼파스 북한 | 명사 | 소시지

으깨어 양념한 고기를 돼지 창자나 인공 케이싱에 채워 만든 가공식품.

〔북한〕칼파스가 먹고 싶어 부스럭돈을 들고 매대에 갔는데 돈이 부족해서 결국 사 먹지 못했슴다. 囲소시지가 먹고 싶어 남은 돈을 들고 상점에 갔는데 돈이 부족해서 결국 사 먹지 못했습니다.

◆'칼파스'는 소시지를 뜻하는 러시아어 '칼바사(колбаса)'에서 유래한 말이다. '꼴바싸'라고도 하며, 북한에서는 이를 순화하여 '고기순대'라고 하기도 한다.

캥자깽이 경남 | 명사 | 없음

기분이 좋아 흥에 겨워 추는 춤.

〔진해〕느그들 요오서 캥자깽이판 벌렀나? 囲너희들 여기서 '캥자깽이'판 벌렸니?

◆기분이 좋아 춤을 추듯이 팔다리를 이리저리 흔드

589

는 동작을 가리키는 말이다. 실제 발음은 '캥자깨이'에 가깝다. 꽹과리의 가볍고 흥겨운 소리에서 유래한 말로 보인다. -김영수(진해) ◆'캥자깽이'는 '꽹과리'를 뜻하는 말로도 쓰인다. 놋쇠로 만들어 채로 쳐서 소리를 내는 악기로 징보다 작으며 주로 풍물놀이에서 상쇠가 치고 북과 함께 굿에도 쓴다.

커싱커싱ᄒᆞ다 제주 | 동사 | 포들짝포들짝하다
성이 나서 계속해서 신경질적으로 화를 내다.
〔토평〕우리 집이 아방이 애기덜을 막 애껴. 나신딘 커싱커싱헤도 애기신디는이 크게 말도 아니굴아. 표우리 집의 아버지가 아기들을 아주 아껴. 나에게는 포들짝포들짝해도 아기에게는 크게 말도 안 해.

케다 강원 | 동사 | 켜다
등잔이나 양초 따위에 불을 붙이거나 성냥이나 라이터 따위에 불을 일으키다.
〔정선〕불으 켔다. 표불을 켰다. 〔춘천〕껑껌헌데 불 키구 놀아라. 표껌껌한데 불 켜구 놀아라. 〔삼척〕예전엔 바다에 소깽이불을 키고 들어가 기를 잡기도 했잖소. 표예전엔 바다에 관솔불을 켜고 들어가 게를 잡기도 했잖소.

코곤돌이 경북 | 명사 | 쇠코뚜레
소의 코청을 꿰뚫어 끼는 나무 고리. 좀 자란 송아지 때부터 고삐를 매는 데 쓴다.
〔상주〕소의 코곤돌이가 잘 맞는지 봐라. 표소의 쇠코뚜레가 잘 맞는지 봐라. 〔영덕〕코꾼지를 하고나니 힘센 송아지가 고분고분해졌다. 표쇠코뚜레를 하고나니 힘센 송아지가 고분고분해졌다.

코삿허다 제주 | 형용사 | 고소하다
기분이 유쾌하고 마음이 흡족하다.

〔토평〕아방도 메느리신디 용돈 받아지난 ᄏᆞ삿헌 셍이라라. 표아버지도 며느리에게 용돈 받으니까 마음이 고소한 모양이더라.

코셍이 제주 | 명사 | 고생놀래기
놀래깃과의 바닷물고기.
〔애월-고내〕훼는 지금거치 갈치로도 헌다, 고등에로도 헌다, 무신 코셍이로도 헌다, 그런 거 안 허연. 표회는 지금같이 갈치로도 한다, 고등어로도 한다, 무슨 고생놀래기로도 한다, 그런 거 안 했어. 〔구좌-한동〕이디서도 춤대 들렁 강 어렝이 나끄곡 코셍이 나끄곡 헷주. 표여기서도 낚싯대 들고 가서 고생놀래기 낚고 고생놀래기 낚고 했지.

코숭이 북한 | 명사 | 없음
산줄기 끝.
〔북한〕코숭이 가둑나무 아래 모여 궁냥을 한다. -정춘근(2012) 표'코숭이' 도토리나무 아래 모여 궁리를 한다.

코열 경남 | 명사 | 코피
코에서 흘러나오는 피.
〔진해〕누하고 싸았나, 아아가 코열이 터졌네. 표누구랑 싸웠니, 아이가 코피가 터졌네. 〔진주〕일이 데가 코열이 터졌다. 표일이 힘들어 코피가 터졌다. 〔고성〕일이 억수로 힘든갑다, 코열이 터졌다. 표일이 엄청 힘든가 보다, 코피가 터졌다. ◆경상도에서는 코피를 흘릴 때 "코열이 터졌다, 열이 터졌다"라고 한다. 물론 "코피가 터졌다"라고 하는 곳도 많다. -김영수(진해) ◆고성에서도 코에 열이 터졌다는 표현을 사용한다. -백만기(고성)

코질락코질락 제주 | 부사 | 없음
성이 나서 화를 내는 모양.
〔하효〕무사 경 코질락코질락햄시니? 표왜 이렇

게 '코질락코질락'하니?

코쿨 강원 | 명사 | 고콜

관솔불을 올려놓기 위하여 벽 중간에 코
처럼 붙여놓은 화덕.

〔양양〕코쿨에 속갱이불 붙여라. 표고콜에 관솔불
을 붙여라. 〔평창〕코쿨에 벽이 그슬어 새까매졌
다. 표고콜에 벽이 그을어 새까매졌다.

◆강원도 농가에 가면 벽 중간에 흙으로 만든 '코쿨'
이라는 것이 있다. 코처럼 길쭉한 모양으로 생겼는
데 코 모양의 굴이란 뜻으로 '고쿨' 또는 '코쿨'이라
고 한다. 기름이 귀하던 시절, 아낙네들이 늦은 밤까
지 베를 삼을 때 관솔불을 지펴 난방도 하고 조명으
로도 이용하였다. 관솔불에는 송진이 많이 엉겨 있
어 불이 잘 붙는 반면에 연기가 많이 난다. '코쿨'은
주로 안방에 두었는데, 연기가 빠져나갈 수 있도록
뚫어놓은 '까치구멍'은 뒤안 쪽으로 냈다. 연기가 빠
져나오는 구멍에 시꺼먼 그을음이 생기기 때문에 사
랑방보다는 안방에 주로 둔 것이다. 그런가 하면 '코
쿨'이 크지 않고 작기 때문에 밥과 나물 몇 가지만
올리는 조촐한 제사를 '코쿨제사'라고도 하였다. -
김성영(양양)

코트데기 제주 | 명사 | 개울타리고둥

고둥의 한 종류.

〔구좌-한동〕보말이 막 요라 종류라. 돌포말도 있
고 수두리, 메옹이, 코트데기 그거 다 보말 일름
이주게. 표고둥이 아주 여러 종류야. 눈알고둥도
있고 팽이고둥, 두드럭고둥, 개울타리고둥 그거
다 고둥 이름이지.

◆'고둥'을 제주에서는 '보말' 또는 '보멀'이라고 한
다. 바다를 접하고 있는 지역에서 '보말'은 쉽게 구
할 수 있는 먹거리 중 하나였다. 보말은 주로 국이나
죽, 범벅, 수제비 등의 재료로 쓰였다. 고둥의 종류
는 지역에 따라 이름이 다른데, '개울타리고둥'만 하

더라도 'ㄱ메기/금셍이/금셍이보말/눈금셍이/ 춤ㄱ
메기/춤보말/코타드레기/코트데기/코트드레기' 등
으로 다양하게 불린다.

콤콤하다 강원 | 형용사 | 쿰쿰하다

청국장, 잘 띄운 메주, 삭힌 생선이나 해
산물, 곰팡이, 먼지 따위의 냄새와 같다.

〔평창〕나는 갓 담근 젓갈보다 좀 콤콤한 게 좋드
라. 표나는 갓 담근 젓갈보다 좀 쿰쿰한 게 좋더
라. 〔원주〕메주 냄새가 제법 콤콤하다. 표메주 냄
새가 제법 쿰쿰하다. 〔양양〕김치가 오래되어 콤
콤하다. 표김치가 오래되어 쿰쿰하다.

콥다 전남 | 형용사 | 맵다

고추나 겨자와 같이 맛이 얼얼하다.

〔신안〕고추가 겁나게 콥다. 표고추가 굉장히 맵다.

콧등치기국수 강원 | 명사 | 없음

강원도 정선 등지의 향토 음식으로, 메
밀가루로 만든 칼국수.

〔정선〕마카 콧등치기국수 먹을 끼나? 표모두 '콧
등치기국수' 먹을 거니?

◆'콧등치기국수'는 한번 빨아들이면 콧등을 칠 정도
로 면발이 쫄깃하고 탄력이 좋다고 하여 붙은 이름
으로, 신조어로 분류된다. 이와 같은 맥락으로 사용
되는 말이 '앉은뱅이 술'인데, 술의 맛이 굉장히 좋
아 자리에 앉아서 한 잔, 두 잔 마시다 보면 자신도
모르게 취하게 되고, 일어서지 못하고 기어 다니는
'앉은뱅이'가 된다고 해서 이름이 붙었다. -유연선
(춘천)

콧밥뱅이 경남 | 명사 | 민코/코맹맹이

(1)흔적만 나타날 만큼 아주 밋밋한 코
를 가진 사람(민코).

(2)코가 막혀서 소리를 제대로 내지 못

하는 상태. 또는 그런 사람(코맹맹이).
〔진해〕콧밥뱅이 아지매가 코만 높으모 한 인물
할 긴데. 表민코 아줌마가 코만 높으면 한 인물
할 텐데. 〔부산〕가아는 남자 앞에만 가모 코빵매
이 소리로 한다. 表개는 남자 앞에만 가면 코맹
맹이 소리를 한다.
◆'콧밥뱅이'란 말은 콧등이 낮은 사람을 가리키는
말로도 쓰이고, 마치 코 안에 밥이라도 들어간 사
람처럼 코맹맹이 소리를 내는 사람을 가리킬 때도
쓰인다. -김영수(진해)

콩기럼밥 전북 | 명사 | 콩나물밥
콩나물을 넣어 지은 밥.
〔장수〕콩기럼밥을 히다 줄라고 남편이라고.(콩
나물밥을 해다 주려고 남편이라고). 〔부안〕콩너
물밥은 겨울에 많이 해 먹었지. 表콩나물밥은 겨
울에 많이 해 먹었지.
◆전북 지역에서 '콩나물'을 '콩기럼'이라고 하는데,
콩을 길러 나온 나물을 가리킬 때 길렀다는 뜻을 나
타낸 것이다. 이런 콩기럼을 넣어 지은 콩나물밥을
콩기럼밥이라고 한다.

콩대미 충북 | 명사 | 콩댐
불린 콩을 갈아서 들기름 따위에 섞어
장판에 바르는 일.
〔단양〕콩대미럴 뒤 번 발르믄 빤질빤질 윤이 나
지. 表콩댐을 두어 번 바르면 반질반질 윤이 나지.
◆'콩대미'는 삶은 콩이나 불린 콩을 갈아 기름과 섞
어서 사용한다. 그렇게 바르면 장판이 오래가고 윤
과 빛이 난다.

콩밭콩 전북 | 명사 | 강낭콩
콩과의 한해살이풀.
〔부안〕콩밭콩 따다가 밥 히 먹으면 얼매나 맛있
다고. 表강낭콩 따다가 밥 해 먹으면 얼마나 맛

있다고.

콩알사탕 북한 | 명사 | 없음
콩알에 사탕가루를 묻힌 사탕.
〔북한〕오늘 소학교에서 콩알사탕 받아왔지요. 表
오늘 소학교에서 '콩알사탕' 받아왔지요.
◆북한에서는 김일성, 김정일 생일 때 어린이부터
소학교 학생까지 일인당 콩알사탕 한 봉지씩 간식
선물을 나누어주는데, 콩알사탕은 그때 외에는 먹어
보기 힘든 간식이다.

콩지름 경남 | 명사 | 콩나물
콩을 물이 잘 빠지는 그릇 따위에 담아
그늘에 두고 물을 주어 자라게 한 것. 또
는 그것으로 만든 나물.
〔창녕〕콩지름을 문치 묵드끼 해라. 表콩나물을
무쳐 먹듯이 해라. 〔하동〕콩지름으로 너물도 해
묵고 국도 낋일 수 있다. 表콩나물로 나물도 해
먹고 국도 끓일 수 있다. 〔창원〕콩지름 키알 때는
지름 조심해야 한다. 콩지름또오 지름 드갔다 카
모 끝인 기라. 表콩나물 키울 때는 기름 조심해
야 한다. 콩나물동이에 기름 들어갔다고 하면 끝
인 거야.
◆콩나물콩(기름콩)은 '콩지름콩' 또는 '지름콩'이
라고 하고, 콩나물시루는 '콩나물도오', 음식 재료로
서 콩나물은 '콩기름' 또는 '콩지름', 음식으로서 콩
나물은 '콩지름너물' 또는 '콩지름나물'이라고 한다.
즉 표준어로서 콩나물은 음식 재료이자 음식의 이름
이기도 하지만 경남에서는 두 개를 구별한다. -경남
방언연구보존회

콩천대 충남 | 명사 | 콩서리
몇 사람이 남의 밭에 콩을 몰래 꺾어다
구워 먹던 장난.
〔예산〕콩천대는 흔혔지먼 밀천대야 흔혔남? 밀

은 구영께 이삭 몇 개 따다가 귀 먹던 정도였지. 표콩서리는 흔했지만 밀서리야 흔했나? 밀은 귀하니까 이삭 몇 개 따다가 구워 먹는 정도였지. 〔서산〕옛날에는 콩서리, 참이서리, 사과서리 등을 했다. 표옛날에는 콩서리, 참외서리, 사과서리 등을 했다.

◆풋콩을 꺾어 앞을 털고, 밑에 푸장나무 한 전을 놓고 그 위에 콩가지를 놓고 다시 그 위에 푸장나무 한 전을 올려놓고 불을 싸질러 콩이 익으면 재를 불어 내고 익은 콩을 주워 먹는 일이다. -장경윤(서산) ◆ '콩천대, 밀천대'는 충남 서산, 당진, 예산, 청양 등에서 쓰는 말이다. '천대'는 '남의 익은 곡식의 줄기나 이삭을 꺾어다 구워 먹는 짓'을 이르는 말이다. 얼핏 '천대'는 표준어 '서리'와 대응하는 말 같으면서 다른 말이다. 충남지역에서 '서리'는 닭서리, 참외서리, 수박서리, 콩서리, 감자서리(고구마서리) 따위에 두루 쓰이는데, '천대'가 붙는 말은 '콩'과 '밀'에 국한된다. 그리고 반드시 그것을 훔쳐 구워 먹는 장난에만 쓰인다. 2020년 현재, '서리'에 밀려 '천대'는 거의 소멸되어 가는 중이다. -이명재(예산)

콩천대 충북 | 명사 | 콩서리
장난삼아 여럿이 함께 남의 콩밭에 들어가 주인 몰래 콩을 훔치는 일, 또는 가지째로 구워서 껍질을 까먹는 일.
〔단양〕갈철이 넘이네 서리태를 꺾어다가니 귀먹 던 것을 콩천대라 하능구먼. 표가을철에 남의 서리태를 꺾어다가 구워 먹는 것을 콩서리라 하는 구먼.
◆충남 지역에서는 콩서리를 콩천대로 표현하기도 하지만 충북 지역에서 콩천대가 뜻하는 것은 정확히 콩서리는 아니다. 훔치는 데 초점이 있는 게 아니라 콩이 알이 차서 먹을 만해졌을 때 콩 줄기채로 잘라 모닥불을 피워 구워 먹는 데에 초점이 있다. 밀을 꺾어 불에 그슬려 밀알을 까먹는 것을 밀천대라고 했다.

쿠싱허다 제주 | 형용사 | 구수하다
된장, 젓갈 따위에서 나는 맛이나 냄새가 입맛을 당기도록 좋다.
〔구좌-행원〕멜첫이 쿠싱헌 게 잘 익엇저. 표멸치젓이 구수한 게 잘 익었어. 〔토평〕된장만 맛시민 게 된장에 새우리 흐끔 썰어 놓고 헹 물웨냉국 헤도 국이 막 쿠싱허메. 표된장만 맛있으면 된장에 부추 조금 썰어 넣고 해서 물외냉국 해도 국이 아주 구수해.
◆제주에서 '구수하다'는 맛을 나타낼 때는 '쿠싱ㅎ다' 외에도 '쿠시다/쿠승ㅎ다/쿠시룽ㅎ다'라고도 한다. 비슷한 말로 '고소하다'에 대응하여 '코싱ㅎ다/코시롱ㅎ다'가 쓰이기도 한다.

쿤내 강원 | 명사 | 쿠린내
똥이나 방귀 냄새와 같이 고약한 냄새.
〔정선〕나한테 쿤내가 나나 왜 여기는 안 앉아? 표나한테 쿠린내가 나나 왜 여기는 안 앉아? 〔평창〕감자 썩을 때 고약한 쿤내가 난다. 표감자가 썩을 때 고약한 쿠린내가 난다. 〔양양〕오래된 김치에서 쿤내가 난다. 표오래된 김치에서 쿠린내가 난다. 〔춘천〕꾸린내가 심한 걸 보니, 방구를 뀐 게 아니라 똥을 싼 게 아닌가? 표쿠린내가 심한 걸 보니, 방귀를 뀐 게 아니라 똥을 싼 게 아닌가?

퀘퀘쓰다 충북 | 형용사 | 없음
비위에 거슬릴 정도로 달갑지 않고 매우 싫거나 괴롭다.
〔제천〕지덜찌리 어울리서 하는 거 보니께 퀘퀘쓴 기 꼴두 베기가 싫드라구. 표자기들끼리 어울려서 하는 것 보니까 '퀘퀘쓴' 것이 꼴도 보기 싫더라고.

크단하다 경북 | 형용사 | 커다랗다
매우 크다. 또는 아주 큼직하다.

〔성주〕저짝 집은 머 솥띠비부터 크단하다. 囲저
쪽 집은 솥뚜껑부터 커다랗다.

키다 경기 | 동사 | 켜다

등잔이나 양초 따위에 불을 붙이거나 성
냥이나 라이터 따위에 불을 일으키다.
〔포천〕맨날 불 키고 다니지 말라구 잔소리해두
소용없어. 囲맨날 불 키고 다니지 말라고 잔소리
해도 소용없어. 〔여주〕낮에 불 키면 전기세 많이
나온다. 囲낮에 불 켜면 전기세 많이 나온다.

ㅌ

타개쌀 북한 | 명사 | 없음

수수나 강냉이 같은 것을 맷돌에 갈아서
만든 쌀.

〔평남〕아츰에 타개쌀로 죽이라도 쑤어야겠습네다.
표아침에 '타개쌀'로 죽이라도 쑤어야겠습니다.

◆'타개쌀'은 곡물의 낟알을 맷돌 같은 것으로 쪽이
나게 갈아서 만든 쌀로 '타개다'에서 온 말이다. ◆밥
을 짓는 쌀이 귀하여 굵은 옥수수 알을 쌀알 크기만
큼 타개어 밥을 지어 먹는다. 알곡 모양은 쌀알과 비
슷할지 몰라도 부드럽지 않고 거칠다. 쌀이 귀한 시
절의 생활상을 보여준다.

타꼬레이 경북 | 명사 | 동바

지게에 짐을 얹고 눌러 동여매는 데 쓰
는 줄.

〔상주〕야야 지게에 타꼬레이 단디 매라. 표애야
지게에 동바 단단히 매어라.

탁배기 경남 | 명사 | 막걸리

우리나라 고유한 술의 하나. 맑은술을
떠내지 아니하고 그대로 걸러 짠 술로
빛깔이 흐리고 맛이 텁텁하다.

〔하동〕탁배기는 두부에 짐치 안주가 그마이다.
표막걸리는 두부에 김치 안주가 그만이다.

◆경남 전역에서 '막걸리'라고 하기도 하고, '탁배기'
또는 '탁주'라고 하기도 한다. 경남 산청에서는 집에
서 담가 먹는 막걸리를 '탁배기'라고 하고, 가게에서
사서 먹는 '막걸리'는 '막걸리'라고 하여 둘을 구분

하고 있다. 그런가 하면 김해에서는 '탁주'와 '막걸
리'의 혼태어인 '탁걸리'라고 한다. -경남방언연구
보존회

탁배기 경북 | 명사 | 막걸리

우리나라 고유한 술의 하나. 맑은술을
떠내지 아니하고 그대로 걸러 짠 술로
빛깔이 흐리고 맛이 텁텁하다.

〔대구〕일로 하다가 논뚜렁에 안자가아 탁배기
한 사바리 쭉 들이마시며 시상아 부러불게 어디
있겠노? 표일을 하다가 논두렁에 앉아서 막걸리
한 사발 쭉 들이마시면 세상에 부러울 게 어디
있겠니?

탁하다 전북 | 동사 | 닮다

사람 또는 사물이 서로 비슷한 생김새나
성질을 지니다.

〔정읍〕지 에비허고 영락없이 탁혔당게. 표자기
아버지하고 영락없이 닮았어.

◆'닮다'에 비해 '탁허다'는 그 대상이 사람이나 짐승
에 한정된다는 특징이 있다. 이에 반해 '닮다'는 사
물의 유사성을 가리킬 때 많이 사용된다.

탁허다 전남 | 동사 | 닮다

사람 또는 사물이 서로 비슷한 생김새나
성질을 가진다.

〔영광〕그 집 아들은 아부지는 한나도 안 탁허고
외탁했습디다잉. 표그 집 아들은 아버지는 하나

도 안 닮고 외가 쪽을 닮았습디다. 〔강진〕저 집
성제는 영락없이 태갰어야. 표저 집 형제는 영락
없이 닮았어. 〔진도〕아잡씨네 시바는 아버지를
하나도 안 탁한 것이 외가를 탁한 모양이요이.
표아저씨네 셋째는 아버지를 하나도 안 닮고 외
가를 닮은 모양이에요.
◆외가 쪽을 닮은 경우 '외탁하다', 친가 쪽을 닮은
경우 '친탁하다'라고 한다.

탄내 북한 | 명사 | 연탄가스
연탄이 탈 때 발생하는 유독성 가스.
〔북한〕탄내에는 김치 국물이 약이다. 표연탄가스
에는 김치 국물이 약이지.
◆양강도와 자강도 등지에서는 탄내를 마시면 민간
요법으로 김칫국물을 마시게 하거나 진흙 냄새를 맡
게 한다. ◆양강도와 자강도 등지에서는 말이나 행
동이 어색할 때 "탄내 먹언?(연탄가스 마셨니?)"이
라고 놀린다. 제정신이 아니라는 뜻이 된다. ◆일산
화탄소가 주성분이다.

탄내나다 북한 | 형용사 | 무시하다
마음에 들지 않아 상대를 깔보거나 업신
여기다.
〔함북〕내 말이 탄내나니? 표내 말을 무시하니?
◆연기 냄새를 일컫는 말이지만, 어떤 일을 할 때,
수직적인 관계의 윗사람이 아랫사람을 낮게 보고 비
꼬는 말이다. '경사지다'는 '탄내나다'와 같은 맥락
으로 사용되는데, 보다 격양된 어조이다. 경사면에
비유하여 위에서 아래로 내려다본다, 즉 '상대를 낮
잡아 보거나 무시한다.'라는 의미로 사용된다.

탈통찮다 경남 | 동사 | 없음
행동이나 말이 조금 모자라다, 약간 어
리숙하다.
〔부산〕저놈 저 하는 짓이 영 탈통찮다.

탑사구 경기 | 명사 | 티끌
티와 먼지를 통틀어 이르는 말.
〔평택〕청소 언제 했어? 왜 이렇게 바닥에 탑사
구가 많아? 표청소 언제 했어? 왜 이렇게 바닥에
티끌이 많아? 〔강화〕옛말에 티껄 모아 태산이라
구두 했잖아. 표옛말에 티끌 모아 태산이라고도
했잖아. 〔이천〕보리타작을 하면 티개비가 날려서
눈에 들어가. 표보리타작을 하면 티끌이 날려서
눈에 들어가.

탑세기 충남 | 명사 | 먼지
쓸모없는 검부러기나 티끌 따위를 통틀
어 이르는 말.
〔당진〕웬 놈의 탑세기가 이렇기 날린다. 표웬 놈
의 먼지가 이렇게 날려. 〔서산〕바슴 마당에 탑세
기가 쌓였다. 표바심하는 마당에 먼지가 쌓였다.
〔공주〕보리 바심할 즉이는 웬 놈의 탑시기가 그
렇게 나는지 일꾼들이 왼몸뗑이가 탑시기로 뒤
범벅이가 됐어. 표보리 바심할 적에는 웬 놈의
먼지가 그렇게 나는지 일꾼들이 온몸이 먼지로
뒤범벅이 됐어. 〔금산〕탑세기가 겁나게 많어. 표
먼지가 매우 많아.
◆몬태미는 먼지와 탑세기를 합쳐 이르는 말이다. -
장경윤(서산) ◆충청도 전역에서는 '먼지'를 '몬지'
라고 하는데, 충청남도 당진에서는 '먼지'를 '몬대
기'라고도 하고, '탑세기'라고도 한다. 서산에서는
'몬태미/탑세기'라고 하고, 예산에서는 '몸디기/탑
새기'라고 한다. 대체로 '몬지/몬대기/몬태미/몸디
기'는 입자가 작아서 눈에 잘 보이지 않는 먼지를 가
리키는 말이고, '탑세기'는 까끄라기나 검부러기처
럼 큰 먼지를 가리키는 말이다. -이명재(예산), 장
경윤(서산), 조일형(당진) ◆충청도 전역에서 '먼지'
에 대응하는 대표적인 말은 '몬지'라고 할 만하다.
'몬지'는 '몬디'가 변한 말이며, 이 몬디는 '몸지, 몸
대기, 몸디기, 몬대기, 먼디기' 따위의 말을 파생시

켰다. 이 말들은 충청도 전역에서 널리 쓰였는데 사용 시기가 약간씩 다르고, 지역에 따라 사용 빈도가 조금 다른 정도의 차이를 지닌다. '몬지'는 작은 티끌을 말하는데, 이보다 좀 큰 것이 '탑새기'가 된다. 탑새기는 '탑시기'가 되기도 하는데, 보통 검불보다 작은 물체를 이르는 말이다. 그러니까 '탑새기'는 '몬지'보다 크고, '검불'보다 작은 물체가 되는 것이다. -이명재(예산) ◆흔히 '먼지'를 '탑세기'라 한다고 여기나 '탑세기'는 '잘게 부스러진 짚 따위의 찌꺼기'를 이르는 말인 '답세기'의 사투리로 봐야 한다. -김병섭(태안) ◆'탑새기'는 '아주 작은 부스러기'이고, '검북데기'는 '거칠고 큰 곡식의 대궁'을 의미한다. 크기의 정도에 따라 나열하면 '몬대기-탑새기-검북데기'가 된다. -권선옥(논산)

탑시기 충북 | 명사 | 쓰레기

비로 쓸어 낸 먼지나 티끌, 또는 못 쓰게 되어 내다 버릴 물건이나 내다 버린 물건을 통틀어 이르는 말.

〔청주〕참 거기넌 가니게 깨끗하지 않고 탑시기도 많고 그렇더라구유. 표참 거기는 가니까 깨끗하지 않고 쓰레기도 많고 그렇더라고요.

탕 충남 | 명사 | 매기

여름철 장마 때 축축한 곳에 생기는 검푸른 곰팡이.

〔서산〕장마에 장롱에 느두었던 옷이 탕이 났다. 표장마에 장롱에 넣어두었던 옷이 매기가 피었다.

◆'매기'는 "여름철 장마 때 축축한 곳에 생기는 검푸른 곰팡이"를 뜻하는 말이다.

탕끼 충북 | 명사 | 보시기

김치나 깍두기 따위를 담는 반찬 그릇의 하나. 모양은 사발 같으나 높이가 낮고 크기가 작다.

〔진천〕그러면 인제 탕끼 들고 와서 이렇게 하나하나 거다 눟지요. 표그러면 이제 보시기를 들고 와서 이렇게 하나하나 거기에 넣지요.

◆제천에서는 제사상에 탕을 담는 그릇의 하나로 사발보다 크기가 작은 그릇을 '탕끼'라고 한다. -김동원(제천)

탕수국 경남 | 명사 | 탕국

제사에 쓰는, 건더기가 많고 국물이 적은 국.

〔창녕〕손지 탕수국 얻어무을 때가 뎄다. 표손자에게 탕국 얻어먹을 때가 됐다. 〔통영〕너거 집은 지사 지낼 때 상에 탕수국 올리나? 표너희 집은 제사 지낼 때 상에 탕국 올리니?

◆탕수국은 제사 음식이다. 거제에서 "탕수국 내애미가 난다(탕수국 냄새가 난다)"라는 말은 나이가 많아 죽을 때가 되었음을 빗대어 표현한 말이다. 제사 음식이라 격식을 따질 것 같은데, 지역에 따라 들어가는 재료가 천차만별이다. 곤약이며 오뎅, 조갯살, 돔배기가 들어가는 지역도 있다. -김의부(거제) ◆하동에서는 논물이 탕수국물 같이 너무 적어서 농사짓기 힘든 논을 '탕수배기' 또는 '탕수배미'라고 한다. -박용규(하동)

탕쉬 제주 | 명사 | 나물

삶은 고사리나 콩나물 따위에 참기름, 깻가루 등을 쳐서 만든 나물. 제를 지낼 때 올리는 나물무침이다.

〔구좌-한동〕고사리영 콩지름이영 탕쉬 투로투로 거려 놔산다. 표고사리랑 콩나물이랑 나물 따로따로 떠놔야 한다. 〔애월-고내〕고사린 그자 맹질 때, 식게 때 탕쉬로나 헷주 경 흔허게 반찬으로 행 먹어보지 안허연. 표고사리는 그저 명절 때, 제사 때 나물로나 했지 그렇게 흔하게 반찬으로 해서 먹어보지 않았어. 〔한경-신창〕8월 맹질이

사 탕쉬 호박탕쉬 헷어. 표8월 명절에야 나물은 호박나물 했어.

◆'탕쉬'는 제를 지낼 때 제사상에 올리는 나물무침이다. 제사상에는 보통 세 종류를 올리는데 보통 고사리나 콩나물, 청둥호박채 따위를 많이 사용한다. 추석 무렵에는 양하로 만들기도 했다. 이들 나물을 '고사리탕쉬', '콩ᄂ물탕쉬', '호박탕쉬', '양에탕쉬'라고 부른다. '탕쉬'를 '탕수'라 하기도 한다.

태끼다 충북 | 동사 | 태우다
탈것이나 짐승의 등 따위에 몸을 얹게 하다.
〔옥천〕기양 가지 말구 나 줌 뒤에다가 태끼구 가. 표그냥 가지 말고 나 좀 뒤에다가 태우고 가.

태식 북한 | 명사 | 없음
쌀가루에 꿀이나 엿을 버무려서 만든 음식.
〔평안〕잔치집에 가니 태식을 많이 해놓았더라. 표잔칫집에 가니 '태식'을 많이 해놓았더라.

◆태식은 잔치 음식으로도 쓰이지만, 친정집에 갔던 색시가 시댁으로 돌아올 때 시댁의 일가친척에게 돌리는 음식으로도 쓰인다.

터래기 강원 | 명사 | 털
사람이나 동물의 피부에 나는 가느다란 실 모양의 것.
〔정선〕아저씨 입 언저리에 터래기가 덕지덕지 붙었다. 표아저씨 입 둘레에 털이 덕지덕지 붙었다. 〔강릉〕터러구가 안 나장가. 표털이 안 나잖아. 〔삼척〕야야! 터리기로 짠 게옷을 입으니 따뜻하재? 표야야! 털로 짠 게옷을 입으니 따뜻하지?

◆'털'에는 사람이나 동물의 피부에 가늘게 난 털(毛)과 모발을 뜻하는 털(髮)있다. 『이조어사전』에는 이 두 경우의 어형을 달리 제시하고 있는데 모발을 뜻하는 것은 '터럭'이고 가는 털을 뜻하는 것은

'털'이다. 그러나 쓰임이 혼용되었을 듯하다. 강원도 방언 '터래기'는 '터럭'과 관련이 있는 어형으로 보인다. 장작을 장재기, 뿌리를 뿌래기라고 하는 것처럼 '터럭'을 '터래기'라고 말하는 것이다. 음운적으로는 전설모음화가 일어났고 형태적으로는 '기'라는 접미사가 붙은 것이다.

터럭복숭개 제주 | 명사 | 털복숭아
겉에 잔털이 많은 토종 복숭아.
〔노형〕옛날에는 터럭복숭개도 맛 좋고 먹었었다. 표옛날에는 털복숭아도 맛 좋고 먹었었다.

◆'터럭복숭개'는 음력 유월에 익는 복숭아라고 하여 유월도라고도 한다. 빛이 검붉고 털이 많으며 맛이 달다. '털'의 고어가 '터럭'이다. ◆'터럭복숭개'는 고어형을 유지하고 있는 것이다. '북숭개'는 '복숭아'의 제주 방언으로 'ㄱ'음 첨가와 전설모음화가 일어났다.

턱꾸레이 경기 | 명사 | 없음
업구렁이처럼 움직이지 않고 집에만 있는 사람을 일컫는 말.
〔강화〕아이고, 비가 어찌 오나 했더니 오랫만에 턱꾸레이가 나와 다니니 비가 오는구나.

털내기 충남 | 명사 | 없음
온갖 재료를 털어 넣어서 맛을 낸 음식.
〔서산〕오늘 털내기 한번 맹글어 먹어봐유. 표오늘 '털내기' 한번 만들어 먹어봐요.

◆'털내기 수제비'라는 음식이 있는데 마른 새우, 된장, 배추 등을 넣고 끓인 수제비이다. 또한 경기 지역에서는 추어탕도 많은 것을 다 털어 넣었다는 뜻으로 '털내기'라고 부른다. 흔히 쓰는 단어는 아니고 전통이 내려오는 일부 지역에서만 쓴다.

텀턱시럽다 전북 | 형용사 | 텀턱스럽다

매우 투박스럽게 크고 푸진 데가 있다.

〔전주〕무슨 김치를 그렇게 텀턱시럽게 많이 하냐?⊞무슨 김치를 그렇게 텀턱스럽게 많이 하냐?

텀턱오갈도시럽다 전남 | 형용사 | 없음

터무니없이 크거나 많다.

〔영광〕아이고, 뻴라 좋지도 않구마는 뭐시 이리 비싸? 텀턱오갈도시럽네. ⊞아이고, 별로 좋지도 않은데 뭣이 이리 비싸? 터무니없네. 〔강진〕아따, 텀턱시럽게도 많이 가져왔네. ⊞아이고, 터무니없이 많이 가져왔네. 〔장성〕쪼매만 해 오지 멀 요로코롬 텀턱시럽게도 마이 해왔네. ⊞조금만 해 오지 뭘 이렇게 터무니없이 많이 해 왔어.

텅광이 경북 | 명사 | 쏘가리

꺽짓과의 물고기인 쏘가리를 이르는 말.

〔고령〕텅광이 한번 꾸우바라. ⊞쏘가리 한번 구워봐라.

텅납새 북한 | 명사 | 없음

처마 또는 처마 끝.

〔평북〕거무줄이 걸린 텅납새 아래를 쿵쿵 두드렸시요. ⊞거미줄이 걸린 '텅납새' 아래를 쿵쿵 두드렸어요.

테설궂다 충남 | 형용사 | 짓궂다

장난스럽게 남을 괴롭고 귀찮게 하여 달갑지 아니하다.

〔공주〕갸는 어릴 즉부터 뭇 사람들을 정신 사납게 요란을 떨궈 테설궂게 허드니 커 가믄서도 내내 테설구지내그랴. ⊞걔는 어릴 적부터 주변 사람들 정신 사납게 요란을 떨며 짓궂게 하더니 커 가면서도 내내 짓궂네그래.

테설궂다 충북 | 형용사 | 짓궂다

남을 성가시게 하는 것을 좋아하거나 남이 잘못되는 것을 좋아하는 마음이 매우 많다.

〔영동〕얼매나 테설궂게 노는지 내가 다 민구시럽드라구. ⊞얼마나 심술궂게 노는지 내가 다 면구스럽더라고.

◆충청도 사투리 '테설궂다'는 표준어 '테설궂다'와 의미가 조금 다르다. 표준어 '테설궂다'의 의미가 '성격이나 행동이 자상하지 못하고 덜렁거리다'라면 충청도 사투리 '테설궂다'는 장난기가 많은 사람의 행동을 가리키는 말로 쓰이고 있다.

테역 제주 | 명사 | 잔디

볏과의 잔디, 물잔디, 금잔디, 비로드잔디, 갯잔디 따위를 통틀어 이르는 말.

〔용담〕곤 테역이 보그랍허게 낮저. ⊞고운 잔디가 부드럽게 났어.

◆제주비행장은 일제강점기에 만들어졌는데, 당시 비행장을 건설할 때 학생들에게 매일 테역 다섯 장씩을 할당하여 등에 짊어지고 등교하게 했었다. -현임종(노형)

테우리차반지 제주 | 명사 | 없음

대오리로 네모나게 역어 만든 도시락.

〔구좌-한동〕테우리가 들렁 뎅기난 테우리차반지엔 헷주게. 거 동고량, 동고량이엔도 헷어. ⊞'테우리'가 들고 다니니까 '테우리차반지'라고 했지. 거 '동고량', '동고량'이라고도 했어. 〔표선-세화〕밧듸 갈 때 푸리 궤지 말고 쉬지 말랜 테우리차반지에 밥 톡허게 쌍 강 낭에 돌아멧당 먹엇어. ⊞밭에 갈 때 파리 꾀지 말고 쉬지 말라고 '테우리차반지'에 밥 톡 싸고 가서 나무에 달아맸다가 먹었어.

◆'테우리차반지'는 '테우리(목동)'들이 소를 보러 가거나 밭일을 갈 때 점심을 싸서 다녔던 대오리를

E

걸어 만든 대그릇이다. 보통 1~2인용 도시락으로, '동고량/밥당석/밥장석/밥차반지'라고도 한다. '테우리차반지'는 보통 채롱 양쪽에 끈을 매달았는데, 이는 가지고 다닐 때 어깨에 걸어 다닐 수 있게 한 것이다. 또 들에 나가면 이 끈을 이용하여 나뭇가지에 매달아두기도 한다.

토꿉짱낭 경기 | 명사 | 소꿉장난
소꿉놀이를 하며 노는 장난.
〔용인〕애들끼리 토꿉짱낭하면서 각시 신랑 하구 놀아. 표애들끼리 소꿉장난하면서 각시 신랑 하고 놀아. 〔포천〕국민학교 가기 전 애들은 도꿉놀이가 젤 재밌지. 표초등학교 가기 전 애들은 소꿉장난이 젤 재밌지. 〔강화〕빨랑 심바람 댕겨와서 애들과 소꿉질하고 놀아. 표빨리 심부름 다녀와서 애들과 소꿉장난하고 놀아.
◆'소꿉장난'의 사투리는 보고된 것만 300여 개일 정도로 다양한데 '토꿉'이나 '도꿉' 계열은 경기 지역에서 널리 확인된다.

토끼치기 경기 | 명사 | 자치기
아이들 놀이의 하나. 정하여진 순서에 따라 여러 방법으로 짤막한 나무토막을 긴 막대기로 쳐서 날아간 거리를 재어 승부를 정한다.
〔화성〕소나무로 어미자, 새끼자 만들어서 토끼치기 하구 놀았어. 표소나무로 어미자, 아들자 만들어서 자치기하고 놀았어.
◆자치기 놀이는 주로 남자아이들의 놀이로 6.25 사변 전까지만 해도 성행했는데 요즘은 사라졌고 그 이름조차 잊혀졌다. '자'는 길이를 재는 데 쓰이는 도구인데, '자치기'에 쓰이는 짧게 자른 나무를 멀리 치는 긴 막대기가 자 모양을 닮았다고 하여 '자치기'라고 했다. 이때 날려야 하는 짧은 자를 새끼자 또는 아들자라고 불렀고 긴 자를 어미자라고 불렀다. 또

는 짤막한 나무 막대기를 쳐서 멀리 날린 후 몇 뼘인가 길이를 재어 승부를 겨루었다는 뜻으로 자치기라고 했다는 이야기도 있다. 자치기 놀이 방식 또한 많은데 이중 '토끼치기'는 새끼자를 구멍에 걸쳐놓고 위쪽 끝을 때려 튀어 올라오면 어미자로 이것을 때려 멀리 나가게 하는 것이다. 짤막한 막대기가 토끼처럼 튀어 멀리 건너뛰는 모양을 닮았다 하여 토끼치기로 표현한 것으로 보인다. ◆주로 마당이나 골목 등에서 하는 놀이 중 하나이다. 긴 막대기인 채로 짧은 막대기인 알의 끝을 쳐 공중으로 튀어 오른 것을 다시 채로 힘껏 쳐서 멀리 보낸 다음 다시 채로 거리를 재어서 점수를 매기는 방식으로 진행한다. 공격측을 '포수'라고 부르고 수비측을 '범'이라고 부른다. 점수는 '동' 또는 '자'라고 하여, 실제 놀이를 진행할 때는 몇 동 내기 또는 몇 자 내기를 할 것인지 미리 정하고 시작한다.

토면 충남 | 명사 | 막국수
겉껍질만 벗겨낸 거친 메밀가루로 굵게 뽑아 만든 거무스름한 빛깔의 국수.
〔예산〕이끔께 토면 삶아다가 동지밋 물 부워 먹곤 했지유. 표한참 막국수 삶아다가 동치미 국물 부어 먹곤 했지요.
◆충남 아산에서 '토면'은 '메밀면'으로 주로 동치미 국물을 부어 먹었다. '막국수'와 유사한 음식으로 보이는데, 비슷한 어휘로 충북 지역(제천)의 '토리면'이 있다. 이 역시 메밀면을 동치미 국물 따위에 넣어 고명을 올려 먹는 음식이다.

토생이 충남 | 명사 | 토리
실을 둥글게 감은 뭉치.
〔서산〕베를 짤 때 북 속에 는 실 토생이넌 씨실루 쓴다. 표베를 짤 때 북 속에 넣은 실 토리는 씨실로 쓴다.

톱톱하다 전북 | 형용사 | 뻑뻑하다
물기가 적어서 부드러운 맛이 없다.
〔김제〕이번에는 고기를 많이 넣더니 떡국이 톱톱하드만요. 표이번에는 고기를 많이 넣었더니 떡국이 뻑뻑하네요.
◆'톱톱하다'는 긍정적인 의미로 쓰인다. -곽정식 (김제)

통강냉이죽 북한 | 명사 | 없음
찐옥수수알과 콩을 물과 함께 넣어 만든 죽.
〔북한〕어렸을 때 우리 할마이가 통강냉이죽을 자주 해주셨습메. 표어렸을 때 우리 할머니가 '통강냉이죽'을 자주 해주셨습니다.
◆'통강냉이죽'은 강냉이를 물에 며칠 동안 담가놓아 불린 다음 그것을 통째로 삶아서 익혀 먹는 죽을 말한다.

통게통게허다 전남 | 동사 | 도근도근하다
놀라거나 불안하여 자꾸 가슴이 뛰다. 또는 그렇게 하다.
〔고흥〕아니, 콩밭으로 강께 깐치독새가 새리고 앙것는디 시방도 생각허믄 기양 가슴이 통게통게허당께. 표아니, 콩밭으로 가니까 살무사가 똬리를 틀고 앉았는데 지금도 생각하면 그냥 가슴이 도근도근 하다니까. 〔강진〕물외 서리를 했드니 가슴이 통게통개하다. 표참외 서리를 했더니 가슴이 도근도근하다. 〔장성〕몰리 쌔빈 것도 아닌디 가심이 걍 죄진 것 마냥 통게통개 허네이. 표몰래 훔친 것도 아닌데 가슴이 그냥 죄진 것처럼 도근도근하네.
◆'통게통게하다'는 놀라서 두근두근하다기보다 무슨 일을 잘못해서 들킬까 봐 두근두근한 상태에 가까운 말이다.

통난 경기 | 명사 | 연락선
비교적 가까운 거리의 해협이나 해안, 큰 호수 따위의 수로를 횡단하면서 양쪽 육상 교통을 이어주기 위하여 다니는 배.
〔옹진〕어민들은 배 타구 육지 가구 배 없는 사람들은 수시로 다니는 통난 타구 육지로 다녔어. 표어민들은 배 타고 육지 가고 배 없는 사람들은 수시로 다니는 연락선 타고 육지로 다녔어.

통바사리 강원 | 명사 | 핀잔
맞대어 놓고 언짢게 꾸짖거나 비꼬아 꾸짖는 일.
〔강릉〕먼 아들이 우터 그러 그짓말으 해대는지 내거 통사바리르 한번 췄더니 그제사 주데이르 다물고 찍 소리르 안 하드라고요. 표뭔 아이들이 어떻게 그렇게 거짓말을 해대는지 내가 핀잔을 한번 줬더니 그제서야 입을 다물고 찍 소리를 안 하더라고요. 〔삼척〕어제는 아부지로부터 통사발을 먹었잖소. 표어제는 아버지로부터 핀잔을 먹었잖소.

통보문 북한 | 명사 | 문자메시지
휴대전화에서, 글자판을 이용하여 문자로 된 내용을 상대에게 전달하는 기능. 또는 그 글.
〔북한〕통보문 보고 만나기로 한 장소로 오라. 표문자 메시지 보고 만나기로 한 장소로 와라.

통시 경남 | 명사 | 변소
대소변을 보도록 만들어놓은 곳.
〔하동〕어렸을 때 밤에 통시 가는 게 세상 제일 무서웠다. 표어렸을 때 밤에 변소 가는 게 세상 제일 무서웠다. 〔울산〕똥꾸당에 누가 있나, 내 급하다 빨리 나온나. 표변소에 누가 있니, 나 급하다 빨리 나오너라.
◆경남에서 '구시'는 '변소'를 가리키는 말로도 쓰이

지만 외양간의 '구유' 또는 '구덩이'를 가리키는 말로도 쓰인다. 왜냐하면 '구시'는 움푹 들어간 곳을 가리키는 말이기 때문이다. 그런 이유로 '함몰젖'을 가리켜 거제와 거창에서는 '구시젖'이라고도 한다. -김성재(고성) ◆합천·하동·함양 일부 지역에서는 뒷간을 '호간'이라고 한다. '뒷간'은 똥오줌을 거름으로 쓰기 위해 독이나 항아리를 묻어둔 곳이라면 '호간'은 돼지를 치기 위한 목적으로 지은 곳이다. 높이는 약 2미터 정도로 만들고 그 아래에 돼지를 길렀다. 돼지에게 똥만 먹이는 것은 아니고 따로 돼지밥을 주지만 그것만으로 부족하여 '똥돼지'를 기른 것이다. -김정대(창원)

통시 제주 | 명사 | 변소
대소변을 보도록 만들어놓은 곳.
〔애월-고내〕통시에 도야지 질루면은 그디, 그 통시레 히여지렁헌 찌꺼기덜 막 그레 가져다 놉니게. 표돼지우리에 돼지 기르면 거기, 그 돼지우리에 어지러운 찌꺼기들 마구 그렇게 가져다 놓지요. 〔노형〕도새기 새끼 나신디 통시 강방 왕 고라 불라게. 표돼지 새끼 태어났는지 변소에 가보고 와서 말해주세요.

◆과거 제주에는 집집마다 돼지를 길렀다. 돼지를 길러서 자식들 공부도 시키고 큰일도 치렀기 때문이다. 돼지들은 마당의 구석진 곳에 있는 '돗통시'라는 곳에서 길렀는데 '돗집(돼지우리)'과 '통시(변소)'가 한 공간에 있는 독특한 구조이다. 통시는 적당한 간격으로 틈을 벌린 '듸들팡(볼 일을 볼 때 사람이 발을 디딜 수 있게 만든 넙적한 돌)' 주위로 돌담을 둘렀지만 지붕은 없다.

통시깐 북한 | 명사 | 변소
대소변을 보도록 만들어놓은 곳.
〔황해〕통시깐에서 살림차렸나. 왜 이렇게 안 나오니. 표변소에서 살림차렸나. 왜 이렇게 안 나오니.

통지 북한 | 명사 | 동치미
무김치의 하나.
〔함북〕통지는 얼마나 시원한지 감기가 와서 열이 펄펄 끓을 때 한 사발 마시면 열이 다 떨어지는 것 같았다. 표동치미는 얼마나 시원한지 감기에 걸려서 열이 펄펄 끓을 대 한 사발 마시면 열이 다 떨어지는 것 같았다.

◆'통지'는 자그마한 무를 썰지 않고 그대로 항아리에 넣고 파, 마늘, 배 등을 넣고 소금물을 끓여 많이 부어서 삭히는 김치 종류이다.

퇴끼 북한 | 명사 | 토끼
토낏과의 포유류를 통틀어 이르는 말.
〔황해〕넌 퇴끼띠어서 잘 뛰어다니겠구나. 표넌 토끼띠어서 잘 뛰어다니겠구나.

퇴끼 전북 | 명사 | 토끼
토낏과의 포유류를 통틀어 이르는 말.
〔군산〕어릴 적으 퇴끼를 키웠는디 다 잡어먹었어. 표어릴 적에 토끼를 키웠는데 다 잡아먹었어.

퇴끼치기 충남 | 명사 | 자치기
아이들 놀이의 하나로 자치기를 이르는 말.
〔서산〕퇴끼치기는 퇴끼 킨다는 게 아니고. 질다란 막대루다가 딱 처 가꼬 날리고 노능겨. 표자치기는 토끼를 키운다는 게 아니고. 기다란 막대로 딱 쳐서 날리고 노는 거야. 〔서산〕퇴끼치기도 있고 땡궁치기도 있어.

퇴옥 전남 | 명사 | 없음
(오래 걷거나 심한 운동으로 생기는) 장딴지 근육의 굳어짐.
〔장흥〕오래 걸었더니 퇴옥이 났능갑네. 표오래 걸었더니 '퇴옥'이 났는가 보네. 〔강진〕신발이 안 맞는지 퇴옥이 나 아프네. 〔진도〕어지께 한참만

에 냇끼질 좀 갔다왔더니 다리가 퇴옥이 나서 죽겠다. 표어제 오랜만에 낚시질 좀 다녀왔더니 다리가 '퇴옥'이 나서 죽겠다.

퇴주다 충남 | 동사 | 거스르다
셈할 돈을 빼고 나머지 돈을 도로 주거나 받다.
〔서산〕5만 원권을 받아 물건 값 3만 원을 제하고 2만 원을 퇴주었다. 표5만 원권을 받아 물건 값 3만 원을 제하고 2만 원을 거슬러주었다. 〔예산〕만 원 냈으니 8천 원 퇴쥬. 표만 원 냈으니 8천 원 거슬러줘. 〔공주〕저기 수박 한 딩이가 얼매여? 7천 원이라매. 만 원짜리 췄으니께 3천 원은 퇴해주야려. 표저기 수박 한 덩이가 얼마야? 7천 원이라며. 만 원짜리 췄으니까 3천 원은 거슬러줘야지. 〔태안〕퇴준다는 말 안다구 태양 사람 되간. 즉어두 쌀 팔러 간다 정도는 알어들으야지. 표'퇴준다'는 말 안다고 태안 사람 되나. 적어도 '쌀 팔러 간다' 정도는 알아들어야지.
◆'퇴주다'는 충남 전역에서 널리 쓰는 말로 '물리다'의 뜻을 가진 한자어 '퇴(退)'에 우리말 '주다'가 붙은 합성어. 말 그대로 우리말로 바꾸면 '받았던 물건을 물러주는, 돌려주는' 것이 된다. 이 '퇴주다'는 충남 전역에서 '거슬러주다'의 의미로 널리 쓰였으며, 때때로 '물러주다, 돌려주다'의 의미로도 쓰였다. 2020년 현재 '거슬러주다'에 밀려 실생활에서는 거의 쓰이지 않는다. -이명재(예산)

퇴주다 충북 | 동사 | 거스르다
셈할 돈을 빼고 나머지 돈을 도로 주거나 받다.
〔옥천〕아자씨, 500원은 퇴주야지유. 표아저씨, 500원은 거슬러주어야지요.

퇴치미 강원 | 명사 | 퇴침
서랍이 있는 목침. 속에는 빗과 같은 화장 도구를 넣으며 거울을 붙여 만들기도 한다.
〔인제〕여름에는 홍겁 비개보다는 퇴치미가 훨씬 시원하고 좋지. 표여름에는 헝겊 베개보다는 퇴침이 훨씬 시원하고 좋지.

투가리 경기 | 명사 | 뚝배기
찌개 따위를 끓이거나 설렁탕 따위를 담을 때 쓰는 오지그릇.
〔강화〕투가리에 된장 말고 지지미를 넣고 끓여도 그 맛이 증말 좋아. 표뚝배기에 된장 말고 찌개를 넣고 끓여도 그 맛이 정말 좋아. 〔여주〕조심해, 투가리 깨지면 클라. 표조심해, 뚝배기 깨지면 큰일나.
◆오지그릇과 질그릇의 두 가지 형태로 존재한다. 그릇을 만들 때 잿물을 입히는 과정이 들어가는지에 따라 달라지는데, 이 과정을 거치는 오지그릇은 질그릇과는 달리 검붉은 윤이 나게 된다. 그릇 자체에 열을 가해 음식을 만들 수 있고, 뜨거운 음식물을 담을 경우 그릇 표면이 뜨겁지 않고 또한 음식물의 온도가 일정 시간 유지되는 특징이 있다.

투가리 충남 | 명사 | 뚝배기
찌개 따위를 끓이거나 설렁탕 따위를 담을 때 쓰는 오지그릇.
〔논산〕투가리에다가 푸욱 담가놓고 끄랴내문 댜. 표뚝배기에 푸욱 담가놓고 끓여내면 돼. 〔공주〕투가리보다는 장맛이라더니 역시나 장은 냄비버다는 투가리다 끓이야 제맛이여. 표뚝배기보다는 장맛이라더니 역시나 장은 냄비보다는 뚝배기에 끓여야 제맛이야. 〔태안〕소락지, 옹박지, 옹텡이보담 지일루다 짝은 질것이 투거리여. 표소래기, 옹배기, 옹동이보다 제일로 작은 질것이 뚝배기야.

E

603

◆'투가리'는 된장국을 끓일 때 쓰는 투박한 질그릇이다. 쉽게 식지 않아 사시사철 오르는 밥상의 큰 주인이다. 충남 지역에서는 '투거리'가 흔히 쓰인다. '투가리'든 '투거리'든 같은 말로 듣는다. 충남 남부 지역에서는 '투가리'의 사용 빈도가 높고, 충남 북부 지역에서는 '투거리'의 사용 빈도가 상대적으로 높다. 이와 함께 충남 지역에서는 '툭배기'가 두루 쓰였다. '툭배기(투가리) 깨치넌 소리덜 집어치구 가냥 술이나 먹어.'처럼 비유어로도 흔히 쓰였다. '툭배기/투가리 깨치는 소리'는 분위기에 걸맞지 않은 소리를 뜻한다. 이들은 서로 어울려 쓰이다가 표준어화의 영향으로 '뚝배기'가 들어오면서 1970년대 이후 사용빈도가 급속히 떨어졌다. -이명재(예산)
◆우리나라의 음식 문화 중 뚝배기에 담아야 제맛이 나는 게 있다. 된장찌개를 '장투가리'라 하고 계란찜을 '알투가리'라 한다. 모두 먹는 동안 계속 뜨거운 기운을 유지해야 좋을 음식들이다.

투가리 충북 | 명사 | 뚝배기
찌개 따위를 끓이거나 설렁탕 따위를 담을 때 쓰는 오지그릇.
〔영동〕좁쌀미음얼 한 투가리 해다 드려두 잡숩덜 못하드라구. 표좁쌀미음을 한 뚝배기 해서 드려도 잡수지를 못하더라고.

투금 전남 | 명사 | 튀김
생선이나 고기, 야채 따위를 밀가루에 묻혀서 기름에 튀긴 음식.
〔광주〕떡볶이에 투금 찍어 먹고 싶다. 표떡볶이에 튀김 찍어 먹고 싶다.

투깔시럽다 전남 | 동사 | 과장되다
사실보다 지나치게 불려서 나타나다.
〔여수〕아이고. 투깔시럽다 참. 표아이고, 과장스럽다 참. 〔장성〕하이고 벨 텀턱시런 소릴 다 들겠네. 표어휴 별 말도 안 되는 말을 다 듣겠네.

투디리다 경기 | 동사 | 두드리다
소리가 나도록 잇따라 치거나 때리다.
〔용인〕얼마나 급헌지 늦은 밤인데 우리 집 대문을 투디려 도와달라구 허드라구. 표얼마나 급한지 늦은 밤인데 우리 집 대문을 두드려 도와달라고 하더라고.
◆표준어로 제정된 것보다 지역 사투리가 더 생생한 뜻을 전할 때가 많다. '두드리다'보다는 '투드리다'가 '툭툭'이라는 의성어와 연관되면서 더 절실하게 두드리는 느낌을 준다. '투디리다'의 '디'는 '두드리다'의 '드'에서 전설모음화 변형을 한 것이고 첫음절 '투'는 '두'에서 격음화 변형을 한 것이다.

투바리 경북 | 명사 | 뚝배기
찌개 따위를 끓이거나 설렁탕 따위를 담을 때 쓰는 오지그릇.
〔의성〕그 할매가 저거 메늘 모리구로 딘장 한 투바리로 퍼다 조옥꺼등. 표그 할머니가 자기 며느리 모르게 된장 한 뚝배기 퍼서 췄거든.
◆대구에서 즐겨 쓰는 말 중에 "툭수바리보다 장맛이다"라는 관용어는 생긴 용모에 비하여 실속이 있다는 뜻이다. -상희구(대구)

툭바리 경남 | 명사 | 뚝배기
찌개 따위를 끓이거나 설렁탕 따위를 담을 때 쓰는 오지그릇.
〔창녕〕툭바리보담아 장맛이다. 표뚝배기보다 장맛이다. 〔남해〕찌개는 툭수바리에 바글바글 끓이야 맛이 있니라. 표찌개는 뚝배기에 바글바글 끓여야 맛이 있는 법이야. 〔하동〕국밥 한 툭사발 시있다. 표국밥 한 뚝배기 시켰다.
◆'뚝배기'에는 테가 없는 '툭바리'와 테가 있는 '오가리'가 있는데, 거창에서는 테가 없는 것을 '옹기툭바

604

리'라고 하고, 테가 있는 것을 '지리단지'라고 한다.

툭시발 전남 | 명사 | 뚝배기

찌개 따위를 끓이거나 설렁탕 따위를 담을 때 쓰는 오지그릇.

〔고흥〕툭시발에 계란찜을 허믄 밑이 타 갖고 꼬수룸해. 표뚝배기에 계란찜을 하면 밑이 타 가지고 고소해. 〔강진〕툭시발 깨지는 소리 좀 작작 하그라. 표뚝배기 깨지는 소리 좀 작작 하거라.

툴흐다 제주 | 형용사 | 투박하다

말이나 행동 따위가 거칠고 세련되지 못하다.

〔화북〕우리 아방은 말이 툴헌 사름이라부난 놈덜이영 쌉기도 하영 헷주게. 표우리 아버지는 말이 투박한 사람이어서 남들이랑 싸우기도 많이 했지.

툼복니 전남 | 명사 | 수퉁니

살이 통통하게 찐 이.

〔고흥〕옛날에 툼복니를 손톱으로 꾹 눌르믄 피가 툭 터지고 그랬당께. 표옛날에 수퉁니를 손톱으로 꾹 누르면 피가 툭 터지고 그랬다니까. 〔진도〕장가의 머리에는 쎄까리가 많은 것 같은께 잡아야쓰것다. 표작은 애의 머리에는 수퉁니가 많은 것 같으니까 잡아야겠다.

◆'이'는 사람을 괴롭히던 가장 흔한 해충이었다. 어릴 때 겨울이면 양지바른 곳에서 거지가 이를 잡는 모습을 더러 보곤 했는데 그래서 거지를 보면 "영감 땡감 뭐한가, 골마리 까고 이 잡네"라고 놀렸다. '툼복니'를 '뚝니'라고도 하는데, '톰박(토막)'처럼 커서 '툼복니(톰박니)'라고 하고, 죽이면 뚝 소리가 날 정도로 크다는 의미로 '뚝니'라고 부른 것이라 한다. -김란(고흥)

퉁퉁장 충남 | 명사 | 청국장

장의 한 가지. 삶은 콩을 더운 방에서 띄워 반쯤 찧다가 소금과 고춧가루를 넣어 만든다.

〔공주〕공주에선 청국장을 퉁퉁장이라고 해요.

◆'퉁퉁장'은 충남 중북부 지역에서 널리 썼던 말이다. 특히 당진, 서산, 예산, 홍성 등의 북부 지역에서는 '통통장'의 사용 빈도가 좀 더 높다. '통장' 또는 '퉁퉁장'은 주로 봄철 보릿고개에 많이 해 먹는데, 보통의 장은 가을에 메주를 만들고 이를 띄우는 데 오랜 시간이 걸리지만, '퉁퉁장'은 삶은 콩을 볏짚에 띄워 소금과 막고춧가루를 넣어 속성으로 만들어 먹는 된장이다. 3일이면 볏짚에서 나온 고초균이 충분히 번식하여 된장 내를 풍긴다. 사실 가난한 집안에서는 된장도 담가 먹기 힘들다. 보리밥도 귀하지만 건거니는 더할 나위 없다. 이럴 때 '퉁퉁장'은 제일가는 반찬이었다. 표준어가 점차 자리를 넓히면서 현재 일부 어르신들만이 쓰고 있는 말이다. -이명재(예산)

퉤물 제주 | 명사 | 퇴물

잔치를 열거나 제사를 지내고 난 음식.

〔구좌-한동〕식게 퉤물 흐끔 쌍 왓수다, 이거 드십서. 표제사 퇴물 조금 싸서 왔습니다, 이거 드세요.

◆먹을 것이 귀했던 시절, 제사나 큰일이 있다는 것은 그만큼 먹을거리가 있다는 말이다. 제사 준비를 할 때는 제사상에 올릴 음식뿐만 아니라 친척이나 동네 사람들과 나눠 먹을 수 있도록 준비했다. 제사를 지냈던 음식을 '식게 퉤물', 명절을 지냈던 음식을 '멩질 퉤물'이라고 한다. '퉤물'은 한자어 퇴물(退物)'에서 온 말이다.

트재기 전남 | 명사 | 트집

공연히 조그만 흠을 들추어내어 불평을

하거나 말썽을 부림. 또는 그 불평이나 말썽.

〔장성〕니는 트재기 좀 하지 마라. 표너는 트집 좀 잡지 마라.

트직하다 강원 | 형용사 | 트적지근하다

(1)거북하고 불쾌하다.

(2)먹은 음식이 잘 소화되지 아니하여 가슴이 거북하다.

〔삼척〕옥시기를 많이 먹었더니 속이 트직하구나. 표옥수수를 많이 먹었더니 속이 트적지근하구나. 〔강릉〕꼭 아 가진 모넹이루 트직항 기 자꾸 둔눕고만 싶다. 표꼭 아이 밴 것처럼 트적지근한 게 자꾸 드러눕구만 싶다. 〔춘천〕잔칫집에 가서 이것저것 줏어먹었더니 속이 트직허구먼. 표잔칫집에 가서 이것저것 주워 먹었더니 속이 트적지근하구먼. 〔인제〕처갓집 간다더니 달구새끼라도 잡아서 트직하두룩 먹구 완? 표처갓집 간다더니 닭이라도 잡아서 트적지근하도록 먹고 왔니?
◆강원도 산간에서 '트직하다'라는 말의 뜻은 배가 "충분히 불러서 더 이상 먹을 수 없을 정도로 거북하다"는 것으로 잘 먹었다는 표현이다.

틍바우잡다 충북 | 명사 | 없음

일의 결과가 예상이나 기대와 달리 나타나다.

〔충주〕놀다 보면 틍바우잡기 일쑤였다.
◆'틍바우'는 '메기'를 뜻하는 사투리이다. 메기를 잡다보면 의도치 않게 옷도 젖고 흙투성이가 되기 때문이다. 그래서 '틍바우잡다'라는 말은 일의 결과가 예상이나 기대와 달리 나타났을 때 사용하는 말이다. 물에 빠지거나 비에 흠뻑 젖었을 때도 '틍바우잡다'라고 한다. -김광영(충주)

티껍다 북한 | 형용사 | 더럽다

때나 찌꺼기 따위가 있어 지저분하다.

〔북한〕티꺼워서 게 어케 먹니? 표더러워서 그걸 어떻게 먹니?

티다 경기 | 동사 | 튀다

탄력 있는 물체가 솟아오르다.

〔양평〕수박 서리 허다가 주인한테 걸리믄 안 잽힐려구 사방으로 텼죠. 표수박 서리 하다가 주인한테 걸리면 안 잡힐려고 사방으로 튀었죠.

티비막대기 북한 | 명사 | 리모컨

멀리 떨어져 있는 기기나 기계류를 제어하는 장치.

〔자강〕여기 티비막대기 있었는데 못 봤소? 표여기 리모컨이 있었는데 못 봤소?
◆중국의 영향을 받아서 '요콩'이라고도 한다

투다지다 제주 | 형용사 | 없음

마음이 너그럽지 못하고 까다로워 따지고 다투기를 잘하는 성질이 있다.

〔구좌-한동〕하르방이 나이 하 가난 어떵 더 투다정 아덜이영 이제 말도 안 굴암서. 표할아버지가 나이 많아 가니까 어째 더 '투다져서' 아들이랑 이제 말도 안 하고 있어.

톡구지 제주 | 명사 | 딸꾹질

가로막의 경련으로 들이쉬는 숨이 방해를 받아 목구멍에서 이상한 소리가 나는 증세.

〔용담〕톡구지 안 허게 목애기 솔솔 썰라. 표딸꾹질 하지 않게 목을 살살 문질러라.

ㅍ

파고철 북한 | 명사 | 없음
쓰지 못하는 쇠덩어리.
〔함북〕이번 달 파고철 과제는 인당 5킬로입니다.

파대다 경북 | 동사 | 파헤치다
속에 있는 것이 드러나도록 파서 젖히다.
〔성주〕조눔의 달구새끼가 밭을 다 파대놔가 부루랑 무시랑 다 옳기 안 자랐어. 표저놈의 닭이 밭을 다 파헤쳐놔서 상추랑 무랑 다 옳게 안 자랐어.

파래파래다 북한 | 부사 | 서슬이 퍼렇다
권세나 기세 따위가 아주 대단하다.
〔함남〕무슨 소식인지 듣더니 에미나이레 확 파래파래서는 저러디 않갔시오? 표무슨 소식인지 듣더니 계집아이가 확 서슬이 퍼래져서는 저러지 않겠습니까?

파이다 경북 | 형용사 | 없음
대상이나 상황이 그다지 좋지 않거나 마음에 들지 않다.
〔경주〕오늘 입은 옷 파이가? 표오늘 입은 옷 별로야? 〔대구〕이 영화가 그클 재미있다 카드만 내는 영 파이다. 표이 영화가 그렇게 재미있다고 하더니만 나는 영 별로야.
◆'파이다'는 "그다지 좋지 않다"라는 뜻으로 쓰이는 경북 사투리이다. '파이다'의 형태를 잘 들여다보면 그 자체로 형용사가 아니라 명사 '파이'에 서술격 조사 '이다'가 결합한 형태임을 알 수 있다. '파이다'

의 여러 형태는 '파이라고(좋지 않다고)', '파이라는(좋지 않다는)' 등으로 나타나는데, 이때 사용된 어미 '-라고', '-라는'은 '이다'의 활용에서 확인되는 이형태와 일치한다. 또한 '파이다'에 과거형 선어말 어미가 결합한 '파이었다'를 보면 '파였다'로 줄이지 않고 '파이'를 분명하게 발음하는 것이 확인된다. 이처럼 '파이+이다' 구성이라는 점에서 '파이다'는 현대 국어 입말에서 자주 사용되는 구성 '별로다'에 대체로 대응한다고 할 수 있겠다.

팝씨 경기 | 명사 | 없음
'파의 씨'를 가리키는 말.
〔화성〕대파 꽃은 하얀데 쬐끄만 팝씨가 그 속에 백혀 있어. 표대파꽃은 하얀데 조그만 '팝씨'가 그 속에 박혀 있어.
◆'볍씨'와 마찬가지로 오늘날의 '씨'가 과거에 'ㅂ'으로 시작되는 어두자음을 가졌기 때문에 나타나는 어형이다. 다른 지역 사투리에도 나타날 가능성이 있으나 '파씨'가 흔한 용례가 아니어서 잘 확인되지 않는다.

팟죽 충북 | 명사 | 팥죽
팥을 푹 삶아서 체에 으깨어 받인 물에 쌀을 넣고 쑨 죽.
〔보은〕팟죽언 늦동지에 해 먹어유. 표팥죽은 늦동지에 해 먹어요.

패내키 경남 | 부사 | 횡하니

중도에서 지체하지 아니하고 곧장 빠르게 가는 모양.

〔거제〕패내키 갔다 오이라. 표횡하니 갔다 오너라. 〔고성〕날 어둡기 전에 해내끼 댕기오이라. 표날 저물기 전에 횡하니 다녀와라. 〔하동〕학조 마치모 오락실 가지 말고 페내끼 집으로 오이라. 표학교 마치면 오락실 가지 말고 횡하니 집으로 오너라.

패뜩패뜩 북한 | 부사 | 없음
사람의 성격이 급하여 쉽게 변하는 모습.
〔함경〕민호는 성격이 패뜩패뜩해서 상대하기 싫습메. 표민호는 성격이 '패뜩패뜩'해서 상대하기 싫습니다.

패래다 강원 | 형용사 | 야위다
몸의 살이 빠져 조금 파리하게 되다.
〔정선〕소가 패랬다. 표소가 야위었다. 〔삼척〕사람이 얼마나 패랬는지 바람이 불면 날아갈 것 같다야. 뭘 좀 보신을 해야겠다야. 표사람이 얼마나 야위었는지 바람이 불면 날아갈 것 같아. 뭘 좀 보신을 해야겠어. 〔춘천〕심허게 앓구 나서 그런가? 몸두 많이 패랜 것 같애. 표심하게 앓고 나서 그런가? 몸도 많이 야윈 것 같아.
◆'패래다'는 '파리하다(몸이 마르고 낯빛이나 살색이 핏기가 전혀 없다)'에서 온 말이다. -김인기(강릉)

패마농 제주 | 명사 | 쪽파
파의 하나. 길이는 30센티미터 정도이며, 잎은 좁고 비늘줄기는 좁은 달걀 모양이다. 꽃은 거의 피지 않는데 특이한 향기와 자극성이 있어 양념으로 쓰인다.
〔애월-상가〕패마농 다드망 짐끼허게이. 표쪽파 다듬어 김치를 합시다.

패삭그르다 경북 | 형용사 | 달름하다
옷이 몸에 맞지 않고 작거나 짧아 영 안 어울리는 모양이다.
〔안동〕그 옷은 어째 패삭그르다. 표그 옷은 어째 달름하다.

팽기치다 전북 | 동사 | 팽개치다
하던 일 따위를 중도에서 그만두거나 무엇에 대한 책임을 다하지 아니하다.
〔정읍〕일을 허다 말고 팽기치면 안 되는 것이여. 표일을 하다 말고 팽개치면 안 되는 거야.

팽메체 전남 | 명사 | 팡개
논밭의 새를 쫓는 데에 쓰는 대나무 토막.
〔보성〕팽메체로 흙을 찍어 던져 참새를 쫓는다. 표팡개로 흙을 찍어 던져 참새를 쫓는다.
◆지역에 따라 팽개(전북 봉동)라고도 하고 팽매(전남 보성)라고도 한다. 50~60센티미터의 대나무 토막 한 끝을 네 갈래로 짜개서 十자형으로 작은 막대를 물리고 단단히 동여맨다. 이것을 흙에 꽂으면 그 사이에 흙이나 작은 돌멩이가 박힌다.

퍼덕지다 제주 | 형용사 | 없음
배추 따위의 채소가 속이 차지 아니하고 잎이 넓게 퍼져 벌어지다.
〔남원〕옛날 배추누물은 속이 앚지 안허영 퍼덕정 잇주게. 표옛날 배추는 속이 오무라져 있지 않고 '퍼덕져' 있지.
◆주로 늦은 가을이나 겨울에 나는 나물로서 속이 여물지 않고 넓게 퍼진 나물을 '퍼데기' 또는 '퍼데기누물'이라고 한다. 넙데데한 모양의 봄동을 가리키는 말이다. 이처럼 속대가 없이 잎이 옆으로 퍼져 있는 모양을 '퍼덕지다'라고 한다.

퍼뜩 경북 | 부사 | 빨리

걸리는 시간이 짧게.

〔대구〕퍼뜩 일어나가 웃마실에 갔다 오니라. 표
빨리 일어나서 윗마을에 다녀 와라. 〔대구〕퍼뜩
해라! 퍼뜩! 표빨리 해라! 빨리!

◆표준어 '퍼뜩'은 "생각이 순간적으로 떠오른 모양"
등을 뜻하는 말이다. 이와 달리 경상도 사투리 '퍼
뜩'은 행동을 빠르게 하라는 뜻으로 쓴다.

퍼뜩하면 경북 | 부사 | 걸핏하면
조금이라도 일이 있기만 하면 곧.

〔대구〕퍼뜩하면 그만둔다 캐쌓지 말고 진득하이
해봐라. 표걸핏하면 그만둔다 해대지 말고 진득
하게 해봐라.

펄세 전북 | 부사 | 벌써
(1)예상보다 빠르게.
(2)이미 오래전에.

〔임실〕굿판이 펄세 끝난는디 인자 오냐? 표굿판
이 벌써 끝났는데 이제 오니?

펄지나게 경기 | 부사 | 자주
같은 일을 잇따라 잦게.

〔강화〕너는 어딜 그렇게 펄찐 다니니? 표너는 어
딜 그렇게 자주 다니니?

펄쩡나게 경기 | 부사 | 부리나케
서둘러서 아주 급하게.

〔강화〕왜들 이렇게 느리고 답답하냐? 어서 펄쩡
나게 일어나 움직여라. 표왜들 이렇게 느리고 답
답하냐? 어서 부리나케 일어나 움직여라.

펑펑이 북한 | 명사 | 없음
옥수숫가루로 만든 과자.

〔함경〕영희네는 겨울 간식으로 펑펑이를 먹는
다니 생활이 좋다야. 표영희네는 겨울 간식으로

'펑펑이'를 먹는다니 형편이 좋구나.

◆남한의 뻥튀기와 비슷한 것으로 튀밥 기계에 옥수
수를 넣고 튀길 때 나는 소리 '펑펑'에 접사 '이'가 결
합된 것이다. '펑펑이과자'를 가루로 만든 것을 '펑
펑이가루' 또는 '속도전가루'라고 하는데 '속도전떡'
을 만들어 먹는다. '속도전떡'을 펑펑이떡이라고도
부른다.

페기 북한 | 명사 | 딸꾹질
가로막의 경련으로 들이쉬는 숨이 방해
를 받아 목구멍에서 이상한 소리가 나는
증세.

〔함북〕페기가 한번 시작하면 멈추지를 않습니다.
표딸꾹질이 한번 시작하면 멈추지를 않습니다.

◆딸꾹질의 사투리로 피기(경기, 충남, 충북), 패기
(경기도), 페기(충남, 북한) 등이 있는데 이 말은 모
두 허파를 뜻하는 '폐'에서 온 말로 딸꾹질을 '폐의
기운'이라는 뜻을 표현한 것으로 보인다.

페랍다 제주 | 형용사 | 없음
성질나 일 따위가 원만하지 않고 별스럽
게 까탈스럽다.

〔애월-고내〕감저 농서는 조보담 폐랍지 안허지.
조는 뭐 비가 하영 오민 다 죽어불어. 표고구마
농사는 조보다 '폐랍지' 않지. 조는 뭐 비가 많이
오면 다 죽어버려. 〔노형〕우린 아버지가 쪼꼼 다
른 디보단 페라와. 표우린 아버지가 조금 다른 데
보다 '페라워'. 〔상가〕걔인 어렸을 때부터 잘도 페
라워이. 표그 애는 어렸을 때부터 많이 '페랍다'.

◆'페랍다'는 '성질이 신경질적이고 사납기 때문에
다루기가 힘들다'라는 뜻도 있다.

페쓰다 제주 | 동사 | 가르다
(주로 생선의 배를) 양쪽으로 열어젖히다.

〔구좌-한동〕식게 돌아와 제숙 허젠 우럭 사당 페

쌍 물렸어. 표제사 돌아와 제삿상에 생선을 올리려고 우럭 사다가 배를 갈라서 말렸어. 〔화북〕멜도 오래 뒷당 먹젠 허민 그 존존헌 거 다 페쌍 몰렷주게. 표멸치도 오래 두었다가 먹으려면 그 잘디잔 거 다 배를 갈라서 말렸지.

펜드롱ᄒ다 제주 | 형용사 | 태연하다
태도나 기색이 아무렇지도 않은 듯이 예사롭다.
〔애월-상가〕얼굴만 든든이 브렘만 ᄒ고, 그자 펜드롱ᄒ엿어. 표얼굴만 단단히 바라보기만 하고 그저 태연했어.

포강 충남 | 명사 | 저수지
물을 모아두기 위하여 하천이나 골짜기를 막아 만든 큰 못.
〔서산〕이따 포강으로 얼음 지치러 와잉! 표이다 저수지로 얼음 지치러 와!
◆물을 가두어두는 곳은 크기에 따라 부르는 이름이 각각 다르다. 규모가 매우 크고 넓으면 삽교호, 간월호 처럼 "호"라 부르고, "호"보다는 작지만 나름대로 크고 넓으면 저수지, 규모가 작은 저수지는 방죽, 더 적으면 포강, 논 가운데 등에 있는 우물 규모의 크기는 둠벙이라고 부른다. -조일형(당진)

포갱이 충남 | 명사 | 포기
(수량을 나타내는 말 뒤에 쓰여) 뿌리를 단위로 한 초목의 낱개를 세는 단위.
〔서산〕배차 포갱이가 아주 큼직허다. 표배추 포기가 아주 큼직하다. 〔공주〕올이는 지때에 비도 내리구 거름을 주구하였드니 배차 포갱이가 실허구먼 그려. 표올해는 제때에 비도 내리고 거름을 주고 하였더니 배추 포기가 실하구먼, 그래. 〔세종〕올겨울 짐장은 몇 폭 헐겨? 표올겨울 김장은 몇 포기 할 거예요?

◆'포갱이'는 '포기'에서 나온 말이다. '포기'에 '-앵이'라는 말이 붙은 것으로 충청도에서는 앞말에 '-앵이'라는 말을 종종 붙여 쓴다. '누룽갱이, 더깽이, 나싱갱이, 새깽이/새낑이, 이슬갱이, 얼갱이, 걸갱이' 따위가 있다. '누룽갱이'는 음식물이 타는 것을 뜻하는 '눌다'에 '-개+-앵이'가 붙은 말이다. 그러니까 '눌은개+앵이→누룽갱이'는 '밥이 타서 솥에 눌어붙은 것'을 뜻하는 말이 된다. 이런 식으로 '더깽이(덮갱이, 위에 덮은 것), 나싱갱이(나싱, 냉이라는 풀), 새깽이(巢, 새끼줄라는 것), 이슬갱이(이슬이라는 것), 얼갱이(성글게 얽은 체라는 것), 걸갱이(도구를 걸어놓을 수 있도록 한 것)'이라는 말이 된다. 이와 같이 '포갱이'도 '포기'에다 '-앵이'가 붙은 것이니 '풀의 포기'를 뜻하는 말로 이런 충청말들은 순수한 우리말로 잘 정리된 것이다. -이명재(예산)

포깍질 전남 | 명사 | 딸꾹질
가로막의 경련으로 들이쉬는 숨이 방해를 받아 목구멍에서 이상한 소리가 나는 증세.
〔고흥〕애기들 키울 때에 보믄 추우믄 포깍질을 잘허등마. 표아이들 키울 때에 보면 추우면 딸꾹질을 잘하더군. 〔진도〕애기가 포깍질하는 것을 본께 춥구만. 얼릉 덮어줘라. 표애기가 딸꾹질하는 것을 보니까 추운 모양이다. 얼른 덮어줘라.

포단 북한 | 명사 | 요
침구의 하나.
〔북한〕포단 좀 깔아라. 표요 좀 깔아라.
◆'포단'은 잠을 잘 때 바닥에 까는 '요'를 뜻하는 말이자 몸을 덮는 '이불'을 뜻하는 말로도 쓰인다. 이 외에도 '부들로 둥글게 틀어서 만든 방석'을 뜻하는 말이자 '포대기'를 뜻하는 말이기도 하다. ◆사람이 앉거나 누울 때 바닥에 깐다.

포도시 전북 | 부사 | 간신히

겨우 또는 가까스로.

〔남원〕끄니 밥이나 인자 포도시 허꼬, 그레가꼬 인자 아웁 딸이 돼얀는디, 열 달 임신딸이 되얐어.-소강춘(2005) 표끄니 밥이나 인제 겨우 하고, 그래가지고 인제 아홉 달이 되었는데, 열 달 임신딸이 되었어. 〔익산〕꼴랑 이거 한 개 주냐? 표겨우 이거 한 개 주냐? 〔군산〕제우 돈 몇 푼 쥐어주고는 나가라고 했더냐. 표겨우 돈 몇 푼 쥐어주고는 나가라고 했대.

포따리 제주 | 명사 | 없음

일정한 길이로 썬 고사리, 쪽파 등을 가지런히 하여 넣고 부친 계란전.

〔구좌-한동〕고사리영 낭 계랄전도 지지는디 걸 포따리렌 헷어. 표고사리랑 넣어서 계란전도 지지는데 그걸 '포따리'라고 했어. 〔한경-신창〕계란 낭 동글락허게 파 하나 놓고 고사리 놓고 헌 거 포따리. 그건 쌍 가는 거렌 포따린디 적갈우이 놔. 표계란 놓고 동그랗게 파 하나 놓고 고사리 놓고 한 거 '포따리'. 그건 싸서 가는 거라고 '포따리'인데 적 위에 놔.

◆'포따리'는 물건을 싸서 들고 다닐 수 있는 작은 천, '보자기'를 뜻하는 말이다. 구좌에서는 고사리나 쪽파 등을 가지런히 하여 부친 계란전을 '포따리'라고 하고, 이 전을 차례상이나 제사상에 꼭 올리는데 귀신이 보자기 대용으로 차려놓은 음식을 싸 가라는 의미에서 올렸다고 한다. '포따리전' 또는 '고사리전'이라고 부르기도 한다

포리 전북 | 명사 | 파리

파리목 털파리하목의 곤충을 통틀어 이르는 말.

〔순창〕포리가 어디서 왔다냐? 포리 쫓아라이. 표파리가 어디서 왔데? 파리 쫓아라. 〔임실〕포리통에 퍼리가 시커멓게 빠져 죽었다. 표파리통 안에 파리들이 많이 빠져 죽어 있다.

◆15세기에는 '폴'에 접미사 '-이'가 결합한 형태인 '푸리'가 쓰였다. 전북에서는 'ㆍ'가 'ㅗ'로 변하여 '포리'가 되었다. 이러한 방식으로 '폴'이 '폴', '퐅'이 '퐂', '모솔'이 '모실'이 되었다.

포리똥 전북 | 명사 | 보리수

보리수나무의 열매.

〔정읍〕포리똥 누가 먹었냐? 표보리수 누가 먹었어? 〔임실〕추석 때 퍼리똥 따 먹으면 달콤시금허지. 표추석 때 보리수 따 먹으면 새콤달콤하다.

◆큰 팥알만 한 포리똥은 추석 무렵에 익으며 붉은색에 회색 반점이 많다. 초여름에 익는 보리수와는 완연히 다르다 -최병선(임실) ◆'포리똥'은 빨간색으로 익으면 식용을 한다. 약간 떫은맛이 있지만 단맛과 신맛도 난다. 마치 '포리(파리)'가 똥을 싸놓은 것처럼 반점이 있다고 해서 '포리똥'이라고 부른다. -김보영(부안)

포부트다 제주 | 동사 | 맞붙다

하나에 다른 하나가 붙다.

〔구좌-한동〕절벤 포부튼 거 뗑 먹으민 어멍 아방 갈라산덴 헤낫어. 표절편 맞붙은 거 떼서 먹으면 어머니 아버지 갈라선다고 했어. 〔한경-신창〕씬 너미 드물어도 안 뒈고 좃아도 안 뒈주게. 멩심허영 듬상듬상 삐노렌 헤도 포부트는 것덜이 잇어. 건 소꽈사. 표씨는 너무 촘촘히 심어도 안 되고 드문드문 심어도 안 돼. 잘 듬성듬성 뿌린다고 해도 맞붙는 것들이 있어. 그건 속아야지.

포시랍다 경북 | 형용사 | 까탈스럽다/호강스럽다

(1)어려움 없이 넉넉하고 편안하다.
(2)귀하게 대접받고 자라서 험한 일을 꺼리거나 식성이 까다롭다.

〔영천〕포시랍은 사람은 어렵은 사정을 모린다. 표편히 자란 사람은 어려운 사정을 모른다. 〔대구〕포시라운 소리 엥가이 해라. 표호강스러운 소리 적당히 해라.

포제 제주 | 명사 | 동제
매년 정월에 마을 사람들이 마을을 지켜주는 신에게 공동으로 지내는 유교식 제사.
〔한경-신창〕제관덜은 포제를 허기 메칠 전이서부터 몸비리나 안허게 정성을 허여. 표제관들은 동제를 하기 며칠 전부터 부정 타지 않게 정성을 해. 〔남원〕여기 몸은 바당으로 풀아낫어. 그걸 풀면 그 돈으로 마을 운영도 허고 포제도 지내고. 표여기 모자반은 바다로 팔았어. 그걸 팔면 그 돈으로 마을 운영도 하고 동제도 지내고.
◆제주의 각 마을에서는 매년 정월에 마을 사람들의 안녕을 바라며 마을제를 지낸다. 이 마을제를 '포제' 또는 '이사제'라고 한다. '포제'는 유교식으로 치르는 마을 제사로, 보통 정월 정일(丁日)이나 해일(亥日) 중 날을 잡아 행한다. 포제를 봉행하는 장소를 '포젯단'이라고 하고, '포젯단'은 보통 마을에서 높은 언덕에 있는 곳에 자리하는데 이 언덕을 '포젯동산'이라고 한다. ◆'바다로 판다'라는 말은 육지의 '밭떼기'와 비슷한 개념이다.

폭낭 제주 | 명사 | 팽나무
느릅나뭇과의 낙엽 활엽 교목.
〔노형〕가당 보믄 큰 폭낭이 있지 아년가? 표가다 보면 큰 팽나무 있지 않은가?
◆제주에는 어딜 가나 마을마다 폭낭이 있고, 그 아래는 동네 사람들이 모여서 쉬거나 의논하거나 하는 사랑방 노릇을 했다. -현임종(노형)

폭탄밥 북한 | 명사 | 없음
폭탄을 맞아 움푹 들어간 것처럼 그릇에 조금만 담은 밥.
〔북한〕멀말하지 말고 폭탄밥 대신 밥 수북이 달라고 말해보라우. 표멀리 돌려서 말하지 말고 '폭탄밥' 대신 밥 수북이 달라고 말해보아라.
◆북한 주민들이 사용하는 은어 중 하나이다. '폭탄밥'과 비슷한 뜻으로 그릇을 쌀 깎듯이 담은 밥을 '깍아밥'이라고 하고, 대패로 민 것처럼 그릇을 깎듯이 담은 밥을 '대패밥'이라고 한다.

폭폭하다 전북 | 형용사 | 없음
일이 뜻대로 되지 않아 애가 타고 갑갑하다.
〔전주〕하이고, 서방이 웬수여. 내 맘을 몰라 줭게 폭폭해 죽고만. 표아이고, 서방이 웬수야. 내 마음을 몰라주니까 '폭폭해' 죽겠어. 〔김제〕참말로 폭폭허당게. 어쩌자고 그렇게 속을 썩히냐? 표정말로 '폭폭하네'. 어쩌자고 그렇게 속을 썩이냐? 〔익산〕오죽허면 폭폭증 땜시 죽었었어. 표오죽하면 '폭폭증' 때문에 죽었겠어.
◆전북 사투리 '폭폭하다'는 표준어 '답답하다'와 의미가 비슷하지만 '답답하다'보다 그 강도가 훨씬 심할 때 쓰는 말이다. 주먹으로 멍이 들 만큼 가슴을 퍽퍽 때려야 하는 답답한 상황에서 쓴다. 전북을 대표하는 작가 채만식과 조봉래의 작품에서 그 쓰임을 찾아볼 수 있다. "계봉이는 도로 형의 무릎에 가 엎드러진다. 폭폭허다 못해 하는 소리요, 말하는 그대로지, 말 이외의 다른 의미는 없던 것이다." -채만식, 『탁류』. "지지리 못난 것 같으니로고! 못났거든 국으로 못나지 이마빡에 피두 안 마른 것이 벌써 버틈 기집 역성 드느라구 에민 폭폭허라구 그래. 시방 사약사발 들이킨 꼬락사니루구면?" -채만식, 『여자의 일생』. "왜 무담시 폭폭허게 허란 말여라?" -조봉래, 『풀벨골 이야기』. ◆전북 사투리 '폭폭증'은 '폭폭하다'의 어근 '폭폭'에 한자어 '증(症)'이 연결된 복합어이다.

폭폭하다2 충남 | 형용사 | 서럽다

원통하고 슬프다.

〔금산〕그 직원이 깍쟁이같이 굴어싸, 몸도 힘들어. 그것두 앵간히 힘들어야지. 폭폭하더라구. 표 그 직원이 깍쟁이 같이 굴어서, 몸도 힘들어. 그것도 어지간히 힘들어야지. 서럽더라고. 〔논산〕시상에 내가 을마나 속을 쎅였느냐믄, 그 폭폭한 것을 다 말로 할 수 없어. 표 세상에 내가 얼마나 속을 썩였느냐면, 그 서러운 것을 다 말로 할 수 없어.

◆'폭폭하다'는 전라도에서 "몹시 상하거나 불끈불끈 화가 치미는 듯하다"라는 뜻으로 쓰지만 충남에서 '서럽다'라는 뜻으로 쓴다.

폴새 전남 | 부사 | 이미

다 끝나거나 지난 일을 이를 때 쓰는 말.

〔진도〕아짐은 폴새 갔어라우. 표 아주머니는 이미 갔어요.

폴죽 전북 | 명사 | 팥죽

팥을 푹 삶아서 체에 으깨어 밭인 물에 쌀을 넣고 쑨 죽.

〔부안〕폴죽은 봄이나 겨울에 먹고 싶을 때 별미로 쒀 먹었어. 표 팥죽은 봄이나 겨울에 먹고 싶을 때 별미로 쒀 먹었어.

◆'팥'의 고어는 '퐃'이다. 『이조어사전』에는 "퐃(小豆), 블근 퍋츌"이란 예가 나온다. 전북 방언 '퐐'은 아래 아 음가를 지닌 고어의 음가와 관련이 된다. 아래 아는 '오'와 '아'의 중간 음이었는데 '오' 음으로 이어진 것이다. 이러한 '퐐'을 넣어 끓인 죽을 '폴죽'이라고 한다. ◆전북 방언에서는 '폴죽'의 'ㆍ'가 'ㅗ'로 변해 '폴죽'이 되었다. 중부 지역 사투리에서는 'ㆍ'가 'ㅏ'로 변해 '팥죽'이 되었다. ◆부안에서 팥을 삶아서 갈아 만든 국물에 넣는 재료에 따라 그 이름이 다르다. 팥물에 밀가루 국수를 넣으면 '낭와', 쌀을 넣어 끓이면 '폴죽', 새알심을 넣어 끓이면 '동지죽, 동지팥죽' 또는 '새알심팥죽'이라고 한다. –김금오(부안)

표백술 북한 | 명사 | 없음

얼굴의 미백 효과를 주는 오일.

〔북한〕표백술이라고 그게 이런 오일 같은 건데, 한 방울만 바르면 피부가 막 이제 하얘져요.

◆'표백술'이라고 이름을 붙인 까닭은 화장품에 알코올 성분이 들어갔기 때문인지도 모른다.

표백크림 북한 | 명사 | 미백크림

살갗을 아름답고 희게 하기 위하여 바르는 크림.

〔함경〕표백크림을 바르면 얼굴이 하얗게 된다고 하여 인기가 많다. 표 미백크림을 바르면 얼굴이 하얗게 된다고 하여 인기가 많습니다.

◆'표백크림'이란 중국산으로 가벼운 화장에 사용하는 용도의 화장품을 뜻한다. 파운데이션이나 비비크림과 달리 피부 결점을 보완해주는 효과는 없지만 피부 톤을 밝게 하는 효과를 지닌 것으로 알려져 있다.

푸껏 전남 | 명사 | 학질

말라리아 병원충을 가진 학질모기에게 물려서 감염되는 법정 전염병.

〔고흥〕우리 동상이 하나 있었는디 에래서 푸껏에 걸래서 고상하다가 가불고 나는 혼자여. 표 우리 동생이 하나 있었는데 어려서 학질에 걸려 고생하다가 가버리고 나는 혼자야.

◆전라남도 고흥에서는 '풋꼿'이라고도 한다. ◆'풋껏'은 채소의 전남 지역어이다.

푸꾸 경북 | 명사 | 호미씻이

농가에서 농사일, 특히 논매기의 만물을 끝낸 음력 7월쯤에 날을 받아 하루를 즐겨 노는 일.

〔의성〕7얼 달에 주로 푸꾸라꼬 동네 큰 잔치 하지. 표7월 달에 주로 푸꾸라고 동네 큰 잔치를 하지.
◆경상도에는 '호미씻이' 행사를 뜻하는 말이 전국 어느 지역보다 풍부하다. '강석 묵는다', '꼼비기 묵는다', '서리치 묵는다', '솜모둠 묵는다', '푸꾸 묵는다', '히추 묵는다' 등으로 표현하고 명사형으로는 '심우거리', '푸꾸미기', '함추', '푸꾸레' 등이 쓰인다.

푸달푸달ᄒ다 제주 | 형용사 | 없음
(1)밥 따위가 찰기가 있어 차지다.
(2)액체가 묽지 않고 걸쭉하다.
〔구좌―종달〕흐린조팝은 밥이 찰졍 막 푸달푸달ᄒ여. 표차조밥은 밥이 찰져서 아주 '푸달푸달해'. 〔한경―신창〕바당에 넙패 헤당 솖앙 뒌장 놓곡 국 끌려도 막 푸달푸달ᄒ메. 표바다에서 넙패를 따다가 삶아서 된장 넣고 국 끓여도 아주 '푸달푸달해'.

푸떡지다 전남 | 형용사 | 하찮다
(1)변변치 않다, 별 볼 일 없다.
(2)별것도 아닌 것을 주거나 받을 때에 쓰는 말이다.
(3)그다지 훌륭하지 아니하다.
〔고흥〕푸떡지요마는 부치러 잠 잡솨보써요. 표별 것 아니오마는 부침개 좀 잡숴보세요. 〔고흥〕아이고, 그 푸떡진 것을 묵으라고 주드랑께. 줄라문 주고 말라믄 말제 그 푸딱지게 줘? 표아이고, 그 하찮은 것을 먹으라고 주더라니까. 주려면 주고 말라면 말지 그렇게 적게 줘?
◆'푸떡지다'는 긍정적으로 사용할 때에는 겸손의 의미이나 부정적으로 사용할 때에는 폄하의 의미로 쓴다.

푸성거리 충북 | 명사 | 푸성귀
사람이 가꾼 채소나 저절로 난 나물 따위를 통틀어 이르는 말.
〔단양〕푸성거리 그른 게 반찬이쥬. 표푸성귀 그런 게 반찬이죠.

푸성기 경기 | 명사 | 푸성귀
사람이 가꾼 채소나 저절로 난 나물 따위를 통틀어 이르는 말.
〔양평〕밭 한쪽에다 푸성기들을 심어놓고 먹었어요. 표밭 한쪽에다 푸성귀들을 심어놓고 먹었어요.

푸중가리 전북 | 명사 | 푸성귀
사람이 가꾼 채소나 저절로 난 나물 따위를 통틀어 이르는 말.
〔군산〕남새밭 푸성가리로 만든 반찬거리. 표남새밭 푸성귀로 만든 반찬거리. 〔부안〕상추나 쑥갓, 봄똥 그런 것이 다 푸중가리지. 표상추, 쑥갓, 봄동 그런 것이 다 푸성귀지.

푼체순 제주 | 명사 | 부처손
부처손과의 여러해살이풀.
〔한경―고산〕푼체순이엔 헌 게 아무 디나 이신 게 아니고 저 오름에나 있어. 표부처손이라고 하는 게 아무 데나 있는 게 아니고 저 오름에나 있어. 〔남원〕칠울를 땐 그 송악이나 푼체순 수랑 그 연기 쒸우나 허여. 표옻오를 때는 그 송악이나 부처손을 살라서 그 연기 쐬거나 해.
◆'부처손'은 한자어 '보처수(補處手)'에서 온 말로 잎의 모양이 부처의 오무린 손과 같다고 해서 붙여진 이름이다. '호랑이 발'이라고도 불리는데, 민간에서는 항암 효과가 뛰어난 약재로 다루고 있다.

풀떼죽 경남 | 명사 | 풀떼기
잡곡의 가루로 풀처럼 쑨 죽.
〔하동〕6·25 전쟁 때는 풀떼죽으로 보도시 살아

갔다. 囲6·25 전쟁 때는 풀떼기로 겨우 살아갔
다. 〔창원〕우리 동네는 고오매풀떼죽은 안 끓
고 호박풀떼죽을 마이 끓이 무웄다. 囲우리 동네
는 고구마풀떼기는 안 끓였고 호박풀떼기를 많
이 끓여 먹었다.
◆'풀떼죽'의 종류로는 고구마 위주의 '고구매풀떼
죽', 호박 위주의 '호박풀떼죽'이 대표적이다. 묽은
풀떼기를 가리켜 산청에서는 '멀금한 풀떼죽'이라고
한다.

풀떼죽 전남 | 명사 | 풀떼기
잡곡의 가루로 풀처럼 쑨 죽.
〔강진〕없는 시상에 풀떼죽도 어디여. 囲없는 세
상에 풀떼기도 어디야. 〔진도〕양식이 다 떨어지
고 밀가루만 쬐끔 있은께 풀떼죽이나 쒀서 먹어
야 쓰것소. 囲양식이 다 떨어지고 밀가루만 조금
있으니까 풀떼기나 쒀서 먹어야겠소.
◆'풀떼죽'은 그야말로 밀가루를 그냥 물에다 풀처럼
풀어서 쑨 죽이다. 밀로 만든 죽 중에서도 가장 쉽게
쒀어 먹을 수 있다.

풀미딱딱 충북 | 감탄사 | 부라부라
어린아이에게 두 다리를 번갈아 오르내
리도록 하라는 뜻으로 내는 소리.
〔옥천〕갓난아를 잡구 이롷게 왔다 갔다 하민서
'풀미딱딱' 하는 겨. 囲갓난애기를 잡고 이렇게
왔다갔다 하면서 '부라부라' 하는 거야. 〔청원〕할
아부지가 손자럴 붙잡구 달강달강 이롷게 하지.
囲할아버지가 손자를 붙잡고 '부라부라' 이렇게
하지.

풀죽 북한 | 명사 | 나물죽
사람이 먹을 수 있는 풀을 넣고 쑨 죽을
속되게 이르는 말.
〔북한〕풀죽을 못 먹을 때도 있다. 囲나물죽을 못

먹을 때도 있다.
◆생활이 어려울 때는 민들레 등 산나물을 캐서 죽
을 쑤어 먹었다. 배추를 삶아 졸인 후 옥수숫가루를
넣어 만들기도 한다.

풀치 경기 | 명사 | 풀등
강물 속에 모래가 쌓이고 그 위에 풀이
수북하게 난 곳.
〔옹진〕자월도 근처에 가면 물이 빠졌을 때 모랫
벌이 보이는 풀치가 있어. 囲자월도 근처에 가면
물이 빠졌을 때 모래벌판이 보이는 풀등이 있어.
◆'풀치'는 강이나 해안의 특이한 지형을 가리키는
말로서 옹진군 덕적도 지역에서 '풀'이나 '풀등'으로
도 나타난다.

품마씨 경기 | 명사 | 품앗이
힘든 일을 서로 거들어주면서 품을 지고
갚고 하는 일.
〔포천〕모를 심거나 가을에 베 벨 때는 품마씨로
해. 囲모를 심거나 가을에 벼 벨 때는 품앗이로 해.

품매다 충남 | 동사 | 없음
갑작스런 변고로 일을 못 하고 쉬게 되
거나, 일정의 일부밖에 처리하지 못하여
품삯을 받지 못하다.
〔공주〕뭔 느무 날씨가 이렇게 싸나워. 오늘은 날
씨 땜이 품맸네. 囲뭔 놈의 날씨가 이렇게 사나
워. 오늘은 날씨 때문에 '품맸네'. 〔서산〕모기
를 허넌디 느닷없이 비개 네려 품매게 생겼다. 囲
모내기를 하는데 갑자기 비가 내려 '품매게' 생
겼다. 〔당진〕동네 초상이 나서 메칠이나 일을 품
맸이니 이를 오쩐가? 囲동네에 초상이 나서 며
칠이나 일을 '품맸으니' 이를 어쩐다?
◆공주에서는 무슨 일을 하려고 하다가 날씨가 몹
시 안 좋거나 다른 사유로 인하여 일을 못 하게 되는

것을 주로 '오늘은 품맷네'로 표현한다. -김국명(공주) ◆'일이나 말 따위를 중간에서 끊어버리다'는 뜻의 '무이다'를 태안에서는 '미다', '믜다'로 써서 '일(을) 미다', '일(을) 믜다'라고 쓰는데, '품 미다', '품 뮈다'로는 쓰지 않는다. -김병섭(태안) ◆충남 북부 지역에서 널리 쓰는 말이다. '품매다'는 '품이 매는 것'이고, 품이 매는 것은 갑작스런 변고로 일을 못하고 쉬게 되거나, 일정의 일부밖에 처리하지 못하여 품삯을 받지 못하는 것이다. 일꾼의 입장에서 볼 때 종일 애는 썼는데 보람이 없어지는 것이고, 일꾼을 쓰는 이의 입장에서 보면 계획했던 일을 끝내지 못한 것이 된다. 그래서 품메는 것은 모두가 기피하는 일이 된다. -이명재(예산)

풋심 경남 | 명사 | 학질

말라리아 병원충을 가진 학질모기에게 물려서 감염되는 법정 전염병. 갑자기 고열이 나며 설사와 구토·발작을 일으키고 비장이 부으면서 빈혈 증상을 보인다.
〔사천〕풋심은 놀래모 낫는 뼹이다. 표학질은 놀라면 낫는 병이다. 〔하동〕아아가 초악에 걸렸다. 표아이가 학질에 걸렸다.
◆해방 후 우리 마을에는 온갖 전염병이 돌았는데, 전염병이 돌 때마다 장에 가는 길과 면사무소 가는 길에 새끼줄을 쳐놓고 통행을 금지하였다. 그때 당시 우리 반 남자아이가 '풋심병(학질)'에 걸렸는데, 더운 여름에도 춥다고 벌벌 떨었지만 며칠 고생하다가 병이 나았다. 그래서 다들 하루거리 병이라고 하며 대수롭지 않게 여겼는데, 특별한 약 처방을 한 것은 아니었다. 다만 앞소리를 잘하는 아저씨 한 분이 병에 걸린 아이를 뒤따르게 하고 꽹과리를 치면서 동네 한 바퀴를 돈 다음, '동네 새미(동네 우물)'를 지날 무렵 갑자기 찬물 한 바가지를 아이에게 끼얹은 것이 전부였다. -주상봉(사천)

풋초 경남 | 명사 | 풋나무

갈잎나무, 새나무, 풋장 따위의 나무를 통틀어 이르는 말.
〔진주〕깔비를 가져가거로 풋초를 아래에 깔아라. 표솔가리를 가져가게 풋나무를 아래에 깔아라. 〔창녕〕풋초 한 짐을 지고 온나. 표풋나무 한 짐을 지고 오너라.
◆경상도에서 '갈비(솔가리)'는 연기도 많이 나지 않고, 타고 남은 후에 재도 많지 않아 주로 부살개(불쏘시개)로 이용하였다. 그런데 '갈비'를 '까꼬리(갈퀴)'로 긁어 모아 지게로 지어 나를 때 밑으로 빠지는 일이 빈번하여 이를 막기 위해 지게 바닥에 '푸초' 또는 '풋초'를 먼저 깔았다. '푸초'는 길이가 길고 대가 딱딱한 억새나 소나무 생가지를 이용하였다. -성기각(창녕)·지호동(진주) ◆'푸초'는 표준어 '푸새'에 대응하는 말로 "산과 들에 저절로 나서 자라는 풀을 통틀어 이르는 말"이다. 다만, 키가 낮고 부드러운 풀만 가리키는 말이 아니라 산에서 자라는 무릎 혹은 허벅지 높이까지 자라는 억새와 같은 풀도 포함하는 말로 솔가리를 지게로 지어 나를 때 바닥에 깔기도 했고, 땔감으로도 이용하였다. 간혹 '푸서러기'라고도 하였다. -강성철(진주)

풍개 경남 | 명사 | 자두

자두나무의 열매.
〔하동〕우리 집에도 풍개나무가 있었는데 아부지가 비이뺐다. 표우리 집에도 자두나무가 있었는데 아버지가 베어버렸다. 〔하동〕풍개가 마이 달리서 가지가 축 늘어져 있다. 표자두가 많이 달려서 가지가 축 늘어져 있다.
◆밀양에서는 크기에 따라 크기가 작은 것은 '풍개'라고 하고, 큰 것은 '자두'라고 한다. 그런가 하면 고성·남해·산청·창원에서는 품종에 따라 재래종은 '풍개'라고 하고, 신품종은 '자두'라고 한다. -경남방언연구보존회

풍구 경기 | 명사 | 풀무

불을 피울 때에 바람을 일으키는 기구. 골풀무와 손풀무 두 가지가 있다.

〔이천〕왕겨로 소죽을 쑬 때는 풍구를 써야 혀. 囲 왕겨로 쇠죽을 쑬 때는 풀무를 써야 해.

◆원래 풍구는 옛날에 연자방앗간에서 사용하던 기구이다. 풍구에 바람을 일으며 찧은 쌀과 겨를 분류하였는데 연자방앗간이 없어지면서 풍구도 사라졌다. 연자방앗간 대신 정미소를 이용하고 현대식 탈곡기에는 알곡을 검불이나 쭉정이로부터 걸러내는 장치가 들어 있다. 요즘은 불을 피울 때 바람을 보내 불이 잘 붙게 하려고 풍구를 사용한다. 연자방앗간에서 쓰던 풍구와 불 피울 때 쓰는 풍구는 크기와 모습이 달랐다고 한다. ◆풍구에는 크게 두 가지 방식이 있는데 하나는 손으로 밀고 당기는 방식과 발로 밟는 방식이다. 손으로 밀고 당기는 방식은 크기가 중형·소형으로서 규모가 작은 대장간이나 금속공예품을 만드는 장인들이 주로 사용하였고, 발로 밟는 방식은 규모가 큰 대장간에서 사용하였다.

풍신나다 전북 | 형용사 | 형편없다

결과나 상태, 내용이나 질 따위가 매우 좋지 못하다.

〔군산〕옷이라고 어디서 그런 풍신난 걸 주서 입었나 몰라. 囲옷이라고 어디서 그런 형편없는 걸 주워 입었나 몰라.

피고물 전북 | 명사 | 없음

팥이나 콩을 고물로 쓸 때 삶아서 껍질을 벗기지 않은 채로 그냥 찧기만 한 고물.

〔군산〕떡을 후딱 헐라믄 거피허지 말고 기냥 피고물로 혀. 囲떡을 후딱 하려면 거피하지 말고 그냥 피고물로 해. 〔부안〕나는 떡언 피고물로 히야지 안 그러면 입이 꺼끄럽더라고. 囲나는 떡은 피고물로 해야지 안 그러면 입이 껄끄럽더라고.

◆껍질을 거르지 않고 낸 고물과 껍질을 거른 고물은 보드라운 정도가 다르다. 삶은 후 껍질을 걸러내기 위해서는 체에 으깨어 껍질을 제외한 고물을 받아야 하는데 이 과정이 손이 많이 간다. 그래서 삶은 팥이나 콩을 껍질째로 찧어 고물을 만드는 것이다. ◆부안에서는 껍질을 벗겨서 찧은 것은 '계핏고물'이라 한다. 제사 지낼 때는 '계핏고물'을 쓰고, 이사 떡이나 생일 떡에는 '피고물'을 쓴다. -김동녀(부안)

피기 경기 | 명사 | 딸꾹질

가로막의 경련으로 들이쉬는 숨이 방해를 받아 목구멍에서 이상한 소리가 나는 증세.

〔연천〕밀 잘못 먹었는지 자꾸만 피기가 일어서 힘들어. 囲뭘 잘못 먹었는지 자꾸만 딸꾹질이 일어나서 힘들어.

◆'페기'는 경기도뿐만 아니라 충청남도에서도 쓰는 말이다. 평안도에서는 '핏기'라고 한다. '따꾹, 딸꾹, 딸꿀' 등은 딸꾹질을 할 때의 소리를 묘사한 것이다. '페기'는 딸꾹질이 허파와 관련이 있기 때문에 생겨난 말로 보인다. '피기, 핏기'는 핏기가 없는 창백한 얼굴과 관련이 있는 것으로 볼 수도 있지만 '폐'라는 발음이 고모음화를 일으킨 것으로 보는 것이 타당할 듯하다.

피래미 경기 | 명사 | 피라미

잉엇과의 민물고기인 피라미를 이르는 말.

〔강화〕반나절 내내 피래미 한 마리두 못 봤어요. 囲반나절 내내 피라미 한 마리도 못 봤어요.

핀댕이 충북 | 명사 | 풍뎅이

풍뎅잇과의 곤충.

〔보은〕옛날에넌 들에 핀댕이가 많었어유. 囲옛날에는 들에 풍뎅이가 많았어요.

617

핀퉁가리 충북 | 명사 | 핀잔

맞대어놓고 언짢게 꾸짖거나 비꼬아 꾸짖는 일.

〔옥천〕그걸 돈 주구 샀다구 핀퉁가리만 들었지유.⊞그것을 돈 주고 샀다고 핀잔만 들었지요.

핏엿 전남 | 명사 | 갱엿

푹 고아 여러 번 켜지 않고 그대로 굳혀 만든, 검붉은 빛깔의 엿.

〔보성〕쌀 폴아서 핏엿 사 묵자.⊞쌀 팔아서 갱엿 사 먹자.

◆'갱엿'은 '갠엿'이라고 하기도 한다. 예전에는 엿장수가 마을 곳곳으로 다니며 엿을 팔았다. 이들은 커다란 가위를 부딪쳐서 엿 사 먹으라고 알렸으며 돈 외에 보습 같은 쇳조각이나 양은 그릇, 곡식 등으로 물물교환을 하기도 하였다. 헌 고무신도 받았는데 아이들은 부모님의 신을 찢어서 엿으로 바꿔 먹어서 혼이 나기도 했다고 한다.

핑갱 전남 | 명사 | 워낭

(1)마소의 귀에서 턱 밑으로 늘여 단 방울. 또는 마소의 턱 아래에 늘어뜨린 쇠고리.
(2)상여가 나갈 때에 앞 소리를 메기는 사람이 손에 들고 흔들던 작은 종을 이르는 말.

〔보성〕핑갱 소리가 나는 것 보니 우리 소가 집에 오는갑다.⊞워낭소리가 나는 것을 보니 우리 소가 집에 오나 보다. 〔고흥〕외할아부지가 행애 내갈 때에 핑갱이를 흔듦시로 앞소리를 잘했어.⊞외할아버지가 상여 나갈 때에 워낭을 흔들면서 앞소리를 잘했어. 〔광주〕소를 사 오먼 소한테 핑경을 달아주고 소를 폴 찍에는 핑경을 띠놓고 소만 폴았다.⊞소를 사 오면 소에게 워낭을 달아주고 소를 팔 때에는 워낭을 떼어놓고 소만 팔았

다. 〔강진〕소달구지 핑갱소리가 참 요란도 하다.⊞소달구지 풍경소리가 참 요란도 하다. 〔진도〕위메, 그렇게 찾아도 없더니 핑갱소리가 나는 것을 보니 우리 소가 집을 찾아오는 갑다.⊞어머나, 그렇게 찾아도 없더니 워낭소리가 나는 것을 보니 우리 소가 집을 찾아오는 모양이다.

◆농경사회에서 중요한 일꾼은 농우이다. 농우는 우시장에서 팔고 사는데 우시장이 활발한 시기는 한 해 농사를 다 짓고 나서 새해 농사를 시작하기 전인 음력 10월부터 이듬해의 정이월까지인 겨울철이다. 새로 소를 사 오면 먼저 하는 일이 소에게 워낭을 달아주는 것이다. 소에게 워낭을 달면 쇠죽이나 마른 여물을 먹더라도 머리를 흔들면서 먹기 때문에 외양간에서는 언제나 워낭소리가 잔잔하게 울려서 주인 농부의 마음을 흐뭇하게 해준다. 또 소를 밖으로 끌고 나오면 소의 걸음마다 워낭이 낭랑하게 울려 씩씩한 소의 발걸음을 느낄 수가 있다. 이렇게 하여 주인과 소 사이에 워낭으로 소통하다가 여느 때 소를 팔게 되면 워낭은 떼어놓고 소만 판다. 다음에 새로 사 온 우공에게 채워주기 위해 임시로 집에 보관해두는 것이다. '워낭'을 진도에서는 '핑경'이라고 하였다. '핑경'이라는 어휘는 절간 처마에 매달아 둔 '풍경'의 모양과 울리는 소리까지 흡사하기 때문에 '풍경'과 발음이 비슷한 '핑경'이라 한 것으로 추정된다. -주광현(진도) ◆'핑갱이'는 맑은 소리가 나는 작은 종 형태의 물건을 통합적으로 이르는 말인 듯하다. 사찰에서 흔히 볼 수 있는 '풍경', 소의 목에 매단 종, 전통 장례식에서 무덤으로 관을 메고 갈 때에 앞소리꾼이 매김 소리를 할 때에 흔들던 종도 전남 동부에서는 모두 핑갱이라고 한다. 경북에서는 '팽이'를 이르는 말이다.

핑갱이 전남 | 명사 | 풍뎅이

풍뎅잇과의 곤충.

〔고흥〕옛날에는 뭐 갖고 놀 거이 있었간디, 땅깨

비 또 핑갱이 그렁거 잡어갓고 놀고 그랬제. 표
옛날에는 뭐 가지고 놀 것이 있었겠어? 방아깨비
또 풍뎅이 그런 것 잡아가지고 놀고 그랬지.
◆여름밤 시골에서는 놀이가 없었기에 이 '핑갱이
(풍뎅이)'는 아이들의 좋은 놀잇감이었다. 몇 마리
잡다가 목을 비틀어 바닥에 놓으면 누가 오래 돌
다 지치는지 늘상 내기를 하였다. 과거에 이렇게 우
리 지역에서 희생되어간 수없이 많은 '핑갱이'들이
있었다.

핑댕이 경북 | 명사 | 팽이
둥글고 짧은 나무의 한쪽 끝을 뾰족하게
깎아서 쇠구슬 따위의 심을 박아 만든
아이들의 장난감.
〔영천〕핑댕이는 겨울에 마이 친다. 표팽이는 겨
울에 많이 친다.

프레밥 제주 | 명사 | 없음
보리쌀이나 좁쌀 등에 파래를 섞어서 지
은 밥.
〔구좌-김녕〕프레밥은 프레 저 허영케 발레여근
에 뿔리 모살 들지 안허게 다듬아근에 이제 그걸
도고리에 낭 그룰 서껑 그 쌀 언마 안 헌 것에 프
레 올려놔근에, 밥헌 거주게. 표'프레밥'은 파래
를 햇볕에 하얗게 말린 다음 뿌리의 모래가 들지
않게 다듬어서 이제 그걸 함지박에 넣어서 (메
밀)가루를 섞어서 그 쌀 얼마 안 한 것에 파래 올
려서 밥한 거지.
◆'프레밥'은 쌀이 귀할 때 밥의 분량을 늘이기 위해
서 지어 먹었던 밥이다. 일종의 구황 음식이다.

풋죽 제주 | 명사 | 팥죽
팥을 푹 삶아서 거기에 좁쌀이나 맵쌀을
넣어 쑨 죽. 팥을 으깨기도 하고 으깨지
않고 죽을 끓이기도 한다.

〔구좌-한동〕사돈칩이서 풋죽을 쒀 와낫저. 표사
돈집에서 팥죽을 쒀 왔었어. 〔애월-고내〕동지날
뒈믄 풋죽 쒀 먹고 표동짓날 되면 팥죽 쒀 먹고.
◆팥의 붉은색이 나쁜 액운을 막아준다고 하여 어느
지역에서나 많이 쑤어 먹었던 음식이다. 제주에서는
초상 때 팥죽을 쑤어 사돈집에 부조로 가지고 가는
풍습이 있다. 이때 팥죽은 '허벅'에 담아서 바구니에
넣어 지고 갔었다. 초상집에서는 성복제를 마친 후
사람들이 팥죽을 나눠 먹었다.

ㅍ

ㅎ

하고재비 경북 | 명사 | 없음

어떤 일을 적극적으로 하고 싶어 하는 사람.

〔의성〕자도 저래 안달이 나갖고 하고재비가 다 됐는갑다. 표재도 저렇게 안달이 나서는 '하고재비'가 다 되었나 보다.

◆'하고재비'는 '하다'의 어간에 '-고 싶다'에 대응하는 '-고 잡다'와 어떠어떠한 사람을 뜻하는 접미사 '-이'가 결합한 구조이다. 즉 '하고잡이'의 형태에서 '잡이'가 'ㅣ' 모음 역행동화를 겪어 '잽이'로 변화한 후 연음이 되어 '하고재비'가 된 것이다.

하기사 경북 | 부사 | 하여튼

의견이나 일의 성질, 형편, 상태 따위가 어떻게 되어 있든.

〔영천〕하기사 영가믄 무신 걱정이고, 혼자라도 잘 지낸다. 표하여튼 영감은 무슨 걱정이고, 혼자서도 잘 지낸다.

하나뱜 북한 | 명사 | 할아버지

부모의 아버지를 이르거나 부르는 말.

〔황남〕저는 하나뱜이랑 잘 있시다. 표저는 할아버지랑 잘 있습니다.

◆'할아버지'는 '한아비'에서 온 말이다. '한'은 옛말로 '크다'라는 뜻이다. 즉 '할아버지'란 아버지보다 더 큰 아버지를 뜻한다. 이 '한'이 '할'이 되어 오늘날의 할아버지가 된 것이다. 그렇게 보면, 북한 사투리 '하나뱜'은 '한아범'의 모음 변이형으로 간주할 수

있으며 어원 '한'을 그대로 간직하고 있는 어형이라고 할 수 있다.

하나이나하다 전남 | 없음 | 없음

하나 마나 하다. 할 일이 드는 노력에 비해 이득이 크지 않아 아니 함.

〔목포〕야야. 하나이나하다 한잔하러 가자. 표야야. '하나이나하다' 한잔하러 가자. 〔진도〕해는 다 가는데 어쩟게 그 큰 논을 다 멘다고 그래싸요, 하나이나하고 낼 사람 사서 하게 얼능 집에 갑시다. 표해는 다 졌는데 어떻게 그 큰 논의 김을 다 멘다고 그래요. '하나이나하고' 내일 사람 사서 하게 얼른 집에 갑시다.

하날 북한 | 관형사 | 첫째

순서가 가장 먼저인 차례. 또는 그런 차례의.

〔황해〕하날로 내가 키가 크다. 표첫 번째로 내가 키가 크지.

◆황해도에서는 "첫째, 둘째, 셋째, 넷째, 다섯째, 여섯째"라고 하지 않고 "하날, 두알, 세알, 네알, 단자, 연자"라고 한다.

하낭 충남 | 명사 | 함께

한꺼번에 같이, 또는 서로 더불어.

〔보령〕혼자 가지 말고 동상이랑 하낭 가. 표혼자 가지 말고 동생이랑 함께 가. 〔서산〕혼저버텀 둘이 하낭 허면 일이 쉽웆지. 표혼자보다 둘이 함

게 하면 일이 쉽지. 〔공주〕나는 다리가 션차녀서 빨리 가덜 못혀. 찬찬이 나랑 하냥 가야 혀. 囲나는 다리가 시원찮어서 빨리 가지 못해. 천천히 나랑 함께 가야 해.

◆'하냥'은 두 가지 의미로 쓰인다. 충청·전북에서 '함께'라는 뜻으로, 충청·전북·평북에서 '늘'이란 뜻으로 쓰인다. 김영랑 시인은 〈모란이 피기까지는〉에서 "삼백 예순 날 하냥 섭섭해 우옵내다"라고 노래한다. 충청 지역에서 '하냥'이 '함께'라는 뜻으로 쓰이는 문맥은 '놀다, 먹다, 다짐하다, 가다, 늙다, 놓다' 등과 같이 다른 사람과 함께하는 상황이다. 둘이나 그 이상의 사람이 같이 더불어 무엇을 한다는 의미를 나타낸다.

하네 경기 | 명사 | 북풍
북쪽에서 불어오는 바람.
〔강화〕겨울이 되만 북쪽에서 바람이 세게 부는데 그걸 '하네'라고 해. 囲겨울이 되면 북쪽에서 바람이 세게 부는데 그걸 북풍이라고 해.
◆'하네' 또는 '하네바람'과 소리가 비슷한 '하늬바람'은 서풍 혹은 서북풍을 뜻한다. 그런데 황해도와 강화 등지에서 '하네'는 '북풍'을 뜻하는 말이다.

하뇨하다 강원 | 형용사 | 한가하다
겨를이 생겨 여유가 있다.
〔정선〕하뇨한 날을 잡아서 일을 하자. 囲한가한 날을 잡아서 일을 하자. 〔춘천〕요즘은 하뇨해서 일꺼리가 벨루 읎어. 囲요즘은 한가해서 일거리가 별로 없어.
◆'하뇨하다' 또는 '하뉴하다'라는 말은 한가롭다는 뜻의 한자 한유(閑遊)에서 나온 말이다. -이경진(삼척)

하누사리 경기 | 명사 | 하루살이
하루살이목의 굽은꼬리하루살이, 무늬

하루살이, 밀알락하루살이, 별꼬리하루살이, 병꼬리하루살이 따위를 통틀어 이르는 말.
〔양평〕불빛 가까이에 있는 벌레들은 거의 하누사리야. 囲불빛 가까이에 있는 벌레들은 거의 하루살이야.
◆'하루'의 방언형은 매우 다양한데 '하누'형은 나타나지 않는다는 점에서 '하누사리'는 매우 독특한 어형이라고 할 수 있다.

하늘레기 제주 | 명사 | 하눌타리
박과의 여러해살이 덩굴풀.
〔구좌-종달〕하늘레기 저거 무뚱에 하나 걸고 정지에도 걸고 허민 잡구신이 안 부튼덴 허주게. 囲하눌타리 저거 문앞에 하나 걸고 부엌에도 걸고 하면 잡귀신이 안 붙는다고 하지. 〔한경-고산〕새 집 헐 때 하늘레기 니 구석 허민 동티가 안 나주게. 囲새 집 할 때 하눌타리 네 구석 하면 동티가 안 나지. 〔애월-상가〕배고픈데 하늘레기 파 먹을까? 囲배고픈데 하눌타리 속을 파서 먹을까? 〔삼척〕약에 쓰잰 하늘래기 타 왔쪄. 囲약으로 쓰려고 하눌타리를 따 왔다.
◆제주의 농가에서는 궂은 액이 들어오지 못하게 하는 비법으로 집 현관 등에 '하늘레기'를 걸어두기도 한다. 또 민간요법으로 '하늘레기'를 달여서 그 물을 마시거나 엿을 고아 먹으면 감기가 낫는다고 한다.

하도 경북 | 부사 | 없음
일정한 정도나 한계를 훨씬 넘어선 상태로.
〔대구〕옆에서 하도 지꺼려라 기가 아파 죽겠다. 囲옆에서 '하도' 지껄여서 귀가 아파 죽겠다.

하따 전남 | 감탄사 | 아따
무엇이 몹시 심하거나 하여 못마땅해서 빈정거릴 때 가볍게 내는 소리.

〔장성〕하따 참말로 히도 너무허네. 표어휴 정말로 해도 너무 하네. 〔영광〕아따, 힘들어 죽겠네잉. 표아따, 힘들어 죽겠네.

하따 전북 | 감탄사 | 아따
무엇이 몹시 심하거나 하여 못마땅해서 빈정거릴 때 가볍게 내는 소리.
〔전주〕하따, 힘들어 죽겠네잉. 표아따 힘들어 죽겠네. 〔김제〕하따, 뭘 이렇게 많이 준대. 표아따 뭘 이렇게 많이 준대.

하리똥 북한 | 명사 | 화로
숯불을 담아 놓는 그릇. 주로 불씨를 보존하거나 난방을 위하여 쓴다.
〔양강〕하리똥에 감자르 구워 먹었습메? 표화로에 감자를 구워 먹었습니까?

하마 강원 | 부사 | 벌써
예상보다 빠르게.
〔원주〕하마 다 했어? 표벌써 다 했어? 〔강릉〕하머 그 젙에만 가 서면 알어요. 표벌써 그 곁에만 가 서면 알아요. 〔삼척〕야야! 하마 왔나? 날래도 왔다. 표야야! 벌써 왔나? 빨리도 왔다.
◆'하마'라는 말은 옛말이기도 하다. 심지어 〈용비어천가〉에도 나오는 말로 다른 지방에서는 사용 빈도가 줄어들었지만 강원도 영동 지방에서는 지금도 흔히 쓰인다. 조선 시대 서울, 경기도 일대에서 널리 쓰던 말인데 오늘날에는 사투리 취급을 받고 있다. -이경진(삼척)

하마 경북 | 부사 | 벌써
예상보다 빠르게.
〔대구〕조금 전에 출발했는데 하마 도착했나? 표조금 전에 출발했는데 벌써 도착했냐?

하모 경남 | 감탄사 | 아무렴
말할 나위 없이 그렇다는 뜻으로, 상대편의 말에 강한 긍정을 보일 때 하는 말.
〔마산〕하모예, 그래야지예. 표아무렴요, 그래야지요. 〔합천〕하모 퍼뜩해라. 표아무렴, 빨리 해라. 〔하동〕하모. 내는 몬 봤지만 호랭이도 살았쿠더라. 표그래. 나는 못 봤지만 호랑이도 살았다고 하더라.

하모니카주택 북한 | 명사 | 없음
경사가 있는 지역에 한 채에 여러집으로 칸칸히 나누어 있는 집.
〔북한〕네 사춘네는 상화에 하모니카주택서 살어. 표너희 사촌네는 상화에 '하모니카주택'에서 살아.
◆낡고 오래된 주택들이 빼곡히 들어서 있는 북중 접경 도시에는 뾰족한 슬레이트 지붕 위로 수십 개의 굴뚝이 솟아 있다. 이 굴뚝이 한 집에 서너 개는 보통이고, 대여섯 개인 집도 많다. 집 한 채를 대여섯 칸으로 쪼갰기 때문인데 이런 집을 '하모니카주택'이라고 한다.

하부옷 북한 | 명사 | 홑옷
한 겹으로 지은 옷.
〔양강〕여름에는 하부옷이 더 낫지비. 그렁거 입히지 마우다. 표여름에는 홑옷이 더 낫지. 그런 것 입히지 마시오.
◆북한 전역에서 '홑이불'을 '하불'이라고 하고, 함경도에서 '홀아비'를 '하부래비', '홀어미'를 '하부레미'라고 한다. 그런가 하면 함경도와 양강도에서는 '혼자'를 '하분자'라고 한다.

하잔하다 전남 | 형용사 | 마땅찮다
흡족하게 마음에 들지 아니하다.
〔광주〕아가, 바람이 하잔허다. 문 닫어라. 표아

가, 바람이 마땅찮다. 문 닫아라.

◆'하잔하다'는 무엇이 언짢거나 마땅치 않을 때 쓰는 말이지만 "할아버지 몸이 하잔허시다"라고 할 때는 몸 상태가 썩 좋지 않다를 뜻하는 말이 된다. −오덕렬(광주)

하짓감자 전북 | 명사 | 감자
가짓과의 여러해살이풀.

〔군산〕올히는 날이 좋아서 긍가 하짓감자를 조매 일쩍 캤당게. 표올해는 날이 좋아서 그런지 하지감자를 조금 일쩍 캤어.

◆하지감자는 24절기의 하나인 하지 즈음에 수확한다고 하여 부르는 말이다.

학독 전북 | 명사 | 돌확
돌로 만든 조그만 절구. 보리나 들깨 등의 껍질을 벗길 때 사용한다.

〔남원〕껍떡을 까갖고 고놈을 학독에다 대고 쳐갖고 고물을 무쳐서 만들어. 표껍데기를 까서 그놈을 돌확에다 대고 쳐가지고 고물을 묻혀서 만들어. 〔군산〕학독에 생고추, 마늘, 생강을 넣고 찧어 남새밭 지껄이를 간해 김치를 담았다. 표돌확에 생고추, 마늘, 생강을 넣고 찧어 채소밭의 김칫거리를 간해 김치를 담갔다. 〔남원〕고추 갈게 학독 좀 깨끗이 시쳐라. 표고추 갈게 돌확 좀 깨끗이 씻어라. 〔임실〕잘 때낀 버리쌀을 학독에 넣고 팥독으로 갈았어. 표곱게 찧은 보리쌀을 돌확에 넣고 갈돌로 갈았어.

◆돌확과 절구는 그 쓰임새가 다르다. 돌확, 즉 '학독'으로는 보리쌀을 갈아서 밥을 해 먹거나 고추를 갈아서 김치를 담가 먹는다. 때로는 들깨를 갈아서 나물도 만들고 흑임자를 갈아서 깨죽도 쑨다. 지금으로 하면 믹서기와 같은 용도이다. 절구로는 고춧가루를 빻거나 인절미, 절편, 가래떡 등의 재료를 만든다. '학독'으로 간 물고추나 마른 고추로는 바로 김치를 버무려 먹는다. 그에 비해 절구로 빻은 고춧가루는 고운체로 내려서 고추장을 담그고, 굵은체로 내려서 김장을 한다. −김금오(부안)

한것지다 전남 | 형용사 | 한갓지다
한가하고 조용하다.

〔고흥〕사람들이 마이 와서 있응께 기양 정신이 하나도 없응마는 싹 가붕께 한것지고 좋구마. 표사람들이 많이 와서 있으니까 그냥 정신이 하나도 없더니만 다 가버리니까 한갓지고 좋구나. 〔보성〕한굿진 곳에서 쉬다 오게. 표한갓진 곳에서 쉬다 오게. 〔강진〕비가 내리니 시장통이 한것지다. 표비가 내리니 시장통이 한갓지다. 〔진도〕인자 일 다 했은께 한굿진 데 가서 좀 셨다 오쇼. 표이제 일 다 했으니까 한갓진 곳에 가서 조금 쉬었다 오세요.

한구재비 충남 | 부사 | 한바탕
크게 벌어진 한판.

〔서산〕옛날이넌 정초면 풍물꾼덜이 집집마다 댕기면서 한구재비 놀구 갔다. 표옛날에는 정초면 풍물꾼들이 집집마다 다니면서 한바탕 놀고 갔다.

한그슥 경북 | 부사 | 한가득
수효나 분량, 정도 따위가 일정한 기준을 넘게.

〔경주〕찬을 쪼매만 담지 말고 한그슥 담아라. 표반찬을 조금만 담지 말고 한가득 담아라.

◆'한그슥'은 '한거슥'이라고도 한다. 이는 경북 사투리에서 단모음 '으'와 '어'가 구분되지 않기 때문에 나타나는 현상이다.

한목에 경북 | 부사 | 한꺼번에
몰아서 한 차례에. 또는 죄다 동시에.

〔대구〕한목에 다 갚아줄 테이까는 걱정하지 말

라 캐라. 표한꺼번에 다 갚아줄 테니까는 걱정하
지 말라고 해라.

한복장 강원 | 명사 | 한복판
일정한 공간이나 사물의 한가운데를 강
조하여 이르는 말.
〔강릉〕이 말꼬지르 저 한복장더게 박어라. 표이
말꼬지를 저 한복판에다가 박아라. 〔삼척〕그것은
복장에다 놓지 말고 구석에 두어라. 표그것은 한
복판에 놓지 말고 구석에 두어라.

한솟지다 충북 | 형용사 | 한가하다
겨를이 생겨 여유가 있다.
〔옥천〕애덜이 읎으니께 한솟지구 좋네. 표애들이
없으니까 한가하고 좋네.

한지 전남 | 명사 | 싱건지
소금물에 삼삼하게 담근 무김치.
〔영암〕한지 다머. 흐가니. 표싱건지 담가. 하얗
게.-이기갑(2009) 〔고흥〕옛날에 감재 묵을 때에
목 몽치지 마라고 싱건지 국물을 묵었어. 표옛날
에 고구마 먹을 때에 목 메지 말라고 싱건지 국
물을 먹었어.
◆겨울에 고구마를 먹을 때, 살얼음이 앉은 싱건지
를 함께 먹었는데 그렇게 하면 목 넘김이 좋다고 하
였다. -천인순(고흥) ◆싱건지의 '지'나 짠지의 '지'
는 김치의 옛말인 '디히'에서 온 말로 보인다. '디히'
의 'ㅎ'이 약화되면서 모음축약과 구개음화가 일어
나 '지'로 변화한 것이다. -오덕렬(광주) ◆전라도에
서는 소금 간을 하여 담근 채소를 '지'라고 한다. 채
소의 종류에 따라 '무지지, 배추지, 상추지, 갓지, 열
무지, 파지, 파숙지'라고 하는데 국물의 있고 없음에
따라 '싱건지'와 '짠지'로 구별한다.

한치 경기 | 부사 | 함께

한꺼번에 같이. 또는 서로 더불어.
〔파주〕어머이께서 성님 잡을라고 나랑 한치 띠
어댕겨썬. 표어머니께서 형님 잡으려고 나랑 함
께 뛰어다녔어.

한퐁 전남 | 부사 | 한꺼번에
몰아서 한 차례에. 또는 죄다 동시에.
〔강진〕째작째작 묵지 말고 한퐁 해부러야. 표깔
짝깔짝 먹지 말고 한꺼번에 먹어버려. 〔장성〕자
꾸 미루지 말고 한 분에 다 해부러! 표자꾸 미루
지 말고 한 번에 다 해버려! 〔진도〕너 그르케 함
뽕해 먹다가는 연친다. 표너 그렇게 한꺼번에 먹
다가는 얹힌다.

한허고 전남 | 부사 | 한없이
끝이 없이.
〔고흥〕배가 얼마나 고팠능가 한허고 묵드랑께. 표
배가 얼마나 고팠는지 한없이 먹더라니까. 〔진도〕
야야, 너 그렇게 한허고 먹다가는 배 터져쁜다. 표
애야, 너 그렇게 한없이 먹다가는 배 터진다.

할랑하다 강원 | 형용사 | 한가하다
(1)겨를이 생겨 여유가 있다.
(2)헐거운 듯한 느낌이 있다.
〔강릉〕노닥기라 할랑하다. 표농한기라 한가하다.
〔평창〕장마 때는 할랑하다. 표장마 때는 한가하
다. 〔삼척〕요즘은 할 일이 별로 없어 할랑하게 지
내고 있잖소. 표요즘은 할 일이 별로 없어 한가
하게 지내고 있잖소.
◆'할랑하다'는 돈 잘 쓰고 잘 노는 사람을 비유적으
로 이르는 '한량'에서 온 말이다. -김인기(강릉)

할망바당 제주 | 명사 | 없음
나이가 많은 해녀들이 작업하는 수심이
얕고 해산물이 풍부한 바다.

〔구좌-하도〕상군덜 저 먼 바당꺼지 휘영 가멍도 그 할망바당에 건 주물지 안 허여. 할망덜 주물렌 허는 거주게. 표상군들 저 먼 바다까지 헤엄쳐 가면서도 그 '할망바당'의 것은 캐지 않. 할머니들 캐라고 하는 거지.

◆제주 해녀는 물질하는 능력에 따라 상군·중군·하군으로 구분하는데, 대체로 상군은 한 번 잠수해서 2분 이상 물질을 할 수 있으며 15미터 깊이까지 들어가 최상의 해산물을 채취할 수 있는 해녀를 가리키는 말이다. 그런데 아무리 상군이라도 동료가 없다면 위험한 상황에 제대로 대처하기 어렵다. 그물에 걸릴 수도 있고 물안경이 깨질 수도 있기 때문에 해녀들은 동료 의식이 매우 강하다. 상군 해녀가 자신이 잡은 해산물을 하군 해녀와 나이 많은 해녀에게 나누어주는 '게석' 문화와 해산물이 풍부한 곳을 나이 많은 해녀들을 위한 전용 구역으로 지정하여 '할망바당'이라고 부르는 문화도 그러한 배경에서 등장한 것이다.

할염 북한 | 명사 | 할머니
부모의 어머니를 이르거나 부르는 말.
〔황해〕할염, 조반 드시고 어디 가시꺄? 표할머니, 아침 드시고 어디 가세요?

함박꽃 강원 | 명사 | 철쭉꽃
철쭉나무의 꽃.
〔평창〕높은 산에 함박꽃이 필 때면 옥시기를 심으래요. 표높은 산에 철쭉꽃이 필 때면 옥수수를 심어요. 〔인제〕찐덕찐덕한 물꽃은 먹으믄 죽는대. 표찐득찐득한 철쭉꽃은 먹으면 죽는대.
◆삼척 쪽에서는 진달래꽃을 '참꽃'이라 하고 함박꽃, 철쭉꽃을 '개꽃'이라 한다. 참꽃은 먹을 수 있지만 개꽃은 독이 있어 먹지 못한다. 꽃에 끈적끈적한 액체가 붙어 있다. -이경진(삼척)

항가꾸 전남 | 명사 | 엉겅퀴
국화과의 여러해살이풀인 엉겅퀴를 이르는 말.
〔고흥〕옛날에는 항가꾸 뿌랭이 캐다가 허리 아픈 데 좋다고 약절주를 해 묵었소. 표옛날에는 엉겅퀴 뿌리를 캐어다가 허리 아픈 데 좋다고 약식혜를 해 먹었소. 〔진도〕이른 봄에 에린 항가꾸로 된장국을 끼리먼 그 향이 겁나게 좋다. 표이른 봄에 어린 엉겅퀴로 된장국을 끓이면 그 향이 아주 좋다. 〔진도〕봄에는 먹을 것이 없은께 항가꾸 어린순도 캐서 된장국 끌여 먹엇당께. 표봄에는 먹을 것이 없으니까 엉겅퀴 어린순도 캐서 된장국 끓여 먹었지요.
◆엉겅퀴는 산야에 자생하는 들풀로 이른 봄 어릴 때 잎줄기를 뜯어 된장국을 끓여 먹는 식재료이다. 국을 끓이면 향이 좋아 식욕을 돋을 뿐만 아니라 영양가도 높다. -주광현(진도) ◆요즘은 '항가꾸(엉겅퀴)'를 찾아볼 수 없다. '항가꾸'가 약효가 있다고 소문이 나서 등산객들이 보이는 것은 모두 다 캐어 가버리기 때문이다.

항새리 북한 | 명사 | 항아리
아래위가 좁고 배가 부른 질그릇.
〔함북〕땅을 끼뻠 파내니 피난 가기 전에 감춰놓은 항새리가 나온다. 표땅을 한뼘 파내니 피난 가기 전에 감춰놓은 항아리가 나온다.

항새풀 경북 | 명사 | 억새
볏과의 여러해살이풀인 억새를 이르는 말.
〔경주〕가을 바람에 항새풀이 흔들린다. 표가을 바람에 억새가 흔들린다.

항칠 경남 | 명사 | 낙서
글자, 그림 따위를 장난으로 아무 데나 함부로 씀. 또는 그 글자나 그림.

ㅎ

〔거창〕친구 낯에 항칠을 해뿟다. 표친구 얼굴에 낙서를 해버렸다.

◆본래 '항칠'은 얼룩덜룩하게 칠한다는 '환칠'의 뜻으로 사용되는 말인데, 점차 글자나 그림 따위를 장난으로 아무 데나 함부로 쓴다는 '낙서'의 뜻으로 사용되는 경향이 나타나고 있다. 물론 항상 '낙서'의 뜻으로만 사용되는 말은 아니다.

해그람참 전남 | 부사 | 해거름

해가 서쪽으로 넘어가는 일. 또는 그런 때.
〔고흥〕해그람참에 팽나무 앞에서 보자잉. 표해거름에 팽나무 앞에서 보자. 〔강진〕오늘 모내기는 해그름참에나 끝날 것 같다. 표오늘 모내기는 해거름에나 끝날 것 같다.

◆'해그름참'은 해가 질 무렵을 일컫는 말로 전남 일부 지역(강진)에서 사용하는 말이다. '해그름'은 '해어스름〉 해어름〉 해으름〉 해그름'을 생각해볼 수 있다. '해그름참'의 '참'은 여기서는 그런 '때'를 의미하는 접사이다.

해금창 전남 | 명사 | 시궁창

(1)시궁의 바닥. 또는 그 속.
(2)몹시 더럽거나 썩어 빠진 환경 또는 그런 처지를 비유적으로 이르는 말.
〔고흥〕옛날에 우리 엄마가 해금창이다 긍거 같구마. 거그 거시랑치맹키로 생긴 징상시런 벌거지가 있고 겁다 더룬 데여. 표옛날에 우리 어머니가 시궁창이라고 그런 거 같구먼. 거기 지렁이처럼 생긴 징그러운 벌레도 있고 아주 더러운 데야. 〔강진〕비가 오니 해금창 냄새가 더 지독하다. 표비가 오니 시궁창 냄새가 더 지독하다. 〔진도〕해금창에서 잡은 미꾸락찌는 해금창 냄시가 나서 못 먹어. 표시궁창에서 잡은 미꾸라지는 시궁창 냄새가 나서 못 먹어.

해깝다 경남 | 형용사 | 가볍다

무게가 일반적이거나 기준이 되는 대상의 것보다 적다.
〔마산〕들어본께네 억수로 해깝네. 표들어보니까 많이 가볍네. 〔하동〕아무껏도 안 들었나. 와 이레 해꿉하노? 표아무것도 안 들었나. 왜 이렇게 가볍니? 〔고성〕니 업어보니 억수로 해꿉다. 표너 업어보니 엄청 가볍네. 〔하동〕오올따라 기분이 좋고 몸도 영 햇갑다. 표오늘따라 기분이 좋고 몸도 영 가볍다.

해꿈하다 강원 | 형용사 | 해끔하다

조금 하얗고 깨끗하다.
〔삼척〕거랑가에 가서 아이 얼굴을 씻겨줬더니 좀 해꿈해졌다. 표개울가에 가서 아이 얼굴을 씻겨주었더니 좀 해끔해졌다.

해꿉하다 강원 | 형용사 | 가볍다

무게가 일반적이거나 기준이 되는 대상의 것보다 적다.
〔삼척〕몸은 천 근이나 오랜만에 찾은 고향 땅이라 마음은 해꿉하다. 표몸은 천 근이나 오랜만에 찾은 고향 땅이라 마음은 가볍다.

해닥거리다 강원 | 동사 | 시시덕거리다

실없이 꺼불거리고 웃으며 자꾸 떠들어대다.
〔정선〕못난 놈은 해닥거리다 세상을 마친다. 표못난 놈은 시시덕거리다 세상을 마친다. 〔삼척〕뮈이 좋다고 씨시덕거리고 있나. 표무엇이 좋다고 시시덕거리고 있나.

해무럽 강원 | 명사 | 땅거미

해가 진 뒤 어스레한 상태. 또는 그런 때.
〔홍천〕해무럽까정 일해는 사람언 안 먹어. 표땅

거미가 내릴 때까지 일하는 사람은 안 먹어. 〔인제〕아무 데서구 자구 가믄 좋겠구만. 해필이믄 땅금이 지는데 떠난다구 난리야? 표아무 데서고 자고 가면 좋겠구먼. 하필이면 땅거미 지는데 떠난다고 난리야?

해우 경남 | 명사 | 김

홍조류 보라털과의 조류.

〔남해〕어머이가 해우를 사 와서 밥에 싸서 묵었다. 표어머니가 김을 사 와서 밥에 싸서 먹었다.

◆일반적으로 경남에서는 김을 '짐'이라고 하는데, 남해에서는 '짐'이라고 하지 않고 '해우'라고 한다. '해우'는 '해의(海衣)'에서 온 말로 바닷가에 있는 돌이 입은 옷이라는 뜻이다. −김의부(거제) ◆정약용이 쓴 『경세유표』를 보면 '김'을 가리켜 "자태(紫苔)의 속명은 해의(海衣)이고 방언은 진(眹)이라고 한다"라고 되어 있다. 여기에서 '진(眹)'은 '눈동자'와 아무 관련이 없으므로 한자의 뜻을 빌려 우리말을 표기한 것으로 보기 어렵고, 한자의 음을 빌려 우리말을 표기한 것으로 보아야 한다. 따라서 '진'은 '짐'을 차자 표기한 것으로 볼 수 있고, 그것이 '김'으로 변한 것으로 보인다.

해우 전남 | 명사 | 김

홍조류 보라털과의 조류.

〔고흥〕옛날에사 해우 한 장 묵는 날은 아조 오진 날이었제. 표옛날에야 김 한 장 먹는 날은 아주 오진 날이었지. 〔강진〕장흥 선학동 해우 건장 밑에서 어린 시절을 보냈다. 표장흥 선학동 김 건조장 밑에서 어린 시절을 보냈다. 〔진도〕옛날에사 설날에나 해우 귀경을 하제. 그 외는 토옹 귀경을 하지 못했응께. 표옛날에는 설날에나 김 구경을 하였지. 그 외는 통 구경을 하지 못했지.

◆요즘에는 흔한 반찬 중 하나가 김이지만 예전에 김은 아주 귀한 음식이었다. 전남 고흥에서는 정월 대보름에 찹쌀에 팥을 넣고 소금으로 간을 하여 찰밥을 해 먹었는데, 찰밥을 주먹만 한 크기로 뭉쳐서 김으로 싼 다음 꾹꾹 눌러 빚어서 먹었다. 지금의 '김밥'은 '해우밥'이라고 했다.

해장우레기 강원 | 명사 | 해바라기

국화과의 한해살이풀.

〔강릉〕우리 집에 이쁜 안덜이 해장우레기장가. 표우리 집에 예쁜 아내가 해바라기잖는가.

해전 충남 | 명사 | 종일

아침부터 저녁까지의 동안.

〔금산〕금번에 온다 해서 기다렸지. 근디 해전 전화 읎길래 나섰더니 요 앞에 두고 내뺐더라고. 표이번에 온다고 해서 기다렸지. 근데 종일 전화가 없길래 나왔더니 이 앞에 두고 내뺐더라고. 〔공주〕꼭두새벽에 일어나 밭이 나가 해전 일했더니 왼뭠이 나른하구 대간해 죽겠네. 표꼭두새벽에 일어나 밭에 나가 종일 일했더니 온몸이 나른하고 고단해 죽겠네.

◆'해전'은 '해가 지기 전'을 줄여서 쓴 말로 하루 종일을 뜻한다. 충청도 사투리에 '해전치기'라는 말이 있는데 이것은 하루해가 지기 전에 일을 마무리하는 것을 뜻한다. '치기'는 '당일치기'의 '치기'와 같다.

해진빠람 경기 | 명사 | 해거름

해가 서쪽으로 넘어가는 일. 또는 그런 때.

〔양평〕어머니는 해진빠람이 다 되어서야 집으로 돌아오셨다. 표어머니는 해거름이 다 되어서야 집으로 돌아오셨다.

◆'해진빠람'은 '해가 지다'와 무슨 일이 일어나는 기세를 뜻하는 '바람'이 결합한 말로 '새벽 댓바람'처럼 해가 서쪽 지평선 아래로 떨어지는 짧은 시간을 말한다.

ㅎ

해질꺼럼 충북 | 명사 | 해거름

해가 서쪽으로 넘어가는 일. 또는 그런 때.

〔옥천〕해질꺼럼에 어딜 가겄다구 그라는 겨? 표
해거름에 어딜 가겠다고 그러는 거야?

해차 경남 | 명사 | 화전놀이

화창한 봄날에 경치 좋은 산과 들로 음
식을 가지고 가서 노는 꽃놀이.

〔마산〕올 봄에 해차 한번 하자. 표올 봄에 화전
놀이 한번 하자. 〔창원〕올개는 해치 안 가나? 표
올해는 화전놀이 안 가니?

◆'해차'는 주로 봄에 마을 주민의 화합을 다지기 위
해 마을 단위로 하는 야유회의 한 형태이다. 경치 좋
은 산이나 들, 또는 강을 찾아 음식을 만들어 먹기도
하고 장만해 온 음식을 나누어 먹었는데, 다른 지역
에서는 '화전놀이' 또는 '화류놀이'라고 한다. 이 말
의 어원은 여러 사람이 한곳에 모인다는 뜻의 '회취
(會聚)'에서 찾을 수 있다. -김승호(진주) ◆고성에
서는 봄에 꽃이 한창 피고 농사일에 본격적으로 들
어가기 전 마을 사람들이 함께 모여 음식을 나누며
즐기는 문화가 있는데 이를 '해치'라고 한다. -백만
기(고성)

해찬도 않다 충북 | 없음 | 같잖다

하는 짓이나 꼴이 제격에 맞지 않고 눈
꼴사납다.

〔청주〕해찬도 않은 소리 좀 그만해! 표같잖은 소
리 좀 그만해!

해찰허다 전남 | 동사 | 딴짓하다

일에는 마음을 두지 아니하고 쓸데없이
다른 짓을 하다.

〔강진〕학교 파하면 해찰허지 말고 얼렁 집으로
온나. 표학교 파하면 딴짓하지 말고 얼른 집으로
오너라. 〔고흥〕해찰부리지 말고 얼릉 밥 묵고 학

교 가그라잉. 표딴짓하지 말고 얼른 밥 먹고 학
교 가거라. 〔진도〕학교 파하믄 해찰부리지 말고
쉐하니 와서 소 띠껴야 한다. 표학교 파하면 딴
짓하지 말고 쌩하니 와서 소 풀 먹여야 한다.

◆'해찰'은 주로 '허다'와 함께 쓰이는데 고흥에서는
'폴다'와 결합하여 '해찰폰다'라고 하기도 한다.

핼갊다 경북 | 형용사 | 핼쑥하다

얼굴에 핏기가 없고 파리하다.

〔대구〕얼굴이 와 이래 헬갑노? 표얼굴이 왜 이렇
게 핼쑥하니?

햇댓보 전남 | 명사 | 횃댓보

횃대에 걸어놓은 옷을 덮는 큰 보자기.

〔고흥〕오늘 벹이 조응께 햇댓보 잔 뿔어서 널어
라. 표오늘 볕이 좋으니까 횃댓보 좀 빨아서 널
어라. 〔강진〕새옷 먼지 쌓이지 않도록 햇댓보 잘
덮어라. 표새옷 먼지 쌓이지 않도록 횃댓보 잘
덮어라. 〔진도〕이 햇댓보는 우리 엄매가 시집올
때 해 온 것이라 오래댓제. 표이 횃댓보는 우리
어머니가 시집올 때 해 온 것이라 오래됐지.

◆주로 아랫목 벽에 못을 박아서 옷을 걸고 그 위에
먼지가 쌓이지 않도록 천으로 가렸는데 이것을 '햇
댓보'라고 한다. '햇댓보'는 혼수품에도 포함되어 있
어 시집을 가기 전에 처녀들이 천에 수를 놓아서 아
름답게 꾸미기도 했다. -천인순(고흥)

햇머리 충남 | 명사 | 햇무리

햇빛이 대기 속의 수증기에 비치어 해의
둘레에 둥글게 나타나는, 빛깔이 있는
테두리.

〔보령〕한낮에 해 둘레로 빨간게 햇머리가 둘
러 있네. 표한낮에 해 둘레로 빨갛게 햇무리가
둘러 있네. 〔서산〕옛 으른덜 말씸이 햇마루가 생
기면 비가 올 징조라고 허셨다. 표옛 어른들 말

씀이 햇무리가 생기면 비가 올 징조라고 하셨다.
◆'햇머리'는 전라도 사투리로만 알려져 있으나 충남에서도 사용한다. 일부 충남 지역은 지역적 특성으로 인하여 전북 지역과 사투리의 형태가 겹친다.

햇무내 충북 | 명사 | 햇무리
햇빛이 대기 속의 수증기에 비치어 해의 둘레에 둥글게 나타나는, 빛깔이 있는 테두리.
〔옥천〕햇무내가 스믄 비가 온다구 그랬어, 그전에는. 囲햇무리가 서면 비가 온다고 그랬어, 그전에는.
◆'달무리'를 '달무내'라고 하듯이 '햇무리'를 '햇무내'라고 한다.

햇아 강원 | 명사 | 갓난아이
태어난 지 얼마 되지 아니한 아이.
〔강릉〕딸이 햇아를 낳았잖소? 囲딸이 갓난아이를 낳았잖아? 〔평창〕햇아도 5년만 크면 제법 말을 잘하지. 囲갓난아이도 5년만 크면 제법 말을 잘하지 〔춘천〕햇아가 너무 울어! 어디 아픈지 좀 봐봐. 囲갓난아이가 너무 울어! 어디 아픈지 좀 봐봐.
◆'햇아'는 강릉·고성·동해·삼척 등 영동 지역에서 '갓난아기'를 이르는 말이다. '햇언나'도 '갓난아이'를 이르는 말로 쓰인다. '햇-'은 '당해에 난'이라는 의미를 더하는 접두사이다. 표준어에서는 일반적으로 '햇사과, 햇밤, 햇강아지' 등과 같이 사물이나 동물의 뜻을 가진 어근에 결합하나, 강원도 영동 지역에서는 사람을 뜻하는 말에도 결합한다.

행오지 전남 | 명사 | 행위
사람이 의지를 가지고 하는 짓.
〔해남〕남을 속이고 물건을 빼앗는 못된 행오지는 언제 고칠려나? 囲남을 속이고 물건을 빼앗는 못된 행위는 언제 고치려나?

행적 북한 | 명사 | 김치전
김치에 전분을 묻혀 배추전처럼 부친 전.
〔북한〕네 오마니는 행적을 부치다 말고 어드메 간? 囲네 어머니는 김치전을 부치다 말고 어디 갔니?
◆'행적'은 평안도식 김치전으로 포기김치의 밑동 부분만 잘라내고 넓적한 김치에 전분을 묻혀 기름에 데쳐내 먹는 음식이다.

허덜 경남 | 명사 | 엄살
아픔이나 괴로움 따위를 거짓으로 꾸미거나 실제보다 보태어서 나타냄. 또는 그런 태도나 말.
〔마산〕우리 아부지는 얼매나 허덜이 심한지 모른다. 囲우리 아버지는 얼마나 엄살이 심한지 모른다. 〔창원〕사램이 허들이 있으모 몬씨는 벱이다. 囲사람이 엄살이 있으면 못쓰는 법이다.
◆'허들'은 '엄살'을 부릴 때 쓰는 말이지만 상황에 따라 '허풍'을 뜻하기도 하고 '호들갑'을 뜻하기도 한다. 실제로 사실을 과장되게 표현하거나 요란스럽게 표현할 때 '허들시리' 또는 '허들시럽다'라고 한다. 경우에 따라서는 "사람들이 허들시리 마이 옸더라(사람들이 아주 많이 왔더라)"처럼 보통의 정도보다 훨씬 더 넘어선 상태를 가리키는 말로도 쓴다. 허풍이 실제가 된 것이다.

허두세 전북 | 명사 | 없음
설, 추석과 같은 명절이나 제사상을 차릴 때 여러 가지 전을 부치고 남은 재료들을 이르는 말.
〔부안〕허두세 너갓고 적 붙여 먹세. 囲허드레 음식 넣어서 전 붙여 먹자.

ㅎ

허레 전남 | 명사 | 물이끼
물이낏과의 이끼류.
〔고흥〕그 물은 아무리 떠다가 오래 놔둬도 허레
가 안 껴. 표그 물은 아무리 떠다가 오래 두어도
물이끼가 안 껴.
◆바닷가에 허레가 끼면 이를 '포래'라고 하고, 뜯어
다 반찬으로 먹었다.

허리거름 충북 | 명사 | 없음
벼를 심고 중간쯤 자랐을 때 주는 비료.
〔옥천〕베가 많이 컸으니께 허리거름얼 주야겠구
먼. 표벼가 많이 컸으니까 '허리거름'을 줘야겠
구먼.

허릿바 경기 | 명사 | 허리띠
바지 따위가 흘러내리지 아니하게 옷의
허리 부분에 둘러매는 띠.
〔포천〕허리띠를 내 어릴 적에는 허릿바라고 말
하던 일이 있었지.

허벌창나다 전북 | 형용사 | 엄청나다
짐작이나 생각보다 정도가 아주 심하다.
〔정읍〕언지는 아재가 우떨헌티 멧밥이라도 챙겨
줘봤간디 그려, 허벌창나게 디리 패대기만 하고
말여. 표언제는 아재가 우리들한테 메밥이라도
챙겨줘봤다고 그래, 엄청나게 들입다 패대기치
기만 하고 말이야.
◆'허벌창나다'는 '창시(창자)'가 드러날 정도로 엄
청나다는 말로, '허벌나다'보다 어감이 더 강하다.

허신애비 충남 | 명사 | 허수아비
곡식을 해치는 새, 짐승 따위를 막기 위
하여 막대기와 짚 따위로 만들어 논밭에
세우는 사람 모양의 물건.
〔서산〕갈바람에 허신애비가 춤을 춘다. 표가을바

람에 허수아비가 춤을 춘다.
◆허수아비의 '허'는 비어 있다는 뜻의 '허(虛)'와 관
련이 있는 것으로 보인다.

허우덩싹 제주 | 부사 | 히쭉벌쭉
몹시 기뻐서 어쩔 줄 몰라 입을 크게 벌
리고 소리 없이 자꾸 웃는 모양.
〔구좌-한동〕손지가 높은 사름 뒝 누려오난 하르
방은 허우덩싹헷주게. 표손주가 높은 사람 돼서
내려오니까 할아버지는 히쭉벌쭉했지.

허지비 충북 | 명사 | 허수아비
곡식을 해치는 새, 짐승 따위를 막기 위
하여 막대기와 짚 따위로 만들어 논밭에
세우는 사람 모양의 물건.
〔진천〕요새는 허지비럴 세워놔두 소용두 읎드라
구. 표요새는 허수아비를 세워놔도 소용도 없더
라고.

허천나다 전남 | 동사 | 허발하다
몹시 굶주려 있거나 궁하여 체면 없이
함부로 먹거나 덤비다.
〔고흥〕오늘 회간에 갱게 가가 을마나 배가 고팠
는가 허천나게 묵어싸트마. 표오늘 회관에 가니
까 개가 얼마나 배가 고팠는지 허발하게 먹어대
더군. 〔강진〕매칠 동안 음석은 구갱도 못 했는지
허천나게 먹네. 표며칠 동안 음식은 구경도 못
했는지 허발하게 먹네. 〔진도〕짜는 멋을 먹을 땐
맨당 허천나게 먹웅께 같이 먹기 싫당께. 표쟤는
무엇을 먹을 땐 항상 허발하게 먹으니까 함께 먹
기 싫다니까.
◆'걸신들리다'를 전남에서는 '허천나다' 또는 '허천
들다'라고 한다. 그리고 그러한 사람을 '허천베기,
허천뱅이'라고 하고, 걸신들린 듯이 퍼먹는 것을 병
으로 보고 '허천벵(빙)'이라고 한다. 또 당뇨를 '허천

빙'이라고 하는 경우도 있는데, 대체로 당뇨에 걸린 사람이 마구 먹어대는 특징이 있다는 점을 빗대어서 말한 것이다.

허천나다 전북 | 동사 | 허발하다
몹시 굶주려 있거나 궁하여 체면 없이 함부로 먹거나 덤비다.
〔군산〕사흘 굶은 사람마냥 허천나게 먹더라고. 囲사흘 굶은 사람마냥 허발하게 먹더라고.
◆'허천'은 의미상 "몹시 굶주려 있거나 궁하여 체면 없이 함부로 먹거나 덤빔"을 뜻하는 '허발'과 비슷하다. '허천나다' 또는 '허벌나다'는 '허발나다'에서 온 말로 볼 수 있다. ◆전북에서는 마치 뱃속에 거지가 들어 있는 것처럼 끊임없이 음식을 먹는 사람을 가리켜 "허천병이 들다" 또는 "허천병이 나다"라고 한다. 이는 심리적인 부분까지 확대되어 '무언가를 탐하는 마음이 매우 심한 상태'를 뜻하기도 한다. ◆'허천나다'가 동사로 쓰일 때는 '걸신들리다'를 뜻하지만, 형용사로 쓰일 때는 '엄청나다'는 뜻이다.

허퉁허다 전북 | 형용사 | 허망하다
어이없고 허무하다.
〔전주〕그렇게 열심히 했는디 떨어졌다니까 듣는 사람 맘도 허퉁허네.囲그렇게 열심히 했는데 떨어졌다니까 듣는 사람 마음도 허망하네.〔정읍〕그 냥반이 돌아가셨단서 참말로 허퉁허네.囲그 양반이 돌아가셨다니 참말로 허망하네.〔임실〕근멘 성실헌 사람이 갑자기 가버링개 허퉁허고만.囲근면 성실한 사람이 갑자기 죽으니 허퉁하다.

헉숙ᄒ다 제주 | 형용사 | 허수하다
마음이 허전하고 서운하다.
〔구좌-종달〕꿩코 보레 가명은 멧 개나 잡아질건고 허단 안 걸려시민 헉숙허주게. 囲꿩 올가미 보러 가면서 몇 마리나 잡을 수 있을까 하면서

갔는데 안 걸렸으면 서운하지.

헌틀모 전북 | 명사 | 벌모
못줄을 쓰지 아니하고 손짐작대로 이리저리 심는 모.
〔임실〕고지먹은 논에 호락질로 헌틀모를 심는 것은 죽을 맛이여. 囲'고지먹은' 논에 혼자서 벌모를 심는 것은 죽을 맛이야. 〔부안〕다랭이논으다가 암치케라도 심는 것이 헌틀모여. 囲논다랑이에다가 아무렇게나 심는 것이 벌모야.
◆'고지'는 표준어로 '논 한 마지기에 값을 정하여 모내기부터 마지막 김매기까지의 일을 해주기로 하고 미리 받아 쓰는 삯, 또는 그 일'을 뜻한다. 가난한 농민이 농번기가 되기 전에 식량을 구하기 위한 유일한 수단이었다. 역시 표준어인 '호락질'은 '남의 힘을 빌리지 않고 가족끼리 농사를 짓는 일'을 뜻하는 말이다.

헐리 제주 | 명사 | 헌데
살갗이 헐어서 상한 자리.
〔용담〕진 손콥으로 극주난 헐리 안난디가 어성게. 囲긴 손톱으로 할퀴어 헌 데 없는 데가 없었어.
◆제주에서는 상처가 아물고 남은 흉터를 '패적'이라고 한다. -현임종(노형)

헛가다 북한 | 명사 | 허세
실속이 없이 겉으로만 드러나 보이는 기세.
〔자강〕너 헛가다 부리지 말라이. 囲너 허세 부리지 말아라.
◆'헛가다'의 '가다'는 일본어에서 온 말이다. '어깨'를 뜻하는데 어깨를 거들먹거리며 허세를 부리는 것에 비유적으로 쓴다. '헛'은 실속이 없는 것을 뜻한다.

헝글레 경북 | 명사 | 방아깨비
메뚜깃과의 곤충.

631

〔의성〕헝글레는 꾸 무우도 때때는 내삐렀다. 표 방아께비 암컷은 구워 먹어도 수컷은 내버렸다. 〔영덕〕황굴레를 많이 잡았다. 표방아깨비를 많이 잡았다.

◆의성에서는 방아깨비 암컷을 '헝글레'라고 하고, 수컷을 '때때'라고 한다. 주로 '헝글레'가 크기 때문에 암컷을 구워 먹곤 했다. −유정우(의성)

헝벅 경기 | 명사 | 헝겊

피륙의 조각.

〔이천〕옷에 구멍이 나면 헝벅으로 기워야지. 표 옷에 구멍이 나면 헝겊으로 기워야지. 〔강화〕손 가락잉 아파서 헝겁으로 범 좀 해야겠네. 표손가 락이 아파서 헝겊으로 범 좀 해야겠네.

◆본래 '범'은 반지나 병마개 따위가 헐거워 잘 맞지 않을 때 꼭 맞도록 틈 사이에 끼우는 헝겊이나 종이를 뜻하는 말이다.

헤갈매다 경북 | 형용사 | 군색하다

필요한 것이 없거나 모자라서 딱하고 옹색하다.

〔안동〕그 나라는 날이 하도 가물어서 마실 물도 모자라 다들 헤갈맨다더라. 표그 나라는 날이 하도 가물어서 마실 물도 모자라 다들 군색하다더라.

헤칭이 경남 | 명사 | 허깨비

기가 허하여 착각이 일어나, 없는데 있는 것처럼, 또는 다른 것처럼 보이는 물체.

〔부산〕가아가 헤칭이한테 홀렸단다. 표그 아이가 허깨비한테 홀렸다고 한다.

◆'허깨비'와 유사한 말로 '도깨비'가 있는데, '도깨비'는 갭(거제), 도째비(밀양·울산·창녕·함안·함양·합천), 도채비(남해), 독깨비(하동), 토깨비(고성·창녕), 토재비(함안)라고도 한다. 거제의 '갭'은 '돗가비'에서 온 말로, '돗'이 생략되고 '가비'가 '갭'

이 된 말이다. −김의부(거제)

호가 나다 충남 | 없음 | 없음

이름이 널리 알려져 있다.

〔공주〕아부지가 깽매기를 어찌나 심명나게 잘 치는지 호가 났지 뭐여. 표아버지가 꽹가리를 어찌나 신명나게 잘 치는지 '호가 났지' 뭐야.

호끔 제주 | 명사 | 조금

적은 정도나 분량.

〔용담〕호끔이라도 하영 주기엔 허건 거쓴 풀어 부러! 표조금이라도 많이 준다고 하면 얼른 팔아 버려!

호다리꽁 강원 | 명사 | 반딧불이

반딧불잇과의 딱정벌레를 통틀어 이르는 말.

〔정선〕호다리꽁아 바질바질 꽁무니에 불 켜 들고 어디를 가니? 표반딧불이야 바질바질 꽁무니에 불 켜 들고 어디를 가니? 〔영월〕호다리꽁이 날아다닌다. 표반딧불이가 날아다닌다. 〔춘천〕요즘은 개똥불 보기두 힘들어. 표요즘은 반딧불이 보기도 힘들어. 〔삼척〕예전에는 개똥벌거지가 많았잖소. 잡아서 호박꽃 속에 가두기도 했고 남을 놀려주려고 불이 있는 꽁무니를 떼어 눈썹 위에 붙이기도 했잖소. 표예전에는 반딧불이가 많았잖소. 잡아서 호박꽃 속에 가두기도 했고 남을 놀려주려고 불이 있는 꽁무니를 떼어 눈썹 위에 붙이기도 했잖소.

◆'반딧불이'를 '개똥불'이라고 부르는 까닭은 '개똥'에서 서식하기 때문이 아니라 불은 불인데 불같지 않은 불이기 때문이다. 즉 가짜 불이라는 뜻이다. −김인기(강릉)

호도죽 북한 | 명사 | 호두죽

속껍질을 벗긴 호두 속살을 멥쌀과 함께 물에 불려 맷돌에 갈아서 쑨 죽.

〔북한〕가을엔 호도를 따서 호도죽을 쑤어 먹는 게 보약입네다. 표가을엔 호두를 따서 호두죽을 쑤어먹는 게 보약입니다.

호드래기 경북 | 명사 | 회오리바람

갑자기 생긴 저기압 주변으로 한꺼번에 모여든 공기가 나선 모양으로 일으키는 선회 운동.

〔칠곡〕저짝 마실에 큰 호드래기가 와가 나락 다 쓰러지고 난리도 아이다. 표저쪽 마을에 큰 회오리바람이 와서 벼가 다 쓰러지고 난리도 아니다.

호들기 경기 | 명사 | 호드기

봄철에 물오른 버드나무 가지의 껍질을 고루 비틀어 뽑은 껍질이나 짤막한 밀짚 토막 따위로 만든 피리.

〔평택〕여름이면 냇가에 앉아 버드나무 가지를 꺾어 호들기를 만들어 불곤 했다. 표여름이면 냇가에 앉아 버드나무 가지를 꺾어 호드기를 만들어 불곤 했다.

호랑 충남 | 명사 | 호주머니

옷의 일정한 곳에 헝겊을 달거나 옷의 한 부분에 헝겊을 덧대어 돈, 소지품 따위를 넣도록 만든 부분.

〔서산〕거시름둔을 받어 호랑에 넣었다. 표거스름돈을 받아 호주머니에 넣었다. 〔예산〕지는 호랑 안창이 다 터져서니 암 꺼두 늘 수가 읎유.-이명재(2015) 표저는 호주머니 안창이 다 뚫어져서 아무것도 넣을 수가 없어요.

◆충남을 비롯하여 인천, 전남, 경남에서는 호주머니를 '호랑'이라고 한다. '호랑'은 오랑캐의 주머니를 뜻하는 '호낭(胡囊)'에서 온 말로, 원래 한복에는 주머니가 없었고 따로 주머니를 만들어 필요한 물건을 넣어 허리에 차고 다녔는데 청나라 옷에 있는 주머니를 받아들여 조끼, 저고리, 적삼 따위에 헝겊 조각을 덧대어 주머니를 만들고 이를 오랑캐의 주머니라는 뜻으로 '호주머니'라고 불렀다. -장경윤(서산)

호래기 경남 | 명사 | 꼴뚜기

꼴뚜깃과의 귀꼴뚜기, 좀귀꼴뚜기, 잘록귀꼴뚜기, 투구귀꼴뚜기를 통틀어 이르는 말.

〔마산〕호래기젓 무바났나? 표꼴뚜기젓 먹어봤니? 〔하동〕호래기가 요새 제철이라 초집에 찍어 무우모 맛이 직인다. 표꼴뚜기가 요새 제철이라 초고추장에 찍어 먹으면 맛이 죽인다.

호렝이 제주 | 명사 | 없음

참바나 집줄 따위를 틀 때 사용하는 도구.

〔남원〕지붕 일젠 허민 새 비어단 그 호렝이로 줄을 비어살 거. 표지붕 이려고 하면 띠 베어다가 그 '호렝이'로 줄을 꼬아야 할 거야. 〔한경-신창〕그 줄 비는 사람은 호렝이 심엉 영 영 돌리멍 어느 만이 허민 이레 꼽앗당 이제 두 개 부쩌가주게. 표그 줄 꼬는 사람은 '호렝이' 잡아서 이렇게 이렇게 돌리면서 어느 만큼 하면 이리 꼬았다가 이제 두 개를 붙여가지.

◆제주는 바람이 세다. 따라서 생활 문화 곳곳에 바람을 피하기 위한 방법이 마련되어 있다. 초가의 경우 높이를 낮게 하여 짓고, 바람에 지붕을 덮은 '새(띠)'가 날아가지 않도록 띠를 꼬아서 줄로 지붕을 바둑판 모양으로 단단하게 묶는다. 이 지붕을 얽어 묶는 새끼줄을 '집줄'이라고 하는데, '집줄'을 만들 때 '호렝이'와 '뒤치기'가 필요하다.

호리뺑빼이 경남 | 명사 | 거저먹기

(1)힘을 들이지 아니하고 일을 해내거나

어떤 것을 차지하는 것.

(2)손쉬운 상대.

〔창원〕그런 일이사 호리뺑빼이지 머. 표그런 일
이야 거저먹기지 뭐. 〔진해〕글마는 호리뺑빼이
아이가. 표그 아이는 거저먹기 아닌가. 〔하동〕나
락 한 가마이 지고 가는 거는 내헌태는 호리뺑빼
이다. 표벼 한 가마니 지고 가는 일은 나에게는
거저먹기다.

◆거제에서 '호리뺑빼이'는 어렵지 않게 할 수 있는
일을 뜻하고, '호리멘멘하다'는 상대를 다루거나 대
하는 것이 부담스럽지 않다는 것을 뜻한다. '호리'
가 소 한 마리가 끄는 간편한 쟁기를 뜻하는 말이기
때문이다. 그런가 하면 창녕에서 '호시뺑빼이'는 쉽
고 재미있는 일을 뜻한다. '호시'가 그네나 시소, 나
무줄기를 타고 노는 놀이를 가리키는 말이기 때문이
다. 흔히 '호시탄다'라고 한다. -김의부(거제)·성기
각(창녕)

호맹이 전북 | 명사 | 호미

김을 매거나 감자나 고구마 따위를 캘
때 쓰는 쇠로 만든 농기구. 끝은 뾰족하
고 위는 대개 넓적한 삼각형으로 되어
있는데 목을 가늘게 휘어 구부린 뒤 둥
근 나무 자루에 박는다.

〔전주〕내 호맹이는 어딨간? 표내 호미는 어디 있
을까? 〔남원〕호맹이 자루가 빠져 김도 못 매겄
네. 표호미 자루가 빠져서 김도 못 매겠네. 〔부
안〕호맹이 찌깐힌 것은 반지락 캘 때 써. 표호미
작은 것은 바지락 캘 때 써. 〔군산〕돌밭여 호밍
이 날이 다 나가부렀어. 표돌밭이어서 호미 날이
다 나가버렸어. 〔임실〕풀이 나믄 호메이로 깊숙
이 파서 매야 혀. 안 그럼 금시 또 나. 표풀이 나
면 호미로 깊숙이 파서 매야 해. 안 그러면 금세
또 나.

◆임실군 덕치면에서 전해오는 민요에 "정저님네 씨

든 호뭉이도 내어놓소"라는 노랫말이 있는 것으로
보면, 같은 일실이라도 호미를 '호메이'라고 한 곳도
있고, '호뭉이'라고 한 곳도 있음을 알 수 있다.

호맹이 충남 | 명사 | 호미

김을 매거나 감자나 고구마 따위를 캘
때 쓰는 쇠로 만든 농기구.

〔금산〕호맹이? 걸 뭐 혈라고 물어본대. 농사질
때 쓰지. 표호미? 그것을 뭐 하려고 물어본대. 농
사지을 때 쓰지. 〔대전〕패미루 그냥 끅쩍거리기
만 하지 몯타.-한영목(2005) 표호미로 그냥 끍
적거리기만 하지 못해. 〔공주〕헛간 베름빡 호미
거리에 호맹이가 대여섯 개나 있었는디 다 어디
가구 션찮은 거만 뒤 자루 있네그려. 표헛간 벽
호미걸이에 호미가 대여섯 개나 있었는데 다 어
디로 가고 시원찮은 것만 두어 자루 있네그려.
〔논산〕풀을 제대로 뽑아야지. 그렇게 호맹이로
맨땅만 박박 긁어? 표풀을 제대로 뽑아야지. 그
렇게 호미로 맨땅만 박박 긁어?

◆'호맹이'는 '호미'에 접사 '-앵이'가 붙은 꼴로 충
남 전역에서 널리 쓰이던 말이다. 그런데 말의 표준
화가 진행되면서 1970년대에 거의 자취를 감추었
다. 다만 교통 등의 이유로 경기도와 왕래가 드물었
던 서산, 태안 등지에서 오랫동안 명맥을 유지했던
말이다. -이명재(예산) ◆충남뿐만 아니라 경상도와
전라도에서도 '호미'를 '호맹이'라고 부른다. 꼬마를
'꼬맹이'라고 하고, 코막힌 사람을 '코맹맹이'로 부
르는 등 접사 '-맹이'의 생산성이 강해 좀 더 폭넓게
확산될 수 있었던 것으로 보인다.

호무 강원 | 명사 | 호미

김을 매거나 감자나 고구마 따위를 캘
때 쓰는 쇠로 만든 농기구.

〔평창〕호무가 아니고 꽤라 있어요. 표호미가
아니고 괭이라고 있어요. 〔삼척〕호무 가지고 밭

매러 가자. 표호미 가지고 밭 매러 가자. 〔원주〕
아이 맬 쩌 호매이루다 이렇게 엎어 매고, 야중엔
손으로 매지. 표처음 맬 적에 호미로 이렇게 엎어
매고, 나중엔 손으로 매지. 〔춘천〕회미질 좀 잘해
봐. 풀뿌리를 뽑아야지 분지르기만 하면 금방 또
올라온다구. 표호미질 좀 잘해봐. 풀뿌리를 뽑아
야지 분지르기만 하면 금방 또 올라온다고.

호미수세 경기 | 명사 | 호미씻이
농가에서 농사일, 특히 논매기의 만물을
끝낸 음력 7월쯤에 날을 받아 하루를 즐
겨 노는 일.
〔파주〕음력 7월에 일이 끝나면 호미수세를 하고
놀아. 표음력 7월에 일이 끝나면 호미씻이를 하
고 놀아.
◆'호미수세'는 호미를 씻는다는 의미의 '호미씻이'
에서 '씻이'를 한자어인 '수세(水洗)'로 바꾸어 쓴 말
로 보인다.

호박고자리 강원 | 명사 | 호박고지
애호박을 얇게 썰어 말린 반찬거리.
〔원주〕떡에 넣고자 호박고자리를 만든 것은 무
척 오래되었다. 표떡에 넣기 위해 호박고지를 만
든 것은 무척 오래되었었지. 〔춘천〕호박고자리를
만들어뒀다가 떡을 만들면 호박떡이지. 표호박
고지를 만들어뒀다가 떡을 만들면 호박떡이지.
◆호박이나 박, 가지, 무, 고구마, 감 등을 오래 두고
먹기 위해 납작납작하거나 잘고 길게 썰어 말려두
었는데, 그렇게 말려두는 것을 '말랭이' 또는 '고자
리'라고 한다. 호박으로 만들면 '호박고자리', 박으
로 만들면 '박고자리', 가지로 만들면 '가지고자리',
무로 만들면 '무고자리', 고구마로 만들면 '고구마고
자리', 감으로 만들면 '감고자리'라고 한다. -유연선
(춘천)

호박고재기 충남 | 명사 | 호박고지
애호박을 얇게 썰어 말린 반찬거리.
〔서산〕호박고재기루 해다가 꿰가꾸 만든다구. 표
호박고지로 해다가 꿰어가지고 만든다고. 〔논산〕
겨울에 호박꼬지를 놓고 떡을 하면 증말 맛이 기
가 막히지. 표겨울에 호박고지를 넣고 떡을 하면
정말 맛이 기가 막히지. 〔세종〕저렇게 호박을 많
이 썰어 넣으니 올해는 호박꼬재기 풍년여. 표저
렇게 호박을 많이 썰어 넣었으니 올해는 호박고
지가 풍년이야.

호부 경남 | 부사 | 기껏
힘이나 정도가 미치는 데까지.
〔창원〕호부 그래빼기 몬 하나? 표기껏 그렇게밖
에 못 하니? 〔합천〕까장 그거빼끼 몬 했나? 표기
껏 그것밖에 못 했니? 〔울산〕내나 동개나았디 얼
개뿠다. 표기껏 쌓아놓았더니 허물어버렸다. 〔진
해〕니가 항금에야 해놓은 기 머 있노? 표네가 기
껏해야 해놓은 게 뭐 있니?
◆'호부'는 '기껏'이라는 뜻 외에도 '고작'이라는 뜻
이 있다.

호섭다 경기 | 형용사 | 재미있다
아기자기하게 즐겁고 유쾌한 기분이나
느낌이 있다.
〔안성〕시원하니 아주 호섭다. 표시원하니 아주
재미있다.
◆홑이불을 양쪽에서 모아 잡고 가운데에 덩치 작은
어린이를 뉘어 살살 흔들어주며 놀 때 '호섭다'고 한
다. 경기도 안성에서 쓰던 말이다. -김영숙(안성)

호숩다 전남 | 형용사 | 재미있다
아기자기하게 즐겁고 유쾌한 기분이나
느낌이 있다.
〔순천〕군지 탕께 솔찮이 호숩네이. 표그네 타니

까 무척 재미있다.

◆'호숩다'는 '재미있다'를 뜻하는 말이지만 특정한 상황에서 쓴다. 그네라든지 뭔가 흔들리는 것에 타서 둥둥 뜨는 것 같은 느낌을 받을 때다. 1960년대와 1970년대에 일상적으로 쓰던 옛말이다. 지금은 좀처럼 듣기 어렵게 되었다. ―이형순(순천)

호시뺑빼이 경북 | 명사 | 없음
지극히 호사스러운 일.
〔대구〕아이고 말도 마소. 서울서 집 장사로 해가주고 돈을 엄청 벌이가아 호시뺑빼이로 산다드마. 표아고 말도 마시오. 서울에서 집 장사를 해가지고 돈을 엄청 벌어서 '호시뺑빼이'로 산다더라고.

호욱 경북 | 부사 | 가끔
시간적·공간적 간격이 얼마쯤씩 있게.
〔경주〕호욱 한 분썩 오더라. 표가끔 한 분썩 오더라.

호줌니 경기 | 명사 | 호주머니
옷의 일정한 곳에 헝겊을 달거나 옷의 한 부분에 헝겊을 덧대어 돈, 소지품 따위를 넣도록 만든 부분.
〔연천〕겨울에 추우면 호줌니에 손을 늫구 다녀. 표겨울에 추우면 호주머니에 손을 넣고 다녀.

호지나다 경남 | 형용사 | 재미있다
아기자기하게 즐겁고 유쾌한 기분이나 느낌이 있다.
〔창녕〕기차로 처음 타보이 무섭도 안 하고 호지나더라. 표기차를 처음 타보니 무섭지도 않고 재미있더라.

◆'호시다'는 '고시다'에서 온 말로 흔들리거나 움직이는 것을 탔을 때 느끼는 '재미'를 나타내는 말이다. 진주 등지에서 사용하는 '궂지다'라는 말은 전통

사회에서 굿판이 좋은 구경거리의 하나였기 때문에 생겨날 수 있었던 말로 보인다. ―김승호(진주)

흑닥겉다 경남 | 형용사 | 쓸모없다
쓸 만한 가치가 없다.
〔밀양〕머 이래 흑닥겉은 걸 팔고 있노? 표뭐 이렇게 쓸모없는 걸 팔고 있을까?

◆경상도 일부에서는 말 같지 않은 말을 '흑닥겉은 말'이라고 한다. 그런가 하면 파는 물건의 상태가 좋지 않거나 사용하는 데 불편한 물건을 가리켜 '흑닥겉다'라고도 한다.

흑썩 전남 | 명사 | 호들갑
경망스럽고 야단스러운 말이나 행동.
〔고흥〕콩밭이 못 씨게 되부렀다고 와서 흑썩을 쳐쌌틈마는 가서 봉께 어저께나 오늘이나 똑같드라고. 표콩밭이 못 쓰게 되어버렸다고 호들갑을 떨더마는 가서 보니까 어제나 오늘이나 똑같더라고. 〔장성〕아이가, 흑썩 좀 떨지 말라고. 정신이 하낫도 없네그랴. 표아이고, 수선 좀 떨지 마라. 정신이 하나도 없네그려. 〔진도〕감자밭 지심을 잘못 맸다고 집에 와서 흑썩을 떨어서 가서 봤더니 내가 보기엔 잘 매진 것 같은데 그라더라. 표고구마밭 김을 잘못 맸다고 집에 와서 호들갑을 떨어서 가서 봤더니 내가 보기에는 잘 매어진 것 같은데 그러더라.

◆'흑썩'은 '별것도 아닌 일에 과하게 요란을 떨거나 호들갑을 떨며 반응할 때 쓰는 말'이다. 경우에 따라 '너스레'의 사투리로 보기도 한다. ◆'흑썩'은 '치다' 또는 '떨다'와 함께 쓰인다.

홀기다 전남 | 동사 | 홀리다
(1)유혹하여 정신을 차리지 못하게 하다.
(2)달래다.
〔고흥〕아이, 활개지 말고 싸쌀 홀개서 메꼬 온나

잉. 표아이, 혼내지 말고 살살 홀려서 데리고 오
너라. 〔강진〕동상 홀개 사탕 빼사 묵었구나. 표동
생 홀려 사탕 빼앗아 먹었구나. 〔진도〕백여시는
사람을 홀겨서 잡아간다. 표백여우는 사람을 홀
려서 잡아간다.
◆'홀기다'는 '홀리다'는 뜻도 있지만 '달래다'는 뜻
도 있다.

홀망채다 경북 | 형용사 | 혼란스럽다
보기에 뒤죽박죽이 되어 어지럽고 질서
가 없는 데가 있다.
〔안동〕마음이 바쁘니까 갑자기 홀망채서 통 생
각이 안 나네. 표마음이 바쁘니까 갑자기 혼란스
러워 통 생각이 안 나네.

홀베다 경북 | 동사 | 혼내다
윗사람이 아랫사람의 잘못에 대하여 나
무라거나 벌을 주다.
〔안동〕이놈들 조용히 놀지 않으면 홀벤다. 표이
놈들 조용히 놀지 않으면 혼낸다.

홀치개 경기 | 명사 | 벼훑이
두 개 또는 여러 개의 나뭇가지를 집게
처럼 만들고 그 사이에 벼 이삭을 넣고
벼의 알을 훑는 농기구.
〔용인〕홀치개를 잡아당기면 낟알만 떨어지니 좋
지. 표벼훑이를 잡아당기면 낟알만 떨어지니 좋
지. 〔이천〕옛날에는 하루 종일 홀태바씸으루 베
를 훑었어. 표옛날에는 하루 종일 벼훑이로 벼를
훑었어. 〔강화〕옛날에는 탈곡기가 읎어서 홀태로
벼를 훑터었어. 표옛날에는 탈곡기가 없어서 벼
훑이로 벼를 훑었어.
◆'홀치개'는 두 개의 가는 나뭇가지나 수숫대, 댓가
지를 묶어 집게 모양으로 만든 다음, 벼 이삭을 그
사이에 끼워 오므린 다음 낟알을 훑어내는 농기구이

다. ◆'홀태바씸'은 의미가 같은 말을 중복해서 사용
한 말이다. '홀태'는 '벼훑이'를 뜻하고, '바씸'은 '바
심'에서 온 말로 '곡식의 이삭을 떨어서 낟알을 거두
는 일'을 뜻한다.

홍돈홍돈 경북 | 부사 | 정신없이
무엇에 놀라거나 경황이 없어 앞뒤를 생
각하거나 사리를 분별할 여유가 없이.
〔영천〕내 바아 돌아가가 홍돈홍돈 하지 말고. 표
내 방에 돌아가서 정신없이 하지 말고.

홍양홍양하다 경북 | 형용사 | 흐물흐물하다
힘이 없어 뭉그러지거나 늘어지는 데가
있다.
〔의성〕운동을 안 하이께 하마 허벅지가 홍양홍
양하다. 표운동을 안 하니까 벌써 허벅지가 흐물
흐물하다.

홍어 충북 | 명사 | 가오리
가오릿과의 바닷물고기를 통틀어 이르
는 말.
〔옥천〕홍어넌 아무 때나 못 먹구 잔치나 있으믄
먹을 수가 있지. 표가오리는 아무 때나 못 먹고
잔치나 있으면 먹을 수가 있지.
◆내륙 지역에서는 홍어와 가오리를 구분하지 않는
경우가 많다. 대부분 홍어라고 한다.

홍처매다 경기 | 동사 | 홀쳐매다
풀리지 아니하도록 단단히 잡아매다.
〔강화〕아기를 금방 난 산모의 젖은 홍처매야 젖
이 흐르지 않는다. 표아기를 금방 낳은 산모의
젖은 홀쳐매야 젖이 흐르지 않는다.

화경 충북 | 명사 | 돋보기
작은 것을 크게 보이도록 알의 배를 볼

637

록하게 만든 안경.
〔옥천〕화경을 차구서 여기저기 돌아댕기다 워다 떨첬는지 잃어삐렸어요. 표돋보기를 차고서 여기저기 돌아다니다가 어디다 떨어뜨렸는지 잃어버렸어요.

화륵ㅎ다 제주 | 동사 | 없음

(1)당황하여 이리저리 급하게 움직이다.
(2)조바심을 내는 상태에 있다.
〔남원-태흥〕겡인 어디 돌고망 영헌 디 박아정 이시난 골겡이로 긁노렌 허민 것이 화륵허게 나와이. 나오민 그거 심어.-김순자·김미진(2019) 표게는 어디 돌구멍 이런 데 박혀 있으니까 호미로 긁느라면 그것이 '화륵하게' 나와. 나오면 그거 잡아. 〔구좌-한동〕독도 심젠 허민 화륵ㅎ민 동으로, 화륵ㅎ민 서으로 도망가불어. 표닭도 잡으려고 하면 '화륵하면' 동으로, '화륵하면' 서로 도망가버려.
◆여기저기 바쁘게 돌아다니는 모습을 '화륵화륵'이라고도 하고 '화르륵화르륵' 또는 '화륵탁화륵탁'이라고도 한다. 관용적인 표현으로 '이레 화륵 저레 화륵'이라고 한다.

화리 충북 | 명사 | 화로

숯불을 담아놓는 그릇. 주로 불씨를 보존하거나 난방을 위하여 쓴다.
〔보은〕고물개루 재를 끄내서 화리에 담우야지. 표고무래로 재를 꺼내서 화로에 담아야지.

화초지 전남 | 명사 | 무채

채칼 따위로 치거나 가늘게 썬 무. 또는 그것으로 만든 반찬.
〔고흥〕화초지에는 액젓하고 매운 꼬칫가리를 팍팍 무쳐야 제맛이여. 표무채에는 액젓하고 매운 고춧가루를 팍팍 무쳐야 제맛이야.

◆전남에서는 '무채'를 보통 '채지'라고 부른다. 무를 채 썰어 소금, 고춧가루 등 양념으로 무쳐 김치처럼 먹을 수 있게 만들었다 해서 붙인 이름이다. 그런가 하면 고흥에서는 '무채'를 '화초지'라고 한다. '화초'는 고흥에서 '고명'을 뜻하는 말이다. 광양에서는 '화채'라고 한다. ◆광양과 고흥에서는 고추로 만든 고명을 '화채', '화초', '실고치'라고 한다. 화초(화채)는 말린 고추를 물에 불려서 물기를 뺀 후에 돌돌 말아서 아주 가늘게 썰어서 만든다. 찐 생선이나 전에 장식으로 얹는다.

화티 강원 | 명사 | 없음

아궁이 옆에 작은 아궁이를 만들어 불씨를 보관하던 곳.
〔삼척〕굴피집에서는 화티를 부뚜막보다 한 단 높게 맨들잖소. 표굴피집에서는 '화티'를 부뚜막보다 한 단 높게 만들잖소.
◆'화티'는 아궁이 옆에 작은 아궁이를 따로 만들어 불씨를 보관해두던 곳이다. 타다 남은 불씨를 재로 덮고 그 위에 불돌을 얹어두면 불씨가 꺼지지 않고 오래간다. 지역에 따라 '화투' 또는 '화루'라고도 한다. ◆예전에는 불씨를 재에 묻어두는 곳을 마련하는 집들이 많았다. '화티'는 '화(火)터'에서 온 말로 보인다. -유연선(춘천)

확눈 강원 | 명사 | 없음

사람이 한 번도 밟은 적 없이 쌓여 있는 눈.
〔강릉〕마당에 눈이 소복히 쌓였다. 확눈이다. 표마당에 눈이 소복이 쌓였다. '확눈'이다.
◆'자취눈'은 겨우 발자국이 날 만큼 적게 내린 눈을 뜻하는 말로서 표준어로는 '자국눈'이라고 한다.

활루 경기 | 명사 | 화로

숯불을 담아놓는 그릇. 주로 불씨를 보존하거나 난방을 위하여 쓴다.

〔김포〕겨울엔 집집마다 방에 활루를 들여놓구 불도 쬐구 그랬어. 표겨울엔 집집마다 방에 화로를 들여놓고 불도 쬐고 그랬어. 〔강화〕활루불이 다 꺼져가니 방이 춰. 아궁에서 활루불 좀 더 담아 와. 표화롯불이 다 꺼져가니 방이 추워. 아궁이에서 화롯불 좀 더 담아 와. 〔양평〕겨울에는 추우니까 화리에 둘러안지가지구 밤두 귀 먹구 그랬지. 표겨울에는 추우니까 화로에 둘러앉아서 밤도 구워 먹고 그랬지. 〔여주〕옛날에는 화루가 있어야 겨울을 날 수 있었지. 표옛날에는 화로가 있어야 겨울을 날 수 있었지.

◆우리 민족은 예로부터 불씨가 집안의 재물운과 관계가 있다고 믿어왔다. 그래서 화로의 불씨를 꺼뜨리지 않고 전하기 위해 노력을 많이 기울였다. 시어머니가 며느리에게 불씨가 담긴 화로를 대대로 물려주는 경우도 있었다. 또한 종가로부터 분가할 때 그 집안의 맏이가 이사하는 새집에 불씨 화로를 들고 먼저 들어가는 관습이 있었다.

황닥불 강원 | 명사 | 화톳불

한데다가 장작 따위를 모으고 질러놓은 불.
〔춘천〕제사에 쓰이는 어물을 황닥불에 굽는다. 표제사에 쓰이는 어물을 화톳불에 굽는다. 〔평창〕황악불에 살찐다. 표화톳불에 살찐다.

◆흔히 날씨가 추울 때 야외에서 많은 사람이 모이면 '황닥불'을 피우는데, 몸을 덥힐 목적도 있지만 고구마나 감자를 구워 먹기 위한 목적도 있다. 그래서 그런지 예로부터 "황닥불에는 그지두 살찐다"라는 말이 있을 정도이다. -유연선(춘천)

황달게이 경북 | 명사 | 황소

큰 수소.
〔경주〕뒷집 황달게이가 발정이 났다. 표뒷집 황소가 발정이 났다.

황새기 전북 | 명사 | 황석어

민어과의 바닷물고기인 황석어를 이르는 말.
〔부안〕황새기가 배가 통통해갓고 살찐 놈을 살짝 소금에다 절여갓고 적쇠에다 구워주면 그렇게 잘 먹어. 표황새기가 배가 통통하게 살찐 놈을 살짝 소금에다 절여서 석쇠에 구워주면 그렇게 잘 먹어.

◆더러 '황새기'를 새끼 조기로 아는 사람들이 있는데, 비슷하게 생겼을 뿐 어종도 다르고 맛도 다르다.
◆'황새기'는 알을 품은 몸의 색깔이 노랗고, 머리가 돌처럼 단단하다고 해서 붙여진 이름이다.

홰루질 충남 | 명사 | 없음

밤에 간조 때 횃불을 들고 얕은 바다에서 낙지, 소라, 게 등의 어패류를 잡는 일.
〔서산〕홰루질은 달빛이 환헌 보름밤버덤 어둥컴컴헌 그믐밤이 더 좋다. 표'홰루질'은 달빛이 환한 보름밤보다 어두컴컴한 그믐밤이 더 좋다.

◆충남 서산에서는 예로부터 밤에 횃불을 들고 갯벌에서 어패류를 채취하는 행위를 '해루질' 또는 '홰루질'이라고 하였다. 별다른 도구 없이 개펄에서 조개 등을 채취하는 일을 '개우적질'이라고도 한다.

회국수 북한 | 명사 | 없음

생선을 회 쳐서 꾸미로 얹은 국수.
〔북한〕회국수는 농마국수 사리에 명태, 홍어, 가재미 등의 물고기로 만든 회를 얹어 만든다.-서영일(2002)

◆회국수는 함경도 음식으로 감자녹말 국수 사리에 명태, 홍어 등 생선회를 얹고 난 후 실파, 실고추로 고명을 하고 국수 국물을 부어 만든다. 맛은 시큼하면서도 달콤하고 매운 것이 특징이다. ◆남한의 '회냉면'에 해당하는 말로 볼 수 있으나 국수의 질감이 다르다.

ㅎ

회돌 북한 | 명사 | 횟돌

탄산칼슘을 주성분으로 하는 퇴적암.

〔북한〕모든 인민반에서 회돌로 울타리 회칠을 해야 한다. 표모든 인민반에서 횟돌로 울타리 회칠을 해야 합니다.

◆회돌은 남한의 횟돌과 같은 말로서 석회암, 석회석이라고도 한다. 횟돌을 잘 구워서 물에 희석시키면 하얀 페인트처럼 되는데, 그것으로 집이나 건물의 안팎을 칠할 수 있다. 특히 북한은 봄과 가을에 회칠을 하도록 주민들을 격려한다. 수중 동물의 뼈나 껍질이 쌓여 생기며, 섞여 있는 광물의 종류에 따라 여러 가지 색깔을 띤다. 시멘트, 석회, 비료 따위의 원료로도 쓴다.

회평 전북 | 명사 | 없음

적당한 크기로 썬 생선회에 오이, 도라지, 미나리 등의 채소를 넣고 고추장, 고춧가루, 식초 등으로 간을 맞춰 버무린 음식.

〔부안〕잔칫상에는 꼭 홍어로 무친 회평이 있으야지. 표잔칫상에는 꼭 홍어로 만든 회무침이 있어야지.

후둒다 경남 | 동사 | 내쫓다

밖으로 몰아내다.

〔함안〕그 아이들을 후둒아서 보냈다. 표그 아이들을 내쫓아 보냈다. 〔진해〕저 도둑괭이 좀 후둒아삐라. 표저 도둑고양이 좀 내쫓아버려라.

후딱시 북한 | 명사 | 꾸지람

아랫사람의 잘못을 꾸짖는 말.

〔북한〕영희는 엄마의 말을 안 들어서 맨날 후딱시를 먹슴. 표영희는 엄마의 말을 안 들어서 맨날 꾸지람을 먹습니다.

◆'후딱시'는 '먹다' 등과 함께 쓰인다.

후라이쟁이 북한 | 명사 | 거짓말쟁이

거짓말을 잘하는 사람.

〔자강〕저번에 봤던 그 사람 후라이쟁이 아니오? 표저번에 봤던 그 사람 거짓말쟁이 아닙니까?

후룩하다 경기 | 동사 | 없음

수나 양, 무게, 부피 등이 줄어들어 허전하다.

〔양평〕그이까 쑥 드러가니까 후루캥거지 머.-최명옥(2008) 표그러니까 쑥 들어가니까 '후룩한' 거지 뭐.

후룸하다 경북 | 형용사 | 멀겋다

국물 따위가 진하지 아니하고 매우 묽다.

〔의성〕국물이 후룸하이 맛이 파이다. 표국물이 멀거니 맛이 별로다.

후이다 경기 | 동사 | 휘다

꼿꼿하던 물체가 구부러지다. 또는 그 물체를 구부리다.

〔이천〕허리가 후일 정도로 열씸이 일해두 나아지는게 읎는 거에요. 표허리가 휠 정도로 열심히 일해도 나아지는 게 없는 거에요. 〔여주〕철근이 후였으니 똑바로 펴. 표철근이 휘였으니 똑바로 펴.

후줏국 전남 | 명사 | 훗국

진국을 우려낸 건더기로 다시 끓인 국. 나물을 무치거나 국을 끓일 때에 양념으로 사용한다.

〔고흥〕후줏국으로 노물 무체 묵으믄 맛네. 표후줏국으로 나물 무쳐 먹으면 맛나.

◆봄에 멸치 젓갈을 담가서 1년쯤 삭힌 후에 채반에 걸러내는 것을 "액젓을 내린다"라고 하고, 이렇게 초벌로 내린 젓을 '액젓'이라고 한다. 액젓을 내린 찌꺼기에 물을 붓고 달이는 작업은 "후줏국 데린다"

라고 하며 이렇게 달인 물을 '후줏국'이라고 한다.

후질르다 충북 | 형용사 | 어지럽히다
물건들을 제자리에 놓지 않고 여기저기 널어놓아 너저분하게 만들다.
〔옥천〕그만 좀 후질르구 청소 좀 햐. 표그만 좀 어지럽히고 청소 좀 해.
◆'후질르다'는 "옷을 더럽히다"는 뜻으로도 쓴다.

훅시리다 전북 | 형용사 | 단정하다
옷차림새나 몸가짐 따위가 얌전하고 바르다.
〔익산〕애야, 머리를 좀 훅시리거라. 표애야, 머리를 좀 단정하게 해라.

훈적 제주 | 명사 | 거짓말
사실이 아닌 것을 사실인 것처럼 꾸며대어 말을 함. 또는 그런 말.
〔중문〕가인 말 고를 때마다 훈적이 저푼다. 표그 아이는 말할 때마다 거짓말이 굉장히 많다.

훚다 경북 | 동사 | 쫓다
어떤 자리에서 떠나도록 몰다.
〔경주〕허재비가 참새를 잘 훚어서 좀 낫다. 표허수아비가 참새를 잘 쫓아서 좀 낫다.
◆경상도에서 '쫓다'는 주로 길짐승을 대상으로 쓰고, '훚다' 또는 '후차다'는 주로 날짐승을 대상으로 쓴다.

훼파람 경기 | 명사 | 휘파람
입술을 좁게 오므리고 혀끝으로 입김을 불어서 맑게 내는 소리. 또는 그런 일.
〔인천〕밤에 훼파람 불면 뱀 나온다고 으른들이 못 불게 했어. 표밤에 휘파람 불면 뱀 나온다고 어른들이 못 불게 했어.

휘젓하다 충북 | 형용사 | 허전하다
주위에 아무것도 없어서 공허한 느낌이 있다.
〔옥천〕할아부지가 돌아가시구 나니께 마음이 기냥 휘젓하더라구. 표할아버지가 돌아가시고 나니까 마음이 그냥 허전하더라고.

흐들시리 경북 | 부사 | 아주
보통 정도보다 훨씬 더 넘어선 상태로.
〔영천〕가는 말이 흐들시리 많다. 표걔는 말이 아주 많아.

흐무죽하다 강원 | 형용사 | 흡족하다
조금도 모자람이 없을 정도로 넉넉하여 만족하다.
〔강릉〕이레마둥 만내는 방공일이 되문 지달레지구 기땐 이쁜 서방이 바잠문으 밀치문 그러 흐무죽하잖소. 표이레마다 만나는 반공일이 되면 기다려지고 그때는 예쁜 서방이 바잣문을 밀치면 그렇게 흡족하잖소. 〔인제〕그리 앵앵대서 그만큼 받았으니 이젠 흐마허냐? 표그렇게 앵앵대서 그만큼 받았으니 이젠 흡족하냐?
◆일반적으로 평평한 것을 '나부죽하다'라 하고, 넓은 것을 '너부죽하다'라고 하듯이 흐믓한 것을 '흐므죽하다'라고 한 것으로 보인다.

흐지다 경기 | 동사 | 헤어지다
모여 있던 사람들이 따로따로 흩어지다.
〔연천〕죽고 못 살더라두 흐지면 남이지 뭐. 표죽고 못 살더라도 헤어지면 남이지 뭐.

흑밥 제주 | 명사 | 소꿉놀이
소꿉을 가지고 노는 아이들의 놀이.
〔한경-신창〕우리사 흑밥허곡 공기베끼 더 헸어? 표우리야 소꿉놀이하고 공기밖에 더 했어?

ㅎ

◆제주 사투리 '흑밥'이나 '헛밥'은 소꿉놀이를 할 때 흙을 담아 밥인 양 놀기 때문에 붙여진 이름이다.

흑젱이 강원 | 명사 | 극젱이
땅을 가는 데 쓰는 농기구.
〔강릉〕흑젱이를 챙게라. 표극젱이를 챙겨라. 〔춘천〕소가 두 마리인데, 호리옌장을 빌려 오면 으떡하냐? 표소가 두 마리인데, 극젱이를 빌려 오면 어떡하냐?
◆'흑젱이'는 따비보다 크지만 쟁기보다 작다. 쟁기와 달리 볏이 없고 술이 곧게 내려가며 보습 끝이 무디다. 보통 소 한 마리로 끄는데, 소가 들어가기 힘든 곳에서는 사람이 끌기도 한다. 쟁기로 갈아놓은 논밭에 골을 타거나 흙이 얕은 논밭을 가는 데 쓴다. '후치'와 '흑젱이'라는 말의 어원은 "밭을 간다"라는 뜻의 동사 '후치다'에서 찾을 수 있다. ◆밭을 갈 때 두 마리의 소를 쓰면 '겨리', 한 마리의 소를 쓰면 '호리'라고 하는데, 겨리는 우리나라 중부 이북에서 많이 썼다. '겨리연장'과 '호리연장'이 다른데, '연장'을 강원도 사투리로 '옌장'이라고도 한다. -유연선(춘천)

흔디 강원 | 명사 | 상처
몸을 다쳐서 부상을 입은 자리.
〔양양〕흔디에는 고약이 최고래. 표상처에는 고약이 최고래. 〔원주〕팔뚝에 흔디가 났어. 표팔뚝에 상처가 났어. 〔평창〕어렸을 때 무르꼬뱅이에는 흔디를 달고 살았지. 표어렸을 때 무릎에는 상처를 달고 살았지.
◆일반적으로 상처가 나서 피부가 짓무르는 것을 '헐다'라고 하고, 상처가 난 자리를 '헌데'라고 한다. ◆고름이 나는 상처를 '흔디'라 하고, 흔디에 말라붙은 껍질을 '딱지'라 한다. -김성영(양양) ◆춘천에서는 흔디에 말라붙은 껍질을 '흔디딱지'라고 한다. -유연선(춘천)

흔치다 충남 | 동사 | 뿌리다
곳곳에 흩어지도록 던지거나 떨어지게 하다.
〔예산〕무수 위에 소금 조금 흔쳐놓구 한참을 둬유. 표무 위에 소금 조금 뿌려놓고 한참을 둬요.
◆'흔치다'는 '뿌리다'라는 뜻 외에도 '흩다'라는 뜻이 있다.

훈군허다 충남 | 형용사 | 훈훈하다
날씨나 온도가 견디기 좋을 만큼 덥다.
〔예산〕방이 훈군허게 군불 점 지펴봐.-이명재(2015) 표방이 훈훈하게 군불 좀 지펴봐.

훙그다 충북 | 동사 | 헹구다
물에 넣어 흔들어 씻다. 또는 물을 넣어 젓거나 흔들어 씻다.
〔음성〕물에다가 훙거야 비누칠한 거가 빠지지. 표물에다 헹구어야 비누칠한 것이 빠지지.

훙젱이 제주 | 명사 | 어리광
어른에게 귀염을 받거나 남의 마음을 기쁘게 하려고 어린아이의 말씨나 태도로 버릇없이 굴거나 무엇을 흉내 내는 일.
〔노형〕울지 말렝 허카부덴 햄쭈만 어디서 훙젱이허젠? 표울지 말라고 달래줄까 그러는 모양인데 어디서 어리광하는 거야?

희다 경기 | 형용사 | 싱겁다
음식의 간이 보통 정도에 이르지 못하고 약하다.
〔파주〕국이 너무 희어. 표국이 너무 싱거워.

희자빼다 경기 | 동사 | 희짜뽑다
가진 것이 없으면서 짐짓 분수에 넘치게 굴다.

〔이천〕쥐뿔도 없으면서 희자빼기는. 표쥐뿔도 없으면서 희짜뽑기는.

흰설기 충북 | 명사 | 백설기

시루떡의 하나.

〔옥천〕백일이나 돌잔치 때는 흰설기를 꼭 해야지. 표백일이나 돌잔치 때는 백설기를 꼭 해야지.

◆'흰설기'는 한자어 '백설기'에 대응하는 고유어이다.

히곰하다 전남 | 형용사 | 희뿌옇다

희끄무레하게 뿌옇다.

〔고흥〕날이 히곰하게 셌다.-이기갑(1997) 표날이 희뿌옇게 셌다. 〔강진〕어쩨 옷 색깔이 좀 히부덕덕허다. 표어쩨 옷 색깔이 좀 선명하지 않다.

히딱하다 전남 | 형용사 | 없음

그다지 훌륭하지 못하다.

〔나주〕물건이 히딱하다.

히쩝 경북 | 명사 | 없음

콩나물을 삶아서 콩가루에 버무려서 만든 잔치 음식.

〔상주〕콩나물을 콩가루로 고래 무치마 그기 히쩝이라여. 표콩나물을 콩가루에 그렇게 무치면 그것이 '히쩝'이에요.

힌떡 경기 | 명사 | 가래떡

가는 원통형으로 길게 뽑아 일정한 길이로 자른 흰떡.

〔이천〕힌떡을 '작대기떡'이라고도 했어요. 표가래떡을 '작대기떡'이라고도 했어요. 〔광주〕뱀장어떡을 먹어라. 표가래떡을 먹어라.

◆경기도 광주에서는 '가래떡'의 모양이 뱀장어처럼 생겼다고 해서 '뱀장어떡'이라고 한다.

힌미리 전북 | 명사 | 백설기

시루떡의 하나.

〔부안〕절에 가보면 초하룻날에는 힌미리 쪄서 바치더라. 표절에 가보면 초하룻날에는 백설기 쪄서 바치더라.

◆'힌미리'는 티 없이 깨끗하고 신성한 음식이라는 뜻에서 어린아이의 삼칠일, 백일, 돌이나 고사 따위에 쓰는 떡이다. 부안에서는 삼칠일에 백설기가 아니라 팥고물로 한 떡을 썼다. 백설기는 동네에서 정월 초사흘이나 초이레에 당산제를 지낼 때도 쓴다. -최경순(부안)

힘아리 경북 | 명사 | 힘

사람이나 동물이 몸에 갖추고 있으면서 스스로 움직이거나 다른 물건을 움직이게 하는 근육 작용을 낮잡아 이르는 말.

〔의성〕저 닭은 혼차 힘아리가 없네. 표저 닭은 혼자 힘이 없네.

◆'주둥이'를 '주둥아리'라고 하듯이 '힘'을 '힘아리'라고 하는 것은 대상을 속되게 이르는 말이다. ◆충청도와 전남에서도 힘 또는 기운을 '힘아리'라고 한다.

힘아리 충북 | 명사 | 힘

사람이나 동물이 몸에 갖추고 있으면서 스스로 움직이거나 다른 물건을 움직이게 하는 근육 작용을 낮잡아 이르는 말.

〔옥천〕그릏게 힘아리가 읎어서 어따 써. 표그렇게 힘이 없어서 어디에 써.

◆'힘아리'는 '심마리' 또는 '맥아리'라고도 한다. '맥'은 기운이나 힘을 뜻하는 말이다.

흔다리인다리 제주 | 명사 | 없음

여럿이 마주 앉아 다리를 엇갈리게 뻗어서 〈흔다리인다리〉라는 노래를 부르며 노는 놀이.

〔구좌-한동〕흔다리인다린 영 마주 앚앙 다리 끼왕 노랠 불르멍 그 다리 걸리민 ᄒ나씩 빠부는 거주. 그 흔다리인다리 개천다리 무신 다리 허멍 노래 불르는디 이 다리가 ᄒ나라도 남은 사름이 지는 거라. 표흔다리인다리 놀이는 이렇게 마주 앉아서 다리 끼워서 노래를 부르면서 그 다리 걸리면 하나씩 빼버리는 거지. 그 '흔다리인다리 개천다리' 무슨 다리 하면서 노래 부르는데 이 다리가 하나라도 남은 사람이 지는 거야. 〔대정-가파〕영 다리 막아 앚아근에 흔다리인다리 허멍 노는 거주. 표이렇게 다리 막아 앉아서 '흔다리인다리' 하면서 노는 거지.

◆'흔다리인다리'는 별다른 도구 없이 어린이들이 모여 노는 놀이다. 적게는 네다섯 명부터 열 명 이상까지 어울려 놀 수 있는 놀이로, 여럿이 한자리에 모여서 서로 마주 앉아 다리를 엇바꾸어서 다리와 다리 사이에 끼운다. 정해진 노래를 부르면 다리 하나씩 헤아리며 지나다가 노래가 끝남과 동시에 건드린 다리를 오므리며 놀이를 진행한다. 끝까지 남은 다리의 주인은 꼴찌가 되어 벌칙을 받는다. 이 놀이를 경북 지역에서는 '한알똥두알똥'이라고 하였다.

흠세ᄒ다 제주 | 동사 | 없음
어린아이가 무엇을 달라고 보채거나 어리광을 부리다.

〔노형〕흠세하지 마라. 표어리광하지 마라. 〔구좌-한동〕가인 막둥인디도 할망신디라도 ᄒ번 흠세헤보지 안헷저. 표걔는 막내인데도 할머니에게라도 한번 어리광해보지 않았어.

◆'흠세'는 'ᄌ세/후미/흥애'라고도 한다. 어리광이 심한 아이를 '흠세다리' 또는 '흠세둥이'라고 한다.

말모이 편찬위원회

1. 기획

국립국어원 소강춘 원장, 위진 학예연구관
한글학회 권재일 회장
사단법인 국어문화원연합회 김미형, 김형주
조선일보 김윤덕, 허윤희, 채민기, 백수진

2. 편집

김미형 | 사단법인 국어문화원연합회 회장, 상명대 한국언어문화학과 교수
김형주 | 상명대 국어문화원 특임교수
박정미 | 전 전주대 국어문화원 책임연구원
서은아 | 상명대 계당교양교육원 교수

3. 지역별 단어 조사·선정·정제·검수

(1)경기·서울·인천
최창원 | 진주교대 국어교육과 교수
한성우 | 인하대 한국어문학과 교수

(2)강원
김봉국 | 부산교육대 국어교육과 교수
심보경 | 한림대 일송자유교양대 교수
최영미 | 경동대 온사람교양교육대 교수
허은종 | 청봉초 교사

(3)대전·세종·충남

김미형 | 상명대 한국언어문화학과 교수

문병열 | 한남대 국어국문창작학과 교수

박원호 | 한남대 국어문화원 책임연구원

우태균 | 한남대 국어문화원 연구원

윤보경 | 한양대 국어국문학과 박사과정

(4)충북

권예란 | 충북대 국어문화원 책임연구원

김경열 | 충북대 국어교육과 교수

이호승 | 충북대 국어국문학과 교수

장충덕 | 충북대 창의융합교육본부 교수

한성숙 | 충북대 국어문화원 선임연구원

(5)전북

고은미 | 전주대 국어문화원 전임연구원

서정섭 | 전주대 국어문화원 부원장

손시은 | 원광대 마음인문학연구소 연구교수

이수라 | 전주대 교양학부 외래교수

이화영 | 전주대 교양학부 외래교수

(6)광주·전남

김현 | 전남대 국어문화원 책임연구원

손희하 | 전남대 국어국문과 교수

오청진 | 목포대 국어문화원 연구원

위평량 | 금호중앙여고 교사

이창남 | 목포대 국어문화원 연구원

(7)경남·부산·울산

권경희 | 동아대 기초교양대 교수

김영선 | 동아대 한국어문학과 교수

김정대 | 경남대 한국어문학과 명예교수

노경아 | 울산대 국어문화원 책임연구원

박진아 | 울산대 국어문화원 연구원

박주형 | 동아대 국어문화원 특별연구원

신기상 | 서울과기대 문예창작과 명예교수

유필재 | 울산대 국어국문학부 교수

윤주희 | 동아대 국어문화원 책임연구원

(8)경북

김덕호 | 경북대 국어국문학과 교수

김진웅 | 경북대 국어국문학과 교수

배은혜 | 경북대 국어문화원 연구원

신승원 | 한국방언연구소 소장

이재섭 | 경북대 국어문화원 연구원

이철희 | 경북대 국어문화원 책임연구원

최은숙 | 경북대 국어문화원 연구원

황지윤 | 경북대 국어문화원 연구원

(9)제주

강영봉 | 전 제주대 교수

김보향 | 제주대 국어문화원 연구원

신우봉 | 제주대 국어국문학과 교수

최대희 | 제주대 국어교육과 교수

(10)북한

김슬옹 | 세종국어문화원 원장

서현정 | 세종국어문화원 책임연구원

소신애 | 숭실대 국어국문학과 교수

엄인영 | 세종국어문화원 연구원

정성현 | 세종국어문화원 인문학연구소장

한용운 | 〈언어과학〉 실장, 전 겨레말큰사전남북공동편찬사업회 실장

4. 지역대표

(1)경기·서울·인천

김준기 | 수원시인협회 회장, 《수원문학》 편집주간

윤용완 | 사단법인 인천문화재보존사업단 단장, 우리문화재보호회 회장

이인환 | 도서출판 이안 대표, 한국동요사랑협회 자문위원

이현우 | 안산문화원 사무국장, 안산문화원 향토사 전문위원

조성문 | 경기향토문화연구소 연구위원, 국사편찬위원회 사료조사위원

허현무 | 광주학연구소 소장)

(2)강원

김성영 | 전 양양초등학교 교장

김인기 | 방언연구가, 『강릉방언대사전』 저자

남동환 | 고성군 간성읍 상2리 이장, 〈원고성신문〉 시민기자

신승엽 | 강원수필문학회 이사, 전 영월부군수, 전 강원도산업경제진흥원장

유연선 | 한국문인협회 회원, 전 홍천초등학교 교장

이경진 | 강원문인협회 회원, 전 강원도청 농정국장

이동수 | 청명 CMS 대표

이창균 | 금와농원 대표, 전 인제군 세무회계과장

임병순 | 철원문화원 향토사연구소장, 전 철원군청 문화예술계장, 전 김화읍장

최길시 | 전 분당중학교 교장, 전 교육부 국제교육진흥원 연구사

최원희 | 정선문화원 사무국장

(3)대전·세종·충남

권선옥 | 논산문화원 원장, 전 충남문인협회 회장

김국명 | 전 서예학원 원장

김병섭 | 방언연구가, 사전 집필 중

안용산 | 금산문화원 사무국장, 국사편찬위원회 사료조사위원

이명재 | 방언연구가, 『예산말 사전』 저자, 충청언어연구소 소장, 충남작가회의 이사

임영수 | 연기군 향토박물관 관장, 전 조치원문화원 사무국장

장경윤 | 방언연구가, 『정다운 우리말 서산 사투리』 저자, 전 음암중 교장

조일형 | 방언연구가, 『지랑이 뭐래유』 저자, 전 당진시 교육청 장학사, 전 당진초 교장

(4)충북

김동원 | 방언연구가, 『청풍명월 사투리만세』 저자, 한국문인협회 이사

김동원 | 한국문인협회 이사, 전 충북시인협회 부회장

김병구 | 충주문화원 향토사연구소장, 국립충주박물관건립 추진위원

김희찬 | 충북향토사연구회 사무국장, 전 충주 MBC 작가

박경일 | 음성문화원 사무국장

박진수 | 보은군 문화재지킴이 사무국장, 보은동학농민혁명기념사업회 사무국장

정홍철 | 정미디어 대표, 전 제천문화원 사무국장

(5) 전북

김진돈 | 전주문화원 사무국장

김현식 | 남원문화원 사무국장, 국사편찬위원회 사료조사위원, 국가기록원 민간사료조사위원

배순향 | 완주문화원 사무국장, 국사편찬위원회 사료조사위원

유재두 | 국사편찬위원회 사료조사위원, 전북작가회의 회원

이갑상 | 공공성강화 정읍 시민단체연대회의 상임대표, 전 동학농민혁명계승사업회 이사장

장교철 | 옥천향토문화사회연구소 소장, 순창마을학교협동조합 이사장

최규홍 | 향토사연구소 소장, 국사편찬위원회 사료조사위원

최병선 | 임실문인협회 회원

(6) 광주·전남

오덕렬 | 한국창작수필문인협회 이사장, 생오지문예창작대 교수, 전 광주고 교장

유헌 | 광주전남시조시인협회 회장, 전 목포MBC PD · 보도제작국장

이대흠 | 목포대 평생교육원 교수, 전 천관문학관장

조년환 | 전 경찰관

조선희 | 전남문인협회 감사, 호남시조시인협회 부회장

주광현 | 전남문인협회 이사, 전 전남문인협회 부회장, 전 전남수필협회 회장

(7) 경남·부산·울산

강위생 | 부산온종합병원 방사선종양학과 의학물리과장, 전 서울대 의과대학 · 서울대학교병원 교수

강현석 | 창원 일동교회 담임목사

김성재 | 방언연구가, 겨레말큰사전 남북사전공동편찬위원회 경남방언 집필

김승호 | 사단법인 경남방언연구보존회 회장, 전 동의중 교장

김영수 | 전 장충고 국어교사

김의부 | 거제역사문화연구소 소장, 전 환경단체 초록빛깔사람들 대표

백만기 | 통계청 자체업무평가위원, 전 호남지방통계청장

성기각 | 전 경남대 연구교수, 전 창녕문인협회 회장

안태봉 | 부산사투리보존협회 회장, 전 경기대 교수

조성덕 | 전 창원남양초 교장

조용하 | 창신대 명예교수, 울산사투리보존회 회장, 외솔회 울산지회 이사

조재원 | 거창문화원 연구사, 거창문학회 사무국장

(8) 경북

고성환 | 문경문화원 사무국장, 〈문경매일신문〉 편집국장, 문경사투리보존회장

권태호 | 관리소장

김정원 | 한국시인협회 회원, 전 성균관대 · 명지대 강사

김주득 | 전 한국사회개발연구소 선임연구위원

상희구 | 한국시인협회 심의위원, 전 한국시인협회 사무국장

유정우 | 경비원

(9)제주

강명언 | 서귀포문화원 원장

김동필 | 제주어보존회 이사, 제주전통목기구연구소 대표

김영찬 | 제주어보존회 회장

김미성 | 서귀포문화원 사무국장

변명수 | 홍천중 과학교사

송심자 | 제주도 문화관광해설사

현임종 | 전 기업은행 지점장, 전 신용보증기금 지점장

참고문헌

1. 사전·조사보고서

강영봉(2005), <제주지역어전사보고서 제주시 한경면>, 국립국어원.

강영봉(2006), <제주지역어조사보고서 서귀포시 호근동>, 국립국어원.

강영봉(2008), <제주지역어조사보고서 제주시 구좌읍 동복리>, 국립국어원.

강영봉(2009), <제주지역어조사보고서 서귀포시 색달동>, 국립국어원.

강영봉(2012), <제주지역어전사보고서 한경·서귀포(호근)·구좌>, 국립국어원.

강정희(2008), <민족생활어조사 11>, 국립국어원.

강정희(2009), <민족생활어조사 11>, 국립국어원.

강정희(2011), <민족생활어조사 5>, 국립국어원.

강정희(2012ㄱ), <민족생활어조사 3>, 국립국어원.

강정희(2012ㄴ), <민족생활어조사 5>, 국립국어원.

김무식(2007), <경북지역어조사보고서 고령>, 국립국어원.

김무식(2008), <경북 청도 지역의 언어와 생활>, 역락.

김무식(2011), <경북지역어조사보고서 봉화>, 국립국어원.

김무식(2012), <경북지역어조사보고서 경주·상주·청송·고령>, 국립국어원.

김봉국(2006), <강원지역어조사보고서 양양군>, 국립국어원.

김봉국(2010), <강원지역어조사보고서 삼척·원주·양양·홍천·평창·인제>, 국립국어원.

김봉국(2011), <강원지역어조사보고서 정선군>, 국립국어원.

김봉국(2012), <강원지역어전사보고서 삼척·원주·양양·홍천>, 국립국어원.

김성재(2018), 『방언 속에 내 고향이 있었네』, 박이정.

김순자(2018), <제주어구술자료집 15 남원읍 수망리>, 제주학연구센터.

김순자·김미진(2019), <제주어구술자료집 25 남원읍 태흥리>, 제주학연구센터.

김인기(2014), 『강릉방언대사전』, 도서출판 동심방.

김정대 외(2017), 『경남방언사전』, 불휘미디어.

김정원(2018), 『사라져가는 내 고장말 찾기』, 세원문화사.

김종도·김우태(2005), 『남해사투리사전』, 남해신문사.

김준영(2007), 『입에 익은 우리말』, 학고재.

김회룡(2006),『하동의 토속어』, 하동문화원.

박경래(2005), <충북지역어조사 보고서 제천시>, 국립국어원.

박경래(2006), <충북지역어조사 보고서 청원군>, 국립국어원.

박경래(2007), <충북지역어조사보고서 충주시>, 국립국어원.

박경래(2009), <충북지역어조사보고서 보은군>, 국립국어원.

박경래(2012), <충북지역어전사보고서 제천·청원·충주>, 국립국어원.

박경래(2013), <충북지역어전사보고서 보은·옥천·영동>, 국립국어원.

박찬식(2017), <제주어구술자료집 1 제주시 도련1동>, 제주학연구센터.

상희구(2015),『대구시지』, 오성문화.

성기각(2019),『창녕방언사전』, 북인.

소강춘(2005), <전북지역어조사보고서 남원시>, 국립국어원.

소강춘(2006), <전북지역어조사보고서 무주군>, 국립국어원.

소강춘(2007), <전북지역어조사보고서 군산시>, 국립국어원.

소강춘(2008), <전북지역어조사보고서 고창군>, 국립국어원.

소강춘(2009), <전북지역어조사보고서 임실군>, 국립국어원.

소강춘(2012), <전북지역어전사보고서 남원·무주·군산·고창>, 국립국어원.

소강춘(2013), <전북지역어전사보고서 무주군>, 국립국어원.

송인만(2012),『합천 지방의 말』, 합천문화원.

신기상(2013),『울산방언사전』, 북스힐.

안태봉(2003),『부산사투리사전』, 삼아.

오홍일(2003),『전남 무안 지역의 방언사전』, 무안문화원.

이경진(2015),『강원도 토종말 산책』, 예문사.

이기갑 외(1997),『전남방언사전』, 태학사.

이기갑(2005), <전남지역어조사보고서 곡성군>, 국립국어원.

이기갑(2006), <전남지역어조사보고서 진도군>, 국립국어원.

이기갑(2007), <전남지역어조사보고서 영광군>, 국립국어원.

이기갑(2008), <전남지역어조사보고서 보성군>, 국립국어원.

이기갑(2009), <전남지역어조사보고서 영암군>, 국립국어원.

이기갑(2010), <전남지역어조사보고서 곡성·진도·영광·보성·영암·신안>, 국립국어원.

이기갑(2011), <전남지역어조사보고서 광양시>, 국립국어원.

이기갑(2012), <전남지역어조사보고서 신안·곡성·진도·영광>, 국립국어원.

이기갑(2013), <전남지역어조사보고서 보성·영암·신안·광양>, 국립국어원.

이기갑(2019), <전남지역어조사보고서 신안군>, 국립국어원.

이명재(2012),『예산말 사전 1』, 이화.

이명재(2013), 『예산말 사전 2』, 신원.

이명재(2015), 『충청도말이야기』, 예산문화원.

이명재(2016), 『예산말 사전 3』, 이화.

이명재(2019), 『예산말 사전 4』, 예산문화원.

이상규(2005), <경북지역조사보고서 상주>, 국립국어원.

이태영(2000), 『전라도 방언과 문화 이야기』, 신아출판사.

전라북도(2018), 『전라북도 방언사전』, 전라북도.

정경일(2017), 『논산 지역의 언어』, 논산문화원.

제주특별자치도(2009), 『제주어사전』, 제주특별자치도.

조성하(2019), 『울산옛말』, 디자인하다.

조숙정(2007), <민족생활어조사 6>, 국립국어원.

최명옥(2005), <경기지역어조사보고서 화성시>, 국립국어원.

최명옥(2008), <경기지역어조사보고서 양평군>, 국립국어원.

최명옥(2009), <경기지역어조사보고서 이천군>, 국립국어원.

최명옥(2012), <경기지역어전사보고서 용인·화성·포천·파주>, 국립국어원.

최명옥(2013), <경기지역어전사보고서 포천·파주·양평·이천>, 국립국어원.

한성우(2011), <경기지역어조사보고서 강화군>, 국립국어원.

한영목(2005), <충남지역어조사보고서 대전시>, 국립국어원.

한영목(2006), <충남지역어조사보고서 논산시>, 국립국어원.

한영목(2007), <충남지역어조사보고서 서천군>, 국립국어원.

한영목(2008), <충남지역어조사보고서 예산군>, 국립국어원.

한영목(2009), <충남지역어조사보고서 서산군>, 국립국어원.

한영목(2011), <충남지역어조사보고서>, 국립국어원.

한영목(2012), <충남지역어전사보고서 공주·대전·논산·서천>, 국립국어원.

한영목(2013), <충남지역어전사보고서 예산·서산·천안>, 국립국어원.

2. 문학작품

강귀미(1986), <표창장>, 《조선문학》 1986년 2월호, 문예출판사.

강선규(2008), 『달라진 선택』, 문학예술출판사.

강일주(1997), <룡암산의 홰불>, 《조선문학》 1997년 12호, 문학예술종합출판사.

강현심(1994), <왜 소동을 피웠는가>, 『문화어학습2』, 사회과학출판사.

경석우(2004), 『아버지의 마치』, 금성청년출판사.

고병삼(1973), <사랑>, 《조선문학》 1973년 1월호, 문예출판사.

고상훈(1992), <첫자리>, 『은정』, 금성청년출판사.

길성근(2014), 『축구소녀』, 금성청년출판사.

김경모(1979), 『청산의 매』, 연변인민출판사.

김광남(2007), <탄부의 보금자리>, 『직동의 숨결』, 금성청년출판사.

김금옥(2008), <강산의 환희>, 《청년문학9》, 문학예술종합출판사.

김대성(1988), <합수목에서>, 《조선문학》 1988년 5월호, 문예출판사.

김대성(2004), 『내땅』, 문학예술출판사.

김도환(2010), <소백수는 얼지 않는다>, 『명사수』, 문학예술출판사.

김동욱(2014), 『대홍단』, 문학예술출판사.

김동호(2010), 『거목의 뿌리』, 문학예술출판사.

김룡연(2014), 『보검』, 문학예술출판사.

김병훈(2002), <빈말은 없다 련속소설>, 《조선문학》 2002년 1호, 문학예술종합출판사.

김봉철(2009), <력사에 기록되지 않은 이야기>, 『녀사의 소원』, 문학예술출판사.

김삼복(2011), 『대지의 딸』, 문학예술출판사.

김상복(2009ㄱ), <꽃은 계속 핀다>, 《선군시대 청년들2》, 금성청년출판사.

김상복(2009ㄴ), <정든 집>, 《선군시대 청년들2》, 금성청년출판사.

김상현(1998), <감자꽃 필무렵>, 《조선문학》 1998년 2월호, 문학예술종합출판사.

김성운(2007), <생활의 박동>, 《청년문학5》, 문학예술종합출판사.

김성호(1999), <대포>, 『소리없는 웨침 난옥아』, 연변인민출판사.

김성호(2005), <수박춤을 추는 꽃사슴>, 『혜광비운』, 연변인민출판사.

김영석(1955), <이 청년을 사랑하라>, 《조선문학》 1955년 2월호, 조선작가동맹출판사.

김영희(2004), <냉이>, 《조선문학》 2004년 9월호, 문학예술출판사.

김영희(2014), <붉은 감>, 『불의 약속』, 문학예술출판사.

김용식(1984), 『산골녀성들』, 흑룡강조선민족출판사.

김용한(2010), 『기쁨』, 문학예술출판사.

김원필(2008), <옥황상제의 분노>, 『고주몽』, 금성청년출판사.

김응일(2011), 『비약의 열풍』, 문학예술출판사.

김정(2001), 『따뜻한 도시』, 금성청년종합출판사.

김정(2008ㄱ), <1학년생(제6회)>, 《아동문학9》, 문학예술종합출판사.

김정(2008ㄴ), <1학년생(제9회)>, 《아동문학12》, 문학예술종합출판사.

말모이, 다시 쓰는 우리말 사전

초판 1쇄 인쇄 2021년 1월 22일
초판 1쇄 발행 2021년 2월 11일

지은이   말모이 편찬위원회
발행인   윤호권·박헌용
책임편집   정은미
발행처   시공사
출판등록   1989년 5월 10일 (제3-248호)
주소   서울특별시 성동구 상원1길 22 7층 우편번호 04779
전화   편집 (02) 3487-4750, 마케팅 (02) 2046-2800
팩스   편집·마케팅 (02)585-1755
홈페이지   www.sigongsa.com

ISBN   979-11-6579-423-1   03700

말모이

내가 사랑한 우리말

조선일보 엮음

시공사

말들아 날아라

　종지와 대접도 분간 못 해 부엌에서 허둥대다 접시나 깨먹는 둘째 딸에게 충청도 엄마는 "투깔맞은 지지배"라며 혀를 찼다. 툭하면 넘어져 무르팍에 피딱지 마를 날 없는 둔자바리 딸이었다. 늦잠이라도 잔 날엔 엄마의 지청구가 문지방을 넘었다. "이적지 자빠져 잔겨? 머리는 오강쑤시미에다, 으더박시가 따로없네."

　그래도 소낙비 내리는 여름날, 엄마가 은빛 양푼에 비벼주는 열무비빔밥은 꿀맛이었다. 찬밥에 담북장, 시어 터진 열무를 넣고 푹푹 비비면 사남매 달려들어 게 눈 감추듯 먹어 치웠다. 허리 펴고 하늘 한번 올려다볼 틈 없었지만 엄마는 이따금 열여섯 살 소녀처럼 속삭였다. 가을에 부는 바람은 '차곰차곰'해서 좋고, 생굴에선 '시금달금한' 봉숭아 냄새가 나지.

　서울로 대학 가고 직장 생활하면서 딸은 엄마의 언어를 잊었다. 멀국, 저붐, 겅거니, 깨금발, 고쿠락 대신 쿨, 셰어, 브리핑, 오케바리, 헐, 야마, 땡큐를 입에 달았다. 대학까지 나오고도 콩나물국 하나 못 끓이는 딸이 나이 서른에 시집가던 날, 엄마는 베름빡을 보고 울었다.

　생선은 길면 갈치, 짧으면 고등어인 줄 아는 충청도 며느리와 미역국도 도미를 넣어 끓이는 경상도 시어머니는 한 지붕 아래 살면서 데면데면했다. 머리카락 한 올도 추접어 못 견디는 시어머니는 청소도, 설거지도 건성건성인 며느리가 뒤숭시러워 혀를 찼다. 미국 사람 말은 곧잘 알아들으면서 '널찔라', '낑가라', '싱카라' 같은 한국말엔 왜 싱티처럼 눈만 뼈끔이는지.

좋다 싫다가 없고, 매사 "괜찮어유~"이니 속이 터졌다.

봄비 사납던 어느 날, 그 꽉 막혔던 벽이 한 겹 무너졌다. "비 한번 허들시리 온다. 단디 다녀오니라." 만삭의 몸 뒤뚱이며 현관을 나서던 며느리 가슴에 '단디'라는 말이 꽃이 되어 날아들었다. 젓갈내 진동하는 김치, 들척지근한 해물 탕국에 맛들인 것도 그날부터다. 시어머니가 "무라 무라" 하면 며느리는 볼태기가 미어터져라 먹었다. 잠투정 하는 손주를 안고 "낸내낸내야~" 어르던 자장가는 파김치 되어 퇴근한 며느리에게도 안식을 줬다. 문제는 경상도 말문이 트인 며느리가 술 푸느라 감감소식인 남편을 몰아칠 때였다. "어데고? 그걸 말이라고 하나. 마, 치아라!"

*

조선일보 창간 100주년을 맞아 <말모이, 다시 쓰는 우리말 사전> 운동을 시작하면서 '내가 가장 사랑하는' 혹은 '내 생에 잊지 못할' 우리말은 무엇일까 곰곰 생각해봤습니다. 두 어머니 즐겨 쓰시던 '차곰차곰', '단디'도 떠오르고요, 최명희 소설 『혼불』에 나오는 '꾀벗다', '사운거리다', '버슬버슬'도 떠올랐습니다. 저뿐만 아니라 한국인이라면 누구에게나 사연이 담긴, 아니 그냥 무작정 좋은 우리말이 있지 않을까 생각했습니다. 말모이 사전 기획의 또다른 갈래로 <내가 사랑한 우리말> 연재를 시작한 까닭입니다.

과연 많은 분들이 호응해주셨습니다. 이어령의 '살다', 김훈의 '~에', 태영호의 '뚜꺼먹다', 손숙의 '밥', 안성기의 '손맛', 정민의 '우련', 구효서의 '꽃멀미'로부터 일반 독자들의 '느루먹다', '깐데기', '동개동개', '엄첩다', '용고새', '호숩다' 같은 아름다운 말들과 사연이 모였습니다. 덤으로, 글 주인들은 컴퓨터로 친 차갑고 규격화된 활자 대신 저마다 운치 있는 손글씨로 제목을 써서 보내주셨습니다. 볼수록 푸근하고 다정합니다. 신문 게재만으로 아쉬워 한정판으로 묶었습니다.

말모이 사전에 모인 4000여 단어들과 <내가 사랑한 우리말>에 모인 100여 단어들은 삶의 최전선에서 건져 올린 처세이자 지혜이고, 넉살이자 사랑입니다. 이 귀한 말들이 날개를 달고 훨훨 날아서 온 세상에 퍼지기를,

그래서 다시 100년 뒤에도 사람들 입에서 입으로 오가며 생명력을 이어가길 간절히 소망합니다.

조선일보가 100년 되는 해에 문화부장 직을 맡아 말모이 대장정과 함께한 것은 큰 축복이었습니다. 많은 분들의 수고와 헌신이 있었기에 가능한 일이었습니다. 그중에서도 『말모이, 다시 쓰는 우리말 사전』 편찬에 주춧돌을 놓아주신 박양우 문화체육관광부 장관님, 한성숙 네이버 사장님, 김상철 한컴그룹 회장님, 그리고 방상훈 조선일보 사장님께 깊은 감사를 드립니다. 그분들의 격려와 지지가 없었다면 21세기판 말모이 사전은 세상에 나오지 못했을 것입니다. 고맙습니다.

2021년 2월, 김윤덕

차례

살다　　　　이어령, 전 문화부장관　　　11

에　　　　　김훈, 소설가　　　　　　　13

고샅　　　　손용중, 독자　　　　　　　15

뚜꺼먹다　　태영호, 전 북한외교관　　17

울림　　　　정경화, 바이올리니스트　　19

엄마　　　　김주영, 소설가　　　　　　21

호숩다　　　박상분, 독자　　　　　　　23

신명 나다　　임권택, 영화감독　　　　　25

그림　　　　사석원, 화가　　　　　　　27

숨　　　　　정현종, 시인　　　　　　　29

멋　　　　　노라노, 패션 디자이너　　　31

각시　　　　곽재구, 시인　　　　　　　33

우리　　　　장한나, 첼리스트　　　　　35

에나　　　　정순성, 독자　　　　　　　37

-답다　　　황선미, 동화작가　　　　　39

훌베다　　　장원규, 독자　　　　　　　41

설렘　　　　김병종, 화가　　　　　　　43

열심히　　　스티븐스, 전 주한미대사　45

가만히　　　이해인, 수녀　　　　　　　47

꿈　　　　　정호승, 시인　　　　　　　49

손맛	안성기, 배우	51
시나브로	황주리, 화가	53
살강	임형남, 건축가	55
꾀꼬리	최정호, 울산대 석좌교수	57
몸	문정희, 시인	59
꼿꼿	정재숙, 전 문화재청장	61
느루먹다	황남숙, 독자	63
짓다	김원, 건축가	65
초승달	유종호, 문학평론가	67
동개동개	권영순, 독자	69
눈물	배한성, 배우	71
섬기다	최수철, 소설가	73
만만하다	최인아, '최인아책방' 대표	75
뒤죽박죽	안대회, 성균관대 교수	77
꽃내음	권재일, 한글학회장	79
놀다	김화영, 고려대 명예교수	81
물끄러미	오정희, 소설가	83
쉼	조영수, 작곡가	85
대단히	이찬원, 트로트 가수	87
알자리	이윤임, 독자	89

그믐	장강명, 소설가	91
살포시	길해연, 배우	93
나비	권기태, 소설가	95
그렇다면	고선웅, 연출가	97
우련	정민, 한양대 교수·고전학자	99
바다	최재천, 이화여대 석좌교수	101
고즈넉	라종억, 통일문화연구원 이사장	103
움트다	신용석, 인천개항박물관장	105
걸음	최정훈, 〈잔나비〉 보컬	107
결	신달자, 시인	109
구름	설운도, 가수	111
바람	노은주, 건축가	113
담북장	오근호, 한양대 명예교수	115
밥	손숙, 배우	117
꽃멀미	구효서, 소설가	119
메메	임무출, 독자	121
오리다	임주희, 피아니스트	123
옹알이	우정아, 포스텍 교수	125
봄	장사익, 소리꾼	127
말괄량이	조진주, 바이올리니스트	129

살다.

굳어진 명사보다는 항상 변하고 움직이는 동사가 좋다. 그중에서도 우리 몸에 배어 있는 말이 '산다'이다. 물에 빠진 사람은 저도 모르게 "사람 살려"라고 외친다.

아무리 원어민처럼 영어를 잘해도 "헬프 미"라고는 하지 않을 것이다. 우리는 나(me)가 아니라 사람을 살리려는 거다. 사람이라는 말부터가 옛말 사르다(살다)에 미음(ㅁ)을 붙여 만든 명사가 아닌가. '삶'이란 말 역시 마찬가지다. 그래서 한자의 생(生)은 풀싹이 돋는 모양을 본떠서 만든 거라 하지만 한글의 '삶' 자에는 '사람'이라는 글자 모양이 숨어 있다고들 한다.

"살어리 살어리랏다. 청산에 살어리랏다. 멀위(머루)랑 다래랑 먹고 청산에 살어리랏다." <청산별곡(靑山別曲)>은 천 년도 전의 옛 노래인데 그렇게 혀가 잘 돌아갈 수가 없다. '살어리'를 현대 어감에 맞춰 '살아리'로 고치고, '아리'에 머루랑 다래랑의 '랑'을 갖다 대보면 이번에는 신기하게도 '아리랑'이 꼬리를 문다. 아리고 쓰린 목숨이라 해도 '랑' 자를 더하면 아리랑 쓰리랑 천 년의 노래가 된다.

눈물방울 같은 동그라미 이응(ㅇ) 자 받침들이 꽃잎에 떨어져 찬란한 구슬이 된다.

나는 그런 우연들이 좋다. 말놀이, 글자 놀이를 하다 보면 ㅅ 자로 시작하는 '살다'와 '사람'의 굴림은 채마밭 푸성귀처럼 싱싱하고 그 글씨

11

모양은 송곳니처럼 날카롭게 내 관념의 살점을 찢는다. 무겁고 한심한 세상, 혼탁한 거리. 늪 속에 빠진 사람들이 지금 외친다. 사람 살려!

하지만 걱정하지 마라. 언제나 늦게 왔던 기병대가 아니다. "사람"과 "살다"가 한데 엮인 든든한 "삶" 자가 견고한 보루처럼 우리를 지키고 있다. 살다. 이 한 마디로 나는 『생명이 자본이다』라는 생명화 시대의 문명론을 썼다.

— 이어령, 전 문화부장관

에

한국어 조사 '에'는 생김새는 허름하지만 그 쓰임새는 넓고 깊다. '에'는 연금술사의 램프와 같아서 분석되거나 설명되지 않지만, 단어들의 경계를 허물고 굳어버린 개념을 축축하게 적셔서 넓은 자유의 공간을 열어낸다.

"서울 밝은 달에 밤드리 노니다가"라고 신라의 풍류 남아 처용이 노래할 때 이 '에'는 노는 인간과 달을 직접 매개한다. '에'는 달과 인간 사이를 놀이의 신명으로 가득 채워서 달과 인간은 놀이의 짝이다. 달이 놀이판으로 들어와서 달도 놀고 인간도 논다.

"청산에 살어리랏다"라고 고려의 유랑민이 노래했을 때, 이 '에'는 청산과 인간을 서로 스미게 한다. '청산에'는 '산속' 또는 '산 가까이'처럼 산과 인간의 물리적 근접을 말한다기보다는 외로움, 소외, 억압 같은 청산의 모든 괴로움을 능동적으로 감당하려는 인간의 내면을 토로한다. '에'는 '청산'에 붙어서 청산을 인간의 실존 안으로 밀어 넣는다.

"그립고 아쉬움에 가슴 조이던…"이라고 서정주가 노래할 때 이 '에'는 그리움과 아쉬움을 '누님'의 생애 속에 육화시켜서 언어를 삶으로 전환하는 연금술을 수행하고 있는데, 그럼에도 불구하고 '에'는 논리적 구조를 구문 안에 돌출시키지 않고 조용하다.

"구름에 달 가듯이 가는 나그네"라고 박목월이 노래할 때 '에'는 구름과 달을 동시에 가게 한다.

구름이 가고 또 달이 가고 나그네가 가므로, 이 '에'는 누가 누구를 이끌고 가는지 밀고 가는지를 구분하지 않고, 구름 달 나그네를 함께 가게 한다. '에'가 빚어내는 자유의 공간에서 인간과 자연이 함께 흘러 간다.

"소나기에 들이 깨어났다" "바람에 꽃이 진다" "봄빛에 노인의 몸이 마른다"고 쓸 때 '에'는 인과관계를 말하기도 하지만 논리와 정한을 통합하는 새로운 언어의 세계를 열어낸다.

한국어에서 '에'의 음역은 알토이다. 알토는 소프라노나 테너처럼 주선율을 이끌지도 않고 고음의 존재감을 내지르지도 않고 곡의 뼈대나 형식을 이루지 않는다. 알토는 고음과 저음 사이에 완충을 만들어서 부딪치지 않게 하고 음악 전체를 새로운 질감으로 전환한다. 알토의 스밈은 자신의 음역에 갇히지 않고 곡 전체에 미친다.

한국어 '에'는 주어나 술어로 쓰이지 못하고, 문장의 논리적 기둥을 이루지 않고, 단 한 음절뿐인 그 성음은 낮고 작아서 잘 들리지 않지만, 다른 단어들의 경직성을 풀어 헤쳐서 문장의 앞길을 열어주고 단어를 인간의 삶 속으로 밀어 넣는다.

<두시언해>를 읽으면, 그 언해에 종사한 조선 초기 학자들이 '에'가 거느린 서늘한 그늘의 세계를 능숙히 활용해서 한문의 세계를 한글 구문 안으로 편안하게 끌어들인 솜씨를 알 수 있는데, 그 모든 용례를 분석해 보이는 것은 내가 할 수 있는 일이 아니다.

— 김훈, 소설가

고샅

나이 차가 많았던 아버지와 어머니는 한쪽은 밀물, 한쪽은 썰물이었다. 밀물 소리가 소란하면 썰물은 소리 없이 빠져나갔다. 그럴 때마다 우리 집 개펄에는 진눈깨비나 안개비가 내렸다. 온전히 집안의 생계를 책임지기엔 벅찬 나이와 가늘어진 수완 때문에 아버지는 늘 주눅이 들었었다. 마을의 좁은 골목길인 고샅이 아버지에겐 적당한 통로였을지도 모른다. 해가 저물고 어머니의 군불아궁이가 달아오를 때 아버지는 고샅길을 되돌아왔고 뒤미처 나는 아버지와 겸상을 받았다. 진눈깨비 내리던 마당에서 손수 장작을 패던 어머니가 부엌 한쪽에 쪼그려 앉아 누룽지 밥을 훌쩍거리던 그날도 밤이 깊어서야 진눈깨비가 그치고 안방에 불이 꺼졌다.

꽃샘추위가 겨울보다 추웠던 이른 봄, 어머니는 꽃상여를 타고 좁은 산골짝으로 갔다. 마을의 상여꾼들은 어머니가 너무 가볍다고 지름길을 마다하며 마을의 고샅을 차례차례 해찰했다. 마을 조무래기들까지 좁은 골목을 누비며 어머니를 배웅했다. 김이 아직 식지 않은 떡시루에도, 아버지가 묵묵히 뒤따르는 골목길에도 함박눈이 내렸다. 눈이 그치고 어머니가 마지막으로 걸었던 골목길을 되짚던 아버지의 눈엔 안개비가 내렸다.

서정주의 시 <외할머니네 마당에 올라온 해일>을 빚져야겠다. 시인의 외할머니를 나의 아버지로, 신랑을 신부로 치환하면 이 시가 꼭 아

버지의 시가 될 것 같은 기시감이 너무도 선명하기 때문이다. '아버지
네 마당에 올라온 해일엔요/ 예쉰 살 나이에 스물한 살 얼굴을 한/ 그리
고 천 살에도 이젠 안 죽기로 한/ 신부가 돌아오는 풀밭길이 있어요.'

　　예순 살 나이에 스물한 살 얼굴을 하고 신부가 돌아오는 풀밭길이
아버지에겐 더없이 그리운 고샅길이었을 것이다. 진눈깨비도 함박눈도
내리지 않는 올 겨울의 고샅이 수상하다. 눈 한번 질펀하게 쏟아졌으면
좋겠다. 꼭 예순 살을 살다 간 어머니의 그날처럼.

— 손용중, 독자

뚜꺼먹다

'뚜꺼먹다'는 북한에서 쓰는 구어체 말이다. 직장이나 학교 등의 모임에 정당한 이유 없이 나가지 않는다는 뜻이다.

내 나이 50대 후반이 되어서도 제일 부러운 것이 악기를 연주하는 모습이다. 그럴 만한 사연이 있다. 나는 1970년 9월 평양시 중구역 창전인민학교(초등학교)에 입학했다. 창전인민학교는 김일성의 '5호 저택' 가까운 곳에 있어 김일성이 자주 들르던 학교였다. 교육성에서는 외국인 참관 대상 학교로 정하고 투자를 집중했다.

특히 외국 방문객들에게 북한은 초등학교 단계에서 학생들이 한 가지 이상 악기를 연주할 줄 안다는 것을 보여주기 위해 수백 대의 손풍금(아코디언)을 가져다 놓고 외국인들이 오면 수백 명 학생들이 강당에서 손풍금 대합주를 하곤 했다. 이런 대공연을 준비하기 위해 '깔학년(1학년)'부터 학급에서 똑똑한 애들을 뽑아서 손풍금 소조에 넣고 연습시켰다.

내가 '깔학년'에 입학하자 어머니는 담임 선생님을 찾아가 나를 손풍금 소조에 넣어 달라고 부탁하셨다.

방과 후 다른 애들은 밖에서 축구하면서 노는데 큰 강당에 앉아 악보를 보면서 손풍금을 연주하는 게 지루하기 짝이 없었다. 선생님이 화장실 갈 때 몰래 도망치곤 했다. 그러면 선생님은 어머니에게 내가 손풍금 수업을 '뚜꺼먹었다'고 통지하는 '쪽지 편지'를 보냈다.

어머니는 '음악 수업을 뚜꺼먹지 말라. 손풍금을 배워두면 꼭 써먹을 때가 있을 것이다'고 당부하셨다. 그러면 며칠 잘 다니다가 또 뚜꺼먹었다. 계속 뚜꺼먹으니 음악 선생님이 손풍금 수업에 보내지 말라는 쪽지를 보냈다. 결국 어머니도 포기하셨고 나는 4학년에 올라갈 때까지 편히 놀았다. 우리 학급에서 소조에 다니던 다른 애들은 꾸준히 손풍금을 배워 4학년이 되자 공연조에 들어갔다. 그들이 외국인들 앞에서 손풍금을 연주하는 모습을 보고서야 후회가 들었다.

그 후 나는 어머니 보고 종아리를 쳐서라도 손풍금 수업에 보내지 왜 도중에 포기하셨냐고 원망했다. 어머니는 "뚜꺼먹지 말라고 했을 때 뚜꺼먹지 말았어야지"라고 웃으면서 말씀하셨다. 어머니 말씀대로 '뚜꺼먹지 말 걸' 하고 후회해도 이제는 늦었다. 조선일보가 앞으로 만드는 말모이 사전에 '뚜꺼먹다'라는 북한 말도 넣어주면 좋겠다.

— 태영호, 전 북한외교관

울림

바이올린과 함께한 65년. 지독히 한 가지에 몰두해온 삶이다. 활 하나로 네 개의 현이 달린 작은 나무 악기를 울려 소리를 낼 뿐이지만, 이미 오래전 그곳에서 끝 모를 우주를 보았다. 세월은 흘렀건만 신비함은 끝이 없다. 희로애락 인생 경험이 겹겹이 더해지니 신비함이 더 오묘해진다.

온 진심을 다해 음악이라는 소리를 빚는다. 어릴 적에 읽은 황순원의 <독 짓는 늙은이>의 감동은, 자신의 몸을 불살라서라도 더 나은 음악을 만들고 싶다는 나의 소망과 통했다. 간절한 마음의 울림이 악기의 울림이 되고 동시에 공간의 울림이 되어 마침내 청중의 마음속으로 들어가 심금을 울린다. 함께 연주를 하는 셈이다. 청중의 마음에 울림이 있었다면, 그 울림과 함께 잠시나마 행복할 수 있었다면, 나 역시 행복하다.

위대한 작곡가가 남긴 음악은 마르지도 닳지도 않는 인류의 유산이다. 명작에는 크고 작은 마음의 울림을 만들어내는 거대한 힘이 있다. 특별한 재주로 평생을 헌신한 장인들이 남긴 악기 또한 저마다의 독특한 울림이 있는 예술 작품이다. 내가 항상 목말라하는 이상적인 울림의 공연장도 절대적으로 중요하다. 좋은 곡을, 좋은 연주자가, 좋은 악기로, 좋은 공간에서, 좋은 청중과 나누며 깊은 마음의 울림을 경험한다는 것은 인간으로 태어나 감히 누릴 만한 행복의 하나다.

"오직 한없이 가지고 싶은 것은 높은 문화의 힘"이라던 김구 선생이 꿈꾸던 아름다운 나라엔 음악이라는 예술이 주는 이러한 행복이 분명히 있었을 게다. 문화는 발전한 나라를 가늠하는 중요한 척도다. 지금이라도, 마음이 고단하고 팍팍할수록 음악과 그 밖의 예술작품을 가까이해 보시라 권하고 싶다.

수십 년간 연주를 위해 세계를 돌아다닌 까닭에 여러 언어를 접하고 배웠지만, 태어날 때부터 지금까지 나의 정신과 마음을 지배한 언어는 단연코 우리말, 우리글이다. 어딜 가나 생소한 나라에서 온 작은 여자아이라는 선입관과 편견에 맞서야 했으나 한국인이라는 내 자부심만큼은 비할 수 없이 컸다. 아끼고 좋아하는 수없이 많은 우리말 가운데 하나를 고르는 것이 쉽지 않으나, 음악인으로서 '울림'이 단번에 떠올랐다. 이토록 과학적이고도 시적인 표현이라니! 내 나라의 절묘한 말로 음악에 대한 소회를 몇 자 적으니 이 또한 행복한 일이다. 때로 옷매무시를 새로이 하고 자세를 고쳐 앉아 우리말, 우리글을 공부하는 상상을 해본다. 옛날에 본 그 맑은 밤하늘의 별처럼, 사랑스러운 우리말이 끝도 없이 펼쳐질 것이다.

— 정경화, 바이올리니스트

엄마

　'훈민정음'에는 없다. 어른들이 쓰기에는 민망하거나 품위 있는 언어는 아닐지 모르지만 고결한 언어다. 엄마는 젖먹이나 철부지들의 전용어다. 그런데도 여든 늙은이가 입에 올려도 전혀 어색하지 않은 마력을 지닌 말씀이다. 지금은 멀리 사라져 붙잡을 수 없을 것 같은 젖냄새가 이 말씀에는 배어 있다. 풍차 바지 입은 젖먹이가 뒤뚱거리며 걸어가는 모습을 연상시키는 말씀이다. 인중에 묻은 코딱지와 항문에 낀 똥 찌끼를 맨손으로 닦아주는 막무가내가 이 말씀에는 있다. 지도에도 찾아볼 수 없는 보릿고개를 넘길 때 뱉을 부리며 보채는 살붙이를 달래며 희미한 등잔불 밑에서 쓸쓸히 웃는 모습이 이 고결한 언어에는 배어 있다. 그래서 엄마에게는 보조개같이 쉽게 눈을 뗄 수 없는 흡인력이 있다. 동네를 싸돌아다니며 온갖 못된 짓을 저질러 지청구를 받고 돌아와도 일언반구 꾸짖지 않는 사람이 엄마다. 까투리처럼 말을 듣지 않고 배식배식 복장을 지르는 아들을 웃는 얼굴로 바라보는 사람은 엄마뿐이다. 객지를 말똥처럼 구르다가 알거지로 돌아온 아들을 홍시 같은 젖가슴으로 안아주는 유일한 사람은 엄마뿐이다. 우듬지 위에 떨어져 반짝이는 6월의 햇살 같은 언어 그것이 엄마다. 사랑의 실패로 수척한 얼굴로 돌아온 피붙이를 끌어안고 같이 서럽게 울어주는 사람, 하느님보다 먼저 울어주는 사람, 그 사람이 엄마다.

　엄마는 나로 하여금 도떼기시장 같은 세상을 방황하게 하였으며, 파

렴치로 살게 하였으며 쉴 새 없이 닥치는 공포에 떨게 만들었다. 그러나 그것이 바로 엄마가 나에게 준 크나큰 선물이었다. 그것을 깨닫는 데 너무나 많은 시간이 걸렸다. 엄마가 열명길에 들고 나서야 그것을 깨달았기 때문이다. 엄마는 사람들로부터 배척당하고 희생당했으면서 덤덤하게 바라보며 일생을 살았다. 그래서 철부지 시절부터 지금에 이르기까지 내 가슴속 깊은 곳으로부터 우러나오는 말씀은 "엄마" 그 한마디뿐이었다. 그 외에 내가 고향을 떠나 터득했다고 자부했었던 사랑, 맹세, 배려, 겸손과 같은 눈부신 형용과 고상한 수사들은 속임수와 허울을 은폐하기 위한 허세에 불과하였다.

숨 거두기 전 엄마는 마지막 말을 남겼다. 무덤 만들지 마라. 늬들(너희) 고생한다. 그래서 엄마는 무덤도 없다. 그러므로 엄마는 어디에도 있다. 엄마가 남긴 마지막 전략이었다.

— 김주영, 소설가

호숩다

엄마의 일생은 참으로 자연 친화적이었다. 첩첩산중 가야산 산골에서 태어나셨고, 더러 고뿔이라도 들면 한의원 하던 외할아버지가 한약 몇 첩 달여주셨을 테니 그렇다. 별로 높지 않은 꽃산 아래로 시집오셨으니 또 그러하다. 엄마는 소리쳐 부르면 들릴 만한 멀지 않은 울타리 안에 늘 계셨다. 몇 발짝 되지 않는 초가삼간에서 종종걸음 치며 허리 펼 날 없이 집안일을 하셨을 테고 대문 밖 텃밭에서 채소를 가꾸고, 우물터에서 빨래하고 물 길어 와야 했으니 그렇다. 농번기엔 저 아래 밭에서 김매고 추수하는 일이 그나마 좀 떨어진 곳으로 이동하는 것이었고, 5일장 서는 삽다리 장터에 가는 십 리 길 왕복 두어 시간 걸음이 큰 행차였을 것이다.

둘째 언니가 결혼해 서울에서 사는 건 동네에서 자랑거리였다. 그 큰 자랑거리는 어느덧 진짜 뽐낼 일을 만들어냈다. 언니가 엄마와 재 너머 사시는 큰어머니께 서울 구경을 시켜드린 것이다. 딸 결혼식에서 한 번 입고 고이 접어 장롱에 두었던 노르스름한 양단 한복을 차려입고 서울 나들이를 다녀오셨다. 삽다리역까지 1시간을 걸어갔을 것이고 거기서 화투짝만 한 기차표를 샀을 것이다. 서울역까지 통일호를 타고 얼추 세 시간쯤 달렸을 텐데 객실에서 홍익회 아저씨의 주전부리 파는 구성진 목소리는 못 들은 척하셨을 게 뻔하다. "따끈따끈 찐 계란이 왔어요. 천안의 명물 호두과자가 왔어요." 이제는 엄마에게 시원한 사이다

와 찐 계란, 호두과자보다 더한 것도 안겨드릴 수 있는데 엄마의 고운 치마폭이 없다.

엄마가 서울 구경을 마치고 집으로 오셨을 때 멀미를 하지 않으셨는지 여쭸다. 엄마는 참으로 뜻밖의 말씀을 하셨다. "차멀미를 왜 하니? 호숩기만 하고 좋더라."

엄마를 오래오래 더 호숩게 해드리지 못한 아쉬움으로 산다. 나는 육십이 다 된 나이에 운전을 시작했다. 시골 구석으로 차를 몰아 다문화 가정을 방문하면서 제일 먼저 엄마가 떠올랐다. '호숩다' 하시는 엄마를 자동차에 모시고 손녀 집에도 가고, 삽다리 장에도 가고, 볕 좋은 봄날 꽃구경을 하고, 해가 설핏해지면 따끈한 온천물에 몸 담그시면 얼마나 좋아하실까. 호숩다, 참 호숩다고 하셨을 텐데.

'호숩다'를 찾아보니 자동차나 놀이 기구를 탈 때 몸이 쏠리거나 흔들려 신나고 짜릿하다는 뜻의 전남 방언이란다. 표준어로는 '재미있다'인데 '호숩다'의 맛이 당최 나질 않는다. '호숩다'는 표준어가 되어야 한다.

— 박상분, 독자

신명나다

'신명 나다'라는 말을 좋아한다. 단어에 흥이 실려 있다. '신명'은 '흥겨운 신이나 멋'이란 뜻의 우리말이다. 영화를 찍으며 느낀 흥겨운 기분은 그 결과물에도 고스란히 드러난다. 희극이냐 비극이냐는 중요하지 않다. 신명은 슬퍼도 기뻐도 생겨나는 그 무언가다. 비극적인 영화라도 인간에게 감동을 준다면 그 영화는 신명 난다.

영화를 찍는다는 것도 결국은 사람들을 잔뜩 불러모아 신명 나는 잔치를 벌이는 것이다. 감독 혼자 벌이는 게 아니다. 배우는 물론이고, 촬영·미술·조명 각 분야 전문가들이 모여 차리는 한 상이다. 강수연 배우가 <씨받이>로 베네치아 영화제에서 여우주연상 탄 것을 두고 누구는 배우만 주목받아 애석하지 않으냐고 했다. 영화를 몰라서 하는 소리다. 망한 잔치에서 배우 혼자 잘했다고 상을 주진 않는다.

단성사에서 <서편제>를 개봉했을 때, 관객이 극장 앞 도로를 빼곡히 메웠다. 매일 극장 옆 2층 다방으로 출근하다시피 하며 커피 한 잔 시켜놓고 그 바글바글한 광경을 하염없이 내려다봤다. 그 흥에 취하고 싶었다. 더러 주눅 든 순간도 있다. <길소뜸>이 베를린 영화제에 초청됐을 때다. 날씨는 춥고, 구라파 사람들 체구가 어찌나 큰지 옆에 서기조차 싫을 정도로 위축됐다. 기자회견 때 외국 기자들이 "<만다라> 때부터 팬이었다"며 다가올 때 비로소 긴장이 눈 녹듯 풀렸다.

20대는 목표 없이 살았다. 가족이 좌익 활동을 한 탓에 집안이 풍비

박산 났다. 스무 살에 전남 장성에서 부산으로 도망치다시피 가출했다. 장래는커녕 내일 무엇을 해야 할지 몰랐다. '밥은 먹고 살겠지' 싶어 서울로 올라와 영화 제작부 똘마니로 굴러다녔다. 잘하는 게 하나 있었는데, 술 마시는 일이었다. 영화판의 소문난 술꾼이었다. 1962년 찍은 <두만강아 잘 있어라>가 운 좋게 흥행하면서 1960년대엔 50편 넘는 영화를 찍었다. 허투루 찍은 미국 영화 아류작들이지만 그래도 날 알아주는 제작사·관객이 있어 신명 났다.

서른 후반에 접어들며 성찰이란 걸 하게 됐다. 없는 얘기 꾸며 찍지 말고, 진짜 사람 사는 얘기를 찍자. 한국인 아니면 못 만드는 영화를 만들자. 흥행 걱정 접고, 하고 싶은 이야기를 했다. 그렇게 10년이 지나니 묘한 깊이가 생겼다. 100편 넘는 영화를 찍으면서 나 스스로 어지간히 완벽하다 싶은 영화는 못 찍어본 게 영 아쉽지만, 흥으로 살았고 흥으로 찍었으니 좋았다. 신명 나게 살았고 신명 나게 찍었다.

— 임권택, 영화감독

그림

　말이 심하게 더뎌 초등학교 입학 1년 전쯤에야 비로소 말문이 트인 탓에 나는 변변한 친구가 없었다. 어쩌다 알게 된 동네 형들을 따라 왕십리 골목길을 몰려다니며 어렵게 배운 단어가 '×새끼'였다. 보는 이에게마다 습득한 새 단어를 우쭐거리며 내뱉었다. 평생 거의 처음이자 마지막으로 엄마에게 심한 야단을 맞았다. 그 후 방바닥에 배 깔고 누워 혼자 그림 그리는 습관이 일상이 됐다.

　말 못 하는 아이는 온종일 그렸다. 욕설과 은둔의 추억이었다. 숙제를 안 해 가 수없이 따귀를 맞았던 초등학생 시절에도 그림 그리는 방구석은 나의 해방구였다. 분명 내 그림은 그 시점에서 출발했다. 어린 눈으로 본 동물·사람·풍경들이 어른이 된 후 내 화면 속에 다시 운명처럼 등장했다. "그림은 그리움의 준말"이라는 누군가의 말처럼 기억 속 그리운 낙원을 까치 우는 설날의 색동만큼 화려하게 그려댔다. 환희와 절망의 반복 속에서도 그리기는 늘 설렜다. 그리운 존재를 찾아 알지 못하는 길을 떠도는 방랑자가 됐다. 가끔은 길에 선 채 먼저 걸어간 방랑자들을 생각했다.

　박수근의 <나목>은 격동의 시대를 보낸 황폐한 정경과 사라진 아름다운 사람들의 보석 같은 기록이다. 이중섭의 <바닷가의 아이들>은 그리운 가족에 대한 처절한 절규다. 김환기는 쥐 들끓는 뉴욕의 낡은 작업실에서 고향 신안 쪽빛 바다에 점점이 뜬 섬들을 떠올리며 화폭에다 빼곡히 푸른 점을 찍었다. 장욱진의 <가족도>는 할아버지·아버지·고모, 그리고 우리 형제 모두 뒤엉켜 한집에서 살았던 지난 세대의 초상화였다. 이성자는 폭풍의 언덕 같은 남프랑스의 절벽 위 화실에서 한국에 두고 온 자식들을 그림에서라도 만나기 위해 <오작교>를 눈물로 그렸다. 샤갈은 고국 러시아를 떠나 파리에서 생을 마쳤지만, 그의 영혼은 평생 고향의 눈 내리는 마을에서 서성였다.

주머니에 쑤셔 넣었던 손을 빼고 다시 붓을 든다. 일생이 방랑이었다. 그리움 때문이다. 그림이 그리움의 준말이라는 명제에 동의한다. 평생 뭔가를 사무치게 그리워하는 것이 화가다. 사무칠수록 몸부림칠수록 그림은 큰 울림을 갖는다. 그림 그리는 화가들의 애절하면서도 황홀한 숙명이다.

— 사석원, 화가

우리가 어떤 장소를 '살기 좋은 곳'이라고 할 때, 그렇게 느끼고 평가하는 기준은 여러 가지겠으나, 내가 '숨'이라는 말과 함께 생각해보려는 것은 '마음의 생태(生態)'에 관련된 것이다.

우선 짚고 넘어가고 싶은 게 있다. 나는 소리글인 우리말을 쓰면서 자주 그 말의 어원은 무엇일까 궁금해한다. 가령 '달'이라는 말은 그 천체를 잘 표상했다고 여기면서 감탄한다. 거기에는 'ㅏ'가 있으니 보름달이 들어 있고 'ㄹ'이라는 흐름소리가 들어 있으니 달의 운행을 잘 알려준다.

'밥'도 참 잘 만든 말이다. 쌀로 만든 그 음식은 입에 들어가면 걸어 잠그듯이 입을 다물고 목으로 넘기는 그 움직임을 잘 나타낸다. 서양에서 '영혼'의 어원은 '숨'이라고 한다. 이것은 아주 시사적이다. 요새 '영혼 없는 사람'이라는 욕이 있는데, 이는 숨을 쉬지 않는다는 뜻이고 따라서 시체라는 소리이니 참으로 참을 수 없는 명명이겠다. 그렇지만 기분 나쁜 것하고는 상관없이 우리는 스스로 영혼이 있는지 물어보아야 한다. 그렇지 않으면 산송장이요 인류 사회에 장애물일 따름이다.

'영혼' 대신 '마음', '정신'이라는 말을 써도 괜찮겠다. '하늘 땅에 바른 숨' 할 때의 숨은 올바른 정신, 올바른 판단을 뜻하는 것인데 요새는 그런 '바른 숨' 만나기가 쉽지 않다. 특히 나라의 운명을 쥐고 있는 통치권자와 정치 경제 교육 문화 안보 등 각 분야의 책임자들이 당연히 제정신을 가지고 일을 해야 하는데, 그게 그런지 알 수 없다. 어떤 정책 결정이 잘못되었으면 그걸 얼른 바꿔야 제정신일 터인데 그렇지 않은 것 같다. 어떤 유기체가 생존하고 번성하려면 호흡기나 혈액 순환 등 여러 기관이 건강하게 작동해야 하듯이, 국가라는 유기체도 각 기관이 올바로 작동해야 한다. 특히 소통과 경청은 숨길과 같아서 그게 꽉 막히면 나라는 빈사 상태에 이른다. '기가 막힌다'고 할 때 그 '기'는 곧 '숨'이니, 그런 일이 빈번히 일어나면 당연히 망하는 길에 들어선 것이다.

누구든 별것도 아닌 이념에 중독되어 남의 숨을 틀어막으려고 하는 사람은 스스로 숨 막혀 자멸한다. 참고로 힌두교의 한 구루(guru) 이야기를 해볼까 한다. 이 교사는 제자에게 자기가 생각하는 진리를 말할 때 듣는 사람의 귀에 숨을 불어넣듯이 속삭였다고 한다. 진리는 말이 아니라 숨결이라는 듯이. 이런 태도를 여러 가지로 해석해볼 수 있겠으나, 자기의 속삭임이 진리가 아닐 수도 있기 때문에 한 가닥 수줍음과 염치를 보인 게 아닐까 하는 느낌이 강하게 든다!

— 정현종, 시인

멋, 멋쟁이, 멋지다, 멋스럽다. 내 삶에서 가장 중심이 된 말들이다. 살면서 알게 된 사실은 나라마다 여성을 찬양하는 말들에 차이가 있다는 점이다. 미국 사람들은 '섹시(sexy)', 그러니까 성적 매력이 있는 여성을 선호한다.

프랑스 남성은 '마담', 즉 우아한 여성을, 일본인들은 귀여운 여인을 사랑한다. 우리나라는 '멋쟁이'다. "멋있어", "멋쟁이야"라며 감탄한다.

70 여생을 옷을 통해 우리나라 여성들을 멋있는 여성으로 만들려고 열중해왔다. 멋은 안에서 우러나오는 모습이다. 사전에는 '차림새, 행동, 됨됨이 등이 세련되고 아름다움, 맵시가 있음'으로 적혀 있다.

나는 옷을 디자인하는 사람으로서 옷이 사람보다 먼저 걸어나오면 안 된다고 늘 주장해왔다. 옷은 그 사람의 개성을 돋보이게 하는 보조 역할일 뿐, 값비싼 옷을 입는다고 멋쟁이가 되는 건 아니다. 멋이 있으려면 우선 지성이 풍부하고, 생각이 세련되고, 겸손해야 한다.

나는 어려서부터 인생을 멋지게 살고 싶은 욕망이 있었다. 꿈 많던 사춘기에 제2차 세계대전을 겪었고, 20대 초반 미국 유학에서 돌아오자 6·25 전쟁을 맞이했다. 부산 피란 생활을 하며 깨달은 것은, 멋있는 삶은 어떤 환경에서든 모든 것을 긍정적으로 바라보고 생각해야 이뤄진다는 것이었다. 멋진 인생 또한 사치스러운 삶과는 거리가 멀다. 자신의 능력, 체력 그리고 재력의 한계를 알고 10% 정도의 여유를 두고 살아야 멋을 유지할 수 있다. 타인을 비판하는 데만 관심을 두지 않고 남의 의견을 존중하고 사물을 사랑하고 아끼고 귀하게 생각하는 마음에서 멋은 우러난다.

직업상 일찍 고객을 대하게 되면서 가장 힘들었던 점은 거부감을 주는 손님을 대하는 일이었다. 아침 예약 손님 리스트에 그 이름이 있으면 우울해졌다. 직업을 계속하려면 이 산을 넘어야 하니 고민 끝에 해법을 찾았다. 그 사람의 단점 대신 장점, 아름다운 점을 빨리 알아보고 진심으로 찬양하는 마음의 훈련! 내가 멋있는 생을 시작하게 된 첫걸음이다.

멋진 인생의 또 다른 바탕은 자유와 사랑이다. 살아가는 데 많은 것을 소유한다는 건 그만큼 많은 걱정거리를 안긴다. 살아보니, 통속적 욕심은 스트레스이자 구속과 다름없었다. 다만, 이 나이까지 살 수 있을 거라고 생각하지 못해서 노년의 계획을 세우지 않은 것이 후회스럽다. 다행히 아직 일할 여건이 되어 하느님이 주신 마지막 보너스로 여기며 일하고 있다. 90세 넘도록 자원봉사하는 자세로 일할 수 있다는 것, 이 또한 노년의 멋진 삶 아닐까.

— 노라노, 패션 디자이너

각시

어릴 적 밥을 거른 채 동화책에 빠진 내게 할머니가 말했다. "어쩌끄나 책 각시에 빠지면 평생 가난하게 사는디…" 할머니는 혀를 끌끌 차셨다. 책 각시가 무슨 뜻인지 알 수 없었지만 그 말이 싫지 않았다. "책 각시가 뭔데?"라고 물으니 할머니는 "이놈아, 서방이 네 각시도 모르냐?"고 되물어 나를 당황케 했다.

할머니가 책 각시 이야기를 할 때면 어린 마음속에 아련한 여운 같은 게 느껴졌다. 모국어가 지닌 어감이 살갗을 스친 최초의 기억이라 할 것이다.

여자아이는 자라 볼 붉은 사춘기가 된다. 볼에 붉은 연지를 바르고 길게 땋은 머리에 자줏빛 갑사댕기를 드리운다. 이름만 불러도 부끄럽고 바람이 머리칼만 흔들어도 설레는 열일곱, 열여덟의 나이. 붉어진 볼을 감추기 위해 연지를 바르고 세상에 대해 한없이 설레는 마음을 갑사댕기로 표현했을 것이다. 어느 순간 갑사댕기를 가만히 만지는 어깨 듬직한 사내의 손을 만나고 손의 주인과 혼례를 치르게 된다.

깨 쏟아지는 신접살림. 신랑은 말한다. 오메, 내 각시 어디서 왔는가. 각시라는 말은 그렇게 세상에 태어난다. 각시라는 말에는 삶에 대한 시정이 스미어 있다. 삶이 아무리 핍진해도 각시야, 라고 부르는 순간 마음 안에 아카시아 꽃 내음이 물큰 피어난다.

"당콩밥에 가지 냉국의 저녁을 먹고/ 바가지꽃 하이얀 지붕에/박각시 주락시 붕붕 날아오면"이라고 노래한 백석의 시를 처음 읽다 박각시라는 말을 만났을 때 내 가슴이 설렜다. 할머니의 책 각시 생각이 난 것이다. 박각시는 저물 무렵 초가지붕 위에 핀 박꽃을 향해 날아오는 나방의 이름이다. 박각시가 날아올 때 사람들은 산언덕에 올라 바람을 쐰다. 고개를 꺾어 은하수를 보며 마음이 답답하지 않을 그날을 꿈꾼다. 백석이 남긴 아름다운 북관 사투리 중에서 나는 박각시란 말을 가장 애틋하게 생각한다. 박꽃과 나방의 세상 인연을 각시라는 말로 살갑게 엮어준 흰옷 입은 사람들의 배려에 깊은 감동을 느낀다. 말없이 산언덕에 앉아 은하수를 바라보는 사람들. 그들의 마음속으로 박각시가 날아오르는 것이다.

각시라는 말 속에는 한국 사람들이 세월 속에서 만난 삶의 원형질 같은 게 느껴진다. 각시라는 모국어가 있는 한 한국인의 어떤 슬픔도 가난도 미래도 초라하지 않을 것이다.

— 곽재구, 시인

우리 !

우리말에서는 '우리'라는 단어를 참 많이 쓴다. 우리 엄마, 우리 아빠, 우리 가족, 우리 집…. 반면 내가 열 살 때부터 살고 있는 미국에서는 나의 엄마, 나의 아빠, 나의 가족 등 '나의(my)'라는 표현을 늘 쓴다. 그렇기에 '우리'는 일상에서 나에게 가장 큰 문화적 차이로 다가온 단어다. 그만큼 '우리'에는 우리말의 정서와 정(情)이 더 배어 있음을 느낀다.

그러나 나는 첼리스트로서는 '우리'라는 표현을 쓰지 않는다. 첼리스트로서 내가 하는 연주는 분명 '나의 연주'이기 때문이다. 100% 내가 완성하고 책임지며 그 누구도 아무것도 더하거나 빼지 못하는 순수한 나만의 연주, 나만의 음악적 목소리다.

이런 연주를 하던 내가 요즘 진정한 '우리' 음악의 위대함과 재미에 푹 빠져 있다. 오케스트라에는 100명에 가까운 '나의 연주'를 하는 연주자가 있다. 그들은 자신들만의 소리를 만들고, 감당하고, 책임진다. 지휘자로서 나의 역할은 그 100가지 '나의 소리'를 하나의 '우리 소리'로 빚어 나가는 일이다.

진정한 우리는 무엇일까. 너의 눈물이 나를 울리고, 나의 웃음이 너를 웃게 하는, 너와 내가 서로 하나가 되어서 하나의 꿈에 열광하며 도전하며 성취하는 새로운 공동체. 너의 영혼이 담긴 소리와 나의 영혼이 담긴 소리가 진정 하나로 어우러져서, 마치 대자연 속의 셀 수 없이 많은 꽃잎과 잎새의 천만 가지 색색이 어우러져 하나의 아름다운 풍경이 되듯 완성되는 우리 소리. 이 어우러짐은 동일함에서 오는 단조로움과 지루함이 아닌, 제각각의 색깔과 개성이 통통 튀면서 동시에 나 개인을 능가하는 우리가 되는 찬란함이다. 우리 음악을 위해 각각의 내가 빛나며, 나의 빛과 너의 빛이 합하여 은하수가 되는 오케스트라. '우리'됨의 기적이다.

그래서 내가 가장 사랑하는 우리말, 나에게 가장 소중한 가치와 꿈을 담은 한마디는 '우리'다. 우리 음악에서 더 나아가 우리 세상, 우리 인류, 우리 지구가 되는 꿈을 가져본다.

— 장한나, 첼리스트

에 나

'봄'이 '보다'에서 왔다던가. 지게를 지고 산으로 나무하러 가서 하루가 달라지는 변화에 눈이 휘둥그레지며 동공이 커지고 바빠진다. 흐드러지게 핀 진달래꽃을 혓바닥이 새파랗도록 따 먹는다. 바람을 안고 등지며 산마루를 지키는 삘기를 뽑아 질겅질겅 씹어 단물로 허기를 면하고, 물오른 소나무의 송기로 배고픔을 달랜다.

섬진강 지류인 가마소에서 멱을 감으며 참게 붕어 피라미를 잡느라 더위를 잊는다. 석쇠에 굽거나 어죽을 끓여 먹고 평상에 누워 악성 모차르트의 변주곡인 줄도 모르고 <반짝반짝 작은 별>을 부르며 촘촘한 밤하늘의 별을 세다가 스르르 잠이 들면 모깃불도 사위어 간다.

우리의 소꿉놀이는 돌멩이 모래 조개껍데기 풀잎 들꽃으로 밥상을 차리고 고무신 한 짝을 접어서 다른 짝 안에 넣어 풀뿌리로 끌고 다니면 자가용을 가진 살림이 남부럽지 않다. 삽자루의 토막을 깎아 심에 쇠구슬을 박고 크레용으로 알록달록 색칠하여 닥나무 채를 휘두르면 팽이는 종일 돌아 하루해가 짧다.

서랍에 있던 백환권 지폐 다발을 꺼내 친구들과 마당에서 딱지치기를 하다가 혼이 난다. 돈을 모르던 천진난만한 시절이다. 얼음물로 냉수마찰 훈련을 받으며 심신을 단련하고, 산 너머 서당에서 천자문 공부를 마치고 화투 놀이한 것이 들통나 빨가벗고 꽁꽁 얼어붙은 냇물에 들어가 벌을 서면서 도덕을 깨친다.

나를 꿈꾸게 하던 하동 고전 낭창거리 마을의 어린 시절이 그립다. 그중에서도 생각과 느낌을 드러내던 고향의 토속적인 말들을 잊을 수 없다. 하모, 에나, 난주, 덕석, 미영, 중우, 소캐, 에북…. 특히 '참', '진짜'라는 의미를 가진 '에나'라는 말은 가슴에 품고 다니다가 딸의 이름이 되어 지금 호적부에서 빛나고 있다. 소꿉친구들에게 "난 인자 부산 가서 중학교 댕긴데이"라고 작별을 고했더니 여기저기서 "에나가?"라며 아쉬움을 감추지 못한다. '에나'라는 딸의 이름을 부를 때마다 꿈같던 유년 시절이 박하향처럼 화해진다.

— 정순성, 독자

-답다

어부의 손. 새끼손가락이 잘려나간.

채널을 돌리다가 언뜻 이 장면을 보고 말았다. 이른 새벽 물안개 속에 거룻배를 띄우는 부부. 그들은 거뭇한 산과 호수에 층을 이룬 물안개 속으로 들어가며 자연스러운 풍경이 되었다.

열다섯·열아홉에 부부가 되어 평생을 호수에서 살아온 사람들. 그들은 첫아이를 그 물에서 잃었단다. 새끼손가락도 그 어느 지점에서 잃었을 것이다. 그래도 다시 배를 띄우고 동자개, 떡붕어를 건져 올려야 했던 건 오지에서 어린 자식들을 키워낼 방도가 그것뿐이라서. 자식을 묻은 호수에서 평생 흔들리며 그물을 던지고 끌어 올리느라 그들 손은 그 일을 해 온 사람답게 구부러져 있었다. 놀러 온 사위가 그물 던지기를 주저하며 "엉키면 큰일이잖아요" 하니, 노인은 "엉키면 풀면 되지" 한다. 툭 뱉은 그 말이 뭉클했다. 엉킨 그물을 어떻게 푸는지, 태풍에 물고기가 어떻게 이동하는지, 병든 자식을 어떻게 건사해야 할지 아는 사람들. 아름답다. 부모다워서, 어부다워서, 사람다워서 참 고맙다.

'○○다운' 사람이 실종되다시피 한 시절이다. 다소 답답한 듯해도 이 말은 정체성을 확인시켜 주고 핵심을 돋보이게 하는 기능이 있다. 한국어 접사 '답다'는 '~와 같다' '그런 가치가 있다'는 뜻으로 체언에 붙어 형용사를 이루는 말이자, 그 체언이 지니는 성질과 특성이 '있다'는 것을 분명히 해주는 말이다. 아이답다, 젊은이답다, 친구답다, 부모답다, 스승답다, 전문가답다, 정치가답다.

　'맏이답지 못하게' 생선 가운데 토막에 젓가락을 댔다고 허구한 날 지청구를 들어서 나는 이 말에 반감이 많은 사람이었다. '여자답게 굴어라', '큰딸답게 참아라', '뉘 집 자식답게 행동해라' 소리는 기어이 그 조건을 벗어나고 싶게 만들었다. '답다'에 부정적인 입장처럼 보여도 이 말의 의미를 정확히 알기에 할 수 있는 도전이었다. '답다'가 여전히 내 좌표임을 다시 확인한다.

— 황선미, 동화작가

훌베다

조부님은 1963년에 돌아가셨다. 향년 65세였다. 평소 언행에 위엄이 있었으며, 광복 후 해외에서 귀국하는 일가친척들을 거두어들여 고향에 정착하는 데 많은 도움을 주었다 한다. 내가 기억하는 조부님에 관한 추억은 미미하지만 활동 사진처럼 선명한 장면이 있다.

어린 시절 일이다. 안마당, 바깥마당까지 있던 우리 집은 놀이터로 안성맞춤이었다. 마당에서 동무들과 신나게 뛰어다니면 조부님께서는 사랑문을 열고 근엄한 목소리로 "이놈들 조용히 놀지 않으면 훌벤다"고 꾸짖곤 하셨다. 훌벤다? 어린 마음에도 뭔가 혼내겠다는 의미로 어렴풋이 다가왔지만 정확한 뜻은 몰랐기에 이후에도 같은 꾸지람을 들어야 했다. 기다란 담뱃대를 들고 휘두르는 시늉도 하셨는데 그럴 때마다 부리나케 달아나곤 했다.

'훌베다'라는 말은 조부님으로부터 처음 들었고, 이후에도 들어본 적이 없다. 어느 누구도 그런 말을 쓰는 걸 본 적이 없어서 나는 '훌벤다'는 말이 조부님이 만든 전용어인 줄 알았다. 자연스레 기억에서 잊혔다가 마침 조선일보에서 우리말 사연을 찾는다기에 문득 조부님과의 일화가 생각이 났다. 그런 단어가 실제 있을까 싶어 사전에서 찾아보았다. 정말 있었다. '회초리나 막대기 등 도구를 이용해서 때리다'라는 뜻의 경상도 사투리란다.

경북 북부지방에서 쓴다는 이 말이 경상도의 다른 지역에서도 쓰이는지는 모른다. 같은 경상도라도 지역마다 쓰는 말이 조금씩 다르고, 말씨에서도 미묘한 차이가 있기 때문이다. 훌벤다고 엄포만 놓았지 한 번도 훌벤 적 없었던 조부님이 돌아가신 지도 어언 60년이 되어 간다. 나도 이제 조부님 나이에 가까워지다 보니 그 짧았던 추억이 그리워진 다. 이제는 훌벨 일도 훌베서도 안 되는 세상에 살고 있으니 '훌베다'라 는 단어도 머지않아 사라져버릴 것 같다. 돌아갈 수 없는 시절과 함께 말도 흘러가버렸다.

— 장원규, 독자

설렘

알싸한 아침 작업실. 무쇠 난로 위에서 물 주전자는 푹푹 김을 내며 끓는데, 나는 기다린다. 블랙커피 반 잔을 마시면서도 기다리고, 자메이카 블루마운틴의 묵직한 향이 낮게 깔리며 브람스의 선율과 섞여 드는 순간에도 기다린다.

그것 없이는 아침마다 만나는 백(白)의 공포를 이겨낼 수가 없다. 그것이 활활 연소해 타오를 때에야 비로소 맹수 앞에 선 전사처럼 창 대신 붓을 들고 하얀 화판 앞으로 걸어갈 수 있는 것이다. 그렇기에 흡사 고도(Godot)를 기다리는 블라디미르와 에스트라공처럼 나는 기다리고 기다린다. 무릇 모든 '쟁이'가 그럴 테지만 나는 일찍부터 그 불가해한 느낌에 포박돼 있었다. 아니 중독이라는 표현이 낫겠다. 작업실 문을 열고 들어설 때마다 엄습해오는 그 대체 불가의 느낌. 육적이고 영적이며 언어적이고 비언어적인, 온몸을 가볍게 진동시킬 만한 그 야릇한 흥분과 전율, 그 열감(熱感)을 대체 '설렘'이라는 말 아닌 다른 무엇으로 표현할 수 있다는 말인가.

나의 세월은 허기진 듯 그 느낌을 쫓아 달려온 시간들이었다. 고풍스러운 기와집 역사(驛舍)가 건너다보이는 소읍의 한 다방에서 처음 그림과 사랑에 빠져 전시를 열었던 열대여섯 무렵부터 치자면 근 오십 년 세월이다. 그러고 보면 이 무자비한 광속의 세월 속에서도 살아남은 이 말이 새삼 눈물겨울 지경이다. 깨지고 부서지고 거품처럼 떠다니며 비

열해져 가는 말[言]들의 세상 속에서도 설렘은 첫사랑의 기억처럼 그 자리에 그대로 있어줬으니 어찌 고맙지 않겠는가.

오늘도 나는 지난 세월 그러했듯 작업실 문을 열고 들어와 마음 저 밑바닥으로부터 고동쳐오는 그 느낌을 기다린다. 설렘 없이 하얀 화판 앞으로 다가가는 것은 지는 싸움임을 알기 때문에.

— 김병종, 화가

열심히

1970년대 중반에 한국어 공부를 처음 시작했을 때 한 단어를 계속 반복적으로 들었습니다. 아마도 중국어를 조금 공부해서 그런지 '열심히'란 단어가 자주 들렸습니다. 영한사전을 보면 이 단어는 '부지런하다 (diligent)'로 번역될 것입니다. 그러나 제 생각으로는 이 사전적 의미는 열의[熱·열]와 전심[心·심]을 다한다는 말이 합쳐져서 만들어진 단어의 뜻을 제대로 전달하지 못합니다. '열심히'는 한자로 이뤄진 단어임에도 한국에서 주로 사용되고 중국어에서는 사용되지 않는 전형적인 단어입니다. 이 단어를 통해서 자신의 모든 것을 끄집어내고, 다른 사람들도 열정적으로 일에 몰두하도록 응원하는 한국인들의 열정을 처음 접했습니다.

제가 한국어를 공부하면서 계속 놀라면서 즐기고 있는 것은 언어의 가변성과 표현성입니다. '열심히'처럼 문자 그대로의 번역을 할 수 없는 뉘앙스도 있고, 영어로는 표현할 수 없는 서정적인 문구도 있습니다. 한국어의 고유한 점은 수식어를 붙여서 구를 만든다는 것입니다.

저는 현재형, 과거형, 미래형 등 문법적 시제에 제한돼 '갖고 싶어요' '원해요'라는 말을 붙여 사전적으로 말하던 수준에서, 이런 인간의 기분과 의도를 전반적으로 표현하는 새로운 구조를 알게 됐던 배움의 기쁨을 또렷이 기억합니다.

예를 들어 저는 "할까 말까 생각 중이에요"라고 말하는 것처럼 '할까 말까'란 구를 배운 후 과도하게 사용했던 것을 고백합니다. 멜로디가 있을 뿐만 아니라 어떤 언어로도 전달하기 어려운 모호성을 표현하는 데 도움이 되었기 때문입니다.

또 영어로 번역되지 않는 말 중에 즐겨 사용하는 것이 '하나마나'란 문구입니다. 이 단어는 문맥에 따라 '의미 없다'에서 '과잉이다'까지 다양한 의미를 가지고 있습니다.

이것들은 단순히 어휘를 연구한다고 해서 배울 수 있는 것이 아닙니다. 왜냐하면 원어민이 아닌 사람은 마음속에서 그것을 사전적으로 번역하기 때문에 실제 그 단어가 가지고 있는 미묘한 뜻을 놓치기 때문입니다. 그래서 반복적인 사용과 문법을 모방하면서 그 뜻을 익혀야 합니다. 그냥 '열심히' 공부할 수밖에 없습니다.

— 스티븐스, 전 주한미대사

가만히

　오늘은 내가 좋아하는 수많은 우리말 중에 '가만히'라는 말을 가만히 생각해본다.

　'가만히'라는 말의 사전적 뜻을 찾아보면 (1)움직이지 않거나 아무 말 없이 (2)어떤 대책을 세우거나 손을 쓰지 않고 그대로 (3)마음을 가다듬어 곰곰이라고 풀이돼 있다. '감추어져 있다'에서 파생된 단어로 '비밀스럽게', '개인적으로', '조용히', '넌지시'란 의미라고도 나온다.

　초등학교 시절 자주 부르던 노래 중에 봄이 오면 제일 먼저 부르던 윤석중 작사의 노래에서 '가만히'라는 말이 유난히 내 마음에 와닿았던 기억이 있다.

　"가만히 귀 대고 들어보면 얼음장 밑으로 흐르는 물 봄이 온다네, 봄이 와요, 얼음장 밑으로 봄이 와요."

　'조용히', '고요히'라는 말하고는 또 다른 분위기가 느껴지는 '가만히'라는 말. 왠지 심오하면서도 정겹게 여겨지는 이 말이 나는 참 좋았다.

　누가 심하게 남을 흉보거나 잘못된 정보를 흘리며 뒷담화에 열중하는 모습을 보면 우리는 곧잘 "어? 그게 아닌데? 좀 가만히 있어 봐요"라고 하기도 하고, 서로 대화가 안 되거나 논리가 안 통해 어려움을 겪을 적에도 "잠깐 가만히 있어 보세요" 한다. 어떤 일을 바로잡아야 할 적에 체면 때문에 침묵을 지키고 있으면 옆에서 "제발 좀 가만히 있지 말고 어떻게 좀 해보세요!"라고 말하기도 한다.

무엇보다 침묵을 강조하는 수도원에서 반세기 이상 살다 보니 시시로 "가만히!" 하고 스스로에게 주의를 주거나 주문하는 일도 갈수록 더 많아진다. 어떤 자리에서 쓸데없는 참견을 하고 싶은 찰나에, 옆사람들에게 필요 이상의 잔소리를 하고 싶은 유혹에 빠질 때 '가만히 있으세요'라고 주문하며 마음을 추스르면 이내 평화가 찾아온다.

앞으로도 '가만히!'라는 말을 더 많이 사랑하며 은은한 내적 기쁨을 키워가고 싶다. 가만히 숨어 있기도 하지만 필요할 땐 가만히 있지 않고 적극적으로 움직일 수 있는 사랑의 천사가 되어보리라 다짐한다. 얼음장 밑으로 흐르는 봄처럼 가만히!

— 이해인, 수녀

어릴 적 어른들한테 들었던 말을 가슴 깊이 간직하고 있다. '꿈'이라는 말이다. 어른들은 어린 내 머리를 쓰다듬으면서 "넌 꿈이 뭐니?"라고 묻곤 했다. 그때는 그 말이 싫었다. 미래에 대해 아무런 꿈도 지니고 있지 않은 내게 '꿈'은 그저 막연하고 추상적인 말이었다. '꿈을 꾼다'는 말 자체가 참 식상한 일로 여겨졌다.

　세월이 지나 이제는 내가 젊은이들에게 '꿈'을 이야기한다. "넌 꿈이 뭐니? 꿈을 크게 가져라. 꿈의 크기가 삶의 크기다."

　내가 다닌 대학에 시인 조병화 선생이 문리대 학장으로 계실 때였다. 선생은 당신 친필로 '꿈'이라고 쓴 삼각형 깃발을 1층 계단 입구에 세워놓았다. 학생들은 그 깃발의 의미를 잘 몰랐다. '우리가 어린앤가, 저런 깃발을 다 세워두게. 시인 학장이라 좀 다르군.' 그런 생각을 했을 뿐이다. 선생은 당신의 고향, 경기도 안성 난실리에 대해 말씀하실 때도 "마을 입구에 와서 '꿈'이라고 쓴 깃발이 펄럭이는 집으로 찾아오면 된다"고 했다.

　그런데 나이를 먹어 가면서 깨닫게 되었다. 어릴 때부터 꿈을 꾼다는 사실이 참으로 중요하다는 것을. 살아갈수록 젊을 때 꾼 꿈의 모습대로 인생이 이루어진다는 것을. 조병화 선생은 젊을 때 꾸는 꿈이 인생에 결정적 역할을 한다는 것을 이미 알고 계셨던 것이다.

　어른이 되어 꾸는 꿈은 아무리 그 꿈이 크다 할지라도 초라해질 수밖에 없는 속성을 지닌다. 그것은 이미 주어진 현실의 범위와 한계를 잘 알기 때문이다. 이루어질 수 없는 꿈을 꾼다는 것 자체가 이미 고통이다.

그래도 나는 꿈을 꾼다. 죽을 때까지 시를 쓰면서 시인의 삶을 사는 것이 꿈이다. 나이와 상관없이 꿈은 꾸는 자의 것. 꿈이 없는 삶은, 날개가 부러져 땅바닥에 앉아 굶어 죽어가는 새와 같다.

— 정호승, 시인

손맛

요즘 같은 겨울철에 눈이라도 소복이 내리는 날이면, 어릴 때 살던 돈암동의 아담한 한옥과 마당 한쪽에 있던 장독대가 떠오릅니다. 흰 털모자를 뒤집어쓴 듯한 항아리와 독들이 경건하게 기도 드리는 사람처럼 고요히 서 있습니다. 앞쪽에 작은 키의 아이부터 뒤쪽으로 키 큰 아이들이 서 있던 초등학교 조회시간 모양으로 조그마한 항아리가 앞줄에, 중간 크기의 것은 가운데에, 큰 독들은 맨 뒷줄에 잘 정렬된 모습입니다. 마치 할아버지, 할머니부터 손주들까지 오손도손 가족사진을 찍듯이 말이지요.

그런데 정겹던 한옥을 떠나 몇 번의 이사를 할 때마다 항아리와 독의 수가 점차 줄어들었고, 마지막 단독주택이었던 수유리 집을 떠나 강남 아파트에 신접을 차렸을 땐 더는 집에 옹기가 없게 됐습니다. 지니 요정이 알라딘의 요술램프 속으로 빨려 들어가듯 여러 개의 항아리와 독이 몽땅 냉장고로 쏙 들어간 모양이 된 셈이지요. 아! 하나가 남아 있긴 합니다. 지금까지도 부엌 한쪽에 자리 잡은 조그마한 쌀 항아리. 언제부터인가 장독대에서 얻을 수 있었던 것을 사다 먹게 되었고, 집집이 고유한 장맛은 식품사의 제조 맛으로 바뀌게 되었죠. 모든 것이 단순, 편리해졌지만 뭔가를 잃어버리고 사는 느낌입니다. 흔히 말하는 어머니의 손맛, 정성 같은 것 말이지요.

손맛은 사랑에서 나옵니다. 손으로 사랑을 담은 것이고 그것이 곧

손맛일 겁니다. 장독 뚜껑을 열고 손가락으로 살짝 장맛을 보는 어머니의 모습이 아련히 떠오릅니다. 오늘같이 추운 날엔 어머니가 마당에 묻어놓은 김장독에서 김치를 꺼내와 상을 차려주시던 생각이 납니다. 반찬도 별로 없던 시절, 맛있게 익은 김장김치는 최고의 반찬이었죠. 강릉 분이신 어머니는 김장 배춧속에 꼭 명태를 회처럼 썰어 넣으셨습니다. 한겨울에 모든 맛이 밴 명태를 빼 먹을 때 그 맛이란! 그 손맛이 정말 그립습니다.

마당에 김장독을 묻던 장면도 떠오릅니다. 가족들이 함께 삽으로 흙을 파내 커다란 구덩이를 만들고, 그 옆 수돗가에서는 어머니가 김장하고 있는 모습들. 절인 배추에 김칫소를 싸서 맛보라고 어머니는 입속에 넣어주고, 우리는 입을 한껏 벌려 받아먹는 모습. 마치 드론으로 촬영하듯, 마당의 화기애애한 모습부터 집 전체, 그리고 동네 전경까지 옛 모습이 한 폭 풍경화처럼 떠오릅니다. 저 아래 김장독 속엔 곧 어머니 손맛이 담겨 사랑으로 가득 차겠지요.

— 안성기, 배우

시나브로

내가 제일 좋아하는 우리말은 '시나브로'다. 국어사전에서 '모르는 사이에 조금씩 조금씩'이라 풀이한 우리말 시나브로. 1998년부터 2004년까지 판매하다 사라진, 한글로 디자인한 시나브로 담배 커버가 아련히 떠오른다.

이후로 록밴드 이름, 음식점·카페·노래방 등 수많은 곳에서 시나브로는 사용돼 왔다. 중·고교 시절 문학의 밤 행사에서 "시나브로 거울이 왔다"고 시를 낭송하면 '멜랑콜리'라는 외국어만큼이나 신비롭게 울려 퍼지던 우리말 시나브로. 왠지 우수 어린 슬픔에 관한 말처럼 느꼈던 시나브로. 그 말은 글 어디에 붙여도 대충 멋있게 들렸다. 시나브로 겨울이 왔다, 시나브로 흰 눈은 쌓이고, 시나브로 네가 내 마음 안으로 들어왔다…. 이런 글을 쓰고 읽으며 청춘이 지나갔고, 시나브로 나는 화가가 되었다.

얼마 전 본 영화 <애드 아스트라>가 떠오른다. '고난을 거쳐 먼 별까지'란 뜻이라 한다. 영화 속 주인공이 갖은 고난을 거쳐 도달한 우주에는 고독하고 광활한 사막만 있을 뿐 아무것도 없었다. 영화의 메시지는 먼 별에는 아무것도 없으니 오늘 이 순간의 행복을 누리고 살라는 것이었다. 그날 밤 꿈을 꿨다. 미래로 간 내게 누군가 말했다. "100년 뒤 화가는 골동품 같은 존재입니다. 시나브로 사라진 직업이죠. 하지만 미래에도 예술은 어떤 식으로든 존재합니다. 당신이 예술이죠. 우리 모두가 말입니다." 꿈에서 깨니 쓸쓸해졌다. 그럼에도 나는 시나브로 100년 뒤의 사람들과 소통하는 화가가 되고 싶은 꿈을 오늘도 버리지 않았다.

시나브로 사라지는 것들을 생각한다. 우리가 확실하다 믿었던 가치는 시나브로 사라지고, 상상도 할 수 없는 세계관의 변화가 일어날지 모른다. 화가인 나는 늘 세상보다 앞서 가는 것 같아 외로웠는데, 이제는 세상이 나보다 훨씬 앞서가는 것 같아 불안하다. 그럼에도 바라건대 100년 아니 500년 뒤에도 그리운 그림과 종이책과 신문, 아름다운 우리말이 시나브로 살아남기를.

— 황주리, 화가

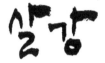

홍명희 소설 『임꺽정』을 읽은 적이 있다. 들은 대로 대단한 소설이었다. 흥미로운 사건 전개와 살아 숨쉬는 듯 생생한 인물들로 가득했다. 그보다 감동적이었던 건, 소설에 넘실대던 우리 옛말들이었다. 얼쑹덜쑹하다, 부닐다, 바장이다, 군조롭다, 지수굿하다, 되숭대숭 등등. 그 아름다운 말들이 다시 살아나면 얼마나 좋을까, 하여 입으로 소리내 천천히 읽었다.

'살강' 또한 무척 아름다운 말이다. 입에 넣고 굴리면, 어린 시절 어른들에게 졸라서 얻어낸 알사탕을 입안에 넣고 또르륵 굴리던 느낌이 살아난다. 하지만 살강은 음식 이름이 아니다. 부엌 부뚜막 위에 간략하게 나무판자로 걸친 선반이다,

그 위엔 주로 그릇이나 수저가 자리했다. 아마 밥을 푸거나 국을 떠서 담기 위해 밥그릇이나 대접을 놓고, 상을 차리기 위해 숟가락과 젓가락을 잠시 놓았으리라. "살강 아래서 수저 주웠다"는 속담은, 그리 뽐낼 일도 아닌데 공치사하는 사람에게 핀잔 줄 때 쓰는 말이란다. 물론 요즘 세상에서 그런 속담을 인용해 핀잔을 주면 씨알도 먹히지 않을 것이다. 살강이 뭔지, 그 아래서 수저 줍는다는 게 얼마나 대수롭지 않은 일인지 아는 사람이 거의 없기 때문이다. 도깨비가 까막눈이면 부적이 안 통한다던가.

살강은 요즘 없다. 부뚜막이 없어지며 살강도 없어졌다. 대신 싱크

대 위 전기밥솥 옆이나 선반장 안에 식기 건조기가 들어가 있다. 사실 예전엔 살강뿐 아니라 시렁(방이나 마루 벽에 두 개의 긴 나무를 가로질러 선반처럼 만든 것)도 있고, 덕(나뭇가지 사이에 걸쳐진 시렁)도 있었다.

그뿐 아니다. 더그매, 고미, 설렁, 꿰방, 누꿉, 가막마루 등등 우리 옛집엔 그런 아름다운 말이 알알이 박혀 있었다. 2만여 개나 된다는 옛 건축 용어는 우리 건축 문화가 얼마나 풍요로웠는가를 보여주는 귀한 증거이다. 근대 이후 현대 건축이 자리 잡는 과정에서 일본말이나 외래어가 주로 사용되는 동안 이런 아름다운 말이 떠나갔다. 말이 사라지고, 이름이 잊히는 것은 문화가 없어지고 역사가 지워지는 것이다.

— 임형남, 건축가

꾀꼬리

나는 우리말을 8·15 해방으로 국민학교 6학년을 마칠 무렵에야 비로소 배우기 시작했다. 모국어를 '반(半)외국어'로, 혹은 제2 외국어처럼 배운 마지막 세대에 속한다. 일제 치하에서 우리가 배운 제1 외국어는 일본어, 당시는 그걸 '고쿠고(國語)'로 배웠고 '국어 상용'이라고 해서 일본어를 항시 쓰도록 강제당했다.

해방과 더불어 갑자기 학교에서 진짜 '국어'를 공부하게 되니 어렵고 낯설기까지 했다. 그럴수록 일본말과 우리말의 차이를 두드러지게 느꼈다. 가장 먼저 깨달은 것은 우리말엔 3음절 낱말이 많다는 사실이었다. 우선 집에는 '아버지', '어머니', 마당에는 '개나리', '진달래', '봉숭아', 하늘에는 '비둘기', '까마귀', '기러기' 등등. 그뿐만 아니라 우리 노래가 <아리랑>, <도라지>, <양산도> 등 제목뿐 아니라 그 가락이 일본 것과 달리 3박자라는 것도 깨달았다. 1·4 후퇴 때 월남한 <가고파>의 김동진 선생을 뵙고 세계 민요 대부분이 2박자인데 한국 민요의 3박자는 예외적 사례라는 걸 확인했다.

한자에서 온 숙어 태반이 2음절인 데 비해 3음절의 우리 낱말, 3박자의 우리 민요 가락을 보면 우리 겨레는 음악적 천성을 타고난 게 아닌가 생각한다. 새소리와 고음을 다투는 듯한 조수미의 <콜로라투라>를 들을 때면 더욱 그렇다. 그 꾀꼬리 같은 목소리.

아, 꾀꼬리! 세상에 이런 아름다운 3음절 말이 또 있을까. 우구이스,

나이팅게일, 나흐티갈, 로시뇰, 우시뇰로…. 다른 어떤 나라 말보다 꾀꼬리다운 우리말의 꾀꼬리 이름! "황금 갑옷 떨쳐 입고… 제 이름을 제가 불러 이리루 가며 꾀꼬리루 저리루 가며 꾀꼬리루…"라고 남도 민요 <새타령>도 읊고 있다.

이게 곧 "바람 소리나 학 울음, 닭 울음소리나 개 짖는 소리까지 모두 표현할 수 있게 된"(정인지) 한글 창제 덕이다. 이 겨레의 큰 어른 세종대왕께 큰절을 올릴 수밖에.

— 최정호, 울산대 석좌교수

58

몸

몸이라는 우리말을 사랑한다.

몸! 따스한 살 냄새가 나고 피와 뼈와 눈물이 스며오는 말이다. 신체, 혹은 보디(body)라는 말로는 느낄 수 없는 뭉클함이 있다.

몸은 치명적 아름다움과 욕망과 독을 지닌 신비한 복합체라고 대담집 『여자의 몸』에서 말한 바 있다. 에로스와 모성으로서 몸, 생명 주체로서 몸을 주제로 한 책이다. 오늘날 우리 몸이 타자의 시선에 날조되었는가 하면, 자본주의 유행에 따라 수시로 뜯어고쳐지는 옷감 취급을 당했음도 지적했다.

그동안 나는 유난히 몸이라는 시어에 집착했다. 시를 쓴 것이 아니라 온몸으로 시를 울었던 것 같다. 그만큼 몸은 내게 가깝고 절실한 주제였다. 특히 생명 창조 주체로서 몸을 노래한 시가 많은데 이는 출산을 경험하고 난 후 몸 이외에는 어떤 것도 눈에 들어오지 않았기 때문이다. 가장 깊고 가장 비밀스러운 몸의 근원을 열고 고통의 극을 통하여 한 생명을 낳는 일은 진정 성스러운 슬픔이요, 동물적 저주의 경험이었다.

출산 후 탯줄로 연결된 어미와 새끼를 보며 하늘 아래 이보다 더한 확증은 없다고 생각했다. 환속한 성자처럼 분만실을 어기적거리며 걸어 나오며 여성으로 태어난 결핍을 비로소 털어버렸다. 오직 존재로서의 나와 존귀한 어미로 새로 태어난 나를 느꼈다.

우리말로 여성의 경도를 "몸 한다" 하고, 해산을 "몸 푼다"고 한 것은 다시 생각해보아도 절묘하다.

"이 몸이 죽고 죽어 일백 번 고쳐 죽어…"를 비롯하여 우리 시조에는 여러 종류의 몸이 등장하고, 현대시 또한 다양한 몸을 노래하지만 태어날 때부터 몸 안에 창조의 궁을 가지고 태어난 생명 주체로서 몸을 노래한 시는 드물다.

몸! 우주를 하나로 모아 주는 우리말이다. 모든 생명은 한 탯줄로 이어진 한 몸인 것은 아닐까. 동체 대비랄까. 너의 몸이 나의 몸이다?!

— 문정희, 시인

꼿꼿

꼿꼿은 잘 생긴 한글이다. 꼴이 뜻을 꿰찼다. "꼿꼿"이라 말하면 허리가 꼿꼿이 펴진다. 휘거나 구부러지지 않고 단단하다. 후배들에게 '꼿꼿 강 선생' 소리를 듣는 분이 있으니 강운구 다큐멘터리 사진작가다. 쓴소리 잘하고 강직한 성품 덕이다. 작가는 "내가 한 것은 그저 요령 피워 얼버무리지 않고 정공법으로 대상에 접근한 것뿐"이라고 말한다. 그의 사진은 늘 싱싱하다.

싱싱은 힘이 솟게 하는 말이다. 소리가 마음을 울린다. "싱싱"이라 말하면서 처져 있을 수는 없다. 시들거나 무너지지 않는 산뜻함이 몸을 앞으로 밀어낸다. 싱싱한 시를 쓰는 것으로 이름난 황인숙 시인은 <말의 힘>에서 노래한다. "기분 좋은 말을 생각해보자/ 파랗다. 하얗다. 깨끗하다. 싱그럽다. […]."

생각해보자, 생각을. 생각이란 단어는 저처럼 생겼다. 헤아리고 판단하며 기억하고 쏠리는 여러 갈래를 생김새에 품고 있다. 사람은 생각하는 동물이라는 말은 세상만사 생각거리가 아닌 것이 없다는 뜻이다. 하영휘 한학자는 남의 생각을 개입시키지 않고, 혼자서 생각으로 노는 것을 공부한다. "모든 대상을 가지고 생각으로 놀아보라"는 그의 한마디가 오달지다.

오달지다는 말을 내뱉는 순간, 입안이 꽉 찬다. 허술한 구석 없이 야무지다. "몸이 글을 밀고 나가는 느낌이 없으면 단 한 줄도 쓰지 못하

61

죠"라고 털어놓던 김훈 소설가의 오달진 목소리가 떠오른다. 사실을 사실로서 전하는 힘이 세야 한다는 말, 생활의 바탕에다 진실을 건설할 수 있다고 믿는다는 말을 매조지는 한마디는 "꾸역꾸역 이어지는 이 삶의 일상성은 경건한 것이지요"였다.

내가 한 첫말이 맘마였는지 엄마였는지는 모르겠다. 내가 사랑한 우리말은 이들의 삶과 그 고갱이에서 비롯했다는 것은 알겠다.

— 정재숙, 전 문화재청장

느루먹다

어린 시절, 우리 집은 참 가난하게 살았다. 초등학교 4학년 무렵부터 아버지가 지병이었던 해수병과 여러 병이 겹쳐 몸져누우시자 돈벌이할 사람이 없어 생활고에 시달렸다. 조금 남은 양식마저 떨어져 끼니 잇기도 어렵게 되자 어머니는 한숨 섞인 걱정을 토해내시며 부엌에 앉아 섧게 우셨다.

집안 형편을 뻔히 아는 나는 그저 쪽마루에 걸터앉아 밀린 사친회비 달라는 말도 못 하고 흘러나오는 눈물을 옷소매로 훔치기 바빴다. 밀가루 포대를 털어 수제비를 끓여 먹은 다음 날 아침, 급기야 어머니는 장롱에서 당신이 시집올 때 해 오신 옷감을 꺼내셨다. 장롱 속 깊은 곳에 넣어두고 고이 간직하며, 가끔 좀이 슬까 봐 거풍만 하던 어머니의 소중한 물건이었는데 과감히 누군가에게 팔아버린 것이다.

다음 날부터 어머니는 장사를 시작하셨다. 옷감 판 돈을 밑천 삼아 배추를 밭에서 떼어다 장이 서는 배다리 한 귀퉁이에 앉아서 팔았다. 장마 때는 도매상에서 비누를 떼어다 사과 궤짝 위에 놓고 팔기도 했는데, 완장 찬 노점상 단속원들에게 쫓겨 다니기 일쑤였다. 그도 잘 안 되자 가을엔 새우젓 장사로 업종을 바꾸었다. 연안 부두에서 새우젓을 받아 이고는 인천역에서 기차를 타고 가다 영등포나 용산 어디쯤에 내려서 집집을 방문하며 판다고 했다. 고무신이 닳도록, 머리 밑이 헐 때도 어머니는 장사를 계속하셨다. 그 고달픈 희생으로 우리 가족은 두 끼니는 보리밥을 먹을 수 있었고, 한 끼는 수제비를 끓여 먹으며 힘든 세월을 버텨낼 수 있었다.

독 속의 양식이 간당간당할 때쯤이면 어머니는 늘 이고 다니시는 커다란 함석 대야에 며칠 먹을 식량을 사 오셨다. 반가워하는 우리에게 이고 있던 물건을 내려놓으시며 언제고 하신 말씀이 "느루 먹어야지. 느루 먹어야 할 텐데…"였다. 워낙 없는 살림이라 아끼고 줄일 것도 없던 시절, 보리쌀이라도 늘려 먹으려 감자며 옥수수, 온갖 채소까지 넣은 밥을 느루 먹으려 애쓰시던 어머니가 보고 싶다. 그때 물리도록 먹었던 보리밥인데, 별미 밥집에 와서 새삼 보리밥을 앞에 놓고 보니 어머니가 더욱 그립고 서러웠던 옛날이 생각나며 가슴이 아려온다.

— 황남숙, 독자

짓다

평생 직업이 집을 짓는 일이다 보니 '짓다'라는 말의 뜻을 가끔 되새긴다. '짓다'는 집을 지을 때뿐만 아니라 '밥을 짓다', '옷을 짓다'처럼 우리 삶에 가장 중요한 세 가지, 의식주를 모두 형상화하는 동작을 말해주는 중요한 단어이기도 하다. 우리말 사전에는 '재료를 들여 밥, 옷, 집 따위를 만들다'라고 나와 있다. 그런데 거기에는 또 하나 중요한 '약을 짓다'를 빼놓고 있다. 그러므로 '짓다'는 그냥 '만들다'보다는 좀 더 귀중한 것을 정성스럽게 만드는 모습을 연상시킨다.

더 나아가 '글을 짓다', '시를 짓다', '노래를 짓다'처럼 고귀한 창작 행위를 나타낸다. 그렇게 보면 집을 짓거나 밥을 짓거나 옷을 짓는 것 또한 그에 못지않게 창의적이고, 또한 그래야 한다. '약을 짓다'는 약방에서 여러 가루를 빻아 섞어서 종이봉지에 담아줄 때, 또는 한약방에서 감초와 계피와 또 무슨 여러 한약재를 썰고 섞어서 종이에 싸줄 때 "약을 지어준다"라 하고, 그렇게 지어준 약은 더 정성이 들어가 보이기에 그냥 사 먹는 약보다 특별하고 개인적이고 그래서 더 효력이 있어 보인다.

나는 어렸을 적 어머니가 부엌에서 밥을 짓는 뒷모습이 참 보기 좋았고, 누나들이 글짓기 숙제 하는 걸 보면 참 아름답게 보였다. 그래서 그런지 밥을 짓고, 옷을 짓고, 약을 짓고, 글을 짓는 일은 고상하고 귀중하게 보인다.

당연히 집을 짓는 일도 고상하고 귀중한 것이어야 한다. 그냥 집짓기 놀이하듯이 쌓아 올려서 될 일이 아니라 적어도 면앙정(俛仰亭) 송순(宋純)처럼 "십 년을 경영하여 초려 삼간 지어내니, 나 한 간 달 한 간에 청풍 한 간 맡겨두고, 강산을 들일 데 없으니 둘러보고 보리라" 하는 정도의 여유와 고뇌와 그에 따른 아름다운 결과를 기대해야 하는 것이다.

— 김원, 건축가

초 승 달

어려서 배운 모어(母語)가 곧 시라고 얘기한 사람이 있다. 모어로 된 시야말로 진정한 시라고 말하는 맥락 속에서 토로한 소리다. 우리말 중에서도 토박이말을 좋아한다. 어려서부터 알아 정이 많이 들었기 때문이다. 시인 릴케는 어린 시절이야말로 소중하고 당당한 기억의 보물창고라 하지 않는가?

토박이말이라고 생각되는 것이 실은 한자어에서 나온 경우가 많다. 썰매가 설마(雪馬)에서 오고 봉숭아는 봉선화에서 왔다. 구두는 일어에서 왔다. 그러나 완전히 토착화되었다는 점에서 토박이말이라 치부한다고 해서 손해날 것은 없다.

공식적으로는 태양력을 따랐지만 실생활에서는 음력이 나날의 생활 질서를 관장하던 시골에서 자랐다. 그런 탓인지 초사흘 달에서 그믐달에 이르는 달의 변모를 챙겨보곤 했다. 낮에 나온 반달도 행복의 얼굴 같은 보름달도 좋았다. 늙마에 '초승달'이란 표제의 2행시를 적어본 적이 있다. 좋아하는 토박이말을 모아본 글자 넣기 놀음이었다.

동짓달 빈 가지 사이로
돌아와 눈 흘기는 겨울 나그네

어려서 익힌 말이란 맥락에서 부연한다. 종달새가 표준말로 책정되었지만 노고지리가 좋았다. 우리 고향 쪽에서는 노고지리라 했기 때문이다. 남구만의 <동창이 밝았느냐 노고지리 우지진다>는 시조를 좋아했다. "푸른 보리밭 사이로 하늘을 쏘는 노고지리가 있거든 아직도 날아오르는 나의 꿈이라고 생각하라"는 대목이 있는 시는 일찌감치 나의 애송시가 되었다. 초승달과 달리 요즘 볼 수 없는 노고지리를 수없이 보고 지저귐 소리를 들을 수 있었다는 것은 재수 없고 행복하지 못했던 우리 세대의 커다란 축복의 하나였다. 돌아보는 눈으로는 그렇다.

— 유종호, 문학평론가

동개동개

　시어머님이 잘 마른 빨래를 고사떡 괴듯 동개동개 개켜놓으셨다. 한 줄로 쌓아 올린 수건과 속옷이 칼로 자른 듯 반듯하다. 양말들도 네 귀퉁이 이가 꼭 맞는다. 핑그르르 떠오르는 장면이 있다. 어릴 적 시골 뒤꼍에 쌓여 있던 나무누리(나뭇단을 쌓은 더미)다. 밥 짓는 연료요, 방을 데우는 군불용 땔감으로 나무가 많이 필요하던 시절이었다.

　아버지를 떠올리는 기억의 창에는 늘 무거운 나뭇짐을 지게에 지고 오시는 모습이 비친다. 밭 한 뙈기 겨우 물려받아 올망졸망한 여섯 남매를 키워내야 했던 삶의 무게가 지게에 얹힌 나뭇단처럼 아버지 어깨를 누르고 있지 않았을까. 깊은 산에서 오리목이며 소나무 등의 잔가지를 쳐낸 뒤 새끼줄로 묶어 당신 키보다 높게 쌓은 나무를 지고 아버지가 사립문을 들어서면 어머니는 남편의 시장기를 알아차리고 부리나케 밥상을 차리셨다. 길이도 모양도 같은 크기로 동개동개 쌓아 올린 나뭇단이 흙담을 따라 길게 이어지면 우리는 부자가 된 듯 마음이 푸근했다. 뒷마당에는 또 한 곳에 동개동개 쌓인 나무가 있었으니 장작더미였다. 엿을 고거나 떡을 찌고 긴긴 겨울밤의 추위를 녹이는 군불을 땔 때는 불에 오래 타는 굵은 장작이 필요했다.

　말없이 도끼로 장작을 패는 아버지와 아궁이에 불을 지피는 어머니 모습은 지금도 구들장을 덥히는 불처럼 마음을 따뜻하게 데워준다. 조각조각 쪼개져 활활 타오르는 불에 타서 없어지는 나무처럼 두 분은 지칠 줄 모르는 헌신의 불을 태워 자식들 삶을 지피는 장작이 되셨다. 베틀에 손수 짜서 단정히 접어놓은 삼베옷, 가을걷이 끝내고 사랑방 툇마루에 재어놓은 곡식 가마니들도 뒤꼍의 나무누리, 장작더미와 함께 그리운 부모님 얼굴로 내 마음의 곳간에 동개동개 머물러 있다.

— 권영순, 독자

눈물

청승맞게 들릴지 몰라도 나는 눈물이라는 말을 좋아한다. 감정을 이 토록 구체적인 방식으로 드러내는 기능을 가진 우리 몸이 신기하기도 하고, 외화(外畵) 녹음을 할 때도 화면 속 배우의 눈물을 목소리만으로 표현하는 작업을 흥미 있는 도전으로 생각하기도 했다. 내게 이렇게 의 미가 특별하다고 생각하는 단어지만, 공부(?)해본 적은 없었다. 프랑스 출신의 사위 마크가 그런 기회를 주기 전까지 말이다.

몇 년 전 둘째 딸과 전통 혼례를 올리기 위해 한국을 찾은 녀석을 숯 불갈비 집에 데려갔다. 말이 통하지 않아 눈이 마주치면 그저 미소를 보여주는 걸로 사위와 소통을 이어가던 중이었다. 딸아이와 대화하던 마크가 크게 웃었다. 어렵게 들렸던 숯불갈비라는 말이 숯으로 지핀 불 에 구운 갈비라서 그렇게 부른다는 설명이 재밌었던 모양이다.

그러고 보니 명사(名詞)를 단순히 조합해 태어난 우리말이 참 많다. 등, 목, 바닥 등을 더하면 손과 발의 구조를 다 설명할 수 있을 정도로 말이다. 그러니까 내가 좋아하는 눈물 역시 같은 원리로 만들어졌다는 걸 깨달았다. 눈에서 나오는 물이라서 눈물이라니, 좀 밋밋한 느낌이 들기도 했다. 하지만 슬픔, 감동, 어떤 이유로든 눈물을 흘리고 나면 격 했던 감정도 가라앉지 않던가. 이 눈의 물이 마음을 정화해주는 것처럼 말이다.

며칠 후 전통 혼례복을 입고 선 딸아이와 마크를 본 순간 주책맞게 눈물이 났다. 하지만 눈가를 훔쳐야겠다는 생각은 하지 않았다. 두 명사를 그저 이어놓기만 한 이름, 눈물 속에 이토록 많은 의미가 담겨 있는데 하객들이 좀 보면 어떻겠나 싶었다. 우리말은 무심한 듯 보였던 사람의 따스한 진심처럼, 이렇게 아름다운 것이다.

— 배한성, 성우

섬기다

글을 쓰며 살다 보면 수시로 언어유희, 그러니까 말장난에 가까운 표현들이 머리에 떠오르기 마련이다. 내 경우에, 그중 하나는 이러하다. "삶은 삶은 달걀이다." 우리의 인생('삶')과 물에 넣고 끓인 ('삶은') 달걀을 동격으로 처리한 문장이다. 물론 발음상 우연의 일치가 이루어졌을 뿐, 어떤 의미를 가지는 것은 아니다. 하지만 막상 써놓고 읽어보니, 전혀 예상하지 못한 역설적인 뉘앙스가 느껴지는 것도 사실이다. 정말 '삶'은 '삶은 달걀' 같은 것이 아닐까. 아마도 언젠가는 '삶은 삶은 달걀이다'라는 제목을 가지고 콩트를 한 편 쓸 수 있지 않을까 싶다.

'삶다'가 내가 특히 좋아하는 우리말은 아니다. 나는 '섬기다'라는 말을 좋아한다. 전문가들에 따르면, '섬기다'는 어원적으로 '서다(세우다)'와 '마음' 그리고 '기르다'라는 단어로 구성되어 있다고 한다. 이를테면, '어떤 뜻을 마음에 일으켜 세워 길러 나간다'는 의미라는 것이다.

하지만 나는 그런 숨은 뜻을 알기 훨씬 전부터 이 말에 깊이 이끌렸다. 내게서 '섬김'이란 부모나 신을 성심껏 모시는 것과는 거리가 멀다. 그보다는 우주의 진실에 경외심을 가지는 마음가짐에 가깝다. 그러려면 우선 나 자신을 섬겨야 한다. 나 자신을 섬겨서 '낮춤'과 '귀함'의 의미를 알게 될 때, 우리는 비로소 더 큰 이치를 섬길 수 있지 않을까 한다.

몇 년 전에 마당 가진 집을 가지게 되었을 때, 한동안 '섬기다'라는 말이 머리에서 떠나지 않았다. 하늘과 땅에 더욱 가까워졌으니, 세상을 가득 채우고 있는 눈에 보이는 존재들과 눈에 보이지 않는 기운들을 더 잘 섬겨야겠다는 심정에서였다. 그 후로 비록 명패를 달지는 않았어도, 우리 집의 이름은 '섬김의 집'이 되었다. 나무로 된 새집을 울타리 앞 단풍나무에 매달 때도 그 작은 집의 지붕에 '섬김'이라고 새겨주었다. 다만 그것은 '섬김'에 이르는 길이 너무도 멀고 지난하다는 사실을 나 스스로 되새기기 위함이었다.

— 최수철, 소설가

만만하다

"제가 그렇게 만만해 보여요?" 당신도 한 번쯤은 이 말을 해본 적이 있을 것 같다. 특히 나이도 어리고 직급도 낮은 사회 초년병 시절에. 만만하다는 것은 무서울 것이 없어 쉽게 다루거나 대할 만하다는 뜻이다. 그러니 약자들은 만만해 보일까 봐, 무시당할까 봐, 불이익을 당할까 봐 전전긍긍한다. 나도 그랬다. 내 의견을 굽히지 않았고 자주 고집을 피웠다. 80·90년대 여성 재킷은 어깨가 높고 뽕이 들어간 스타일이 유행이었는데 재킷뿐 아니라 어깨에도 잔뜩 힘을 주고 산 것 같다.

어느 해 회식 자리였다. 술이 몇 순배 돌자 꽤 떨어진 자리에 앉았던 선배 한 분이 내 쪽으로 오셨다. 평소엔 십 년이나 아래인 내게 꼬박 존대하는 분이었다. 그런데 술기운 탓이었을까. 그날은 다짜고짜 이랬다. "얘는 쪼끄만 게 어려워. 만만하지가 않아."

그러니까 만만해지지 말자는 목표는 이룬 거였다. 하지만 세상사는 좋기만 하거나 나쁘기만 한 건 없어서, 만만하지 않다는 건 달리 보면 쉽게 말 붙이기 어려운 사람, 곁을 주지 않는 사람이란 뜻이었다. 함께 일하기 어려운 사람일 수도 있었다.

잘해주면 권리인 줄 안다고, 반대 의견을 받아준다 싶으면 마구 넘어와 흔들고 무시할 것 같아 센 척했고 휘둘리지 않도록 벽도 쌓았는데 그러는 사이 혹시 내가 벽 안에 단절되지는 않았을까. 중요한 이견이 쉬 말해지지 못해 실패를 부르진 않았을까. 머리를 맞대고 함께 궁리했더라면 훌륭하게 자라 꽃피웠을 아이디어들이 그냥 스러지진 않았을까….

지나야 보인다고 다시 그 시절로 돌아간다면 조금은 만만해지고 싶다고 생각한다. 물론 나이 어린 사람이 만만하기까지 하면 얕보이기 십상이지만, 일은 아이디어를 가진 사람, 철저히 고민하는 사람 중심으로 돌아가게 되어 있다. 겉으론 이리저리 치이는 듯 보여도 심지가 굳으면 머잖아 꽃피고 열매 맺는 것이 세상 이치인 듯도 하고.

만만하다…. 가만히 소리 내보니 말도 만만한 것 같다. 청춘 시절은 이 말을 한사코 밀어내며 통과했는데 앞으론 좀 친해지려 한다.

— 최인아, '최인아책방' 대표

뒤죽박죽

기억에 또렷하게 각인된 우리말에 '뒤죽박죽'이 있다. 뜻이 깊거나 말이 예뻐서 기억나는 것은 아니다. 정조가 한문으로 써서 심환지에게 보낸 비밀 편지에 생뚱맞게 들어가서 기억에 남아 있다. 정조는 한 패거리 신하들이 뒤섞여 엉망으로 행동하는 짓을 보고 화가 나서 한문으로 편지를 쓰던 중에 이 말만은 한글로 썼다. 적합한 한자 어휘를 찾지 못한 탓은 아니다. '뒤죽박죽'이라는 우리말 어휘가 아니면 상황과 감정을 살리기 어려웠기에 구태여 가져다 쓴 말이었다. 아마도 정조는 속이 후련했을 것이다.

'뒤죽박죽'이란 말에서는 말과 글이 일치되지 않았던 시대의 답답함을 읽게 된다. 입에서 나오는 대로 자유롭게 글을 쓰는 사람은 그 답답함을 이해하기 힘들다. 언젠가 필사본 한문책 끄트머리에서 '순창고추장 담그는 법'이란 글을 본 적이 있다. 한문으로 조리법을 설명해 나가다 중간부터는 아예 우리말로 써 내려간 글이었다. 파탄이 난 그 글은 우리말로 쓰지 않으면 도저히 표현하지 못할 조리법을 적어보려 했던 고충이 보였다. 숙종 때 한문으로 쓴 책 『소문사설』에도 '순창고추장 담그는 법'이 있다. 여기서도 한문으로 쓰다가 "가루를 되게 쑤고"(메주를) "띄워", 전복을 "비슷비슷 저미고"와 같은 표현만은 우리말로 쓰고 있었다. 한문으로 쓴 조리법을 읽다가 우리말 표현을 보니 정겹기도 한량이 없고, 의미도 쏙쏙 들어왔다.

우리말은 의태어, 의성어가 발달하였다. 자연히 번역되기 어려운 표현이 많다. 말과 글이 일치되지 않은 시대를 살던 옛 한국인이 글에서 의태어를 살려서 쓰고 싶은 욕망이 얼마나 간절했을까? 정조의 편지에 생뚱맞게 들어간 '뒤죽박죽'은 그 간절한 소망을 살짝 드러낸 말이다. '뒤죽박죽'이란 말에서 나는 한국인다운 표현을 자유롭게 쓸 수 있는 이 시대의 행복을 느낀다.

— 안대회, 성균관대 교수

꽃내음

삼십 년 전쯤이다. 초등학교 국어 교과서를 집필하면서 단원 이름을 '생각의 나래를 펼치자'고 했더니 편수관이 바로 '생각의 날개를 펼치자'로 고쳤다. 기러기는 날개를, 생각은 나래를 펼쳐야 말맛이 난다고 했더니, 어문 규범에서 나래는 표준어가 아니란다.

낱말에는 다양성과 섬세함이 담겨 있다. 비록 개념적 의미는 같다 하더라도 상황에 어울리게 낱말 하나하나는 정서적 의미를 품고 있다. 비록 날개와 나래는 개념적 의미가 같다 하더라도 정서적 의미는 분명히 다른 느낌으로 다가온다. '앞뜨락에 꽃내음이 싱그럽다'에서 뜨락과 꽃내음도 그때는 비표준어였다. '꽃냄새가 싱그럽다'가 바른 규범이지만 영 말맛이 나지 않는다.

내가 국립국어원장으로 일할 때 펼친 일 가운데 한 가지. 언어 현실과 규범에 차이가 있는 경우, 모든 사람이 편하게 받아들여 쓰는 단어는 규범으로 받아들여 우리말을 풍부하고 섬세하게 표현하도록 하는 것이 국민의 언어생활에도 도움이 되고, 또한 규범의 가치를 높이는 일이 된다고 생각했다. 왜냐하면 일상생활에서 버젓이 잘 쓰고 있는 말을 규범이 아니라고 통제한다면 국민이 규범을 우습게 볼 것이기 때문이다.

자료 수집을 통해 의견을 모으고 또 학자들의 검토를 거쳐 2011년 8월 국어심의회에서 드디어 큰 결정을 내렸다. 지금까지 표준어가 아니었던 '내음', '뜨락', '나래', '손주'가 '냄새', '뜰', '날개', '손자', '손녀'와 함께 당당히 표준어가 되었다. 아울러 그날 '짜장면', '먹거리'도 '자장면', '먹을거리'와 함께 복수 표준어로 인정되었다. '사랑이 뭐기에'만 쓰라고 했던 규범은 '사랑이 뭐길래'도 허용했다.

나는 이런 몇몇 단어의 생명력을 불어넣은 것이 참으로 뿌듯했다. 그렇다. 말은 생명력을 지닌다. 그래서 쓰이던 말이 사라지기도 하고, 또 새로운 말이 생겨 널리 퍼지기도 한다. 이러한 생명력을 거쳐 우리 말은 발전한다. 5월, 봄꽃 가득한 뜨락에서 꽃내음을 즐기며 생각의 나래를 마음껏 펼쳐 보는 것은 어떨까?

— 권재일, 한글학회장

놀다

코로나 19의 세계적 대유행 속에서 가장 먼저 머리에 떠오르는 단어는 단연 동사 '놀다'다. 집단 감염이 두려운 인류가 돌연 생업을 중단하고 거리를 두려고 '놀기' 시작했다. 공장의 기계가 멈추니 노동자가 놀고 학교가 때아닌 방학에 돌입하니 학생과 교사가 논다.

이때 '놀다'는 행동, 작업, 노동, 생산, 공부 등의 일시적 중지를 의미한다. 처음에는 고달픈 육체적·정신적 노동과 의무로부터 해방되고 쳇바퀴 도는 생활이 문득 새로운 국면으로 진입하니 낯설고 신기하다. 그러나 이 중지가 일시적일 줄 알았는데 끝없이 계속될 기미를 보이면 불안과 공포가 따른다. 주말, 휴일, 축일 등이 의미하는 '노는 날'의 즐거움이 해고, 실업, 도산의 위기로 이어지면 노는 것은 삶 자체에 대한 위협이 된다. '놀다'는 실업의 절벽에 이른다. "요즘 뭐 해?"라는 질문에 "놀아"라는 대답에는 쓸쓸함 혹은 두려움이 묻어 있다.

코로나 19의 대유행이 방역 당국과 시민들의 노력으로 다소 진정되는 기미를 보이자 학교의 문을 부분적으로 연다는 당국의 발표가 났다. 어린 학생이 마이크 앞에서 대답한다. "좋아요, 학교에 가서 공부하는 건 싫지만 친구들 만나서 놀 생각을 하니 기뻐요." '놀다'의 가장 빛나는 의미는 바로 어린 학생의 이런 대답, 즉 목적 없는 '유희' 속에 있다. 혼자 놀고 혼자 즐기는 것이 불가능한 것은 아니지만 사람은 대개 이웃, 친구, 가족과 함께 놀고 보는 사람들 앞에서 논다. 놀이는 사람과 사람 사이의 동질감, 친밀감을 낳고 나아가 공동체의 '문화'를 낳는다. 인간이 '호모 루덴스'로 승격한다. 시인, 화가, 음악가, 김연아, 손흥민, 비티에스…. 이들은 '놀다'라는 동사의 의미를 치열한 삶의 높이로 승격시키고 인생을 신명 나게 한다.

그런데 어떤 젊은이가 젊음의 신명을 못 이겨 이태원의 여러 클럽을 돌아다니며 놀다가 그만 힘겹게 쌓은 방역의 벽을 허물었다. 대체 우리는 '놀다'라는 동사의 어느 장단에 춤을 추며 놀아나야 하는 것일까? 어쩌면 '놀다'의 묘미는 긍정과 부정을 넘나들며 따로 노는 데 있는지도 모른다.

— 김화영, 고려대 명예교수

물끄러미

글을 쓸 때면 항상 부사어에 발이 걸린다. 남용되는 그것들은 군살처럼 무겁거나 헛꽃처럼 장황하여 불편하고 의심스럽다. 그러면서도 에두르고 수식하고 더듬으며 부언하는, 내 식의 부사어 사용 방식에서 헤어 나오는 일은 늘 어렵다. 그런 중에 비교적 저항감 없이 쓰는 것이 '물끄러미', '가만히' 같은 입속말로 속삭여도 될 만큼 울림도 강도도 작은 말들이다.

약간의 거리를 두고 '물끄러미' 바라보는 마음에는 대상에 대한 억압과 폭력이나 평가, 비난이 없다. 간음한 여인과 그녀를 끌고 온 기세등등한 사람들을 예수님은 아무 말씀 없이 물끄러미 바라보신다. "어린아이고 어른이고 살아가는 것이 신기로워/ 물끄러미 보고 있기를 좋아하는 나의 너무 큰 눈앞에서/ 아이가 팽이를 돌린다." 김수영 시인은 그렇게 '물끄러미' 팽이 돌리는 아이를 바라본다.

간절하고 처연하고 애틋한 마음이 너무 깊어서, 신기해서, 다가가고 싶어서 그저 물끄러미 바라볼 수밖에 없을 때는 얼마나 많은가. 인생이라는 지난한 과업을 힘겹게 치러 나가는 자식들을 어머니는 안타까움과 무력감과 사랑, 슬픔이 뭉뚱그려진 측은지심으로 물끄러미 쓰다듬고 품어준다. 깊은 밤 어둠 속에서 산과 마을과 짐승의 눈처럼 흐린 불빛 비치는 나의 집을 물끄러미 바라보노라면 세상에 깃들어 있는 모든 것의 경계가 사라진다.

이른 봄 부엌 환풍기 안의 둥지에서 부화한 새끼가 어미의 인도로 둥지를 떠나는 첫 비행을, 그 불안과 주저와 작별과 자유의 날갯짓을 물끄러미 바라보며 사랑하지만 엄연한 개별자이며 필멸의 존재인 우리에게는 그저 '물끄러미' 바라볼 수밖에 없는 시간이 필히 오게 마련이라는 것을 아프게 자각하였다.

— 오정희, 소설가

요즘따라 '쉼'이라는 한 글자가 각별히 다가온다. 그다지 부지런한 편이 아니고 누군가가 시키는 일을 서둘러 하는 성격도 아니지만, 좋아하는 일이 생기면 쉬지 않고 끝을 보는 편이다. 학창 시절 수학에 빠져 밤새워 어려운 문제와 씨름하다 결국 풀었을 때의 쾌감을 지금도 잊지 못한다.

고등학생 때 음악에 빠지면서 <별이 빛나는 밤에>를 비롯해 각종 라디오 음악 경연 프로그램에 출연했다. 대학교 2학년 때 MBC 대학가요제에 출전해 대상을 수상했고, 2003년 프로 작곡가로 데뷔하고 나서는 20년 가까이 곡을 쓰고 녹음하며 쉼 없이 달려왔다. 1년에 50곡 이상 발표한 해도 여러 번 있었다. 그런 내게 '쉼'이란 곧 '나태'를 의미하는 단어였다. 남들보다 바쁘게, 쉬지 않고 일하는 자신을 대견하게 여겼다. 슬럼프를 어떻게 극복하느냐는 질문에도, 슬럼프는 나태함에서 오는 것이라 쉼 없이 곡을 쓰는 게 슬럼프를 이겨내는 방법이라고 대답했을 정도다.

그러다 2015년 부모님이 크게 아프셨다. 나도 건강이 급격히 나빠지면서 육체와 정신에 큰 고통과 스트레스가 닥쳤다. 일을 하고 싶어도 쉬어야 했고, 내가 원치 않았던 '쉼'이 저절로 나를 찾아왔다.

수년 동안 끔찍한 스트레스와 건강 악화를 겪고 또 이겨내는 과정에서 그동안 내가 몸과 마음을 얼마나 혹사해왔는지 깨달았다. 좀 쉬면서 일하라는 주위의 조언을 가볍게 흘려들은 나를 반성하고 또 반성했다. 슬럼프에 대한 생각도 당연히 바뀌었다. 슬럼프란, 앞만 보고 달리는 사람에게 잠시 쉬어가라고, 더 나은 내일을 위해 오늘을 아끼며 충전하라고 보내는 일종의 신호였다. 그런 절박한 신호를 스스로 무시해왔던 것이다.

몸과 마음이 조금씩 회복되는 요즘, '쉼'이라는 행위가 인생을 살면서 얼마나 소중하고 가치 있는 것인지 새삼 느끼는 중이다. 한국 사회는 뭐든 '열심히! 열심히!' 하며 박수쳐 주고 응원하는 분위기이지만, 지금 잠시 쉬었다 가는 것이 오히려 더 오래 잘 걸어갈 수 있는 길임을 더 많은 사람들이 느꼈으면 좋겠다.

— 조영수, 작곡가

대단히

　어릴 때부터 '대단히'라는 말을 많이 썼다. 나에게 트로트의 세계를 알려주신, 대단히 존경하는 아버지가 자주 쓰는 단어였다. 손맛이 좋은 어머니를 향해 아버지는 항상 "대단히 맛이 좋네"라며 사랑을 담아 말씀하셨고, 주위 분들에게도 언제나 "대단히 감사합니다"라는 말을 잊지 않았다. '대단히'는 '대단히 많다', '대단히 멋지다' 같이 양적으로 '크다' '많다'는 뜻과 질적인 의미로 '좋다', '뛰어나다'라는 뜻을 함께 지닌 중의적 단어라 생각한다. 듣기만 해도 매우 엄청나고, 굉장히 웅장할 것 같고, 감정적으로도 풍부할 것 같은 어감이다.

　동시에 나에겐 '극복 의지'를 나타내는 말이기도 하다. 신산(辛酸)한 세월을 꿋꿋하게 버텨내신 외할머니는 '대단' 그 자체이자 '대단히'란 글자의 현신(現身)이다. 어린 시절 부모님이 맞벌이를 해 외할머니 손에서 자랐는데, 넘치는 에너지에 어디로 튈지 모르는 큰손자를 금이야 옥이야 돌보시느라 당신 돌볼 틈이 없었다. 손자들 돌보다 교통사고도 당하시고 농사짓다 뱀에게 물려 입원하신 적도 있다.

　서른다섯에 혼자되신 외할머니의 삶 자체가 꿋꿋했다. 남의 밭은 물론 벽돌 공장, 시멘트 공장, 어묵 공장, 완구 공장, 안 다니신 데가 없다. 몸이 아파도, 일로 바빠도 당신보다 먼저 가족을 생각하셨다. 작년 초 "우리 동네에 <전국노래자랑>이 온단다. 우리 손자 노래하는 거 꼭 보고 싶다. 할미 소원이다"란 말씀에 외할머니 사시는 경북 상주까지 날아가 최우수상을 거머쥐었고, TV조선 <미스터트롯>에 출연해 '미'의 영예까지 안으며 이 자리까지 오게 됐다.

나의 외할머니지만 우리네 어머니, 할머니 모습과 크게 다를 바 없을 것이다. 힘들어도 힘들다 소리 안 하시고, 언제나 "힘내라", "최고" 하며 마음을 다해 응원해주신다. 언제나 '나의 편'인 우리 가족. <사랑의 콜센타>에서 구슬픈 가족들의 사연에 하염없이 눈물을 쏟아내는 것도 외할머니 생각이 나서다. 요즘 경북 상주 곳곳에 걸려 있는 플래카드를 보면서 대단히 기쁜 마음을 감출 수 없다. 내 노래를 좋아하고 즐거이 들어주시는 시청자 여러분, 많은 독자분께 대단히 감사하며, 대단히 사랑한다고 말씀드리고 싶다.

— 이찬원, 트로트 가수

알 자 리

어리광이나 부릴 즈음의 나는 마당의 닭한테 모이 주기를 좋아했다. 종구라기에 쌀을 가득 퍼 와서는 닭들 앞에 휙휙 높이 뿌렸다. 시뻘건 볏의 수탉은 제 앞의 것을 잘 먹다가도 눈에 불을 켜고 쿵쿵 암탉 사이로 뛰어다니며 욕심을 부렸다. 나는 그런 수탉에게 발길질을 하곤 했다.

병아리들이 어느새 중닭이 되고 묵은닭까지 섞여 마당 그득히 모이를 먹고 있으면 햇닭과 수탉, 암탉을 구분하기가 참 애매했지만, 엄마는 터럭 색이나 징증으로 암수를 점쳤다. 엄마의 눈점은 거의 정확했다.

어느 날 엄마는 짚동 구석, 헛간 아무 데나 알을 낳고 다니는 닭을 불렀다. "여봐라. 여기 있네! 구구, 구구구구~" 알 하나를 들고 살살 꼬드기는 엄마 목소리를 따라 닭은 떼룩떼룩 무안을 타면서 따라갔다. 엄마는 알을 높이 들어 보이고는 마련된 둥우리에 넣었다. 둥우리 밑을 맴돌던 닭은 둥우리 높이, 제 몸무게와 날갯짓의 횟수, 쟁여놓은 덕석을 갸웃거리며 저울질했다. 비상시에 탈출할 통로까지 점검을 마친 닭이 드디어 둥우리에 올라갔다. 한참 앉았다가 도로 내려와 버리기도 했다. 그러다가 알을 낳고는 귀청이 따갑도록 울었다. 괜히 다른 닭들까지 따라 울었다.

곧, 나는 오금을 떨면서 사다리에 올랐다. 둥우리에서는 갓난쟁이 동생이 있는 방 냄새 같은 것이 났다. 둥우리에는 항상 알이 두 개였다. 하나는 '알자리'로 남겨둬야 했기에 따뜻한 알을 집었다. 알에는 설핏

붉은색이 묻어 있었다. 그게 뭔지도 모르는 내 작은 가슴이 찌르르했다. 엄마는 웃으며 "고것 참 새첩다(작고 예쁘다)"며 치마폭에 감췄다. 그 알은 바로 부뚜막의 어느 밥그릇으로 들어갔다. 감쪽같이 속이는 마술사 같았다. 나는 부지깽이로 불장난하는 척했다.

식구들이 둘러앉아 밥을 먹을 때, 오라버니 밥그릇에 비치던 노란색 엷은 참기름 냄새가 났다. 하지만 서운한 마음조차 아침 강물 위로 풀어져 오르던 안개처럼 훈기로 서려 있었다.

달걀이 모이면, 엄마는 삼천포댁이 펼쳐놓은 보퉁이에서 오징어, 명태, 쥐고기 껍데기들을 샀다. 그날은 도시락 반찬에서 무말랭이가 빠졌다. 알자리를 높이 들고 껍데기 구구단을 부르던 지휘자의 퍼포먼스. 그 덕에 우리 오자매가 진정한 껍데기가 되었으리라. 지금은 뵐 수조차 없는 지휘자가 마냥 그립기만 하다.

— 이윤임, 독자

그믐

5년 전에 <그믐, 또는 당신이 세계를 기억하는 방식>(문학동네)이라는 중편소설을 썼다. 이 소설을 쓰는 데 '그믐'이라는 단어가 큰 역할을 했다. 그 단어가 들어가는 제목으로 소설을 쓰고 싶었다. 나는 '그믐'이라는 말의 기표(記標), 그러니까 그 글자 모양과 발음을 동물적으로 좋아한다. 따로 써서 모양을 보고 있자면 한글이 아니라 우리가 모르는 먼 곳, 먼 시대의 문자 같다는 생각이 든다. '믐'은 좌우 대칭, 상하 대칭인데 '그'는 그런 듯하면서 아니다. 그리고 '믐'이라는 발음은 낯설고 재미있다. 그런 발음이 들어가는 다른 한국어 단어가 있던가? 외국어에는 있나? 나는 '그믐'이라는 말의 기의(記意), 그러니까 그 뜻하는 바에도 속절없이 끌린다. 이 단어에 해당하는 영어 낱말은 없다. '그 달의 끝(the end of the month)'이라는 식으로 풀어 써야 한다. 그믐달도 마찬가지다. 영어로는 '어두운 달(dark moon)', 혹은 '나이 든 달(old moon)'이다. 그믐은 순응하며 사라지는 운명을 상징한다. 그것은 애처롭고 처연하지만 비장하지는 않다. 그것은 슬프고 서럽지만 울분과는 거리가 멀다. 그것은 평화롭고, 사람의 마음을 가라앉힌다. 그것은 우리들, 아니 삼라만상의 유한함을 느끼게 해준다. 우리는 그것을 아쉬워하면서도 거기에 맞서지 못한다. 동시에 그 뒤에 새로운 시작이 있음을 안다.

그믐달은 그믐의 완벽한 구현이다. 나도향은 그믐달을 두고 원부(怨婦)와 같이 애절하다 썼고, 박종화는 요부(妖婦)의 눈썹이라 했다. 나는 소설에 천문학 지식 한 조각을 보탰다. 도시인들은 그믐달을 거의 보지 못한다. 한 달에 이틀 정도, 해 뜨기 직전에 동쪽 하늘에서 잠깐 볼 수 있기 때문이다. 저녁에 서쪽 하늘에 걸리는 초승달과 다르다. 고백하자면 나는 그믐이라는 단어가 내 이름 '강명'과 초성이 같은 두 글자라는 사실에도 은밀히 매료된다. 다음에 필명을 써야 할 일이 생기면 '장그믐'이라고 적을 것이다.

— 장강명, 소설가

살포시

있으면 좋고 없어도 괜찮은 성분이 부사라고 했던가. 그런데 '살포시'라는 말이 없었으면 꽤 섭섭할 뻔했다. 살포시 옷깃을 여며주고, 살포시 어깨를 감싸 안고, 살포시 눈을 감고, 살포시 입을 맞추고, 아침 햇살은 살포시 창을 밝히고, 하얀 눈이 살포시 내려와 장독 위에 쌓이고, 나비는 꽃 위에 살포시 내려앉고, 타오르는 감정을 살포시 누르고, 그대 살포시 내게로 오소서 간구하고, 살포시 그대 품에 안기고 싶다 눈물을 흘리고….

'살포시'라는 말은 마법의 가루처럼 어디다 뿌려 놓아도 뒤따라오는 말들을 빛나게 한다. 고요하고 조심스러워 분명 그 말 뒤에 행동이 뒤따라오는데 전혀 소란스럽지가 않다. 여유롭고 조화로우며 배려심이 많다. 살포시가 앞에 자리를 잡으면 모든 말은 순해지고 착해진다. 느닷없어 사람을 놀라게 하지도 않고 지드럭거릴까 걱정하지 않아도 될 것 같아 안심이 된다. 나긋나긋하면서도 삽삽하여 저절로 사람을 미소 짓게 만드는 것을 보면 태생이 착한 말이다.

소리는 또 얼마나 고운가. 살포시, 살포시…, 소리 내어 읽다 보면 휘파람을 부는 것 같다. '살' 할 때 입안에서 굴러 떨어지는 'ㄹ'을 얼른 주워담아, '포' 하며 입을 둥글게 모았다가, 입꼬리를 올리며 '시이~' 하고 소리를 한번 내어보시길. 자신도 모르게 살포시 미소 짓게 될 것이다.

지난 공연 때 누군가 분장실에 작은 꾸러미를 놓고 갔다. 그 곁에 놓인 손 편지에는 "오늘 2회 공연 힘드실까 봐 힘내시라고 별것 아니지만 살포시 놓고 갑니다." 긴 설명 없이도 손 편지 주인의 마음이 느껴졌다. 그때 새삼스럽게 '살포시'란 말이 내 마음에 새겨진 것이다. 잘 알고 있는 것 같아도 자주 쓰게 되지 않는 말들의 소중함을 깨친 날이다.

배우라는 직업은 끝없이 자신을 드러내고 '날 좀 보라'고 온몸으로 외치고 있어야 한다. 할 수만 있다면 나는 살포시 가슴을 적시는 배우이고 싶다. 유난 떨지 않으면서도 살포시 작품 안으로 스며들어가 내가 맡은 배역으로 살포시 적셔 들고 싶다.

— 길해연, 배우

나비

숱한 고양이들이 '나비'라고 불린다. 큰 눈에 가벼운 흰 발, 이리저리 휘어지는 유연한 몸매의 고양이에게 딱 좋은 이름이다. 우리가 '나비'라고 불러보면 이 말은 왜 이리 아름다운가? 세상에서 가장 짧은 노랫말을 지으라면 나는 두 글자로 '나비'라고 지으련다. '나비'를 거듭해 부르는 것만으로 나는 희로애락을 다 담을 수 있을 것 같다.

'나비'는 '납'이 아니요, '나귀'도 아니다. 오로지 '나비'여서 그 속에는 가볍게 나붓거리거나 우아하게 내려앉는 움직임이 오롯이 담겼다.

이 낱말의 뿌리는 설명이 숱하지만 고등학교 시절 고전 선생님의 말씀이 가장 와 닿는다. '날다'에 '벌레'가 더해졌다는 말씀. 그런데 왜 '날 벌레'가 아니고 '나비'가 되었는가? 영국인들은 그저 버터와 드래곤에 플라이를 붙여서 버터플라이(나비)와 드래곤플라이(잠자리)라고 그대로 쓰는데.

이곳에서 우리말을 쓰며 살아온 수억 명의 백성은 수천 년간 '나비'의 옛말들을 입안에서 이리 띄우고 저리 굴려 보며 낱말의 번데기에서 세련되게 탈바꿈을 해낸 것이다. 그러면서 우리는 좀 더 두툼한 '나방' 마저 '나비'에서 분리해냈다. 프랑스 말마저 이 둘을 그저 '빠삐용(파피용)'이라고만 부르는 것을 생각해보자. 나는 하늘거리는 나비를 볼 때마다 이 우아하고 완전한 이름에 감탄한다.

그리고 나는 무엇보다 호랑나비며 제비나비 모시나비 노랑나비 배추흰나비처럼 수백 개의 이름이 가능하게 한 우리 강산이 고맙다. 중근 동에서 쓰인 성경은 거룩하지만 구약과 신약을 통틀어 나비가 나오지 않는다는 말을 들을 때 더더욱 그랬다.

　　나는 여름날 공원의 숲을 거닐 때면 가지 사이에 쳐진 희고 가느다 란 선분을 모르고 끊지나 않을까 조심스러워한다. 반투명의 하늘하늘 한 껍질에 둘러싸인 자그만 오이 같은 것이 매달렸을 수 있다. 그 속을 자세히 들여다보면 흰 바탕에 호랑이 무늬 날개가 몇 겹으로 접혔고 더 듬이도 주둥이도 발들도 모두 담겼다. 이제 몇 시간 후면 날개를 다 빼 내어 말리고 하늘로 날아오를 생명. 우리가 그토록 사랑해온 '나비'가 들어 있기 때문이다.

— 권기태, 소설가

그렇다면

연극 연출이다. 피치 못할 상황에 부딪힌다. 배우는 이러자, 나는 저러잔다. 스태프는 이쪽, 나는 저쪽이다. 관객의 취향과도 왕왕 충돌이다. 하, 난감하다. 끝내 떠오른다, 그렇다면.

'그렇다면'은 드라마틱하다. 문제 내지 골자를 파악했으니 그다음으로 가겠다는 의미다. 나를 둘러싼 남의 액션에 대한 판단은 끝났고 나의 리액션 차례라는 뜻이다. 궁지에 몰려서, 내지는 쌍방 관점 차가 커서 어떻게든 정리하자고 할 때도, '그렇다면'만 한 게 없다.

무엇보다 '객'에 대한 인정이 있다. '객'이 그러하다는 것을 알았고 그것에 대하여 억지 부릴 의도가 없다는 뜻이 담겼다. 쿨하다. '그런데'는 아직 따져보고 재는 중이다. 그런데 '그렇다면'은 다 헤아렸으니 이쯤에서 결정하고 앞으로 가잔 의미다.

결정 장애는 치명적이다. 각 전문가가 맞물려 촘촘하게 돌아가는 중에 스케줄이 밀리거나 헛수고로 기력을 낭비하는 까닭이다. 협업에서는 어떤 결과를 그때그때 뽑아내지 않으면 그다음이 안 풀린다. 그래서 '그렇다면'은 매듭을 짓거나 협의를 끝낼 때 이롭다. 집중력, 논쟁의 활력도 생긴다.

그런데 '그렇다면'의 다음을 말하지 않을 수 없다. 다음의 선택 때문에 종종 사달이 나니까. '그렇다면'의 다음에 긍정을 쓰면서부터 나는 톡톡히 재미를 봐왔다. 대체로 막혔던 일이 술술 풀렸다. 결별 절차를 밟거나 내 주장으로 고집을 피울 때 결과는 별로였다. 물론 어느 쪽이 더 맞는지 그때는 모른다. 하지만 '그렇다면 그러자'고 했을 때 팀워크가 생겨서 불화를 뛰어넘는 경우가 훨씬 많았다.

어느 시절인들 안팎으로 온전했으랴. 하지만 사태를 잘 따져보면 그 안에 대략, 답이 있다. 각자도생이 능사는 아니다. 피아간 집중하고 잘 들여다보면 보인다. 기왕에 안 좋은 일이 일어났더라도 일단 넘어가자. 다음을 모색하자. 그게 상책이다. 시비는 나중에 따지자. 지체할 겨를 없이 우린 바쁘다. '그렇다면'을 두고 여럿의 지혜를 모으는 게 맞는다. 지금? 암만 봐도 딱 그럴 때다.

— 고선웅, 연출가

우련

조지훈의 시 <낙화> 중, "하이얀 미닫이가 우련 붉어라"에서 처음 '우련'이란 단어를 만났다. 시 속의 시간은 무너지듯 꽃이 지는 늦봄의 새벽 아침이다. 주렴 밖으로 듬성듬성 보이던 성근 별이 스러졌다. 밤새 울던 귀촉도의 울음소리만 간간이 들린다. 터오는 먼동에 먼 산의 그리메가 성큼 앞으로 다가선다.

꽃이 진다. 촛불을 끄자. 시인은 이렇게 말했다. 날이 밝았으니 촛불을 끄자가 아니라, 꽃이 지니까 촛불을 끄자고 했다. 그다음에 나온 말이 "꽃지는 그림자/ 뜰에 어리어// 하이얀 미닫이가/ 우련 붉어라"이다.

꽃 지는 그림자는 진 꽃잎의 그림자일까? 꽃이 지고 있는 나무의 그림자일까? 시인은 똑 부러지게 말하지 않았다. 그런데 그 그림자가 뜰에 어리어서 하얀 미닫이 문종이에 붉은빛이 '우련' 비친다. 우련 붉은빛은 어떤 느낌의 붉은빛인가?

그 말이 궁금해 사전을 찾아 보니, 형용사 '우련하다'의 부사형 표현이다. 우련하다는 '형태가 약간 나타나 보일 정도로 희미하다', '빛깔이 엷고 희미하다'라는 설명이 나오고, 북한에서는 '나타날 듯 말 듯하면서도 분명하다'로 뜻을 매겼다. 우련은 큰말이고, 작은말은 '오련'이다.

우련과 오련, 그리고 아련은 다 비슷한 과에 속하는 단어들이다. 추억은 아련해야 그립고, 빛깔은 우련할 때 애틋하다. 오련은 양성적이어서 우련보다 빛깔이 한층 환해지는 느낌이다. 우련하다는 말에는 우리다, 우려낸다는 단어의 느낌도 끼어든다. 진 꽃잎의 진한 빛깔이 창호지의 흰빛에 체가 걸러져서 슬쩍 번진 봉숭아 물처럼 잦아들어야 조지훈 시인이 붙잡아낸 '우련'이 된다.

소설가 최명희는 『혼불』에서 "치자 물 오련한 항라와 청홍 갑사, 연두 숙고사, 연분홍·옥색의 모시 조각들"이라고 썼다. 비단에 붉은 치자 물을 들이면 약간 바랜 듯한 붉은빛이 오련하게 밴다. 창호지에 돋은 우련 붉은 빛깔과는 비슷한 듯 다르다.

나이가 들어가니 저를 드러내는 강하고 진한 색깔보다, 한결 뉘어 우련하고 오련한 빛깔이 좋아진다. 명확하고 구체적인 것도 좋지만 아련하고 아득한 것에도 자꾸 마음이 간다.

— 정민, 한양대 교수·고전학자

바라

어려서 나는 산보다 바다를 좋아했다. 방학이란 방학은 깡그리 고향 강릉에서 보냈다. 여름이면 사흘이 멀다 하고 동해 바다에서 바지락이며 성게를 잡으며 놀았다. 피부암에 대한 인식이 거의 없던 시절이라 온종일 땡볕에 나가 놀다 보면 살갗이 타서 감귤 속껍질처럼 얇게 벗겨지곤 했다. 어느 해 여름에는 두 번이나 허물을 벗었다. 강릉의 옛이름이 임영(臨瀛), 말 그대로 '바닷가'다.

여름방학이 시작하는 첫날 꼭두새벽 나는 어김없이 청량리역에서 기차에 올랐다. 원주를 지나 제천·영주·도계를 거쳐 묵호에 이르면 열 시간도 넘게 달려온 기차는 지친 듯 쉰 목소리를 낸다. 묵호에서 잠시 쉬고 무거운 몸을 추슬러 다시 달리기 시작한 기차가 터널로 들어서면 나는 슬며시 자리에서 일어나 객차 사이 출입구 난간에 매달린다. 석탄가루 흩날리는 터널을 빠져나가며 저만치 앞선 기관차는 회심의 멱따는 소리를 질러댄다. 이때부터 내 가슴은 이윽고 펼쳐질 광경을 그리며 방망이질하기 시작한다.

가와바타 야스나리는 "국경의 긴 터널을 빠져나오자 설국이었다"라고 읊었지만, 내 경우에는 긴 터널을 빠져나오자 바다였다. 묵호에서 출발한 기차가 터널을 지나면 망상 해수욕장의 너른 모래밭이 펼쳐진다. 이 순간 나는 비록 서울에서 학교에 다니지만 눈만 감으면 하릴없이 되돌아가던 고향 품에 안긴다. 그리고 이 순간 나도 모르게 입에서 흘러나오는 말이 있다. "아, 바다다."

영어권 사람들은 기껏해야 "오, 시(Oh, sea)"라고 부르짖는다. 독일인은 "미어(Meer)", 프랑스인은 "메흐(Mer)"라 읊조리고, 중국인은 "하이(海)", 일본인은 "우미(うみ)"라 응얼거린다. 그 탁 트인 광활함 앞에서 도대체 무슨 생각으로 이처럼 무미건조한 단어들을 떠올렸을까? 가슴을 펴고 "아~ 바다~"라 부르면 그 검푸른 파도가 그대로 내 영혼 속으로 밀려든다. 새벽 바다라면 자욱한 해미가 내 온몸을 감쌀 것이다. 바다는 모름지기 "바다~~"라고 불러야 한다.

— 최재천, 이화여대 석좌교수

고즈넉

6·25전쟁이 나자 어머니는 혼자서 우리 6남매를 데리고 피란하셨다. 외가 친척 집을 찾아 경남 하동 악양면 첩첩산중 두메로 향했다.

언제 남편을 다시 보려나? 피란 중 어머니는 6남매를 보살피고 생활 전선에 몰두하시느라 험난한 하루하루를 보냈다. 어느 날 저녁이었다. 나는 소변이 마려워 잠결에 눈을 떴다. 어머니는 툇마루 끝에 앉아 꺼져가는 모기 쑥불을 보살피며 앞산에 걸려 있는 초승달을 고즈넉이 바라보고 계셨다. 가끔 눈물을 옷고름으로 닦으시며 먼 하늘에 시선을 두고 고즈넉이 앉아 계셨다.

한영 사전을 찾아보면 '고즈넉'은 'quietly(조용히)', 'gently(부드럽게)' 등으로 번역한다. 그러나 '고즈넉'이라는 말의 깊고 함축된 의미를 나타내긴 어렵다. '고즈넉'은 단지 조용하고 부드러운 모습이 아니다. 슬픔과 한, 세상에 대한 응시와 깊은 철학이 그 말에 녹아 있다. 숱한 시인이 그래서 이 말을 사랑했다.

평양에서 태어난 시인 김현승은 "나는 차를 앞에 놓고/ 고즈넉한 저녁에 호올로 마신다"(<고독 이후>)고 썼다. 박용래는 "고즈넉한 새벽/ 첫 번 닭이 울고/ 먼동이 트일 때"(<계룡산>)라 했고, 최승자는 "한세상 아득히 떨어져/ 고즈넉이 1세기를 울리고 있는/ 응답받지 못할 전화 벨소리"(<수신인은 이미>)라고 했다. 나태주는 "가을날 오후/ 고즈넉이 햇살을 받고 있는"(<만약에 말야>)이라 했고, 김남조는 "따스한 잠자리/ 고즈넉한 탁상"(<좋은 것>)이라고 썼다.

고즈넉이란 말은 신비한 마술의 언어처럼 고요하고 아득한 풍경을 우리 마음으로 전해준다. 음악에 비유하자면 드보르자크 <신세계교향곡> 2악장 라르고에서 흐르는 잉글리시 호른의 선율 같다. 고즈넉이란 말은 우리를 깊고 고요한 세계로 침잠하게 한다.

시끄러운 세상이다. 고즈넉이 생각을 추스르기보다 악다구니 쓰며 목소리를 높여야 똑똑한 줄 안다. 나도 반성한다. 70년 전 어머니는 고통스러운 전쟁 중에도 고즈넉이 저녁 하늘을 바라보셨는데….

— 라종억, 통일문화연구원 이사장

움트다

1970년대와 80년대 조선일보사 파리 특파원으로 일하면서 프랑스에서 움텄던 독립운동의 본거지를 찾아내기는 쉬운 일이 아니었다. 미국이나 중국같이 교민들도 없는 황무지 같은 곳에서 독립운동을 펼친 선각자들은 힘들고 외로운 나날을 지냈다.

1919년 1월 18일 파리에서 1차 대전 승전국을 포함해 27국 대표들이 모인 강화회의에 상해임시정부에서는 김규식(1881~1950)을 대표로 파견했다. 3·1 만세운동이 한창이던 3월 13일 파리에 도착한 김규식은 '정부 자격이 아니면 참가할 수 없다'는 프랑스 정부의 통고를 받고 회의장에 들어가지도 못했으나 '대한민국 임시정부 파리위원부' 사무실을 내고 각국 대표들을 대상으로 독립운동에 나섰다. 임시정부의 외무총장에 임명된 그는 대한민국 통신국을 개설하고 독립홍보물을 제작해 세계 각국의 지도자들과 언론기관에 보냈다. 파리 외신기자클럽에서 연설하고 베트남 애국 청년 호찌민을 만나 우의를 다지기도 했던 김규식의 뒤를 이어서 황기환 등이 독립운동을 이어나갔다.

그로부터 10년 후, 1929년 파리에서 열린 제2회 반제국주의대회에서는 서영해(1902~1963)가 임시정부의 대표로 참석했다. 상해임시정부에서는 그에게 파리에 사무실을 열게 했고, 고려통신사를 설립한 그는 독립운동과 외교활동을 전개해나갔다. 김규식에 의해 처음으로 유럽 땅에 움텄던 독립운동이 서영해에 의해서 다시 움트게 된 것이다.

당시 파리는 국제 외교의 중심지였지만 독립운동가들에게는 황무지와 다름없었다. 이들의 사무실을 찾아내고 활동 상황을 밝혀내는 데는 근 한 세기가 걸렸다. 김규식의 파리위원회 사무실은 서지학자 박병선 박사, 그리고 서영해의 고려통신사는 정상천씨에 의해서 독립운동이 움텄던 곳을 확인하고 기념패까지 붙일 수 있었다. 우리 독립운동사에서 오랫동안 비켜서 있었던 파리에서 독립운동이 움텄던 곳을 뒤늦게 찾게 되면서 '움트다'라는 말이 숭고하게 가슴에 와닿았다.

— 신용석, 인천개항박물관장

걸음

저는 걷기를 무지 좋아합니다. 걷다 보면 생각을 평소보다 좀 더 부드럽게 할 수 있어요. 가만히 앉아서 하는 생각은 꼬리 물기를 잘해서 되레 좀 산만하다면, 걸으면서 하는 생각은 그저 걸음에 나와 같이 태우면 되는 느낌이랄까.

친구와 걸으며 이야기하는 것도 좋아합니다. 서로 눈을 맞추지는 못하지만 호흡과 보폭과 시선을 맞추면 되니까요. 친구를 불러내서 어릴 적 누비던 동네 길을 같이 걷는 건 제가 세상에서 무척 좋아하는 일 중 하나예요.

세상만사 모든 일을 걸음에 빗대는 것도 다른 사람들만큼이나 좋아합니다. 아장아장, 뚜벅뚜벅, 사뿐사뿐, 성큼성큼, 터벅터벅, 살금살금…. 저는 이 중에서 뚜벅뚜벅이 가장 마음에 들어요. 뚜벅뚜벅 걷듯이 담대하게 사는 것이야말로 인생 최고로 어려운 기술이라고 생각하거든요. 그리고 터벅터벅이 가장 값져 보여요. '터벅터벅' 하면 떠오르는 사람이 많은 탓인가.

그렇다면 나는 어떤 걸음걸이를 하고 있을까. 어떤 날엔 호기롭게 성큼 걸어보았다가 다리가 분질러진 적도 있고, 또 어떤 날엔 눈치 보며 살금살금 걷다가 우연히 멋진 길을 발견하기도 했지만, 대체로는 아장아장 한 걸음 한 걸음 소중히 걸어온 것 같네요. 제 또래들이 그러는 것처럼.

2021년에 저는 서른 살이 됩니다. 뜻 모르고 불러댔던 그 노래의 주인공이 되는 거죠. 이즈음이 되니 그 가사 한 줄 한 줄이 식은땀처럼 등으로 줄줄 흐르네요.

머물러 있는 줄만 알았던 하루가 멀어져 가는데 나는 또 어디로부터 멀어지며 어디를 향해 가까워지는지. 걸음만이 답을 알 거라고 생각합니다.

— 최정훈, <잔나비> 보컬

내가 배운 말 중에 아름다운 말이 많지만 '결'이 가장 아름답다고 생각한다. 결이라는 말에는 어머니가 숨어있다. 어머니는 옷감을 고를 때 꼭 결이 좋다고 하셨다. 호박잎이나 상추잎을 딸 때도 결이 좋다고 하셨다. 내 친구들을 데리고 집에 오면 꼭 밥을 먹이고 돌아가면 애들이 마음결이 곱다고 하셨다. 어머니 돌아가시고 어머니 말을 보석 줍듯 되새기면서 돌이킬 때, 예전에 아무렇게나 듣고 잊어버린 그 말이 어머니가 아주 자주 사용하시던 말이라는 것을 알았다. 현실적인 옷감이나 자연이나 보이지 않는 마음까지 결을 붙이신 이유가 어디에서 왔는지 물어본 적은 없다. 그러나 어머니가 자주 사용하시던 말에 '맵시'가 있었는데 결이 바로 그 자태 그 모습을 말하는 게 아닌가 생각된다.내가 생각하는 결은 조금 더 크다. 우주적인 세계가 이 한 글자에 담겨 있다고 생각한다. 생명의 탄생은 물이다. 물은 결을 가지고 있다. 그 미세한 너울 안에서 생명은 모습을 갖추는 것이다. 물결·바람결·살결·마음결… 우리들이 살아가는 삶도 결 아닌가. 파도며 폭풍이며 폭우며 벼락이며 천둥도 다 결이다. 순한 결이 있는가 하면 거친 결이 있다. 그게 인생이다. 그래서 인생은 다 결로 이루어지고 결로 다듬어가는 것이다. 후각으로 전해지는 향기도 결이 있는 것이라고 나는 생각한다. 그것이 리듬이며 음악이고 시며 그림이며 예술이라는 거대한 이름으로 탄생하는 것 아니겠는가. 정지된 수평은 인생에선 존재하지 않는다. 살아 있음을 말하는 것, 그것이 결인 것이다. 결과 결이 만나 또 하나의 결을 만드는 것 그 힘으로 새로운 결을 넘어서는 것, 그것이 의미이고 가치라고 부르는 것 아니겠는가. 결, 생명의 꽃.

— 신달자, 시인

'구름'을 발음할 때면 입안에 무언가 한가득 무는 듯한 느낌이다. 가득 담아두고 싶은 그건 욕망일까, 욕심일까. 잡힐 듯 잡히지 않고, 바람 부는 대로 흘러가고 흘러오는 건 언제 올지 모르는 운(運) 같다. 구름의 한자어도 운(雲)이다.

천상운집(千祥雲集), 천 가지 상서로운 일이 구름처럼 밀려온다는 이 글귀를 나는 참 좋아한다. 내 이름에도 구름(운)이 들어 있어서일까. 누구도 이런 대운을 싫어하는 사람은 없을 것이다. 나도 한때는 운명론에 빠져 점집을 수시로 드나들었다. 그러나 인간의 욕망은 끝이 없기에, 채우려고 애를 써도 늘 목마르다.

복이란 누구에게나 일생에 3번 찾아온다고 한다. 나 몰래 복이 와서 덕 본 줄은 모르고, '내 능력으로 잘됐다'가 다반사다. 정말 그럴까. 흔히들 잘된 사람을 일컬어 '복 받았다'고 얘기한다. 그냥 생겨난 말일까. 천만에. 진짜 복은 늘 우리 곁에 있으며, 공생하는 관계다. 우리 눈에는 보이지 않지만 '복'이란 친구는 여러 곳에 머물러 있다 소리 없이 찾아온다. 예쁜 인연으로 찾아오고, 귀인이 되어 오기도 하며, 따뜻한 말 한마디에도 오고, 넘치는 사랑에도 온다. 나눔에도, 베풂에도, 별빛을 타고도 오고, 바람을 타고도 온다. 사랑과 행복이 머무는 곳에서 언제든 우리를 기다리고 있다. 흔한 곳에 있지만, 아무에게나 가지도 않는다. 누군가 이 복을 받았다면 참으로 복 받을 짓을 한 사람이기 때문이다.

지위고하도 가리지 않는다. 복이란 복 짓는 사람에게만 가기 때문이다.

우리는 지금 참으로 힘든 시간을 맞이하고 있다. 그러나 희망의 끈은 절대 놓지 말자. 시작 뒤엔 반드시 끝이 있기에 혹독한 바이러스도 우리 곁에 머물 시간이 그리 많지 않을 것이다. 힘든 시간을 보내며 더욱 성숙해지고, 나보다 힘든 이를 돌아볼 수 있는 마음이 생기고, 그 어려움을 함께하려는 마음이 있다면 그 속에 복의 씨앗이 싹튼다. 복이란 복을 짓는 자의 몫. 천 가지 좋은 운이 구름처럼 몰려오는 '천상운집'의 주인공은 당신과 나, 우리가 될 수 있다.

— 설운도, 가수

바람

발을 힘껏 구르면 몸이 저절로 바람을 타고 떠올라 하염없이 날아갈 수 있지 않을까, 그런 꿈을 꿀 때가 있었다. '바람'은 무언가에 설레거나, 어디론가 자유롭게 떠나고 싶은 마음을 대변하는 단어로, 이어지는 동사(불다·타다·쐬다·들다·나다·피우다·잡다·일으키다·맞다)에 따라 무척 다양한 의미가 된다. 바람은 어떤 일이 이루어지기를 기대하는 간절한 마음이고, 무슨 일에 더불어 일어나는 기세이며, 실은 그저 공기의 움직임이기도 하다.

"쑥바자도 바람 막는다"는 속담이 있다. 아무리 하찮아 보이는 것이라도 제몫을 해낸다는 뜻인데, '바자'란 싸리나 갈대 등을 엮어 흙집의 벽 안에 넣거나 울타리로 세우기도 하는 것이다. 그렇게 비, 바람 등 자연재해를 피하기 위해 집이 지어지고 건축이 시작되었는데, 바람은 하염없이 몸을 웅송그리게도 하지만 반가울 때도 많다. 겨울 밤 좁은 틈으로 들어오는 황소바람은 때로는 지붕을 날리는 강한 바람보다 더 두려운 존재가 되지만, 맞바람이나 산들바람은 이름만으로도 시원해진다.

누구나 한번쯤은 여름 오후 한옥 툇마루나 대청에 누워 있다가, 어디선가 불어와 온몸을 시원하게 어루만지며 지나가는 바람을 느껴본 적이 있을 것이다. 남향 창들은 햇빛을 들이고, 북쪽 창들은 바람을 부른다. 대청의 남쪽 창은 아예 없거나 크게 달아두는 것에 비해 북쪽 창은 상대적으로 크기가 작다. 주로 대청 북쪽 나무로 된 바람벽에 난 창들을 '바라지', 혹은 '바라지창'이라고 하는데, 겨울에는 닫아서 차가운 북풍을 막고 여름에는 열어둔다.

　후원의 찬 공기가 좁은 바라지를 지나며 속도가 생겨 빨라지고, 뜨거운 앞마당을 향하며 우물마루의 성근 틈으로 파고들어 서늘한 바람을 완성한다. 옛 사람들은 보이지 않지만 소리로 들리고 몸으로 만져지는 바람을 그렇게 '설계'했다. 실내에서 오로지 기계를 통해 나오는 바람을 쐬며 지낸 지루한 여름 끄트머리에 문득, 서늘한 가을 소슬바람을 만나고 싶은 바람이 마음에 불어왔다.

— 노은주, 건축가

담북장

담북장은 언제나 맛있는 우리 집 인기 반찬이다. 여름에 평상 깔아 놓고 집안 식구 다 둘러앉아 열무김치 넣고 썩썩 비벼 먹던 옛날 추억의 반찬이다.

담북장은 콩을 삶아 따뜻한 아랫목에 이불로 정성껏 덮어놓은 뒤 며칠을 기다리면 만들어진다. 발효할 때 나는 지독한 콩 냄새가 진동한다. 그러나 식구들이 다들 좋아해서 일년에 한두 번 '해콩'을 가지고 담가 먹었다. 옛날 시골에서는 누룩(밀 껍질)을 담북장같이 발효시켜 막걸리나 약주를 빚는 원료로 썼다. 이것은 밀주로 세무서에 걸리면 벌금도 많이 나왔다.

한번은 우리 집에서 담북장을 담그는데 소문이 이상하게 나서 단속반이 들이닥쳤다. 누룩을 띄우지 않았다는 사실이 판명됐지만, 세무서 단속반이 왔다는 자체에 집안 식구들이 모두 충격을 받았다. 이후로는 담북장을 담그지도 않고, 담북장에 대한 기억도 희미해졌다.

그 후 대학을 졸업하고 한국을 떠나 십오륙 년 외국에 가서 살다가 80년대 초반 귀국하였다. 마침 집 근처에 옛날 고향에서 같이 살던 친구가 있었다. 어렸을 때도 친하게 지냈던 친구이고, 몇 십 년 만에 만나 여간 반갑지 않았다. 한번은 이 친구가 시골에 사시는 자기 장모님이 '청국장'을 아주 맛있게 담그신다고 하며 먹으러 가자고 왔다.

먹어보니 옛날 어렸을 때 먹었던 담북장 맛이었다. 여름날 고향에서

식구들이 둘러앉아 먹던 그 맛이라 마음이 뭉클했다. 맛은 옛 맛인데 명칭이 거북했다. '청국장'이라니! 담북장은 '담수장법'이라고 만드는 방법마저 옛 문헌에도 기록이 되어 있는, 김치같이 순수한 우리 음식이다. '담북장'이란 말 자체도 순수한 우리말이다. 그런데 요즘은 청국장으로들 대부분 부른다고 하니 안타깝다. 옛날에 먹었던 맛과 어렸을 때 함께한 식구들과의 추억도 사라져가는 것 같다.

여러 유래가 있지만 청국장이라고 하면 청나라, 그러니까 중국의 이미지가 떠오른다. 더구나 청국장은 막상 중국에는 있지도 않은 음식이라고 하니 굳이 그렇게 부를 이유가 없는 듯하여 마음이 착잡하다.

— 오근호, 한양대 명예교수

밥 먹고 가거라", "밥 먹자", "밥 먹었니?"

어릴 적 내가 할머니, 엄마한테 가장 많이 들었던 말은 '밥'이었던 것 같다. 유난히 몸이 약해서 집안 애물단지였던 나는 끼니 때마다 할머니, 엄마의 애를 태웠다. 그래서 나의 유일한 무기는 "밥 안 먹어!"였다. 뭔가 기분이 나쁘거나 갖고 싶은 것이 있거나 가족들의 관심을 끌어야 할 일이 생기면 나는 밥을 무기로 흥정을 하기도 했다.

그런데 그때는 그깟 밥이 왜 그렇게 중요한 건지 알지도 못했고 알 수도 없었다. 일제 수탈, 전쟁, 온갖 천재지변을 겪으면서 부모들의 지상 과제는 자식들을 안 굶기고 든든하게 밥을 먹이는 거였다. 논에 물 들어가는 것하고 자식 입에 밥 들어가는 것이 가장 행복했다.

밥숟가락 놓는 날이 세상 하직하는 날이다. 가족들 삼시 세끼 밥 먹이려고 새벽부터 일하러 간다. 세상의 가장 큰 행복은 가족들이 둘러앉아 밥 먹는 시간이다. 그래서 우리는 가족을 식구(食口)라고도 부른다. 우리 할머니는 "내 집에 오는 사람들에게 밥 한 그릇 먹이는 게 사람의 도리"라고 늘 말씀하셨다.

언젠가 프랑스 에비앙엘 갔다가 LPGA 골프대회를 우연히 본 적이 있다. 경기 전날 저녁, 어느 수퍼마켓에서 한국 선수의 어머니를 우연히 만났다. 딸의 컨디션이 영 회복되지 않아 밥을 찾는다면서 쌀을 사기 위해 시내를 헤매고 있었다. 아주 조그만 소도시여서 쌀 사기가 쉽지 않았던 것 같다. "따뜻한 밥 한 그릇만 먹이면 아이가 기운이 날 것 같은데…" 하면서 안타까워하는 그 어머니를 보면서 나는 한국 사람한테 밥은 생명이란 걸 새삼 느꼈다. 동시에 나의 어머니가 사무치게 그리워졌다.

돌아가시기 직전 병원에 누워계신 어머니를 뵈러 갔는데 날 보시자마자 첫 마디가 "밥은 먹고 다니냐?"였다. 내게, 아니 이 땅의 모든 자식들에게 밥은 바로 어머니다. 그리고 국력이다. 지금 이 시간에도 모든 부모님들은 자식들에게 삼시 세끼 밥을 먹이기 위해서 열심히 일하고 계실 거다. 우리는 하루에 도대체 밥이라는 말을 몇 번이나 하면서 살고 있는 걸까. '밥 먹었니?', '언제 밥 먹자', '요새 밥맛이 없어서'….

— 손숙, 배우

꽃멀미라는 말이 있어 나는 한껏 꽃멀미를 느낀다. 그 말을 알기 전에는 아름다운 꽃과 꽃의 무리를 보아도 벅차고 어지럽다가 끝내는 답답해져 버리고 말았을 뿐인데 그 말을 알고부터 아, 꽃멀미 난다! 외치면 어딘가 남김없이 후련해지곤 한다.

사랑해라는 말이 없었다면 그 복잡 미묘한 환희의 감정을 어떻게 달랬을까 싶어 아찔해지다가 사랑해라는 말이 있어 정말 고맙고 다행이라는 생각이 든다. 꽃멀미라는 말도 내겐 그러하다.

꽃멀미든 사랑해든 고작 세 글자로 어떻게 모든 사람 각각의 혼란스럽고 까다롭고 뒤숭숭한 감정과 다단한 느낌을 표현해낼까 싶지만 언어라는 말에는 그것이 가능하다는 의미도 포함돼 있다. 세 글자로 되었다는 것은 다만 그릇의 모양일 뿐 그릇의 크기와 색깔은 한이 없기 때문이다. 꽃멀미도, 사랑해도, 사람에 따라 상황에 따라 혹은 계절에 따라 억양은 물론 어조와 표정이 달라지는 것이고 보면 세상의 모든 꽃멀미와 사랑해라는 말은 엄격히 말해 매번 처음 발화되는 말일 수밖에 없다.

독자에게 사인을 요청받을 때마다 반드시 함께 그려주는 그림이 내가 좋아하는 꽃 쑥부쟁이다. 그러나 쑥부쟁이는 보기 드물어 알아보는 사람이 매우 적을 뿐 아니라 구절초나 벌개미취와 자주 혼동한다. 그러니 쑥부쟁이 꽃멀미는 좀처럼 느낄 겨를이 없었는데 이태 전 꼬막재와 규봉암, 서석대와 원효사로 이어지는 무등산 순환 등산로에서 일곱 시간 반 동안 끊이지 않고 어지러이 쑥부쟁이를 만났다. 꽃멀미라는 말을 몰랐다면 과연 그토록 지독한 꽃멀미를 오래오래 느낄 수 있었을까.

지독하다는 말이 나와서 하는 말이지만 올해 9월 불갑사와 선운사에 다녀온 지인에게서 꽃지옥이라는 말을 들었다. 그곳 사찰 경내에 흐드러진 꽃무릇에 꽃멀미를 느꼈다는 뜻이었을 텐데 꽃지옥이라는 그의 말에는 모든 걸 무릅쓰고라도 언제든 얼마든지 그런 곳에 가고 싶다는 주문과 지독한 열망이 담겨 있었다.

이처럼 말에는 주문이 담기기도 하여 말의 뜻에 신묘한 힘을 더할 때도 있으니, 사랑한다 말하면 사랑이 싹트고 꽃멀미 난다 말하면 후련한 만끽에 이를 수 있다. 그래서 나는 말하는 것이다. 꽃멀미라는 말을 사랑한다고.

— 구효서, 소설가

메 메

경상도 방언에 '메메'라는 말이 있다. 명사로 '구석구석'의 뜻이고, 부사로 '제대로', '똑바로', '확실히'란 뜻이다.

나는 경북 김천에서 자랐다. 어릴 때 아버지께서는 밥상머리 교육을 하셨는데, 늘 밥을 먹을 때 "밥그릇에 밥 한 네끼(알)도 남기지 말고 메메 긁어 먹어라. 밥 한 알 한 알은 농부가 여름날 뙤약볕에서 피땀 흘려 농사지은 것이다"라고 말씀하셨다. 그 영향으로 지금도 밥그릇에 밥 한 알 남기는 법이 없이 깨끗이 비운다.

봄이 되면 어머니는 동네 아줌마들하고 쑥을 뜯으러 가는 것이 일상사였다. 춘궁기였기 때문에 쑥버무리를 찌기 위해서였다. 당시에는 설탕이 없었기 때문에 사카린을 넣어 버무렸는데 쑥버무리가 달고 맛이 있어 인기가 많았다. 어머니가 쑥을 뜯어 오시면 나는 뜯어 온 쑥을 마루에 펴 놓고 잔 부스러기나 찌꺼기를 고르는 작업을 했다. 그럴 때마다 어머니는 "메메 고르라"고 신신당부하셨다. 잘못하면 쑥 찌꺼기까지 먹을 수 있기 때문이다.

이렇게 '메메'를 들으며 살다가 어느 날부턴가 내가 남에게 '메메'라는 말을 하기 시작했다. 40여 년간 교사 생활을 했는데, 수업을 하기 전에 당번 학생에게 칠판지우개를 털어오라고 시키는 경우가 있다. 그때 어김없이 "메메 털어 오라"고 했다. 처음에는 학생들이 '메메'가 무슨 뜻인지 모르는 것 같았으나 문맥상 대강의 뜻을 이해하고 잘 따라주었다.

쪽지 시험을 볼 때도 '메메'는 유효하게 쓰였다. 대강 다섯 문제 정도의 쪽지 시험을 본 뒤, 그 자리에서 돌려가며 학생들이 채점을 한다. 그때 입버릇처럼 "메메 채점하라"고 당부하는 것이다.

　나에게 '메메'는 어릴 때 부모로부터 배운 정감 어린 말이다. 그런데 퇴직하고 비교적 한가롭게 지내는 요즘, 문득 이 말이 생각나서 그립다. 방언도 살려 써야 할 이유가 여기에 있다.

— 임무출, 독자

오리다

"나 보기가 역겨워/ 가실 때에는/ 말없이 고이 보내드리오리다// 영변에 약산/ 진달래꽃/ 아름 따다 가실 길에 뿌리오리다// 가시는 걸음걸음/ 놓인 그 꽃을/ 사뿐이 즈려밟고 가시옵소서// 나 보기가 역겨워/ 가실 때에는/ 죽어도 아니 눈물 흘리오리다."

어려서부터 아빠가 흥얼거린 노랫소리로 김소월의 <진달래꽃>을 접해왔다. 배재학당을 나온 아빠가 자주 부른 노래가 배재교가, 배재찬가 그리고 가수 소찬휘의 <진달래꽃>이었다. 최고의 이별 미학으로 평가받는 이 시에서 진달래꽃은 자기희생을 통해 헌신적 사랑을 지닌 여인, 혹은 한을 뜨거운 사랑으로 승화한 여인을 뜻한다. 이어령 선생은 이별이란 가정을 통해 현재의 사랑하는 마음을 나타낸 것이라고도 했다.

엄마에게 피아노를 배우기 시작했을 때, 가장 기억에 남는 말씀이 "쉼표도 연주다"였다. 음표는 연주를 하는 것이고 쉼표는 연주를 하지 말라는 것이니 얼마나 모순된 주문인가. 덕분에 나는 다양한 방법으로 쉼표를 지키는 법을 찾았는데, 어려서 연주한 내 영상을 보면 호흡이 음악에 드러나는 경우가 있다. 많이 쉬어야 하는 부분은 더 크고 길게 호흡했다. 음표를 연주하는 것보다 더 힘들었다.

"사뿐이 즈려밟고 가시옵소서'에서 '사뿐이'와 짓밟는다는 뜻의 '즈려'는 서로 모순 관계다. 그러나 둘이 합쳐져 강한 긍정의 의지를 표현한다. 슬프면서도 단호한 어조는 '드리오리다', '뿌리오리다', '흘리오리다' 같이 조심스럽고도 정중한 음악적 반복을 통해 더 깊어지니 시 '진달래꽃'은 당시 우리 민족의 마음을 어루만지기에 최고의 노래였을 것이다. '드리다', '뿌리다', '흘리다'만으로는 드러나지 않는 간절한 소망이 '오리다'를 만나 깊이를 더했으니 이 얼마나 훌륭한 표현인가.

음악은 마음이 하는 일이고, 우리 마음은 글로 이어져 내려온다. 누군가의 연주를 듣고 내가 느끼는 감정이 무언지 타인에게 설명하지 못한다면 그건 연주를 완전히 느끼지 못했기 때문이다. '진달래꽃'은 언어가 음악만큼이나 다양한 인간의 감정을 절실하게 표현할 수 있는지를 어린 내게 가르쳐준 시이자 음악이었다.

— 임주희, 피아니스트

옹알이

'옹알이'란 아기가 말을 하기 전에 내는 소리를 일컫는다. 가만히 하늘만 보고 누워서 응애응애밖에 할 줄 모르던 아기가 어느 순간부터 나름대로 자기 기분을 실어 '오'나 '아' 같은 목소리를 내기 시작하니 그렇게 신통할 수가 없었다. '옹알이'란 그런 아기의 첫소리를 따라 만든 말이겠지만, 이응이 네 개나 있는 '옹알이'를 종이에 써 놓고 보면, 동그란 얼굴에 작은 두 손을 동그랗게 말아쥐고 꽃잎 같은 입술을 애써 오므렸다 열었다 하며 목소리를 높이는 아기의 모습이 떠올라 웃음이 난다.

결혼이 늦었던 탓에, 남들보다 뒤늦게 첫 손주를 품에 안은 우리 엄마는 마치 태어나 처음으로 아기를 보기라도 한 듯 일거수일투족을 신기해했다. 조심스럽고 나지막한 목소리로 '우우', '아아' 하는 첫 소리에는 "우리 아가는 옹알이마저 고상하다"며 동네방네 자랑을 하셨다. 안타깝게도 '고상한 옹알이'의 시기는 짧았다. 아기는 곧이어 '뫄뫄', '빠빠빠빠' 같은 입술소리를 내더니, 이윽고 '꾸에에엑', '우워어억'처럼 고대 괴생명체의 울음 같은 이상한 소리를 우렁차게 질러댔다. 그러자 엄마는 "우리 아가는 옹알이마저 당차고 똑부러진다"며 혀를 내둘렀다. 나는 눈과 귀를 다 멀게 한 놀라운 손주 사랑에 혀를 내둘렀다.

그때 옹알대던 아이가 어느덧 자라 어른과 제법 그럴듯한 대화를 나누게 됐을 때, 둘째를 낳았다. 둘째는 처음부터 목소리가 더 컸고, 내가 한 마디 하면 열 마디로 대꾸했다. 아기도 사람인지라 듣는 이가 시큰둥하면 하던 옹알이도 멈추는 법인데, 둘째는 집안에 들어주는 식구가 많아서 그랬는지, 옹알이로 풀어내는 사연이 밤마다 만리장성이었다.

이젠 둘째마저 말을 잘 한다. 말귀를 알아들으니 편하기는 하지만 시시때때 옹알이가 그립다. 보드랍게 귓속으로 파고들던 그 소리는 정말로 아기들이 태어나기 전 천사 나라에서 쓰던 말이었나보다.

— 우정아, 포스텍 교수

봄은 만물이 눈을 뜨고 세상을 향해 나갈 채비를 하는 시간이다. 나무와 씨앗은 싹을 틔우고 꽃을 피운다. 새와 나비는 노래 부르고 춤을 춘다. 뽀얀 아지랑이 핀 땅도 힘을 다지고, 사람들은 신발끈 조이며 일어선다. 봄은 이렇게 움츠렸던 겨울을 훌훌 벗어 버리고 신비롭게 우리에게 다가오는 계절이다.

'봄'이라는 글자를 즐겨 쓰는 나는 재미있고 흥미로운 것을 발견하게 됐다. '봄'이라는 글자는 계절 외 '사물을 본다'라는 뜻도 가질 수 있다. 그러다 문득 겨우내 꽁꽁 얼었던 것들이 따스한 봄기운에 눈을 뜨고 세상을 바라본다는 의미에서, 계절 '봄'이 '봄'이라는 글자를 갖게 된 것 아닌가라는 생각이 들었다.

그러고 보니 다른 계절들도 의미가 있다. 여름은 뜨거운 '열'이라는 글자와 비슷하고, 가을은 '간다'라는 글자, 겨울은 '결빙의 얼음'과 비슷하다. 이렇게 내 나름대로 해석을 하니, 우리 한글이 참으로 흥미롭고 재미있음을 알게 됐다.

다른 건 없을까. 생각해보니 '몸' 자도 팔 부분의 '모'와 몸체의 'ㅁ'이 모여 글자가 된 것 같고, 몸이 바깥으로 향하니 '맘(마음)' 자가 된 것 같기도 하다.

마음을 가다듬고 붓으로 '봄' 자를 써보았다. 그 글자가 꼭 '꽃'처럼 됐다. 뿌리가 줄기를 타고 위로 향하니 그곳에 꽃 한 송이 된 듯 '봄' 자가 꽃이 되었다.

　자주 외국을 나가는데, 어떤 나라는 글이 없어 영어로 말에 토를 달고 사용하는 것을 봤다. 의외로 많은 나라가 그렇다. 우리의 문화와 역사, 모든 것을 기록하고 표현하는 나랏글, 한글이 있다는 것은 얼마나 큰 행운이고 복된 일인지 새삼 느끼게 됐다.

　슬기로운 조상께 큰 감사를 드린다. 모든 이들이 일 년 내내 봄처럼 따스하고 아름다운 맘으로 세상을 보면서 힘차게 살아가는 하루가 됐으면 하는 맘이다.

— 장사익, 소리꾼

말괄량이

　말이나 행동이 얌전하지 못하고 덜렁거리는 남자를 일컫는 순 우리말은 뭘까. 어디를 가든 사고를 친다거나, 제멋대로 행동해 주위에 회오리를 만드는 남자들 말이다. 그렇다. 우리가 생각하는 그대로다. 그런 단어는 없다. 이 간단명료한 사실을 해석해보면, 남자는 얌전하지 않아도 괜찮고 덜렁거려도 크게 비난받지 않는다는 뜻이 된다. 반면, 사전적 정의가 '말이나 행동이 얌전하지 못하고 덜렁거리는 여자'인 단어가 있다. 바로 '말괄량이'다.

　부정적인 표현이지만 나는, 본인의 감정과 의향을 표현하는 것에 거리낌이 없는 이 멋진 말괄량이들을 주위에 잔뜩 포섭해놨다. 뭐든 직접 해봐야 직성이 풀리는 말괄량이들은, 본인의 감정과 의향을 표현하는 것에 거리낌이 없는 꽤 멋진 여성들이기 때문이다. 나 같은 말괄량이의 곁에는, 또 다른 말괄량이가 어김없이 그녀의 편을 들어주고 있기 마련이다. 고까운 시선으로 바라보는 분들에겐 참으로 안타까운 일이다. 말괄량이 한 명쯤 누르는 건 별것 아니라고 생각했는데 하나를 누르면 다시 또 하나가 자꾸만 목소리를 내니 말이다.

　연주를 업으로 삼고 있지만, 나는 소리의 울림과 바이올린만을 위해 살아간다느니, 나의 전부가 음악이라느니 하는 낯간지러운 말은 도저히 못 하겠다. 그럼에도 인생의 굴곡을 변화무쌍하고 아름다운 소리의 환희로 승화시키는 지난 350년간의 음악은 나 같은 말괄량이에게 시공간을 초월하는 친구다. 어찌해도 길들여지지 않을 것 같은 와일드한 매력의 음악일수록 더욱 그렇다. 소주가 유난히 달게 느껴지는 씁쓸한 날에는 파라디스의 <시실리안느>를, 온몸이 지치는 하루의 끝에 터벅터벅 집으로 향하는 날에는 <프랑크 소나타>의 은밀하고도 짙은 포옹을, 오아시스 같은 일요일에 집콕하며 햇살을 느끼는 오후에는 엘가의 <변덕쟁이 아가씨>를 느끼며 기억한다. 결국 내 인생의 주인은 바로 '나', 말괄량이 소녀라는 것을!

— 조진주, 바이올리니스트

말모이, 내가 사랑한 우리말

초판 1쇄 인쇄 2021년 1월 22일
초판 1쇄 발행 2021년 2월 11일

엮은이   조선일보
발행인   윤호권·박헌용
책임편집   정은미
발행처   시공사
출판등록   1989년 5월 10일 (제3-248호)
주소   서울특별시 성동구 상원1길 22 7층 우편번호 04779
전화   편집 (02) 3487-4750, 마케팅 (02) 2046-2800
팩스   편집·마케팅 (02)585-1755
홈페이지   www.sigongsa.com

*이 책은 '말모이 100년, 다시 쓰는 우리말 사전' 운동의 일환으로 기획된
 조선일보의 <내가 사랑한 우리말>, <독자가 사랑한 우리말>의 원고를 한데 엮은 것입니다.